Uwe Fitzner
Der Patentanwalt

Der Patentanwalt

Beruf und Beratung im gewerblichen Rechtsschutz

Von

Prof. Dr.-Ing. Dr. iur. Uwe Fitzner
Rechts- und Patentanwalt in Ratingen

7. Auflage

Carl Heymanns Verlag 2026

Zitierweise: Fitzner, Der Patentanwalt, 7. Auflage 2026, Rdn. 152

Bibliografische Information der Deutschen Nationalbibliothek
Die Deutsche Nationalbibliothek verzeichnet diese Publikation in der Deutschen Nationalbibliografie; detaillierte bibliografische Daten sind im Internet über http://dnb.d-nb.de abrufbar.

ISBN 978-3-452-30535-0

www.wolterskluwer.com

Umschlagkonzeption: Martina Busch, Grafikdesign, Fürstenfeldbruck
Satz: Datagroup-Int SRL, Timisoara, Romania
Druck und Weiterverarbeitung: Sowa Sp. z o.o., Piaseczno, Poland

Gedruckt auf säurefreiem, alterungsbeständigem und chlorfreiem Papier

Vorwort zur 7. Auflage

Seit der 5. Auflage im Jahre 2020 haben sich einige Änderungen in Rechtsprechung und Gesetz ergeben. Dies gilt insbesondere für das anwaltliche Berufsrecht Denn am 01. 08. 2022 trat eine umfassende Neuregelung des Berufsrechts für Patentanwälte in Kraft. Das Gesetz enthält eine Neuregelung des Berufsrechts für die patentanwaltliche Organisationsfreiheit. Insbesondere wurde der Kreis der sozietätsfähigen Berufsangehörigen erweitert. Das Gesetz enthält außerdem umfassende Neuregelungen zu der beruflichen Zusammenarbeit in Berufsausübungsgesellschaften, ausländischen Patentanwaltsberufen und Interessenkollisionen.

Eine weitere Änderung betraf das Patentgesetz. Das Zweite Patentrechtsmodernisierungsgesetz am 17. 08. 2021 ist im BGBl. 2021 I 3490 veröffentlicht worden. Vor allem ist damit eine modifizierte Regelung zu § 139 PatG am 18. 98. 2021 in Kraft getreten. Diese Bestimmung wurde nämlich im Hinblick auf ggfs. auftretende Härten infolge des Verletzungsurteils geändert. Der Anspruch auf Unterlassung soll ausgeschlossen sein, soweit aufgrund der besonderen Umstände des Einzelfalls und der Gebote von Treu und Glauben die Inanspruchnahme für den Verletzer oder einen Dritten zu einer unverhältnismäßigen, durch das Ausschließlichkeitsrecht nicht gerechtfertigten Härte führen würde.

Ferner wurden die Regelungen zum Nichtigkeitsverfahren und geändert. Hierfür ist nun eine Frist von sechs Monaten für die Zustellung des Hinweises nach § 83 Abs. 1 Patentgesetz vorgesehen. Ist eine Patentstreitsache anhängig, soll dieser auch von Amts wegen dem Verletzungsgericht zugestellt werden.

Eine weitere Neuerung betrifft die Errichtung eines Einheitlichen Patentgerichts mit der ausschließlichen Zuständigkeit für Streitigkeiten in Bezug auf europäische. Das EPG umfasst ein Gericht erster Instanz, ein Berufungsgericht und eine Kanzlei. Das Gericht erster Instanz besteht aus einer Zentralkammer mit Sitz in Paris, in München und Mailand sowie mehreren örtlichen und regionalen Kammern in den Vertragsstaaten. Das Berufungsgericht hat seinen Sitz in Luxemburg. Das Übereinkommen wurde am 19. 02. 2013 durch 25 EU-Mitgliedsstaaten unterzeichnet Am 1.6.2023 das Einheitliche Patentgerichte seine Tätigkeit aufgenommen.

Eine Besonderheit in dem Einheitspatentsystem resultiert daraus, dass insbes. in Deutschland Nichtigkeitsverfahren und Verletzungsverfahren getrennt sind. Im Rahmen des EPG ist ein Gerichtssystem geschaffen worden, bei dem ebenfalls nach dem Trennungsprinzip vorgegangen werden kann. Dh die Frage der Nichtigkeit kann getrennt in einer Zentralkammer abgehandelt werden. Daneben besteht auch die Möglichkeit einer Widerklage vor dem Verletzungsgericht. In diesem Fall kann die Verletzungskammer einen technischen Richter hinzuziehen.

Die Umsetzung des geplanten Rechtssystems scheiterte zunächst einerseits an dem Austritt Großbritanniens aus der EU. Das Vereinigte Königreich hatte das Übereinkommen bereits zuvor ratifiziert. Sodann erfolgte die Erklärung, dass diese Ratifizierung zurückgezogen werden soll. Auf der anderen Seite wurde in Deutschland das Ratifizierungsverfahren gestoppt. Das BVerfG hat nämlich das Ratifizierungsgesetz für verfassungswidrig erklärt. Inzwischen wurde ein neues Gesetz beschlossen, um die Ratifizierung zu erreichen. Hiergegen wurden zwei Anträge auf Erlass einer einstweiligen Anordnung und eine Verfassungsbeschwerde erhoben. Der Zweite Senat des BVerfG hat die zwei Anträge auf Erlass einer einstweiligen Anordnung, die sich gegen das am 18. 12. 2020 zustande gekommene Gesetz zu dem Übereinkommen vom 19. 02. 2013 über ein Einheitliches Patentgericht (EPGÜ-ZustG II) richteten, abgelehnt. Zur Begründung führt der Senat aus, dass die Verfassungsbeschwerden in der Hauptsache unzulässig sind, weil die Beschwerdeführer die Möglichkeit einer Verletzung ihrer Grundrechte nicht hinreichend substantiiert dargelegt haben. Das Gesetz zu dem Übereinkommen vom 19. 02. 2013 über ein Einheitliches Patentgericht wurde am 12. 08. 2021 im BGBl. 2021 II 850 verkündet und ist am 13. 08. 2021 in Kraft getreten.

Bzgl. der Vertretungsbefugnis kann wie bisher der Rechtsanwalt tätig werden. Entsprechend dem bisherigen deutschen System kann ein Patentanwalt auch mitwirken. Allerdings gibt es auch die Möglichkeit, dass ein europäischer Patentanwalt (European Patent Attorney) zur Vertretung befugt ist, sofern er ein entsprechendes Zertifikat erworben hat Dies setzt richt die erfolgreiche Ablegung der Europäischen Eignungsprüfung und den Erwerb des European Patent Litigation Certificate voraus.

In der vorliegenden Auflage wurden die entsprechenden Entwicklungen mit ihren Auswirkungen auf den Beruf des Patentanwalts berücksichtigt. Dabei ist das bewährte Konzept, die Materie anhand von Fallbeispielen und Abbildungen zu erläutern, beibehalten worden. Wie schon im Vorwort zu den früheren Auflagen betont wurde, erhebt das Werk keinen Anspruch auf Vollständigkeit. Vielmehr soll anhand von praktischen Beispielen das patentanwaltliche Berufsbild und die Tätigkeit im gewerblichen Rechtsschutz erläutert werden. Das Prinzip, nur eine Entscheidung der Gerichte zu nennen, ist ebenfalls weitgehend beibehalten worden. Auf die umfassende Zitierung von Rechtsprechung und die Darstellung abweichender Meinungen in der Literatur wurde ebenfalls grundsätzlich verzichtet, um den Praxischarakter des Buches zu erhalten.

Der Autor dankt dem bewährten Team, das schon bei der Ausarbeitung der früheren Auflagen tatkräftig mitgewirkt hat. Besonderer Dank gilt Frau Marion Fitzner für die zahlreichen praktischen Anregungen und sachlichen Ergänzungsvorschläge. Dank gebührt ferner insbesondere Frau Nowak für ihren unermüdlichen Einsatz.

Ratingen, Mai 2026 Prof. Dr. Dr. Uwe Fitzner

Inhaltsübersicht

Inhaltsverzeichnis

Abkürzungsverzeichnis

a.	auch
a. A.	anderer Ansicht
Abb.	Abbildung
ABl.	Amtsblatt
ABlEG	Amtsblatt der Europäischen Gemeinschaften
a. F.	alte Fassung
AktG	Aktiengesetz
Alt.	Alternative
AnwBl.	Anwaltsblatt
ArbEG	Gesetz über Arbeitnehmererfindungen
ArbNErf.	Arbeitnehmererfindung
ARIPO	African Regional Intellectual Property Organization
Art.	Artikel
Aufl.	Auflage
BB	Betriebsberater
Beil.	Beilage
Beschl.	Beschluss
BFH	Bundesfinanzhof
BGB	Bürgerliches Gesetzbuch
BGBl	Bundesgesetzblatt
BGH	Bundesgerichtshof
BGH-Rep.	BGH-Report Schnelldienst z. Zivilrechtsprechung des BGH
BGHZ	Bundesgerichtshof Entscheidungen in Zivilsachen
BGHST	Bundesgerichtshof Entscheidung in Strafsachen
BlPMZ	Blatt für Patent-, Muster- und Zeichnungswesen
BOPA	Berufsordnung der Patentanwälte
BORA	Berufsordnung der Rechtsanwälte
BPatG	Bundespatentgericht
BPatGE	Bundespatentgerichtsentscheidungen
BRAGO	Bundesrechtsanwaltsgebührenordnung
BR-Drucks.	Bundesrat-Drucksache
BRAK-Mitt.	Mitteilung der Bundesrechtsanwaltskammer
BRAO	Bundesrechtsanwaltsordnung
BT-Drucks.	Bundestag-Drucksache
BVerfG	Bundesverfassungsgericht
BVerfGE	Bundesverfassungsgerichtliche Entscheidungen
bzw.	beziehungsweise
CR	Computer und Recht
DB	Der Betrieb
DDG	Digitale Datengesetz
DesignG	Designgesetz
Diss.	Dissertation
d. h.	das heißt
DNotZ	Deutsche Notar-Zeitschrift

DO	Designated Office
DPMA	Deutsches Patent- und Markenamt
EBE/BGH	Eildienst bundesgerichtlicher Entscheidungen
EG	Europäische Gemeinschaft
EGV	Europäischer Gemeinschaftsvertrag
EO	Elected Office
EPA	Europäisches Patentamt
EPGÜ	Europäisches Gemeinschaftspatent Übereinkommen
EPO	Europäische Patentorganisation
EPÜ	Übereinkommen über die Erteilung europäischer Patente
EPV	Verordnung über das Einheitspatent
EPVÜ	Verordnung über die Übersetzungsregeln zum Einheitspatent
EstG	Gesetz ü. d. Erstreckung v. gewerblichen Schutzrechten v. 23.4.1992
ET	Erteilungstag
etc.	et cetera (lat. = und so weiter)
EU	Europäische Union
EUGH	Europäischer Gerichtshof
EUIPO	Amt der Europäischen Union für geistiges Eigentum
EuPAG	Gesetz über die Tätigkeit europäischer Patentanwälte in Deutschland
EuRAG	Gesetz über die Tätigkeit europäischer Rechtsanwälte in Deutschland
EV	Einigungsvorschlag
EWG	Europäische Wirtschaftsgemeinschaft
EWiR	Entscheidung zum Wirtschaftsrecht
f.	folgende(r)
ff.	folgende (Plural)
Fn.	Fußnote
GebrM	Gebrauchsmuster
GebrMG	Gebrauchsmustergesetz
GbR	Gesellschaft des bürgerlichen Rechts
GeschmM	Geschmacksmuster
GeschmMG	Geschmacksmustergesetz (seit 01.01.2014 Designgesetz)
GG	Grundgesetz der Bundesrepublik Deutschland v. 23.5.1949
GmbH	Gesellschaft mit beschränkter Haftung
GmbHG	GmbH-Gesetz
GP	Gemeinschaftspatent
GpatG	Gesetz über das Gemeinschaftspatent
GPÜ	Übereinkommen vom 15.12.1975 ü. d. europäische Patent für den gemeinsamen Markt
GSortV	Verordnung über den gemeinschaftlichen Sortenschutz
GRUR	Gewerblicher Rechtsschutz und Urheberrecht
GRUR Int.	Gewerblicher Rechtsschutz und Urheberrecht – Internationaler Teil
GRUR Patent	Gewerblicher Rechtsschutz und Urheberrecht – Patentrecht in der Praxis

GVBl.	Gesetz- und Verordnungsblatt
GWB	Gesetz gegen Wettbewerbsbeschränkungen
HGB	Handelsgesetzbuch
h. L.	herrschende Lehre
h. M.	herrschende Meinung
HlSchG	Halbleiterschutzgesetz
Hrsg.	Herausgeber
Hs.	Halbsatz
IB	International Bureau
i. e. S.	im engeren Sinne
i. d. F.	in der Fassung
i. d. R.	in der Regel
i. d. S.	in dem (diesem) Sinne
i. e. S.	im engeren Sinne
InstGE	Entscheidung der Instanzgerichte z. Recht des geistigen Eigentums
int.	international
IntPatÜG	Gesetz über internationale Patentübereinkommen
IP	Industrial Property (Jahr und Seite)
IPEA	International Preliminary Examination Authority
IPR	Internationales Privatrecht
i. R. d.	im Rahmen des/der
ISA	International Searching Authority
i. S. d.	im Sinne des
i. S. v.	im Sinne von
i.V. m.	in Verbindung mit
i. w. S.	im weiteren Sinne
JA	Juristische Arbeitsblätter
JR	Juristische Rundschau
JurBüro	Das juristische Büro
JW	Juristische Wochenschrift
JZ	Juristen-Zeitung
Kap.	Kapitel
KE	Kurseinheit
KG	Kammergericht, Kommanditgesellschaft
Komm.	Kommentar, Kommission
Lehrb	Lehrbuch
LG	Landgericht
lit.	Litera (lat. = Buchstabe)
Lit.	Literatur
LM	Nachschlagewerk des BGH in Zivilsachen, hrsg. von Lindenmaier-Möhring (Gesetzstelle und Entscheidungs-Nr.)
LS	Leitsatz
Ltd	Limited
m.	mit
MarkenG	Markengesetz
MDR	Monatsschrift für Dt. Recht

MinBl.	Ministerialblatt
Mitt.	Mitteilung der Deutschen Patentanwälte
MMA	Madrider Abkommen
MünchKomm.	Münchener Kommentar zum Bürgerlichen Gesetzbuch
MuW	Markenschutz und Wettbewerb
m. w. N.	mit weiteren Nachweisen
n. F.	neue Fassung
NJW	Neue Juristische Wochenschrift
NJW-RR	NJW-Rechtsprechungs-Report-Zivilblatt
NZG	Neue Zeitschrift für Gesellschaftsrecht
o. ä.	oder ähnlich
OAPI	Organisation Africaine de la Propriété Intellectuelle
OLG	Oberlandesgericht
PAGO	Patentanwaltsgebührenordnung
PAO	Patentanwaltsordnung
PatAnwAPO	Patentanwaltsausbildungs- und Prüfungsordnung
PatAnwAPrV	Patentanwaltsausbildungs- und Prüfungsverordnung
PAK	Patentanwaltskammer
PartG	Partnerschaftsgesellschaft
PartGG	Partnerschaftsgesellschaftsgesetz
PartGmbB	Partnerschaftsgesellschaft mit beschränkter Berufshaftung
PatAnwGO	Patentanwaltsgebührenordnung
PatG	Patentgesetz
PCT	Patent Cooperation Treaty
PflZÜ	Internationales Übereinkommen zum Schutz von Pflanzenzüchtungen
PMMA	Protokoll zum Madrider Markenabkommen u. d. int. Registrierung von Marken
PVÜ	Pariser Verbandsübereinkunft
R.	Regel (der Ausführungsverordnung zum EPÜ oder zum PCT)
RBerG	Rechtsberatungsgesetz
RBK	Rechtsprechung der Beschwerdekammer des EPA
Rdn	Randnummer (Verweisungen innerhalb des Werkes)
Rn	Randnummer (Verweisung auf externe Literatur)
RGZ	Entscheidungen des Reichsgerichts in Zivilsachen
Richtl EPA	Richtlinien für die Prüfung im EPA
RIW	Recht der Int. Wirtschaft, Außenwirtschaftsdienst des Betriebs-Beraters
RL	Richtlinie
Rn.	Randnummer (anderer Werke)
RO	Receiving Office
Rspr.	Rechtsprechung
RVG	Rechtsanwaltsvergütungsgesetz
S.	Satz oder Seite(n)
s.	siehe
Slg.	Sammlung l. Rechtsprechung des EUGH
s. o.	siehe oben

sog.	sogenannt
SortG	Sortenschutzgesetz
StdT	Stand der Technik
st. Rspr.	ständige Rechtsprechung
TB	Tätigkeitsbereich
TBK	Technische Beschwerdekammer des EPA
TRIPS	WTO-Übereinkommen über handelsbezogene Aspekte der Rechte des geistigen Eigentums
u.	und
u. a.	und andere
ÜbersV	Verordnung über die Übersetzung europäischer Patentschriften
Übk.	Übereinkommen
ÜG/ÜberlG	Überleitungsgesetz; speziell: Gesetz zur Änderung und Überleitung von Vorschriften auf dem Gebiet des gewerblichen Rechtsschutzes
UNEPA	Union of European Patent Agents
unstr.	unstreitig
unveröff.	Unveröffentlicht
UrhG	Gesetz über Urheberrecht und verwandte Schutzrechte (Urheberrechtsgesetz)
Urt.	Urteil
u. U.	unter Umständen
UWG	Gesetz gegen den unlauteren Wettbewerb
v.	von, vom
VEP	Vorschriften über die europäische Eignungsprüfung für die beim EPA zugelassenen Vertreter
VerfO-BK	Verfahrensordnung der Beschwerdekammer des EPA
VerfO-GBK	Verfahrensordnung der Großen Beschwerdekammer des EPA
VDI	Verein Deutscher Ingenieure
Verf.	Verfasser
Vers.R.	Versicherungsrecht
vgl.	vergleiche
VMBl.	Ministerblatt des Bundesministers für Verteidigung
Vorbem.	Vorbemerkung
VPP	Verband der vertretungsberechtigten Patentingenieure und Patentassessoren e.V.; Vereinigung von Fachleuten auf dem Gebiet des gewerblichen Rechtsschutzes
WiB	Wirtschaftsrechtliche Beratung
WIPO	World Intellectual Property Organisation (auch: OMPI; Weltorganisation für geistiges Eigentum)
WM	Wertpapiermitteilung
WRP	Wettbewerb in Recht und Praxis
WTO	World Trade Organization
WuW	Wirtschaft und Wettbewerb
WZ	Warenzeichen
WZG	Warenzeichengesetz

z.	zu, zum, zur
ZAP	Zeitung für die Anwaltspraxis
z. B.	zum Beispiel
Ziff.	Ziffer
z. T.	zum Teil
ZUM	Zeitschrift für Urheber- und Medienrecht
zust.	zustimmend
zutr.	zutreffend
zw.	zwischen

Literaturverzeichnis

Ann	Patentrecht, Verlag C.H.Beck, 8. Aufl. 2021
Ann/Anders/Dreiss/Jestaedt/ Stauder	Materielles Patentrecht – Festschrift für Reimar König zum 70. Geburtstag, 2003, Carl Heymanns Verlag (Hrsg.)
Barredo	Microbial Processes and Products, 2004, Humana Press, Totowa, New Jersey
Bartenbach	Arbeitnehmererfindungen im Konzern, 6. Aufl. 2025, Carl Heymanns Verlag
Bartenbach u.|a.	Formularsammlung zum gewerblichen Rechtsschutz mit Urheberrecht, 2. Aufl. 1998, VCH, Weinheim
Bartenbach/Volz	Arbeitnehmererfindervergütung,4. Aufl. 2017, Carl Heymanns Verlag
Bartenbach/Volz	Arbeitnehmererfindungen, 7. Aufl. 2020, Carl Heymanns Verlag
Bartenbach/Volz	Arbeitnehmererfindungsgesetz (Kommentar), 7. Aufl. 2025, Carl Heymanns Verlag
Baumbach/Lauterbach/ Albers/Hartmann	Zivilprozessordnung (Kommentar), 78. Aufl. 2019, C. H. Beck Verlag
Benkard	Europäisches Patentübereinkommen (Kommentar), 4. Aufl. 2023, C. H. Beck Verlag
Benkard	Patentgesetz und Gebrauchsmustergesetz (Kommentar), 12. Aufl. 2023, C. H. Beck Verlag
Braitmayer/van Hees	Verfahrensrecht in Patentsachen 4. Aufl. 2010, Carl Heymanns Verlag
Bühring/Braitmayer/Haberl	Gebrauchsmustergesetz (Kommentar), 9. Aufl. 2021, Carl Heymanns Verlag
Büscher	Gesetz gegen den unlauteren Wettbewerb, 3. Auflage 2024, Carl Heymanns Verlag
Bulling/Langöhrig/Hellwig/ Müller/Ell	Geschmacksmuster – Designschutz in Deutschland und Europa mit USA, Japan, China und Korea, 5. Aufl. 2022, Carl Heymanns Verlag
Busse/Keukenschrijver	Patentgesetz (Kommentar), 9. Aufl. 2020, Verlag Walter de Gruyter
Cimniak	Der derivative Erzeugnisschutz im deutschen Patentrecht, Dissertation FU Hagen, 2014
Czartowski	Die 500 bekanntesten Marken der Welt, 2004, Verlag Eichhorn
Dolder/Faupel	Der Schutzbereich von Patenten Bd. 1: Mechanik/ Verfahrenstechnik, 4. Auflage 2020, Carl Heymanns Verlag
Eichmann/Jestaedt/Fink/ Meiser	Designgesetz: Gesetz über den rechtlichen Schutz von Design, Kommentar 7. Aufl. 2023, C. H. Beck Verlag
Eisenführ/Schennen	Unionsmerkenverordnung, 7. Auflage 2023, Carl Heymanns-Verlag
Einsele/Franke	Festschrift 50 Jahre VPP, 2005

Eisenhardt/Wackerbarth	Gesellschaftsrecht I – Recht der Personengesellschaften. 17. Auflage, 2022 C.F. Müller
Engels	Patent-, Marken- und Urheberrecht, 11. Aufl. 2020, Vahlen-Verlag
Erdmann/Rohjahn/Sosnitza	Handbuch des Fachanwalts Gewerblicher Rechtsschutz, 3. Aufl. 2018, Carl Heymanns Verlag
Weyland	BRAO – Bundesrechtsanwaltsordnung (Kommentar), mit PartGG, 11. Aufl. 2024, Verlag Franz Vahlen
Fitzner	Der patentrechtliche Schutz von Mikroorganismen, Dissertation FU-Berlin, 1980
Fitzner/Kubis/Metzger	Patentrechtskommentar, fortl. online Aufl., 4. Aufl. als Printversion 2012, C. H. Beck Verlag
Fritsche/Münker/Stollwerk	Gesetz gegen den unlauteren Wettbewerb: UWG, 2022, C.H.Beck Verlag
Gleiss/Heide	Gewerblicher Rechtsschutz, 2002, Deutscher Anwaltverlag
Grüneberg	Bürgerliches Gesetzbuch (Kommentar), 85. Aufl. 2026, C. H. Beck Verlag
Haesemann/Gennen/ Bartenbach/Bartenbach	Festschrift für Kurt Bartenbach zum 65. Geburtstag 2005
Hellebrand/Himmelmann	Lizenzsätze für technische Erfindungen, 6. Aufl. 2021, Carl Heymanns Verlag
Henssler/Prütting	Bundesrechtsanwaltsordnung: BRAO, 6. Auflage 2024 C.H. Beck Verlag
Hinkelmann	Gewerblicher Rechtsschutz in Japan, Patente, Marken, Gebrauchsmuster, Geschmacksmuster, Know-how, 3. Aufl. 2019, Carl Heymanns Verlag
Huppertz/Cohausz	Das Patentsekretariat, Die Bürofachkraft im gewerblichen Rechtsschutz, 9. Aufl. 2025, Carl Heymanns Verlag
Ingerl/Rohnke/Nordemann	Markengesetz (Kommentar), 4. Aufl. 2023, C. H. Beck Verlag
Jaenichen/Meier/McDonell/ Haley/Hosoda	From clones to claims – The European Patent Offices case law on the patentability of Biotechnology Inventions in comparison to United States practice and case law, 6. Aufl. 2016, Carl Heymanns Verlag
Keukenschrijver	Patentnichtigkeitsverfahren, 7. Aufl. 2020, Carl Heymanns Verlag
Keukenschrijver	Sortenschutzgesetz, 7. Aufl. 2020, Carl Heymanns Verlag
Kilian/Koch	Anwaltliches Berufsrecht, 2. Auflage 2018, C.H. Beck Verlag
Köhler/Bornkamm	Gesetz gegen den unlauteren Wettbewerb (Kommentar), 44. Aufl. 2026, C. H. Beck Verlag
Köllner	PCT-Handbuch, 16. Aufl. 2022, Carl Heymanns Verlag
Ann	Patentrecht, 8. Aufl. 2022, C. H. Beck Verlag
Kühnen	Handbuch der Patentverletzung, 117. Aufl. 2026, Carl Heymanns Verlag
Kühnen/Kaess (Hrsg.)	InstGE – Entscheidung der Instanzgerichte zum Recht des geistigen Eigentums, Fortsetzung 2010, Carl Heymanns Verlag

Kurz	Weltgeschichte des Erfindungsschutzes, 2000, Carl Heymanns Verlag
Leßmann/Würtenberger	Deutsches und Europäisches Sortenschutzrecht, 2. Auflage 2009, Nomos Verlag
Mayer/Butler/Molnia	Das US-Patent, 5. Aufl. 2017, Carl Heymanns Verlag
Mes	Patentgesetz, Gebrauchsmustergesetz (Kommentar), 6. Aufl. 2024, C. H. Beck Verlag
Metzger/Zech	Sortenschutzrecht, 1. Auflage 2016, C. H.Beck Verlag
Nordemann	Wettbewerbsrecht, Markenrecht, 11. Aufl. 2012, Nomos Verlag
Osterrieth	Patentrecht, 7. Aufl. 2025, C. H. Beck Verlag
Pfaff/Osterrieth	Lizenzverträge, 5. Auflage 2026, C.H.Beck Verlag
Pierson/Ahrens/Fischer	Recht des geistigen Eigentums, 4. Aufl. 2018, UTB
Richter/Stoppel	Die Ähnlichkeit von Waren und Dienstleistungen, 20. Aufl. 2024, Carl Heymanns Verlag
Ruhl/Tolkmitt	Gemeinschaftsgeschmacksmuster, 3. Aufl. 2019, Carl Heymanns Verlag
Säcker/Rixecker/Oetker/Limperg	Münchener Kommentar zum Bürgerlichen Gesetzbuch, 910. Auflage 2025, C.H. Beck Verlag
Schlagwein	Fachwissen für Patentanwaltsbüros und Patentabteilungen, fortlaufende Auflage, Bad Nauheim
Schneider/Wolf	RVG AnwaltKommentar, 9. Aufl. 2021, Deutscher Anwaltverlag
Schulte	Patentgesetz mit EPÜ (Kommentar), 12. Aufl. 2024, Carl Heymanns Verlag
Singer/Stauder/Luginbühl	EPÜ Europäisches Patentübereinkommen (Kommentar), 9. Aufl. 2023, Carl Heymanns Verlag
Spintig/Ehlers	Festschrift für Günter Eisenführ, 2003, Carl Heymanns Verlag
Ströbele/Hacker/Thiering	Markengesetz (Kommentar), 14. Aufl. 2024, Carl Heymanns Verlag
Uexküll	Wörterbuch der Patent- und Markenpraxis, 8. Aufl. 2011, Carl Heymanns Verlag
Wilhelmer	Berufshaftpflichtversicherung, 2022, Verlag Österreich
Zollner/Fitzner (Hrsg.)	Festschrift für Wilhelm Nordemann, 1999, Nomos Verlag

Zeitschriften

Anwalt	Anwalt Das Magazin
AnwBl	Anwaltsblatt
BGBl.	Bundesgesetzblatt
BGHZ	Entscheidungen des Bundesgerichtshofes in Zivilsachen
BlPMZ	Blatt für Patent- Muster- und Zeichenwesen
BPatGE	Entscheidungen des Bundespatentgerichts
BRAK-Mitt.	Mitteilungen der Bundesrechtsanwaltskammer
BR-Drucks.	Drucksachen des Bundesrates
BT-Drucks.	Drucksachen des Bundestages
DNotZ	Deutsche Notar-Zeitschrift
EBE/BGH	Eildienst Bundesgerichtliche Entscheidungen
GRUR	Gewerblicher Rechtsschutz und Urheberrecht
GRUR Int	Gewerblicher Rechtsschutz und Urheberrecht, Internationaler Teil
GRUR Patent	Gewerblicher Rechtsschutz und Urheberrecht, Patentrecht in der Praxis
GRUR Prax	Gewerblicher Rechtsschutz und Urheberrecht in der Praxis
JbJZivRWiss	Jahrbuch Junger Zivilrechtswissenschaftler
JZ	Juristenzeitung
JurBüro	Das Juristische Büro
MDR	Monatsschrift für Deutsches Recht
Mitt.	Mitteilung der deutschen Patentanwälte
NJW	Neue Juristische Wochenschrift
NJW-RR	Neue Juristische Wochenschrift Rechtsprechungsreport
RGZ	Entscheidungen des Reichsgerichts in Zivilsachen
RÜ	Rechtsprechungsübersicht
VersR	Versicherungsrecht
WiB	Wirtschaftsrechtliche Beratung (seit 5/1997 Neue Zeitschrift für Gesellschaftsrecht)
ZAP	Zeitschrift für Anwaltspraxis
ZIP	Zeitschrift für Wirtschaftsrecht (seit 4/1983; vorher Zeitschrift für Insolvenzrecht sowie Zeitschrift für Wirtschaftsrecht und Insolvenzpraxis)

A. Einleitung

Vorbemerkung A. [für online ergänzt]

Die stürmische Entwicklung der Technik in den vergangenen beiden Jahrhunderten hat eine Revolution auf industriellem Gebiet mit weltweit durchgreifenden Veränderungen eingeleitet. Insbesondere die biotechnologischen Verfahren und die Computertechnologie haben seit den siebziger Jahren des 20. Jahrhunderts zu tief greifenden Neuentwicklungen und Umwälzungen in allen Lebensbereichen geführt und neue Perspektiven eröffnet. 1

Die zunehmende Entwicklungstätigkeit und der immer umfassendere Stand der Technik haben den Bedarf an einem Schutz der Entwicklungsleistungen auf technischem und nicht technischem Gebiet enorm wachsen lassen. Demgemäß hat auch der Patentschutz immer größere Bedeutung gewonnen. 2

Zur Bewältigung des gestiegenen Umfangs der Schutzrechtsanmeldungen mussten die nationalen und internationalen Behörden ihren Personalstand entsprechend erweitern. Auf der anderen Seite ist der Bedarf der Anmelder an adäquater Beratung und sachkundiger Vertretung gestiegen. Entsprechend hat die Zahl der Patentanwälte zugenommen. Waren Ende der achtziger Jahre noch weniger als 1.000 Patentanwälte zugelassen, sind es 2022 bereits über 3.500. 3

Im Hinblick auf den gestiegenen Beratungsbedarf reichte jedoch eine Erhöhung der Zahl der Patentanwälte allein nicht aus. Zugleich musste deren Ausbildung der Vielfalt der Aufgabenbereiche angepasst werden. Um dies zu erreichen, ist in den neunziger Jahren im Zuge der Ausbildung der Patentanwälte ein begleitendes Studium im gewerblichen Rechtsschutz eingeführt worden. 4

Die vorliegende Abhandlung soll im Hinblick auf den gestiegenen Ausbildungsbedarf dem angehenden Patentanwalt Hinweise auf die zu bewältigenden praktischen Probleme geben und zugleich eine Hilfestellung im täglichen Anwaltsbetrieb sein. Dabei wird besonders auf das rechtliche Verhältnis zwischen Mandant und Anwalt und die Diversität der Beratung und Betreuung des Mandanten auf den verschiedensten Gebieten eingegangen. Jedes Teilgebiet wird ausgehend von beispielhaften Fallbetrachtungen behandelt, ohne dass allerdings Anspruch auf eine allumfassende Beleuchtung aller Gebiete erhoben wird. 5

B. Der Patentanwalt

Übersicht Rdn.

Vorbemerkung B.

Der Beruf des Patentanwalts ist der breiten Öffentlichkeit wenig bekannt. In den letzten 100 Jahren haben sowohl in Rechtsprechung als auch in Naturwissenschaft und Technik erhebliche Änderungen stattgefunden. Dies hat auch eine Änderung des Berufsbildes des Patentanwalts sowie seiner Ausbildung bewirkt. 6

I. Einführung

Das aus dem Jahre 1935 stammende Rechtsberatungsgesetz ist durch Gesetz vom 12.12.2007 aufgehoben worden. An deren Stelle ist ein inhaltlich und strukturell grundlegend neu gestaltetes Rechtsdienstleistungsgesetz (RDG) getreten. Ferner hat die Patentanwaltsordnung Änderungen u. a. durch das Gesetz zur Modernisierung von Verfahren im patentanwaltlichen Berufsrecht vom 14.08.2009 erfahren. Im Jahre 2013 wurde ein Patentnovellierungsgesetz und eine neue Berufsordnung der Patentanwälte verabschiedet Nach dem bis zum 01.01.2016 geltenden Recht gab es einen »Syndikus-Anwalt« nicht. Es gab nur angestellte Patentassessoren und freiberuflich tätige Patentanwälte. Dies änderte sich durch die Einführung des Syndikuspatentanwalts, was in der Patentanwaltsordnung seinen Niederschlag gefunden hat. Eine weitere Änderung betraf die Ausbildung der Patentanwälte. Der Bundesrat hat am 22.09.2017 eine entsprechend neu gefasste Verordnung verabschiedet. Neben vielen formalen Änderungen waren neue Vorgaben für die Prüfung in den Gesetzestext aufgenommen worden. Insbesondere erfolgte eine weitgehende Angleichung der Prüfung und der Notengebung an das seit Jahren im rechtswissenschaftlichen Bereich übliche System. Mit Gesetz vom 07.07.2021 zur Neuregelung des Berufsrechts der anwaltlichen und steuerberatenden Berufsausübungsgesellschaften sowie zur Änderung weiterer Vorschriften im Bereich der rechtsberatenden Berufe wurde eine umfassende Neuregelung der Bundesrechtsanwaltsordnung, des Steuerberatergesetzes und der Patentanwaltsordnung verabschiedet[1]. Durch Gesetz vom 30.08.2021 wurde zudem das Patentgesetz geändert[2]. 7

In den vergangenen Jahren ist die Anwendung des Rechtsberatungsgesetzes (RBerG) zunehmend durch die Rechtsprechung des Bundesverfassungsgerichts beeinflusst und geprägt worden. Diese Rechtsprechung ging davon aus, dass der Erlaubnisvorbehalt für die Besorgung fremder Rechtsangelegenheiten gemäß Art. 1 § 1 Abs. 1 RBerG grundsätzlich verfassungsgemäß ist.[3] Trotzdem hatte die Zahl erfolgreicher Verfassungsbeschwerden gegen die von den Gerichten vorgenommene Auslegung des Rechtsbe- 8

1 BGBl. 2021 Teil I Nr. 41 vom 12.07.2021.

2 BGBl. 2021 Teil I Nr. 53, vom 17.08.2021.

3 BVerfGE, 1 BvR 8/74, 1 BvR 275/74 vom 25.02.1976, BVerfGE 41, 378, 390 = NJW 1976, 1349 – *Prozessagenten*, BVerfG, 1 BvR 724/81, 1 BvR 1000/81, 1 BvR 1015/81, 1 BvL 16, 82, 1 BvL 5/83, 1 BvR 724, 1000, 1015/81, 1 BvL 16, 82, 5/84 vom 05.05.1987, BVerfGE 75, 246, 276, 275 f. = NJW 1988, 545 – *Vollrechtsbeistände*.

ratungsgesetzes kontinuierlich zugenommen.[4] So hat das Bundesverfassungsgericht das Verbot unentgeltlicher Rechtsberatung durch Volljuristen mit Blick auf Art. 2 Abs. 1 GG grundsätzlich infrage gestellt.[5] Angesichts dieser Entwicklungen hat der Gesetzgeber eine umfassende Regelung des Rechts der außergerichtlichen Dienstleistungen vorgenommen.[6]

9 Im Weiteren ist das Gesetz der freiwilligen Gerichtsbarkeit außer Kraft gesetzt worden. In Verfolg dessen ist u. a. das Gesetz zur Modernisierung des patentanwaltlichen Berufsrechts verabschiedet worden.[7] Im Rahmen dieser Änderung ist auch die Zuständigkeit für die Zulassungsverfahren auf die Patentanwaltskammer übertragen worden.

10 Seit der grundlegenden Entscheidung des Bundesverfassungsgerichts zur erlaubnisfreien Zulässigkeit der Patentgebührenüberwachung[8] ist geklärt, dass nicht jede Geschäftstätigkeit auf rechtlichem Gebiet als erlaubnispflichtige Rechtsbesorgung angesehen werden darf. Spezialdienstleistungen, die nicht die volle juristische Kompetenz eines Anwalts erfordern und die auch von einer Anwaltskanzlei regelmäßig nicht durch den Anwalt selbst, sondern durch Hilfskräfte erledigt werden, unterfallen danach nicht dem Anwendungsbereich des Rechtsberatungsgesetzes.

11 Das Bundesverfassungsgericht hat den Grundsatz aufgestellt,[9] für die Abgrenzung erlaubnisfreier Geschäftsbesorgung von erlaubnispflichtiger Rechtsbesorgung sei auf den Kern und den Schwerpunkt der Tätigkeit abzustellen. Es komme darauf an, ob die Tätigkeit überwiegend auf wirtschaftlichem Gebiet liege oder ob die rechtliche Seite der Angelegenheit im Vordergrund stehe und es wesentlich um die Klärung rechtlicher Verhältnisse gehe. Eine schlichte Mahn- oder Beitreibungstätigkeit ohne substantielle Rechtsberatung[10] ordnet das Bundesverfassungsgericht z. B. als kaufmännische Hilfstätigkeit und damit als nicht erlaubnispflichtige Besorgungen fremder Rechtsangelegenheiten ein.[11] Diese Grundsätze hat das Bundesverfassungsgericht auch in weiteren

4 BVerfG, 1 BvR 780/87 vom 29.10.1997, BVerfGE 97, 12 – *MasterPat*; BVerfG, 1 BvR 423/99, vom 20.02.2002, NJW 2002, 1190 – *Inkassounternehmen I*; BVerfG, 1 BvR 2251/01 vom 27.09.2002, NJW 2002, 3531 – *Erbenermittler*; BVerfG, 1 BvR 1807/98 vom 15.01.2004, NJW 2004, 672 – *Mahnman*; BVerfG, 1 BvR 517/99 vom 11.03.2004, NJW 2004, 1855 – *Auto Bild/SAT.1 – Jetzt reichts*.

5 BVerfG, 1 BvR 737/00 vom 29.07.2004, NJW 2004, 2662 – *Unentgeltliche Rechtsberatung I*; BVerfG, 2 BvR 951/04, 2 BvR 1087/04 vom 16.02.2006, FamRZ 2006, 539 – *Unentgeltliche Rechtsberatung II*.

6 Gesetz zur Neuregelung des Rechtsberatungsrechts vom 12.12.2007 BGBl. I Nr. 63, 2840 ff., BlPMZ 2008, S. 33 ff.

7 Gesetz zur Modernisierung von Verfahren im patentanwaltlichen Berufsrecht vom 14.08.2009, BGBl. I/2009, Nr. 54, 2827 ff., BlPMZ 2009, 365 ff.

8 BVerfG, 1 BvR 780/87 vom 29.10.1997, BVerfGE 97, 12 = NJW 1998, 3481 – *MasterPat*.

9 BVerfG, 1 BvR 2251/01 vom 27.09.2002, NJW 2002, 3591 – *Erbenermittler*.

10 BVerfG, 1 BvR 423/99 vom 20.02.2002, NJW 2002, 1190 – *Inkassounternehmen I*.

11 BVerfG, 1 BvR 725/03 vom 14.08.2004, NJW-RR 2004, 1570 – *Inkassounternehmen II*.

Entscheidungen[12] aufrecht erhalten. So gestattet die Erlaubnis zum geschäftsmäßigen Forderungseinzug nach dem Rechtsberatungsgesetz auch eine umfassende rechtliche Forderungsprüfung. Daneben hat das Bundesverfassungsgericht in mehreren Entscheidungen Vorgaben zur Zulässigkeit der Rechtsaufklärung und -durchsetzung in den Medien gemacht.[13] Erfasst vom Schutz der Rundfunkfreiheit seien sowohl die generell-abstrakte Behandlung von Rechtsfragen als auch die Darstellung einzelner konkreter Streitfälle. Diese Berichterstattung stelle keine Rechtsberatung dar. Etwas Anderes gelte aber, wenn juristische Hilfestellung bei der Prüfung und Durchsetzung von Individualansprüchen angeboten werde.

Ferner hat das Bundesverfassungsgericht entschieden,[14] dass der Begriff der Geschäftsmäßigkeit unter Abwägung der Schutzzwecke des Rechtsberatungsgesetzes einerseits und des Grundrechts der allgemeinen Handlungsfreiheit andererseits auszulegen ist. Infolge dessen hat das Niedersächsische Oberverwaltungsgericht entschieden,[15] dass die unentgeltliche Besorgung fremder Rechtsangelegenheiten durch einen berufserfahrenen Volljuristen nicht geschäftsmäßig erfolge und stets ohne besondere Genehmigung erlaubt sei. Zum Forderungsverkauf hat das Bundesverwaltungsgericht[16] ausgeführt, dass die in der Ausführungsordnung zum Rechtsberatungsgesetz normierte Erlaubnispflicht des geschäftsmäßigen Erwerbs von Forderungen zum Zweck der Einziehung auf eigene Rechnung nicht mehr mit den rechtsstaatlichen Grundsätzen vereinbar sei. 12

Weitere Vorgaben enthält das europäische Gemeinschaftsrecht. So hat der Europäische Gerichtshof in mehreren Entscheidungen die Vorschriften des Rechtsberatungsgesetzes für vereinbar mit dem europäischen Recht gehalten.[17] Allerdings nahm der EuGH ebenso wie das Bundesverfassungsgericht eine Auslegung vor, wonach von dem Dienstleistenden nicht eine berufliche Qualifikation gefordert werden könne, die zu der Art seiner Leistungen in den Bedürfnissen der Empfänger der Dienstleistung außer Verhältnis stehe.[18] 13

Ein neuer Tätigkeitsbereich für die im Patentrecht tätigen Patentanwälte wurde mit dem Übereinkommen über ein einheitliches Patentgericht und der Verordnung des 14

12 BVerfG, 1 BvR 423/99 vom 20.02.2002, NJW 2002, 1190 – *Inkassounternehmen I*, BVerfG, 1 BvR 725/03 vom 14.08.2004, NJW-RR 2004, 1570 – *Inkassounternehmen II.*

13 BVerfG, 1 BvR 1807/98 vom 15.01.2004, NJW 2004, 672 – *Mahnman*; BVerfG, 1 BvR 517/99 vom 11.03.2004, NJW 2004, 1855 – *Auto Bild/SAT.1 – Jetzt reichts.*

14 BVerfG, 1 BvR 737/00 vom 29.07.2004, NJW 2004, 2662 – *Unentgeltliche Rechtsberatung I*; BVerfG, 2 BvR 951/04, 2 BvR 1087/04 vom 16.02.2006, FamRZ 2006, 539 – *Unentgeltliche Rechtsberatung II.*

15 OVG Lüneburg, 8 LB 119/03 vom 08.12.2005, NVwZ-RR 2006, 361, 362.

16 BVerwG 6C 27.02 vom 16.07.2003, BVerwGE 118, 319 = NJW 2003, 2767 – *Forderungskauf.*

17 EuGH C-3/95 vom 12.12.1996, Slg. 1996 I-6511 = WM 1997, 164 – *Reisebüro Broede./. Sandker*; EuGH C-76/90 vom 25.07.1991, Slg. 1991 I-4221 = NJW 1991, 2693 – *Saeger./. Dennemeyer.*

18 EuGH C-76/90 vom 25.07.1991, Slg. 1991 I-4221 = NJW 1991, 2693 – *Saeger./. Dennemeyer.*

Europäischen Parlaments und des Rates vom 17.12.2012.[19] eröffnet. U.a. sind darin die Vertretungsbefugnisse für die Tätigkeit vor dem Gericht besonders geregelt (Art. 48).

15 Die Richtlinie 2005/37/EG des Europäischen Parlaments und des Rates vom 07.09.2005 über die Anerkennung von Berufsqualifikationen[20] enthält konkrete Regelungen zur Niederlassungs- und Dienstleistungsfreiheit von Angehörigen anderer Mitgliedsstaaten. Die Umsetzung dieser Richtlinie war u.a. Basis für die Änderung des Rechtsdienstleistungsrechts. Z.B. wurde ausgehend von der Richtlinie die lediglich vorübergehende Berufsausübung ohne gesonderte Prüfung der Berufsqualifikation ermöglicht, wenn die betreffende Person in diesem Beruf in einem anderen Mitgliedsstaat regelmäßig tätig ist. Die Zulässigkeit der vorübergehenden Erbringung von Rechtsdienstleistungen im Inland bezieht sich jedoch nicht auf die Bereiche, welche Rechtsanwältinnen und Rechtsanwälten vorbehalten sind. Solche Dienstleistungen dürfen Angehörige anderer Mitgliedsstaaten in Deutschland nur unter den Voraussetzungen des Gesetzes über die Tätigkeit europäischer Rechtsanwälte in Deutschland (EuRAG) vorübergehend erbringen. Eine entsprechende Regelung für Patentanwälte ist (EuPAG) verabschiedet worden.

16 Für die Tätigkeit des Patentanwalts gelten spezielle gesetzliche Regelungen. Zentral sind die Patentanwaltsordnung und die Berufsordnung der Patentanwälte. In der Patentanwaltsordnung sind die Rechte und Pflichten des Patentanwalts festgelegt. Außerdem sind darin die Regelungen über die Patentanwaltskammer, deren Organe und deren Befugnisse und Pflichten enthalten. Die Patentanwaltskammer hat eine Reihe von Verwaltungsaufgaben. Hierfür ist der Verwaltungsrechtsweg eröffnet, wobei hier im Besonderen die Land- und Oberlandesgerichte zuständig sind, diese jedoch die Bestimmungen der Verwaltungsgerichtsordnung (VWGO) zu beachten haben.

17 Für die Ausbildung enthält die Patentanwaltsordnung (PAO) u.a. Bestimmungen in der Patentanwaltsausbildungs- und Prüfungsordnung (PatAnwAPrV) sowie in dem Gesetz über die Eignungsprüfung für die Zulassung zur Patentanwaltschaft.

II. Berufsauswahl und Ausbildung

18 Das Berufsfeld des Patentanwalts bringt es mit sich, dass dieser sowohl auf technisch-naturwissenschaftlichem als auch juristischem Gebiet eine fundierte Ausbildung erfahren muss. Die Voraussetzungen zur Zulassung zur Ausbildung und die Zulassung zum Beruf des Patentanwalts orientieren sich demgemäß an diesen speziellen Anforderungen.

---

19 Verordnung (EU) Nr. 1257/2012 des Europäischen Parlaments und des Rates vom 17.12.2012 über die Umsetzung der verstärkten Zusammenarbeit im Bereich der Schaffung eines einheitlichen Patentschutzes ABl. EU L 361 vom 31.12.2012, S. 1; ABl. EU vom 20.06.2013/C 175/01.

20 ABl. EG Nr. L 255 S. 22 vom 30.09.2005.

1. Voraussetzungen

▶ **Beispiel:**

Der Biologiestudent A fertigt derzeit seine Masterarbeit an. Ein Teilaspekt seiner Arbeiten sollte veröffentlicht werden. Der ihn betreuende Professor erklärt, dass eine Veröffentlichung erst infrage käme, wenn der die Universität betreuende Patentanwalt eine Patentanmeldung ausgearbeitet und eingereicht habe. Es kommt zu mehreren Gesprächen mit dem betreffenden Patentanwalt, die das Interesse von A an dem Beruf des Patentanwalts wecken. A fragt den Patentanwalt, ob er nach Abschluss seines Studiums die Voraussetzungen für die Ausbildung zum Beruf des Patentanwalts erfülle. 19

Voraussetzung für die Zulassung zur Ausbildung zum Patentanwalt ist, dass der Bewerber eine technische Befähigung erworben hat (§ 5 Abs. 2 PAO). Das heißt, er muss als ordentlich Studierender einer wissenschaftlichen Hochschule sich einem Studium naturwissenschaftlicher oder technischer Fächer gewidmet und durch eine Prüfung mit Erfolg abgeschlossen haben (§ 6 Abs. 1 S. 1 PAO). Der Begriff »wissenschaftliche Hochschule« umfasst alle Universitäten sowie gleichgestellte Hochschulen wie technische und landwirtschaftliche Hochschulen, Bergakademien.[21] Die Begriffe »naturwissenschaftliche« und »technische« werden weit ausgelegt. So werden z.B. landwirtschaftliche Studien als ausreichende Grundlage für die berufliche Tätigkeit angesehen. [1]Andererseits wird Medizin grundsätzlich nicht anerkannt. Um sicher zu stellen, dass sich der Bewerber über sein Studium hinaus ein Mindestmaß an technischer Kenntnis aneignet (§ 6 Abs. 1 S. 2 PAO), wird der Nachweis einer praktischen technischen Tätigkeit als weitere Zulassungsvoraussetzung verlangt. Das Studium der Biologie ist in diesem Sinn ein abgeschlossenes naturwissenschaftliches Studium, sodass es für den Nachweis der technischen Befähigung ausreicht. 20

▶ **Beispiel:**

A hat ein Studium der Rechtswissenschaften mit Erfolg abgeschlossen. Während des Studiums hat er auch einige Semester Maschinenbau studiert. Er interessiert sich für den Beruf des Patentanwalts. 21

Da § 6 PAO den Abschluss eines naturwissenschaftlichen oder technischen Studiums durch eine staatliche oder akademische Prüfung verlangt, erfüllt das Studium der Rechtswissenschaften diese Voraussetzung nicht, auch wenn A einige Semester Maschinenbau studiert hat. Denn die Voraussetzung des naturwissenschaftlichen oder technischen Studiums mit einer erfolgreichen Prüfung ist nicht erfüllt. 22

▶ **Beispiel (Abwandlung):**

A hat sein Maschinenbaustudium in den USA mit Erfolg abgeschlossen. 23

21 Weyland-Reinhard § 6 Rn. 2; Werner, Die technische Befähigung für den Beruf des Patentanwalts, GRUR 2022, 694.

24 Während § 6 Abs. 1 PAO die technische Befähigung an naturwissenschaftliche oder technische Studien im Inland knüpft, eröffnet § 6 Abs. 2 PAO die Möglichkeit, durch ein Studium und eine Abschlussprüfung an einer ausländischen Universität und Hochschule die Zulassungsvoraussetzung zu erfüllen. Die Möglichkeit einer Anerkennung der Zulassungsvoraussetzungen regelt das Gesetz nicht allgemeingültig. Die Studienpläne der Hochschulen stimmen nämlich häufig nicht überein. Teilweise sind auch die Examensansprüche sehr unterschiedlich. Daher kann nur im Einzelfall entschieden werden, ob ein der deutschen Hochschulausbildung gleichwertiges Studium mit einem gleichwertigen Abschlussexamen vorliegt. Die Anwendung einheitlicher Grundsätze wird dadurch gewährleistet, dass über die Anerkennung der Präsident des Deutschen Patent- und Markenamts im Benehmen mit der zuständigen obersten Landesbehörde unter Berücksichtigung der Anerkennungsrichtlinien der EU[22] entscheidet.

▶ Beispiel:

25 A hat sich nach Abschluss seines Biologiestudiums entschlossen, die Ausbildung zum Patentanwalt anzustreben. Hierfür richtet er einen Antrag auf Zulassung zur Ausbildung an den Präsidenten des Deutschen Patent- und Markenamts. Dem Antrag legt er sein Hochschulzeugnis bei. Wie wird der Präsident des Deutschen Patent- und Markenamts entscheiden?

26 A muss dem Gesuch folgende Unterlagen beifügen (§ 2 Patentanwaltsausbildungs- und Prüfungsverordnung = Verordnung über die Ausbildung und Prüfung der Patentanwälte (PatAnwAPrV)):

1. die Geburtsurkunde im Original oder in amtlich beglaubigter Kopie,
2. ein tabellarischer Lebenslauf,
3. ein aktuelles Lichtbild,
4. eine amtlich beglaubigte Kopie des Personalausweises oder Reisepasses sowie gegebenenfalls eine amtlich beglaubigte Kopie des Aufenthaltstitels,
5. Zeugnisse über die staatlichen oder akademischen Studienabschlussprüfungen sowie Urkunden über die erlangten Hochschulgrade, jeweils im Original oder in amtlich beglaubigter Kopie,
6. eine Bescheinigung über ein Jahr praktischer technischer Tätigkeit oder, falls gemäß § 6 Absatz 1 Satz 2 der Patentanwaltsordnung Befreiung hiervon beantragt wird, Nachweise darüber, auf welche andere Weise die praktische technische Erfahrung erworben wurde,
7. die schriftlich gegenüber dem Deutschen Patent- und Markenamt abgegebene Erklärung eines Patentanwalts, dass und ab wann die Bereitschaft besteht, die Ausbildung in der eigenen Kanzlei (§ 26 Absatz 1 und 2, § 41d Absatz 4 der Patentanwaltsordnung) zu übernehmen, oder die entsprechende schriftliche Erklärung eines Unternehmens, dass und ab wann die Bereitschaft besteht, die Ausbildung in der Patentabteilung des Unternehmens durch einen Patentassessor (§ 11 Absatz 1

22 Weyland-Reinhard § 6 PAO Rn. 5.

der Patentanwaltsordnung), der in einem ständigen Dienstverhältnis beschäftigt ist, zu übernehmen (Ausbildungserklärung), und

8. im Fall der Ausbildung in der Patentabteilung eines Unternehmens die schriftliche Erklärung des Unternehmens, die Bewerberin oder den Bewerber während der Zeit der Ausbildung nicht zu Tätigkeiten heranzuziehen, die nicht dem Erreichen des Ausbildungsziels dienen.

Der Antrag des A enthält nicht die erforderlichen Unterlagen, die § 2 Abs. 1 PatAnwAPrV verlangt. Insbesondere reicht die Vorlage des Hochschulzeugnisses allein nicht aus. A hat auch die Bescheinigungen über Vorlesungen und Übungen vorzulegen. Denn nur so kann er nachweisen, dass er sich im Sinne des § 6 PAO einem technischen oder naturwissenschaftlichen Studium gewidmet hat. Insbesondere im Rahmen des Bologna-Prozesses ist es erforderlich geworden, den Inhalt des Studiums im Einzelnen zu überprüfen. Der Technikanteil im Studium muss überwiegen. Das Deutsche Patent- und Markenamt geht derzeit davon aus, dass der technische Anteil mindestens 60 % betragen muss.[23] Dem Vorstand der Patentanwaltskammer erscheint dies nicht ausreichend. Im Hinblick auf die teilweise erforderlichen tiefgreifenden Kenntnisse technischer und naturwissenschaftlicher Vorgänge sind aus seiner Sicht mindestens 80 % Anteil zu fordern. Für die Zulassung zur Ausbildung und damit u.a. die Prüfung der technischen Vorbildung ist das Deutsche Patent- und Markenamt zuständig. Für die Zulassung zum die Ausbildung begleitenden Studium und damit u.a. ebenfalls für die Prüfung der technischen bzw. naturwissenschaftlichen Vorbildung ist die Patentanwaltskammer zuständig. 27

Ferner sind Geburtsurkunde und Lebenslauf sowie Lichtbild zu überreichen. Schließlich muss er nachweisen, dass ein Patentanwalt bereit ist, die Ausbildung zu übernehmen. A muss sich also bemühen, die Zusage eines Patentanwalts für eine Ausbildungsstelle in dessen Praxis zu erhalten. Dem Gesuch an den Präsidenten des Deutschen Patent- und Markenamts kann auch eine Erklärung eines Unternehmens beigefügt werden, dass A in der Patentabteilung dieses Unternehmens unter Leitung eines Patentassessors ausgebildet werden wird. A hat ferner keine Bescheinigung über die praktische Tätigkeit beigefügt (§ 2 Nr. 6 PatAnwAPrV). Die Ableistung der einjährigen praktischen Tätigkeit ist aber zwingend vorgeschrieben. Der Zeitpunkt für diese Tätigkeit ist allerdings im Gesetz nicht festgesetzt. Es ist also nicht unbedingt erforderlich, dass diese Tätigkeit erst nach Abschluss des Studiums absolviert wird. Im Einzelfall kann der Bewerber gemäß § 2 Abs. 6 Alt. 2 PatAnwAPrV von dem Erfordernis der praktischen Tätigkeit befreit werden. Hier muss der Bewerber aber Nachweise dafür beibringen, auf welche andere Weise er die praktische Erfahrung erworben hat.[24] 28

23 Werner, Die technische Befähigung für den Beruf des Patentanwalts, GRUR 2022, 694.
24 Weyland-Reinhard § 6 PAO Rn. 4.

▶ Beispiel:

29 A hat ein Studium der Chemie abgeschlossen. Nach Abschluss des Studiums hat er promoviert. Im Rahmen der Promotion waren umfangreiche analytische Laborarbeiten durchzuführen. Die Promotionsdauer betrug 2,5 Jahre. A fragt, ob diese Zeit als praktische Tätigkeit im Sinne von § 2 Abs. 1 Nr. 6 PatAnwAPrV anerkannt wird.

30 Die einjährige praktische Tätigkeit muss nicht im Rahmen eines Betriebes wahrgenommen werden. Praktische Tätigkeiten während einer Promotion werden ebenfalls anerkannt. Die praktische Tätigkeit muss aber vor Beginn der Ausbildung zum Patentanwalt absolviert werden.

▶ Beispiel:

31 A hat während seines Studiums der Lebensmitteltechnologie in einer Schokoladenfabrik gearbeitet. Im Rahmen dieser Tätigkeit hat er in allen Bereichen der Produktion gearbeitet und war insbesondere in der Schlosserei des Betriebes sowie im Bereich der Qualitätskontrolle tätig. Insgesamt erstreckte sich diese Zeit über 18 Monate mit Unterbrechungen. Zusammengerechnet ergaben sich 12 Monate tatsächlicher Arbeit. A fragt, ob diese Tätigkeit als praktische Tätigkeit im Sinne des § 2 Abs. 1 Nr. 6 PatAnwAPrV anerkannt werden kann.

32 Die Tätigkeit des A bezog sich eindeutig auf praktische technische Tätigkeiten. Da er insgesamt zwölf Monate in dem Betrieb gearbeitet hatte, ist die Voraussetzung für die einjährige praktische Tätigkeit erfüllt. Denn das Gesetz schreibt nicht vor, dass ein Jahr Tätigkeit geschlossen zu absolvieren ist. Vielmehr kann die Tätigkeit sogar über mehrere Jahre verteilt mit Unterbrechungen erfolgen, vorausgesetzt, die tatsächlich geleistete praktische Arbeit ergibt zusammen zwölf Monate.

▶ Beispiel:

33 K hat ein Studium der Physik mit einer Masterprüfung und einer Promotion im Jahre 2018 abgeschlossen. Ferner hat er ein juristisches Studium mit der ersten Staatsprüfung abgeschlossen. Er beabsichtigt, die Patentanwaltsstation der Ausbildung auf dem Gebiet des gewerblichen Rechtsschutzes parallel zu einem Rechtsreferendariat abzuleisten. Er fragt, ob dies möglich ist.

34 Zuständig für die Zulassung zur Ausbildung ist nach § 3 PatAnwAPrV das Deutsche Patent- und Markenamt. Zu den Voraussetzungen für die Zulassung führt § 1 PatAnwAPrV lediglich aus, dass ein Bewerber nur zugelassen werden kann, wenn er Voraussetzungen des § 6 PAO erfüllt.

35 Ziel der Ausbildung auf dem Gebiet des gewerblichen Rechtsschutzes ist es gem. § 6 PatAnwAPrV, dem Bewerber auf der Grundlage seiner technischen Befähigung umfassende Kenntnis auf dem Gebiet des gewerblichen Rechtsschutzes an die erforderlichen allgemeinen Rechtskenntnisse zu vermitteln und ihn mit der praktischen Tätigkeit vertraut zu machen, die einem Patentanwalt oder Patentassessor obliegt

(§ 6 PatAnwAPrV). Zur Erreichung dieses Ziels sieht § 7 Abs. 1 PAO eine Tätigkeit von mindestens 26 Monaten in einer Patentanwaltskanzlei oder der Patentabteilung eines Unternehmens vor. Hierauf kann gem. § 7 Abs. 4 Satz 1 PAO der Abschluss eines Studiums der Rechtswissenschaft mit vier Monaten angerechnet werden. Das Studium muss vor oder nach der Ausbildung in einer Patentanwaltskanzlei oder in der Patentabteilung eines Unternehmens absolviert werden. Ein Studium parallel zu der Ausbildung wird nicht angerechnet.

Dieser Bemessung liegt die Annahme zugrunde, dass die Tätigkeit bei einem Patentanwalt in Vollzeit geleistet wird. Der Gesetzgeber zielt bei der Bestimmung der Dauer der verschiedenen Ausbildungsabschnitte auf die Straffung und Intensivierung der Ausbildung ab.[25] Daher ist die angestrebte intensive Ausbildung mit einem wesentlich geringeren Zeitaufwand nicht erreichbar.[26] Die als Ausbildung angestrebte Vertrautheit mit der praktischen Tätigkeit eines Patentanwalts kann wegen deren vielfältiger Aspekte nur durch eine umfangreiche Erfahrung verlangt werden, die zwangsläufig eine zeitintensive Befassung erfordert. Dementsprechend kann auch eine im Ausland durchgeführte praktische Ausbildung gem. § 7 Abs. 2 Satz 1 PAO bis zu zwölf Monaten auf die Tätigkeit beim Patentanwalt angerechnet werden.[27] 36

Durch die subjektive Zulassungsvoraussetzung der Bereitschaft zur Tätigkeit beim Patentanwalt wird zwar in die durch Artikel 12, Abs. 1 GG gewährleistete Berufsfreiheit eines Bewerbers eingegriffen. Dieser Eingriff ist indes gerechtfertigt, da es wegen Schutz eines besonders wichtigen Gemeinschaftsguts erforderlich ist.[28] 37

Der Antrag auf Zulassung zur Ausbildung ohne eine Verlängerung der regulären Tätigkeit beim Patentanwalt ist mithin nicht zulässig. Neben dem gleichzeitig abzuleistenden Rechtsreferendariat müsste der Bewerber ausreichend bei einem Patentanwalt tätig sein. Als Nebentätigkeit ist die Ausbildung bei dem Patentanwalt mithin nicht durchführbar. Denn bei einer solchen Nebentätigkeit wären etwa nur 50 Stunden im Monat zulässig, also etwa 12 Wochenstunden beim Patentanwalt als Tätigkeit. Damit stünde dem Bewerber weniger als nur 1/3 der Zeit zur Verfügung, welche der Gesetzgeber bei der Bestimmung der Ausbildungsdauer im Blick hat. Mithin ist ein entsprechender Antrag von dem Deutschen Patent- und Markenamt zurückzuweisen.[29] 38

2. Ausbildungsgang

Der angehende Patentanwalt muss nach Abschluss seines naturwissenschaftlichen Studiums noch eine mehrjährige juristische Ausbildung absolvieren. Hier muss er sowohl in die allgemeinen Grundlagen der Rechtswissenschaft eingeführt als auch in den Spezialitäten des gewerblichen Rechtsschutzes ausgebildet werden. Demgemäß ist die Ausbildung zum Patentanwalt eine integrierte theoretisch-praktische Ausbildung. 39

25 BT-Drucks. 13/10764, S. 7 rechte Spalte 3.
26 BT-Drucks. 13/10764, S. 7 rechte Spalte 2.
27 BT-Drucks. 13/10764, S. 7 rechte Spalte.
28 BVerfG Beschluss vom 03.07.2007 – 1 BvR 2186/06, juris Tz 82/89.
29 OLG München, Beschl. vom 21.11.2013, AZ: PatA-Z2/2013.

Daher muss der angehende Patentanwalt in einer Patentanwaltskanzlei oder der Patentabteilung eines Unternehmens in der Praxis tätig sein und daneben ein begleitendes Studium im allgemeinen Recht absolvieren. Inwieweit die Voraussetzungen gemäß § 7 Abs. 3 PAO erfüllt sind, stellen die Präsidentin oder der Präsident des Deutschen Patent- und Markenamts fest (§ 7 Abs. 5 Satz 1 PAO). Zu der Ausbildung gehört auch eine Station beim Deutschen Patent- und Markenamt sowie Bundespatentgericht. Sowohl das Studium im allgemeinen Recht (§ 7 Abs. 3 Satz 3 PAO) als auch die weitere Ausbildung müssen durch Prüfungen (§ 8 PAO) abgeschlossen werden.

40 Nachdem die Patentanwaltsausbildungs- und Prüfungsverordnung seit ihrem Inkrafttreten 1967 in weiten Teilen unverändert geblieben ist, bestand insgesamt erheblicher Modernisierungsbedarf. Der Bundesrat stimmte der Patentanwaltsausbildungs- und Prüfungsverordnung am 22.09.2017[30] zu. Damit wurde ein Schlusspunkt über eine 10-jährige Diskussion zur Änderung der Patentanwaltsausbildungs- und Prüfungsordnung gesetzt. Das Bundesministerium für Justiz und Verbraucherschutz war zuletzt unter Druck geraten, die Verordnung fertigzustellen. Denn diese musste auch deshalb neu gefasst werden, weil das bisherige PAZEignPRG am 18. Mai 2017 durch das Gesetz über die Tätigkeit europäischer Patentanwälte in Deutschland (EuPAG)[31] abgelöst wurde. Dies regelt in seinem Teil 1 nunmehr die Eignungsprüfung. Eine Verordnung zur Ermächtigung der Regelung der Einzelheiten der Eignungsprüfung ist ebenfalls enthalten. Entsprechende Vorschriften sind in dem vierten Teil der Patentanwaltsausbildungs- und Prüfungsverordnung aufgenommen.

41 Die neue Patentanwaltsausbildungs- und Prüfungsverordnung ist am 01.10.2017 (§ 80 PatAnwAPrV) in Kraft getreten.

a) Ausbildung beim Patentanwalt oder Patentassessor

▶ **Beispiel:**

42 A hat sich nach Abschluss seines Studiums der Physik auf eine Stellenanzeige hin bei Patentanwalt B beworben. Er wird zu einem Vorstellungsgespräch eingeladen. A möchte sich intensiv hierauf vorbereiten. Insbesondere möchte er wissen, wie sich die Ausbildung gestaltet und wo er hierzu etwas erfahren kann.

43 A kann sich entsprechende Informationen über das Internet beschaffen, z.B. die Homepage des Deutschen Patent- und Markenamts und der Patentanwaltskammer. Hiernach gestaltet sich die Ausbildung wie folgt:

30 Verordnung über die Ausbildung und Prüfung der Patentanwälte/Patentanwältinnen (Patentanwaltsausbildungs- und Prüfungsverordnung – PatAnwAPrV) vom 22.09.2017 (BGBl I, S. 3437).

31 Gesetz über die Tätigkeit europäischer Patentanwälte in Deutschland (EuPAG vom 12.05.2017); (BGBl I, S. 1121, 1137; Begründung BR-Drs. 431/16).

Der Bewerber muss mindestens 34 Monate lang im Inland auf dem Gebiet des gewerblichen Rechtsschutzes ausgebildet worden sein (§ 7 PAO). Die Ausbildung ist in folgender Reihenfolge durchzuführen (§ 7 Abs. 1 PAO): 44
(1) wenigstens zwei Jahre und zwei Monate bei einem Patentanwalt oder bei einem Patentassessor in der Abteilung eines Unternehmens,
(2) zwei Monate beim Deutschen Patent- und Markenamt und
(3) sechs Monate beim Bundespatentgericht.

45

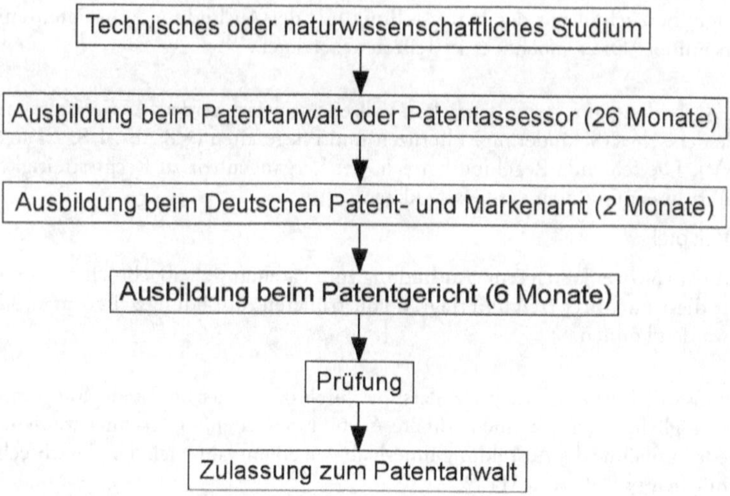

Abb. 1: Ausbildung zum Patentanwalt

Dem Bewerber ist während der Ausbildung in einer Patentanwaltskanzlei oder in der Patentabteilung eines Unternehmens (bei einem Patentassessor oder einem Syndikuspatentanwalt) Gelegenheit zu geben, folgende Kenntnisse zu erwerben (§ 18 PatAnwAPrV): 46
(1) Umfassende Kenntnisse auf dem Gebiet des deutschen gewerblichen Rechtsschutzes, insbesondere Patent-, Gebrauchsmuster-, Design- s- und Markenrecht sowie des Rechts der Arbeitnehmererfindungen,
(2) Kenntnisse des Unionsrechts auf dem Gebiet des Gewerblichen Rechtsschutzes und des Inhalts zwischenstaatlicher Vereinbarungen auf diesem Gebiet,
(3) Grundzüge des ausländischen gewerblichen Rechtsschutzes, insbesondere demjenigen in den Vereinigten Staaten von Amerika, in der Volksrepublik China und in Japan,
(4) Kenntnisse der Patentanwaltsordnung und der Berufsordnung der Patentanwälte sowie
(5) ergänzend zum Studium im allgemeinen Recht an einer Universität Grundzüge der in § 32 Abs. 2 PatAnwAPrV genannten Rechtsgebiete, soweit diese Kenntnisse für die Tätigkeit eines Patentanwalts oder Patentassessors von Bedeutung sind. D.h.

insbesondere die Grundzüge des Bürgerlichen Rechts, des Rechts der Arbeitsverhältnisse, des Handelsrechts, des Gesellschaftsrechts, des Wettbewerbsrechts, des Kartellrechts, des Insolvenzrechts, des Verfahrensrechts, des allgemeinen Verwaltungsrechts, des Verfassungsrechts, des Europäischen Gemeinschaftsrechts sowie des Marken- und Designrechts sollen im begleitenden Studium vermittelt werden.

▶ Beispiel

47 A möchte nach Abschluss seines Studiums eine Dissertation anfertigen, beabsichtigt aber, schon vor der Fertigstellung mit der Ausbildung zum Patentanwalt beginnen. Diese möchte er in Teilzeit absolvieren.

48 Die Ausbildung muss grundsätzlich in Vollzeit absolviert werden. Ausgenommen sind Fälle der Schwerbehinderung, Elternzeit und Pflegezeiten (§ 8 Abs. 1 S. 2 PatAnwAPrV). Die fehlende Regelung hatte in der Vergangenheit zu Rechtsstreitigkeiten geführt, was nun durch das Gesetz klargestellt ist.

▶ Beispiel

49 A hat vor zwei Jahren seine Ausbildung zum Patentanwalt abgebrochen. Er möchte diese nun fortsetzen und fragt, ob die früheren Ausbildungszeiten angerechnet werden können.

50 Grundsätzlich ist eine erneute Zulassung durch das Deutsche Patent- und Markenamt möglich. Ebenso können frühere Ausbildungszeiten angerechnet werden. Die Wiederaufnahme der Ausbildung innerhalb von einem Jahr nach der Unterbrechung ist möglich (§ 9 PatAnwAPrV).

▶ Beispiel

51 A möchte aus familiären Gründen von Berlin nach Köln umziehen. Daher möchte er seine Ausbildung zum Patentanwalt dort fortsetzen. Er fragt, ob ein Wechsel des Ausbilders möglich ist.

52 Ein Wechsel des Ausbilders ist jederzeit möglich (§ 17 Abs. 1 PatAnwAPrV). Jedoch muss die Ausbildung bei jedem Ausbilder (§ 17 Abs. 3 PatAnwAPrV) mindestens drei Monate dauern.

▶ Beispiel

53 A meint, dass die Teilnahme an der die Ausbildung beim Patentanwalt begleitenden Arbeitsgemeinschaft für ihn nicht notwendig sei. Die dort vermittelten Kenntnisse habe er schon während seines Studiums erworben.

54 Der Bewerber ist verpflichtet, während der Zeit der Ausbildung beim Patentanwalt oder Patentassessor an der für den Bezirk seines Ausbildungsortes von der Patentanwaltskammer gebildeten Arbeitsgemeinschaft teilzunehmen. Aufgabe der Arbeitsgemeinschaft ist es, die Kenntnisse der Bewerber in Rechtsfragen auf dem Gebiet des gewerblichen Rechtsschutzes durch Vorträge und praktische Übungen zu erweitern.

Hierbei sollen auch Fragen behandelt werden, die in der Praxis eines Patentanwalts oder Patentassessors nicht regelmäßig wiederkehren (§ 21 Abs. 3 PatAnwAPrV).[32]

Die Teilnahme an den Arbeitsgemeinschaften ist Pflicht (§ 21 Abs. 4 PatAnwAPrV). 55
Das Fehlen hat Folgen. D.h., der Ausbilder hat am Ende der Ausbildung eine Bescheinigung auszustellen. Der Inhalt ist die regelmäßige Teilnahme. Unentschuldigt dürfen nicht mehr als 15 % der Veranstaltungen versäumt werden (§ 21, Abs. 6, S. 1, 2 PatAnwAPrV). Stellt der Ausbilder keine Bescheinigung aus, kann die Ausbildung beim Patentamt und Gericht nicht begonnen werden (§ 22 PatAnwAPrV).

▶ **Beispiel**

A möchte gerne mit seinem Ausbilder einen Termin beim Bundespatentgericht 56
wahrnehmen. Dies überschneidet sich mit einem Arbeitsgemeinschaftstermin. Er sieht hierin eine ausreichende Entschuldigung, nicht teil zu nehmen.

Als Entschuldigungsgründe gelten im Wesentlichen (wie bei Rechtsreferendaren) Urlaub, 57
Krankheit usw. Dienstgeschäfte (z.B. Vorträge, Verhandlungen, Gespräche mit Mandanten, Kanzleitätigkeiten usw.) beim Ausbilder gelten nicht als solche. Im Wesentlichen entspricht dies den Regelungen des Referendardienstes, (z.B. in NRW, Bayern, Hessen).

▶ **Beispiel**

A fragt, ob er während seiner Auslandsausbildung von der Arbeitsgemeinschaft 58
befreit sei.

Die Ausbildung kann mit bis zu 12 Monaten auch während des ersten Ausbildungsab- 59
schnitts im Ausland absolviert werden (§ 20 PatAnwAPrV). Während dieser Zeit ist ein Besuch der Arbeitsgemeinschaft nicht möglich. D.h., hierfür ist keine Bescheinigung erforderlich. Dies entspricht auch den Regelungen, welche für Referendar-Dienste im rechtswissenschaftlichen Bereich gelten. Die Ausbildung im ausländischen Recht wurde im Übrigen dahingehend konkretisiert, dass Grundzüge im Recht der USA, Japan und auch China insbesondere zu erwerben sind (§ 18, Abs. 1, 3 PatAnwAPrV).

▶ **Beispiel**

A möchte nach Beendigung des ersten Ausbildungsabschnitts von dem ausbil- 60
denden Patentanwalt eine Beurteilung. Dieser meint, das sei nicht erforderlich.

Am Ende der Ausbildung beim Anwalt muss dieser eine Beurteilung abgeben. Diese 61
ist nunmehr mit der Punktzahl zwischen 0 und 18 zu bewerten (§ 10 Nr. 2 i.V.m. § 46 PatAnwAPrV). Dies ist die Punkteskala, welche im juristischen Dienst und dem Studium seit Langem angewendet wird. Die Beurteilungen können Äußerungen zur Eignung, Fähigkeiten, Kenntnissen, praktischen Leistungen und zur Führung enthalten. Anzugeben sind die Tätigkeiten, zu denen der Bewerber oder die Bewerberin herangezogen wurde (§ 10 PatAnwAPrV).

32 Vgl. a. Winkler in Festschrift 50 Jahre VPP S. 67.

b) Begleitendes Studium im allgemeinen Recht

62 Das Studium im allgemeinen Recht ist seit 1999 für alle Kandidaten vorgeschrieben. Dieses Studium wurde im Jahre 1994 zunächst auf freiwilliger Basis eingeführt. Nach einer Probezeit, an welcher nahezu 100 % aller Kandidaten teilgenommen hatten, wurde es verpflichtend in das Gesetz ausgenommen. Der Präsident bzw. die Präsidentin des Deutschen Patent- und Markenamtes bestimmt, welche Universität zuzulassen ist. Derzeit ist dies nur die Fernuniversität Hagen.

63 Der Vorteil der Fernuniversität Hagen liegt darin, dass sie über ein über viele Jahre erworbenes Know-how in Sachen des Fernstudiums verfügt. Aufgebaut wurde das Studium zunächst auf der Basis des Studiums des Rechts für Wirtschaftswissenschaftler. Davon ausgehend wurde allmählich eine Anpassung des Studieninhaltes vorgenommen.

▶ Beispiel:

64 Patentanwaltsbewerber A fragt während seines Vorstellungsgesprächs den Patentanwalt B, ob juristische Kenntnisse durch ein Studium erworben werden müssen.

65 Die Ausbildung beim Patentanwalt muss der Bewerber durch ein Studium im allgemeinen Recht an einer Universität ergänzen (§ 7 Abs. 3, 5 PAO, § 32 PatAnwArV). Es kommen nur solche Studien in Betracht, die der Präsident des Deutschen Patent- und Markenamts anerkannt hat (§§ 7 Abs. 3 und 5 PAO, 32 PatAnwArV). Danach muss der Studiengang im allgemeinen Recht mindestens folgende Gebiete umfassen:

> Grundlagen des Bürgerlichen Rechts, Recht der Arbeitsverhältnisse, Handelsrecht, Gesellschaftsrecht, Insolvenzrecht, Wettbewerbsrecht einschließlich Kartellrecht, gerichtliches Verfahrensrecht, allgemeines Verwaltungsrecht und Verfassungsrecht, Europäisches Gemeinschaftsrecht.

66 Das Studium an einer Universität für die Ausbildung zum Patentanwalt muss mittels eines gesondert eingerichteten Studiengangs oder eines rechtswissenschaftlichen Studiums, das mit der ersten juristischen Staatsberufung oder dem Bachelor of Law abschließt, absolviert werden (§ 32 Abs. 1 PatAnwAPrV). Ein solches Studium mit dem speziell eingerichteten Studiengang existiert an der Fernuniversität Hagen. Ansonsten ist es nicht ausreichend, nur ein rechtswissenschaftliches Studium zu belegen. Vielmehr muss das Studium mit dem ersten Staatsexamen abgeschlossen sein. D.h. nur ein abgeschlossenes Studium kann das Fernstudium an der Universität Hagen im allgemeinen Recht für die Kandidaten ersetzen. Nach der Ausbildungs-Prüfungsverordnung ist festgelegt, dass die mündliche Prüfung 20 Minuten zu dauern hat (§ 32, Abs. 4 PatAnwAPrV). D.h. im Ergebnis, dass bei der regelmäßig mit drei Kandidaten durchgeführten mündlichen Prüfung eine Stunde als Prüfungsdauer für 3 Kandidaten anzusetzen ist.

67 Die Grundlagen des Studiums sind das BGB, das Arbeitsrecht, Handelsrecht, Gesellschaftsrecht, Insolvenzrecht, Wettbewerbsrecht, Kartellrecht, das Verfahrensrecht, das Verfassungsrecht und das allgemeine Verwaltungsrecht, Europarecht sowie das Marken- und Designrecht (§ 32 Abs. 2 PatAnwAPrV).

Abgesehen davon haben sich die Studieninhalte an den Anforderungen der Tätigkeit des Patentanwalts und Patentassessors auszurichten. Das Studium wird mit einer Prüfung, welche zumindest zwei schriftliche Arbeiten und einen mündlichen Teil umfasst, abgeschlossen. Die schriftlichen Aufsichtsarbeiten sollen Fragen aus den unterschiedlichsten Rechtsgebieten zum Gegenstand haben; die Arbeitsdauer muss jeweils mindestens zwei Stunden betragen. Diese Voraussetzungen werden derzeit nur von dem Studium im allgemeinen Recht an der Fernuniversität Hagen erfüllt. Dies hat den Vorteil, dass es aufgrund seines Fernstudium-Charakters von den Bewerbern während der Ausbildungszeit beim Patentanwalt absolviert werden kann.[33] Die Präsenzphasen beschränken sich derzeit auf jeweils eine Woche pro Jahr. Ansonsten kann das Studium durch die Bearbeitung von Einsendearbeiten und das Durcharbeiten der von der Universität herausgegebenen Skripten erledigt werden, ohne dass eine Präsenz an der Universität erforderlich ist. 68

Die mündliche Prüfung muss bestanden sein (§ 5 Abs. 4 S. 2 Prüfungsordnung für das weiterführende Studium). Dies ist eine Angleichung an die Patentassessor-Prüfung, bei welcher ebenfalls ein Bestehen der mündlichen Prüfung Voraussetzung für das Bestehen der gesamten Prüfung ist. Die Zulassung zur zweiten Klausur ist erst möglich, wenn die erste Klausur bestanden ist (§ 5 Abs. 2 der Prüfungsordnung für das weiterbildende Studium). Die Dauer der Klausuren liegt bei vier Stunden (§ 5 Abs. 3, S. 1 der Prüfungsordnung für das weiterbildende Studium). Bewertet wird anhand eines Punktesystems. Der maximale Wert liegt bei 180 Punkten (§ 5 Abs. 5 der Prüfungsordnung für das weiterbildende Studium). Ab 90 Punkten gilt die Prüfung als bestanden. 69

Wie bereits ausgeführt, muss die mündliche Prüfung für sich bestanden sein (§ 5 Abs. 4 S. 2 der Prüfungsordnung für das weiterbildende Studium). Ist dies nicht der Fall, ist die Prüfung insgesamt nicht bestanden, unabhängig davon wie die Klausuren bewertet wurden. Die Prüfungen können jeweils zweimal wiederholt werden (§ 7 der Prüfungsordnung für das weiterbildende Studium). D.h. die erste Klausur und die mündliche Prüfung können wiederholt werden. Allerdings muss die Prüfungsleistung innerhalb von zwei Jahren absolviert werden (§ 8 Abs. 4 der Prüfungsordnung für das weiterbildende Studium). 70

▶ **Beispiel:**

A erläutert während des Vorstellungsgesprächs Patentanwalt B, dass er während seines Studiums der Physik auch einige Semester Rechtswissenschaften studiert habe. Er fragt, ob dieses Studium anerkannt werden könne. 71

Ein Studium der Rechtswissenschaften, das mit dem 1. Staatsexamen abgeschlossen worden ist, erfüllt die Voraussetzungen der §§ 7 Abs. 3 PAO, 32 PatAnwAPrV. Es ersetzt also den vorgeschriebenen besonderen Studiengang (§ 7 Abs. 4 PAO). Da A sein Studium nicht abgeschlossen hat, kann demgemäß hier keine Anerkennung erfolgen.[34] 72

33 Vgl. a. Weyland-Reinhard § 7 PAO Rn. 8.
34 Weyland-Reinhard § 7 PAO Rn. 13.

▶ Beispiel:

73 A beabsichtigt, während der Ausbildung beim Patentanwalt Rechtswissenschaften zu studieren. Er fragt, ob dies Auswirkungen auf seine Ausbildung beim Patentanwalt habe.

74 Der Abschluss eines Studiums der Rechtswissenschaften oder eines besonderen Studiums im allgemeinen Recht oder ein Bachelor-Abschluss werden mit bis 4 Monaten auf die Ausbildung bei einem Patentanwalt oder Patentassessor angerechnet (§ 7 Abs. 4 PAO).[35] Gemäß § 7 Abs. 4 Satz 2 PAO erfolgt eine Anrechnung eines Studiums nicht, das neben der Ausbildung durchgeführt werden kann. Ein nicht abgeschlossenes Studium findet daher ebenso wie das neben der Ausbildung durchgeführte Studium keine Berücksichtigung (§ 7 Abs. 4 Satz 2 PAO). Insoweit besteht für A keine Möglichkeit, eine Verkürzung seiner Ausbildungszeit zu erreichen.

c) Freiwillige Ausbildungsstationen

▶ Beispiel:

75 Patentanwaltsbewerber A fragt Patentanwalt B, welche weiteren Ausbildungsmöglichkeiten es während der ersten 26 Monate gebe.

76 Eine Ausbildung kann bei einem Gericht für Patentstreitsachen bis zu zwei Monaten auf die Ausbildung bei einem Patentanwalt angerechnet werden (§§ 7 Abs. 1 Satz 2 PAO, 19 PatAnwAPrV). Gemäß § 19 Abs. 1 Satz 2 PatAnwAPrV soll diese Ausbildung beim Gericht für Patentstreitsachen frühestens nach einem Jahr der Ausbildung beim Patentanwalt oder Patentassessor beginnen.[36]

▶ Beispiel:

77 A fragt an, ob er einen Teil der Ausbildung bei einem ordentlichen Zivilgericht absolvieren könne.

78 Im ersten Ausbildungsabschnitt kann die Ausbildung bei einem Gericht für Patentstreitsachen stattfinden (§ 19 Abs. 1 PatAnwAPrV). Frühestens ein Jahr nach Beginn der Ausbildung kann diese Station absolviert werden. Diese kann sodann bis zu zwei Monaten auf den ersten Abschnitt angerechnet werden (§ 19 Abs. 2 PatAnwAPrV). Andere Zivilkammern sind nicht im Gesetz aufgeführt.

▶ Beispiel:

79 A möchte 2 Monate Ausbildung beim Landgericht Duisburg absolvieren. Wird diese Zeit auf die Ausbildung beim Patentanwalt angerechnet?

---

35 Weyland-Reinhard § 7 PAO Rn. 13.
36 Weyland-Reinhard § 7 PAO Rn. 4.

Gemäß § 143 Abs. 1 und 2 PatG ist in NRW (VO v. 28. 06. 88, GV NW S. 321) nur das Landgericht Düsseldorf für Patentstreitigkeiten zuständig. A kann daher beim Landgericht Duisburg nicht ausgebildet werden. 80

▶ Beispiel:

An möchte einen Teil seiner Ausbildung im Ausland absolvieren. Ist das möglich? 81

Die Ausbildung von Patentanwaltskandidaten im Ausland kann mit bis zu 12 (bislang 6) Monaten auf die Ausbildung des ersten Abschnitts beim Patentanwalt angerechnet werden (§ 20 Abs. 2. PatAnwAPrV). Eine Teilnahme an der Arbeitsgemeinschaft ist während dieser Zeitspanne nicht möglich. Daher ist er während dieser Zeit hiervon befreit. 82

▶ Beispiel:

A erläutert Patentanwalt B, dass er bereits bei der Patentabteilung einer US-Firma im Staate New York ein dreiviertel Jahr tätig gewesen ist. Im Rahmen dieser Tätigkeit hat er unter anderem Patentanmeldungen vorbereitet, Recherchen durchgeführt und auch an Mandantengesprächen teilgenommen. 83

Der Präsident des Deutschen Patent- und Markenamts kann gemäß § 7 Abs. 2 PAO auf Antrag eine praktische Ausbildung auf dem Gebiet des gewerblichen Rechtsschutzes, die im Ausland durchgeführt wird, bis zu zwölf Monaten auf die Ausbildung bei einem Patentanwalt oder Patentassessor anrechnen. Allerdings kann A die Tätigkeit nicht angerechnet werden; denn er hätte den Antrag vor Beginn seiner Ausbildung im Ausland stellen müssen (§ 7 Abs. 2 Satz 2 PAO). 84

d) Die Ausbildung beim Deutschen Patent- und Markenamt sowie beim Bundespatentgericht

▶ Beispiel:

Patentanwaltsbewerber A ist bei Patentanwalt B 22 Monate tätig. Er hat während dieser Zeit alle Ausbildungsabschnitte einschließlich des Studiums im allgemeinen Recht ordnungsgemäß absolviert. Er fragt beim Deutschen Patent- und Markenamt an, ob er nach 26 Monaten automatisch einberufen wird. 85

An die Ausbildung beim Patentanwalt schließt sich die Ausbildung beim Deutschen Patent- und Markenamt an. Auch hier hat der Patentanwaltsbewerber Fristen zu beachten. Der Bewerber bedarf für die Ausbildung beim Deutschen Patent- und Markenamt und Bundespatentgericht einer besonderen Zulassung (§ 22 PatAnwArV). Der Antrag ist beim Deutschen Patent- und Markenamt spätestens drei Monate vor dem Ende der Ausbildung bei dem Patentanwalt oder Patentassessor bei dem Präsidenten des Deutschen Patent- und Markenamts einzureichen (§ 22 Abs. 2 PatAnwArV). 86

87 Dem Antrag sind beizufügen:
(1) Eine frühestens vier Monate vor dem Ende der Mindestausbildungszeit des ersten Ausbildungsabschnitts ausgestellte Bescheinigung der oder des Ausbildenden darüber, dass das Ziel des Ausbildungsabschnitts voraussichtlich erreichen wird oder bereits erreicht ist,
(2) Bescheinigung der oder des die Arbeitsgemeinschaft Leitenden über die regelmäßige Teilnahme an der Arbeitsgemeinschaft.
(3) Eine Erklärung der Bewerberin oder des Bewerbers, auf welche Patentklassen sich seine die Ausbildung im ersten Ausbildungsabschnitt und gegebenenfalls eine bisherige berufliche Tätigkeit erstreckt haben.

88 Diesen Voraussetzungen genügt die Anfrage des Bewerbers A nicht. Vielmehr muss er bis spätestens zum Ende des 23. Monates seiner Ausbildung einen Antrag gemäß § 22 Abs. 2 und 3 PatAnwArV einreichen. Ansonsten würde die Zulassung zur Ausbildung beim Deutschen Patent- und Markenamt nicht zum Ende der Ausbildung des A beim Patentanwalt nach 26 Monaten erfolgen.

89 Gemäß § 25 PatAnwArV stellt der Präsident des Deutschen Patent- und Markenamts einen Plan für die Ausbildung beim Deutschen Patent- und Markenamt auf. Eine Zuweisung der einzelnen Ausbildungsstellen soll auf die naturwissenschaftliche und technische Vorbildung des Bewerbers Rücksicht nehmen. D.h., der Bewerber soll aufgrund seiner technischen Vorbildung und entsprechend seiner bisherigen Tätigkeit beim Patentanwalt beim Deutschen Patent- und Markenamt einem Prüfer zugeteilt werden. Damit soll vermieden werden, dass der Kandidat auf technisch sachfremden Gebieten tätig ist.

90 Detailliert sind Anwesenheit und Fernbleiben geregelt. Ab dem vierten Abwesenheitstag besteht bei Erkrankung die Pflicht, ein ärztliches Attest vorzulegen. Jedes Fernbleiben bedarf der vorherigen Zustimmung (§ 24 PatAnwAPrV). Zudem muss jeder der beiden Ausbildungsabschnitte (DPMA; BPatG) jeweils bestanden werden (§ 30 Abs. 2 PatAnwAPrV).

91 Nach § 22 Abs. 5 PatAnwAPrV wird dem DPMA ermöglicht, die Zulassung zum zweiten und dritten Ausbildungsabschnitt zurückzunehmen, wenn nachträglich Tatsachen bekannt werden, nach denen die Bewerberin oder der Bewerber für die Ausbildungsabschnitte nicht hätte zugelassen werden dürfen.

92 Den zweiten Ausbildungsabschnitt und mithin das Ziel der Ausbildung beim DPMA (§ 28 Abs. 1 PatAnwAPrV) hat erreicht, wem von der Mehrheit der Ausbilder eine erfolgreiche Ausbildung bescheinigt worden ist oder wem zumindest die Note »ausreichend« (4,00 Punkte) erteilt worden ist und wer regelmäßig an den Lehr- und Informationsveranstaltungen teilgenommen hat (§ 26 Abs. 3 PatAnwAPrV). Eine regelmäßige Teilnahme liegt in der Regel dann nicht mehr vor, wenn mehr als 15 Prozent der im Rahmen der Arbeitsgemeinschaft vorgesehenen Veranstaltungen unentschuldigt versäumt wurden (§ 21 Abs. 6 Satz 2 PatAnwAPrV).

Eine Übertragung der fünf Urlaubstage beim DPMA auf den dritten Ausbildungsabschnitt beim BPatG kann nicht erfolgen (§ 11 Abs. 2 PatAnwAPrV); die fünf Urlaubstage müssen während der zweimonatigen Ausbildung beim DPMA genommen werden. 93

▶ Beispiel:

A fragt, inwieweit es ihm gestattet sei, während seiner Ausbildung beim Deutschen Patent- und Markenamt und Bundespatentgericht einer Nebentätigkeit nachzugehen. 94

Der Bewerber darf während der Ausbildung beim Deutschen Patent- und Markenamt und Bundespatentgericht eine Nebentätigkeit auf dem Gebiet des gewerblichen Rechtsschutzes ausüben (§ 31 PatAnwArV). Allerdings bedarf es hier einer vorherigen Genehmigung durch die Präsidentin bzw. den Präsidenten des Deutschen Patent- und Markenamts. 95

▶ Beispiel:

A fragt, ob jede Art der Nebentätigkeit einer Genehmigung bedürfe. Er plane nämlich, in den Abendstunden sich durch die Mitwirkung in einer Dixieland Band Geld dazuzuverdienen. 96

Nebentätigkeiten außerhalb des gewerblichen Rechtsschutzes sind dem Präsidenten des Deutschen Patent- und Markenamts lediglich anzuzeigen (§ 31 Abs. 2 PatAnwArV). Das bedeutet für A, dass seine Tätigkeit als Musiker nicht der Genehmigung bedarf. Eine Einschränkung gilt allerdings, wenn die Tätigkeit von A die Ausbildung beeinträchtigen würde (§ 31 Abs. 6 Nr. 1 PatAnwArV). Der Präsident des Deutschen Patent- und Markenamts kann außerdem Nebentätigkeiten untersagen, wenn zu befürchten ist, dass A das Ansehen der auszubildenden Behörde oder des auszubildenden Gerichts oder das Vertrauen der Allgemeinheit in deren Unparteilichkeit oder Unbefangenheit beeinträchtigen würde (§ 31 Abs. 5 PatAnwArV) oder in einen Widerstreit mit ihrer Pflicht nach § 23 Absatz 1 Satz 1 PAO oder in einen Interessenwiderstreit im Sinne des § 39a Absatz 4 – 6 PAO gebracht werden kann. 97

▶ Beispiel:

Patentanwaltsbewerber A ist seit einem Monat beim Deutschen Patent- und Markenamt in der Ausbildung. Er fragt, ob er wiederum einen Antrag stellen muss, um für die Ausbildung beim Bundespatentgericht zugelassen zu werden. 98

An die zweimonatige Ausbildung beim Deutschen Patent- und Markenamt schließt sich die Ausbildung beim Bundespatentgericht an. Der Präsident des Deutschen Patent- und Markenamts überweist A den Bewerber zur Fortsetzung der Ausbildung an den Präsidenten des Bundespatentgerichts (§ 28 Abs. 2 AnwArV). Voraussetzung ist, dass das Ziel der Ausbildung beim Deutschen Patent- und Markenamt von A erreicht worden ist. Eines besonderen Antrags bedarf es nicht. 99

▶ Beispiel:

100 A fragt, wie der Gang der Ausbildung beim Bundespatentgericht sich gestaltet und ob seine Tätigkeit bewertet werde.

101 Den Dritten Ausbildungsabschnitt (beim Bundespatentgericht) hat erfolgreich absolviert, wenn von allen Ausbildern zumindest die Note »ausreichend« (4,00 Punkte) erteilt worden ist und er regelmäßig an den Lehrveranstaltungen teilgenommen hat (§ 28 Abs. 3 PatAnwAPrV). Eine regelmäßige Teilnahme liegt in der Regel dann nicht mehr vor, wenn mehr als 15 Prozent der im Rahmen der Arbeitsgemeinschaft vorgesehenen Veranstaltungen unentschuldigt versäumt wurden (§ 28 Abs. 3 Satz 2 i.V.m. § 21 Abs. 6 Satz 2 PatAnwAPrV).

102 Die Prüflinge werden in einem Marken-Beschwerdesenat und in einem technischen Beschwerdesenat ausgebildet.» Regelmäßige Teilnahme« bedeutet hier, dass der Bewerber oder die Bewerberin an den vom Senat vorgegebenen Terminen teilzunehmen haben; das sind: Teilnahme an Beratungen bzw. Vorberatungen, Teilnahme an mündlichen Verhandlungen, Besprechungen mit dem Ausbilder.

103 Die nach § 25 Abs. 2 Nr. 3 PatAnwAPrV beim Bundespatentgericht in den Arbeitsgemeinschaften zu schreibenden Klausuren sind reine Übungsklausuren, die nicht in die dortige Beurteilung einfließen. Hat ein Prüfling einen der beiden Ausbildungsabschnitte zwei oder drei nicht erfolgreich abgeschlossen und ein Ausbildungsziel nicht erreicht, so erfolgt jeweils eine einmalige Verlängerung (§ 29 PatAnwAPrV): Zwei Monate beim DPMA und bis zu sechs Monaten beim BPatG. Hat ein Bewerber oder eine Bewerberin das Ausbildungsziel beim DPMA oder BPatG nach einmaliger Verlängerung erneut nicht und damit endgültig nicht erreicht, erklärt das DPMA die gesamte Ausbildung für erfolglos beendet. Eine erneute Zulassung zur Ausbildung ist dann endgültig ausgeschlossen (§ 30 PatAnwAPrV). Insgesamt stehen einem Prüfling für die sechsmonatige Ausbildungszeit beim BPatG 15 Tage Urlaub zu.

e) Die Patentassessorprüfung

▶ Beispiel:

104 A hat bereits drei Monate seiner Ausbildung beim Bundespatentgericht absolviert. Er möchte nunmehr wissen, inwieweit er zur Prüfung zuzulassen ist.

105 Im Anschluss an die Ausbildung beim Bundespatentgericht findet die Prüfung statt. Der Zulassungsantrag zur Prüfung ist an den Präsidenten des Deutschen Patent- und Markenamts zu richten (§ 36 Abs. 2 PatAnwArV). Dieser ist über den Präsidenten des Bundespatentgerichts zu leiten, der dazu Stellung nimmt, ob A voraussichtlich das Ziel der Ausbildung beim Bundespatentgericht erreichen wird. Diesen Antrag kann er frühestens drei Monate vor Ablauf der Ausbildung beim Bundespatentgericht stellen A kann demgemäß zum jetzigen Zeitpunkt noch keinen wirksamen Antrag stellen.

▶ **Beispiel:**

A fragt nach Inhalt und Gang der Prüfung. 106

Es werden zwei Klausuren à vier Stunden und zwei Klausuren à drei Stunden geschrieben. Die Klausuren sind an verschiedenen Tagen zu schreiben (§ 39 Abs. 2, S. 2 PatAnwAPrV). Die schriftliche Prüfung beginnt am ersten Tag mit einer vierstündigen Klausur (juristische Prüfung technischer Schutzrechte: Patente, Gebrauchsmuster, § 39 Abs 2 i.V.m. § 40 Abs. 1 Nr. 1 PatAnwAPrV), am zweiten Tag folgt eine weitere vierstündige Klausur (juristische Prüfung nichttechnischer Schutzrechte: Marken, Design, § 39 Abs. 2 i.V.m. § 40 Abs. 1 Nr. 2 PatAnwAPrV). Die vierstündige Bearbeitungsdauer resultiert daher, dass es sich bei diesen beiden Klausuren um juristisch anspruchsvolle Klausuren handeln soll, bei denen es deshalb angezeigt erscheint, den Prüflingen zum vollständigen Durchdringen der Aufgabenstellung etwas mehr Zeit einzuräumen. 107

Am dritten Tag und vierten Tag wird jeweils eine dreistündige Klausur (§ 39 Abs. 2 i.V.m. § 40 Abs. 1 Nr. 3 PatAnwAPrV) geschrieben, die die Erstellung eines Schreibens aus der Rechtspraxis zum Inhalt haben soll (insbesondere einer Anmeldung eines gewerblichen Schutzrechts oder einer Erwiderung auf einen Bescheid). Ein Schreiben aus der Rechtspraxis kann sich auf sämtliche abzuprüfende Rechtsgebiete beziehen. So kann insbesondere hier das Arbeitnehmererfindungsrecht geprüft werden oder, wenn die 4-stündige Klausur das Markenrecht zum Inhalt hat, sich die weitere 3-stündige Klausur auf das Designrecht erstreckt. 108

▶ **Beispiel:**

A möchte wissen, wie sich die Bewertung gestaltet. 109

Das Noten-System besteht in dem bei den juristischen Staatsprüfungen seit langem angewandten 18-Punkte-System. Dieses neue 18-Punkte-System soll eine differenzierte und damit den jeweiligen Leistungen gerechter werdende Beurteilung ermöglichen. 110

Jede Klausur wird durch zwei Mitglieder der Prüfungskommission bewertet (§ 49 Abs. 1 PatAnwAPrV). Mindestens zwei Klausuren sollen durch die Vorsitzende oder den Vorsitzenden des Prüfungsausschusses bewertet werden. Wie bisher ist jede Klausur einzeln und unabhängig voneinander von den dazu bestimmten Mitgliedern zu bewerten. Die Endbewertung für jede Klausur ist der arithmetische Mittelwert aus den beiden Einzelbewertungen, sofern diese nicht um mehr als zwei Punkte voneinander abweichen. Bei Notenabweichungen von mehr als zwei Punkten hat zunächst ein Einigungsversuch zwischen beiden Prüfern zu erfolgen; ist dieser erfolglos, soll ein Stichentscheid durch den Vorsitzenden der Prüfungskommission oder durch ein von ihm beauftragtes Mitglied erfolgen. Dieser sog. Stichentscheid entspricht den juristischen Ausbildungs- und Prüfungsordnungen der Länder. 111

Ein Prüfling hat die schriftliche Prüfung bestanden, wenn er in mindestens zwei Klausuren die Endbewertung »ausreichend« (4,00 Punkte) und im Durchschnitt aller Klausuren zumindest 3,50 Punkte erzielt hat. Auch hier entspricht die Prüfungsordnung 112 den juristischen Ausbildungs- und Prüfungsordnungen der Länder. Hat ein Prüfling die schriftliche Prüfung bestanden, ist er zur mündlichen Prüfung zuzulassen (§ 49 Abs. 4 PatAnwAPrV), andernfalls hat er die Prüfung insgesamt nicht bestanden.

▶ Beispiel:

113 A möchte nach absolvierter schriftlicher Prüfung wissen, ob noch Risiken bestehen, dass er die Prüfung nicht mehr erfolgreich absolviert.

114 Erst muss in der Hälfte der Klausuren (d.h. zwei von vier Klausuren) mindestens die Endbewertung »ausreichend« (4,00 Punkte) erzielt werden und der Durchschnittswert aller Klausuren muss mindestens 3,50 Punkte erreichen. Die mündliche Prüfung ist eine Gruppenprüfung mit maximal 6 Prüflingen. Die Dauer der mündlichen Prüfung beträgt etwa 45 Minuten pro Prüfling (§ 39 Abs. 3 PatAnwAPrV). A müsste in der mündlichen Prüfung 3,50 Punkte erzielen, um zu bestehen (§ 50 Abs. 5 PatAnwPrV).

115 Die Gegenstände der mündlichen Prüfung sollen folgenden Rechtsgebieten entnommen werden: BGB, HGB, Gesellschaftsrecht, Insolvenzrecht, Wettbewerbsrecht incl. Kartellrecht sowie gerichtliches Verfahrensrecht, soweit diese Rechtsgebiete für die Tätigkeit eines Patentanwalts oder Patentassessors von Bedeutung sind. Patent-, Gebrauchsmusterrecht und Arbeitnehmererfinderrecht, Markenrecht, Designrecht, Sortenschutzrecht, Gewerblicher Rechtsschutz im Unionsrecht und in zwischenstaatlichen Vereinbarungen, in Grundzügen auch im Recht der USA, Chinas und Japans. Gegenstand ist zudem das Berufsrecht der Patentanwälte.

116 Jede in den beiden vierstündigen Klausuren als Endbewertung erzielte Punktzahl fließt mit 18 % ein, jede in den beiden dreistündigen Klausuren als Endbewertung erzielte Punktzahl fließt mit 14 % ein. Die in der mündlichen Prüfung erzielte Gesamtpunktzahl fließt mit 36 % in die Gesamtnote ein. Nicht bestanden ist die Prüfung bei einer Gesamtpunktzahl unter 4,00 (ausreichend).

f) Zulassung zur Prüfung gemäß § 10 a PAO

▶ Beispiel:

117 A bewirbt sich bei Patentanwalt B. Dieser erläutert ihm die Voraussetzungen der Ausbildung zum Patentanwalt gemäß § 7 PAO. A möchte jedoch aus persönlichen Gründen den Ausbildungsabschnitt beim Deutschen Patent- und Markenamt sowie beim Bundespatentgericht vermeiden; denn sein Wohnsitz ist in Düsseldorf. Seine Ehefrau ist als Landesbeamtin tätig. Außerdem sind die Kinder gerade eingeschult worden. Insofern wäre es für A günstiger, wenn er seine gesamte Ausbildung bei dem in Düsseldorf ansässigen Patentanwalt B absolvieren könnte.

118 Für A bietet sich der Weg an, als Patentsachbearbeiter in der Patentabteilung einer Firma oder bei einem Patentanwalt tätig zu sein. Diese werden gemäß § 10a Abs. 1 PAO zur Patentanwaltsprüfung nach § 8 PAO zugelassen, sofern sie 10 Jahre Tätigkeit als Patentsachbearbeiterin oder -bearbeiter absolviert haben. Wenn sie zuvor

die europäische Eignungsprüfung abgelegt haben, verkürzt sich die Zeit um zwei Jahre. Mit dem Bestehen der Prüfung erlangen die Absolventen die Befähigung für den Beruf der Patentanwältin oder des Patentanwalts nach § 10a Abs. 4 PAO. Demgemäß wurde der Hinweis auf § 10a PAO in § 5 PAO aufgenommen. Das in § 5 Abs. 1 PAO zum Ausdruck kommende Nebeneinander der Möglichkeiten zu Erlangung der Befähigung nach § 5 Abs. 2 PAO oder § 10a Abs. 4 PAO stellt klar, dass § 5 Abs. 2 PAO für Patentsachbearbeiterinnen und -bearbeiter nicht gilt.[37] Damit haben Personen, die nach einem naturwissenschaftlichen oder technischen Studium langjährig oder hauptberuflich eine Beratungs- oder Vertretungstätigkeit auf dem Gebiet des gewerblichen Rechtsschutzes ausgeübt haben, die Möglichkeit, zur Prüfung zugelassen zu werden. Dieser Personenkreis soll auch ohne durchlaufende Ausbildung nach § 7 Abs. 1 und 2 PAO zu der Patentanwaltsprüfung zugelassen werden. Die neue Regelung lässt auch insofern neue Freiräume, als nach § 10a Abs. 3 Satz 3 PAO ein Teil der Tätigkeit auch im Ausland absolviert werden kann. Diese ist bis zur Dauer von 3 Jahren anzurechnen. D.h., A hat die Möglichkeit, den Ausbildungsabschnitt beim Deutschen Patent- und Markenamt sowie beim Bundespatentgericht zu vermeiden.

▶ **Beispiel:**

A hat ein Studium in einer Fachhochschule absolviert. Besteht für ihn die Möglichkeit, Patentanwalt zu werden? 119

A erfüllt nicht die Voraussetzungen der §§ 5, 6 PAO, sodass er die Ausbildung gemäß § 7 PAO nicht absolvieren kann; denn A hat nicht an einer Hochschule studiert. Allerdings ist ein solches Studium nicht Voraussetzung des § 10a PAO. Vielmehr kann auch bei einer Fachhochschule oder Hochschule für angewandte Wissenschaften (§ 10a Abs. 1 Nr. 1b) PAO) ein naturwissenschaftliches oder technisches Studium absolviert werden. Demgemäß kann A nach 10 (§ 10a Abs. 1 Nr. 2 PAO) bzw. 8 Jahren (§ 10a Abs. 2 (PAO) Jahren die Prüfung zum Patentanwalt ablegen. 120

▶ **Beispiel:**

A fragt, ob die zehnjährige Tätigkeit unbedingt im Anstellungsverhältnis bei Patentanwalt B ausgeübt werden müsse. 121

A muss mindestens zehn Jahre aufgrund eines ständigen Dienst- oder ähnlichen Beschäftigungsverhältnisses bei einem Auftraggeber hauptberuflich eine Beratungs- oder Vertretertätigkeit auf dem Gebiet des gewerblichen Rechtsschutzes ausgeübt haben (§ 10a Abs. 1 Nr. 2 PAO). Nach dem Gesetzeswortlaut muss die Tätigkeit nicht bei einem Patentanwalt oder in der Patentabteilung einer Firma bei einem Patentassessor erfolgen. D.h., A kann als Sachbearbeiter in einer Firma tätig sein, in der kein Patentassessor tätig ist und A betreuen kann. Die hauptberufliche Tätigkeit 122

37 Vgl. hierzu Fitzner, Gesetz zur Neuregelung des Berufsrechts der Patentanwälte, Mitt. 2022, 248.

über zehn Jahre muss jedoch bei der Zulassung zur Prüfung dem Deutschen Patent- und Markenamt nachgewiesen werden, wobei die Tätigkeit innerhalb der letzten fünf Jahre vor dem Antrag auf Zulassung mindestens drei Jahre ausgeübt worden sein muss (§ 10a Abs. 1 Nr. 2 Hs. 2 PAO)Insofern ist A dringend anzuraten, seine betreffende Tätigkeit genauestens zu dokumentieren. Ebenso wie bei der Ausbildung nach § 7 PAO muss ein Studium im allgemeinen Recht absolviert werden (§ 10a Abs. 1 Nr. 3 PAO).

▶ **Beispiel:**

123 A hat ein Studium der Rechtswissenschaften absolviert, allerdings ohne dies mit einem Staatsexamen abzuschließen. Er fragt, ob von dieser Tätigkeit ihm etwas angerechnet wird.

124 Auch die Bewerber, welche gemäß § 10a Abs. 1 PAO zugelassen werden, haben ein Studium im allgemeinen Recht zu absolvieren (§ 10a Abs. 1 Nr. 3 i.V.m. § 7 Abs. 5 und Abs. 3 PAO). Das von A absolvierte Studium kann nur anerkannt werden, wenn er es mit dem ersten juristischen Staatsexamen abschließt (§ 7 Abs. 4 PAO).

▶ **Beispiel:**

125 A ist Diplomwirtschaftsingenieur. Im Anschluss daran war er sechs Jahre wissenschaftlicher Mitarbeiter und Lehrbeauftragter an der Universität und danach vier Jahre als Patentprofessionell bei einem Unternehmen tätig. A beantragte bei dem Deutschen Patent- und Markenamt die Zulassung zur deutschen Patentanwaltsprüfung als sogenannter Patentsachbearbeiter. Das Deutsche Patent- und Markenamt stellt sodann fest, dass der konkrete Fächeranteil in dem Wirtschaftsingenieursstudium deutlich unter 50 % gelegen hat. Wie ist die Rechtslage?

126 Es fehlt an einem Studium technischer oder naturwissenschaftlicher Fächer, wobei die notwendigen Kenntnisse allein durch den Abschluss eines Studiums nachgewiesen werden können. In dem vorliegenden Studium der Wirtschaftsingenieurswissenschaften müssten die naturwissenschaftlichen bzw. technischen Anteile deutlich überwiegen. Der bloße Abschluss als Diplomingenieur lässt keinen Schluss auf ein solches Überwiegen zu. Maßgeblich sind vielmehr hier die Feststellungen des Deutschen Patent- und Markenamtes, welches einen Fächeranteil für die Naturwissenschaften mit deutlich unter 50 % ermittelt hat. Eine 10-jährige Beratungstätigkeit auf dem Gebiet des gewerblichen Rechtsschutzes ist ebenfalls nicht nachgewiesen, weil die Tätigkeit als wissenschaftlicher Mitarbeiter an der Universität allenfalls anteilig berücksichtigt werden kann. Die Tätigkeiten in der Industrie können erst Berücksichtigung finden, wenn der vorgeschriebene Zeitraum von 10 Jahren abgelaufen ist[38].

38 OLG München Urteil vom 16.12.2021, Pat AZ 2/21.

▶ **Beispiel:**

A ist Diplomwirtschaftsingenieur. Er hat außerdem einen LLM-Studiengang »Immaterialgüterrecht und Medienrecht« und eine juristische Dissertation zum Thema »Die Markterschließung für Kommunikationserzeugnisse als Schutzgegenstand des Patent- und Markenrechts« erfolgreich abgeschlossen. A fragt, inwieweit dies in der Ausbildung anerkannt werden kann. 127

A hat kein Studium im allgemeinen Recht absolviert. Dieses Studium kann daher auf die Patentanwaltsausbildung nicht angerechnet werden. Hierfür reichen weder der Masterabschluss in Form eines LLM noch eine juristische Promotion aus, weil weder das Zivil- oder Verwaltungsprozessrecht bzw. Verfahrensrecht noch das allgemeine Verwaltungsrecht, Verfassungsrecht oder Europarecht abgedeckt sind. Durch die Befassung mit sehr speziellen Gebieten werden die Grundzüge der im Gesetz genannten Rechtsgebiete nicht vermittelt. Zudem ist der LLM-Studiengang nicht gleichwertig dem ersten juristischen Staatsexamen oder einem Bachelor of Laws.[39] 128

▶ **Beispiel:**

A bewirbt sich bei Patentanwalt B. Im Laufe des Gesprächs stellt sich heraus, dass A 10 Jahre als technisches Mitglied des Deutschen Patent- und Markenamts eine Prüfertätigkeit ausgeübt hat. A fragt, ob er tatsächlich die Ausbildung nach § 7 oder die 10-jährige Tätigkeit nach § 10 a PAO absolvieren muss, um die Prüfung ablegen zu können? 129

Eine Tätigkeit als technisches Mitglied des Deutschen Patent- und Markenamts wird angerechnet (§ 10 a Abs. 3 Satz 2 PAO). Die zehnjährige Tätigkeit ist eine ausreichende Voraussetzung, um zur Prüfung zugelassen zu werden. A kann mithin unmittelbar den Antrag stellen und zur Prüfung zugelassen werden. 130

▶ **Beispiel:**

A war während seiner Tätigkeit für zwei Jahre nach Singapur abgeordnet. Im Ergebnis war er in Deutschland nur acht Jahre tätig. Die Europäische Eignungsprüfung hat er noch nicht abgelegt. 131

Da A die europäische Eignungsprüfung noch nicht abgelegt hat, kann er erst nach 10 Jahren Tätigkeit zur Prüfung zugelassen werden. Allerdings wird ihm ein Auslandsaufenthalt bis zu drei Jahren angerechnet (§ 10a Abs. 3 S. 3 PAO). Insofern hat er die Voraussetzungen zur Zulassung zur Prüfung erfüllt. 132

39 OLG München Urteil vom 16.12.2021, Pat AZ 2/21.

▶ **Beispiel:**

133 A teilt in dem Vorstellungsgespräch Patentanwalt B mit, dass er bereits ein technisches Studium und eine Ausbildung zum österreichischen Patentanwalt hinter sich habe. Er fragt an, ob er aufgrund dessen auch in Deutschland als Patentanwalt zugelassen werden könne.

134 Die Ausbildung bei einem ausländischen Patentanwalt kann angerechnet werden. Ein Staatsangehöriger eines Mitgliedsstaates der Europäischen Gemeinschaften kann zur Patentanwaltschaft zugelassen werden, sofern er einem in der Anlage zu dem genannten Gesetz aufgeführten Beruf angehört und eine Eignungsprüfung nach deutschem Recht abgelegt hat (§ 1 Abs. 1 des Gesetzes über die Tätigkeit europäischer Patentanwälte in Deutschland). Österreich ist Mitglied der EU und weist einen reglementieren Beruf des Patentanwalts auf. Das heißt, als österreichischer Patentanwalt hat A die Voraussetzungen für die Zulassung zur Eignungsprüfung erfüllt. A hat sodann gemäß § 68 PatAnwAPrV einen Antrag auf Zulassung zur Prüfung zu stellen.

g) Zulassung zur Patentanwaltschaft

▶ **Beispiel:**

135 A ist in der Patentabteilung der Firma C 26 Monate bei Patentassessor B ausgebildet worden. Nach Abschluss dieses Ausbildungsabschnitts hat er die vorgeschriebene Zeit beim Deutschen Patent- und Markenamt und beim Bundespatentgericht absolviert. Die Prüfung hat er im Anschluss daran bestanden. A möchte nunmehr als Patentanwalt zugelassen werden.

136 Nach erfolgreicher Prüfung kann die Tätigkeit als freiberuflicher Anwalt von A noch nicht aufgenommen werden. Hierfür ist die Zulassung zur Patentanwaltschaft erforderlich A muss einen Antrag auf Zulassung zur Patentanwaltschaft stellen. Über den Antrag auf Zulassung entscheidet gemäß § 31 PAO die Patentanwaltskammer. Zur Patentanwaltschaft kann zugelassen werden, wer die technische Befähigung gemäß § 6 PAO erworben und danach die Prüfung über die erforderlichen Rechtskenntnisse gemäß § 8 PAO bestanden hat sowie mindestens ein halbes Jahr bei einem Patentanwalt tätig gewesen ist (§ 5 PAO).

137 Ferner dürfen keine Versagungsgründe gemäß § 14 PAO vorliegen. Danach ist nämlich die Zulassung zur Patentanwaltschaft zu versagen.

(1) wenn die antragstellende Person nach der Entscheidung des Bundesverfassungsgerichts ein Grundrecht verwirkt hat;

(2) wenn die antragstellende Person infolge strafgerichtlicher Verurteilung die Fähigkeit zur Bekleidung öffentlicher Ämter nicht besitzt;

(3) wenn die antragstellende Person durch rechtskräftiges Urteil aus der Patentanwaltschaft oder aus der Rechtsanwaltschaft ausgeschlossen ist und seit Rechtskraft des Urteils noch nicht 8 Jahre verstrichen sind;

(4) wenn gegen die antragstellende Person im Verfahren über die Richteranklage auf Entlassung oder im Disziplinarverfahren auf Entfernung aus dem Dienst in der Rechtspflege oder aus dem Dienst als Angehöriger des Patentamts rechtskräftig erkannt worden ist;
(5) wenn die antragstellende Person sich eines Verhaltens schuldig gemacht hat, das ihn unwürdig erscheinen lässt, den Beruf eines Patentanwalts auszuüben;
(6) wenn die antragstellende Person die freiheitliche demokratische Grundordnung in strafbarer Weise bekämpft;
(7) wenn die antragstellende Person aus gesundheitlichen Gründen nicht nur vorübergehend unfähig ist, den Beruf eines Patentanwalts ordnungsgemäß auszuüben;
(8) wenn die antragstellende Person eine Tätigkeit ausübt, die mit dem Beruf des Patentanwalts, insbesondere seiner Stellung als unabhängiges Organ der Rechtspflege nicht vereinbar ist oder das Vertrauen in seine Unabhängigkeit gefährden kann;
(9) wenn die antragstellende Person sich im Vermögensverfall befindet; ein Vermögensverfall wird vermutet, wenn ein Insolvenzverfahren über das Vermögen des Bewerbers eröffnet oder der Bewerber in das vom Insolvenzgericht oder vom Vollstreckungsgericht zu führende Verzeichnis (§ 26 Abs. 2 der Insolvenzordnung, § 915 der Zivilprozessordnung) eingetragen ist;
(10) wenn die antragstellende Person Richter, Beamter, Berufssoldat oder Soldat auf Zeit ist, es sei denn, dass er die ihm übertragenen Aufgaben ehrenamtlich wahrnimmt oder dass seine Rechte und Pflichten aufgrund der §§ 5, 6, 8 und 36 des Abgeordnetengesetzes oder entsprechender Rechtsvorschriften ruhen.

Vorliegend hat A diese Voraussetzungen erfüllt. 138

Außerdem ist gemäß § 5 Abs. 2 PAO der Nachweis über eine halbjährige Tätigkeit bei 139
einem Patentanwalt zu erbringen.[40] Vorliegend war A noch nicht bei einem Patentanwalt tätig. Insofern ist die Zulassung im vorliegenden Fall zu versagen. A muss zunächst die halbjährige Tätigkeit bei einem freiberuflich tätigen Patentanwalt absolvieren.

▶ **Beispiel:**

A hat seine Ausbildung bei einem Syndikusanwalt absolviert. Er möchte nun 140
freiberuflich tätig sein. Muss er noch den Nachweis gemäß § 5 Abs. 2 PAO erbringen?

§ 5 Abs. 2 Satz 1 Nr. 4 PAO wurde dahingehend geändert, dass das bisher nach § 5 141
Abs. 2 Satz 1 PAO bestehende Erfordernis einer zumindest halbjährigen Tätigkeit bei einer Patentanwältin oder -anwalt in den Fällen nicht gilt, in denen lediglich eine Zulassung als Syndikuspatentanwältin oder -anwalt erfolgt. Im Weiteren wird durch § 5 Abs. 2 Satz 3 PAO klargestellt, dass das Erfordernis der zumindest halbjährigen Ausbildung bei einer Patentanwältin oder -anwalt nicht durch die Tätigkeit bei einer

40 BGH Mitt. 1999, 237 = NJW-RR 1999, 1073 – *Tätigkeit bei einem Patentanwalt*; Weyland-Reinhard § 5 PAO Rn. 3; Stuhr GRUR 1994, 891.

Syndikuspatentanwältin oder einem -anwalt erfüllt werden kann. Dementsprechendes gilt auch für die Ausbildung bei Syndikuspatentanwältinnen und -anwälten. Insofern sind also Syndikuspatentanwältinnen und -anwälte mit Patentanwältinnen und -anwälten nicht gleichgestellt. Die Tätigkeit bei einem Syndikuspatentanwalt kann nur insoweit angerechnet werden, als der Antragsteller als Syndikusanwalt tätig sein möchte (§ 5 Abs. 2 Nr. 4 PAO). Will er freiberuflicher Patentanwalt werden, muss er das halbe Jahr bei einem freiberuflich tätigen Patentanwalt absolvieren.

▶ Beispiel:

142 A hat nach zehnjähriger Tätigkeit in der Patentabteilung der Firma C eine Prüfung mit Erfolg abgelegt. Er beantragt nunmehr die Zulassung zur Patentanwaltschaft.

143 Bewerber, die gemäß § 10a PAO zur Prüfung zugelassen worden sind und diese bestanden haben, erlangen die Fähigkeit zum Beruf des Patentanwalts. Diese Bewerber sind von dem Erfordernis der zusätzlichen halbjährlichen Tätigkeit bei einem Patentanwalt befreit. Dem Antrag des A ist demgemäß stattzugeben.

h) Rücknahme und Widerruf der Zulassung

▶ Beispiel:

144 Patentanwalt A. erhält das Angebot, vom Land B unter Berufung zum Beamten auf Lebenszeit zum Fachhochschullehrer an der Hochschule K. – Technik und Wirtschaft – ernannt zu werden. Er überlegt, ob Gründe dagegensprechen, diesen Posten anzunehmen. Insbesondere möchte er weiter als Patentanwalt in seiner bisherigen Sozietät tätig sein.

145 Nach § 21 Abs. 2 Nr. 5 PAO ist die Zulassung zur Patentanwaltschaft zu widerrufen, wenn der Patentanwalt zum Beamten auf Lebenszeit ernannt wird und er nicht auf die Rechte aus der Zulassung zur Patentanwaltschaft verzichtet. Das heißt, nach dieser Vorschrift kann Patentanwalt A. seinen Beruf als Patentanwalt nicht weiter ausüben.

146 Die Bestimmung des § 21 Abs. 2 Nr. 5 PAO mit dem zwingend vorgesehenem Widerruf der Anwaltszulassung bei Berufung in ein Beamtenverhältnis auf Lebenszeit greift nicht in die in Art. 12 Abs. 1 GG verfassungsrechtlich geschützte Freiheit der Berufswahl ein.[41] Zwar ist ein Eingriff in dieses Grundrecht, das auch das Recht umfasst, mehrere Berufe zu wählen und nebeneinander auszuüben[42] nur zum Schutz eines besonders wichtigen Gemeinguts und nur unter strikter Beachtung des Grundsatzes der Verhältnismäßigkeit zulässig.[43] Jedoch lässt Art. 12 Abs. 1 GG dem Gesetzgeber Spielraum, Berufsbilder durch generalisierende Inkompatibilitätsvorschriften zu nor-

41 BGH AnwZ (B) 10/10 vom 10.10.2011.
42 BVerfGE 87, 287.
43 BVerfGE 97, 12; BVerfG NJW 2007, 2317.

mieren.[44] Der Gesetzgeber überschreitet diese verfassungsrechtlichen Grenzen jedoch nicht, wenn er dem beamteten Professor im Interesse des Gemeinwohls auf die unparteiische Wahrnehmung der Aufgaben in Forschung und Lehre verpflichtet, während er den Beruf des Patentanwalts als einen vom Staat grundsätzlich unabhängigen, freien Beruf ausgestaltet hat.[45] Die Vorschriften der Patentanwaltsordnung zählen ebenso wie die Vorschriften der Rechtsanwaltsordnung darauf ab, das Erscheinungsbild einer von staatlichen Einflüssen freien Anwaltschaft zu schützen, indem die beruflichen Sphären der Anwaltschaft und des öffentlichen Dienstes deutlich voneinander getrennt werden.[46] Der Gesetzgeber hat dem Umstand besonderes Gewicht beigemessen, dass der Beamtenstatus mit besonderen Dienstpflichten verbunden ist, die für andere Beschäftigte im öffentlichen Dienst nicht in gleicher Weise und nicht im gleichen Umfang gelten.[47] Die Beamtentätigkeit ist schon allein im Hinblick auf das zu dem Dienstherrn bestehende öffentliche Dienst- und Treueverhältnis mit dem Berufsbild des Anwalts nicht in Einklang zu bringen.[48] Der Anwaltsberuf wird nämlich durch die innere und äußere Unabhängigkeit des Anwalts geprägt. Das Beamtenverhältnis ist dagegen durch die enge Bindung zwischen Beamten und Staat gekennzeichnet. Insbesondere gehört zu den wesentlichen Merkmalen eines Beamtenverhältnisses in aller Regel auch die Abhängigkeit und Weisungsgebundenheit. Dem steht auch nicht entgegen, dass Hochschullehrer wegen der in Art. 5 Abs. 3 GG garantierten Freiheit von Wissenschaft, Forschung und Lehre nicht mit den für andere Beamte geltenden Maßstäben in der aufgezeigten Weise vergleichbar sind. Auch wenn Hochschullehrer in ihrem Aufgabenbereich weitgehend von Weisung und von der Einhaltung von Dienststunden freigestellt sind, ändert das nichts daran, dass ihnen allein aufgrund ihrer Stellung als Lebenszeitbeamte sowohl allgemeine als auch besondere Dienstpflichten obliegen, die sich nicht wesentlich von den Dienstpflichten sonstiger im aktiver Dienst stehender Beamter auf Lebenszeit unterscheiden.[49] Wenn demgemäß A als Hochschullehrer auf Lebenszeit in den Beamtenstatus berufen wird, ist seine Zulassung zwingend zu widerrufen.

Beispiel:

Über das Vermögen von Patentanwalt A ist ein Insolvenzverfahren eröffnet worden. Die Patentanwaltskammer widerruft daraufhin die Zulassung. Zu Recht? 147

Die Gründe für die Rücknahme oder den Widerruf der Zulassung ergeben sich aus § 21 PAO. Gemäß § 21 Abs. 2 Nr. 8 PAO ist die Zulassung zu widerrufen, wenn der Patentanwalt in Vermögensverfall geraten ist. Eine Ausnahme hiervon besteht nur für den Fall, dass die Interessen der Rechtssuchenden nicht gefährdet sind. Jedoch wird von Gesetzes wegen ein Vermögensverfall vermutet, wenn ein Insolvenzverfahren über 148

44 BVerfGE 75, 246.
45 BVerfGE, JZ 1984, 1042; NJW 1988, 2525.
46 BVerfG NJW 2009, 3707.
47 BGH AnwZ (B) 86/90, BRAK-Mitt. 1991, 165 – Beschluss vom 25.03.1991.
48 BGH vom 18.06.2011, AnwZ (B) 10/00.
49 BGH vom 25.06.1984, AnwZ (B) 3/84, S. 3.

das Vermögen des Patentanwalts eröffnet ist. Gleiches gilt, wenn der Patentanwalt in das vom Insolvenzgericht oder vom Vollstreckungsgericht zu führende Verzeichnis eingetragen ist. Im vorliegenden Fall ist damit die Voraussetzung für einen Widerruf der Zulassung gegeben.

▶ Beispiel:

149 Patentanwalt A hat seine Kanzlei nach Großbritannien verlegt. Er hat hierüber jedoch den Vorstand der Patentanwaltskammer nicht informiert. Rechtsfolgen?

150 Gemäß § 26 PAO muss der Patentanwalt im Geltungsbereich des Gesetzes eine Kanzlei errichten und unterhalten. Verlegungen des Kanzleisitzes sind gemäß § 26 Abs. 2 PAO der Patentanwaltskammer anzuzeigen. Von der Pflicht gemäß § 26 Abs. 1 PAO zur Errichtung einer Kanzlei in der Bundesrepublik Deutschland kann die Patentanwaltskammer im Interesse der Rechtspflege oder zur Vermeidung von Härten Ausnahmen zulassen. Gemäß § 27 Abs. 2 PAO befreit die Patentanwaltskammer einen Patentanwalt, der seine Kanzlei ausschließlich in anderen Staaten errichtet, von der Pflicht gemäß § 26 PAO, sofern nicht überwiegende Interessen der Rechtspflege entgegenstehen. Gemäß § 27 Abs. 3 PAO hat der Patentanwalt die Anschrift seiner Kanzlei in einem anderen Staat unverzüglich der Patentanwaltskammer mitzuteilen. Eine Anzeige der Sitzverlegung hat A nicht angezeigt. Gemäß § 21 Abs. 3 Nr. 4 PAO kann daher die Zulassung des A widerrufen werden.[50]

▶ Beispiel:

151 A hat erhebliche Außenstände. U.a. hat er einige ausländische Kollegen seit vielen Monaten nicht mehr bezahlt. Diese haben sich bei der Patentanwaltskammer entsprechend beschwert. Ferner hat der Bundesgerichtshof festgestellt, dass Zustellungen per Post nicht möglich sind. Auch das Bundespatentgericht beschwert sich bei der Patentanwaltskammer, dass ein Kontakt zu A nicht mehr möglich ist. A beantragt die Verlegung seines Kanzleisitzes ins Ausland. Wie wird die Kammer entscheiden?

152 Von der Pflicht einer Errichtung einer Kanzlei im Inland kann die Kammer gemäß § 27 Abs. 2 PAO Ausnahmen zulassen. Voraussetzung ist allerdings, dass nicht überwiegende Interessen der Rechtspflege entgegenstehen, wobei angesichts der verbesserten Kommunikations- du Reisemöglichkeiten die Praxis der Patentanwaltskammer großzügiger geworden ist, zumal die Rechtsanwaltskammer die Frage des Kanzleisitzes äußerst liberal handhabt. Im vorliegenden Fall ist ein ordnungsgemäßer Rechtsverkehr nicht möglich. Weiterhin sind Rechnungen offen, die den Verdacht von Schwierigkeiten in den Vermögensverhältnissen nahelegen. Im Hinblick hierauf wird die Patentanwaltskammer eine Befreiung gemäß § 27 Abs. 2 PAO nicht aussprechen.

153 Da mithin keine Kanzlei im Inland besteht, besteht die Möglichkeit des Widerrufs der Zulassung gemäß § 21 Abs. 3 Nr. 4 PAO. Es stellt sich darüber hinaus die Frage,

50 Beschluss des OLG München v. 12.05.2011 – Pat A – Z1/11.

ob auch ein Widerruf gemäß § 21 Abs. 2 Nr. 8 PAO in Betracht kommt. Allerdings ist ein Vermögensverfall nicht positiv festgestellt worden. Schwierigkeiten mit den Vermögensverhältnissen legen zwar den Verdacht eines Vermögensverfalls nahe, stellen jedoch noch keinen solchen dar. Die Vermuten gemäß § 21 Abs. 2 Nr. 8, 2. Halbs. PAO greift ebenfalls nicht ein, da ein Insolvenzverfahren nicht eröffnet worden ist. Auch ist eine Eintragung in das vom Insolvenzgericht oder Vollstreckungsgericht zu führende Verhaltensverzeichnis nicht erfolgt. Im Ergebnis kommt ein Widerruf der Zulassung nur aufgrund des fehlenden Kanzleisitzes im Inland in Betracht.

▶ Beispiel:

Die Zulassung von A ist unter Hinweis auf § 21 Abs. 2 Nr. 8 PAO widerrufen worden. A möchte nunmehr über den Rechtsweg informiert werden. 154

Die Patentanwaltsordnung hatte früher für das gerichtliche Verfahren in Zivilsachen (§ 26 Abs. 4 PAO a.F.), Verfahren gegen sonstige Verwaltungsakte (§ 184 PAO a.F.) und gerichtliche Vorgehen gegen Wahlen und Beschlüsse der Patentanwaltskammer (§ 84 Abs. 7 PAO a.F.) auf das FGG verwiesen. Daneben enthielt die Patentanwaltsordnung vereinzelte Regelungen über das Verwaltungsverfahren. Im Hinblick auf das Außerkrafttreten des FGG zum 01.09.2009[51] hat der Gesetzgeber das patentanwaltliche Verfahrensrecht grundlegenden Änderungen unterworfen. 155

Für das außergerichtliche wie das gerichtliche Verfahren in verwaltungsgerichtlichen Patentanwaltssachen wird im weiten Umfang auf die Bestimmungen der Verwaltungsgerichtsordnung und des Verwaltungsverfahrensgesetzes verwiesen. In den von der Verwaltungsgerichtsordnung vorgesehenen Fällen ist künftig ein Vorverfahren vor Klageerhebung durchzuführen. Die Patentanwaltskammer ist als Behörde tätig, die Verwaltungsakte erlässt und nach § 73 Abs. 1 Nr. 3 VWGO selbst Widerspruchsbehörde ist. Die Verwaltungsakte sind mit einer Rechtsbehelfsbelehrung zu versehen. Hiervon hängt der Lauf der Rechtsbehelfsfrist ab (§ 58 VWGO). 156

Einer Untätigkeitsklage wurde bisher mit einem Bescheidungsurteil stattgegeben, auch wenn die Sache spruchreif ist (§ 37 Abs. 4 PAO a.F.). E Ebenso ist auch ein Verpflichtungsurteil möglich (§§ 75, 113 Abs. 5 VWGO). Auf die Feststellungsklage ist § 113 Abs. 1 S. 4 VWGO anzuwenden. 157

Die §§ 83, 84 PAO a.F. sahen eine gerichtliche Überprüfung von Wahlen und Beschlüssen der Patentanwaltskammer vor. Mit dem neuen Gesetz wird dies inhaltlich in dem § 94 e PAO übernommen. Demgemäß besteht kein Anwendungsbereich für § 47 VWGO. 158

§ 94 b Abs. 1 S. 2 PAO verweist auf § 67 VWGO. Diese Norm sieht einen Vertretungszwang vor dem Oberlandesgericht und dem Bundesgerichtshof vor. Hiervon abweichend wird in § 94 b Abs. 3 PAO festgelegt, dass Patentanwältinnen und Patentanwälte auch in verwaltungsgerichtlichen Verfahren sich selbst vertreten können. 159

51 FGG-Reformgesetz (FGG-RG), BT-Drucks. 16/9793, BT-Drucks. 16/9831.

160 Eine mündliche Verhandlung ist zwingend sofern die Beteiligten hierauf nicht verzichten (§ 101 Abs. 1 und 2 VWGO i.V.m. § 94 b Abs. 1 S. 1 PAO). Abgesehen davon gelten die in der Verwaltungsgerichtsordnung vorgesehenen Ausnahmen von Grundsatz der mündlichen Verhandlung, z. B. für die Entscheidung durch Gerichtsbescheid (§ 84 VWGO). Gemäß § 125 Abs. 2 VWGO kann das Gericht unzulässige Rechtsmittel auch ohne mündliche Verhandlung verwerfen. Diese Rechtslage gilt bereits in der Bundesrechtsanwaltsordnung.[52]

161 Die mündliche Verhandlung ist nach den Regeln der Verwaltungsgerichtsordnung öffentlich. Die Patentanwaltsordnung sah bisher vor, dass die mündliche Verhandlung nur beschränkt öffentlich ist (§ 36 Abs. 3 PAO a.F.). Nach Ansicht des Gesetzgebers ist der Schutz der Privatsphäre über die Regelungen in der Verwaltungsgerichtsordnung und dem Verwaltungsverfahrensgesetz gewährleistet. Weder die Stellung der Patentanwältinnen und Patentanwälte als Organ der Rechtspflege noch der Umstand, dass in einzelnen Verfahren Tatsachen zu erörtern sind, die der patentanwaltlichen Verschwiegenheit unterliegen, rechtfertigen nach der Gesetzesbegründung eine abweichende Regelung.[53]

162 Da das Oberlandesgericht einem Oberverwaltungsgericht entspricht (§ 94 b Abs. 1 S. 2 PAO), entscheidet das Gericht unter Mitwirkung aller Richterinnen und Richter. § 5 Abs. 3 S. 2 VWGO ist aber nicht anzuwenden, sodass auch die patentanwaltlichen Mitglieder und Beisitzer und Beisitzerinnen mitwirken.

163 Jede verfahrensbeendende Entscheidung enthält eine Kostenentscheidung über die gesamten Kosten (§ 161 VWGO). Die Kosten eines bevollmächtigten Anwalts sind nach § 162 Abs. 2 S. 1 VWGO stets erstattungsfähig. Über die Verweisung in § 173 VWGO ist § 91 Abs. 2 S. 3 ZPO anzuwenden, so dass Patentanwältinnen und Patentanwälte, die sich selbst vertreten, einen Erstattungsanspruch haben.

164 Nach § 80 VWGO haben Widerspruch und Anfechtungsklage grundsätzlich aufschiebende Wirkung. Dies gilt allerdings nicht für die Anforderung von öffentlichen Abgaben und Kosten (§ 80 Abs. 2 S. 1 Nr. 1 VWGO). Diese Ausnahme ist auch für Streitigkeiten im Patentanwaltsrecht bedeutsam, weil sie die verwaltungsrechtlichen Geldforderungen der Patentanwaltskammer erfasst.

165 Entsprechend der Regelung der Verwaltungsgerichtsordnung soll gegen Urteile des Oberlandesgerichts das Rechtsmittel der Berufung zum Bundesgerichtshof statthaft sein, wenn sie vom Oberlandesgericht oder dem Bundesgerichtshof zugelassen wird. An der Zuordnung der Senate für Patentanwaltssachen zu den Gerichten der ordentlichen Gerichtsbarkeit ist nichts geändert worden. Ebenso ist an den eingeführten bewährten Rechtsmitteln gegen Entscheidung des Oberlandesgerichts festgehalten worden (§ 94 a Abs. 2 PAO).

---

52 BGH Beschl. vom 23.07.1990, BGHZ 44, 25.

53 Begr. zum Entwurf eines Gesetzes zur Modernisierung von Verfahren im patentanwaltlichen Berufsrecht, BlPMZ 2009, 375, 377.

Nach dem Abschluss der Ausbildung und der Ablegung der Patentassessorprüfung besteht die Möglichkeit, als Angestellter im Bereich des gewerblichen Rechtsschutzes tätig zu sein. Andererseits kann nach Zulassung zur Patentanwaltschaft eine selbstständige Tätigkeit angestrebt werden. Unbenommen ist daneben aber auch die Möglichkeit, als Patentanwalt im ständigen Dienstverhältnis oder als Syndikuspatentanwalt, d.h. als Angestellter eines Betriebes in einer Patentabteilung tätig zu sein. 166

III. Der Beruf des Patentanwalts

1. Der freie Beruf

Sofern der junge Patentanwalt sich für die Selbstständigkeit entscheidet, bieten sich wiederum verschiedene Möglichkeiten an. So kann er eine eigene Kanzlei aufbauen und als Einzelanwalt tätig sein. Darüber hinaus ist es aber auch möglich, sich mit Kollegen zu einer Berufsausübungsgesellschaft zusammenzuschließen und den Beruf gemeinsam auszuüben. Eine solche Zusammenarbeit kann auch mit Angehörigen anderer Berufsgruppen, z.B. Rechtsanwälten, Steuerberatern, Wirtschaftsprüfern ausgeübt werden. Ebenso ist die Verbindung mit ausländischen Patentanwältinnen und -anwälten möglich. Sozietätsfähig sind darüber hinaus sämtliche freien Berufe, die die Anforderungen des § 1 Abs. 2, S. 2 PartGG erfüllen. Eine Beschränkung auf die im § 1 Abs. 2, S. 2 PartGG namentlich genannten Berufskreise findet nicht statt. So kann die Zusammenarbeit mit Mediatorinnen und Mediatoren und mit European Patent Attorneys möglich sein.[54] 167

a) Einzelanwalt

Nach der Zulassung haben Patentanwältinnen und Patentanwälte Rechte, aber auch Pflichten, die zu beachten sind. 168

▶ Beispiel:

A möchte seine Kanzlei in Salzburg errichten. Von hier aus möchte er als deutscher Patentanwalt tätig sein. 169

Alsbald nach der Zulassung wird der Patentanwalt vereidigt (§ 19 PAO). Danach wird er in die Liste der Patentanwälte eingetragen (§ 29 Abs. 2 PAO). Ferner hat der Patentanwalt seinen Wohnsitz anzuzeigen und mitzuteilen, dass er eine Kanzlei im Geltungsbereich der PAO, also in der Bundesrepublik Deutschland errichtet hat (§ 26 PAO). Mit der Eintragung in die Liste der Patentanwälte ist er befugt, als Patentanwalt tätig zu werden. Die Patentanwaltskammer kann einen Patentanwalt von der Pflicht des § 26 PAO befreien (§ 27 PAO). Es ist auch möglich, eine Kanzlei im Ausland zu betreiben. A will seine Kanzlei in Grenznähe zu Deutschland errichten. Die Patentanwaltskammer kann in diesem Fall eine Ausnahmegenehmigung erteilen, da A für Gerichte und Parteien ohne Behinderung erreichbar ist. 170

54 Fitzner, Gesetz zur Neuregelung des Berufsrechts der Patentanwälte, Mitt 2022, 248.

▶ **Beispiel:**

171 Patentanwalt A wird beauftragt, an einem Verletzungsverfahren für Firma B gegen Firma C mitzuwirken. Seinerzeit hatte aber Firma C für Firma B Entwicklungsarbeiten durchgeführt. An dem Klagepatent waren Arbeitnehmer von B und C beteiligt. Mit den betreffenden Erfinder beider Firmen hatte A seinerzeit diskutiert. Im Anschluss daran hatte er für B das Klagepatent verfasst und beim Deutschen Patent- und Markenamt eingereicht. Darf A im Verletzungsstreit B gegen C vertreten?

172 § 39a Abs. 4 bis 6 PAO enthält Regelungen zu widerstreitenden Interessen. Danach ist verboten, dass eine Patentanwältin oder ein Patentanwalt in derselben Rechtssache widerstreitende Interessen vertritt. Das Verbot setzt einen aktuell vorhandenen Interessenwiderstreit voraus[55]. A darf daher im vorliegenden Fall nicht tätig werden.

▶ **Beispiel:**

173 A war vormals bei Firma B tätig und hat Polyurethanprokukte beworben und vermarktet. Er kennt von daher genauestens den Markt und die Strategien der Konkurrenz, insbesondere der Firma C. Nunmehr ist A als Patentanwalt tätig. Firma C möchte ihn beauftragen, in einem Verletzungsverfahren gegen Firma B mitzuwirken. A hat Bedenken, in Anbetracht seines Kenntnisstands über Firma B den Auftrag anzunehmen.

174 § 41 PAO umfasst diverse Tätigkeitsverbote. Diese entsprechen weitgehend § 45 BRAO. Gründe für solche Verbote sind u.a. frühere Tätigkeiten als Richter, Staatsanwalt oder im öffentlichen Dienst. Genannt sind auch die Tätigkeiten von Insolvenzverwaltern, Testamentsvollstreckern, Nachlassverwaltern. Abgesehen davon ist gegenüber § 45 BRAO zusätzlich eine Nummer 3 eingefügt, wonach für Patentanwältinnen und -anwälte eine besonderes Tätigkeitsverbot besteht. Dies gilt für die Befassung mit einer Angelegenheit, die einen technischen oder naturwissenschaftlichen Gegenstand oder Sachverhalt betrifft. Hier ist der Fall gemeint, in dem außerhalb der Patentanwaltstätigkeit die Patentanwältin oder der -anwalt im widerstreitenden Interesse beruflich befasst gewesen ist. Diese von der BRAO abweichende Regelung war bereits in dem vormaligen § 41 PAO enthalten[56].

▶ **Beispiel:**

175 Patentanwalt A hatte unvollständige Einkommens- und Umsatzsteuererklärungen abgegeben. Gegen ihn wurde ein Steuerstrafverfahren eingeleitet. Hat dies Folgen für den Beruf von A?

55 BVerfG, Beschluss vom 03.07.2003, 1 BvR 23/01, BverfG 108, 150, 162; BVerfG, Beschluss vom 20.06.2006, 1 BvR 594/06, NJW 2006, S. 2469, 2470.

56 BT-Drucks. 12/4993, S. 40; vgl. a. BGH, Urteil vom 25.02.1999 – IX ZR 384–97, NJW 1999, S. 1715, 1717 f.

Ein Patentanwalt hat gemäß § 39 Satz 2 PAO sich innerhalb und außerhalb des Berufs der Achtung und des Vertrauens, welche die Stellung des Patentanwalts erfordern, würdig zu erweisen. Hierzu gehört auch die sorgfältige Handhabung in Steuerangelegenheiten. Insoweit hat A gegen § 39 Satz 2 PAO verstoßen. Die Steuerbehörde wird dies daher der Patentanwaltskammer mitteilen, welche über weitere Maßnahmen befinden wird. 176

▶ **Beispiel:**

Patentanwältin A hat namens und im Auftrag der Firma B eine Firma C wegen einer Designverletzung abgemahnt. Dabei hat sie sich auf ein für B eingetragenes Design gestützt. Rein vorsorglich weist Sie noch darauf hin, dass auch eine Nachahmung und damit vermeidbare Herkunftstäuschung und eine unangemessene Ausnutzung oder Beeinträchtigung der Wertschätzung der nachgeahmten Ware i.S.d. UWG vorliege. Rechtsanwalt D meldet sich für die Firma C und behauptet, es liege ein Verstoß gegen das Rechtsberatungsgesetz vor; denn A stütze die Ansprüche auch auf das UWG. Hierzu sei A nicht berechtigt. 177

Die Befugnisse zur Beratung und Vertretung des Patentanwalts ergeben sich aus § 3 PAO. So ist nach Abs. 3 Nr. 1 PAO der Patentanwalt u.a. befugt, 178

»in Angelegenheiten, für die eine Frage von Bedeutung ist, die ein gewerbliches Schutzrecht, ein Datenverarbeitungsprogramm, eine nicht geschützte Erfindung oder eine sonstige die Technik bereichernde Leistung oder eine nicht geschützte, den Pflanzenbau bereichernde Leistung auf dem Gebiet der Pflanzenzüchtung betrifft oder für die eine mit einer solchen Frage zusammenhängende Rechtsfrage von Bedeutung ist…«

, andere zu beraten und Dritten gegenüber zu vertreten, auch wenn die Voraussetzungen des Absatzes 2 Nummer 1 nicht vorliegen.

Aus dieser Bestimmung ist herzuleiten, dass bei Sachverhalten, bei denen ein gewerbliches Schutzrecht von Bedeutung ist, der Patentanwalt zur Beratung und Vertretung befugt ist. Entsprechende Entscheidungen finden sich auch in der Rechtsprechung. Danach ist u.a. Voraussetzung, dass die Entscheidung des Rechtsstreits von Fragen abhängig ist, die ein gewerbliches Schutzrecht betreffen.[57] Im vorliegenden Fall gilt, dass A aus einem eingetragenen Design Ansprüche geltend gemacht hat. Die Nennung des UWG steht im Zusammenhang mit diesem Gewerblichen Schutzrecht. Damit liegt ein Zusammenhang mit einem Gewerblichen Schutzrecht vor. 179

▶ **Beispiel:**

Patentanwalt A vertritt eine Firma B gemeinsam mit Rechtsanwalt C in einem Patentverletzungsstreit gegen Firma D. Diese wird von wird von Rechtsanwalt E vertreten. A beschuldigt E, er habe eine braun gefärbte Gesinnung. Diese Äußerung ist nachweislich unwahr. 180

57 Vgl. z.B. BeckOK UWG Fritzsche/Münker/Stollwerck, § 12; OLG Stuttgart, GRUR-RR 2009, 79; KG NJW – Wettbewerbsrecht 2000, 76.

181 Das Verhalten des A ist grob unsachlich i.S.d. §§ 39, 39a Abs. 3 PAO. Unsachlich ist insbesondere ein Verhalten, bei dem es sich um die bewusste Verbreitung von Unwahrheiten oder solcher herabsetzenden Äußerungen handelt, zu denen andere Beteiligte oder Verfahrensablauf keinen Anlass gegeben haben.

▶ Beispiel:

182 B betreibt als Alleininhaber eine Patentanwaltskanzlei. Er beabsichtigt, die Kanzlei einschließlich Mandantenstamm für 1,14 Mio. Euro an den gerade in die Liste eingetragenen Patentanwalt K zu veräußern. Was ist zu beachten?

183 Im vorliegenden Fall ist zu beachten, dass die Zustimmung der Mandanten zur Weitergabe der Akten eingeholt wird. Anderenfalls könnte der Vertrag zwischen K und B unter dem Gesichtspunkt des Verstoßes gegen ein gesetzliches Verbot (§ 134 BGB) nichtig sein. Als Verbotsgesetz kommt § 203 Abs. 1 Nr. 3 StGB in Betracht, wonach unter anderem ein Rechtsanwalt oder Patentanwalt mit Strafe bedroht ist, der unbefugt ein unter die Verschwiegenheitspflicht fallendes Geheimnis offenbart. Schutzzweck des § 203 Abs. 1 Nr. 3 StGB ist die Sicherstellung des informellen Selbstbestimmungsrechts derjenigen Personen, die sich dem in § 203 StGB aufgezählten Personenkreis anvertrauen. In dem Volkszählungsurteil des Bundesverfassungsgerichts[58] ist umrissen worden, dass personenbezogene Daten besonders zu schützen sind. Das Grundrecht des Art. 2 Abs. 1 i.V.m. Art. 1 Abs. 1 GG gewährleistet die Befugnis des Einzelnen, selbst über die Preisgabe und Verwendung seiner persönlichen Daten zu bestimmen. Es ist daher Aufgabe des Patentanwalts B, die Zustimmung seiner Mandanten zur Weitergabe derartiger Daten in eindeutiger und unmissverständlicher Weise einzuholen. Zwar enthalten die patentanwaltlichen Mandatsakten regelmäßig nicht in dem Maße intime Einzelheiten, wie z.B. Behandlungsunterlagen eines Arztes,[59] doch können sensible Daten durchaus enthalten sein. So hat der Bundesgerichtshof für Rechtsanwaltskanzleien[60] und für Steuerberatungskanzleien[61] entschieden, dass sowohl das Verpflichtungs- als auch das Erfüllungsgeschäft für Kanzleiübertragungen unwirksam seien, wenn die Mandanten der Übergabe der sie betreffenden Mandatsakten nicht zugestimmt haben. Zwar erfüllt in diesen Fällen das Verpflichtungsgeschäft nicht den objektiven Tatbestand des § 203 StGB, weil im Kaufvertrag selbst kein Geheimnis offenbart wird, doch führt die Zielsetzung des Verbotsgesetzes gegen das Erfüllungsgesetz dazu, dass auch das zugrundeliegende Verpflichtungsgeschäft gemäß § 134 BGB nichtig ist.[62] Da es sich bei § 203 Abs. 1 Nr. 3 StGB um eine den Schutz eines höchstpersönlichen Rechtsgutes dienende Strafvorschrift handelt, bedarf es auch nicht eines bewussten Verstoßes beider Vertragsparteien gegen das Verbotsgesetz.[63] Der Verstoß gegen § 203 StGB führt mithin zu der Nichtigkeit des gesamten Ver-

58 BVerfG NJW 1984, 419.
59 BGHZ 116, 268, 272.
60 BGH NJW 1995, 2026.
61 BGH NJW 1996, 2087.
62 BGH NJW 1995, 2026, 2027.
63 BGHZ 116, 268, 277; BGH NJW 1995, 2026, 2027.

trages im Sinne des § 134 BGB. Im Ergebnis ist somit unbedingt die Zustimmung der Mandanten einzuholen.

b) Formen der Zusammenarbeit

184 Die Gestaltung der Zusammenarbeit und das Spektrum der rechtlichen Möglichkeiten dieser Art der Berufsausübung sind in den letzten Jahren erheblich ausgeweitet worden. War früher die Gesellschaft bürgerlichen Rechts und die Bürogemeinschaft die bevorzugte Form, gibt es heute auch noch weitere rechtliche Gestaltungsformen.

Am 01.08.2022 trat eine umfassende Neuregelung des Berufsrechts in Kraft[64]. Im Wesentlichen gleichlautende Neuerungen gelten ab diesem Zeitpunkt auch für Rechtsanwältinnen und -anwälte sowie Steuerberaterinnen und -berater. Zugleich wurde eine erweiterte gesellschaftsrechtliche Organisationsfreiheit geschaffen. Insbesondere wurde der Kreis der sozietätsfähigen Berufsangehörigen weiter gefasst. Die gesellschaftlichen Zusammenschlüsse heißen nunmehr Berufsausübungsgesellschaften.[65]

aa) Übersicht

▶ Beispiel:

185 D betreibt als Alleininhaber eine Patentanwaltskanzlei, in der mehrere Rechtsanwälte als freie Mitarbeiter tätig sind. D beabsichtigt, die Kanzlei einschließlich Mandantenstamm an Patentanwalt K zu veräußern. Um den Mandantenstamm auf K überzuleiten, wollen die Vertragsparteien einen Kaufvertrag abschließen und hierbei übergangsweise eine Außensozietät unter dem Namen D, K & Kollegen bilden. Im Innenverhältnis soll D jedoch Alleininhaber bleiben und K übergangsweise als freier Mitarbeiter mit dem Ziel der Mandantenüberleitung auf K beschäftigt sein. Muss die Zustimmung der Mandanten eingeholt werden?[66]

186 Im vorliegenden Beispiel stellt sich die Frage, ob der zwischen den Parteien geschlossene Kanzleiveräußerungsvertrag wegen Verstoßes gegen § 203 Abs. 1 Nr. 1 StGB i.V.m. § 134 BGB als nichtig anzusehen ist. Zu berücksichtigen ist, dass ein Patentanwalt einen rechtskundigen Mitarbeiter mit der Besorgung der ihm übertragenen Angelegenheiten betrauen darf, ohne damit ein Mandantengeheimnis unbefugt zu offenbaren.[67] Ferner ist in der Rechtsprechung anerkannt, dass ein Mandant, der eine aus mehreren Anwälten bestehende Berufsausübungsgesellschaft mit einem Mandat beauftragt, konkludent durch diese Beauftragung seine Einwilligung dahin erteilt, dass alle an der Sozietät beteiligten Anwälte den Fall bearbeiten können.[68] Auch die Aufnahme neuer Gesellschafter in eine Berufsausübungsgesellschaft begründet keinen

64 BGBl 2021 Teil I Nr. 41 vom 12.07.2021.
65 Fitzner, Gesetz zur Neuregelung des Berufsrechts, Mitt. 2022, S. 248.
66 Vgl. aus Übersicht Schmidt NJW 2005, 2801 ff.
67 BGHZ 115, 123, 128; BGH NJW 1995, 2915.
68 BGH NJW 2000, 5060.

Verstoß gegen § 203 StGB, weil sich das bereits angenommene Mandat regelmäßig auch auf sie erstreckt.[69] Dass der betreffende Patentanwalt nur als freier Mitarbeiter in der Berufsausübungsgesellschaft tätig ist, ist dabei unerheblich. Für die Einbeziehung in das Mandatsverhältnis kommt es allein darauf an, dass er nach außen als Mitglied in Erscheinung tritt.[70] Da somit alle Gesellschafter aufgrund des bestehenden Mandatsverhältnisses zur Einsichtnahme in die Mandantenakten berechtigt sind und von Anfang an der anwaltlichen Schweigepflicht unterliegen, scheidet in diesen Fällen ein unbefugtes Offenbaren eines Geheimnisses im Sinne des § 203 Abs. 1 Nr. 3 StGB ihnen gegenüber seitens der bisherigen Gesellschafter aus.

187 Nach diesen Grundsätzen ist der zwischen D und K geschlossene Kanzleiveräußerungsvertrag nicht wegen Verstoßes gegen § 203 Abs. 1 Nr. 3 StGB i.V.m. § 134 BGB als nichtig anzusehen.[71]

▶ **Beispiel:**

188 A beabsichtigt mit seinen Kollegen B und C nach bestandenem Examen gemeinsam eine Kanzlei zu betreiben. Er fragt sich, welche Möglichkeiten es gibt.

189 Patentanwälte dürfen sich u.a. mit weiteren Patentanwälten, Rechtsanwälten, Steuerberatern, Steuerbevollmächtigten, Wirtschaftsprüfern und vereidigten Buchprüfern zur Berufsausübungsgesellschaften verbinden (§ 52 b PAO). Rechtsprechung und Gesetzgeber hatten schon in den vergangenen Jahren die Möglichkeit anwaltlicher Zusammenarbeit ausgeweitet. Neben der Ausübung anwaltlicher Tätigkeit in einer konventionellen Einzelpraxis können sich Anwälte berufsrechtlich schon länger zu einer BGB-Gesellschaft, einer Partnerschaftsgesellschaft, einer Bürogemeinschaft, einer GmbH oder einer AG zusammenschließen.[72] Nach der Patentanwaltsordnung ist die Organisation in den verschiedenen Gesellschaftsformen nach deutschen Recht oder nach dem Recht eines Mitgliedsstaates der Europäischen Union oder eines Vertragsstaatsabkommens über den europäischen Wirtschaftsraum möglich. Es ist nur sicherzustellen, dass entsprechend qualifizierte Personen Rechtsdienstleistungen erbringen[73]. D.h., die Berufsausübungsgesellschaft muss anwaltliche Dienstleistungen zum Gegenstand haben. Nicht erfasst vom Begriff der Berufsausübungsgesellschaft sind daher solche Gesellschaften, die durch nichtanwaltliche Personen den rechtsberatenden Berufs ausführen lassen.[74]

190 Die Verbindung muss zur gemeinschaftlichen Ausübung des Berufs erfolgen. Diese Formulierung entspricht § 1 Abs. 1 Satz 1 PartGG. Es gilt damit das Erfordernis der

69 BGHZ 124, 47, 48.
70 BGHZ 144, 47, 48.
71 NJW 2001, 2463; BGH NJW 2001, 2462 = WM 2001, 1621; Tychsen RÜ 2001, 436.
72 Vgl. Weyland-Jähne Kommentierung zu § 59b BRAO.
73 Vgl. BGH-Beschluss vom 22.07.2002 AnwZ (BrfG) 3/20.
74 Fitzner, Gesetz zur Neuregelung des Berufsrechts, Mitt. 2022, S. 248.

aktiven Mitarbeit sämtlicher Gesellschafterinnen und Gesellschafter[75]. Reine Kapitalbeteiligungen sollen somit weiterhin ausgeschlossen bleiben[76], um der Gefahr einer Abhängigkeit von den Kapitalgebern entgegenzuwirken. Die Gefährdung der anwaltlichen Unabhängigkeit kann nämlich sowohl durch Verteilung von Stimmrechten als auch durch die wirtschaftliche Stellung rein kapitalistisch beteiligter Gesellschafterinnen und Gesellschafter entstehen.[77]

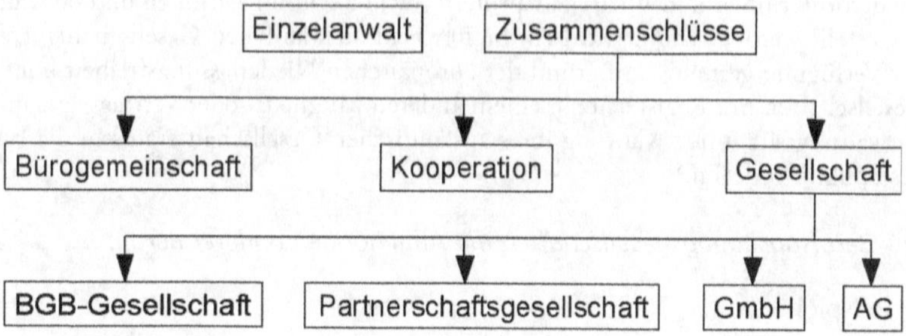

Abb. 2: Beispiele für Organisationsformen von Kanzleien

Das Gebot der aktiven Mitarbeit schließt eine Beteiligung an mehreren Berufsgesellschaften nicht aus. Somit ist eine Sternsozietät weiterhin nicht verboten. Es besteht auch nicht die Pflicht, eine bestimmte Breite von anwaltlichen Dienstleistungen anzubieten[78]. Dadurch wird ermöglicht, dass eine Gesellschafterin oder ein Gesellschafter sich z.B. auf das Kanzleimanagement oder die Mandantenakquise konzentriert oder aus Altersgründen nur noch in geringem Umfang für die Gesellschaft tätig wird.[79] 191

Vor dem 01.08.2022 war die Wahl der gesellschaftlichen Organisationsformen nach den §§ 105 und 162 HGB verwehrt[80] Nach der jetzigen Gesetzeslage ist dies möglich. Der anwaltliche Beruf soll aber nach dem Willen des Gesetzgebers weiter ein freier Beruf und kein Gewerbe sein. Dies ist eine Angleichung an die für Steuerberater und Wirtschaftsprüfer geltenden Regelungen, bei denen bereits vor dem 01.08.2022 eine Öffnung für Handelsgesellschaften vorgesehen war[81]. 192

---

75 Henssler in: Henssler/Prütting BRAO, 5. Aufl. 2019, § 59a BRAO, Rn. 50 f.; zum PartGG: Killian/Seibert, PartGG, 1. Aufl. 2012, § 1 PartGG, Rn. 3, Schelpen, MüKo-PartGG, 8. Aufl. 2020, § 1 PartGG, Rn. 11.

76 Bormann/Strauss: Gaier/Gück EN, anwaltliches Berufsrecht, 3. Aufl. 2020, § 59e BRAO, Rn. 9, BT-Drucks. 18/5201, S. 30.

77 Fitzner, Gesetz zur Neuregelung des Berufsrechts, Mitt. 2022, S. 248.

78 Killian/Koch Anwaltliches Berufsrecht, 2. Aufl. 2018, Rn. 1062; Henssler in: Henssler/Prütting, BRAO, 5. Aufl. 2019 § 59a BRAO, Rn. 50.

79 Fitzner, Gesetz zur Neuregelung des Berufsrechts, Mitt. 2022, S. 248.

80 BGH-Urteil vom 08.07.2011, AnwZ (BrfG) 18/10; BVerfG, Beschluss vom 06.12.2011, 1 BvR 2280/11.

81 BGH-Urteil vom 15.07.2014, II ZB 2/13.

193 Es sollen allerdings nur solche Gesellschaften eine Gesellschafterposition zulässig sein, die selbst den Anforderungen der Patentanwaltsordnung genügen. Durch die Beschränkung auf die zugelassene Berufsausübungsgesellschaft und die damit verbundene Kammerzulassung soll die Kontrolle der Einhaltung dieser Vorgaben durch die Patentanwaltskammer sichergestellt werden. Mit der Öffnung soll ein Gleichlauf zwischen Steuerberaterinnen und Steuerberatern, Steuerbevollmächtigten, Wirtschaftsprüferinnen und Wirtschaftsprüfern sowie Rechtsanwältinnen und -anwälten hergestellt werden. Damit wird ein breites Feld an wählbaren Gesellschaftsformen zur Verfügung gestellt[82]. Aufgrund der europäischen Niederlassungsfreiheit können Gesellschaften mit Registersitz in einem anderen Mitglieds- oder Vertragsstaat ihren Verwaltungssitz unter Wahrung ihres ausländischen Gesellschaftsstatus in die Bundesrepublik verlegen.[83]

bb) Berufsausübungsgesellschaften mit Angehörigen anderer Berufe

Beispiel:

194 Patentanwalt A möchte eine breites Beratungsspektrum anbieten. Er will sich daher zusammen mit einem European Patent Attorney, einem Rechtsanwalt, einem Steuerberater, einem Arzt, sowie einem Mediator eine Berufsausübungsgesellschaft gründen. Zudem sollen ausländische Berufsangehörige in die Berufsausübungsgesellschaft einbezogen werden. Ist dies möglich?

195 § 52c PAO regelt, mit welchen Angehörigen anderer Berufsgruppen sich Patentanwältinnen und Patentanwälte zur gemeinsamen Berufsausübung zusammenschließen können. Sozietätsfähig können Berufe sein, die die Anforderungen des § 1 Abs. 2 Satz 1 PartGG erfüllen. Eine Beschränkung auf die in § 1 Abs. 2 Satz 2 PartGG genannten Berufskreise findet nicht statt. Die Zusammenarbeit kann beispielsweise mit Mediatorinnen und Mediatoren und European Patent Attorneys möglich sein. Das Bundesverfassungsgericht[84] hatte die bis zum 01.08.2022 geltende Regelung als verfassungswidrig angesehen, soweit diese die Zusammenarbeit in besonderen Konstellationen mit Ärzten, Apothekerinnen und Apothekern in einer Partnerschaftsgesellschaft verbietet. Es hatte die Ansicht vertreten, dass manche Rechtsfragen nicht ohne professionellen Sachverstand aus anderen Berufen ausreichend beantwortet werden können. Die Nachfrage nach einer interprofessionellen Dienstleistung wachse[85]. Allerdings bleibt es weiterhin geboten, keine unbegrenzte Ausweitung auf alle Berufsgruppen, sondern eine Beschränkung auf die freien Berufe vorzunehmen.

---

82 Henssler, AnwBl. Online 2018, S. 564, 570; Europäischer Gerichtshof Urteil vom 09.03.1999, C-212–97, Slg. 1999, 1–1459; Urteil vom 05.11.2002, C-208/00, Slg. 2002 I-9919; Urteil vom 30.09.2003, C-167/01, Slg. 2003, I-10155.

83 Fitzner, Gesetz zur Neuregelung des Berufsrechts, Mitt. 2022, S. 248.

84 BVerfG, Beschluss vom 12.01.2016, 1 BvL 6/13, NJW 2016, S: 700.

85 BVerfG Beschluss vom 12.01.2016, 1 BvL 6/13, NJW 2016, S: 700 ff. Rn. 68.

196 Die Grundpflichten gelten auch für interprofessionelle Berufsausübungsgesellschaften. Diese umfassen die Pflicht zur Verschwiegenheit, das Verbot, widerstreitende Interessen zu vertreten und die Pflicht, keine die Unabhängigkeit gefährdenden Verbindungen einzugehen[86]. Das Gesetz sieht vor, dass die Einhaltung der anwaltlichen Grundpflichten dadurch abgesichert wird, dass diese auch für die anderen Berufsträger in der Berufsausübungsgesellschaft unmittelbar gelten. Die Berufsausübungsgesellschaft hat dafür Sorge zu tragen, dass berufsrechtliche Verstöße frühzeitig erkannt und abgestellt werden. Zudem ist durch geeignete gesellschaftsvertragliche Vereinbarungen sicherzustellen, dass die Berufsausübungsgesellschaft für die Erfüllung der Berufspflichten sorgen kann.[87] Der Gesellschaftsvertrag muss insbesondere den Ausschluss von Gesellschaftern vorsehen, die in schwerwiegender Weise wiederholt gegen Pflichten verstoßen (§ 52d Abs. 5 PAO).

cc) Zulassung von Berufsausübunggesellschaften, deren Erlöschen, Rücknahme und Widerruf

▶ **Beispiel:**

197 A fragt, ob eine Zulassung der Berufsausübungsgesellschaft zwingend erforderlich ist.

198 Grundsätzlich besteht eine Zulassungspflicht für Berufsausübungsgesellschaften bei der Patentanwaltskammer. Die zugelassene Gesellschaft wird eigenes Mitglied der Patentanwaltskammer mit eigenen Rechten und Pflichten.[88] Keiner Zulassung bedürfen Berufsausübungsgesellschaften, bei denen keine Beschränkung der Haftung der natürlichen Personen vorliegt und denen als Gesellschafter und als Mitglieder der Geschäftsführungs- und Aufsichtsorgane ausschließlich Patentanwälte oder Angehörige eines anderen Berufs i.S.d. § 52c Abs. 1 PAO angehören. D.h., Gesellschaften bürgerlichen Rechts und Partnerschaften ohne beschränkte Berufshaftung sowie die für die anwaltliche Berufsausübung seit dem 01.08.2022 zulässige OHG sind nicht verpflichtet, sich zuzulassen. Ihnen steht die Möglichkeit der freiwilligen Zulassung offen. Die Zulassung bleibt freiwillig, solange die Gesellschafter sowie die Mitglieder der Geschäftsführungs- und Aufsichtsorgane ausschließlich Rechtsanwälte und Rechtsanwältinnen oder Mitglieder der Patentanwaltskammer, Steuerberater, Steuerbevollmächtigte, Wirtschaftsprüfer und vereidigte Buchprüfer sind.[89] Entscheidet sich eine Berufsausübungsgesellschaft für die Zulassung, wird sie Mitglied der Patentanwaltskammer; für sie gelten dann vollumfänglich dieselben Regelungen wie für zulassungspflichtige Gesellschaften. Mit der Zulassung wird daher auch die Verhän-

86 BVerfG, Beschluss vom 12.01.2016, 1 BvL 6/13, NJW 2016, S. 702, Rn. 52; Bormann, Strauss in: Gaier/Wolf/Göcken BRAO 3. Aufl., § 59a, Rn. 92a.
87 Vorschlag von Henssler, AnwBl. Online, 564, 580.
88 Zimmermann, Dörne AnwBl 2022, S. 319.
89 Zimmermann, Dörne AnwBl 2022, S. 319.

gung von Sanktionen gegen die Gesellschaft bei Berufsrechtsverstößen möglich.[90] Haftungsprivilegien gehen mit der freiwilligen Zulassung nicht einher.[91]

199 Am 01.01.2024 traten geänderte Bestimmungen zur Gesellschaft bürgerlichen Rechts in Kraft. Danach wird die Rechtsfähigkeit dieser Gesellschaftsform gesetzlich geregelt. Ferner wird die Möglichkeit einer Registrierung geschaffen. Zwingend ist diese aber nicht vorgeschrieben[92].

200 Nicht enthalten ist im Gesetz eine Zwangsmitgliedschaft der Gesellschafter in der Patentanwaltskammer und ihre unmittelbare Beaufsichtigung durch die Kammer. Die Patentanwaltskammer ist ein Organ der Selbstverwaltung. Zu ihren Aufgaben gehören nicht nur die Berufsaufsicht, sondern auch die Wahrung der Interessen der Mitglieder. Damit ist auch die Beaufsichtigung der Mitglieder von Geschäftsführungs- und Aufsichtsorganen geboten. Die zugelassene Gesellschaft unterliegt grundsätzlich den gleichen Anforderungen wie Patentanwältinnen und Patentanwälte (§§ 52f und 52g PAO).[93]

dd) Gesellschafter- und Kapitalstruktur, Geschäftsführung

▶ **Beispiel:**

201 Patentanwalt A verhandelt mit seiner Bank. Diese möchte zur Sicherheit Gesellschaftsanteile auf sich übertragen. Ist das möglich?

202 Gemäß § 52i Abs. 2 PAO unterliegt die Übertragung von Berufsausübungsgesellschaften einem Zustimmungserfordernis durch die Gesellschafterversammlung. Dadurch sollen Gesellschaftsanteile nicht beliebig auf Dritte übertragen werden können. Außerdem soll jegliche Form der Gewinnbeteiligung externer Dritter unterbunden werden. Dadurch soll die Unabhängigkeit anwaltlicher Berufsausübung gewährleistet sein.[94]

▶ **Beispiel:**

203 A möchte die Betriebswirtin B mit der alleinigen Geschäftsführung betrauen. Bestehen Bedenken?

204 In Kapitalgesellschaften gilt der Grundsatz der Selbstorganschaft nicht. Aufgrund dessen wurde in § 52j PAO geregelt, welche Personen die Geschäftsführung übernehmen können. Dem Geschäftsführungsorgan der Berufsausübungsgesellschaft müssen Patentanwältinnen bzw. -anwälte in vertretungsberechtigter Zahl angehören. Die Mitglieder des Geschäftsführungs- und Aufsichtsorgans sind verpflichtet,

90 Kilian, NJW 2021, 2385; Zimmermann, Dörne AnwBl 2022, S. 319.
91 Zimmermann, Dörne AnwBl 2022, S. 319.
92 BGBl. I Nr. 53, von 17.08.2021; vgl. a. Eisenhardt/Wackerbarth Gesellschaftsrecht I, Recht der Personengesellschaften 17. Aufl., C.F.Müller 2022.
93 Fitzner, Gesetz zur Neuregelung des Berufsrechts, Mitt. 2022, 248.
94 Fitzner, Gesetz zur Neuregelung des Berufsrechts der Patentanwälte, Mitt. 2022, 248.

für die Einhaltung des Berufsrechts in der Berufsausübungsgesellschaft zu sorgen. Die Unabhängigkeit der Patentanwältinnen und -anwälte, die dem Geschäftsführungsorgan der Berufsausübungsgesellschaften angehören oder in sonstiger Weise die Vertretung der Berufsausübungsgesellschaft wahrnehmen, ist bei der Ausübung ihres Patentanwaltsberufs zu gewährleisten. Einflussnahmen durch die Gesellschafter, insbesondere durch Weisungen oder vertragliche Bindungen, sind unzulässig.[95] Eine Betriebswirtin kann daher nicht alleinige Geschäftsführerin sein.

▶ Beispiel:

A benötigt für seine Kanzlei zwecks erheblicher Investitionen Geld. Ein Investor wäre bereit, hier zu helfen. Allerdings möchte er hierfür auch Gesellschafter werden. 205

Aus der Patentanwaltsordnung ergibt sich ein Fremdkapitalverbot. D.h. gem. § 52c Abs. 1 PAO wird der Personenkreis, mit dem eine Berufsausübungsgesellschaft ausgeübt werden kann, beschränkt. § 52i Abs. 2 PAO enthält Beschränkungen hinsichtlich der Übertragung von Gesellschaftsanteilen. Aus dieser Bestimmung ergibt sich, dass Anteile an der Berufsausübungsgesellschaft nicht für Rechnung Dritter gehalten werden und Dritte nicht am Gewinn der Gesellschaft der Berufsausübungsgesellschaft werden dürfen. Darüber hinaus enthält § 52i Abs. 4 und 5 PAO Beschränkungen hinsichtlich der Ausübung von Stimmrechten und anderen Gesellschafterrechten. 206

Hier hatten sich aufgrund einer Entscheidung des Bayerischen Anwaltsgerichtshofes es Zweifel gegeben, ob die Möglichkeit der Beteiligung anderer Berufe an der Gesellschaft in der Art beschränkt werden kann[96]. Der Anwaltsgerichtshof hatte demgemäß diesen Fall seinerzeit dem EuGH vorgelegt. Nach Ansicht des Generalanwalts beim EuGH waren die betreffenden strikten Regelungen zum Einstieg von Investoren in Anwaltskanzleien nicht in allen Fällen mit dem Prinzip der europäischen Niederlassungsfreiheit zu vereinbaren. Nach seiner Mahnung verstoßen einige Regelungen gegen die Dienstleistungsfreiheit im Binnenmarkt. Der EuGH[97] ist dieser Sicht nicht gefolgt. Die Gemeinwohlinteressen bei der Beschränkung der Zulassung von Rechtsanwaltsgesellschaften würden höher bewertet als die Anforderungen an die Dienstleistungsfreiheit im Binnenmarkt. 207

ee) Recht zur Beratung und Vertretung

▶ Beispiel:

Patentanwalt A überlegt, wie sich die Beratung und Vertretung einer Berufsausübungsgesellschaft gestalten. 208

95 Fitzner, Gesetz zur Neuregelung des Berufsrechts der Patentanwälte, Mitt. 2022, 248.
96 AGH-Beschluss vom 20.04.2023, Az. Bay. AGH III – IV – 20/21.
97 EuGH C-295/23.

209 Berufsausübungsgesellschaften sind zur unabhängigen Beratung und Vertretung nach § 3 Abs. 2 und 3 PAO befugt. Sie können als Prozess- und Verfahrensbevollmächtigte beauftragt werden. Sie haben in diesem Fall die Rechte und Pflichten eines Patentanwalts. Sie üben ihre Tätigkeit nach § 3 Abs. 2 und 3 PAO aus. In deren Person müssen die gesetzlich vorgeschriebenen Voraussetzungen für die Beratung und Vertretung nach § 3 Abs. 2 und 3 PAO vorliegen[98].

ff) Gesellschaft bürgerlichen Rechts

▶ **Beispiel:**

210 Die Patentanwälte A, C, D, E und F haben sich 29.06.2022 zu einer Berufsausübungsgesellschaft zusammengeschlossen. A, C, D, E und F beschließen umfangreiche Umbauten an den Kanzleiräumen vorzunehmen. Die entsprechenden Verträge wurden abgeschlossen. Anfang Juli 2022 erklärt Patentanwältin B gegenüber D ihren Beitritt. Die Gespräche und Verhandlungen wurden alleine zwischen B und D geführt. Am 11. 07. 2022 beauftragte D namens der Sozietät die Baugesellschaft K mit den Umbauarbeiten. Am 21. 09. 2022 verlangt K von den Patentanwälten A, B, C, D, E und F gesamtschuldnerische Zahlung von 291.374,00 Euro für die in den Monaten August bis September durchgeführten Arbeiten. Besteht der Anspruch gegen B zu Recht?

211 Vorliegend handelt es sich um einen Zusammenschluss von Anwälten zur gemeinsamen Berufsausübung, also um eine Gesellschaft bürgerlichen Rechts (GbR, BGB-Gesellschaft) nach den §§ 705 ff. BGB[99], die auch als überörtliche und internationale Sozietäten zulässig sind.[100] Die Anwälte verpflichten sich dabei vertraglich gegenseitig, durch anwaltliche Tätigkeit für die Gesellschaft bürgerlichen Rechts Einkünfte zu erzielen und den Ertrag zu teilen. Sie treten nach außen unter dem Namen der Berufsausübungsgesellschaft auf und haften gemeinschaftlich. Vorliegend stellt sich demgemäß die Frage, ob B wirksam der Berufsausübungsgesellschaft A, C, D, E und F beigetreten ist.

212 B ist gemäß §§ 705, 427 BGB gesamtschuldnerisch zur Zahlung verpflichtet, wenn sie bei Abschluss des mit K am 11. 07. 2005 geschlossenen Vertrages von D wirksam vertreten worden ist. Als Geschäftsführer einer Gesellschaft bürgerlichen Rechts (§ 705 BGB) war D nach § 714 BGB zum Abschluss des Vertrages im Namen aller Gesellschafter berechtigt, soweit zwischen den Beteiligten eine solche Gesellschaft bestanden hat. A, C, D, E und F bildeten gemäß § 705 BGB eine Gesellschaft bürgerlichen Rechts, deren Geschäfte D zu führen berechtigt war. Der Gesellschaftsvertrag

98 Fitzner, Gesetz zur Neuregelung des Berufsrechts der Patentanwälte, Mitt. 2022, 248.

99 Am 01.01.2024 werden geänderte Bestimmungen zur GBR in Kraft treten. Danach wird die Rechtsfähigkeit dieser Gesellschaftsform gesetzlich geregelt. Ferner wird die Möglichkeit einer Registrierung geschaffen – BGBl. I Nr. 53, von 17.08.2021; vgl. a. Eisenhardt/Wackerbarth Gesellschaftsrecht I, Recht der Personengesellschaften 17. Aufl., C.F.Müller 2022.

100 BGH NJW 1991, 49.

enthält jedoch keine Regelung darüber, wer über den Beitritt weiterer Gesellschafter zu entscheiden hat. D war eine solche Befugnis nicht eingeräumt. B hätte der Gesellschaft daher nur beitreten können, wenn sie einen entsprechenden Vertrag mit sämtlichen Gesellschaftern abgeschlossen hätte. Der Beitritt der B zur Gesellschaft bürgerlichen Rechts ist somit unwirksam, weil D zum Abschluss des Beitrittsvertrages nicht bevollmächtigt war.

Trotz des Abschlussmangels könnte das Gesellschaftsverhältnis nach den Grundsätzen 213
der sogenannten fehlerhaften Gesellschaft Bestand haben. Eine wegen Nichtigkeit des Gesellschaftervertrags fehlerhafte Gesellschaft begründet danach, wenn sie tatsächlich in Vollzug gesetzt worden ist, sowohl im Verhältnis der Gesellschafter untereinander als auch gegenüber Dritten bis zu ihrer Beendigung durch Kündigung, ein rechtlich anzuerkennendes Gesellschaftsverhältnis. Es würde nämlich zu unerträglichen Ergebnissen führen, eine nach den gesetzlichen Vorschriften zulässige, auf Dauer angelegte und verwirklichte Gesellschaft wegen der Unwirksamkeit des Gesellschaftervertrags so zu behandeln, als wenn sie niemals bestanden hätte. Die fehlerhafte Gesellschaft wird daher wie eine fehlerfreie Gesellschaft behandelt.[101] Im Ergebnis ist B der K persönlich und uneingeschränkt somit zur Zahlung verpflichtet.

▶ **Abwandlung des Beispiels:**

Ändert sich die Rechtslage, wenn B erst am 27. 07. 2022 ihren Beitritt erklärt 214
hat?

Die von K geltend gemachte Verbindlichkeit ist bereits vor Beitritt der B zur Gesell- 215
schaft entstanden. Es fragt sich daher, inwieweit auch hier eine Haftung für B besteht. Die Bestimmungen über die BGB-Gesellschaft (§§ 705 ff. BGB) enthalten keine Haftung des Eintretenden für Altschulden der Gesellschaft. Allerdings sind solche Bestimmungen im Recht der OHG (§ 130 HGB) und im Recht der KG (§ 173 HGB) vorhanden. Nach der Rechtsprechung des Bundesgerichtshofs[102] werden die §§ 128, 129 und 130 HGB auch für Gesellschaften bürgerlichen Rechts angewandt. Danach hat der in eine Gesellschaft bürgerlichen Rechts eintretende Patentanwalt wie der Handelsgesellschafter nach § 130 Abs. 1 HGB auch für vor seinem Eintritt begründete Verbindlichkeiten der Gesellschaft grundsätzlich persönlich und als Gesamtschuldner mit den Altgesellschaftern einzustehen. Die genannte Rechtsprechung stellt mithin für den jungen Berufsanfänger durchaus ein erhebliches Risiko dar. Gleiches gilt allerdings auch für jeden anderen Patentanwalt, welcher einer Berufsausübungsgesellschaft in Form einer BGB-Gesellschaft beitritt.

▶ **Beispiel:**

Die Einzelanwälte A und B haben sich 2013 zu einer Berufsausübungsgesellschaft 216
zusammengeschlossen. Bis 2016 arbeiten sie als Gesellschafter gemeinsam. Ein Ex-Mandant verklagt die Anwälte auf Zahlung von 731.000,00 Euro aus einem

---

101 BGHZ 55, 5, 8; BGH NJW 1983, 748.

102 BGHZ 146, 341 ff. – *BGB-Gesellschaft parteifähig.*

Vertragsverhältnis, das noch vor 2013 mit K begründet worden war. Als der Ex-Mandant vor den Gerichten erfolgreich gegen A war, ging er auch gegen den ehemaligen Gesellschafter B mit der Begründung vor, dieser hafte mit seinem Kollegen als Gesamtschuldner für die Verbindlichkeiten. Wird diese Klage erfolgreich sein?

217 Im Unterschied zu dem vorhergehenden Fall haben sich hier zwei Anwälte, die vormals als Einzelkanzleien tätig waren, zu einer Berufsausübungsgesellschaft zusammengeschlossen. Der Bundesgerichtshof hat im vorliegenden Fall die Haftungserweiterung entsprechend dem Handelsrecht, wonach eine neu gegründete Gesellschaft für frühere Verbindlichkeiten des Geschäftsführers gerade stehen müsste, abgelehnt.[103] Er stützte sein Urteil vor allen Dingen auf das Verhältnis zum Mandanten: Dieses sei besonders bei Einzelanwälten durch die persönliche und eigenverantwortliche Dienstleistung geprägt. Denn der Mandant habe keine Sozietät mit seinem Fall beauftragt, sondern sein Vertrauen ausschließlich einem Einzelanwalt geschenkt. Daher dürfte er auch davon ausgehen, dass der Beauftragte die ihm übertragene Dienstleistung auch selbst erbringe und dementsprechend für Fehler alleine die Verantwortung übernehme. Eine Haftungserstreckung auf die gesamte Gesellschaft und damit auf alle Teilnehmer für Altschulden komme daher bei einem neuen Zusammenschluss von Einzelanwälten nicht infrage. Denn hier stünde die persönliche Dienstleistung im Vordergrund.

▶ **Beispiel:**

218 Der Berufsanfänger A erhält von der Berufsausübungsgesellschaft B das Angebot für eine freie Mitarbeit. Gleichwohl soll A von Anfang an auf dem Briefkopf mit aufgeführt werden.

219 Nach einer Entscheidung des OLG München ist die Aufnahme von Angestellten und freien Mitarbeitern in den Briefkopf einer Berufsausübungsgesellschaft rechtlich nicht zu beanstanden.[104] Ob die vertragliche Verpflichtung der Berufsausübungsgesellschaft gegenüber Mandanten aufgrund einer gesellschaftsrechtlichen Regelung oder aufgrund der mit den Angestellten und freien Mitarbeitern und der Berufsausübungsgesellschaft geschlossenen vertraglichen Vereinbarungen beruht, ist aus Sicht des Verkehrs ohne rechtliche Bedeutung. Insofern ist eine solche vertragliche Vereinbarung rechtlich zulässig. Allerdings muss A bedenken, dass er als Nicht-Partner nach den Grundsätzen der Rechtsscheinhaftung neben dem Vermögen der übrigen Gesellschafter nach außen haftet.[105]

---

103 BGH Mitt. 2004, 235 – *Haftung für Altverbindlichkeiten.*

104 OLG München Mitt. 2002, 39 – *Briefkopf einer Partnerschaft*; OLG Brandenburg Urt. 04.12.2018 – 6 U 133/4; Zimmermann, Dörne AnwBl. 2022, 319, 322.

105 OLG München NJW-RR 2001, 1358; Weyland-Reinhard § 20 PAO Rn. 1.

gg) Partnerschaftsgesellschaft

▶ Beispiel:

A möchte mit zwei Patentanwaltskollegen gemeinsam eine Partnerschaftsgesellschaft gründen. Was ist zu beachten? 220

Die Partnerschaftsgesellschaft (PartG) wurde als mitunternehmerische Berufsausübungsgesellschaft speziell für Freiberufler durch das Gesetz zur Schaffung von Partnerschaftsgesellschaften v. 25. 7. 1994[106] neu geschaffen.[107] Als rechtsfähige Personengesellschaft mit eigenständiger, der OHG verwandten Rechtsform konzipiert, bietet sie auch einen Organisationsrahmen für interprofessionelle Zusammenschlüsse. Die Partnerschaftsgesellschaft ist keine Handelsgesellschaft im Sinne des HGB. In der steuerlichen Behandlung unterscheidet sich in keinem wichtigen Bereich von der Anwalts-/Notargemeinschaft. Gegenüber der Berufsausübungsgesellschaft in der Form der BGB-Gesellschaft bringt das PartGG ohne beschränkte Berufshaftung kaum Vorteile.[108] 221

Voraussetzung für die Gründung einer solchen Gesellschaft ist nach § 1 PartGG, dass sämtliche Partner zu den sozietätsfähigen Berufen im Sinne der Patentanwaltsordnung gehören. Gemäß § 3 PartGG ist ferner ein schriftlicher Partnerschaftsvertrag zu schließen. In diesem sind Namen und Sitz der Partnerschaftsgesellschaft, Namen, Vornamen, ausgeübter Beruf und Wohnort eines jeden Partners sowie der Gegenstand der Partnerschaft aufzuführen. Gemäß § 4 PartGG muss die Partnerschaftsgesellschaft ferner in das Partnerschaftsregister eingetragen werden. Die Partnerschaft wird im Verhältnis zu Dritten mit ihrer Eintragung im Partnerschaftsregister wirksam (§ 7 Abs. 1 PartGG). 222

▶ Beispiel:

Seit 1990 besteht eine Kanzlei unter der Bezeichnung Schulz, Schmid, Müller & Partner. Am 01.06.1999 wurde die Bezeichnung GbR hinzugefügt. 2019 scheidet Patentanwalt Schmid aus. Dafür tritt Patentanwalt Schmidt ein. Die Kanzlei soll jetzt Schulz, Schmidt, Müller & Partner (GbR) heißen. Ist das zulässig? 223

Die Namensform »& Partner« ist Kraft gesetzlicher Regelung exklusiv der Partnerschaftsgesellschaft vorbehalten. Die Besitzstandsregelung des § 11 PartGG gilt nur für Altfälle, d.h. für Gesellschaften bürgerlichen Rechts, die bereits am 1. 7. 1997 »X, Y & Partner« hießen. Diese hatten innerhalb der Übergangsfrist von zwei Jahren die Möglichkeit, ihren bisherigen Namen ohne Namenszusätze fortzuführen, mussten nach Ablauf der Zweijahresfrist aber ihrem Namen die Bezeichnung ihrer tatsächlichen Rechtsform (GbR) hinzufügen.[109] 224

106 BGBl. I S. 1744.
107 Vgl. hierzu Bösert ZAP F. 15, S. 137 ff.
108 Vgl. Schneider ZAP F. 13, 11 (22) Bösert F. 15, 137 ff.; Nage F. 15, 257, 257 ff.
109 Weiland-Jähne PartGG § 11 PartGG Rn. 2.

225 Im vorliegenden Falle wurde der Name geändert, indem »Schmidt« anstelle von »Schmid« in die Kanzleibezeichnung aufgenommen wurde. Auch wenn eine klangliche Identität zu der früheren Bezeichnung besteht, wurde die Kanzleibezeichnung geändert. Der Zusatz »& Partner« darf nur nach Eintragung ins Register geführt werden.

▶ **Beispiel:**

226 B ist eine eingetragene Partnerschaft von Patent- und Rechtsanwälten mit Sitz in Berlin, die weitere Standorte unterhält. Auf dem von ihr verwendeten Briefkopf sind zwanzig Patent- und Rechtsanwälte angeführt, wovon nur acht Patentanwälte und ein Rechtsanwalt Partner sind. Die weiter aufgeführten Patent- und Rechtsanwälte sind entweder Angestellte oder freie Mitarbeiter der Partnerschaft. Ist diese Konstruktion zulässig?

227 Es stellt sich die Frage, ob die Briefkopfgestaltung geeignet ist, den Verkehr über die haftungsrechtliche Situation irrezuführen. Nach der Rechtsprechung haften alle Mitglieder einer Berufsausübungsgesellschaft nach dem Recht der BGB-Gesellschaft als Gesamtschuldner unbeschränkt. Ein Anwalt, der ein Mandat annimmt, handelt regelmäßig namens der Berufsausübungsgesellschaft, d.h. er verpflichtet nicht nur sich, sondern auch seine Gesellschafter.[110] Nach Rechtsscheingrundsätzen gilt diese gesamtschuldnerische Haftung auch für die sogenannte Schein- oder Außengesellschaft.[111]

228 In Bezug auf die Handelndenhaftung gemäß § 8 Abs. 2 PartGG stellt sich die Haftungslage nicht anders dar.[112] Die Aufnahme von Angestellten und freien Mitarbeitern im Briefkopf einer Partnerschaft rechtfertigt nicht die Annahme einer Täuschung des Verkehrs über die Größe der Partnerschaft, noch erwartet der Verkehr, dass jeder im Briefkopf aufgeführte Anwalt der Berufsausübungsgesellschaft oder Partnerschaft als echter Gesellschafter oder echter Partner angehört. Mithin ist die angesprochene Konstruktion aus Partnerschaft und dazugehörigen Nicht-Partnern zulässig.[113]

▶ **Beispiel:**

229 Aus der Partnerschaftsgesellschaft B tritt der Patentanwalt A aus, stattdessen tritt V ein. Was ist von B zu veranlassen?

230 Eintritt und Austritt von Partnern ist einfach durch An- bzw. Abmeldung beim Register möglich. Beim Eintritt eines neuen Partners in eine Partnerschaftsgesellschaft muss keine neue Gesellschaft begründet werden; beim Austritt eines Partners erlischt die Partnerschaftsgesellschaft nicht. Eintritt und Austritt von Partnern ist nämlich in einfacher Weise dadurch möglich, dass dies im Innenverhältnis vertraglich geregelt und dann durch An- bzw. Abmeldung beim Register formal vollzogen wird.[114]

---

110 BGH NJW 1992, 3037 = GRUR 1993, 834 – *Haftungsbeschränkung bei Anwälten.*
111 BGHZ 70, 247; BGH NJW 1986, 1490; NJW 2001, 165, 166.
112 OLG München, Mitt. 2002, 39, 43 – *Briefkopf einer Partnerschaft.*
113 Vgl. § 20 BOPA.
114 Weyland-Jähne § 9 PartGG Rn. 3, 13.

▶ Beispiel:

In der Partnerschaftsgesellschaft B ist A für den Bereich Technik zuständig, während die anderen Partner für die Bearbeitung des Bereichs Chemie verantwortlich sind. Der Mandant K nimmt die Gesellschaft wegen eines Beratungsfehlers des A in Anspruch. Rechtsfolge? 231

Gemäß § 8 Abs. 2 PartGG ist, ohne dass es einer irgendwie gearteten vertraglichen Abrede zwischen dem Mandanten und dem Patentanwalt bedarf, nur derjenige einzelne Partner, der mit der Bearbeitung des betreffenden Auftrages befasst war, haftbar (daneben haftet noch die Partnerschaft, nicht jedoch die anderen Partner persönlich). Diese Haftungsregelung bezieht sich ausschließlich auf »berufliche Fehler«, nicht also auf die sonstigen Verträge und Geschäfte des Patentanwalts, bspw. die bereits mehrfach erwähnten allgemeinen Verträge im Zusammenhang mit der Kanzleiführung. Da es sich um eine Spezialvorschrift für die Partnerschaftsgesellschaft handelt, geht § 8 Abs. 2 PartGG den einschlägigen Bestimmungen der Patentanwaltsordnung vor.[115] 232

Vorliegend haftet demgemäß A persönlich, da er alleine für die Bearbeitung des Bereichs Technik verantwortlich war. 233

▶ Beispiel:

Patentanwalt A möchte sich mit dem Notar B zu einer Partnergesellschaft zusammenschließen. Er stellt einen Antrag auf Registrierung beim Amtsgericht. 234

In der Aufstellung der freien Berufe in § 1 Abs. 2 PartGG ist der Beruf des Notars nicht genannt. Dabei handelt es sich nicht um ein Versehen, sondern um eine bewusste Entscheidung des Gesetzgebers, wie sich aus der Begründung des Gesetzentwurfs ersehen lässt[116]. Dort heißt es ausdrücklich, dass die berufsrechtlichen Regelungen für Notare, die ein öffentliches Amt ausüben, eine Teilnahme an der Partnerschaft ausschließen. Für die Anwaltsnotare gilt deshalb, dass sie in ihrer Funktion als Notar nicht Mitglied einer Partnergesellschaft werden können.[117] 235

▶ Beispiel:

Patentanwalt A schließt sich mit Rechtsanwalt B zur gemeinsamen Berufsausübung zusammen. Sie wollen ihren Zusammenschluss als Partnerschaft registrieren lassen. Rechtsanwalt B ist zugleich auch Notar. 236

Der Beruf des Notars ist in der Aufstellung der freien Berufe gemäß § 1 Abs. 2 PartGG nicht genannt. Für Anwaltsnotare gilt allerdings, dass sie in ihrer Funktion als Rechtsanwalt partnerschaftsfähig sind und Mitglied einer Partnergesellschaft wer- 237

115 Weyland-Jähne § 8 PartGG Rn. 8–13.
116 BT-Drucks. 12/6152, S. 10.
117 OLG Stuttgart, NJW-RR 2006, 1723.

den können; in ihrer Funktion als Notar jedoch nicht. Die Partnerschaft wird im Register eingetragen werden.

hh) Partnerschaft mit beschränkter Berufshaftung

▶ Beispiel:

238 A hat durch eine Fehlberatung des Patentanwalts B einen Schaden erlitten. Er stellt fest, dass B in Form einer Partnergesellschaft mit beschränkter Berufshaftung mit C, D und F zusammengeschlossen ist.

Rechtslage?

239 Gemäß § 8 Abs. 4 PartGG haftet für Verbindlichkeiten der Partnerschaftsschäden wegen fehlerhafter Berufsausübung den Gläubigern nur das Gesellschaftsvermögen.

▶ Beispiel:

240 A stellt nunmehr fest, dass auf dem Briefbogen die Abkürzung PartmbB verzeichnet ist. Er fragt sich, was dies bedeutet.

241 Gemäß § 8 Abs. 4 S. 2 PartGG muss der Name der Partnerschaft mit einem Zusatz versehen werden, welcher auf die beschränkte Berufshaftung deutet. Gemäß § 4 Abs. 2 S. 2 zweite Alternative PartGG ist die Abkürzung »mbB« eine zulässige Form der Abkürzung. Nach der Gesetzesbegründung[118] ist eine mögliche Form auch die Darstellung PartmbB. Insoweit kommt die Haftungsbeschränkung im vorliegenden Fall in Betracht.

▶ Beispiel:

242 A fragt nunmehr den Rechtsberater und Rechtsberater B, in welcher Höhe die Versicherung eintritt.

243 Gemäß § 45a PAO beträgt die Mindestversicherungssumme 2,5 Mio. € für jeden Versicherungsfall. Für alle innerhalb eines Versicherungsjahres verursachten Schäden können die Leistungen des Versicherers auf die vierfache Mindestversicherungssumme begrenzt werden, vervielfacht mit der Zahl der Partner. Die Jahreshöchstleistung muss sich jedoch auf mindestens den 4-fachen Betrag der Mindestversicherungssumme belaufen.

▶ Beispiel:

244 A stellt fest, dass die Schäden viel höher sind als die Versicherungssumme.

245 Gemäß § 8 Abs. 4 PartGG haftet nur das Gesellschaftsvermögen. D.h. dass ein Durchgriff auf die einzelnen Partner nicht möglich ist.

118 BR-Drucks. 17/10 487 vom 15.08.2012, S. 17.

▶ Beispiel:

246 A, B und C haben sich zu einer Partnergesellschaft mit beschränkter Berufshaftung zusammengeschlossen. Partner A hat ein Fahrzeug geleast. Er bleibt die Leasingraten schuldig.

247 § 8 Abs. 4 PartGG erfasst nur die Haftungsbeschränkung für Berufsausübung. Nicht erfasst sind von der Haftungsbeschränkung alle anderen Verbindlichkeiten der Gesellschaft, insbesondere Miet- oder Arbeitsverträge. Demgemäß sind auch Verbindlichkeiten aus schuldrechtlichen Verträgen der Gesellschaft, wie im vorliegenden Fall der Leasingvertrag, von der Haftpflichtbegrenzung nicht erfasst. Sofern der Anspruch gegen A nicht durchsetzbar ist, tritt die gesamtschuldnerische Haftung für alle Partner ein.

▶ Beispiel:

248 A stellt fest, dass Patentanwalt B grob fahrlässig einen Beratungsfehler begangen hat. A überlegt, ob er hier Ansprüche geltend machen kann, wenn der Patentanwalt B mit weiteren Partnern sich zu einer Partnergesellschaft mit beschränkter Berufshaftung zusammengeschlossen hat.

249 Aufgrund der gesetzlichen Regelung nach § 8 Abs. 4 PartGG haftet die Gesellschaft nur mit ihrem Vermögen. Die gesamtschuldnerische Mithaftung der Partnerin und Partner gemäß § 8 Abs. 1 S. 1 PartGG gilt in diesem Falle nicht. Da die akzessorische Haftung mit der Regelung abgeschnitten ist, haftet die einzelne Partnerin oder der einzelne Partner auch dann nicht persönlich für die Gesellschaftsschulden, wenn die vorgeschriebene Haftsumme der Versicherung im konkreten Fall überschritten ist oder die Versicherung wegen grober Fahrlässigkeit oder wegen Vorsatz im Einzelfall nicht eintritt. Das Bestehen der vorgegebenen Versicherung ist lediglich Voraussetzung für die gesetzliche Haftungsbeschränkung, nicht die Deckung des Schadens. Allerdings kann eine unmittelbare Haftung des handelnden Patentanwalts nach allgemeinem Deliktsrecht eingreifen.[119]

ii) Gesellschaft mit beschränkter Haftung (GmbH)

▶ Beispiel:

250 A, B, C überlegen, ob sie anstelle der Partnerschaftsgesellschaft eine andere Gesellschaftsform wählen sollten, um eine optimale Haftungsbeschränkung zu erreichen.

251 A, B, C könnten eine Gesellschaft mit beschränkter Haftung gründen. Durch das Gesetz zur Änderung der Bundesrechtsanwaltsordnung, der Patentanwaltsordnung und anderer Gesetze v. 31. 8. 1998,[120] das am 1. 3. 1999 in Kraft getreten ist, wurden die

119 BT-Drucks. 17/10 487 vom 15.08.2012, S. 16; BR-Drucks. 309/12.
120 BGBl. I. S. 2600.

näheren Voraussetzungen der Gründung von Anwaltsgesellschaften mit beschränkter Haftung geregelt.[121] Vor Inkrafttreten des Gesetzes war die Patentanwalts-GmbH durch den Beschluss des Bayrischen Obersten Landesgerichts vom 24. 11. 1994 ausdrücklich zugelassen worden; gegenwärtig finden sich wesentliche Regelungen in §§ 52e bis 52m des zweiten Abschnittes der Patentanwaltsordnung, in der Fassung gemäß dem »Gesetz zur Änderung der Bundesrechtsanwaltsordnung, der Patentanwaltsordnung und anderer Gesetze« vom 31. 8. 1998.[122]

252 Die Patentanwaltsgesellschaft ist eine GmbH wie jede andere auch. So hat sie in üblicher Weise unter Vorlage ihrer Satzung die Zulassung beim Handelsregistergericht zu beantragen. Die Zulassung durch das DPMA erfolgt nur ergänzend. Für das Eintreten weiterer Gesellschafter, die laufende Tätigkeit der GmbH, die Geschäftsführung, das Ausscheiden von Gesellschaftern und zuletzt natürlich auch die Auflösung der GmbH gelten die gleichen Vorschriften wie für jede andere GmbH auch.

253 Gemäß § 52e PAO können Gesellschafter einer Patentanwaltsgesellschaft nur Mitglieder der Patentanwaltskammer, Rechtsanwälte sowie die weiteren in § 52c PAO genannten Berufe sein.[123] Über den Antrag auf Zulassung einer Patentanwaltsgesellschaft entscheidet die Patentanwaltskammer. Ebenso wie bei der Zulassung des einzelnen Anwalts zur Patentanwaltschaft kann die Patentanwaltsgesellschaft innerhalb eines Monats nach Zustellung des Gutachtens oder des Bescheides bei dem Oberlandesgericht einen Antrag auf gerichtliche Entscheidung stellen.

▶ **Beispiel:**

254 A überlegt mit seinen Rechts- und Patentanwaltskollegen, eine GmbH zu gründen. Was ist zu beachten?

255 Im Rahmen einer nach § 52b PAO zulässigen interprofessionellen Zusammenarbeit zwischen Rechtsanwälten und Patentanwälten darf der Unternehmensgegenstand einer GmbH auf das Tätigkeitsfeld der dort genannten Berufe erstreckt werden. Ein derartiger Unternehmensgegenstand steht der Zulassung einer Patentanwaltsgesellschaft nicht entgegen.

jj) Aktiengesellschaft

▶ **Beispiel:**

256 Patentanwalt A stellt einen Antrag auf Zulassung einer Kanzlei als Patentanwalts-AG. Einziger Gesellschafter ist A.

---

121 Vgl. hierzu Johnigk ZAP F. 23, S. 375 ff.; zur Rechtsformwahl vgl. a. Henssler ZAP F. 23, S. 285.

122 Weyland-Reinhard § 52c PAO Rn. 1–4.

123 Vgl. Weyland-Reinhard Kommentierung zu § 52e PAO.

Mit der gesetzlichen Neuregelung des Berufsrechts[124] wurde die Organisation in den verschiedenen Gesellschaftsformen nach deutschem Recht ermöglicht. Allerdings war schon ohne eine solche gesetzliche Regelung die Zusammenarbeit in Form einer AG als zulässig angesehen worden.[125] 257

Es war nach dem bis zum August 2022 geltendem Recht also möglich, dass Patentanwälte sich zu einer Patentanwalts-AG zusammenschließen. Fraglich war aber, ob diese AG einer Zulassung bedurfte. Da eine Anwalts-AG seinerzeit gesetzlich nicht geregelt war, stellte sich die Frage der Analogie. Hier war zu berücksichtigen, dass speziell für die Anwalts-GmbH Vorschriften geschaffen worden waren (§ 52c ff. PAO). Eine planwidrige Lücke war zwar nicht erkennbar, zumal sich der Gesetzgeber 1998 bewusst der Kodifizierung der Anwalts-AG enthalten hatte.[126] 258

Gleichwohl hatte der Bundesgerichtshof[127] die analoge Anwendung der Bestimmungen über die Anwalts-GmbH bejaht. 259

Nunmehr ergibt sich die Zulässigkeit unmittelbar aus dem Gesetz (§ 52 b PAO). Gem. § 52 f PAO bedarf die Gesellschaft der Zulassung durch die Patentanwaltskammer. Keiner Zulassung bedürfen Personengesellschaften, bei denen keine Beschränkung der Haftung der natürlichen Personen vorliegt und denen als Gesellschafter und als Mitglieder der Geschäftsführungs- und Aufsichtsorgane ausschließlich Patentanwälte oder Angehörige eines anderen Berufs i.S.d. § 52c Abs. 1 PAO angehören. Nicht enthalten ist im Gesetz eine Zwangsmitgliedschaft der Gesellschafter in der Patentanwaltskammer und ihre unmittelbare Beaufsichtigung durch die Kammer. Die Patentanwaltskammer ist ein Organ der Selbstverwaltung. Zu ihren Aufgaben gehört nicht nur die Berufsaufsicht, sondern auch die Wahrung der Interessen der Mitglieder[128]. Die Beschränkung auf freie Berufe ist auch deshalb geboten, weil die Berufsausübungsgesellschaft nicht nur Instrument der Berufsausübung der in ihr verbundenen Personen, sondern auch der rechtsbezogenen Dienstleistungen ist. Die zugelassene Gesellschaft unterliegt daher grundsätzlich den gleichen Anforderungen wie Patentanwältinnen und -anwälte (52f und 52g PAO).[129] 260

A möchte mit Kollegen eine Kapitalgesellschaft zur Rechtsberatung nach spanischem Recht gründen, Diese Gesellschaft Gesellschaft möchte eine Zulassung nach den Vorschriften der Patentanwaltsordnung erreichen. Zweck und Gegenstand der Gesellschaft soll die Beratung und Vertretung in Rechtsangelegenheiten gemäß der PAO sein. Ist das möglich? 261

124 BGBl. 2021 Teil I Nr. 41 vom 12.07.2021.
125 BayObLG, NJW 1995, 199, desgleichen für die Anwalts-AG Bay ObLG, NJW 2000, 1647.
126 BT-Drucks. 13/9820, S. 11.
127 BGH AnwZ(B) 27/03 u. 28/03.
128 Eisenmenger in: Kluth, Handbuch des Kammerrechts, 3. Aufl., S. 270, Ehler/Lechleitner AnwBl. 2006, S. 361, 364.
129 Fitzner, Gesetz zur Neuregelung des Berufsrechts der Patentanwälte, Mitt. 2022, 248.

262 Kapitalgesellschaften aus dem europäischen Ausland können sich auch im Rahmen der Zulassung als Anwaltsgesellschaft bei der Gründung von Zweigstellen in Deutschland auf die europäische Niederlassungsfreiheit gemäß Art. 11 der Niederlassungsrichtlinie 98/5 EG vom 16.02.1998[130] berufen. Die Niederlassungsfreiheit ausländischer Kapitalgesellschaften gebietet es, die A wie andere inländische Kapitalgesellschaften zu behandeln, sodass sie grundsätzlich eine Zulassung zur Anwaltschaft begehren kann. Sie muss dann die Anforderungen erfüllen, die für die Zulassung inländischer Kapitalgesellschaften gelten. Denn die nicht erfolgte Regelung der Zulassung anderer Gesellschaftsformen kommt nicht einem Verbot anderer Formen gleich, sondern eine Tätigkeit anderer Kapitalgesellschaften ist grundsätzlich zulässig.[131]

263 Für die Zulassung der A als Anwaltsgesellschaft kommt es somit darauf an, ob sie die wesentlichen Voraussetzungen erfüllt, die für die Zulassung einer Kapitalgesellschaft aufgestellt wurden. Zwar kann sie sich als ausländische Kapitalgesellschaft nicht unmittelbar auf den Schutz des Art. 12 Grundgesetzbuch berufen. Die nach dem EG-Vertrag zu gewährende Niederlassungsfreiheit und der Gleichheitsgrundsatz des Art. 3 GG gebieten es aber, sie wie inländische Kapitalgesellschaften zu behandeln. Zu den wesentlichen Voraussetzungen der Zulassung gehören die Eigenverantwortlichkeit und Weisungsfreiheit der in der Gesellschaft tätigen Anwälte, die Beschränkung des Unternehmensgegenstands auf Anwaltstätigkeit sowie die Beschränkung der möglichen Gesellschafter und Geschäftsführer auf Anwälte; ferner müssen die allgemeinen nicht gesellschaftsspezifischen Voraussetzungen, insbesondere eine hinreichende Berufshaftpflichtversicherung und kein Vermögensverfall vorliegen. Weitere Voraussetzung für die Zulassung der A ist deren Eintragung im Handelsregister.[132]

kk) Weitere Gesellschaftsformen

▶ **Beispiel:**

264 A und B sind Patentanwälte und begehren ihre Zulassung als Patentanwaltsgesellschaft in der Rechtsform der GmbH & Co. KG.

265 Zunächst ist die Frage zu stellen, ob eine Kommanditgesellschaft als Organisationsform für die Zusammenarbeit von Patentanwälten zulässig ist. Nach § 161 Abs. 1 HGB ist eine KG eine Gesellschaft, deren Zweck auf den Betrieb eines Handelsgewerbes unter gemeinsamer Firma gerichtet ist. § 161 Abs. 1 HGB knüpft insoweit – wie auch § 105 Abs. 1 HGB für die offene Handelsgesellschaft – zur Bestimmung des Wesens der KG an den Betrieb eines Handelsgewerbes und damit an die Definition des § 1 Abs. 2 HGB an. Danach ist ein Handelsgewerbe jeder Gewerbebetrieb, es sei denn, dass das Unternehmen nach Art und Umfang einen in kaufmännischer Weise eingerichteten Geschäftsbetrieb nicht erfordert.

---

130 Abl.EG Nr. L 77 vom 14.03.1998, 36 ff.

131 BGH NJW 2005, 1568; BayOBLG NJW 1995, 199.

132 AGH Berlin BRAK 2007, 171.

Im vorliegenden Fall ist nicht beabsichtigt, den Betrieb eines Handelsgewerbes zu führen, sondern es soll nach dem Gesellschaftsvertrag eine Patentanwaltsgesellschaft zwecks Besorgung fremder Rechtsangelegenheiten durch die Übernahme von Patentanwaltsaufträgen zur Beratung und Vertretung zugelassen werden. Nach § 2 PAO übt der Patentanwalt einen freien Beruf aus. Seine Tätigkeit ist kein Gewerbe. Dies entspricht auch § 6 Abs. 1 GewO, wonach die Gewerbeordnung unter anderem keine Anwendung findet auf die Tätigkeit von Anwälten.[133] Das Gesetz sieht jedoch seit dem 01.08.2022 generell eine Öffnung der Personenhandelsgesellschaft für die Ausübung freier Berufe vor. Der anwaltliche Beruf bleibt nach dem Willen des Gesetzgebers gleichwohl weiter ein freier Beruf und wird kein Gewerbe. 266

Mit der Neuregelung sollen allerdings nur solche Gesellschaften eine Gesellschafterposition innehaben dürfen, die selbst den Anforderungen der Patentanwaltsordnung genügen. Durch die Beschränkung auf die zugelassenen Berufsausübungsgesellschaften und damit verbundene Kammerzulassung soll die Kontrolle der Einhaltung der Vorgaben durch die Patentanwaltskammer sichergestellt werden[134].

Da bereits die Zulassung als KG für eine Patentanwaltsgesellschaft möglich ist, kann auch die GmbH & Co. KG als Rechtsform für die Berufsausübung Patentanwälten offenstehen. 267

II) Bürogemeinschaft und Kooperation

▶ **Beispiel:**

A möchte mit seinem Patentanwaltskollegen B zusammenarbeiten. Gleichwohl möchte er eine gesellschaftsrechtliche Verpflichtung noch nicht eingehen. Welche Möglichkeit der Zusammenarbeit bietet sich an? 268

Es wäre eine gemeinschaftliche Arbeit i.S.d. §§ 741 ff. BGB als Bürogemeinschaft denkbar. Gemäß § 52p Abs. 1 PAO können sich Patentanwälte zu einer Gemeinschaft verbinden, die der gemeinschaftlichen Organisation der Berufstätigkeit der Gesellschafter unter gemeinschaftlicher Nutzung von Betriebsmitteln dient, jedoch nicht selbst als Vertragspartner von patentanwaltlichen Mandatsverträgen auftritt. Eine Bürogemeinschaft können Patentanwältinnen und -anwälte auch mit Personen eingehen, die nicht zur Patentanwaltschaft zugelassen sind. Voraussetzung ist, dass die Verbindung mit dem Beruf Patentanwältin bzw. -anwalt insbesondere der Stellung als unabhängigem Organ der Rechtspflege, vereinbar ist. Außerdem darf das Vertrauen in die anwaltliche Unabhängigkeit nicht gefährdet werden. Eine Bürogemeinschaft nach Satz 1 ist insbesondere dann ausgeschlossen, wenn in der anderen Person ein Grund vorliegt, der bei einer Patentanwältin oder -anwalt zur Versagung der Zulas- 269

133 Vgl. a. BGH-Urteil vom 15.07.2014, II ZB 2/13.

134 Henssler, AnwBl. Online 2018, S. 564, 570; Europäischer Gerichtshof, Urteil vom 09.03.1999, C-212–97, Slg. 1999, 1–1459; Urteil vom 05.11.2002, C-208/00, Slg. 2002 I-9919; Urteil vom 30.09.2003, C-167/01, Slg. 2003, I-10155.

sung führen würde. Die in der Bürogemeinschaft tätigen Patentanwältinnen und -anwälte müssen geeignete organisatorische, personelle und technische Maßnahmen treffen, die die Einhaltung ihrer Berufspflichten gewährleisten.[135]

270 Von den genannten Gesellschaftsformen unterscheiden sich die Bürogemeinschaften in wesentlichen Merkmalen. Bei ihnen bezieht sich der Personenzusammenschluss nur auf die gemeinschaftliche Unterhaltung der Anwaltskanzlei im Innenverhältnis. Die Bürogemeinschaft kann umfassend oder nur für Teilbereiche bestehen. Infrage kommen u.a. die gemeinsame Nutzung der Büroorganisation, Buchhaltung, Fachbücherei, Räume, Fahrzeuge, des Inventars, der Geräte und des Personals. Es ist eine »Kostengemeinschaft«, die nach außen für die Mandanten meist nicht erkennbar wird. Jeder Anwalt tritt dabei im eigenen Namen und für eigene Rechnung auf. Die Bürogemeinschaft ist keine Gesellschaft, wenn sie nach außen überhaupt nicht oder nur im Namen und für Rechnung der Beteiligten auftritt und somit die Geschäftspartner nur in Rechtsbeziehung zu jedem Partner treten und auch mit diesem unmittelbar abrechnen. Allerdings kann die Gemeinschaft rechtsfähig sein, soweit sie als solche am Rechtsverkehr teilnimmt.[136]

271 Die laufenden Betriebskosten der Bürogemeinschaften werden meist im Umlageverfahren auf die beteiligten Anwälte verteilt. Das kann auf verschiedene Weise erfolgen, z.B. über feste Quoten oder nach dem tatsächlichen Umfang der Inanspruchnahme der Gemeinschaft usw.[137]

272 Weiterhin möglich ist die sog. Kooperation, eine Form der schlichten Zusammenarbeit auf schuldrechtlicher Grundlage ohne gesellschaftsrechtliche Vereinbarung. Die Kooperationspartner verpflichten sich z.B. dazu, sich gegenseitig weiterzuempfehlen. Auf eine solche schlichte Zusammenarbeit darf zur Information insbesondere auf Briefbögen auch hingewiesen werden.

mm) Sternsozietät

▶ **Beispiel:**

273 A hat sich entschieden, aus seiner Berufsausübungsgesellschaft in B auszuscheiden und einer Berufsausübungsgesellschaft in C beizutreten. Die Abwicklung der Gesellschaftszugehörigkeit in B dauert allerdings noch einige Zeit. Darüber hinaus möchte A aus steuerlichen Gründen auch einen Jahresabschluss in B abwarten und erst dann in die neue Gesellschaft wechseln. Auf der anderen Seite möchte die Gesellschaft in C möglichst frühzeitig schon A als neuen Gesellschafter präsentieren.

135 Fitzner, Gesetz zur Neuregelung des Berufsrechts der Patentanwälte, Mitt. 2022, 248.
136 BGH ZIP 28, 2005, 1233.
137 Vgl. a. Weiland-Jähne – § 59q BRAO Rn. 2 ff.

§ 52 b PAO schließt nicht aus, dass die Anwältin bzw. der der Anwalt den Beruf in mehreren Berufsgesellschaften ausüben. Auch das Gebot der aktiven Mitarbeit steht einer Sternsozietät nicht entgegen.[138] 274

Die Zulassung zur Sternsozietät hat zur Folge, dass unübersichtliche Situationen entstehen können, die eine Kontrolle seitens der Kammern erschweren, und auf der anderen Seite auch für den Verbraucher wenig übersichtlich sind. Dies gilt insbesondere, wenn die Kanzleien, denen ein Anwalt mit sternförmiger Berufsausübungsgesellschaft angehört, namensverschieden sind. Auch eine Kollisionsüberwachung innerhalb der beteiligten Anwaltskanzleien ist vor erhöhte Anforderungen gestellt.[139] Denn die Zugehörigkeit zu einer Sternberufsausübungsgesellschaft befreit nicht von der Beachtung der §§ 4, 5 BOPA.[140] D.h., die verschiedenen Berufsausübungsgemeinschaften haben auch untereinander die Verschwiegenheitsverpflichtungen und dien Tätigkeitsverbote in kollidierenden Fällen zu berücksichtigen. Im Ergebnis sind die Gefahren der Kollision und des Verstoßes gegen das Verbot widerstreitender Interessen unüberschaubar.[141] 275

nn) Zweigstellen

▶ Beispiel:

A betreibt eine Kanzlei inDüsseldorf. Er möchte aufgrund seiner häufigen Aufenthalte in München auch dort ein Büro unterhalten. 276

Nach dem Wegfall des Verbots der Errichtung von Zweigstellen ist deren Errichtung grundsätzlich zulässig. Gemäß § 26 Abs. 2 PAO ist dies der Patentanwaltskammer anzuzeigen. 277

Die Mindestanforderungen für die Errichtung einer Kanzlei und damit auch einer Zweigstelle sind nur noch minimal. So zählen die Anbringung eines Praxisschildes oder der Telefonbucheintrag nicht mehr zu den zwingenden Anforderungen einer Kanzleierrichtung.[142] Dies bedeutet für die Zweigstelle, dass es u.U. ausreichen dürfte, wenn der Anwalt dafür Sorge trägt, dass an seinem Hauptsitz sämtliche Zustellungen erfolgen. Damit ist sichergestellt, dass für den Patentanwalt bestimmte Zustellungen unter seiner Adresse bewirkt werden können.[143] In Anbetracht der modernen Kommunikationsmöglichkeiten (Telefonumleitung, E-Mail-Verkehr) ist die Anwesenheit von Personal in der Zweigstelle nicht unbedingt erforderlich. Mangels expliziter Rege- 278

138 Killian/Koch, Anwaltliches Berufsrecht, 2. Aufl. 2018, Rn. 1062; Henssler in: Henssler/Prütting, BRAO, 5. Aufl. 2019, § 59a BRAO, Rn. 50.
139 Fitzner, GRUR 2009, 252, 254 f.
140 Quaas NJW 2008, 1697.
141 Fitzner, GRUR 2009, 252, 255.
142 AnwG München, BRAK-Mitt. 2007, 269.
143 Schumann, NJW 1990, 2089, 2092.

lungen wird hier eine Forderung, die Mindestanforderungen für eine Kanzlei auch auf die Zweigstelle zu übertragen, rechtlich kaum zu begründen sein.[144]

279 Zu bedenken ist, dass Wechselwirkungen mit anderen gesetzlichen Bestimmungen bestehen können. So sind gemäß § 37 a HGB auf Geschäftsbriefen u.a. Registriernummern, Registergericht und Ort der Handelsniederlassung des Kaufmanns anzugeben. Ort der Niederlassung ist der Ort seiner Hauptniederlassung (§ 13 Abs. 1 HGB). D.h., anzugeben ist der Sitz der Hauptniederlassung; die Angabe des Ortes der zweiten Niederlassung genügt nicht.[145] Über § 33 Abs. 4 HGB gilt § 37 a HGB für alle juristischen Personen; ergänzend verlangen der für die OHG geltende § 125 a HGB –, § 177 a HGB für die KG, § 35 a GmbHG für die GmbH und § 80 AG die Angabe des Sitzes in Geschäftsbriefen.

280 Die in Form der GmbH oder der Partnergesellschaft organisierten Kanzleien müssen daher in Anbetracht der handelsrechtlichen Pflichtangaben Zweigstellen auf ihren Geschäftsbriefen als solche erkennbar machen. Mit dem Gesetz über elektronische Handelsregister und Genossenschaftsregister sowie das Unternehmensregister vom 10.11.2006[146] hat der Gesetzgeber überdies die Pflichtaufgaben der Kapitalgesellschaften, der Personengesellschaften, der Genossenschaft und des Einzelkaufmanns auf Geschäftsbriefe ausgedehnt (§§ 37 a, 125 a HGB, § 25 a GmbHG, § 80 AG und § 25 a GenG).[147]

281 Für den Einzelanwalt und die Gesellschaft bürgerlichen Rechts bestehen entsprechende Regelungen hingegen nicht. Inwieweit hier im Wege der analogen Rechtsanwendung auch Angaben auf Geschäftsbriefen u.ä. erforderlich sind, ist noch nicht geklärt.[148]

282 Ferner haben nach § 5 DDG Dienstanbieter für geschäftsmäßige Telemedien u.a. die Anschrift, unter der sie niedergelassen sind (§ 5 Abs. 1 Nr. 1 DDG), und Angaben über die Kammer, der sie angehören (§ 5 Abs. 1 Nr. 5 a DDG), leicht erkennbar, unmittelbar erreichbar und ständig verfügbar zu halten.[149] Danach ist es in den Fällen, in denen ein Anbieter an mehreren Orten niedergelassen ist, unerlässlich zu bestimmen, von welchem Niederlassungsort aus der betreffende Dienst erbracht wird. Sofern im Falle mehrerer Niederlassungen Schwierigkeiten bestehen zu bestimmen, von welchem Ort aus ein bestimmter Dienst erbracht wird, gilt als Ort der Dienstleistung derjenige, an dem sich der Mittelpunkt der Tätigkeiten des Anbieters in Bezug auf diesen bestimmten Dienst befindet. Insoweit ist davon auszugehen, dass die Angabe der Hauptniederlassung i.S.d. § 5 DDG ausreichend ist. Der Mittelpunkt des Patentanwalts wird sich nämlich nicht in seiner Zweig-, sondern in seiner Hauptniederlassung finden. Auf der Homepage der Kanzlei ist folglich in jedem Falle als Anschrift der Hauptsitz der Kanzlei anzugeben.[150]

144 Vgl. § 7 BOPA.
145 Lemke, BRAK-Mitt. 2008, 146.
146 BGBl. I 2006, 2553.
147 Lemke, BRAK-Mitt. 2008, 146.
148 Lemke, BRAK-Mitt. 146.
149 Lemke, BRAK-Mitt. 2008, 146 m.w.N.
150 Fitzner, GRUR 2009, 252, 255.

Probleme können sich auch im Hinblick auf die Vorschriften des Wettbewerbsrechts ergeben.[151] In Betracht kommt hier u.U. ein Verstoß gegen die §§ 3, 5 Abs. 2 UWG unter dem Gesichtspunkt der Irreführung über geschäftliche Verhältnisse. Grundsätzlich ergibt sich aus dem Irreführungsverbot zur Aufklärung, wenn eine Werbung konkrete, für die Entscheidung über den Vertragsabschluss relevante, irreführende Vorstellungen hervorruft.[152] Für den Mandanten kann neben der Qualifikation auch die Erreichbarkeit seines Anwalts von erheblichem Einfluss auf seine Auswahlentscheidung sein. Der Mandant kann eine nicht als solche gekennzeichnete Zweigstelle auch für die eigentliche Kanzlei im Sinne eines Hauptsitzes halten. Er wird folglich eine Präsenz des Anwalts voraussetzen, die tatsächlich nicht gewährleistet ist, wenn es sich nur um eine Zweigstelle handelt. 283

2. Ausländische Berufe

a) Niederlassung von ausländischen Patentanwältinnen und -anwälten

▶ Beispiel:

A betreibt in Großbritannien eine Patentanwaltskanzlei und möchte zusätzlich in Deutschland eine Kanzlei errichten. 284

§ 157 PAO stellt eine abschließende Regelung für die Niederlassung von ausländischen Patentanwältinnen und -anwälten aus Drittstaaten dar. Die § 206 BRAO entsprechenden Regelung soll den Zugang der Angehörigen eines Drittstaates zum inländischen Rechtsberatungsmarkt erleichtern[153]. 285

Der Grundsatz des § 157 PAO ist, dass Angehörige solcher ausländischen Berufe, die in einer Verordnung aufgeführt sind, sich zur Erbringung von patentanwaltlichen Rechtsdienstleistungen in der Bundesrepublik niederlassen können. Voraussetzung ist, dass sie nach dem Recht des Herkunftsstaates befugt sind, den Beruf in diesem auszuüben. Ferner erfolgt auf Antrag die Aufnahme in die Patentanwaltskammer. Die Rechtsverordnung betrifft nur Staaten außerhalb der EU. Für die Angehörigen von EU-Staaten gilt weiterhin das EUPAG. Die Berufe müssen in Bezug auf die Ausbildung und die Befugnisse des Berufsträgers dem Beruf des Patentanwalts i.S.d. der deutschen Patentanwaltsordnung entsprechen. Ferner muss die Gegenseitigkeit mit dem Herkunftsstaat bei Sitz-Staaten außerhalb der WTO verbürgt sein. Die UK Patent Attorneys wurden bis zum Brexit vom EUPAG erfasst. Nunmehr sind sie

151 Lemke, BRAK-Mitt. 2008, 146.

152 OLG Brandenburg, GRUR 2008, 136 = NJW-RR 2008, 714 – *Namensangaben auf Geschäftsbriefen*; BGH, GRUR 2007, 247, 250 – *Regenwaldprojekt I*; GRUR 2007, 251, – *Regenwaldprojekt II*.

153 Vgl. Gesetz vom 30.08.1994 BGBl. 1994 II, S. 1438; Weyland-Reinhard, PAO § 157 Rn. 2 vgl. BGBl. 2000 I, S. 182, 190 f.

EU-Ausländer. Inzwischenr wurden diese in die Rechtsverordnung aufgenommen, so dass sie sich in der Bundesrepublik niederlassen dürfen.[154]

b) Rechtsdienstleistungen ausländischer Patentanwältinnen und -anwälte

▶ **Beispiel:**

286 A fragt sich, welche Dienstleistungen er nach der Niederlassung in Deutschland erbringen darf.

287 Gem. § 157 PAO dürfen die ausländischen Patentanwältinnen und -anwälte, die in die Patentanwaltskammer aufgenommen worden sind, Rechtsdienstleistungen in Deutschland erbringen.[155] Gem. § 158 Abs. 4 dürfen die ausländischen Patentanwältinnen und -anwälte, die in die Patentanwaltskammer aufgenommen worden sind, ihre Rechtsdienstleistungen unter der Berufsbezeichnung des Herkunftsstaates anbieten. Der Herkunftsstaat ist in deutscher Sprache anzugeben.[156]

c) Ausländische Berufsausübungsgesellschaften

▶ **Beispiel:**

288 A betreibt mit B und C eine Berufsausübungsgesellschaft in Großbritannien. Kann diese Gesellschaft auch in Deutschland tätig sein?

289 § 159 PAO eröffnet für ausländische Gesellschaften die Möglichkeit, patentanwaltliche Dienstleistungen auf dem Gebiet des Rechts des Herkunftsstaates über eine Zweigniederlassung zu erbringen. Dies setzt unter Anderem voraus:
- der Unternehmensgegenstand der ausländischen Gesellschaft ist die Beratung und Vertretung in Patentangelegenheiten,
- ihre Gesellschafter sind Patentanwältinnen und -anwälte oder Angehörige der in § 52c Abs. 1 Nr. 1 und 2 PAO genannten Berufe.
- die deutsche Zweigniederlassung hat eine eigene Geschäftsleitung die die Gesellschaft vertreten kann. Diese muss über ausreichende Befugnisse verfügen, um die Wahrnehmung des Berufsrechts in Bezug auf die deutsche Zweitniederlassung sicherzustellen,
  - die Gesellschaft muss durch die Patentanwaltskammer zugelassen werden.
  - Für Sitzstaaten außerhalb der WTO kommt es auf die Gegenseitigkeit an.[157]

---

154 Fitzner Gesetz zur Neuregelung des Berufsrechts der Patentanwälte, Mitt. 2022, 248 (252 ff.).

155 Fitzner Gesetz zur Neuregelung des Berufsrechts der Patentanwälte, Mitt. 2022, 248 (252 ff.).

156 Fitzner Gesetz zur Neuregelung des Berufsrechts der Patentanwälte, Mitt. 2022, 248 (252 ff.).

157 Fitzner Gesetz zur Neuregelung des Berufsrechts der Patentanwälte, Mitt. 2022, 248 (252 ff.).

Die ausländischen Berufsausübungsgesellschaften sind im Grundsatz den gleichen Anforderungen wie die inländischen Gesellschaften unterstellt. Insbesondere sind die Gesellschaft, die Gesellschafterinnen und Gesellschafter gleichermaßen an die patentanwaltlichen Berufspflichten gebunden. Hinsichtlich der Gesellschafter-Kapitalstruktur müssen die Gesellschaften die Voraussetzungen des § 52i Abs. 2 bis 5 PAO erfüllen. Das heißt, es soll keine Beteiligung von Investoren geben. Dies gilt nicht nur im Hinblick auf die deutsche Zweigniederlassung, sondern für die Gesamtgesellschaft. Hierdurch soll eine Benachteiligung deutscher Berufsausübungsgesellschaften verhindert werden.[158]

Die Geschäftsleitung der deutschen Zweigniederlassung muss zur Geschäftsleitung berechtigte Patentanwältinnen und -anwälte oder nach § 157 PAO niedergelassene ausländische Berufsangehörige in ausreichender Zahl aufweisen. Das Recht zur Beratung und Vertretung nach § 3 Abs. 2 und 3 PAO besteht dann, wenn ein deutscher Patentanwalt Gesellschafter oder Geschäftsführer ist. Ansonsten bleibt die Dienstleistungsbefugnis ausländischer Gesellschaften auf die Beratung zum ausländischen Recht beschränkt. Ausgeschlossen sind ausländische Gesellschaften von den »mehrstöckigen« Gesellschaften nach § 52i PAO. D.h., dass keine Beteiligung an anderen Berufsausübungsgesellschaften zugelassen ist[159].

d) Verfahren der Aufnahme in die Patentanwaltskammer

▶ **Beispiel:**

A möchte wissen wie sich die Aufnahme in die Patentanwaltskammer gestaltet. 290

§ 158 PAO regelt wie sich die Aufnahme in die Patentanwaltskammer gestaltet. Für die deutschen und europäischen sowie die ausländischen Berufsangehörigen besteht gleichermaßen die Verpflichtung, eine Berufshaftpflichtversicherung zur Deckung der sich aus ihrer Berufsstellung ergebenden Haftpflichtgefahr für Vermögensschäden abzuschließen, die nach Art und Umfang den durch ihre Berufstätigkeit entstandenen Risiken angemessen ist.[[160]. Während deutsche Patentanwältinnen und -anwälte die Anforderungen des § 45 PAO zu erfüllen haben, gilt für EU-Ausländer das EuPAG.[161] 291

▶ **Beispiel:**

A möchte wissen, was noch zu beachten ist. 292

158 Fitzner Gesetz zur Neuregelung des Berufsrechts der Patentanwälte, Mitt. 2022, 248 (252 ff.).

159 Fitzner Gesetz zur Neuregelung des Berufsrechts der Patentanwälte, Mitt. 2022, 248 (252 ff.).

160 BT-Drucks. 18/9521, S. 194; vgl. a. RL77/249/EWG und RL2005/36/EG.

161 Fitzner Gesetz zur Neuregelung des Berufsrechts der Patentanwälte, Mitt. 2022, 248 (252 ff.).

293 Die niedergelassenen ausländischen Patentanwältinnen und Patentanwälte haben die Berufsbezeichnung nach dem Recht ihres Herkunftsstaats zu führen. Der Herkunftsstaat ist in deutscher Sprache anzugeben. Syndikuspatentanwältinnen und -anwälte haben zudem die Bezeichnung »(Syndikus)« nachzustellen.[162]

Beispiel:

294 A möchte wissen, ob er insbesondere hinsichtlich des »Attorney's Client Privilege« Nachteile zu erwarten hat.

295 Hinsichtlich Vorschriften des Strafgesetzbuches stehen niedergelassene ausländische Patentanwältinnen und -anwälte den deutschen Berufsangehörigen gleich. Das gilt insbesondere für die Straflosigkeit der Nichtanzeige geplanter Straftaten (§ 139 Absatz 3 Satz 2 StGB), die Verletzung von Privatgeheimnissen (§ 203 Abs. 1 Nr. 3 bis 6, §§ 204 und 205 StGB), die Gebührenüberhebung (§ 352 StGB) und den Parteiverrat (§ 356 StGB)[163] Insofern ist A ebenso privilegiert wie die deutschen Patentanwältinnen und -anwälte.

3. Patentanwalt im ständigen Dienstverhältnis

Beispiel:

296 A ist Patentanwalt. Er erhält von der Firma B das Angebot, die Leitung der Patentabteilung zu übernehmen. A möchte wissen, ob er seine Zulassung als Anwalt behalten darf, wenn er bei B angestellt ist.

297 Durch § 41a PAO wird klargestellt, dass auch ein Angestellter eines nicht-anwaltlichen und nicht-öffentlich-rechtlichen Arbeitgebers Patentanwalt sein kann. Die Bestimmung regelt, wie weit der Patentanwalt im ständigen Dienstverhältnis für seinen Arbeitgeber als Patentassessor tätig sein darf. Nach der sogenannten »Zweihüte-Theorie« ist der Angestellte als Patentassessor und der zugelassene Patentanwalt daneben freiberuflich tätig. Die Regelung bezweckt den Schutz des Patentanwalts vor Interessenkonflikten. Während nämlich der Angestellte Patentassessor grundsätzlich den Weisungen des Arbeitgebers unterliegt, wird der Patentanwalt als unabhängiges Organ der Rechtspflege tätig, der in seiner Berufsausübung keinen Weisungen unterliegt.[164] Der Patentassessor muss aufgrund eines ständigen, d.h. nicht nur als vorübergehend beabsichtigten Dienstverhältnisses seinem Arbeitgeber verpflichtet sein und ihm seine Arbeitszeit und -kraft zur Verfügung stellen. Der Patentanwalt darf für seinen Arbeitgeber auch nicht als Patentanwalt vor Gerichten und Schieds-

162 Fitzner Gesetz zur Neuregelung des Berufsrechts der Patentanwälte, Mitt. 2022, 248 (252 ff.).

163 Fitzner Gesetz zur Neuregelung des Berufsrechts der Patentanwälte, Mitt. 2022, 248 (252 ff.).

164 BGHZ 99, 221 – *Leiter der Patentabteilung*; amtliche Begründung BT-DRS 12/4993, 40–41; DB-Drucks. 12/7656, S. 52.

gerichten tätig sein. Dies gilt nicht nur für das persönliche Auftreten vor Gericht, sondern auch für das Einreichen von Schriftsätzen usw. Der als Patentassessor in einem ständigen Dienstverhältnis stehende Patentanwalt darf einen Mandanten dann nicht beraten f, wenn sich aus dem ihm unterbreiteten Gegenstand oder Sachverhalt eine technische oder naturwissenschaftliche Verwertbarkeit für das Arbeitsgebiet[165] ergibt, mit dem er als angestellter Patentanwalt für seine Arbeitgeber befasst ist. Der Angestellte darf in derselben Angelegenheit nicht in beiden Eigenschaften als Patentassessor einerseits und als Patentanwalt andererseits tätig sein. Er kann aber Dritte beraten. Die Zulassung eines Patentanwalts im ständigen Dienstverhältnis erfolgt auf Antrag durch die, Patentanwaltskammer. Mit dem Antrag auf Zulassung ist eine Erklärung des Arbeitgebers vorzulegen, nach welcher dem Patentanwalt unwiderruflich die Tätigkeit neben der Anstellung bei seinem Auftraggeber gestattet ist. D.h., der Patentanwalt darf rechtlich und tatsächlich durch seinen Anstellungsvertrag nicht gehindert sein, seinen Beruf auszuüben.

Im Übrigen sind die Voraussetzungen der Zulassung identisch mit denen, die bei der Zulassung eines freiberuflich tätigen Anwalts zu erfüllen sind. 298

4. Syndikuspatentanwalt

Nach dem bis zum 01.01.2016 geltenden Recht gab es einen »Syndikus-Anwalt« nicht. Die Rechtslage war vielmehr von der sog. »Zwei-Hüte-Theorie« geprägt. D.h. es gab den angestellten Patent-Assessor, welcher daneben freiberuflich als Patentanwalt tätig sein konnte. Die Tätigkeit des freiberuflichen Patentanwalts war in diesem Falle nach § 41 a PAO a.F. eingeschränkt. D.h. als Patentanwalt durfte keine Tätigkeit für den Arbeitgeber ausgeübt werden. Tätigkeitsverbote bestanden insbesondere, wenn der Patentanwalt als sonstiger Berater, der in einem ständigen Dienst- oder ähnlichem Beschäftigungsverhältnis eine Tätigkeit auf dem Gebiet des gewerblichen Rechtsschutzes ausübt, in derselben Angelegenheit bereits tätig geworden war. Dasselbe Verbot galt in solchen Angelegenheiten, die eine technische oder naturwissenschaftliche Verwertbarkeit für das Arbeitsgebiet ergeben, mit dem der Patentanwalt als Berater in einem ständigen Dienst- oder Beschäftigungsverhältnis befasst ist. Ebenso galt das Verbot für Berater, wenn dieser als Patentanwalt mit derselben Angelegenheit bereits gefasst gewesen ist. Dasselbe gilt bei der Befassung mit solchen Angelegenheiten, die eine technische oder naturwissenschaftliche Verwertbarkeit für das Arbeitsgebiet des Auftraggebers ergeben, für den er bereits als Patentanwalt tätig ist. 299

Die Einführung des Versorgungsrechts für Patentanwälte war von der Absicht getragen, dass hiermit auch für die in der Industrie tätigen Patentanwälte eine alternative Versorgung zur gesetzlichen Rentenversicherung geschaffen wird. Das Bundessozialgericht hat mit den Urteilen vom 03.04.2014[166] jedoch entschieden, dass eine Befreiung von der gesetzlichen Versicherungspflicht für Patentassessoren, welche zugleich als 300

165 Vgl. BGHZ 99/221 – *Leiter der Patentabteilung.*
166 BSG, NJW 2014, 2743; Urt. v. 03.04.2014 – B 5 RE 9/14 R, BeckRS 2014, 71682; Urt. v. 03.04.2016 – B 5 RE 3/14 R, BeckRS 2014, 69071.

Patentanwälte zugelassen sind, nicht in Betracht kommt. Damit ergab sich zumindest für die Länder, in denen Pflichtmitgliedschaft und Versorgungswerk besteht (München, Nordrhein-Westfalen und Hamburg) die Situation, dass die freiberuflich tätigen Patentanwälte im Versorgungswerk versichert sein mussten und für den Fall ihrer Anstellung als Patentassessor an einer Firma zusätzlich in die gesetzliche Rentenversicherung einzuzahlen hatten. Gegen diese Urteile wandten sich die Kläger und legten Verfassungsbeschwerde beim Bundesverfassungsgericht ein. Mit Beschluss vom 10.07.2016 bzw. 22.07.2016 hat das Bundesverfassungsgericht die entsprechenden Verfassungsbeschwerden nicht angenommen. Das Gericht hat dies damit begründet, dass infolge der zum 01.01.2016 erfolgten Neuregelung des Berufsrechts der Syndikuspatentanwälte kein über den Einzelfall hinausgehendes Rechtsschutzbedürfnis mehr bestehe. Bezüglich der Auslegungspraxis zu der geänderten Bestimmung des Sozialgesetzbuches verwies das Bundesverfassungsgericht insoweit auf die bestehende Zuständigkeit der Fachgerichte.

301 Nach der infolge der Urteile des Bundessozialgerichts entstandenen Rechtslage wurde ein neues Gesetz geschaffen. Danach gibt es zukünftig folgende Typen von Patentanwälten:

302
- Zugelassener Patentanwalt in der bisherigen Form.
- Syndikuspatentanwalt, d.h. Angestellter eines nicht-anwaltlichen Arbeitgebers.
- Syndikuspatentanwalt gemäß Ziff. 2, der aber zusätzlich als freiberuflicher Anwalt zugelassen ist.
- Angestellter Patentassessor mit Zweitberuf als Patentanwalt.

303 Für den zugelassenen Patentanwalt ergeben sich keine Besonderheiten. Dieser kann wie bisher freiberuflich tätig sein, oder auch in einer Kanzlei angestellt sein, ohne auf diese Art zu einem Syndikuspatentanwalt zu werden.

▶ **Beispiel:**

304 A möchte wissen, wie sich der Beruf des Syndikuspatentanwalts gestaltet.

305 Das Anstellungsverhältnis bei einem nicht-anwaltlichen Arbeitgeber führt zu folgenden Konsequenzen:

306 Der Beruf des Patentanwaltes darf nur für den Arbeitgeber im Rahmen des Anstellungsverhältnisses ausgeübt werden. Der Syndikuspatentanwalt ist Pflichtmitglied in der Patentanwaltskammer und – soweit vorhanden – Pflichtmitglied im berufsständigen Versorgungswerk. Sofern eine Pflichtmitgliedschaft im berufsständigen Versorgungswerk besteht, kann eine Befreiung von der Rentenversicherung erfolgen. Nicht ausreichend ist demgemäß eine lediglich freiwillige Mitgliedschaft im Versorgungswerk, wie dies z.B. im Land Baden-Württemberg vorgesehen ist.

307 Die Tätigkeit im Anstellungsverhältnis muss mit § 41 a PAO fachlich unabhängig (§ 41 a Abs. 3 PAO) und eigenverantwortlich sein (§ 41 a Abs. 3 PAO) und das Tätigkeitsspektrum von Patentanwälten gemäß § 3 Abs. 2 und 3 PAO abdecken (§ 41 a, Abs. 2 PAO). Das bedeutet, die Tätigkeit des Syndikuspatentanwalts ist auf die Beratung und Vertretung des Arbeitgebers beschränkt (§§ 41 a Abs. 5 und 41 d

Abs. 2 PAO). Fachlich unabhängig ist nicht, wer sich an Weisungen zu halten hat, sofern dadurch die eigenständige Analyse und die einzelfallorientierte Rechtsberatung ausgeschlossen wird (§ 41 a Abs. 4, S. 1 PAO). Die fachliche Unabhängigkeit ist durch Vertrag und tatsächlich zu gewährleisten (§ 41 a Abs. 4, S. 2 PAO).

▶ **Beispiel:**

A versteht nicht, wie er als Angestellter unabhängig seinen Beruf ausüben kann. 308

Dem verantwortlichen Patentanwalt muss dasselbe Maß an Unabhängigkeit zustehen 309 wie einem Anwaltssozius. Damit sind aber nicht jegliche Arten von Weisungen unzulässig. Inwieweit die Vorgaben mit dem Gebot der Unabhängigkeit der anwaltlichen Berufsausbildung im Einklang stehen, hängt von den Umständen des Einzelfalls ab.

Das Kriterium der Unabhängigkeit bildet mithin auch beim Syndikuspatentanwalt 310 das Kernelement der anwaltlichen Tätigkeit. Das Vertrauen des Rechtsuchenden Publikums in eine unabhängige und freie Anwaltschaft soll gewahrt werden. Die Befugnisse Vertretung vor Gericht macht allein nicht den Kern spezifisch anwaltlicher Tätigkeit aus. Die anwaltliche Tätigkeit lässt sich nicht auf den forensischen Bereich reduzieren. Entscheidend für die anwaltliche Tätigkeit ist die gesamte Breite der Rechtsdienstleistungen.[167]

Die Übertragung anwaltsfremder Aufgaben steht der Annahme einer anwaltlichen 311 Tätigkeit nicht entgegen, wenn die anwaltsfremden Aufgaben in einem engen inneren Zusammenhang mit der rechtlichen Beistandspflicht stehen und auch rechtliche Fragen aufwerfen können. Zur Abgrenzung der anwaltlichen Tätigkeit von sonstigen Tätigkeiten bei einem nicht-anwaltlichen Arbeitgeber ist auf den Kern und den Schwerpunkt der Tätigkeit abzustellen. Die anwaltliche Tätigkeit muss im Rahmen des Anstellungsverhältnisses die eindeutig prägende Leistung des angestellten Anwalts sein.[168]

Die Arbeitstätigkeit zeichnet sich mithin durch gesetzlich definierte Merkmale aus: 312

- Prüfung von Rechtsfragen einschl. der Aufklärung von Sachverhalten, Erarbeiten und Bewerten von Lösungsmöglichkeiten (§ 41 a, Abs. 3, Nr. 1 PAO)
- Erteilung von Rechtsrat (§ 41 a, Abs. 3 Nr. 2 PAO)
- Gestaltung von Rechtsverhältnissen (selbstständiges Führen von Verhandlungen, Verwirklichung von Rechten) gemäß § 41 a, Abs. 3 Nr. 3 PAO
- Vertretungsbefugnis nach außen (§ 41 a, Abs. 3 Nr. 4 PAO).

Sofern diese Merkmale erfüllt sind, liegt eine patentanwaltliche Tätigkeit im Sinne 313 von § 41 a, Abs. 2 S. 1 PAO vor. Hinzukommen muss stets die fachliche Unabhängigkeit und die eigenverantwortlich auszuübende Tätigkeit.

167 BT Gr S. 18/5201, S. 20.
168 BT Drs. 18/5201, S. 20.

▶ Beispiel:

314 A möchte wissen, inwieweit die Patentanwaltsordnung auch für Syndikusanwälte gilt.

315 Grundsätzlich gelten gemäß § 41 d Abs. 1 PAO für Syndikuspatentanwälte dieselben Vorschriften wie für Patentanwälte. In einigen Punkten sind jedoch Ausnahmen vorgesehen. Im Einzelnen gilt:

- Keine Pflicht zur Übernahme der Vertretung (§ 41 d, Abs. 3 i.V.m. § 43 PAO). D.h. die Pflicht zur Übernahme der Vertretung (§ 41 d, Abs. 3 i.V.m. § 43 PAO). D.h. die Pflicht zur Übernahme der Vertretung gemäß § 43 PAO im Falle der Beiordnung gilt für Syndikuspatentanwälte nicht.
- Es besteht auch keine Pflicht zum Abschluss einer Berufs-Haftpflichtversicherung (§ 41 d Abs. 3 i.V.m. § 45 PAO). Während demgemäß der freiberuflich tätige Patentanwalt eine Berufs-Haftpflichtversicherung zur Deckung der sich aus seiner Berufstätigkeit ergebenden Haftpflichtverfahren für Vermögensschäden abzuschließen hat und für die Dauer seiner Zulassung aufrechtzuerhalten hat, gilt dies nicht für den Syndikuspatentanwalt.
- Sofern freiberufliche, patentanwaltliche Tätigkeiten neben der Anstellung ausgeübt werden sollen, ist eine gesonderte Kanzlei zu errichten (§ 41 d Abs. 4, S. 2 PAO).
- Die Arbeitsstätte des Syndikuspatentanwalts ist gleich die Kanzlei (§ 41 d Abs. 4, S. 1 PAO). Bei mehreren Arbeitsstätten sind mehrere Kanzleien zu errichten (§ 41 d Abs. 4, S. 2 PAO).

316 Die Tätigkeit des Syndikuspatentanwalts soll grundsätzlich auf die Beratung und Vertretung in Rechtsangelegenheiten des Arbeitgebers beschränkt sein. Für Syndikuspatentanwälte soll das strafprozessuale Zeugnisverweigerungsrecht sowie das Beschlagnahmeverbot nicht gelten. Im Einzelnen soll Folgendes gelten:

- Es besteht kein Zeugnis-Verweigerungsrecht hinsichtlich dessen, was in dieser Eigenschaft anvertraut oder bekanntgemacht worden ist (§ 53 Nr. 3 StPO).
- in abgeleitetes Zeugnisverweigerungsrecht nach § 53 a StPO gilt auch für einen Syndikuspatentanwalt, wenn er bei einer zur Zeugnisverweigerung angestellten Person tätig ist.
- Keine Berufung auf das Beschlagnahmeverbot besteht gemäß § 97 Abs. 3, 1–3 StPO (§ 97 Abs. 2 i.V.m. § 53 StPO).
- Die Anwaltsprivilegien nach § 100 c Abs. 6 i.V.m. § 53 StPO (akustische Wohnraumüberwachung) sind ebenfalls beschränkt.
- Ebenso kann sich der Patentanwalt nicht auf das Anwaltsprivileg gemäß § 160 a i.V.m. § 53 StPO berufen (Unzulässigkeit von Ermittlungsmaßnahmen bei zeugnisverweigerungsberechtigten Berufsgeheimnissen).

317 Das Zeugnisverweigerungsrecht für Syndikuspatentanwälte bezieht sich nicht auf das, was ihnen in dieser Eigenschaft anvertraut oder bekanntgeworden ist. § 53 a StPO stellt klar, dass das abgeleitete Zeugnisverweigerungsrecht, das auch einem Syndikuspatentanwalt zustehen kann, wenn er bei einer anderen, selbst zur zeugnisverweigerungsberechtigten Person angestellt ist, hiervon unberührt bleibt. Die Änderung

des § 53 Abs. 1 S. 1 Nr. 3 StPO bewirkt zugleich, dass sich Syndikuspatentanwälte auch nicht auf die übrigen in der StPO geregelten Anwaltsprivilegien berufen können (§ 97 Abs. 1 + 3, § 100 c Abs. 6 und § 160 a StPO). Denn diese Bestimmung knüpft ihrerseits unmittelbar an § 53 StPO an.

Der Grund und die Rechtfertigung für die Einschränkung der Anwaltsprivilegien in dieser Form ist das Gebot einer effektiven Strafverfolgung. Das Bundesverfassungsgericht hat wiederholt das Interesse an einer möglichst vollständigen Wahrheitsermittlung im Strafverfahren betont und die wirksame Aufklärung gerader schwerer Straftaten als einen wesentlichen Auftrag eines rechtsstaatlichen Gemeinwissens bezeichnet. Die durch Strafverfolgungsmaßnahmen bezweckte Aufklärung von Straftaten und ihr Beitrag zur Durchsetzung der Strafgesetze können durch Zeugnisverweigerungsrechte oder vergleichbare verfahrensrechtliche Beschränkungen der Strafverfolgung empfindlich berührt werden.[169] Auch der Europäische Gerichtshof hat entschieden, dass die besondere berufliche Stellung des Syndikuspatentanwalts es rechtfertigt, ihn von den für niedergelassene Anwälte geltenden gesonderten strafprozessualen Vertrauensschutz auszunehmen.[170] 318

Eine Einbeziehung der Syndikuspatentanwälte im Anwendungsbereich der §§ 97 und 160 a StPO würde die Gefahr hervorrufen, dass relevante Beweismittel den Strafverfolgungsbehörden nicht zur Verfügung stünden. Dabei ist zu berücksichtigen, dass die von den Ermittlungsbehörden vorzunehmende Bewertung des Vorliegens eines Beweiserhebungsverbots anhand äußerlich einfach feststellbarer Kriterien möglich sein muss. Dies wird durch die Einführung einer gesonderten Zulassung für die Syndikuspatentanwaltstätigkeit gewährleistet.[171] 319

▶ **Beispiel:**

Syndikuspatentanwalt A ist bei Firma B angestellt. Der Arbeitgeber von A ist zur Erbringung von Rechtsdienstleistungen berechtigt, gehört aber nicht zu den Berufsgruppen gemäß § 52c Abs. 1 S. 1 Nr. 1 bis 3 PAO. Was ist bei der beruflichen Tätigkeit zu beachten? 320

Sofern ein Arbeitgeber, der nicht zu den Berufsgruppen gem. § 52c Abs. 1 S. 1 Nr. 1 bis 3 PAO gehört, zur Erbringung von Rechtsdienstleistungen berechtigt ist, kann diese gemäß § 41a Abs. 6 PAO auch eine Syndikuspatentanwältin oder -anwalt erbringen. Es muss aber ein Hinweis darauf erfolgen, dass es sich nicht um patentanwaltliche nach § 3 Abs. 1 PAO handelt und kein Zeugnisverweigerungsrecht nach § 53 StPO besteht.[172] 321

169 Bundesverfassungsgericht, Beschl. v. 12.10.2011 – 2 BvR 236/08 – Rn. 249.
170 C-550/07 – P. »Akzo/Nobel«, Srg. 2010, I-8301 = NJW 2010, S. 3557.
171 BT Drs. 18/5201, S. 46.
172 Fitzner, Gesetz zur Neuregelung des Berufsrechts der Patentanwälte, Mitt. 2022, 248.

▶ **Beispiel:**

322 A möchte sich als Syndikuspatentanwalt zulassen und fragt die Patentanwaltskammer, was zu beachten ist.

323 Auf Antrag ist gemäß 41 b PAO die Zulassung als Syndikuspatentanwalt zu erteilen, wenn

- die allgemeinen Voraussetzungen nach §§ 5 – 8 PAO erfüllt sind (§ 41 b, Abs. 1, Nr. 1 PAO)
- ein Versagungsgrund nach § 14 PAO und (§ 41 b, Abs. 1, Nr. 2 PAO) und
- die Tätigkeit den Anforderungen des § 51 a Abs. 2 – 5 PAO entspricht (§ 41 Abs. 1 Nr. 1 PAO).

324 Dies bedeutet, dass gemäß § 5 PAO die Bestimmungen zum Zugang zum Beruf des Patentanwalts erfüllt sein müssen.

325 Im Weiteren muss die technische Befähigung des § 6 PAO, die Ausbildung auf dem Gebiet des gewerblichen Rechtsschutzes gemäß § 7 PAO und die Absolvierung der Prüfung gemäß § 8 PAO vorliegen. Hinsichtlich der Zulassung sind die Bestimmungen des § 14 PAO zu beachten. Die Besonderheit des Syndikuspatentanwalts besteht im Weiteren darin, dass die fachliche Unabhängigkeit und eigenverantwortlich auszuübende Tätigkeit gemäß § 41 a Abs. 3 PAO vorliegen müssen. Zudem darf sich das Tätigkeitsspektrum gemäß § 41 a Abs. 2 PAO nur auf § 3 Abs. 2 und 3 PAO erstrecken. Gemäß § 41 a Abs. 4 S. 2 muss die fachliche Unabhängigkeit der Berufstätigkeit des Syndikuspatentanwalts vertraglich und tatsächlich gewährleistet sein. Nur unter diesen Voraussetzungen kann eine Zulassung als Syndikuspatentanwalt erfolgen.

326 Für den Antrag auf Zulassung als Syndikuspatentanwalt ist die Patentanwaltskammer nach Anhörung des Trägers der Rentenversicherung zuständig (§ 41 b Abs. 2 PAO). Die Entscheidung der Kammer ist zu begründen und dem Antragsteller und dem Träger der Rentenversicherung zuzustellen. Dem Antragsteller und dem Träger der Rentenversicherung stehen gegen die Entscheidung der Patentanwaltskammer Rechtsschutz zu. Der Träger der Rentenversicherung ist im Weiteren bei seiner Entscheidung über die Befreiung von der Versicherungspflicht an die bestandskräftige Entscheidung der Patentanwaltskammer gebunden.

327 Zur Überprüfung der Zulassungsvoraussetzungen muss der Antragsteller seinem Zulassungsantrag eine Ausfertigung oder eine öffentlich beglaubigte Abschrift des Arbeitsvertrages oder der Arbeitsverträge beifügen (§ 41 b Abs. 3 PAO).

▶ **Beispiel:**

328 A wechselt seine Stelle. Muss er erneut eine Zulassung beantragen?

Gilt dies auch, wenn er innerhalb des Betriebes versetzt wird?

329 Für den Syndikuspatentanwalt gelten die allgemeinen Voraussetzungen für die Rücknahme des Widerrufs gemäß §§ 20, 21 und 22 PAO. Hinzu kommt, dass arbeits-

vertragliche Änderungen der Gestaltung des Arbeitsverhältnisses ebenfalls zum Erlöschen der Zulassung führen (§ 41 c, Abs. 2 S. 2 erste Altern. PAO). Gemäß § 41 c, Abs. 2 S. 2 zweite Altern. PAO gilt dies auch bei einer Änderung der tatsächlich ausgeübten Tätigkeit.

Demgemäß hat der Syndikuspatentanwalt tätigkeitsbezogene Änderungen des Arbeitsverhältnisses unverzüglich anzuzeigen (§ 41 c, Abs. 4 PAO). Dazu gehört jede tätigkeitsbezogene Änderung des Arbeitsvertrages, ebenso ist jede Aufnahme eines neuen Arbeitsverhältnisses anzuzeigen. Außerdem sind wesentliche Änderungen an der Tätigkeit innerhalb des Arbeitsverhältnisses anzuzeigen. U.U. muss hier eine erneute Zulassung beantragt werden. 330

▶ Beispiel:

A wird für zwei Jahre nach Singapur abgeordnet. Sein zugrunde liegendes Arbeitsverhältnis besteht zwar weiter, aber er hat vor Ort überwiegend Marketingaufgaben zu bewältigen. Er fragt, ob seine Zulassung erhalten bleibt. Insbesondere möchte er seine Mitgliedschaft im Versorgungswerk aufrecht erhalten. 331

Nach § 41c Abs. 2 PAO ist die Zulassung nicht bei jeder Unterbrechung der Tätigkeit als Syndikus zu widerrufen. Voraussetzung ist, dass die Unterbrechung infolge Eigenart und Vertrag im Voraus zeitlich begrenzt ist. Ferner muss das zugrundeliegende Arbeitsverhältnis fortbestehen. Dadurch soll erreicht werden, dass nicht jede vorübergehende berufsfremde Tätigkeit zwingend zu einem Wechsel des Altersversorgungssystems führen muss[173]. Ebenso wird ein Widerruf der Zulassung und ein Erlöschen der Kammermitgliedschaft in solchen Fällen vermieden.[174] 332

▶ Beispiel:

A möchte wissen, inwieweit sich die Befugnisse des Syndikuspatentanwalts und des Patentassessors miteinander vereinbaren lassen, bzw. welche Unterschiede es hier gibt. 333

Der Syndikuspatentanwalt kann innerhalb des Unternehmens im Sinne des § 15 AktG tätig sein (§ 41 a Abs. 5, Nr. 1 PAO). Gemäß § 41 a Abs. 5 Nr. 2 PAO i.V.m. § 7, 8 RDG sind für den Syndikusanwalt auch Dienstleistungen des Arbeitgebers gegenüber seinen Mitgliedern erlaubt. Dies betrifft die Fälle der Einstellung bei Gewerkschaften, Vereinigungen usw. Zu den erlaubten Dienstleistungen gehören auch die Tätigkeiten des Arbeitgebers gegenüber Dritten gemäß § 41 a Abs. 5 Nr. 3 i.V.m. § 52 a PAO. D.h. sofern eine Anstellung bei einem sozietätsfähigen Arbeitgeber, z.B. einem Steuerberater erfolgt, kann in dessen Erlaubnisbereich auch der Anwalt tätig werden. 334

173 Kassler Kommentar Sozialversicherungsrecht, Werkstand: 109. EL Mai 2020, § 6 SGB VI Rn. 39; BGH-Urteil vom 29.01.2018, AnwZ (BrfG) 12/17; BGH-Urteil vom 18.03.2019, AnwZ (BrfG) 6/18.

174 Fitzner, Gesetz zur Neuregelung des Berufsrechts der Patentanwälte, Mitt. 2022, 248.

335 Gemäß § 16 AktG ist geregelt, was unter einem in Mehrheitsbesitz stehendem Unternehmen und mit Mehrheit beteiligtem Unternehmen zu verstehen ist. Diese Unternehmen können auch von dem Syndikuspatentanwalt vertreten werden. Ebenso ist es möglich, abhängige und herrschende Unternehmen iSd 17 AktG zu vertreten. Gleiches gilt für wechselseitig beteiligte Unternehmen iSd § 19 AtG. Unbenommen ist auch die Vertretung im Rahmen von Konzernen gemäß § 18 AktG und, sofern es sich um Vertragsteile iSv § 291 und 282 AktG handelt.

336 Im Ergebnis geht mithin die Vertretungsbefugnis des Syndikuspatentanwaltes über diejenige des Patentassessors hinaus. Dieser ist in seiner Vertretung nämlich auf § 18 und § 291 und 292 AktG beschränkt. Die §§ 16, 17 und 19 AktG gehören hingegen nicht zum Tätigkeitsbereich des Patentassessors. Hier ist der Syndikuspatentanwalt zur Vertretung berechtigt. Für Patentassessoren gilt im Übrigen die Besonderheit, dass diese Dritte beraten und vertreten können, wenn der Dritte im Inland weder Wohnsitz noch Niederlassung hat und dem Dienstherrn des Patentassessors die Wahrnehmung der Interessen übertragen worden ist.

337 Syndikuspatentanwälte können ebenso wie niedergelassene Patentanwälte vor Gerichten auftreten (§ 41 d Abs. 1 PAO). Allerdings gilt § 4 PAO nur insoweit, als Syndikuspatentanwälte ausschließlich für ihren Arbeitgeber auftreten dürfen (§ 41 d, Abs. 2 PAO). Hier ist also im Vergleich zu niedergelassenen Patentanwälten die Befugnis eingeschränkt. Es besteht im Weiteren die Besonderheit, dass die Kosten und Auslagen für die Hinzuziehung des Syndikuspatentanwalts durch das Gehalt abgegolten sind. D.h. die diesbezüglichen Kosten sind nicht – wie bei einem niedergelassenen Patentanwalt – zu erstatten (§ 41 d, Abs. 5 PAO). Dies dürfte für vorgerichtliche Kosten, z.B. das Abmahnverfahren, ebenfalls gelten.

IV. Der international tätige Patentanwalt

338 Für ein Unternehmen ist es in vielen Fällen nicht ausreichend, wenn sich der Schutz der gewerblichen Schutzrechte allein auf Deutschland erstreckt. Infolge der europäischen Integration muss er insbesondere in der Lage sein, vor dem Europäischen Patentamt und dem Harmonisierungsamt die Interessen seiner Mandanten zu vertreten. Letzteres ist zuständig fürUnionsgeschmacksmuster und Unionsmarken nach dem Recht der Europäischen Union.

1. Vertretung vor dem Europäischen Patentamt

▶ Beispiel:

339 Der junge Patentanwalt A beabsichtigt nach seiner Zulassung auch Anmeldungen beim Europäischen Patentamt einzureichen und die entsprechenden Verfahren durchzuführen. Welche beruflichen Voraussetzungen muss er erfüllen?

340 Die Zulassung als deutscher Patentanwalt ermöglicht diesem, vor den Gerichten (Bundespatentgericht, Bundesgerichtshof, Nichtigkeitsverfahren) und vor dem Deutschen Patent- und Markenamt als Vertreter aufzutreten. Er kann am Verletzungspro-

zess vor dem ordentlichen Gericht neben einem Rechtsanwalt mitwirken. Gemäß Art. 134 EPÜ kann die Vertretung natürlicher und juristischer Personen vor dem Europäischen Patentamt nur durch Vertreter wahrgenommen werden, die in einer beim Europäischen Patentamt geführten Liste eingetragen sind, für die folgenden Voraussetzungen zu erfüllen sind:

Der Antragsteller muss 341
(1) die Staatsangehörigkeit eines Vertragsstaats besitzen,
(2) seinen Geschäftssitz oder Arbeitssitz im Hoheitsgebiet eines Vertragsstaates haben,
(3) die europäische Eignungsprüfung bestanden haben.

Die ersten beiden Voraussetzungen erfüllt A. Jedoch hat er die europäische Eig- 342 nungsprüfung noch nicht abgelegt. Diese Prüfung setzt keine besondere Ausbildung voraus. Vielmehr ist A nach dreijähriger Berufstätigkeit im Bereich des gewerblichen Rechtschutzes, d.h. im Bereich des europäischen Anmelde- und Einspruchsverfahrens, berechtigt, an der europäischen Eignungsprüfung eine rein schriftliche Prüfung teilzunehmen.

Hinsichtlich der dreijährigen Tätigkeit gibt es folgende Möglichkeiten, nach denen 343 der Antragsteller:
(1) In einem der Vertragsstaaten ein mindestens dreijähriges Praktikum auf Vollzeitbasis unter Leitung einer oder mehrerer Personen, die in der Liste gemäß Art. 134 Abs. 1 EPÜ eingetragen sind, als Assistent dieser Person oder Personen abgeleistet hat und dabei an einer Vielzahl von Tätigkeiten im Zusammenhang mit europäischen Patentanmeldungen und europäischen Patenten beteiligt gewesen ist, oder
(2) während eines Zeitraums von mindestens drei Jahren auf Vollzeitbasis als Angestellter einer natürlichen oder juristischen Person mit Wohnsitz oder Sitz im Hoheitsgebiet eines Vertragsstaates beschäftigt gewesen ist und für seinen Auftraggeber vor dem Europäischen Patentamt nach gehandelt hat, oder
(3) während eines Zeitraums von drei Jahren auf Vollzeitbasis als Assistent unter der unmittelbaren Aufsicht einer oder mehrerer Personen im Sinne von Ziffer 2 an einer Vielzahl von Tätigkeiten im Zusammenhang mit europäischen Patentanmeldungen und europäischen Patenten beteiligt gewesen ist.

Das bedeutet, dass A entweder bei einem vor dem Europäischen Patentamt zugelas- 344 senen europäischen Vertreter im Sinne des Art. 134 Abs. 1 EPÜ oder beispielsweise in der Patentabteilung einer Firma tätig gewesen sein muss. In allen Fällen müssen die Tätigkeiten im Zusammenhang mit europäischen Patentanmeldungen und europäischen Patenten durchgeführt worden sein.

Voraussetzung für die Zulassung zur Prüfung ist außer der zuvor genannten Tätig- 345 keit, dass der Bewerber ein naturwissenschaftliches oder ingenieurwissenschaftliches Hochschuldiplom erworben hat oder gleichwertige natur- oder ingenieurwissenschaftliche Kenntnisse besitzt.

▶ **Beispiel:**

346 A hat die Prüfung als deutscher Patentanwalt abgelegt. Er ist jedoch als solcher noch nicht zugelassen. Er berät in seiner Eigenschaft als zugelassener Vertreter vor dem Europäischen Patentamt einen Mandanten und vertritt diesen in einem Einspruchsverfahren. Der Mandant fragt A, inwieweit er durch Verschwiegenheitsverpflichtungen des A geschützt sei. Denn diese würden nach seiner Kenntnis nur für die deutschen Patentanwälte gelten.

347 Gemäß Art. 134a Abs. 1 d EPÜ, Regel 153 AOEPÜ besteht ein Zeugnisverweigerungsrecht für zugelassene Vertreter vor dem Europäischen Patentamt. D.h., alle Mitteilungen in Verfahren vor dem Europäischen Patentamt zwischen dem Vertreter und seinem Mandanten oder Dritten sind auf Dauer von der Offenlegung befreit. Etwas Anderes kann nur gelten, wenn die Offenlegung mit der ausdrücklichen Einwilligung des Mandanten erfolgt.

2. Vertretung vor dem Amt der Europäischen Union für geistiges Eigentum (EUIPO)

▶ **Beispiel:**

348 A möchte nach seinem Patentanwaltsexamen freiberuflich tätig sein. Er erhält einen Auftrag zur Einreichung einer Gemeinschaftsmarke.

349 Nach dem Recht der Europäischen Union können auch Unionsmarken und Unionsgeschmacksmuster beim EUIPO (in Alicante in Spanien) angemeldet werden.[175] Nach Art. 89 UMV kann die Vertretung natürlicher und juristischer Personen durch einen Rechtsanwalt oder durch einen zugelassenen Vertreter, der in einer beim Amt geführten Liste gemeldet ist, vor dem Amt wahrgenommen werden. In die Liste der zugelassenen Vertreter werden eingetragen, wenn folgende Voraussetzungen erfüllt sind:

350 Der Antragsteller muss
(1) die Staatsangehörigkeit eines Mitgliedsstaats besitzen,
(2) seinen Geschäftssitz oder Arbeitsplatz in der Gemeinschaft haben,
(3) befugt sein, natürliche oder juristische Personen auf dem Gebiet des Markenrechts vor der zentralen Behörde des gewerblichen Rechtsschutzes des Mitgliedsstaats zu vertreten, in dem er seinen Geschäftssitz oder Arbeitsplatz hat.

351 Ein deutscher Patentanwalt erfüllt mithin die Voraussetzung in die Liste eingetragen zu werden. Es wird demgemäß ein zugelassener deutscher Patentanwalt ohne weiteres in die Liste eingetragen werden. Einer Prüfung bedarf es nicht. Dies gilt allerdings nur, wenn er seinen Kanzleisitz in einem der EU-Mitgliedsstaaten hat.

---

175 Verordnung EG Nr. 40/94, ABl. EG 1994, 11/1, PMZ 1994, S. 192, Verordnung EG Nr. 288/94 des Rates v. 22. 12. 94, ABl. EG 1994 L. 83, 83F.; BlPMZ 1996, 216.

3. Vertretung vor dem Einheitspatentgericht

Nach langjährigen Verhandlungen wurde nunmehr die Möglichkeit des Erwerbs eines Einheitspatents im Rahmen der EU und ein Einheitliches Patentgericht (EPG) geschaffen. Die Erteilung des Einheitspatents wird durch das Europäische Patentamt erfolgen. Das neue System umfasst ferner einen Gerichtshof mit zwei Instanzen für Streitigkeiten, die das europäische Einheitspatent betreffen. Dieses Gericht wird grundsätzlich für Nichtigkeitsklagen gegen Einheitspatente, für Klagen wegen deren Verletzung und für Klagen gegen das Europäische Patentamt wegen der Zurückweisung des Antrags auf Registrierung des einheitlichen Patentschutzes zuständig sein. Die Möglichkeit des Einspruchs gegen das Europäische Patent innerhalb von neun Monaten nach dessen Erteilung bleibt hiervon unberührt. 352

▶ **Beispiel:**

A möchte seine Ausbildung als Patentanwaltsbewerber beginnen. Für seine zukünftigen Berufsaussichten möchte er jedoch gerne wissen, welche Befugnisse ihm zustehen. Insbesondere hat er gehört, dass es Änderungen im Rahmen der Europäischen Union gibt. 353

Zur Verwirklichung des Einheitspatents sind drei Gesetzeswerke verabschiedet worden, die als Patent-Reform-Paket bezeichnet werden: 354

1. Verordnung über das Einheitspatentgericht
2. Verordnung über die Übersetzungsregelungen zum Einheitspatentgericht
3. Übereinkommen über ein einheitliches Patentgericht[176]

Die beiden Verordnungen sind am 31.12.2012 veröffentlicht worden.[177] Das Zustimmungsgesetz wurde schließlich vom Bundestag am 26.11.2020 verabschiedet und hat am 16.12.2020 auch den Bundesrat passiert. Die Veröffentlichung des Zustimmungsgesetzes ist daraufhin am 20.08.2021 erfolgt[178]. 355

Bezüglich der Vertretung ist die zentrale Vorschrift Artikel 48 EPGÜ.[179] 356

Gemäß Abs. 1 dieser Bestimmung können vor den Gerichten Anwälte vertreten, die bei einem Gericht eines Vertragsmitgliedstaates zugelassen sind. D. h., nach deutschem Rechtsverständnis sind sämtliche Rechtsanwälte zur Vertretung im Patentverletzungsstreit berechtigt. 357

---

176 Ratsdokument 16351/12 vom 11.01.2013, revidierte deutsche Fassung vom 14.02.2013.

177 Verordnung (EU) Nr. 1257/2012 des Europäischen Parlaments und des Rates vom 17.12.2012 über die Umsetzung der verstärkten Zusammenarbeit im Bereich der Schaffung eines einheitlichen Patentschutzes und Verordnung (EU) Nr. 1260/2012 des Rates vom 17.12.2012 über die Umsetzung der verstärkten Zusammenarbeit im Bereich der Schaffung eines einheitlichen Patentschutzes im Hinblick auf die anzuwendenden Übersetzungsregelungen – ABl. EU L 361 vom 31.12.2012 Seite 11 und 89.

178 BGBl. 2021 I 3914; Vgl. hierzu u.a. Verordnung (EU) Nr. 1215/2012; BVerfG, Beschluss vom 13. Februar 2020, AZ 2 BvR 739/17; Bundestagsdrucksache BT-Drs. 19/25829.

179 Amtsblatt der Europäischen Union C 175/2013/01 vom 20.06.2013.

358 Gemäß Artikel 48 Abs. 2 EPGÜ können die Parteien sich alternativ auch von einem vor dem Europäischen Patentamt zugelassenen Vertreter vertreten lassen. Erforderlich ist allerdings eine zusätzliche Qualifikation, beispielsweise ein Zertifikat zur Führung europäischer Patentstreitverfahren. Die Einzelheiten dieses Zertifikates sind in dem EPGÜ nicht kodifiziert.

359 Gemäß Artikel 48 Abs. 3 EPGÜ müssen die Anforderungen an die Qualifikation ein Zertifikat von einem Verwaltungsausschuss[180] festgelegt werden. Im Anschluss daran wird ein Verzeichnis angelegt, aus dem hervorgeht, welche Anwälte vor den Europäischen Gerichten vertreten können.

360 Gemäß Artikel 48 Abs. 4 EPGÜ können sich die Parteien auch von einem Patentanwalt unterstützen lassen. Diese dürfen in den Verhandlungen vor Gericht auch das Wort ergreifen. Diese Regelung entspricht der bisherigen Regelung im deutschen Patentgesetz, wonach der Patentanwalt neben einem Rechtsanwalt im Prozess das Wort ergreifen darf. Gemäß § 4 Abs. 3 PAO ist der deutsche Patentanwalt nämlich zur Beratung und Vertretung berechtigt, sofern die betreffende Befugnis nicht ausschließlich Rechtsanwälten vorbehalten ist.

▶ **Beispiel:**

361 A ist Patentanwalt, außerdem hat er die europäische Eignungsprüfung bestanden und auch zur Vertretung gem. Art. 48 Abs. 1 und 2 EPGÜ zur Vertretung vor dem einheitlichen Patentgericht berechtigt. Zu seinen Aufgaben zählt aber nicht nur die Leitung der Patentabteilung, sondern er hat auch umfangreiche administrative Aufgaben zu erledigen und ist auch für weite Teile der Finanzplanung zuständig. Auch die gesamte Personalbetreuung liegt mit in seinen Händen. Kann er seine Firma vor dem einheitlichen Patentgericht vertreten?

362 Entscheidender Gesichtspunkt ist die Unabhängigkeit des Vertreters. Diese wird durch eine Anstellung bei der vertretenden Partei nicht in Frage gestellt. Allerdings darf vor dem einheitlichen Patentgericht als Verfahrensvertreter nicht auftreten, wer gesetzlicher Vertreter der zu vertretenden juristischen Person ist und dort über weitreichende administrative und finanzielle Befugnisse verfügt. In diesem Sonderfall kann also A die Vertretung seiner Firma nicht übernehmen.

▶ **Beispiel:**

363 A meint, dass das aber vom EuGH anders gesehen werde.

364 Wer als Vertreter vor dem EuGH auftreten will, muss unabhängig sein. In vom EuGH Fall entschiedenen Fall wollte ein Hochschullehrer als Vertreter der Universität, an der er tätig war, auftreten. Der EuGH hat dazu geäußert, dass der Hochschullehrer mit der Universität durch ein öffentlich-rechtliches Dienstverhältnis verbunden war. Die Vertretung vor Gericht gehörte nicht zu den Aufgaben einer Lehrkraft oder eines

180 Verwaltungsausschuss-Beschluss EPLC-22/02/2022- AC_06_220222022_rev_D.

Forschenden an der Universität. In dieser Funktion ist er zwar weisungsgebunden, als Vertreter aber nicht. Insofern kann hier der Hochschullehrer die Vertretung übernehmen[181]. D.h., der vom EuGH entschiedene Sachverhalt unterscheidet sich von dem Fall, den das Berufungsgericht des UPC entschieden hat.

▶ Beispiel:

A möchte wissen, wie und wo er als angehender deutscher Patentanwalt das Zertifikat erwerben kann. Insbesondere möchte er wissen, ob er eine zusätzliche Ausbildung und zusätzliche Prüfungen erforderlich sind. 365

Nach Regel 12 (1) (a) (i) der »Regeln zum Zertifikat zur Führung europäischer Patentstreitverfahren und den sonstigen geeigneten Qualifikationen« (Rules-EPLC) gilt der erfolgreiche Abschluss des Studiums »Recht für Patentanwältinnen und Patentanwälte« der Fernuniversität während eines Zeitraums von einem Jahr ab dem Inkrafttreten des Übereinkommens über ein Einheitliches Patentgericht (EPGÜ) als Nachweis der erforderlichen Qualifikation als Patentanwalt gemäß Art. 48 Abs. 2 EPGÜ. Zugelassene European Patent Attorneys, die vor dem Ende dieses Zeitraums das Studium im allgemeinen Recht an der Universität Hagen als Teil der Ausbildung zum deutschen Patentanwalt abgeschlossen haben, benötigen also (formal) kein European Patent Litigation Certificate (EPLC), um vor dem EPG postulationsfähig zu sein. 366

Im Übrigen muss ein Zertifikat in einem akkreditierten Studiengang erworben werden. In seiner Sitzung 22.02.2022 hat der Verwaltungsausschuss des Gerichts u.a. auch die für die Akkreditierung erforderlichen Rules-EPLC verabschiedet.[182] Diese sind am 15.06.2022 in Kraft getreten. Zuständig für die Akkreditierung ist der Verwaltungsausschuss; dabei stützt sich das Gremium auf die Empfehlung des Beratenden Ausschusses (advisory committee). Die inhaltlichen Anforderungen an den Akkreditierungsantrag ergeben sich aus Regel 7 Rules-EPLC.

4. Technischer Richter am einheitlichen Patentgericht

Mit dem Inkrafttreten des Übereinkommens über ein einheitliches Patentgericht wurde vor dem von Art. 142 EPÜ vorgesehenen Möglichkeit Gebrauch gemacht, europäische Patent mit einheitlicher Wirkung für das Hoheitsgebiet einer Gruppe von EPÜ-Vertragsstaaten erteilen zu können. Damit entstand ein supra-nationales Gericht, vor dem einheitlicher Patentschutz durchgesetzt werden kann. 367

▶ Beispiel:

A ist zugelassener Patentanwalt. Er interessiert sich für eine Tätigkeit beim einheitlichen europäischen Patentgericht. 368

181 EuGH-Urteil vom 17.07.2022 C – 111/21 A.

182 Verwaltungsausschuss-Beschluss EPLC-22/02/2022- AC_06_220222022_rev_D.

369 Nach Art. 18 EPGÜ wird ein Richterpool gebildet. Diesem gehörten rechtlich und technische qualifizierte Richter an. Die Auswahl der Richter erfolgt nach fachlichen Kriterien, Expertise in Patentstreitigkeiten sowie einschlägige Erfahrung in Patentstreitsachen. Das Gericht der I. Instanz setzt sich aus einer Mischung von rechtlich (Juristen) und technisch qualifizierten Richtern zusammen. Die technische Qualifikation erfordert einen Hochschulabschluss und Erfahrung auf einem technischen Gebiet sowie im Patentrecht. Die Bewerber müssen die Staatsangehörigkeit eines Vertragsmitgliedstaates haben. Ferner müssen die Bewerber mindestens eine Amtssprache des europäischen Patentamts (Deutsch, Englisch oder Französisch) beherrschen. Die Richter werden von einem Verwaltungsausschuss ernannt, basierend auf Vorschlägen eines beratenden Ausschusses, der auf ausgewogene Auswahl und Qualität achtet. In einer ersten Runde wählt der beratende Ausschuss Bewerberinnen und Bewerber auf der Grundlage ihrer Bewerbung aus. Die ausgewählten Bewerberinnen und Bewerber werden zu einem Vorstellungsgespräch eingeladen, das von einem Gremium geführt wird, welches sich aus drei Mitgliedern des beratenden Ausschusses zusammensetzt. Im Anschluss an diese erste Auswahlrunde und die Vorstellungsgespräche legt der beratende Ausschuss dem Verwaltungsausschuss eine Liste vor, in der er die am besten geeigneten Bewerberinnen und Bewerber für die Stellen empfiehlt (vgl. hierzu Art. 15 EPGÜ). Die Altersgrenze liegt bei 67 Jahren (vgl. hierzu Art. 17 EPGÜ).

▶ **Beispiel:**

370 A ist unsicher, wieweit es zu Kollisionsproblemen kommen kann. Er ist Teil einer größeren Sozietät, die eine Vielzahl von Mandanten hat.

371 Für technisch qualifizierte Teilzeitrichter enthält Art. 17 Abs. 4 EPGÜ die Regelung, dass diese grundsätzlich eine weitere Tätigkeit ausüben dürfen. Konkrete Interessenkonflikte schließen allerdings die Tätigkeit im Einzelfall aus. Im Kontext mit Art. 17 Abs. 4 EPGÜ können demgemäß Zweifel vorhanden sein, ob die richterliche Unabhängigkeit gem. Art. 17 Abs. 1 EPGÜ in jedem Fall garantiert werden kann. Ergänzend zu diesen Vorschriften des EPGÜ sind auch die Bestimmungen der Satzung des einheitlichen Patentgerichts zu beachten (im Folgenden EPGS genannt). Nach Art. 7 EPGS werden die Voraussetzungen für die Unparteilichkeit festgelegt. Gem. Art. 7 Abs. 1 EPGS hat der Richter eine Erklärung abzugeben, in der er die feierliche Verpflichtung übernimmt, während der Ausübung und nach Ablauf seiner Amtstätigkeit die sich aus seinem Amt ergebenden Pflichten zu erfüllen. Dies gilt insbesondere für die Annahme bestimmter Tätigkeiten oder Vorteile. Nach Art. 7 Abs. 2 EPGS darf er insbesondere nicht an Verhandlungen teilnehmen, wenn er in der Sache als Berater mitgewirkt hat, selbst Partei war oder für eine Partei tätig war. Dasselbe gilt für die Tätigkeit als Mitglied eines Gerichts, einer Beschwerde- bzw. einer Schlichtungsstelle, eines Untersuchungsausschusses oder einer anderen Eigenschaft. Ebenso ist es im Falle eines persönlichen oder finanziellen Interesses an der Sache oder in Bezug auf eine der Parteien oder verwandtschaftliche Beziehungen zu einer Partei oder einem Vertreter einer Partei. Gem. Art. 7 Abs. 4 EPGS können die Parteien einen Befangenheitsantrag stellen. Dies kann auf einem der Gründe des Art. 7 Abs. 2 EPGs beruhen. Generell kann auch die begründete Besorgnis der Befangenheit als Grund angeführt werden.

▶ **Beispiel:**

A möchte wissen, ob dies bedeutet, dass er grundsätzlich keine weiteren Tätigkeiten ausüben darf. Insbesondere möchte A weiter als Patentanwalt tätig sein. 372

Gem. Art. 4 Nr. 2 Code of conduct wird in Bezug auf Art. 17 Abs. 2 EPGÜ festgelegt, dass rechtlich und technisch qualifizierte Richter im Falle der hauptberuflichen Tätigkeit keine andere Tätigkeit ausüben dürfen. Ausnahmen kann der Verwaltungsausschuss gewähren. Ausdrücklich ausgenommen ist die Ausübung anderer richterlicher Tätigkeiten auf nationaler Ebene. Anders ist dies bei technisch qualifizierten Richtern, die in Teilzeit am Gerichtshof tätig sind. Diese können weitere Tätigkeiten ausüben, vorausgesetzt es besteht kein Interessenkonflikt (Art. 4 Nr. 3 Code of conduct). Nicht als sonstige Beschäftigung gelten Tätigkeiten, die in engem Zusammenhang mit der richterlichen Tätigkeit stehen, wie etwa Teilnahme an Seminaren oder Beiträge zu Seminaren, Konferenzen, Symposien, Vorträgen oder Veröffentlichung von Artikeln, Kommentaren oder anderen Handbüchern (Art. 4 Nr. 4 Code of conduct). Nicht ausdrücklich genannt sind Lehrtätigkeiten, z.B. die Mitwirkung an der Ausbildung zur Erlernung eines Zertifikates, welches zur Vertretung vor dem Einheitspatentgericht qualifiziert. Allerdings stehen solche Vorträge, Seminare usw. in engem Zusammenhang mit Lehrtätigkeit. Damit dürften auch diese Tätigkeiten nicht als sonstige Tätigkeiten im Sinne des Art. 4 Nr. 4 Code of conduct einzustufen sein[183]. Generell ausgenommen sind unabdingliche Tätigkeiten in gemeinnützigen Organisationen, die im öffentlichen Interesse tätig sind, auf juristischem, kulturellem, sozialem, sportlichem oder gemeinnützigem Gebiet sowie in Lehr- und Forschungseinrichtungen (Art. 3 Nr. 5 Code of conduct). Diese Tätigkeiten bedürfen zwar keiner Ausnahmegenehmigung, gleichwohl muss gem. Art. 4 Nr. 6 eine Mitteilung an den Präsidenten des Berufungsgerichts folgen. 373

▶ **Beispiel:**

A übt als Lehrbeauftragter verschiedene Tätigkeiten aus und erhält hierfür auch ein Honorar. Er möchte wissen, ob diese Tätigkeit zu melden ist. 374

Gem. Art. 4 Nr. 8 Code of conduct muss ein Richter die entgeltliche Tätigkeit dem Präsidenten seiner Instanz melden. In Art. 5 Code of conduct werden Gründe aufgezählt, die eine Teilnahme an einem laufenden Verfahren ausschließen. Hierzu zählen Angelegenheiten, in denen der Richter 375

1. als Berater mitgewirkt hat,
2. Streitpartei war oder für eine Streitpartei gehandelt hat,
3. als Mitglied eines Gerichts, eines Schiedsgerichts, einer Berufungskammer, als Schiedsmann eines Schlichtungsgremiums, einer Untersuchungskommission oder in einer anderen Funktion zur Äußerung aufgerufen wurde,
4. persönliches oder finanzielles Interesse an dem Fall oder Verhältnis zu einer der Streitparteien hat oder
5. mit einer der Tätigkeiten durch familiäre Verbindung bekannt ist.

183 Fitzner GRUR Patent 2023, 134 (136, Rand Nr. 13).

▶ **Beispiel:**

376 A möchte gerne wissen, ob noch weitere Gründe für das Entstehen von Zweifeln an der Unabhängigkeit vorhanden sein können.

377 Solche Gründe können insbesondere gem. Art. 5 Nr. 3 Code of conduct vorliegen, wenn

1. der Richter innerhalb der letzten 5 Jahre eines Gremiums in leitender Funktion oder Angestellter einer Streitpartei oder sonst in der Lage ist oder war, persönlich spürbaren Einfluss auf eine Streitpartei oder über eine Firma auszuüben, für die er als Richter arbeitet oder gearbeitet hat,
2. der Richter oder ein naher Familienangehöriger über Vermögensrechte verfügt oder andere finanzielle oder persönliche Interessen an einer Streitpartei hat, die aufgrund ihres Umfangs vernünftigerweise als eine angesehen werden könnten, einen Interessenkonflikt hervorzurufen,
3. der Richter oder ein naher Familienangehöriger mit einer Streitpartei einer Person, die beherrschenden Einfluss auf eine Partei ausübt oder einem der Verteidiger einer Partei durch enge familiäre Verbindungen verwandt ist,
4. der Richter eine enge Freundschaft oder ernstliche Feindschaft mit einer Streitpartei oder einer Person, die einen beherrschenden Einfluss auf eine Partei hat, oder mit einem Vertreter einer Partei hat oder
5. der Richter oder die Kanzlei, für die er tätig ist, in den letzten 3 Jahren in einer anderen Angelegenheit oder
6. der Richter oder die Firma, für die der Richter Tätigkeiten ausführt, im vergangenen Jahr in verwaltungstechnischer Funktion für das Patent tätig ist oder war,
7. der Richter oder die Kanzlei, für die der Richter tätig ist, von einer Streitpartei beauftragt wurde, eine Benachrichtigungsadresse für die Aufrechterhaltung von Rechten des geistigen Eigentums anzugeben,
8. der Richter oder die Kanzlei, für die der Richter tätig ist, regelmäßig berät oder vertritt,
9. der Richter oder ein naher Familienangehöriger oder die Firma, für die der Richter arbeitet, ein persönliches oder finanzielles Interesse an der Streitsache hat,
10. der Richter oder die Partei, für die der Richter tätig ist, an der Streitigkeit oder dem Streitgegenstand beteiligt ist oder war oder eine Streitpartei oder einen Dritten in dem Streitgegenstand berät oder vertritt,
11. der Richter zu einer Angelegenheit, die den Fall konkret betrifft, öffentlich eine Stellungnahme abgegeben hat, es sei denn, es handelt sich um eine allgemeine Stellungnahme ohne direkten Bezug zur Angelegenheit.

Gem. Art. 5 Abs. 4 Code of conduct wird festgelegt, dass die Beratung eines Dritten auf technischem Gebiet des Streitgegenstandes nicht per se die Befürchtung einer Befangenheit zur Folge hat. Die Nähe der technischen Gebiete und die Marktgröße der Beteiligten können jedoch ein Indiz für die mögliche Besorgnis einer Befangenheit sein.

▶ **Beispiel:**

A möchte gerne wissen, ob die betreffenden Pflichten auch dann gelten, wenn er aus dem Amt des Richters ausgeschieden ist. 378

Art. 8 Code of conduct legt zusätzlich Pflichten für die Zeiten nach dem Ausscheiden aus dem Amt fest. So darf ein Richter sich letzten Endes nicht beteiligen: 379
1. an Fällen, die vor dem Gericht bei seinem Ausscheiden anhängig waren,
2. an Fällen, die in direktem oder klarem Zusammenhang mit den Fällen stehen, die erst der Richter bearbeitet hat.

Gem. Art. 8 Nr. 3 Code of conduct gilt das Entsprechende für einen nebenamtlichen Richter nach Beendigung eines Verfahrens an dem er teilgenommen hat. Unabhängig von diesen Regeln darf ein Richter innerhalb eines Zeitraums von drei Jahren nach der endgültigen Entscheidung des Gerichts nicht als Berater einer Partei in einem Verfahren tätig werden, in dem er als Richter beteiligt war.

Gem. Art. 8 Nr. 5 Code of conduct darf ein Richter, der in den letzten zwei Jahren vor seinem Ausscheiden aus dem Amt einmal einem Gremium zugeteilt wurde, nicht als Vertreter im Sinne des Art. 8 EPGÜ fungieren. Danach darf er für einen Zeitraum von drei Jahren nach dem Ausscheiden aus dem Amt vor der Kammer nicht vertreten, der er in den letzten drei Jahren zugeordnet war. Für die Dauer von zwei Jahren darf er vor einer Abteilung, der er in den letzten zwei Jahren im Einzelfall zugeordnet war und für die Dauer von einem Jahr vor anderen Abteilungen nicht als Vertreter tätig werden.

▶ **Beispiel:**

A möchte wissen, inwieweit diese Regelungen Auswirkungen auf seine Tätigkeit als Patentanwalt haben können. 380

Die technischen Richter müssen im Hinblick auf die Richtertätigkeit sich auch dem nationalen patentanwaltlichen Berufsrecht stellen. Diesbezüglich sind vor allen Dingen die §§ 41 und 42 PAO zu beachten. Problematisch ist vor allen Dingen, dass nach der Patentanwaltsordnung es grundsätzlich ausgeschlossen ist, als Richter und als Rechts- oder Patentanwalt tätig zu sein (§§ 41, 42 PAO entsprechend §§ 45, 57 BRAO). 381

▶ **Beispiel:**

A ist früher als Forscher tätig gewesen und war in verschiedenen Bereichen auch nichtpatentanwaltlich tätig, in welchen er vermutlich heute als Richter eingesetzt werden könnte. 382

§ 41 PAO umfasst jede Form der nichtanwaltlichen beruflichen Vorbefassung. Gem. § 41 Abs. 1 Nr. 1 PAO darf der Patentanwalt unter anderem nicht tätig werden, wenn er in derselben Rechtssache als Richter, Schiedsrichter oder Angehöriger ein des öffentlichen Dienstes bereits tätig geworden ist. Die Folge ist ein Tätigkeitsverbot. Die Zulassung zum Patentanwaltsberuf wird allerdings nicht widerrufen. Zu beachten sind im 383

Übrigen auch die Regelungen des § 41 Abs. 1 Nr. 3 PAO hinsichtlich der Befassung im widerstreitenden Interesse. Dieselbe Rechtssache ist wie im § 356 StGB (Parteiverrat) zu verstehen. Sie umfasst alle Rechtsangelegenheiten, in denen mehrere, auch ein entgegengesetztes rechtliches Interesse verfolgende Beteiligte vorkommen können. Ausschlaggebend ist insofern das anvertraute materielle Rechtsverhältnis, welches bei natürlicher Betrachtungsweise auf einen innerlich zusammengehörigen, einheitlichen Lebensverhältnis beruht. Zweck der Regelungen im § 41 Abs. 1 Nr. 1 und 2 PAO ist die Gewährleistung eines ungeteilten Einsatzes des Anwalts für die Belange der Mandantschaft. Zugleich dienen sie dem Schutz sensibler Informationen zwecks Sicherung des Vertrauens der Öffentlichkeit in die neutrale und objektive Amtsführung der in § 41 Abs. 1 Satz 1 Nr. 1 und 2 PAO genannten Berufsgruppen. Es muss bereits jeder Anschein der Parteilichkeit vermieden werden. § 41 Abs. 1 Nr. 3 PAO spricht ferner ein Tätigkeitsverbot aus, wenn der Patentanwalt mit einer Angelegenheit, die einen vergleichbaren technischen oder naturwissenschaftlichen Gegenstand des Sachverhalts betrifft, außerhalb der Patentanwaltstätigkeit im widerstreitenden Interesse geschäftlich oder beruflich gefasst gewesen ist. Das hieße im Nachgang zu einer Richtertätigkeit könnte in diesem Fall ein Hindernis bestehen, das zum Tätigkeitsverbot führt.

▶ **Beispiel:**

384 A möchte gerne wissen, inwieweit diese Regelungen sich auf die gesamte Kanzlei auswirken können.

385 Ausdrücklich einbezogen sind in die mit dem Patentanwalt in einer Sozietät oder in sonstiger Weise zur gemeinschaftlichen Berufsausübung verbundenen oder verbunden gewesenen Patentanwälte oder Angehöriger anderer Berufe (§ 1 Abs. 2, 3 PAO). D.h., die Richtertätigkeit kann sich auf die gesamte Berufsausübungsgesellschaft ausüben. Insbesondere können demgemäß auch andere Berufe, z.B. Rechtsanwälte einbezogen sein, die ihren Beruf gemeinsam mit den Patentanwälten ausüben, obgleich sich gem. § 41 Abs. 1 Nr. 3 PAO entsprechende Bestimmung nicht in der BRAGO findet. Im Ergebnis bedeutet dies, dass die in § 41 Abs. 1 Nr. 1–4 PAO enthaltenen Tätigkeitsverbote allesamt geeignet sind, anwaltliche Mitglieder einer Berufsausübungsgesellschaft zu infizieren. Eine Ausnahme gilt lediglich für Referendare und Vorbereitungsdienst, Bewerber für den Beruf des Patentanwalts im Rahmen der Ausbildung und wissenschaftliche Mitarbeiter. Diese Personen geben ein entstandenes Tätigkeitsverbot nicht an die Mitglieder einer späteren Berufsausübungsgesellschaft weiter. Wissenschaftliche Mitarbeiter und Referendare sowie Bewerber für den Beruf des Patentanwalts sind nämlich nicht Teil der Berufsausübungsgesellschaft, in der sie tätig sind.

▶ **Beispiel:**

386 A hat festgestellt, dass die Tätigkeit als Richter und als Patentanwalt sich gem. § 42 PAO grundsätzlich ausschließen. Dauerhafte Tätigkeit würde sogar gem. § 21 Abs. 2 Nr. 5 PAO zum Widerruf der Zulassung führen. Er möchte gerne wissen, ob für vorübergehende Tätigkeiten als Richter etwas anderes gilt, wie sie z.B. gem. Art. 4 Abs. 1 EPGS vorgesehen ist.

Gem. § 42 Abs. 1 Satz 2 Alternative 2 PAO kann die Patentanwaltskammer Ausnahmen von dem Tätigkeitsverbot gestatten. Vorausgesetzt wird, dass die Interessen der Rechtspflege nicht gefährdet werden. Geboten ist bei der Gestattung eine Ausnahme eine Abwägung zwischen dem Eingriff in die Freiheit der Berufswahl und dem Gewicht der diesem Eingriff rechtfertigenden Gründe. Die Versagung der Berufsausübung als Anwalt darf die Grenze der Zumutbarkeit nicht überschreiten. Eine Versagung der Berufsausübung kommt danach aus verfassungsrechtlichen Gründen nur dann in Betracht, wenn die neben dem Anwaltsberuf ausgeübte Tätigkeit am Patentgericht entweder mit dem Anwaltsberuf schlechthin unvereinbar ist oder wenn bei einer gleichzeitigen Ausübung beider Berufe Interessenkonflikte zu besorgen sind. Die Interessen der Rechtspflege sind insbesondere gefährdet bei drohenden Kollisionen zwischen beiden beruflichen Tätigkeitsbereichen[184]. 387

▶ **Beispiel:**

A hat in Recherchen herausgefunden, dass es auch Fälle gab, in denen ein technischer Richter des Bundespatentgerichts später als Patentanwalt tätig war. 388

Tatsächlich galt nicht für jeden Patentanwalt, der zuvor als technischer Richter beim Bundespatentgericht tätig war, ein uneingeschränktes Tätigkeitsverbot. Ein Beispiel war die beratende Berufsausübung nach Beendigung der Richtertätigkeit im Hintergrund einer patentanwaltlichen Rechtsanwaltskanzlei. Selbst wenn die Kanzlei Falle betreut, die vor dem Gericht in dem Patentanwalt vormals als Richter tätig war, anhängig sind, waren oder werden, galt in dieser Konstellation kein Tätigkeitsverbot. Allerdings wurde ein Tätigkeitsverbot zwischen dem Ausscheiden und dem Richterberuf in den Beginn der Anwaltstätigkeit für eine Übergangstätigkeit gelegentlich als gerechtfertigt angesehen worden. Besteht nämlich zwischen der dienstlichen Tätigkeit eines in Ruhestand getretenen Richters in den letzten fünf Jahren vor dem Ausscheiden und dem beabsichtigten Tätigkeitsfeld als Patentanwalt ein nicht unerheblicher Zusammenhang, ist eine Beeinträchtigung dienstlicher Interessen möglich[185]. 389

▶ **Beispiel:**

A hat die europäische Eignungsprüfung bestanden und auch ein Zertifikat zur Vertretung vor dem UPC erlangt. Er ist in einem Betrieb tätig, in welchem er nicht nur die Aufgaben der Leitung der Patentabteilung wahrnimmt, sondern auch als Geschäftsführer weitreichende administrative Befugnisse hat. In Anbetracht eines drohenden Verletzungsverfahrens möchte er vor dem einheitlichen Patentgericht selbst als Vertreter tätig werden. Ist dies möglich? 390

A ist grundsätzlich gem. Art. 48 Abs. 1 EPGÜ zur Vertretung vor dem einheitlichen Patentgericht berechtigt. Im vorliegenden Fall ist jedoch eine besondere Situation zu berücksichtigen. A hat nämlich als gesetzlicher Vertreter der Firma, in welcher er 391

184 Fitzner GRUR Patent 2023, 134 (141, Rand Nr. 38).
185 Fitzner GRUR Patent 2023, 134 Rand Nr. 41.

tätig ist, weitgehende administrative Befugnisse. Es stellt sich daher die Frage, ob A ausreichend unabhängig ist, um die Vertretung seines Arbeitgebers zu übernehmen. Allein die Anstellung stellt die Unabhängigkeit noch nicht in Frage. Aufgrund seiner weitgehenden Befugnisse in verantwortlicher Stellung in der Firma bestehen jedoch Zweifel an seiner Tätigkeit als unabhängiger Rechtsbeistand. Sein Arbeitgeber ist der Mandant, welchen er unparteilich vertreten können muss. Dabei dürfen keine eigenen Interessen als Geschäftsführer in seine Entscheidungsfindung einfließen. In Übereinstimmung mit dem Verhaltenskodex für Vertreter vor dem Gericht gem. Regel 290 Abs. 2 VerfO ist die Unabhängigkeit zu verneinen. A darf demgemäß nicht als Vertreter vor dem einheitlichen Gericht für seinen Arbeitgeber auftreten.

▶ **Beispiel:**

392 A interessiert schließlich noch, inwieweit er während seiner Tätigkeit als Patentanwalt auf der Internetseite auf seine Tätigkeit als Richter hinweisen darf.

393 Gem. § 39 b PAO ist dem Patentanwalt nur Werbung erlaubt, soweit mit ihr über die berufliche Tätigkeit in Form und Inhalt lediglich sachlich unterrichtet wird und die Werbung nicht auf die Erteilung eines Auftrags im Einzelfall ausgerichtet ist. Insoweit können Bedenken bestehen, wenn unter Hinweis auf die Richterstellung geworben wird. Ggfs. kann mangels Eignung für eine sachliche Information die patentanwaltliche Tätigkeit in Form und Inhalt eine irreführende Werbung darstellen (§ 5 UWG). Nach § 3 UWG sind unlautere geschäftliche Handlungen unzulässig. Unlauter handelt nach § 3 a UWG, wer einer gesetzlichen Vorschrift zuwider handelt, die auch dazu bestimmt ist, im Interesse der Markteinnehmer das Marktverhalten zu regeln und der Verstoß geeignet ist, die Interessen von Verbrauchern, sonstigen Marktteilnehmern oder Mitbewerbern spürbar zu beeinträchtigen. In Art. 7 Abs. 3 Code of conduct ist geregelt, dass ein Richter sich nicht auf seine Position berufen darf, um sein Geschäft oder seine Interessen zu fördern. Ein Richter muss verhindern, dass die Firma, für die er arbeitet, seine Position beim Gericht dazu benutzt, seine Geschäfte oder Interessen zu fördern. Ein Richter kann sich demgemäß nur insoweit auf seine Ernennung berufen, als er dies nicht als Marketinginstrument benutzt. Damit dürfte einem Patentanwalt die betreffende Werbung Damit dürfte einem Patentanwalt die betreffende Werbung mit seiner Funktion als Teilzeitrichter grundsätzlich nicht gestattet sein[186].

186 Fitzner GRUR Patent 2023, 134 Rand Nr. 43.

C. Der Mandant

Übersicht

Vorbemerkung C.

Die Kerntätigkeit des Patentanwalts liegt in der Betreuung des Mandanten. Hier ist die Aufgabe des Anwalts zunächst darin zu sehen zu klären, wer der Mandant ist und was der Mandant möchte. 394

I. Grundsätzliches

▶ Beispiel:

Bei Patentanwalt A meldet sich der Geschäftsführer B einer Firma C GmbH. B möchte gerne zu einzelnen Fragen des gewerblichen Rechtsschutzes beraten werden. Die C GmbH ist bisher von Patentanwalt A nicht beraten worden. Was ist zu beachten? 395

In der täglichen Praxis des Patentanwalts wiederholen sich im Wesentlichen zwei Ausgangslagen: Entweder kündigt sich ein neuer Mandant an oder ein bereits betreuter Mandant will über einen neuen Fall beraten werden. Die Beratung kann hierbei sowohl im schriftlichen als auch im mündlichen Verfahren erfolgen. Im letzteren Fall sind die Vorstellungen des Mandanten entweder in einem persönlichen Gespräch zu klären, oder in einer telefonischen Besprechung oder auch via online. In allen Fällen ist es für die weitere Beratung unerlässlich, dass der Patentanwalt den Sachverhalt möglichst umfassend aufklärt. Hierfür stehen im Wesentlichen zwei Fragen im Vordergrund: 396
(1) Wer ist der Mandant?
(2) Was will der Mandant?

Der Patentanwalt A sollte demgemäß im Vorfeld klären, um welche Firma es sich handelt, auf welchen Gebieten die Firma tätig ist, wer ggf. die Konkurrenten sind. Dies ist nämlich für die Beantwortung der Frage entscheidend, ob der Patentanwalt das Mandat überhaupt annehmen darf. Sofern nämlich eine Kollision mit anderen Mandaten des Patentanwalts im Einzelfall vorliegt, ist der Patentanwalt zu einer sofortigen Ablehnung verpflichtet. 397

Die genaue Schilderung der Tätigkeit und der Produktpalette der Firma des Mandanten setzt außerdem den Patentanwalt in die Lage, durch Abfrage im Handelsregister und via Internet nähere Auskünfte einzuholen. Hier ist insbesondere die Frage der Vertretungsverhältnisse zu klären. Patentanwalt A muss nämlich wissen, ob B tatsächlich zur Vertretung der Firma C GmbH berechtigt ist. 398

399 Wesentlich sind für den Patentanwalt auch Auskünfte über die Bonität des zukünftigen Mandanten. Hiernach wird sich nämlich auch richten, ob der Patentanwalt besser beraten wäre, einen Vorschuss zu nehmen. Ein Überblick über die Firma setzt den Patentanwalt A schließlich auch in die Lage, aufgrund des technisch/wirtschaftlichen Hintergrundwissens in der Beratung gezielte Fragen an B zu stellen. Bei technischen Neuentwicklungen kann es für die Beratung und die Ausarbeitung einer Patentbeschreibung auch durchaus hilfreich sein, die Funktionen von Maschinen, Anlagen oder ähnlichen Gerätschaften aufgrund eigener Anschauungen kennen zu lernen. Bei neuen Mandanten ist es in der Regel nicht ganz klar, auf welchem rechtlichen Gebiet sie beraten werden wollen. Bei einer telefonischen Vorbesprechung sollte daher geklärt werden, ob eine Frage, die zum Tätigkeitsbereich des Patentanwalts gehört, tatsächlich Gegenstand der Beratung sein wird. Ist dies der Fall, sollte eine persönliche Besprechung in Erwägung gezogen werden.

II. Natürliche Personen

▶ **Beispiel:**

400 A ist Geschäftsführer einer GmbH und deren einziger Gesellschafter. Er hat Patentanwalt B eine seiner Erfindungen erläutert. In diesem Zusammenhang bittet er zu prüfen, ob eine Anmeldung im Namen der Firma oder besser in seinem Namen als Geschäftsführer eingereicht werden sollte.

401 Das Recht auf das Patent steht dem Erfinder zu. Demgemäß ist A selbst zur Hinterlegung einer Anmeldung berechtigt. Gemäß § 6 PatG steht das Recht auch dem Rechtsnachfolger zu. D.h., A kann ohne Weiteres sein Recht auch auf die GmbH übertragen und das Schutzrecht von dieser anmelden lassen. Möglich ist auch eine Konstellation, wonach A Patentinhaber ist, die Kosten aber von der GmbH übernommen werden. In solchen Fällen bietet es sich an, dass der Geschäftsführer mit der GmbH einen Lizenzvertrag schließt. Danach würde die Inhaberschaft bei dem Geschäftsführer verbleiben, während die Nutzungsrechte die GmbH hätte. Als ausschließliche Lizenznehmerin würde sie sämtliche Kosten der Anmeldung übernehmen. Darüber hinaus wäre sie auch zu jeglicher Verteidigung des Schutzrechts berechtigt.

▶ **Beispiel:**

402 A ist Gesellschafter einer AG. Patentanwalt B hat für die AG zahlreiche Anmeldungen angefertigt, eingereicht und bis zur Erteilung vertreten, u.a. auch das Patent C. Nunmehr bittet A Patentanwalt B zu überprüfen, ob das Patent C rechtsbeständig ist, und für ihn persönlich ein entsprechendes Gutachten anzufertigen.

403 Der Patentanwalt darf keine widerstreitenden Interessen vertreten (§ 39 a PAO). Ein solcher Fall ist hier gegeben, denn bei A und der AG handelt es sich um unterschiedliche Personen. Der Patentanwalt B kann A persönlich in Sachen des Patents C nicht vertreten und beraten, nachdem er die Vertretung des Schutzrechts für die AG

übernommen hat.[1] Das Bundesverfassungsgericht[2] hat den die Frage der widerstreitenden Interessen für Rechtsanwälte betreffenden § 3 BORA für mit Art. 12 I GG nicht vereinbar erklärt. Aufgrund dessen hat die Satzungsversammlung der Bundesrechtsanwaltskammer eine geänderte Satzung vorgelegt.[3] Für die Patentanwälte ist § 4 BOPA entsprechend geändert worden.[4]

▶ **Beispiel:**

A hat eine neue Idee für ein Verfahren zur Herstellung von Getränken entwickelt. Er ist besorgt, dass Dritte hiervon erfahren könnten und seine Idee sodann nutzen würden. Er geht zu einem ihm noch nicht bekannten Patentanwalt B. In dem ersten Beratungsgespräch gibt er seiner Sorge Ausdruck, dass der Inhalt des Gesprächs an Dritte gelangen könnte. **404**

Die Frage nach der Vertraulichkeit bewegt den Einzelerfinder im besonderen Maße. Daher wird eine Frage dem Patentanwalt in solchen Gesprächen wiederholt begegnen. Im Einzelnen ist dazu auf Folgendes hinzuweisen: **405**

Der Patentanwalt wird aufgrund seiner speziellen Qualifikation und Sachkunde im gewerblichen Rechtsschutz beauftragt, die dem Mandanten fehlen. Er hat deshalb gegenüber seinem Auftraggeber eine ganz besondere Vertrauensstellung und Betreuungsfunktion. Das Vertrauensverhältnis hat auf beiden Seiten aber auch deshalb elementare Bedeutung, weil der beauftragte Patentanwalt rechtliche Interessen und somit im Ergebnis auch die damit im Zusammenhang stehenden Vermögensinteressen seines Auftraggebers wahrnimmt, denn er erhält mit dem Mandat Einblicke in wirtschaftliche Verhältnisse und Geschäftsgeheimnisse seines Mandanten. Umgekehrt muss der beratende Patentanwalt auf die zuverlässige, vollständige und wahrheitsgemäße Information über die mandatserheblichen Umstände und die Ziele des Mandanten vertrauen können. Die intensive Vertrauensbeziehung zwischen Anwalt und Mandant prägt deren Vertragsverhältnis daher in besonderem Maße, und zwar auch in rechtlicher Hinsicht. Für Rechts- und Patentanwälte ergeben sich daraus besondere Sorgfalts- und Verschwiegenheitspflichten gegenüber Dritten. **406**

Der Patentanwalt ist zur Verschwiegenheit verpflichtet (§ 39 a Abs. 2 PAO). Diese Pflicht bezieht sich auf alles, was ihm in Ausübung seines Berufes bekannt geworden ist. Demgemäß muss ein Mandant nicht befürchten, dass das, was dieser dem Patentanwalt anvertraut, von diesem weiterberichtet wird.[5] **407**

---

1 Vgl. a. Weyland-Bauckmann Kommentierung zu § 43a BRAO.
2 BVerfG NJW 2003, 2530.
3 BVerfG NJW Spezial, Heft 12, 2005, 573.
4 Beschluss vom 17.04.2008, Mitt. 2008, 321.
5 Vgl. a. Weyland-Bauckmann Kommentierung zu § 43a BRAO; Cornelius in Festschrift für Bartenbach, S. 3 ff.; Schäfers in Festschrift 50 Jahre VPP S. 111 vgl. allgemein zum Thema Einzelerfinder; Haugg in Festschrift 50 Jahre VPP, S. 569.

III. Unternehmen

408 Die Anmeldung und Aufrechterhaltung von Schutzrechten ist in der Regel mit erheblichen Kosten verbunden. Dies ist daher für den Privaterfinder kaum finanzierbar. Auf der anderen Seite werden die Schutzrechtsanmeldungen zu einem immer wichtigeren Teil der Unternehmensstrategie. Teilweise sind heute Patentanmeldungen und Patente schon zu einer Art Zweitwährung geworden. D. h., Schutzrechte können Gegenstände von Tauschgeschäften oder Lizenzzahlungen sein.

409 Der Schwerpunkt der Beratung des Patentanwalts liegt demgemäß in der Regel bei der Betreuung von Unternehmen. Hierbei hat ein Patentanwalt es in erster Linie mit der Führungsebene, z.B. Geschäftsführern zu tun. Insbesondere bei größeren Unternehmen sind auch Patentabteilungen vorhanden, welche sodann die primären Ansprechpartner des Anwalts sind. U. U. erstreckt sich aber die Beratung des Anwalts auch nicht auf das Unternehmen als solches, sondern auf die Betreuung und Beratung von Arbeitnehmern.

1. Die Patentabteilung

▶ **Beispiel:**

410 A betreibt seit etwa 10 Jahren eine von ihm gegründete Firma im Biotechnologiebereich. Inzwischen wurden von ihm auch zwei Tochterunternehmen gegründet. Er hat von vornherein über einen externen Anwalt Schutzrechte angemeldet. Die entsprechenden Gespräche wurden direkt zwischen A und dem Patentanwalt geführt. A überlegt, ob es sinnvoll ist, eine eigene Patentabteilung aufzubauen.

411 Vor allem größere Firmen unterhalten eigene Rechts- und Patentabteilungen. Die Organisation dieser Patentabteilungen ist sehr verschieden. In vielen Fällen ist die Patentabteilung ein Teil der Rechtsabteilung. In anderen Unternehmen ist die Patentabteilung wiederum dem Bereich Forschung und Entwicklung zugeordnet. Dies gilt vor allem für Firmen mit großen eigenen Forschungsabteilungen. In einer anderen Konstruktion ist die Patentabteilung wiederum direkt dem Vorstand unterstellt. In einer Variante wird die Patentabteilung als eigene Firma, z.B. in Form einer GmbH geführt.

412 Die Patentabteilung muss weitestgehend die Absicherung der schutzfähigen Ergebnisse gewährleisten. Es müssen Anmeldungen ausgearbeitet und eingereicht und die Erteilungsverfahren durchgeführt werden. Hierbei muss die Patentabteilung im Hinblick auf die Interessen der Firma dafür Sorge tragen, dass ein adäquater Schutzbereich erreicht wird. Ferner gehören zu den Aufgabenbereichen der Patentabteilung auch die Vermarktung und der Transfer von Schutzrechten. Insbesondere Kauf- und Lizenzvertragsverhandlungen gehören mithin zum täglichen Tätigkeitsbereich eines in der Patentabteilung tätigen Naturwissenschaftlers oder Ingenieurs. Schließlich muss die Patentabteilung die konkurrierende Schutzrechtslage und die Tätigkeit der Konkurrenz überprüfen. Ggf. muss sie für die Durchsetzung der Schutzrechte Sorge tragen. Für Letzteres wird es allerdings regelmäßig der Mitwirkung eines freiberufli-

chen Anwalts bedürfen, da vor den ordentlichen Gerichten in Patentstreitsachen nur Rechtsanwälte postulationsfähig sind.[6]

▶ Beispiel:

A ist eine Firma, welche über eine eigene Patentabteilung verfügt. Seit einigen Jahren zeigt sich, dass diese das steigende Arbeitsvolumen nicht zu bewältigen vermag. A möchte andererseits die zusätzlichen Kosten für weitere Personalverstärkungen vermeiden. Daher überlegt sie, ob die Überlastungen durch Patentanwalt B aufgefangen werden können. Wie kann eine solche Zusammenarbeit gestaltet werden? 413

Bei Anmeldungen und Einsprüchen kann B entweder als sog. verlängerte Werkbank 414
handeln oder vollständig die Bearbeitung übernehmen. Verlängerte Werkbank bedeutet, dass B einen Text einer Patentanmeldung z.B. ausarbeitet, aber ansonsten nicht die Vertretung übernimmt. D.h., die Einreichung und das weitere Verfahren werden von der internen Patentabteilung der Firma übernommen. Bei der Vollbearbeitung durch B trägt dieser hingegen die Verantwortung für das gesamte Verfahren, insbesondere für die Überwachung und Erledigung von Fristen und die Einzahlung der Gebühren. Ebenso ist es möglich, dass B Teile der Tätigkeit der Patentabteilung übernimmt, d.h., die Beratung der Erfinder ohne Zwischenschaltung der Patentabteilung stattfindet. Daneben gibt es natürlich auch Mischkonzepte, z.B. B übernimmt nur die Vertretung im Inland, während im Ausland die Firma selbst die Verfahren durchführt. Ebenso ist denkbar, dass nur eine Beratung der Patentabteilung stattfindet, aber der Kontakt mit den Erfindern nur von der Patentabteilung vorgenommen wird.[7]

2. Der Arbeitnehmer

▶ Beispiel:

A ist Arbeitnehmer der Firma B. Er hat zahlreiche Erfindungen gemacht. Größ- 415
tenteils hat er auch in der Freizeit im eigenen Keller einige Finessen ausgetüftelt. Er möchte von Patentanwalt B wissen, ob eine Patentanmeldung möglich ist.

Da A Arbeitnehmer ist, muss B ihn auf die Bestimmungen des Arbeitnehmererfinder- 416
gesetzes hinweisen. Der Begriff der Diensterfindung ist in § 4 Arbeitnehmererfindergesetz definiert. Danach kommt es zunächst darauf an, ob die Erfindung »während der Dauer des Arbeitsverhältnisses gemacht worden ist.«[8]

6 Vgl. a. Rau in Festschrift 50 Jahre VPP S. 60; vgl. hierzu die Besonderheiten im Verfahren vor dem UPC- EPG- UPC CoA 563/2024; EuGH, Urt. v. 1.9.2010 – C – 550/07, NZW 2010, 3557.

7 Rau in Festschrift 50 Jahre VPP S. 60.

8 Z.B. im Schlussurlaub gemachte Erfindung ist Diensterfindung; BGH in GRUR 1971, 407 – *Schlussurlaub*; Bartenbach/Volz § 4 ArbEG Rn. 10.

417 Gemacht ist die Erfindung, wenn die technische Lehre ausführbar ist, d.h. vom Durchschnittsfachmann nacharbeitbar ohne eigene erfinderische Überlegungen, notfalls mithilfe orientierender, das übliche Maß nicht überschreitender Versuche.[9] Ferner muss eine Erfindung im Sinne des Gesetzes vorliegen, d.h. Gegenstände, die patentfähig oder gebrauchsmusterfähig sind. Aus dem Bereich des Arbeitnehmererfinderrechts fallen also Designs heraus.[10]

418 Danach ist eine außerhalb der Arbeitszeit und nicht am Arbeitsort gemachte Erfindung in der Regel eine Diensterfindung, weil die rechtliche Dauer, nicht die zeitliche Dauer des Arbeitsverhältnisses entscheidend ist und der Arbeitsort keine Rolle spielt. Es kommt allerdings auch darauf an, ob die Erfindung aus der A obliegenden Tätigkeit entstanden ist oder maßgeblich auf Erfahrungen oder Arbeiten des Betriebes beruht (sogenannte Erfahrungserfindung). Eine solche liegt vor, wenn sie im Bereich des dem Erfinder zugewiesenen Arbeits- oder Pflichtenkreises liegt. Dieser ergibt sich durch den arbeitsvertraglich umrissenen Aufgabenbereich oder durch Einzelauftrag, ähnlich wie die Frage nach der Aufgabenstellung im Rahmen der Nr. 31 RL zu beantworten ist. Das Vorliegen einer Erfahrungserfindung ist regelmäßig zu bejahen, wenn betriebliche Erfahrungen (auch negativer Art) in der Erfindung erkennbar sind.[11]

419 Die Erfindungen des A sind mithin als Diensterfindungen anzusehen, wenn eine Obliegenheits- oder Erfahrungserfindung vorliegt. Ob diese Erfindungen während der Arbeitszeit oder in der Freizeit gemacht worden sind, ist unerheblich. Damit ist das Arbeitnehmererfindergesetz anwendbar. Die Erfindung ist daher unverzüglich dem Arbeitgeber zu melden.

▶ **Beispiel:**

420 Folgende Einzelbeispiele können dem Anwalt in der Praxis begegnen:

- Der Geschäftsführer einer GmbH erfindet etwas,
- ein Rentner erfindet etwas auf dem Gebiet seines ehemaligen Arbeitgebers, nachdem er in Ruhestand getreten ist.
- ein Praktikant erfindet etwas auf dem Gebiet des Unternehmens, in dem er praktiziert,
- ein Student erfindet etwas im Zuge seiner Diplomarbeit,
- ein Werksstudent erfindet etwas auf dem Gebiet des Unternehmens in dem er tätig ist,
- ein Hochschulprofessor erfindet etwas bei seiner Forschungsarbeit,
- ein Doktorand erfindet etwas bei seiner Promotionsarbeit.

---

9 BGH GRUR 1970, 210 – *Wildbissverhinderung*; BGH v. 27. 11. 1975 GRUR 1976; vgl. auch Amtl. Begr. zum Entw. d. Gesetzes z. Änderung des ArbEG v. 9. 5. 01 BR-Drucks. 13/5975. S. 8 zu § 43 Abs. 1 ArbEG n.F.; 213, 214; Schiedsst. v. 5. 7. 1991 GRUR 1991, 499, 500 r.Sp.; Bartenbach/Volz § 4 ArbEG Rn. 16.

10 Bartenbach/Volz § 2 ArbEG Rn. 27 ff.

11 BGH GRUR 1952, 573 – *Zuckerdiffuseur*; OLG Hamburg GRUR 1960, 487; Busse/Keukenschrijver PatG Rn. 4 zu § 4 ArbEG; Bartenbach/Volz § 4 ArbEG Rn. 32.

421 Die Beispiele beantworten sich zwanglos unter Anwendung des Kriteriums der Weisungsgebundenheit:

- Der Rentner ist nicht mehr weisungsgebunden und unterliegt demgemäß grundsätzlich nicht mehr dem Arbeitnehmererfindergesetz.[12]
- Bei dem Praktikanten kommt es darauf an, ob er bezahlt wird und dann in der Regel weisungsgebunden ist oder unbezahlt und nicht weisungsgebunden ist.[13]
- Für den Studenten ist das Arbeitnehmererfindergesetz nicht anwendbar. Es sei denn, er hat zugleich eine Anstellung an der Universität.[14]
- Für den Werksstudenten ist das Arbeitnehmererfindergesetz anwendbar. Werksstudent ist nämlich die Bezeichnung für ein weisungsgebundenes bezahltes Praktizieren.[15]
- Für den Hochschulprofessor ist das Arbeitnehmererfindergesetz anwendbar, denn auch Hochschulprofessoren sind Arbeitnehmer (§ 42 ArbEG).[16]
- Bei dem Doktoranden kommt es darauf an, ob er eine bezahlte Stelle hat oder nicht. Wenn er eine bezahlte Stellung hat, ist er Arbeitnehmer und unterliegt damit dem Arbeitnehmererfindergesetz. Wenn er aufgrund eines Stipendiums tätig ist, ist das Arbeitnehmererfindergesetz nicht anwendbar.[17]

▶ Beispiel:

422 A ist als Computerfachmann in einer Firma tätig. Er hat etliche Neuentwicklungen gemacht. Er fragt Patentanwalt B, wem das Recht an einem von ihm in der Freizeit entwickelten, nicht technischen Programm zusteht.

423 Das Arbeitnehmererfindergesetz ist anwendbar auf technische Lehren, die patent- oder gebrauchsmusterschutzfähig sind, sowie technische Verbesserungsvorschläge (§§ 1, 2 und 3 ArbEG).[18] Auf patentfähige Computerprogramme ist das Arbeitnehmererfindergesetz anwendbar. Der Arbeitgeber kann die Rechte daran durch Inanspruchnahme auf sich überleiten.[19] Für ausschließlich urheberrechtsschutzfähige Computerprogramme gilt das Arbeitnehmererfindergesetz nicht. Nach § 69 b UrhG ist allein der Arbeitgeber zur Ausübung aller vermögensrechtlichen Befugnisse an urheberrechtsschutzfähigen Computerprogrammen berechtigt (sofern nichts Anderes vereinbart ist), die ein Arbeitnehmer in Wahrnehmung seiner Aufgaben oder nach den Anweisungen seines Arbeitgebers geschaffen hat. In der Freizeit entwickelte Programme fallen daher nicht unter diese Regelung im Gegensatz zu den Erfindungen. Die von einem Teil

---

12 Bartenbach/Volz § 1 ArbEG Rn. 77, Kather VPP-Rundbrief 2005, 108 (116).
13 Bartenbach/Volz § 1 ArbEG Rn. 83.
14 Bartenbach/Volz § 1 ArbEG Rn. 91.
15 Bartenbach/Volz § 1 ArbEG Rn. 91.
16 Vgl. a. Bartenbach/Volz Kommentierung zu § 42 ArbEG Rn. 12, Bartenbach in Festschrift 50 Jahre VPP S. 225.
17 Bartenbach/Volz § 1 ArbEG Rn. 41, 42, § 42 ArbEG Rn. 17; Bartenbach in Festschrift 50 Jahre VPP S. 225; Matschiner Festschrift 50 Jahre VPP S. 174.
18 Bartenbach/Volz § 1 ArbEG Rn. 2.
19 Bartenbach/Volz § 1 ArbEG Rn. 3.

der Rechtsprechung[20] in einem solchen Fall vorgenommene analoge Anwendung des Arbeitnehmererfindergesetzes ist abzulehnen, weil der sachliche Geltungsbereich des Arbeitnehmererfindergesetzes hinsichtlich der technischen Erfindungen und technischen Verbesserungsvorschläge ausdrücklich und abschließend geregelt ist unter Hinweis auf die abschließende Regelung der künstlerischen Formschöpfungen im UrhG).

20 LG München CR 1997, 351.

D. Mandatsverhältnis

Übersicht

Vorbemerkung D.

424 Basis der Arbeit des Patentanwalts ist die Gestaltung des Verhältnisses zu den Mandanten. D. h., die vertragliche Gestaltung der Zusammenarbeit ist die Grundlage der Tätigkeit des Anwalts für seine Mandanten. Im Folgenden werden demgemäß die Vertragsanbahnung, der Vertragsabschluss, die daraus sich ergebenden Rechte und Pflichten, der Vergütung sowie der Vertragsbeendigung abgehandelt. Hinzu kommen noch die Darstellung der nebenvertraglichen Rechte und Pflichten sowie der sich aus Beratungsfehlern ergebenden Haftpflicht des Anwalts.

I. Werbung um den Mandanten

425 Im Laufe der letzten Jahrzehnte sind die Möglichkeiten des Anwalts für eine Werbung um den Mandanten deutlich liberalisiert worden. D. h., neben der Gestaltung des Briefkopfs bieten sich heute erheblich erweiterte Möglichkeiten für eine Aufgabe von Inseraten, Pressemitteilungen und Rundschreiben an Mandanten.

1. Briefkopf

▶ Beispiel:

426 Eine Kanzlei verwendet in der Kopfzeile des Briefbogens ein aus drei Buchstaben bestehendes Logo in Briefmarkengröße. Der mittlere Buchstabe ist dunkelblau ausgefüllt und die drei Buchstaben sind in eine dünne Kopflinie in gleicher Farbe integriert.

427 Es könnte der Briefbogen deshalb bedenklich sein, weil mit der Ausgestaltung des Logos ein Werbeeffekt verbunden ist. Doch nach der Rechtsprechung des Bundesverfassungsgerichts[1] ist mit jedem Briefbogen ein gewisser Werbeeffekt verbunden. Dies gilt für die Wahl der Papierqualität, der Verwendung eines bestimmten Schrifttyps oder einer entsprechenden Angabe über Größe und Zusammensetzung der Sozietät.

428 Ein aus drei Buchstaben gebildetes Logo mit dezenter farblicher und grafischer Gestaltung kann keine Zweifel an der Unabhängigkeit des Anwalts begründen. Insoweit ist

1 1 BVR 1863/96 vom 24. 07. 1997.

auch zu berücksichtigen, dass das, was insoweit noch als üblich, angemessen oder übertrieben gewertet wird, zeitbedingten Veränderungen unterliegt. Neuerungen müssen stets möglich sein. So verwenden heute sogar öffentliche Körperschaften, Landesregierungen und nachgeordnete Behörden grafisch und farblich gestaltete Briefbögen. Insoweit bestehen keine Bedenken gegen das Logo.

▶ Beispiel:

Ein Anwalt verwendet in seinem Briefkopf ein Logo, das die Hörner eines den Kopf senkenden Stiers darstellt. 429

Es stellt sich die Frage, ob hierin eine übertriebene anpreisende Werbung in dem Briefbogen zu sehen ist. Das OLG Düsseldorf[2] sah in dem Kanzlei-Logo eine bloße Aufmerksamkeitswerbung mit Wiedererkennungswert, welche nicht berufswidrig sei. Das konkret im Briefkopf verwendete Logo transportiere eine Botschaft, die bei dem Adressaten eine bestimmte Vorstellung über die anwaltliche Leistung des werbenden Anwalts begründen könne. Die Darstellung eines Stieres, der den Kopf leicht nach unten geneigt hält und die Hörner zum Betrachter hin senkt, vermittle nämlich den Eindruck besonderer Kampfbereitschaft und erwecke damit die Erwartung, dass derjenige, der sich an den werbenden Anwalt wendet, von diesem mit ganz besonderem kämpferischen Engagement vertreten werde. 430

▶ Beispiel:

Patentanwalt A verwendet in seinem Briefkopf die Bezeichnung »Mediator«, nach dem er eine geregelte Ausbildung zum Mediator absolviert hat. 431

Da A eine Ausbildung zum Mediator nachweisen kann, ist es berufsrechtlich nicht zu beanstanden, wenn er darauf in seinem Briefkopf hinweist. Sofern eine solche Ausbildung nicht vorliegt, ist die Verwendung der Bezeichnung jedoch nicht zulässig; denn dies würde zu einer Täuschung der betreffenden Verkehrskreise führen.[3] 432

2. Inserat

▶ Beispiel:

Ein Patentanwalt hatte in einem Zeitungsinserat zunächst unter Nennung seines Namens und seiner Berufsbezeichnung auf verschiedene Tätigkeitsschwerpunkte aufmerksam gemacht. In einer später geschalteten weiteren Anzeige waren die genannten Tätigkeitsschwerpunkte ersetzt durch rechtliche und steuerliche Beratung sowie erbrechtliche Beratung aus einer Hand. 433

2 OLG Düsseldorf 2U 21/99 vom 16. 09. 1999.
3 Scherf, ZAP 2006, 539 (546).

434 Aufgrund der Rechtsprechung des Bundesverfassungsgerichts ist das Recht anwaltlicher Werbung (§ 39b PAO bzw. § 43b BRAO) grundlegend neu geregelt worden.[4] Während nach dem früheren Rechtszustand anwaltliche Werbung praktisch verboten war, hat der Gesetzgeber nunmehr anwaltliche Werbung erlaubt, sofern diese sachlich und berufsbezogen ist.

435 Die Anwaltskammern haben auf der Grundlage der ihnen zugebilligten Satzungskompetenz im Rahmen ihrer Berufsordnungen das Recht anwaltlicher Werbung weiter konkretisiert (§ 8 BOPA bzw. § 6 BORA).

436 Im vorliegenden Fall bedeutet dies: Der Patentanwalt kann auch in steuerlichen Angelegenheiten und erbrechtlichen Angelegenheiten beraten, sofern hier eine Frage von Bedeutung ist, die den gewerblichen Rechtschutz berührt. Bedenklich ist es jedoch, Formulierungen zu verwenden, die eine Selbsteinschätzung enthalten oder durch zusätzliche Mittel die Adressaten zu beeinflussen suchen, weil sie dann Merkmale einer reklamehaften Anpreisung enthalten, die mit dem gesetzlichen Berufsbild des Patentanwalts als Organ der Rechtspflege nicht vereinbar sind. Im vorliegenden Fall erwecken die gewählten Formulierungen den Eindruck, derjenige, der für die steuerliche und rechtliche Beratung bisher verschiedene Fachleute in Anspruch genommen habe, tue im eigenen Interesse gut daran, einen Berater zu wählen, der in beiden Bereichen sachkundig ist. Durch die gewählte Formulierung wird der werbende Patentanwalt auch in seinen Fähigkeiten gegenüber anderen Kollegen besonders hervorgehoben.[5]

▶ **Beispiel:**

437 Eine Patentanwaltskanzlei hat eine Annonce geschaltet, in der unter der Überschrift »All you need is P@tent L@w«, auf die Kanzlei hingewiesen wurde.

438 Es stellt sich die Frage, ob dies eine Werbung ist, die die Grenzen des Berufsrechtlichen überschreitet. Im Gegensatz zu dem vorhergehenden Fall ist mit dem Begriff »Patent Law« der berufliche Bezug der Aussage gegeben. Die Aussage bezweckt auch nicht die Erteilung eines Auftrags im Einzelfall. Sie verstößt zudem nicht gegen das Gebot der Sachlichkeit der anwaltlichen Werbung in Form und Inhalt. Der Anwaltsgerichtshof Hamburg hat eine solche Werbung eines Rechtsanwalts[6] weder als völlig übertrieben noch als plump aufdringlich, marktschreierisch, belästigend oder irreführend anzusehen. Denn mit der bloßen Aussage »All you need is Patent Law« maßt sich der Patentanwalt keine besondere Sachkompetenz an. In dem zugrunde liegenden Falle hatte der AGH Hamburg die Aussage als wertneutral eingestuft.[7]

4 BVerfG, NJW 1988, 194.
5 BGH AnwZ (B) 67/96.
6 AGH Hamburg, NJW 2002, 3184.
7 Scheffer ZAP 2006, 539 (548f).

3. Pressemitteilung

▶ **Beispiel:**

Zu Patentanwalt A kommt B, der einem gesuchten Terroristen ähnelt. Die Polizei erscheint bei A und verlangt von ihm nähere Auskunft über B. Patentanwalt A verweigert nach Beratung mit seinen Kollegen unter Hinweis auf seine Verschwiegenheitspflicht die Bekanntgabe des Namens seines Mandanten. Danach droht die Kriminalpolizei dessen Vorführung beim Generalbundesanwalt an. Patentanwalt A gibt den Namen seiner Mandantin preis. Die weiteren Ermittlungen ergaben die Haltlosigkeit des Verdachts. 439

Patentanwalt A erstattet nunmehr bei der Patentanwaltskammer Selbstanzeige und bittet um Prüfung, ob ihm Bruch des Berufsgeheimnisses vorgeworfen werden könne. Außerdem erstattet er gegen die beiden Beamten des Landeskriminalamts Anzeige wegen Nötigung im Amt. Kopien der Selbstanzeige und der Strafanzeige sandte er kommentarlos an die örtlichen Presseorgane, die regionale Presseagentur sowie an den Süddeutschen Rundfunk. Das führte zu einer Pressemitteilung in der örtlichen Zeitung, zu einem Rundfunkinterview sowie zu einem Artikel im »Spiegel«, wobei der Patentanwalt A namentlich genannt und auf einem Photo mit deutlich sichtbarem Praxisschild gezeigt wurde.

Der Vorstand der Patentanwaltskammer sprach dem Patentanwalt seine Missbilligung mit der Begründung aus, er habe gegen das Werbeverbot verstoßen. Nach erfolglosem Rechtsmittelverfahren erhebt der Patentanwalt die Verfassungsbeschwerde.

In der dem Fall zugrunde liegenden Entscheidung[8] hat das Bundesverfassungsgericht betont, dass der Beschwerdeführer die ihm gesetzten Grenzen des Werberechts nicht überschritten habe (§§ 39b PAO, 8 BOPA): 440

»Das Ehrengericht hat hier die Berufspflicht aufgestellt, die Weitergabe von Straf- und Selbstanzeigen an die Presse in eigener Sache grundsätzlich zu unterlassen, es sei denn, es handele sich um existentielle, die Öffentlichkeit bewegende Vorfälle, oder um Konfliktsituationen, in denen der Anwalt sich zum Zwecke einer drohenden Rechtsverletzung an die Öffentlichkeit wenden dürfe.«

Eingriffe in die freie Berufsausübung erfordern nicht nur eine gesetzliche Grundlage, diese muss auch mit Art. 12 Abs. 1 Satz 1 GG vereinbar sein. Wörtlich führt hierzu das Bundesverfassungsgericht aus: 441

»Danach müssen Eingriffe in die freie Berufsausübung durch ausreichende Gründe des Gemeinwohls gerechtfertigt werden und dem Grundsatz der Verhältnismäßigkeit genügen. Das gewählte Mittel muss also zur Erreichung des verfolgten Zwecks geeignet und auch erforderlich sein.«

8 BVerfG, NJW 88, 194=BVerfGE 76, 205.

442 Das Verbot standeswidriger Werbung will bei freien Berufen eine Verfälschung des Berufsbildes durch die Verwendung von Werbemethoden verhindern, wie sie in der werblichen Wirtschaft üblich sind. Das Bundesverfassungsgericht hat hierzu ausgeführt:

> »Mit derartigen Erwägungen lässt sich nicht rechtfertigen, eine Information der Öffentlichkeit durch Straf- und Selbstanzeigen sei nur zur Abwehr drohender Rechtsverletzung oder bei einem außergewöhnlichen Interesse der Öffentlichkeit als Ausnahme zuzulassen. Vielmehr ist grundsätzlich davon auszugehen, dass die freiberuflich tätigen Anwälte wie alle anderen Staatsbürger befugt sind, sich mit Informationen an die Öffentlichkeit zu wenden. In einem freiheitlichen demokratischen Gemeinwesen kann die grundsätzliche Befugnis zur Information der Öffentlichkeit nicht zu einer Ausnahme reduziert und auf essentielle, die Öffentlichkeit bewegende Vorfälle oder zur Abwehr drohender Rechtsverletzungen in Konfliktsituationen beschränkt werden. Hier lassen sich derartige Informationen wegen der damit verbundenen Werbewirkung allenfalls umgekehrt ausnahmsweise dann beanstanden, wenn für diese Informationen keine oder ein derart geringes öffentliches Interesse erkennbar ist, dass der Werbeeffekt demgegenüber deutlich überwiegt.«

443 Zusammenfassend ist festzustellen, dass Patentanwalt A nicht gegen das Werbeverbot gemäß § 39 b PAO, § 8 BOPA verstoßen hat. Die Rüge war daher zu Unrecht erfolgt.

4. Rundschreiben

▶ **Beispiel:**

444 Eine europäische wirtschaftliche Interessenvereinigung, der ca. 40 Anwaltskanzleien der BRD und in dem EU-Ausland angehören, hatte in einem Rundschreiben an mittelständische Unternehmen fachmännische Rechtsberatung durch ihre Mitgliedskanzleien angeboten. Dem Rundschreiben war eine Antwortkarte beigefügt, über die bei Bedarf nähere Informationen über die Interessenvereinigung oder die nächst gelegene Mitgliedskanzlei angefordert werden konnten.

445 Es stellt sich die Frage, ob hier ein unaufgefordertes Herantreten an potenzielle Auftraggeber gegeben ist. Dies wird aber vom Gesetz- bzw. Verordnungsgeber nur dann für unzulässig gehalten, wenn zugleich ein Fall vorliegt, bei dem die Werbung auf die Erteilung einzelner Aufträge gerichtet ist. Ein solcher Fall ist z.B. gegeben, wenn ein Anwalt zufällig Zeuge eines Unfallgeschehens wird und seine Dienste anbietet, er in der Presse von konkreten Rechtsproblemen eines Bürgers oder Unternehmens erfährt und dies zum Anlass nimmt, mit den Betroffenen Kontakt aufzunehmen, um seine Dienste anzubieten, oder wenn etwa ein Strafverteidiger im Gerichtsgebäude an einen ihn bislang unbekannten Beschuldigten herantritt, mit dem Ziel, ein Mandat für ein laufendes Ermittlungs- oder Strafverfahren zu erhalten. Ein allgemein gehaltenes Rundschreiben mit erkennbar gleichem Inhalt, das an eine Vielzahl von möglichen potenziellen Mandanten gerichtet wird, stellt demgegenüber eine solche Werbung um ein Mandat im Einzelfall nicht dar. Nach der Entstehungsgeschichte des Gesetzes kommt es gerade nicht alleine auf das unaufgeforderte Herantreten an

potenzielle Mandanten an, sondern vielmehr auf die Werbung in einem konkreten Rechtsfall. Dies trifft im vorliegenden Fall nicht zu.[9]

Beispiel:

A versendet an zahlreiche von ähnlich vertretenden Gesellschaftern ein Schreiben, welches an die jeweiligen Empfänger persönlich adressiert ist. Sachlage? 446

Es stellt sich die Frage, ob ein solches Schreiben gem. § 8 Abs. 3 b) BOPA eine unzulässige Werbung um die Erteilung eines Auftrags im Einzelfall darstellt. 447

Eine Einschränkung der Werbung (wie sie etwa in § 43 BRAO niedergelegt ist) könnte bei verfassungskonformer Auslegung unzulässig sein. Eine Einschränkung der Werbemöglichkeit kommt demgemäß nur in Betracht, wenn sie im Einzelfall durch ausreichende Gründe des Gemeinguts gerechtfertigt ist sowie dem Grundsatz der Verhältnismäßigkeit entspricht.[10] Grundsätzlich ist in der Vergangenheit eine Werbung als unzulässig erachtet worden, wenn der Umwerbende in einem konkreten Einzelfall der Beratung oder Vertretung bedarf und der Werbende dies in Kenntnis der Umstände zum Anlass für seine Werbung nimmt. Eine solche Werbung versucht nämlich in einer oft als aufdringlich empfundenen Weise auszunutzen, da sich der Umworbene beispielsweise in der Lage befindet, in der er auf Hilfe angewiesen ist und sich möglicherweise nicht frei für einen Anwalt entscheiden kann.[11] Dagegen sind solche Fälle nicht erfasst, in denen sich der Anwalt an Personen wendet, bei denen er keinen konkreten Behandlungs- oder Beratungsbedarf, sondern nur ein bloß generelles Interesse als Sonderleistung erwartet. In einer solchen Situation fehlt es an der gezielten persönlichen und daher ggfs. als aufdringlich empfundene Kontaktaufnahme.[12] 448

Ein Werbeverbot kommt insofern nur in Betracht, wenn sich ein Verbotsgrund im Einzelfall aus der Form, aus dem Inhalt und aus den verwendeten Mitteln der Werbung ergibt. Allein der Umstand, dass ein potentieller Mandant Kenntnis von dessen konkreten Beratungsbedarf angesprochen wird, genügt diesen Anforderungen nicht. Hierzu führt jedenfalls die Richtlinien konforme Auslegung der Werbebestimmungen der PAO.[13] Daraus folgt wiederum dass ein Werbeverbot zum Schutz des potentialen Mandanten zu einer Beeinträchtigung seiner Entscheidungsfreiheit durch Belästigung, Nötigung und Überrumpelung gerechtfertigt sein kann. Aus der gesetzlichen Anordnung der Verhältnismäßigkeitsprüfung ergibt sich ferner, dass eine Interessenabwägung im Einzelfall vorzunehmen ist. Von diesen Grundsätzen ausgehend ist eine Werbung auch im Einzelfall zulässig, wenn die genannten Randbedingungen eingehalten werden. 449

---

9 Vgl. OLG Stuttgart 2U 131/96 vom 21. 03. 1997; an das OLG Dresden 14 U3245/97 vom 9. 6. 1998; OLG Düsseldorf 20 W 62/97 vom 22. 09. 1997.

10 BGH Urteil vom 01.03.2001 – I ZR 300/98, BGHZ 147, 170, 7411 – *Anwaltswerbung II.*

11 BGHZ 147, 71, 80 – *Anwaltswerbung II*; BGH WRP 2002, 71, 74 – *Anwaltsrundschreiben.*

12 BGH WRP 2002, 71, 74 – *Anwaltsrundschreiben.*

13 Richtlinie 2006/123 EG – Artikel 24 Abs. 1.

5. Werbeflyer

▶ **Beispiel:**

450 Anlässlich einer Gesellschafterversammlung eines Fonds im Vorraum eines Hotelkonferenzsaals hatte Patentanwalt A unter Verwendung eines Flyers geworben. Eine von A beauftragte Dame verteilte an Vorbeigehende Werbeflyer für A.

451 Es stellt sich die Frage, ob dieses Verhalten ein unaufgefordertes Herantreten an potenzielle Auftraggeber ist. Eine für sich genommen zulässige Werbung um mögliche Mandanten kann sich als eine unzulässige Werbung darstellen, wenn der Beworbene potenzielle Mandant in einem konkreten Einzelfall der Beratung unter Vertretung bedarf und der Werbende dies in Kenntnis der Umstände zum Anlass seiner Werbung nimmt. Eine solche Werbung ist als unzulässig anzusehen, wenn in einer aufdringlich empfundenen Weise versucht wird auszunutzen, dass sich der Umworbene beispielsweise in der Lage befindet, in der er auf Hilfe angewiesen und sich möglicherweise nicht frei für einen Anwalt entscheiden kann. Nach diesen Grundsätzen liegt im vorliegenden Fall ein Verstoß gegen §§ 39 b PAO und § 8 BOPA vor, der nicht durch Art. 12 Abs. 1 Grundgesetz gerechtfertigt ist. Bei einer Mehrzahl der mit den Werbeflyern angesprochenen Teilnehmern bestand im Hinblick auf die Durchführung von Patentanmeldungen und die Verteidigung von Schutzrechten konkreter Beratungsbedarf. Hiervon ging auch Patentanwalt A aus, der mit seinen Werbeflyern auf die Gruppe der Teilnehmer abzielt. Hinzu kommt, dass die Werbeflyer am Rande der Versammlung im Vorraum des Hotelkonferenzraums von einer von A beauftragten Dame an Vorbeigehende verteilt wurden. Damit wurden die Teilnehmer der Gesellschafterversammlung, bei denen teilweise konkreter Beratungsbedarf bestand, in einer aufdringlichen Weise mit dem Werbeanliegen des A konfrontiert. Diese Art der Werbung geht in Anbetracht der Intensität der Einwirkung auf den Umworbenen über einen in Einzelfällen möglicherweise zulässiges unaufgefordertes Werberundschreiben an Nichtmandanten hinaus.[14]

6. Werbung im Internet

▶ **Beispiel:**

452 Die Patentanwälte A, B und C sind Mitglieder in einem Unternehmerverband. Es handelt sich um einen eingetragenen Verein. Dieser veranstaltet in Abständen Zusammenkünfte, bei denen sich die aus den verschiedensten Branchen stammenden Mitglieder miteinander austauschen. Für den Verein wird im Internet geworben. Unter Anderem sind A, B und C als freiberufliche Patentanwälte benannt. Aufgeführt sind auch die Anschriften der Kanzleien und Hinweise auf Veröffentlichungen und sonstige Aktivitäten. In ähnlicher Form wird bei den anderen Mitgliedern des Vereins aus diversen Branchen auf deren Tätigkeits-

---

14 Scherf, ZAP 2006, 539 (541); vgl. aber BGH Urteil vom 01.03.2001 – I ZR 300/98, BGHZ 147, 170, 7411 – *Anwaltswerbung II.*

schwerpunkte, Firmenanschriften sowie Kontaktdaten verwiesen. Der Homepage lässt sich weiter entnehmen, dass sich die Mitglieder in regelmäßigen Abständen treffen und bei dieser Gelegenheit Vorträge halten. Die Themen betreffen verschiedene Tätigkeitsfelder der Mitglieder aus den Branchen wie Fitnessberatung, Immobilien, IT, EDV-Dienstleistungen, Rechtsberatung und Steuerberatung, Lohn- und Gehaltsabrechnungen.

D beschwert sich bei der Kammer, weil er dies für eine unzulässige Werbung der Patentanwälte hält. Aus der Homepage geht in dem vorliegenden Fall jedoch kein Hinweis auf Werbung hervor, die sich auf einzelne Mandate bezieht. Grundsätzlich dürfen Patentanwälte für ihre Tätigkeiten werben, sind dabei aber gewissen berufsrechtlichen Einschränkungen, insbesondere aus § 39 b PAO und § 8 BOPA. Bei Internetauftritten ist auch § 20 BOPA zu beachten. Damit ist auch die Darstellung der eigenen Aktivitäten im Internet grundsätzlich zulässig. Im vorliegenden Fall sind Anhaltspunkte für eine nicht mit § 39 PAO, § 8 und § 20 BOPA im Einklang stehende Darstellung nicht ersichtlich. Es handelt sich auch nicht um eine verbotene Einzelwerbung, wenn Vorträge gehalten werden. 453

II. Vertrag mit dem Mandanten

Die Basis für die Zusammenarbeit mit dem Mandanten bildet ein Vertrag. Dies gilt auch für die Fälle, in denen nicht explizit eine schriftliche Vereinbarung abgeschlossen worden ist. 454

1. Rechtsnatur des Vertrags

▶ Beispiel:

Mandant A erscheint zu einem ersten Beratungsgespräch bei Patentanwalt B. A fragt zunächst, ob er etwas unterschreiben müsse. 455

Das Mandatsverhältnis wird durch schuldrechtlichen Vertrag des Auftraggebers (Mandanten) und des Patentanwalts begründet (Patentanwaltsvertrag). Voraussetzung ist, dass der Patentanwalt mit einer Tätigkeit beauftragt wird, die dem in der Patentanwaltsordnung geregelten Aufgabengebiet entspricht. 456

Der Patentanwaltsvertrag lässt sich wie der Rechtsanwaltsvertrag bestimmten Vertragstypen des besonderen Schuldrechts zuordnen. Die speziellen für die betreffenden Vertragsarten geltenden Vorschriften finden auch auf den Patentanwaltsvertrag Anwendung. 457

Die Verträge zwischen Patentanwälten und ihren Mandanten haben nach heute herrschender Meinung im Allgemeinen eine entgeltliche Geschäftsbesorgung i.S.d. § 675 Abs. 1 BGB zum Gegenstand, der in den meisten Fällen ein Dienstvertrag (§ 611 BGB), manchmal auch ein Werkvertrag (§ 631 BGB) zugrunde liegt. Als Freiberufler erbringt der Patentanwalt Dienst- oder Werkleistungen »höherer Art«, d.h. sie werden 458 ihm üblicherweise aufgrund besonderen Vertrauens übertragen. Diese Vertragstypen unterliegen keinem Formerfordernis. Im vorliegenden Fall ist mithin ein schriftlicher Vertrag nicht erforderlich.

▶ Beispiel:

459 A möchte wissen, ob er B auch dann bezahlen muss, wenn die geplante Patentanmeldung nicht zur Erteilung führt.

460 In aller Regel hat die Geschäftsbesorgung den Charakter eines Dienstvertrags. Überwiegend wird nicht ein bestimmter Erfolg geschuldet, wie es für einen Werkvertrag kennzeichnend ist, sondern es kommt darauf an, dass der Mandant fachlich beraten, informiert und belehrt wird, sodass eine Dienstleistung im Vordergrund steht.

461 Ein Mandat mit Werkvertragscharakter muss demgegenüber eine konkret umrissene einmalige Leistung zum Gegenstand haben, die zu einem ganz bestimmten, vom Rechtsberater geschuldeten Erfolg führen soll. Als Beispiele werden in diesem Zusammenhang meist die Erteilung einer bloßen Rechtsauskunft sowie die Erstellung eines Vertragsentwurfs oder Rechtsgutachtens genannt.[15] Auch die Anfertigung technischer Zeichnungen ist für sich genommen erfolgsbezogen. Aber selbst in diesen Fällen ist nicht ohne weiteres von einem Werkvertrag auszugehen, wenn eine Dienstleistung in Form von Beratung und Belehrung, auch im Zusammenhang mit der erfolgsbezogenen Leistung, wesentliches Merkmal des Auftrags bleibt.[16] Die Informationspflicht besteht nach § 675 a S. 1, 2. Hs. BGB jedoch nicht, soweit die Vergütung gesetzlich verbindlich geregelt ist, gesondert ausgehandelt wird oder nach §§ 315, 316 BGB festgelegt werden kann.

462 Gem. § 675 a S. 1 BGB besteht die Verpflichtung, dass Rechtsberater ihre Gebühren und Auslagen darlegen müssen.[17] Denn nach dieser Bestimmung soll für sog. Standardgeschäfte die Verpflichtung bestehen, ungefragt und in der Regel schriftliche[18] Informationen darüber zu erteilen. Schwierigkeiten macht allerdings der Begriff des Standardgeschäfts. Ein solches liegt nach der Legaldefinition in § 675 a S. 1, 1. Hs. BGB vor, wenn typische regelmäßig anfallende Leistungen erbracht werden. Die Informationspflicht besteht nach § 675 a S. 1, 2 Hs. BGB jedoch nicht, soweit die Vergütung gesetzlich verbindlich geregelt ist, gesondert ausgehandelt wird oder nach §§ 315, 316 BGB festgelegt werden kann.[19] Diese Ausnahmen sollen sich nach Auffassung des Gesetzgebers schon aus der Eingrenzung der Informationspflicht auf sog. Standardgeschäfte ergeben.[20] Das ist aber nicht ohne Ausnahme der Fall, denn Patentanwälte können ihre Honorare auch bei Leistungen, die man durchaus als standardisiert i. S. d. § 675 a S. 1, 1. Hs. BGB bezeichnen könnte, entweder individuell

15 BGH NJW 1965, 106 – *Rechtsauskunft.*
16 RGZ 88, 223, 227.
17 Vgl. Kap. 3.2.3.
18 Gößmann/*van Look*, Beil. 1 zu WM 2000, Heft 19, S. 16.
19 Vgl. BT-Drucks. 14/745, S. 15; Gößmann/van Look, Beil. 1 zu WM 2000, Heft 19, S. 16.
20 BT-Drucks. 14/745, S. 15.

vereinbaren (dann ist der Mandant ohnehin informiert) oder nach § 315 BGB festlegen.[21] Auch bei Tätigkeiten, für deren Bewertung der Patentanwalt regelmäßig das RVG heranzieht, würde ein Informationsanspruch – außer vielleicht dem Hinweis, dass das RVG Anwendung finden wird – wegen des Rückgriffs auf eine gesetzliche Gebührenregelung wenig Sinn machen. Indiz für eine standardisierte Leistung soll sein, dass der Beauftragte dafür ein von vornherein bestimmbares Entgelt vorgesehen hat.[22]

Eine Verletzung der Informationspflicht kann zu einem Schadensersatzanspruch führen; in den meisten Fällen fehlt es an einem Schaden, weil der Auftraggeber eine angemessene Gegenleistung erhalten hat, oder an der Ursächlichkeit der Pflichtverletzung für den Schaden, wenn der Vertrag auch bei korrekter Information geschlossen worden wäre.[23] 463

2. Vertragsabschluss

Für den Vertrag zwischen Anwalt und Mandant gilt Vertragsfreiheit. D.h., derartige Verträge sind grundsätzlich an keine Form gebunden. Demgemäß können diese schriftlich, mündlich oder durch konkludentes Verhalten abgeschlossen werden. Allerdings sind Grenzen zu beachten, die sich insbesondere aus der Patentanwaltsordnung und der Berufsordnung ergeben. Danach sind unter bestimmten Umständen Vertragsabschlüsse untersagt. Ebenso kann aber auch Kontrahierungszwang bestehen. 464

a) Vertragsfreiheit

▶ Beispiel:

A wendet sich an Patentanwalt B mit der Frage, ob Bereitschaft zur Übernahme der Vertretung in einem Einspruchsverfahren besteht. 465

Das allgemeine Prinzip der Vertragsfreiheit gilt auch für den Vertrag mit dem Mandanten. Somit steht es dem Patentanwalt frei, ein Mandat ohne Angabe von Gründen abzulehnen, und zwar auch dann, wenn für den Mandanten dringender Handlungsbedarf besteht.[24] 466

b) Kontrahierungszwang

▶ Beispiel:

Der Präsident des DPMA ordnet Patentanwalt B dem A als Vertreter bei. B lehnt die Vertretung ab. Zu Recht? 467

21 Vgl. hierzu die Ausführungen in Kap. 2.6 ff.
22 Grüneberg-*Sprau*, § 675 BGB, Rn. 6.
23 Gößmann/*van Look*, Beil. 1 zu WM 2000, Heft 19, S. 17.
24 Weyland-Nöker § 44 BRAO Rn. 1–4.

468 Im Falle der Beiordnung durch den Präsidenten des DPMA (§ 43 PAO) besteht für den Patentanwalt Kontrahierungszwang. Diese Beiordnung kann nur bei Vorliegen eines wichtigen Grundes rückgängig gemacht werden. Ein wichtiger Grund liegt z.B. immer dann vor, wenn die Mandatsübernahme zu einer Verletzung der Berufspflichten des Patentanwaltes führen würde. Hier sind insbesondere die Tätigkeitsverbote der §§ 41, 41d, 42 PAO zu erwähnen. Weitere wichtige Gründe sind auch schwere Krankheit des Patentanwalts oder nicht behebbare Störungen des Vertrauensverhältnisses mit dem betreffenden Mandanten.[25]

469 Wird der Antrag des Patentanwalts auf Aufhebung der Beiordnung abgelehnt, kann er im Wege der Beschwerde gegen diese Entscheidung vorgehen.

c) Untersagte Vertragsabschlüsse

▶ Beispiel:

470 A möchte Patentanwalt B mit der Vertretung in einem Nichtigkeitsverfahren beauftragen. Kann B das Mandat annehmen, wenn er nach seiner naturwissenschaftlichen Ausbildung Chemiker ist, aber das Streitpatent den Bereich der Elektrotechnik betrifft?

471 Der Patentanwalt ist zur Mandatsablehnung verpflichtet, wenn er durch eine Annahme gegen gesetzliche Vorschriften oder seine Berufspflichten verstoßen würde. Aber selbst wenn ein solcher Verstoß nicht vorliegt, darf er nach den Vorschriften des § 10 Nr. 1 und 2 BOPA den Auftrag trotzdem nur dann annehmen, wenn

(1) er oder ein mit ihm zusammenarbeitender Anwalt über die für die Ausführung des Auftrags erforderliche Sachkenntnis verfügt oder sich verschaffen kann
und

(2) er den Auftrag im Hinblick auf seine sonstigen Verpflichtungen in angemessener Frist bearbeiten kann.

472 Vorliegend ist davon auszugehen, dass B als Chemiker nicht die erforderliche Sachkenntnis für die Bearbeitung eines Falls im Bereich der Elektrotechnik hat.

473 B muss den Auftrag ablehnen. Er ist gemäß § 40 S. 1 PAO verpflichtet, dem Ratsuchenden unverzüglich darüber Mitteilung zu machen. A hat ein schutzwürdiges Interesse daran, so bald wie möglich zu erfahren, ob er sich wegen seines Anliegens an einen anderen Patentanwalt wenden muss, um drohenden Rechtsverlust und damit einhergehende nachteilige wirtschaftliche Folgen abzuwenden.

25 Weyland-Nöker § 48 BRAO Rn. 19a.

d) Vertragsschluss durch konkludentes Verhalten

▶ Beispiel:

A beauftragt Patentanwalt B mit der Einlegung eines Einspruchs. B fertigt einen Schriftsatzentwurf und stellt ihn A zu. Dieser wundert sich, dass B die Übernahme des Mandats nicht ausdrücklich bestätigt hat. 474

Der Vertrag kommt zwischen Patentanwalt und Mandant mit der Annahme des Mandats zustande. Diese Annahme des Mandats kann der Patentanwalt ausdrücklich gegenüber dem Auftraggeber erklären. Durch bloßes Schweigen kommt der Vertrag allerdings nur in ganz eng begrenzten Fällen zustande. So liegt eine konkludente Annahme vor, wenn der Anwalt mit der Ausführung des Auftrags beginnt. 475

In Betracht käme eine stillschweigende Mandatsübernahme unter dem Gesichtspunkt des Vertrauensschutzes auch, wenn B ein ständig betreuter Mandant wäre und einen neuen Auftrag erteilt hätte, der im Rahmen der bisher für ihn übernommenen Tätigkeiten liegt. 476

Vorliegend hat B den Einspruchsschriftsatz entworfen. Es liegt mithin eine konkludente Annahme vor. 477

e) Vertrag mit dem Zusammenschluss

▶ Beispiel:

A hat die Patentanwaltssozietät B, C + D mit der Durchführung eines Einspruchsverfahrens beauftragt. Die Bearbeitung wird von B durchgeführt. B verstirbt. Rechtslage? 478

Wendet sich der potenzielle Mandant mit seinem Anliegen an einen Patentanwalt, der in einem gesellschaftsrechtlichen Zusammenschluss tätig ist, so wird in der Regel die Berufsausübungsgesellschaft als solche Vertragspartnerin. Für die Mandatsannahme gelten dann die Regeln der Stellvertretung (§§ 164 ff. BGB). Für die Sozietät (Gesellschaft bürgerlichen Rechts), die juristischen Personen GmbH und AG sieht das Gesetz die Gesamtvertretung durch sämtliche Geschäftsführer gemeinsam vor (§§ 709, 714 BGB; § 35 Abs. 1 Abs. 2 S. 2 GmbHG; § 78 Abs. 2 AktG). Die Gesellschaften können jedoch ihre Vertretung hiervon abweichend regeln. Gewöhnlich sind vor allem im Fall der Gesellschaft bürgerlichen Rechts die Vertretungsverhältnisse jedoch dem Mandanten nicht bekannt. Dann gelten in der Regel die Grundsätze zur Duldungs- und Anscheinsvollmacht. In einer Sozietät beispielsweise genügt es daher regelmäßig, wenn einer der Sozien den Auftrag annimmt; damit wird die gesamte Sozietät beauftragt, es sei denn, es ist ausdrücklich oder zumindest offensichtlich ein Einzelmandat mit einem bestimmten Sozius gewollt. In diesem Fall nimmt der Anwalt das Mandat nicht als Vertreter der Sozietät an (vgl. § 164 BGB). Für die anderen in Betracht kommenden Gesellschaftsformen Partnerschaft, GmbH und AG gilt im Prinzip nichts Anderes. Bei der Partnerschaft ist die Alleinvertretungsbefugnis aller 479

Partner schon von Gesetzes wegen vorgesehen, aber ebenfalls nicht zwingend. Bei der GmbH ist wegen § 52 f PAO zu gewährleisten, dass die »verantwortliche Führung der Gesellschaft« Patentanwälten zukommt.

480 Im vorliegenden Fall bleibt somit die Sozietät A, B, C und D beauftragt.

III. Rechte und Pflichten aus dem Vertrag

481 Aus dem Vertrag zwischen Anwalt und Mandanten resultieren umfangreiche Rechte und Pflichte der Vertragsparteien. Insbesondere an das Verhalten des Anwalts werden erhebliche Anforderungen gestellt.

1. Verhalten des Anwalts

482 Mit dem Vertragsabschluss sind für den Anwalt umfangreiche Pflichten verbunden. Diese betreffen den Beratungsumfang, die Informationspflicht an den Mandanten, die Sorgfaltspflichten bei der Auswahl von Hilfspersonen, die Fortbildungspflicht des Anwalts, das Gebot, für den Mandanten den sichersten Weg auszuwählen, die Aktenführung und die Geheimhaltungspflichten.

a) Beratungsumfang

▶ Beispiel:

483 A beauftragt Patentanwalt B mit der Ausarbeitung und Einreichung einer Anmeldung. Im Prüfungsverfahren wird die Anmeldung vom Deutschen Patent- und Markenamt zurückgewiesen, weil der Gegenstand der Anmeldung gegenüber dem Stand der Technik nicht neu ist. A vertritt die Auffassung, die Kosten der Anmeldung hätten sich auch vermeiden lassen, wenn B vor der Ausarbeitung der Anmeldung eine Recherche durchgeführt hätte.

484 Hat der Patentanwalt das Mandat angenommen, ist er gegenüber dem Mandanten zur Ausführung des ihm erteilten Auftrags verpflichtet. Was dies im Einzelnen zu bedeuten hat, beurteilt sich in erster Linie nach dem Einzelfall. Grundsätzlich ist die zwischen den Vertragsparteien ausdrücklich getroffene oder nach den Umständen anzunehmende Vereinbarung bestimmend für den Inhalt und Umfang des Auftrags.[26] Der Patentanwalt ist zu einer »umfassenden, möglichst erschöpfenden« Beratung und Belehrung verpflichtet. Zielvorstellungen des Auftraggebers, die den Beratungsumfang auf ein bestimmtes Maß begrenzen, sind im Falle eines späteren Rechtsstreits, in welchem dem Patentanwalt unzureichende Beratung vorgeworfen wird, ohne vorherige schriftliche Niederlegung nur schwer beweisbar. Es sollte daher jeder Auftrag in einem schriftlichen Vermerk festgehalten und die Kopie hiervon dem Mandanten übersandt werden.

26 BGH NJW 1970, 35 – *Muschi-Blix*.

Recherchen gehören nicht automatisch zu den Pflichten des Patentanwalts, wenn er nicht vom Mandanten einen entsprechenden Auftrag dazu erhält.[27] Ihm obliegt im Zweifel nur die Sichtung, Ordnung und Auswertung des ihm zur Verfügung gestellten Materials.[28] 485

Beispiel:

Es besteht jedoch eine Hinweispflicht auf die Möglichkeit einer Recherche vor Anmeldung eines Schutzrechts.[29] Sofern B mithin diesen Hinweis unterlassen hat, trifft der Vorwurf des A zu. 486

Beispiel:

A beauftragt Patentanwalt B mit der Vorbereitung und Einreichung einer Markenanmeldung. Im Rahmen einer Recherche findet B die ähnliche Marke C. B vertritt gegenüber A die Auffassung, es bleibe abzuwarten, ob der Inhaber der Marke C sich gegen die Markenanmeldung wehrt. 487

Es gelten sehr hohe Anforderungen bezüglich der vertraglichen Sorgfaltspflichten des Patentanwalts bei der Ausführung des Auftrags. Solange der Mandant nicht unzweideutig zu erkennen gibt, dass er nur in einer bestimmten Richtung beraten werden will, also das Mandat inhaltlich nicht ausdrücklich beschränkt wurde, ist bei der Ausführung eines Auftrags Folgendes in Betracht zu ziehen:[30] 488

Zur Vermeidung von Nachteilen für den Mandanten gehört es, dass der Berater bei mehreren in Betracht kommenden Möglichkeiten der Vorgehensweise jeweils den sichersten Weg wählt; dies hat sich unter dem Schlagwort »Gebot des sichersten Weges« in der Rechtsprechung zu einem zentralen Grundsatz entwickelt, der Gegenstand zahlreicher Entscheidungen geworden ist.[31] Die Kernelemente der vertraglichen Leistungspflichten eines Rechtsberaters sind Beratung und Belehrung. Den Anforderungen der Rechtsprechung genügt die Leistung des Patentanwalts nur dann, wenn er beides möglichst »umfassend und erschöpfend« vornimmt und sich dabei am Gebot des sichersten Weges orientiert. Dies setzt vonseiten des Patentanwalts im Vorfeld eine umfassende Aufklärung des Sachverhalts für die Rechtsprüfung und sodann die Rechtsprüfung selbst voraus:[32] 489

(1) Aufklärungspflicht
(2) Rechtsprüfungspflicht
(3) Beratungs- und Belehrungspflicht
(4) Pflicht zur Beachtung des Gebots des sichersten Weges.

27 OLG Düsseldorf GRUR 1969, 104 f.; OLG Düsseldorf Mitt. 1997, 127, 129.
28 OLG Düsseldorf Mitt. 1997, 127, 129.
29 LG Düsseldorf Mitt. 1996, 23 ff.
30 Grüneberg/Grüneberg § 280 BGB Rn. 66–75 m.w.N.
31 Grüneberg/Grüneberg § 280 BGB Rn. 69.
32 Grüneberg/Grüneberg § 280 BGB Rn. 69.

490 Vorliegend hat B den A nicht dahingehend beraten, dass durch eine Abwandlung des Zeichens sich ein größerer Abstand zur Marke C herstellen lässt und damit die Erfolgsaussichten besser sind. A hat mithin sorgfaltswidrig gehandelt.

▶ Beispiel:

491 Patentanwalt A hatte den Mandanten B im Zusammenhang mit der Patentierung eines neuartigen Finnensystems für Surfbretter beraten. In den USA wurde im Anschluss an die dortige Patentanmeldung ein US-Patent erteilt. Gleichwohl vertrieb dort ein vormaliger Geschäftspartner des Mandanten B ein baugleiches Finnensystem weiter, ohne sich um das US-Patent zu kümmern. Denn dieser war der Auffassung, das Patent sei nicht bestandskräftig. Eine Besprechung in der Kanzlei des A führte dazu, dass in den USA ein Re-Issue-Verfahren für das Patent durchgeführt wurde. Dies führte zu einer erneuten Erteilung des Patents mit abgeänderten Patentansprüchen, wodurch eine einwandfreie Abgrenzung des Systems gegen den Stand der Technik erreicht wurde. A hatte gehofft, hierdurch den früheren Geschäftspartner des B zu einem außergerichtlichen Einlenken bewegen zu können. Dies geschah jedoch nicht. B möchte nunmehr die gesamten Kosten, die ihm durch dieses Re-Issue-Verfahren entstanden sind, ersetzt haben.

492 Die Beratung des A könnte pflichtwidrig gewesen sein, sodass B Ansprüche gemäß § 280 BGB auf Schadensersatz geltend machen könnte. Im vorliegenden Fall war die Empfehlung des A unzutreffend, mindestens aber unvollständig. Denn nach dem US-Recht besteht grundsätzlich die Möglichkeit, einem in abgeänderter Form neu erteilten Patent den Einwand entgegen zu halten, man habe den patentierten Gegenstand bereits vor Inkrafttreten des geänderten Patents berechtigterweise benutzt bzw. entsprechende Vorbereitungshandlungen getroffen, die nach Billigkeitsgesichtspunkten als Interventionsrechte zu berücksichtigen seien. Auf diesen möglichen Einwand hat A den B nicht hingewiesen. Im Unterbleiben dieses nach der Sachlage unbedingt gebotenen Hinweises liegt eine Pflichtverletzung. A kann sich hier auch nicht mit dem Einwand entlasten, er habe keine Beratung über das US-Recht geschuldet. Dies hätte er gegenüber dem Mandanten klarmachen müssen. Im vorliegenden Falle hatte A gegenüber dem B den Eindruck erweckt, er wisse im US-Recht Bescheid und hat Empfehlungen ausgesprochen. Dass die Durchführung des Re-Issue-Verfahrens letztendlich über in den USA hinzugezogene Patentanwälte erfolgte, tut dem keinen Abbruch. Denn die Mandatierung der US-Anwälte und die Abrechnung der bei diesen entstandenen Kosten erfolgte über A während des Bestehens des Mandates mit B.[33]

▶ Beispiel:

493 A erläutert Patentanwalt B eine neue Entwicklung und weist auf die technischen und wirtschaftlichen Vorteile hin. Aufgrund dessen möchte er eine umfassende Patentstrategie entwickeln lassen. Wie weit reichen hier Beratungs- und Belehrungspflichten des B?

33 OLG München, InstGE 7, 18 ff.

Häufiges Thema sind auch die Erfolgsaussichten eines bestimmten patentanwaltlichen Vorgehens zur Erledigung des Auftrags. Der Berater muss seinem Auftraggeber sämtliche Chancen und Risiken verdeutlichen, damit dieser eine gründliche Basis für seine Entscheidung gegen oder für eine bestimmte Maßnahme hat. Über Zweifel an den Erfolgsaussichten darf der Klient keinesfalls im Unklaren gelassen werden. 494

Die Beratung und Belehrung können wirtschaftliche und anderweitige geschäftliche Fragen umfassen, wenn diese mit dem Mandat in einem untrennbaren Zusammenhang stehen. Ein Patentanwalt ist natürlich kein Wirtschaftsberater, und in der Regel hat der Mandant die üblichen wirtschaftlichen Überlegungen selbst anzustellen.[34] Die für den Anwalt absehbaren wirtschaftlichen Auswirkungen und Gefahren des Vorhabens seines Mandanten sollten aber zumindest dann in seine Beratung und Belehrung mit einfließen, wenn sie rechtlichen Ursprungs sind und vom Auftraggeber die Einbeziehung dieser wirtschaftlichen Konsequenzen nicht erwartet werden kann.[35] Eine weiter gehende Wirtschaftsberatung schuldet der Patentanwalt keinesfalls. Nimmt er sie aber im Zusammenhang mit einem patentanwaltlichen Mandat vor, kann sie auch haftpflichtrechtliche Folgen haben. Genau wie ein normaler Anwaltsvertrag kann bzw. darf auch der Patentanwaltsvertrag neben rechtlicher Beratung und Vertretung andersartige Maßnahmen umfassen, falls sie mit dieser in einem engen, inneren Zusammenhang stehen. Die umfassende Beratungs- und Belehrungspflicht geht bei Rechtsberatern sogar so weit, dass sie den Mandanten auf mögliche Regressansprüche gegen sie selbst und deren Verjährungsfrist aufmerksam machen müssen. Wer bereits während der weiteren Bearbeitung des Auftrags entdeckt, dass ihm ein Fehler unterlaufen ist, muss auf eigene Kosten die Maßnahmen ergreifen, die notwendig sind, um einen Schaden vom Auftraggeber abzuwenden.[36] 495

Ähnlich wie bei der Aufklärungspflicht des Patentanwalts können sich individuelles Wissen des Mandanten und seine Geschäftsgewandtheit in Bezug auf den Beratungsgegenstand auch auf den Umfang der Beratungs- und Belehrungspflichten einschränkend auswirken z.B. wenn der Mandant ein Unternehmen mit eigener Patentabteilung ist.[37] Es besteht aber auch hier die Gefahr, dass die Kenntnisse des Mandanten überschätzt werden, was im Zweifel zulasten des Patentanwalts gehen wird. Die Belehrungspflicht kann sich auch mindern, wenn der Klient gleichzeitig anderweitig juristisch beraten und betreut wird z.B. von einem Rechtsanwalt. Die Abgrenzung der Verantwortungsbereiche von Patent- und Rechtsanwalt hängt von den Umständen des Einzelfalls ab. 496

▶ Beispiel:

Patentanwalt B erhält zunächst den Auftrag, eine Patentrecherche durchzuführen und zu prüfen, ob die von dem Mandanten A vorgetragene Idee neu ist und auf erfinderischer Tätigkeit beruht. Aufgrund dieses Rechercheergebnisses rät B A zu einer Anmeldung des Patents mit dem Hinweis, dass er den Erfolg allerdings 497

34 LG Stuttgart Mitt. 1988, 196.
35 BGH DnotZ 1970, 48; 50; BGH VersR 1960, 932 f.
36 BGH NJW 1994, 1472, 1473.
37 BGH NJW 1970, 35, 36 – *Muschi-Blix.*

nicht garantieren könne. Das Deutsche Patent- und Markenamt hält der Anmeldung zwei Druckschriften entgegen, durch welche die angemeldeten Patentansprüche seiner Ansicht nach in wesentlichen Teilen vorweggenommen seien. Ohne A hierüber zu informieren, reicht B daraufhin eine geänderte Version der Patentanmeldung ein. A erfährt nur davon, weil er eine Rechnung über diese Tätigkeit erhält. Daraufhin entzieht er dem B das Mandat. B meint, er hätte das Patentamt sicher noch von der Patentfähigkeit der Erfindung überzeugt, wenn ihm das Mandat nicht entzogen worden wäre.

498 Nach Auffassung des OLG Düsseldorf[38] hat der Patentanwalt seine Sorgfaltspflichten verletzt, weil er nicht für eine ordnungsgemäße Durchführung der Recherche Sorge getragen und den Mandanten nicht pflichtgemäß über die Erfolgsaussichten der Patentanmeldung belehrt hat. Der Patentanwalt hätte nach Ansicht des Gerichts den Stand der Technik auf jeden Fall ermitteln müssen, der letztendlich vom Deutschen Patent- und Markenamt der Patentanmeldung auch entgegengehalten worden war. Er hätte von einer Patentanmeldung abraten müssen. So aber habe die Verletzung seiner Sorgfaltspflichten bei der Durchführung der Recherche dazu geführt, dass er seinem Mandanten zu einer aussichtslosen Patentanmeldung geraten habe. Der pauschale Hinweis, der Erfolg einer Patentanmeldung könne nicht garantiert werden, ist für eine umfassende, pflichtgemäße Beratung und Belehrung nicht ausreichend.[39]

499 Patentanwälte sollten deshalb mit ihren Mandanten die Recherchemöglichkeiten unter Kosten-/Nutzen-Aspekten eingehend erörtern und ihnen die Entscheidung über den Umfang der Recherche überlassen. Eine Belehrung des Mandanten darüber, dass ihn die Ausführung des Auftrags etwas kosten wird und welche Beträge dabei im Einzelnen anfallen, ist in der Regel nicht erforderlich. Das gilt für die Vergütung der patentanwaltlichen Leistungen genauso wie für Gerichtskosten oder Schutzrechtsgebühren. Auf diesbezügliche Fragen hin muss er jedoch eine korrekte, möglichst genaue Antwort geben.[40]

▶ **Beispiel:**

500 A hat Patentanwalt B mit der Durchführung eines Nichtigkeitsverfahrens beauftragt. Das Gericht schlägt einen Vergleich vor. Was sind die Pflichten des B?

501 Die Beratung im Zusammenhang mit einem Vergleichsabschluss ist besonders problematisch, da in den meisten Fällen zum maßgeblichen Zeitpunkt noch zahlreiche Unsicherheitsfaktoren bestehen, welche die Prognose erschweren. Zu nennen sind beispielsweise offene Beweisfragen oder die noch nicht absehbare Entwicklung von Zukunftsschäden, welche mit dem Vergleich aber endgültig abgegolten werden sollen. Daher bedarf die verbindliche, unwiderrufliche Entscheidung über ein Vergleichsan-

38 OLG Düsseldorf Mitt. 1997, 127, 129.
39 Hansmann, Mitt. 1997, S. 362 f.
40 BGH NJW 1980, 2128, 2130.

gebot unbedingt der ausdrücklichen Zustimmung des Mandanten.[41] Vorher muss der Berater ihn sehr sorgfältig über den Inhalt, die Bedeutung und die Folgen des Vergleichs belehren und aufklären. Bei der Erörterung des Vergleichsvorschlags muss sichergestellt werden, dass der Auftraggeber sich keine falschen Vorstellungen über die Auswirkungen der in Rede stehenden Vereinbarung macht.[42] Im Ergebnis sollte dem Mandanten vom Vergleichsabschluss abgeraten werden, wenn die begründete Aussicht besteht, dass im Falle einer Streitentscheidung ein günstigeres Ergebnis zu erwarten ist.[43] Zur Annahme dagegen sollte geraten werden, wenn hinreichende objektive Anhaltspunkte vorliegen, die den Vergleich eindeutig günstiger erscheinen lassen.

b) Anweisungen des Mandanten

▶ Beispiel:

A hat Patentanwalt B instruiert, eine Abmahnung vorzubereiten und an die Gegenseite abzuschicken. B sieht jedoch erhebliche Risiken und teilt seine Bedenken A mit. Dieser besteht jedoch darauf, die Abmahnung abzusenden. Ist B verpflichtet, diesen Auftrag auszuführen? 502

Als Umkehrschluss ergibt sich aus § 665 BGB, dass der Beauftragte grundsätzlich verpflichtet ist, die Weisungen des Auftraggebers zu befolgen. Formuliert wird hier die Ausnahme zu einer Regel, die im Übrigen schon aus der Tatsache geschlossen werden kann, dass der Beauftragte fremde Interessen wahrnimmt. Der Mandant wird allerdings selten detaillierte Einzelweisungen erteilen, sondern seinem sachkundigen Berater bei der Durchführung des Auftrags weitgehend freie Hand lassen. Außerdem führt die Stellung eines Anwalts oder Patentanwalts als unabhängiges Organ der Rechtspflege, der wegen seiner besonderen Sachkenntnisse über größere Selbstständigkeit verfügt, dazu, dass § 665 BGB nicht eng auszulegen ist, obwohl es sich um eine Ausnahmevorschrift handelt.[44] Der Patentanwalt hat in diesem Bereich also einen gewissen Ermessensspielraum, der jedoch dann an seine Grenzen stößt, wenn entweder eventuelle Interessen des Mandanten erkennbar verletzt werden könnten oder eine klare Weisung vorliegt. Allerdings ist auch eindeutigen Weisungen nicht blindlings Folge zu leisten; schon aufgrund seiner allgemeinen Treuepflicht muss der Beauftragte auf bestehende Bedenken hinweisen. 503

Der Patentanwalt hat nicht nur das Recht, sondern auch die berufliche Pflicht, die Befolgung von Weisungen abzulehnen, durch deren Ausführung er gegen seine Berufspflichten oder andere zwingende Gesetze verstoßen würde. Das Gleiche gilt, wenn die fragliche Maßnahme, z.B. die Führung eines Prozesses oder die Anmeldung eines Schutzrechts nach seiner Überzeugung mit Sicherheit keine Erfolgschancen hätte. Die Verpflichtung zur Ablehnung entfällt nur dann, wenn ein Erfolg nicht völlig 504

41 BGH WM 2001, 2455 f.
42 BGH NJW 1994, 2085 f.; BGH WM 2001, 2455, 2456.
43 BGH NJW 1993, 1325, 1328.
44 Vgl. BGH MDR 1977, 476.

ausgeschlossen werden kann und der Mandant trotz eindringlicher Belehrung über das außerordentlich hohe Risiko auf Durchführung besteht.

c) Information des Mandanten

▶ Beispiel:

505 A hat einen Auftrag zur Durchführung einer Patentanmeldung an B vergeben. A hört drei Jahre lang nichts mehr von seinem Patentanwalt. Auf Nachfrage stellt er fest, dass bereits mehrere Mitteilungen und Bescheide des Deutschen Patent- und Markenamts an B gegangen sind. A ist der Auffassung, dass B ihn hierüber hätte informieren müssen.

506 Aus § 666 BGB folgt die Pflicht des Rechtsberaters zur regelmäßigen Unterrichtung des Mandanten über den Sachstand, damit dieser seine Entscheidungen über das weitere Vorgehen stets auf aktueller Basis treffen kann. Dem entspricht auch die Regelung des § 10 Nr. 3 BOPA, wonach der Patentanwalt den Auftraggeber über alle den Auftrag betreffenden wesentlichen Vorgänge zu unterrichten hat. Diese Pflicht kann auch über das Vertragsende hinausreichen. Auch nachträgliche Auskünfte, die dem ehemaligen Mandanten oder seinem neuen Berater zur Sache erteilt werden, können zu einem Haftungsrisiko werden, wenn sie nicht korrekt waren und der ehemalige Auftraggeber aufgrund dessen einen Schaden erleidet (für den Fall, dass der zweitinstanzliche Anwalt nicht korrekt informiert wird).[45] Scheitern z.B. außergerichtliche Bemühungen des Patentanwalts und wird das Mandat deshalb einem Rechtsanwalt zur gerichtlichen Durchsetzung übertragen, so sollte der Patentanwalt diesen sorgfältig über die wesentlichen Umstände des Falles informieren.

507 Es besteht eine Herausgabepflicht gegenüber dem Auftraggeber, bezogen auf alles, was der Patentanwalt zur Ausführung des Auftrags erhalten oder aus der Geschäftsbesorgung erlangt hat (§ 667 BGB). Hierunter fallen vor allem die vom Beauftragten für die Geschäftsbesorgung angelegten Akten; in Bezug auf diese sog. Handakten wird § 667 BGB durch die spezielle Vorschrift des § 44a PAO ergänzt.

d) Tätigkeiten Dritter

▶ Beispiel:

508 A beauftragt Patentanwalt B mit der Vorbereitung und Einreichung einer Anmeldung. A hat sodann ergänzende Fragen. Bei seinen telefonischen Nachfragen erfährt er, die Akte sei bei dem Mitarbeiter C in Bearbeitung. A fragt, ob nicht Patentanwalt B zur persönlichen Bearbeitung verpflichtet sei.

509 Die Auftragsausführung ist im Regelfall ihrer Rechtsnatur nach eine Dienstleistung. Daher sind auch Vorschriften des Dienstvertragsrechts anwendbar. Auch die §§ 611 ff.

45 OLG Karlsruhe Urt. v. 27. 05. 92 – 1 U 210/91 (unveröff.).

BGB enthalten keine besonderen Bestimmungen für den Fall, dass der Dienstleister seine Pflichten schlecht erfüllt bzw. verletzt. Die Haftung dafür richtet sich somit beim Mandat mit Dienstvertragscharakter stets nach allgemeinem Recht. Neben den grundlegenden Normen, §§ 611, 612 Abs. 1 und 2 BGB gilt demgemäß § 613 BGB. Danach besteht im Zweifel die Verpflichtung zur persönlichen Dienstleistung.

Entscheidend sind die Umstände des Einzelfalles. Wegen des besonderen Vertrauens- 510
verhältnisses ist diese Pflicht bei Rechts- und Patentanwältinnen und -anwälten aber die Regel, und zwar auch beim Werkvertrag. § 613 BGB hat für Anwälte also eher deklaratorischen Charakter. Es ist allerdings keinesfalls ausgeschlossen, dass einzelne Tätigkeiten auch Dritten übertragen werden können. Gewisse einfache Verrichtungen, die keine besondere Geistesarbeit oder spezielle juristische Ausbildung erfordern, darf der Anwalt zur selbstständigen Erledigung seinem geschulten und zuverlässigen Büropersonal überlassen.[46]

e) Fortbildungspflicht

▶ **Beispiel:**

Eine Patentanmeldung des A wird zurückgewiesen. Der Grund liegt darin, dass 511
aufgrund der Änderung der Rechtsprechung nun der Anmeldegegenstand nicht mehr patentfähig ist. Patentanwalt B hatte von dieser Rechtsprechung keine Kenntnis genommen, bevor er die Patentanmeldung eingereicht hatte.

Auf der Grundlage der ermittelten Tatsachen (Sachlage) erfolgt die Prüfung der Rechts- 512
lage. Erforderlich ist eine sorgfältige und umfassende Prüfung und Sicherung der Ansprüche und Ziele des Mandanten nach jeder Richtung. Dabei hat der Berater sich an der aktuellen Gesetzgebung, Rechtsprechung und Literatur zu orientieren. Der Patentanwalt ist verpflichtet, sich diejenigen Rechtskenntnisse anzueignen, die ihm zur Ausführung des Auftrags fehlen. Sieht er sich dazu nicht in der Lage, muss er den Auftrag ablehnen. Alle für das Mandat einschlägigen Gesetze und sonstigen Vorschriften muss der Patentanwalt beachten. Von neuerer Rechtsprechung hat der Berater baldmöglichst Kenntnis zu nehmen.[47] Ob dies in zumutbarer Weise möglich war, ist eine Frage des Einzelfalls. Von Patentanwälten wird man erwarten können, dass sie zumindest eine Fachzeitschrift regelmäßig lesen. Auf den Fortbestand der bisherigen höchstrichterlichen Rechtsprechung dürfen sie grundsätzlich vertrauen, es sei denn, es zeichnet sich mit hinreichender Wahrscheinlichkeit ein Wandel ab.[48] Das ist natürlich vor allem dann der Fall, wenn Gesetze erlassen oder geändert werden, die auf die Rechtsfrage Auswirkungen haben können.

Auch die Beachtung von ausländischem Recht gehört im Rahmen des erteilten Auf- 513
trags zu seinen Pflichten. Wird für die Prüfung ausländischer Normen ein Spezialist

46 BPatG GRUR 1997, 657, 658 – *Anwaltlicher Verantwortungsbereich.*
47 OLG Düsseldorf, Urt. v. 20. 03. 86 – 8 U 51/85 (unveröff.).
48 BGH NJW 1993, 3323, 3324.

hinzugezogen, bestimmt sich die Haftung für dessen Fehler grundsätzlich nach § 664 BGB. Fremdes Verschulden muss er sich mangels Erfüllungsgehilfeneigenschaft des ausländischen Anwalts grundsätzlich nicht zurechnen lassen.[49] Allerdings hat er für ein eigenes Verschulden bei Auswahl und Anweisung des Kollegen einzustehen.

f) Gebot des sichersten Weges

▶ Beispiel:

514 Patentanwalt B erhält den Auftrag, die Interessen des Mandanten A in einer patentrechtlichen Auseinandersetzung wahrzunehmen.

Das Landgericht verurteilt die Firma X dem Antrag des Mandanten A entsprechend. Der Rechtsstreit geht in die Berufung. Kurz vor dem Termin der mündlichen Verhandlung im Nichtigkeitsverfahren legt die Firma X eine Offenlegungsschrift vor, durch die ihrer Ansicht nach die Erfindung des Mandanten A, für die das Patent erteilt war, vorweggenommen sei. Der Patentanwalt gelangt zu der Rechtsüberzeugung, dass das Patent aufgrund dessen für nichtig erklärt werden würde und rät seinem Mandanten zum Abschluss eines Vergleichs.

Im Nachhinein fühlt sich der Mandant falsch beraten. Er meint, die Offenlegungsschrift habe seine Erfindung weder vorweggenommen noch dem Fachmann nahegelegt. Der Abschluss eines Vergleichs sei daher auch nicht in seinem Interesse. Er verlangt von seinem Patentanwalt Schadensersatz in Höhe des entgangenen Gewinns. Der Patentanwalt beruft sich darauf, dass eine eindeutige Prognose über den Prozessausgang nicht möglich gewesen sei. Seine Rechtsauffassung, dass das Patent der Klage nicht standhalten würde, habe er dem Mandanten gegenüber plausibel begründet.[50]

515 Der Patentanwalt war verpflichtet, seinen Mandanten darüber umfassend aufzuklären, welche Risiken, aber auch welche Chancen eine Verteidigung seines Patents im Nichtigkeitsverfahren angesichts des Stands der Technik mit sich bringen würde. Deshalb hat er sich nicht darauf beschränken dürfen, seine eigene Rechtsauffassung darzulegen und zu begründen.

516 Eine pflichtgemäße Beratung und Belehrung ist nur dann gegeben, wenn der Mandant vollständig und objektiv über die Chancen und Risiken aller in Betracht kommenden Vorgehensweisen informiert wurde. Dem genügt der Patentanwalt nicht, wenn er wie im vorliegenden Fall seinem Mandanten nur seine Rechtsauffassung darlegt und nachträglich von der Fortführung der Prozesse abrät. Er hat seinen Mandanten nicht in die Lage versetzt, in Kenntnis aller Chancen und Risiken eine eigenständige Entscheidung über das weitere Vorgehen zu treffen.

---

49 LG Leipzig Mitt. 2007, 84 – *Patentanwaltshaftung bei Auslandsmandat.*

50 Fall nach BGH NJW-RR 2000, 791 ff.

In zahlreichen Haftpflichturteilen findet sich der allgemeine Grundsatz, im Interesse des Mandanten müsse der Berater bei der Berufsausübung immer den sichersten[51] oder sichereren[52] Weg gehen.[53] Nach der ständigen Rechtsprechung des Bundesgerichtshofs[54] schuldet der um Rat gebetene Anwalt seinem Auftraggeber eine umfassende und erschöpfende Belehrung. Der Anwalt muss den ihm vorgetragenen Sachverhalt dahin prüfen, ob er geeignet ist, den vom Auftraggeber erstrebten Erfolg herbeizuführen. Dem Mandanten hat der Anwalt diejenigen Schritte zu empfehlen, die zu dem erstrebten Ziel führen können. Er muss den Auftraggeber vor Nachteilen bewahren, soweit solche vorhersehbar und vermeidbar sind. Dazu hat der Anwalt seinem Mandanten den sichersten Weg vorzuschlagen und ihn über mögliche Risiken aufzuklären, damit der Mandant eine sachgerechte Entscheidung treffen kann. Zweifel und Bedenken zu denen die Sachlage Anlass gibt, muss der Anwalt darlegen und mit seinem Auftraggeber erörtern. Der konkrete Umfang der Pflichten des Anwalts richtet sich dabei nach dem erteilten Mandat und den Umständen des einzelnen Falles. Im Falle der Zusammenarbeit mit einem Rechtsanwalt übernimmt der Patentanwalt im Rahmen des Mandats gegenüber dem Mandanten die gleichen Funktionen wie der Rechtsanwalt. Er wird vom Auftraggeber wie dieser und mit dem gleichen Ziel der Wahrung seiner Interessen betraut. In diesem Zusammenhang ist er auch dann, wenn er neben einem Rechtsanwalt beauftragt ist, der anwaltliche Vertreter, auf dessen Beratung der Mandant vertraut und vertrauen darf.[55] 517

In Konflikt geraten kann die von der Rechtsprechung für die Mandanten geforderte größtmögliche Sicherheit insbesondere mit der Zweckmäßigkeit verschiedener Vorgehensweisen. In der Rechtsprechung findet sich hierzu die Aussage, der sicherere Weg müsse zumindest dann gewählt werden, wenn der damit verbundene Aufwand nicht völlig unverhältnismäßig ist.[56] 518

Insgesamt muss der Berater alle in Betracht kommenden Lösungen unter Berücksichtigung aller wesentlichen Faktoren nach pflichtgemäßem Ermessen abwägen.[57] 519

Vorliegend ist nach alledem von einer Pflichtverletzung durch Unterlassen der erforderlichen Aufklärung auszugehen. 520

g) Aktenführung

▶ Beispiel:

A wird von Patentanwalt B seit Jahren in diversen Angelegenheiten des gewerblichen Rechtsschutzes betreut. B möchte sich nun einen Gesamtüberblick über seine Fälle verschaffen, da seine eigene Dokumentation unzureichend ist. Nun 521

---

51 BGH NJW-RR 1985, 1281 f.

52 RGZ 151, 259, 264.

53 BGH NJW 1970, 35 ff. – *Muschi-Blix*; OLG Düsseldorf Mitt. 1989, 56 ff.

54 BGH NJW 1995, 449; NJW 1996, 648; vgl. auch OLG Karlsruhe Mitt. 2011, 141 ff.

55 BGH GRUR 2000, 396 – *Vergleichsempfehlung*.

56 OLG Düsseldorf Mitt. 1991, 56, 58.

57 Vgl. allgemein Steinacker GRUR 2001, 1011.

stellt er fest, dass B ihm zwar Unterlagen der laufenden Verfahren geschickt hat, aber selbst keine Kopien hiervon hat. A fragt, ob B nicht zur vollständigen Führung der Akten verpflichtet ist?

522 Der Gesetzgeber hat die Rechte und Pflichten für den Umgang mit anwaltlichen Handakten geregelt, weil er ein klares Bild über die vom Patentanwalt im Einzelnen entfalteten Tätigkeiten im Hinblick auf das Vertrauensverhältnis zwischen ihm und seinem Mandanten zu Recht für unerlässlich hielt.[58] Auch wenn die Pflicht, Handakten anzulegen und für bestimmte Zeiten aufzubewahren systematisch in erster Linie zu den sog. besonderen Berufspflichten gehört, entfalten die Regelungen des § 44 PAO auch unmittelbar in der schuldrechtlichen Beziehung zum Mandanten ihre Wirkungen. Sie schützen dabei die Interessen auf beiden Seiten. Der Mandant hat freilich ein schutzwürdiges Interesse daran, dass seine Unterlagen sorgfältig behandelt, aufbewahrt und ihm unversehrt zurückgegeben werden. Unvollständige, nachlässig und lückenhaft geführte Akten können weiterhin dazu führen, dass bei der Auftragsausführung etwas vergessen oder übersehen wird. Für daraus folgende Schäden hätte der Patentanwalt wegen Verletzung seiner vertraglichen Pflichten einzustehen. Die Handakten dienen aber auch dem Interesse des Patentanwalts selbst. Eine sorgfältige Aktenführung hilft ihm dabei, Fehler zu vermeiden und damit sein Haftungsrisiko zu verringern. Sie erleichtert ihm die Erfüllung seiner Rechenschaftspflicht aus § 666 BGB und ist im Haftpflichtprozess als ein Beweismittel geeignet, den Anwalt zu entlasten. Jeder Anwalt sollte alle Absprachen und Belehrungen schriftlich zu den Akten nehmen. Es empfiehlt sich, die Schriftstücke in der Reihenfolge ihrer Abheftung zu paginieren, um dem Verdacht einer nachträglichen Manipulation entgegenzuwirken.[59] Die Dokumentationspflicht selbst ergibt sich aus § 44 Abs. 1 PAO. Sie wird von § 12 BOPA aufgegriffen. Einschränkend bestimmt § 12 Abs. 1, S. 2 BOPA, dass für die Erteilung eines Rates oder einer Auskunft die Anfertigung einer Aktennotiz ausreichend ist.

h) Verschwiegenheitsverpflichtung

▶ Beispiel:

523 A ist der Ansicht, Patentanwalt B habe ihn falsch beraten. Aufgrund dessen sei ihm erheblicher Schaden entstanden. B meldet den Fall seiner Versicherung unter genauer Darstellung des Sachverhalts. A meint, B habe damit gegen seine Verschwiegenheitsverpflichtung verstoßen.

524 Die Pflicht des Patentanwalts zur Verschwiegenheit über die Angelegenheiten seiner Mandanten ist nicht nur eine seiner allgemeinen Berufspflichten, sondern ergibt sich auch schon aus seiner vertraglichen Treuepflicht gegenüber seinem jeweiligen Auftrag-

58 BT-Drucks. 12/4993, S. 41.

59 Weyland-Nöker § 50 BRAO Rn. 1 ff.

geber.[60] Zum Schutz des mit dem Mandanten bestehenden Vertrauensverhältnisses geht sie über die Strafvorschrift des § 203 StGB (Geheimnisverrat) hinaus, indem sie grundsätzlich alles umfasst, was dem Patentanwalt in Ausübung seines Berufes bekannt geworden ist, (vgl. § 39a Abs. 2 S. 2 PAO). Aufgrund der allgemeinen Treuepflicht gegenüber seinem Vertragspartner besteht eine Schweigepflicht im Interesse des Mandanten aber auch in Bezug auf solche Tatsachen, von denen er außerberuflich Kenntnis erlangt.[61] Ausgenommen sind offenkundige Tatsachen, die ohnehin allgemein bekannt sind oder über die sich jedermann zumindest leicht aus allgemein zugänglichen Quellen informieren kann,[62] und Tatsachen, die der Geheimhaltung nicht bedürfen, (vgl. § 39a Abs. 2 S. 3 PAO). Gerade bei Patentanwälten ist die Schweigepflicht im Hinblick auf ihnen anvertraute oft mit besonderem Know-How und beträchtlichen Kosten behafteten Erfindungen von herausragender Bedeutung.[63] Sie müssen daher auch die Verschwiegenheit ihrer Mitarbeiter sicherstellen (§ 4 Abs. 4 BOPA) und insbesondere in einer bloßen Bürogemeinschaft die notwendigen Vorkehrungen treffen, um die Geheimhaltung der Angelegenheiten ihrer Mandanten zu gewährleisten (§ 4 Abs. 2 BOPA). Die Verschwiegenheitspflicht besteht naturgemäß auch nach Beendigung des Auftrags fort, insoweit klarstellend § 4 Abs. 1 BOPA, und endet auch nicht mit dem Tod des Mandanten.[64] Sie entfällt jedoch, wenn der Mandant den Patentanwalt von der Schweigepflicht entbindet. Die Befreiung sollte sich der Berater schriftlich geben lassen, um dem Vorwurf einer Verletzung seiner Pflichten vorzubeugen. Darüber hinaus kann sie auch dann entfallen, wenn berechtigte Interessen des Patentanwalts gegenüber dem Interesse des Mandanten an der Geheimhaltung überwiegen, § 4 Abs. 3 BOPA. Dies kommt insbesondere in Betracht bei einem berufs- oder strafgerichtlichen Verfahren gegen den Patentanwalt, aber auch bei Gebührenstreitigkeiten[65] und zur Abwehr von Regressansprüchen. Aus letzterem folgt weiterhin, dass die Schweigepflicht im Haftpflichtfall nicht gegenüber dem Berufshaftpflichtversicherer besteht; dieser ist seinerseits aufgrund seiner Vertrauensstellung im Übrigen wiederum zur Diskretion verpflichtet.[66]

i) Widerstreitende Interessen

▶ **Beispiel:**

A ist Inhaber der Marke »Formel-1«. Hiergegen hat die Formel-1 Unternehmens- 525
gruppe ein Löschungsverfahren eingeleitet. Mit der Vertretung beauftragt A den Patentanwalt B. B ist Mitglied in einer Sozietät, die bereits seit 10 Jahren das Unternehmen Ferrari in Markenverletzungsverfahren und wettbewerbswidrige Streitig-

60 Weyland-Bauckmann § 43 a BRAO Rn. 12; BT-Drucks. 12/4993, S. 4 i.V.m. S. 31.
61 Weyland-Bauckmann § 43a BRAO Rn. 17.
62 Weyland-Bauckmann § 43a BRAO Rn. 19.
63 BT-Drucks. 12/4993, S. 41.
64 BGH DNotZ 1975, 420 f.
65 Henssler NJW 1994, S. 462.
66 Weyland-Bauckmann § 43a BRAO Rn. 16 ff.

keiten vertreten hatte. Ferrari hat Mitspracherechte in der Formel-1 Gruppe. A sieht hierin eine Interessenkollision, über welche B A nicht aufgeklärt hatte.[67]

526 Wenn ein gegen das Verbot des § 39a Abs. 4 PAO beschlossener Mandatsvertrag vorliegt, stellt sich die Frage, ob dieser in Folge des Verstoßes gegen diese Bestimmung nichtig ist. Ob widerstreitende Interessen bestehen, muss im Hinblick auf die konkreten Umstände des Einzelfalls beurteilt werden. Maßgeblich ist, ob der in den anzuwendenden Rechtsvorschriften versierte Interessenkonflikt im konkreten Fall tatsächlich auftritt. Vorliegend ist es zweifelhaft, ob ein solcher Interessenkonflikt vorliegt. Die Ferrari-Unternehmensgruppe ist keine konzernmäßige Verbindung mit der Formel-1 Unternehmensgruppe eingegangen. Maßgeblich ist deshalb, ob in sonstiger Weise ein konkreter Interessenkonflikt festgestellt werden kann. Da solche Umstände auch nicht vorliegen, ist ein Interessenkonflikt zu verneinen.[68]

▶ **Beispiel:**

527 A ist seit mehreren Jahren in gemeinsamer Sozietät mit den Patentanwälten B und C berufstätig. A wechselt in die Sozietät, in welcher die Patentanwälte D, E und F tätig sind. D und E sind in X-Stadt tätig, während F in der Y-Stadt tätig ist. Die Kanzleien in den beiden Städten arbeiten weitgehend unabhängig voneinander. In Sachen eines Widerspruchsverfahrens hat Patentanwalt B vorbereitend einen Mandanten beraten. Sodann hat er im Auftrag dieses Mandanten nach dem Ausscheiden von A Widerspruch gegen eine Marke eingelegt, welche von F in Y-Stadt betreut wird.

Sachlage?

528 Es stellt sich die Frage, inwieweit das Verbot der Tätigkeit im widerstreitenden Interesse gemäß § 5 BOPA zu beachten ist.

529 Das Bundesverfassungsgericht hat in seiner Entscheidung vom 03.07.2003[69] mit § 3 Abs. 2 BORA mit Art. 12 Abs. 1 GG für unvereinbar gehalten und daher für nichtig erklärt. Mit der Vorschrift würden nicht nur die Interessen der Mandanten vernachlässigt, sie berücksichtige auch weder die Berufsausübungsfreiheit des die Sozietät wechselnden Rechtsanwalts noch die der Mitglieder der aufnehmenden Sozietät im hinreichenden Maße.

530 Im Anschluss an diese Rechtsprechung des Bundesverfassungsgerichts hat die Satzungsversammlung der Bundesrechtsanwaltskammer am 07.11.2005 eine Änderung der Satzung beschlossen. Darin findet sich nunmehr die vom Bundesverfassungsgericht geforderte Einzelabwägung bei dem Verbot der widerstreitenden Interessen der Sozien

---

67 Fall nach OLG Frankfurt a.M., Beschluss vom 19.5.2022, Az. 6 W 19/22.

68 Fall nach OLG Frankfurt a.M., Beschluss vom 19.5.2022, Az. 6 W 19/22; Kinting IP Kompakt, 16. Jahrgang August 2022, Heft 8, S. 17.

69 BVerfG BRAK-Mitt. 2003, 231 ff., 1 BvR 238/01.

bei einem Wechsel von einer Berufsausübungsgemeinschaft- oder Bürogemeinschaft zu einer anderen Berufsausübungs- oder Bürogemeinschaft.

Nach § 5 BOPA gilt zunächst grundsätzlich das Verbot im widerstreitenden Interesse, 531
wenn der Patentanwalt eine andere Partei in derselben Sache bereits beraten oder vertreten hat oder mit dieser Rechtssache im sonstigen Sinne befasst war. Gemäß § 5 Abs. 2 S. 1 BOPA gilt dieses Verbot auch für alle mit dem Patentanwalt in derselben Berufsausübungs- oder Bürogemeinschaft verbundenen Anwälte. Nach § 5 Abs. 2 Satz 2 BOPA gilt dies aber nicht, wenn sich im Einzelfall die betroffenen Mandanten in den widerstreitenden Mandaten nach umfassender Information mit der Vertretung ausdrücklich einverstanden erklärt haben und Belange der Rechtspflege nicht entgegenstehen. Information und Einverständniserklärung sollen in Textform erfolgen.

2. Verhalten des Mandanten

▶ Beispiel:

Für seinen Mandanten A arbeitet Patentanwalt B eine Anmeldung aus und reicht 532
diese ein. Im Prüfungsverfahren ermittelt das Amt Stand der Technik, der der Patentfähigkeit entgegensteht. Es stellt sich heraus, dass A diesen Stand der Technik bereits vor der Anmeldung kannte und diese Kenntnis gegenüber B verschwiegen hatte.

Die Klärung der für die Auftragsausführung erheblichen Tatsachen bildet die Grund- 533
lage für die Prüfung der Rechtslage und der Erfolgsaussichten des vom Auftraggeber verfolgten Ziels. Der Patentanwalt bereitet insbesondere auch schwierige technisch-naturwissenschaftliche Sachverhalte für die rechtliche Bewertung auf, da er von seiner Ausbildung und seinem originären Tätigkeitsbereich her auch auf diesem Gebiet fachkundig ist. Versäumnisse bei der Aufklärung des für das konkrete Mandat maßgeblichen Sachverhalts können sich bitter rächen, da sie die Basis für die Beratung verfälschen. Der Patentanwalt ist dabei auf die Mitwirkung seines Mandanten angewiesen, da dieser über den wesentlichen Anteil der notwendigen Informationen verfügt.[70]

Mit der Aufklärungspflicht des Patentanwalts korrespondiert deshalb eine Informa- 534
tions- und Offenbarungspflicht seines Auftraggebers. Dieser muss seinem Berater alle Tatsachen vollständig mitteilen und sämtliche Unterlagen zugänglich machen, die aus seiner Sicht für die Durchführung des Mandats wichtig sein könnten. Dem gegenseitigen Vertrauensverhältnis entsprechend darf sich der Patentanwalt darauf verlassen, dass sein Mandant ihn korrekt und vollständig informiert, ihn insbesondere über etwaige Änderungen mandatserheblicher Umstände auf dem Laufenden hält sowie fehlerhafte Angaben und Missverständnisse richtigstellt.[71] Der Patentanwalt ist also nicht gehalten, sämtliche Angaben auf Richtigkeit oder gar Glaubhaftigkeit zu überprüfen. Besteht aber in dieser Hinsicht Anlass zu Zweifeln, so muss er für Klar-

---

70 Grüneberg/Grüneberg § 280 BGB Rn. 67.

71 BGH NJW 1985, 1154 f.

stellung sorgen. Vor allem rechtliche Beurteilungen eines Laien darf der Patentanwalt nicht ungeprüft übernehmen. Im Einzelfall können Ausbildung und Erfahrung des Mandanten zwar die Erwartung einer zutreffenden Information rechtfertigen. Im Zweifel trägt aber der Patentanwalt als bezahlter Fachmann die Verantwortung für die rechtlichen Wertungen. Deshalb sollte er sich nicht darauf verlassen, dass der Mandant zu einer richtigen Einschätzung in der Lage sein müsste.[72]

535 Die Mitwirkungspflicht des Mandanten gehört neben der Vergütung der patentanwaltlichen Leistungen zu dessen Vertragspflichten.[73] Er kann als Laie natürlich nicht immer abschließend beurteilen, welche Informationen für sein Anliegen von Bedeutung sind. Es gehört deshalb zum Inhalt der anwaltlichen Aufklärungspflicht, die Informationen durch Nachfragen oder Anfordern weiterer Unterlagen beim Mandanten zu ergänzen und aufzubereiten, um ein vollständiges und objektives Bild der Sachlage zu erhalten. Stellt sich im Nachhinein heraus, dass dies nicht gelungen ist, kann wegen der Wechselwirkungen der gegenseitigen Pflichten von Anwalt und Mandant bei der Sachverhaltsaufklärung ein beiderseitiges Verschulden vorliegen. Dann muss geklärt werden, inwieweit der entstandene Schaden dem Verantwortungsbereich des Mandanten zugerechnet werden kann. Die Mitwirkungspflicht besteht in seinem Interesse, und der Verstoß gegen eigene Obliegenheiten führt dazu, dass der Mandant den dadurch (mit-)verursachten Schaden zu einem dementsprechenden Anteil nicht ersetzt verlangen kann, sondern selbst zu tragen hat.[74]

536 Das Ergebnis der Sachverhaltsaufklärung sollte schriftlich fixiert und so auch dem Mandanten übermittelt werden. Im Falle des späteren Vorwurfs der Verletzung der Aufklärungspflicht kann so Beweisschwierigkeiten vorgebeugt werden.

IV. Vergütung

537 Aufgrund des Vertrages mit seinen Mandanten hat der Anwalt einen Anspruch auf Zahlung einer Vergütung. Eine dem Rechtsanwaltsvergütungsgesetz entsprechende gesetzliche Grundlage gibt es im Bereich der Patentanwaltstätigkeit nicht. Die Regeln sind daher allein vertragliche Ansprüche. Im Ausnahmefall gibt es aber auch gesetzliche Vergütungsansprüche, insbesondere im Rahmen der Kostenerstattung.

538 Im patentanwaltlichen Alltag wird auch der Begriff Gebühr verwendet. Eigentlich bezeichnet dieser Begriff den Betrag, der für hoheitliche Leistungen zu entrichten ist. Es geht also um Zahlungen für eine Dienstleitung einer Behörde, eines Gerichts, einer Anstalt oder Körperschaft des öffentlichen Rechts. Im Sprachgebrauch der Verwaltung zählen Verwaltungs- und Benutzungsgebühren neben den Steuern und Beiträgen zu den Abgaben. Insofern ist die Verwendung des Begriffs Gebühr im Zusammenhang mit Forderungen des Patentanwalts nicht korrekt.[75]

---

72 Grüneberg/Grüneberg § 280 BGB Rn. 66 ff.
73 BGH NJW 1996, 2929, 2932.
74 Grüneberg/Grüneberg § 280 BGB Rn. 69.
75 Albrecht/Hoffmann, Rn. 21 ff.

1. Vertragliche Vergütungsansprüche

▶ Beispiel:

A will sich von Patentanwalt B in verschiedenen Angelegenheiten des gewerblichen Rechtsschutzes beraten lassen. Zunächst möchte er jedoch wissen, welches Honorar anfallen wird. 539

Die Gegenleistung des Mandanten für die Ausführung des von ihm erteilten Auftrags durch den Patentanwalt besteht in der Zahlung der Vergütung. Anwaltliche Vergütungen setzen sich in der Regel aus dem Honorar oder den Gebühren für die jeweilige Tätigkeit und der Erstattung der Auslagen zusammen.[76] 540

Patentanwälte können mit ihren Mandanten zunächst individuelle Honorarvereinbarungen treffen. Diese Berechtigung wurde ausdrücklich in § 14 Abs. 1 Satz 1 BOPA aufgenommen. Eine solche Vergütungsvereinbarung ist nicht an bestimmte Formvoraussetzungen gebunden. Auch eine lediglich mündliche Abrede ist damit möglich. Die schriftliche Fixierung ist aber zur Vermeidung von Unklarheiten und zur Beweiserleichterung im Konfliktfall dringend zu empfehlen. 541

§ 43 b PAO enthält eine Sonderregelung über die Vereinbarung eines Erfolgshonorars.[77] 542

Danach sind Vereinbarungen grundsätzlich unzulässig, durch die eine Vergütung oder ihre Höhe vom Ausgang der Sache oder vom Erfolg der anwaltlichen Tätigkeit abhängig gemacht wird oder nach denen der Patentanwalt einen Teil des erstrittenen Betrags als Honorar enthält. Ebenso sind Vereinbarungen, durch die der Patentanwalt sich verpflichtet, Gerichtskosten, Verwaltungskosten oder Kosten anderer Beteiligter zu tragen, unzulässig.[78] 543

Nach § 43b Abs. 2 PAO darf im Ausnahmefall ein Erfolgshonorar vereinbart werden. Allerdings darf sich die Vereinbarung nur auf den Einzelfall beziehen und nur dann geschlossen werden, wenn der Auftraggeber aufgrund seiner wirtschaftlichen Verhältnisse bei verständiger Betrachtung ohne die Vereinbarung des Erfolgshonorars von der Rechtsverfolgung abgeschlossen würde. Insoweit werden demgemäß die Minimalanforderungen des Bundesverfassungsgerichts vom Gesetzgeber erfüllt. Im Übrigen bedarf die Vereinbarung der Textform. Sie muss als Vergütungsvereinbarung oder in ähnlicher Weise bezeichnet werden. Außerdem muss die vertragliche Abrede von anderen Vereinbarungen mit Ausnahme der Auftragserteilung deutlich abgesetzt sein und darf nicht in der anwaltlichen Vollmacht enthalten sein. Im Einzelnen muss die Vereinbarung enthalten: 544

(1) Die erfolgsunabhängige Vergütung, zu die der Patentanwalt bereit wäre, den Auftrag zu übernehmen sowie

---

76 Vgl. hierzu Albrecht/Hoffmann, Rn. 21 ff.

77 BT Drucks. 280/08; BT Drucks. 16/8916; Zur Verfassungsmäßigkeit vgl. BvR 2576/04; Mitt. 2007, 329 ff. Ebenso BGH NJW 1996, 2499.

78 BT Drucks. 280/08; BT Drucks. 16/8916.

(2) auf Aufgabe, welche Vergütung bei Eintritt welcher Bedingungen verdient werden soll.

545 In der Vergütungsvereinbarung sind außerdem die wesentlichen Gründe anzugeben, die für die Bemessung des Erfolgshonorars bestimmend sind. Ferner ist ein Hinweis aufzunehmen, dass die Vereinbarung keinen Einfluss auf die ggf. vom Auftraggeber zu zahlenden Gerichtskosten, Verwaltungskosten und die von ihm zu erstattenden Kosten anderer Beteiligter hat.

546 Auch wenn ein Honorar nicht ausdrücklich vereinbart wurde, ist der Mandant verpflichtet, dem Anwalt seine Tätigkeit zu vergüten. Dies ergibt sich aus den entsprechenden Vorschriften des Dienst- und Werkvertragsrechts, die auf Geschäftsbesorgungsverträge mit einem Patentanwalt in der Regel Anwendung finden:

> Eine Vergütung gilt als stillschweigend vereinbart, wenn die Dienstleistung (Herstellung des Werkes) den Umständen nach nur gegen eine Vergütung zu erwarten ist (§§ 612 Abs. 1, 632 Abs. 1 BGB).

547 Soweit die Dienst- oder Werkleistungen in den Rahmen des vom Verpflichteten ausgeübten Hauptberufs gehören, wird Entgeltlichkeit in der Regel zu erwarten sein.[79] Der Mandant hat infolge dieser Vorschriften eine Vergütungspflicht auch dann, wenn eine Vergütung nicht ausdrücklich vereinbart worden ist. Fehlt eine Vereinbarung, dann stellt sich die Frage nach der Höhe der Vergütung. Im Gegensatz zur Gebührenordnung für Rechtsanwälte (RVG) gibt es für Patentanwälte keine gesetzliche Gebührenordnung. Das Fehlen einer gesetzlichen Regelung führt dazu, dass die Vergütung nur nach den für den Patentanwaltsvertrag geltenden zivilrechtlichen Vorschriften festgesetzt werden kann. Ausgangspunkt für die Festsetzung der Vergütung nach bürgerlichem Recht sind das Dienst- und Werkvertragsrecht:

> Ist die Höhe der Vergütung nicht bestimmt, so ist bei dem Bestehen einer Taxe die taxmäßige Vergütung, in Ermangelung einer Taxe die übliche Vergütung als vereinbart anzusehen (§ 612 Abs. 2, gleichlautend mit § 632 Abs. 2 BGB).

548 Taxen i.S. der §§ 612 Abs. 2, 632 Abs. 2 BGB sind nur nach Bundes- oder Landesrecht genehmigte zugelassene Vergütungssätze, die es für Patentanwälte nicht gibt. Daher wäre bei Patentanwälten in Ermangelung einer Taxe die übliche Vergütung als vereinbart anzusehen. Üblich in diesem Sinne ist die für die gleiche oder eine ähnliche Leistung an dem betreffenden Ort mit Rücksicht auf die persönlichen Verhältnisse gewöhnlich gewährte Vergütung.[80] Ist eine übliche Vergütung i. s. d. §§ 612 Abs. 2, 632 Abs. 2 BGB nicht feststellbar, so kann sie in der Regel gemäß §§ 316, 315 BGB vom Gläubiger nach billigem Ermessen festgelegt werden.[81]

> Ist der Umfang der für eine Leistung versprochenen Gegenleistung nicht bestimmt, so steht die Bestimmung im Zweifel demjenigen Teil zu, welcher die Gegenleistung zu fordern hat (§ 316 BGB).

79 Grüneberg/Retzlaff § 632 BGB Rn. 3.
80 OLG Düsseldorf Mitt. 2013, 295 – *Gebührenordnung mit Teuerungszuschlägen.*
81 BGH NJW 1969, 1855.

Patentanwälte können gem. § 315 BGB von diesem Leistungsbestimmungsrecht Gebrauch machen. 549

(1) Soll die Leistung durch einen der Vertragsschließenden bestimmt werden, so ist im Zweifel anzunehmen, dass die Bestimmung nach billigem Ermessen zu treffen ist.
(2) Die Bestimmung erfolgt durch Erklärung gegenüber dem anderen Teil.
(3) Soll die Bestimmung nach billigem Ermessen erfolgen, ist die getroffene Bestimmung für den anderen Teil nur verbindlich, wenn sie durch Urteil getroffen ist; das Gleiche gilt, wenn die Bestimmung verzögert wird (§ 315 BGB).

Was billigem Ermessen entspricht, ist unter Berücksichtigung der Interessen beider Parteien sowie des nach der allgemeinen Verkehrsanschauung Angemessenen festzustellen. Es gibt eine Vielzahl von Faktoren, die hierbei gewertet und abgewogen werden können. Bei einem Entgelt für Dienst- oder Werkleistungen sind der Wert der zu vergütenden Leistung, die konkret aufgewandte Arbeit, der Schwierigkeitsgrad und ihre wirtschaftliche Bedeutung wichtige Kriterien. Der Berechtigte (Patentanwalt) hat bei der Festlegung seiner Vergütung einen gewissen Ermessensspielraum.[82] 550

▶ **Beispiel:**

K ist Patentanwalt. B ist Facharzt für Allgemeinmedizin und beabsichtigte, für verschiedene technische Lösungen Patentschutz zu erlangen. Er beauftragte K mit der Anmeldung seiner Erfindungen. Dabei vereinbarten die Parteien mündlich ein Honorar von € 250,00 pro Stunde. K veranlasste in der Folgezeit diverse Patentanmeldungen beim Deutschen Patent- und Markenamt und erbrachte in diesem Zusammenhang auch weitergehende patentanwaltliche Dienstleistungen. 551

B bezahlt die Rechnungen nicht. K fordert nunmehr Bezahlung der Rechnungsbeträge.

B wendet ein, der Vertrag sei nichtig, da K gegen § 10 Nr. 1 BOPA verstoßen habe. Er begründet dies damit, dass K Patentanwalt nur mit einem Diplom in Physik sei, aber dennoch im chemischen Bereich Ratschläge erteilt habe. Ferner wendet B ein, dass der Stundensatz in Höhe von € 250,00 unangemessen sei. Außerdem seien zwei durchgeführte Besprechungen zwischen K und B nicht als patentanwaltliche Leistungen einzustufen.

Anspruchsgrundlage für die Zahlung des Patentanwaltshonorars sind §§ 611 Abs. 2, 675 Abs. 1 BGB.[83] Zwischen K und B war ein Geschäftsbesorgungsvertrag mit dienstvertraglichem Charakter über die Erbringung patentanwaltlicher Beratungsleistungen geschlossen worden. 552

82 BGH NJW-RR 1991, 1248 f.; Grüneberg/Grüneberg § 315 BGB Rn. 5.
83 Landgericht Düsseldorf, Urteil vom 13.11.2007, Az. 4 a O 58/07; IP Kompakt 2008, S. 15 und 16; OLG Düsseldorf Mitt. 2013, 295 – *Gebührenordnung mit Teuerungszuschlägen.*

553 Sofern B den K beauftragt und K entsprechend der Beauftragung patentanwaltliche Leistungen erbracht hat, ergibt sich daher im Grundsatz ein entsprechender Zahlungsanspruch.

554 Die Einwendungen des B verfangen nicht. Der Vertrag ist wirksam und nicht gemäß § 134 BGB nichtig. Ein Verstoß gegen § 10 Nr. 1 der Berufsordnung der Patentanwälte liegt nicht vor. Es ist durchaus zulässig, dass ein Patentanwalt mit nur einem Diplom in Physik patentanwaltliche Ratschläge auch im Bereich der Chemie erteilt. Allein aus dem Umstand, dass der bearbeitende Patentanwalt keinen Hochschulabschluss in Chemie hat, kann nicht geschlossen werden, dass ihm die für die Beratung erforderlichen Kenntnisse fehlen.[84]

555 Auf die Angemessenheit des Stundensatzes in Höhe von € 250,00 kommt es nicht an; denn B muss sich an der vereinbarten Vergütungshöhe festhalten lassen.

556 Der Einwand des B, dass zwei Besprechungen zwischen den Parteien überhaupt keine Leistungen des K darstellten, greift ebenfalls nicht durch.[85] Fest steht, dass die Besprechungen mit Zeitaufwand verbunden waren und daher zu vergüten waren. Als Leistung eines Patentanwalts ist nämlich jedes Tätigwerden im Hinblick auf den Mandanten, dessen Mandat und dem von ihm angestrebten Patentschutz anzusehen. Dies ergibt sich auch aus dem dienstvertraglichen Charakter des Geschäftsbesorgungsvertrages. Die Charakterisierung einer Tätigkeit des K als Leistung erfolgt insofern unabhängig davon, ob die Leistung schlecht oder verzögert erbracht wird.

557 Dem B steht auch kein Anspruch auf Minderung der Vergütung oder Verweigerung der Leistung gemäß § 320 Abs. 1 BGB zu. Dies folgt ebenfalls aus dem dienstvertraglichen Charakter der beauftragten Leistungen. Die mangelhafte Leistung im Rahmen eines Dienstvertrages begründet kein Minderungsrecht. Der dienstberechtigte Mandant hat daher bei mangelhafter Leistung des Patentanwalts auch kein Leistungsverweigerungsrecht, da dies im Ergebnis auf eine Minderung der vertraglich vereinbarten Vergütung hinauslaufen würde.

▶ **Beispiel:**

558 B hat sich seit einigen Jahren mit großem Erfolg als Wirtschaftsberater betätigt. Seine Tätigkeit als Patentanwalt übt er aber ebenfalls, wenn auch im geringeren Umfang, aus. Jetzt soll er helfen, die finanzielle Situation des Händlers A zu bereinigen. A verspricht ihm dafür ein Honorar in Höhe von 20.000,00. B erfüllt seine Aufgabe zur vollsten Zufriedenheit des A. Insbesondere gelingt es ihm, auf juristisch erfindungsreiche Weise die Gläubiger, denen A insgesamt 200.000,00 schuldete, mit 100.000,00 abzufinden. Als A das Honorar zahlen soll, reut ihn die versprochene hohe Vergütung. Er wendet sich an einen Rechtsanwalt und erfährt, dass die Tätigkeit des B zu 70 % aus einer Rechtsberatung bestanden habe, zu der er nicht befugt war. Hat B Anspruch gegen A auf Zahlung von 20.000,00?

---

84 LG Düsseldorf, 13.11.2007, Az. 4 a O 58/07.

85 LG Düsseldorf, 13.11.2007, Az. 4 a O 58/07.

Wie ist die Rechtslage, wenn das angemessene Honorar für die Rechtsberatung 7.000,00, für die übrige Tätigkeit 3.000,00 beträgt?

Die zwischen A und B getroffene Vereinbarung könnte gemäß § 134 BGB in Verbindung mit § 1 RDG nichtig sein. 559

In Art. 1 des Gesetzes zur Neuregelung des Rechtsberatungsrechts[86] ist der Wortlaut des Rechtsdienstleistungsgesetzes (RDG) wiedergegeben. Dieses Gesetz löst sich terminologisch vom Rechtsberatungsgesetz, indem es anstelle der überkommenen Begriffe der Geschäftsmäßigkeit, der Rechtsbesorgung und der Rechtsberatung den zentralen Begriff der Rechtsdienstleistung einführt. Es unterstellt nur solche Dienstleistungen dem Verbotsbereich des Gesetzes, die eine substantielle Rechtsprüfung erfordern und sich nicht auf die bloße Anwendung des Rechts beschränken. Im Zusammenhang mit einer anderen beruflichen Tätigkeit dürfen diese Rechtsdienstleistungen außergerichtlich durch Nichtanwälte erbracht werden, soweit es nach Inhalt und Umfang sich um Nebendienstleistungen handelt, die zu anderweitigen Haupttätigkeiten gehören. Darüberhinausgehende Rechtsdienstleistungen dürfen nur in Zusammenarbeit mit einer Rechtsanwältin oder einem Rechtsanwalt erbracht werden. Außergerichtliche Dienstleistungen, die nicht im Zusammenhang mit einer entgeltlichen Tätigkeit stehen, dürfen künftig von jedermann erbracht werden. 560

§ 1 RDG regelt die Befugnis, außergerichtliche Rechtsdienstleistungen zu erbringen. 561

Als Rechtsdienstleistung gilt jede Tätigkeit in konkreten und fremden Angelegenheiten, soweit sie nach der Verkehrsanschauung oder einer erkennbaren Erwartung des Rechtssuchenden eine besondere Rechtsprüfung des Einzelfalls erfordert (§ 2 RDG). Nicht zu den Rechtsdienstleistungen zählen u.a. die Mediation und jede vergleichbare Form der gesprächsleitenden Streitbeilegung (§ 2 Abs. 3 RDG). 562

Die selbstständige Erbringung außergerichtlicher Rechtsdienstleistungen ist nur in dem Umfang zulässig, in dem sie durch das Rechtsdienstleistungsgesetz oder aufgrund anderer Gesetze erlaubt ist (§ 3 RDG). Gemäß § 5 RDG gilt eine Erlaubnis von Rechtsdienstleistungen im Zusammenhang mit anderen Tätigkeiten nur, wenn sie als Nebenleistung zum Berufs- und Tätigkeitsfeld gehören. Ob eine Nebenleistung vorliegt, ist nach ihrem Inhalt, Umfang und sachlichem Zusammenhang mit der Haupttätigkeit unter Berücksichtigung der Rechtskenntnisse zu beurteilen, die für die Haupttätigkeit erforderlich sind. Gemäß Abs. 2 werden als erlaubte Nebendienstleistungen die Testamentsvollstreckung, die Haus- und Wohnungsverwaltung sowie die Fördermittelberatung aufgeführt. 563

Grundsätzlich sind unentgeltliche Dienstleistungen durch nicht registrierte Personen gestattet (§ 6 RDG). Personen oder Einrichtungen, die solche Rechtsdienstleistungen außerhalb des Familien- oder Bekanntenkreises erbringen, sind jedoch verpflichtet, eine juristisch qualifizierte Person zu beteiligen (§ 6 Abs. 2 RDG). 564

86 BGBl I, 2009 Nr. 54, 282 ff., BlPMZ 2009, 365 ff.

565 Eine weitere ausdrückliche Erlaubnis für Rechtsdienstleistungen ist für Berufs- und Interessenvereinigungen sowie Genossenschaften in § 7 RDG geregelt. § 8 RDG erlaubt Rechtsdienstleistungen bestimmter öffentlicher oder öffentlich anerkannter Stellen. Z. B. Verbraucherzentralen und andere öffentlich geförderte Verbraucherverbände.

566 Bei dauerhaft unqualifizierten Rechtsdienstleistungen besteht schließlich die Möglichkeit der Untersagung (§ 9 RDG).

567 Nach § 10 Abs. 1 RDG dürfen die Inkassodienstleistungen, die Rentenberatung und Rechtsdienstleistungen in einem ausländischen Recht durch registrierte Personen erbracht werden. Hierfür wird verlangt, dass die betreffenden Dienstleister ihre besondere Sachkunde nachgewiesen haben (§ 11 RDG). Im § 12 RDG sind die Registrierungsvoraussetzungen und im § 13 RDG das Registrierungsverfahren näher geregelt. § 14 betrifft den Widerruf der Registrierung. Die Registrierung ist u.a. an die persönliche Eignung und Zuverlässigkeit geknüpft. An dieser fehlt es regelmäßig, wenn die betreffende Person straffällig geworden ist, wenn die Vermögensverhältnisse ungeordnet sind, oder wenn in den letzten 3 Jahren vor Antragstellung eine Registrierung oder eine Zulassung zur Rechtsanwaltschaft widerrufen worden ist. Gemäß § 12 Abs. 1 Nr. 2 RDG muss ferner die persönliche und praktische Sachkunde nachgewiesen werden und gemäß Nr. 3 eine Berufshaftpflichtversicherung mit einer Mindestversicherungssumme von € 250,00 für jeden Versicherungsfall vorliegen.

568 Personen, die einen der Berufe gemäß § 10 RDG (Inkassodienstleistungen, Rentenberatung und Rechtsdienstleistungen im ausländischen Recht) in einem der anderen Mitgliedsstaaten der Europäischen Union regelmäßig ausüben,[87] dürfen ihren Beruf auf dem Gebiet der Bundesrepublik Deutschland mit denselben Befugnissen wie die nach § 10 Abs. 1 RDG registrierten Personen vorübergehend und gelegentlich ausüben. Ob Rechtsdienstleistungen vorübergehend und gelegentlich erbracht werden, ist u.a. anhand ihrer Dauer, Häufigkeit, regelmäßigen Wiederkehr und Kontinuität zu beurteilen (§ 15 Abs. 1 RDG). Voraussetzung für die vorübergehenden Rechtsdienstleistungen ist ferner, dass vor der ersten Erbringung im Inland der für die Registrierung zuständigen Behörde (§ 13 Abs. 1 S. 2 RDG) Meldung erstattet wird. Mit dieser Meldung muss u.a. eine Bescheinigung überreicht werden, dass die betreffende Person in einem Mitgliedsstaat der Europäischen Union oder einen Vertragsstaat des Abkommens über den Europäischen Wirtschaftsraum rechtmäßig zur Ausübung eines der in § 10 Abs. 1 RDG genannten Berufe oder eines vergleichbaren Berufes niedergelassen ist und dass die Ausübung dieser Tätigkeit im Zeitpunkt der Vorlage der Bescheinigung nicht untersagt ist. Ferner muss die Meldung einen Nachweis darüber enthalten, dass in dem Vertragsstaat der EU während der letzten 10 Jahre der Beruf mindestens 2 Jahre regelmäßig ausgeübt worden ist. Außerdem ist eine Information über das Bestehen oder Nichtbestehen und den Umfang einer Berufshaftpflichtversicherung beizubringen. Schließlich ist die Berufsbezeichnung anzugeben, unter der die Tätigkeit im Inland zu erbringen ist. Die betreffende Mel-

87 Richtlinie 2005/36/EG des Europäischen Parlaments und des Rates vom 07.09.2005 über die Anerkennung von Berufsqualifikationen, ABl EG Nr. L255 S. 22.

dung ist jährlich zu wiederholen, sofern nach Ablauf eines Jahres erneut vorübergehende Rechtsdienstleistungen im Inland erbracht werden sollen.

Nach Art. 8 des Gesetzes zur Neuregelung des Rechtsberatungsrechts[88] wird hinsichtlich der Vertretungsbefugnis im Zivilprozess zwischen Verfahren mit (§ 78 ZPO) und ohne Anwaltszwang (§ 79 ZPO) unterschieden. 569

Dabei ist die entgeltliche Prozessvertretung im Parteiprozess grundsätzlich Rechtsanwälten vorbehalten ist. Im Bereich der unentgeltlichen Prozessvertretung sind neben Familienangehörigen und Streitgenossen Vertretungen durch Personen zugelassen, die selbst die Befähigung zum Richteramt besitzen (§ 79 Abs. 2 Nr. 2 ZPO). 570

Darüber hinaus soll die Prozessvertretung nur in engen Ausnahmebereichen zugelassen werden, nämlich für Verbraucherzentralen und -verbände, sowie für Inkassounternehmen, soweit die gerichtliche Tätigkeit sich als unmittelbare Fortsetzung der außergerichtlichen Inkassotätigkeit darstellt oder sogar außergerichtliche Tätigkeiten betreffen. Ergänzend ist zum Schutz des Gerichts und des Vertretenden die Möglichkeit vorgesehen, fachlich ungeeignete Personen von der weiteren Vertretung auszuschließen (§ 79 Abs. 3 ZPO). Im Hinblick auf die Rechtsprechung des Bundesverfassungsgerichts[89] zur Regelung der Berufsausübung dürfte eine solche Regelung zulässig sein. 571

Außerdem können die Gerichte im Einzelfall unter engen Voraussetzungen auch solche Personen als Beistand zulassen, die nicht zu dem Kreis der möglichen Prozessvertreter gehören. Hierfür muss aber stets ein besonderes Bedürfnis der Parteien dargelegt werden (§ 90 Abs. 1 S. 2 ZPO). 572

B besaß keine Befugnis zur Beratung in dem von ihm getätigten Umfang. Daher ist der zwischen A und B geschlossene Vertrag in seinem ganzen Inhalt (§ 139 BGB) nichtig.[90] 573

Soweit der Auftraggeber ein schutzwürdiges rechtliches Interesse an der Erfüllung einer im Berufsrecht niedergeschriebenen Pflicht hat, ergibt sie sich regelmäßig nicht nur aus dem Berufsrecht, sondern auch als vertragliche Verpflichtung direkt aus dem Mandat. Da der Patentanwalt im Rahmen seiner Tätigkeit die Interessen seines Auftraggebers zu wahren hat, ergibt sich im Wege der Auslegung des Vertragsinhalts unter Berücksichtigung des allgemeinen Grundsatzes von Treu und Glauben (§ 242 BGB) und des besonderen Vertrauensverhältnisses, dass berufsrechtliche Pflichten auch in Bezug auf den einzelnen Auftrag dem Mandanten gegenüber bestehen können soweit sie seinen vertraglichen Interessen dienen. Die entsprechenden Pflichten des Patentanwalts haben dann zwei Rechtsgrundlagen, eine berufsrechtliche und eine vertragsrechtliche. So sind beispielsweise Schäden, die dem Mandanten dadurch entstehen, dass sein Patentanwalt das Gebot zur Verschwiegenheit, zum sorgfältigen 574

88 BlPMZ 2009, 365, 40 f.

89 BVerfG, 1 BvL 80/53, 1 BvL 20/59 vom 17.11.1959, BVerfGE 10, 185 = NJW 1960, 139; BVerfG, 1 BvR 8/74, 1 BvR 275/74 vom 25.02.1976, BVerfGE 41, 378 = NJW 1976, 1349 – *Prozessagenten*. Vgl. zur früheren Regelung BVerfG, 1 BvR 8/74, 1 BvR 275/74 vom 25.02.1976, BVerfGE 41/378 = NJW 1976, 1349 – *Prozessagenten*.

90 BGHZ 37, 258 ff.

Umgang mit Vermögenswerten oder das Verbot der Vertretung widerstreitender Interessen verletzt, vom Patentanwalt zu ersetzen. Darüber hinaus drohen ihm disziplinarrechtliche Maßnahmen, weil er gegen berufsrechtliche Pflichten verstoßen hat. Verstößt der Patentanwalt gegen ein berufsrechtliches Tätigkeitsverbot, weil er sich z.B. zu rechtsanwaltlicher Beratung verpflichtet hat, ist der Vertrag mit dem Auftraggeber gemäß § 134 BGB nichtig. Denn mit einer Ausübung einer Beratung nach dem Rechtsberatungsgesetz verstößt der Patentanwalt gegen die Beratungsbefugnis, die bei ihm auf die in §§ 3, 4 PAO festgelegten Rechtsgebiete begrenzt ist.

575 Hätte B dennoch einen Anspruch gegen A gemäß §§ 670, 683, 677 BGB?

576 A hat mit der Schuldenregulierung ein für ihn objektiv fremdes Geschäft geführt, denn ihm oblag keine Verpflichtung tätig zu werden, da der Vertrag zwischen A und B nichtig ist. Andererseits hat er die Verbindlichkeiten des A erfüllt, ist also im fremden Rechtskreis tätig geworden. B müsste weiter mit Fremdgeschäftsführungswillen tätig geworden sein. Wenn man unterstellt, dass B die Nichtigkeit des Vertrages nicht kannte, wollte er mit der Rechtsberatung seine eigene vermeintlich bestehende Verpflichtung erfüllen, hatte also Eigengeschäftsführungswillen. Andererseits wusste er, dass er dieser Verpflichtung nur dadurch nachkommen konnte, dass er im Rechtskreis des A tätig wurde. Ob darin ein für die Geschäftsführung ohne Auftrag ausreichender Fremdgeschäftsführungswille gesehen werden kann, ist strittig.[91] An dieser Stelle wird davon ausgegangen, dass B mit Fremdgeschäftsführungswillen für A gehandelt hat. B war zur Vornahme des Geschäftes für A nicht verpflichtet. Die Übernahme des Geschäftes entsprach dem Interesse und mutmaßlichen Willen des A. A hatte den B gerade zur Schuldenregulierung bestellt. B handelt somit in berechtigter Geschäftsführung ohne Auftrag (§ 683 BGB).

577 Rechtsfolge der berechtigten Geschäftsführung ohne Auftrag nach §§ 683, 670 BGB ist, dass der Geschäftsherr dem berechtigten Geschäftsführer die Aufwendungen ersetzen muss, die dieser den Umständen nach für erforderlich halten darf. Zu ersetzen sind also allenfalls die Aufwendungen, nicht aber die in dem vermeintlichen Vertrag versprochenen 20.000,00.

578 Bei der Frage, welche Aufwendungen der B den Umständen nach für erforderlich halten dürfte, ist zweierlei zu beachten:

579 Einmal muss der Geschäftsführer auch hinsichtlich des Umfanges der von ihm gemachten Aufwendungen das Interesse und den Willen des Geschäftsherrn beachten.[92] Dies hat B getan: Vom Standpunkt des A aus war die Tätigkeit des B durchaus wünschenswert. Zum anderen muss der Geschäftsführer auch objektive Gesichtspunkte beachten. B musste wissen, dass ihm als Patentanwalt nicht jede Rechtsberatung erlaubt war. Er konnte also nicht darauf vertrauen, Ersatz für seine Tätigkeit zu bekommen.

---

91 BGHZ 37, 258, BGHZ 39, 87; LG Düsseldorf, NJW 1963, 1500; Grüneberg/Rezlaff § 677 BGB Rn. 3.

92 Grüneberg/Retzlaff § 683 BGB Rn. 4.

Deshalb scheidet ein Ersatzanspruch gemäß §§ 670, 683, 677 BGB mangels Erforderlichkeit der Aufwendungen aus.[93]

Es könnte noch ein Anspruch des B gegen A aus § 812 Abs. 1 Satz 1 erster Fall BGB in Betracht kommen. Dann müsste diese Bestimmung überhaupt anwendbar sein. A hat durch die Leistung des B, der seine vermeintlichen Vertragspflichten erfüllen wollte, dessen Arbeitsleistung erlangt. Die Leistung müsste ohne Rechtsgrund erfolgt sein. Hier war der Vertrag gemäß § 134 BGB nichtig, sodass ein Vertrag als Rechtsgrund ausscheidet. Die Arbeitsleistung erfolgte mithin ohne Rechtsgrund. Demgemäß ist Wertersatz gemäß § 818 Abs. 2 BGB zu leisten. 580

In Höhe von € 7.000,00 steht diesem Anspruch jedoch § 817 Satz 2 BGB entstehen, da B mit der Rechtsberatung gegen das gesetzliche Verbot des § 1 Rechtsberatungsgesetz verstoßen hat. Anders als bei § 139 BGB entfällt mit diesem Verstoß jedoch nicht der gesamte Rückforderungsanspruch des B. § 817 Satz 2 BGB soll sich ausschließlich auf die Vorgänge beschränken, die sich auf das gesetzliche Verbot beziehen.[94] Im Ergebnis kann B daher zwar nicht in Höhe von 7.000,00 für die Rechtsberatung, wohl aber in Höhe von € 3.000,00 für die übrige Tätigkeit Ersatz verlangen. 581

▶ **Beispiel:**

A hat Patentanwalt B mit der Durchführung einer Patentanmeldung beauftragt. Er ist der Meinung, dass die Leistungen des Anwalts mangelhaft sind. Daher möchte er die Honorarforderung mindern. 582

Die Frage, ob die Leistung des A mangelhaft war, ist für die Frage einer evtl. Minderung der Honorarforderung unerheblich. Denn der Auftraggeber eines Anwalts kann den aus einem Anwaltsdienstvertrag entstandenen anwaltlichen Vergütungsanspruch nicht kraft Gesetzes wegen mangelhafter Dienstleistung kürzen; denn das Dienstvertragsrecht kennt keine Gewährleistung.[95] Der vereinbarte Vergütungsanspruch wird deshalb auch geschuldet, wenn die Dienstleistung in ihrer Qualität beeinträchtigt gewesen ist. Eine Ausnahme besteht in analoger Anwendung des § 654 BGB nur dann, wenn der Anwalt Parteiverrat begeht.[96] 583

Ebenso wenig kommt ein Schadensersatz statt der Leistung in Betracht. Verletzt der Anwalt seine Sorgfaltspflichten und kommt es dadurch zu einem Schaden des Mandanten, steht diesem allerdings ein Schadensersatzanspruch gemäß § 280 Abs. 1 BGB zu. 584

93 BGHZ 37, 258, 263/264.

94 BGHZ 37, 259 ff.; BGHZ 50, 92.

95 BGH NJW 2004, 2817; NJW 1981, 1211; NJW-RR 2006, 1074; OLG R 2005, 693; OLG Düsseldorf, Beschluss vom 18.10.2010 – 24 U 50/10.

96 BGH NJW 1980, 1211; 2004, 2817; OLG R 2005, 693; OLG Düsseldorf, Beschluss vom 18.10.2010 – 24 U 50/10.

2. Gesetzliche Vergütungsansprüche und Kostenerstattung

▶ **Beispiel:**

585 A ist in einem Nichtigkeitsverfahren unterlegen. Die Gegenseite fordert ihn zur Zahlung der Kosten auf. Danach soll A die Kosten der Rechts- und Patentanwälte der Gegenseite ersetzen.

586 Die Frage der Kostenerstattung im Nichtigkeitsverfahren erster Instanz ist im Laufe der Zeit von den Senaten des Bundespatentgerichts unterschiedlich beurteilt worden. So wurde zunächst die Notwendigkeit einer Doppelvertretung nicht anerkannt.[97] Etwas anderes galt nur bei rechtlichen Schwierigkeiten.[98] In der Folge wurde gemäß § 143 Abs. 5 a.F. PatG die Kostenerstattung in der Doppelvertretung (Rechtsanwalt und Patentanwalt) anerkannt.[99] Daher kann für den mitwirkenden Rechtsanwalt die volle Gebühr im Nichtigkeitsverfahren erstattungsfähig sein.

587 Im Ergebnis ist mit dem Argument des engen Zusammenhangs von Patentverletzungs- und Patentnichtigkeitsverfahren eine Erstattung der Kosten von einigen Senaten des Bundespatentgerichts im Sinne von § 91 ZPO als notwendig anerkannt worden.[100] Sogar im Falle einer Patentverletzungsklage durch den Lizenznehmer und einer im Gegenzug erhobenen Nichtigkeitsklage gegen den Patentinhaber wurde die Notwendigkeit einer Doppelvertretung anerkannt. Generell wird inzwischen auf die Notwendigkeit einer Doppelvertretung abgestellt.[101]

588 Die Beauftragung eines **Rechtsanwalts** neben einem **Patentanwalt** im Nichtigkeitsverfahren ist allerdings nicht schlechthin als notwendig iSv § 91 Abs. 1 S. 1 ZPO anzusehen. Vielmehr müssen zusätzliche Umstände vorliegen, aus denen sich die Notwendigkeit hierfür ergibt.[102] Bei der Prüfung der Erstattungsfähigkeit der von der obsiegenden Partei geltend gemachten Kosten ist vielmehr eine einzelfallabhängige Prüfung der Zumutbarkeit und Angemessenheit vorzunehmen.[103] Das heißt, im Regelfall kann die obsiegende Partei ihre vollen, tatsächlich gezahlten Kosten zur Erstattung anmelden. Sofern die Grenzen von Zumutbarkeit und Angemessenheit eingehalten werden, wird eine Erstattung der Kosten antragsgemäß erfolgen.[104]

---

97 BPatGE 5 – 230.
98 BPatGE 22, 283.
99 BPatGE 31, 51.
100 BPatGE 51, 67, 72; BPATGE 51, 72; BPATGE 52, 142.
101 BPatGE 50, 85, BPATGE 51, 62; BPATGE 51, 67; Vgl. hierzu auch Busse/Keukenschrijver, PatG, § 84 Rn. 93 m.w.N.
102 BGH GRUR 2023 1807 – Doppelvertretung im Patentnichtigkeitsverfahren II.
103 EuGH GRUR 2022, 853 = BeckEuRS 2022, 754025 – NovaText/Uni Heidelberg, Donle/Kau GRUR 2024, 999.
104 BGH GRUR 2023, 446 = Mitt. 2023, 196 – Kosten des Patentanwalts VII) unter Aufgabe der früheren Rechtsprechung BGH Mitt. 2019, 473 = GRUR 2019, 983 = WRP 2019, 1195 – Kosten des Patentanwalts V; Donle/Kau GRUR 2024, 999 ff.; vgl. hierzu auch Fitzner in Dörndorfer/Neie/Petzold/Wendtland Beck OK KostenR §2 PatentkostenG.

▶ **Beispiel:**

A hat einen Antrag auf Erlass einer einstweiliges Verfügungsverfahren vor dem Landgericht beantragt. B reicht daraufhin noch vor Beendigung des landgerichtlichen Verfahrens eine Nichtigkeitsklage beim Bundespatent ein. B möchte die Kosten für den Patentanwalt und den Rechtsanwalt erstatten lassen. 589

Wegen eines zeitgleich mit dem Nichtigkeitsverfahren anhängigen, das Streitpatent betreffenden Verletzungsverfahrens kann grundsätzlich die Erstattung der Kosten für den Patentanwalt und den Rechtsanwalt als notwendig angesehen werde. Diese Wertung kann jedenfalls dann nicht auf ein paralleles Verfügungsverfahren übertragen werden, wenn sich Verfügungs- und Nichtigkeitsverfahren nur kurz zeitlich überschneiden 590

▶ **Beispiel:**

A hat eine Abmahnung wegen Patentverletzungvon B erhalten. A fragt Patentanwalt C um Rat. Dieser zieht seinerseits Rechtsanwalt D hinzu. C und D übernehmen gemeinsam die Verteidigung im Nichtigkeitsverfahren. Eine Verletzungsklage wird von B nicht eingereicht. Sind die Kosten von C und D zu erstatten? 591

Die Kosten für eine Doppelvertretung durch Rechts- und Patentanwalt wegen eines zeitgleich mit dem Nichtigkeitsverfahrens anhängigen Patentverletzungsverfahren können erstattungsfähig sein. Etwas anderes gilt, wenn ein Verletzungsstreit lediglich angedroht ist.[105] Ein spezieller Abstimmungsbedarf, etwa hinsichtlich der Auswirkungen einer beschränkten Verteidigung des Patents auf das Verletzungsverfahren, der die Notwendigkeit einer Doppelvertretung im Nichtigkeitsverfahren begründen könnte, ist in diesem Fall nicht gegeben.[106] D.h., es reicht die Ankündigung einer gerichtlichen Inanspruchnahme aus dem mit einer Nichtigkeitsklage angegriffenen Patent noch nicht als Begründung aus, dass eine Doppelvertretung durch einen Patentanwalt und einen im Nichtigkeitsverfahren notwendig ist.[107] Nicht ausgeschlossen ist allerdings, konkret darzulegen, dass bereits im Vorfeld eines möglichen Verletzungsrechtsstreits die Notwendigkeit iSv § 91 Abs. 1 S. 1 ZPO bestand, das Vorgehen im Nichtigkeitsverfahren zwischen dem Patentanwalt und Rechtsanwalt abzustimmen.[108] Der BGH allerdings davon aus, dass ein Patentanwalt grundsätzlich in der Lage ist, die Auswirkungen seines Vorbringens oder seiner Verteidigung des Patents auf einen parallelen Verletzungsrechtsstreit abzuschätzen.[109] 592

105 BGH GRUR2023, 1807 Rn. 9 – Doppelvertretung im Patentnichtigkeitsverfahren.
106 BPatG GRUR-RR 2013, 87 – Doppelvertretungskosten im Nichtigkeitsverfahren VIII.
107 BGH GRUR 2023 1807 – Doppelvertretung im Patentnichtigkeitsverfahren II.
108 Baumgärtel, Doppelvertretung im Nichtigkeitsverfahren, GRUR Patent 2024, 127.
109 Baumgärtel, Doppelvertretung im Nichtigkeitsverfahren, GRUR Patent 2024, 127.

▶ **Beispiel:**

593 A ist beim Europäischen Patentamt zugelassener Vertreter, aber nicht deutscher Patentanwalt. Er gemeinsam mit Rechtsanwalt führt er ein Nichtigkeitsverfahren durch. Er möchte nach Abschluss des Verfahrens die Kosten für seine Mitwirkung erstatten lassen.

594 Im Hinblick auf ein Nichtigkeitsverfahren, welches der Beklagte Verletzer anstrengt, steht die Rechtsprechung mehrheitlich auf dem Standpunkt, dass § 143 Abs. 3 PatG zwar nicht gilt,[110] aber die Hinzuziehung eines Rechtsanwalts kann zur zweckentsprechenden Rechtsverfolgung geboten sein.[111] Dagegen sind die Kosten einer Mitwirkung eines beim Europäischen Patentamt zugelassenen Vertreters in einem Beschwerdeverfahren vor dem Bundespatentgericht – im Gegensatz zum Tätigwerden eines europäischen Patentanwalts, der im Melderegister der Patentanwaltskammer nach § 15 Abs. 4 EuPAG eingetragen ist, – nicht erstattungsfähig[112] Mit dieser Entscheidung hat sich das BPatG bewusst von der Rechtsprechung des BGH abgegrenzt.[113]

▶ **Beispiel:**

595 A hat eine Lizenz an dem Patent B des C. Er wird von dem Konkurrenten D wegen Patentverletzung verklagt. Dieser erhebt daraufhin Nichtigkeitsklage gegen das Patent B des C. Im Verfahren verteidigt A mit seinen Rechts- und Patentanwälten das Patent. A möchte nach dem Anschluss des Verfahrens die Kosten für seine Anwälte erstatten lassen. D wendet ein, Beklagter im Verletzungsverfahren und Kläger im Nichtigkeitsverfahren seien verschiedene Personen.

596 Es kommt nicht darauf an, ob der Nichtigkeitsbeklagte auch Kläger im Verletzungsprozess ist. Statt der Partei-Identität ist entscheidend, ob Grundlage der Verletzungsklage dasjenige Patent ist, das mit der Nichtigkeitsklage angegriffen worden ist. Hinzukommen muss, dass die erstattungsfordernde Partei oder ein mit ihr wirtschaftlich verbundener Dritter am Rechtsbestandsverfahren beteiligt ist.[114] So können die Kosten für eine Doppelvertretung erstattungsfähig sein, wenn ein Verletzungskläger ein Lizenznehmer des im Nichtigkeitsverfahren beklagten Patentinhabers ist.[115]

▶ **Beispiel:**

597 A ist in einem Gebrauchsmusterlöschungsverfahren unterlegen. Die Gegenseite fordert ihn zur Zahlung der Kosten auf.

---

110 BGH GRUR 2013, 427; Doppelvertretung im Nichtigkeitsverfahren; BPatG GRUR-RR 2010, 401 – Doppelvertretungskosten.

111 BGH GRUR 2013, 427.

112 BPatG Mitt. 2025, 237 = GRUR-Prax 2025, 304 – Bediengerät für Spiele.

113 BGH Mitt. 2020, 374 = GRUR 2020, 781 – EPA-Vertreter; vgl. hierzu auch Fitzner in Dörndorfer/Neie/Petzold/Wendtland Beck OK KostenR § 2 PatentkostenG.

114 BGH GRUR 2013, 427.

115 BPatG Mitt. 2017, 92 – Mitwirkender Vertreter II; vgl. hierzu auch Fitzner in Dörndorfer/Neie/Petzold/Wendtland Beck OK KostenR §2 PatentkostenG.

Für die Leistungen von Patentanwälten gibt es keine gültige Gebührenordnung. Die RVG gilt unmittelbar nur für Rechtsanwälte. Die PatAnwGebO ist rechtlich unverbindlich. Demgemäß kann die Vergütung für Patentanwälte nur nach allgemeinen zivilrechtlichen Regeln festgesetzt werden, also entweder nach § 612 BGB i.V.m. § 675 BGB als taxmäßige oder übliche Vergütung bzw. nach §§ 315, 316 BGB als nach billigem Ermessen zu bestimmende Vergütung. Eine Taxe fehlt für die Leistungen der Patentanwälte. Auch übliche Gebühren i.S.v. § 612 Abs. 2 BGB haben sich generell für die Leistungen der Patentanwälte bei der Vertretung in gewerblichen Schutzrechten betreffenden Sachen nicht herausgebildet. Nachdem der Gesetzgeber bei der Änderung des § 145 Abs. 3 PatG die Tätigkeit des Rechtsanwalts mit der des Patentanwalts gleichgestellt hat,[116] hat der 5. Senat des Bundespatentgerichts[117] die regelmäßige Festsetzung eines Gegenstandswerts im Gebrauchsmusterlöschungsbeschwerdeverfahren unter entsprechender Anwendung des RVG für gerechtfertigt gehalten. Im vorliegenden Falle ist zunächst von A ein Antrag auf Festsetzung des Gegenstandswerts zu stellen. Unter dessen Berücksichtigung kann nach dem RVG die anfallende Gebühr berechnet werden. 598

▶ **Beispiel:**

A ist in einem Gebrauchsmusterlöschungsverfahren unterlegen. Die Gegenseite fordert die Zahlung der Kosten für die sie vertretenden Rechts- und Patentanwälte. 599

Doppelvertretungskosten sind im Gebrauchsmuster – in Abkehr von der früheren Rechtsprechung – und Löschungsbeschwerdeverfahren wie im Nichtigkeitsverfahren u.a. dann anzuerkennen, wenn ein paralleles Verletzungsverfahrens betrieben wird. Denn die Vorträge in beiden Verfahren müssen aufeinander abgestimmt sein.[118] Die Grundsätze der höchstrichterlichen Rechtsprechung des Bundesgerichtshofs, die dieser zur Erstattungsfähigkeit von Doppelvertretungskosten im patentrechtlichen Nichtigkeitsverfahren entwickelt hat, gelten auch im Gebrauchsmusterlöschungsverfahren und in einem entsprechenden Löschungsbeschwerdeverfahren. Einer Erstattung von Doppelvertretungskosten steht nichts im Weg.[119] Das heißt, die Grundsätze der höchstrichterlichen Rechtsprechung des Bundesgerichtshofs, die dieser zur Erstattungsfähigkeit von Doppelvertretungskosten im patentrechtlichen Nichtigkeitsverfahren entwickelt hat, gelten auch im Gebrauchsmusterlöschungsverfahren und in einem entsprechenden Löschungsbeschwerdeverfahren.[120] 600

116 Sh. Begründung zum Entwurf eines Gesetzes zur Bereinigung der Kostenregelungen auf dem Gebiet des geistigen Eigentums zu Nr. 37, BlPMZ 2002, 54, 55.

117 BPatG Mitt. 2005, 375 – *Gebühren des Patentanwalts in GebrM-Löschungsverfahren.*

118 Busse/Keukenschrijver, GebrMG, § 17 Rn. 66 m.w.N.

119 BPatG Mitt. 2025, 237; GRUR 2017, 1169 – Doppelvertretungskosten im Gebrauchsmusterlöschungsverfahren; Paul MittdtPatA 2017, 531.

120 BPatG Mitt. 2025, 237 = GRUR-Prax 2025, 304 – Bediengerät für Kinderspiele; vgl. hierzu auch Fitzner in Dörndorfer/Neie/Petzold/Wendtland Beck OK KostenR §2 PatentkostenG.

Beispiel:

601 In einem Patentverletzungsprozess ist A unterlegen. Die Gegenseite fordert ihn zur Erstattung der Kosten auf. Neben den Rechtsanwaltsgebühren soll A auch die Tätigkeit des gegnerischen Patentanwalts ersetzen. A möchte wissen, ob hierauf tatsächlich ein Anspruch besteht.

602 Der Kostenerstattungsanspruch für die Mitwirkung eines Patentanwalts folgt aus § 143 Abs. 3 PatG.[121] Die Gebühren seien nach § 13 des Rechtsanwaltsvergütungsgesetzes und außerdem die notwendigen Auslagen des Patentanwalts zu erstatten. Aus dem Wortlaut des § 143 Abs. 3 PatG folge, dass (nur) die durch die Mitwirkung eines Patentanwalts in einer Patentstreitsache »entstandenen Kosten« in Höhe der dem Rechtsanwalt nach § 13 RVG iVm dem VV erwachsenden Gebühren zu erstatten sind[122]. Gegen die eine Erstattung beanspruchende Partei muss daher tatsächlich ein entsprechender Vergütungsanspruch ihrer Patentanwälte bestehen. Die Hinzuziehung eines Patentanwalts in Patentstreitsachen ist in der Regel notwendig, wenn technische Sachverhalte in patentrechtlichem Zusammenhang zu beurteilen sind. Dies ist darzulegen und glaubhaft zu machen.[123]

603 Außerdem hat das OLG Düsseldorf entschieden[124], dass die Verpflichtung zur möglichst **kostensparenden Prozessführung** bestehe. Diese Verpflichtung läge dem Rechtsmittelbeklagten im Anfangsstadium des Rechtsmittelverfahrens Zurückhaltung auf. Sobald das Rechtsmittel eingelegt sei, dürfe er seinerseits einen Rechtsanwalt beauftragen, für den auch die Verfahrensgebühr erstattungsfähig ist[125]. Die grundsätzliche Pflicht zur kostenschonenden Prozessführung verlange aber, dass mit der weiteren, kostenauslösenden Stellung eigener Sachanträge gewartet werde, bis eine Rechtsmittelbegründung vorliege und damit feststehe, dass das Rechtsmittelverfahren tatsächlich durchgeführt werde[126]. Ein Patentanwalt dürfe erst hinzugezogen werden, wenn die gegnerische Berufungsbegründung vorliegt. Sobald das gegnerische Rechtsmittel begründet sei, sei allerdings ein Zurückweisungsantrag zur zweckmäßigen Rechtsverteidigung notwendig und führe zur Kostenerstattung nach § 91 ZPO[127].

604 Diese Verpflichtung verlangt vom Rechtsmittelbeklagten, dass er mit der weiteren kostenauslösenden Stellung von eigenen Sachanträgen wartet und Zurückhaltung

121 GRUR 2020, 901 = Mitt. 2021, 41.

122 OLG Düsseldorf BeckRS 2018, 12486; 30.10.2018 – I-2 W 15/18.

123 OLG Düsseldorf GRUR 2024, 1566; vgl. hierzu auch Fitzner in Dörndorfer/Neie/Petzold/Wendtland Beck OK KostenR §2 PatentkostenG.

124 OLG Düsseldorf Mitt. 2015, 419 (421).

125 BGH MDR 2003, 530; OLG Naumburg MDR 2012, 553; vgl. hierzu auch Fitzner in Dörndorfer/Neie/Petzold/Wendtland Beck OK KostenR §2 PatentkostenG.

126 BGH NJW 2003, 756; 2003, 1324.

127 BGH MDR 2010, 1287; OLG Düsseldorf GRUR-RR 2004, 279, Kühnen, Handbuch der Patentverletzung, 11. Aufl. 2023, Rn. 405 ff.). Der Kostenerstattungsanspruch des Patentanwalts folgt dann aus § 143 Abs. 3 PatG iVm § 13 RVG (OLG Düsseldorf GRUR 2020, 901 = Mitt. 2021, 41.

ausübt, bis eine Rechtsmittelbegründung vorlegt und damit feststeht, dass das Rechtsmittelverfahren tatsächlich durchgeführt wird[128]. Sobald das Rechtsmittel eingelegt worden ist, darf der Rechtsmittelbeklagte einen Patentanwalt und einen Rechtsanwalt beauftragen.

Das OLG Düsseldorf[129] hat auf Grundlage der Grundsätze aus der NovaText-Entscheidung[130] zur Auslegung der Art. 3 und 14 der Enforcement-RL entschieden, es verbiete sich eine Auslegung des § 143 Abs. 3 PatG als unwiderlegliche Vermutungsregelung. Ein sachlicher Grund für eine Differenzierung zwischen den verschiedenen gewerblichen Schutzrechten bestehe nicht. Unter Berücksichtigung der Umstände des jeweiligen Einzelfalls sei zu prüfen, ob die der obsiegenden Partei entstandenen Kosten zumutbar und angemessen seien.[131] Maßgeblich ist, ob eine verständige und wirtschaftlich vernünftig denkende Partei die die Kosten auslösende Maßnahme als sachdienlich ansehen durfte. Dies ist in einer Patentstreitsache in der Regel der Fall, wenn ein technischer Sachverhalt in patentrechtlichem Zusammenhang zu beurteilen sei.[132] 605

▶ Beispiel:

A hat im Rahmen eines Designprozesses einen vermeintlichen Verletzer in Anspruch genommen. Nach Abschluss des Verfahrens legt das Landgericht den Parteien die Kosten jeweils zur Hälfte auf. Der vermeintliche Verletzer macht im Kostenfestsetzungsverfahren auch die Kosten für einen Patentanwalt geltend. Auf seiner Seite hatte zwar kein Patentanwalt am Verfahren teilgenommen. Der beteiligte Rechtsanwalt war jedoch Fachanwalt für gewerblichen Rechtsschutz. Er meint, dadurch sei die Einschaltung eines Patentanwalts entbehrlich geworden. Gleichzeitig hat er auch die entsprechende Gebühr abgerechnet. Der Verletzer meint, er sei so zu stellen, als ob er einen Rechtsanwalt und einen Patentanwalt beauftragt hätte. Daher seien die fiktiven Kosten eines Patentanwalts zu erstatten.[133] 606

Nach § 91 ZPO sind nur die Kosten erstattungsfähig, die der Partei auch tatsächlich angefallen sind. Wenn daher tatsächlich kein Patentanwalt für den Verletzer am Verfahren teilgenommen hat, dann kann auch keine Erstattung dieser Kosten erfolgen. Der Fachanwalt ist mit dem Patentanwalt nicht vergleichbar. Eine Erstattung kommt daher auch deshalb nicht in Frage. Der Patentanwalt hat eine spezielle Ausbildung. Dadurch hat er besondere technische Kenntnisse. Diese besondere Ausbildung führt 607

128 BGH NJW 2003, 756; BGH NJW 2003, 1324.

129 GRUR-RR 2022, 356 = Mitt 2023, 95 – Patentanwaltskosten; vgl. hierzu auch Fitzner in Dörndorfer/Neie/Petzold/Wendtland Beck OK KostenR §2 PatentkostenG.

130 EuGH GRUR 2022, 853 = BeckEuRS 2022, 754025 – NovaText/Uni Heidelberg.

131 Für Designstreitigkeiten hat das LG Düsseldorf das ebenso gesehen: LG Düsseldorf Mitt. 2024, 297 – Patentanwaltskosten in Designsachen.

132 GRUR-RS 2023, 20413 = Mitt. 2023, 515 – Hinzuziehung eines Patentanwalts; vgl. hierzu auch Fitzner in Dörndorfer/Neie/Petzold/Wendtland Beck OK KostenR §2 PatentkostenG.

133 Fall nach OLG Köln, Beschluss vom 29.08.2012 – 17 W 47/12; LG Köln, Beschl. v. 04.01.2012 – 33 O 290/09; vgl. auch IPR I, 2013, 7.

dazu, dass er von Befähigung und Ausbildung nicht mit einem Fachanwalt vergleichbar ist. Dies rechtfertigt daher, dass die durch seine Mitwirkung entstehenden Kosten gesondert erstattungsfähig sind.

608 Für die Erstattungsfähigkeit der Kosten des Patentanwalts kommt es nicht darauf an, ob seine Mitwirkung notwendig war und inwieweit er im Verfahren an der Beratung beteiligt gewesen ist, weil § 52 Abs. 4 DesignG als widerlegliche Vermutung die Erstattungsfähigkeit für den Patentanwalt anordnet.[134] Denn § 52 Abs. 4 DesignG ordnet die grundsätzliche Erstattungsfähigkeit an, ohne dass es auf die inhaltliche Prüfung der Tätigkeit des Patentanwalts ankommt. Nach § 91 ZPO sind nur die Kosten erstattungsfähig, die der Partei auch tatsächlich angefallen sind. Der Patentanwalt hat eine spezielle Ausbildung. Dadurch hat er besondere technische Kenntnisse. Diese besondere Ausbildung führt dazu, dass er von Befähigung und Ausbildung nicht mit einem Fachanwalt vergleichbar ist. Dies rechtfertigt daher, dass die durch seine Mitwirkung entstehenden Kosten gesondert erstattungsfähig sind. Eine Erstattung für die Einschaltung eines Fachanwalts kommt daher nicht in Frage. Das OLG Köln[135] macht damit deutlich, dass die Entscheidung des Bundesgerichtshofs vom 10.05.2012[136] nicht missverstanden werden darf. Dort hatte der Bundesgerichtshof erläutert, dass der Fachanwalt für gewerblichen Rechtsschutz ebenso wie ein Patentanwalt in der Lage sein muss, bestimmte rechtliche und technische Sachverhalte zu prüfen. Dies bedeutet aber nicht, dass der Fachanwalt auch ein Patentanwalt ist. Beide Berufsgruppen mögen in bestimmten Bereichen eine einheitliche fachliche Befähigung aufweisen. Wenn es aber für die Erstattungsfähigkeit von Kosten auf die standesrechtliche Befähigung ankommt, können die beiden Berufsgruppen nicht gleichgesetzt werden.[137]

▶ **Beispiel:**

609 Rechtsanwalt A und Patentanwalt B mahnen im Auftrag ihres Mandanten C einen Konkurrenten ab. Im anschließenden Klageverfahren begehrt Patentanwalt B Erstattung der Kosten. Hierbei trägt er vor, dass er eine Markenrecherche durchgeführt habe.

▶ **Beispiel:**

610 Für die Erstattung der durch die Mitwirkung entstandenen Kosten kommt als Anspruchsgrundlage § 677, 683 S. 1, 670 BGB in Betracht. Der Vortrag, der Patentanwalt habe eine Markenrecherche durchgeführt, muss im Detail substantiiert sein. Ist dies nicht der Fall, ist er nicht geeignet, die Erforderlichkeit der Mitwirkung eines Patentanwalts an der Abmahnung einer Markenverletzung neben einem Rechtsanwalt mit Erfahrung im Markenrecht darzulegen. Denn im vorgerichtlichen Abmah-

---

134 LG Düsseldorf, Mitt. 2024, 297 – Patentanwaltskosten in Designsachen; anders noch OLG Frankfurt, GRUR 2012, 760 – *Erstattungsfähigkeit von Patentanwaltskosten.*

135 Fall nach OLG Köln, Beschluss vom 29.08.2012 – 17 W 47/12; LG Köln, Beschl. v. 04.01.2012 – 33 O 290/09; vgl. auch IPR I, 2013, 7.

136 BGH-Urteil vom 10.05.2012 – I ZR 70/11, MDR 2012, 924 – *Kosten des Patentanwalts IV.*

137 Vgl. auch Mulch, IPR I/2013, 7 f.

nungsverfahren kommt es nämlich, im Gegensatz zum Markenverletzungsprozess, auf die Erforderlichkeit der Mitwirkung an, die im Einzelnen darzulegen ist. Daher kommen weder aus dem § 677, 683 S. 1, 670 BGB noch aus § 141 MarkenG die Erstattung der entstandenen Kosten in Betracht.[138]

▶ Abwandlung des Beispiels:

A ist in einem Wettbewerbsprozess unterlegen. Rechtslage? 611

In einem reinen Wettbewerbsprozess sind Patentanwaltskosten nur erstattungsfähig, wenn die Zuziehung eines Patentanwalts auch notwendig war, d.h. wenn schwierige Probleme technischer oder rechtlicher Art aus dem Bereich des Patent- oder Warenzeichenrechts geklärt werden müssen.[139] 612

▶ Abwandlung des Beispiels:

A ist in einem Markenverletzungsprozess unterlegen. Rechtslage? 613

Bei der Prüfung der Erstattungsfähigkeit der von der obsiegenden Partei geltend gemachten Kosten ist eine einzelfallabhängige Prüfung der Zumutbarkeit und Angemessenheit vorzunehmen.[140] Im Regelfall muss die unterliegende Partei die finanziellen Folgen ihres Verhaltens in vollem Umfang tragen. Das heißt, grundsätzlich kann die obsiegende Partei ihre vollen, tatsächlich gezahlten Kosten zur Erstattung anmelden. Sofern die Grenzen von Zumutbarkeit und Angemessenheit eingehalten werden, wird eine Erstattung der Kosten antragsgemäß erfolgen.[141] 614

3. Rechnungsstellung

▶ Beispiel:

A erhält von Patentanwalt B eine Rechnung, wonach B »Honorar für eine Patentanmeldung liquidiert«. Es wird nur ein Rechnungsposten zzgl. Mehrwertsteuer ausgewiesen. A hält dies nicht für ausreichend. Er bittet Patentanwalt B um genaue Spezifizierung der Einzelleistungen. Zu Recht? 615

Der Patentanwalt muss die ihm obliegende Leistungsbestimmung so transparent gestalten, dass sowohl der Mandant als auch im Streitfalle der zuständige Richter die Berechtigung bzw. Angemessenheit der verlangten Vergütung überprüfen könn- 616

138 BGH GRUR 2012, 776 – *Erforderliche Mitwirkung des Patentanwalts.*

139 OLG Koblenz GRUR 1987, 941.

140 EuGH GRUR 2022, 853 = BeckEuRS 2022, 754025 – NovaText/Uni Heidelberg, Donle/Kau GRUR 2024, 999.

141 BGH GRUR 2023, 446 = Mitt. 2023, 196 – Kosten des Patentanwalts VII) unter Aufgabe der früheren Rechtsprechung BGH Mitt. 2019, 473 = GRUR 2019, 983 = WRP 2019, 1195 – Kosten des Patentanwalts V; Donle/Kau GRUR 2024, 999 ff.; vgl. hierzu auch Fitzner in Dörndorfer/Neie/Petzold/Wendtland Beck OK KostenR § 2 PatentkostenG.

ten.[142] Nur eine Rechnung, die erkennen lässt, wie der Gläubiger das ihm zustehende Ermessen ausgeübt hat, löst die Fälligkeit des Honoraranspruchs aus.[143] Es muss daher im Einzelnen angegeben sein, welche Tätigkeiten er ausgeführt hat und warum ihm dafür welche Beträge zustehen sollten.[144]

▶ **Abwandlung des Beispiels:**

617 Auf die Bitte des A schlüsselt B seine Rechnung auf. Allerdings ergibt sich nun eine Gesamtsumme, die höher als die der ersten Rechnung ist.

618 Nicht nur bei einem nicht mehr der Billigkeit entsprechenden Ergebnis (§ 315 Abs. 3 S. 1 BGB), sondern auch im Falle freien Beliebens bei der Festlegung ist die Leistungsbestimmung des Gläubigers wegen Willkür für den Schuldner unbillig und unverbindlich.[145] Der Patentanwalt als Gläubiger bleibt allerdings in jedem Fall an seine Erklärung gebunden.[146] Die vom Gesetz angeordnete Unverbindlichkeit ist keinesfalls mit Unwirksamkeit gleichzusetzen; auch der Schuldner hat grundsätzlich nicht das Recht, sich vom Vertrag loszusagen oder zurückzutreten. A ist mithin nicht berechtigt, nach der Aufschlüsselung einen höheren Betrag zu fordern.

▶ **Beispiel:**

619 A beanstandet die Rechnung des Patentanwalts B etwa ein Jahr nach deren Erhalt, da er diese für überhöht hält. B weigert sich, die Rechnung zu ändern und besteht auf Bezahlung.

620 Im vorliegenden Fall ist die Rechnung zwar unangemessen. A hat jedoch mit seiner Beanstandung etwa ein Jahr gewartet. In einem solchen Fall gilt grundsätzlich:

621 Beruft der Mandant sich nicht innerhalb einer angemessenen Frist auf die Unbilligkeit der Leistungsbestimmung, muss er die Forderung wie gestellt erfüllen.[147] Somit ist A zur Bezahlung der Rechnung in voller Höhe verpflichtet.

▶ **Abwandlung des Beispiels:**

622 A weigert sich zu zahlen. Er möchte von Rechtsanwalt C wissen, ob er noch etwas unternehmen muss.

623 Wird die Bestimmung der Forderung vom Gläubiger verzögert oder gar verweigert oder hält der Schuldner sie für unbillig, kann dieser eine Klärung durch das Gericht herbeiführen, indem er Klage erhebt, (vgl. § 315 Abs. 3 S. 2 BGB). Er kann aber auch

142 OLG Düsseldorf NJW-RR 1999, 1583; LG Düsseldorf Mitt. 1997, 131, 132.
143 LG Düsseldorf Mitt. 1997, 131 f.
144 OLG Düsseldorf NJW-RR 1999, 1583 f.
145 Grüneberg/Grüneberg, BGB, § 315, Rn. 16.
146 OLG Düsseldorf MDR 1994, 476 f.
147 Die Rechtsprechung wendet hier Verwirkungsgrundsätze unter Berücksichtigung von Treu und Glauben an, vgl. z.B. BGHZ 97, 212, 220.

einfach die Erfüllung unter Berufung auf die Unverbindlichkeit ablehnen und sich vom Gläubiger auf Leistung verklagen lassen. Das Gericht prüft dann im gleichen Verfahren aufgrund § 315 Abs. 3 S. 2 BGB die Billigkeit und setzt gegebenenfalls die Leistung neu fest, zu welcher der Schuldner dann auf die Leistungsklage hin verurteilt wird.[148] Überprüft das Gericht die Forderung des Gläubigers, kann es dessen Bestimmung nur dann durch eine eigene ersetzen, wenn die Billigkeitsgrenze auch überschritten ist und nicht schon dann, wenn es eine abweichende Bestimmung für richtig oder besser hält.[149]

▶ **Beispiel:**

A erscheint zu einem Erstberatungsgespräch bei Patentanwalt B. Dieser verlangt vor der Durchführung der von A gewünschten Patentanmeldung einen Vorschuss. Ist dies berechtigt? **624**

Die Vorschusspflicht des Auftraggebers für die zur Auftragsausführung erforderlichen Aufwendungen ergibt sich aus § 669 BGB. **625**

Die Berechtigung der Patentanwälte, Vorschüsse und Teilhonorare zu verlangen, ist in § 14 Abs. 1 S. 1 BOPA niedergelegt worden. Ergänzend bestimmt § 14 Abs. 1 S. 2 BOPA, dass der verlangte Betrag unter Berücksichtigung der voraussichtlichen Gesamtvergütung angemessen sein muss. **626**

Der Berater kann demnach die Übernahme des Mandats von der Zahlung eines Vorschusses abhängig machen oder erst nach der Auftragsannahme einen Vorschuss verlangen. Bei Nichterfüllung darf der Patentanwalt den Auftrag aus diesem Grund ablehnen oder beenden (kündigen), § 14 Abs. 1 S. 3 BOPA. Er ist dadurch jedoch nicht von der Pflicht entbunden, Nachteile für den Auftraggeber wegen einer Kündigung zur Unzeit zu vermeiden, (§ 14 Abs. 1 S. 2. i.V.m. § 10 Nr. 5 BOPA). Auf jeden Fall sollte er den Mandanten vorher stets über die Folgen belehren, damit keine Regressansprüche an ihn gestellt werden können. **627**

▶ **Beispiel:**

A erhält von seinem Patentanwalt eine Rechnung, in der als gesonderte Posten verschiedene Auslagen aufgeführt sind. Muss A diese bezahlen? **628**

§ 670 BGB regelt die Verpflichtung des Auftraggebers, entstandene Aufwendungen zu ersetzen. Hiervon erfasst werden die Auslagen des Patentanwalts wie Post- und Telefongebühren, Schreibauslagen für Abschriften und Kopien sowie Reisekosten. Es kann davon ausgegangen werden, dass die §§ 26 bis 30 BRAGO entsprechend anzuwenden sind. **629**

---

148 BGHZ 41, 271, 280; BGH NJW 1987, 1828 f.; BayOblG NJW-RR 1986, 1080, 1081.
149 BGHZ 41, 271, 280; BGH NJW-RR 1991, 1248 f.

▶ **Beispiel:**

630 In der Partnerschaft A sind Rechtsanwälte und Notare sowie Patentanwälte zusammengeschlossen. A stellt dem Mandanten M eine Rechnung, in welche u. a. auch notarielle Tätigkeiten eingeflossen sind. Die Notarkammer hat daraufhin die A aufgefordert, ihre Gebührenabrechnung abzuändern, sodass die Einnahmen aus ihrer Notartätigkeit nicht der Partnergesellschaft zufließen.

631 Die Rechnung von A, wonach die Gebühren aus ihrer Notartätigkeit der Partnergesellschaft zufließen, damit also auch den mit ihnen verbundenen Rechts- und Patentanwälten, verstößt gegen das Gebührenteilungsverbot des § 17 Abs. 1 S. 4 BNotO.

632 Gemäß § 17 Abs. 1 S. 4 BNotO ist das Versprechen und Gewähren von Vorteilen im Zusammenhang mit einem Amtsgeschäft sowie jede Beteiligung Dritter an den Gebühren unzulässig. Eine solche Beteiligung Dritter an den Notargebühren liegt auch dann vor, wenn die Gebühren mit Rechts- und Patentanwälten unmittelbar geteilt werden, mit denen ein Anwaltsnotar zur gemeinsamen Berufsausübung in Form einer Partnerschaft verbunden ist.[150]

▶ **Beispiel:**

633 Patentanwalt A erhebt Klage auf Zahlung von Vergütungsansprüchen für die Einreichung einer Patentanmeldung beim Europäischen Patentamt. Diese Klage wird abgewiesen. Die Kosten werden den Klägern auferlegt. Im Rahmen der Kostenfestsetzung machen die Vertreter der Mandantin B Kosten für mitwirkende Patentanwälte geltend. Sind diese Kosten zu erstatten?[151]

634 Entscheidend ist, ob die zugrundeliegende Honorarklage eine Patentstreitsache im Sinne des § 143 Abs. 1 PatG ist. Nur bejahendenfalls ist eine Erstattungspflicht aus § 143 Abs. 3 PatG vorhanden.

635 Zu den Patentstreitsachen zählen alle Klagen[152], die einen Anspruch auf eine Erfindung oder aus einer Erfindung zum Gegenstand haben oder sonst wie mit einer Erfindung eng verknüpft sind. Hierzu gehören insbesondere Klagen, deren Anspruchsgrundlage sich aus einem Patent oder einer nicht geschützten Erfindung ergibt, sowie solche, deren Ansprüche auf einem Lizenz- oder sonstigen Verwertungsvertrag beruhen. Grundsätzlich ist der Begriff der Patentstreitsache breit auszulegen. D.h. wenn eine enge Verknüpfung mit einer Erfindung hinreichend dargestellt ist oder erkennbar ist, handelt es sich um eine Patentstreitsache.

636 Bei Klagen, deren Anspruchsgrundlage sich nicht aus dem Patentgesetz ergibt, und bei denen das den Klagegrund bildende Rechtsverhältnis auch keine sonstige Regelung durch das Patentgesetz erfährt, sind Sinn und Zweck des § 143 PatG zu beachten.

150 OLG Celle, NJW 2007, 2929 (2930).

151 Fall nach BGH vom 20.03.2013, Az. X ZB 15/12; IP-Kompakt, Juni 2013, S. 17, 18.

152 BGH 2011, 662 – *Patentstreitsache.*

Damit soll gewährleistet sein, dass Anwälte und Richter über den besonderen Sachverstand verfügen, welcher bei der Beurteilung einer technischen Erfindung und für ihr Verständnis und die Bestimmung ihrer Reichweite maßgebend ist. In diesem Sinne handelt es sich aber bei der Honorarklage eines Patentanwalts nicht notwendigerweise um eine Patentstreitsache, auch wenn der Gegenstand des zugrundeliegenden Auftrags sich auf eine Erfindung bezieht, oder ein Patent oder eine Patentanmeldung betroffen ist. Wenn für die Frage, ob die Honorarforderung berechtigt ist, das Verständnis der Erfindung keine Rolle spielt und es deshalb keines besonderen Sachverstands bedarf, um eine Entscheidung zu fällen, fehlt es an der Rechtfertigung für die Einordnung einer Patentsache. Demgemäß ist im vorliegenden Fall die Zuständigkeit der Patentstreitkammer nicht gegeben.

4. Verjährung des Vergütungsanspruchs

▶ Beispiel:

A hat eine Rechnung seines Patentanwalts erhalten. Die entsprechende Tätigkeit wurde jedoch bereits vor 2 1/2 Jahren abgeschlossen. 637

Muss A zahlen?

In Ermangelung einer besonderen Regelung über die Vergütung für Patentanwälte gelten die Vorschriften des bürgerlichen Rechts, u.a. für die Verjährung. Für die Fälligkeit des Vergütungsanspruchs ist zwischen Mandanten mit Dienst- und Werkvertragscharakter zu unterscheiden: Die Vergütung für eine Dienstleistung ist gemäß § 614 BGB zu entrichten, wenn die Leistung erbracht worden ist. Bei Mandaten mit werkvertraglichem Charakter wird die Vergütung mit der Abnahme des Werks durch den Mandanten fällig, (§ 641 Abs. 1 S. 1 BGB). 638

Die Entstehung des Anspruchs als wichtigste Voraussetzung des Verjährungsbeginns ist im Grundsatz mit dessen Fälligkeit gleichzusetzen.[153] Der Zahlungsanspruch verjährt in drei Jahren, beginnend mit dem Schluss des Jahres, in dem der Anspruch entstanden ist, §§ 195, 199 Abs. 1 BGB. Sollten zu diesem Zeitpunkt die den Anspruch begründenden Umstände und die Person des Schuldners unbekannt sein (§ 199 Abs. 1 Nr. 2 BGB), verjährt der Vergütungsanspruch in zehn Jahren seit der Entstehung des Anspruchs (§ 199 Abs. 4 BGB). 639

Vorliegend ist daher der Vergütungsanspruch nicht verjährt. A muss zahlen. 640

153 BT-Drucks. 14/6040, S. 108.

5. Zurückbehaltung von Akten

▶ Beispiel:

641 A möchte seinen Patentanwalt wechseln. Er bittet Patentanwalt B, die betreffenden Akten an Patentanwalt C zu übergeben. B macht geltend, es seien von A noch nicht alle Honorare gezahlt. Bis zur vollständigen Bezahlung werde er die Akten daher zurückhalten.

642 § 44 PAO ergänzt zivilrechtliche Pflichten und Vorschriften (§§ 666, 667 BGB) und das bei gegenseitigen Forderungen bestehende Zurückbehaltungsrecht aus § 273 BGB. Aus § 666 BGB ergibt sich i.V.m. § 44 PAO ein Anspruch des Mandanten auf Akteneinsicht und aus § 667 BGB ein Anspruch auf Herausgabe derselben nach der Beendigung des Mandats.[154] Diesem Anspruch kann der Patentanwalt im Sinne eines Zurückbehaltungsrechts entgegenhalten, dass der Mandant das Honorar noch nicht oder nicht vollständig bezahlt hat (§ 44 Abs. 3 S. 1 PAO). Dabei muss es sich um eine Honorarforderung wegen genau desselben Auftrags handeln, dessen Akten verlangt werden.[155] Die Zurückhaltung der Akten darf jedoch nicht unangemessen sein (§ 44 Abs. 3 S. 2 PAO). Dies ist unter dem Gesichtspunkt von Treu und Glauben zu beurteilen.[156] Die Vorenthaltung der Akten wäre z.B. dann unangemessen, wenn der Mandant sie nach der Mandatsniederlegung dringend für die weitere Wahrung seiner Rechte benötigt. Entsteht ihm durch eine unberechtigte Herausgabeverweigerung ein Schaden, hat der Anwalt wegen Verletzung einer (nach-)vertraglichen Pflicht dafür einzustehen. Ferner kann es zu Beweiserleichterungen für den Mandanten im Regressprozess führen, wenn der Anwalt die Beweislage durch Zurückhalten der Akten verschlechtert.[157]

643 Für den Fall der Fortführung des Mandats durch einen neuen Vertreter bestimmt § 18 Abs. 2 BOPA, dass diesem auf dessen Anforderung alle Teile der Handakten zu überlassen sind, die aus dem Verkehr mit Behörden und Gerichten erwachsen oder zur Fortführung der Angelegenheit erforderlich sind. Dem neuen Vertreter können auf dessen Kosten auch Kopien zur Verfügung gestellt werden, wenn zugleich deren Vollständigkeit versichert wird. Die Bestimmungen zum Zurückbehaltungsrecht des Patentanwalts und dessen Grenzen gemäß § 44 Abs. 3 PAO gelten entsprechend (§ 18 Abs. 2 BOPA). Zu den Handakten gehört alles, was anlässlich des entsprechenden Auftrags in irgendeiner Weise in den Besitz des Patentanwalts gelangt.[158] Das gilt entsprechend auch für elektronische Datensätze (§ 44 Abs. 5 PAO). Die Definition der Handakten in § 44 Abs. 4 PAO bezieht sich dem Wortlaut nach auch auf diejenigen Aktenteile, die später nicht wieder herauszugeben sind.[159] Das heißt, dass die

---

154 Weyland-Nöker § 50 BRAO Rn. 21; Stöber, ZAP 2006, 229 f.
155 Weyland-Nöker § 50 BRAO Rn. 21.
156 BT-Drucks. 12/4993, S. 41 i.V.m. S. 31.
157 BGH WM 2001, 2450, 2452.
158 Weyland-Nöker § 50 BRAO Rn. 6; Rüpke, NJW 1993, S. 3097.
159 Weyland-Nöker § 50 BRAO Rn. 6.

dort ausdrücklich ausgenommenen Dokumente, wie der Schriftverkehr zwischen Anwalt und Mandant, zum Inhalt einer vollständigen Akte gehören. Auch elektronische Datensätze können Teil der Handakten sein (§ 44 Abs. 5 PAO). Herauszugeben sind dann entweder der Datenträger oder die ausgedruckte Urkunde. Die Pflicht zur Aufbewahrung besteht gemäß § 44 Abs. 2 S. 1 PAO noch für eine Dauer von 5 Jahren nach Beendigung des Mandats für die in § 44 Abs. 4 PAO positiv aufgeführten Bestandteile der Akten. Sie kann unter den Voraussetzungen des § 44 Abs. 2 S. 2 PAO früher erlöschen, wenn der Mandant der Aufforderung des Patentanwalts, die Handakten in Empfang zu nehmen, nicht nachkommt. Solange der Patentanwalt die Handakte bei sich hat, muss er wegen seiner Verschwiegenheitspflicht auch dafür Sorge tragen, dass Unbefugte keinen Zugang zu ihr haben.

Problematisch ist, wem die Handakte des Anwalts gehört. Hierzu hat sich der Bundesgerichtshof für den Bereich der Rechtsanwälte geäußert. 644

▶ Beispiel:

K ist Verwalter in dem auf Eigenantrag vom 06.02.2014 über das Vermögen einer früheren Anwaltin R am 24.07.2014 eröffneten Insolvenzverfahrens. Wegen wirtschaftlicher Schwierigkeiten widerrief die Kammer am 04.07.2019 die Zulassung der R. In der Zeit vom 05.07. bis 31.12.2013 war der Beklagte B als Abwickler der Kanzlei der R bestellt. 645

Die laufenden, von der Schuldnerin für die Mandanten geführten Rechtsstreitigkeiten übertrug B im Einverständnis den jeweiligen Mandanten und im Rahmen von mit diesem, jeweils neu geschlossenen Verträgen auf sich selbst oder andere Anwälte. Zu diesem Zweck nahm B die gehefteten Handakten der Schuldnerin R selbst in Besitz bzw. händigte sie dem Anwalt, dem das jeweilige Mandant übertragen wurde, aus. K begehrt von B die Herausgabe der Handakten. Zu Recht? 646

Ein von dem K gemäß § 80 Abs. 1 InsO als Partei kraft Amtes geltend zu machender Herausgabeanspruch der R gegen B in Bezug auf die Handakten könnte sich aus § 985 BGB ergeben. 647

Dafür müsste R Eigentümerin der Handakten sein. R müsste zunächst das Eigentum an den in den gehefteten Handakten zusammengefassten Schriftstücken erworben haben. Ob dies der Fall ist, kann nicht für sämtliche Bestandteile der Handakten einheitlich beantwortet werden. Die Bestandteile einer Handakte können, wenn diese geheftet ist, voneinander getrennt werden, ohne dass der eine oder andere Teil zerstört oder sein Wesen nach verändert wird (§ 93 BGB). Aus dieser Erwägung sind die einzelnen in einer Handakte vereinigten Schriftstücke nicht wesentliche Bestandteile einer Sache, sondern können Gegenstand besonderer Rechte sein. Mangels Anwendbarkeit der §§ 947 BGB handelt es sich um einen Inbegriff von Sachen. Darum können an den einzelnen Schriftstücken, welche in einer Handakte zusammengefasst werden, unterschiedliche Eigentumsrechte bestehen. Demgemäß ist zwischen Aktenteilen, die dem Anwalt gehören und den Aktenteilen, die dem Mandanten gehören, zu differenzieren. 648

649 Urkunden, Schriftstücke und andere Unterlagen, die der Mandant dem Anwalt überlässt, werden Inhalt der Handakte. Das Eigentum des Mandanten an diesen Schriftstücken wird durch die Einfügung in die Handakte nicht berührt. Schriftstücke, die der Anwalt in Wahrnehmung seines Auftrages für den Mandanten entgegennimmt und an ihn gemäß § 667 BGB, § 50 Abs. 2 BRAO herauszugeben hat, gehen unmittelbar in das Eigentum des Mandanten über. Der Anwalt wird bei dem Eigentumserwerb hinsichtlich der dinglichen Einigung als Vertreter (§ 164 Abs. 1 BGB) ohnehin hinsichtlich der Übergabe als Besitzmittler (§ 929, 868, 875 BGB) des Mandanten tätig. Die ihm gehörenden Unterlagen sind dem Mandanten spätestens mit Mandatsende auszuhändigen. Hinsichtlich dieser Aktenteile scheidet ein Herausgabeanspruch der R gegen B aus § 985 BGB von vornherein aus, weil die Schuldnerin insoweit niemals Eigentümerin der betreffenden Aktenteile geworden ist.

650 Der Anwalt erwirbt jedoch das Eigentum an den Schriftstücken, die er für sich selbst gefertigt hat oder die für ihn bestimmt sind. In Bezug auf diese Aktenteile kommt mithin ein Herausgabeanspruch nach § 985 BGB in Betracht.

651 Zu beachten ist, dass die betreffenden Handakten Verfahren zum Gegenstand haben, die B selbst übernommen hat oder auf andere Anwälte übertragen hat. Hierdurch können die Eigentumsrechte der R an diesen ursprünglich ihr gehörenden Aktenteilen untergegangen sein. B hatte sich mit dem Mandanten auf eine Mandatsbeendigung und auf eine Begründung neuer Mandatsverhältnisse mit sich selbst oder mit dritten Anwälten verständigt. Hierzu waren B und vor allen Dingen die Mandanten rechtlich in der Lage. Letztendlich entscheidet der Mandant als Herr des Verfahrens darüber, ob er eine Fortsetzung der Mandatsbetreuung durch den Abwickler wünscht. Folglich waren die Mandanten der Schuldnerin berechtigt, erteilte Mandate zu kündigen. Zudem können Anwaltsverträge einvernehmlich zwischen dem Abwickler und dem Mandanten aufgehoben werden. Anlässlich dieser Mandatswechsel könnte B als Abwickler namens der R deren Eigentum an den Akten gemäß § 929 S. 1 BGB auf die Mandanten übertragen haben. Hierfür bedurfte es einer dinglichen Einigung zwischen B und dem jeweiligen Mandanten und einer Übergabe der Handakten und einer Berechtigung des B zur Veräußerung auf der im Eigentum der Schuldnerin stehenden Aktenteile.

652 Voraussetzung ist, dass B sich mit den Mandanten iSv § 929 S. 1 BGB geeinigt haben müsste. Die Einigung über den Eigentumsübergang ist ein dinglicher Vertrag, dessen Zustandekommen sich nach den allgemeinen für Rechtsgeschäfte geltenden Regeln richtet. Erforderlich sind deshalb zum einen ein Übereignungsangebot des bisherigen Eigentümers, und zum anderen die Annahme eines Angebots durch den Erwerber. Ob der Einigungswille vorhanden ist, beurteilt sich nach den allgemeinen Grundsätzen der Auslegung von Rechtsgeschäften. B konnte nur dann ein wirksames Übereignungsangebot gegenüber dem Mandanten abgeben, wenn er für und gegen die R agieren und in deren Namen über deren Eigentum an den Handakten verfügen durfte.

653 Der Abwickler, der nur Mandate des ehemaligen Anwalts in eigener Person weiterführt, aber nicht in allgemeine Verträge und Eigentumsrechte des ehemaligen Anwalts einrückt, ist ebenso wie ein allgemeiner Vertreter in der Lage, namens des früheren

Anwalts im bürgerlich rechtlichen Sinne über Kanzleigegenstände und folglich auch über die Handakten zu verfügen. Die unbeschränkte Verfügungsbefugnis des B gilt bis zur Beendigung der Abwicklung. Daran änderte auch die spätere Eröffnung des Insolvenzverfahrens über das Vermögen der R und damit einhergehenden Übertragung der Verwaltungs- und Verfügungsbefugnis über das insolvenzbefangene Vermögen der R auf K nichts.

Bis zur Beendigung der Abwicklung wurde wegen der erst auf den Antrag vom 06.03.2014 am 24.07.2014 erfolgten Verfahrenseröffnung eine vorrangige Verfügungsbefugnis des K nicht begründet. Die Mandanten haben dieses Angebot auf Übereignung der Akten angenommen. Eine dingliche Einigung zwischen B und dem Mandanten liegt somit vor. 654

Weiterhin bedarf es einer Übergabe der Handakten. Der Veräußerer muss dafür jeden Besitz verlieren, der Erwerber oder seine Geheiß-Person aber auf Veranlassung des Veräußerers unmittelbaren oder mittelbaren Besitz erlangen. Die zur Eigentumsübertragung ferner erforderliche Übergabe setzt voraus, dass der Erwerber unmittelbaren oder mittelbaren endgültigen Besitz an der Sache erlangt. Diesen Grundlagen entsprechend ist hier eine Übergabe der Handakten durch B an die Mandanten zu bejahen. B war im Rahmen der mit R kraft Geschäftsbesorgung begründeten Besitzmittlungsverhältnisse unmittelbarer Fremdbesitzer der im Eigentum der Schuldnerin stehenden Akten. Die gemäß § 929 S. 1 erforderliche Übergabe fand statt, in dem B als Besitzermittler für die Schuldnerin den unmittelbaren Besitz an den Akten auf die Mandanten übertrug. Anschließend konnten die Mandanten die ihnen übereigneten Handakten den neu gewählten Anwälten aushändigen. Als Alternative konnte eine Übergabe nach § 929 S. 1, 868 BGB dadurch geschehen, dass B die Akten unter Aufgabe des unmittelbaren Besitzes auf Weisung der Mandanten den diesen durch einen Geschäftsbesorgungsvertrag verbundenen neuen Anwälten als Besitzmittler der Mandanten aushändigte. Soweit B selbst Mandate übernahm, wurde die Übergabe der Handakten gemäß § 929, § 868 BGB durch einen Besitzmittlerwechsel vollzogen, indem B seinen Besitzmittlerwillen vereinbarungsgemäß zu Gunsten der Mandanten, und nicht mehr der R ausübte. 655

B war berechtigt, über das Eigentum der R an den ihr gehörenden Teilen der Akten zu verfügen. Die Verfügungsbefugnis des B als Abwickler folgt aus der Patentanwaltsordnung. Somit hat R ihr Eigentum an den betreffenden Aktenteilen verloren. Ein Herausgabeanspruch aus § 985 BGB scheidet demnach schon mangels Eigentums der R aus. 656

Ein Anspruch auf Herausgabe der Handakten gemäß § 667 1. Alternat. BGB scheidet ebenfalls aus. Es besteht sowohl hinsichtlich der den Mandanten überlassenen, als auch der in Besitz des B befindlichen Handakten kein Herausgabeanspruch, weil der Abwickler von der Herausgabepflicht außer durch Erfüllung auch dann frei wird, wenn er das zur Ausführung des Auftrags erhaltene oder aus der Geschäftsbesorgung Erlangte bestimmungsgemäß verwendet hat. Die Mandanten hatten die vertraglichen Bindungen zu R gelöst. Ist ein Auftrag durch Kündigung beendet, kann sich der Abwickler der Aufbewahrungspflicht entledigen, in dem er die Handakten an 657 die Mandanten herausgibt. Von dieser Möglichkeit hat B Gebrauch gemacht, um aufwändige Aufbewahrungspflichten zu vermeiden. Im Zusammenhang mit der Herausgabe war der B berechtigt, zu Gunsten der Mandanten über das Eigentum der R bezüglich der Teile der Handakten zu verfügen. Folglich ist ein Herausgabeanspruch der R nicht gegeben.

6. Abtretung von Vergütungsforderungen

▶ **Beispiel:**

658 B beauftragt Patentanwalt P mit der Erstellung eines Entwurfs für eine Patentanmeldung. Das von P hierfür in Rechnung gestellte Honorar wird von B nicht bezahlt. Daraufhin trat P seine Gebührenforderung an den Steuerberater K ab; B hat dieser Abtretung nicht zugestimmt. K macht nunmehr den Anspruch gegen B klageweise geltend. B hält die Abtretung für nichtig, da sie gegen die anwaltliche Verschwiegenheitspflicht verstößt. Ist die Klage des K begründet?

659 § 43 a Abs. 2 PAO regelt die Möglichkeit, Vergütungsforderungen abzutreten oder sie zur Einziehung zu übertragen. Dabei soll die Abtretung oder Übertragung an Patentanwälte sowie an Rechtsanwälte ermöglicht werden, ohne dass die Einwilligung des Mandanten vorliegt. Dasselbe gilt für die Abtretung an rechtsanwaltliche bzw. patentanwaltliche Berufsausübungsgemeinschaften, jedoch nicht für Zusammenarbeiten im Einzelfall. Nach § 43 Abs. 2 S. 2 PAO ist im Übrigen die ausdrückliche, schriftliche Einwilligung des Mandanten erforderlich, um dem Patentanwalt eine Forderungsabtretung und Übertragung ihrer Einziehung zu gestatten. Die neue Regelung ermöglicht es, dass Patentanwälte das Inkasso ihrer Honorare auf Verrechnungsstellen übertragen. Die Abtretung kann im Rahmen eines Factorings auch als Finanzinstrument genutzt werden.

660 § 43 a Abs. 2 S. 3 PAO sieht vor, dass der Mandant vor der Erklärung der Einwilligung aufzuklären ist. Er muss darüber unterrichtet werden, dass der beauftragte Patentanwalt gesetzlich bzw. vertraglich verpflichtet ist, dem neuen Gläubiger und dem Einziehungsberechtigten die Informationen zu erteilen und Unterlagen auszuhändigen, die dieser benötigt, um die Forderung geltend zu machen. § 43 Abs. 2 S. 4 enthält die Verpflichtung, die Verschwiegenheit in gleicher Weise wie der beauftragte Patentanwalt zu wahren, soll aber nunmehr für alle Gläubiger und Einziehungsermächtigten gelten.

661 Alternativ, neben der Einwilligung durch den Mandanten soll es für die Abtretung oder Übertragung auch genügen, dass die Vergütungsforderung rechtskräftig festgestellt worden ist. Weil der Zessionar oder Einziehungsermächtigte in diesem Fall auf schützenswerte Informationen nicht mehr angewiesen ist, um die Forderung geltend zu machen, überwiegt das Interesse des Anwalts, seine Forderung zu realisieren.

In allen Fällen des § 43 Abs. 2 PAO unterliegen die neuen Gläubiger oder Einziehungsermächtigten strengen Regelungen zur Verschwiegenheit. Die Vertrauensinteressen des Mandanten sollen damit gewahrt werden.[160] 662

Die von K erhobene Zahlungsklage ist aus § 675 Abs. 1 i.V.m. § 398 BGB begründet, wenn der von dem B mit der Erstellung eines Patentanmeldungsentwurfs beauftragte Patentanwalt P die ihm zustehende Vergütungsforderung wirksam an den Steuerberater K abgetreten hat. 663

Gemäß § 43 a Abs. 2 PAO ist die Abtretung von Vergütungsforderungen an Patentanwälte und Rechtsanwälte zulässig. Sie ist aber nur zulässig, wenn eine ausdrückliche, schriftliche Einwilligung des Mandanten vorliegt oder die Forderung rechtskräftig festgestellt ist. Nach dieser Bestimmung durfte P die Vergütungsforderung nicht an K abtreten. 664

Im Übrigen ist die Abtretung auch im Hinblick auf § 134 BGB nicht wirksam, da hiermit gegen ein gesetzliches Verbot verstoßen wird. Nach dieser Bestimmung ist ein Rechtsgeschäft nichtig, wenn sich das gesetzliche Verbot nicht nur gegen den Abschluss, sondern auch gegen den Inhalt des Rechtsgeschäfts richtet. Dabei führt auch ein Verbot gegen ein sich nur gegen eine Vertragspartei richtendes Verbotsgesetz zur Nichtigkeit, wenn es mit dem Zweck des Verbotsgesetzes unvereinbar wäre, die durch das Rechtsgeschäft getroffene rechtliche Regelung hinzunehmen und bestehen zu lassen. 665

Als Verbotsgesetz kommt vorliegend § 203 Abs. 1 Nr. 3 StGB in Betracht, wonach u. a. ein Patentanwalt mit Strafe bedroht ist, der unbefugt ein unter die Verschwiegenheitspflicht fallendes Geheimnis offenbart. Diese Vorschrift schützt in erster Linie die Individualsphäre des Mandanten, der Rat und Hilfe in Anspruch nehmen muss, die er nur bei rückhaltloser Offenheit zu verlangen vermag.[161] 666

Für die Zeit vor Inkrafttreten des § 49 b BRAO hat der BGH im Anschluss an die Rechtsprechung zur Abtretung ärztlicher Honorarforderungen[162] und zur Weitergabe einer ärztliche Patienten- und Berufskartei[163] entschieden, dass die Abtretung von Honorarforderungen eines Rechtsanwalts ohne Zustimmung des Mandanten in der Regel den objektiven Tatbestand der Strafvorschrift des § 203 Abs. 1 Nr. 3 StGB erfüllt, weil mit der Abtretung die umfassende Informationspflicht des § 402 BGB gegenüber dem neuen Gläubiger verbunden ist. Deshalb waren nach früherem Recht sowohl das schuldrechtliche Grundgeschäft der Forderungsübertragung als die Abtretung des dinglichen Erfüllungsgeschäfts gemäß § 134 BGB nichtig. Dadurch sollte dem durch Art. 1 Abs. 1 GG gewährleisteten Recht auf informelle Selbstbestimmung Rechnung getragen werden.[164] Für den vorliegenden Fall gilt somit, dass die Abtretung der Vergütungsforderung an den Steuerberater S ein Verstoß gegen die 667

160 Fitzner, Mitt. 2010, 171, 174.
161 BGH NJW 2007, 1196.
162 BGHZ 115, 125, 130.
163 BGHZ 116, 268, 272 f.
164 BGHZ 122, 115, 119; NJW 1005, 507.

im § 203 Abs. 1 Nr. 3 StGB strafrechtlich sanktionierte Schweigepflicht des Patentanwalts darstellt. Damit ist auch zugleich unter dem Gesichtspunkt des § 134 BGB die Abtretung der Vergütungsforderung an den Steuerberater S nichtig.

V. Vertragsbeendigung

668 Aus den bisherigen Ausführungen ist deutlich geworden, dass Basis der Zusammenarbeit mit den Mandanten ein Vertrag ist. Die Beendigung dieses Vertrages ist nach den gesetzlichen und vertraglichen Regelungen zu beurteilen.

1. Gesetzliche Regelungen

▶ **Beispiel:**

669 Der Mandant A von Patentanwalt B verstirbt. Endet damit das Mandatsverhältnis?

670 Nach § 672 BGB endet der Auftrag im Zweifel nicht mit dem Tod oder dem Eintritt der Geschäftsunfähigkeit des Auftraggebers. Er ist dann im Interesse des Geschäftsunfähigen bzw. Verstorbenen oder seiner Rechtsnachfolger weiterzuführen. Ist der Auftraggeber eine juristische Person, gilt § 672 BGB in der Regel auch für deren Erlöschen.[165] Selbst wenn keine Zweifel bestehen, dass der Auftrag nach dem Willen der Parteien in einem solchen Fall enden sollte, wird unter den Voraussetzungen des § 672 S. 2 BGB sein Fortbestand fingiert. Drohen also durch den Abbruch der Auftragsausführung Nachteile, kann den Patentanwalt eine vorläufige Notbesorgungspflicht treffen.[166] Das Fortbestehen seiner Vollmacht ergibt sich auch im Falle der Fiktion aus § 168 S. 1 BGB. Für den Patentanwalt ist es wichtig zu wissen, dass er mit Eintritt eines solchen Ereignisses nicht automatisch von seinen vertraglichen Verpflichtungen frei wird; gegebenenfalls sollte er die Erben bzw. gesetzlichen Vertreter ermitteln, um das weitere Vorgehen mit ihnen abzustimmen.

▶ **Beispiel:**

671 Der Patentanwalt B des Mandanten A verstirbt. Wie ist die Rechtslage?

672 Der Auftrag erlischt im Zweifel mit dem Tod des Beauftragten (§ 673 BGB). Der an sich mögliche Übergang der Verpflichtungen auf den Rechtsnachfolger scheitert ohnehin meist schon daran, dass der Berater wegen des ihm entgegengebrachten Vertrauens nicht beliebig austauschbar ist.[167] Der Präsident des DPMA kann aber im Todesfall einen sog. Kanzleiabwickler bestellen, der die laufenden Aufträge fortführt (vgl. im Einzelnen § 48 PAO). Der Verstorbene wird aus der Liste der zugelassenen Patentanwälte gelöscht. Rechtshandlungen, die ein bestellter Vertreter zwar nach

165 Grüneberg/Sprau § 672 BGB Rn. 3.
166 Grüneberg/Sprau § 672 BGB Rn. 2.
167 Grüneberg/Sprau § 673 BGB Rn. 1.

dem Tode des beauftragten Patentanwalts, aber vor der Löschung seiner Zulassung vorgenommen hat oder die ihm gegenüber vorgenommen worden sind, wirksam.

Bei juristischen Personen wie der Patentanwalts-GmbH oder -AG ist deren Erlöschen 673
dem Tod des Beauftragten gleichzustellen.[168] Auch wenn der Mandant eine Sozietät beauftragt hat, erlischt das Mandat nicht, sondern ist von den verbleibenden Sozien weiterzuführen.[169] Das Gleiche gilt bei der Partnerschaftsgesellschaft. Stirbt also bei gesellschaftsrechtlichen Zusammenschlüssen der zuständige Mandatsbearbeiter, fehlt es an dem Merkmal »Tod des Beauftragten«. Dies steht nicht in Widerspruch zum besonderen Vertrauensverhältnis zwischen Anwalt und Mandant. Der Auftraggeber bringt sein Vertrauen insoweit nicht nur seinem Bearbeiter, sondern der gesamten Kanzlei mit ihrer internen Organisation und Arbeitsteilung entgegen. Die mögliche gegenseitige Vertretung, die gemeinsame Nutzung der Berufserfahrung und der interne Gedankenaustausch gehören zum Zweck eines beruflichen Zusammenschlusses, von dem auch der Mandant profitiert. Es ist davon auszugehen, dass er sich diese Vorteile zunutze machen wollte, es sei denn, er hat ausdrücklich ein Einzelmandat erteilt.[170]

▶ Beispiel:

Patentanwalt A hat die Vertretung im Rahmen eines deutschen Patentanmelde- 674
verfahrens übernommen. Die Patentanmelderin ist in Großbritannien ansässig. Zwei Jahre später hat A die Niederlegung der Vertretung erklärt und die Löschung der Vertreterangabe im Patentregister beantragt. Wird das Patentamt diesem Antrag stattgeben?

A war zunächst zu Recht als Vertreter im Patentregister nach § 30 Abs. 1 S. 1 PatG 675
vermerkt, nachdem er sich wirksam zum Inlandsvertreter nach § 25 Abs. 1 PatG bestellt hatte. Die Löschung der zu Recht erfolgten Eintragung im Patentregister kann nach § 30 Abs. 3 S. 1 PatG nur erfolgen, wenn eine Änderung des Vertreters dem Deutschen Patent- und Markenamt nachgewiesen wird. Solange die Änderung nicht eingetragen ist, bleibt der frühere Vertreter nach Maßgabe des Patentgesetzes gemäß § 30 Abs. 3 S. 2 PatG berechtigt und verpflichtet. Ergänzt wird § 30 Abs. 3 S. 1 PatG durch die Vorschrift des § 25 Abs. 4 PatG. Danach wird die rechtsgeschäftliche Beendigung der Bestellung eines Vertreters nach § 25 Abs. 1 PatG erst wirksam, wenn sowohl diese Beendigung als auch die Bestellung eines anderen Vertreters gegenüber dem Patentamt oder dem Patentgericht angezeigt wird. Da im vorliegenden Fall nur A die Vertretung niedergelegt hat und die Bestellung eines anderen Vertreters nicht erfolgt ist, ist die Beendigung der Bestellung des A als Inlandsvertreter nicht wirksam geworden, mit der Folge, dass auch im Patentregister die Änderung nicht vermerkt werden kann.[171]

168 Grüneberg/Sprau § 673 BGB Rn. 3.
169 BGH NJW 1971, 1801, 1803.
170 BGH NJW 1971, 1801, 1803.
171 BGH Mitt. 2009, 193 – *Niederlegung der Inlandsvertretung*; BPatG 10 w (pat) 56/06 vom 19.04.2007 – *Inlandsvertreter*.

▶ **Beispiel:**

676 Patentanwalt A hat für ein japanisches Unternehmen eine Marke beim Deutschen Patent- und Markenamt eingereicht. Nach Eintragung der Marke wird die erste Verlängerungsgebühr gezahlt. Sodann hat A dem Amt gegenüber erklärt, dass er die Vertretung niederlege, nachdem die Markeninhaberin das Mandat gekündigt habe. Die Markenabteilung des Deutschen Patent- und Markenamts hat daraufhin durch einen Bescheid festgestellt, dass die mitgeteilte Mandatsniederlegung wirkungslos sei, weil gemäß § 96 Abs. 3 MarkenG die rechtsgeschäftliche Beendigung einer Inlandsvertretung erst wirksam werde, wenn sowohl diese Beendigung als auch die Bestellung eines anderen Vertreters gegenüber dem Patentamt angezeigt worden sei. Deshalb bleibe die Eintragung des Antragstellers als Vertreter im Markenregister solange vermerkt, bis sich ein anderer Vertreter bestellt habe. Benachrichtigungen und Zustellungen würden weiterhin an den bisherigen Vertreter geschickt. A hat gegen die Entscheidung der Markenabteilung Beschwerde eingelegt. Wie ist die Rechtslage?

677 Fraglich ist im vorliegenden Fall, ob die Regelung des § 96 Abs. 3 MarkenG unabhängig von dem jeweiligen Verfahrensstand nach der endgültigen Eintragung des Schutzrechts weiter gilt. Gegen eine solche zeitlich unbeschränkte Geltung der Inlandsvertretung spricht nach Ansicht des Bundespatentgerichts[172] bereits der Wortlaut des § 96 MarkenG, der ausdrücklich auf die Bestellung eines Inlandsvertreters nach § 96 Abs. 1 MarkenG Bezug nimmt. Gemäß § 96 Abs. 1 MarkenG muss ein Auswärtiger einen Inlandsvertreter aber nur bestellen, wenn er an einem im Markengesetz geregelten Verfahren vor dem Deutschen Patent- und Markenamt oder Bundespatentgericht teilnimmt oder Rechte aus einer Marke geltend macht. Der bloße Besitz einer Marke begründet noch kein Verfahren vor dem Deutschen Patent- und Markenamt, an dem der Markeninhaber i.S.v. § 96 Abs. 1 MarkenG teilnimmt. Insoweit bedarf der auswärtige Inhaber einer im Inland geschützten Marke nicht ständig eines Inlandsvertreters, an den mögliche Löschungs- oder Schutzentziehungsanträge zugestellt werden könnten.[173] ebenso wenig hängt die Bewirkung der Schutzrechtsverlängerung durch Zahlung der Verlängerungsgebühren von der Bestellung eines Inlandsvertreters ab.[174] Wenn jedoch ein markenrechtliches Verfahren i.S.v. § 96 Abs. 1 MarkenG nicht bzw. nicht mehr anhängig ist oder für eine Verfahrenshandlung die Bestellung eines Inlandsvertreters nicht erforderlich ist, fehlt auch die entscheidende Voraussetzung für eine Anwendung des § 96 Abs. 3 MarkenG. Damit ist die Entscheidung des Amtes unzutreffend und das Bundespatentgericht wird den Beschluss des Amtes aufheben.[175]

---

172 BPatG 24 W (pat) 97/07; Bl. 2008, 179.

173 BGH GRUR 1993, 476, 477 f. – *Zustellungswesen*; Ströbele/Hacker/Thiering/Thiering/Knoll, MarkenG, § 96 Rn. 9.

174 BPatG Bl. 2007, 421, 422.

175 So auch BGH Mitt. 2009, 193 – *Niederlegung der Inlandsvertretung* im Hinblick auf § 25 PatG; Anderer Ansicht in BPatG 10 W (pat) 96/06 – im Hinblick auf § 25 PatG.

2. Kündigung

▶ **Beispiel:**

A ist mit der Arbeit seines Patentanwalts B unzufrieden. Es kommt zu Auseinandersetzungen. Nunmehr hält B das Mandatsverhältnis für so erschüttert, dass er das Mandat beenden möchte. 678

Die Möglichkeit der außerordentlichen Kündigung besteht für beide Seiten zu jeder Zeit (§ 627 BGB). Die Tatsache, dass der Patentanwalt Dienste höherer Art leistet, deren Ausführung ihm auf der Grundlage seiner besonderen Vertrauensstellung übertragen wird, führt zur Möglichkeit der außerordentlichen Kündigung nach § 627 Abs. 1 BGB. Die Lösung der vertraglichen Bindung ist danach grundsätzlich jederzeit von beiden Seiten zulässig. Eine Ausnahme bildet der Fall der Beiordnung; hier bleibt es dabei, dass die Aufhebung der Beiordnung vom Patentanwalt aus wichtigem Grund beantragt werden muss. 679

Eine Einschränkung dieser Kündigungsfreiheit für den Patentanwalt enthält § 627 Abs. 2 BGB: Kündigt er den Vertrag »zur Unzeit« ohne wichtigen Grund, macht er sich gemäß § 627 Abs. 2 S. 2 BGB schadensersatzpflichtig. Die Wirksamkeit der Kündigung wird davon aber nicht berührt. Wie sich aus § 627 Abs. 2 S. 1 BGB ergibt, ist die Kündigung dann unzeitig, wenn sich der Mandant die patentanwaltlichen Leistungen nicht (mehr rechtzeitig) anderweitig beschaffen kann. In Betracht kommt hier z.B. die Mandatsniederlegung kurz vor einem Termin zur mündlichen Verhandlung oder dem Ablauf einer wichtigen Frist. Der Anwalt sollte also zunächst prüfen, ob dem Mandanten derartige Nachteile drohen. Dann muss ein Kündigungsgrund bestehen, der eine Lösung der vertraglichen Bindung ohne Rücksicht auf die Situation des Mandanten rechtfertigt. Ein derart wichtiger Grund liegt im Zweifel nur vor, wenn dem Anwalt die weitere Bearbeitung des Mandats unzumutbar ist, z.B. bei zerstörtem Vertrauensverhältnis oder wenn ein Ablehnungsgrund i.S.d. PAO nachträglich bekannt wird. Im Einzelfall kann es oft sehr schwierig sein festzustellen, ob die Begründung den Anforderungen genügt. Es ist also größte Vorsicht angebracht, wenn ein Regress vermieden werden soll. Liegt der Kündigungsgrund im Verhalten des Auftraggebers, sollte man ihm schon aus Beweisgründen zumindest pro forma noch eine Chance geben und ihn schriftlich unter Androhung der Mandatsniederlegung abmahnen, bevor die Kündigung ausgesprochen wird.[176] 680

Obwohl die Verpflichtung zur Fortführung des Auftrags mit der wirksamen Kündigung umgehend erlischt, muss der Patentanwalt auch bei Vorliegen eines wichtigen Grundes gänzlich unaufschiebbare Arbeiten noch selbst erledigen;[177] dies kann sich bei einer vorzeitigen Mandatsbeendigung wegen Verstoßes gegen ein Tätigkeitsverbot (§§ 39a Abs. 4, 41, 42 PAO) u.U. auch anders darstellen. Maßgeblich sind stets die Umstände des Einzelfalls und die jeweilige Schutzwürdigkeit der Mandanteninteres- 681

176 Vgl. OLG Hamburg, Urt. v. 21. 12. 79 – 11 U 139/73 (unveröff.).
177 Grüneberg/Sprau § 627 BGB Rn. 7.

sen. In jedem Fall, d.h. auch wenn es eines wichtigen Grundes mangels »unzeitiger« Kündigung gar nicht bedarf, sollte der Patentanwalt bei der Mandatsniederlegung prüfen, ob in Zukunft ein Fristablauf ansteht oder andere schadensträchtige Rechtsverluste drohen, wenn nichts unternommen wird. Er ist dazu verpflichtet, in einem solchen Fall noch frist- bzw. rechtswahrende Maßnahmen zu treffen oder den Mandanten zumindest darüber belehren, dass und wann noch Handlungsbedarf besteht, um Rechtsverluste zu vermeiden.

682 A kann das Mandatsverhältnis demgemäß kündigen, muss aber das Ausgeführte beachten.

▶ Beispiel:

683 Nach der Kündigung des Mandats durch Patentanwalt B möchte A die anstehenden Honorare für die bisherige Tätigkeit des B nicht zahlen. Denn A muss sich einen neuen Anwalt suchen und diesen nochmals instruieren. Hierdurch seien Zusatzkosten entstanden.

684 Im Falle der außerordentlichen Kündigung des Mandats erhält oder behält der Patentanwalt gemäß § 628 Abs. 1 S. 1 BGB den seiner bisherigen Leistung entsprechenden Teil der Vergütung. Einen darüberhinausgehenden Vorschuss hat er selbstverständlich zurückzuzahlen (§ 628 Abs. 1 S. 3 BGB). Hat sich der Patentanwalt allerdings von dem Vertrag gelöst, ohne durch ein vertragswidriges Verhalten des Mandanten dazu veranlasst gewesen zu sein, oder hat er sich gar selbst vertragswidrig verhalten und dadurch die Kündigung des Mandats durch seinen Auftraggeber provoziert, dann hat er auf die anteilige Vergütung keinen Anspruch, soweit sein ehemaliger Vertragspartner infolge der Kündigung kein Interesse mehr an den bis dahin erbrachten Leistungen hat (§ 628 Abs. 1 S. 2 BGB).

685 Nach § 628 Abs. 2 BGB hat der Kündigungsempfänger den durch die Vertragsauflösung entstandenen Schaden zu ersetzen, wenn er durch sein vertragswidriges Verhalten die außerordentliche Kündigung verursacht hat. Dieser Schadensersatzanspruch kann also sowohl dem Patentanwalt als auch dem Mandanten zustehen. Der Schaden wird beim Patentanwalt in der Regel in seinem Verdienstausfall bestehen. Der Mandant kann vor allem Mehraufwendungen für die Beauftragung eines anderen Patentanwalts geltend machen, der die unterbrochene Arbeit fortführt.

▶ Beispiel:

686 A hat durch Patentanwalt B eine Patentanmeldung ausarbeiten und einreichen lassen. Nachdem das Deutsche Patent- und Markenamt die Anmeldung zurückgewiesen hatte, hat B die A im weiteren Verfahren vor dem Bundespatentgericht vertreten. Schließlich hat der Bundesgerichtshof auf die Rechtsbeschwerde der A hin die Entscheidung des Bundespatentgerichts aufgehoben und zur anderweitigen Verhandlung und Entscheidung an das Bundespatentgericht zurückverwiesen. In dem zurück verwiesenen Verfahren, das sich aufgrund des Standes der Technik sehr aufwendig gestaltete, vertrat wiederum B die A. Hieran änderte sich vorerst nichts. Für die Vertretung in den Verfahren hatte A dem B insgesamt € 42.230,36

gezahlt. Nunmehr verlangte B den Abschluss einer schriftlichen Honorarvereinbarung, nach der die weitere Tätigkeit aufgrund eines bestimmten Honorarsatzes vergütet werden sollte. Von der Unterzeichnung dieser Vereinbarung machte B die weitere Tätigkeit abhängig. Nachdem A sich weigerte, die Honorarvereinbarung zu unterschreiben, kündigte B das Mandatsverhältnis. Der von A neu bestellte Patentanwalt C berechnete für die Durchführung des Verfahrens insgesamt € 17.503,47. A verlangte aufgrund der Weigerung des B, das Mandat fortzuführen, eine Erstattung der entrichteten Gebühren.

A könnte gegen B einen Anspruch auf Rückzahlung der zusätzlich entrichteten Gebüh- 687
ren in Höhe von € 17.503,47 gemäß § 812 Abs. 1 S. 12, 1. Alt., BGB zustehen. Dies wäre der Fall, wenn B etwas durch die Leistung der A erlangt hatte, und der rechtliche Grund dafür später weggefallen wäre.

Die B hat von der A Gebühren in Höhe von € 17.503,47 als Teil der € 42.230,36 für 688
die Durchführung des Beschwerdeverfahrens und damit etwas im bereicherungsrechtlichen Sinne erlangt. Die Zuwendung geschah auch ziel- und zweckgerichtet durch A zur Erfüllung des mit dem B bestehenden Anwaltsvertrags, also durch Leistung.

Fraglich ist, ob für diese Leistung auch ein rechtlicher Grund besteht, oder ob dieser 689
später weggefallen ist. Ursprünglich hatten die Parteien einen Anwaltsvertrag, also einen Dienstvertrag, der eine Geschäftsbesorgung zum Inhalt im Sinne der §§ 675, 611 BGB geschlossen, der die Vertretung vor dem Deutschen Patent- und Markenamt und vor dem Bundespatentgericht betraf. Dies stellte zunächst einen Rechtsgrund i.S.v. § 812 Abs. 1 BGB dar.

Der Anwaltsvertrag wurde durch B gekündigt, nach dem das Verfahren durch den 690
BGH an das Bundespatentgericht zurückverwiesen worden war. Eine Kündigung lässt den Rechtsgrund jedenfalls mit ex-nunc-Wirkung entfallen. Fraglich ist jedoch, ob damit auch der Rechtsgrund für bereits erbrachte Leistungen in der Beschwerdeinstanz entfallen ist.

Die Folgen einer vorzeitigen Kündigung des Dienstvertrages werden im § 628 BGB 691
geregelt. Erfolgt die Kündigung nach § 626 oder § 627 BGB, steht dem Dienstverpflichteten ein Teilvergütungsanspruch zu. Erfolgt die Vergütung jedoch außerhalb der besonderen Voraussetzungen in den §§ 626, 627 BGB – ohne dass dies auf ein vertragswidriges Verhalten des Dienstberechtigten zurückzuführen ist – richtet sich der Vergütungsanspruch des Dienstverpflichteten danach, ob die Dienstleistung für den Dienstberechtigten noch von Interesse ist, oder nicht (§ 628 Abs. 1 S. 2 BGB).

Gemäß § 627 Abs. 1 BGB kann ein Dienstverhältnis über Dienste höherer Art, ins- 692
besondere bei Vorliegen einer Vertrauensstellung des Dienstverpflichteten, jederzeit gekündigt werden. Gemäß § 628 Abs. 1 S. 1 BGB steht dem Dienstverpflichteten in diesem Fall ein Teilvergütungsanspruch zu. Jedoch findet § 627 BGB auf den Anwaltsvertrag keine Anwendung. Würde nämlich dem Anwalt die Möglichkeit gegeben, ohne Vorliegen eines wichtigen Grundes zu kündigen, hätte der Anwalt ein Instrument, jederzeit höhere Gebühren durchzusetzen, in der Hand. Er könnte den Mandanten

vor die Wahl stellen, entweder den Abschluss einer nachträglichen Gebührenvereinbarung zu akzeptieren, oder einen neuen Anwalt beauftragen zu müssen, der die gleichen Gebühren noch einmal bekommt.

693 Es stellt auch kein pflichtwidriges Verhalten dar, dass sich der Auftraggeber nicht auf Verhandlungen über die Honorarvereinbarung eingelassen hat. Infolgedessen richtet sich die Frage der Vergütungspflicht nach dem Interesse der Klägerin an den erbrachten Leistungen i.S.v. § 628 Abs. 1 S. 2 BGB. Im vorliegenden Falle hatte A offensichtlich ein Interesse am Fortführen des Verfahrens. Damit steht A gegen B ein Anspruch auf Rückzahlung der doppelt entrichteten Gebühren in Höhe von € 17.503,47 gemäß § 812 Abs. 1 S. 2 1. Altern. BGB zu.[178]

VI. Nebenvertragliche Pflichten und Rechte

694 Zu den beschriebenen Rechten und Pflichten aus dem Vertrag mit dem Mandanten kommen noch nebenvertragliche Gesichtspunkte. In erster Linie sind hier das vorvertragliche und das nachvertragliche Schuldverhältnis zu erwähnen. D. h., auch vor Vertragsabschluss oder nach Beendigung des Vertrages können sich Rechte und Pflichten der Parteien ergeben.

1. Vorvertragliches Schuldverhältnis

▶ Beispiel:

695 A bittet Patentanwalt B, eine Patentanmeldung auszuarbeiten und einzureichen. Zwei Wochen später teilt B mit, er könne das Mandat wegen Interessenkollision nicht übernehmen. A beauftragt einen anderen Patentanwalt. Später stellt sich heraus, dass 2 Tage vor Einreichung der Anmeldung des A patentrechtlicher Stand der Technik veröffentlicht worden ist. A meint, bei rechtzeitiger Ablehnung des Mandats durch B wäre eine rechtzeitige Anmeldung möglich gewesen.

696 Eine besondere vorvertragliche Pflicht für den Patentanwalt enthält § 40 S. 1 PAO. Nach dieser Bestimmung hat der Patentanwalt unverzüglich seine Ablehnung zu erklären. Damit stellt sich vorliegend die Frage, ob eine Ablehnung innerhalb von 2 Wochen unverzüglich, d.h. ohne schuldhaftes Zögern, erfolgt ist. Da der Sachverhalt keine näheren Gründe enthält, ist wohl davon auszugehen, dass die Ablehnung nicht unverzüglich erfolgt ist. Gemäß § 40 S. 2 PAO hat er einen Schaden zu ersetzen, der dem potenziellen Mandanten wegen der Verzögerung der Mandatsablehnung entstanden ist (§ 40 PAO). Der Geschädigte ist also so zu stellen, wie er stehen würde, wenn die Mitteilungspflicht ohne Verzögerung erfüllt worden wäre.[179]

---

178 BGH-Urteil vom 29.09.2011 – VIII ZR 170/10; vgl. auch Feldmann Rü 1/2012, 4.
179 /Weyland-Nöker § 44 BRAO Rn. 12.

2. Nachvertragliches Schuldverhältnis

▶ **Beispiel:**

A wird von Patentanwalt B seit Jahren im gewerblichen Rechtsschutz beraten. Darüber hinaus berät B den A auch in Fragen des Gesellschaftsrechts. Aufgrund einer Fehlberatung entsteht A erheblicher Schaden. Allerdings ist im Zeitpunkt des Schadenseintritts das Mandatsverhältnis bereits beendet. 697

Zumeist geht es um die Verletzung von Pflichten aus einem laufenden Mandatsverhältnis, also bei der Erfüllung des Auftrags. Es ist jedoch nicht ausgeschlossen, dass der Patentanwalt auch für ein Fehlverhalten haften muss, das außerhalb des Zeitraums zwischen Vertragsschluss und Mandatsende gelegen hat. Möglich ist sowohl eine vorvertragliche als auch eine nachvertragliche Haftung, selbst wenn der Vertrag nichtig ist; denn in beiden Fällen kann ein Schuldverhältnis mit Pflichten für den Patentanwalt bestehen. Unter den Voraussetzungen des § 311 Abs. 2 BGB entsteht ein Schuldverhältnis mit Schutzpflichten i.S.d. § 241 Abs. 2 BGB schon vor dem eigentlichen Vertragsabschluss. Anspruchsgrundlage für den Ersatz aus der Verletzung einer vorvertraglichen Pflicht folgenden Schadens ist § 280 Abs. 1 BGB (i.V.m. §§ 311 Abs. 2, 241 Abs. 2 BGB). Für den Anwaltsvertrag gelten in diesem Bereich keine wesentlichen Besonderheiten. 698

Vorliegend könnte ein Verstoß gegen das Rechtsberatungsgesetz darin zu sehen sein, dass B im Gesellschaftsrecht beraten hat, wozu er als Patentanwalt nicht befugt ist. Insoweit könnte der Anwaltsvertrag gemäß § 134 BGB nichtig sein. Hat der Patentanwalt dafür zu haften, dass der Mandatsvertrag nicht zustande gekommen oder nichtig ist, weil ein Verstoß gegen das Rechtsberatungsgesetz oder Tätigkeitsverbote i.S.d. PAO vorliegt, hat er den sog. Vertrauensschaden zu ersetzen. Der Gläubiger ist dann im Ergebnis so zu stellen, wie er stehen würde, wenn er nicht auf die Gültigkeit des Rechtsgeschäfts vertraut hätte.[180] 699

▶ **Beispiel:**

A hat Patentanwalt B das Mandat entzogen und Rechtsanwalt C beauftragt. Dieser teilt mit, dass akuter Handlungsbedarf im Hinblick auf eine ablaufende Einspruchsfrist besteht. Ein entsprechender Hinweis des A war mit der Aktenübertragung nicht erfolgt. 700

Vertragliche Pflichten können auch über das Ende des Mandats hinaus fortbestehen. Dies gilt zum Beispiel für die Pflicht zur Aufbewahrung der Handakten oder für die anwaltliche Schweigepflicht. Auch spätere anwaltliche Hinweise, Informationen oder Belehrungen, die z.B. die Beratung aus einem abgeschlossenen Mandat ergänzen, lassen den Vertrag zwar nicht wieder aufleben, aber erfolgen oft im 701

180 Grüneberg/Grüneberg BGB, Vorbem. v. § 249, Rn. 17.

Rahmen einer sog. nachvertraglichen Verpflichtung.[181] In der Regel ist der Berater nach beendetem Mandat jedenfalls nicht mehr verpflichtet, ungefragt Auskünfte und Ratschläge zu erteilen, weil er mit der Angelegenheit auch gar nicht mehr aktuell befasst ist. Erteilt er aber eine falsche Auskunft ob ungefragt oder nicht liegt darin eine Verletzung nachvertraglicher Pflichten. Darüber hinaus kann der Anwalt auch unmittelbar nach Beendigung des Auftrags, insbesondere bei einer Mandatsniederlegung, nach Treu und Glauben verpflichtet sein, seinen Auftraggeber auf drohende Gefahren und akuten Handlungsbedarf hinzuweisen.[182] Der Auftraggeber hat aber keinen Anspruch darauf, bei Mandatsende umfassend über die Sach- und Rechtslage unterrichtet zu werden.[183]

▶ **Beispiel:**

702 A hat Patentanwalt B die Vertretung entzogen und Patentanwalt C beauftragt. Allerdings ist er besorgt, dass aufgrund des zerrütteten Vertrauensverhältnisses sich B nicht mehr an die Verschwiegenheitsverpflichtung gebunden fühlt.

703 Nach der Auftragserledigung oder anderweitigen Beendigung des Mandats können, z.B. durch Kündigung, andere durch diesen Vertrag begründete Pflichten wie etwa die Verschwiegenheitspflicht durchaus weiterbestehen. Sie bleiben damit auch weiterhin vertragliche Pflichten, bei deren Verletzung § 280 Abs. 1 BGB zur Anwendung kommt, solche Pflichten ergeben sich aus Treu und Glauben und der besonderen Vertrauensstellung des Rechtsberaters.[184] Der Berater ist somit verpflichtet, zeitlich unbegrenzt Stillschweigen über die Angelegenheiten ehemaliger Mandanten zu bewahren.

VII. Die Haftung des Patentanwalts

704 Sofern durch die Tätigkeit des Anwalts beim Mandanten oder Dritten Schäden eintreten, stellt sich die Frage der Haftung. Neben der Haftung für eigene Fehler ist der Anwalt auch einem u.U. erheblichen Haftungsrisiko ausgesetzt, wenn er bestimmte Aufgaben Dritten überträgt. Außerdem kann der Anwalt Schadenersatzansprüchen ausgesetzt sein, die auf das Verhalten anderer Mitglieder im Rahmen eines Zusammenschlusses zurückzuführen sind.[185] Im Einzelfall kann der Anwalt dem Schadensersatzanspruch Einwände entgegensetzen. Auf jeden Fall empfiehlt es sich aber, durch vorbeugende Maßnahmen eine möglichst weitgehende Haftungsminderung anzustreben.

181 OLG Bamberg, VersR 1978, 329.
182 BGH NJW 1996, 842; BGH NJW 1997, 1302; BGH VersR 1958, 127.
183 BGH NJW 2001, 1644, 1645.
184 BGH NJW-RR 1990, 459, 460.
185 Vgl. hierzu Slobodenjuk NJW 2006, 113 ff. m.w.N.; Ganter Anw. Bl. 2008, 94 ff., Chab ZAP 2007, 85 ff.

1. Persönliche Haftung des Patentanwalts

▶ **Beispiel:**

A hat von Patentanwalt B ein Gutachten anfertigen lassen. Darin kommt B zu dem Schluss, dass A mit seiner Produktion nicht die Patente des Konkurrenten C verletzt. In einem nachfolgenden Verletzungsprozess wird A aber wegen Patentverletzung zur Unterlassung und Schadensersatz verurteilt. Außerdem muss A seine gesamte Produktion vernichten. Seiner Ansicht nach hätte sich der Schaden vermeiden lassen, wenn B im Gutachten ihn gewarnt hätte. 705

Die zivilrechtliche Haftung des Patentanwalts gegenüber dem Mandanten betrifft in erster Linie den Schadensausgleich; Der Patentanwalt haftet seinem Vertragspartner für jeden Schaden, der aus einer schuldhaften Verletzung seiner vertraglichen Pflichten resultiert. 706

Da es keine besonderen Regelungen für Dienstvertrag, Geschäftsbesorgungsvertrag und Auftrag gibt, ist § 280 Abs. 1 BGB die zentrale Norm für die Anwaltshaftung. Dies gilt zumindest dann, wenn es nicht ausnahmsweise eine speziellere Vorschrift für den Ersatzanspruch gibt (§ 627 Abs. 2 BGB oder § 40 S. 2 PAO). Auch im Werkvertragsrecht gelangt man über § 634 Nr. 4 BGB seit der Schuldrechtsreform für die bei Anwaltswerkverträgen typischen Mangelfolgeschäden zur Anspruchsgrundlage des § 280 Abs. 1 BGB. Besteht die Verletzung vertraglicher Pflichten im Werkvertrag nicht in der Erstellung eines mangelhaften Werks, kommt die Vorschrift direkt zur Anwendung.[186] 707

Die Darlegungs- und Beweislast für die anspruchsbegründenden Tatsachen liegt grundsätzlich beim Anspruchsteller, also beim Mandanten. Zum Teil kommt es aber auch zu einer Beweislastumkehr oder zu nicht unerheblichen Beweiserleichterungen für den Mandanten. Vorliegend muss A also nachweisen, dass aufgrund des Gutachtens des B der Schaden entstanden ist. D.h. er muss darlegen, dass die Patentverletzung unterblieben wäre, wenn B ihn deutlich gewarnt hätte. 708

▶ **Beispiel:**

Firma A hat den Plan, eine Anmeldung im Bereich der Gentechnik selbst auszuarbeiten und einzureichen. Allerdings steht ihr die erforderliche Software zur Erstellung der Sequenzprotokolle in der vom Amt vorgeschriebenen Form nicht zur Verfügung. Demgemäß bittet A Patentanwalt B, die Sequenzprotokolle in der vorgeschriebenen Form zu erstellen. Es stellt sich heraus, dass die Arbeit des B fehlerhaft ist. 709

Hier könnte der Geschäftsbesorgung ausnahmsweise ein Werkvertrag zugrunde liegen. Demgemäß gelten neben den grundlegenden Regeln der §§ 631, 632 BGB auch die weiteren werkvertragsrechtlichen Vorschriften. 710

186 Grüneberg/Grüneberg § 280 BGB Rn. 76–78.

711 Der Unternehmer (Patentanwalt) ist gemäß § 633 Abs. 1 BGB verpflichtet, seinem Vertragspartner das Werk frei von Mängeln zu verschaffen.[187] Ein Sachmangel i.S.d. § 633 Abs. 2 BGB kann beispielsweise vorliegen, wenn der Patentanwalt eine falsche Auskunft erteilt oder ein fehlerhaftes Gutachten erstellt.

712 Bei einem mangelhaften Werk kann der Besteller die Rechte aus § 634 Nr. 1 bis Nr. 4 BGB (unter den jeweiligen weiteren Voraussetzungen) geltend machen. Jedoch muss er sich normalerweise erst einmal auf eine Nacherfüllung (Mängelbeseitigung oder Neuherstellung des Werks) einlassen. (§§ 635 ff. BGB i.V.m. § 634 BGB). Das macht aber keinen Sinn, wenn der Schaden durch eine Nacherfüllung ohnehin nicht mehr behebbar ist.

713 Für den Mandanten wird ganz überwiegend nur der sofortige Ersatz für einen ihm entstandenen Vermögensschaden sinnvoll sein. Diese Möglichkeit ist in § 634 Nr. 4 BGB geregelt, der auf die Schadensersatzansprüche wegen der Verletzung vertraglicher Pflichten im allgemeinen Teil des Schuldrechts verweist. Der Ersatz eines Schadens, der nicht der mangelhaften Sache (dem Werk) selbst anhaftet, sondern aufgrund einer Schlechtleistung an anderen Rechtsgütern wie eben dem Vermögen des Geschädigten entstanden ist, fällt in den unmittelbaren Anwendungsbereich des § 280 Abs. 1 BGB.[188] In Betracht kommt deshalb in der Regel nur ein Schadensersatzanspruch gegen den Patentanwalt nach §§ 280 Abs. 1, 634 Nr. 4, 633 BGB. Voraussetzung ist, dass der vom Mandanten geltend gemachte Schaden durch eine schuldhafte Verletzung einer Pflicht aus dem Patentanwaltsvertrag verursacht worden ist. Das Kriterium der Pflichtverletzung ist dabei bereits wegen der mangelhaften Leistung des Patentanwalts erfüllt.[189] Ist ausnahmsweise kein Schaden außerhalb des Werks an anderen Rechtsgütern des Auftraggebers eingetreten, kann er wegen der Mangelhaftigkeit des Werks über die Verweisung des § 634 Nr. 4 BGB ebenfalls Schadensersatz verlangen, und zwar »statt der Leistung« gemäß (und unter den Voraussetzungen von) §§ 280 Abs. 1, 281 BGB. Der Schadensersatzanspruch tritt dann an die Stelle des (Nach-) Erfüllungsanspruchs. Aber auch hier muss er dem Patentanwalt zuvor die Gelegenheit zur Nacherfüllung geben.

▶ **Beispiel:**

714 A hat Patentanwalt B auf Schadensersatz verklagt. Im Prozess stellt sich heraus, dass die Darlegung des Schadens, welcher durch das Verhalten des B entstanden sein soll, sich schwierig gestaltet. Rechtslage?

715 Die Darlegungs- und Beweislast für den Haftungsumfang liegt zwar beim Mandanten. Für die richterliche Überzeugung in diesem Sinne reicht es aber aus, wenn eine deutlich überwiegende, auf gesicherter Grundlage fußende Wahrscheinlichkeit besteht, dass überhaupt ein Schaden entstanden ist.[190] Der Schadensumfang kann

187 BT-Drucks. 14/6040, S. 212 zum gleichlautenden § 434 Abs. 1 S. 1 BGB.
188 Grüneberg/Grüneberg § 280 BGB Rn. 76–78.
189 BT-Drucks. 14/6040 S. 92 u. 133 f.
190 BGH NJW 1992, 2694 f.; BGH NJW 1993, 734.

gemäß § 287 ZPO vom Gericht nach freiem Ermessen geschätzt werden. Die Klage des Mandanten darf in diesem Gesichtspunkt nicht wegen eines lückenhaften Sachvortrags abgewiesen werden, wenn greifbare Anhaltspunkte für eine Schätzung dargelegt worden sind. Macht der Mandant entgangenen Gewinn geltend, wird die Beweisführung durch die Vermutung des § 252 S. 2 BGB erleichtert. Es genügt die Darlegung von Anknüpfungstatsachen, die mit ausreichender Wahrscheinlichkeit auf einen entgangenen Gewinn schließen lassen.

Im Bereich der haftungsausfüllenden Kausalität wird festgestellt, wie die Dinge ohne 716
die anwaltliche Pflichtverletzung verlaufen wären. In der Regel wird dabei vermutet, dass sich der Mandant so verhalten hätte, wie es nach den Umständen und der Lebenserfahrung nahegelegen hätte (sog. Anscheinsbeweis). Dies wirkt sich oft zugunsten des Mandanten aus. Vor allem wird ohne näheren Nachweis davon ausgegangen, dass er sich bei pflichtgemäßer Beratung unter normalen Umständen auch beratungsgemäß verhalten hätte.[191] Dies ist insbesondere relevant, wenn sich der Berater auf den Einwand des rechtmäßigen Alternativverhaltens beruft. Oder dass der Mandant die vom Anwalt benötigte Information vollständig erteilt hätte, wenn dieser seine Aufklärungs- und Beratungspflichten korrekt wahrgenommen hätte. Es obliegt dann dem Anwalt, einen solchen Anscheinsbeweis wieder zu entkräften.

2. Haftung für Dritte

▶ Beispiel:

A erfährt, dass Patentanwalt B die Frist zur Einzahlung der Jahresgebühr für sein 717
Patent versäumt hat. Ursache war, dass B wegen zahlreicher Krankheitsfälle die Auszubildende D mit der Einzahlung der Jahresgebühren beauftragt hat. Diese hatte die Tätigkeit bisher nicht ausgeführt und war von B nur kurz eingewiesen worden. Seitdem hatte B sich nicht mehr um die Jahresgebührenzahlung und Überwachung gekümmert.

Der Patentanwalt haftet für seine Pflichtverletzung, wenn er sie zu vertreten hat, 718
(§ 280 Abs. 1 S. 2 BGB). Zu vertreten hat der Schuldner gemäß § 276 Abs. 1 S. 1 BGB vorsätzliches und fahrlässiges Verhalten. Danach ist Voraussetzung für den Fahrlässigkeitsvorwurf, dass die objektiv erforderliche Sorgfalt bei Wahrnehmung der vertraglichen Verpflichtungen nicht beachtet wurde. Der Gedanke des Vertrauensschutzes erfordert, dass sich im Rechtsverkehr jeder darauf verlassen können muss, dass sein Vertragspartner die für die Erfüllung seiner Pflichten erforderlichen Fähigkeiten und Kenntnisse besitzt.[192]

Vorliegend war es sorgfaltswidrig, ohne weitere Kontrolle einer unerfahrenen Auszu- 719
bildenden die Jahresgebührenüberwachung zu überlassen.

191 BGH Urt. v. 6. 12. 2001 – IX ZR 124/00.
192 Grüneberg/Grüneberg § 276 BGB Rn. 15.

720 Weiter ist es erforderlich, dass die Verwirklichung des Haftungstatbestands für den Schuldner also hier den Patentanwalt vorhersehbar und vermeidbar war.[193] Die Vorhersehbarkeit bezieht sich dabei nicht auf alle Einzelheiten des konkreten Ablaufs, sondern lediglich auf die Gefahr eines schädigenden Erfolgs.[194]

721 Vorliegend war es durchaus vorhersehbar, dass einer unerfahrenen Auszubildenden Fehler unterlaufen und es zu Fristversäumnissen kommen kann.

▶ **Beispiel:**

722 A wirft Patentanwalt B vor, infolge seiner Fehlberatung sei erheblicher Schaden entstanden. B wendet ein, der Schaden wäre auch bei anderen Beratungen entstanden.

723 In der Regel ohne Erfolg bleibt der Einwand des Anwalts, der von ihm bewirkte Schaden wäre später durch einen anderen Umstand ohnehin herbeigeführt worden. Diese sog. Reserveursache kann den Schädiger grundsätzlich nicht entlasten und ist nur dann beachtlich, wenn anderenfalls entweder der Geschädigte ungerechtfertigt besser stünde als ohne die Pflichtverletzung oder die Belastung des Schädigers unbillig wäre.

724 Vorliegend bleibt der Einwand des B unbeachtlich.

▶ **Beispiel:**

725 A beauftragte den US-Anwalt C mit der Anmeldung eines Patentes. Diese Unterlagen überreichte A seinem Patentanwalt B und bat ihn die Möglichkeit einer deutschen oder europäischen Anmeldung zu prüfen. B erstellte in Absprache mit A eine Gebrauchsmusteranmeldung und reichte diese am 25.08.2012 beim Deutschen Patent- und Markenamt ein. Am 20.06.2012 wurde die US-Patentanmeldung eingereicht. Hiervon wurde B nicht in Kenntnis gesetzt. B wies A auf die Möglichkeit von Nachanmeldungen hin und bat um Rückantwort bis zum 01.03.2013. Daraufhin beauftragte A einen weiteren Patentanwalt D mit einer Nachanmeldung. Dieser meldete beim Europäischen Patentamt den Gegenstand der Erfindung zum Patent an und beanspruchte die Priorität des deutschen Gebrauchsmusters.

Im weiteren Verlauf des Verfahrens stellte sich heraus, dass die Priorität des Gebrauchsmusters nicht wirksam in Anspruch genommen war, da es sich nicht um die erste Anmeldung handelte, nachdem zuvor derselbe Gegenstand bereits in den USA angemeldet worden war. Damit war durch das veröffentlichte Gebrauchsmuster der Gegenstand der durch D eingereichten Patentanmeldung neuheitsschädlich getroffen. A macht nunmehr Schadensersatzansprüche gegenüber B geltend.[195]

193 Grüneberg/Grüneberg § 276 BGB Rn. 20 f.
194 Grüneberg/Grüneberg § 276 BGB Rn. 20.
195 Fall nach OLG Karlsruhe 6 U 2207, Urteil vom 08.01.2009.

Es stellt sich die Frage, ob A gegen B Ansprüche gemäß § 280 BGB geltend machen kann. In diesem Zusammenhang war B innerhalb des Mandats zur umfassenden, erschöpfenden Belehrung verpflichtet. B hatte dem A diejenigen Schritte anzuraten, die zu dem erstrebten Ziel führen können, um Nachteile für A zu verhindern, soweit solche vorhersehbar und vermeidbar sind. Dazu hat der B dem A den sichersten Weg vorzuschlagen und ihn über mögliche Risiken aufzuklären, damit der A eine sachgerechte Entscheidung treffen kann. Vorliegend hat B den A über die Möglichkeit einer Nachanmeldung belehrt. Die Mitteilung des B enthält keine Hinweise darauf, dass eine Nachanmeldung problemlos ohne nähere rechtliche Prüfung vorgenommen werden könnte. Angesichts dessen musste A die Mitteilung dahin verstehen, dass die erforderliche umfassende Prüfung hinsichtlich zusätzlicher Schutzrechte bei rechtzeitiger Mandatierung durchgeführt würde. B war auch nicht gehalten, die Voraussetzungen für die Inanspruchnahme der Priorität für eine spätere Anmeldung vorab zu prüfen. Hierzu reichte es aus, darauf hinzuweisen, dass die Möglichkeit einer Nachanmeldung bestand. B hatte A darum gebeten, innerhalb einer bestimmten Frist mitzuteilen, ob die A Nachanmeldungen wünscht. Bei einer Beauftragung innerhalb der genannten Frist wäre ausreichend Zeit verblieben, die Rechtslage in der gebotenen Weise zu prüfen und ggf. die Priorität der US-Anmeldung vom 20.06.2012 in Anspruch zu nehmen. 726

B musste zwar damit rechnen, dass der Auftrag nicht ihm, sondern einem anderen Patentanwalt erteilt würde. Aber auch für diesen Fall brauchte B keine detaillierte Anleitung zu geben, welche Umstände für eine Inanspruchnahme einer Priorität von Bedeutung und welche Informationen A dem anderen Patentanwalt zur Verfügung stellen musste. B konnte und durfte vielmehr darauf vertrauen, dass ein mit den weiteren Anmeldungen vertrauter Patentanwalt die Voraussetzungen für die Inanspruchnahme einer Priorität von sich aus prüft und die hierfür erforderlichen Informationen bei A einholt. Es war lediglich erforderlich, dass ein neu mit der Sache befasster Patentanwalt noch ausreichend Zeit für die gebotene Prüfung hatte. Vorliegend war ausreichend Zeit, auch noch die US-Anmeldung zu berücksichtigen. 727

Ein Schadensersatzanspruch entsteht auch nicht deshalb, weil die Priorität der US-Anmeldung nicht bereits bei der Gebrauchsmusteranmeldung in Anspruch genommen worden ist. B musste zwar damit rechnen, dass die im Entwurf vorliegende US-Anmeldung zeitnah eingereicht würde. Für die von B eingereichte Gebrauchsmusteranmeldung wäre aber eine zuvor erfolgte US-Anmeldung auch wegen der Neuheitsschonfrist gemäß § 3 Abs. 3 S. 3 GebrMG unschädlich, selbst, wenn die als Entwurf vorliegende US-Anmeldung schon im Zeitpunkt der Gebrauchsmusteranmeldung veröffentlicht sein sollte. Dieses unveröffentlichte prioritätsältere Dokument wäre nämlich nicht Stand der Technik i.S.v. § 3 Abs. 1 S. 2 GebrMG. Zwischenzeitliche Benutzungshandlungen der A wären ebenfalls durch die Neuheitsschonfrist gedeckt. Die Inanspruchnahme einer Priorität hätte unter diesem Gesichtspunkt keine Vorteile gebracht. 728

B war darüber hinaus zur Beanspruchung der Priorität unter dem Gesichtspunkt des sicheren Weges verpflichtet, um den Schutz gegen mögliche Vorbenutzung durch Dritte 729 zu optimieren. Zumindest bestand die theoretische Möglichkeit, dass der Bestand des von B angemeldeten Gebrauchsmusters durch Veröffentlichung oder offenkundige Vorbenutzungen seitens Dritter in Frage gestellt werden könnte. Derartige Handlungen sind durch die Neuheitsschonfrist gemäß § 3 Abs. 1 S. 3 GebrMG nicht erfasst. Zwar war dieses Risiko angesichts des geringen zeitlichen Abstandes zwischen der US-Patentanmeldung und der Gebrauchsmusteranmeldung eher gering; dennoch war B gehalten, zur Vermeidung jeglicher Risiken den sichersten Weg einzuschlagen. Dieser hätte darin bestanden, in Erfahrung zu bringen, ob der B vorliegende Entwurf einer US-Patentanmeldung inzwischen eingereicht worden ist.

730 Aus der Verletzung der insoweit vorliegenden Pflicht ergibt sich jedoch nicht ein Schadensersatzanspruch. Die aufgezeigte Pflichtverletzung des B ist für den geltend gemachten Schaden zwar kausal geworden. Denn der von A beauftragte Patentanwalt D wäre auf die US-Anmeldung aufmerksam geworden, wenn die Priorität dieser Anmeldung für die spätere Gebrauchsmusteranmeldung in Anspruch genommen worden wäre. Allerdings fehlte es an dem erforderlichen inneren Zusammenhang zwischen der Pflichtverletzung und dem daraus mitverursachten Schaden. Hat ein Anwalt die ihm obliegenden Pflichten verletzt, sind alle Schadensfolgen zu ersetzen, zu deren Anwendung die verletzte Vertragspflicht übernommen wurde.[196] An der Zurechenbarkeit fehlt es, wenn das Eingreifen des Dritten den Geschehensablauf so verändert, dass der Schaden bei wertender Betrachtung zu keinem inneren Zusammenhang zu der vom Anwalt zu vertretenen Vertragsverletzung besteht.[197] Im vorliegenden Fall diente die dem B obliegende Pflicht bei der Anmeldung des Gebrauchsmusters die Priorität der US-Anmeldung in Anspruch zu nehmen dazu, zu verhindern, dass diesem Gebrauchsmuster aufgrund von Beschreibungen oder Benutzungen der Schutz versagt bleibt, die in der Zeit zwischen den beiden Anmeldungen öffentlich zugänglich geworden sind. Sie hatte dagegen nicht den Zweck, einen später mit der weiteren Folgeanmeldung betrauten Patentanwalt darauf aufmerksam zu machen, dass die Gebrauchsmusteranmeldung zumindest einesteils ihres Gegenstandes nicht als erste Anmeldung i.S.v. Art. 87 Abs. 1 EPÜ herangezogen werden kann. Die Frage, ob und in welchem Umfang die Priorität einer früheren Anmeldung in Anspruch genommen werden kann, muss bei jeder nachfolgenden Anmeldung ohnehin einer eingehenden Prüfung unterzogen werden. Angesichts dessen kann und darf der mit einer konkreten Anmeldung befasste Patentanwalt davon ausgehen, dass eine solche Prüfung auch bei späteren Anmeldungen durchgeführt wird. Er ist deshalb nicht gehalten, einen Teil dieser Prüfung gewissermaßen auf Vorrat für evtl. Folgeanmeldungen durchzuführen. Angesichts dessen hat B trotz des ihm unterlaufenden Fehlers nicht für den geltend gemachten Schaden einzustehen.[198]

196 BGH NJW 1997, 250, 253.
197 BGH NJW 2008, 1309.
198 Fall nach OLG Karlsruhe, 6 U 2207, Urteil vom 08.04.2009.

▶ Beispiel:

Patentanwalt B versäumt es, A auf die fälligen Jahresgebühren hinzuweisen. Das von A direkt beauftragte Gebühreneinzahlungsunternehmen versäumt die Einzahlung der fälligen Gebühr. B meint, wegen des Fehlers des Gebührenzahlungsunternehmens sei er nicht schadensersatzpflichtig. 731

Geht der Schaden des Mandanten sowohl auf das Verhalten des Patentanwalts als auch auf das später hinzutretende Verhalten eines anderen zurück, kann der Zurechnungszusammenhang unterbrochen sein. Ob der Schaden ausschließlich dem anderen zuzurechnen ist, obwohl auch eine Pflichtwidrigkeit des Patentanwalts ursächlich war, ist eine Frage des konkreten Einzelfalls. In der Regel ist der Zurechnungszusammenhang zu verneinen, wenn der Patentanwalt unter keinen Umständen mit dem weiteren Schadensverlauf rechnen musste. 732

Vorliegend war mit der Versäumung der Gebührenzahlung infolge des fehlenden Hinweises des B zu rechnen. B wird daher nicht von der Schadensersatzpflicht frei. 733

▶ Beispiel:

Infolge eines Fehlers des Gerichts wird A zu Schadensersatz verurteilt. A meint, Patentanwalt B hätte dies vorhersehen und verhindern müssen. 734

Insbesondere Fehler des Gerichts entlasten einen Anwalt meistens nicht, da er die Pflicht hat, solchen Fehlern entgegenzuwirken. Eine Unterbrechung des Kausalzusammenhangs ist aber dann in Betracht zu ziehen, wenn der Prozessvertreter eine Fehlbeurteilung des Gerichts nicht voraussehen konnte oder ihr zwar nach Kräften entgegengewirkt hat, die Richter aber nicht überzeugen konnte.[199] 735

Sofern B der Fehleinschätzung des Gerichts nicht entgegenwirkt, dürfte er demgemäß schadensersatzpflichtig sein. 736

▶ Beispiel:

A beauftragt Patentanwalt B mit der Durchführung einer Anmeldung. Aufgrund des komplexen Gebietes, welches sich einerseits auf die Biotechnologie und andererseits auf die Softwaretechnologie bezieht, schaltet Patentanwalt B den im Softwarebereich spezialisierten Patentanwalt C ein. Bei der Abfassung der Anmeldung unterläuft C sodann infolge einer Fehleinschätzung ein Fehler, der in der Folgezeit einen erheblichen wirtschaftlichen Schaden des A nach sich zieht. Wie ist die Rechtslage, wenn 737

a) C mit ausdrücklichem Einvernehmen des A bestellt wurde?
b) C ohne ausdrückliches Einvernehmen des A bestellt wurde?

199 BGH NJW 1988, 486, 488.

738 Zu Frage a):

739 Schaltet der Patentanwalt im Zuge der Durchführung eines ihm obliegenden Auftrags andere Patent- oder Rechtsanwälte oder sonstige Dritte z.B. als Spezialisten ein, so stellt sich die Frage, ob er sich deren Verschulden über § 278 BGB zurechnen lassen muss oder ob er nur für ein eigenes Verschulden bei Auswahl und Einweisung des Dritten gemäß § 664 Abs. 1 S. 2 BGB einzustehen hat. Die zuletzt genannte Haftungsvariante ist für den Patentanwalt i.d.R. günstiger.

740 Das Haftungsprivileg des § 664 Abs. 1 S. 2 BGB setzt zunächst voraus, dass die vollständige oder teilweise Aufgabenübertragung auf eine dritte Person gestattet war. Die Gestattung dieser sog. Substitution könnte durch den Mandanten bzw. im Patentanwaltsvertrag ausdrücklich erfolgen oder sich im Wege der Auslegung ergeben, was z.B. dann angenommen werden kann, wenn für die übertragene Tätigkeit das persönliche Vertrauensverhältnis keine große Rolle spielt.[200] In dringenden Fällen kann auch § 665 BGB den beauftragten Patentanwalt zur Substitution berechtigen. Vorliegend könnte demgemäß § 664 BGB in Betracht kommen.

741 Die zentrale Frage lautet jedoch, ob § 664 BGB auf den Patentanwaltsvertrag überhaupt Anwendung finden kann. Zwar handelt es sich um eine auftragsrechtliche Vorschrift. Das Problem besteht hier aber darin, dass § 675 Abs. 1 BGB für den Geschäftsbesorgungsvertrag nicht auf § 664 BGB verweist. Die fehlende Verweisung schließt eine entsprechende Anwendung des § 664 BGB allerdings nicht schlechthin aus, soweit es für den zugrunde liegenden Geschäftsbesorgungsvertrag auf ein besonderes persönliches Vertrauensverhältnis ankommt.[201] Überwiegend wird auch eine analoge Anwendung des Haftungsprivilegs als sachgerecht befürwortet, wenn die Substitution gestattet war.[202]

742 Zu Frage b):

743 Wird die dritte Person ohne ausdrückliche oder konkludente Gestattung des Mandanten eingeschaltet, so ist diese als Erfüllungsgehilfe des Anwalts im Sinne des § 278 BGB anzusehen. Dann bleibt es auf jeden Fall bei der Haftung des Beauftragten gemäß § 278 BGB für ein Verschulden des Dritten. Es wird aber auch die Ansicht vertreten, eine unberechtigte Substitution stelle eine Vertragsverletzung dar, aus der eine Haftung des Beauftragten im Hinblick auf alle adäquat verursachten Nachteile folgt, ohne dass es auf ein Verschulden des Substituten ankäme.[203]

▶ **Beispiel:**

744 A beauftragt Patentanwalt B mit der Vorbereitung und Durchführung einer Anmeldung. Hierbei bedient sich Patentanwalt B des Rechercheurs C, um den zugrun-

200 Grüneberg/Sprau § 664 BGB Rn. 3.
201 BGH NJW 1952, 257; Grüneberg/Sprau § 664 BGB Rn. 1.
202 BGH NJW 1952, 257; Koller, ZIP 1985, S. 1246 u. 1248; Kümpel, WM 1996, S. 1896; Seltmann, VersR 1974, S. 103; Siegt, ZAP Fach 23, S. 344 f. (2000).
203 Grüneberg/Sprau § 664 BGB Rn. 5.

deliegenden Stand der Technik zu ermitteln. Bei der Recherche werden durch handwerkliche Fehler entscheidende Literaturstellen übersehen. Rechtslage?

Der Patentanwalt haftet gemäß § 278 BGB für das Verschulden seiner Gehilfen, deren er sich zur Erfüllung seiner vertraglichen Verpflichtungen gegenüber dem Auftraggeber bedient. Dazu gehören nicht nur die Mitglieder des Büropersonals wie Bürovorsteher, Patentanwaltsgehilfen, Schreibkräfte und Lehrlinge, sondern auch angehende oder angestellte Patentanwälte, die nicht Sozien sind.[204] Voraussetzung ist, dass das schuldhafte Verhalten in sachlichem Zusammenhang mit den Aufgaben steht, die von einem Angestellten dieser Art üblicherweise wahrzunehmen sind. Duldet oder veranlasst der Patentanwalt unerlaubte Tätigkeiten seines Personals, die über den eigentlichen Aufgabenbereich hinausgehen, haftet er für eigenes Verschulden. Er trägt die Verantwortung dafür, dass seine Angestellten von ihm ordnungsgemäß angewiesen und kontrolliert werden. Ein Mitverschulden des Mandanten gemäß § 254 BGB kommt aber dann in Betracht, wenn er sich auf Erklärungen oder gar rechtliche Beratungen etwa des Bürovorstehers verlassen hat, die ganz offensichtlich dessen Zuständigkeitsbereich überschreiten. 745

Die Berechnung von prozessualen Fristen und die Führung des entsprechenden Fristenkalenders darf der Patentanwalt ohne weiteres seinem Büropersonal überlassen. Wurde eine Frist wegen des Verschuldens einer seiner Hilfskräfte versäumt, kann der Anwalt den Schaden für den Mandanten durch einen Antrag auf Wiedereinsetzung des Verfahrens in den vorigen Stand (vgl. § 233 ZPO) noch abwenden oder zumindest erheblich mindern. Das Gericht kann dem Antrag aber nur stattgeben, wenn die Partei die Frist nicht schuldhaft versäumt hat, wobei ihr nur ein eigenes Verschulden oder das ihres Prozessvertreters nach § 85 Abs. 2 ZPO[205] zugerechnet wird, nicht aber das seiner Erfüllungsgehilfen. Soweit in solchen Fällen den Patentanwalt kein eigenes Verschulden trifft, d.h. er bei Auswahl und Anleitung des zuständigen Personals die nötige Sorgfalt bewiesen und korrekte Vorgaben für die Handhabung des Fristenwesens gemacht hat,[206] können durch die Wiedereinsetzung in den vorigen Stand die nachteiligen Folgen im Wesentlichen behoben und damit auch einem etwaigen Schadensersatzanspruch des Mandanten wirkungsvoll begegnet werden. 746

▶ Beispiel:

A hat Patentanwalt B mit der Durchführung mehrerer Auslandsanmeldungen beauftragt. B schaltet u.a. den US-Anwalt C ein. Nach ordnungsgemäßer Durchführung des Auftrags stellt der US-Anwalt C dem B eine Rechnung. Nachdem nach 4 Monaten die Rechnung immer noch nicht bezahlt ist, mahnt C den B. B wendet ein, dass die Rechnung immer noch nicht von seinem Mandanten bezahlt worden sei. Rechtslage? 747

204 NJW-RR 1990, 459, 461.
205 BGH NJW-RR 2001, 1502 – *Wiedereinsetzung V.*
206 BGH NJW-RR 2001, 1502 – *Wiedereinsetzung V.*

748 Ein Sonderfall patentanwaltlicher Haftungspflichten, der nicht so recht in die Kategorie der Haftung für dritte Personen passt, ist die Haftung für die Honorarforderungen eines ausländischen Kollegen, der vom Patentanwalt in die Bearbeitung eines seiner Mandate eingeschaltet war. In der Regel ist der Mandant Empfänger der von dem ausländischen Anwalt erbrachten Leistung und damit auch zahlungspflichtig. Trotzdem hat der Patentanwalt für die Forderungen des von ihm bemühten Kollegen einzustehen:

749 Nach § 24 Abs. 3 BOPA ist der Patentanwalt, der einen ausländischen Kollegen um Rat bittet oder ihm einen Auftrag erteilt, zur Zahlung des Honorars (inkl. Auslagen) dieses Kollegen verpflichtet. Das gilt unabhängig davon, ob der verpflichtete Mandant die Zahlung verzögert. Dem Grunde nach haftet der Patentanwalt damit für die Erfüllung der Zahlungspflicht seines Mandanten dem zu Rate gezogenen Kollegen gegenüber. Die Verpflichtung, dessen Leistungen zu vergüten, besteht aber auch dann, wenn eine entsprechende Zahlung vom Mandanten gar nicht verlangt werden kann.-. Der tätig gewordene Berater wird damit umfassend davor geschützt, dass seine Bemühungen aus welchen Gründen auch immer ohne Gegenleistung bleiben. Die Haftung des Patentanwalts ist allerdings nicht zwingend, da er sowohl im Vorfeld des Auftrags mit dem im Ausland tätigen Berater etwas Anderes vereinbaren, als auch später noch seine Haftung ausschließen kann; dadurch beschränkt sich dann seine Zahlungsverpflichtung auf diejenigen Kosten, die bis zum Zeitpunkt des Ausschlusses angefallen sind (siehe § 24 Abs. 3 S. 3 BOPA). Da eine solche Vereinbarung hier nicht vorliegt, bleibt B zur Bezahlung von C verpflichtet.

750 Im Übrigen gibt es staatenübergreifende Standesregeln, die die »Fédération Internationale des Conseils en Propriété Industrielle« (FICPI) herausgibt. Die deutschen Patentanwälte haben sich als Mitglieder der Patentanwaltskammer durch ihre automatische Zwangsmitgliedschaft in der FICPI diesen Standesregeln aber unterworfen. In Regel 9 wird dort auch das Thema der Haftung für Honorarforderungen ausländischer Kollegen aufgegriffen:

751 Jedes Mitglied ist für die prompte Erfüllung seiner finanziellen Verpflichtungen, insbesondere seinen ausländischen Korrespondenzanwälten gegenüber verantwortlich. Es ist mit diesen Regeln nicht vereinbar, die Bezahlung ausländischer Korrespondenzanwälte wegen Zahlungsverzögerungen der Mandanten hinauszuschieben. Regel 9 der Standesregeln der FICPI sieht nicht die Möglichkeit abweichender Vereinbarungen, also eines Haftungsausschlusses, vor. Man könnte aber überlegen, ob die Formulierung, dass der Patentanwalt für die Erfüllung »seiner finanziellen Verpflichtungen« verantwortlich ist, deutschen Patentanwälten insoweit Raum gibt, als bei wirksamer Abbedingung der Haftung nach § 24 Abs. 3 S. 1 BOPA dann eben keine Verpflichtung für den Patentanwalt besteht, für deren Erfüllung er verantwortlich ist. Voraussetzung ist aber dann, dass die deutsche Rechtsordnung überhaupt Anwendung findet. Wurde keine Rechtswahl getroffen, ist nach den Grundsätzen des internationalen Privatrechts auf den Auftrag das Recht desjenigen Staates anwendbar, in dem

der beauftragte Berater seinen Kanzleisitz hat. Da dies in der Regel also das ausländische Recht ist, kommt es dann darauf an, welche Bestimmungen dort gelten.[207]

Insoweit kommt es vorliegend darauf an, ob das Recht des US-Staates, in welchem C seinen Sitz hat, vorsieht, dass B für die Zahlung einzustehen hat. 752

▶ Beispiel:

A beauftragt Patentanwalt B mit der Durchführung eines Verletzungsprozesses. 753
Daraufhin schaltet B den Rechtsanwalt C ein. Die Klage wird abgewiesen. A wirft B vor, er habe die Aussichten des Prozesses falsch eingeschätzt. B wendet ein, dass auch C die Prozessaussichten in gleicher Weise wie er eingeschätzt habe.

Übermittelt der Patentanwalt ein Mandat, das er bis dahin selbst betreut hat, zur 754
Führung eines Prozesses einem Rechtsanwalt, ist Folgendes zu beachten: Ist dem Patentanwalt bei der vorherigen Befassung mit dieser Sache ein Fehler unterlaufen, so unterbricht es den Zurechnungszusammenhang nicht, wenn der Rechtsanwalt gleichfalls Fehler macht. Das gilt auch dann, wenn der Auftraggeber zwei Berater nebeneinander zum gleichen Ziel einsetzt.[208] Haben Anwalt und Patentanwalt (oder auch zwei Patentanwälte) für denselben Schaden neben- oder nacheinander Ursachen gesetzt, haften sie gesamtschuldnerisch.[209]

▶ Beispiel:

A ist in finanzielle Schwierigkeiten geraten. Aufgrund dessen vereinbart er mit 755
seiner Hausbank einen Kredit. Zur Sicherung übereignet er sämtliche Schutzrechte der Bank. Da die Bank die Schutzrechte nicht selbst verwalten möchte, beabsichtigt sie, einen Treuhänder einzuschalten. Sie schließt daraufhin einen sog. Treuhandvertrag mit Patentanwalt B ab. Was hat dieser zu beachten?

Haftungsrisiken gegenüber Dritten birgt auch das Treuhandverhältnis. Treuhandver- 756
träge sind nicht gesetzlich geregelt, können aber ohne weiteres auch schuldrechtlich begründet werden. Die Rechte, insbesondere Weisungsbefugnisse und Pflichten aller Beteiligten sollten zur Vermeidung von Konflikten unbedingt im Einzelnen schriftlich festgelegt werden. Der Treuhänder ist in jedem Fall zu besonderer Sorgfalt und Objektivität verpflichtet. Es kommt durchaus vor, dass Patentanwälten treuhänderisch Unterlagen, Geldbeträge oder andere Vermögenswerte überlassen werden (§ 5 BOPA). Oft soll auf diesem Wege ein Austausch von Leistungen gesichert werden. Es sollte immer explizit geregelt werden, wie im Falle der Nichterfüllung einer gesetzten Bedingung oder einer Zweckstörung zu verfahren ist. Hat der Treuhänder widerstreitende Interessen zu berücksichtigen, z.B. wenn (einer der) Treugeber zugleich der Gegner seines Mandanten ist, ist die Sachlage natürlich immer besonders heikel. Mit sol-

207 Zur Haftung für die ausländischen Vertreter vgl. LG Leipzig, Mitt. 2007, 84 ff.; OLG München InstGE 7, 18 ff.

208 BGH BB 2001, 1918 f.

209 BGH NJW 1993, 779, 1781; BGH NJW 1994, 1211 f.

chen Treuhandverhältnissen muss sich der Mandant auch ausdrücklich einverstanden erklären. Im Rahmen seiner Treuhandtätigkeit darf der Berater seinen Mandanten gegenüber dem Gegner nicht bevorzugen, sondern bleibt zur Objektivität verpflichtet.[210] Jede weisungs- oder bestimmungswidrige Verfügung über Treugut des Dritten stellt eine vertragliche Pflichtverletzung dar, die einen Schadensersatzanspruch aus § 280 Abs. 1 BGB auslösen kann. Im Auge behalten sollte man bei Treuhandaufgaben auch immer die mögliche Haftung aus § 823 Abs. 2 BGB i.V.m. § 266 StGB.

▶ Beispiel:

757 A führt mit der Konkurrenzfirma C Vertragsverhandlungen, durch die Streitigkeiten vermieden werden sollen. Nach längerer Verhandlungsdauer zieht er auch seinen Patentanwalt B hinzu. Infolge verschiedener Äußerungen des Patentanwalts B kommt es zu einem Zerwürfnis zwischen A und C. Die Folge ist, dass erhebliche Kräfte des A durch vielerlei Rechtsstreitigkeiten gebunden werden. Im Ergebnis erleidet C einen erheblichen wirtschaftlichen Schaden. Rechtslage?

758 Wird der Patentanwalt von seinem Mandanten als Berater und Vertreter zu Vertrags- oder Vergleichsverhandlungen hinzugezogen, könnte man im Falle der Schädigung des Gegners durch anwaltliches Verschulden an eine vorvertragliche Haftung aus §§ 280 Abs. 1, 311 Abs. 3, 241 BGB denken. Nach § 311 Abs. 3 BGB kann eine Sonderverbindung mit Schutzpflichten auch zu Personen entstehen, die nicht selbst Vertragspartei werden sollen. Die Vorschrift erfasst vor allem die bislang schon in der Rechtsprechung anerkannten Fälle der sog. Eigenhaftung des Vertreters oder Verhandlungsgehilfen.[211] Ein Anspruch gegen den Vertreter kommt jedoch immer nur dann in Betracht, wenn ganz besondere Umstände vorliegen, die dazu führen, dass seine Rolle über die eines Vertreters deutlich hinausgeht.

759 Die wichtigste Fallgruppe ist in § 311 Abs. 3 S. 2 BGB exemplarisch herausgehoben. Danach kommt eine vorvertragliche Sonderverbindung in Betracht, wenn der Vertreter über das normale Maß von Verhandlungsvertrauen hinaus ganz besonderes Vertrauen für sich in Anspruch nimmt. Dabei kann es sich um besonderes Vertrauen in die konkrete Person oder um besonderes Vertrauen in seine Kompetenz und Objektivität oder Neutralität handeln. Im letzten Fall spricht man von Sachwalterhaftung. Der Vertreter muss dadurch seinem Gegenüber eine zusätzliche, von ihm ausgehende Gewähr für Bestand und Erfüllung des in Aussicht stehenden Vertrags bieten.[212] Das übliche Vertrauen, dass jemand in die Integrität oder Sachkunde eines Rechts- oder Patentanwalts hat, genügt hierfür nicht.[213] Es müssen also schon ganz besondere konkrete Umstände in der Person des Patentanwalts dazukommen, die über den üblichen Rahmen seiner Berufstätigkeit hinausgehen.

---

210 OLG Hamm, AnwBl. 1987, 42 f.
211 BT-Drucks. 14/6040 S. 163.
212 BGH NJW 1989, 293 f.
213 BGH NJW 1989, 293 f.

Eine Haftung von Rechts- und Wirtschaftsberatern gegenüber Dritten wegen der 760
Inanspruchnahme besonderen Vertrauens ist von der Rechtsprechung z.B. unter dem Gesichtspunkt der Prospekthaftung angenommen worden. Sie wurde im Wege richterlicher Rechtsfortbildung ebenfalls ursprünglich aus culpa in contrahendo abgeleitet. Durch eine nach außen in Erscheinung tretende Mitwirkung an Prospekten als berufsmäßiger Sachkenner wird eine Garantenstellung gegenüber dem Anleger für die Richtigkeit und Vollständigkeit der in dem Prospekt enthaltenen Angaben übernommen.[214]

Denkbar sind Schadensersatzansprüche eines Dritten weiterhin auf der Grundlage 761
eines Vertrages mit Schutzwirkung zugunsten Dritter. Hierbei ist eine dritte Person in die vertragliche Sorgfalts- und Obhutspflichten des Beraters mit einbezogen und kann einen entsprechenden Ersatzanspruch geltend machen, wenn diese Pflichten zu ihrem Nachteil verletzt werden.[215] Ob sich die Schutzwirkung des Mandats auf einen Dritten in dieser Weise erstreckt, ist durch ergänzende Vertragsauslegung nach dem Vertragszweck unter Berücksichtigung von Treu und Glauben festzustellen. Es kommen nur solche Personen in Betracht, die mit der Leistung des Beraters bestimmungsgemäß in Berührung kommen und bei denen der Mandant damit rechnen kann, dass die ihm geschuldete Sorgfalt auch diesen Personen entgegengebracht wird.[216] Letzteres dürfte bei Personen mit gegenläufigen Interessen in der Regel kaum anzunehmen sein, sodass sich der Anwendungsbereich dieser Rechtsfigur bei Mandatsverhältnissen schon sehr einschränkt. Etwas anderes kann aber z.B. dann gelten, wenn der Patentanwalt im Auftrag seines Mandanten ein sachverständiges Gutachten anfertigt, dessen Ergebnis zur Grundlage eines Vertrags mit einem Dritten gemacht werden soll; solche Personen sind also nicht generell aus dem möglichen Schutzbereich ausgeschlossen.[217]

▶ **Beispiel:**

Ein Patentanwalt erhält von A den Auftrag, eine Marke, »X.Classics«, für eine 762
dritte Person, nämlich die »X-GmbH«, anzumelden. Der Patentanwalt meldet die Marke an. Im Nachhinein stellt sich heraus, dass es bereits zwei prioritätsältere Marken gibt. Die Berechtigten verlangten von der X-GmbH die Unterlassung der Nutzung und die Einwilligung in die Löschung der Marke.

Der Patentanwalt hat in diesem Fall seine Pflichten dadurch verletzt, dass er nicht 763
auf die Möglichkeit einer Markenrecherche hingewiesen hat. Allerdings macht nicht seine Mandantin, sondern die X-GmbH einen Schadensersatzanspruch geltend. Das Gericht stellte zunächst ausdrücklich fest, dass auch die anwaltliche Beratung eine drittbezogene Leistung darstellen kann. Da der Patentanwalt die Marke zugunsten der X-GmbH anmelden sollte und auch angemeldet hat, kam die vertragliche Leistung des Patentanwalts bestimmungsgemäß auch ihr zugute. Sie war deshalb in gleichem

214 BGHZ 77, 172, 176.
215 Grüneberg/Grüneberg § 328 BGB Rn. 13 m.w.N.
216 Grüneberg/Grüneberg § 328 BGB Rn. 16 ff. m.w.N.
217 BGHZ 129, 138, 169; BGHZ 127, 378, 380; Jungk BRAK-Mitt. 2001 S. 161.

Maße der Gefahr einer Schlechterfüllung der Beratungspflicht ausgesetzt wie die Mandantin hinsichtlich der für sie eingetragenen Marken. Der Patentanwalt musste im Gegenzug damit rechnen, dass sich nachteilige Folgen der unvollständigen Beratung auch bei X auswirken würden, obwohl sie nicht am Vertrag beteiligt war. Ein eigener Anspruch der X-GmbH wurde deshalb unter dem Gesichtspunkt des Vertrags mit Schutzwirkung zugunsten Dritter bejaht.[218]

3. Haftung von Berufsausübungsgemeinschaften

764 Sofern die Tätigkeit des Anwalts im Rahmen von Zusammenschlüssen wahrgenommen wird, kann sich das Problem ergeben, dass der Anwalt auch für Fehler der mit ihm zusammenarbeitenden Kollegen haftet, obwohl ein eigenes Verschulden nicht vorliegt. Je nach Art der Zusammenarbeit und Gesellschaftsform bestehen hier allerdings graduelle Unterschiede.

a) Gesellschaft bürgerlichen Rechts

Beispiel:

765 A hat Patentanwalt B wegen falscher Beratung verklagt. Das Landgericht hat den B zum Schadensersatz verurteilt. B betreibt seine Anwaltskanzlei gemeinsam mit den Sozien C, D und E. Nunmehr stellt sich heraus, dass die Haftpflichtversicherung der Anwälte B, C und D nicht ausreichend ist. A möchte wissen, ob er den weitergehenden Schaden gegenüber den Anwälten direkt geltend machen kann.

766 Die Mitglieder einer Gesellschaft bürgerlichen Rechts (BGB-Gesellschaft, GbR)[219], haften traditionell nicht nur mit ihrem Anteil am Gesellschaftsvermögen, sondern auch persönlich mit ihrem gesamten Privatvermögen, d.h. die Mitglieder einer Sozietät haften aus dem zwischen ihr und dem Auftraggeber bestehenden Vertragsverhältnis als Gesamtschuldner (§ 45b Abs. 2 S. 1 PAO). Nach der Rechtsprechung des BGH[220] wird die Gesellschaft bürgerlichen Rechts, soweit sie nach außen hin am Rechtsverkehr teilnimmt, als rechtsfähig betrachtet. D.h., sie ist als Vertragspartnerin originär verpflichtet und aktiv und passiv parteifähig. Die einzelnen Gesellschafter haften für die Verpflichtungen der Gesellschaft nunmehr entsprechend §§ 128 f. HGB akzessorisch als Gesamtschuldner mit ihrem Privatvermögen.

767 Nimmt ein Sozius das Mandat an, so handelt er in der Regel im Namen der gesamten Sozietät.[221] Assoziierte Patentanwälte, die an der Auftragsbearbeitung nicht mitwirken,

218 LG Düsseldorf Mitt. 1996, 23 ff.

219 Ab 1.1.2024 tritt das Gesetz zur Modernisierung des Personengesellschaftsrechts (Personengesellschaftsmodernisierungsgesetz-MoPeG) vom 10.8.2021, ausgegeben am 17.8.2021, BGBl. Teil I, Nr. 53, S. 3436–3482 in Kraft.

220 BGHZ 146, 341, 345 – *BGB-Gesellschaft parteifähig.*

221 BGHZ 124, 47 f.

müssen also das Haftpflichtrisiko des Falles mittragen, obwohl sie es nicht kontrollieren und beeinflussen können. Sie sind ganz von der Sorgfalt und Zuverlässigkeit desjenigen Kollegen abhängig, der den Mandanten im konkreten Fall betreut. Eine Beschränkung der persönlichen Haftung auf den- oder diejenigen Sozietätsmitglieder, die den Auftrag auch wirklich bearbeiten, ist unter den Voraussetzungen des § 45b Abs. 2 S. 2 PAO möglich.

Die Sozien haben eine Ausgleichspflicht gegenüber demjenigen, der auf Schadensersatz 768 in Anspruch genommen worden ist. Gemäß § 426 BGB sind alle Gesamtschuldner im Innenverhältnis zueinander zu gleichen Teilen verpflichtet. Aus dem Sozietätsvertrag kann sich aber auch etwas Anderes ergeben. Darin kann man z.B. berücksichtigen, wer welchen Anteil am Gesellschaftsvermögen hält und danach die Verpflichtungen im Innenverhältnis richten.

▶ **Beispiel:**

A hat Patentanwalt B mit der Durchführung eines Einspruchsverfahrens beauf- 769 tragt. Aufgrund eines Fristversäumnisses wird der Einspruch nicht rechtzeitig eingelegt und ist daher unzulässig. Aufgrund dessen ist nunmehr A gezwungen, eine Nichtigkeitsklage zu erheben. Die dadurch entstehenden Mehrkosten möchte A gegenüber B als Schadensersatz geltend machen. B befindet sich jedoch inzwischen im Vermögensverfall. Da B aber mit Rechtsanwalt C und Steuerberater D eine Sozietät eingegangen war, möchte A den Schadensersatz bei diesen geltend machen.

Ein Sonderproblem entsteht bei interprofessionellen Sozietäten. Die Rechtsprechung 770 hat unter Zugrundelegung des vertraglichen Ansatzes hierzu die Ansicht vertreten, dass bei der Annahme eines Mandats immer nur diejenigen Sozien verpflichtet werden, die unter dem Gesichtspunkt des Rechtsberatungsgesetzes zur Erledigung des Auftrags auch befugt sind; die Vereinbarung mit dem Mandanten sei dahin gehend auszulegen, dass im Zweifel diejenigen Sozietätsmitglieder nicht vertraglich gebunden werden sollen, für die die Ausführung des Auftrags eine verbotene Rechtsbesorgung darstellen würde.[222]

Bei solchen Mandaten sollten im Falle eines Regresses also z.B. nur die Rechtsanwälte, 771 nicht aber die Angehörigen anderer Berufsgruppen mit ihrem Privatvermögen haften.[223] Die unterschiedliche Qualifikation der Mitglieder einer interprofessionellen Sozietät hat zur Folge, dass eine gesamtschuldnerische Verpflichtung nur entstehen kann, soweit jeder die generellen rechtlichen und fachlichen Voraussetzungen zur Bearbeitung des konkreten Auftrags erfüllt hat.[224]

---

222 BGH NJW 2000, 1333, 1335; Schmidt NJW 2001, S. 1911 f.

223 OLG Köln WiB 1997, 667.

224 BGHZ 142, 315, 318; BGH NJW 1995, 1841; VersR 1974, S. 97; ZAP Fach 15, S. 1276 (2001); Schmidt NJW 2001, S. 1911 f.

Beispiel:

772 A ist in Folge einer Fehlberatung des Patentanwalts B ein erheblicher Schaden entstanden. B betreibt seine Anwaltskanzlei in Sozietät mit C, D und E. E ist inzwischen ausgeschieden. F ist inzwischen in die Sozietät eingetreten. Da Patentanwalt B inzwischen verstorben ist und C und D sich in Vermögensverfall befinden, fragt A, ob er gegen E und F seinen Anspruch geltend machen kann.

773 Beim akzessorischen Haftungssystem liegt die entsprechende Anwendung des § 130 HGB nahe.[225] Das würde bedeuten, dass ein neu aufgenommener Sozius als Gesamtschuldner mit seinem privaten Vermögen ebenfalls für vor seinem Eintritt liegende Pflichtverletzungen anderer Sozien mithaftet. Eine intern vereinbarte Haftungsfreistellung entfaltet gemäß § 130 Abs. 2 HGB Wirkung nur im Innenverhältnis und kann dem Mandanten nicht entgegengehalten werden. Bislang konnten nach dem vertraglichen Ansatz nur diejenigen Gesellschaftsmitglieder vom Vertretungsberechtigten verpflichtet werden, die zum Zeitpunkt des Vertragsschlusses der Sozietät angehörten. Zwar wurden später eingetretene Sozien in der Regel stillschweigend in die laufenden Mandatsverhältnisse nachträglich einbezogen,[226] sie hafteten persönlich aber nur für die Pflichtverstöße nach ihrem Eintritt in die Sozietät. § 130 HGB würde demnach zu einer Haftungserweiterung führen. Mithin besteht gegen F ein Anspruch des A.

774 Für den Fall, dass ein Gesellschafter die Sozietät verlässt, sind gemäß § 736 Abs. 2 BGB, § 160 HGB die für die Personenhandelsgesellschaften geltenden Regeln über die Begrenzung der Nachhaftung sinngemäß anwendbar. Die Nachhaftung ist gemäß § 160 Abs. 1 S. 1 HGB auf 5 Jahre begrenzt; bis dahin muss der Anspruch des Gläubigers gerichtlich geltend gemacht oder vom betroffenen Gesellschafter schriftlich anerkannt worden sein (§ 160 Abs. 2 HGB).[227]

775 Ausgeschiedene Gesellschafter haften grundsätzlich für Altverbindlichkeiten, soweit sie vor ihrem Ausscheiden begründet worden sind, vgl. § 160 Abs. 1 S. 1 HGB. Bei einer Regressforderung wegen Verletzung vertraglicher Pflichten ist dafür nicht der Zeitpunkt der Pflichtverletzung, sondern der des Vertragsschlusses maßgeblich.[228] Demzufolge besteht die Gefahr einer Haftung aus allen Mandaten, die im Namen der Sozietät angenommen worden sind, während der ehemalige Sozius noch Gesellschaftsmitglied war.[229] A hat demgemäß gegen F einen Anspruch auf Schadensersatz.

---

225 OLG Hamm, BB 2002, 370; OLG Düsseldorf, BRAK-Mitt. 2002, 97; Ulmer, ZIP 2001, S. 598; Habersack, BB 2001, S. 482; Grams, BRAK-Mitt. 2002, S. 60 ff.; Eichele, BRAK-Mitt. 2001, S. 157.

226 BGH NJW 1994, 257 f.

227 Seibert, DB 1994, S. 461.

228 BGHZ 36, 224, 228.

229 Zur früheren Rechtslage: BGH NJW 1982, 1866.

▶ **Beispiel:**

K betrieb zwei getrennte Klage-Patentverletzungsverfahren gegen zwei Unternehmen, gegen die er jeweils Ansprüche auf Unterlassung und Schadensersatz geltend machte. In beiden Verfahren beauftragte er mit der Prozessvertretung die aus A, B, C, D und E bestehende Anwaltssozietät. Tatsächlich waren nur A, B, C, D in einer Sozietät verbunden. Betreut wurden die Mandate von E, einem Scheinsozius. Später schlossen die Beteiligten in einem Verfahren einen gerichtlichen Vergleich; in dem anderen Verfahren einigte man sich außergerichtlich. An K waren danach jeweils € 80.000,00 zu entrichten. Die Beträge wurden von dem Vergleichsschuldner auf Weisung des E auf dessen Privatkonto eingezahlt und von diesem veruntreut. K erhebt Klage gegen die Anwälte A, B, C, D und E. 776

K könnten Ansprüche aus §§ 675, 31 BGB, 128 HGB zustehen. In Ermangelung einer gegenteiligen Regelung ist bei einer Anwaltssozietät jeder Sozius verfassungsmäßig berufener Vertreter iSd § 31 BGB. In der Gesellschaft bürgerlichen Rechts bestimmt sich die Vertretungsbefugnis nach dem Gesellschaftsvertrag und ohne gesellschaftsvertragliche Regelung nach dem Gesetz. Dieses verknüpft die Vertretungsmacht mit der Befugnis zur Geschäftsführung (§ 714 BGB). Grundsätzlich steht die Führung der Geschäfte der Gesellschaft den Gesellschaftern gemeinschaftlich zu (§ 709 Abs. 1 Halbs. 1 BGB).[230] 777

Bei der Auslegung des Begriffs des verfassungsmäßig berufenen Vertreters iSd § 31 BGB orientiert sich die Rechtsprechung nicht strikt an der gesellschaftsrechtlichen Vertretungsbefugnis. Sie fasst den Begriff vielmehr weiter. Darunter fällt nicht nur der geschäftsführende Gesellschafter.[231] Verfassungsmäßig berufener Vertreter ist vielmehr auch ein Nicht-Gesellschafter, dem durch allgemeine Betriebsregelung und Handhabung bedeutsame für die Gesellschaft wesensmäßige Funktionen zur selbstständigen, eigenverantwortlichen Erfüllung zugewiesen sind, sodass er die Gesellschaft im Rechtsverkehr präsentiert.[232] Sogar das unerlaubte Handeln eines bloßen Sachbearbeiters ist der Gesellschaft zuzurechnen, falls jenem eine wichtige Angelegenheit zur eigenverantwortlichen Erledigung übertragen worden ist.[233] 778

Es genügt demgemäß auch, dass einzelnen Sozien die selbstständige und eigenverantwortliche Bearbeitung von Mandaten überlassen worden ist. Die Bearbeitung von Mandaten eines Mandanten ist als anwaltstypische Hauptaufgabe eine wichtige Angelegenheit der Sozietät. Der Rechtsanwalt vertritt hier den Mandanten als Repräsentant der Sozietät. Der Mandant, der eine Sozietät beauftragt, will sich in der Regel die Vorteile zunutze machen, die ihm die Gesellschaft im Hinblick auf Organisation, Arbeitsteilung und Möglichkeit der Beratung der ihr angehörenden Anwälte untereinander bietet.[234] 779

---

230 BGH NJW 2007, 2490 (2491).
231 BGHZ 154, 88=NJW 2003, 1445.
232 BGHZ 49, 19 (21) = NJW 1968, 391; BGH, NJW 1972, 334; NJW 1999, 1854 (1856).
233 RGZ 162, 129 (166).
234 BGHZ 56, 355 (360) = NJW 1971, 1801.

780 Aus dem Gesagten ergibt sich, dass der Sozius, der die vorsätzlich unerlaubte Handlung bei der Bearbeitung eines Mandats begangen hat, in Ausführung einer ihm zustehenden Verrichtung i.S.v. § 31 BGB tätig geworden ist. Diese Ausführungen gelten zugleich auch für einen berufsrechtlichen Zusammenschluss von Anwälten, der – ohne eine Gesellschaft zu sein – nach außen hin diesen Anschein erweckt. Eine Scheinsozietät ist für die Zurechnung vertraglicher Haftungstatbestände grundsätzlich ausreichend. Insofern rechtfertigen schon die Grundsätze zur Anscheins- und Duldungsvollmacht, eine Rechtsscheinhaftung anzunehmen.[235] Die Sozietät, die den Scheinsozius nach außen wie einen Sozius handeln lässt, gibt damit zu erkennen, dass sie für dessen Handeln grundsätzlich einstehen will.

781 Das Ergebnis ist nicht anders, wenn der Scheinsozius deliktisch handelt. Dass insoweit Anknüpfungspunkte für eine Anwendung der Grundsätze über die Anscheins- oder Duldungsvollmacht fehlen,[236] hat im Rahmen des § 31 BGB keine Bedeutung. Die Organhaftung baut nicht auf Rechtsscheingesichtspunkten auf. Sie knüpft nicht an die scheinbare Vertretungsmacht, sondern an die Fähigkeit des Organs an, für die juristische Person zu handeln.[237]

782 Im vorliegenden Fall sind A, B, C, D, E nicht als Gesellschaft, sondern persönlich verklagt worden. Sie sollen also gesamtschuldnerisch mit ihrem Privatvermögen für die unerlaubte Handlung des E einstehen. Dies setzt voraus, dass die Vorschrift des § 128 HGB auf die Gesellschafter bürgerlichen Rechts analog anwendbar ist. In der Rechtsprechung des BGH[238] wird dies grundsätzlich bejaht. Die Bestimmung des § 128 HGB umfasst nach ihrem Wortlaut unterschiedslos vertragliche und deliktische Verbindlichkeiten. Die Gesellschafter einer offenen Handelsgesellschaft sollen für ein fremdes Delikt solidarisch haften, um den Geschädigten dafür, dass bei Personengesellschaften ein gesicherter Haftungsfond fehlt, einen Ausgleich bieten.

783 Diese Überlegungen werden vom Bundesgerichtshof[239] auch für Gesellschafter einer bürgerlich-rechtlichen Gesellschaft angewandt. Insoweit erhält der Scheinsozius keine besondere Behandlung. Geben die Sozien der Sozietät den Anschein größer zu sein, als sie in Wirklichkeit sind, müssen sie die Folgen tragen; denn sie hätten es in der Hand gehabt, dem Mandanten gegenüber rechtzeitig klar zu stellen, dass der sachbearbeitende Anwalt nicht zu den Mitgliedern der Sozietät gehört.

▶ **Beispiel:**

784 Mandant M schloss mit seinem Patentanwalt A einen Beratungsvertrag ab. Zu dieser Zeit firmierte A als »A. Patentanwälte«. Auf seinem Briefbogen befanden sich mehrere Patentanwälte unter anderem auch der Patentanwalt B. Letzterer nahm auch an den Besprechungen mit M teil. Nach Abschluss des Mandats mit

235 BGH NJW 1999, 3040.
236 OLG Celle, NJW 2006, 3431 (3433).
237 BGHZ 98, 148 (151) = NJW 1986, 2941.
238 BGHZ 142, 315 (318) = NJW 1999, 3483.
239 BGH NJW 2007, 2490 (2492).

M schloss A mit B einen Sozietätsvertrag ab und gründete hiermit eine zuvor tatsächlich noch nicht existierende Patentanwalts-GbR. M fragt sich nunmehr, ob er die GbR wegen einer Falschberatung durch A in Anspruch nehmen kann.

Bei der Außen-GbR handelt es sich seit der Grundsatzentscheidung des Bundesgerichtshofes aus dem Jahre 2001[240] um ein eigenständiges Rechtssubjekt, das grundsätzlich passiv legitimiert sein kann. Im vorliegenden Falle wurde die GbR jedoch erst nach Abschluss des Mandats gegründet und war demgemäß nicht selbst Vertragspartner des M. Damit stellt sich die Frage nach dem Haftungsgrund. 785

Ein Anspruch des M gegen die GbR aus §§ 280 Abs. 1, 675 BGB in Verbindung mit § 28 HGB scheidet aus. Zwar haftet nach § 28 Abs. 1 HGB die Gesellschaft, die durch den Eintritt eines persönlich haftenden Gesellschafters in das Geschäft eines Einzelhandelskaufmanns entsteht, für alle im Betrieb des Geschäfts entstandenen Verbindlichkeiten des früheren Geschäftsinhabers. Die unmittelbare Anwendung dieser Vorschrift scheitert aber daran, dass ein Patentanwalt kein Handelsgewerbe betreibt (§ 2 PAO). Ihre entsprechende Anwendung auf den Fall, dass sich ein Patentanwalt mit einem bisher als Einzelanwalt tätigen anderen Patentanwalt zur gemeinsamen Berufsausübung in einer Sozietät in der Form einer Gesellschaft bürgerlichen Rechts zusammenschließt, hat der Bundesgerichtshof wegen der besonderen Ausgestaltung der zwischen einem Einzelanwalt und seinem Mandanten bestehenden Rechtsverhältnisse abgelehnt.[241] 786

In Betracht könnte jedoch eine Haftung der GbR nach allgemeinen Rechtsscheingrundsätzen kommen. Für den M sah es nämlich bereits vor dem Abschluss des Sozietätsvertrages so aus, als würde er nicht allein durch A, sondern durch eine Mehrzahl in Form einer Sozietät zur Berufsübung zusammengeschlossene Patentanwälte vertreten werden. Es lag mithin eine sogenannte Scheinsozietät vor. Hierunter versteht man den Zusammenschluss mehrerer Patentanwälte, die nach außen gemeinsam in Erscheinung treten, ohne dass ein Gesellschaftsvertrag besteht oder ohne dass in einem bestehenden Gesellschaftsvertrag sämtliche nach außen in Erscheinung tretende Patentanwälte einbezogen sind.[242] In diesen Fällen hat der Angestellte oder auch freie Mitarbeiter im Außenverhältnis wie ein Sozietätsmitglied zu haften, wenn ein ihm zurechenbarer Anschein gesetzt wird.[243] Umgekehrt haftet die Sozietät den Scheinsozien nach außen für deren Fehler bei der Bearbeitung von Mandaten.[244] 787

Vor diesem Hintergrund könnte man sich auf den Standpunkt stellen, dass eine Haftung der Sozietät auch anzunehmen ist, wenn eine Scheinsozietät zu einer Sozietät und damit zu einer rechtsfähigen Gesellschaft bürgerlichen Rechts erstrahlt. Aus Sicht des 788

240 BGHZ 146, 341 ff.
241 BGHZ 147, 361.
242 BGHZ 172, 169 ff.
243 BGH WM 1999, 1846.
244 BGHZ 172, 169 ff.

Bundesgerichtshofs begegnet dies jedoch dogmatischen Bedenken.[245] Eine Scheinsozietät ist nämlich rechtlich nicht existent. Sie kommt als Anspruchsgegnerin nicht in Betracht. Eine Bestimmung im Gesetz, die während des Bestehens einer Sozietät entstandenen Ansprüche, die nur gegen einzelne Personen oder eine bereits vorhandene Gesellschaft sich richten können, auf eine später gegründete Gesellschaft überleitet, gibt es nicht. Sofern der Anschein einer Sozietät gesetzt wurde, haften die Scheingesellschafter für Fehler des Einzelanwalts oder der wirklichen Gesellschafter ebenso wie der Einzelanwalt oder die wirkliche Gesellschaft oder die wirklichen Gesellschafter für die Fehler der Scheingesellschafter einzutreten haben. Die Vorschrift des § 130 HGB könnte allenfalls zu einer Haftung weiterer Gesellschafter führen, nicht jedoch zu einer Haftung der GbR selbst.[246]

789 Eine Haftung der GbR für die anwaltlichen Fehler des A scheidet mithin nach Rechtsscheingrundsätzen aus. M kann lediglich den A selbst und nach Rechtsscheingrundsätzen den B persönlich haftbar machen. Er kann jedoch keine Ansprüche gegen die später gegründete GbR richten. Letztere ist nicht passiv legitimiert.

790 Nach § 28 HGB gehen die Verbindlichkeiten eines Kaufmanns, wenn er in ein bestehendes Handelsgeschäft eintritt, auf die neu entstandene Gesellschaft über. Fraglich ist, ob dies auch gilt, wenn Verbindlichkeiten begründet worden sind und anschließend der betreffende sich mit einer anderen Person sich zu einer Gesellschaft bürgerlichen Rechts zusammenschließt.[247]

Beispiel:

791 Patentanwalt A, der bisher als Einzelanwalt tätig war, schließt sich mit seinem Patentanwaltskollegen P zu einer Sozietät in Form einer Gesellschaft bürgerlichen Rechts zusammen. Vor der Gründung dieser Gesellschaft hatte A bei C eine Computeranlage gekauft, aber noch nicht bezahlt. Kann C auch gegen B Ansprüche wegen der Bezahlung geltend machen?[248]

792 § 28 HGB könnte in einem solchen Fall zur Anwendung kommen. Wenn man nämlich davon ausgeht, dass § 28 Abs. 1 HGB den allgemein analogiefähigen Rechtsgedanken enthält, dass eine massive Gläubigerbenachteiligung vermieden werden soll. Der Bundesgerichtshof[249] lehnt jedoch eine entsprechende Anwendung des § 28 HGB in diesem Falle ab, in dem durch den Zusammenschluss von bisher als Einzelanwälten tätigen Patentanwälten eine BGB-Gesellschaft entstanden ist. Denn § 28 HGB setzt voraus, dass jemand in das Geschäft eines Einzelkaufmanns eintritt, der Anwalt aber nicht Einzelkaufmann sei, weil er kein Handelsgewerbe betreibe. Außerdem stünde

245 BGH-Urteil vom 17.11.2011 – IX ZR 161/09 vgl. auch Nissen RÜ 2, 2012 91 f.

246 BGHZ 154, 370, BGH WM 2010, 139.

247 Vgl. hierzu auch Eisenhardt/Wackerbarth, Gesellschaftsrecht I, 17. Aufl., 2022, C. F. Müller, § 6 III 10 Rn. 155 ff.

248 Fall nach Eisenhardt/Wackerbarth, Gesellschaftsrecht I, 17. Aufl., 2022, C. F. Müller, § 6 III 10 Rn. 155 ff.

249 BGHZ 157, 361 ff.; vgl. hierzu Eisenhardt/Wackerbarth, Gesellschaftsrecht I, 17. Aufl., 2022, C. F. Müller, § 6 III 10 Rn. 157.

den Anwälten als Gesellschafter einer BGB-Gesellschaft nicht die Möglichkeit offen, einer abweichenden Vereinbarung gem. § 28 Abs. 2 HGB Dritten gegenüber zur Geltung zu verhelfen, weil eine Eintragung in das Handelsregister nicht erfolgen könne.[250]

b) Die anwaltliche Arbeitsgemeinschaft (ARGE)

▶ Beispiel:

Patentanwalt A, Rechtsanwalt B, Steuerberater C wollen gemeinsam ein sehr lukratives Mandat behandeln. Sie stellen sich die Frage, welche Form der beruflichen Zusammenarbeit sie wählen sollten. Wegen möglicher Kollisionsprobleme in der Zukunft wollen sie aber sich nicht auf Dauer zusammenschließen. 793

Eine vorübergehende Zusammenarbeit unter Anwaltskollegen ist angesichts hochkomplexer Sachverhalte und unter Umständen auch begrenzter Kapazitäten verbreitet. Haftungsrechtliche Auswirkungen bleiben jedoch oft unbeachtet. Dies gilt insbesondere in den Fällen, in denen es sich nicht um eine lose Kooperation, sondern um eine anwaltliche Arbeitsgemeinschaft (ARGE) mit Konsequenzen für Haftung und Deckung handelt. Es ist daher im Einzelfall genau zu prüfen, inwieweit es sich um einen Zusammenschluss mehrerer Berufsausübungsgesellschaften oder auch einzelner Anwälte handelt, die zusammen an der Abwicklung eines gemeinsamen Mandates arbeiten. Insbesondere bei umfangreichen Mandaten dienen solche Zusammenschlüsse auch einer Vergrößerung der Kapazität. Allen gemeinsam ist, dass sie nur für eine gewisse Dauer angelegt sind. Mit Abschluss des Mandatsvertrages endet in der Regel auch die vorübergehende Zusammenarbeit. Auf der anderen Seite spricht man von einer ARGE nicht, wenn getrennte Mandatsvereinbarungen bestehen und getrennte Arbeitsergebnisse vorgelegt werden. 794

▶ Beispiel:

A, B, C fragen, wie sich die haftungsrechtliche Situation darstellt und ob die ARGE als Berufsausübungsgesellschaft zuzulassen ist. 795

In der ARGE haften grundsätzlich deren Mitglieder nach außen gegenüber dem Mandanten als gesamtschuldnerisch und unbeschränkt, oft als Gesellschaft bürgerlichen Rechts. Das bedeutet, dass die Auftraggeber sich einen Partner zur vollen Haftung aussuchen können, unabhängig davon, wer den Fehler verursacht hat. Die interne Haftungsbeschränkung wirken in der Regel nach außen nicht. Insofern ist es dringend angezeigt, genau die Konstellation zu prüfen und ggfs. vertraglich zu regeln. Das bedeutet, dass klar zu regeln ist, dass die gemeinschaftliche Ausübung zeitlich begrenzt ist und nach Möglichkeit getrennte Äußerungen und Abrechnungen erfolgen. Die ARGE wird gelegentlich auch als Mandatsgesellschaft bezeichnet[251]. Solche 796

250 Vgl. Canaris Handelsrecht, 23. Aufl. 2000 § 7 Rn. 88.

251 Gesetzesentwurf 417/24 zur Regelung hybrider und virtueller Versammlungen in der Bundesnotarordnung, der Bundesrechtsanwaltsordnung, der Patentanwaltsordnung und dem Steuerberatungsgesetz.

zeitlich und inhaltlich begrenzten Kooperationen zwischen Berufsausübungsgesellschaften werden in der Regel als Personengesellschaften angesehen. Diese treffen damit die Konsequenzen hinsichtlich der Zulassung und der Versicherungspflicht. Diese Konstellation ist zu vermeiden.

▶ Beispiel:

797 A, B, C wollen sich mit dem Arzt D zusammenschließen, da das Mandat auch haftungsrechtlich Probleme aus dem Bereich der Medizin aufweist.

798 Der Zusammenschluss unterschiedlicher Berufe in Arbeitsgemeinschaften gestaltet sich kompliziert. Diese stoßen bereits im Vorfeld auf eine Vielzahl von komplexen Problemen. Solche gemischten Gemeinschaften werden häufig in Ausschreibungen gefordert. Der Auftraggeber schließt in der Regel einen Vertrag lediglich mit einem und nicht mit mehreren Vertragspartnern. Alle Beteiligten haften dann gesamtschuldnerisch für die Fehler des jeweils anderen. Es kann vorkommen, dass der Rechtsberater für Fehler des Mediziners haftet und umgekehrt. Zu hinterfragen ist die berufsrechtliche Zulässigkeit eines solchen Zusammenschlusses und ob auf Seiten des anwaltsfremden Kooperationspartners vorhandene Berufshaftpflichtversicherung dem Umfang der anwaltlichen Haftpflichtversicherung entspricht. In der Regel gibt es auch keine gemeinsamen Deckungskonzepte in ein- und derselben Police. Für die jeweilige Berufsgruppe gibt es getrennte Policen, die aber eine Deckung hinsichtlich der gesamtschuldnerischen Haftung bieten müssen. Wird z.B. der anwaltliche Vertreter für einen Fehler des Mediziners in Anspruch genommen, hilft die bestehende Anwaltspolice nicht weiter. Das bedeutet, dass bei einer jeden Arbeitsgemeinschaft die Notwendigkeit einer Anpassung des Versicherungsschutzes besteht. Zu berücksichtigen ist im Übrigen auch, ob die Tätigkeiten des jeweils berufsfremden Partners tatsächlich mit versichert sind[252].

c) Bürogemeinschaft und Kooperation

▶ Beispiel:

799 A hat Patentanwalt B mit der Durchführung verschiedener Patentanmeldungen beauftragt. Durch Fehler des B entsteht dem A ein Schaden. In der überörtlichen Sozietät mit Büros in München, Frankfurt, Düsseldorf, Hamburg, Paris, London des B sind außer den Sozien C, D und E auch Angestellte und freie Mitarbeiter tätig. Diese sind auf dem Briefkopf und auf dem Türschild aufgeführt. Auf dem Briefkopf sind außerdem als Kooperationspartner bezeichnete Anwälte aufgeführt. Bisher hatte A den Eindruck, dass die freien Mitarbeiter und angestellten Patentanwälte tatsächlich Sozien sind. A fragt, ob er auch gegenüber diesen seine Schadensansprüche geltend machen kann.

252 Vgl. hierzu Herrmann Wilhelma Berufshaftpflichtversicherung Seiten 374 ff., Seite 379.

Die gesamtschuldnerische Haftung gegenüber dem Auftraggeber erstreckt sich nicht nur auf diejenigen, die Partner der Sozietät sind, sondern auch auf angestellte Patentanwälte und freie Mitarbeiter, die aus der Sicht des Mandanten nach dem äußeren Erscheinungsbild (Türschild, Briefkopf, Vollmacht) der Sozietät angehören (sog. fiktiver Sozius, Außen- oder Scheinsozius).[253] Dies wird damit begründet, dass der Auftraggeber die internen Vertragsverhältnisse der Patentanwälte untereinander nicht kennt und sich auf das äußere Erscheinungsbild der Sozietät verlassen können muss. Gleiches gilt für den Fall, dass entgegen dem äußeren Anschein überhaupt keine Sozietät vorliegt (sog. Außen- oder Scheinsozietät). Haben sich Patentanwälte in einer bloßen Bürogemeinschaft zusammengeschlossen, die aber nach außen den Eindruck einer Sozietät erweckt, so werden sie auch haftungsrechtlich wie eine solche behandelt.[254] 800

Die Behandlung nach dem äußeren Erscheinungsbild gilt in gleichem Maße auch für sog. überörtliche Sozietäten, also der Zusammenarbeit zwischen Patentanwälten an verschiedenen Orten. Besteht entgegen des etwa auf dem Briefkopf nach außen hin erweckten Eindrucks gar keine gesellschaftsrechtliche Verbindung mit der Kanzlei an dem anderen Ort, liegt ebenfalls eine sog. Schein- oder Außensozietät vor.[255] Ferner sind hiervon auch überörtliche Sozietäten mit ausländischen Berufskollegen erfasst. 801

▶ **Abwandlung des Beispiels:**

A möchte wissen, ob er ggfs. Ansprüche gegen die Kooperationspartner geltend machen kann. 802

Keine Außensozietät ist die sog. Kooperation, eine Form der schlichten Zusammenarbeit auf schuldrechtlicher Grundlage ohne gesellschaftsrechtliche Vereinbarung. Die Definition der Kooperation erfasst eine auf Dauer angelegte und verfestigte Zusammenarbeit.[256] Sie ist weniger eine Sozietät und mehr als zufällige und gelegentliche Kontakte.[257] Sie setzt eine wirtschaftliche Zusammenarbeit zwischen den Kooperationspartnern voraus, indem die Partner sich z.B. bei der Informationsbeschaffung, dem Einkauf von Bürobedarf usw. gegenseitig unterstützen. Im Unterschied zur Sozietät werden bei einer Kooperation Mandate nicht gemeinschaftlich angenommen und bearbeitet.[258] Auf eine solche schlichte Zusammenarbeit darf zur Information insbesondere auf Briefbögen auch hingewiesen werden. Wird dabei nicht der Eindruck einer gesellschaftsrechtlichen Verbindung mit der kooperierenden Kanzlei hervorgerufen, scheidet eine gesamtschuldnerische Haftung aus. Sind Kooperationspartner ausdrücklich als solche bezeichnet, wird nicht der Anschein einer Sozietät erweckt, da im Verkehr mit dem Begriff der Kooperation die Vorstellung von einer Zusam- 803

253 BGHZ 70, 247, 249.
254 Zum Thema Scheinsozien vgl. Langenkamp/Jaeger, NJW 2005, 3238 ff.
255 BGH AnwBl. 1991, 97 f.; BGH BGHZ 119, 225, 227, 232 f.
256 Gem. BGH BB 05, 2040, Beschl. v. 25. 7. 2005 AnwZ (B) 42/04 – umfasst der Begriff Kooperation auch die Zusammenarbeit mit nicht sozietätsfähigen Personen.
257 Weyland-Bauckmann, BRAO § 59 a, Rn. 92.
258 Weyland-Bauckmann, BRAO § 59 a, Rn. 93.

menarbeit ohne gesellschaftsrechtliche Basis verbunden wird.[259] Ausschlaggebend für einen etwaigen Rechtsschein ist immer das äußere Erscheinungsbild, welches sich vor allem aus Türschild, Briefbogen, Homepage, Vollmachtformular und dergleichen ergeben kann. Vorliegend hat A gegenüber den Kooperationspartnern keine Ansprüche.

d) Partnerschaftsgesellschaft

▶ Beispiel:

804 A beauftragt Patentanwalt B mit einem Gutachten. Die Sozien des B sind dagegen. Mit diesen hatte sich B in Form einer Partnerschaftsgesellschaft zusammengeschlossen. Rechtslage?

805 In der Partnerschaftsgesellschaft ist die persönliche Haftung gemäß § 8 Abs. 2 PartGG gesetzlich (es ist also keine gesonderte Vereinbarung etwa durch AGB notwendig) auf den oder die Partner beschränkt, die mit der Sache befasst waren. Diese Bearbeiter haften neben der Partnerschaft, deren Haftung nicht ausgeschlossen werden kann. Der jeweilige Mandant hat einen Anspruch auf Auskunft, wer seinen Auftrag bearbeitet hat.[260] Führt er aufgrund einer fehlerhaften Auskunft den Schadensersatzprozess gegen den falschen Partner, haften die Partnerschaft und sämtliche Partner gesamtschuldnerisch für die Prozesskosten.

▶ Beispiel:

806 A hat durch eine Fehlberatung des Patentanwalts B einen Schaden erlitten. Er stellt fest, dass B in Form einer Partnerschaftsgesellschaft sich mit C, D und E zusammengeschlossen hat. Rechtslage?

807 Auch in der Partnerschaftsgesellschaft haften neben dem Gesellschaftsvermögen die Partner für die Verpflichtungen der Gesellschaft akzessorisch als Gesamtschuldner mit ihrem Privatvermögen, § 8 Abs. 1 PartGG. Ein vertraglicher Ansatz, wie er für die Sozietät bzw. GbR entwickelt worden war, kam bei der Partnerschaft von vornherein nicht in Betracht. Die rechtliche Selbstständigkeit der Partnerschaft ist durch einen Verweis auf § 124 HGB in § 7 Abs. 2 PartGG positiv geregelt. Ist einer der Partner von einem Gesellschaftsgläubiger in Anspruch genommen worden, hat er gemäß §§ 6 Abs. 3 PartGG, 110 Abs. 1 HGB einen umfassenden Regressanspruch gegen die Partnerschaft; eine zusätzliche Anwendung der Vorschrift des § 426 BGB ist ausgeschlossen.

▶ Abwandlung des Beispiels:

808 A stellt fest, dass C aus der Gesellschaft ausgeschieden und F eingetreten ist. Ferner ist G auf dem Briefbogen aufgeführt, aber tatsächlich kein Gesellschafter.

259 BGH NJW 1993, 1331 f. – *Kooperationspartner.*
260 BT-Drucks. 13/9820 S. 22.

Ausdrücklich geregelt ist auch die Anwendung der OHG-Vorschriften für eintretende und ausscheidende Gesellschafter (siehe §§ 8 Abs. 1; 10 Abs. 2 PartGG). Entsprechend sind auf die §§ 130, 160 HGB anwendbar. Da die Partnerschaft im Gegensatz zur Sozietät registerpflichtig ist, sind Aufnahme und Ausscheiden eines Partners beim Partnerschaftsregister anzumelden (§ 4 Abs. 1 S. 2 und 3 i.V.m. § 3 Abs. 2 Nr. 2 PartGG; § 9 Abs. 1 PartGG i.V.m. § 143 Abs. 2 HGB). Diese Eintragung ist dann entsprechend § 160 Abs. 1 S. 2 HGB maßgeblich für den Beginn der Ausschlussfrist für die Nachhaftung eines ehemaligen Gesellschafters. Ferner ist wie bei der Sozietätshaftung die persönliche Haftung von Scheinpartnern kraft eines sich aus dem äußeren Erscheinungsbild ergebenden Rechtsscheins möglich. Die Berufung auf einen fehlenden Eintrag im Partnerschaftsregister ist dann ausgeschlossen.[261] 809

e) Partnergesellschaft mit beschränkter Berufshaftung

▶ Beispiel:

Patentanwalt B hat mit seinen Sozien eine Partnerschaftsgesellschaft registrieren lassen. Nunmehr überlegt er, ob die Haftungsbeschränkung nach § 8 Abs. 2 Partnerschaftsgesetz ausreichend ist. 810

Dem Partnerschaftsgesetz lag die Überlegung zugrunde, dass das Haftungskonzept der Partnergesellschaft von den Angehörigen freier Berufe nicht als befriedigend empfunden worden ist. Zwar wird mit der Partnergesellschaft eine Rechtsform angeboten, die u.a. den Vorteil einer transparenten Besteuerung mit einer Haftungskonzentration nach § 8 Abs. 2 Partnerschaftsgesetz verbindet. Jedoch stößt die Haftungskonzentration auf Handelnde zumindest dort auf praktische Schwierigkeiten, wo Partnergesellschaften eine gewisse Größenordnung überschreiten und Aufgaben von Teams innerhalb der Partnerschaftsgesellschaft bearbeitet werden. Die aufgrund unterschiedlicher Spezialisierung miteinander arbeitenden Partnerinnen und Partner können die Arbeitsbeiträge der anderen weder inhaltlich noch dem Umfang nach vollständig überblicken und verantworten. Durch das Gesetz zur Schaffung einer Partnerschaft mit beschränkter Berufshaftung wird die Möglichkeit geschaffen, eine Haftungsbeschränkung zu erreichen. Dabei kann die bisherige »normale« Partnergesellschaft neben der Möglichkeit einer Partnergesellschaft mit beschränkter Berufshaftung weiter bestehen.[262] Um dieses Ziel zu erreichen, ist seinerzeit in § 8 PartGG ein Absatz 4 eingefügt worden. Die Vorschrift sieht eine Haftungsbeschränkung nur für Verbindlichkeiten der Partnerschaft vor. Dem liegt der Lebenssachverhalt zugrunde, dass Partnerschaftsgesellschaften Auftrags- und Mandatsverträge mit ihren Mandanten abschließen und nicht die Partnerin oder Partner selbst. Wenn einzelne Partnerinnen oder Partner neben ihrer Tätigkeit in der Partnerschaft Mandate oder Aufträge im eigenen Namen annehmen, so fallen hieraus resultierende Verbindlichkeiten nicht unter die Haftungsbeschränkung des § 8 Abs. 4 PartGG. Ebenso wenig erfasst die Regelung deliktische Ansprüche, die sich 811

261 BGHZ 17, 13 ff.; BGHZ 61, 59 ff.
262 BR-Drucks. 309/12 vom 25.05.2012.

gegen die handelnden Partner unmittelbar richten. Die Vorschrift betrifft ferner nur Verbindlichkeiten in der Gesellschaft aus Schäden wegen fehlerhafter Berufsausübung. Nicht erfasst von der Haftungsbeschränkung sind also alle anderen Verbindlichkeiten der Gesellschaft, insbesondere aus Miet- und Arbeitsverträgen. Aufgrund der gesetzlichen Regelung haftet mithin die Gesellschaft nur noch mit ihrem Vermögen. Die gesamtschuldnerische Haftung der Partnerinnen und Partner gemäß § 8 Abs. 1 S. 1 PartGG gilt in diesem Falle nicht. Da die akzessorische Haftung mit dieser Regelung abgeschnitten ist, haftet die einzelne Partnerin oder der einzelne Partner auch dann nicht persönlich für Gesellschaftsschulden, wenn die vorgeschriebene Haftsumme der Versicherung im konkreten Fall überschritten wird oder die Versicherung wegen grober Fahrlässigkeit oder wegen Vorsatz im Einzelfall nicht eintritt.

▶ **Beispiel:**

812 A fragt Rechtsanwalt B in einem Beratungsgespräch, ob hier noch weitere Voraussetzungen zu erfüllen sind.

813 Aus dem Gesetz ergeben sich auch Änderungen bezüglich der Berufshaftpflicht. In dem Zusammenhang ist § 45a PAO geändert worden. Nach Absatz 2 beträgt die Mindestversicherungssumme für jeden Versicherungsfall 2,5 Mio €. Die Leistungen des Versicherers für alle innerhalb eines Versicherungsjahres verursachten Schäden können auf den Betrag der Mindestversicherungssumme, vervielfacht mit der Zahl der Partner, begrenzt werden. Die Jahreshöchstleistung für alle in einem Versicherungsjahr verursachten Schäden muss sich jedoch mindestens auf den vierfachen Betrag der Mindestversicherungssumme belaufen.

▶ **Beispiel:**

814 In dem Beratungsgespräch fragt A seinen Rechtsanwalt B weiterhin, ob noch weitere Voraussetzungen zu beachten sind, insbesondere in welcher Form G Gesellschaft im Rechtsverkehr aufzutreten hat.

815 Der Name der Partnerschaft muss den besonderen Zusatz »mit beschränkter Berufshaftung« oder eine allgemein verständliche Abkürzung enthalten, die auf die beschränkte Haftung hinweist. Für die Erfüllung dieses gesetzlichen Tatbestandsmerkmals ist die Eintragung des Namenszusatzes in das Partnerschaftsregister ausreichend. Die Pflicht zur Eintragung des Namens der Partnerschaft und ggf. mit den besonderen auf die Haftungsbeschränkung hinweisenden Zusatz in das Partnerschaftsregister ergibt sich aus den allgemeinen Vorschriften (§ 3 Abs. 2 Nr. 1, § 5 Abs. 1 PartGG). Als gesetzlich festgeschriebene allgemein verständliche Abkürzung des Zusatzes »mit beschränkter Haftung« ist »mbB« aufgeführt. Die Abkürzung »mbH« für eine Gesellschaft mit beschränkter Haftung besticht zwar durch allgemeine Bekanntheit, ist aber nicht ganz korrekt, weil zu weitgehend. Diese zu weitgehende Warnwirkung kann auf eine Täuschung des Rechtsverkehrs hinauslaufen, nämlich wenn die Gläubigerinnen und Gläubiger andere als auf Berufsfehler und berufende Ansprüche, wie z.B. Angestellte oder Vermieterinnen oder Vermieter – das Signal »mbH« so auffassen, dass die Haftung allgemein beschränkt ist und deshalb von einer Geltendmachung ihrer Ansprüche

absehen. Die auf die Haftungsbeschränkung hinweisenden Zusätze können mit den beiden Rechtsformzusätzen aus § 2 Abs. 1 S. 2 PartGG kombiniert werden. Darüber hinaus soll es ermöglicht werden, dass eine Partnergesellschaft mit beschränkter Berufshaftung auch als »PartGmbB« oder »PartmbB« auftreten kann, so dass anstelle der Rechtsformzusätze aus § 2 Abs. 1 S. 1 PartGG auch die Abkürzung »Part« oder »PartG« gewählt werden kann. Die Wahl der Abkürzung »mbB« anstelle von »mbH« macht deutlich, dass es sich um eine beschränkte Berufshaftung handelt.[263]

f) Gesellschaft mit beschränkter Haftung

▶ **Beispiel:**

Patentanwalt B ist alleiniger Gesellschafter der Patentanwaltsgesellschaft C. Durch die Falschberatung entsteht dem Mandanten A erheblicher Schaden. A möchte den Schadensersatz auch gegen B persönlich geltend machen. Rechtslage? 816

Die Haftung in der Patentanwalts-GmbH und -AG ist von vornherein gesetzlich auf das Gesellschaftsvermögen der juristischen Person beschränkt. Eine gesamtschuldnerische Haftung, die beschränkt werden könnte, gibt es dort also nicht. Für die GmbH bestimmt aber § 52 j. Abs. 3 PAO, dass neben der Gesellschaft die Gesellschafter und Geschäftsführer in Höhe des fehlenden Versicherungsschutzes auch persönlich haften, wenn die Berufshaftpflichtversicherung nicht in dem vorgeschriebenen Umfang unterhalten wird. Ansonsten könnte eine Durchgriffshaftung in Betracht kommen. 817

Nach § 13 Abs. 2 GmbH-Gesetz haftet den Gläubigern der GmbH für Verbindlichkeiten der Gesellschaft nur das Gesellschaftsvermögen. Eine persönliche Haftung der Gesellschafter oder im Falle einer Treuhand der hinter ihnen stehenden Personen für Verbindlichkeiten der Gesellschaft ist danach im Regelfall ausgeschlossen. Ein Durchgriff durch die C als juristische Person auf den hinter ihr stehenden mittelbaren bzw. wirtschaftlichen Gesellschafter B ist nur ausnahmsweise zulässig. Da nämlich die Trennung von Gesellschaftsvermögen und Privatvermögen der Gesellschafter die Grundlage des Rechts der Kapitalgesellschaften bildet, darf über deren eigene Rechtsfähigkeit »nicht leichtfertig und schrankenlos« hinweggegangen werden.[264] 818

Zeitweise hatte der Bundesgerichtshof[265] seine restriktive Haltung der Durchgriffsproblematik aufgegeben und dazu ein neues Modell, die Haftung wegen existenzvernichtenden Eingriffs mit Außenhaftung, entwickelt.[266] Damit wandelte sich unter anderem das Haftungsmodell im GmbH Konzernrecht von einem konzernrechtlichen 819

263 BR Drucks. 309/12 vom 25.12.2012, S. 14; BT Drucks. 17/10 487 vom 15.08.2012, S. 17.

264 BGHZ 54, 224; 61, 380, 383; BAG NJW 1991, 2923, 2926; BGHZ 95, 330; dazu Ulmer NJW 1986, 1579 mwN; BGHZ 95, 330, 344; 107, 7, 17; zusammenfassend Kindler JuS 1992, 636; BGHZ 115, 187 = RÜ 1989, 439; kritisch Altmeppen DB 1991; BGHZ 115, 187 = RÜ 1991, 441; BGHZ 95, 330, 347.

265 BGH NJW 2007, 2689 – *Trihotel.*

266 Eisenhardt in Oehler/Terstege, Festschrift für Prof. Dr. Michael Bitz, S. 422 ff., Wien 2008.

zu einem gesellschaftsrechtlichen. Später hat der BGH die Existenzvernichtungshaftung als eine eigenständige Haftungsfigur aufgegeben und die haftenden Gesellschafter einer GmbH ausschließlich auf § 826 BGB in Gestalt einer schadensersatzrechtlichen Innenhaftung gegenüber der Gesellschaft gestützt. Damit hat die Existenzvernichtungshaftung ihren Charakter als Durchgriffshaftung verloren, sodass die Bedeutung derselben drastisch gesunken ist.[267]

820 Ergebnis:

821 B ist der A persönlich nur zum Schadensersatz verpflichtet, sofern ein Fall der vorsätzlichen sittenwidrigen Schädigung gemäß § 826 BGB vorliegt.

▶ **Abwandlung des Beispiels:**

822 Es stellt sich heraus, dass C die Berufshaftpflichtversicherung nicht im vorgeschrieben Umfang unterhalten hat.

823 In diesem Fall ergibt sich aus § 52 j Abs. 3 PAO unmittelbar die Haftung des B.

4. Einwände

▶ **Beispiel:**

824 A wird von Patentanwalt B ausführlich belehrt. Danach wird für A deutlich, dass das von B vorgeschlagene Vorgehen sehr risikoreich ist. A stimmt gleichwohl den Vorschlägen des B zu. Nachdem der aufgrund dessen geführte Patentverletzungsprozess mit einer Verurteilung des A zur Unterlassung und Schadensersatz endet, nimmt dieser B wegen falscher Beratung auf Schadensersatz in Anspruch.

825 Wird dem Patentanwalt eine rechtswidrige Pflichtverletzung vorgeworfen, ist Voraussetzung, dass er durch sein Verhalten die Verletzung einer seiner Pflichten aus dem festgestellten Schuldverhältnis verursacht hat. Das Verhalten des Patentanwalts, das zu der Pflichtverletzung geführt hat, kann sowohl in einem aktiven Tun als auch in einem Unterlassen bestehen. Die haftungsbegründende Kausalität zwischen dem Verhalten und der Pflichtverletzung ist im Bereich der Verschuldenshaftung im Allgemeinen unproblematisch. Gänzlich unwahrscheinliche Kausalverläufe sollen dem Schädiger aber nicht zugerechnet werden (Adäquanztheorie).[268]

826 Rechtswidrigkeit bedeutet objektive Pflichtwidrigkeit bezogen auf den jeweiligen Vertrag. Der Patentanwalt schuldet seinem Auftraggeber ein Verhalten nach den Regeln ordnungsgemäßer Berufsausübung und die Erfüllung seiner vertraglichen Rechtspflichten. Die Verletzung einer im Vertragsverhältnis begründeten Pflicht ist daher rechtswidrig, sofern nicht ein Rechtfertigungsgrund vorliegt. Die Voraussetzungen für diese Rechtfertigung hätte der Patentanwalt zu beweisen. Vorliegend könnte als

267 BGH NJW 2007, 2689 – *Trihotel.*

268 Grüneberg/Grüneberg, Vorbem. v. § 249 BGB Rn. 68, 69.

Rechtfertigungsgrund die Einwilligung durch den Mandanten in Betracht kommen. A hat trotz eindringlicher Belehrung dem Patentanwalt B die Weisung zu einem risikobehafteten, ihn letztlich selbst schädigenden Vorgehen erteilt. Damit fehlt es aber an einer Pflichtverletzung. A steht kein Schadensersatzanspruch zu.

▶ Beispiel:

A hat Patentanwalt B mit der Einlegung eines Einspruchs beim Deutschen Patent- und Markenamt beauftragt. Aufgrund eines formalen Fehlers wird dieser als unzulässig abgewiesen. A ist empört und möchte B auf Schadensersatz in Anspruch nehmen. 827

Fraglich ist vorliegend, ob ein Schaden des A entstanden ist. Ein solcher Schaden kann darin bestehen, dass das den B störende Patent unverändert aufrechterhalten werden wird. Dies kann die geschäftlichen Tätigkeiten des B beinträchtigen. 828

Eine Haftung des Patentanwalts kommt immer nur dann in Betracht, wenn dem Mandanten auch ein Schaden entstanden ist. Außerdem muss die Pflichtverletzung des Patentanwalts für diesen Schaden kausal, also ursächlich gewesen sein (sog. haftungsausfüllende Kausalität). Das BGB regelt zwar Art und Umfang des Schadensersatzes (§ 249 BGB), definiert den Begriff »Schaden« jedoch nicht gesetzlich. Es gelten deshalb die Grundsätze, die Rechtsprechung und Literatur entwickelt haben. In aller Regel erleidet der Auftraggeber einen Vermögensnachteil. Bereits die Beeinträchtigung der Befugnisse, das eigene Vermögen bestimmungsgemäß zu nutzen sowie darüber frei zu verfügen, kann einen vermögensrechtlichen Nachteil in diesem Sinne darstellen. Zum Schaden gehört weiterhin der entgangene Gewinn (vgl. § 252 BGB). 829

Die Ermittlung von Vermögensschäden erfolgt üblicherweise im Wege der sog. »Differenzhypothese«.[269] Danach ist ein Schaden entstanden, wenn und soweit das Vermögen des Anspruchsstellers geringer ist, als es ohne die in Rede stehende Pflichtverletzung sein würde. Es ist als hypothetisch die Vermögenssituation des Geschädigten zu ermitteln, wie sie sich ohne das schädigende Ereignis darstellen würde, und sodann mit der tatsächlichen Vermögenslage zu vergleichen. Eine sich hierbei ergebende Differenz stellt den ersatzfähigen Schaden dar, sofern er durch den Pflichtverstoß zurechenbar verursacht wurde. Die Ermittlung des kausalen Schadens erfordert demnach eine hypothetische Betrachtungsweise des Kausalverlaufs ohne die Pflichtverletzung. 830

Auch ein Unterlassen kann einen Schaden zurechenbar verursachen, wenn die Vornahme der gebotenen Handlung den Schaden verhindert hätte. Es muss festgestellt werden, dass der Schaden nicht eingetreten wäre, wenn die unterlassene Handlung hinzugedacht wird.[270] 831

Will der Mandant seinen Berater dafür verantwortlich machen, dass gegen ihn eine nachteilige Entscheidung ergangen ist, muss das Regressgericht prüfen, wie das Verfah- 832

269 Grüneberg/Grüneberg, Vorbem. v. § 249 BGB Rn. 10.
270 BGHZ 7, 199, 204.

ren ohne die Pflichtverletzung des Patentanwalts ausgegangen wäre. Vorliegend wäre demgemäß zu prüfen, ob der Einspruch Aussicht auf Erfolg gehabt hätte. Grundsätzlich sind die Beweislastregeln des Ausgangsverfahrens dann auch auf den Regressprozess zu übertragen.[271] Maßgeblich ist auch die Rechtslage zum damaligen Zeitpunkt.[272]

833 Nach der Lehre vom Schutzzweck der Norm kann eine Schadensersatzpflicht nur bestehen, wenn der geltend gemachte Schaden nach Art und Entstehungsweise unter den Schutzzweck der verletzten Norm fällt. Im Falle der Rechtsberaterhaftung ist diese Norm die verletzte vertragliche Pflicht. Der Nachteil des Mandanten muss also aus dem Bereich der Gefahren stammen, zu deren Abwendung diese Vertragspflicht besteht. Da Anwaltsverträge regelmäßig einen sehr umfassenden Schutz der Vermögensinteressen des Mandanten bezwecken, lassen sich für den Patentanwalt aus der Schutzzwecklehre meist keine nennenswerten weiteren Haftungsbegrenzungen gewinnen.

834 Der formale Fehler des B hat für den Mandanten den Nachteil, dass das Amt das Einspruchsverfahren nicht durchführt, und das Patent aufrechterhalten wird. Je nach Sachlage kann dies eine Beeinträchtigung der geschäftlichen Aktivitäten bedeuten.

835 Vorliegend ist zu berücksichtigen, dass nach Ablauf der Einspruchsfrist noch die Möglichkeit der Nichtigkeitsklage besteht. Ggf. müsste B hier die entstehenden Kosten zusätzlich tragen.

▶ Abwandlung des Beispiels:

836 B wendet ein, das Patent wäre ohnehin in Anbetracht des ermittelten Standes der Technik widerrufen worden.

837 Ein Schaden ist dem Patentanwalt auch dann in der Regel nicht zurechenbar, wenn er bei pflichtgemäßem Verhalten ebenfalls eingetreten wäre. Die Berufung auf das sog. rechtmäßige Alternativverhalten ist grundsätzlich beachtlich, da der Schaden auch dann regelmäßig nicht vom Schutzzweck der verletzten Norm erfasst ist. Die Verhütung von Schäden, die auch durch rechtmäßiges Verhalten entstanden wären, ist von der Norm nicht bezweckt und nicht durch Schadensersatzansprüche sanktionierbar. Niemand soll Anspruch darauf haben, besser gestellt zu werden als er stünde, wenn sein Vertragspartner pflichtgemäß gehandelt hätte.[273] Die Beweislast, dass der Nachteil dem Mandanten auch ohne die Pflichtwidrigkeit entstanden wäre, trägt der Anwalt, wenn er sich auf den sog. »Einwand rechtmäßigen Alternativverhaltens« zu seinen Gunsten berufen will.[274]

271 BGH NJW 2001, 2169 f.
272 BGH St 2000, 2051; Mösch NJW 2001, S. 547 ff.
273 BGH NJW-RR, 1990, 1241, 1244.
274 BGH NJW 1986, 576, 579.

▶ **Beispiel:**

A hat Patentanwalt B wegen falscher Beratung verklagt. Das Landgericht verurteilt den B zum Schadensersatz. A möchte nun wissen, welchen Schaden er ersetzt bekommt. 838

Zu ersetzen ist grundsätzlich der gesamte durch die Pflichtverletzung zurechenbar entstandene Schaden,[275] ohne dass es auf die herkömmliche Unterscheidung zwischen positivem und negativem Interesse ankäme; der Gläubiger ist jedoch nicht besser zu stellen als er bei ordnungsgemäßer Vertragserfüllung stünde. 839

Unter Umständen muss sich der Mandant im Übrigen auch Vorteile anrechnen lassen, wenn und soweit sie durch die Pflichtverletzung seines Beraters ebenso adäquat kausal verursacht wurden wie die Nachteile. Die Anrechnung muss ihm aber zumutbar sein; weiterhin darf sie dem Zweck des Schadensersatzes nicht zuwiderlaufen und den Schädiger auch nicht unbillig entlasten.[276] 840

Der Patentanwalt muss die erhaltene Vergütung nicht zurückzahlen. Ist die Honorarforderung zurückbehalten worden, wird sie dementsprechend mit der Schadensersatzleistung verrechnet. Die Aufwendungen für einen durch den Fehler des Patentanwalts fehlgeschlagenen Prozess sind dann ein ersatzfähiger Schaden, wenn der Mandant ohne die Pflichtverletzung Erfolg gehabt und die Kosten erstattet bekommen hätte. Hätte er auch ohne den Anwaltsfehler materiell-rechtlich zu Recht verloren, ist der Schaden zu verneinen.[277] 841

▶ **Beispiel:**

A hat Patentanwalt B wegen eines im Anschluss an dessen Beratung entstandenen Schadens verklagt. B wendet ein, dass der Schaden ursächlich darauf zurückzuführen sei, dass A ihn nicht vollständig, zum Teil sogar unrichtig informiert habe. 842

Hat der Geschädigte den Schaden selbst schuldhaft mit verursacht, kann der haftpflichtige Patentanwalt diesem den Einwand des Mitverschuldens gemäß § 254 BGB entgegensetzen. Diese Vorschrift beruht auf dem Rechtsgedanken, dass der Geschädigte die Kürzung oder gar den Verlust seines Anspruchs hinnehmen muss, wenn er diejenige Sorgfalt außer Acht gelassen hat, die nach der Sachlage erforderlich war, um sich selbst vor Schaden zu bewahren.[278] Verschulden i.S.d. § 254 BGB bedeutet den Verstoß gegen Obliegenheiten, die in eigenem Interesse bestehen.[279] Es muss für den entstandenen Schaden auch mitursächlich i.S.d. Adäquanztheorie gewesen sein.[280] 843

---

275 BT-Drucks. 14/6040, S. 93.
276 BGH AnwBl. 194, 193.
277 Weyland-Nöker § 44 BRAO Rn. 18.
278 RGZ 100, 42, 44.
279 Grüneberg/Grüneberg § 254 BGB Rn. 1 m.w.N.
280 Grüneberg/Grüneberg § 254 BGB Rn. 12.

844 Liegt mitursächliches Verschulden des Mandanten vor, wird dieser mit einer dementsprechenden Quote am Schaden beteiligt, d.h. insoweit wird im Ergebnis sein Schadensersatzanspruch gemindert. Ausschlaggebend bei dieser Abwägung ist der Grad der Wahrscheinlichkeit, mit dem die beiderseitigen Verursachungsbeiträge den Schaden herbeizuführen geeignet waren.[281] Hierbei spielt es eine wesentliche Rolle, in wessen Verantwortungsbereich die Schadensursache vorwiegend zu suchen ist. In zweiter Linie wird auch das Maß des Verschuldens (leichte, mittlere, grobe Fahrlässigkeit oder gar Vorsatz) berücksichtigt.[282] Es kommt demgemäß darauf an, inwieweit der Mandant seinen Berater nicht ausreichend, nicht korrekt oder missverständlich über die Sachlage oder seine Ziele informiert hat.[283]

845 Wenn es um die rechts- und sachkundige Bearbeitung des Auftrags geht, kommt ein Mitverschulden des Mandanten nicht infrage. Diese liegt im alleinigen Verantwortungsbereich des Patentanwalts. Das gilt auch dann, wenn der Auftraggeber selbst in dieser Angelegenheit über die nötige technische und rechtliche Sachkunde verfügt, etwa, wenn er auch Patentanwalt ist. Jeder Mandant muss sich darauf verlassen können, dass die Sache fehlerfrei bearbeitet wird, ohne dass es einer weiteren Kontrolle durch ihn bedarf. Ein Mitverschulden kann ihm gemäß § 254 Abs. 2 S. 1 BGB auch bei Fehlern außerhalb seines Verantwortungsbereichs aber dann angelastet werden, wenn er den Schädiger nicht auf die Gefahr eines ungewöhnlich hohen Schadens aufmerksam macht oder zumutbare Maßnahmen zur Schadensabwendung oder -Minderung unterlässt. Hat der Patentanwalt durch eine Pflichtverletzung die Ursache für einen Schaden gesetzt, gibt es anschließend oft einen Zeitraum, in dem der Schaden noch vermeidbar oder zumindest begrenzbar ist. Erkennt der Mandant dies, muss er die ihm möglichen und zumutbaren Maßnahmen zur Abwendung oder Minderung des Schadens ergreifen; ist das Unterlassen der Abwehr eine weitere (Mit-)Ursache für den Eintritt oder die Vergrößerung des Schadens, die er sich zurechnen lassen muss. Etwaige Kosten, die ihm dadurch entstehen, sind vom Schädiger adäquat verursacht und daher im Rahmen des Schadensersatzanspruchs ersatzfähig.

846 Im gesamten Bereich seines Mitverschuldens nach § 254 BGB muss sich der Mandant auch ein Verschulden seiner Erfüllungshilfen (§ 278 BGB) zurechnen lassen (§ 254 Abs. 2 S. 2 BGB) (§ 254 Abs. 2 BGB bezieht sich auch auf § 254 Abs. 1 BGB, ist also zu lesen wie ein »§ 254 Abs. 3« BGB). Dies kann ein Angestellter sein, der eine wichtige Information falsch an den Patentanwalt weitergibt, aber auch ein vom Mandanten eingeschalteter Rechtsanwalt. Es kommt aber ganz darauf an, mit welchen Aufgaben er diesen betraut hat: Hat er einen anderen Berater eingeschaltet, um die Folgen der Pflichtwidrigkeit des Patentanwalts nach Möglichkeit zu beseitigen, so hat er ihn im Rahmen seiner eigenen Obliegenheit zur Abwendung und Minderung des Schadens eingesetzt und muss sich ein Verschulden dieses Beraters zurechnen lassen.[284]

281 NJW 1969, 769, 790.
282 Grüneberg/Grüneberg § 254 BGB Rn. 48 ff.
283 BGH NJW 1994, 2085 f.
284 BGH NJW 1994, 1211 f.; BGH NJW 2001, 2169 f.

Nach alledem ist für den vorliegenden Fall festzustellen, dass aufgrund des Einwandes des B den A ein Mitverschulden trifft. 847

▶ **Beispiel:**

Ein Patentanwalt meldet für seinen Mandanten ein Patent für ein batteriebetriebenes Elektrohandgerät an. Als der Prüfer die Ansprüche im Hinblick auf den Stand der Technik als widersprüchlich beanstandet, schränkt der Patentanwalt die Schutzansprüche in einer schriftlichen Erklärung ausdrücklich ein, indem er auf den Schutz einer festen Verbindung zwischen den Geräteteilen zugunsten einer steckbar-verrastenden Verbindung verzichtet. Zwei Jahre später kommt ein ähnliches Gerät auf den Markt, dessen Teile aber fest miteinander verbunden sind. Der Patentinhaber beauftragt den Patentanwalt mit der Prüfung, ob eine Schutzrechtsverletzung vorliege. Der Patentanwalt rät seinem Mandanten anschließend zur Klage beim Landgericht gegen den Hersteller, die am 10. 6. 1997 erhoben wird. Das Gericht zieht die Akten des Patenterteilungsverfahrens bei und weist die Klage wegen der darin enthaltenen einschränkenden Erklärung des Patentanwalts am 8. 3. 1998 ab. Der Mandant verklagt den Patentanwalt mit Klage vom 4. 1. 2001 auf Schadensersatz für die nutzlos aufgewendeten Prozesskosten. Der Patentanwalt erhebt die Einrede der Verjährung.[285] 848

Die entscheidende Frage in diesem Fall war die des Verjährungsbeginns bzw. des Zeitpunkts der Schadensentstehung. Bei anwaltlichem Fehlverhalten im Prozess entsteht der Schaden in der Regel mit Erlass des ersten nachteiligen Urteils. Dann hätte die Verjährung erst mit dem Schluss des Jahres 1998 begonnen (§§ 195, 199 BGB). Hier geht es aber um ein vorprozessuales Verhalten des Patentanwalts. Das Gericht verglich den vorliegenden Sachverhalt mit dem Fall, in welchem der mit einer Klageerhebung beauftragte Rechtsanwalt es pflichtwidrig unterlässt, seinen Mandanten darauf hinzuweisen, dass seinem Klageanspruch die Einrede der Verjährung entgegensteht. Der Schaden entsteht dann bereits mit der Klageerhebung, weil nach der Lebenserfahrung damit gerechnet werden muss, dass der Schuldner sich erfolgreich auf die Verjährung berufen wird. Es sei nicht anders zu beurteilen, wenn der Berater, wie hier, den Schaden in Gestalt der Prozesskosten dadurch herbeiführt, dass er seinen Mandanten nicht vor der Klageeinreichung davon unterrichtet hat, er habe das geltend zu machende Schutzrecht derart beschränkt, dass die angegriffene Ausführungsform nicht mehr unter dem Schutzbereich des Patents fällt. Die entscheidende Vermögensdisposition des Mandanten, die zu einer Verschlechterung seiner Vermögenslage geführt hat, sei auch hier die Klageerhebung. Die Verjährungsfrist begann daher mit dem Schluss des Jahres 1997, sodass der Anspruch drei Jahre später verjährt und die Klage am 4. 1. 2001 zu spät erhoben worden war. 849

285 Fall nach BGH GRUR 1995, 344 ff. – *Fehlerhafte Anwaltsberatung*; die Falllösung orientiert sich am geltenden Verjährungsrecht. Aber auch nach früherem Recht ergab sich dasselbe Ergebnis.

5. Risikominderung

850 In Anbetracht der beschriebenen Risiken ist der Anwalt stets um deren Minderung bemüht. Hierfür bestehen verschiedene Möglichkeiten. Pflicht ist für jeden Anwalt der Abschluss einer Haftpflicht-Versicherung, wobei gesetzlich nur eine Mindesthöhe vorgeschrieben ist. Darüber hinaus können zur Risikominderung aber auch Vereinbarungen mit dem Mandanten und mit den jeweiligen Kollegen eines Zusammenschlusses beitragen.

a) Haftpflichtversicherung

▶ Beispiel:

851 A hat Patentanwalt B beauftragt, eine Patentanmeldung durchzuführen. Durch fehlerhafte Bearbeitung entsteht dem A ein erheblicher wirtschaftlicher Schaden. Diesen macht A gegenüber B geltend. B weist darauf hin, dass er selbst über keinerlei Vermögen verfüge und nicht bezahlen könne. Gibt es für A eine Chance, finanziellen Ausgleich für seinen Schaden zu erhalten?

852 Das Schadensrisiko des Patentanwalts ist nicht durch den Gegenstandswert des Auftrags begrenzt;[286] es kann diesen durchaus erheblich übersteigen. Zum Schutze des Rat suchenden Publikums sind Patentanwälte daher gesetzlich verpflichtet (§ 45 PAO), eine Berufshaftpflichtversicherung abzuschließen, die ein festgelegtes Mindestmaß an Schutz gewährleistet. Für die Patentanwaltsgesellschaft mbH gibt es mit § 52j PAO eine entsprechende Vorschrift, die weitgehend auf § 45 PAO verweist (§ 52j Abs. 1, 2. Hs. PAO).

853 Der gesetzlich geforderte Versicherungsschutz betrifft nur Vermögensschäden, die aufgrund patentanwaltlicher Berufstätigkeit[287] zu Haftpflichtansprüchen privatrechtlichen Inhalts führen. Auch die Risikobeschreibungen der Versicherer gelten über diesen gesetzlichen Mindestumfang nicht hinaus.[288] Insbesondere werden die von § 45 Abs. 3 PAO »angebotenen« Haftungsausschlüsse in der Regel übernommen[289] also insbesondere keine Leistungen bei der Befassung mit außereuropäischem Recht und bei Pflichtverletzungen sowie Veruntreuung durch Sozien oder Angestellte.

854 In Deutschland haben die Versicherer ihren Verträgen das sog. Verstoßprinzip[290] zugrunde gelegt. Das bedeutet, dass für den Versicherungsfall der »Verstoß« des Berufsangehörigen gegen seine vertraglichen Pflichten, also der Zeitpunkt der Pflichtverletzung, ausschlaggebend ist. Zur Zeit des Verstoßes muss der Patentanwalt versichert sein. Eine sog. Rückwärtsversicherung deckt zurückliegende Verstöße nur ab,

286 Weyland-Nöker § 44 BRAO Rn. 18.

287 WM 1994, 504.

288 Vgl. beispielhaft die AVB-A der R + V Versicherung, hier die Risikobeschreibung für die Vermögensschaden-Haftpflichtversicherung von Patentanwälten VH 25, t.

289 Beispielhaft § 4 AVB-A der R + V Versicherung.

290 Siehe hierzu z.B. § 2 I sowie § 5 I AVB-A der R + V Versicherung.

wenn sie dem Versicherungsnehmer bei Vertragsabschluss nicht bekannt waren.[291] Die Alternative ist das sog. Anspruchserhebungsprinzip, bei dem der Zeitpunkt der Erhebung des Regressanspruchs maßgeblich ist. In den Ländern, in denen die Versicherer diesem Prinzip folgen, muss die Versicherung im Zweifel auch noch nach Beendigung der Berufstätigkeit aufrecht erhalten werden, da zwischen dem Verstoß und der Anspruchserhebung mehrere Jahre liegen können.

Im Ergebnis ist mithin festzustellen, dass A über die Haftpflichtversicherung des B finanziellen Ausgleich für seinen Schaden erhalten kann. 855

b) Vereinbarungen mit dem Mandanten

▶ Beispiel:

A beauftragt Patentanwalt B mit der Durchführung eines Gutachtens. B fragt nach den wirtschaftlichen Interessen, welche hinter diesem Gutachten stehen können. B erklärt, dass eine Produktion im Umfang von etwa 30 Millionen Umsatz pro Jahr geplant sei. Daher müsse A unbedingt sicher sein, dass er das geplante Produktionsverfahren durchführen könne, ohne dass Rechte Dritter gegen ihn geltend gemacht werden. Ansonsten würde ein riesiger wirtschaftlicher Schaden entstehen. B wendet ein, dass seine Haftpflichtversicherung einen derartigen Schaden nicht abdecken würde. Rechtslage? 856

Der Patentanwalt kann die Haftung für Pflichtverletzungen bei Berufsausübung nicht vollständig ausschließen.[292] Möglich ist ihm allerdings die Beschränkung der Haftung, und zwar sowohl hinsichtlich der Höhe der Haftungssumme als auch hinsichtlich der haftenden Personen. Aber auch hier kann er Beschränkungen nicht etwa mit dem Mandanten völlig frei aushandeln, sondern ist an die gesetzlichen Vorgaben gebunden, die nicht unterschritten werden dürfen. Eine Haftungsbeschränkung, die gesetzliche Grenzen nicht einhält, ist unwirksam.[293] 857

Die Beschränkung der gesamtschuldnerischen persönlichen Haftung kann mit einer Beschränkung der Haftungssumme kombiniert werden. 858

§ 45b Abs. 1 Nr. 1 PAO gestattet es, die Haftung im Wege einer Individualabrede mit dem Mandanten auf die gesetzliche Mindestversicherungssumme zu beschränken. Diese Summe darf freilich auch überschritten, keinesfalls aber unterschritten werden. An den individuellen Charakter sind hohe Anforderungen zu stellen.[294] Einseitige Belehrungen seitens des Anwalts genügen hier nicht; vielmehr muss er Verhandlungsbereitschaft zeigen, und der Mandant muss die reale Möglichkeit haben, den Inhalt der Haftungsbeschränkung zu beeinflussen.[295] 859

291 Z.B. § 2 II AVB A der R + V Versicherung.
292 Weyland-Kilimann § 52 BRAO Rn. 1.
293 Weyland-Kilimann § 52 BRAO Rn. 7.
294 Weyland-Kilimann § 52 BRAO Rn. 7.
295 Weyland-Kilimann § 52 BRAO Rn. 7.

860 Für die Vereinbarung ist Schriftform vorgeschrieben. Äußerlich sollte die schriftliche Niederlegung den Eindruck vorformulierter Bedingungen vermeiden, die in der Kanzlei nur aus der Schublade geholt und dem Mandanten vorgelegt wurden.

861 Die Haftungssumme kann nach § 45b Abs. 1 Nr. 2 PAO auch durch vorformulierte Vertragsbedingungen beschränkt werden, allerdings nur für die Fälle einfacher Fahrlässigkeit. Hier darf die vierfache Versicherungssumme nicht unterschritten werden, und insoweit muss auch Versicherungsschutz bestehen. Demzufolge ist insbesondere darauf zu achten, dass vom Deckungsschutz nicht versicherte Tätigkeiten, wie z.B. auf dem Gebiet außereuropäischen Rechts, gesondert versichert werden müssen.[296]

▶ **Abwandlung des Beispiels:**

862 Ändert sich die Rechtslage, wenn B Mitglied einer Patentanwaltsgesellschaft ist?

863 In der Partnerschaftsgesellschaft sind die Vorschriften des § 45b Abs. 1 PAO für Patentanwälte wegen § 1 Abs. 3 PartGG (sog. Berufsrechtsvorbehalt) und des Verweises in § 8 Abs. 3 PartGG auf berufsrechtliche Regelungen ebenfalls einzuhalten. Für die Ausübung des Berufes in der Rechtsform der GmbH gilt nichts Anderes; hier bestimmt § 52m. Abs. 2 PAO ausdrücklich, dass § 45b Abs. 1 PAO sinngemäß anzuwenden ist. Auch in einer AG wird die Bestimmung als berufsrechtliche Vorgabe für alle Patentanwälte zu beachten sein.

▶ **Abwandlung des Beispiels:**

864 Wie ist die Rechtslage, wenn A sich mit einem Steuerberater und einem Rechtsanwalt zusammengeschlossen hat?

865 In interprofessionellen Zusammenschlüssen sind Haftungshöchstgrenzen entsprechend den jeweiligen berufsrechtlichen Regelungen zulässig, sodass Patentanwälte auch hier die Voraussetzungen des § 45a Abs. 1 PAO einhalten müssen. Probleme entstehen dann, wenn ein Mandant mit seinem Auftrag mehrere Professionen in Anspruch nimmt. Im Sinne des Mandantenschutzes soll dann eine Beschränkung nur auf den höchsten des berufsrechtlich reglementierten Haftungshöchstbetrags zulässig sein.[297]

c) Vereinbarungen unter den Sozien

▶ **Beispiel:**

866 A beauftragt Patentanwalt B mit der Durchführung eines Gutachtens. Von dem Gutachten hängt es ab, ob eine Produktion mit mehreren Millionen Umsatz pro Jahr aufgenommen werden soll oder nicht. Die Sozien des B sind gegen die Annahme des Auftrags. Wie können die Sozien untereinander den Streitpunkt lösen?

---

296 BGH NJW 1994, 3295, 3298; BT-Drucks. 12/4993, S. 49, 52; BT-Drucks. 12/7656 S. 50, 52.

297 Weyland-Jähne § 8 PartGG Rn. 13.

Grundsätzlich gibt es für die GbR die Möglichkeit, die persönliche Haftung ihrer Gesellschafter durch eine individuelle Vereinbarung mit dem jeweiligen Vertragspartner zu beschränken und so auch einzelne Gesellschafter von der Haftung auszunehmen.[298] Eine solche Möglichkeit ist ausdrücklich in § 45b Abs. 2 S. 2 PAO vorgesehen. Diese Beschränkungsmöglichkeit bezieht sich ausdrücklich nur auf die persönliche Haftung der Sozien, d.h. auf die Haftung mit ihrem jeweiligen Privatvermögen. Die Haftung mit dem Sozietätsvermögen kann dagegen nicht ausgeschlossen werden; die Sozietät haftet mit ihrem Gesellschaftsvermögen daher immer neben den Sozien.[299] Ebenfalls nicht möglich ist eine Beschränkung der Haftung auf Scheinsozien, angestellte Patentanwälte oder freie Mitarbeiter.[300] Voraussetzung für eine Haftungsbeschränkung ist zunächst eine namentliche Bezeichnung der haftenden Sozien; außerdem dürfen nur sie das Mandat dann auch bearbeiten. Eine Abweichung kann dazu führen, dass die vereinbarte Haftungsbeschränkung ihre Geltung verliert. Sie wird z.B. gegenstandslos, wenn die benannten Mandatsbearbeiter aus der Sozietät ausscheiden.[301] Jeder Veränderung der Bearbeiterkreise muss der Mandant dementsprechend ausdrücklich zustimmen. 867

Bei interprofessionellen Sozietäten ist darauf zu achten, dass die Benannten das Mandat auch »innerhalb ihrer beruflichen Befugnisse« bearbeiten können. Nicht möglich ist damit die Beschränkung der Haftung für eine Patentanwaltssache auf einen nicht-patentanwaltlichen Sozius. Es gibt aber durchaus Mandate, welche die Sachkenntnis mehrerer Professionen und daher auch verschieden ausgebildete Bearbeiter erfordern; zudem ist zu bedenken, dass sich die beruflichen Befugnisse der sozietätsfähigen Berufe teilweise überschneiden und Annexkompetenzen kraft eines engen Sachzusammenhangs gegeben sein können. 868

Für eine wirksame Haftungsbeschränkung sind aber zusätzlich die Formalia des § 45b Abs. 2 S. 3 PAO unbedingt einzuhalten. Die Zustimmungserklärung zu der Haftungsbeschränkung muss vom Auftraggeber auf einem gesonderten Schriftstück unterzeichnet werden, das keine anderen Erklärungen enthalten darf. Dadurch soll er dafür geschützt werden, dass er die ihm abverlangte Erklärung übersieht.[302] 869

Die Folge einer wirksamen Haftungsbeschränkung ist die Haftung der benannten Bearbeiter als Gesamtschuldner. Die übrigen Sozien haften in Bezug auf den konkreten Auftrag persönlich überhaupt nicht, sondern nur mit ihrem Anteil am Gesellschaftsvermögen. Eine Klage des Auftraggebers gegen einen dieser Sozien wäre schon aus diesem Grund unbegründet. 870

Die Folge einer unwirksamen Haftungsbegrenzung ist nicht geregelt; es wird aber davon ausgegangen werden können, dass die gesetzliche Haftung aller Sozien als Gesamtschuldner nach § 45b Abs. 2 Satz 1 PAO eintritt. Die Beweislast für das 871

298 BGHZ 142, 315, 321.
299 Weyland-Kilimann § 52 BRAO Rn. 15.
300 Weyland-Kilimann § 52 BRAO Rn. 15.
301 Weyland- Kilimann § 52 BRAO Rn. 15.
302 BT-Drucks. 12/7656 S. 50.

Bestehen einer wirksamen Haftungsbeschränkung hat im Regressprozess der Patentanwalt, weil er sich auf eine ihm günstige Ausnahmeregelung zum Grundsatz des § 45 Abs. 2 S. 1 PAO berufen will.[303]

303 BT-Drucks. 12/4993 S. 33, 41.

E. Die Beratung und Vertretung des Mandanten

Übersicht Rdn.

Vorbemerkung E.

Kern der Tätigkeit des Patentanwalts ist die Beratung und Vertretung des Mandanten auf den Gebieten, auf welchen er aufgrund seiner Ausbildung seine Kompetenz erworben hatte. Im Hinblick hierauf werden im Folgenden die zum Beratungs- und Vertretungsbereich des Patentanwalts gehörenden Rechtsgebiete abgehandelt. 872

I. Allgemeine Grundsätze

Die Beratungs- und Vertretungsbefugnis des Patentanwalts weist einen erheblichen Umfang auf. Denn das Tätigkeitsfeld betrifft nicht nur das Patentrecht, wie man aufgrund der Berufsbezeichnung Patentanwalt vermuten könnte. Das Zentrum der Tätigkeit ist regelmäßig die rechtliche Beratung und Vertretung des Mandanten insbesondere im Bereich der technischen Innovation. Dabei spielt demgemäß stets die Sachverhaltsermittlung eine zentrale Rolle. Im Ergebnis wird es vielfach darauf ankommen, ob tatsächlich eine Anmeldung und damit in der Regel eine Veröffentlichung durchgeführt werden soll oder ob es besser angezeigt ist, den Gegenstand der technischen Entwicklung geheim zu halten. In Beziehung auf das Gespräch mit dem Mandanten wird der Patentanwalt als Vertrauensperson ganz besonders auf seine Geheimhaltungspflichten achten müssen. Insoweit wird auch die Information an Dritte stets mit einem besonderen Augenmerk von dem Anwalt zu behandeln sein. Eine stets wiederkehrende Frage des Mandanten betrifft die Kosten. Schließlich wird der Anwalt nicht nur das deutsche Recht, sondern auch die ausländischen Rechtssysteme und die internationalen Verträge in seine Beratung einbeziehen müssen. 873

1. Beratungs- und Vertretungsumfang nach deutschem Recht

▶ Beispiel

In den Räumen von Patentanwalt P findet eine Besprechung mit dessen Mandanten M statt. M schildert P folgende Sachverhalte: 874

- M hat ein sogenanntes »Cityspiel« entwickelt. Dieses Spiel unterscheidet sich in der Art seiner Spielregeln, seiner äußeren Aufmachung und der Verpackung von allen anderen am Markt befindlichen Spielen.
- Die Einzelbestandteile des Spiels können mittels eines speziellen Faltmechanismus zu einer handlichen Größe zusammengelegt werden, sodass es z.B. leicht im Reisegepäck untergebracht werden kann.

- M hat nunmehr erfahren, dass eine Konkurrenzfirma die Markteinführung eines ähnlichen Spiels unter der Bezeichnung »Städtespiel« plane.
- Probleme hat M auch in anderen Produktionsbereichen seiner Firma. In diesem Zusammenhang liegt M ein Strafbefehl vor, wonach M ein Verstoß gegen § 142 PatG zur Last gelegt wird.
- Außerdem liegt M ein Beschluss des Landgerichts Düsseldorf vor, nach dem ihm im Wege der einstweiligen Verfügung untersagt worden ist, für die Herstellung von bedruckten Kartons ein Verfahren zu verwenden, für das der Konkurrenzfirma K ein Patent erteilt worden ist.

875 Zunächst hat P zu überlegen, was im Hinblick auf die von M erwähnte Tätigkeit der Konkurrenz zu unternehmen ist.

876 Bezüglich des speziellen Faltmechanismus stellt sich die Frage, inwieweit ein technisches Schutzrecht, das heißt, ob ein Patent- oder Gebrauchsmusterschutz in Betracht kommt. Gegenstand solcher Schutzrechte können im Allgemeinen Vorrichtungen (das heißt Maschinen, Anlagen usw.), Schaltungen, chemische Stoffe, lebende Organismen, Verfahren zur Herstellung von Produkten, Verwendungen von Vorrichtungen und Stoffen sein.

877

	Patent	Gebrauchs-muster	Sorten-schutz-recht	Topo-graphie-Schutzrecht
Anwendungsbereich	Vorrichtungen Schaltungen Verfahren Stoffe Mikro-organismen Verwendungen	Vorrichtungen Schaltungen Stoffe Verwendungen	Pflanzen-sorten	Dreidimen-sionale Strukturen von mikro-elektroni-schen Halb-leitererzeug-nissen
Laufzeit	maximal 20 Jahre (für Arzneimittel u. U. um 5 Jahre verlängerbar)	maximal 10 Jahre	max. 25 bzw. 30 Jahre (je nach Sorte)	maximal 10 Jahre
Prüfungs-verfahren	sachlich	formal	sachlich	formal
Rechts-grundlage	Patentgesetz (PatG)	Gebrauchs-mustergesetz (GbmG)	Sorten-schutz-gesetz (SortenschG)	Halbleiter-schutz-gesetz (HalblSchG)

Abb. 3: Technische Schutzrechte

878

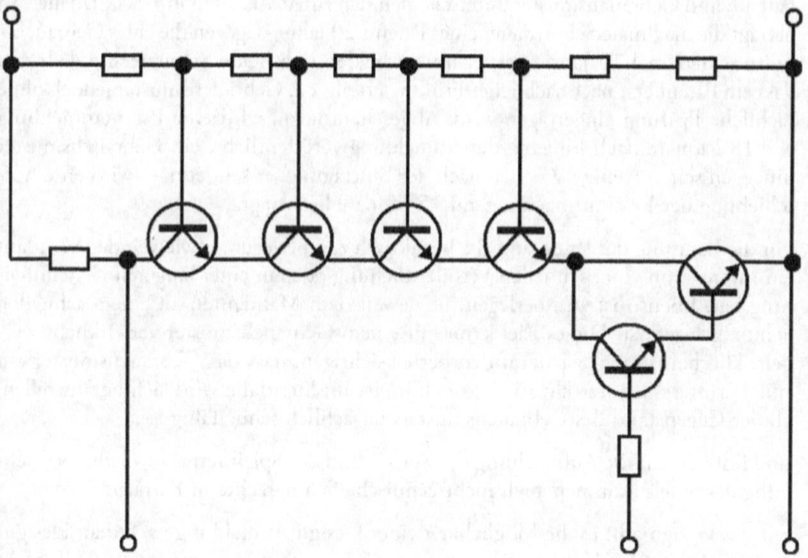

Abb. 4: Schaltung

879

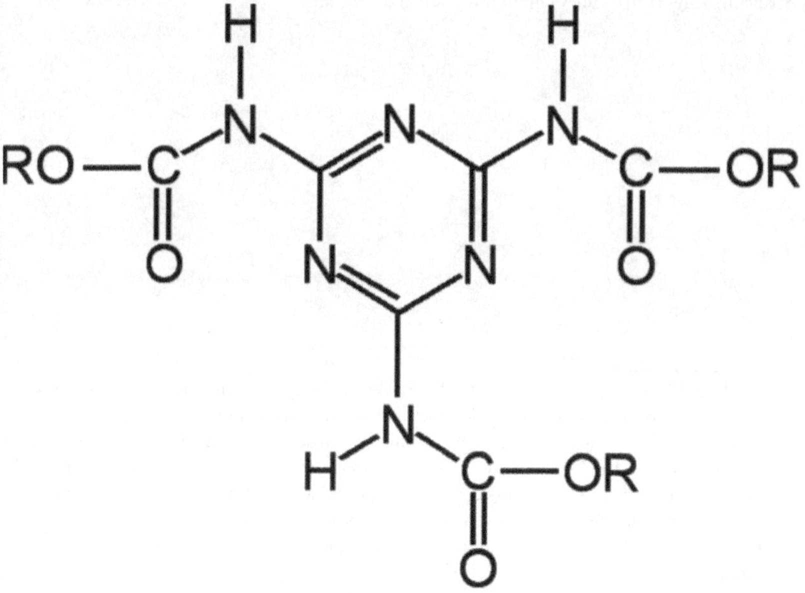

Abb. 5: Strukturformel

880 Patente und Gebrauchsmuster unterscheiden sich zunächst durch ihre Schutzdauer. So beträgt die maximale Schutzdauer eines Patents 20 Jahre, dagegen die eines Gebrauchsmusters maximal 10 Jahre. Ferner unterscheiden sich beide Schutzrechte dadurch, dass ein Patent erst nach sachlicher Prüfung erteilt, ein Gebrauchsmuster jedoch ohne sachliche Prüfung eingetragen wird. Abgesehen davon wird eine Patentanmeldung erst 18 Monate nach Eingang der Anmeldung veröffentlicht, ein Gebrauchsmuster hingegen schon wenige Wochen nach der Eintragung, es sei denn, es wird eine Aufschiebung der Bekanntmachung auf 15 Monate beantragt.

881 Für die Beratung des Patentanwalts ist taktisch zu überlegen, inwieweit der Mandant ein Interesse an einer schnellen Veröffentlichung oder an einer längeren Geheimhaltung hat. Ebenso ist zu überlegen, inwieweit dem Mandanten an einem schnellen Schutz gelegen ist. Dieses Ziel kann mit einem Gebrauchsmuster verwirklicht werden. Hierbei ist aber wiederum zu berücksichtigen, dass das Gebrauchsmuster ein »ungeprüftes« Schutzrecht ist. Das heißt, erst im Streitfalle wird sich herausstellen, ob der Gegenstand des Gebrauchsmusters tatsächlich schutzfähig ist.

882 Im Hinblick auf die Aufmachung des Spieles und des Spielbrettes sowie die Bezeichnung des Spiels kommen auch nichttechnische Schutzrechte in Betracht

883 Für das Design gibt es die Möglichkeit einer Design-Anmeldung nach dem Designgesetz.[1] Die maximale Schutzdauer beträgt 25 Jahre. Ein Design wird ebenfalls nicht sachlich geprüft, sondern ohne weiteres eingetragen. Auch hier wird sich erst im Streitfall zeigen, ob der Gegenstand schutzfähig ist.

1 BGBl. 2013, Teil I, Nr. 62 v. 16.10.2013; Verordnung zur weiteren Modernisierung des Designrechts und zur Einführung des Nichtigkeitsverfahrens in Designangelegenheiten vom 02.01.2014. Der Ausdruck Geschmacksmuster wurde durch den Begriff Design ersetzt. (BGBl. 2013, Teil I, Nr. 62 v. 16.10.2013; Verordnung zur weiteren Modernisierung des Designrechts und zur Einführung des Nichtigkeitsverfahrens in Designangelegenheiten vom 02.01.2014.) Für die EU kann ein Unionsgeschmackmuster erteilt werden (Verordnung (EU) 2024/2822 des europäischen Parlaments und des Rates vom 23.10.2024 zur Änderung der Verordnung (EG) Nr. 6/2002 des Rates über das Gemeinschaftsgeschmacksmuster zur Aufhebung der Verordnung (EG) Nr. 2246/2002 der Kommission sowie der Richtlinie (EU) 2024/2823 des europäischen Parlaments und des Rates vom 23.10.2024 über den rechtlichen Schutz von Designs).

 884

Abb. 6: Designrecht

Die Bezeichnung »Cityspiel« kann zum Gegenstand einer Markenanmeldung gemacht werden. Mit dem Markenschutz können Bezeichnungen von Produkten und Dienstleistungen einem Schutz unterstellt werden.[2] 885

886

Abb. 7: Bekannte Marken

Wenn man spezielle Schriftzeichen verwendet, käme hierfür ein Schutz nach dem Designgesetz in Betracht. International kann ein Schriftzeichenschutz nach dem Wiener Abkommen über den Schutz typographischer Schriftzeichen und ihre internationale Hinterlegung erhalten werden.[3] 887

Im Folgenden ist ein Beispiel für solche typographische Schriftzeichen wiedergegeben. 888

2 Vgl. auch z.B. Czortowski, Die 500 bekanntesten Marken der Welt.

3 Schriftzeichengesetz vom 6.7.1981 (BGBl. 1981 II S. 382), geändert durch Art. 2 Abs. 16 des Gesetzes vom 12.3.2004 (BGBl. I S. 390).

889 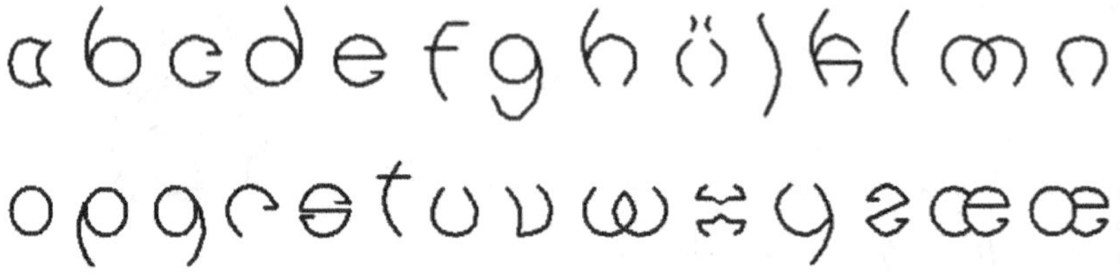

Abb. 8: Typographische Schriftzeichen

890 Im Hinblick auf die drohende Tätigkeit der Konkurrenz hätte somit M verschiedene Möglichkeiten, seine Produkte einem Schutz zu unterstellen. Durch einen Patent- und Gebrauchsmusterschutz würde der Konkurrenz untersagt werden können, den speziellen Faltmechanismus zu verwenden. Durch den Designschutz kann erreicht werden, dass das Design des Spiels und seiner Verpackung von der Konkurrenz nicht nachgemacht werden darf. Schließlich kann die Benutzung der Bezeichnung »Cityspiel« und ähnlicher Bezeichnungen, z.B. »Städtespiel« aufgrund einer eingetragenen Marke der Konkurrenz untersagt werden. Neben den genannten gewerblichen Schutzrechten kommen ergänzend noch das Namens-, Wettbewerbs- und Urheberrecht mit ihren Verbietungsnormen in Betracht). Durch das Namensrecht (§ 12 BGB, § 37 HGB, § 5 MG) können die Benutzung von Eigennamen und auch Firmennamen untersagt werden.

891

	Namen	Urheberrechte	Wettbewerbs-rechte, Leistungsrechte
Anwen-dungs-bereich	Eigennamen Firmennamen	Kunstwerke, Techn.-wiss. Darstellungen, EDV-Programme	Durch Benutzung im Wettbewerb schutzwürdig gewordene Besitzstände
Laufzeit	Begrenzt durch Lebensdauer, Geschäfttätigkeits-dauer	70 Jahre ab Todestag des Schöpfers	Begrenzt durch Benutzungs-dauer
Rechts-grundlage	Bürgerliches Gesetzbuch (BGB), Handelsgesetz-buch (HGB), Markengesetz (MG)	Urheberrechts-Gesetz (UrhG)	Gesetz gegen den unlauteren Wettbewerb

Abb. 9: Namensrecht

Das Urheberrecht wird in kein Register eingetragen. Im Wesentlichen werden mit diesem Gesetz Werke der Literatur, Wissenschaft und Kunst einem Schutz unterstellt Voraussetzung ist lediglich, dass beispielsweise das Brett oder die Verpackung in ihrer künstlerischen Gestaltung einen Urheberschutz zu begründen vermögen. Sollte ein solches Urheberrecht bestehen, könnte M unmittelbar gegen die Konkurrenz vorgehen. 892

Sofern M plant, eine elektronische Form seines Spiels auf den Markt zu bringen, könnten ebenfalls Ansprüche aus dem Urhebergesetz hergeleitet werden (vgl. Abb. 12), denn nach den §§ 69a bis f UrhG sind auch Computerprogramme einem Schutz unterstellt. 893

894

§ 69 a	Schutz: Computerprogramme "in jeder Gestalt", keine erfinderische Leistung nötig
§ 69 b	Arbeits- und Dienstleistungsverhältnis implizit, Verwertungsrecht für Arbeitgeber
§ 69 c	Ausschließliche Rechte: Vervielfältigung, Ausführung etc. des Programms; Bearbeitung; Vervielfältigung der Ergebnisse; Verbreitung
§ 69 d	Erlaubt sind: Fehlersuche durch Käufer (dispositiv); Sicherungskopie durch Käufer (nicht dispositiv); Analyse des Programms mit den erlaubten Mitteln (nicht dispositiv)
§ 69 e	Erlaubt ist Analyse mittels Dekompilierung, wenn zur Herstellung von Interoperabilität mit anderen Programmen unumgänglich notwendig und hierauf beschränkt (nicht dispositiv)
§ 69 f	Recht auf Vernichtung unerlaubter Vervielfältigungsstücke

Abb. 10: Computerprogramm

Auch der wettbewerbsrechtliche Schutz wird in kein Register eingetragen. Gerade im Fall der unmittelbaren Leistungsübernahme oder einer Nachahmung der Produkte des M könnte dieser Ansprüche aus dem Wettbewerbsrecht (UWG) herleiten. 895

Zusammenfassend ist also festzustellen, dass als Schutzrechte einmal sogenannte Registerrechte und zum anderen sonstige Rechte in Betracht kommen. Zu den Registerrechten gehören solche Rechte, die erst nach einer Prüfung oder auch ohne Prüfung eingetragen werden. Zu den geprüften Rechten gehören das Patent und die Marke. Zu den ungeprüften Schutzrechten gehören das Geschmacksmuster und das Gebrauchsmuster. 896

897

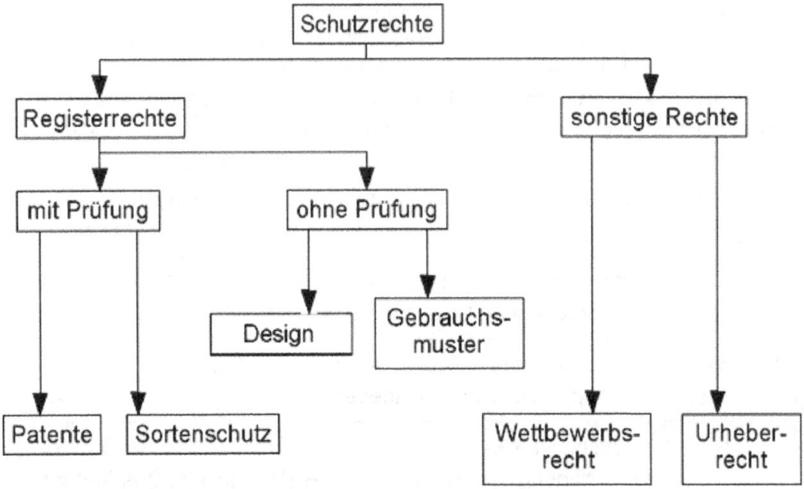

Abb. 11: Gewerbliche Rechtsschutzrechte

898 Zu den sonstigen Rechten, die sich unmittelbar aus dem Gesetz herleiten und in kein Register eingetragen werden, gehören insbesondere das Wettbewerbsrecht und das Urheberrecht.

899 Je nach Ausgestaltung der Produkte ist es möglich, technische oder nichttechnische Schutzrechte zu erlangen Zu den technischen Schutzrechten zählen das Patent und das Gebrauchsmuster. Im weiteren Sinne sind hierzu auch der Sortenschutz und der Halbleiterschutz zu zählen. Zu den nichttechnischen Schutzrechten zählen das Design und die Marke. Ebenso sind hierzu das Urheberrecht und das Wettbewerbsrecht zu zählen. Das Wettbewerbsrecht hat gewissermaßen eine Auffangfunktion für alle Rechtsgebiete (sog. ergänzender Leistungsschutz).

900

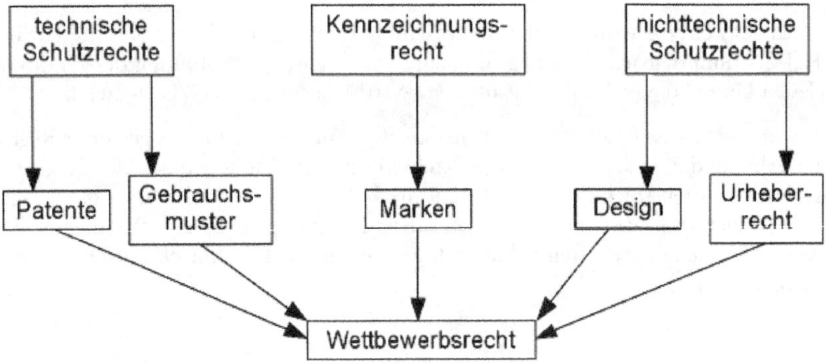

Abb. 12: Technische und nichttechnische Schutzrechte

Der gewerbliche Rechtsschutz verfügt z.B. mit § 142 PatG auch über eine strafrechtliche Bestimmung; derartige strafrechtliche Bestimmungen finden sich außerdem noch in anderen Gesetzen des gewerblichen Rechtsschutzes. M wird sich gegen den Strafbefehl im Rahmen eines Strafprozesses verteidigen müssen. 901

Jeden am Markt Tätigen trifft auch die sogenannte Marktbeobachtungspflicht. Im Falle des Verstoßes gegen Schutzrechte besteht mithin die Gefahr, dass die weitere Tätigkeit im Wege der Klage oder einstweiligen Verfügung untersagt wird. Im vorliegenden Falle ist M durch die einstweilige Verfügung untersagt worden, weitere Handlungen zu unternehmen, durch welche das Patent der Konkurrenz verletzt wird. Sofern sich eine Verletzungsklage anschließt, droht M auch, dass er Auskunft über erzielte Umsätze zu erteilen, seine bisherigen Produkte zu vernichten und Schadensersatz zu leisten hat. 902

Nach § 3 Abs. 3 Nr. 1 PAO haben Patentanwältinnen und Patentanwälte ein außergerichtliches Beratungs- und Vertretungsrecht in den in Nr. 1 aufgezählten Angelegenheiten und für die mit einer solchen Frage unmittelbar zusammenhängenden Rechtsfragen. Mit Gesetz vom 14.08.2009[4] wurde hier eine Änderung vorgenommen. Der unbestimmte Begriff »unmittelbar« führte bisher außergerichtlich zu der Unsicherheit, inwieweit eine patentanwaltliche Beratungs- oder Vertretungsbefugnis besteht. Aus diesem Grunde wurde das Wort »unmittelbar« gestrichen. Die Änderung steht im Einklang mit § 5 RDG, der für allgemeine außergerichtliche Rechtsdienstleistungen ebenfalls keinen unmittelbaren Zusammenhang mit der eigentlichen Haupttätigkeit voraussetzt.[5] 903

§ 4 Abs. 2 PAO bezüglich des Auftretens im gerichtlichen Verfahren, wurde zuletzt durch das Gesetz zur Neuregelung des Berufsrechts durch eine einfache Bezugnahme auf § 3 PAO geändert.[6] Damit besteht zwischen § 3 und 4 PAO ein Einklang hinsichtlich der Vertretungs- und Beratungsbefugnis. 904

§ 4 Abs. 3 PAO a. F. regelte bis zum Jahre 2002 im Hinblick auf § 157 ZPO die Vertretungsbefugnis und das Rederecht der Patentanwälte in gerichtlichen Verfahren. Nach Wegfall des § 157 ZPO in der früheren Fassung war demgemäß eine Neuregelung erforderlich. Der Gesetzgeber[7] geht davon aus, dass bereits nach dem bis 2002 geltenden Recht anerkannt war, dass im Rahmen der §§ 3 und 4 PAO Patentanwälte als vollwertige Prozessbevollmächtigte auftreten dürfen, soweit für das Verfahren kein Vertretungszwang besteht.[8] Diese bisherige Praxis sollte durch den neu formulierten § 4 Abs. 3 PAO ausdrücklich aufrechterhalten werden. Demgemäß hat der Gesetzgeber mit der Neuregelung des Rechtsberatungsrechts[9] eingefügt, dass die Vertretung 905

4 Gesetz zur Modernisierung von Verfahren im patentanwaltlichen Berufsrecht vom 14.08.2009 BLPMZ 2009, 365 ff.

5 Begr. BlPMZ 2009, 375, 378.

6 BGBL 2021 Teil I Nr. 41, S. 2386.

7 BT Drucks. 16/6634, S. 67.

8 Kelbl, Kommentar zur Patentanwaltsordnung, 1974 §§ 3, 4 Rn. 30 ff.

9 Gesetz zur Neuregelung des Rechtsberatungsrechts vom 12.12.2007, BLPMZ 2008, 33 ff., 40.

durch Patentanwälte in den Fällen des § 4 Abs. 1 und 2 PAO als Bevollmächtigte zugelassen ist, soweit eine Vertretung durch Rechtsanwälte nicht geboten ist. Durch die Verweisung auf § 4 Abs. 1, 2 PAO mit den dort aufgeführten Streitigkeiten wird die betreffende Vertretungsbefugnis der Patentanwälte begrenzt.[10]

906 Gemäß § 4 PAO und § 143 PatG ist der Patentanwalt zur Mitwirkung an solchen Prozessen befugt. Die eigentliche Prozessvertretung in solchen Prozessen obliegt jedoch einem Rechtsanwalt. Sofern die Vertretung nicht ausdrücklich und ausschließlich Rechtsanwälten vorbehalten ist, sind die Patentanwälte zur Vertretung befugt (§ 4 Abs. 3 PatG). D.h., im vorprozessualen Bereich ist der Patentanwalt auch ohne Mitwirkung eines Rechtsanwalts vertretungsbefugt. Dasselbe gilt für verschiedene Prozessverhandlungen, die keine mündliche Verhandlung erfordern. Denn die Vertretungsbefugnis der Patentanwälte wird durch § 4 Abs. 1 und 2 PatG auf die dort aufgeführten Rechtsstreitigkeiten eng begrenzt. Daher ist im Bereich des vorläufigen Rechtsschutzes, z.B. Beantragung einer einstweiligen Verfügung, eine Vertretung durch den Patentanwalt ohne Mitwirkung eines Rechtsanwalts möglich, solange das Gericht keine mündliche Verhandlung durchführt.[11]

907 Der Beispielsfall zeigt, dass die Tätigkeit des Patentanwalts weite Teile des Rechts der Wirtschaftsordnung erfasst. Kerngebiet sind die Bereiche des gewerblichen Rechtsschutzes. Dieses ist im Wesentlichen im Privatrecht, teilweise auch im öffentlichen Recht angesiedelt.

908

Allgemeines Zivilrecht	Gewerblicher Rechtsschutz	Wettbewerbs-recht	Staatliches Ordnungsrecht
Bürgerliches Gesetzbuch (BGB), Handelsgesetz-buch (HGB) und Nebengesetze	Patentgesetz (PatG), Gebrauchs-mustergesetz (GebrMG), Marken-gesetz (MG), Designgesetz (DesignG)	Gesetz gegen Wettbewerbs-beschränkungen (GWB), Unlauterer Wettbewerb-Gesetz (UWG)	Verwaltungsrecht, Strafrecht
Privatrecht			*Öffentl. Recht*

Abb. 13: Rechte der Wirtschaftsordnung

909 Zuständige Behörde für die Registrierung bzw. Erteilung der Schutzrechte ist das Deutsche Patent- und Markenamt, dessen Entscheidungen hier Verwaltungsakte sind. Insoweit bewegt sich der gewerbliche Rechtsschutz auch im Grenzgebiet zum öffentlichen Recht. Die wirtschaftliche Verwertung von Schutzrechten kann einerseits durch

10 BT Drucks. 16/6634, 67.
11 BT Drucks. 16/6634, S. 667.

eigene Produktion und Vertrieb oder andererseits über sogenannte Lizenzerteilungen erreicht werden. Entsprechende Regelungen über die Zulässigkeit solcher Lizenzverträge enthält das Kartellgesetz (Gesetz gegen Wettbewerbsbeschränkungen GWB). Dieses Gesetz ist in weiten Teilen ebenfalls dem öffentlichen Recht zuzurechnen. Die Patentanwaltsordnung (PAO) räumt dem Patentanwalt weitgehende Befugnisse ein (§§ 3, 4 PAO). Nach § 3 Abs. 2 PAO hat der Patentanwalt insbesondere die berufliche Aufgabe, in Angelegenheiten, die zum Geschäftskreis des Deutschen Patent- und Markenamts sowie des Bundespatentgerichts gehören andere zu beraten und Dritten gegenüber zu vertreten. Nach § 3 Abs. 3 PAO ist der Patentanwalt u.a. auch befugt, in Angelegenheiten, die ein Datenverarbeitungsprogramm, eine nichtgeschützte Erfindung oder eine sonstige die Technik bereichernde Leistung betreffen, zu beraten. Das heißt, der Patentanwalt kann insbesondere auch im Bereich des technischen Know-How tätig werden und beraten.

Zusammenfassend ist somit festzustellen, dass der gewerbliche Rechtschutz und damit die Tätigkeit des Patentanwalts sich im Spannungsfeld zwischen Privatrecht, Strafrecht und öffentlichem Recht bewegt. Die Ausbildung des Patentanwalts erstreckt sich damit auf alle diese Gebiete, wobei der Schwerpunkt auf dem Gebiet des Gewerblichen Rechtsschutzes liegt. 910

2. Sachverhaltsermittlung

Ausgangspunkt eines jeden Beratungsgesprächs ist die Ermittlung des Sachverhalts. Aufgrund dessen wird der Patentanwalt erst in die Lage versetzt, einen fundierten Ratschlag zu erteilen. Insbesondere wird sich zunächst daran die Frage anknüpfen, ob das Gebiet der technischen Schutzrechte oder der nicht-technischen Schutzrechte berührt ist. In Abhängigkeit von der Klärung dieser Vorfrage wird der Anwalt sodann dem Mandanten seine Überlegungen zu dem weiteren Vorgehen darlegen. 911

a) Technische Schutzrechte

Beispiel:

B erläutert Patentanwalt A, dass ein neuer Beschichtungsstoff gefunden worden ist. Er schildert im Einzelnen die Zusammensetzung dieses Stoffes. Welche Fragen hat Patentanwalt A zu stellen? 912

Bei den technischen Schutzrechten (Patente, Gebrauchsmuster oder Sortenschutz) ist zu erörtern, ob und wo die technische Entwicklung gegenüber dem Stand der Technik neu ist. D.h., eine Vorrichtung oder auch ein Stoff oder ein Verfahren oder auch eine Verwendung muss sich von dem Stand der Technik unterscheiden. Ist dies der Fall, muss die Frage nach den Effekten gestellt werden. Mit anderen Worten ist zu fragen, welcher Vorteil mit der neuen stofflichen Zusammensetzung der Beschichtung verbunden ist. Mit anderen Worten, der Patentanwalt hat die Frage nach den Effekten zu stellen. Beispielsweise kann eine solche Beschichtung besonders kratzfest sein oder einen besonderen Glanz aufweisen. Ist dies der Fall, muss 913 der Patentanwalt weiter recherchieren, ob derartige Effekte bereits nach dem Stand der Technik erzielt worden sind. Damit schließt sich die Frage an, wie die Lösungen im Stand der Technik ausgesehen haben. Ebenso ist zu eruieren, ob derartige Effekte bereits Gegenstand von Forschungen und Entwicklungen waren. In diesem Zusammenhang ist mit dem Mandanten zu erörtern, ob eine zusätzliche Recherche durchgeführt werden soll. Häufig wissen die Mandanten über den Markt sehr genau Bescheid, aber über den Stand der Technik, welcher druckschriftlich den Patentämtern vorliegt, fehlen oft die erforderlichen Informationen. Hier ist der Mandant darüber aufzuklären, welche Möglichkeiten der Recherche es gibt. Insbesondere das Internet bietet auch den Mandanten weitreichende eigene Möglichkeiten zu recherchieren. Auf der anderen Seite sind im Patentwesen erfahrene Rechercheure speziell geschult, den patentwesentlichen Stand der Technik durchzusehen und entsprechend zu werten. Regelmäßig sind solche Recherchen zu empfehlen, da von einem genauestens ermittelten Stand der Technik ausgehend sich ein optimaler Schutzbereich für eine Patentanmeldung erheblich besser formulieren lässt. Hier muss der Patentanwalt den Mandanten aufklären, welche Recherchemöglichkeiten es gibt und welche Risiken sowie Kosten damit verbunden sind. Insbesondere ist dem Mandanten darzulegen, dass die benutzten Datenbanken in der Regel keinen öffentlichen Glauben genießen. D.h., für die Richtigkeit und Vollständigkeit der Daten in den Datenbanken gibt es (anders als beim Grundbuch) keine Garantie. Im Gegensatz dazu kann z.B. bei den Eintragungen im Grundbuch oder im Handelsregister davon ausgegangen werden, dass diese Eintragungen zutreffend sind. Selbst wenn dort Fehler vorhanden sind, kann sich der Benutzer auf diese Eintragung berufen. Dieser sogenannte Publizitätseffekt gilt aber nicht für die Patentdatenbanken. Etwaig auftretende Fehler gehen daher regelmäßig zulasten des Nutzers. Auf die Unrichtigkeit der Datenbanken kann sich in der Regel der Nutzer nicht berufen. Dies ist dem Mandanten deutlich zu machen.

914 Ein weiteres Risiko ist, dass nicht alle neuen Entwicklungen bereits in Form von Anmeldungen vorliegen. Es kann noch geheim gehaltene Entwicklungen geben, welche zwar angemeldet, aber noch nicht veröffentlicht sind. Ergibt die Besprechung, dass stoffliche Zusammensetzung und Effekte aus dem Stand der Technik nicht hervorgehen oder dass die neue stoffliche Zusammensetzung zu einem erheblich besseren Effekt zu vergleichbaren Beschichtungen im Stand der Technik führt, kann eine Patentanmeldung oder auch Gebrauchsmusteranmeldung ins Auge gefasst werden. Für die weitere Ausarbeitung der Anmeldung ist es unbedingt empfehlenswert, sich vom Mandanten Beispiele vorlegen zu lassen. D.h. es sollten Versuche vorgelegt werden, anhand derer ersichtlich ist, dass die Erfindung ausführbar ist und dass die behaupteten Effekte tatsächlich eintreten. Im Einzelfall können auch Vergleiche in Form von Versuchen zu nach dem Stand der Technik bekannten Beschichtungen in den Anmeldungstext eingebaut werden. Sofern Beispiele vorliegen, ist mit dem Mandanten zu erörtern, wie die Lehre der Anmeldung zu formulieren ist. Denn ein Anspruchsbegehren, welches nur auf spezielle Beispiele ausgerichtet ist, weist einen zu geringen Schutzumfang auf. So ist der Mandant beispielsweise zu befragen, ob neben den angegebenen Stoffen ersatzweise auch andere Stoffe eingesetzt werden können. Setzt der Mandant beispielsweise ein Acrylatharz ein, wird sich regelmäßig die

Frage stellen, ob auch andere Harze beispielsweise Melaninharze verwendet werden können. Ebenso ist die Frage zu stellen, ob beispielsweise Polyester oder Polyurethane zum Einsatz kommen können. Regelmäßig sind spezielle Mengenverhältnisse bei solchen Beschichtungen für die Zusammensetzungen erheblich. Auch hier ist zu erörtern, ob von den Beispielen abweichende Mengen eingesetzt werden können. Vorteilhaft ist regelmäßig die Angabe von Bereichen. Hier muss der Mandant mit seinem Fachwissen dem Patentanwalt zur Seite stehen und beurteilen, ob bestimmte Ober- und Untergrenzen für den Einsatz von bestimmen Mengen angegeben werden können. Erheblich ist es schließlich, dass auch sogenannte bevorzugte Bereiche und auch Stoffe angegeben werden. Beispielsweise ist es bei der Angabe von Acrylatharzen empfehlenswert, spezielle Stoffbeispiele aufzuführen. Diese Beispiele können im weiteren Verfahren als sogenannte »Rückzugswege« dienen. Im Rahmen eines Anmeldeverfahrens ist es nämlich nicht mehr möglich, die Offenbarung auszudehnen. Vielmehr kann nur noch aus der Anmeldung gestrichen werden. D.h., im Hinblick auf mögliche Streichungen in dem Anmeldungstext und in den Beispielen muss die Anmeldung schon gewissermaßen »vorgeformt« werden.

Ist die Frage des Standes der Technik geklärt, sind Beispiele oder Zeichnungen beizubringen, mit denen dargelegt werden soll, dass die Erfindung ausführbar ist und auch die behaupteten neuen Effekte aufweist. Anhand der Beispiele muss der Patentanwalt mit dem Mandanten besprechen, inwieweit sich Oberbegriffe bilden lassen. Dabei sollten nicht die konkreten Mengen genannt werden. Die Mengenangaben sollten vielmehr in Form von Bereichsangaben erfolgen. Hier muss der Mandant mit seiner technischen Kenntnis überlegen, welche unteren und oberen Mengenbereiche noch vertretbar sind. Schließlich müssen sämtliche in der Anmeldung verwendeten Begriffe definiert werden, es sei denn, es sind allgemein gebräuchliche Fachbegriffe. Einer Anmeldung kann ein eigenes Lexikon beigefügt werden. Da die Mandanten häufig Begriffe als Fachbegriffe ansehen, welche tatsächlich nur im betriebsinternen Bereich verwendet werden, ist hier ein intensives Nachfragen erforderlich. Im Zweifel sollte in der Anmeldung eine Definition der jeweils verwendeten Begriffe erfolgen. 915

Die Besprechung kann telefonisch oder persönlich erfolgen. Das persönliche Gespräch ist die Regel. Durchaus üblich ist aber auch eine schriftliche Beratung. Bei neuen Mandanten ist in jedem Fall vorab abzuklären, wer der Mandant ist, wer diesen vertreten kann, wo dessen Tätigkeitsbereich liegt und wie dessen Bonität aussieht. Wenn diese Fragen geklärt sind, ist zu erörtern, was der Mandant möchte. Hier muss der Patentanwalt zunächst dem Mandanten zuhören. Neue Mandanten wissen häufig nicht, welche Arten von gewerblichen Schutzrechten es gibt. Die Erläuterungen des Patentanwalts sollen den Mandanten in die Lage versetzen sich zu entscheiden, welches Schutzrecht er erreichen möchte. Wesentlich für die Frage, welche Schutzrechte verfolgt werden sollen, ist auch, mit welchen Kosten der Mandant rechnen muss. 916

917

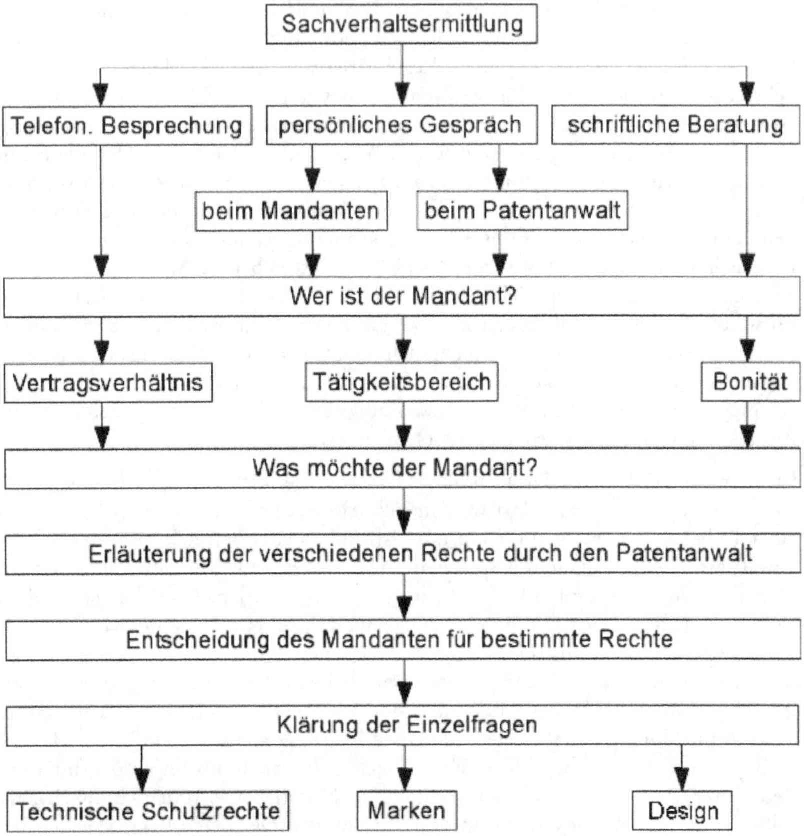

Abb. 14: Sachverhaltsermittlung I

918

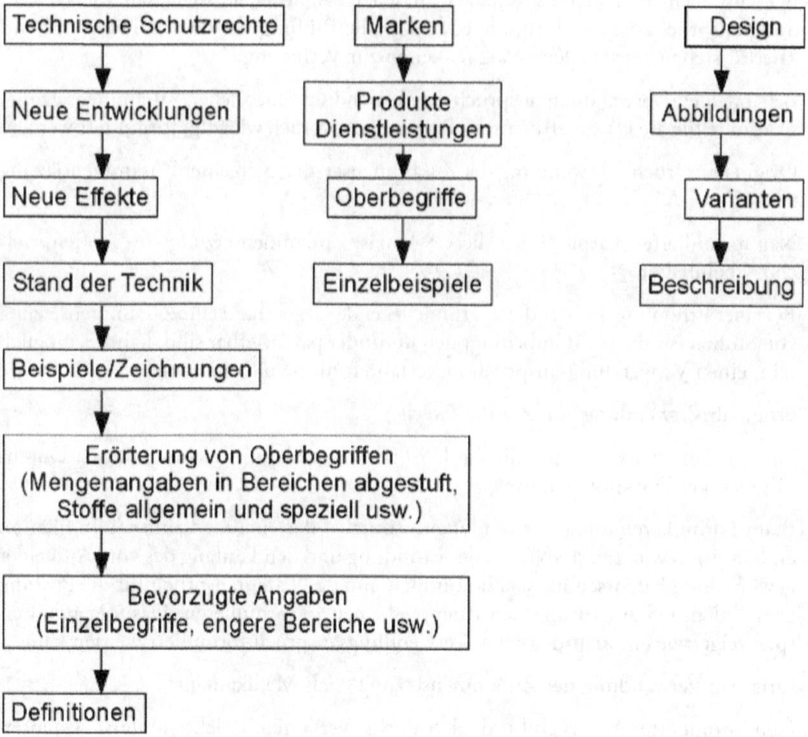

Abb. 15: Sachverhaltsermittlung II

Während des Beratungsgesprächs ist auch zu beachten, dass evtl. Anmeldungen in anderen Ländern geplant sind. Eine Besonderheit bildet hier das Recht der USA. Daher sollte bei der Erstberatung hier immer ein Augenmerk auf das US-Recht gerichtet werden. Ein Beispiel ist, dass Anmeldungen zunächst in den USA einzureichen sind, wenn einer der Erfinder ein US-Bürger ist. Ggfs. kann auch eine sog. foreign license beantragt werden, um die Erstanmeldung außerhalb der USA tätigen zu können. Besonderheiten sind auch bei der Formulierung der Ansprüche zu beachten. 919

▶ Beispiel:

A bittet Patentanwalt B um Hilfe. In einer ursprünglich deutschen Anmeldung ist eine Erfindung in Form von Verwendungsansprüchen definiert worden. A möchte diese Anmeldung gerne in den USA einreichen. Was wird Patentanwalt B ihm raten? 920

Für eine nationale Anmeldung in den USA ist grundsätzlich eine Übersetzung der Anmeldung erforderlich. Hiervon bleibt unberührt, dass es möglich ist, diese zunächst 921 in Deutsch einzureichen. Es ist jedoch auf jeden Fall dringend angeraten, die Verwendungsansprüche neu zu formulieren, bevor die Prüfung vor dem US-Amt ansteht. Hierfür stehen verschiedene Möglichkeiten zur Verfügung:[12]

922 Behandelt ein Verwendungsanspruch die Verwendung einer neuen Zusammensetzung, so könnte für die US-amerikanische Praxis der Anspruch wie folgt formuliert werden:

923 Originalanspruch: Verwendung der Zusammensetzung X in einer Zusammensetzung zum Zweck A

924 Neu formulierter Anspruch für die US-Praxis: Zusammensetzung von Stoffen, welche X beinhalten

925 Bei einer Erfindung, bei der der zugrundeliegende Gegenstand eine Zusammensetzung von Stoffen ist, die nicht unbedingt neu und/oder patentierbar sind, kann es möglich sein, einen Verwendungsanspruch in Verfahrensform zu formulieren:

926 Original: Verwendung von Z zum Zweck Y

927 Neu formulierter Anspruch für die US-Praxis: Verfahren, welches umfasst: Durchführen einer Funktion Y mittels Z

928 Beim Formulieren eines Verwendungsanspruchs, der eine medizinische Indikation enthält, ist es wichtig, das Wesen der Erfindung und den Umfang des vom Anmelder gewünschten Patentschutzes zu bestimmen, um den Patentanspruch für die Prüfung gemäß dem US-amerikanischen Patentrecht neu zu formulieren. Das folgende Beispiel zeigt, wie ein ursprünglicher Verwendungsanspruch formuliert werden kann:

929 Original: Verwendung der Zusammensetzung C als Medikament

930 Neu formulierter Anspruch für die US-Praxis: Verfahren, welches umfasst: Verabreichen der Zusammensetzung C an einem Menschen

b) Nicht-technische Schutzrechte

▶ Beispiel:

931 Patentanwalt A verabredet mit Geschäftsführer B der C GmbH einen Termin für eine persönliche Besprechung in seinen Büroräumen. B erläutert, dass seine Firma bisher noch nie von einem Patentanwalt beraten worden sei. Seine Firma verwende jedoch seit einiger Zeit einige Logos. Ein befreundeter Rechtsanwalt habe hier dringend dazu geraten, den Rat eines Patentanwalts hinzuzuziehen, da diese Logos bisher nicht geschützt seien. Ferner habe sich vor kurzem der Leiter der Forschungsabteilung selbstständig gemacht. Hier bestehe die große Furcht, dass er das in der Firma erworbene Know-how verwende und mit Insiderwissen seinem ehemaligen Arbeitergeber Konkurrenz mache. B schildert ferner, dass seine Firma im Bereich des Möbelsektors tätig sei. In der Forschungsabteilung

12 Koschnieder Mitt. 2007, 400 ff.

würden ständig vor allem neue ästhetisch wirksame Beschichtungen entwickelt werden. Aber auch neue Formen von Tischen, Stühlen und Regalen seien Gegenstand der Entwicklung. B stellt Patentanwalt A die Frage, inwieweit hier auch die Möglichkeit eines Schutzes gegeben sei.

Angesichts der Schilderung von B muss Patentanwalt A zunächst nähere Einzelheiten 932 erfragen. Bezüglich des Logos stellt sich die Frage, inwiefern es wegen der Logos in der Vergangenheit bereits Schwierigkeiten mit der Konkurrenz gegeben hat. Wenn nicht, sollte der Patentanwalt hier die Möglichkeiten der Markenanmeldung im Einzelnen genau erläutern. Dazu gehört der Hinweis, dass nationale Anmeldungen in praktisch allen Ländern der Erde möglich sind. Ebenso sollte der Patentanwalt auf die Möglichkeiten internationaler Anmeldesysteme hinweisen. So registriert die World Intellectual Property Organisation (WIPO, Genf/Schweiz) IR-Marken, und das EUIPO (Alicante/Spanien) trägt Unionsmarken (EU-Marken) ein. Die Beratung, in welchen Ländern und in welchem Umfang Markenanmeldungen zu erfolgen haben, richtet sich nach den wirtschaftlichen Interessen des Mandanten. Ist dieser nur national in Deutschland tätig, bietet sich eine deutsche Marke an. Ist der Mandant auch im Ausland aktiv, sollte eine Auslandsanmeldung vorgeschlagen werden. Zu berücksichtigen ist hierbei wiederum, dass in einigen Ländern ein Benutzungszwang besteht, sodass der Mandant befragt werden muss, auf welcher Weise, in welchem Umfang und wo er seine Dienstleistungen benutzt. Zur Beratung gehören auch die Schilderungen der Vor- und Nachteile der verschiedenen Anmeldungen. Bei Auslandsanmeldungen vor nationalen Behörden ausländischer Staaten spielt die Kostenfrage eine erhebliche Rolle. Hier bieten die IR-Marke und die Unionsmarke Kostenvorteile.

Die IR-Marken (Gesuche auf internationale Registrierung nach dem MMA und dem 933 PMMA) haben den großen Vorteil, dass nicht sofort entschieden werden muss, in welchen Ländern eine Anmeldung eingereicht werden soll. Es kann vielmehr eine nachträgliche Schutzausdehnung erfolgen. Nachteilig ist, dass in jedem benannten Land die nationalen Ämter der IR-Marke wegen Unvereinbarkeit mit nationalem Recht den Schutz verweigern können. Dieser Nachteil ist zugleich ein Vorteil. Entfällt nämlich der Schutz der IR-Marke in einem Land aufgrund der Schutzverweigerung einer nationalen Behörde, bleibt die IR-Marke in den übrigen Ländern dennoch bestehen. Die Unionsmarke hingegen verliert in sämtlichen Mitgliedstaaten der EU ihre Wirkung, wenn die Erteilungsbehörde die Marke die Eintragung verweigert.

Der große Vorteil der Unionsmarke ist, dass eine Erteilungsbehörde (EUIPO in Ali- 934 cante/Spanien) in einem einheitlichen Verfahren eine Marke für den gesamten Binnenmarkt erteilt. Ein weiterer Vorteil ist, dass die Unionsmarke unmittelbar als erste Anmeldung eingereicht werden kann.

Die IR-Marke hingegen hat zur Voraussetzung, dass zunächst im Ursprungsland eine 935 sogenannte Heimatmarke eingetragen (MMA) oder zumindest angemeldet (PMMA) ist. Die Firma C-GmbH muss daher, wenn sie ihren Sitz beispielsweise in Deutschland hat, zunächst eine deutsche Marke (oder eine Unionsmarke) für sich eintragen lassen, bevor eine internationale Registrierung (IR-Markenanmeldung) möglich ist.

In diesem Zusammenhang ist von dem Patentanwalt A darauf hinzuweisen, dass die Prioritätsfrist für die Einreichung einer internationalen Marke nur ein halbes Jahr beträgt. Deshalb ist es empfehlenswert bei der Anmeldung der Heimatmarke einen Antrag auf Schnelleintragung (beschleunigte Prüfung, § 38 MarkenG), um sicherzustellen, dass das Deutsche Patent- und Markenamt tatsächlich innerhalb des ersten halben Jahres tätig wird und nach Möglichkeit auch die Heimatmarke einträgt.[13]

936 Es sind ferner detaillierte Fragen zu stellen, die sich insbesondere auf die Produktpalette beziehen. Denn hier ist ein Waren- und Dienstleistungsverzeichnis zu formulieren. Zum einen sind die Produkte aufzuführen, die der Mandant benutzt. Zum anderen ist es auch empfehlenswert, Produkte aufzunehmen, deren Markteinführung bevorsteht. Denn eine Erweiterung der Produktpalette wäre nicht möglich. Es sollte mit dem Mandanten gemeinsam auch besprochen werden, ob Produkte unter Oberbegriffe zusammengefasst werden können. Denn hier können unter Umständen im weiteren Erteilungsverfahren spezielle Produkte untergeordnet werden, welche sich unter den generellen Begriff subsumieren lassen.

937 Bezüglich der Fragen des Designs sind die Möglichkeiten einer Designanmeldung zu erläutern. Auch hier stellt sich die Frage einer nationalen oder internationalen Anmeldung. Ebenso wie bei den Marken gibt es ein internationales Geschmacksmuster (HMA) und ein Unionssmuster. Aufgrund der Erläuterungen des Patentanwalts muss B in die Lage gesetzt werden, sich zu entscheiden, welches der Schutzrechte er in Anspruch nehmen will. Bezüglich der Designs der Möbel wäre unbedingt noch zu erörtern, welche Produktvarianten der Mandant entwickelt hat. Denn bei einem Geschmacksmuster werden regelmäßig Abbildungen der Muster eingereicht. Der Schutzbereich der Muster richtet sich nach diesen Abbildungen. Es kann zusätzlich auch eine Beschreibung eingereicht werden. Doch ist es dringend zu empfehlen, eine möglichst große Produktvielfalt abbilden zu lassen und als Design einzureichen. D.h., hier hat Patentanwalt A zu erfragen, welche einzelnen Produkte der Mandant entwickelt hat. Im Laufe des Gesprächs kann sich unter anderem dann auch ergeben, dass der Mandant diese oder jene Variante entwickeln und abbilden sollte.

3. Anmelden oder Geheimhalten?

▶ **Beispiel:**

938 A ist Inhaber eines Unternehmens, das Geräte und chemische Hilfsmittel für wissenschaftliche und medizinische Labors produziert und vertreibt. X war in diesem Unternehmen als Leiter des Entwicklungslabors und später als Leiter der Produktionsabteilung angestellt. U.a. stellte A ein Reagenz zur Erleichterung der Auszählung von Thrombozyten in Blutproben her, dessen Rezept er vom Erfinder erworben hatte. A vertrieb es unter der Bezeichnung »Thrombosol«, später mit verbesserten Eigenschaften unter dem Namen »Thrombosol plus«. Er behandelte das Rezept von Anfang an als Betriebsgeheimnis (das Analysieren des »Throm-

13 Zum Thema Markenrecht vgl. Ströbele/Hacker/Thiering/Thiering, MarkenG.

bosol« würde die Möglichkeit eines Durchschnittsfachmanns in einem analytischen Labor übersteigen) und teilt es nur dem X mit. X verpflichtet sich ausdrücklich zur Wahrung und zum Unterlassen eigenständiger gewerblicher Nutzung des Betriebsgeheimnisses des A, und zwar auch für die Zeit nach einem eventuellen Ausscheiden aus dem Betrieb. Noch während des Bestehens seiner Betriebszugehörigkeit arbeitete X mit Erfolg an dem anfänglich nicht beanstandungsfreien Reagenz weiter, enthielt aber die das Produkt verbessernden Ergebnisse dem A vor. Die schriftlich niedergelegten Ergebnisse bewahrte er in einem geschlossenen Schrank im Entwicklungslabor auf.

Kurze Zeit später kündigte X sein Arbeitsverhältnis fristgemäß, machte sich selbstständig und dem A Konkurrenz, indem er auf der Grundlage seiner bei A erworbenen Erkenntnisse, die er »im Kopf hatte«, ein dem »Thrombosol« ähnliches, aber verbessertes Rezept herstellte und in zwei Ausführungen unter der Bezeichnung »TTV«, und »TTK« auf den Markt brachte. Außer »Thrombosol«, »TTV« und »TTK« waren keine vergleichbaren Produkte auf dem Markt. Der Absatz an A an »Thrombosol« ging stark zurück.

A verlangt von X nunmehr, es zu unterlassen, Reagenzien auf der Basis von »Thrombosol« herzustellen, zu vertreiben oder auf andere Weise gewerbsmäßig zu verwerten; ihm den entstandenen Schaden zu ersetzen bzw. den Verletzergewinn herauszugeben; Auskunft zu erteilen über den Umfang seiner diesbezüglichen Umsätze.

Unterlassungs- und Schadensersatzansprüche des A können sich aus vertraglichen, allgemein wettbewerbsrechtlichen und allgemein deliktsrechtlichen Ansprüchen ergeben. 939

X könnte gegen seine Pflicht zur Meldung nach dem Arbeitnehmererfindergesetz verstoßen haben, indem er die Weiterentwicklungen nicht dem A mitteilte. Voraussetzung ist, dass eine Erfindung vorlag. Zutreffendenfalls ergibt sich ein Schadensersatzanspruch für A gem. §§ 280, 611a, 241, 823, 826 BGB, 5 ArbEG gegen X. 940

Des weiteren könnten Unterlassungs- und Schadensersatzansprüche gegen X aus §§ 8, 9, 3, 4 Nr. 3 c UWG begründet sein. Vorliegend geht es um den Konflikt zwischen Wettbewerbsfreiheit, die auch die Nachahmung fremder Leistung einschließt, einerseits und Sonderrechtsschutz fremder Leistung andererseits. Die vom Gesetzgeber insoweit getroffene Grenzziehung in den speziellen den Sonderrechtsschutz regelnden Gesetzen (PatG, UrhG, GebrMG, DesignG, MarkenG) darf nicht zulasten der Wettbewerbsfreiheit dadurch verändert werden, dass Nachahmungen im Vorfeld dieser Regelungen unter UWG subsumiert und dadurch unterbunden werden. Es ist daher zu Recht unstreitig, dass die Übernahme fremder Leistung nur unter besonderen Umständen wettbewerbswidrig ist[14] und dass das Ersparen von Mühe und Kosten allein keine derartigen Umstände sind.[15] Daher ist die Verwertung redlich erlangter 941

14 Büscher 4 Nr. 3 UWG Rn. 38, 39.
15 RGZ 115, 180, 182 f.

Geheimnisse nach Beendigung eines Arbeitsverhältnisses nicht per se sittenwidrig.[16] Die Anwendung der §§ 8, 9, 3, 4 Nr. 3c UWG kommt also nur in Betracht, wenn zusätzliche Umstände die Sittenwidrigkeit begründen. Insoweit bedarf es der Güter- und Interessenabwägung aufgrund aller Umstände des Einzelfalls, etwa von Dauer der Beschäftigung, Stellung im Betrieb, beruflicher Vorbildung, Bedeutung des Geheimnisses für den Betrieb, persönlicher Beitrag zum Geheimnis und Schutzwürdigkeit des Verwertungsinteresses des Arbeitnehmers. Dass im konkreten Fall A dem X das Rezept im Vertrauen auf dessen Verschwiegenheit und Vertragstreue mitgeteilt hat, dass X eine herausgehobene Stellung im Betrieb hatte und dass die Rezeptur wirtschaftlich für A bedeutsam war, besagt jeweils allein nicht allzu viel, zumal X einen wesentlichen Beitrag zur Verbesserung der Rezeptur geleistet hatte. Schwerer wiegt schon, dass X sein Arbeitsverhältnis bereits kurze Zeit nach der Entdeckung der Verbesserung kündigte, um das Geheimnis selbst auszunutzen. Von entscheidender Bedeutung ist die vorsätzliche Nichtweitergabe der im Dienste des A erarbeiteten Verbesserungen durch X. Hierin liegt eine grobe Verletzung seiner arbeitsvertraglichen Pflichten, durch die X sich für die spätere nach dem Arbeitsvertrag unzulässige Ausnutzung der Rezeptur und ihrer Verbesserung einen Zeit- und Qualitätsvorsprung sicherte. Eine solche grobe Pflichtverletzung eines Mitarbeiters in Vertrauensstellung stellte eine unlautere Erlangung von Kenntnissen i.S.d. § 4 Nr. 3c UWG dar.

942 Damit hat A gegen X auch einen Anspruch auf Unterlassung und Schadensersatz aus §§ 8, 9, 3, 4 Nr. 3 c, 8 UWG.

943 Im vorliegenden Fall stellt sich mithin das Problem, dass Ansprüche nur aus dem UWG und Vertrag herleitbar sind. Ferner zeigt der Fall, welche Probleme entstehen können, wenn keine Schutzrechte vorhanden sind. Die Geheimhaltung von Know-how wird zunehmend problematisch, da in der heutigen Zeit die Fluktuation größer als ist in früheren Jahrzehnten. Demgemäß stellt sich die Frage, Innovationen aus Forschung und Entwicklung zur Zukunftssicherung in dem Umfeld einer zunehmend schwierigen Konkurrenzsituation zu sichern. Damit ist ein integriertes Technologiemanagement mit integrierter Schutzrechtsstrategie heute unentbehrlich. Marken, Produktstrategie, Geschäftsstrategie, Technologiestrategie sind untrennbar verbunden mit der Patentstrategie und ergeben insgesamt eine Firmenstrategie.[17] Entscheidungskriterien für die Geheimhaltung oder das Anmelden der Erfindung ergeben sich aufgrund folgender Fragen:

- Ist eine Patentverletzung nachweisbar?
- Ist Patentehrlichkeit der Konkurrenz gegeben?
- Sind zur Ausübung der Erfindung Investitionen erforderlich?
- Wäre ein erteiltes Patent leicht oder schwer zu umgehen?
- Sachlicher Umfang des Patents?

---

16 RGZ 65, 333, 337; BGHZ 38, 391 ff. = NJW 1963, 856 ff. = BGH GRUR 1963, 367, 369 – *Industrieböden.*

17 Zur Strategie vgl. Fabry, Mitt. 2005, 421; Joppich, Mitt. 2005, 439; Lipfert/Keil, Mitt. 2005, 444; Omland, Mitt. 2005, 402; Plischke, Mitt. 2005, 407; Pfaffelhuber Mitt. 2005, 411; Schulze, Mitt. 2005, 416; Wurzer, Mitt. 2005, 430.

- Patentkategorien?
- Stoffe oder Vorrichtung?
- Verfahren?
- Verwendung oder Anwendung?
- Werden auf dem Markt bessere, gleich gute oder schlechtere Lösungen angeboten?
- Bestehen Vorbenutzungsrechte in Deutschland?
- Können die Schutzrechte an die Konkurrenz lizenziert werden?
- Kann durch eine eigene Anmeldung die Konkurrenz zu einer Kreuzlizenz animiert werden?

Der Fragenkatalog zeigt, welche komplizierten Vorgänge ineinandergreifen. Eine Faustregel ist folgende: Falls die Erfindung am Produkt erkannt werden kann, sollte grundsätzlich angemeldet werden. 944

In der heutigen Zeit kann im Prinzip nicht mehr davon ausgegangen werden, dass Stoffe nicht mehr analysierbar sind. Es besteht immer die Gefahr, dass Stoffe oder Stoffgemische der Konkurrenz mit entsprechendem Aufwand durch Analysen zugänglich werden. Insofern ist bei Stoffen und Stoffgemischen grundsätzlich eine Anmeldung zu empfehlen. Hinzu kommt, dass der Schutzumfang von Stoffansprüchen regelmäßig eine erfolgversprechende Angriffsstrategie verspricht. Nach § 9 Abs. 1 Nr. 1 PatG ist es nämlich jedem Dritten verboten, ohne die Zustimmung des Patentinhabers ein Erzeugnis, das Gegenstand des Patents ist, herzustellen, anzubieten, in Verkehr zu bringen oder zu gebrauchen oder zu den genannten Zwecken entweder einzuführen oder zu besitzen. Damit bietet der Erzeugnisschutz (Schutz für einen Stoff oder eine Vorrichtung) einen breiten Schutz auf allen Ebenen der gewerblichen Tätigkeit. 945

Nach § 9 Abs. 1 Nr. 2 PatG ist es jedem Dritten verboten, ohne die Zustimmung des Patentinhabers ein Verfahren, das Gegenstand eines Patents ist, anzuwenden oder, wenn der Dritte weiß oder es aufgrund der Umstände offensichtlich ist, dass die Anwendung des Verfahrens ohne Zustimmung des Patentinhabers verboten ist, zur Anwendung im Geltungsbereich dieses Gesetzes anzubieten. D.h., der Schutz für einen Verfahrensanspruch ist beschränkt auf das eigentliche Verfahren. Das Gebrauchen, Anbieten oder in Verkehr bringen von Erzeugnissen wird nicht ohne weiteres von einem Verfahrensanspruch umfasst. Gemäß § 9 Abs. 1 Nr. 3 PatG ist es ferner untersagt, ohne die Zustimmung des Patentinhabers das durch ein Verfahren, das Gegenstand des Patentes ist, unmittelbar hergestellte Erzeugnis anzubieten, in Verkehr zu bringen oder zu gebrauchen oder zu den genannten Zwecken entweder einzuführen oder zu besitzen. Hier wird sich in der Praxis die Schwierigkeit ergeben, dass der Nachweis zu erbringen ist, dass durch ein geschütztes Verfahren ein Erzeugnis unmittelbar hergestellt worden ist. D.h., der Schutzbereich eines Verfahrenspatents ist diesbezüglich eingeschränkt. 946

Ein ergänzender Schutz ergibt sich in diesem Zusammenhang lediglich aus § 10 PatG, der die sogenannte mittelbare Patentverletzung erfasst. Danach hat ein Patent die Wirkung, dass es jedem Dritten verboten ist, ohne Zustimmung des Patentinhabers im Geltungsbereich des Gesetzes anderen als zur Benutzung der patentierten Erfindung berechtigten Personen Mittel, die sich auf ein wesentliches Element der 947

Erfindung beziehen, zur Benutzung der Erfindung im Geltungsbereich dieses Gesetzes anzubieten oder zu liefern, wenn der Dritte weiß, oder es aufgrund der Umstände offensichtlich ist, dass dieses Mittel dazu geeignet und bestimmt ist, für die Benutzung der Erfindung verwendet zu werden. Das bedeutet mit anderen Worten, dass das Angebot oder die Lieferung von Mitteln, welche für ein geschütztes Verfahren benötigt werden, auch unter den Patentschutz fallen.

948 Insgesamt ist jedoch zu berücksichtigen, dass der Nachweis einer Patentverletzung aufgrund eines Verfahrensanspruchs mit Schwierigkeiten verbunden ist. Denn regelmäßig werden Herstellungsverfahren innerhalb einer Firma durchgeführt, zu welcher Dritte nicht ohne weiteres Zutritt haben. D.h., Unterlagen für den Nachweis einer Verfahrensdurchführung sind für den Patentinhaber nur schwer zugänglich. Bei der Patentstrategie und der Frage der Geheimhaltung ist daher diese Nachweissituation unbedingt zu berücksichtigen. Im Ergebnis lässt sich somit festhalten, dass Vorrichtungen und Stoffe regelmäßig angemeldet werden sollten, da diese stets in der Gefahr stehen, von der Konkurrenz nachgeahmt zu werden.

949 Bei Verfahrensansprüchen stellt sich wiederum das Problem, dass hier der Nachweis nicht ohne weiteres in allen Fällen möglich ist. Andererseits besteht stets die Gefahr, dass ein geheimes Know-how bei der Fluktuation der Angestellten an die Konkurrenz gelangt. Insofern spricht auch hier einiges dafür, in der Regel eine Patentanmeldung vorzusehen.

950 Abgesehen davon wird auch stets die Gefahr bestehen, dass die Konkurrenz ihrerseits ein ähnliches Verfahren oder gar identisches Verfahren entwickelt und selbst zum Patent anmeldet.

▶ **Beispiel:**

951 A stellt seit Jahren nach einem geheim gehaltenen Rezept ein Arzneimittel her. B entwickelt ein ähnliches Verfahren ohne Kenntnis des Rezepts des A. B meldet das Verfahren an und erhält ein Patent. Der Schutzbereich umfasst auch Verfahren und Rezeptur des A. B verlangt von A Unterlassung.

952 Gegen einen Angriff aus einem solchen Patent besteht nur die Möglichkeit, sich auf das Vorbenutzungsrecht gemäß § 12 PatG zu berufen. Der Zweck des § 12 PatG besteht darin, den durch Benutzung oder durch Veranstaltung zur Benutzung redlich erworbenen Besitzstand eines Dritten nicht durch eine spätere Patentanmeldung zu entwerten.[18] Aus Billigkeitsgründen soll der Aufwand des Vorbenutzers nicht umsonst gewesen sein.[19] Das Vorbenutzungsrecht ist keine Belastung des Rechts am Patent, es schafft keine unmittelbaren Rechtsbeziehungen zwischen Vorbenutzer und Patentinhaber, sondern lässt den Patentschutz von vornherein insoweit nicht entstehen

18 BGH BlPMZ 63, 366, 369 – *Taxilan.*

19 BGH BlPMZ 63, 366, 369 – *Taxilan*; GRUR 69, 38. – *Schwenkverschraubung*; Schulte/Gräwe § 12 PatG Rn. 5; Ann § 34 Rn. 30.

als der rechtlich geschützte Besitzstand des Vorbenutzers reicht.[20] Die Wirkung des Vorbenutzungsrecht besteht im Fortfall der Widerrechtlichkeit der Benutzung gegenüber Ansprüchen aus §§ 9, 33 PatG. Es ist ein »sonstiges Recht« i.S.d. § 823 BGB, aber kein Ausschließlichkeitsrecht. Gegen dritte Benutzer (Patentverletzer) gewährt es keine Ansprüche.[21]

Ein Vorbenutzungsrecht entsteht nicht aufgrund von Billigkeitserwägungen, sondern 953
wenn folgende Voraussetzungen vorliegen:

Eine Erfindung kann nur vorbenutzen, wer im Besitz der Erfindung war. Erforder- 954
lich ist die subjektive Erkenntnis des Erfindungsgedankens einer objektiven fertigen Erfindung. Ob der Vorbenutzer die Erfindung für patentfähig oder fertig hielt, ist unerheblich. Kein Vorbenutzungsrecht erwirbt, wer unbewusst den Erfindungsgegenstand verwendet oder erst Versuche zur Erlangung des Erfindungsbesitzes anstellt.[22] § 12 PatG gewährt das Vorbenutzungsrecht nur dem, der seinen Erfindungsbesitz im Inland bereits in die Tat umgesetzt hatte. Maßgeblich ist das Staatsgebiet der Bundesrepublik Deutschland. Vorbenutzungshandlungen im EG-Ausland genügen nicht.[23] Die Benutzung i.S.d. § 12 PatG umfasst alle Benutzungsarten des § 9 PatG.[24] Da diese untereinander gleichwertig sind, reicht die Vornahme einer Benutzungsart aus.[25] Es genügt z.B. das Feilhalten noch nicht verfügbarer Gegenstände, auch wenn das Angebot mündlich und erfolglos war.[26] Auch eine mittelbare Benutzung ist ausreichend,[27] sofern der mittelbare Benutzer auch Erfindungsbesitzer ist.[28] Nur wer seinen Erfindungsbesitz selbstständig oder in seinem Interesse durch Dritte ausüben lässt, erwirbt ein Vorbenutzungsrecht, dagegen nicht, wer nur im Interesse eines Dritten tätig wird.[29] Es genügt, wenn der Benutzer eine Benutzungshandlung für einen Dritten in dessen Interesse und zugleich auch für sich selbst vornimmt.[30] Bei juristischen Personen kommt es auf das Wissen und Handeln befugter Personen (nicht eines Arbeiters) an.[31] Bei Arbeitnehmererfindungen erwirbt es der Arbeitgeber, nicht der Arbeitnehmer.[32]

---

20 BGH BlPMZ 63, 366 – Taxilan; BGH GRUR 69, 35 Europareise; Schulte/Gräwe § 12 PatG Rn. 5.
21 RG GRUR 37, 135.
22 BGH GRUR 2021, 895 – Desmopresin; Schulte/Gräwe § 12 PatG Rn. 9.
23 LG Düsseldorf InstGE 1, 259 Rn. 3.
24 BGH GRUR 69, 38 – *Schwenkverschraubung.*
25 BGH GRUR 69, 38 – *Schwenkverschraubung.*
26 BGH GRUR 69, 38 – *Schwenkverschraubung.*
27 BGH GRUR 64, 496 – *Formsand II.*
28 Benkard/Scharen § 12 PatG Rn. 11; Schulte/Gräwe § 12 PatG Rn. 12, 13.
29 RG GRUR 43, 286.
30 BGH GRUR 93, 460 – *Wandabteiler.*
31 BGH GRUR 93, 460 – *Wandabteiler.*
32 BGH GRUR 93, 460 – *Wandabteiler*; Schulte § 12 PatG Rn. 15.

955 Gewerbsmäßig muss die Betätigung sein,[33] die private Benutzung ist immer zulässig.[34] Die Benutzung muss nicht ununterbrochen sein. Ein Vorbenutzungsrecht entsteht jedoch nicht, wenn die Benutzung aus freien Stücken endgültig oder für eine völlig unbestimmte Zeit[35] aufgegeben wird. Das Vorbenutzungsrecht erlischt durch Verzicht und durch endgültige Einstellung des Betriebs.[36]

▶ **Abwandlung des Beispiels:**

956 A hat eine Rezeptur entwickelt. Das Herstellungsverfahren wird jedoch erst demnächst produktionstauglich sein und angewendet werden.

957 § 12 PatG erfasst auch sogenannte Veranstaltungen, d.h. solche Maßnahmen, die bestimmungsgemäß der Ausführung der Erfindung dienen und den ernstlichen Willen einer alsbaldigen Benutzung der Erfindung erkennen lassen.[37] Handlungen, die die Möglichkeit einer etwaigen späteren, noch ungewissen Benutzung der Erfindung vorbereiten oder erst Klarheit darüber schaffen sollen, ob die Erfindung auch gewerblich benutzt werden kann und soll, die also dazu dienen, den auf die gewerbliche Benutzung gerichteten Willen erst zu bilden, sind keine Veranstaltungen i.S.d. § 12 PatG.[38] Das gilt insbesondere für Versuche. Versuche, die nicht mehr der Erlangung des Erfindungsbesitzes dienen, sind nicht stets Veranstaltungen i.S.d. § 12 PatG,[39] z.B. nicht Versuche zu rein wissenschaftlichen Zwecken oder Laboratoriumsversuche zum bloßen Ausprobieren, wohl dagegen Versuche zur Erlangung der zweckmäßigen Ausgestaltung.[40]

958 Beispiele für Veranstaltungen sind:
- Herstellung von Werkstattzeichnungen[41]
- Anfertigung von Modellen
- Vertragsabschluss (oder dessen Anbahnung) mit einer Herstellerfirma über die Produktion[42]
- Herrichtung der für die Ausführung des Verfahrens notwendigen Anlagen und Maschinen[43]
- Einbeziehung als Fertigungsbetrieb.[44]

33 BGH GRUR 64, 491 – *Chloramphenicol*; BGH BI 63, 366, 369.
34 Schulte/Rinken § 12 PatG Rn. 18.
35 BGH GRUR 69, 38 – *Schwenkverschraubung*.
36 Schulte/Gräwe § 12 PatG Rn. 21.
37 BGH BI 63, 366, 369 – *Taxilan*; GRUR 69, 38 f.
38 BGH GRUR 63, 366, 369; 69, 38 f. – *Taxilan*.
39 BGH GRUR 63, 366, 369 – *Taxilan*.
40 RGZ 30, 63; RGZ 78, 436; RGZ 110, 218; RGZ 123, 252; RGZ 158, 291; RG GRUR 1939, 300; RG GRUR 1942, 34; RG GRUR 1942, 155; RG GRUR 1943, 286; RG Mitt. 1929, 329; BGH GRUR 63, 366, 369 – *Taxilan*; Schulte § 12 Rn. 12; Gleis Rn. 436–439.
41 Verneinend zur Anfertigung einer Zusammenstellungszeichnung: LG Düsseldorf InstGE 2, 253 Rn. 37 – *Wirbelkammer*, bestätigt durch OLG Düsseldorf v. 25. 3. 04 – I-2 U 139/02.
42 RG GRUR 42, 155; BlPMZ 08, 188.
43 RGZ 78, 436.
44 OLG Karlsruhe GRUR 83, 67.

Keine Veranstaltungen sind: 959
- Bloße Anmeldung eines Schutzrechts[45]
- Vorbehalt der Verwirklichung der Erfindung durch Firmenleitung[46]
- Rein sondierende Besprechungen mit Herstellern
- Anfertigung eines Funktionsmodells (oder Auftrag hierzu), um die Ausführbarkeit der Erfindung zu klären.[47]

Eine Handlung i.S.d. § 12 PatG braucht nur den ernstlichen Willen zur alsbaldigen 960 Benutzung zu dokumentieren, sie muss nicht den Erfindungsgedanken offenbaren.[48] Die Vorbenutzung braucht daher die Erfindung für einen Dritten nicht erkennbar zu machen:[49]

Das Vorbenutzungsrecht ist nicht auf die Bedürfnisse des Betriebs z. Z. seines Entstehens beschränkt. Zulässig sind z.B.: 961
- Betriebserweiterungen[50]
- Wechsel der Benutzungsart im Rahmen des Besitzstandes (dem Hersteller stehen alle Benutzungsarten, dem feilhaltenden Händler nicht die Herstellung zu.[51]

Herstellung in fremden Werkstätten liegt nur vor, wenn der Vorbenutzer Einfluss auf 962 Art und Umfang der Herstellung behält.[52] Im Übrigen ist die Übertragbarkeit des Vorbenutzungsrechts an den Betrieb gebunden.[53] Eine Aufspaltung in die einzelnen Benutzungsarten ist nicht möglich.[54] Es unterliegt mithin auch nicht der isolierten Pfändung.[55]

Im Ergebnis zeigen die Beispielsfälle die Problematik der Geheimhaltung. Es besteht 963 zum einen die Gefahr des Geheimnisverrats, zum anderen können Schutzrechte Dritter entstehen, mit denen die weitere Benutzung des Know How unterbunden werden kann. Das Vorbenutzungsrecht hilft hier nur im nationalen Rahmen und ist betriebsgebunden. Über diese Grenzen hinaus kann dieses Recht aber nicht helfen. Aus diesen Gründen ist sorgfältig abzuwägen, inwieweit Entwicklungen tatsächlich geheim gehalten oder besser angemeldet werden sollten.

Hinzuweisen ist, dass bereits am 05.07.2016 die Richtlinie 2016/943/EU über den Schutz vertraulichen Knowhows vertraulicher Geschäftsinformationen vor rechtswidrigem Erwerb sowie rechtswidriger Nutzung und Offenlegung in Kraft getreten ist. Mit dem Inkrafttreten der Knowhow-Richtlinie wurden die §§ 17 – 19 UWG

45 RGZ 133, 377, 381, 169, 289, 290.
46 RGZ 78, 436.
47 Schulte/Gräwe § 12 PatG Rn. 15.
48 BGH GRUR 69, 38 – *Schwenkverschraubung.*
49 BGH GRUR 69, 38 – *Schwenkverschraubung.*
50 RG GRUR 27, 696; RG GRUR 40, 434.
51 RG GRUR 38, 770.
52 RGZ 153, 321, 327 f.
53 RG GRUR 40, 154; RGZ 112, 242.
54 RGZ 112, 242, 245.
55 Schulte/Gräwe § 12 PatG Rn. 127.

aufgehoben. Durch das Geheimnisschutzgesetz werden die Möglichkeiten des Rechtsschutzes gesteigert[56]. Denn es sind verschärfte Rechtsfolgen vorgesehen und für den Verletzer, der vielfach ein Wettbewerber des Geheimnisträgers ist, bestehen erhebliche Haftungsrisiken. Das betrifft insbesondere den Fall, dass sich ein ehemaliger Arbeitnehmer unter Entwendung der Geschäftsgeheimnisse seines Arbeitgebers zu dessen Wettbewerber begibt und dort sein Knowhow, etwa in Gestalt von Kundenlisten, mitbringt. Jedes Unternehmen muss mithin im Einzelfall prüfen, ob die in das eigene Unternehmen gelangten Informationen sich möglicherweise als Geschäftsgeheimnis des Wettbewerbers herausstellen.[57]

4. Äußerungen gegenüber Dritten

▶ Beispiel:

964 A teilt Patentanwalt B mit, er beabsichtige, auch den US-Markt zu beliefern. Hierfür wolle er entsprechende Schutzrechte dort anmelden und sodann mit einer US-Firma zusammenarbeiten. Was wird ihm B hierzu raten?

965 Die Besonderheiten des US-Rechts müssen in ihren Grundzügen auch dem deutschen Patentanwalt geläufig sein. Denn auch im Verfahren beim Deutschen oder Europäischen Patentamt geäußerte Ansichten können Gefahren für die in den USA angemeldeten Schutzrechte in sich bergen. Der Grund liegt in dem discovery, das man als Aufdeckungsverfahren bezeichnen könnte und bei dem jede Partei die Gelegenheit hat, Informationen und Unterlagen bezüglich der Streitfragen des Prozesses, sowohl von der Gegenseite als auch von Dritten, d.h. nicht am Prozess beteiligten Personen, zu erlangen.

966 Den Parteien stehen im discovery einige wichtige Möglichkeiten zur Verfügung:
(1) Forderung nach Unterlagen aus den Akten der Gegenseite (request for Production of Documents),
(2) schriftliche Befragung der Gegenseite (interrogatories),
(3) mündliche Vernehmung der leitenden Personen bzw. Angestellten der Gegenseite (depositions),
(4) Forderung nach Zugeständnissen (request for Admissions).

967 Forderungen nach Unterlagen können in eingeschränkter Form auch gegenüber dritten Personen und Firmen, die nicht am Prozess beteiligt sind, gestellt werden. Mündliche Vernehmungen von dritten Personen, die nicht an dem Prozess beteiligt sind, sind ebenfalls eine Möglichkeit. Eine Partei kann sich weigern, Unterlagen vorzulegen oder Fragen zu beantworten, deren Inhalt völlig außerhalb des Rahmens der Streitfragen des Prozesses liegt. Die Relevanz einer Forderung im discovery wird allerdings meist sehr liberal beurteilt, sodass es nicht leicht zu einer Abweisung kommt. Fragen zu Themen, die nur eventuell einen Bezug auf die Streitpunkte haben, oder Anträge auf Vorlage

56 Vgl. u.a. Ann; Handbuch Geheimnisschutz, 2. Aufl. 2025.
57 Ziegelmaier, CR 2018, 693 (698).

von Unterlagen, die nur unter Umständen relevante Beweismittel darstellen könnten, sind oftmals zulässig. Der Grundgedanke des discovery liegt in der Vermeidung jeglicher Überraschungen in der eigentlichen Gerichtsverhandlung. Jede Seite soll über die Stellungnahme der Gegenseite zu den Streitfragen völlig informiert sein und soll wissen, welche Beweismittel die Gegenseite zu benutzen beabsichtigt. Weiterhin soll das Einholen der notwendigen Beweise für jede Partei möglichst erleichtert werden.

Nach amerikanischem Recht besteht ein sogenannter Anwaltsschutz (attorney-client 968
privilege), nach dem jegliche Kommunikation zwischen Anwalt und Mandant unter bestimmten Voraussetzungen gegen jeglichen prozessualen Zwang geheim gehalten werden können. Der Zweck des attorney-client privilege ist es, eine vollständige, offene Verständigung zwischen Anwalt und Mandant zu fördern, so dass fundierter rechtlicher Rat aufgrund vollständiger Informationen gegeben werden kann. Durch den Anwaltsschutz wird sichergestellt, dass über vertrauliche Unterhaltungen zwischen einem Anwalt und seinem Mandanten nicht ausgesagt werden muss und vertrauliche Unterlagen, die die Unterredungen zwischen Anwalt und Mandant darstellen, der Gegenseite in einem Prozess nicht vorgelegt werden müssen, selbst wenn diese Unterlagen sonst relevant wären. Somit kann eine Firma Informationen an ihren Anwalt zwecks Begutachtung und Beratung übermitteln, ohne befürchten zu müssen, dass diese Besprechungen bzw. dieser Schriftverkehr eventuell einem Gegner oder dem Gericht in einem späteren Prozess unterbreitet werden müssen. Als Voraussetzung hierfür müssen allerdings die Unterhaltungen und der Schriftwechsel sowohl vom Anwalt als auch vom Mandanten streng vertraulich gehalten werden. Wird nämlich ein derartiger Schriftwechsel einem Dritten oder auch einer Person in der eigenen Firma, für welche die in dem Schriftverkehr enthaltene Information nicht erforderlich ist, offenbart, kann der Anwaltsschutz verloren gehen, und zwar unter Umständen nicht nur bezüglich des offenbarten Schriftstücks, sondern auch für die gesamten sonst geschützten Unterredungen bzw. Schriftwechsel hinsichtlich derselben Themen. Die Folge wäre dann, dass der Gegenseite die Vorlage von sämtlichen Kommunikationen nicht mehr aufgrund des attorney-client privilege verweigert werden kann.

Im Ergebnis hat der B daher genauestens darauf zu achten, welche Äußerungen vor 969
den Patentämtern und Gerichten gemacht werden; denn negative Äußerungen über Teile der eigenen Anmeldungen oder Zugeständnisse gegenüber den Patentbehörden können im US-Verfahren nachteilige Wirkung haben. Ebenso ist bei schriftlichen Äußerungen gegenüber Dritten äußerste Vorsicht geboten, da hier der Anwaltsschutz nach US-Rechten nicht greift. Schließlich ist der Mandant im Hinblick auf die USA eindringlich zu belehren, mit Äußerungen vorsichtig zu sein und nach Möglichkeit schriftliche Äußerungen des B nicht an Dritte weiterzugeben bzw. diesen sonst zugänglich zu machen. Zu bedenken ist schließlich auch, dass einige andere Länder dem discovery ähnliche Aufklärungsverfahren haben, z.B. Großbritannien und Frankreich. Auch diesbezüglich ist der Mandant demgemäß zu belehren.

5. Internationale Verträge

970 Aufgrund der zunehmenden Internationalisierung der Wirtschaftstätigkeit reicht es nicht aus, dass der Patentanwalt eine auf den deutschen Rechtsraum begrenzte Beratung anbietet. Neben dem deutschen Gewerblichen Rechtsschutz muss der Anwalt vielmehr für seine Beratung auch Kenntnisse der Internationalen Verträge aufweisen können.

971 Es gibt eine Reihe internationaler Übereinkommen, die übergreifend Regelungen für mehrere Teilbereiche des Gewerblichen Rechtsschutzes aufweisen. Hierzu zählen insbesondere die Pariser Verbandsübereinkunft, das Übereinkommen über handelsbezogene Aspekte des geistigen Eigentums (TRIPS), die Welthandelsorganisation (WTO), die World Intelectual Property Organisation (WIPO), die Organisation Africane de la Propriete Intellectuelle (OAPI), African Regional Industrial Property Organisation (ARIPO) sowie die Andengemeinschaft. Zu einigen Einzelbereichen gibt es besondere internationale Übereinkommen. Dies gilt vor allem für das Patentrecht, Markenrecht und Designrecht. Internationale Übereinkommen im Bereich des Patentrechts sind insbesondere der Patentzusammenarbeitsvertrag (PCT), das Europäische Übereinkommen (EPÜ), das Eurasische Patentübereinkommen sowie der Budapester Vertrag.

a) Pariser Verbandsübereinkunft

▶ **Beispiel:**

972 A hat durch Patentanwalt B mehrere deutsche Schutzrechtsanmeldungen ausarbeiten und beim Deutschen Patent- und Markenamt einreichen lassen. Da der Umfang des Exportgeschäfts des A nunmehr in einem unerwarteten Ausmaß zugenommen hat, fragt er B, inwieweit seine deutschen Schutzrechte auch im Ausland von Nutzen sein können.

973 Durch die internationale Vereinbarung zum Schutze des gewerblichen Eigentums (Pariser Verbandsübereinkunft PVÜ) werden übergreifende Gesichtspunkte zum Schutze des geistigen Eigentums festgelegt. Insbesondere schreibt sie eine Gleichbehandlung von verbandsangehörigen Ausländern mit Inländern sowie die Möglichkeit einer Inanspruchnahme einer Prioritätsfrist vor. D.h., die Priorität einer nationalen Anmeldung (z.B. einer deutschen Anmeldung) kann für Anmeldungen in weiteren Staaten in Anspruch genommen werden. Die Pariser Verbandsübereinkunft gewährt dem Patentanmelder für diese Inanspruchnahme der Priorität eine Frist von 12 Monaten. Diese Frist kann dazu genutzt werden, den Anmeldungsgegenstand zu prüfen und zugleich zu überlegen, in welchen Staaten im Ausland ein wirtschaftliches Interesse am Einreichen einer Anmeldung für ein Patent bestehen könnte. Ein wesentlicher Gesichtspunkt ist demgemäß, dass der Anmelder nicht schon bei Einreichung einer Anmeldung im Heimatland überlegen muss, in welchen ausländischen Staaten er noch weiter Schutz begehrt. Prioritätsbegründend ist danach jede Anmeldung, die nach dem nationalen Recht des Staates, in dem die Anmeldung eingereicht wurde, oder nach zwei- oder mehrseitigen Verträgen als vorschriftsmäßige nationale Anmeldung anerkannt wird. Da eine europäische Anmeldung und auch eine deutsche Anmeldung

beispielsweise ohne Einzahlung der erforderlichen Gebühr zunächst einen Anmeldetag erhalten, entsteht ein Prioritätsrecht auch in diesen Fällen. D. h., das spätere Schicksal der Anmeldung ist ohne Belang. Selbst wenn die Anmeldung beispielsweise wegen Nichtzahlung der Gebühren oder Rücknahme später wegfällt, bleibt das Prioritätsrecht somit gleichwohl bestehen.

Die nationalen Regelungen in Deutschland sind im Hinblick auf die PVÜ ange- 974
passt. So gibt es in Deutschland gemäß § 41 PatG die gesetzliche Grundlage für die Ausübung des Prioritätsrechts, d.h. die Einreichung einer deutschen Anmeldung auf der Basis einer früheren ausländischen Anmeldung. Daneben ist im Gesetz die sog. innere Priorität festgesetzt. D. h., wer beim Deutschen Patent- und Markenamt eine Patent- oder Gebrauchsmusteranmeldung einreicht, hat nach § 40 Abs. 1 PatG für eine auf dieselbe Erfindung gerichtete weitere deutsche Patentanmeldung ein Prioritätsrecht, sofern er diese innerhalb von 12 Monaten nach der Basisanmeldung einreicht. Die Besonderheit ist allerdings, dass gemäß § 40 Abs. 5 PatG die frühere deutsche Basisanmeldung im Falle der Beanspruchung der sog. inneren Priorität als zurückgenommen gilt.

b) TRIPS

▶ Beispiel:

A hat durch Patentanwalt B mehrere deutsche Schutzrechtsanmeldungen ausar- 975
beiten und beim Deutschen Patent- und Markenamt einreichen lassen. Da der Umfang des Exportgeschäfts des A nunmehr in einem unerwarteten Ausmaß zugenommen hat, möchte er auch im Ausland unter Inanspruchnahme der Prioritäten dieser Anmeldungen Schutzrechte erwerben. Er fragt B, ob die Vorraussetzungen für den Schutzrechtserwerb im Ausland sich von denen des deutschen Rechts unterscheiden.

Mit der Aufnahme des Übereinkommen über handelsbezogene Aspekte der Rechte 976
des geistigen Eigentums (TRIPS)[58] unter die für alle Mitglieder Welthandelsorganisation (WTO)[59] verbindlichen multilateralen Abkommen trat das internationale Patentrecht im Jahre 1994 in vielerlei Hinsicht in eine neue Phase.[60] Die Verbindlichkeit der im TRIPS-Abkommen verankerten Mindeststandards zum Schutz von Erfindungen führte dazu, dass auch die verbleibenden Freiräume der WTO-Mitglieder zur Berücksichtigung anderer gesellschaftlicher Interessen, insbesondere der Gesundheitspolitik und der Ernährungspolitik, definiert werden mussten. Und schließlich zwang die Heterogenität der WTO-Mitglieder dazu, das internationale Patentrecht

58 Übereinkommen über handelsbezogene Aspekte der Rechte des geistigen Eigentums v. 15. 4. 94, BGBl. 1994 II 1483, 1730 = BL 95, 23.

59 Übereinkommen zur Errichtung der Welthandelsorganisation (WTO) v. 15. 4. 94 BGBl. 1994 II 1438 = BlPMZ 95, 19.

60 Rott, P.: TRIPS Abkommen, Menschenrechte, Sozialpolitik u. Entwicklungsländer GRUR Int. 2003, 103–198.

so auszugestalten, dass Länder aller technologischen Entwicklungsstufen zumindest langfristig von ihm profitieren können. Dies alles führte zu einem internationalen Patentrecht, das trotz vordergründiger Übereinstimmungen mit den Patentrechtsordnungen westlicher Industrienationen einem ganz neuen Interessenausgleich gehorcht, der sich in einer hohen Flexibilität des internationalen Patentrechts niederschlägt, die dennoch Regeln und Prinzipien unterworfen ist.

977 Das TRIPS-Übereinkommen beinhaltet folgende Mindestbestimmungen zum Schutz der Rechte an geistigem Eigentum:
- die allgemeine Auflage, wirksame Maßnahmen zum Schutz der Rechte an geistigem Eigentum zu ergreifen;
- grundlegende Aspekte des Verwaltungs- und Zivilprozessrechts, Regeln für die Beweisführung;
- Bereitstellung bestimmter zivilrechtlicher (und verwaltungsrechtlicher) Rechtsbehelfe, z.B. einstweilige Anordnungen, Schadensersatz, Beschlagnahme und Aus-dem-Verkehr-ziehen rechtsverletzender Ware und -fakultativ-Auskunftsrecht;
- Mindestauflagen, die die einstweiligen Maßnahmen zum Schutz der Rechte an geistigem Eigentum erfüllen müssen;
- Einführung von Strafverfahren und Festsetzung strafrechtlicher Sanktionen in bestimmten Fällen.

978 Einige Instrumente zum Schutz der Rechte sind im TRIPS-Übereinkommen nicht zwingend (z.B. Rückruf der nachgeahmten Ware vom Markt auf Kosten des Verletzers), andere sind nur fakultativ (z.B. Auskunftsrecht) vorgesehen. Außerdem können die Modalitäten für die Anwendung der im TRIPS-Übereinkommen vorgesehenen Maßnahmen und Verfahren von Land zu Land sehr unterschiedlich sein. Dies gilt z.B. bei den Anwendungsbestimmungen für einstweilige Maßnahmen, die insbesondere zur Beweissicherung verhängt werden, bei der Berechnung von Schadensersatz oder bei den Durchführungsbestimmungen für Verfahren zur Einstellung der Nachahmungs- bzw. Pirateriehandlungen. Die in dem TRIPS-Abkommen vorgesehenen Mindeststandards sind von einer Vielzahl unbestimmter, auslegungsbedürftiger Begriffe sowohl bei der Beschreibung der Patentierungsvoraussetzungen als auch im Bereich des Umfangs von Rechten aus dem Patent flexibel und in gewissem Maße von den im jeweiligen WTO-Mitglied vorherrschenden Umständen abhängig. Das TRIPS-Abkommen geht dabei über das allgemein Übliche weit hinaus, indem es die Verfolgung sozialpolitischer Ziele (auch) mit patentrechtlichen Mitteln ausdrücklich gestattet. Nach Art. 7 TRIPS sollen Schutz und Durchsetzung von Rechten des geistigen Eigentums »zur Förderung der technischen Innovation sowie zum Transfer und zur Verbreitung von Technologie beitragen, zum gegenseitigen Vorteil für Erzeuger und Nutzer technischen Wissens und auf eine für das gesellschaftliche und wirtschaftliche Wohl zuträgliche Art und Weise und zum Ausgleich zwischen Rechten und Pflichten«. Konkreter stellt Art. 8.1 TRIPS den Grundsatz auf, dass Mitglieder bei der Formulierung oder Änderung ihrer Gesetze und Verordnungen diejenigen Maßnahmen treffen dürfen, »die zum Schutz der öffentlichen Gesundheit und Ernährung sowie zur Förderung des öffentlichen Interesses in den für ihre sozioökonomische und technische Entwicklung entscheidend wichtigen Sektoren notwendig sind (…)«.

c) Der Patentzusammenarbeitsvertrag

▶ **Beispiel:**

A hat durch Patentanwalt B mehrere deutsche Schutzrechtsanmeldungen ausarbeiten und beim Deutschen Patent- und Markenamt einreichen lassen. Da der Umfang des Exportgeschäfts des A nunmehr in einem unerwarteten Ausmaß zugenommen hat, möchte er auch im Ausland unter Inanspruchnahme der Prioritäten dieser Anmeldungen Schutzrechte erwerben. Er fragt B, ob sich mehrere Länder in einer Anmeldung zusammenfassen lassen. 979

Es kommt eine sogenannte internationale Anmeldung (PCT) in Betracht. Das Verfahren nach dem Patentzusammenarbeitsvertrag ist ein vereinfachtes Verfahren. Es ist nicht vorgesehen, dass in diesem Verfahren ein Patent erteilt wird. Allerdings ist es möglich, die Anmeldung einer internationalen vorläufigen Prüfung zu unterziehen, deren Ergebnis die meisten nationalen und regionalen Erteilungsverfahren beschleunigt und damit Kosten spart. Das internationale Anmeldeverfahren hat den Vorteil, dass zunächst nur eine einzige Anmeldung eingereicht werden muss. Es bleibt dann ausreichend Zeit zu überlegen, in welchen der mit der internationalen Anmeldung erreichbaren Staaten letztendlich auch ein wirtschaftliches Interesse an einem Patent besteht. Die Entscheidung über die Fortführung des nationalen bzw. regionalen Verfahrens in den einzelnen Vertragsstaaten kann bis zu 30 Monaten, in einzelnen Fällen sogar noch länger hinausgezögert werden. In dieser Zeit kann man sich ein sehr genaues Bild davonmachen, welche Chancen der Verwertung die Erfindung in den einzelnen Ländern hat. 980

Das Verfahren nach dem Patentzusammenarbeitsvertrag umfasst eine Recherche und eine vorläufige Prüfung. Die Recherche und damit auch der Antrag und die Einzahlung der Recherchengebühr sind obligatorisch. Mit dem Recherchenbericht wird dem Anmelder auch eine vorläufige Meinung des Amtes zugestellt. Sofern der Anmelder dies wünscht, kann er ferner einen Antrag auf internationale vorläufige Prüfung stellen. Am Ende erhält er sodann einen vorläufigen Prüfungsbericht, welcher in der Regel für die späteren nationalen Verfahren nicht bindend ist. Gleichwohl erhält der Anmelder mit diesem Prüfungsbericht eine Entscheidungshilfe, wie und in welchem Umfang er das weitere Verfahren fortführen will. 981

Häufig erweist sich das Prioritätsjahr als zu kurz, um auf der Basis von fundierten Wirtschaftlichkeitsüberlegungen eine Entscheidung über die normalerweise teuren Auslandsanmeldungen herbeiführen zu können. Durch den PCT wird die Frist für die Einreichung von Auslandsanmeldungen auf 30 Monate, in einigen Ländern sogar auf mehr als 30 Monate (gerechnet ab Prioritätstag) verlängert. Diese Verlängerung muss sich der Anmelder durch die Zahlung entsprechender Amtsgebühren »erkaufen«. Sie ist für ihn aber noch aus folgenden Gründen von Vorteil: 982

(1) Die Einreichung einer sogenannten internationalen Anmeldung in deutscher Sprache beim Deutschen Patentamt oder in einer Amtssprache des EPA beim Europäischen Patentamt innerhalb des Prioritätsjahres (bis 24.00 Uhr) ist möglich, ohne irgendwelche Handlungen in den vom Anmelder benannten ausländischen Staaten, zu erfüllen.

(2) Es erfolgt die Übermittlung eines vom Europäischen Patentamt erstellten, umfassenden internationalen Recherchenberichtes an den Anmelder. Der Anmelder kann nach dessen Erhalt entscheiden, ob es sich lohnt, die internationale Anmeldung weiterzuverfolgen, oder ob er sich besser vor ihrer Veröffentlichung zurückzieht.
(3) Erst mit Ablauf der erwähnten 30-Monats-Frist sind in den benannten Staaten, die den Anmelder zu diesem Zeitpunkt noch interessieren, die eigentlichen Auslandsanmeldungen einzureichen (Übersetzungen und nationale Anmeldegebühren).

983 Diese Aufstellung zeigt, dass der PCT-Weg gegenüber dem direkten Weg zu Auslandsanmeldungen Vorteile aufweist. Vorteilhaft ist insbesondere der Aufschub der nationalen Gebühren und der Übersetzungskosten bis zum Eintritt in die nationale Phase bzw. Verzicht darauf wegen Aussichtslosigkeit aufgrund des »internationalen Recherchenberichts«.

984 Eine PCT-Anmeldung ist sogar unvermeidlich, wenn
(1) Auslandsanmeldungen in letzter Minute erfolgen,
(2) das Prioritätsjahr als Entscheidungsfrist zu kurz ist,
(3) Unklarheiten hinsichtlich der rechtlichen Chancen einer Anmeldung wegen unzureichender eigener Recherchemöglichkeiten bestehen.

d) Das europäische Patentübereinkommen

▶ **Beispiel:**

985 A hat durch Patentanwalt B mehrere deutsche Schutzrechtsanmeldungen ausarbeiten und beim Deutschen Patent- und Markenamt einreichen lassen. Da der Umfang des Exportgeschäfts des A nunmehr in einem unerwarteten Ausmaß zugenommen hat, möchte er auch im europäischen Ausland unter Inanspruchnahme der Prioritäten dieser Anmeldungen Schutzrechte erwerben. Er fragt B, ob sich mehrere Länder in einer Anmeldung zusammenfassen lassen.

986 Es kommt eine europäische Anmeldung in Betracht. Das europäische Patentübereinkommen (EPÜ) dient dazu, in den Vertragsstaaten gemeinsames Recht zu schaffen, nämlich sowohl materielles als auch Verfahrensrecht. Das europäische Patentübereinkommen existiert neben den nationalen Regelungen, ist jedoch eigenständig in den für die Erteilungsphase und den Einspruch gegebenen Regelungen.

987 Dasselbe gilt für die internationalen Regelungen. Beispielsweise ist die europäische Patentorganisation als solche nicht Mitglied der Pariser Verbandsübereinkunft. Demgemäß enthält das Europäische Patentübereinkommen z.B. eigene Prioritätsregelungen auf Art. 88 EPÜ i.V.m. Regel 38 EPÜ, Art. 87, Art. 89 EPÜ.

988 Die Bezeichnung europäisches Patent gilt für alle erteilten Patente, die auf der Basis des EPÜ entstanden sind. Es entsteht jedoch kein einheitliches Recht für alle Vertragsstaaten. Vielmehr ergibt sich nach der Erteilung ein Bündel einzelner nationaler Patente, die nach der einheitlichen Erteilungsphase den nationalen Regelungen unterstehen.

Die europäische Patentorganisation ist als internationale Organisation ein Völkerrechtssubjekt und selbstständiger Träger völkerrechtlicher Rechte und Pflichten. Der Sitz des Europäischen Patentamtes ist in München. Eine Zweigstelle des Amtes hat seinen Sitz in Den Haag. Ferner gibt es Dienststellen in Berlin in Wien. Im Verfahren vor dem Europäischen Patentamt werden das Anmelde-, Prüfungs- und Erteilungsverfahren sowie das Einspruchsverfahren für alle dem Europäischen Patentübereinkommenden angeschlossenen Staaten zusammengefasst. Dadurch lassen sich die Kosten gegenüber mehreren einzelnen nationalen Erteilungsverfahren reduzieren. 989

e) Eurasisches Patentübereinkommen

▶ Beispiel:

A hat durch Patentanwalt B mehrere deutsche Schutzrechtsanmeldungen ausarbeiten und beim Deutschen Patent- und Markenamt einreichen lassen. Da der Umfang des Exportgeschäfts des A nunmehr in einem unerwarteten Ausmaß zugenommen hat, möchte er auch im Gebiet der ehemaligen Sowjetunion unter Inanspruchnahme der Prioritäten dieser Anmeldungen Schutzrechte erwerben. Er fragt B, ob sich mehrere Länder dieser Region in einer Anmeldung zusammenfassen lassen. 990

Es kommt eine Anmeldung nach dem Eurasischen Patentübereinkommen in Betracht. Die Eurasische Patentorganisation hat ihr zentrales Patentamt in Moskau. Die Organisation umfasst mehre osteuropäische Mitgliedsstaaten, u.a. auch die Russische Föderation. Mit der Anmeldung kann eine Erteilung von Patenten mit Wirkung für alle Mitgliedsstaaten erreicht werden. Darüber hinaus kann die Organisation über PCT benannt werden.[61] 991

f) Budapester Vertrag

▶ Beispiel:

A hat durch Patentanwalt B mehrere deutsche Schutzrechtsanmeldungen auf dem Gebiet der Mikrobiologie ausarbeiten und beim Deutschen Patent- und Markenamt einreichen lassen. Hierfür wurden vorschriftsmäßig bei der Deutschen Sammlung für Mikroorganismen die neuen Zellstämme hinterlegt, die zentraler Gegenstand der Anmeldungen sind. Da der Umfang des Exportgeschäfts des A nunmehr in einem unerwarteten Ausmaß zugenommen hat, möchte er auch im Ausland unter Inanspruchnahme der Prioritäten dieser Anmeldungen Schutzrechte erwerben. Er fragt B, ob die Zellstämme auch in den Ländern, in denen die Nachanmeldungen erfolgen, jeweils nochmals zu hinterlegen sind. 992

61 BlPMZ 1996, 171.

993 Im Patentrecht werden alle Erfindungen hinsichtlich ihrer Patentfähigkeit gleich behandelt, auch solche, die sich auf mikrobiologische Verfahren oder mit deren Hilfe gewonnene Erzeugnisse beziehen. Insbesondere ist jede Erfindung so deutlich und vollständig zu offenbaren, dass ein Fachmann sie ausführen kann. Während in anderen Bereichen der Technik das Objekt der Erfindung durch eine Beschreibung, durch Formeln und Zeichnungen so dargestellt werden kann, dass es mithilfe dieser Mitteilungsträger identifizierbar ist, trifft dies nicht ohne weiteres zu, wenn Mikroorganismen Objekt der Erfindungen sind. Diese lassen sich in der Patentanmeldung in aller Regel nicht so beschreiben und bildlich darstellen, dass allein hiernach ihre Identifizierung möglich wäre. Zudem sind mikrobiologische Verfahren in aller Regel für den Fachmann nicht ohne erfinderisches Zutun nacharbeitbar, wenn der Organismus nicht zur Verfügung steht. In solchen Fällen muss der Organismus daher spätestens zugleich mit der Anmeldung an einer dafür geeigneten Stelle hinterlegt und in der Anmeldung die Hinterlegungsstelle angegeben werden. Die Angabe der Hinterlegungsstelle und der Hinterlegungsnummer kann die Beschreibung jedoch nicht ersetzen. Sie ist lediglich ein Notbehelf, der dem Erfinder die zur Patentierung erforderliche einwandfreie Identifizierung eines bisher in der Literatur nicht beschriebenen und auch durch morphologische oder physiologische Kennzeichen bzw. biochemische Parameter nicht beschreibbaren Organismus erleichtern soll. Die vorherige Hinterlegung und die Mitteilung hierüber befreit den Anmelder auch nicht von der Verpflichtung, alles in seinen Kräften Stehende zu tun, um den Organismus mit herkömmlichen Mitteln so erschöpfend wie möglich zu charakterisieren. Nach den von der Rechtsprechung entwickelten Grundsätzen für die Hinterlegung soll diese bei einer wissenschaftlich anerkannten Stelle erfolgen, gleichgültig ob diese ihren Sitz im In- oder Ausland hat. Da die Hinterlegung des Organismus an die Stelle der Beschreibung der Erfindung tritt bzw. diese ergänzt, sind die Modalitäten an dem Zweck auszurichten, der mit den Patentansprüchen und der Beschreibung der Erfindung verfolgt wird. Sie muss sicherstellen, dass der hinterlegte Organismus den Erteilungsinstanzen jederzeit zugänglich ist; hierzu ist eine unwiderrufliche Erklärung gegenüber der Hinterlegungsstelle vorgeschrieben. Die Hinterlegung muss spätestens am Prioritäts- bzw. Anmeldetag erfolgen, um zu gewährleisten, dass sich der Anmelder im Besitz der vollständigen Erfindung befunden hat, die Erfindung also fertig gewesen ist. Bei der Hinterlegungsstelle muss Vorsorge getroffen sein, dass das mikrobiologische Material der Fachwelt auch noch eine angemessene Frist nach der Laufzeit des beanspruchten Patentes zur Nacharbeitung der geschützten Erfindung zur Verfügung steht, und zwar auch für den Fall, dass es nach der Veröffentlichung der Anmeldung nicht zu einer Patenterteilung kommt.

994 Eine nähere Regelung enthält der Budapester Vertrag über die internationale Anerkennung der Hinterlegung von Mikroorganismen für die Zwecke von Patenterteilungsverfahren. Dieser Vertrag regelt die Kompetenzen der international anerkannten Hinterlegungsstellen, was bei einer Unterbrechung geschieht und wie lange die Hinterlegung dauern soll. Er verpflichtet die Vertragsstaaten, internationale Hinterlegungsstellen mit der Wirkung anzuerkennen, dass der Anmelder mit der Hinterlegung bei einer dieser Hinterlegungsstellen die Bedingungen gegenüber allen Vertragsstaaten erfüllt.

Er schafft ferner die Möglichkeit einer Neuhinterlegung, falls die erste Hinterlegung aus technischen Gründen unterbrochen wurde. In einer Ausführungsverordnung ist das Verfahren bei der Hinterlegung und einer Neuhinterlegung geregelt, unter anderem die Aufbewahrung eines Organismus über 30 Jahre. Diese Regelung entspricht der deutschen Rechtspraxis, wonach für die Dauer der Hinterlegung 5 Jahre nach der letzten Anfrage um Aushändigung einer Probe, mindestens jedoch 30 Jahre, als angemessen angesehen wird.

Die Hinterlegung allein reicht jedoch nicht aus. Die Kultur muss darüber hinaus 995
Dritten frei zugänglich sein (Freigabe). Der Anmelder hat sicherzustellen, dass der betreffende Stamm spätestens im Zeitpunkt der Offenlegung allgemein, d.h., frei zugänglich ist. Denn die Benutzung der Lehre durch andere ist trotz Veröffentlichung nur dann möglich, wenn der Stamm selbst der Öffentlichkeit zugänglich ist. Im Ergebnis reicht es mithin aus, wenn der Organismus bei einer anerkannten internationalen Stelle nach dem Budapester Vertrag hinterlegt ist. Da die Deutsche Sammlung für Mikroorganismen diese Voraussetzungen erfüllt, braucht der Organismus nicht nochmals im Hinblick auf die geplanten Auslandsanmeldungen hinterlegt zu werden.[62]

g) Übereinkommen zum Schutz von Pflanzenzüchtungen

▶ **Beispiel:**

A ist Inhaber mehrerer deutscher Sortenschutzrechte. Er plant auch im Ausland, 996
solche Rechte zu erlangen. A fragt Patentanwalt B, inwieweit die deutschen Rechte auch im Ausland von Nutzen sind.

Grundsätzlich kann die Priorität einer deutschen Sortenschutzanmeldung für aus- 997
ländische Anmeldungen in Anspruch genommen werden (Art. 11 PflanzZÜbk).[63] Dem Internationalen Übereinkommen zum Schutz von Pflanzenzüchtungen vom 2. 12. 1961 hat die Bundesrepublik Deutschland mit Gesetz vom 10. 5. 1968[64] zugestimmt. Das Übereinkommen ist nicht Teil der PVÜ. D.h. auch der durch das Internationale Übereinkommen zum Schutz von Pflanzenzüchtungen begründete Verband zum Schutz von Pflanzenzüchtungen (UPOV) ist kein besonderer Verband im Sinne des Art. 15 PVÜ, sondern eigenständig[65] Das Übereinkommen legt die internationalen Regeln des Systems fest, nach dem die Länder Einzelpersonen oder Organisationen, die neue Pflanzensorten züchten, Rechte des geistigen Eigentums gewähren. Der Züchtungsvorgang ist zeitraubend und kostspielig, doch können Pflanzensorten nach ihrer Freisetzung häufig ohne weiteres vermehrt werden. In der Regel zieht die

62 Fitzner Dissertation FU Berlin, S. 71 ff.
63 Bl. 2008, S. 135–136; Internationales Übereinkommen zum Schutz von Pflanzenzüchtungen vom 2.12.1961, revidiert am 10.11.1972, am 23.10.1978 und am 19.3.1991 (BGBl. 1998 II S. 259), Zustimmung mit Gesetz vom 25.3.1998 (BGBl. II, S. 258), bekannt gemacht am 24.7.1998 (BGBl. 2493), in Kraft getreten am 25.7.1998.
64 BGBl II 428.
65 Keukenschrijver, SortSchG, Einl., Rn. 3.

Pflanzenzüchtung keine privaten Geldmittel an, wenn kein angemessener Schutz des geistigen Eigentums vorhanden ist.

998 Insbesondere seit 1961 fanden aufsehenerregende wissenschaftliche und technische Entwicklungen statt, die u.a. das Aufkommen der Gentechnik und der fortgeschrittenen In-vitro-Vermehrung zur Folge hatten. Diese Entwicklungen bildeten im Verein mit der Erfahrung im Bereich der Handhabung des Übereinkommens von 1961 die Beweggründe für eine Revision des Übereinkommens als Ergebnis einer Diplomatischen Konferenz, die 1991 in Genf tagte. Die revidierte Fassung ist am 24. April 1998 in Kraft getreten. Die Akte von 1991 stärkte die Position der Züchter. So darf ein Gentechniker, der eine geschützte Sorte als Träger für seine Neuerung verwendet, die von ihm gentechnisch veränderte Sorte ohne die Zustimmung des Inhabers der geschützten Sorte nicht verwenden, falls die gentechnisch veränderte Sorte als von der geschützten Sorte »im Wesentlichen abgeleitet« angesehen wird. Vor der Revision von 1991 hätte die gentechnisch veränderte Sorte ohne Anerkennung des Beitrags des Züchters der geschützten Sorte zum Endergebnis verwertet werden können.

h) Madrider Markenabkommen und Protokoll

▶ **Beispiel:**

999 A ist Inhaber mehrerer deutscher Marken. Er plant, diese Marken auch im Ausland zu nutzen. Daher möchte er von Patentanwalt B bezüglich der Schutzmöglichkeiten im Ausland beraten werden. Insbesondere ist er daran interessiert zu erfahren, ob mehrere Länder in einer Anmeldung zusammengefasst werden können.

1000 Internationale Abkommen stellen auch im Markenrecht neben dem deutschen Recht eine wichtige Rechtsquelle des Markenrechts dar. Die Bundesrepublik Deutschland ist mehreren internationalen Abkommen beigetreten, so vornehmlich der bereits erwähnten Pariser Verbandsübereinkunft (PVÜ), die u.a. die Möglichkeit einer Inanspruchnahme einer sechsmonatigen Prioritätsfrist für die Anmeldung von ausländischen Marken z.B. auf Basis einer deutschen Erstanmeldung vorsieht, dem Madrider Markenübereinkommen (MMA) sowie dem Protokoll zum Madrider Markenübereinkommen (PMMA) Neben der Pariser Verbandsübereinkunft gehört das Madrider Markenübereinkommen zu den ältesten internationalen Vereinbarungen im Bereich des Markenrechts. Hier wird dem Anmelder ein System zur Verfügung gestellt, welches dem Anmelder ermöglicht, in einem einzigen Antrag zusammengefasst einen Schutz für mehrere Länder zu erlangen. Allerdings können die Voraussetzungen des Schutzes in den einzelnen Ländern getrennt nach den nationalen Voraussetzungen geprüft werden.

1001 Nicht alle Staaten haben das Madrider Markenübereinkommen unterzeichnet. Hier sahen sich einige Länder außer Stande, z.B. die USA gehindert, diesem Abkommen in allen Details zuzustimmen. Diese Hindernisse sind durch das Protokoll vom Madrider Markenübereinkommen soweit ausgeräumt worden, dass inzwischen auch die USA beigetreten sind. Demgemäß kann inzwischen im Falle der USA ein internationaler Schutz über das Protokoll zum Madrider Markenübereinkommen erlangt werden. Madrider Markenübereinkommen und Protokoll zum Madrider Markenübereinkommen können auch miteinander kombiniert werden, sodass der Anmelder in einem einzigen Antrag zusammengefasst die Länder des Madrider Markenübereinkommens und des Protokolls zum Madrider Übereinkommen beanspruchen können.

i) Haager Musterabkommen

▶ Beispiel:

A ist Inhaber mehrerer deutscher Designscutzrechte. Er plant, die betreffenden Designs auch im Ausland zu nutzen. Daher möchte er von Patentanwalt B bezüglich der Schutzmöglichkeiten im Ausland beraten werden. Insbesondere ist er daran interessiert zu erfahren, ob mehrere Länder in einer Anmeldung zusammengefasst werden können. 1002

Die internationale Anmeldung und Hinterlegung eines Designs ist ebenfalls möglich. 1003 Basis hierfür ist das Haager Abkommen über die internationale Hinterlegung gewerblicher Muster oder Modelle (kurz HMA). Durch die internationale Hinterlegung wird in allen Vertragsstaaten außer im Ursprungsland ein entsprechendes Musterrecht auf der Grundlage der nationalen Gesetze der Staaten begründet, die mit der Hinterlegung erfasst werden. Es entsteht also kein einheitliches Recht, sondern ein Bündel nationaler Schutzrechte. Musterschutzfähigkeit, -dauer, Bestand und Durchsetzung bestimmen sich nach dem jeweiligen nationalen Recht.

j) Übereinkommen afrikanischer Staaten

▶ Beispiel:

A hat durch Patentanwalt B mehrere deutsche Schutzrechtsanmeldungen ausarbeiten und beim Deutschen Patent- und Markenamt einreichen lassen. Da der Umfang des Exportgeschäfts des A nunmehr in einem unerwarteten Ausmaß zugenommen hat, möchte er auch im Ausland unter Inanspruchnahme der Prioritäten dieser Anmeldungen Schutzrechte erwerben. Unter anderem beabsichtigt er auch Anmeldungen in einigen afrikanischen Staaten. Er fragt B, ob in jedem dieser Staaten eine nationale Anmeldung zu tätigen ist. 1004

Die OAPI (Organisation Africaine de la Propriete Intellectuelle) ermöglicht die Regis- 1005 trierung von Patenten, Gebrauchsmustern, Marken und Geschmacksmustern für alle Mitgliedsstaaten gemeinsam. Durch Hinterlegung einer Anmeldung in Kamerun kann Erfindungsschutz in z.Zt. 16 afrikanischen Staaten beantragt werden. Die Anmeldung gilt automatisch für alle Mitgliedstaaten; eine nationale Hinterlegung in den einzelnen Mitgliedsstaaten ist nicht möglich.

1006 Mitgliedsländer sind: Benin, Burkina Faso, Kamerun, Zentralafrikanische Republik, Kongo, Gabun, Äquatorial Guinea, Guinea, Guinea-Bissau, Elfenbeinküste, Mali, Mauretanien, Niger, Senegal, Tschad und Togo.

▶ Beispiel:

1007 A fragt Patentanwalt B, welche Möglichkeiten in den afrikanischen Saaten bestehen, die nicht Mitglied der OAPI sind.

1008 Eine weitere afrikanische Organisation ist die ARIPO (African Regional Industrial Property Organization). Diese ermöglicht die Registrierung von Patenten oder Mustern in einer beliebigen Auswahl der Mitgliedsstaaten in einem Akt. Durch Hinterlegung einer Anmeldung bei der nationalen Behörde eines Mitgliedsstaates, welche die Anmeldung an das ARIPO-Patentamt in Simbabwe weiterleitet, kann Erfindungsschutz in z.Zt. 16 afrikanischen Staaten beantragt werden.

1009 Mitgliedsländer sind: Botswana, Gambia, Ghana, Kenia, Lesotho, Malawi, Mosambik, Namibia, Sambia, Sierra Leone, Simbabwe, Somalia (nicht PCT-Mitglied), Sudan, Swasiland, Tansania und Uganda.[66]

k) Die Andengemeinschaft

▶ Beispiel:

1010 A hat durch Patentanwalt B mehrere deutsche Schutzrechtsanmeldungen ausarbeiten und beim Deutschen Patent- und Markenamt einreichen lassen. Da der Umfang des Exportgeschäfts des A nunmehr in einem unerwarteten Ausmaß zugenommen hat, möchte er auch im Ausland unter Inanspruchnahme der Prioritäten dieser Anmeldungen Schutzrechte erwerben. Unter anderem beabsichtigt er auch Anmeldungen in einigen südamerikanischen Staaten Er fragt B, ob die dortigen Voraussetzungen für den Schutzrechtserwerb sich von denen des deutschen Rechts unterscheiden.

1011 Umfassend auf die verschiedenen Teilbereiche des Gewerblichen Rechtsschutzes bezogen ist der sog. Andenpakt (Abkommen von Cartagena) vom 21. 10. 1993[67]. Dieser Name wurde 1996 durch die Bezeichnung Andengemeinschaft[68] ersetzt. Deren Mitgliedssaaten verfügen seit Beginn der siebziger Jahre über zunehmend harmonisierte Vorschriften zum gewerblichen Rechtsschutz. Die Gemeinschaft setzt sich zusammen aus den Staaten Venezuela, Kolumbien, Ekuador, Peru und Bolivien. Inhalt dieser Übereinkunft sind Patent-, Gebrauchsmuster-, Geschmacksmuster- und Markenrecht. Die Voraussetzungen der Patentierbarkeit nach den gemeinsamen Bestimmun-

66 BlPMZ 1989, 152 ff.
67 BlPMZ 1996, 477; GRUR Int. 2003, 176; Schade, 29.
68 Markowski, A.: Patentierbarkeit von Verwendungserfindungen in der Andengemeinschaft, GRUR 105-IP-2000.

gen der Andengemeinschaft entsprechen wörtlich denen des TRIPS-Abkommens (Art. 27 Abs. 1 TRIPS). Danach erteilen die Andenstaaten Patente für Erfindungen auf allen Gebieten der Technik sowohl für Erzeugnisse als auch für Verfahren vorausgesetzt, diese sind neu, gewerblich anwendbar und beruhen auf einer erfinderischen Tätigkeit. In Anlehnung an das europäische Modell findet sich keine Definition des Erfindungsbegriffs. Die Andenstaaten haben sich dafür entschieden, einen abschließenden[69] Negativkatalog für Schöpfungen einzuführen, die vom Erfindungsbegriff auszunehmen sind (für das europäische Recht vgl. Art. 52 Abs. 2 EPÜ). Während insbesondere Entdeckungen, chirurgische oder therapeutische Behandlungsmethoden am menschlichen oder tierischen Körper sowie Diagnostizierverfahren vom Erfindungsbegriff ausgenommen sind, werden Heil- und Diagnostizierverfahren zwar als Erfindungen anerkannt, aber mit einem eigenen Patentierungshindernis belegt. Im Übrigen setzt der Begriff der Erfindung wie in Europa voraus, dass eine technische Lehre zum konkreten Handeln gegeben ist. Der Neuheitsbegriff wird im andinen Recht absolut verstanden. Zum Stand der Technik gehören demnach wie im deutschen Recht alle Kenntnisse, die der Öffentlichkeit schriftlich, mündlich, durch Benutzung oder in sonstiger Weise zugänglich gemacht worden sind.

Das Rangverhältnis zwischen gemeinschaftlichen und nationalen Normen lässt sich 1012
Art. 4 AGHV entnehmen, der die Mitgliedsstaaten verpflichtet, jede Maßnahme zu unterlassen, die dem Gemeinschaftsrecht zuwiderlaufen oder es in seiner Anwendung beeinträchtigen könnte. Danach ist entsprechend der europäischen Doktrin von einem Anwendungsvorrang des Gemeinschaftsrechts auszugehen, mit der Folge, dass ein nationales Gesetz nicht angewendet werden darf, sofern ein darin geregelter Sachverhalt in abweichender Weise Gegenstand einer Gemeinschaftsvorschrift ist. Als Folge dieser Auslegung kommt den nationalen Gesetzen zum gewerblichen Rechtsschutz hinsichtlich der materiell-rechtlichen Vorschriften keine eigenständige Bedeutung mehr zu.

l) Die arabischen Staaten

▶ **Beispiel:**

A hat durch Patentanwalt B mehrere deutsche Schutzrechtsanmeldungen ausar- 1013
beiten und beim Deutschen Patent- und Markenamt einreichen lassen. Da der Umfang des Exportgeschäfts des A nunmehr in einem unerwarteten Ausmaß zugenommen hat, möchte er auch im Ausland unter Inanspruchnahme der Prioritäten dieser Anmeldungen Schutzrechte erwerben. Unter anderem beabsichtigt er auch Anmeldungen in einigen arabischen Staaten. Er fragt B, ob in jedem dieser Staaten eine nationale Anmeldung zu tätigen ist.

Hier bietet sich der GCC an (Golf Cooperation Council). Durch Hinterlegung einer 1014
Anmeldung beim GCC-Patentamt in Saudi-Arabien kann Erfindungsschutz in z.Zt.

69 AGH v. 21. 3. 2001, Prozess 105-IP-2000.

6 Golfstaaten beantragt werden. Die Anmeldung gilt automatisch für alle Staaten. Zusätzliche nationale Hinterlegungen sind nicht erlaubt und zurückzunehmen.

1015 Mitgliedsländer sind: Bahrain, Kuwait, Oman, Katar, Saudi-Arabien und Vereinigte Emirate.

6. Die Europäische Union

1016 Die Europäische Union bildet einen einheitlichen Wirtschaftsraum mit freiem Warenverkehr. In der patentanwaltlichen Beratung ist daher auch die Rechtsetzung durch die Organe der Europäischen Union zu berücksichtigen. Denn für den Bereich der EU sind inzwischen einige Verordnungen und Richtlinien in Kraft, die das Gebiet des Gewerblichen Rechtsschutzes betreffen. Diese beziehen sich insbesondere auf das Patent-, Marken-, Geschmacksmuster-, Sortenschutz- und Kartellrecht.

1017 Trotz der zahlreichen Regelungen des Gemeinschaftsrechts ist die Rechtspraxis in den Mitgliedstaaten nicht einheitlich. Die diesbezüglichen Besonderheiten müssen deshalb ebenfalls in die patentanwaltliche Beratung einfließen.

a) EU-Verordnungen und Richtlinien

▶ Beispiel:

1018 A ist Inhaber mehrerer deutscher Gewerblicher Schutzrechte. Er plant, seine Produkte im gesamten Raum der europäischen Union zu nutzen. Er ist daher daran interessiert zu erfahren, ob es einheitliche Regelungen für das Gebiet der Europäischen Union gibt.

1019 Es gibt einige Richtlinien und Verordnungen, welche für den Bereich des Gewerblichen Rechtsschutzes relevant sind. Hier sind insbesondere zu nennen:
- Richtlinie über den rechtlichen Schutz biotechnologischer Erfindungen.[70]
- Verordnung über die Schaffung eines ergänzenden Schutzzertifikats für Arzneimittel.[71]
- Verordnung über die Schaffung eines ergänzenden Schutzzertifikats für Pflanzenschutzmittel.[72]
- Verordnung über den gemeinschaftlichen Sortenschutz.[73]
- Verordnung über die Unionsmarke.[74]
- Markenrechtsrichtlinie[75]
- Verordnung über das Unionsgeschmacksmuster[76]

70 Richtlinie 98/44/EG des Europäischen Parlaments und des Rates vom 6. Juli 1998.
71 Verordnung (EG) Nr. 469/2009 des Europäischen Parlaments und des Rates vom 6.5.2009.
72 Verordnung (EG) Nr. 1610/96 des Europäischen Parlaments und des Rates vom 23. Juli 1996.
73 Verordnung (EG) Nr. 2100/94 des Rates vom 27. Juli 1994.
74 VO (EG) Nr. 40/94 vom 20. 12. 200, Verordnung (EU) 2017/1001 des Europäischen Parlaments und des Rates vom 14.6.2017 über die Unionsmarke.
75 Richtlinie (EU) 2015/2436 des Europäischen Parlaments und des Rates vom 16.12.2015.
76 VO (EG) Nr. 6/2002 vom 12. 12. 2001.

- Richtlinie über den rechtlichen Schutz von Mustern und Modellen[77]
- Gruppenfreistellungsverordnungen[78]
- Enforcement-Richtlinie[79]
- Übereinkommen über das Einheitliche Patentgericht (EPGÜ)[80]
- Protokoll zur vorläufigen Anwendung des Übereinkommens über ein Einheitliches Patentgericht (PVA)[81]
- Verfahrensordnung des Einheitlichen Patentgerichts (EPGVO)[82]

Die Verordnungen sind unmittelbar in allen Mitgliedstaaten geltendes Recht. Hingegen müssen die Richtlinien von den einzelnen Staaten in nationales Recht umgesetzt werden. Hierbei kann es naturgemäß zu Abweichungen im Wortlaut der einzelnen nationalen Gesetze kommen. 1020

b) Einheitspatent

Mit dem Inkrafttreten des Übereinkommens über ein einheitliches Patentgericht wurde vor in Art. 142 EPÜ vorgesehenen Möglichkeit Gebrauch gemacht, europäische Patente mit einheitlicher Wirkung für das Hoheitsgebiet einer Gruppe von EPÜ-Vertragsstaaten erteilen zu können. Damit entstand zugleich ein supra-nationales Gericht, vor dem einheitlicher Patentschutz durchgesetzt werden kann. Das Übereinkommen ist seit dem 1.6.2023 inkraft.[83] 1021

▶ Beispiel:

A ist Inhaber mehrerer gewerblicher Schutzrechte im europäischen Raum. Ihn stört es aufgrund vielfältiger Erfahrung, dass er im Verletzungsfalle in jedem Staat einzelne Prozesse führen muss. Gleiches gilt auch für die Nichtigkeitsverfahren. Auch hier ist er gezwungen, in jedem Staat gesondert vorzugehen. Er fragt Patentanwalt B, ob sich hier etwas in Zukunft ändert. 1022

Seit Ende der 50-er Jahre hat es vielfältige Versuche gegeben, ein einheitliches Patentsystem und ein entsprechendes Gerichtssystem für den Raum der EU zu schaffen. Diese Versuche sind immer wieder gescheitert. Ein Kompromiss war, dass Europäische Patentübereinkommen, mit welchem immerhin ein einheitliches Erteilungsverfahren 1023

77 Richtlinie (RL) 98/71/EG vom 13. 10. 1998.
78 Z.B. VO (EU) Nr. 316/2014 über die Arbeitsweise der Europäischen Union auf Gruppen von Technologie-Transfer-Vereinbarungen; VO (EU) Nr. 1217/2010 (Forschungs- und Entwicklungsvereinbarungen).
79 Enforcement-Richtlinie 2004/48/EG des Europäischen Parlaments und des Rates vom 29.4.2004 zur Durchsetzung der Rechte des geistigen Eigentums.
80 Amtsblatt der Europäischen Union C 175, 2013, S. 1–40.
81 Webseite des Einheitlichen Patentgerichts (EPG) Europäische Union 12.6.2013, abgerufen am 4.5.2023.
82 Webseite des Einheitlichen Patentgerichts, 1.9.2022, abgerufen am 4.5.2023.
83 Amtsblatt der Europäischen Union, C 175, 2013, S. 1–40; Vgl. Fitzner GRUR Patent 2023, 134 ff.

geschaffen werden konnte. Gleichwohl ist nach der Erteilung und nach Abschluss der Einspruchsfrist bzw. Einspruchsverfahrens alles Weitere den nationalen Gerichten überlassen. D. h. sowohl die Verletzungsklage als auch die möglichen Nichtigkeitsklagen richten sich nach dem jeweiligen nationalen Recht.

1024 Am 31.12.2012 sind die Verordnungen über das Einheitspatent und die Übersetzungsregelungen zum Einheitspatent veröffentlicht worden.[84] Weiterhin ist ein Übereinkommen über ein einheitliches Patentgericht vom 19.02.2013 von 24 der 27 EU-Staaten unterzeichnet worden.[85] Das Protokoll zum Übereinkommen über ein Einheitliches Gericht betreffend die vorläufige ist am 19.1.2022 in Kraft getreten, nachdem Österreich seine Ratifikationsurkunde hinterlegt hat, so dass mit den organisatorischen Vorbereitungen für den Start des Einheitlichen Gericht (EPG) werden konnte.[86]

1025 Die Verordnung über das Einheitspatent regelt den Bestand und die Wirkungen eines solchen Patentes. Das Einheitspatent wird dem Anmelder einer europäischen Patentanmeldung als eine neue Option zur Verfügung gestellt, die neben das traditionelle europäische Bündelpatent tritt, das in den benannten Staaten die Wirkung eines nationalen Patents hat. Damit bleibt der Gang des Anmelde- und Prüfungsverfahrens vor dem Europäischen Patentamt völlig unverändert. Nach der Veröffentlichung des Hinweises auf die Erteilung des Patents hat der Anmelder einen Monat Zeit, um ein Einheitspatent zu beantragen. Tut er dies nicht, bleibt es beim Bündelpatent.[87]

1026 Das Einheitspatent ist in seinem Bestand einheitlich. Es kann nur mit Wirkung für alle Staaten, in denen es gilt, beschränkt oder für nichtig erklärt werden.

1027 Für die Aufrechterhaltung des Einheitspatents sind Jahresgebühren an das Europäische Patentamt zu zahlen. Ihre Höhe hat ein Ausschuss des Verwaltungsrates der europäischen Patentorganisation festzusetzen, in dem die an der verstärkten Zusammenarbeit mitwirkenden Staaten vertreten sind.

1028 Die europäische Patentanmeldung kann in jeder Sprache eingereicht werden. Wird sie nicht in einer der Amtssprachen Deutsche, Englisch oder Französisch eingereicht, so ist eine Übersetzung in eine dieser Sprachen einzureichen. Diese ist dann die Verfahrenssprache. Vor der Patenterteilung sind Übersetzungen der Ansprüche in die weiteren Amtssprachen einzureichen, die nicht Verfahrenssprache sind. Im Fall des Verletzungsstreits hat der Patentinhaber auf Antrag und nach Wahl des mutmaßlichen

84 Verordnung (EU) Nr. 1257/2012 des europäischen Parlaments und des Rates vom 17.12.2012 über die Umsetzung der verstärkten Zusammenarbeit im Bereich der Schaffung eines einheitlichen Patentschutzes und Verordnung (EU) Nr. 1260/2012 des Rates vom 17.12.2012 über die Umsetzung der verstärkten Zusammenarbeit im Bereich der Schaffung eines einheitlichen Patentschutzes im Hinblick auf die anzuwendenden Übersetzungsregelungen – ABl. EU L 361 vom 31.12.2012, Seite 1 und 89.

85 Ratsdokument 16351/12 vom 11.01.2013, revidierte deutsche Fassung vom 14.02.2013.

86 Vgl. die Pressemitteilung des EPG vom 6.4.2022, https://www.unified-patent-court.org/news/provisional-application-phase-and-upcs-expected-timeline; https://www.epo.org/newsevents/news/2022/20220117_de.html).

87 Vgl. hierzu u.a. Augenstein, VPP-Rundbrief 2/2022, S. 24 – 37.

Verletzers eine vollständige Übersetzung des Patents in der Sprache des Staates des Verletzungsortes oder des Wohnsitzes des Verletzungsbeklagten einzureichen. Darüber hinaus kann auch das zuständige Gericht in die von ihm verwendete Sprache verlangen.

Durch das Übereinkommen über ein einheitliches Patentgericht wird ein neues Gerichts- 1029
system geschaffen. Dies besteht aus zwei Instanzen als gemeinsames Gericht der Vertragsstaaten. Die Vertragsstaaten übertragen ihm die ausschließliche Zuständigkeit zur Entscheidung über die Klagen, die die Verletzung europäischer Patente bestreiten.

Das Einheitsgericht I. Instanz besteht aus 1030
1. einer Zentralkammer
2. Lokalkammern oder
3. Regionalkammern.

Die Zentralkammer hat ihren Sitz in Paris und Abteilungen in München und in 1031
Mailand.

Für Klagen wegen Patentverletzung sind grundsätzlich die Lokal- oder Regionalkam- 1032
mern zuständig. Diese können auch im Falle einer Widerklage auf Nichtigkeit auch diese mit abhandeln. Es besteht aber auch die Möglichkeit einer Aussetzung an einer Verweisung an die Zentralkammer. Sofern die Lokal- und Regionalkammern selbst die Nichtigkeitsfrage abhandeln, können sie aus einem Richterpool einen technischen Richter anfordern.

Isolierte Nichtigkeitsklagen sind vor der Zentralkammer zu erheben. An diese können 1033
die Lokal- oder Regionalkammern auch Nichtigkeitsklagen (Widerklagen) verweisen und während dieser Zeit den Patentverletzungsstreit aussetzen.

Daneben haben die Zentralkammern aber auch eine Zuständigkeit für Klagen wegen 1034
tatsächlicher drohender Verletzung sowie für Klagen auf Feststellung der Nichtverletzung. Ebenso sind sie zuständig für Klagen auf Erlass von einstweiligen Maßnahmen.

Eine Beschränkungs- oder Einspruchsverfahren vor dem Europäischen Patentamt 1035
führt nicht zu einer Sperrwirkung für eine eventuelle Nichtigkeitsklage. D. h. es ist die Möglichkeit der Nichtigkeitsklage trotz anhängiger Einspruchsverfahren gegeben.

Die Spruchkörper des Einheitsgerichts sind multinational besetzt. D. h. die Spruch- 1036
körper der Lokalkammern bestehen regelmäßig aus drei rechtlich qualifizierten Richtern. In Deutschland sind zwei nationale Richter Mitglieder der Kammer. Voraussetzung ist allerdings, dass in Deutschland 50 Patentsachen pro Jahr oder mehr anfallen. Ansonsten ist in den anderen Ländern nur ein nationaler Richter Mitglied in der Spruchkammer. Für die Regionalkammern gilt das entsprechende.

Auf Antrag der Parteien oder auf Anforderung des Gerichtes kann ein technisch qua- 1037
lifizierter Richter noch hinzugezogen werden.

Die Zentralkammern entscheiden mit zwei rechtlich qualifizierten Richtern und einem 1038
technisch qualifizierten Richter. Die rechtlich qualifizierten Richter kommen aus unterschiedlichen Staaten.

1039 Gegen die Entscheidungen der I. Instanz ist die Berufung möglich. Das betreffende Berufungsgericht hat seinen Sitz in Luxemburg. Das Gericht entscheidet in der Besetzung mit drei rechtlich qualifizierten und zwei technisch qualifizierten Richtern.

1040 Es wird darüber hinaus ein Richterpool gebildet, dem alle rechtlich und technisch qualifizierten Richter I. Instand angehören. Die technisch qualifizierten Richter stehen auch dem Berufungsgericht zur Verfügung. Aus dem Pool weist der Präsident des Gerichts I. Instanzverschiedenen Kammern die Richter zu.

c) Die Richtlinie zur Durchsetzung des Rechts am Geistigen Eigentum

▶ Beispiel:

1041 A ist Inhaber mehrerer deutscher Gewerblicher Schutzrechte. Er plant, seine Produkte im gesamten Raum der europäischen Union zu nutzen. Er ist daher daran interessiert zu erfahren, inwieweit es inzwischen zu einer weitgehenden Vereinheitlichung der Rechtspraxis gekommen ist.

1042 Eine Vereinheitlichung der Praxis soll durch die Enforcement Richtlinie (RI zur Durchsetzung des Rechts des geistigen Eigentums) erreicht werden. Die Umsetzungsfrist ist am 29.04.2006 abgelaufen. Die Umsetzung in der Bundesrepublik Deutschland ist erfolgt.[88] Nach früherem Recht gab es z.B. beträchtliche Abweichungen zwischen den Mitgliedsstaaten bei den Verfahren zur Einstellung von Nachahmungs- oder Pirateriehandlungen (Unterlassungsanordnungen), bei den einstweiligen Maßnahmen, die insbesondere zur Beweissicherung verhängt werden, bei der Berechnung von Schadensersatz oder bei den zivil- und strafrechtlichen Sanktionen. In einigen Mitgliedsstaaten standen Instrumente wie das Auskunftsrecht und der Rückruf rechtsverletzender Waren vom Markt auf Kosten des Verletzers nicht zur Verfügung.[89]

1043 Was die Unterlassungsanordnungen anbetrifft, bestanden Unterschiede bei den Durchführungsbestimmungen, dies galt z.B. für die Berücksichtigung berechtigter Interessen Dritter, die Möglichkeiten zur Einziehung oder Vernichtung rechtsverletzender Ware oder die Voraussetzungen, unter denen die Zerstörung der Vorrichtungen zur Herstellung rechtsverletzender Ware angeordnet werden kann.

II. Patente

1044 Aufgrund seiner technischen Vorbildung ist der Patentanwalt ganz besonders prädestiniert, im Bereich des Patentrechts zu beraten. Denn ohne die naturwissenschaftlich-technischen Vorkenntnisse ist gewöhnlich die Bearbeitung patentrechtlicher Fälle, insbesondere die Ausarbeitung von Anmeldungen und Gutachten zum Patentrecht, nicht möglich.

88 Enforcement Richtlinie 2004/48/EG.

89 Zum Schutzbereich nach britischem Recht vgl z.B. Meier-Beck, GRUR Int. 2005, 796 ff.

1. Deutsches materielles Recht

Im materiellen Patentrecht ist geregelt, unter welchen Voraussetzungen ein Patentschutz gewährbar ist. D. h., der Patentanwalt hat zu klären, ob eine Erfindung vorliegt, ob der Gegenstand der Erfindung neu ist und auf erfinderischer Tätigkeit beruht sowie die gewerbliche Anwendbarkeit vorliegt. Außerdem ist bei der Beratung zu beachten, ob aufgrund gesetzlicher Bestimmungen der Gegenstand der technischen Entwicklungen einem Patentschutz nicht zugänglich ist. Die einzelnen Begriffe des materiellen Patentrechts werden im Folgenden anhand von exemplarischen Beispielen dargestellt. 1045

a) Erfindung

Grundvoraussetzung für die Patentfähigkeit ist, dass eine Erfindung vorliegt. D. h., die Neuentwicklung muss zum Gebiet der Technik gehören, sie muss ausführbar sein, eine technische Regel beinhalten sowie brauchbar und wiederholbar sein. 1046

aa) Begriff der Erfindung

▶ Beispiel:

A hat eine Toilette entwickelt: Der Toilettenraum unterscheidet sich von dem Stand der Technik dadurch, dass er eine weitgehend ovale Form hat. Nach dem Stand der Technik waren solche Toilettenhäuser nur kreisrund ausgestaltet. Durch diese spezielle Form soll die Toilette ein besonderes gutes Raumangebot aufweisen, insbesondere für Behinderte geeignet sein. 1047

1048

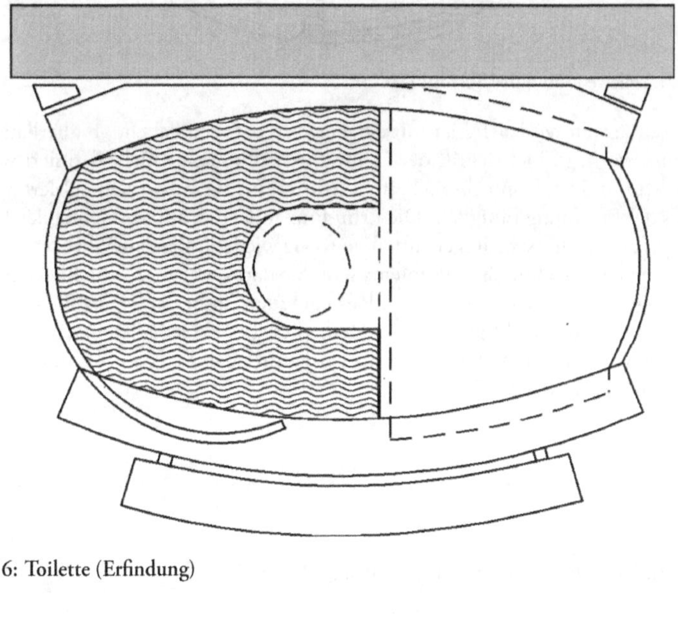

Abb. 16: Toilette (Erfindung)

1049

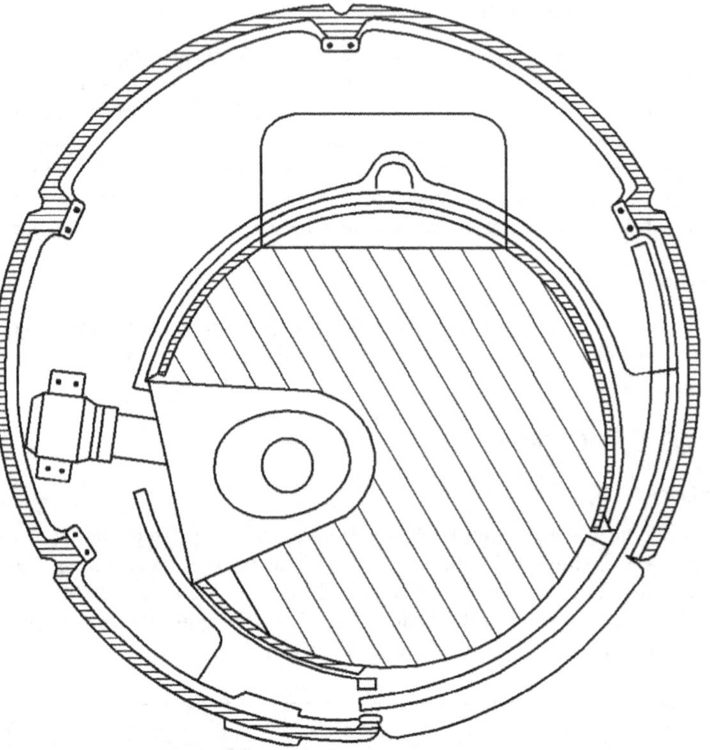

Abb. 17: Toilette (Stand der Technik)

1050 Der Patentanwalt wird sich hier mit der Frage zu befassen haben, ob überhaupt eine Erfindung vorliegt. Der Begriff der Erfindung ist im Gesetz nicht definiert worden. In Literatur und Rechtsprechung besteht jedoch über die wesentlichen Merkmale des Begriffs der Erfindung Einigkeit: Die Erfindung muss sich auf das Gebiet der Technik beziehen, eine technische Regel enthalten sowie wiederholbar, ausführbar, fertig und die Lösung eines technischen Problems sein. Sie darf nicht zu den nicht-technischen Erfindungen im Sinne des § 1 Abs. 2 PatG gehören; insbesondere ist die bloße Entdeckung demgemäß nicht patentfähig. Denn diese besteht lediglich in dem Auffinden von etwas Vorhandenem, das bisher nicht bekannt oder der Kenntnis des Menschen wieder entschwunden war.[90]

90 Hössle Mitt. 2000, 343; Schulte/Moufang § 1 PatG Rn. 78.

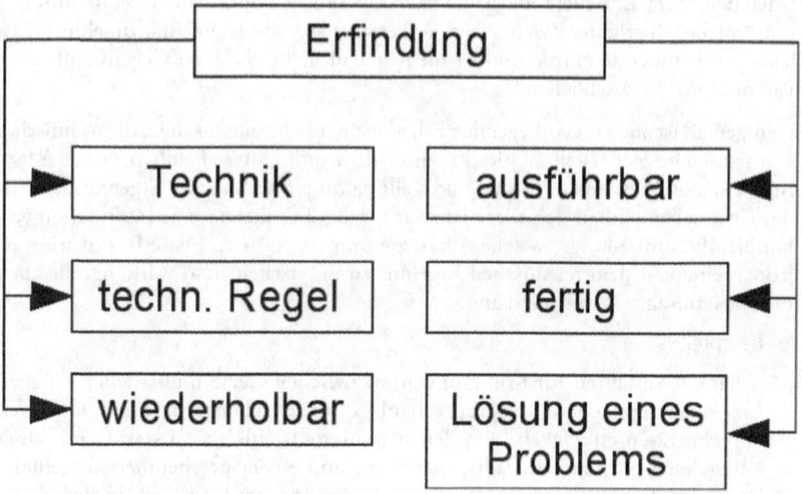 1051

Abb. 18: Der Begriff »Erfindung«

Vorliegend unterscheidet sich die Toilette vom Stand der Technik durch eine ovale 1052 Ausgestaltung der Wand. Es stellt sich die Frage, inwieweit die spezielle Ausgestaltung der inneren Wand zum Gebiet der Technik zu zählen ist. Die Aufgabe des Erfinders war hier, eine behindertengerechte Toilette, d.h. der Innenraum sollte besonders geeignet sein, z.B. für Rollstuhlfahrer ein optimales Raumangebot darzubieten. Dieses Problem wird durch die von dem Erfinder beschriebene Toilette gelöst. Es geht also nicht um die optische Ausgestaltung, sondern die Lösung eines Problems. Dies wird mit technischen Mitteln, die Biegung der Wand und geometrische Gestaltung des Innenraums gelöst. Es wird der Effekt eines besseren Raumangebots erreicht. Die neue Toilette gehört zum Gebiet der Technik, zeigt eine technische Regel, ist wiederholbar, ausführbar und fertig sowie die Lösung eines Problems, mithin eine Erfindung.

bb) Begriff der Technik

▶ Beispiel:

A hat ein Verfahren entwickelt, nach welchem bei einem elektrischen Kabel mindestens zwei schwarz isolierte Adern als Phasenleiter und den Phasenleitern zugeordnete blau isolierte Adern als Nullleiter zu verwenden und diese durchgängig unterschiedlich zu beschriften sind. 1053

1054 Nach den BGH-Entscheidungen »Logikverifikation«,[91] »Sprachanalyseeinrichtung«[92] und »Suche fehlerhafter Zeichenketten«[93] erweist sich die Technizität zunehmend als leicht zu nehmende Hürde und ist im Regelfall nicht geeignet, Gegenstände vom Patentschutz auszuschließen.[94]

1055 Demgemäß ist auch im vorliegenden Fall von einer Lehre auszugehen, die technischer Natur ist. Die Sicherstellung der Erkennbarkeit und Unterscheidbarkeit der Adern ist ein kausal übersehbarer Erfolg und stellt damit ein technisches Ergebnis dar. Mit der Unterscheidbarkeit der Adern ist zwar für den Installateur eine Information verknüpft, die ihm anzeige, welche Adern zusammengehörten. Diese Information ist jedoch eine von dem technischen Ergebnis zu unterscheidende Wirkung, die auch nicht-technischer Natur sein kann.

▶ **Beispiel:**

1056 A hat ein Verfahren zur Kommunikation zwischen Geräten über einen seriellen Bus einer Signal- und Gegensprechanlage für die Haustechnik mit mehreren Sprechgeräten entwickelt, von denen wenigstens eins als Türstation mit einer Klingeltafel mit einer Anzahl von Tastern und einer Sprecheinheit ausgebildet ist, wobei Tastern Adressen von Sprechgeräten zuzuordnen sind. In dem Beratungsgespräch mit Patentanwalt B hat A offengelassen, ob die Einbeziehung einer Bedienperson in den Verfahrensablauf notwendig ist.

1057 Fraglich ist in dem vorliegenden Fall, ob die im Patentanspruch offen gelassene Einbeziehung einer Bedienperson in den Verfahrensablauf die Zwischenschaltung menschlicher Verstandestätigkeit bedingt und dem Beanspruchten daher der technische Charakter fehlt.

1058 Im vorliegenden Fall geht es darum, dass eine Bedienperson im Verfahrensablauf mitwirken kann, diese aber nicht einbezogen werden muss.

1059 Ist bei einem beanspruchten Arbeitsverfahren eine Handbedienung durch eine Bedienperson jedoch nicht zwingend erforderlich,[95] reicht im Hinblick auf die Zuerkennung technischen Charakters die Möglichkeit aus, die Verfahrensschritte ohne menschliche Verstandestätigkeit allein mit technischen Mitteln durchzuführen.[96] Es kommt demgemäß darauf an, ob ein selbsttätiger und damit die Zwischenschaltung menschlicher Verstandestätigkeit ausschließender Ablauf des Arbeitsverfahrens durch Automatisieren der in Reihenfolge und technischer Wirkung von A angegebenen Schalt- und

91 BGHZ 143, 255 = BGH GRUR 2000, 498 = BGH BI 2000, 273 – *Logikverifikation.*
92 BGH GRUR 2000, 1007 – *Sprachanalyseeinrichtung.*
93 BGH GRUR 2002, 143 = BGH BI 2002, 114 = Mitt. 2001, 553 – *Suche fehlerhafter Zeichenketten.*
94 Keukenschrijver in Festschrift für Reimar König zum 70. Geburtstag S. 255 (262).
95 BPatG Beschluss v. 7. 12. 1999, 20 W(pat) 14/99 – *Gegensprechanlage.*
96 BPatGE 40, 250 – *Grenzzeichenfreie Räumung*; BPatG Beschl. v. 17. 12. 97, 5 W(pat) 4/95 – *Doppelmotivkarte*; DPMA BlPMZ 1992, 478.

Betätigungsvorgänge ohne weiteres vorstellbar ist. Auch wenn einzelne Schritte von einer Bedienperson manuell ausgeführt werden, wird das Verfahren nicht zu einer untechnischen Lehre, wenn die Bedienperson lediglich ausführendes Organ ist ohne abwägend, bewertend oder interpretierend tätig zu werden.[97]

Eine Lehre aus technischen und nichttechnischen Merkmalen kombiniert, ist somit 1060
vom Patentschutz nicht ausgeschlossen, da die Ausnahmebestimmung des § 1 II und Art. 52 (2) EPÜ nur die dort genannten Tatbestände ausnimmt, nicht aber deren Kombination. Dabei kommt es nicht auf eine Gewichtung der technischen und nichttechnischen Merkmale an, denn das Gesetz verlangt nicht, dass eine patentfähige Erfindung überwiegend technischer Natur sein muss. Auch wenn ein nur untergeordneter Teil einer Lehre technisch ist, kann die gesamte Erfindung, wenn sie neu und erfinderisch ist patentierbar sein. Vorliegend spricht demgemäß die Möglichkeit der Einbeziehung einer Bedienperson per se noch nicht gegen die Patentierbarkeit.[98]

▶ Beispiel:

A hat einen neuen Lack entwickelt. Aufgrund eines speziellen chemischen Ver- 1061
netzungsmechanismus erreicht er einen besonders glänzenden Effekt. Steht diese rein im ästhetischen Bereich anzusiedelnde nicht technische Wirkung der Patenterteilung entgegen?

Die Untechnische Wirkung einer Erfindung steht ihrer technischen Natur nicht 1062
entgegen, wenn das untechnische Resultat das Ergebnis einer technischen Lehre ist. Daher können Wirkung, Gebrauchszweck oder Nutzeffekt des Gegenstandes einer Erfindung auch nicht-technischer Natur sein, z.B. auf geschmacklichem, ästhetischem, betriebswirtschaftlichem, kaufmännisch-organisatorischem oder pädagogischem Gebiet liegen.[99] Der optische Effekt des neuen Lacks steht daher der Patentfähigkeit nicht entgegen. Die Begründung für die Schutzfähigkeit ergibt sich demgemäß aus dem chemischen Vernetzungsmechanismus.

▶ Beispiel:

A hat ein Verfahren entwickelt, einen aus mehreren Konstruktionsteilen beste- 1063
henden Gegenstand zu demontieren. Das Verfahren wird mittels einer Datenverarbeitungsanlage gesteuert. Der Benutzer muss bestimmte Befehle eingeben und im Anschluss daran führt die Datenverarbeitungsanlage selbstständig die entsprechenden Verarbeitungsschritte durch. Vor der Eingabe zeigt das System jeweils verschiedene Alternativen der weiteren Vorgehensweise auf und stellt auch nochmals eine Sicherungsabfrage.

97 BPatGE 36, 77 – *Einparkhilfe*; Anders GRUR 2000, 257 (258).
98 Schulte/Moufang § 1 PatG Rn. 57.; Ann II § 12 Rn. 8.
99 BGH GRUR 66, 249 – Suppenrezept; 67, 590 – Garagentor; 75, 549 – Buchungsblatt; 77,96 – Dispositionsprogramm; Schulte/Moufang § 1 PatG, Rn. 22.

1064 Die menschliche Verstandestätigkeit bedient sich der Naturkräfte, gehört aber selbst nicht zu den beherrschbaren Naturkräften i.S.d. Definition des Begriffs der Technik und kann daher die Technizität einer Erfindung nicht begründen. Wendet sich daher eine Erfindung nur an die menschliche Verstandestätigkeit oder wird sie beim Einsatz beherrschbarer Naturkräfte so zwischengeschaltet, dass die Lehre auf ihr beruht, also der Erfolg nicht mehr das unmittelbare Ergebnis der verwendeten technischen Merkmale ist, ist die Lehre nichttechnisch. Auf dieser Erwägung beruhen zum Teil die Ausnahmetatbestände des § 1 Abs. 2 PatG und des Art 52 (2) EPÜ.[100]

1065 Im vorliegenden Fall ist festzustellen, dass das zu beurteilende Verfahren neben einigen Berechnungsschritten, die selbstständig von einer Datenverarbeitungsanlage ausgeführt werden, auch Schritte umfasst, die von einem Benutzer auszuführen sind und dessen abwägende menschliche Verstandestätigkeit erfordern. Das Verfahren stellt sich somit als eine Abfolge von auf die Verstandestätigkeit des Benutzers beruhenden (Eingabe-) Schritten und von der Datenverarbeitungsanlage selbstständig ausgeführten Verarbeitungsschritten dar, was in der Datenverarbeitung als »interaktiver Dialog« bezeichnet wird. Damit unterscheidet sich dieses Beispiel von den vorhergehenden Fällen, bei denen das Vorliegen einer technischen Lehre bejaht worden ist, weil der menschliche Benutzer bzw. Einsatz einer Bedienperson nicht zwingend erforderlich ist.[101] Hier kann das Verfahren ohne den interaktiven Dialog nicht ausgeführt werden, d.h. die menschliche Verstandestätigkeit ist zwingend erforderlich. Da im vorliegenden Fall das Ergebnis des interaktiven Dialogverfahrens maßgeblich ist, kann dem Verfahren des A kein technischer Charakter zugestanden werden.

cc) Ausführbarkeit

▶ **Beispiel:**

1066 A hat eine elektrisch betriebene Leuchte entwickelt, deren abgegebene Strahlungsleistung im Verhältnis zur zugeführten Leistung sein soll. Er hat eine entsprechende Anmeldung inzwischen beim Deutschen Patent- und Markenamt eingereicht. In dem Text wird nicht näher beschrieben, mit welchen Mitteln und auf welcher Art dieses Ziel erreicht werden soll.

1067 Vorliegend wird sich die Frage der Ausführbarkeit der Erfindung stellen. D. h., ob der Gegenstand der Anmeldung so beschrieben ist, dass sie nachvollziehbar ist. Ausführbarkeit der Erfindung ist in § 1 PatG als Voraussetzung einer Patenterteilung nicht genannt. Ist eine Lehre nicht ausführbar, weil ihr der technische Charakter fehlt oder weil sie gegen anerkannte physikalische Gesetze verstößt (z.B. perpetuum mobile), liegt entweder keine Erfindung vor oder es fehlt ihr die gewerbliche Anwendbarkeit. In diesen Fällen fehlt es daher an der Patentfähigkeit i.S.d. § 1 PatG.

100 BGH GRUR 15, 983 – Flugzeugzustand; Schulte/Moufang § 1 PatG Rn. 11.
101 BGH GRUR 2000, 498 – *Logikverifikation*; BGH GRUR 2000, 1007 – *Sprachanalyseeinrichtung*; Kellerer GRUR 2001, 276.

Eine patentgemäße Lehre ist dann deutlich und vollständig offenbart, wenn der Fachmann weiß, wie bestimmte Parameter zu wählen sind, um ein bestimmtes Ergebnis zu erreichen.[102] Es ist nicht notwendig, dass der Patentanspruch alle erforderlichen Angaben enthält, damit der Fachmann die Erfindung ausführen kann. Vielmehr reicht es aus, wenn im Patentanspruch die entscheidende Richtung angegeben ist, in die der Fachmann gehen muss, um die Lehre des Patents verwirklichen zu können.[103] Der Fachmann haftet bei der Beurteilung des Inhalts der Patentschrift und auch der ursprünglichen Unterlagen nicht allein am Wortlaut. Er orientiert sich vielmehr an dem insgesamt vermittelten Sinn.[104] 1068

Ein Offenbarungsmangel im Sinne fehlender Ausführbarkeit liegt dann vor, wenn der Fachmann unter Heranziehung seines Fachwissens und der Offenbarung des Patents als Ganzes den beanspruchten Gegenstand nur mit großen Schwierigkeiten und nicht ohne vorherige Misserfolge praktisch verwirklichen kann. Erkennt der Fachmann jedoch durch einen Blick auf die Patentfigur oder aus dem Gesamtzusammenhang des Patentanspruchs, wie er vorzugehen hat, reicht das, um die mit dem Patentgegenstand verbundene Erfindung ausführen zu können.[105] Auch ein Merkmal, das eine technische Maßnahme nur allgemein wiedergibt, ist ausreichend, wenn der Fachmann damit bestimmte technische Vorstellungen verbindet. Es genügt, wenn eine Realisierungsmöglichkeit anhand einer bevorzugten Ausführungsform in der Patentschrift dargestellt ist.[106] Soll mit dem Patentgegenstand eine bestimmte Funktionsweise erreicht werden, bedarf es der Aufnahme eines zusätzlichen Merkmals in den Hauptanspruch, das diese Funktionsweise sicherstellt, zumindest dann nicht, wenn sich dieses nicht explizit angegebene Merkmal für den Fachmann aus dem Anspruchswortlaut ohnehin zwangsläufig ergibt.[107] 1069

Im vorliegenden Fall ist demgemäß die Ausführbarkeit zu verneinen, da der Fachmann durch die Angaben in der Beschreibung nicht in die Lage versetzt wird, ohne große Schwierigkeiten widerspruchsfrei anzugeben, mit welchem Verfahren das Ziel der abgegebenen Strahlungsleistung im Verhältnis zur zugeführten Leistung erreicht werden soll. Die Erfindung ist mithin nicht so deutlich und vollständig offenbart, dass ein Fachmann sie ausführen kann.[108] 1070

▶ Beispiel:

A hat einen neuen Lack entwickelt. Dieser Lack zeichnet sich durch besonders gute mechanische Eigenschaften aus. Insbesondere ist er gegen Verkratzen und Autowaschanlagen besonders beständig. Der Prüfer beanstandet, dass die Anmel- 1071

102 BPatG Beschl. v. 20. 3. 2003, 11 W (pat) 41/02.
103 BPatG Beschl. v. 5. 3. 2003, 20 W (pat) 17/01.
104 BPatG Beschl. v. 10. 2. 2003, 11 W (pat) 705/02.
105 BPatG Beschl. 12. 5. 2003, 20 W (pat) 35/01.
106 BPatG Beschl. v. 11. 12. 2002, 20 W (pat) 54/01.
107 BPatG Beschl. v. 3. 4. 2003, 21 W (pat) 19/01.
108 BPatG Beschl. v. 2. 6. 2003, 19 W (pat) 20/01; Beschluss vom 3. 6. 2003, 19 W (pat) 73/01; Winterfeldt, GRUR 2004, 361(364).

dung nicht so abgefasst sei, dass der Fachmann ohne weitere Versuche die Erfindung nacharbeiten könne. Der Prüfer weist darauf hin, dass der in dem Ausführungsbeispiel genannte Mindestwert offensichtlich fehlerbehaftet sei.

1072 Es stellt sich die Frage, ob die Erfindung für den Fachmann trotz des fehlerhaften Beispiels ausführbar ist. Für die Nacharbeitbarkeit bzw. Ausführbarkeit einer patentgemäßen Lehre sind nicht nur die Ansprüche, sondern das Patent insgesamt zu berücksichtigen. Eine aufgabenhaft klingende Formulierung des Patentanspruchs ist zumindest dann unschädlich, wenn in der Beschreibung ein konkretes Ausführungsbeispiel offenbart ist, dem der Fachmann die Lösung dieser Aufgabe entnimmt.[109] Es steht der Ausführbarkeit der patentierten Lehre hierbei nicht entgegen, dass ein im Ausführungsbeispiel genannter spezieller Mindestwert möglicherweise fehlerbehaftet ist. Auch ist es unschädlich, dass dieser Mindestwert von äußeren Umständen abhängt und deshalb über einen gewissen Wertebereich streut. Es ist zumutbar, dass der Fachmann anhand der richtungsweisenden Angaben in der Streitpatentschrift noch Versuche durchzuführen hat, um auf diese Weise im konkreten Anwendungsfall den zur Nacharbeitung der geschützten Lehre benötigten Mindestwert zu ermitteln.[110] Fehlerhafte Angaben im Patentanspruch sind zumindest dann unschädlich, wenn der Fachmann dies ohne weiteres erkennt und mithilfe der übrigen Anmeldeunterlagen problemlos richtig zu stellen vermag.[111]

1073 Der Gegenstand der Anmeldung ist mithin trotz des fehlerhaften Beispiels derart beschrieben, dass die Erfindung für den Fachmann ausführbar ist.

▶ Beispiel:

1074 A hat ein Verfahren entwickelt, um sog. »positiv polarisiertes Wasser« herzustellen. Er reicht eine Anmeldung ein, welche auf das polarisierte Wasser als solches und dessen verschiedenartige Verwendungen gerichtet ist. Das Verfahren hat er nicht offenbart, weil er meint, dass er hier unnötig die Öffentlichkeit »schlau machen« würde.

1075 Soll nach einem Patentanspruch ein Körper mit »positiv polarisiertem Wasser« gefüllt werden, und ist in den gesamten ursprünglichen Unterlagen weder beschrieben, was darunter zu verstehen ist, noch wie dieses Wasser erhalten werden kann, ist ferner dieser Begriff einschlägigen Ingenieurbüchern nicht entnehmbar und kann schließlich der Anmelder keine Fundstelle vorlegen, aus der hervorgeht, dass der Durchschnittsfachmann weiß, was unter positiv polarisiertem Wasser zu verstehen ist, so ist die beanspruchte Lehre nicht so deutlich und vollständig offenbart, dass ein Fachmann sie ausführen kann.[112]

109 BPatG Beschl. v. 9. 4. 2003, 7 W (pat) 346/02; Winterfeldt, GRUR 2004, 361(364).
110 BPatG Urteil v. 6. 2. 2003, 2 Ni 1/02.
111 BPatG Beschl. v. 4. 2. 2003, 34 W (pat) 18/00.
112 BPatG Beschl. v. 18. 11. 2003, 14 W (pat) 68/02; Winterfeldt GRUR 2004, 361(364 f.).

dd) Technische Regel

▶ Beispiel:

A hat ein Verfahren zum Biegen von Blechen zu Hohlprofilstangen entwickelt. 1076
In dem Anspruchswortlaut der Patentanmeldung wird die Formulierung »im Wesentlichen konstante Höhe« eines Stangenbereiches verwendet. Ferner findet sich in der Anmeldung die Angabe eines Stangenquerschnitts als »im Wesentlichen« trapezförmig. Der Prüfer beanstandet diese Angabe, da dem Fachmann keine konkrete Lehre zum technischen Handeln gegeben werde.

Die anspruchsgemäße Angabe eines Stangenquerschnitts als »im Wesentlichen« tra- 1077
pezförmig interpretiert der Fachmann nicht in dem Sinne, dass auch nicht trapezförmige oder geschlossene Hohlprofile vom Gegenstand des Schutzanspruchs erfasst werden. Er erkennt vielmehr, dass diese Angabe auf die Stange in ihrer Gesamtheit abstellt, die in Erstreckungsrichtung sowohl aus aufeinander folgenden trapezförmigen und gleichermaßen offenen Stangenbereichen, als auch aus einem plattenförmigen Befestigungsteil bestehen kann, das ersichtlich weder als trapezförmig noch als offen beschreibbar ist. Es bleibt auch kein Raum für die Annahme, dass der Schutzgegenstand zusätzlich Stangenbereiche mit geschlossenem Hohlprofilquerschnitt umfassen könnte. Entsprechend versteht der Fachmann unter einer »im Wesentlichen konstanten« Höhe eines Stangenbereichs Erstreckungsangaben mit Abweichungen im Rahmen von Fertigungstoleranzen, die für das Biegen von Blechen zu Hohlprofilstangen gelten.[113] Es wird demgemäß eine ausreichend konkrete technische Regel beschrieben.

▶ Beispiel:

A hat ein Verfahren entwickelt, bei welchem mit einem Detektorsystem Neutri- 1078
nos nachgewiesen werden. Ein konkretes Ausführungsbeispiel enthält die Anmeldung nicht. Der Prüfer kritisiert, dass die Beschreibung hier nur allgemeine Ausführungen enthält, die den Fachmann nicht in die Lage setzen, zu erkennen, wie Neutrinos gezählt werden sollen.

Sollen mit einem Detektorsystem spezielle Teilchen (hier: Neutrinos) nachgewiesen 1079
werden, müssen in der Anmeldung Details angegeben werden, die sicherstellen, dass tatsächlich diese speziellen und nicht »irgendwelche« Teilchen nachgewiesen werden.[114] Zwar müssen dem Fachmann nicht alle Details vorgegeben werden, wie er das Empfangssystem konkret auszubilden hat, aber die Anmeldung muss die entscheidende Richtung offenbaren, um sicherzustellen, dass ein Ereignis nur dann als Neutrino gezählt wird, wenn es sich tatsächlich um ein solches handelt.[115]

113 BPatG Beschl. v. 6. 2. 2003, 5 W (pat) 408/02; Winterfeldt GRUR 2004, 361(364).
114 BPatG Beschl. v. 27. 2. 2003, 21 W (pat) 21/00.
115 Winterfeldt, GRUR 2004, 361(364).

ee) Brauchbarkeit

▶ **Beispiel:**

1080 A hat ein Verfahren entwickelt, bei dem erdmagnetische und elektromagnetische Felder automatisch neutralisiert bzw. aufgelöst werden können. Er reicht eine Anmeldung ein, hält jedoch geheim, wie das Verfahren ausgeführt werden kann.

1081 Vorliegend steht die technische Brauchbarkeit der Erfindung möglicherweise infrage, weil der Anmeldungsgegenstand die gestellte Aufgabe nicht zu lösen vermag. Die technische Brauchbarkeit der Erfindung stellt sich als besonderer Aspekt der Ausführbarkeit dar, sie darf nicht mit der gewerblichen Anwendbarkeit verwechselt werden. Kann eine Lehre die gestellte Aufgabe nicht (oder überhaupt keine Aufgabe) lösen, fehlt die technische Brauchbarkeit, nicht aber die gewerbliche Anwendbarkeit.[116] Ist im Hinblick auf die anerkannten Gesetzmäßigkeiten der Physik nicht nachvollziehbar, wie mit den angegebenen Mitteln erdmagnetische und elektromagnetische Felder automatisch neutralisiert bzw. aufgelöst werden können, so ist der Anmeldungsgegenstand wegen fehlender technischer Brauchbarkeit nicht patentfähig.[117]

ff) Wiederholbarkeit

▶ **Beispiel:**

1082 A hat eine neue Folie entwickelt. Diese Folie soll als Sicherheitsfolie für Verbundglasscheiben von Fahrzeugen eingesetzt werden. Bei solchen Folien stellt sich regelmäßig das Problem der Reflektion und Lichtstreuung. Hier soll die Folie des A sich durch eine besonders geringe Welligkeit auszeichnen, sodass die Lichtstreuung in Dunkelheit weitgehend vermieden wird. In den Unterlagen des A wird dargelegt, wie die Welligkeit zu messen ist. Zur Messung wird demnach ein Gerät eingesetzt, das im Handel erhältlich ist. Das Gerät als solches wird von A jedoch nicht näher beschrieben. A sucht Patentanwalt B auf, legt ihm seine Unterlagen vor und bittet ihn, die entsprechenden Maßnahmen für eine deutsche Anmeldung zu ergreifen. Was wird B dem A raten?

1083 Im vorliegenden Fall wird sich die Frage stellen, ob der Gegenstand der Erfindung wiederholbar dargestellt ist. Eine patentfähige Erfindung muss vom Fachmann mit gleichbleibendem Erfolg beliebig oft ausgeführt werden können. Wiederholbarkeit erfordert somit auf Dauer die Bereicherung der Technik und die Möglichkeit, sie auszuführen, ohne auf den Erfinder angewiesen zu sein. Da eine nicht wiederholbare

116 BGH BlPMZ 1985, 117 – *Energiegewinnungsgerät*; BPatG Beschl. v. 7. 5. 2003, 9 W (pat) 9/02; Winterfeldt GRUR 2004, 361(365).

117 BPatG Beschl. v. 16. 7. 2003, 21 W (pat) 25/00; Winterfeldt GRUR 2004, 361(365); BPatG Beschl. v. 30. 7. 2003, 9 W (pat) 28/03; Winterfeldt GRUR 2004, 361(365); BPatG Beschl. v. 27. 10. 2003, 9 W (pat) 32/03; BPatG Beschl. v. 23. 4. 2003, 9 W (pat) 8/02; Winterfeldt GRUR 2004, 361(365).

Erfindung auch nicht ausführbar ist, sind die Folgen die gleichen wie bei mangelnder Ausführbarkeit.[118]

Wiederholbarkeit ist erfüllt 1084

(1) wenn der Weg des Erfinders zum erfindungsgemäßen Ergebnis für jeden Dritten beliebig oft nachvollziehbar ist;[119]
(2) wenn zwar nicht der Weg des Erfinders zum erfindungsgemäßen Ergebnis nachvollziehbar ist, aber Dritten ein anderer Weg, der zum gleichen erfindungsgemäßen Ergebnis führt, offenbart oder bekannt ist;[120]
(3) wenn zwar weder der Weg des Erfinders noch ein anderer Weg zur Erlangung des erfindungsgemäßen Ergebnisses für einen Dritten nachvollziehbar ist, aber das erfindungsgemäße Ergebnis selbst jedem Dritten unbeschränkt und frei zur Verfügung steht, z.B. durch Hinterlegung eines vermehrungsfähigen Mikroorganismus;[121]
(4) auch wenn bestimmte Ausgangsmaterialien nicht verfügbar sind, um eine beschriebene Variante zu erhalten, aber der Fachmann genügend andere kennt, um das Ziel der Erfindung ohne weiteres zu erreichen.[122]

Wiederholbarkeit fehlt 1085

(1) wenn die einmal geglückte Lehre objektiv weder für den Erfinder noch für einen Dritten noch einmal ausführbar ist und das erfindungsgemäße Ergebnis auch nicht frei und unbeschränkt verfügbar ist, z.B. Züchtung einer roten Taube,[123]
(2) wenn die Lehre nur der Erfinder, nicht aber ein Dritter ausführen kann, z.B. vermehrungsfähiger Mikroorganismus, den nur der Erfinder besitzt, dessen Neuzüchtung aber Dritten nicht möglich ist und der Dritten mangels Hinterlegung oder Freigabe nicht zur Verfügung steht;[124]
(3) wenn es nur einen theoretischen Weg zur Erlangung des erfindungsgemäßen Ergebnisses gibt, dessen Fehlerquote aber so hoch ist, dass das Ergebnis der Erfindung nicht gezielt erreicht werden kann, weil es sich allenfalls zufällig einstellt.[125]

Die Wiederholbarkeit bei Erzeugniserfindungen besteht, wenn für den Fachmann die Sache oder der Stoff herstellbar ist. Für die Erfindung einer Sache oder eines Stoffes genügt in der Regel die Beschreibung des Erzeugnisses und seiner Beschaffenheit. Wird der Fachmann bei der Nacharbeitung der Erfindung nicht vor unangemessene Probleme gestellt, so ist es unschädlich, wenn kein Weg zur Herstellung des Erzeugnisses angezeigt ist. Kennt der Fachmann keinen Herstellungsweg, so genügt die Angabe eines einzigen Herstellungsweges (auch wenn es mehrere Wege der Herstellung gibt), 1086

118 Schulte/Moufang § 1 PatG Rn. 36.
119 BGH GRUR 69, 672 – Rote Taube; 87, 231 – Tollwutvirus; 93, 651 – Tetraploide Kamille.
120 BGH GRUR 87, 231 – Tollwutvirus.
121 Schulte/Moufang § 1 PatG Rn. 37.
122 BGH GRUR 91, 518 – Polyesterfäden; Schulte/Moufang § 1 PatG Rn. 37.
123 BGH GRUR 69, 672 – Rote Taube.
124 Schulte/Moufang § 1 PatG Rn. 38.
125 Schulte/Moufang § 1 PatG Rn. 38.

um den umfassenden Schutz eines Erzeugnispatents zu erlangen. Dabei muss es sich nicht gerade um den Weg handeln, auf welchem dem Erfinder die Herstellung erstmals gelungen ist. Es genügt vielmehr, wenn dem Fachmann irgendein beliebiger Weg zur Verfügung steht, der für die Herstellung des beschriebenen Erzeugnisses objektiv geeignet ist. Kennt der Fachmann einen solchen Weg, ist somit die Angabe eines konkreten Herstellungsweges für die Patentierbarkeit entbehrlich.[126]

1087 Für den Beispielsfall gilt somit, dass das Messverfahren von A wohl ausgeführt worden, seine Entwicklung mithin ausführbar ist. Wenn das Gerät aber im Handel nicht mehr erhältlich ist, können Dritte den Anmeldegegenstand nicht nacharbeiten, es sei denn die Funktionsweise des Gerätes wird so beschrieben, dass der Fachmann es nachbauen kann. Fehlt es an einer solchen Darstellung, ist auch die Herstellung der Folien nicht wiederholbar dargelegt. Es wird daher auch nicht ausreichen, in dem Anmeldungstext lediglich auf ein Gerät Bezug zu nehmen, was vielleicht derzeit am Markt erhältlich ist. Denn es kann die Gefahr bestehen, dass diese Geräte nicht immer zur Verfügung stehen. Es ist daher unbedingt erforderlich, Funktionsweise und Aufbau des Gerätes genau zu beschreiben, damit die Anmeldung unabhängig von der Marktentwicklung einen wiederholbaren Inhalt aufweist.

▶ **Beispiel:**

1088 A hat einen neuen Mikroorganismen-Stamm gezüchtet, mit welchem Sauerkraut besonderer Qualität erzeugt werden kann. Er reicht eine Anmeldung ein und hinterlegt den neu gefundenen Mikroorganismus zugleich bei der zuständigen Hinterlegungsstelle. Der Prüfer wendet im Prüfungsverfahren ein, dass bezüglich der Herstellung des Mikroorganismus kein wiederholbarer Weg aufgezeigt sei.

1089 Der Anmelder braucht keinen Nacharbeitungsweg aufzuzeigen, wenn der Mikroorganismus vorschriftsmäßig hinterlegt ist. Eine Hinterlegung von Mikroorganismen ist andererseits nicht erforderlich, wenn der Anmelder einen nachbearbeitbaren Weg aufzeigt, wie der zu verwendende Mikroorganismus erzeugt oder beschafft werden kann, ohne dass der Fachmann genötigt ist, ihn unter erfinderischem Aufwand selbst zu erzeugen. Vektoren, wie z.B. Plasmide, müssen nicht hinterlegt werden, wenn entweder ein wiederholbares Herstellungsverfahren oder eine vollständige Sequenz angegeben wird.[127]

1090 Vorliegend hat A den Mikroorganismus hinterlegt. Damit können Dritte den Stamm zur Überprüfung bei der Hinterlegungsstelle bestellen. Einer gesonderten Darstellung der Herstellung des Mikroorganismus bedarf es daher nicht.

b) Ausnahmen vom Patentschutz

1091 Das Gesetz definiert nicht, was Erfindungen sind. Dieser Begriff ergibt sich vielmehr aus der Rechtsprechung. Dagegen ist im Gesetz festgelegt, was keine Erfindungen

126 BGH GRUR 69, 672 – *Rote Taube.*

127 BPatG Beschl. 23. 6. 2003, 14 W (pat) 40/02; Winterfeldt, GRUR 2004, 361 (364).

sind bzw. was nicht dem Patentschutz zugänglich ist. Hierbei handelt es sich nach § 1 Abs. 2 PatG bzw. Art. 52 Abs. 2 EPÜ um Entdeckungen, wissenschaftliche Theorien und mathematische Methoden, ästhetische Formschöpfungen, Pläne, Regeln, Spiele, gedankliche und geschäftliche Tätigkeiten sowie Programme und Datenverarbeitungsanlagen.

aa) Entdeckungen

Beispiel:

A hat ein Verfahren zur Herstellung von Sauerkraut entwickelt. Der verwendete 1092
Mikroorganismenstamm ist lange bekannt. A fragt, ob er für die Mikroorganismen als solche einen Patentschutz erlangen kann.

Keine Erfindungen im Sinne des Deutschen Patentgesetzes sind: 1093
(1) Entdeckungen sowie wissenschaftliche Theorien und mathematische Methoden;
(2) Ästhetische Formschöpfungen
(3) Pläne, Regeln und Verfahren für gedankliche Tätigkeiten, für Spiele oder für geschäftliche Tätigkeiten sowie Programme für Datenverarbeitungsanlagen;
(4) die Wiedergabe von Informationen (§ 1 Abs. 2 PatG, Art. 52 Abs. 2 EPÜ).

Fraglich ist demgemäß, ob lediglich eine Entdeckung vorliegt (§ 1 Abs. 2 Nr. 1 PatG). 1094
Entdeckung ist das Auffinden von etwas Vorhandenem, das bisher nicht bekannt war (z.B. Röntgenstrahlen). Sie ist reine Erkenntnis, während die Erfindung eine bestimmte Regel zum Handeln gibt. Ein Entdecker wird zum Erfinder, wenn er aufgrund seiner Erkenntnis eine zweckgerichtete Anweisung zu bestimmtem Handeln gibt (z.B. Verwendung der Röntgenstrahlen in der Medizin).[128]

Im vorliegenden Fall waren die Mikroorganismen aus dem Stand der Technik bekannt. 1095
Ebenso war es bekannt, wie solche Mikroorganismenstämme in Reinkultur hergestellt werden können. Insoweit handelt es sich um das normale Handwerkszeug des Mikrobiologen. Nach dem bisherigen Stand der Technik war jedoch im Produktionsverfahren nur mit Mischkulturen gearbeitet worden, welche im Rahmen einer Spontangärung entstanden sind. Die zur Verfügungstellung eines Mikroorganismenstammes in Reinkultur ermöglicht es nun, dass Sauerkraut mit gleichbleibender Qualität erzeugt werden kann. Die schwankenden Qualitäten des Einsatzes von Spontangärungen können somit vermieden werden. Insoweit ist die zur Verfügungstellung des Mikroorganismenstammes keine Entdeckung, sondern eine Erfindung.

Insgesamt ist dieses Beispiel exemplarisch für den gesamten Bereich der Naturstoffe. 1096
Wird ein Naturstoff isoliert, dann hat dieser in der Regel andere Wirkungen, als im Gemisch der natürlichen Umgebung. Auf diesem Prinzip beruht ein großer Bereich der pharmazeutischen Industrie.[129]

128 Schulte/Moufang § 1 PatG Rn. 78.
129 BGH GRUR 16, 475 – Rezeptortyrosinkinase; Schulte/Moufang § 1 PatG Rn. 78.

bb) Wissenschaftliche Theorien und mathematische Methoden

▶ **Beispiel:**

1097 A hat ein Verfahren entwickelt, mit dem diskrete Messwertfolgen physikalischer Größen mittels einer mathematischen Methode auswertbar sind. Hierbei wird vor der Auswertung den Messwerten ein Attribut zugeordnet, das für jeden Messwert aus anderen Messwerten der Messwertfolge abgeleitet wird und das für alle Messwerte die gleiche Eigenschaft aufweist. Ferner wird ein Kriterium für die Attribute und die Länge einer Kette aus der Folge von diskreten Messwerten festgelegt. Das Verfahren ist in verschiedenen Einzelschritten im Hauptanspruch definiert.

1098 Der Gegenstand des Hauptanspruchs unterfällt nicht den vom Patentschutz ausgeschlossenen Gegenständen nach § 1 Abs. 2 PatG. Es handelt sich nicht um eine von der Patentierung ausgeschlossene mathematische Methode. Nach der Rechtsprechung[130] kommt es nicht darauf an, ob der Patentanspruch im Zusammenhang mit der Lösung des objektiven Problems auch die Verwendung mathematischer Methoden oder Algorithmen beschreibt, sofern – wie im vorliegenden Fall – Anweisungen beansprucht werden, mit denen ein konkretes technisches Problem gelöst wird. Das Problem besteht vorliegend in der Auswertung einer Folge von diskreten Messwerten physikalischer Größen ohne erkennbare periodische oder nicht periodische Wiederholungen und ohne synchronisierte zweite Folge von Messwerten. Insbesondere können damit verrauschte Signale auf darin enthaltende latente Zusammenhänge und Abhängigkeiten analysiert und die Abhängigkeiten dargestellt werden. Der mit der Erfindung erzielte technische Effekt besteht dementsprechend darin, diese vor Anwendung des Verfahrens nicht erkennbaren Strukturen diskreter Messwertfolge und damit die dahinterliegenden technischen Zusammenhänge herauszuarbeiten und darstellbar zu machen. Das Verfahren beinhaltet somit ein objektiv technisches Problem, dessen Lösung mit einem technischen Effekt verbunden ist. Damit ist der Ausschluss nach § 1 Abs. 2 PatG überwunden.[131]

▶ **Beispiel:**

1099 A hat ein Verfahren zur Simulation von Topographie von Halbleitervorrichtungen für die Herstellung bzw. Bearbeitung von Halbleitervorrichtungen auf der Grundlage der Parameter der Verfahrensschritte, deren Ergebnisse zu simulieren sind, entwickelt.

1100 Es stellt sich die Frage, inwieweit ein solches Simulationsverfahren lediglich als mathematische Methode einzustufen ist.

---

130 BGH GRUR 2005, 141 – *Anbieten interaktiver Hilfe*; BGH GRUR, 143 – *Rentabilitätsermittlung.*

131 BPatG Mitt. 2007, 14 ff. – *Auswertung diskreter Messwerte.*

Wissenschaftliche Theorien und mathematische Methoden (§ 1 Abs. 2 Nr. 1 PatG) sind reine Erkenntnis und geben als solche keine Regel zum technischen Handeln. Sie können aber Basis für eine patentfähige Erfindung sein, nämlich wenn die wissenschaftliche Erkenntnis praktisch verwertet wird. Eine nachfolgende wissenschaftliche Erklärung einer bisher empirisch befolgten Lehre ist nicht patentfähig, auch wenn sie einen bisherigen Irrtum aufklärt. Die Lehre würde sich darin erschöpfen, weiterhin so zu verfahren wie bisher. Patentfähigkeit kann dagegen bejaht werden, wenn ein bisher nur zufällig und unbewusst erzielter Erfolg aufgrund der neuen Erkenntnis einer Gesetzmäßigkeit nunmehr bewusst und planmäßig erreicht werden kann.[132] 1101

Im Anschluss an die Rechtsprechung des BGH ist es in Zukunft nicht ausgeschlossen, dass derartigen Simulationsverfahren eine technische Wirkung nicht von vornherein abgesprochen werden kann.[133] Dem liegt die Überzeugung zugrunde, dass die beanspruchte Simulation eines Schaltkreises weder eine mathematische Methode als solche noch ein Computerprogramm als solches darstellt, auch wenn zur Durchführung der Simulation mathematische Formeln und Computeranweisungen verwendet werden. 1102

cc) Ästhetische Formschöpfungen

▶ **Beispiel:**

A hat ein Verfahren zur Herstellung formschöner Möbel entwickelt. Rechtslage? 1103

Hier stellt sich die Frage, inwieweit Patentschutz möglich ist. Ästhetische Formschöpfungen (§ 1 Abs. 2 Nr. 2 PatG) sind solche Werke, die den durch das Auge vermittelten ästhetischen Formen- oder Farbsinn anzuregen bestimmt oder geeignet sind. Es muss also eine äußerlich wahrnehmbare Formgestaltung vorliegen, die willkürlich auf das Geschmacksempfinden zielt. Sie sind als solche nicht patentfähig. Die Möbel als solche sind demgemäß nicht patentfähig, sofern sich das Neue in der ästhetischen Form erschöpft. 1104

Patentfähig bleiben aber solche Erfindungen, bei denen technische Mittel eingesetzt werden, um einen besonderen ästhetischen Effekt zu erreichen. Das ästhetische Endprodukt ist designfähig, der technische Weg dorthin, nicht die ästhetische Formschöpfung als solche, kann patentfähig sein. Das Verfahren ist technisch und dem Patentschutz zugänglich.[134] Das Verfahren zur Herstellung der Möbel ist demgemäß dem Patentschutz zugänglich. 1105

---

132 BGH GRUR 56,77 – Rödeldraht; Schulte/Moufang § 1 Rn. 80.

133 BGH Beschl. v. 13.12.1999, X ZB 11/98 – *Logikverifikation*; EPA T 1227/05 – *Schaltkreissimulation I.*

134 BGH GRUR 66, 249 – Suppenrezept, 67, 590 – Garagentor; 88, 290 – Kehlrinne; Schulte/Moufang § 1 PatG Rn. 87; Ann § 12 Rn. 12.

dd) Pläne, Regeln, Spiele, gedankliche und geschäftliche Tätigkeiten

▶ Beispiel:

1106 A hat ein Verfahren zur Erfassung und Auswertung von benutzerspezifischen Datensätzen entwickelt.

1107 Pläne, Regeln und Verfahren für gedankliche Tätigkeiten, für Spiele oder für geschäftliche Tätigkeiten (§ 1 Abs. 2 Nr. 3 PatG) sind vom Patentschutz ausgeschlossen. Den genannten Tatbeständen ist gemeinsam, dass sie keine Lehre zum technischen Handeln vermitteln. Sie stellen eine unmittelbare Betätigung des menschlichen Geistes dar und bestehen wesentlich in Regeln für die geistige Tätigkeit eines anderen. In solchen Fällen[135] fehlt es schon an der Voraussetzung, dass die prägenden Anweisungen der beanspruchten Lehre der Lösung eines konkreten technischen Problems dienen müssen. Dies gilt insbesondere dann, wenn die Aufgabenstellung weder ein konkretes, d.h. auf einen bestimmten Einsatzfall bezogenes, noch ein technisches, d.h. sich mit der Gestaltung von Hilfsmitteln für menschliche Tätigkeiten auseinandersetzendes Problem beinhaltet. Die Schaffung eines einheitlichen Ordnungsschemas, mit dem bspw. Datensätze für die Kundenzufriedenheit von verschiedenen Benutzern vereinheitlicht werden, liegt nicht auf herkömmlichem technischem Gebiet.[136] Es handelt sich im Ergebnis lediglich um Regeln und gedanklichen Tätigkeiten, die vom Patentschutz ausgenommen sind. Das Verfahren des A ist mithin nicht patentfähig.

▶ Beispiel:

1108 Beansprucht wird ein Computerprogramm zum Erstellen, Ändern und Darstellen einer Worte enthaltenden Datei. Hierbei wird ein Textverarbeitungsprogramm um ein Abrufprogramm ergänzt, das auch die durch einen Anwender erfolgende Auswahl von Schlüsselworten und weiterer Auswahlkriterien hin zusätzliche Informationen abruft und anzeigt.

1109 Das Bundespatentgericht[137] hat diese Entscheidung nicht unter dem Gesichtspunkt des Ausschlusses für Computerprogramme abgehandelt. Vielmehr hat es den Vorschlag, bestimmte Wörter in einer Textdatei kurz zuzuordnen, als eine gedankliche Tätigkeit eingeordnet. Im Weiteren hat es festgestellt, dass das Ausführen einer gedanklichen Tätigkeit mit Mitteln der Datenverarbeitung keine technische Leistung darstelle. In der Sammlung, Speicherung, Auswertung und Verwendung von Daten seien nur außertechnische Vorgänge zu erkennen.

135 BPatG Beschluss vom 13. 3. 2003, 17 W (pat) 40/02.

136 BPatG Beschluss v. 13. 3. 03, 17 W (pat) 40/02.

137 BPatG Beschluss vom 24.06.2010 – 17 W (pat) 85/07 – *Programme für Datenverarbeitungsanlagen als solche.*

Beispiel:

Der gesamte Wortschatz eines jeden Volkes soll einheitlich und semantisch exakt auf einen 12-Bit-Farbraum abgebildet werden (4096 Farbwerte). Die sprachübergreifende Recherche in Datenbeständen ist dadurch möglich, dass vor der Recherche Suchbegriffe in verschiedene Sprachen eingesetzt werden. 1110

Das Bundespatentgericht[138] hat die Problemstellung einer sprachübergreifenden Recherche als nicht technisch angesehen. Es handele sich um eine allein geistige Leistung. Die Zuordnung von Farbwerten zu Wörtern sei eine geistige und gedankliche Tätigkeit. 1111

ee) Programme für Datenverarbeitungsanlagen

Die Rechtsprechung des Bundesgerichtshofs zu Programmen für Datenverarbeitungsanlagen setzt sowohl an dem § 1 Abs. 1 PatG[139] als auch an dem § 1 Abs. 3 und 4 PatG[140] an. D.h. einesteils werden die Frage der Erfindung und damit der Technizität im Sinne von § 1 Abs. 1 PatG als auch die Patentierungsausschlüsse gemäß § 1 Abs. 3 und 4 PatG als Basis für die Entscheidungen herangezogen. 1112

Grundsätzlich geht die Rechtsprechung des Bundesgerichtshofs davon aus, dass einer Datenverarbeitungsanlage, die in bestimmter Weise programmtechnisch eingerichtet ist, technischer Charakter zukommt. Dies gilt auch, wenn auf der Anlage eine Verarbeitung von Texten vorgenommen wird.[141] Grundsätzlich kann daher einer Erfindung unter Einbeziehung von Programmen für Datenverarbeitungsanlagen technischer Charakter zukommen, sofern in irgendeiner Form außerhalb des Programms technische Elemente der Erfindung zugrunde liegen. Allerdings entscheidet über die Patentierung nicht die Gewichtung der technischen und nicht technischen Elemente.[142] Die nach der früheren Rechtsprechung[143] geltende Kerntheorie ist damit aufgegeben worden.

Beispiel:

A möchte von Patentanwalt B wissen, ob die Abwicklung eines Geschäfts mittels Computers patentschutzfähig ist. 1113

Computerprogramme nimmt § 1 Abs. 2 Nr. 3 PatG vom Patentschutz aus, und zwar für alle seine Phasen. Andere Programme können, wenn sie technisch sind, patentfähig sein. Ausgenommen ist nach § 1 Abs. 3 PatG nur das »Programm als solches«. Es 1114

138 BPatG Beschluss vom 22.06.2010 – 17 W (pat) 49/08 – *Gedankliche Tätigkeiten als solche.*
139 BGH Urteil vom 11.05.2000 – X ZB 15/98 – *Sprachanalyseeinrichtung*; BGH Urteil vom 26.10.2010 – X ZB 47/07 – *Wiedergabe topografischer Informationen.*
140 BGH Urteil vom 19.10.2004 – X ZB 34/03 – *Rentabilitätsermittlung*; BGH Urteil vom 26.10.2010 – X ZB 47/07 – *Wiedergabe topografischer Informationen.*
141 BGH Urteil vom 11.05.2000 – X ZB 15/98 – *Sprachanalyseeinrichtung.*
142 BGH Urteil vom 20.01.2009 – X ZB 22/07 – *Steuerungseinrichtung für Untersuchungsmodalitäten.*
143 BGH GRUR 1992, 430 – *Tauchcomputer.*

bedarf daher der Feststellung, ob ein reines Computerprogramm vorliegt, oder ob es sich bei der Erfindung im Gewand eines Computerprogramms in Wirklichkeit um eine abgekürzte oder abstrahierende Umschreibung einer patentfähigen Lehre handelt, z.B. für den Aufbau eines Geräts oder die Stufen eines Verfahrens.

1115 Programmbezogene Erfindungen, die zur Lösung eines Problems ein Computerprogramm verwenden, sind technisch und damit patentfähig,

(1) wenn sie die Funktionsfähigkeit der Datenverarbeitungsanlage als solche betreffen und damit das unmittelbare Zusammenwirken ihrer Elemente ermöglichen;
(2) wenn sie einen bestimmten Aufbau einer Datenverarbeitungsanlage im Sinne einer gegenständlichen Ausgestaltung beschreiben;
(3) wenn sie für die Datenverarbeitungsanlage Einsatzmöglichkeiten zu anderen als den bisher gegebenen Zwecken eröffnen;
(4) wenn das Programm eine neue, erfinderische Brauchbarkeit einer in ihren Elementen und ihrem Aufbau bekannten Datenverarbeitungsanlage ermöglicht;
(5) wenn die benutzten Naturkräfte und nichttechnischen Informationen (Kenndaten, Rechenregel, Computerprogramm) in so enger Beziehung zueinander stehen, dass ohne Zwischenschaltung menschlicher Verstandestätigkeit ein technisches Ergebnis erzielt wird,[144]

vorausgesetzt, dass sie neu und erfinderisch sind.

1116 Der Algorithmus selbst ist nicht patentfähig, da er eine dem Programm zugrundeliegende Rechenregel darstellt und somit keinen technischen Charakter besitzt; denn er wendet sich nur an die menschliche Verstandestätigkeit, lehrt aber nicht die Benützung von Naturkräften. Bedient sich ein technisches Verfahren eines Algorithmus, so wird es damit weder untechnisch noch bezieht es sich damit auf eine mathematische Methode als solche. Organisationsregeln sind dem Algorithmus wesensverwandt, wenn sie sich in ihrem Kern in einer Regel zur Auswahl, Gliederung und Zuordnung bestimmter Bedeutungsinhalte erschöpfen. Ihre mögliche Anwendung in technischen Geräten oder die Verwendung ihrer Ergebnisse auf technischem Gebiet ändern nichts an ihrem untechnischen Wesen. Die Erteilung eines Patents für ein Verfahren, das der Abwicklung eines im Rahmen wirtschaftlicher Betätigung liegenden Geschäfts mit-

144 Beschl. BPatG vom 12. November 1996, 17 W (pat) 23/94; BPatG Beschl. vom 5. Dezember 1996, 17 W (pat) 36/94; BPatG Beschl. vom 21. Januar 1997, 17 W (pat) 49/94 – *CAD/CAM-Einrichtung: Algorithmus*; BPatG Beschl. BPatG vom 4. November 1997, 17 W (pat) 65/95 – *Gestaltsimulationsverfahren 1*; BPatG Beschl. von 9. Januar 1997, 17 W (pat) 42/94 = BPatGE 37, 228 = GRUR 1997, 617 = CR 1997, 532 = BlPMZ 1997, 441 – *Datenverarbeitungsbezogene Lehre: Vorbereitung von Musterdaten*; BPatGE 38, 31 = GRUR 1998, 35 – *CAD/CAM-Einrichtung: Algorithmus*; vgl. hierzu auch Anders: Wie viel technischen Charakter braucht eine computerimplementierte Geschäftsmethode, um auf erfinderischer Tätigkeit zu beruhen? GRUR 2001, 555 Kellenter: Aus der Rechtsprechung des Bundespatentgerichts im Jahr 2000, GRUR 2001, 276; Busche: Software bezogene Erfindungen in der Entscheidungspraxis des Bundespatentgerichts und Bundesgerichtshof, Mitt. 2001, 50; Melullis: »Zur Patentfähigkeit von Programmen für Datenverarbeitungsanlagen«, GRUR 1998, 843.

tels Computer dient, kommt demzufolge nur in Betracht, wenn der Patentanspruch über den Vorschlag hinaus, für die Abwicklung des Geschäfts Computer als Mittel zur Verarbeitung verfahrensrelevanter Daten einzusetzen, weitere Anweisungen enthält, denen ein konkretes technisches Problem zugrunde liegt, sodass bei der Prüfung auf erfinderische Tätigkeit eine Aussage darüber möglich ist, ob eine Bereicherung der Technik vorliegt, die einen Patentschutz rechtfertigt.[145]

Der Bundesgerichtshof[146] fordert eine Gesamtbetrachtung. Diese dient der Evaluie- 1117
rung, ob das Programm oder das Verfahren in einer Weise in einen technischen Ablauf eingebettet ist, die das Merkmal der Technizität als erfüllt erscheinen lässt. Dies führt aber nicht zwangsläufig zu dem Ergebnis, dass die Technizität bei einem Nebeneinander technischer und nicht technischer Elemente als Resultat einer Gewichtung negiert werden darf. Das heißt, technische Merkmale dürfen nicht im Rahmen einer Wichtung zugunsten nichttechnischer Merkmale relativiert werden. Der Nachweis der Lösung eines konkreten technischen Problems mit technischen Mitteln ist stets erforderlich. Der BGH nennt in seiner Entscheidung einige Beispiele:
- programmgesteuerte Einstellungen von Parametern,
- Überwachung und Regelung technischer Einrichtungen, Aufarbeitungen von Messergebnissen oder
- programmgesteuerte Optimierung des Betriebs von Vorrichtungen.[147]

▶ **Beispiel.**

A hat ein Verfahren zur Modellierung eines physischen Systems in einem Compu- 1118
ter entwickelt, bei dem abstrakte Objekte und ihre Attribute von den physischen Elementen und ihren Merkmalen abgeleitet wurden und alle Objekte, Attribute und Beziehungen in Tabellen mit relationaler Datenbanktechnik gespeichert wurden. Nach einem Ausführungsbeispiel wird die Informationsmodellierung zu Steuerung und Verwaltung technischer Prozesse in einem Stromversorgungssystem verwendet. In der Beschreibung wird ausdrücklich darauf abgehoben, dass die Erfindung nicht auf die Stromversorgungssysteme beschränkt, sondern auf vielerlei physische Systeme anwendbar sind.

Die Informationsmodellierung kann als formalisiertes Verfahren charakterisiert wer- 1119
den, das von einem Systemingenieur oder ähnlichen Fachmann in einer ersten Phase der Softwareentwicklung durchgeführt wird, um systematisch Daten über das abzu-

145 BGHZ 143, 255 = BGH Bl. 2000, 276; BGH Mitt. 2000, 359 = BGH GRUR 2000, 498 = BGH Mitt. 2000, 293 – *Logikverifikation*; BGH GRUR 2000, 1007 – *Sprachanalyseeinrichtung*; BGH GRUR 2002, 143 = BGH BlPMZ 2004, 428 – *Suche fehlerhafter Zeichenketten*; Keukenschrijver in Festschrift für Reimar König zum 70. Geburtstag S. 255 (262).

146 BGH vom 20.01.2009, Az. X ZB 22/07 – *Steuerungseinrichtung für Untersuchungsmodalitäten.*

147 Vgl. hierzu auch BPatG Mitt. 2009, 233. – *Elektronischer Zahlungsverkehr.*

bildende oder zu simulierende physische System zu sammeln und sozusagen ein wirklichkeitsgetreues Modell des Systems zu Papier zu bringen.

1120 Die Informationsmodellierung umfasst nützliche Konzepte und Verfahren zur Entwicklung komplexer Softwaresysteme, ist aber als solche eine geistige Tätigkeit, die alle typischen Züge der nichttechnischen Wissenszweige aufweist. Deshalb ist sie bei der Beurteilung der erfinderischen Tätigkeit wie jede andere menschliche Tätigkeit auf einem nichttechnischen Gebiet zu behandeln, die als solche keine Erfindung darstellt. Nur die zielgerichtete Verwendung der Informationsmodellierung im Zusammenhang mit der Lösung einer technischen Aufgabe, wie dies z.B. bei der bevorzugten Ausführung der Fall ist, die sich auf die Steuerung und Verwaltung technischer Prozesse in einem Stromversorgungssystem bezieht, kann als technische Erfindung anerkannt werden.

1121 Die beanspruchte Erfindung ist jedoch nicht auf Stromversorgungssysteme beschränkt; wie in der Beschreibung ausdrücklich erwähnt, ist die Erfindung auf vielerlei »physische Systeme« anwendbar ein Begriff, der jegliches System der realen Welt, selbst die Organisation von Geschäfts- und Verwaltungstätigkeiten, umfasst. In Anbetracht der breiten Bedeutung des Ausdrucks »physisches System« ist die Informationsmodellierung als abstrakte nichttechnische Tätigkeit auszulegen. Der technische Teil des beanspruchten Verfahrens bezieht sich auf die technische Umsetzung eines abstrakten Informationsmodells in einem Computersystem. Formulierungen, wie »die Objekte sind in Tabellen mit relationaler Datenbanktechnologie gespeichert«, beziehen sich auf technische Funktionen und Datenstrukturen, die tatsächlich irgendwo in der Computer-Hardware gespeichert sind und somit zum technischen Teil eines derartigen Datenbanksystems gehören. Neben den Schritten der abstrakten Informationsmodellierung enthält die Erfindung demgemäß auch das Merkmal eines computergestützten Datenbanksystems und betrifft damit technische Aspekte, was das Verfahren wenigstens grundsätzlich zu einer patentfähigen Erfindung macht.[148]

▶ **Beispiel:**

1122 A hat ein Verfahren zum Verarbeiten von Eingangs-Variablen gegebener Wortbreite in einem Integer-Signalprozessor entwickelt, wobei für die zu erwartende Dynamik der Eingangsvariablen je eine Skalierungsinformation in Form eines Exponentialausdrucks vorgegeben wird, entwickelt. Rechtslage?

1123 Es stellt sich die Frage, inwieweit ein Ausschluss vom Patentschutz gemäß § 1 Abs. 2 Nr. 3 PatG in Betracht kommt. Dies wäre der Fall, wenn ein Algorithmus oder ein Computerprogramm als solches vorliegt. In der Rechtsprechung wird die Frage der Schutzfähigkeit von computerbezogenen Erfindungen in der Regel bei der Frage der Technizität abgehandelt.

148 BPatG Urt. v. 26.5.21 – 4 Ni 4/21 (EP).

Dem Verfahren zum Verarbeiten von Eingangsvariablen kommt technischen Charakter zu.[149] Mit dem Verfahren soll die Rechenzeit gegenüber bekannten Verfahren durch Vermeidung zeitaufwendiger Verschiebeoperationen zum Reskalieren nach Ausführung einer Multiplikation spürbar verringert werden. Die Summe wird der Skalierungsinformationen von Faktoren wenigstens so groß wie die Wortbreite gewählt und nach einer Multiplikation der Faktoren das unverschobene Hochwort des Produktregisters mit einer Skalierungsinformation weiterverarbeitet, die gleich der Summe der Skalierungsinformationen der Faktoren abzüglich der Wortbreite ist.[150] 1124

▶ Beispiel:

Medizinische Daten eines Patienten werden in das Programm einer Datenverarbeitungsanlage eingespeist. Die Datenverarbeitungsanlage ist mit einer Diagnose basierten Datenbank verbunden. Das Programm der Datenverarbeitungsanlage wählt die Untersuchungsmodalitäten aus, erstellt ein Untersuchungsprotokoll und ein Messprotokoll. 1125

Das Bundespatentgericht[151] war davon ausgegangen, dass neben den nichttechnischen Elementen auch technische Elemente dem Verfahren zugrunde liegen. Diese bestimmen in der Einstellung von Geräteparametern die Untersuchungsmodalitäten. Da diese aber nicht im Vordergrund stünden und nur untergeordnete Bedeutung hätten, wurde das Verfahren nicht als Erfindung im Sinne des § 1 Abs. 1 PatG angesehen. Der Bundesgerichtshof ist sodann zu dem Schluss gekommen, dass der Gegenstand der Erfindung selbst die erforderliche Technizität aufweise,[152] weil er die Verarbeitung, Speicherung und Übermittlung von Daten mittels eines technischen Gerätes beinhalte. Das Bundespatentgericht hat sodann in einer weiteren Entscheidung jedoch die Anmeldung mangels Vorliegens erfinderischer Tätigkeit zurückgewiesen.[153] 1126

▶ Beispiel:

Die Besonderheit einer von A dem Patentanwalt B geschilderten Lehre besteht darin, die Fahrzeuge, die die Fahranweisungen im Rahmen der Sprachführung 1127

---

149 BPatG vom 28. Oktober 1997, 17 W (pat) 29/94.

150 Beschl. BPatG vom 9. April 1997, 7 W (pat) 45/93 – *Wiedergabe des Standes der Technik*, BPatG Beschl. vom 4. 2. 1999, 17 W (pat) 65/97; Beschl. v. 11. 2. 1999, 17 W (pat) 60/97; BPatG Beschl. v. 14. 6. 1999, 20 W (pat) 8/99; BPatGE 41, 171 = GRUR 1999, 1078 = BlPMZ 1999, 442 = Mitt. 2000, 33 mit Anm. Betten – *Automatische Absatzsteuerung*, BPatG BlPMZ 2000, 387 – *Computerimplementiertes Verfahren zum Herstellen eines Kabelbaums*; BPatGE 45, 103 = Bl. 2002, 428 = Mitt 2002, 529 BPatGE 45, 109 = GRUR 2002, 871 = Mitt 2002, 350 = Bl. 2002, 388 – *Suche fehlerhafter Zeichenketten/Tippfehler*; BPatGE 45, 120 = GRUR 2002, 869 = Bl. 392 = Mitt 2002, 461 (Korrektur in 2003, 70) – *Geschäftliche Tätigkeit*; BPatG GRUR 2003, 413 – *Satzanalyseverfahren*; BPatG GRUR 2003, 139 – *Fuzzy Clustering*; Anders GRUR 98, 604 (605).

151 BPatG GRUR 2008, 330.

152 BGH Urteil vom 20.01.2009 – X ZB 22/07 – *Steuerungseinrichtung für Untersuchungsmodalitäten*.

153 BPatG Beschluss vom 29.04.2010 – 17 W (pat) 6/04.

in ausgewählten Fahrsituationen um Straßennamen zu ergänzen. A möchte daher gerne ein Verfahren einer Vorrichtung zur Routenführung in einem Fahrzeugnavigationssystem anmelden. Zur Lösung schlägt A folgendes vor:

1. Das Navigationssystem dient der Nutzung in einem Fahrzeug.
2. Das Navigationssystem umfasst
   a) Sensormittel zum Erzeugen von Daten, die zu einer Navigation benutzt werden,
   b) eine Benutzerschnittstelle zur akustischen Kommunikation mit dem Nutzer des Navigationssystems und
   c) eine zentrale Verarbeitungseinheit.

1128 Nach der Rechtsprechung des Bundesgerichtshofs[154] erfüllt ein Verfahren, das die Abarbeitung von Schritten mit Hilfe elektronischer Datenverarbeitung zum Gegenstand, bereits dann das vorgesehene Erfordernis der Technizität, wenn es der Verarbeitung, Speicherung und Übermittlung von Daten mittels eines technischen Gerätes dient. Insoweit ist vorliegend das Kriterium der Technizität gegeben.

1129 Fraglich ist jedoch, ob die erfinderische Tätigkeit gegeben ist. Vorliegend betreffen die Maßnahmen ausschließlich den Inhalt der dem Nutzer zur Verfügung gestellten Informationen. Das technische Mittel, mit dem das Problem der Abhängigkeit des Benutzers von der optischen Routenführung gelöst wird, besteht dem Gegenüber in der Verbesserung der akustischen Routenführung der Gestalt, dass der Nutzer Informationen, die er bisher nur auf dem Bildschirm sehen konnten, nun auch hören kann. Diese technische Lösung ist jedoch so lange ohne Bedeutung, als nicht die Audio-Wiedergabe wegen dieses Inhalts besondere technische Schwierigkeiten aufweist, die durch die technische Lehre der Erfindung gelöst werden. Mithin ist die erfinderische Tätigkeit nicht gegeben.[155]

c) Erfindungen auf dem Gebiet der Biologie

1130 Für das Gebiet der Biologie enthalten das Deutsche Patentgesetz und das Europäische Patentübereinkommen Sonderbestimmungen. Entsprechende oder ähnliche Bestimmungen sind im Prinzip auch weltweit in den Patentgesetzen anderer Länder zu finden. Im Einzelnen betreffen diese Bestimmungen den Bereich der Pflanzen, Tiere, biologischen Verfahren, mikrobiologischen Verfahren sowie deren Erzeugnisse sowie den Bereich der Ethik, welcher insbesondere im Zusammenhang mit der Gentechnik Gegenstand der öffentlichen Diskussion der letzten Jahrzehnte ist.

---

154 BGH GRUR 2010, 613 – *dynamische Dokumentengenerierung.*
155 BGH 23.04.2013, Az. X ZR 27/12.

aa) Pflanzen

Beispiel:

A ist eine Firma im Bereich der Biotechnologie. Sie hat eine Patentanmeldung eingereicht, deren Gegenstand chemisch behandeltes Saatgut ist. U. a. sind die Ansprüche auf mit einem chemischen Mittel behandelte Pflanzen gerichtet. Der Prüfer wendet ein, dass Pflanzensorten vom Patentschutz ausgeschlossen sind. 1131

§ 1 Abs. 2 PatG regelt, welche biologische Erfindungen grundsätzlich patentiert werden können: 1132

»Patente werden für die Erfindung im Sinne von Absatz 1 auch dann erteilt, wenn sie ein Erzeugnis, das aus biologischem Material besteht oder dieses enthält, oder wenn sie ein Verfahren, mit dem biologisches Material hergestellt oder bearbeitet wird oder bei dem es verwendet wird, zum Gegenstand haben. Biologisches Material, das mit Hilfe eines technischen Verfahrens aus seiner natürlichen Umgebung isoliert oder hergestellt wird, kann auch dann Gegenstand einer Erfindung sein, wenn es in der Natur schon vorhanden war.«[156]

Grundsätzlich kann demgemäß für biologisches Material oder Verfahren zu dessen Erzeugung oder dessen Einsatz im Verfahren Patentschutz gewährt werden. Weiter konkretisiert wird dies in § 2 a Abs. 1, 2 PatG: 1133

»(1) Für Pflanzensorten und Tierrassen sowie im Wesentlichen biologische Verfahren zur Züchtung von Pflanzen und Tieren werden keine Patente erteilt.

(2) Patente können erteilt werden für Erfindungen,
1. deren Gegenstand Pflanzen oder Tiere sind, wenn die Ausführung der Erfindung technisch nicht auf eine bestimmte Pflanzensorte oder Tierrasse beschränkt ist;
2. die ein mikrobiologisches oder ein sonstiges technisches Verfahren oder ein durch ein solches Verfahren gewonnenes Erzeugnis zum Gegenstand haben, sofern es sich dabei nicht um eine Pflanzensorte oder Tierrasse handelt.«

Für Pflanzensorten oder Tierarten sowie für »im Wesentlichen biologische Verfahren zur Züchtung von Pflanzen oder Tieren« kann infolgedessen kein Patent erteilt werden. 1134

Gemäß § 2a Nr. 1 PatG sind auch durch im Wesentlichen biologischen Verfahren gewonnene Pflanzen und Tiere vom Patentschutz ausgeschlossen.[157] Nach einer Entscheidung des Supreme Court[158] ist eine isolierte Gensequenz, welche aus der Natur isoliert worden ist, nicht patentfähig, insoweit sie identisch mit der in der Natur aufgefundenen DNA ist. Komplementäre DNA (cDNA) ist dagegen eine synthetische Kreation, welche normalerweise nicht in der Natur vorkommt. 1135

156 Vgl. hierzu auch Richtlinie 98/44 des Europäischen Parlaments sowie Regeln 26–29 AOEPÜ.

157 Fitzner, Der patentrechtliche Schutz von Mikroorganismen, Fitzner in Barredo, S. 465; Fitzner in Festschrift für Nordemann S. 51; Schulte § 2 PatG Rn. 61 ff.; Busse/Keukenschrijver § 2a Rn. 2 ff.

158 Supreme Court of the United States 569 U. S. (2013) vom 13.06.2013.

1136

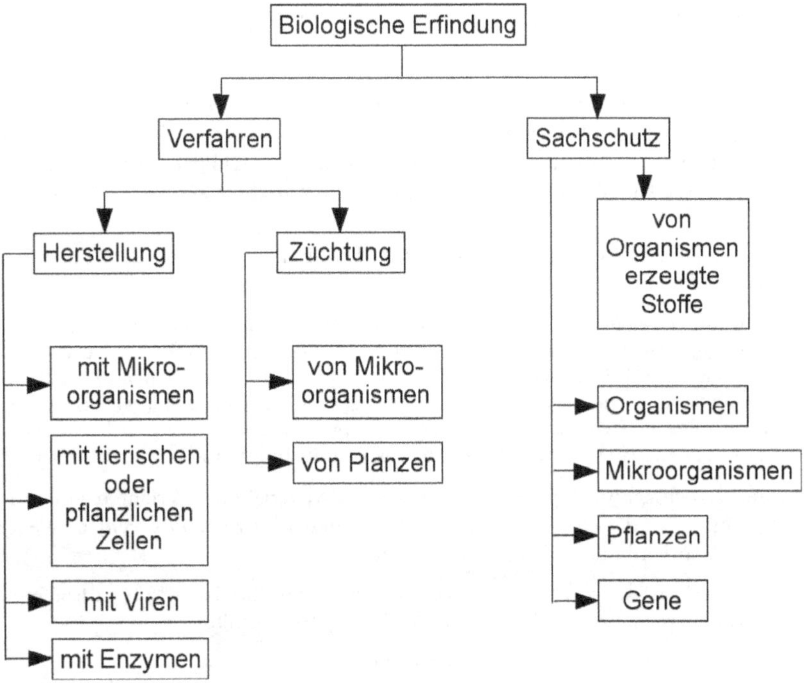

Abb. 19: Biologische Erfindung

1137 § 2 a Abs. 3 PatG definiert darüber hinaus die Begriffe »biologisches Material« und »mikrobiologisches Verfahren«:

1138 Im Sinne dieses Gesetzes bedeuten gemäß § 2 a Abs. 3 PatG:

(1) »biologisches Material« ein Material, das genetische Informationen enthält und sich selbst reproduzieren oder in einem biologischen System reproduziert werden kann;

(2) »mikrobiologisches Verfahren« ein Verfahren, bei dem mikrobiologisches Material verwendet, ein Eingriff in mikrobiologisches Material durchgeführt oder mikrobiologisches Material hervorgebracht wird;

(3) »im Wesentlichen biologisches Verfahren« ein Verfahren zur Züchtung von Pflanzen und Tieren, das vollständig auf natürlichen Phänomenen wie Kreuzung oder Selektion beruht;

(4) »Pflanzensorte« eine Sorte im Sinne der Definition der Verordnung (EG) Nr. 2100/94 des Rates vom 27. Juli 1994 über den gemeinschaftlichen Sortenschutz[159] in der jeweils geltenden Fassung.

159 ABl. EG Nr. L 227 S. 1.

Gegenstand der Ansprüche (chemisch behandeltes Saatgut) ist vorliegend aber keine von jeder anderen Sorte unterscheidbare individuelle Pflanzensorte, sondern es sind beliebige, chemisch in bestimmter Weise behandelte Kulturpflanzen in Form ihres Vermehrungsgutes beansprucht. Außerdem ist die chemische Behandlung von verbessertem Vermehrungsgut nicht das Ergebnis eines im Wesentlichen biologischen Verfahrens. Der Einwand des Prüfers ist mithin unzutreffend. 1139

bb) Tiere

▶ Beispiel:

A hat ein Schaf gezüchtet, dessen Milch pharmazeutisch verwertbare Substanzen enthält. Das Tier ist nicht fortpflanzungsfähig. Ferner möchte er die aus diesem Tier gewonnenen Zellen schützen lassen, um mit diesen ein Verfahren zur industriellen Gewinnung von pharmazeutischen Mitteln anzumelden. A möchte von Patentanwalt B wissen, ob hierfür Patentschutz möglich ist. 1140

Im vorliegenden Fall wird es auf die Frage ankommen, ob das Tier als solches beansprucht werden soll oder ob A etwa eine neue Tierrasse zur Verfügung gestellt hat. 1141

Gemäß § 2 Abs. 2 Nr. 2 PatG können Patente für Erfindungen erteilt werden, deren Gegenstand Tiere sind. Das Patentgesetz verbietet nur die Patentierung von Tieren in der genetisch fixierten Form der Tierart. 1142

Tierzellen als solche, die sich dank der modernen Technik fast wie Bakterien und Hefen kultivieren lassen, können nicht unter der Definition eines Tieres oder einer Tierrasse subsumiert werden. Wie Pflanzenzellen gelten sie vielmehr nach der derzeitigen Praxis als »mikrobiologische Erzeugnisse« im weiteren Sinne.[160] Sowohl das Schaf als auch die Tierzellen sind daher grundsätzlich patentfähig. 1143

cc) Biologische Verfahren

▶ Beispiel:

A hat eine Pflanze entwickelt, die den Schritt der Transformation der Pflanzenzelle oder des Pflanzengewebes mit einer rekombinanten DNA die folgenden Schritte der Regeneration und Vervielfältigung der Pflanzen und Samen umfasst. A möchte wissen, ob hier ein Patentschutz möglich ist. 1144

Im vorliegenden Fall wird sich damit die Frage stellen, ob ein im Wesentlichen biologisches Verfahren vorliegt. 1145

Erfindungen, die andere als im Wesentlichen biologische Verfahren zur Züchtung von Tieren und deren Erzeugnissen, nämlich die mithilfe technischer Verfahren erzeugte Tiere, betreffen, sind dagegen nicht von der Patentierung ausgeschlossen. Ebenso 1146

160 Fitzner in Festschrift für Nordemann S. 51 (56, 57); ABl. EPA 2006, 16, 56 f.

sind im Wesentlichen biologische Verfahren mithilfe von Tieren zur Herstellung von Erzeugnissen patentfähig.

1147 Biologisches Verfahren ist in erster Linie als Abgrenzung zum technischen Verfahren im engeren Sinne zu verstehen, bei dem mit anderen Mitteln als lebender Materie auf den Ablauf des Geschehens eingewirkt wird, z.B. mit chemischen oder mit physikalischen Mitteln. Insbesondere hängt die Frage, ob ein Verfahren »im Wesentlichen biologisch« ist, davon ab, in welchem Umfang von menschlicher Seite technisch in das Verfahren eingegriffen wird: Spielt ein solcher Eingriff eine maßgebliche Rolle bei der Beeinflussung des erstrebten Ergebnisses, ist das Verfahren von der Patentierbarkeit nicht auszuschließen.

1148 Pflanzen- und Tierzüchtungsverfahren sind demnach patentrechtlich schützbar, wenn es sich nicht um im »wesentlichen biologische Verfahren« handelt.

1149 Ebenso sind biologische Verfahren, die nicht der Zucht von Pflanzen dienen, patentfähig, d.h. Verfahren zur Herstellung von Erzeugnissen mithilfe höherer Pflanzen mit Ausnahme der Pflanze selbst. Die unmittelbaren Erzeugnisse dieser Verfahren werden gemäß § 9 S. 2 Nr. 3 PatG geschützt.

1150 Demgemäß ist im vorliegenden Fall davon auszugehen, dass ein Verfahren zur Erzeugung einer Pflanze, das den Schritt der Transformation der Pflanzenzelle oder des Pflanzengewebes mit einer rekombinanten DNA und die folgenden Schritte der Regeneration und Vervielfältigung der Pflanzen oder Samen umfasst, kein im Wesentlichen biologisches Verfahren ist; denn der Schritt der Transformation der Pflanzenzelle oder des Pflanzengewebes mit einer rekombinanten DNA stellt unabhängig davon, inwieweit sein Erfolg dem Zufall unterliegt, einen wesentlichen technischen Schritt dar, der entscheidenden Einfluss auf das gewünschte Endergebnis hat.[161]

▶ **Beispiel:**

1151 A hat ein Verfahren entwickelt, bei welchem eine Tomate mit üblichen Kreuzungs- und Selektionsschritten erzeugt wird. Im Rahmen des Verfahrens wird eine Pflanze mit einem erhöhten Gehalt an 4-Metylsulfinylbutylglucosinolaten erhalten. Dieser Gehalt wird nach der Selektion unter Zuhilfenahme von molekularen Markern bestimmt.

1152 Im vorliegenden Fall handelt es sich um ein übliches Züchtungsverfahren mit dem Biologen allgemein bekannten Kreuzungs-, Selektions- und Rückkreuzungsschritten. Die technischen Verfahrensschritte bestehen alleine darin, dass eine Überprüfung der Selektionsschritte mittels molekularen Markern erfolgt. Jedoch kann ein Züchtungsverfahren nicht durch den bloßen Zusatz von technischen Verfahrensschritten dem Patentierungsausschluss entgehen. Die technischen Hilfsmittel könnten im vorliegenden

161 Fitzner in Festschrift für Nordemann S. 51 (59).

Fall zwar für sich patentfähig sein, aber ihre Verwendung in einem im Wesentlichen biologischen Verfahren macht dieses noch nicht patentierbar.[162]

Die Große Beschwerdekammer[163] hat zur Frage der Patentierbarkeit der durch »im Wesentlichen biologischen Verfahren zur Züchtung von Pflanzen und Tieren« gewonnenen Produkte (Pflanzen und/oder Tiere) Stellung genommen. Hinsichtlich der Definition von Züchtungsverfahren iSd Art. 53 lit. b EPÜ gilt weiterhin, dass ein Verfahren zur Züchtung von Pflanzen oder Tieren, dass die Schritte der geschlechtlichen Kreuzung ganzer Genome umfasst, von der Patentierbarkeit ausgeschlossen sind. Weitere technische Schritte (z.B. Selektion durch molekulare Marker) führen nicht zur Patentierbarkeit eines Verfahrens zur Kreuzung von Pflanzen/Tieren. Ausgeschlossen sind auch Selfing und Embryorettung.[164] 1153

Mittels eines sogenannten Disclaimers kann ein Gegenstand ausgeklammert werden, der aus ethisch-moralischen Gründen vom Patentschutz ausgeschlossen ist. Z.B. kann eine Erfindung, die auf Menschen und Tiere anwendbar ist, auf die Anwendung am Tier begrenzt werden, um so einem Patentausschluss Rechnung zu tragen. Ansprüche auf Pflanzen und Tiere, die durch ein technisches oder ein im Wesentlichen biologisches Verfahren erhältlich sind, müssen eine entsprechend Beschränkung aufweisen. Durch einen solchen Disclaimer kann der beanspruchte Gegenstand auf die technisch hergestellte Pflanze bzw. das technisch hergestellte Tier beschränkt werden. Eine mögliche Formulierung konnte sein: »Mit der Maßgabe, dass die Pflanze bzw. das Tier nicht ausschließlich durch ein im Wesentlichen biologisches Verfahren hergestellt ist«. Das EPA verlangt – für Anmeldungen ab dem 1.7.2017 – einen Disclaimer stets, wenn ein Merkmal einer beanspruchten Pflanze bzw. eines Tieres sowohl auf eine technischen Eingriff als auch auf ein im Wesentlichen biologisches Verfahren zurückzuführen ist[165] 1154

dd) Mikrobiologische Verfahren

▶ Beispiel:

A hat ein neues Verfahren entwickelt, bei welchem mittels einer Hefekultur pharmazeutische Produkte hergestellt werden. Er möchte von Patentanwalt B wissen, ob dieses Verfahren schutzfähig ist. 1155

Patentschutz kann für mikrobiologische Verfahren gewährt werden (§ 2 a Abs. 2 Nr. 2 PatG). Nach der Ansicht des Bundesgerichtshofs[166] können sich mikrobiologische Verfahren einmal darauf beziehen, mittels Stoffwechseltätigkeit von Kleinstlebewesen 1156

162 EPA G2/07, 9. 12. 2010 – *Broccoli I*; EPA G2/2013, 25. 3. 2015 – *Broccoli II*; EPA G1/08, 9. 12. 2010 – *Tomate I*; EPA G2/12, 25. 3. 2015 – *Tomate II*.

163 G 3/19 (G 3/19, ABl. EPA 2020, A119).

164 G 2/07 bis G 1/08 (EPA (GBK) G 2/07, ABl. EPA 2012, 130 = GRUR Int 2011, 266; EPA (GBK) G 1/08, ABl. EPA 2012, 130 (206)).

165 Heli Pihlajamaa, GRUR 2022, 949.

166 BGHZ 64, 101 – *Bäckerhefe*.

wertvolle Produkte zu erzeugen oder Zustande zu verändern. Zum andern könnten solche Verfahren eine von Menschenhand gesteuerte Erzeugung von neuen Mikroorganismen und die Verwendung solcher Mikroorganismen zum Gegenstand haben. Unter Mikroorganismen sind Bakterien und Hefen zu verstehen. Das Verfahren ist der Mikrobiologie zuzuordnen und damit schutzfähig.

▶ Beispiel:

1157 A hat ein Verfahren entwickelt, bei dem mittels einer tierischen Gewebekultur pharmazeutische Produkte erzeugt werden.

1158 Im vorliegenden Fall wird sich die Frage stellen, ob hier ein mikrobiologisches Verfahren vorliegt, welches dem Patentschutz zugänglich ist. Die herkömmliche Mikrobiologie ist vor allem auf die Herstellung von Primär- und Sekundärmetaboliten durch Fermentationsprozesse und auf Biotransformationen gerichtet gewesen. In der modernen Mikrobiologie werden aber nun die traditionellen Verfahren mit den Methoden der Gentechnik kombiniert und Versuchsansätze gewählt, die breit auf tierische und pflanzliche Zellen anwendbar sind, die ähnlich wie Bakterien und Hefen in Kulturen am Leben erhalten und gezüchtet werden könnten.

1159 Nach der Änderung des § 1 Abs. 2 PatG wird sich jedoch die Frage stellen, ob ein Rückgriff auf § 2 Abs. 2 Nr. 2 PatG erforderlich ist. Denn eine tierische Gewebekultur lässt sich zwanglos unter den Begriff »biologisches Material«, mithin unter § 1 Abs. 2 PatG subsumieren. Unabhängig von dieser rechtsdogmatischen Frage dürfte das Verfahren grundsätzlich dem Patentschutz zugänglich sein.

ee) Erzeugnisse mikrobiologischer Verfahren

▶ Beispiel:

1160 A betreibt eine Bierbrauerei. Zur Verbesserung der Qualität seines Bieres experimentiert er mit bestimmten Heferassen. Dabei ist es ihm gelungen, eine besonders leistungsfähige Bierhefe zu erzeugen, welche ein Bier mit bisher nicht bekannter Qualität erzeugt. Bei einem weiteren Experiment hat er außerdem eine Hefe entwickelt, welche ein Bier mit extrem geringem Alkoholgehalt erzeugt. A fragt, ob diese Organismen einem Patentschutz zugänglich sind.

1161 Im vorliegenden Fall wird sich die Frage stellen, ob im Sinne des § 2 Abs. 2 Nr. 2 PatG ein durch ein mikrobiologisches Verfahren gewonnenes Erzeugnis vorliegt. Zu den mikrobiologischen Erzeugnissen zählen zunächst die mithilfe von Mikroorganismen hergestellten bzw. veränderten Substanzen, wobei unter Mikroorganismen u.a. Hefen zu verstehen sind. Ziel mikrobiologischer Verfahren sind aber nicht nur die Erzeugung von Substanzen, sondern auch die Herstellung von Organismen selbst. Neue Organismen als solche gelten daher ebenfalls als Erzeugnisse mikrobiologischer

Verfahren im Sinne des § 2a Abs. 2 Nr. 2 PatG, Art. 53 b) 2. HS. EPÜ.[167] Vorliegend kann mithin für die neu entwickelten Hefen ein Patentschutz erlangt werden.

d) Erfindungen auf dem Gebiet der Medizin und Diagnostik

▶ Beispiel:

A hat ein Verfahren zur Speicherung von Signalen in einem medizinischen Gerät entwickelt. Dieses Gerät wird in den Körper implantiert. Die Signale werden aus diesem Gerät zu einem Empfänger außerhalb des Patienten gesendet. A fragt, ob ein Patentschutz möglich ist. 1162

Verfahren zur chirurgischen oder therapeutischen Behandlung des menschlichen oder tierischen Körpers und Diagnostizierverfahren, die am menschlichen oder tierischen Körper vorgenommen werden, sind nicht patentierbar. Dies gilt nicht für Erzeugnisse, insbesondere Stoffe oder Stoffgemische, zur Anwendung in einem der vorstehend genannten Verfahren (§ 2a Abs. 1, Nr. 2 PatG). 1163

Im vorliegenden Fall hat das Bundespatentgericht entschieden,[168] dass ein Verfahren zur Speicherung von Signalen in einem implantierbaren medizinischen Gerät und/oder zur Übertragung solcher Signale aus diesem Gerät nach außerhalb des Körpers des Patienten dann nicht als ein chirurgisches oder ein therapeutisches Verfahren zur Behandlung des menschlichen Körpers anzusehen und gemäß § 2a Abs. 1, Nr. 2 PatG vom Patentschutz nicht auszuschließen sei, wenn zwischen dem beanspruchten, bei dem Gerät angewendeten Speicherverfahren und der Wirkung, die das Gerät auf den Körper der das Gerät tragenden Person habe, kein Zusammenhang bestehe.[169] Das beanspruchte Verfahren beginne erst nach der zunächst vorzunehmenden Implantation und sei abgeschlossen mit der Bereitstellung der Signale, sodass es nicht darauf ankomme, dass das Gerät zunächst implantiert werden müsse und im Allgemeinen nur der Arzt die gespeicherten Signale abrufen werde. Das beanspruchte Speicherverfahren sei auch kein Diagnostizierverfahren, da allein aufgrund der bereitgestellten Daten Krankheitszustände noch nicht feststellbar seien. 1164

Das Verfahren des A ist demgemäß auch im Hinblick auf § 2a Abs. 1, Nr. 2 PatG schutzfähig. 1165

▶ Beispiel:

A hat ein Verfahren zum Entfernen konisch eingeklemmter Pfanneneinsätze aus der Metallschale einer Hüftgelenkprothese mittels eines Werkzeuges entwickelt. 1166

---

167 Fitzner in Festschrift für Nordemann S. 51 (60).

168 BPatG Beschl. v. 23. 2. 1999, 21 W (pat) 34/97, BPatGE 41, 84 – *Signale in einem implantierbaren Gerät.*

169 Anders GRUR 2000, 257, 258.

1167 Ein Verfahren zum Entfernen konisch geklemmter Pfanneneinsätze aus der Metallschale einer Hüftgelenkendprothese vermittels eines Werkzeugs ist nach § 2a Abs. 1, Nr. 2 PatG als chirurgisches Verfahren zur Behandlung des menschlichen Körpers anzusehen.[170] Die Argumentation der Anmelderin, der Eingriff sei in verschiedene chronologisch und inhaltlich getrennte Schritte zu gliedern, und das Entfernen des Verschleißteils anders als z.B. das Zugänglichmachen der Prothese unterliege dabei keinem einzigen chirurgischen Verfahrensschritt, konnte das Bundespatentgericht nicht zu einer anderen rechtlichen Beurteilung veranlassen. Es handle sich um einen einheitlichen chirurgischen Verfahrensvorgang.[171]

1168 Das Verfahren ist gem. § 2a Abs. 1 Nr. 2 PatG vom Patentschutz ausgeschlossen.

▶ Beispiel:

1169 A hat ein Verfahren und eine Vorrichtung zur passiven Gymnastik entwickelt und hierfür ein Patent angemeldet. Die Prüfungsstelle des Patentamtes hat die Ansprüche zurückgewiesen. Daraufhin fragt A den Patentanwalt B ob die Aufnahme eines Disclaimers »ausgenommen für eine therapeutische Behandlung« helfen würde.

1170 Es stellt sich die Frage, inwieweit das Verfahren gemäß § 2 a Abs. 1 Nr. 2 PatG vom Patentschutz ausgenommen ist.

1171 Die Anmeldung ist auf eine therapeutische Behandlung des menschlichen Körpers ausgerichtet. Denn die Aufgabenstellung der vorliegenden Erfindung zeigt, dass mit dem Verfahren eine Gesundheitsfürsorge und Prävention, eine Förderung der menschlichen Bewegungsabläufe, eine Vitalisierung der menschlichen Gelenke und auch eine Aktivierung der menschlichen Körperzellen erreicht werden sollen. Wenn aber aus den gesamten Unterlagen hervorgeht, dass das Verfahren ausschließlich der therapeutischen Behandlung des menschlichen Körpers dient, ist hier kein Raum für einen Disclaimer.[172]

▶ Beispiel:

1172 A möchte ein Patent anmelden. Es handelt sich um ein Messverfahren, bei dem auch Werte für die medizinische Diagnostik (z.B. physiologische Größen, insbesondere im Zusammenhang mit Blutdruck oder Herzschlag) verarbeitet werden. A fragt seinen Patentanwalt B, ob hier eine Patenterteilung möglich ist.

1173 Es stellt sich die Frage, inwieweit der Gegenstand der Anmeldung als diagnostisches Verfahren von der Patentierbarkeit ausgeschlossen ist. Nach einer Entscheidung des

---

170 BPatG Beschl. v. 6. 7. 1999, 21 W (pat) 23/97 – *Entfernen von Gegenständen aus Prothesen*; vgl. auch BGH GRUR 2001, 321 – *Endoprotheseeinsatz.*

171 Anders GRUR 2000, 257, 258.

172 BPatG GRUR 2008, S. 329 ff. – *Verfahren zur passiven Gymnastik* – Das Bundespatentgericht hat in diesem Fall den Disclaimer abgelehnt, weil er ursprünglich nicht offenbart war.

Bundespatentgerichts[173] steht der Patentierbarkeit eines solchen Verfahrens nichts entgegen, wenn die Verfahrensschritte dem eigentlichen diagnostischem Schritt vorgelagert und die Erstellung einer Diagnose die Angabe weiterer vergleichender und differenzierender Maßnahmen erfordert, die die Zuordnung zu einem bestimmten Krankheitsbild ermöglichen.[174] Liefert das beanspruchte Verfahren nur Untersuchungswerte aus denen sich erst bei schlussfolgender Wertung des Arztes eine Diagnose ergibt,[175] umfasst es nämlich nicht nur die Diagnose zu Heilzwecken im strengen Sinne, also die detektive human- oder veterinärmedizinische Entscheidungsphase als rein geistige Tätigkeit, sondern nur vorausgehende Schritte technischer Natur, die für das Stellen einer Diagnose konstitutiv sind.[176]

▶ Beispiel:

A hat ein Verfahren zur Blutentnahme entwickelt. Er möchte wissen, ob dies dem Patentschutz zugänglich ist. 1174

Ein Eingriff ist unter bestimmten Voraussetzungen nicht als chirurgisch einzustufen. 1175 Dies gilt auch, wenn die Blutprobe vom Körper eines Patienten potenziell geeignet ist, die aus der Probe gewonnenen Erzeugnisse für Heilzwecke heranzuziehen. Es kommt darauf an, ob dem Eingriff eine gewisse Erheblichkeit innewohnt. Wenn die Blutprobe nicht in jedem Fall den Hauptzweck der Heilung von Krankheiten oder Verletzungen oder die Verminderung von gesundheitlicher Störung, die Linderung von Gebrechenbeseitigung oder Korrektur körperlicher Fehler hat, kann ein Patentschutz in Betracht kommen.[177]

▶ Beispiel:

A hat ein Verfahren entwickelt, welches der gezielten Navigation eines in einen 1176 Hohlraum des menschlichen oder tierischen Körpers invasiv eingeführten medizinischen Elementes dient. Insbesondere soll ein Katheder in einem pathologischen Ort eines Hohlraums eingebracht werden.

Das Bundespatentgericht hat im vorliegenden Fall das Legen eines Katheders als eine 1177 chirurgische Invasivtechnik angesehen, die als Verfahren zur chirurgischen Behandlung des menschlichen und tierischen Körpers einzustufen sei.[178]

Ein Verfahren zur Bildunterstützung bei einer gezielten Navigation eines in einem 1178 Hohlraum des menschlichen oder tierischen Körpers invasive eingeführten Katheders an einem pathologischen Ort im Hohlraum, unterfällt jedoch nach Ansicht des

173 Beschluss v. 11.07.06 – 23 W (pat) 55/04; GRUR 2007, 133 = Mitt. 2007, 14 = BMZ 2007, 83 – *Auswertung diskreter Messwerte.*
174 BPatGE 41, 84 – *Signale in einem implantierbaren Gerät.*
175 BPatGE 35, 12.
176 Große Beschwerdekammer EPA G 1/04, ABl. EPA 2005, 334.
177 BPatG vom 26.07.2007, 27 W (pat) 68/04.
178 BPatG Mitt. 2009, 469 – *Katheternavigation.*

Bundesgerichtshofs[179] nicht dem Patentierungsausschluss für Verfahren zur chirurgischen Behandlung des menschlichen oder tierischen Körpers; denn der Patentierungsausschluss gemäß § 2a Nr. 2 PatG schließe nicht die Patentierung von Verfahren ein, die im Zusammenhang mit der Durchführung eines chirurgischen Verfahrens verwendet werden können.

e) Verstoß gegen öffentliche Ordnung und gute Sitten

▶ Beispiel:

1179 A ist ein in der Forschung tätiger Arzt. Er verspricht sich, durch die Forschung an Embryonen für Krankheitsbekämpfungen neue Erkenntnisse zu gewinnen. Er fragt Patentanwalt B, inwieweit hier Patentschutz möglich sein kann.

1180 Speziell die Patentierung menschlicher Gene hat für Aufsehen in der Öffentlichkeit gesorgt. Die RL 98/44 sowie das deutsche PatG haben den Bedenken der öffentlichen Diskussion Rechnung getragen. So heißt es in § 1 Abs. 1 PatG:

> (1) Der menschliche Körper in den einzelnen Phasen seiner Entstehung und Entwicklung sowie die bloße Entdeckung eines seiner Bestandteile, einschließlich der Sequenz oder Teilsequenz eines Gens, können keine patentierbaren Erfindungen sein.

1181 Andererseits sind Körperbestandteile schutzfähig (§ 1 a Abs. 2 PatG):

> (2) Ein isolierter Bestandteil des menschlichen Körpers oder ein auf andere Weise durch ein technisches Verfahren gewonnener Bestandteil, einschließlich der Sequenz oder Teilsequenz eines Gens, kann eine patentierbare Erfindung sein, selbst wenn der Aufbau dieses Bestandteils mit dem Aufbau eines natürlichen Bestandteils identisch ist.

1182 Insoweit wäre demgemäß ein Patentschutz möglich.

1183 Einfallstor für die ethischen Bedenken der eingangs genannten Art war und ist der Ausschlusstatbestand von § 2 PatG, wonach es ein Patenthindernis darstellt, wenn die Veröffentlichung oder Verwertung einer Erfindung gegen die öffentliche Ordnung oder die guten Sitten verstößt.[180]

1184 So heißt es in § 2 PatG u.a.:

> Für Erfindungen, deren gewerbliche Verwertung gegen die öffentliche Ordnung oder die guten Sitten verstoßen würde, werden keine Patente erteilt; ein solcher Verstoß kann nicht allein aus der Tatsache hergeleitet werden, dass die Verwendung der Erfindung durch Gesetz oder Verwaltungsvorschrift verboten ist.

179 BGH Urteil vom 31.08.2010 – X ZB 9/09 – *Bildunterstützung bei der Katheternavigation.*
180 Schatz GRUR Int. 1997, 588 (593); ABl. EPA 1995, 388.; ABl. EPA 1990, 476; ABl. EPA 1995, 545.

Was die Gesetzgebung als sittenwidrig insbesondere ansieht, wird in dem Beispielskatalog des § 2 Abs. 2 PatG definiert: 1185

(2) Insbesondere werden Patente nicht erteilt für
1. Verfahren zum Klonen von menschlichen Lebewesen;
2. Verfahren zur Veränderung der genetischen Identität der Keimbahn des menschlichen Lebewesens;
3. die Verwendung von menschlichen Embryonen zu industriellen Zwecken oder kommerziellen Zwecken;
4. Verfahren zur Veränderung der genetischen Identität von Tieren, die geeignet sind, Leiden dieser Tiere ohne wesentlichen medizinischen Nutzen für den Menschen oder das Tier zu verursachen, sowie die mit Hilfe solcher Verfahren erzeugten Tiere.

Bei der Anwendung der Nummern 1 bis 3 sind die entsprechenden Vorschriften des Embryonenschutzgesetzes maßgeblich. Aus dieser Bestimmung ergibt sich mithin, dass A für das Ergebnis seiner Embryonenforschung wohl kaum einen Patentschutz erlangen können wird. 1186

▶ Beispiel:

A hat eine Patentanmeldung getätigt, die neutrale Vorläuferzellen, Verfahren zur ihrer Herstellung und ihre Verwendung zur Therapie von neuralen Defekten zum Gegenstand hat. 1187

Im vorliegenden Fall können Bedenken bestehen, weil das Patent gegen die öffentliche Ordnung und die guten Sitten gemäß § 2 Abs. 1 PatG verstoßen könnte. Der Begriff der öffentlichen Ordnung müsste im vorliegenden Fall unter Berücksichtigung der Bestimmungen § 2 und § 8 Abs. 1 Embryonenschutzgesetz sowie nach den Bestimmungen des Stammzellengesetzes ausgelegt werden. Soweit Zellen bzw. die Herstellung von Zellen umfasst werden soll, die aus embryonalen Stammzellen von menschlichen Embryonen gewonnen werden, dürfte unter dem Gesichtspunkt des Verstoßes gegen die genannten Gesetze ein Patent gemäß § 2 Abs. 1 PatG nicht erteilbar sein. Anders sieht die Sachlage aus, wenn aus embryonalen Stammzellen Zellen erhalten werden, welche ihrerseits aus menschlichen embryonalen Keimzellen gewonnen werden.[181] 1188

Das Bundespatentgericht hat sich auf den Standpunkt gestellt, dass das Patentierungsverbot des § 2 Abs. 2 Satz 1 Nr. 3 PatG nicht dadurch ausgeräumt wird, dass unter strengen Voraussetzungen für hochrangige Forschungszwecke eine Erlaubnis zur Nutzung vorliegt.[182] Der Bundesgerichtshof[183] hat hierzu ausgeführt, dass er außer Stande sei, eigene Auslegungsmaßstäbe aufzustellen. Hierbei stützt er sich auf eine 1189

181 ABl. EPA 2006, 16 ff.
182 BPatG GRUR 2007, 1049 – *neurale Vorläuferzellen.*
183 BGH vom 17.12.2009, Xa ZR 58/07 – *Neurale Vorläuferzellen.* Inzwischen liegt das Urteil des EuGH vom 18.10.2011 – C-34/10 vor. Im Ergebnis muss eine Erfindung von der Patentierung ausgeschlossen werden, wenn die Durchführung des technischen Verfahrens, das patentiert werden soll, die vorherige Zerstörung menschlicher Embryonen oder ihrer Verwendung als Ausgangsmaterial erfordert.

Entscheidung des EuGH.[184] Danach lässt Art. 6 Abs. 2 der Biotechnologie Richtlinie den Mitgliedsstaaten keinen Raum, was die Nichtigkeit und die Verwendungen angeht. Der BGH hatte daher die vom Bundespatentgericht aufgeworfene Frage dem EuGH zur Vorabentscheidung vorgelegt.

1190 Nach dem Schlussantrag des Generalanwalts vom 10. 3. 2011[185] ist der Begriff des menschlichen Embryos definiert worden. Der Begriff des menschlichen Embryos ist vom Stadium der Befruchtung an auf totipotente Ursprungszellen und auf den gesamten Prozess der Entwicklung und Entstehung des menschlichen Körpers anwendbar, der sich daraus ergibt. Unbefruchtete Eizellen, in die ein Zellkern aus einer ausgereiften menschlichen Zelle transplantiert worden ist oder die durch Pathenogenese zur Teilung und Weiterentwicklung angeregt worden sind, fallen ebenfalls unter den Begriff des menschlichen Embryos, soweit durch Verwendung dieser Techniken totipotente Zellen gewonnen werden sollten. Eine Erfindung muss danach von der Patentierung ausgeschlossen werden, wenn die Durchführung des technischen Verfahrens, das patentiert werden soll, die vorherige Zerstörung menschlicher Embryonen oder ihrer Verwendung als Ausgangsmaterial erfordert, selbst wenn in der Beschreibung dieses Verfahrens nicht auf die Verwendung menschlicher Embryonen Bezug genommen wird. Der Ausschluss von der Patentierbarkeit gilt mithin nicht für Erfindungen mit therapeutischer oder diagnostischer Zielrichtung für den betroffenen Embryo selbst. Jedoch greift das Patentierungsverbot bei der Verfolgung therapeutischer Zwecke Platz, wenn eine Erfindung auf einem fremdnützigen Verbrauch menschlicher Embryonen basiert.[186]

1191 Der EuGH hat mit seiner Entscheidung vom 18. 10. 2011 die Vorlagefragen des Bundesgerichtshofs[187] beantwortet.[188] Er hat zunächst festgestellt, dass die Richtlinie[189] keine Definition des Begriffs »Menschlicher Embryo« enthalte. Die Richtlinie verweise aber auch nicht auf die nationalen Vorschriften. Der Ausdruck sei daher für die Anwendung der Richtlinie als autonomer Begriff des Unionsrechts anzusehen und im gesamten Gebiet der Union einheitlich auszulegen. Dies gehe auch aus der Richtlinie in deren Erwägungsgründen 3, 5 bis 7 hervor. Danach soll die Richtlinie eine Harmonisierung der Regeln zum Schutz biotechnologischer Erfindungen erreichen, und die Hindernisse für den Handel und das reibungslose Funktionieren des Binnenmarkts in Form der Unterschiede in den Rechtsvorschriften und der Rechtsprechung zwischen den Mitgliedstaaten abbauen, und dadurch die Forschung und industrielle Entwicklung im Bereich der Gentechnik fordern. Ohne eine solche ein-

184 EuGH GRUR 2001, 1043.

185 EuGH Schlussantrag des Generalanwalts vom 10. 3. 2011 – C-34/10; vgl. Vorlagebeschluss des BGH, GRUR Prax 2010, 86 – *Neurale Vorläuferzellen*; BeckRS 2011, 80220; vgl. auch Walter GRUR Prax 2011, 147.

186 BPatG GRUR Int. 2007, S. 753 (755) = BlPMZ 2007, 323 = Mitt. 2007, 278 – *Humane embryonale Stammzellen.*

187 BGH GRUR Prax 2010, 86 – *Neurale Vorläuferzellen.*

188 Urteil des EuGH vom 18. 10. 2011 – C-34/10.

189 RL 98/44 EG.

heitliche Definition des Begriffs »menschlicher Embryo« bestünde die Gefahr, dass die Erfinder versucht sein könnten, die Patentierung in denjenigen Mitgliedstaaten zu beantragen, die die engste Konzeption des Begriffs »menschlicher Embryo« hätten und somit in Bezug auf die Möglichkeiten der Patentierung am großzügigsten seien.

Der EuGH definiert jede menschliche Eizelle vom Stadium ihrer Befruchtung an 1192 als »menschlichen Embryo« im Sinne der Richtlinie und der Anwendung von Art. 6 Abs. 2 c BioPatRL. Denn die Befruchtung sei geeignet, den Prozess der Entwicklung eines Menschen in Gang zu setzen. Das Gleiche gelte für die unbefruchtete menschliche Eizelle, in die ein Zellkern aus einer ausgereiften menschlichen Zelle transplantiert worden sei, oder die durch Pathogenese zur Teilung und Weiterentwicklung angeregt worden sei. Aufgrund dessen kommt der EuGH zu dem Schluss, dass jede menschliche Eizelle vom Stadium ihrer Befruchtung an, jede unbefruchtete menschliche Eizelle, in die ein Zellkern aus einer ausgereiften menschlichen Zelle transplantiert worden sei, und jede unbefruchtete menschliche Zelle, die durch Pathogenese zur Teilung und Weiterentwicklung angeregt worden sei, als menschlicher Embryo im Sinne von Art. 6 Abs. 2 c der Richtlinie anzusehen sei. Es sei andererseits Sache der nationalen Gerichte, im Lichte der technischen Entwicklung festzustellen, ob eine Stammzelle, die von einem menschlichen Embryo im Stadium der Blastozyste gewonnen werde, einen »menschlichen Embryo« i.S.v. Art. 6 Abs. 2 c der Richtlinie darstelle.

In der weiteren Vorlagefrage bezüglich des Begriffs »Verwendung von menschlichen 1193 Embryonen zu industriellen oder kommerziellen Zwecken« stellt der EuGH fest, dass Gegenstand der Richtlinie die Patentierbarkeit biotechnologischer Erfindungen sei. D. h. die Erteilung eines Patents für eine Erfindung schließe grundsätzlich ihre industrielle oder kommerzielle Verwertung ein. Selbst wenn das Ziel der wissenschaftlichen Forschung von industriellen oder kommerziellen Zwecken unterschieden werden müsse, könne die Verwendung menschlicher Embryonen zu Forschungszwecken, die Gegenstand der Patentanmeldung seien, nicht vom Patent selbst und den daran geknüpften Rechten getrennt werden. Damit stellt der EuGH fest, dass sich der Ausschluss von der Patentierung nach Art. 6 Abs. 2 c der BioPatRL nicht nur auf die Verwendung menschlicher Embryonen zu industriellen oder kommerziellen Zwecken, sondern auch auf die Verwendung zu Zwecken der wissenschaftlichen Forschung beziehe. Nur die Verwendung zu therapeutischen oder diagnostischen Zwecken, die auf den menschlichen Embryo zu dessen Nutzen anwendbar seien, könne Gegenstand eines Patents sein.

Schließlich stellt der EuGH fest, dass eine Erfindung, selbst wenn die Patentansprüche 1194 nicht die Verwendung menschlicher Embryonen beträfen, als von der Patentierung ausgeschlossen anzusehen sei, wenn die Verwertung der Erfindung die Zerstörung menschlicher Embryonen erfordere. Es sei ohne Bedeutung, wenn diese Zerstörung in einem Stadium erfolge, das weit vor der Verwertung der Erfindung liege. D. h., selbst wenn in der Beschreibung der beanspruchten technischen Lehre die Verwendung menschlicher Embryonen nicht erwähnt wird, ist ein Ausschluss von der Patentfähigkeit gegeben, wenn eine vorherige Zerstörung menschlicher Embryonen oder deren Verwendung als Ausgangsmaterial erforderlich sei.

1195 Der BGH hat im Anschluss an die Entscheidung des EuGH das Verfahren fortgesetzt und die vom EuGH aufgestellten Grundsätze in seinem Urteil vom 27.11.2012[190] zur Anwendung gebracht. Danach ist die uneingeschränkte Patentierung von Vorläuferzellen, die aus menschlichen, embryonalen Stammzellen gewonnen werden, gemäß § 2 Abs. 2 S. 3 Nr. 3 PatG ausgeschlossen, wenn in der Patentschrift ausgeführt wird, als Ausgangsmaterial könnten Stammzelllinien und Stammzellen in Betracht kommen, die aus menschlichen Embryonen gewonnen werden. Dagegen steht § 2 Abs. 2 S. 1 Nr. 3 PatG nach Ansicht des BGH der Patentierung in der genannten Konstellation nicht entgegen, wenn der Patentanspruch dahingehend eingeschränkt wird, dass Vorläuferzellen aus humanen embryonalen Stammzellen, bei deren Gewinnung Embryonen zerstört worden sind, nicht umfasst sind. Demgemäß sind aus Sicht des Bundesgerichtshofs menschliche Stammzellen, die ohne Zerstörung von Embryonen gewonnen wurden, nicht deshalb Embryonen i.S.v. § 2 Abs. 2 Nr. 3 PatG, weil aus ihnen durch Kombination mit anderen Zellen möglicherweise ein entwicklungsfähiger Embryo erzeugt werden kann.

1196 Der Bundesgerichtshof geht in seiner Begründung davon aus, dass es einer Patentierung entgegensteht, wenn die technische Lehre, die Gegenstand des Patentantrags ist, die vorhergehende Zerstörung menschlicher Embryonen oder deren Verwendung als Ausgangsmaterial erfordert. In seiner Entscheidung sah der BGH auf Basis der Ausführungen in der Patentbeschreibung die Gefahr des Anscheins einer solchen staatlichen Billigung. Die Gewinnung von Stammzellen aus Embryonen sei nach dem Verständnis des Fachmanns am Prioritätstag typischerweise mit der Zerstörung des Embryos verbunden. Auch wenn alternative Verfahren, bei denen Stammzellen ohne Zerstörung von Embryonen gewonnen werden können, größere Bedeutung erlangt haben, sind nicht auf solche Verfahren beschränkten Ausführungen aber auch vor diesem Hintergrund dahin zu verstehen, dass sie nicht nur solche speziellen Verfahren umfassen, sondern auch solche, bei denen die Stammzellen oder die Zelllinien, aus denen diese entnommen werden, durch Zerstörung des Embryos gewonnen worden sind. Durch Aufnahme eines entsprechenden Disclaimer's kann daher das Patent erteilt werden bzw. aufrechterhalten werden.

1197 Der dem BGH vom EuGH auf Basis der Vorlagefragen gesetzte Korridor ist eng. Dies gilt jedenfalls bei der Frage der Zerstörung von Embryonen. Aus patentrechtlicher Sicht interessant ist insbesondere, ab wann sich ein Bedürfnis für die Aufnahme von Disclaimern stellt. Die Frage, ab wann im Einzelfall der Anschein einer staatlichen Billigung einer gegen die Menschenwürde verstoßenen Behandlung von Embryonen besteht, erfordert eine entsprechende Wertung. Diese hängt maßgeblich auch von der Patentbeschreibung ab und unterliegt damit auch einer gewissen Einflussnahme durch den Patentanmelder bei der Ausarbeitung der Patentanmeldung.

1198 Die Verwendung von menschlichen Embryonen für industrielle oder kommerzielle Zwecke gemäß § 2 Abs. 2 S. 1 Nr. 3 PatG unterliegt als spezieller Fall eines Verstoßes

190 BGH vom 27.11.2012, Az. X ZR 58/07; Quodbach IP Kompakt, Februar 2013, Seiten 2 – 4.

gegen die öffentliche Ordnung oder die guten Sitten gemäß § 2 Abs. 1 PatG denselben Anforderungen, die für das Patentierungsverbot gemäß § 2 Abs. 1 PatG gelten. Danach ist eine Erfindung dann von der Patentierung ausgeschlossen, wenn sie in jedem Fall ihres bestimmungsgemäßen Gebrauchs zu einer Verletzung elementarer Rechtsgüter führen würde. Ob ein solcher bestimmungsgemäße Gebrauch vorliegt, findet in erster Linie Niederschlag in den Patentansprüchen und in der Beschreibung. Die bloße Möglichkeit einer missbräuchlichen Verwertung reicht nicht aus.[191]

Der Bundesgerichtshof[192] hat im Anschluss hieran festgestellt, dass die uneingeschränkte 1199
Patentierung von Vorläuferzellen, die aus menschlichen, embryonalen Stammzellen gewonnen wurden, gemäß § 2 Abs. 2 Nr. 3 PatG von der Patentierung ausgeschlossen ist, wenn als Ausgangsmaterial Stammzellen in Betracht kommen, die aus menschlichen Embryonen gewonnen worden sind. Dagegen stehe der Patentierung nicht entgegen, wenn der Patentanspruch dahingehend eingeschränkt wird, dass Vorläuferzellen aus humanen, embryonalen Stammzellen, bei deren Gewinnung Embryonen zerstört worden sind, nicht umfasst sind. Menschliche Stammzellen, die ohne Zerstörung von Embryonen gewonnen würden, sind nicht deshalb als Embryonen i.S.v. § 2 Abs. 2 Nr. 3 PatG anzusehen, weil aus ihnen durch Kombination mit anderen Zellen möglicherweise ein entwicklungsfähiger Embryo erzeugt werden könne.

f) Neuheit

Weitere Voraussetzung für die Patentfähigkeit ist, dass der Gegenstand der Erfindung 1200
neu ist. Nicht neu ist grundsätzlich alles, was in irgendeiner Form vorbeschrieben oder auch zuvor angemeldet worden ist. Dementsprechend richtet sich die folgende beispielhafte Darstellung auf die Themen der druckschriftlichen Veröffentlichungen, Veröffentlichungen im Internet, mündlichen Beschreibungen, Benutzungshandlungen, älteren Anmeldungen und die Frage der öffentlichen Zugänglichkeit.

aa) Druckschriftlicher Stand der Technik

▶ Beispiel:

A hat ein Verfahren entwickelt, mit welchem Gegenstände, z.B. gesunkene Schiffe, 1201
vom Grund eines Gewässers gehoben werden können. Hierfür verwendet er Styroporkugeln oder auch Styroporplatten. Diese werden an dem Gegenstand befestigt. Infolge des Auftriebs des Styropors wird sodann der Gegenstand gehoben. In dem betreffenden Beratungsgespräch erinnert sich Patentanwalt B an seine Kindheit und an eine Geschichte von Donald Duck. Darin war ein Schatz gehoben worden, indem Hohlkugeln an diesem befestigt werden und infolge des Auftriebs der Schatz an die Oberfläche kam. Ist dieser Stand der Technik zu berücksichtigen?

191 Benkard/Mellulis, PatG, § 2 Rn. 32; BPatG GRUR Int. 2007, 752 = BlPMZ 2007, 323 = Mitt. 2007, 278 – *Humane embryonale Stammzellen.*
192 BGH GRUR 2013, 272 – *Neuronale Vorläuferzellen II.*

1202 Voraussetzung für die Erteilung eines Patents ist, dass eine Erfindung vorliegt und diese neu ist, auf erfinderischer Tätigkeit beruht sowie gewerblich anwendbar ist.

1203

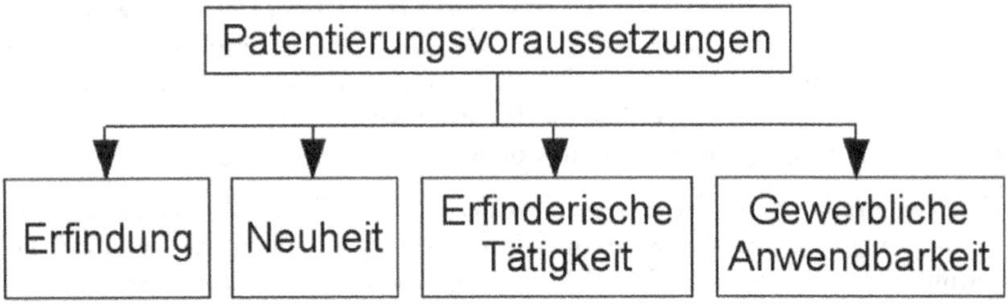

Abb. 20: Patentierungsvoraussetzungen

1204 Es stellt sich die Frage, ob der Gegenstand der Anmeldung neu ist. Nach dem Patentgesetz gilt eine Erfindung als neu, wenn sie nicht zum Stand der Technik gehört (§ 3 Abs. 1 Satz 2 PatG). Der Stand der Technik umfasst alle Kenntnisse, die irgendwann vor dem Tag der Patentanmeldung in der Welt in irgendeiner Weise der Öffentlichkeit zugänglich gemacht worden sind.[193] Jede Manifestation einer technischen Lehre kann eine neuheitsschädliche Tatsache sein, wenn durch sie die technische Lehre der Öffentlichkeit zugänglich gemacht worden ist. § 3 Abs. 1 Satz 2 PatG nennt nur beispielhaft die schriftliche oder mündliche Beschreibung sowie die Benutzung, lässt aber jede andere Möglichkeit zu (»in sonstiger Weise«). Die neuheitsschädlichen Kenntnisse können daher in körperlicher wie in unkörperlicher Form vorliegen, ein bestimmter Informationsträger wird nicht vorausgesetzt. Daher gehört auch das dokumentierte allgemeine Fachwissen zum Stand der Technik, denn was jeder Fachmann kennt, kann nicht mehr neu sein. Es darf nicht nur behauptet, es muss auch in nachprüfbarer Weise belegt werden. Maßgebend für die Beurteilung der angemeldeten Erfindung ist nach § 3 Abs. 1 PatG der Tag, der für den Zeitrang der Anmeldung maßgeblich ist, also der Anmelde- oder Prioritätstag. Alles was vor diesem Tag zum Stand der Technik gehörte, steht der angemeldeten Erfindung neuheitsschädlich entgegen, auch wenn die Anmeldung infolge verzögerter Postbeförderung das Patentamt später als normal erreicht hat. Kenntnisse vom Anmeldetag selbst sind nicht neuheitsschädlich. Das gilt auch für Anmeldungen mit gleichem Zeitrang. Der Tag ist die kleinste Zeiteinheit, auf die Uhrzeit kommt es nicht an.[194]

1205 Schriftliche Beschreibungen sind alle Erzeugnisse der Druckerpresse, gleich auf welchem Wege sie hergestellt sind, soweit sie nur objektiv zur Weiterverbreitung geeignet sind. Der Ort der Veröffentlichung ist ohne Belang. Die Beschreibung braucht nicht mehr zu existieren, sofern ihre frühere Existenz und ihr Inhalt nachgewiesen werden kann. Was einmal Stand der Technik war, bleibt es auch.[195] Insoweit gehören auch

193 Vgl. zum Begriff Neuheit: Kellerer: Aus der Rechtsprechung des Bundespatentgerichts im Jahre 2000, GRUR 2001, 276.

194 Schulte/Moufang § 3 PatG Rn. 12.

195 Schulte/Moufang § 3 PatG Rn. 34.

Veröffentlichungen außerhalb der technischen Fachliteratur zum Stand der Technik. Demgemäß sind z.B. auch Comic-Hefte zu berücksichtigen, soweit der Fachmann diesen einen technischen Gehalt entnehmen kann. Somit ist die Geschichte von Donald Duck als Stand der Technik anzusehen.

▶ Beispiel:

A hat eine neue chemische Verbindung synthetisiert. Diese ist als solche nicht 1206
offenbart. Allerdings gibt es allgemeine Strukturformen im Stand der Technik, unter welche die neue Verbindung fällt. A möchte wissen, ob diese Erfindung schutzfähig ist.

Ob eine Erfindung unter eine vorveröffentlichte Strukturformel fällt, entscheidet sich 1207
danach, ob die konkrete Verbindung offenbart worden ist. Es bedarf dazu Angaben, die den Fachmann den Stoff »an die Hand geben«. Offenbart ist eine Einzelverbindung bei einer vorveröffentlichten Strukturformel nur dann, wenn der Fachmann sie mitliest, das heißt, ihm als übliche Verwirklichungsform der allgemeinen Formel geläufig ist und sich daher ihm sofort aufdrängt.[196]

▶ Beispiel:

A hat ein Schleifkorn für Schleifpapier entwickelt. Das Schleifkorn wird mit einer 1208
bestimmten chemischen Substanz in einem bestimmten Gewichtsverhältnis zum Korn beschichtet, um das Aufbringen des Schleifkorn auf das Papier zu erleichtern. A möchte gerne eine Patentanmeldung einreichen. In dem Gespräch mit Patentanwalt B weist er jedoch darauf hin, dass ein Verfahren bekannt sei, bei welchem als Zwischenprodukt Schleifkörner anfielen, die dem von A entwickelten Schleifkorn entsprechen würden. Allerdings würde die Beschichtung zu anderen Zwecken als in der bei der Erfindung des A erfolgen.

Sofern die Schleifkörner in den vorbekannten Stand der Technik eine abgrenzbare 1209
Phase des Herstellungsvorgangs sind, werden diese Zwischenprodukte zum Stand der Technik, welcher bei der Neuheitsprüfung zu berücksichtigen ist. Etwas anderes gilt nur, wenn der Herstellungsvorgang nach dem Stand der Technik nicht derart vonstattengeht, dass das Ergebnis übergangslos und unabgrenzbar in einen Zustand mit anderer Beschaffenheit umgeformt wird. Insofern ist vorliegend davon auszugehen, dass die aus dem Stand der Technik bekannten Zwischenprodukte einer Patentanmeldung der Erfindung des A neuheitsschädlich entgegenstehen.[197]

196 BGH GRUR 2009, 382 – *Olanzapin*, BGH vom 10.09.2009, Az. X ZR 130/07 – unter Abkehr der früheren Rechtsprechung (BGH GRUR 1988, 447 – *Fluoran*).

197 BGH vom 26.05.2009, Az. X ZB185/04; Kotbach IP Compact Heft 9/2009, Seite 5.

bb) Internetveröffentlichungen

▶ Beispiel:

1210 A hat ein neues Verfahren zur Herstellung von Backwaren entwickelt und als Patent angemeldet. C behauptet, dass dieses Verfahren in ähnlicher Weise bereits im Internet vorhanden ist. A fragt seinen Patentanwalt, ob dieser Stand der Technik zu berücksichtigen ist.

1211 Informationsträger kann jedes beliebige Material sein, das in der Lage ist, eine technische Lehre so wiederzugeben, dass sie von Dritten durch die menschlichen Sinne (Auge, Ohr, Tastsinn) wahrgenommen werden kann. In welcher Form die technische Lehre festgelegt ist, ist gleichgültig. Eine dauerhafte Beständigkeit des Informationsträgers ist nicht erforderlich, denn selbst mündliche Beschreibungen, die keinen Informationsträger voraussetzen, sind ausreichend. Nur muss ein unbeständiger Informationsträger die Lehre der Öffentlichkeit auch zugänglich gemacht haben.

1212 Das Internet ist eine Informationsquelle, die in dem dargelegten Sinn Stand der Technik bildet. Allerdings stellt sich die Frage, wie mit Internetveröffentlichungen im Hinblick auf den Stand der Technik in patentrechtlichem Sinne umzugehen ist. Das Internet ist in der Regel kein geeigneter Informationsdienst zur Ermittlung des Standes der Technik im Prüfungsverfahren. Aktuell gefundene Informationen lassen für einen bestimmten Zeitpunkt der Vergangenheit nämlich nicht ohne weiteren Nachweis die Feststellung zu, dass sie damals schon im Internet eingestellt waren und dass ihre damalige technische Lehre mit der aktuellen identisch ist. Solche Informationen sind nur dann für den Stand der Technik relevant, wenn gleichzeitig belegt werden kann, was daran wann geändert wurde. Dabei genügt nicht der bloße Hinweis auf Adressen von sogenannten Internetarchiven wie z.B. http://www.archive.org, die angeblich die Historie der unter der vorgebbaren Internetadresse abrufbaren Information dokumentieren sollen, denn die Zuverlässigkeit von unter solchen Adressen abrufbaren Informationen ist nicht höher als die von unter einer anderen Internetadresse abrufbare Information.[198]

1213 Im Ergebnis müsste C nachweisen, dass die Veröffentlichung schon am Anmeldetag im Internet vorhanden war. Nur dann wäre sie als Stand der Technik zu berücksichtigen.

▶ Beispiel:

1214 Ein Dokument war in einer ZIP-Datei enthalten, die auf dem in Fachkreisen bekannten und Fachleuten zugänglichen ftp-Server der Standardisierungsorganisation abrufbar war. A fragt Patentanwalt B, ob dies relevanter Stand der Technik sei.

198 BPatGE 46, 76 = BPatG Mitt. 2003, 394 = BPatG GRUR 2003, 323 = BPatG BlPMZ 2003, 154 – *Computernetzwerk-Information.*

Der BGH betrachtete das Dokument als der Öffentlichkeit zugänglich.[199] Ein elektronisches Dokument, das im Internet auf einem ftp-Server vorgehalten werde, sei jedenfalls dann der Öffentlichkeit zugänglich, wenn es über ein Verzeichnis aufgerufen werden könne, das der Öffentlichkeit als Speicherort für fachbezogene Veröffentlichungen bekannt sei und als Informationsquelle zur Verfügung stehe. In diesem Zusammenhang betrachtete es der BGH[200] als unerheblich, ob das Dokument im ZIP-Container von einer Suchmaschine auffindbar war. Ausreichend sei, dass ein nicht bestimmter Personenkreis vor dem Prioritätstag in der Lage war, von dem Inhalt Kenntnis zu nehmen. 1215

Im vorliegenden Fall stellt sich die Frage, ob es der Veröffentlichung entgegensteht, wenn ein Dokument nur von einem begrenzten Personenkreis aufgerufen werden kann. Nach der Rechtsprechung[201] ist ein elektronisches Element auf einem ftp-Server der Öffentlichkeit zugänglich, wenn es über ein Verzeichnis aufgerufen werden könne, das der Öffentlichkeit als Speicher auch für fachlich bezogene Veröffentlichungen bekannt ist und als Informationsstelle zur Verfügung steht. Öffentlich ist dieses Dokument, wenn es zur Verbreitung in der Öffentlichkeit bestimmt und der Allgemeinheit zugänglich gemacht worden ist. Es kommt nicht darauf an, ob Dritte tatsächlich Kenntnis genommen haben. Es ist ausreichend, dass ein nicht bestimmter Personenkreis vor dem Prioritätstag in der Lage war, von dem Inhalt Kenntnis zu nehmen. Demgemäß kommt es darauf an, ob in der hier in Rede stehenden Sitzung zahlreiche Vertreter von Miteinander im Wettbewerb stehende Unternehmen teilnehmen und die für solche Sitzungen bestimmte Dokumente nach den internen Richtlinien grundsätzlich als nicht vertraulich behandelt werden. Wenn dies der Fall ist, ist davon auszugehen, dass die Informationen einem nicht beschränkten Personenkreis zugänglich gemacht werden.[202]

cc) Mündliche Beschreibungen

Beispiel:

A verhandelt mit mehreren Interessenten, welche ein Unternehmen gründen wollen. Im Rahmen von Vorgesprächen erteilt er den Interessenten Informationen, insbesondere über eine noch nicht offen gelegte Patentanmeldung. U. a. findet auch eine gemeinsame Vortragsveranstaltung mit mehreren Interessenten 1216

199 BGH Urt. v. 13.7.2021, GRUR 2022, 59 – Diskontinuierliche Funkverbindung; vgl. A. Bartenbach, IP-kompakt 2021, Heft 12, S.; BGH Urt. v. 18.1.2022, GRUR 2022, S. 46 – CQUI-Bericht, vgl. a. Kinting IPKompakt 2022, Heft 4, S. 2; BGH Urt. v. 4.9.2018, GRUR 2019, 271 – Drahtloses Kommunikationsnetz; BGH Urt. v. 3.5.2022, Az. X ZR 32/20 – Initialisierungsverfahren, vgl.a. Kinting IPKompakt 2022, Heft 7, S. 2.

200 S. Fn. 111.

201 BGH Urteil vom 13.7.2021, GRUR 2022, 59 Rn. 82 ff. – Diskontinuierliche Funkverbindung; BGH GRUR 2019, 271 Rn. 85 – drahtloses Kommunikationsnetz.

202 BGH Urteil vom 3.5.2022, Az. X ZR 32/20 – Initialisierungsverfahren; Kinting, IP Kompakt, 16. Jahrgang, Heft 7, Juli 2022, S. 2.

statt, auf denen A Details der Anmeldung erläutert. Da es sehr heiß ist, wird über eine Lautsprecheranlage und die offenen Fenster der Vortrag auch außerhalb des Werksgeländes wahrgenommen.

1217 Mündliche Beschreibungen können sein: Vorträge, Vorlesungen, Reden, Gespräche oder Erläuterungen z.B. bei Werksbesichtigungen, Führungen, Messen, Radio- und Fernsehsendungen, Werbeveranstaltungen, mündliche Erörterungen eines Problems zwischen beteiligten Firmen.

1218 Im vorliegenden Fall war auch außerhalb des Werksgeländes der Vortrag zu hören. Damit ist die mündliche Beschreibung als Stand der Technik zu werten.[203]

dd) Benutzungshandlungen

▶ **Beispiel:**

1219 A hat einen neuen Baustein entwickelt. Durch die Verwendung einer speziellen Tonmischung mit Glasfasern ist dieser Baustein besonders leicht. Er wird auf einer Baustelle erprobt. A stellt seinem Patentanwalt die Frage, inwieweit diese Handlungen einer Anmeldung entgegenstehen können.

1220 Auch Benutzungshandlungen stellen Stand der Technik dar. Benutzung ist »jede Handlung, die ihrer Art nach geeignet ist, das Wesen der Erfindung kundbar zu machen«. Voraussetzung ist also, dass die Benutzung den Erfindungsgedanken erkennbar werden lässt. Der Begriff der Benutzung in § 3 PatG geht über die Benutzungshandlungen des § 9 PatG (Herstellen, Inverkehrbringen, Anbieten, Gebrauchen) hinaus und umfasst auch solche Kundgaben, die ohne Verletzungshandlungen nach § 9 PatG zu sein, den Erfindungsgedanken erkennen lassen (z.B. Ausstellung, Vorführung etc.). Die tatsächliche Benutzung genügt. Gewerbsmäßigkeit ist nicht erforderlich, ein einziger Benutzungsfall kann genügen. Der Benutzer selbst braucht den Erfindungsgedanken nicht erkannt zu haben, nur muss seine Benutzung einem Durchschnittsfachmann die Nachbenutzung ermöglichen.[204]

1221 Vorliegend wird sich allerdings die Frage stellen, inwieweit die von dem A benutzten Bauelemente tatsächlich den Erfindungsgedanken erkennen lassen. Denn eine Baustelle ist nicht für jedermann zugänglich. Ohne den Stein zu zerlegen, ist dessen Zusammensetzung nicht erkennbar, selbst wenn die Baustelle von außen einsehbar war. Der Inhalt der Erfindung ist demgemäß für den Fachmann nur zugänglich, wenn die Baustelle betreten werden darf und er den Baustein analysieren kann. D.h., die in dem Baustein verwirklichte Erfindung ist nicht schon dann ohne weiteres der Öffentlichkeit zugänglich, wenn er auf einer einzelnen, mit dem Herstellerbetrieb verbundenen Baustelle verwendet wird und die Erfindung nur bei dessen Zerlegung

203 Schulte/Moufang § 3 PatG Rn. 18.
204 Schulte/Moufang § 3 PatG Rn. 20.

erkennbar ist.[205] Die Handlungen des A sind demgemäß nicht als Stand der Technik zu berücksichtigen.

▶ **Beispiel:**

A hat ein neues Verfahren und ein Werkzeug zur Herstellung eines beschichteten 1222
Produkts entwickelt. Bei den Vorbereitungen für das Gespräch mit dem Patentanwalt B stellt er fest, dass es ein Dokument gibt, welches technische Zeichnungen zu einem bestimmten Werkzeug enthält. Es fragt sich, ob dieses Dokument neuheitsschädlich sein kann. Denn bei genauerem Hinsehen ergeben sich Zweifel, ob es vor dem Prioritätszeitpunkt wirklich der Öffentlichkeit zugänglich war. Denn das betreffende Werkzeug war im Rahmen eines Forschungsvorhabens einer Tochtergesellschaft übermittelt worden. An diesem Vorhaben war der Erfinder des Verfahrens beteiligt.

Es stellt sich die Frage, ob diese Vorbenutzung offenkundig war. Grundsätzlich ist 1223
dies der Fall, wenn nicht nur theoretisch Möglichkeiten eröffnet werden, dass beliebige Dritte und damit auch Fachkundige zuverlässige und ausreichende Kenntnis von der Erfindung erlangen.[206] Bei gewerblichen Entwicklungs- und Erprobungstätigkeiten besteht regelmäßig ein Interesse daran, die dabei entstehenden Kenntnisse nicht nach außen dringen zu lassen. Demgemäß müssten besondere Umstände hinzutreten, die für eine öffentliche Zugänglichkeit der gewonnenen Erkenntnisse sprechen würden. Solange die Kenntnisse nur solchen Personen zugänglich sind, die an der Entwicklungs- und Erprobungsarbeit beteiligt sind,[207] ist eine öffentliche Zugänglichkeit zu verneinen. Im Hinblick auf die Entwicklung von betriebsgeheimen Know-How besteht typischerweise ein allen Beteiligten einsichtiges und von ihnen respektiertes Interesse daran, die entstehenden Kenntnisse nicht nach außen dringen zu lassen. Dies gilt auch dann, wenn die Herstellung oder einzelne Herstellungsschritte auf Dritte übertragen werden.[208] In dieser Situation kommt es nicht darauf an, ob eine gesonderte Abrede der Verschwiegenheit getroffen worden ist. Auch ist es unerheblich, ob der belieferte Dritte selbst kein eigenes Interesse an der Geheimhaltung hat.[209] Nach diesen Grundsätzen ist davon auszugehen, dass das Dokument nicht der Öffentlichkeit zugänglich war mithin die Entwicklung des A als neu zu betrachten ist.[210]

205 BGH Mitt. 2001, 250 – *Schalungselement.*
206 BGH GRUR 2020, 833 – Konditionierungsverfahren; BGH GRUR 2015, 463 – Presszange.
207 BGH Urteil vom 14.5.2019, X ZR 93/17, Rn. 34.
208 BGH Mitt. 199, 362 – Herzklappenprotese.
209 BGH GRUR 2020, 833 – Konditionierungsverfahren.
210 BGH Urteil vom 12.4.2022; Az. X ZR 73/20 – Oberflächenbeschichtungsverfahren; Bartenbach IP Kompakt 16. Jahrgang, August 2022, S. 2 ff.

ee) Ältere Anmeldungen

▶ Beispiel:

1224 A hat ein einen neuen Autolack entwickelt. Nunmehr stellt er fest, dass sein Arbeitskollege C eine nahezu identische Zusammensetzung entwickelt hat und der Arbeitgeber inzwischen diese als Patent angemeldet hat. A fragt den Patentanwalt B, ob gleichwohl die Erfindung noch als Patent angemeldet werden kann.

1225 Im vorliegenden Fall handelt es sich um eine sog. ältere Anmeldung oder ein sog. älteres Recht. Auch solche älteren Anmeldungen können Stand der Technik bilden, welcher einer späteren Anmeldung entgegenstehen kann.

1226 Nach § 3 Abs. 2 PatG können nationale, europäische oder internationale Anmeldungen ältere Rechte sein. Unter Anmeldungen i.S.d. § 3 Abs. 2 Nr. 1 PatG fallen alle inländischen Anmeldungen sowie solche Anmeldungen nach dem EPÜ oder dem PCT, mit denen Schutz für die Bundesrepublik begehrt wird. Keine älteren Anmeldungen sind alle ausländischen Anmeldungen sowie GebrM-Anmeldungen.[211]

1227 B wird seinem Mandanten raten, die Anmeldung nicht vorzunehmen, da die ältere Anmeldung des C ein älteres Recht darstellt.

▶ Beispiel:

1228 A teilt dem Patentanwalt nunmehr mit, dass sein Kollege C zwar die Erfindung gemeldet habe und die Firma auch die Anmeldung eingereicht habe, inzwischen sei die Anmeldung jedoch zurückgezogen worden. Wie ist jetzt die Rechtslage?

1229 Eine ältere Anmeldung gehört dann zum Stand der Technik, wenn sie am oder nach dem Anmelde- oder Prioritätstag der jüngeren Anmeldung der Öffentlichkeit zugänglich gemacht worden ist. Das geschieht durch die Veröffentlichung im Patentblatt gemäß § 32 Abs. 5 PatG (Offenlegung). Von diesem Zeitpunkt an ist die ältere Anmeldung durch die freie Akteneinsicht nach § 31 Abs. 2 PatG öffentlich zugänglich, selbst wenn eine Offenlegungsschrift fehlen sollte.[212]

1230 In dem beschriebenen Beispielsfall erklärt B seinem Mandanten, dass die Anmeldung des Kollegen C keinen Stand der Technik bildet.

▶ Beispiel:

1231 A hat nach weiteren Recherchen und Gesprächen festgestellt, dass die Anmeldung des C zwar zurückgezogen worden ist. Allerdings ist die Zurückziehung so kurz vor Ende der 18-Monats-Frist erfolgt, dass die Anmeldung zugleich vorveröffentlicht worden ist. Ändert sich die Rechtslage nunmehr?

211 Schulte/Moufang § 3 PatG Rn. 65.
212 Schulte/Moufang § 3 PatG Rn. 77.

Die ältere Anmeldung muss bis zu ihrer Veröffentlichung (Offenlegung oder Bekanntmachung) anhängig sein, denn nur dann liegt eine »Patentanmeldung mit älterem Zeitrang« i.S.d. § 3 Abs. 2 PatG vor. Erlischt die ältere Anmeldung vor ihrer Veröffentlichung, kann sie nicht mehr als ältere Anmeldung Stand der Technik werden. Wird sie gleichwohl versehentlich veröffentlicht, gehört sie erst mit dem Tage ihrer Veröffentlichung zum Stand der Technik.[213] 1232

Da im Zeitpunkt der Veröffentlichung die Anmeldung nicht mehr anhängig war, bildet sie bezüglich der geplanten Anmeldung von A keinen Stand der Technik. 1233

▶ Beispiel:

A hat eine Patentanmeldung eingereicht. Diese wurde jedoch nicht veröffentlicht. Stattdessen wurde ein Gebrauchsmuster aus der Anmeldung fristgerecht abgezweigt. Ein Konkurrent meldet den Gegenstand des Gebrauchsmusters vor dessen Veröffentlichung an. A ist der Ansicht, dass infolge der Veröffentlichung der Gebrauchsmusterabzweigung die frühere Patentanmeldung älteres Recht im Verhältnis zur Anmeldung des Konkurrenten ist.

Ein älteres Recht liegt nur dann vor, wenn die ältere Anmeldung bis zu ihrer Veröffentlichung anhängig ist. Dies war bei der Patentanmeldung des A nicht der Fall. Erlischt eine ältere Anmeldung vor ihrer Veröffentlichung, wird sie nicht mehr ältere Anmeldung im Sinne des § 3 Abs. 2 PatG. An dieser Sachlage ändert es auch nichts, wenn der Gegenstand der Patentanmeldung in Form eines abgezweigten Gebrauchsmusters veröffentlicht wird. Die Patentanmeldung wird dadurch nicht zu einem älteren Recht im Sinne des § 3 Abs. 2 PatG.[214] 1234

ff) Öffentliche Zugänglichkeit

▶ Beispiel:

A hat ein Patent angemeldet. Nunmehr stellt er fest, dass der Erfindungsgegenstand in einem Datenblatt mit den Aufdrucken »Confidential Data« sowie »this document is restricted to E.T.R.T.O. for Members and not publication« einer Organisation, der alle namhaften europäischen Fahrzeugräderhersteller angehören, beschrieben ist. 1235

Es stellt sich die Frage, ob das Datenblatt der Öffentlichkeit zugänglich ist und deshalb als Stand der Technik der Patentanmeldung entgegensteht. Neuheitsschädliche Kenntnisse sind dann der Öffentlichkeit zugänglich, wenn für einen nicht begrenzten Personenkreis die Möglichkeit besteht oder bestanden hat, von der Existenz und dem Inhalt der neuheitsschädlichen Tatsache eine genügende Kenntnis zu erlangen. Nicht erforderlich ist, dass die neuheitsschädliche Tatsache der gesamten Allgemeinheit zugänglich ist. 1236

213 Schulte/Moufang § 3 PatG Rn. 79.
214 BPatG Mitt. 2009, 400 – *Heizungsanlage.*

1237 Es genügt vielmehr, dass über einen engen Kreis von bestimmten Interessenten hinaus eine nicht überschaubare Vielzahl von Interessenten Zugang hat. Es muss nach der Lebenserfahrung die nicht zu entfernte Möglichkeit eröffnet worden sein, dass beliebige Dritte und damit auch Sachverständige eine zuverlässige, ausreichende Kenntnis von der neuheitsschädlichen Tatsache erhalten, mag dies unmittelbar dadurch geschehen, dass ein unbegrenzter Personenkreis die neuheitsschädliche Tatsache direkt selbst wahrnimmt oder wahrnehmen kann, oder mittelbar dadurch, dass sie nur Einzelne wahrnehmen, unter denen sich nicht zur Geheimhaltung verpflichtete Sachverständige befinden und bei denen die Möglichkeit besteht, dass ihre Kenntnis an beliebige Dritte weiter dringt. Es kann daher die Kenntnisnahme durch einen einzigen Sachverständigen, der seine Kenntnis weitergibt, genügen, wenn dadurch die Fachwelt so weitgehend informiert wird, dass sich die verbreitete Kenntnis nicht mehr eingrenzen lässt. Dem Begriff »Öffentlichkeit« ist ein finales Element eigen, d.h. die neuheitsschädliche Tatsache muss für die Öffentlichkeit bestimmt sein. Daran fehlt es, wenn die Möglichkeit der Kenntnisnahme auf bestimmte Personen beschränkt ist und entweder sichergestellt ist, dass die Kenntnis über diesen eingegrenzten Personenkreis (z.B. Lizenznehmer, befreundete Wissenschaftskollegen) nicht hinaus dringt, oder zumindest nach der Lebenserfahrung die berechtigte Erwartung bestand, dass die ausgewählten Empfänger die mitgeteilten Kenntnisse nur für den beabsichtigten Zweck verwenden (z.B. für den wissenschaftlichen Informationsaustausch). Ist also der Personenkreis aufgrund der Zweckbestimmung eingrenzbar, dann fehlt es an der Öffentlichkeit i.S.d. § 3 PatG, weil nicht beliebige Personen Kenntnis nehmen können. Das gilt auch dann, wenn im Einzelfall der Personenkreis relativ groß ist. Je größer allerdings der bezeichnete Personenkreis ist, desto größer ist die Gefahr, dass die explizit oder implizit ausgesprochene Zweckbestimmung nicht eingehalten wird.

1238 Im vorliegenden Fall wird sich demgemäß die Frage stellen, ob der Gegenstand der Erfindung einen unbegrenzten Personenkreis vor dem Anmeldetag zugänglich war. Der 5. Senat des Bundespatentgerichts hat dem »Datenblatt« mit den Aufdrucken »Confidential data« sowie »This document is restricted to E.T.R.T.O. full members and not for publication« einer Organisation, der nach Angaben des Löschungsantragstellers alle namhaften europäischen Fahrzeugräderhersteller angehören, die öffentliche Zugänglichkeit abgesprochen[215] und zur Begründung ausgeführt: Sei es Zweck einer Organisation, technische Informationen unter allen ihren Mitgliedern auszutauschen, und seien auch alle namhaften europäischen Fahrzeugräderhersteller Mitglieder der Organisation, sei der Personenkreis, der die Möglichkeit der Kenntnisnahme von dem mit Vertrauensvermerk versehenen Datenblatt gehabt habe, zwar vergleichsweise weit, doch bleibe er immer noch überschaubar.[216] Der Fall, dass der in Betracht kommende Kreis der Zugangsberechtigten seine natürliche Begrenzung in der Zahl derjenigen finde, die an dem Inhalt der Schrift aus irgendwelchen Gründen überhaupt interessiert seien was als unbestimmter, nicht begrenzter Personenkreis angesehen worden sei, liege hier nicht vor. Zu den nicht zugangsberechtigten Personen seien jedenfalls

215 BPatG Beschl. v. 10. 6. 1999, 5 W (pat) 403/98 – *Datenblatt.*
216 Anders GRUR 2000, 257(259).

neben den nicht »namhaften« europäischen Räderherstellern die außereuropäischen Räderhersteller sowie Fachleute im Forschungs- und Lehrbereich der Hochschulen und Institute zu zählen. Ihr Ausschluss von der Möglichkeit der Kenntnisnahme erscheine dem Senat nicht als von so geringer praktischer Bedeutung, dass gefragt werden könnte, ob er vernachlässigt werden könne.[217]

▶ Beispiel:

A hat ein neues Verfahren zur Herstellung von Befestigungsschrauben entwickelt. 1239
Die damit hergestellten Schrauben zeichnen sich durch neue Eigenschaften aus. Bei dem Gespräch mit Patentanwalt B stellt sich heraus, dass die Schrauben bereits in einer Firmendruckschrift abgebildet und beschrieben worden sind. Es ist nicht ganz klar, inwieweit diese Schriften tatsächlich verteilt worden sind. A behauptet, dass diese Schriften nur an Interessenten unter der Verpflichtung zur Geheimhaltung verteilt worden seien.

Geheimhaltungspflicht kann die öffentliche Zugänglichkeit ausschließen, wenn durch 1240
sie Dritte zuverlässig von der Kenntnisnahme ausgeschlossen werden. Die Geheimhaltungsverpflichtung kann auf ausdrücklicher Vereinbarung (z.B. im Anstellungsvertrag oder speziell vor Werksbesichtigungen) oder stillschweigender Vereinbarung beruhen. Letztere ist gegeben, wenn aufgrund eines Treue- oder Vertrauensverhältnisses die berechtigte Erwartung der Verschwiegenheit bestand. Diese kann sich insbesondere aus dem Zweck der Kenntnisnahme durch Dritte, (z.B. üblicher Informationsaustausch unter Wissenschaftlern durch Übersendung von preprints), aus geschäftlichen oder vertraglichen Beziehungen oder sonst aus den Umständen des Einzelfalles ergeben. Bei einer technischen Entwicklung, zu der mehrere Beteiligte beitragen, ist aufgrund des gemeinsamen Interesses eine vertrauliche Behandlung zu erwarten.

Geheimnisverrat oder Bruch eines bestehenden Vertrauensverhältnisses macht die 1241
neuheitsschädliche Tatsache öffentlich zugänglich. Möglich bleiben Schadenersatzansprüche und die Einrede der unzulässigen Rechtsausübung im Verletzungs- oder Nichtigkeitsverfahren.

Im vorliegenden Fall wird sich nunmehr die Frage stellen, inwieweit die Firmenschrif- 1242
ten tatsächlich unter ausdrücklicher Geheimhaltungspflicht weitergegeben worden sind. Da die Firmenschriften keinen Geheimhaltungsvermerk enthalten, wird sich im Streitfalle die Beweisfrage stellen.

Das Bundespatentgericht hat die Frage, ob Firmendruckschriften im Anschluss an 1243
ihre Herstellung für die Verteilung an die Öffentlichkeit bestimmt waren oder ob sie als firmeninterne Druckschriften anzusehen sind, durch Eingehen auf mehrere Umstände des jeweiligen Einzelfalls beantwortet.[218] Im Einzelnen führt es dabei aus, dass die Arbeitsanweisungen in einer als Verarbeitungshandbuch bezeichneten Firmenschrift (wie z.B. »Bürsten nach dem Anschrauben einsetzen«) bei firmeninternen

217 Anders GRUR 2000, 257(259).
218 BPatG Beschl. v. 21. 2. 2002/11 W (pat) 47/01.

Schriften nicht notwendig und nicht üblich seien. Auch eine im Handbuch genannte Teile-Nummer spreche aufgrund ihrer Auflistung in einem Auszug einer Preisliste dafür, dass die im Handbuch dargestellten Teile keinen internen Stand der Technik bildeten, sondern für den Verkauf, also die Öffentlichkeit bestimmt gewesen seien. Darauf deute auch eine Bestellaufforderung »Befestigungsschrauben ... bitte gesondert bestellen« hin, weil Bestellhinweise sich an Kunden, also die Öffentlichkeit richteten. Auch Fotografien von Einzelheiten der Produkte würden sich an Kunden richten und sprächen wegen ihrer Werbewirksamkeit für Veröffentlichung. Schließlich sei zu berücksichtigen, ob es sich bei der die Druckschriften herausgebenden Firma um eine der führenden Firmen auf dem einschlägigen Fachgebiet handele und deshalb davon auszugehen sei, dass deren Druckschriften nach dem Druck an die Öffentlichkeit verteilt und die in diesen Druckschriften gezeigten Produkte bestellt und geliefert worden seien.[219]

▶ Beispiel:

1244 A hat einen neuen Videorecorder entwickelt. Hierfür hat er auch schon eine Bedienungsanleitung gedruckt. In dem Gespräch mit Patentanwalt B stellt sich heraus, dass A diese Bedienungsanleitung bereits weitergegeben hat. Daraufhin hat der Patentanwalt B Bedenken, eine Anmeldung einzureichen. A weist jedoch darauf hin, dass die Bedienungsanleitung kein Veröffentlichungsdatum trägt und daher niemand nachweisen könne, wann diese Bedienungsanleitung in die Öffentlichkeit gelangt sei.

1245 Die tatsächliche Existenz einer bestimmten technischen Kenntnis lässt diese noch nicht zum Stand der Technik werden, sie muss der Öffentlichkeit auch zugänglich gemacht worden sein. Zugänglich machen heißt die objektive Möglichkeit schaffen, dass dritte Sachverständige ungehindert von der neuheitsschädlichen Tatsache so Kenntnis nehmen können, dass sie das Wesen der Erfindung zu erkennen vermögen und mit ihrem Fachwissen die technische Lehre ausführen können. Bestand diese Möglichkeit objektiv, so ist es unerheblich, ob von ihr tatsächlich Gebrauch gemacht worden ist. Das objektive zur Verfügung stehen, das tatsächliche erreichbar sein für Sachverständige genügt. Die Bedienungsanleitung ist insoweit als Stand der Technik anzusehen. Im vorliegenden Fall kann das fehlende Veröffentlichungsdatum aber dazu führen, dass der Prüfer oder im Streitfalle der Gegner nicht darzulegen vermag, wann die Bedienungsanleitung tatsächlich der Veröffentlichung zugänglich war. Allerdings kann unter bestimmten Umständen[220] eine Bedienungsanleitung als öffentlich zugänglich zu berücksichtigen sein, selbst wenn kein Veröffentlichungsdatum trägt. Das ist z.B. der Fall, wenn durch Rechnungen belegt ist, dass der Videorekorder mehrere Jahre vor dem Prioritätstag an Händler verkauft worden ist. Da Videorekorder regelmäßig mit Bedienungsanleitung ausgeliefert werden, ist davon auszugehen, dass die vorliegende Anleitung öffentlich zugänglich gewesen und somit dem relevanten Stand der

219 Kellerer, GRUR 2003, 369 (371).
220 BPatG Beschl. v. 2. 3. 2000, 17 W (pat) 4/99.

Technik zuzurechnen ist.[221] Insgesamt gesehen muss der B dem A eindringlich klar machen, dass die Bedienungsanleitung bei der Abfassung der Anmeldung als Stand der Technik zu berücksichtigen ist.

▶ Beispiel:

A hat ein neues Verfahren zur Beurteilung der Wasserqualität entwickelt. Hierfür setzt er bestimmte Leuchtbakterien ein. Das betreffende Verfahren soll international genormt werden. Zur Vorbereitung der entsprechenden Sitzung wird dem Normungsausschuss eine Tagesordnung mit der Beschreibung des Verfahrens übersandt. A fragt Patentanwalt B, ob jetzt noch eine Patentanmeldung möglich ist. 1246

Zugänglichkeit schriftlicher Beschreibung ist gegeben, wenn ein unbegrenzter Personenkreis in der Lage ist, das Schriftwerk kennen zu lernen. Dazu bedarf es keines besonderen Hinweises auf die Existenz des Schriftwerkes, sofern nur tatsächlich die Möglichkeit der Kenntnisnahme für Dritte besteht. Das ist bei Druckschriften nicht der Tag des Eingangs des Manuskripts bei der Redaktion, weil es damit nur einem begrenzten Personenkreis bei Verlag, Druckerei, Binderei und Vertrieb bekannt wird. Der Tag des Eingangs bei einer Bibliothek ist maßgebend, wenn an diesem Tag Dritte die Schrift einsehen konnten, also wenn die Schrift an diesem Tag in die Freihandbibliothek eingereiht wurde (auch wenn darauf nicht besonders hingewiesen wurde) oder wenn an diesem Tag in einem Katalog oder Register darauf hingewiesen wurde, dass die Schrift existiert (z.B. in den Archiven) und zur Verfügung steht.[222] 1247

Zugänglichkeit mündlicher Beschreibungen setzt voraus, dass ein unbegrenzter Personenkreis die Möglichkeit der Kenntnisnahme durch eigene Teilnahme oder indirekt durch Mittelspersonen hatte. Ist durch geeignete Vorkehrungen sichergestellt, dass die mündlich verbreiteten Kenntnisse nicht über den angesprochenen Personenkreis hinaus dringen und wird die Verpflichtung oder Erwartung zur Geheimhaltung von den Teilnehmern beachtet, fehlt die freie Zugänglichkeit. Auf die Größe des ausgewählten Publikums kommt es grundsätzlich nicht an, es muss nur nach der Lebenserfahrung mit der Erwartung zu rechnen sein, dass beliebige Dritte eine ausreichende Kenntnis erlangen können. Ob sie sie tatsächlich erlangt haben, ist dann ohne Belang. Ist die mögliche Verbreitung der Kenntnis ausgeblieben, kann das ein Indiz für eine nicht ausreichend freie Zugänglichkeit sein.[223] 1248

▶ Beispiel:

A hat einen neuen Schuhbelag entwickelt. Dieser Belag wird u.a. in Form eines »sog. Pfennigabsatzes« probeweise unter einen Damenschuh aufgebracht. Zur Probe wird dieser Schuh auch in der Öffentlichkeit getragen. Rechtslage? 1249

221 Kellerer GRUR 2001, 276(277).
222 Schulte/Moufang § 3 PatG Rn. 39.
223 Schulte/Moufang § 3 PatG Rn. 50 ff.

1250 Im vorliegenden Fall wird sich die Frage stellen, ob eine öffentliche Zugänglichkeit durch Benutzung vorliegt. Eine Benutzung ist i.S.d. § 3 Abs. 1 Satz 2 PatG der Öffentlichkeit zugänglich gemacht, wenn die Handlung geeignet war, das Wesen der Erfindung einer beliebigen Zahl von Personen kundbar zu machen. Was einmal der Öffentlichkeit zur Verfügung stand, soll durch Erteilung eines Patents nicht wieder aus der »domaine public« herausgenommen werden. Zur »domaine public« wird eine technische Lehre nicht allein durch ihre bloße Benutzung in der Öffentlichkeit, sie muss auch durch die Benutzung der Öffentlichkeit zugänglich gemacht worden sein. Eine Erfindung ist für Dritte aufgrund einer Benutzung zugänglich, also zur Verfügung gestellt, wenn die Erfindung aus der Benutzung erkennbar war und Dritte die Benutzung wahrnehmen und aufgrund der Kenntnisnahme die Erfindung erkennen konnten.

1251 Das Tragen der Schuhe in der Öffentlichkeit allein ist keine offenkundige Benutzung. Denn Dritte haben weder Anlass noch die Möglichkeit, sich Kenntnisnahme von den Details der Erfindung zu verschaffen. Dies gilt jedenfalls so lange der Träger diesen Schuh nur in der Öffentlichkeit trägt und danach keine anderweitige Kenntnisnahme durch die Öffentlichkeit möglich ist.[224]

▶ **Beispiel:**

1252 A hat eine Neuentwicklung gemacht. Er stellt nunmehr fest, dass der mit ihm befreundete C, mit welchem er die Erfindung mehrfach diskutiert hatte, vor vier Monaten selbst den Gegenstand der Neuentwicklung veröffentlicht hat. Rechtslage?

1253 Im vorliegenden Fall wird sich die Frage stellen, ob der Missbrauchstatbestand gemäß § 3 Abs. 5 Nr. 1 PatG gegeben ist. Eine Immunität gegenüber einer vorzeitigen Offenbarung wird nicht bereits dann gewährt, wenn die Offenbarung objektiv auf der Erfindung des Anmelders beruht, es muss darüber hinaus ein offensichtlicher Missbrauch zu dessen Nachteil vorliegen. Ein offensichtlicher Missbrauch liegt insbesondere vor, »wenn der Dritte die Kenntnis von der Erfindung in einer Weise erlangt oder an die Öffentlichkeit weitergegeben hat, die eine vertragliche oder gesetzliche Pflicht gegenüber dem Erfinder oder seinem Rechtsnachfolger verletzt«. Offensichtlich missbräuchlich ist es, wenn der Offenbarer in Schädigungsabsicht oder in Kenntnis seiner Nichtberechtigung unter Inkaufnahme eines Nachteils für den Anmelder oder unter Verletzung eines zwischen beiden bestehenden Vertrags- oder Vertrauensverhältnisses gehandelt hat, z.B. wenn ein in der Forschung Angestellter seinem Arbeitgeber eine Erfindung bewusst vorenthält oder sie publiziert oder selbst anmeldet. Die objektive Widerrechtlichkeit einer Entnahme genügt nicht, sie muss offensichtlich missbräuchlich sein, also gegen den erkennbaren und berechtigten Willen des Anmelders gerichtet sein. Guter Glaube schließt den Missbrauch aus.[225]

224 BPatGE 12, 1.4; Schulte § 3 PatG Rn. 26.
225 Schulte/Moufang § 3 PatG Rn. 192 f.

A hat im Vertrauen auf die Freundschaft mit C die Erfindung diskutiert. Insoweit dürfte ein offensichtlicher Missbrauch des C zuungunsten des A vorliegen. 1254

Die Veröffentlichung ist erst vier Monate her, sodass die Sechsmonatsfrist gemäß § 3 Abs. 4 S. 1 PatG noch gewahrt werden kann. 1255

g) Erfinderische Tätigkeit

Für die Patentfähigkeit reicht es in der Regel nicht aus, dass der Gegenstand der Anmeldung neu ist. Vielmehr muss dieser auch auf erfinderischer Tätigkeit beruhen. Für die Behandlung der Frage der erfinderischen Tätigkeit ist es daher essenziell zu wissen, welche Probleme sich aus dem Stand der Technik ergeben haben, wie die Lösung des Problems aussieht und ob diese für den Durchschnittsfachmann naheliegend war. 1256

aa) Aufgabe

▶ Beispiel:

A hat vorgeschlagen, einen für die Strukturierung von Halbleiter-Bauelementen bekannten speziellen Verfahrensschritt bei der Herstellung von Multi-Layer-Leitern anzuwenden. Hierdurch soll das Problem der unvollständigen Benetzung im Bereich der Kontaktierungslöcher gelöst werden. Im Stand der Technik wurden für Leiterplatten bisher nur unbefriedigende Lösungen vorgeschlagen. Beruht der Gegenstand der Erfindung auf einer erfinderischen Tätigkeit? 1257

Das wäre der Fall, wenn sie sich für den Fachmann in nicht naheliegender Weise aus dem Stand der Technik ergibt.[226] Diese Frage lässt sich in der Regel ausgehend von der Aufgabe, die sich der Erfinder stellt, beantworten. 1258

Unter Aufgabe oder Problem sowie technischem Zweck ist die Zielvorstellung auf dem Gebiet der Technik einen Erfolg herbeizuführen, zu verstehen. Nicht entscheidend ist, welche Aufgabe der Erfinder sich subjektiv vorgestellt hat, sondern das Problem, das durch die Erfindung tatsächlich, d.h. objektiv, bewältigt wird. Aufgabe ist daher die technische Problemstellung, losgelöst vom Motiv des Erfinders, einen wirtschaftlichen, sozialen oder ästhetischen Vorteil ausgehend vom Stand der Technik zu erreichen. 1259

Im vorliegenden Fall ist die Aufgabe aus dem Stand der Technik bekannt. Die bisherigen Problemlösungen waren aber nicht befriedigend. 1260

---

226 Schickedans GRUR 2001, 459; Kellerer 2000, GRUR 2001, 276.

bb) Lösung

▶ Beispiel:

1261 A schlägt in dem vorgenannten Beispiel als Lösung Maßnahmen vor, die aus der Halbleitertechnik bekannt sind.

1262 Es stellt sich nun die Frage, ob diese Lösung naheliegend war.

1263 Lösung ist die Angabe der technischen Mittel, mit denen die technische Aufgabe zu dem angestrebten technischen Erfolg geführt wird. Sie muss jeden Fachmann in die Lage versetzen, ohne eigene erfinderische Tätigkeit die gegebene Lehre zu vollziehen (§ 35 Abs. 2 PatG). Unter dieser Voraussetzung kann die Lösung abstrakt gehalten sein, indem z.B. nur das Lösungsprinzip angegeben wird, die Lösung durch Wirkungsangaben oder durch eine der Vorstellungswelt angehörende Funktion bestimmt wird. Die Erfindung in ihrer Gesamtheit ist der Beurteilung auf erfinderische Tätigkeit zugrunde zu legen. Sie darf gedanklich nicht in ihre Bestandteile zerlegt werden, sondern ist immer als Einheit zu werten. Das gilt insbesondere wenn die Erfindung darin besteht, mehrere Merkmale mit einander zu kombinieren, mehrere Teilaufgaben zu lösen, Merkmale technischer und nichttechnischer Natur mit einander zu verknüpfen. Die Prüfung darf sich daher nicht auf die Merkmale des kennzeichnenden Teils des Anspruchs beschränken, sondern muss die Merkmale des Oberbegriffs mit einbeziehen.

1264 Im vorliegenden Fall[227] ist es zweifelhaft, ob der mit der Leiterplattenherstellung befasste Fachmann, dem sich das bekannte Problem der Gasblasenbildung als Ursache für unvollkommene Benetzung und Fehlbelegungen im Bereich von Kontaktierungs-Löchern bei Multi-Layer-Leiterplatten stellt und der auf dem Gebiet der Leiterplatten im Stand der Technik eine Fülle von diesbezüglichen Problemlösungen vorfindet, auf Druckschriften aus der Halbleitertechnik bzw. auf Verfahren aus der Halbleiterchip-Fertigung zurückgreift. Von dieser Feststellung ausgehend, ist die Lösung des A nicht naheliegend.[228]

227 BPatG Beschl. v. 10. 2. 1999, 9 W (pat) 45/97 – *Fluidleitungsverbindung*; BPatGE 41, 78 = GRUR 1999, 693 – *Fluidleitungsverbindung*.

228 Anders GRUR 2000, 257(261).

▶ Beispiel:

A stellt bei Patentanwalt B den in der folgenden Abbildung veranschaulichten Testkit vor: 1265

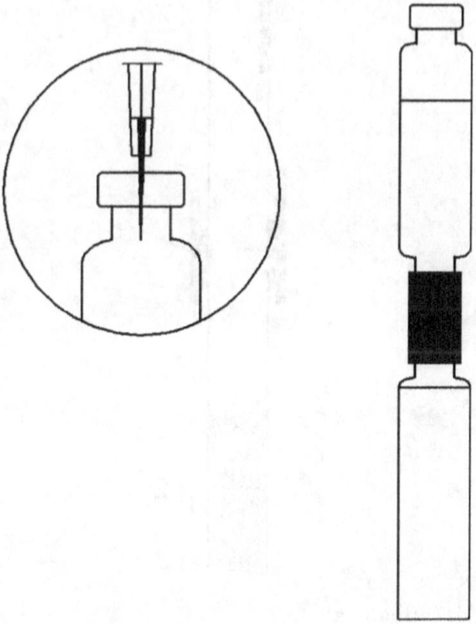

Abb. 21: Testkit (Stand der Technik)

Dieser Testkit besteht aus zwei Behältnissen. Das untere Behältnis ist der sog. Probenaufnahmebehälter, und das obere der Analysenbehälter. Beide Behältnisse sind über einen Adapter miteinander verbunden. In dem Adapter ist eine Membran angeordnet, welche gasdurchlässig ist. Der Testkit dient der Bestimmung von Kohlenstoff in wässrigen Proben. Hierfür wird der Kohlenstoff mittels chemischer Reaktion ggf. unter Einsatz von Wärme freigesetzt. Das austretende CO_2 tritt durch die Membran hindurch in den oberen Analysenbehälter, welcher einen Indikator enthält. Der Indikator verfärbt sich. Der Grad der Verfärbung ist das Maß für das Erhalten des Kohlendioxids. Um den Gastransport von dem unteren Probenbehälter in den oberen Analysenbehälter zu beschleunigen, ist eine Druckausgleichsvorrichtung vorgesehen. Im einfachsten Fall handelt es sich hierbei um eine Membran, welche mit einer Nadel durchstochen wird, sodass eine Verbindung zur Außenatmosphäre hin entsteht. Die eintretende Druckverminderung vermag somit zu einer effektiveren Stoffübertragung vom Probenbehälter in den Analysenbehälter beizutragen.

Aus dem Stand der Technik ist der im Folgenden abgebildete Testkit bekannt:

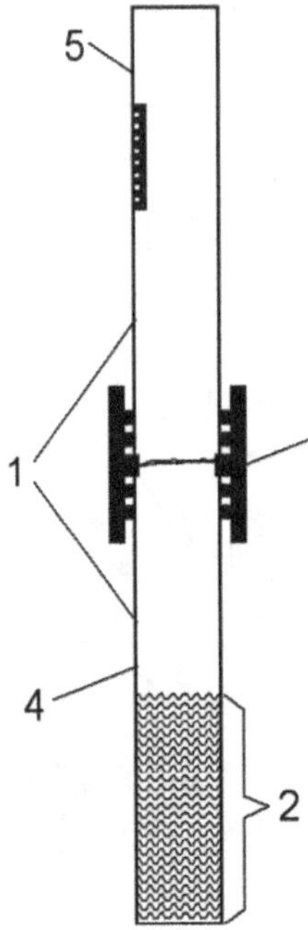

Abb. 22: Testkit (Erfindung)

Dieser unterscheidet sich von der Entwicklung des A allein dadurch, dass keine Druckausgleichsvorrichtung vorhanden ist. Allerdings ist in der Beschreibung zu dem Testkit nach dem Stand der Technik erwähnt, dass durch Druckverminderung im oberen Analysenbehälter sich eine Beschleunigung des Gastransports erreichen lässt.

Aus dem Stand der Technik ist ferner das im Folgenden abgebildete Gärröhrchen bekannt:

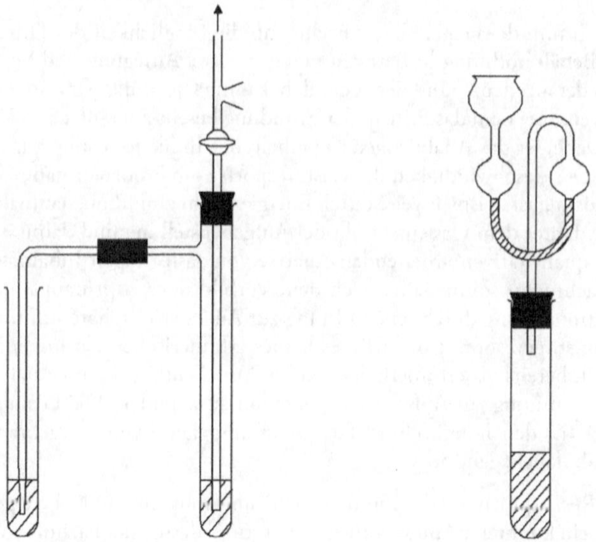

Abb. 23: Gärröhrchen

Hiernach ist ebenfalls ein Probenbehälter vorgesehen, auf dem ein Aufsatz aufgesetzt ist. Durch Gasentwicklung im Probenbehälter wird unter Zusatz von Reaktanden sowie ggf. unter Wärmezufuhr CO_2 freigesetzt und in den Aufsatz überführt. Dort verfärbt sich das Reagenz. Der Aufsatz ist nach oben hin permanent offen.

Bei der Beurteilung der erfinderischen Tätigkeit ist von der Aufgabe auszugehen, 1266
die darin besteht, einen Testkit für die Analyse eines gasförmigen oder eines in die Gasform überführbaren Inhaltsstoffes einer Probe so auszugestalten, dass er schneller und quantitativer arbeitet und zu einer intensiveren optischen Änderung des Indikatorreagenzes führt. Gelöst wird die Aufgabe durch den in obiger Abbildung wiedergegebenen Testkit.

Aus dem Stand der Technik ist die oben wiedergegebene Vorrichtung zur chemischen 1267
Analyse bekannt, die wie die Entwicklung des A aus zwei separaten Behältern besteht, die mittels eines Adapters über Behälteröffnungen verbunden oder verbindbar sind, wobei ein Behälter der Probenaufnahmebehälter und der andere der Analysenbehälter mit einem Indikatorreagenz ist. Die Auswertung der optischen Veränderungen des Indikatorreagenzes ist das Maß für den Gehalt an Kohlendioxid. In dem Stand der Technik ist beschrieben, dass die Überführung der gasförmigen Bestandteile aus dem Probenaufnahmebehälter in den Analysenbehälter beschleunigt werden kann,

in dem ein verminderter Gasdruck im Analysenbehälter erzeugt wird. Somit ist eine Druckentlastung durch Druckminderung im Analysenbehälter bereits vorgesehen und mithin dieses Merkmal in allgemeiner Form vorweggenommen.

1268 Es stellt sich nun die Frage, ob der Fachmann die Möglichkeit des Druckausgleichs mit einer Behälteröffnung in Betracht gezogen hätte. Anregung und Vorbild hierfür bietet ihm der aus dem Stand der Technik bekannte Gasprüfapparat in Form des sog. Gärröhrchens, bei dem das Prinzip der Erfindung bereits auf einfache Weise verwirklicht ist. Dabei ist das Analysengerät oberhalb der Indikatorlösung zur Atmosphäre hin offen. Die Geschwindigkeit des Gastransports vom Probenaufnahmebehälter zur Indikatorlösung ist beispielsweise durch Energiezufuhr zum Probenaufnahmebehälter einstellbar. Unter dem Gesichtspunkt der Aufgabenstellung und damit einer schnelleren und quantitativen arbeitenden Analyse von gasförmigen Inhaltsstoffen lag es für den Fachmann somit nahe, nach dem Vorbild des Gasprüfapparates oberhalb der Detektionslösung durch eine Öffnung zur Außenatmosphäre hin für Druckverminderung sorgen. Somit bedurfte es keines erfinderischen Zutuns, die im Stand der Technik bereits als erforderlich erkannte Druckentlastung im Analysengefäß in Form einer Öffnung zur Außenatmosphäre hin auszubilden. Die Lösung des A war demgemäß für den Durchschnittsfachmann ausgehend vom vorgebrachten Stand der Technik naheliegend.[229]

1269 Nach der Rechtsprechung des Bundesgerichtshofs muss für ein Naheliegen i.S.d. § 4 PatG stets ein konkreter Anlass vorliegen, aufgrund dessen der Fachmann zur Lösung des technischen Problems auf den Weg der Erfindung gelangt.[230] Dass es über das Erkennen eines technischen Problems hinaus der Feststellung eines solchen Anlasses bedarf, hat der BGH mehrfach betont.[231] Die Kombination eines Standes der Technik mit dem Wissen des Durchschnittsfachmanns setzt einen Anlass voraus.[232] Allein der Umstand, dass die Kenntnis eines technischen Sachverhalts zum allgemeinen Fachwissen gehört, belegt nach Ansicht des Bundesgerichtshofs noch nicht, dass es für den Fachmann auch nahe lag, sich bei der Lösung des technischen Problems dieser Kenntnis zu bedienen.

1270 Der Bundesgerichtshof hat sich mit den genannten Entscheidungen der Praxis des Europäischen Patentamtes angenähert. Danach ist nämlich eine Erfindung nicht schon deshalb naheliegend, weil ein Fachmann zu der Lösung hätte gelangen können, sondern nur dann, wenn er die Lösung auch vorgeschlagen hätte. Dazu bedarf es eines konkreten Anlasses. Dieser sog. »Could-would-Test« wird vom Bundesgerichtshof zwar nicht als terminus technicus[233] verwendet; er hält jedoch fest, dass dieser Test für die

229 BPatG 15 w (pat) 305/02.

230 BGH vom 08.12.2009, Az. X ZR 65/09; vgl. auch Harber, GRUR-Prax. 2010, 127.

231 BGH GRUR 2009, 746 – *Betrieb einer Sicherheitseinrichtung*, BGH GRUR 2005, 145 – *Elektrisches Modul.*

232 BGH GRUR 2009, 743 – *Airbag-Auslöser als Aussteuerung.*

233 In der Entscheidung GRUR 2005, 145 – *Elektronisches Modul* verweist der Bundesgerichtshof ausdrücklich auf den »Could-would-test«.

Beurteilung der erfinderischen Tätigkeit wertvolle Fingerzeige geben kann. Der Bundesgerichtshof ist aber der Ansicht, dass dieser Test nicht in allen Fällen weiterführt, etwa wenn dem Fachmann eine beliebige Auswahl an Möglichkeiten zur Verfügung steht, und Kriterien für die Vorzugswürdigkeit einer bestimmten Alternative fehlen.[234]

Nach der Rechtsprechung des Bundesgerichtshofs zu Computer-implementierten 1271
Erfindungen ist ein Verfahren, das sich zur Herbeiführung des angestrebten Erfolges eines Programms bedient, mit dessen Hilfe eine Verarbeitungsanlage so gesteuert wird, dass der gewünschte Erfolg erzielt wird, dem Patentschutz zugänglich, sofern die beanspruchte Lehre Anweisungen enthält, die der Lösung eines konkreten technischen Problems mit technischen Mitteln bedienen. Bei der Prüfung der erfinderischen Tätigkeit dürfen aber nur diejenigen Anweisungen berücksichtigt werden, welche die Lösung eines technischen Problems mit technischen Mitteln bestimmen oder zumindest beeinflussen.[235] Dem entspricht die Entscheidungspraxis des Europäischen Patentamtes.[236]

▶ Beispiel:

Nach einer Entwicklung der Firma A besteht ein technisches Problem darin, dass 1272
ein Navigationsgerät nach dem Stand der Technik es ermöglichte, bestimmte Streckenabschnitte nach Vorgabe des Benutzers bei der Routenberechnung auszuschließen. Diese Ausschlussmöglichkeit bestand jedoch nur für die Route insgesamt. A hat ein System entwickelt, bei dem der Benutzer weitgehende Auswahlmöglichkeiten hat. Zur Lösung möchte er eine Patentanmeldung tätigen, welche einen Anspruch mit folgenden Merkmalen aufweist:

1. Das Verfahren dient zur Leitung des Fahrens eines Fahrzeugs von mindestens einem Start- und mindestens einem Zeitpunkt.
2. Es wird eine Route von mindestens einen Start- und mindestens einem Zielpunkt bestimmt, die mindestens zwei Streckenabschnitte aufweist.
3. Im Rahmen der Routenplanung bestehen folgende Auswahlmöglichkeiten:
   a) Der Fahrer kann eine vorgegebene Eigenschaft für einen potenziell zu meidenden Streckenabschnitt ausüben.
   b) Eine auswählbare Eigenschaft ist eine Straßenbenutzungsgebühr.
   c) Dem Fahrer werden die Streckenabschnitte zur Kenntnis gebracht, die über die zuvor ausgewählte Eigenschaft verfügen.
   d) Dem Fahrer wird angeboten, die einzelnen Streckenabschnitte, die über die zuvor ausgewählte Eigenschaft verfügen, jeweils individuell auszuwählen oder abzulehnen.
4. Abgelehnte Streckenabschnitte werden von der Routenplanung ausgenommen.

---

234 BGH GRUR 2004, 47 – *Blasenfreie Gummibahn I.*
235 BGH GRUR 2011, 125 – *Wiedergabe topografischer Informationen.*
236 EPA G 3/08, GRUR Int. 2010, 608 – *Programms for Computers.*

1273 Der Vorteil der Erfindung gegenüber dem Stand der Technik sollte demzufolge darin bestehen, dass die Entscheidung, ob gebührenpflichtige oder sonstige Besonderheiten aufweisende Streckenabschnitte berücksichtigt oder vermieden werden sollen, nicht für die gesamte Route getroffen werden muss, sondern nur für jeden einzelnen Streckenabschnitt individuell getroffen werden kann. In diesem Zusammenhang fällt ins Gewicht, dass die Merkmale der Merkmalsgruppe 3 zwar die Auswahl bestimmter Daten betreffen, dies jedoch unabhängig von technischen Zusammenhängen erfolgt. Entscheidend ist, dass die Merkmalsgruppe 3 keine technischen Vorgaben enthält, sondern sich die Lehre auf die Anweisung beschränkt, dem Fahrzeugführer bestimmte Daten zur Anzeige zu bringen, und ihm deren Bearbeitung zu ermöglichen.

cc) Stand der Technik

▶ **Beispiel:**

1274 Eine Patentanmeldung betrifft ein Papiermaschinengewebe mit CMD-Fäden (Cross-Machine-Direction-Fäden, nachfolgend Schussfäden genannt) und MD-Fäden (Machine-Direction-Fäden, nachfolgend Kettfäden genannt), das flache, monofile (einfädige) Fäden aufweist. Mit derartigen Geweben werden kontinuierliche Papierbahnen durch die Papiermaschine transportiert, insbesondere durch deren Trocknungstrommeln. Aus dem Stand der Technik ist eine Veröffentlichung einer europäischen Patentanmeldung bekannt, in der die Verwendung von Kettfadenpaaren zur Erzielung einer hohen Längsstabilität beschrieben ist. Dies entspricht der Teilaufgabe »ausreichende Festigkeit und Stabilität« der Patentanmeldung. Weiter wird in einer US-Patentschrift offenbart, dass mit der dort beschriebenen Webweise ein Flattern der Papierbahn auf dem Gewebe bei geringer Durchlässigkeit des Gewebes erreicht wird. Dies entspricht der Restaufgabe des Anmeldegegenstandes.

1275 Nach der Rechtsprechung des Bundesgerichtshofs[237] ist eine isolierte Betrachtung einzelner Merkmale nicht zulässig. Im vorliegenden Fall ergibt die Gesamtkombination sämtlicher Merkmale des Gegenstands nach der Anmeldung das Verweben von Kettfadenpaaren zu einer vertikal ausgerichteten Schichtung in dem aus Kett- und Schussfäden hergestellten Gewebe nicht nur die Stabilität des Gewebes, sondern auch die Durchlässigkeit des Gewebes. Bei der Prüfung auf erfinderische Tätigkeit ist es nicht zulässig, einzelne Merkmale oder Merkmalsgruppen darauf zu untersuchen, ob sie dem Fachmann durch den Stand der Technik je für sich nahe gelegt waren. Der Prüfung der Rechtsfrage, ob der Gegenstand der Erfindung am Prioritätstag durch den Stand der Technik nahegelegt war, ist der Gegenstand in der Gesamtheit seiner Lösungsmerkmale in ihrem technischen Zusammenhang zugrunde zu legen. Mithin spricht im vorliegenden Fall der Stand der Technik nicht gegen das Vorliegen einer erfinderischen Tätigkeit.

237 BGH X ZR 273/02; zitiert in IP Kompakt Heft 11, 2007, S. 6 f.

▶ **Beispiel:**

A hat eine Erfindung dem Patentanwalt B erläutert. Bei der Diskussion stellt sich heraus, dass es eine ältere Anmeldung des A gibt, welche bereits eine Aufgabe und Lösung desselben Problems enthält. Allerdings sind die einzelnen Merkmale der Lösung des Problems verschieden von dieser früheren Anmeldung, die noch nicht veröffentlicht ist. Rechtslage? 1276

Der Umfang des Standes der Technik, der bei der Prüfung auf Erfinderische Tätigkeit zu berücksichtigen ist, ergibt sich aus § 3 PatG, der den auch in § 4 PatG verwendeten Begriff Stand der Technik definiert. Ältere Anmeldungen können nach § 3 PatG für eine jüngere Anmeldung neuheitsschädlich sein, bleiben aber nach § 4 Abs. 2 PatG bezüglich der erfinderischen Tätigkeit außer Betracht.[238] Vorliegend unterscheidet sich die neue Entwicklung des A von der älteren Anmeldung. Insoweit ist Neuheit gegeben. Da eine Prüfung der erfinderischen Tätigkeit nicht stattfinden darf, ist der Gegenstand der Entwicklung patentfähig. 1277

▶ **Beispiel:**

A hat ein Verfahren zur Herstellung eines milchsäurehaltigen Getränks durch Vergärung von gebackenem Brot entwickelt. Bei der Recherche stellt sich heraus, dass es zum einen ein altes Volksgetränk in Russland mit der Bezeichnung »Kwasz« gibt. Zum anderen gibt es zum Patent angemeldete und veröffentlichte Verfahren, welche in der Gesamtschau sämtliche Verfahrensschritte der Erfindung des A ergeben. Allerdings ist in keiner der Schriften komplett das bisherige Verfahren dargestellt. Von der Herstellung des »Kwasz« unterscheidet sich das Verfahren des A dadurch, dass kein Alkohol entsteht. A fragt, wie dieser Stand der Technik zu würdigen ist. 1278

Bei der Prüfung, ob eine erfinderische Tätigkeit gegeben ist, ist vom objektiv festgestellten, nicht aber von einem in der Anmeldung genannten, aber nicht verifizierten Stand der Technik auszugehen. Der Stand der Technik ist in seiner Gesamtheit zugrunde zu legen. Anders als bei der Neuheitsprüfung, bei der die Erfindung mit jeder Entgegenhaltung gesondert zu vergleichen ist, ist hier aus dem Stand der Technik gleichsam ein Mosaik zu bilden, das als Ganzes der Erfindung gegenüber zu stellen ist. Ergibt die Gesamtschau des Standes der Technik, die auf einer nachträglichen, künstlichen Synthese basiert, dass ein Fachmann von hier aus ohne erfinderische Überlegung zu der angemeldeten Erfindung kommen kann, so beruht sie nicht auf einer erfinderischen Tätigkeit. 1279

Das Bundespatentgericht hat zur Wertung des nächstliegenden Standes der Technik Folgendes ausgeführt:[239] Da die Beurteilung, ob die beanspruchte Lehre auf einer erfinderischen Tätigkeit beruhe, nach objektiven Gesichtspunkten zu erfolgen habe, 1280

238 Schulte/Moufang § 4 PatG Rn. 12.
239 BPatG Beschl. v. 9.91999, 23 W (pat) 10/98.

sei es nicht zwingend, von dem von der Anmelderin als nächstliegend angesehenen Stand der Technik auszugehen. Vielmehr seien die entgegengehaltenen Druckschriften nicht unterschiedlich zu berücksichtigen. Auch die vermeintlich »weiter abliegenden« Druckschriften seien ebenso sorgfältig in die Prüfung einzubeziehen, weil es letztlich auf eine Betrachtung des Stands der Technik in seiner Gesamtheit (als »Mosaik«) ankomme.[240]

1281 Für den vorliegenden Fall ergibt sich somit, dass die Aufgabe, ein milchsaures Getränk herzustellen, sich schon in einer Vielzahl von Dokumenten ergeben hat. Die Lösungen zur Herstellung des Getränks waren unterschiedlich. Gleichwohl ergibt eine Gesamtschau des Standes der Technik, dass die in den Verfahren von A verwendeten Einzelschritte bereits bekannt waren, wenn auch aus unterschiedlichen Dokumenten. Insofern dürfte es im vorliegenden Fall an dem Vorliegen einer erfinderischen Tätigkeit fehlen.

dd) Durchschnittsfachmann

▶ Beispiel:

1282 A hat ein Verfahren zur optischen Prüfung der Umhüllung stabförmiger Artikel der Tabak verarbeitenden Industrie entwickelt. Im Bereich der Tabakmaschinenbau-Industrie ist das Verfahren neu. Allerdings ist das Verfahren bereits aus der Optoelektronik bekannt und wurde bereits bei der Prüfung von Verpackungen von Lebensmitteln eingesetzt. Wer ist in diesem Verfahren der maßgebliche Fachmann?

1283 Das Können des patentrechtlichen (Durchschnitts)fachmanns ist Maßstab dafür, ob eine erfinderische Tätigkeit vorliegt. Fachmann i.S.d. § 4 PatG ist der auf dem einschlägigen Fachgebiet tätige Sachverständige, der über durchschnittliches Wissen und Können verfügt, nicht also ein überragender, hervorragender oder gewiefter Fachmann. Er hat zum gesamten Stand der Technik Zugang, macht davon aber nur im Rahmen seiner Fähigkeiten und Kenntnisse Gebrauch. Er ist somit zwar nicht allwissend, kennt aber den gesamten Stand der Technik des für ihn relevanten Fachbereichs. Den einschlägigen Stand der Technik, dessen Kenntnis ihm fiktiv zu unterstellen ist, wertet er mit den Fähigkeiten, die gerade für diesen Fachmann dieses Gebiets typisch sind. Zuständiger Fachmann ist der Fachmann des technischen Gebiets, auf dem die Erfindung liegt, also der Fachmann, dem üblicherweise die Lösung der gestellten Aufgabe übertragen wird, z.B. der Hersteller, Planer, Entwicklungsingenieur. Interessenten, Abnehmer, Anwender, Auftraggeber geben dem Fachmann, an den man sich nach allgemeiner Übung wendet, Anregungen und Wünsche, sind aber nicht selbst die zuständigen Fachleute. Es wird von jedem Fachmann erwartet, dass er die Entwicklung auf einem Nachbargebiet und auf einem übergeordneten allgemeinen technischen Gebiet beobachtet. Benachbart ist ein Gebiet, in dem beide Gebiete technologische

240 Anders, GRUR 2000, 257 (261).

Berührungspunkte haben, sodass sich der zuständige Fachmann auch dort regelmäßig, wenn auch mit geringerer Intensität, auf dem Laufenden hält. Unschädlich ist es, wenn der Erfinder irrtümlich ein Gebiet als benachbart bezeichnet. Ein weiteres Fachgebiet, das nicht benachbart ist, ist nur dann zu berücksichtigen, wenn die Art der Aufgabe seine Heranziehung dem Fachmann nahelegt oder wenn auf diesem Gebiet das gleiche Problem bekanntermaßen eingehend diskutiert wird. Berührt die Erfindung ersichtlich zwei Teilgebiete, genügt nicht der Wissensstand des in erster Linie zuständigen Fachmanns. Vielmehr ist auch das Wissen eines weiteren Fachmanns hinzuzurechnen, wenn der zuständige Fachmann dort Lösungen seines Problems vermutet, die ihm bei der Erreichung seines Zieles hilfreich sein könnten.[241]

Im vorliegenden Fall hat das Bundespatentgericht ausgeführt: Der zur Beurteilung 1284 der erfinderischen Tätigkeit für das optische Prüfen der Umhüllung stabförmiger Artikel der Tabak verarbeitenden Industrie heranzuziehende Fachmann sei nicht der Tabakmaschinenbauer, sondern ein diplomierter Ingenieur oder Physiker der Fachrichtung Opto-Elektronik, der mit dem Maschinenbauer der Herstellungsmaschine zu prüfenden Artikel eng zusammenarbeite. Neben der Tabak verarbeitenden Industrie seien andere Einsatzgebiete der optoelektronischen Artikel-Oberflächenprüfung wie beispielsweise die Getränke-, Nahrungsmittel-, Schreibwaren- oder pharmazeutische Industrie für den Opto-Elektroniker benachbarte Anwendungsgebiete für seine Untersuchungsmethoden. Dies ergebe sich aus einer Druckschrift, in der neben Zigaretten auch Bleistifte erwähnt seien.[242]

▶ Beispiel:

A hat ein neues Material zur Herstellung von Pferdegebissen entwickelt. Im 1285 Gespräch mit Patentanwalt B stellt sich heraus, dass das Material in der Metallurgie schon lange für verschiedene Verwendungen eingesetzt wird. Welcher Fachmann kommt in Betracht?

Außergewöhnliche Erfindungsgebiete verlangen außergewöhnliches Teamwork. Geht 1286 es um das Material für Pferdegebisse, kommt als maßgeblicher Fachmann nicht alleine der Pferdewirt in Betracht, sondern auch ein Metallurge, der mindestens die Ausbildung eines Gießereimeisters hat.[243]

▶ Beispiel:

A hat ein neues Scharnier entwickelt, welches bei dem Einbau in Kühlschränke 1287 besondere Vorteile aufweist.

Der mit der Gestaltung von Kühlgeräten befasste Maschinenbauingenieur muss sich, 1288 um als Fachmann zu gelten, auch in der Scharniertechnik zur Anlenkung einer Tür

---

241 Schulte/Moufang § 4 PatG Rn. 50.

242 BPatG Beschl. v. 4. 11. 1997, 13 W (pat) 23/97; BPatG Beschl. v. 14. 10. 1997, 13 W (pat) 86/96; Anders GRUR 98, 604 (610).

243 BPatG Urteil v. 17. 4. 1997, 2 Ni 43/96; Anders GRUR 98, 604 (610).

auskennen oder bei einschlägigen Problemen einen entsprechenden Scharnierkundigen hinzuziehen.[244] Der Scharnierkundige sieht sich stets auch auf den eng benachbarten Gebieten anderer Flügelscharniere wie den Tür- und Fensterscharnieren um.[245]

▶ **Beispiel:**

1289 A hat folgendes Patent angemeldet:

Einen Hundefutter-Beutel zum Trainieren von Hunden soll bereitgestellt werden. Die Anmeldung beschreibt als das wesentliche Ziel des Hundetrainings, dass der Hund den Willen des Menschen akzeptierte. Dies gelinge aber nur, wenn es für den Hund Sinn mache, sich dem Willen des Menschen unterzuordnen, wobei der Jagdinstinkt des Tieres genutzt werden solle. Dazu werde dem Hund das Jagen unter der menschlichen Führung erlaubt, wobei der Mensch die Beute in Form von Futter in einer geeigneten Form zur Verfügung stelle.

Vor diesem Hintergrund bezeichnet A es als Aufgabe, einen Futterbeutel für ein Hundetraining zu schaffen, der von dem Hund als Beute betrachtet, angenommen und erjagt werden könne, an dessen Inhalt der Hund aber nicht ohne Zutun des Menschen gelangen könnte. Zudem soll der Futterbeutel gut handhabbar, insbesondere gut zu werfen sei und diese Eigenschaften und auch dann behalten, wenn er nur teilweise befüllt sei.

Diese Aufgabe werde durch einen Hundefutter-Beutel zum Trainieren von Hunden gelöst, dessen Form so gestaltet sei, dass der Hund den als Jagdbeute erachteten Gegenstand gut annehmen könne. Die verschließbare Öffnung diene dazu, den Hund durch die Hilfe des Menschen, den Inhalt des Beutels dosiert und unter Erhaltung der Beutefunktion ggf. wiederholt zugängig zu mache, während das Band mit Halteknopf dazu diene, den Beutel mühelos eine erhebliche Stecke wegzuschleudern.

Der Prüfer hat Bedenken gegen die Patentfähigkeit. Denn sog. Schlamper-Mäppchen, die mit Hundefutter gefüllt worden waren, seien in der Hundeschule des B schon vor der Entwicklung des Beutels als Trainingsvorrichtung für Hunde verwendet worden, hätten aber keine längere Schlaufe gehabt, mit der man den Beutel gut wegschleudern kann. Zum anderen hätten die Beutel den Bissen der Hunde auch in aller Regel nicht sehr lange widerstanden. Ist ein derartiger Gegenstand schutzfähig?

1290 Die Charakterisierung als Beutel für Hundefutter und der Zusatz »zum Trainieren von Hunden« sind keine unmittelbaren Merkmale der allein unter Schutz gestellten Vorrichtung, die im Rahmen der Hundeerziehung Anwendung finden kann und durch ihre Gestaltung das Training für Menschen erleichtern soll. Diese Angaben

244 BPatG Beschl. v. 21. 8. 1997, 13 W (pat) 1/97.

245 Anders GRUR 98, 604 (610).

stellen lediglich eine den Patentanspruch einleitende Zweckbestimmung des Beutels dar. Einer Zweckangabe kommt regelmäßig die Aufgabe zu, den durch das Patent geschützten Gegenstand dahin zu definieren, dass er nicht durch die räumlich-körperlichen Merkmale erfüllt, sondern auch so ausgebildet sein muss, dass er für den im Patentanspruch angegebenen Zweck verwendbar ist.

Unterstellt der Gegenstand der Erfindung ist neu, stellt sich die Frage nach dem Fachmann. Dies ist derjenige, der üblicherweise mit einschlägigen Entwicklungsarbeiten auf dem jeweiligen technischen Fachgebiet betraut ist und nicht der Anwender, Interessent, Abnehmer oder Auftraggeber des beanspruchten Gegenstandes, der dem Fachmann allerdings Anregung geben kann. Der Durchschnittsfachmann ist somit nicht ein Hundetrainer. Interessiert sich ein Hundetrainer für die Entwicklung eines als Trainingsmittel zu verwendenden Futterbeutels, wird er das hiermit verbundene technische Problem, da sich ein für diese Aufgabestellung größerer Spezialisten-Kreis ersichtlich nicht herausgebildet hat, an eine ihm im Einzelfall geeignet erscheinender, technisch versierte Person wenden. Maßgeblicher Fachmann ist deshalb ein Praktiker auf dem Gebiet der Textilverarbeitung, der von einem Hundetrainer mit dem zu lösenden technischen Problem vertraut gemacht worden ist und der die hierzu von seinem Auftraggeber erhaltenen Vorgaben zur berücksichtigen hat. Er besitzt Erfahrungen mit der Entwicklung und Herstellung von Taschen, Beuteln u.ä. Behältnissen aus Textilien. Ein solcher Fachmann hatte mit den auf dem Markt gängigen Beuteln z.B. zur Aufbewahrung von Schreibutensilien Vorbilder, die Anlass zur Auffindung gerade der von A angestrebten Lösung hätten sein können. Gegenüber den gestalterischen Merkmalen von handelsüblichen Beuteln tritt bei der Vorrichtung des A lediglich ein am Ende des Beutels angebrachtes Band mit Halteknopf hinzu. Dies mag zwar die Neuheit begründen, aber ausgehend vom Fachmann nicht die erfinderische Tätigkeit. 1291

Ein Rückgriff auf die bekannten technischen Formgestaltungen hat demgemäß nahegelegen. So waren herkömmliche Schreib-Etuis und Schlamper-Mäppchen, die mit Hundefutter gefüllt worden sind, Gegenstände von denen ausgehend der Fachmann die Entwicklung des A hätte vorhersehen können. Offensichtliche Eignung herkömmlicher Schreib-Etuis zum Einsatz als Hundetraining folgt nicht nur aus deren äußerer Formgebung, die Aufnahme durch einen Hund erleichtert, sondern auch aus deren Funktion als verschließbare Aufbewahrungsbehältnisse. Danach ergeben sich allein aus der unterschiedlichen Zweckbestimmung der handelsüblichen zur Aufbewahrung etwa von Stiften bekannten Beutel und des zu konstruierenden Futterbeutels als Trainings-Instrument keine durchgreifenden Zweifel daran, dass der Fachmann den Nutzen länglich geformter Schreib-Etuis als Vorbild zur Entwicklung eines Futterbeutels mit bestimmten Eigenschaften zur Verbesserung einer Vorrichtung der Hundeerziehung erkennt und als seinen Ausgangspunkt zur Lösung des technischen Problems wählt. 1292

Im Übrigen hat sich der Vorteil einer Verbesserung der Wurfeigenschaft des Beutels als anzustrebendes Ziel schon aus der Problemstellung ergeben, wonach die Vorrichtung zum Trainieren des Apportierens möglichst weit weg geschleudert werden soll. Mithin enthielt die Aufgabenstellung schon Lösungselemente. Auch insofern ist der Gegenstand der Erfindung als naheliegend einzustufen. 1293

ee) Beweisanzeichen für erfinderische Tätigkeit

▶ **Beispiel:**

1294 A hat einen Bahnsteig entwickelt, der je nach Bedarf in Höhe und Breite veränderbar ist. Im Stand der Technik hatte es schon viele Überlegungen gegeben, ein praktikables System zu entwickeln. Denn mit jeder neuer Zuggeneration waren neue Einsteighöhen zu berücksichtigen, was regelmäßig einen Umbau der Bahnsteighöhen mit sich brachte. Mit der Lösung dieser Problematik hatten sich schon viele Experten befasst, ohne eine befriedigende Lösung zu finden. Das System des A ist auf Anhieb ein Markterfolg.

1295 Lag im Prioritätszeitpunkt seit Langem ein ungelöstes dringendes Bedürfnis für die Lösung des mit der Erfindung gelösten Problems vor, ohne dass die Fachwelt in der Lage war, dieses zu befriedigen, so ist das ein Beweisanzeichen für erfinderische Tätigkeit. Nicht erforderlich ist, dass das Problem in der Fachwelt bereits nachweisbar diskutiert wird (z.B. im Schrifttum), da nach der Lebenserfahrung die Kenntnis des Problems in Fachkreisen unterstellt werden kann. Aus Veröffentlichungen nach dem Prioritätstag kann auf ein Bedürfnis vor der Anmeldung geschlossen werden.[246] Wenn sich die Fachwelt um die Lösung eines Problems bisher vergeblich bemüht hat, spricht das für ein Nichtnaheliegen. Das setzt voraus, dass vergebliche Versuche von Mitbewerbern oder anderen Fachleuten nachgewiesen werden, z.B. durch Aufsätze, Forschungsberichte, ältere Patente, die sich mit dem gleichen Problem befassen, aber die erfindungsgemäße Lösung nicht enthalten oder stattdessen abweichende Möglichkeiten empfehlen, die aber den Erfolg der Erfindung nicht oder nur unvollkommen oder auf aufwendige Weise erreichen. Dass erfolglose Versuche stattgefunden haben, zeigen auch zahlreiche Lösungen auf dem Gebiet der Erfindung, die aber deren Vorteile nicht aufweisen.[247]

1296 Vorliegend war die Fachwelt um eine Problemlösung bemüht. A hatte aber als einziger ein praxisnahes Prinzip gefunden. Dies spricht für eine erfinderische Tätigkeit.

▶ **Beispiel:**

1297 A hat ein neues Erfrischungsgetränk entwickelt. Der Gegenstand der Entwicklung wird zum Patent angemeldet. Nach der Veröffentlichung zeigt sich, dass viele das Verfahren und das Produkt nachahmen. Hat diese Nachahmung Einfluss auf das Patenterteilungsverfahren?

1298 Nachahmung in Kenntnis der Patentanmeldung kann für den Wert der Erfindung sprechen, wenn der Verletzer eine Ausführungsform benutzt, von der er annehmen muss, dass sie unter das Patent fällt. Motiv für den Nachbau können wirtschaftliche Gründe und die Überlegung gewesen sein, das Patent nicht mit Erfolg als nichtig

---

246 Schulte/Moufang § 4 PatG Rn. 84.
247 BGH GRUR 53, 120 – *Rohrschelle*.

angreifen zu können. Wird ein neues, technisch überlegenes Produkt von mehreren Mitbewerbern imitiert, die überkommenen technischen Vorstellungen verhaftet geblieben sind, spricht das für erfinderische Tätigkeit. Das Anzeichen versagt, wenn die Erfindung durch den Stand der Technik nahegelegt war oder die Mitbewerber sich nur einem kaufmännischen Markterfolg anhängen wollen.[248]

▶ Beispiel:

A hat einen neuen Autolack entwickelt. Die verwendeten Polymere härten bei niedrigen Temperaturen besonders schnell aus. Ihr Aussehen unterscheidet sich kaum von der werksseitig angebrachten Einbrennlackierung. Aufgrund dessen lässt sich der Lack auch von dem Laien besonders gut verarbeiten. 1299

Die mit der Erfindung erreichten Vorteile können als Anzeichen dafür gewertet werden, dass die Erfindung nicht nahegelegen hat, denn sonst hätte sich jeder Fachmann diese Vorteile zunutze gemacht, es sei denn, er war daran durch andere Überlegungen, insbesondere wirtschaftliche Gründe, gehindert. Auch ein minimaler Vorteil kann in einem Gebiet mit konstanter Evolution bedeutsam sein. Die Vorteile müssen in der Anmeldung nicht ursprünglich mitoffenbart sein. Sie können zur Begründung der erfinderischen Tätigkeit nachgebracht werden. Das ist ausgeschlossen, wenn dadurch die offenbarte Lehre erst ihren eigentlichen Sinn erhalten würde. Die Vorteile müssen glaubhaft belegt sein. 1300

▶ Beispiel:

A hat einen sog. »Leuchtbakterientest« entwickelt. Nach dem bisherigen Stand der Technik wurden Leuchtbakterien als lebende Kulturen eingesetzt. A hat durch eine spezielle Art der Gefriertrocknung erreicht, dass auch die gefriergetrockneten Leuchtbakterien direkt verwendet werden können. Nach dem Stand der Technik war man davon ausgegangen, dass die Bakterien zunächst immer angezüchtet werden müssen, bevor sie einsetzbar sind. 1301

Nach dem Stand der Technik hat sich somit ein Vorurteil gebildet, dass der Einsatz von gefriergetrockneten Bakterien ohne vorherige Anzüchtung nicht möglich ist. Die Überwindung technischer (nicht wirtschaftlicher) Vorurteile ist regelmäßig ein Beweisanzeichen für die erfinderische Tätigkeit, sofern das Vorurteil in der einschlägigen Fachwelt tatsächlich und allgemein bestand, sodass es die Fachwelt des technischen Gebiets von Vorschlägen abgehalten hat, weil diese allgemein als unausführbar galten. Die Beweislast für das Bestehen eines Vorurteils trifft den Anmelder. Ein Vorurteil kann sich daraus ergeben, dass die Industrie tatsächlich einen anderen Weg eingeschlagen oder den Weg des Erfinders aufgegeben hatte. Kein Vorurteil sind unverbindliche Fachregeln, wirtschaftliche Vorurteile, wie z.B. der Abnehmer gegen Verwertbarkeit, ablehnende Haltung bei der Einführung der neuen Lehre in die Praxis, Beibehaltung einer älteren Technik, um Sicherheitsvorschriften zuverlässig 1302

248 BGH GRUR 91, 120 – *Elastische Bandage*; BGH Bl. 64, 121.

zu erfüllen. Die Erwähnung des Vorurteils in der Beschreibung spricht nicht unbedingt für, die Nichterwähnung gegen das Vorliegen eines Vorurteils. Bedenken des Prüfers gegen die Lehre können ein Vorurteil bestätigen. Ein behauptetes Vorurteil ist unerheblich, wenn es erst nach dem Prioritätszeitpunkt entstanden ist. Es kann sich aus der Zusammenschau verschiedener Dokumente ergeben.[249]

h) Gewerbliche Anwendbarkeit

1303 Gemäß § 5 Satz 1 PatG gilt eine Erfindung als gewerblich anwendbar, wenn ihr Gegenstand auf irgendeinem gewerblichen Gebiet hergestellt oder benutzt werden kann.

▶ Beispiel:

1304 A hat einige Teilsequenzen isoliert. Er möchte wissen, ob hierfür ein Patentschutz erlangt werden kann.

1305 Für Gensequenzen als solche kann ein Patentschutz erlangt werden. Allerdings gilt eine Besonderheit im Gebiet der Gentechnik. Die gewerbliche Anwendbarkeit einer Sequenz oder Teilsequenz eines Gens muss nämlich in der Anmeldung konkret unter Angabe der von der Sequenz oder Teilsequenz erfüllten Funktion beschrieben werden (§ 1 Abs. 3 PatG).

2. Deutsches Verfahren

1306 Wünscht der Erfinder oder sein Rechtsnachfolger Patentschutz für seine Entwicklung, muss er seine Erfindung bei dem zuständigen Patentamt anmelden. Hierfür stehen dem Erfinder verschiedene Möglichkeiten zur Verfügung.

1307 Möchte er Patentschutz für seine Entwicklung in Deutschland erhalten, muss er die Erteilung eines Patents beim Deutschen Patent- und Markenamt beantragen. Ebenso ist die Möglichkeit gegeben, eine Anmeldung bei einem zugelassenen Patentinformationszentrum (PIZ) einzureichen. Eine solche Patentanmeldung braucht nicht in deutscher Sprache eingereicht zu werden. Vielmehr kann jede beliebige Sprache gewählt werden, sofern eine Übersetzung innerhalb von 3 Monaten nachgereicht wird (§ 35 Abs. 1 Satz 1 PatG).

1308 Ist die Anmeldung ganz oder teilweise in englischer oder französischer Sprache abgefasst, verlängert sich die Frist auf 12 Monate. Wird die Priorität einer früheren Anmeldung in Anspruch genommen, endet diese Frist jedoch spätestens mit Ablauf von 15 Monaten nach dem Prioritätstag (§ 35 a, Abs. 2 PatG). Mit dieser Bestimmung wird der Grundsatz beibehalten, dass Verfahrenssprache Deutsch ist (§ 126 PatG). Von der im Patentgesetz vorhandenen Öffnungsklausel hat der Gesetzgeber Gebrauch gemacht und fremdsprachige Anmeldungen zugelassen. Hierbei sind die englisch- und französischsprachigen Patentanmeldungen durch die Verlängerung der Frist bevorzugt. Die Rechtsfolge fehlender Übersetzungen fremdsprachiger Patentanmeldungen ent-

249 BGH GRUR 72, 541 – *Imidazoline*; EPA T 91/98, Sonderausgabe ABl. EPA 2002, 28.

hält die Fiktion, dass die Patentanmeldung als zurückgenommen gilt. Damit verliert der Anmelder nicht die Möglichkeit, auch im Falle der fehlenden Einreichung der Übersetzung auf die Anmeldung als Prioritätsbezug zurückzugreifen.[250]

Infolge der Fritverlängerung auf 12 Monate für die englisch- und französischsprachigen Anmeldungen ergeben sich t insofern Vorteile, als die Übersetzungskosten gesenkt werden; denn diese fallen erst an, wenn der Anmelder die Entscheidung über die Fortsetzung des Erteilungsverfahrens getroffen hat. Den Zeitpunkt der Einreichung der Übersetzung der Anmeldeunterlagen kann der Anmelder nunmehr hinausschieben. Bis zu dem Zeitpunkt der Entscheidung über die Frage der Übersetzung hat jeder Anmelder die Möglichkeit, eine Recherche beim DPMA zu beantragen und zu erhalten.[251] D.h., auch für die Zwecke der Recherche muss keine Übersetzung angefertigt werden. 1309

a) Anmeldeverfahren

▶ Beispiel:

A beabsichtigt, eine Patentanmeldung einzureichen. Nachdem Patentanwalt B ihn unterrichtet hat, dass der Gegenstand der Anmeldung patentfähig sein könnte, möchte A über den weiteren Verfahrensablauf informiert werden. 1310

Nachdem die Anmeldung ausgearbeitet ist, wird diese beim Deutschen Patent- und Markenamt eingereicht. Der Eingang der Anmeldung wird vom Amt unter Mitteilung des amtlichen Aktenzeichens bestätigt. Sofern die Anmeldegebühr eingezahlt ist, erfolgt die Offensichtlichkeitsprüfung. D.h., das Amt prüft, ob offensichtliche formelle Mängel vorhanden sind. Beispiele sind unzutreffende Nummerierung de Ansprüche oder fehlende Bezugnahme auf die Zeichnungen in Beschreibung und Zusammenfassung. Im weiteren Verfahren wird die Anmeldung innerhalb von 18 Monaten nach dem Prioritätstag oder Anmeldetag offengelegt. Die Offenlegung ist obligatorisch und kann durch Rücknahme der Anmeldung verhindert werden. 1311

Im weiteren Verfahren erfolgt eine Prüfung auf Antrag. Die Frist beträgt 7 Jahre ab Anmeldetag. 1312

Sobald der Prüfungsantrag gestellt ist, kann das Prüfungsverfahren vom Amt durchgeführt werden. Sofern die Anmeldung zurückgewiesen wird, besteht für den Anmelder die Möglichkeit der Beschwerde. Wird auch hier die Anmeldung zurückgewiesen, ist das Verfahren beendet. 1313

Im Falle der Erteilung durch die Prüfungsstelle des DPMA oder das Bundespatentgericht erfolgt die Veröffentlichung der Patentschrift in der erteilten Fassung. Es besteht sodann für Dritte die Möglichkeit des Einspruchs. Die Frist für die Einlegung des Einspruchs beträgt 9 Monate. Im Zuge des Einspruchsverfahrens kann es 1314

250 Schulte/Moufang § 35a PatG Rn. 7.
251 BT Drucks. 17/10 308 vom 12.07.2012.

zu einem vollständigen oder teilweisen Widerruf oder Aufrechterhaltung der Anmeldung kommen. Der jeweils in dem Verfahren Unterlegene hat sodann die Möglichkeit der Beschwerde.

▶ Beispiel:

1315 Nachdem Patentanwalt B den gesamten Verfahrensablauf dargestellt hat, möchte A doch noch Einzelheiten zum Prüfungsverfahren wissen. Insbesondere interessiert ihn, welche formellen Voraussetzungen bestehen und wie die formelle weitere Handhabung aussieht.

1316 Das Prüfungsverfahren ist in den §§ 34, 42–49 PatG geregelt. Nach den formalen Voraussetzungen muss eine Patentanmeldung gemäß § 34 PatG enthalten:
(1) einen Antrag auf Erteilung eines Patents;
(2) eine Beschreibung der Erfindung;
(3) einen oder mehrere Patentansprüche;
(4) die Zeichnungen, auf die sich die Beschreibung oder die Patentansprüche beziehen;
(5) eine Zusammenfassung;
(6) der Name des Erfinders.

1317 Die Anspruchsformulierung kann auch später erfolgen. D. h. auch ohne Vorlage von Ansprüchen erfolgt die Zuerkennung eines Anmeldetages. Die Patentansprüche müssen den Gegenstand angeben, für den Schutz begehrt wird. Sie müssen deutlich, knapp gefasst und von der Beschreibung gestützt sein. Die Verfahrensschritte sind im Einzelnen wie folgt:

1318 Zunächst erfolgt eine Eingangsprüfung. Hier wird überprüft, ob die Mindestvoraussetzungen für die Zuerkennung eines Anmeldetages gegeben sind. Ferner erfolgt die Überprüfung, ob die Gebühren eingezahlt sind. Im Rahmen der Formalprüfung wird ferner überprüft, ob eine Zusammenfassung vorliegt, ein Antrag über die Inanspruchnahme einer Priorität und eine Erfinderbenennung vorliegt. Werden Zeichnungen später nachgereicht, wird überprüft, ob sich hierdurch der Anmeldetag verschiebt.

1319 Es ist sodann möglich einen Prüfungsantrag innerhalb von 7 Jahren ab dem Anmeldetag zu stellen. Mit der Stellung des Prüfungsantrags ist auch eine Gebühr zu zahlen.

1320 Ergibt die Prüfung, dass die Patentanmeldung oder die Erfindung, die sie zum Gegenstand hat, den Erfordernissen des Gesetzes nicht genügt, fordert die Prüfungsstelle den Anmelder nach Maßgabe der Ausführungsordnung so oft wie erforderlich auf, innerhalb einer von ihr zu bestimmenden Frist eine Stellungnahme einzureichen. Dabei sind Änderungen der Anmeldung durch den Anmelder im Laufe des Prüfungsverfahrens zulässig. Allerdings können solche Änderungen nur im Rahmen der ursprünglich eingereichten Anmeldung vorgenommen werden. Erweiterungen über den Inhalt der ursprünglichen Anmeldung hinaus sind nicht möglich.

1321 Sofern der Prüfer ggf. nach Änderung der Ansprüche, der Beschreibung und der Zeichnung zu der Überzeugung gelangt, dass ein Patent zu erteilen ist, wird ein

Erteilungsbeschluss abgesetzt. Diesem Beschluss sind ggf. die von dem Prüfer vorgenommenen Änderungen beigefügt.

Wird die Anmeldung zurückgewiesen, ist die Beschwerde zum Bundespatentgericht 1322
möglich (§ 73 PatG).

Während des Erteilungsverfahrens kann die Anmeldung jederzeit geteilt werden (§ 39 1323
PatG).[252]

▶ **Beispiel:**

A reichte beim DPMA eine Patentanmeldung ein und beanspruchte dabei die 1324
Priorität einer US-Anmeldung. Dem Antrag beigefügt waren eine Erfinderbenennung, eine Zusammenfassung, eine Zeichnung zur Zusammenfassung, jeweils mehrere englischsprachige Seiten Beschreibung, Patentansprüche und Zeichnungen (Figuren 1, 2A, 2B, 3, 4 und 5) sowie eine Abschrift der englischsprachigen Voranmeldung. Des Weiteren reichte A zwei Monate nach der deutschen Anmeldung Übersetzungen der Anmeldeunterlagen in die deutsche Sprache ein. Einen weiteren Monat später übersandte die zuständige Prüfungsstelle des DPMA der Anmelderin eine Bibliografie-Mitteilung, die in ihren Feststellungen zum Punkt »Priorität« die Angaben zum ersten Anmeldetag enthielt. Über ein Jahr später reichte die Anmelderin sechs Seiten mit englischsprachigen Zeichnungen ein und teilte hierzu mit, in den mit der Patentanmeldung im Mai 2018 eingereichten Unterlagen sei die Abschrift der Voranmeldung ohne Figurensatz hinterlegt worden. Das Patentamt stellte hiergegen etwas unternommen werden könne.

Der Beschluss könnte mit der Beschwerde angegriffen werden. Zu Begründung wäre auf 1325
folgendes hinzuweisen: Nach § 41 Abs. 1 PatG setzt die wirksame Inanspruchnahme der Priorität einer früheren ausländischen Anmeldung derselben Erfindung voraus, dass vor Ablauf des 16. Monats nach dem Prioritätstag Zeit, Land und Aktenzeichen der früheren Anmeldung angegeben sowie eine Abschrift der früheren Anmeldung eingereicht wird. Das DPMA soll dadurch überprüfen können, ob die prioritätsbegründende und die prioritätsbeanspruchende Anmeldung dieselbe Erfindung betreffen.

Vorliegend hat die verfahrensgegenständliche Patentanmeldung die Priorität der von 1326
ihr benannten US-Voranmeldung in Anspruch. Mit den Anmeldeunterlagen war ein Satz mit englischsprachigen Zeichnungen eingereicht worden. Die eingereichten Figuren sind identisch mit den Figuren der prioritätsbegründenden Voranmeldung. Es war ohne weitergehende Ermittlungen oder aufwändige Detailprüfung feststellbar ist, dass es sich bei den eingereichten Figuren sowohl um die der US-Voranmeldung

252 BGH GRUR 1999, 485 = Mitt. 1999, 154 = BlPMZ 1999, 192 = NJW 1999, 1557 – *IMMUNINE/IMUKIN*; BPatG Mitt. 1999, 428 = BlPMZ 2000, 31; BPatG Beschl. v. 12. 4. 1999, 11 W (pat) 83/98 – *Fensterbeschlag*; BPatGE 34, 224 – *Teilung*: Zeitpunkt vor BPatG; BPatGE 41, 127 = BlPMZ 1999, 441 – *Fensterbeschlag*; BPatG GRUR 1999, 488 – *Unwirksamkeit der Teilungserklärung*; Hövelmann Mitt. 1999, 411; Anders GRUR 1998, 604, 616. Anm.: Die Möglichkeit der Teilung im Einspruch ist entfallen.

als auch um die der deutschen Anmeldung handelte. Aus den Feststellungen der amtlichen Bibliografie-Mitteilung ergibt sich, dass dies auch vom DPMA im Rahmen der durchgeführten Offensichtlichkeitsprüfung so gewertet worden ist. Denn diese ist der Anmelderin ohne jeden Hinweis auf die Notwendigkeit der Nachreichung von Unterlagen übermittelt worden und enthält zudem die Feststellung der geltend gemachten Priorität. Vor diesem Hintergrund ist es sachgerecht, davon auszugehen, dass in dem vorliegenden Einzelfall die von ihr innerhalb der maßgeblichen 16-Monatsfrist eingereichten Dokumente als ausreichend anzusehen sind, um die Anforderungen des § 41 Abs. 1 PatG zu erfüllen.[253]

▶ **Beispiel:**

1327 A reicht eine Patentanmeldung ein. Auf dem Formblatt für die Erfinderbenennung werden keine natürlichen Personen benannt. Vielmehr wird aufgeführt, die Erfindung sei selbständig durch eine künstliche Intelligenz erzeugt worden. Entspricht diese Anmeldung den gesetzlichen Bestimmungen?[254]

1328 Gemäß §§ 6, 37 PatG können nur natürliche Personen Erfinder sein. Unter einer natürlichen Person ist ein Mensch zu verstehen, der nach § 1 BGB rechtsfähig ist. Demgemäß kann vorliegend nicht als Erfinder künstliche Intelligenz benannt werden.

▶ **Beispiel:**

1329 A hat selbst eine Patentanmeldung beim Deutschen Patent- und Markenamt eingereicht. Aufgrund des Erstbescheides sieht er keine Möglichkeit für eine Weiterverfolgung. Er bittet Patentanwalt B um Beratung. Dieser stellt fest, dass durch Aufnahme eines Merkmals in dem Hauptanspruch sich nur eine Abgrenzung erreichen lässt. Allerdings ist dieses Merkmal nur in der Zeichnung offenbart. A fragt, ob dies überhaupt möglich sei.

1330 Grundsätzlich muss ein aus der Beschreibung übernommenes Merkmal als zur Erfindung gehörend zu erkennen sein.[255] Patentansprüche, Beschreibung und Zeichnungen der ursprünglichen Anmeldeunterlagen sind grundsätzlich gleichwertige Offenbarungsmittel.[256] Zur Offenbarung eines Merkmales gehört demgemäß auch die Darstellung einer Zeichnung. Um dieses Merkmal in den Anspruch aufzunehmen ist einzige Voraussetzung, dass die Ausgestaltung nach der Gesamtoffenbarung aus fachmännischer Sicht als mögliche Ausführungsform der Erfindung erscheint.[257]

---

253 BPatG, Beschluss v. 22.3.2022, Az. 1 W (pat) 25/22; Vgl.a. Anneken, IPKompakt, 2022 Heft 7, S. 5 ff.

254 Fall nach BGH GRUR 2022, 59 Rd. Nr. 82 ff. – diskontinuierliche Funkverbindung; Bacher GRUR 2021 S. 595.

255 BGHZ 110, 123 – *Spleißkammer.*

256 BGH GRUR 1996, 757 – *Tracheotomiegerät*, BGH GRUR 2007, 578 – *Rückspülbare Filterkerze*, BGHZ 111, 21 – *Crackkatalysator.*

257 BGH vom 18.02.2010, Az. Xa ZR 52/08.

Beispiel:

A möchte den durch einen Bescheid ausgelösten Fristendruck vermeiden. Er fragt, ob es hier eine Möglichkeit gibt. 1331

Es besteht die Möglichkeit eines Recherchenantrages. Gemäß § 43 PatG ermittelt das Deutsche Patent- und Markenamt auf Antrag den Stand der Technik, der für die Erteilung der Patentfähigkeit der angemeldeten Erfindung in Betracht zu ziehen ist. Zugleich beurteilt das Amt vorläufig die Schutzfähigkeit der angemeldeten Erfindung nach den § 1 – 5 PatG und ob die Anmeldung den Anforderungen des § 34 Abs. 3–5 PatG genügt. Soweit die Ermittlung des Standes der Technik gemäß § 43 Abs. 8 PatG einer zwischenstaatlichen Einrichtung ganz oder teilweise übertragen worden ist, kann der Anmelder auch beantragen, die Ermittlungen in der Weise durchführen zu lassen, dass er das Ermittlungsergebnis auch für eine europäische Anmeldung verwenden kann. Wenn allerdings ein Prüfungsantrag gestellt ist, gilt der Recherchenantrag als nicht gestellt (§ 43 Abs. 4 PatG). Falls das Deutsche Patent- und Markenamt in der Recherche feststellt, dass die Anmeldung die Anforderungen des § 34 Abs. 5 PatG nicht erfüllt, führt es die Recherche nur für den Teil der Anmeldung durch, der sich auf die in den Patentansprüchen als erste beschriebene Erfindung oder Gruppe der Erfindungen bezieht. 1332

§ 43 PatG ist an die Regelungen des internationalen Recherchestandards angepasst. Neben dem internationalen Recherchenbericht nach dem PCT beinhaltet auch der Recherchenbericht des EPA Ausführungen zu Fragen der Patentierbarkeit der angemeldeten Erfindung. Aufgrund des Recherchenberichtes erhält der Anmelder eine Grundlage für die Entscheidung, ob die angemeldete Erfindung weiterverfolgt werden kann oder nicht. Z.B. kann er aufgrund des Recherchenberichtes auch entscheiden, ob die Stellung eines Prüfungsantrages sinnvoll ist. Zugleich werden damit sowohl Patentamt und auch Anmelder von einer Fristenüberwachung befreit, welche regelmäßig mit der Zustellung eines Bescheides verbunden ist.[258] 1333

Beispiel:

Eine Anmeldung des A war durch Beschluss des DPMA zurückgewiesen worden. Die hiergegen eingelegte Beschwerde der A hat das Bundespatentgericht zurückgewiesen. Die Zustellung des Beschlusses erfolgte am 1.10.2017. Mit am 10.11.2017 beim DPMA eingegangenen Antrag vom selben Tag hat die Anmelderin die Teilung der Patentanmeldung erklärt und Unterlagen für die Teilanmeldung eingereicht. 1334

Ist die Teilungsanmeldung wirksam hinterlegt worden?

258 BT Drucks. 17/1308 vom 12.07.2012.

1335 Eine Teilungserklärung ist in diesem Fall ausschließlich an das Bundespatentgericht zu richten,[259] solange sich die Anmeldung in der Beschwerdeinstanz befindet. Dies gilt auch für den Fall, dass die Teilung erst nach dem Erlass der Beschwerdeentscheidung erklärt wurde, zu einem Zeitpunkt also, zu dem das Bundespatentgericht zwar nicht für die sachliche Entscheidung über die Teilanmeldung zuständig ist, aber für die vorausgehende Entgegennahme der Teilungserklärung.

1336 Im Ergebnis bedeutet dies, dass die Teilungserklärung nicht wirksam erklärt worden ist.

1337 In Betracht käme eine Wiedereinsetzung. Dies ist jedoch nach § 121 Abs. 1 und 2 PatG nicht statthaft, da diese Vorschrift für die Teilung der Anmeldung keine Frist i.S.d. § 121 Abs. 1 S. 1 PatG darstellt.

▶ **Beispiel:**

1338 Das Patentamt hat eine Patentanmeldung des A zurückgewiesen. Die dagegen gerichtete Beschwerde hat das Patentgericht nach mündlicher Verhandlung ebenfalls zurückgewiesen. Daraufhin hat A innerhalb eines Monats schriftlich die Teilung der Anmeldung beim Patentamt erklärt. Das Patentamt hat die Teilungserklärung an das Patentgericht weitergeleitet. Dies hat die Unwirksamkeit der Teilungserklärung festgestellt; denn die Teilungserklärung sei erst nach Ablauf der Rechtsbeschwerdefrist eingegangen. Im Zeitpunkt des Eingangs der Teilungserklärung beim Patentamt sei die Stammanmeldung noch anhängig gewesen, weil die Rechtsbeschwerdefrist noch nicht abgelaufen sei. Allerdings sei das Patentamt nicht für die Entgegennahme der Teilungserklärung zuständig gewesen. Der Eingang beim Patentgericht sei erst nach Ablauf der Rechtsbeschwerdefrist erfolgt. A fragt den Patentanwalt, ob diese Auffassung zutreffend sei.

1339 Gemäß § 39 Abs. 1 S. 1 PatG ist jederzeit eine Teilung möglich. Voraussetzung sei, dass die Stammanmeldung rechtlich noch existiert. Demgemäß ist eine Teilung bis zum Abschluss des Beschwerdeverfahrens möglich. Ebenso ist eine Teilung möglich.[260] Allerdings ist die Anmeldung auch noch während des Rechtsbeschwerdeverfahrens anhängig. D.h. auch zu dieser Zeit ist eine Teilung möglich.

1340 Die Zuständigkeit für die Prüfung der Teilungserklärung während der Anhängigkeit der Beschwerde gegen den Zurückweisungsbeschluss des Patentamtes liegt beim Bundespatentgericht[261]. Aufgrund des Gebotes eines fairen Verfahrens trifft das Patentamt die Fürsorgepflicht, die Teilungserklärung unverzüglich an das Patentgericht weiterzuleiten. Wenn allerdings die Teilung erst erklärt wird, wenn das Patentgericht die Beschwerde bereits zurückgewiesen hat und das Rechtsbeschwerdeverfahren vor dem BGH anhängig ist oder noch anhängig werden könne, liegt die Zuständigkeit

259 BPatG Beschl. Vom 01.02.2017 – 20 W (pat) 7/16.

260 BPatG v. 18.11.2004, GRUR 2005, 469.

261 BGH v. 23.09.1997, GRUR 1998, 458, 460 – *Textdatenwiedergabe*; BGH v. 22.04.1998, GRUR 1999, 148, 149 – *Informationsträger*; BGH v. 15.12.1998, GRUR 1999, 574, 576 – *Mehrfachsteuersystem*.

beim Patentamt. D.h. das Patentgericht ist nach der Beschwerdeentscheidung nicht mehr für die Prüfung einer im Anschluss entstandenen Teilungserklärung zuständig. Damit war im vorliegenden Fall die Teilungserklärung wirksam abgegeben worden.[262]

b) Einspruchsverfahren

Am Prüfungsverfahren sind Dritte grundsätzlich nicht unmittelbar beteiligt. Im Falle 1341
einer deutschen Anmeldung können diese zwar Recherchen- oder Prüfungsantrag beim Deutschen Patent- und Markenamt stellen, § 44 Abs. 2 PatG, oder Druckschriften angeben, die der Erteilung eines deutschen Patentes entgegenstehen könnten. Dies macht sie aber nicht zu unmittelbar Beteiligten am Anmeldeverfahren. Erst nach der Veröffentlichung eines Patentes besteht für Dritte die Möglichkeit, Einwände gegen die Erteilung vorzubringen und dabei die Position eines Beteiligten einzunehmen; denn nach § 59 PatG kann jedermann Einspruch mit dem Ziel einlegen, einen Widerruf des Patentes zu erreichen.

Ebenso wie im deutschen Verfahren besteht im europäischen Verfahren die Möglich- 1342
keit, schon während des Anmeldeverfahrens Einwände hervorzubringen. Auch hier wird jedoch der Dritte nicht Beteiligter am Verfahren. Die Beteiligtenstellung kann erst im Rahmen eines Einspruchsverfahrens erlangt werden. Das bedeutet, auch im Rahmen des europäischen Verfahrens besteht für Dritte die Möglichkeit, gegen die Erteilung europäischer Patente Einspruch einzulegen. Dieser Einspruch erfasst das europäische Patent für alle Vertragsstaaten, in denen es Wirkung hat. D. h., wenn ein Einspruch erfolgreich durchgeführt und das europäische Patent widerrufen wird, entfaltet das Patent in keinem der Bestimmungsstaaten irgendeine Wirkung.

An die Zulässigkeit des Einspruchs werden von der Rechtsprechung erhebliche Anfor- 1343
derungen gestellt. Dies gilt insbesondere für die Darlegung der Einspruchsgründe. Im Folgenden werden demgemäß zunächst die Zulässigkeitsfragen und anschließend der Verfahrensablauf dargestellt. Danach wird die Kostenfrage abgehandelt. Schließlich wird noch auf die möglichen Rechtsmittel eingegangen.

aa) Zulässigkeit

▶ **Beispiel:**

A legt Patentanwalt B eine deutsche Patentschrift vor, die seinen geschäftlichen 1344
Tätigkeitsbereich betreffen. Die nähere Diskussion ergibt, dass die Tätigkeit des A unter den Schutzbereich der Ansprüche dieser Patentschrift fallen würde. A erläutert weiter, dass die Patentschrift gerade veröffentlicht worden sei.

Da das Patent gerade erst veröffentlicht ist, besteht die Möglichkeit eines Einspruchs. 1345
Innerhalb von 9 Monaten ab Veröffentlichung der Erteilung kann der Einspruch von jedermann (ausgenommen dem Patentinhaber) eingelegt werden. Im Falle des

262 BGH-Beschl. v. 07.05.2019, Az.: X ZR 9/18.

Widerrufsgrundes der widerrechtlichen Entnahme kann nur der Verletzte Einspruch erheben. Durch die Frist von 9 Monaten wird sichergestellt, dass angesichts der vielfach komplexen technischen Sachverhalte und der notwendigen Abstimmungsprozesse innerhalb der Firmen, vor allen Dingen innerhalb von global agierenden Wirtschaftsunternehmen, eine substantielle Einspruchsbegründung erstellt werden kann. Außerdem entsprechen die 9 Monate Einspruchsfrist der im europäischen Erteilungsverfahren geltenden Regelung. Zwar verlängert sich die Zeitspanne des Einspruchs und damit auch die Frist, innerhalb derer das erteilte Patent noch nicht bestandskräftig ist. Indes stehen dem Patentinhaber bereits die Rechte aus dem Patent mit der Veröffentlichung des Patentes zu.[263]

1346 Er gilt erst als wirksam eingelegt, wenn die Einspruchsgebühr entrichtet worden ist.

1347 B wird A darauf hinweisen müssen, dass an die Zulässigkeit eines Einspruchs hohe Ansprüche gestellt werden. Im Einzelnen muss ein Einspruchsschriftsatz folgende Inhalte haben:

- Name, Anschrift, Sitz des Einsprechenden
- Bekanntgabenummer, Bezeichnung des Inhabers und der Erfindung
- Umfang des Einspruchs
- Einspruchsgründe
- Beweismittel zur Begründung
- Ggf. Angabe des Vertreters der Einsprechenden

1348 Insbesondere die Einspruchsbegründung bereitet vorliegend Probleme, da eine fehlende Begründung der Zulässigkeit des Einspruchs entgegenstehen kann. Im Einzelnen muss die Einspruchsbegründung folgende Voraussetzungen erfüllen (§ 59 Abs. 1 Satz 2 PatG):

(1) Substantiierung gemäß § 59 Abs. 1 Satz 4 PatG.
(2) Angabe der Tatsachen und Beweismittel.
(3) Das Amt muss ohne eigene Ermittlungen das Vorliegen des behaupteten Widerrufsgrundes prüfen können.
(4) Der Stand der Technik ist konkret zu nennen und dem sachlichen Bezug zum angegriffenen Patent darzulegen.
(5) Beweismittel (Zeugen, Sachverständige, Urkunden können nach deutschem Recht nachgeliefert werden).
(6) Mündliche Beschreibungen dürfen nicht pauschal behauptet werden, es muss konkretisiert werden.
(7) Angaben über beteiligte Personen, Art, Ort und Inhalt der Beschreibung müssen konkret sein.

1349 D.h., A muss darauf hinwirken, dass an möglichst konkreten Einzelheiten dargelegt wird, dass der Gegenstand des angegriffenen Patents nicht patentfähig ist.

1350 Entsprechendes gilt für einen Einspruch gegen das deutsche erteilte Patent; hier beträgt die Einspruchsfrist 3 Monate.

263 BT Drucks. 17/1308 vom 12.07.2012.

▶ **Abwandlung des Beispiels:**

Das Aktenzeichen der störenden Patentschrift ist aus der dem A vorgelegten Kopie nicht ersichtlich. Ebenso ist nicht erkennbar, ob es sich um eine europäische oder deutsche Patentschrift handelt. 1351

Im vorliegenden Fall ergibt sich das Problem, dass das Aktenzeichen der Patentschrift nicht erkennbar ist. Grundsätzlich gilt, dass der vom Patentamt noch zu erbringende Aufwand das Maß des Zumutbaren nicht überschreiten darf.[264] Das mit dem Einspruch angegriffene Patent muss so genau bezeichnet gewesen, dass es noch innerhalb der Einspruchsfrist ermittelt werden kann. Auch wenn z.B. die Nummer des angegriffenen Patentes falsche Ziffern aufweist, spricht dies noch nicht gegen die Zulässigkeit des Einspruchs, wenn außer der Nennung der Patentinhaberin weitere Angaben, wie Bezeichnung, Anmelder- oder Veröffentlichungstag, vorhanden sind. Denn in diesem Falle ließen sich Zweifel mit einem Aufwand beseitigen, der das Zumutbare innerhalb der noch zur Verfügung stehenden Zeit bis zum Ende der Einspruchsfrist regelmäßig nicht überschreitet. 1352

Für den vorliegenden Fall bedeutet dies, dass durch Recherchen unbedingt die Patentnummer zu ermitteln ist. Erst danach wird sich feststellen lassen, ob es sich um eine europäische oder deutsche Patentschrift handelt und ob ein deutsches oder europäisches Einspruchsverfahren durchzuführen ist. 1353

▶ **Abwandlung des Beispiels:**

A legt ferner B einen mehrseitigen Katalog vor; aus dem Katalog ist das Druckdatum ersichtlich. 1354

Zu prüfen ist im vorliegenden Fall, ob einer der Widerrufsgründe des § 21 PatG vorliegt. Wenn der Gegenstand der Patentschrift beispielsweise nicht neu, nicht erfinderisch oder nicht gewerblich anwendbar ist, würde mangelnde Patentfähigkeit vorliegen. Gemäß § 21 PatG kann der Einspruch auf folgende Gründe gestützt werden: 1355

- Fehlende Patentfähigkeit
- Fehlende Ausführbarkeit
- Widerrechtliche Entnahme
- Unzulässige Erweiterung

Unter den Sammelbegriff »Firmenschriften« fallen verschiedene Arten von Druckschriften, die hinsichtlich ihrer öffentlichen Zugänglichkeit differenziert zu betrachten sind. Bei einem vierseitigen Prospekt über ein neues Entwicklungskonzept eines Getriebes für Zement- und Kohlemühlen aus einer Reihe »Informationen« jedenfalls ist nach der Lebenserfahrung davon auszugehen, dass der Prospekt an einen unbestimmten Interessentenkreis verteilt worden ist[265] und dass er alsbald nach dem Druck an interessierte Kunden verteilt wird. Damit kann ein Druckdatum, das längere Zeit 1356

---

264 Beschluss des Bundespatentgerichts vom 15. Oktober 1997, 19 W (pat) 2/96.
265 Beschluss des BPatG vom 19. Juni 1997, 6W (pat) 71/94.

vor dem Anmeldetag des Streitpatents liegt, vorbehaltlich entgegenstehender Anhaltspunkte den Anschein dahin gehend begründen, dass die Schrift vor dem Anmeldetag der Öffentlichkeit zugänglich gemacht worden ist[266] und dass er alsbald nach dem Druck an interessierte Kunden verteilt werden. Damit kann ein Druckdatum, das längere Zeit vor dem Anmeldetag des Streitpatents liegt, vorbehaltlich entgegenstehender Anhaltspunkte den Anschein dahin gehend begründen, dass die Schrift vor dem Anmeldetag der Öffentlichkeit zugänglich gemacht worden ist.[267]

▶ Abwandlung des Beispiels:

1357 Außerdem gibt es einen mehrseitigen Katalog, dessen Blätter trennbar durch eine Plastikringheftung zusammengehalten werden. Der Hinweis auf das Druckdatum ist nur auf dem Titelblatt vorhanden.

1358 Bei einem mehrseitigen Katalog, dessen Blätter trennbar durch eine Plastikringheftung zusammengehalten werden, reicht der Hinweis auf ein Druckdatum auf dem Titelblatt nicht.[268] Es kann nämlich im Interesse der Herausgeberin gelegen haben, den Katalog wegen der kurzen Produktzyklen durch Austausch einzelner Blätter zu aktualisieren, ohne die übrigen Blätter zu ändern. Daher bedarf es innerhalb der Einspruchsfristen eines besonderen Tatsachenvortrags, dass die entgegengehaltenen Seiten des Katalogs vorveröffentlicht sind, sonst wäre der Einspruch unzulässig.

▶ Beispiel:

1359 A überreicht Patentanwalt B eine Firmenschrift, auf der die Ziffern 340011280 zu erkennen sind.

1360 Ohne erläuternde Angaben zum Veröffentlichungsdatum genügt ein aus einer langen undifferenzierten Ziffernfolge (»340011280«) bestehender Druckvermerk in einer Firmenschrift nicht als Angabe von Tatsachen im Einzelnen, die den Einspruch rechtfertigen können. Dies gilt auch dann, wenn sich aus dem Einspruchsschriftsatz herauslesen lässt, dass der Einsprechende die Firmenschrift zum vorveröffentlichten Stand der Technik zählt. Ein auf diese Druckschrift gestützter Einspruch ist unzulässig.[269]

▶ Beispiel:

1361 Schließlich weist A darauf hin, dass er das in den Ansprüchen beanspruchte Verfahren schon seit Langem in seiner Firma benutze. Es handele sich nämlich um eine Gemeinschaftsentwicklung von ihm und den Inhabern der in Rede stehenden Patentschrift.

266 BPatG GRUR 1991, 821 – *Hochspannungstransformator.*
267 BPatG GRUR 1991, 821 – *Hochspannungstransformator.*
268 BPatGE 38, 206 – *Firmenprospekt: Zugänglichkeit.*
269 Beschl. BPatG v. 6. 5. 1999, 6 W (pat) 13/97; BPatGE 41, 144 – *Druckdatum.*

Auch beim Tatsachenvortrag zu Vorbenutzungen ist die Frage der Zulässigkeit des Einspruchs zu prüfen. So fehlt es vorliegend[270] an den erforderlichen Tatsachenbehauptungen zur Offenkundigkeit der Benutzungshandlungen. Denn bei einer Zusammenarbeit im Entwicklungsstadium ist wegen der gleichen Interessenlage der Beteiligten zumindest von einer stillschweigenden Geheimhaltungspflicht auszugehen.[271] 1362

Für das vorliegende Beispiel bedeutet dies, dass angesichts der Zusammenarbeit von B mit dem Inhaber des Streitpatents nicht von einer Offenkundigkeit der Vorbenutzung auszugehen ist. 1363

▶ Beispiel:

A weist Patentanwalt B darauf hin, dass austauschbare Zahnspitzen gemäß einer Zeichnung von ihm bereits vor dem Anmeldetag konstruiert worden seien. Diese Konstruktionen hätten keiner Geheimhaltung unterlegen, so dass Dritte ungehindert die Möglichkeit gehabt hätten, hiervon Kenntnis zu erlangen. 1364

Mit dieser pauschalen Behauptung wird im vorliegenden Fall der Verpflichtung zur Angabe von Tatsachen im Einzelnen nicht genügt.[272] Denn welche Personen auf welche Art und Weise von dem Gegenstand der Benutzung vor dem Anmeldetag Kenntnis erlangt haben sollen, wird mit dem bloßen Hinweis auf die Möglichkeit der Kenntnisnahme durch Dritte und eine fehlende Geheimhaltung nicht im Einzelnen dargelegt. Hierzu müsste die Einsprechende im Einzelnen angeben müssen, auf welche Weise ihre Konstruktionen der Öffentlichkeit zugänglich gemacht worden sein sollen, um eine Überprüfung dieser Angaben zu ermöglichen. 1365

▶ Beispiel:

A hat Einspruch gegen ein Patent der Konkurrenz eingelegt. Als maßgeblichen Stand der Technik hat er eine nachveröffentlichte deutsche Patentschrift und daraus eine Vielzahl von Textstellen zitiert. Auf dem Titelblatt ist ein Offenlegungstag angegeben, der vor dem Zeitrang des angegriffenen Patents liegt. Die Patentschrift geht teils über den Inhalt der Offenlegungsschrift hinaus, teils ist es umgekehrt. Die Schriften sind in kleiner Schrift gedruckt 8 und 12 Seiten lang. 1366

Problematisch ist vorliegend, dass der Einspruch sich maßgeblich auf nachveröffentlichte Druckschriften stützt. Unproblematisch ist dies nur, wenn Patentamt und Patentinhaber ohne weiteres in der Lage sind, eine vorveröffentlichte Offenlegungsschrift zu einer Patentschrift gleichen Inhalts zu ermitteln.[273] Von der Klärung dieser 1367

270 Beschluss vom 15. September 1997, 11 W (pat) 35/96.
271 Beschluss des BPatG vom 29. September 1997, 9 W (pat) 24/97 – *Schwingungsdämpfer*.
272 Beschl. BPatG v. 1. 3. 1999, 4 W (pat) 78, 97.
273 Anders GRUR 1998, 604, 617; vgl. BPatG BlPMZ 1996, 225 – *Substantiierungspflicht*.

Frage hängt es ab, ob der Einspruch zulässig und begründet ist.[274] In dem vorliegenden Fall[275] sind die in der Einspruchsschrift genannten Textstellen der Vorveröffentlichung (Offenlegungsschrift), die einen Widerruf rechtfertigen sollen, nicht ausreichend konkretisiert angegeben.[276] Die Einspruchsschrift enthält nämlich eine Vielzahl von Textstellen, die sich allein auf die nachveröffentlichte Patentschrift beziehen. Es ist also dem Patentinhaber und dem Patentamt überlassen, die zugehörigen Stellen aus der vorveröffentlichten Offenlegungsschrift zu ermitteln. Der Aufwand für die nötigen Ermittlungen der entsprechenden Textstellen aus der Offenlegungsschrift ist unzumutbar hoch. Denn die vorveröffentlichte Offenlegungsschrift und Patentschrift waren nicht deckungsgleich, sodass die entsprechenden Textstellen nicht ohne weiteres zu ermitteln sind.

1368 Der Einspruch ist mithin nicht zulässig.

▶ Beispiel:

1369 A hat ein deutsches Patent Y angemeldet. Auf der Basis der Priorität der deutschen Anmeldung hat er sodann ein europäisches Patent X eingereicht. Zunächst wird das deutsche Patent erteilt. Gegen dieses Patent erhebt der Konkurrent B Einspruch. Während des Einspruchsverfahrens wird das gleichlautende europäische Patent erteilt. Hiergegen wurde kein Einspruch erhoben. Wie ist die Rechtslage?

1370 Ein deutsches Patent hat gemäß Art. II § 8 Abs. 1 I IntPatÜG ab der rechtskräftigen Erteilung eines europäischen Patents keine Wirkung mehr, soweit für den Gegenstand des deutschen Patents das europäische mit derselben Priorität erteilt ist. Die Wirksamkeit tritt nur in dem Umfang ein, wie das europäische Patent dieselbe Erfindung schützt. Es stellt sich demgemäß die Frage, ob der Einspruch gegen das deutsche Patent nach Ablauf der Einspruchsfrist gegen das europäische Patent wirkungslos geworden ist. Konkret stellt sich die Frage, ob ein Rechtsschutzbedürfnis für B besteht.

1371 In diesem Zusammenhang ist zu bedenken, dass die rechtlichen Wirkungen eines deutschen Patents durch die Erteilung des parallelen europäischen Patents nicht vollständig beseitigt werden. Ein Interesse an einem Widerruf besteht daher weiterhin. Die Frage, ob und in welchem Umfang das deutsche Patent mit dem europäischen Patent mit dieselbe Erfindung schützt, bedarf einer mitunter schwierigen Sachprüfung, deren Beantwortung im Rahmen der Zulässigkeitsprüfung nicht sachgerecht wäre.[277]

---

274 BPatG Beschl. v. 22. 3. 1999, 20 W (pat) 14/97 = BPatGE 41, 102 = Mitt. 1999, 309 = BlPMZ 1999, 316 = GRUR 1999, 700 – *Bilderzeugungsgerät.*

275 Beschluss vom 21. Februar 1997, 14W (pat) 71/95.

276 Vgl. auch BlPMZ 1988, 289.

277 Beschluss vom 30.10.2007 – X ZB 18/06; Quodbach IP Kompakt 2008, 6 f.

bb) Verfahren

▶ Beispiel:

B hat im Auftrag des A Einspruch eingelegt. A möchte wissen, wie der weitere Verfahrensgang ist. 1372

Sofern der Einspruch wirksam eingelegt ist, wird das Verfahren beginnen. Der Einspruchsschriftsatz wird dem Patentinhaber zugestellt. Zugleich wird dieser zur Stellungnahme aufgefordert. Diese wird wiederum dem Einsprechenden zugestellt. Nachdem die Beteiligten schriftsätzlich Stellung genommen haben, wird sofern beantragt mündliche Verhandlung anberaumt. 1373

Gemäß § 59 Abs. 3 S. 1 PatG ist die Anhörung bzw. Verhandlung öffentlich. Damit wird sichergestellt, dass auch die Interessen der Öffentlichkeit bejaht werden. Über die Regelungen des Gerichtsverfassungsgesetzes hinaus kann das Deutsche Patent- und Markenamt die Öffentlichkeit in einer Anhörung bereits dann per Beschluss ausschließen, wenn eine Gefährdung schutzwürdiger Interessen des Antragstellers zu befürchten ist (§ 59 Abs. 3, S. 2 PatG). Anders als im § 172 Nr. 2 GVG bedarf es eines überwiegend schutzwürdigen Interesses nicht. Die Zulässigkeit von Ton- und Filmaufnahmen sowie Rundfunkaufnahmen ist entsprechend § 169 S. 2 GVG geregelt. 1374

Dem Vorsitz obliegt es, die Ordnung in der Anhörung aufrecht zu erhalten. Grundsätzlich üben die Präsidentin oder der Präsident des Deutschen Patent- und Markenamts das Hausrecht aus. Gemäß § 59 Abs. 4 PatG nehmen der Vorsitzende oder die Vorsitzende der Patentabteilung im Zusammenhang mit der Anhörung das Hausrecht wahr. Damit halten die oder der Vorsitzende entsprechend der gesetzlich zugewiesenen Sachaufgabe, die Anhörung durchzuführen, die Kompetenz, die Ordnung in der Anhörung gegenüber dem Beteiligten durchzusetzen.[278] 1375

In der Regel wird die Entscheidung im Anschluss an die Verhandlung verkündet. Sofern kein Rechtsmittel eingelegt wird, ist das Verfahren beendet. 1376

▶ Beispiel:

A möchte den Einspruch vor der Entscheidung des Amtes zurücknehmen, da er mit dem Patentinhaber einen entsprechenden Vergleich geschlossen hat. 1377

Mit der Rücknahme des Einspruchs endet das Verfahren nicht automatisch; denn mit der Einlegung eines zulässigen Einspruchs ist das Amt berechtigt, selbst nochmals in die Prüfung einzutreten. Das Verfahren wird also ggfs. von Amts wegen festgesetzt. 1378

▶ Beispiel:

Nach Einlegung des Einspruchs verzichtet der Patentinhaber auf sein Patent. 1379

278 BT Drucks. 17/10398 vom 12.07.2012.

1380 Der Verzicht wirkt nur ex nunc. Es kann daher noch ein Interesse des Einsprechenden bestehen, das Patent auch mit Wirkung für die Vergangenheit zu vernichten, wenn er etwa wegen Patentverletzung rechtskräftig zum Schadensersatz verurteilt wurde. Das Amt wird daher den Einsprechenden auffordern zu erklären, ob er ein Interesse an der Fortführung des Verfahrens hat und dieses ggfs. zu begründen. Macht der Einsprechende kein eigenes Rechtsschutzbedürfnis für einen rückwirkenden Widerruf geltend, ist das Einspruchsverfahren in der Hauptsache erledigt.[279]

▶ Beispiel:

1381 Im Einspruchsverfahren beantragt die Patentinhaberin die Aufrechterhaltung des Patents mit den erteilten Ansprüchen. Das Patentamt stellt fest, dass der nebengeordnete Vorrichtungsanspruch nicht neu ist. Auf die Patentfähigkeit des Verfahrensanspruchs 1 wird nicht eingegangen. Das Patent wird insgesamt widerrufen. A fragt Patentanwalt B ob diese Entscheidung zutreffend ist.

1382 Ein Patent darf grundsätzlich nur insoweit widerrufen werden, als die Widerrufsgründe reichen.[280] Das heißt die Praxis der Einspruchsabteilung zu formulieren, dass mit dem nicht rechtsbeständigen Hauptanspruch auch die nebengeordneten Ansprüche und Unteransprüche automatisch entfallen, kann so nicht aufrecht erhalten werden.

▶ Beispiel:

1383 Die Patentinhaberin A beantragt im Einspruchsverfahren die Aufrechterhaltung des Patents mit mehreren Anspruchssätzen gemäß Haupt- und Hilfsanträgen. Innerhalb jedes Antrags wird die Aufrechterhaltung des Streitpatents nach zumindest einem der unabhängigen Ansprüche des betreffenden Antrags beantragt.

1384 Ein solcher Antrag ist wegen Verstoß gegen den Bestimmtheitsgrundsatz für Anträge im Einspruchsverfahren unzulässig. Ein Antrag darf nicht darauf gerichtet sein, dass das Amt oder Gericht irgendeinen mehr oder weniger beliebigen Anspruch oder eine Kombination von Ansprüchen aus einer Vielzahl heraussucht.[281]

cc) Kosten

▶ Beispiel:

1385 A hat Einspruch gegen das deutsche Patent Nr. X eingelegt. Das Bundespatentgericht beraumt einen Termin für eine mündliche Verhandlung an. Etwa einen Monat vor der mündlichen Verhandlung teilt das Bundespatentgericht mit, dass auf das Patent verzichtet worden sei und sich daher das Einspruchsverfahren erledigt habe.

---

279 BPatG vom 19.02.2009, 12 W (pat) 355/04.

280 BGH GRUR 1997, 120 – *Elektrisches Speicherheizgerät*, BGH 2007, 862 – *Informationsübermittlungsverfahren II.*

281 BPatG vom 25.11.2008 – 6 W (pat) 49/04.

Zum Verhandlungstermin ist die Patentinhaberin erschienen, nicht aber die Einsprechende. Das Bundespatentgericht stellt nun fest, dass durch ein Versehen die Aktenzeichen zweier Fälle verwechselt worden sind. Tatsächlich ist auf das Streitpatent nicht verzichtet worden. Das Bundespatentgericht beraumt einen neuen Termin an. Es ist der Ansicht, dass in diesem Falle aus Billigkeitsgründen der Einsprechenden die Kosten aufzuerlegen sind.

Im vorliegenden Fall stellt sich das Problem, dass durch eine fehlerhafte Mitteilung 1386
des Bundespatentgerichts bei dem Einsprechenden der Eindruck entstanden war, das Verfahren sei beendet. Allerdings war der Termin nicht ausdrücklich aufgehoben worden. Dies hätte dem Einsprechenden zumindest Anlass geben müssen, nochmals nachzufragen, was unterblieben ist. Infolgedessen sind dem Einsprechenden die Kosten des Verfahrens aufzuerlegen.[282]

▶ Beispiel:

Das Bundespatentgericht hat B zur Erstattung der Kosten verpflichtet. Die Ein- 1387
sprechende A stellt nunmehr Kostenfestsetzungsantrag. Hierbei macht neben den Reisekosten der Vertreter der Firma A, ein Patentanwalt C, Kosten für die Vorbereitung der mündlichen Verhandlung sowie Kosten für die Wahrnehmung der mündlichen Verhandlung geltend. B fragt seinen Patentanwalt D, was hiergegen unternommen werden kann. D stellt nach Einsicht in das Protokoll fest, dass in dem Termin zur mündlichen Verhandlung zwar die Sachlage diskutiert worden und im Anschluss daran das Bundespatentgericht einen neuen Termin anberaumt hat, zur Sache jedoch nicht verhandelt wurde. Insbesondere wurden keinerlei Anträge gestellt.

Das Entstehen der Terminsgebühr nach dem RVG setzt voraus, dass der Anwalt für 1388
seinen Auftraggeber in der mündlichen Verhandlung einen Antrag gestellt hat. Ausweislich des Protokolls zur mündlichen Verhandlung wurde jedoch seitens des Patentanwalts C kein Antrag gestellt, auch kein Antrag zur Terminsverlegung. Ein solcher Antrag zur Prozess- und Sachleitung hätte zumindest das Entstehen einer Teilgebühr bewirkt. Vielmehr schloss der Vorsitzende die mündliche Verhandlung, ohne dass irgendwelche Anträge gestellt wurden und verkündete die Aufhebung des Termins. Im Ergebnis stehen damit der A nur die Erstattung der Reisekosten zu. Patentanwalt D sollte dies in einem entsprechenden Schriftsatz zwecks Stellungnahme zu dem Antrag des Vertreters der A klarstellen.

282 Beschl. BPatG v. 3. 3. 200515 W (pat) 320/03.

c) Rechtsmittel

▶ Beispiel:

1389 A ist zur Erstattung der Kosten durch Beschluss der Einspruchsabteilung des Patentamts verpflichtet worden. Er fragt Patentanwalt B, was unternommen werden kann.

1390 Gegen die Entscheidung der Einspruchsabteilung ist das Rechtsmittel der Beschwerde gegeben.[283]

1391 Über die Beschwerde entscheidet das Bundespatentgericht. Die Beschwerdefrist beträgt einen Monat (§ 73 PatG). Allerdings gibt es keine Frist für eine Beschwerdebegründung. Der Beschwerdeführer ist nicht verpflichtet, überhaupt eine Begründung einzureichen. Aber es ist auf jeden Fall ratsam, eine Beschwerdebegründung vorzulegen.

▶ Beispiel:

1392 Das Bundespatentgericht hat A zur Erstattung der Kosten verpflichtet. Was kann unternommen werden?

1393 Ferner ist die Rechtsbeschwerde gegen Beschlüsse des Bundespatentgerichts zum Bundesgerichtshof vorgesehen. Für die Zulässigkeit einer Rechtsbeschwerde gibt es grundsätzlich zwei Möglichkeiten:

(1) Die Rechtsbeschwerde wird durch das Bundespatentgericht zugelassen. Dies geschieht regelmäßig, wenn grundsätzliche Rechtsfragen zu klären sind, die Fortbildung des Rechts im Rahmen der Rechtsbeschwerde zu klären ist oder eine einheitliche Rechtsprechung gesichert werden soll.

(2) Nicht zugelassene Rechtsbeschwerden sind möglich bei Verfahrensmängeln.

1394 Für den vorliegenden Fall gilt demgemäß, dass lediglich die Rechtsbeschwerde gemäß § 100 PatG gegeben ist. Diese Bestimmung enthält abschließende Regelungen über die dem Bundesgerichtshof vorzulegende Beschlüsse. Daraus ergibt sich, dass eine Vorlage an den Bundesgerichtshof nur bei Rechtsfragen oder Verfahrensfehlern von ganz grundsätzlicher Bedeutung ist. Darunter kann auch eine Verletzung des rechtlichen Gehörs fallen. Hierfür sind jedoch vorliegend keine Anhaltspunkte ersichtlich, da das Bundespatentgericht einen neuen Termin anberaumt hat und erst danach eine Entscheidung gefällt worden ist.

▶ Beispiel:

1395 A hat Patentanwalt B mit der Einlegung einer Beschwerde beauftragt. Damit soll ein Beschluss des Deutschen Patent- und Markenamts angefochten werden. B legt die Beschwerden ein. A möchte wissen, wie der weitere Verfahrensgang ist.

283 Art. 108 EPÜ u. Regel 64 AOEÜ.

Die Beschwerde wird der Gegenseite zugestellt. Diese hat sodann Möglichkeit, Stellung zu nehmen. Sodann wird beim Bundespatentgericht (§ 78 PatG) eine mündliche Verhandlung durchgeführt, sofern diese beantragt sind. 1396

Ggf. können Beweisaufnahmen vom Bundespatentgericht angeordnet werden. Allerdings wird zu technischen Verfahren in der Regel keine Beweisaufnahme durchgeführt. Denn das Bundespatentgericht hat eine Besetzung, welche das technische Sachgebiet und den diesbezüglichen Vortrag der Parteien in der Regel aus eigener Sachkunde beurteilen kann. Etwas Anderes gilt für die Fälle, in denen etwa durch Zeugenaussagen Vorbenutzungen oder widerrechtliche Entnahmen belegt werden müssen. 1397

Über die Beschwerde wird in der Regel im Anschluss an die mündliche Verhandlung entschieden. Hierbei kann entweder in der Sache entschieden werden, oder eine Zurückverweisung zur Vorinstanz erfolgen. 1398

d) Nichtigkeitsverfahren

Ein deutsches Patent, das wegen Fristablaufs nicht mehr mit einem Einspruch angegriffen werden kann, lässt sich noch im Wege einer Nichtigkeitsklage beseitigen. Das Nichtigkeitsverfahren wird nach § 81 Abs. 1 Satz 1 PatG durch Klage eingeleitet. Es handelt sich hier um eine sog. Gestaltungsklage, die gegen den in der Rolle eingetragenen Patentinhaber als Beklagten gerichtet ist. Nichtigkeitskläger und Patentinhaber stehen sich also in einem kontradiktorischen Verfahren gegenüber. 1399

Gegen ein europäisches Patent als solches kann keine Nichtigkeitsklage erhoben werden. Derartige Möglichkeiten können lediglich durch das nationale Recht eingeräumt werden. So kann gegen den deutschen Teil eines europäischen Patents gesondert eine Nichtigkeitsklage erhoben werden. Die Gründe für die Nichtigkeit sind allerdings nicht im Deutschen Patentgesetz, sondern im Europäischen Patentübereinkommen aufgeführt (Art. 138 Abs. 1 a) bis e) EPÜ). 1400

Da das Nichtigkeitsverfahren sowohl bezüglich seiner Gründe als auch bezüglich des Verfahrensablaufs einige Besonderheiten gegenüber dem Einspruchsverfahren aufweist, werden im Folgenden hierzu einige exemplarische Beispiele vorgestellt. Diese beziehen sich auf die Nichtigkeitsgründe, den Verfahrensablauf, die Kostenfrage sowie die Rechtsmittel. 1401

aa) Nichtigkeitsgründe

▶ Beispiel:

A hat die Einspruchsfrist gegen das europäische Patent D versäumt. Er fragt Patentanwalt B, welche Möglichkeit es noch gibt, gegen das Patent vorzugehen. Er weist darauf hin, dass er Stand der Technik aufgefunden habe, nämlich die deutsche Patentanmeldung F. Diese Anmeldung sei etwa ein halbes Jahr vor der europäischen Anmeldung D eingereicht worden. B stellt nunmehr fest, dass gegen das europäische Patent D seit geraumer Zeit ein Einspruchsverfahren der Firma E läuft. 1402

1403 Eine Klage gegen ein deutsches Patent kann sich auf folgende Nichtigkeitsgründe stützen:

Fehlende Patentfähigkeit (§ 21 Abs. 1 Nr. 1 PatG),

Fehlende Ausführbarkeit (§ 21 Abs. 1 Nr. 2 PatG),

Widerrechtliche Entnahme (§ 21 Abs. 1 Nr. 3 PatG),

Unzulässige Erweiterung des Gegenstands des Patents (§ 21 Abs. 1 Nr. 4 PatG)

Unzulässige Erweiterung des Schutzbereichs (§ 22 Abs. 1 2. Alternative PatG).

1404 Für den Widerruf im Rahmen des Nichtigkeitsverfahrens kommen somit zunächst die Einspruchsgründe des § 21 Abs. 1 Nr. 1 bis Nr. 4 PatG in Betracht. Ein zusätzlicher Nichtigkeitsgrund ist die unzulässige Erweiterung des Schutzbereichs gemäß § 22 Abs. 1 2. Alternative PatG.

1405 Vorliegend handelt es sich jedoch um den deutschen Teil eines europäischen Patents. Die Nichtigkeitsgründe des deutschen Teils eines europäischen Patents sind gesondert geregelt in § 6 Int. PatÜG i.V.m. Art. 138, 139 EPÜ. Danach kann eine Nichtigkeitsklage gegen den deutschen Teil eines europäischen Patents auf folgende Gründe gestützt werden:

Fehlende Patentfähigkeit (Art. 138 a EPÜ)

Fehlende Ausführbarkeit (Art. 138 b EPÜ)

Unzulässige Erweiterung des Gegenstands des Patents (Art. 138 c EPÜ)

Unzulässige Erweiterung des Schutzbereichs (Art. 138 d EPÜ)

Nicht berechtigter Inhaber (Art. 138 e EPÜ).

1406 Im Beispielsfall[284] ist zu beachten, dass ein Einspruch gegen das Patent D schwebt. Solange aber die Einspruchsfrist oder ein Einspruchsverfahren noch nicht abgelaufen ist, ist eine Nichtigkeitsklage unzulässig. Allerdings ergibt sich im obigen Fall die Besonderheit, dass der Stand der Technik durch eine ältere deutsche, d.h. nicht vorveröffentlichte Anmeldung gebildet wird. Auf eine derartige Anmeldung kann der Einspruch gegen das europäische Patent nicht gestützt werden, da nach Art. 54 Abs. 3 EPÜ nur europäische Anmeldungen Stand der Technik sind, aber nicht die veröffentlichten älteren Anmeldungen im Sinne des § 3 Abs. 2 PatG. Trotzdem ist eine Nichtigkeitsklage vorliegend nicht zulässig, solange noch ein Einspruchsverfahren gegen das europäische Patent schwebt.[285]

1407 Zu beachten ist allerdings, dass das Einspruchsverfahren des E im Ergebnis zu einer Beschränkung oder einem vollständigen Widerruf des Patents führt. In Abhängigkeit davon ist die Entscheidung über eine Nichtigkeitsklage nach Abschluss des Einspruchsverfahrens zu treffen.

---

284 BPatGE 45, 190 – *Schlauchbeutel.*

285 BGH Beschl. v. 19.04.2011, Az. X ZR 124/10 – *Mautberechnung.*

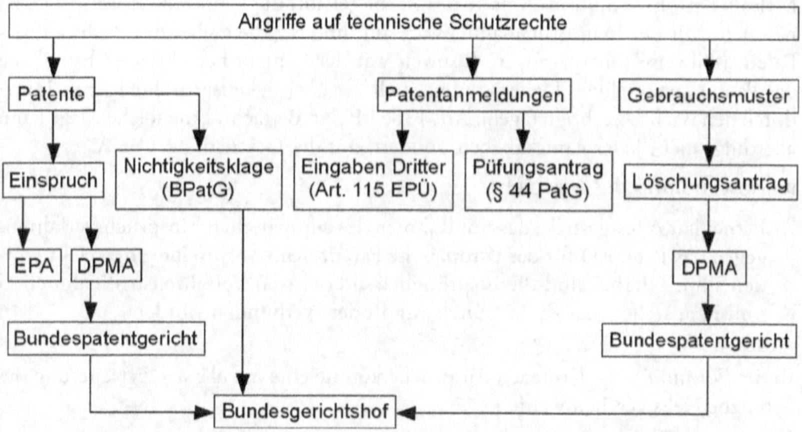 1408

Abb. 24: Angriffe auf technische Schutzrechte

▶ Abwandlungen des Beispiels:

In den Beispielen der Patentbeschreibung werden Versuche mit einem speziellen Gerät durchgeführt, das nicht mehr am Markt erhältlich ist. Aufgrund der Beschreibung ist der Fachmann auch nicht in der Lage, das Gerät nachzubauen. 1409

Ferner ist während des Anmeldeverfahrens in den Ansprüchen der Begriff »Kapsel« durch die Bezeichnung »Umhüllung« ersetzt worden. Eine entsprechende Offenbarung des Begriffs »Umhüllung« findet sich jedoch in der ursprünglichen Beschreibung nicht.

Außerdem hat A inzwischen festgestellt, dass wesentliche Teile der Erfindung, die das europäische Patent D zum Gegenstand hat, seinerzeit von Mitarbeitern seines Betriebes mitentwickelt worden sind.

Es käme zunächst der Widerrufsgrund der fehlenden Ausführbarkeit in Betracht. 1410 Denn in den Beispielen ist das Verfahren unter Zuhilfenahme eines speziellen Gerätes beschrieben, welches nicht mehr am Markt erhältlich ist. Auch ist das Gerät nicht so beschrieben, dass der Fachmann es nachbauen kann und somit das Verfahren nachvollziehen kann. Demgemäß käme auch der Widerrufsgrund des Art. 138b EPÜ in Betracht.

Ferner kommt hier der Widerrufsgrund des Art. 138c EPÜ in Betracht, da der Begriff 1411 »Umhüllung« ein breiterer Begriff als der der »Kapsel« ist.

Schließlich kann A in der Nichtigkeitsklage geltend machen, dass Teile der Erfindung 1412 in seinem Betrieb gemacht worden sind. Den Widerrufsgrund der widerrechtlichen Entnahme enthält Art. 138 e EPÜ (nicht berechtigter Inhaber). Denn wenn Arbeitnehmer des A an der Entwicklung beteiligt waren, hätte seinerzeit eine entsprechende

Meldung erfolgen müssen. A hätte das Recht gehabt, die Erfindung in Anspruch zu nehmen. Mit der Inanspruchnahme wäre auf ihn als Arbeitgeber das Recht auf das Patent (teilweise) übergegangen. Insoweit war der C nicht berechtigt, selbst alleine das Patent anzumelden. Daher kommt auch der Nichtigkeitsgrund der Anmeldung durch den Nichtberechtigten gem. Art. 138e EPÜ in Betracht. Eine solche Klage kann allerdings nicht jedermann erheben, sondern nur der Geschädigte, also A.

▶ **Abwandlung des Beispiels:**

1413 Ferner hat A festgestellt, dass im Rahmen des europäischen Einspruchsverfahrens gegen das Patent D für das europäische Patent neue Ansprüche eingereicht worden sind. Hierbei sind die ursprünglich alternativen Verfahrensmaßnahmen G und H anstelle eines »oder« durch »und/oder« verbunden worden.

1414 In der Formulierung der neuen Ansprüche könnte eine unzulässige Erweiterung des Schutzbereichs gesehen werden.

1415 Eine unzulässige Erweiterung des Schutzbereichs der Ansprüche kann beispielsweise sich ergeben, durch:

- Aufnahme eines Merkmals
- Streichung von Merkmalen
- Verallgemeinerung von speziellen Begriffen
- Aufnahme von Äquivalenten
- Streichung von Rückbezügen

1416 Keine unzulässige Erweiterung liegt vor, wenn durch Neuformulierungen der Schutzbereich beschränkt wird. Hier kann sich demgemäß nur die Frage stellen, ob der Gegenstand des Patents unzulässig geändert (erweitert) ist. Denn nur das ursprünglich Offenbarte kann gemäß § 35 Abs. 2 PatG Basis für die Änderung der Ansprüche sein.

1417 Im vorliegenden Fall ist der Schutzbereich des Patents nach der Erteilung durch die Aufnahme von Begriffen, z.B. des Begriffs »und/oder« erweitert worden. Es besteht der Widerrufsgrund des Art. 138d EPÜ. Allerdings kann derzeit der Widerrufsgrund des Art. 138d EPÜ nicht geltend gemacht werden, da ein Patent mit diesen Ansprüchen noch nicht erteilt ist. Insoweit käme unter Umständen eine Klageerweiterung nach Ende des europäischen Einspruchsverfahrens in Betracht (§§ 263, 264 ZPO).

bb) Verfahren

▶ **Abwandlung des Beispiels:**

1418 A ist Rechtsanwalt und als »Syndikus«-Anwalt bei Firma E angestellt. Er möchte wissen, inwieweit sich das Nichtigkeitsverfahren von dem ihm aus dem ordentlichen Gerichtsverfahren bekannten Procedere unterscheidet.

Die Klage ist beim Bundespatentgericht schriftlich[286] einzureichen (§ 81 Abs. 4 Satz 1 PatG). Sie muss die Bezeichnungen der Parteien enthalten (§ 81 Abs. 5 Satz 1 PatG, § 253 ZPO). Spätestens in der mündlichen Verhandlung ist ein Antrag zu stellen (§§ 81 Abs. 5 Satz 1 PatG, 90 Abs. 3, 92 Abs. 2 PatG i.V.m. § 160 Abs. 3 ZPO). In der Klageschrift sind ferner die Tatsachen und Beweismittel anzugeben (§ 81 Abs. 5 Satz 2 PatG). Weitere Prozessvoraussetzungen sind die Einzahlung der Gerichtsgebühr (§ 81 Abs. 4 S. 3 PatG); denn erst mit deren Zahlung wird die Klage zugestellt, d.h. die Klage wird erst dann rechtshängig (§ 27 Abs. 1 Satz 1 ZPO). Der Klage sind Abschriften für die Gegenseite beizufügen (§ 81 Abs. 4 Satz 2 PatG). Werden diese nicht eingereicht, werden die Kopien auf Kosten des Klägers erstellt. Gemäß § 81 Abs. 7 PatG ist darüber hinaus ggf. Sicherheit zu leisten. Der Antrag des Klägers bestimmt gemäß § 99 Abs. 1 PatG i.V.m. § 308 Abs. 1 ZPO den Umfang des Nichtigkeitsverfahrens. Ferner besteht eine Bindung an den Klagegrund (§§ 22 Abs. 1, 21 Abs. 1 PatG, Art. 138, 139 EPÜ). Der Klageantrag kann die Vollvernichtung oder die Teilnichtigkeit des Patents zum Ziel haben. 1419

In allen Verfahren nach dem Patentgesetz, Gebrauchsmustergesetz, Markengesetz, Halbleiterschutzgesetz und Designgesetz können beim Bundespatentgericht einzureichende Schriftsätze und deren Anlagen, Anträge und Erklärungen auch auf elektronischem Weg eingereicht werden. 1420

Seit dem **1. Januar 2022** sind **Rechtsanwälte** (nicht Patentanwälte), Behörden und juristische Personen des öffentlichen Rechts entsprechend § 130d ZPO zur aktiven Nutzung dieses Kommunikationswegs **verpflichtet.** 1421

Nach dem Gesetz stehen für die elektronische Einreichung beim Bundespatentgericht folgende Übermittlungswege zur Verfügung: 1422

- für **Rechtsanwälte:** das besondere elektronische Anwaltspostfach **(beA)** beA
- für **Behörden** und juristische Personen des öffentlichen Rechts: das besondere elektronische Behördenpostfach (**beBPo**) beBPo
- ansonsten für **jedermann:**
  - das **elektronische Bürger- und Organisationenpostfach** (**eBO**) eBO
  - der Versand über **Mein Justizpostfach (MJP)** MJP
  - der Versand über einen Zugang zum **elektronischen Gerichts- und Verwaltungspostfach (EGVP)** mit qualifizierter elektronischer Signatur EGVP

Patentanwälte unterfallen nach aktueller Rechtslage in den Verfahren vor dem Bundespatentgericht nicht der aktiven Nutzungspflicht nach § 130d ZPO. Sie sind aber seit dem 1. Januar 2024 nach § 173 Abs. 2 Nr. 1 ZPO verpflichtet, einen **sicheren Übermittlungsweg** für die elektronische Zustellung zu eröffnen. Hierzu wird empfohlen, sich über das **elektronische Bürger- und Organisationenpostfach (eBO)** an das Elektronische Gerichts- und Verwaltungspostfach (EGVP) des Bundespatentgerichts anzubinden. Bei Wahl eines abweichenden »sicheren Übermittlungswegs« ist stets zu gewährleisten, dass die elektronische Zustellung durch ein **elektronisches** 1423

286 Zur elektronischen Einreichung s.u.

Empfangsbekenntnis nachgewiesen wird, das an das Gericht zu übermitteln ist. Für die Übermittlung ist der vom Bundespatentgericht zur Verfügung gestellte strukturierte Datensatz zu verwenden (§ 173 Abs. 3 Satz 1, 2 ZPO).

1424 Die Regeln über das verspätete Vorbringen gelten nur für das Verfahren beim Bundesgerichtshof (§ 117 PatG). Für das Bundespatentgericht gelten die §§ 282, 296 ZPO nicht, da gemäß § 87 Abs. 1 PatG für das Nichtigkeitsverfahren der Untersuchungsgrundsatz gilt.

1425 Eine Versäumnis im Sinne der §§ 331 ff. ZPO gibt es im Nichtigkeitsverfahren nicht. In § 82 PatG ist ein besonderes Säumnisverfahren vorgesehen.

1426 Wie jeder Prozess kann das Verfahren durch folgende Verfahrensmaßnahmen beendet werden:
- Erledigungserklärung
- Klagerücknahme gemäß § 269 ZPO
- Entscheidung gemäß §§ 83 Abs. 2, 84 PatG

1427 Die Kostenentscheidung ergeht aufgrund der Regelungen der ZPO.

1428 Wird das Verfahren nicht durch Erledigung oder Klagerücknahme beendet, hat das Gericht eine Entscheidung zu fällen. Regelmäßig wird über die Nichtigkeitsklage durch Urteil gemäß §§ 83 Abs. 2, 84 PatG entschieden. Das Urteil ergeht aufgrund mündlicher Verhandlung. Die Urteile sind nach den Regeln der Zivilprozessordnung (§ 99 Abs. 1 PatG i.V.m. § 708 ff. ZPO) vollstreckbar. D.h., es ist Sicherheitsleistung erforderlich, wenn die Kosten über 1250,00 Euro liegen (§§ 709 Satz 1 i.V.m. 708 Nr. 11 ZPO). Die Sicherheit kann durch Hinterlegung oder durch Bankbürgschaft (§ 708 Abs. 1 ZPO) erfolgen.

1429 Die Höhe der Sicherheit errechnet sich anhand der
- Gerichtsgebühren
- Anwaltskosten
- Auslagen.

1430 Gerichtsgebühren und Anwaltskosten richten sich nach der Höhe des Streitwerts: Die Schätzung des Streitwerts kann anhand verschiedener Indizien erfolgen, z.B. Einnahmen aus Lizenzverträgen, Schadensersatzforderungen, Umsätze. Die Streitwertherabsetzung gemäß § 144 PatG kommt auch für das Nichtigkeitsverfahren in Betracht.

▶ **Abwandlung des Beispiels:**

1431 A möchte wissen, inwieweit E sich am Nichtigkeitsverfahren beteiligen kann.

1432 Nach Abschluss des europäischen Einspruchsverfahrens könnte ggf. auch der E Nichtigkeitsklage erheben. Ebenso ist aber seine Beteiligung an einem schwebenden Nichtigkeitsverfahren als Nebenintervenient entsprechend den Bestimmungen der Zivilprozessordnung möglich. Hier könnte E durch Einreichung eines Schriftstücks bis zur rechtskräftigen Entscheidung (§§ 70, 66 ZPO) seine Beteiligung an dem schwebenden Nichtigkeitsverfahren noch erreichen. Als Nebenintervenient (Streitgehilfe) ist der E nicht Partei. Er kann aber Prozesshandlungen wirksam vornehmen, sofern sie nicht denen des A widersprechen (§§ 59, 60 und 66 ZPO).

▶ Abwandlung des Beispiels:

A hat mit der Firma C einen Lizenzvertrag geschlossen, nach welchem er ein durch das Patent D geschütztes Verfahren im Bereich der Bundesrepublik Deutschland nutzen darf. Dieser Lizenzvertrag ist nunmehr gekündigt worden, sodass A nach Ablauf der Kündigungsfrist in einem halben Jahr die Produktion einzustellen hat. A möchte gegen das Patent D Nichtigkeitsklage erheben. 1433

Es kommt vorliegend eine Nichtigkeitsklage gemäß § 81 PatG in Betracht. Solche Klagen können entweder gegen ein deutsches Patent oder den deutschen Anteil eines europäischen Patents erhoben werden. Die Klage ist an keine Frist gebunden. Einzureichen ist die Klage beim Bundespatentgericht. 1434

Zwischen A und C besteht ein Lizenzvertrag, der zwar in einigen Monaten abläuft, gleichwohl ist er aber noch in Kraft. Bereits nach früherer Rechtslage wurde ein Lizenzvertrag als der Nichtigkeitsklage nicht entgegenstehend angesehen, wenn er kein auf Gegenseitigkeit beruhende Leistungspflichten zum Gegenstand hatte oder sich auf die Abrede möglichst gewinnbringender Verwertung des Schutzrechts beschränkte.[287] Gleiches gilt für einen zulässig gekündigten Lizenzvertrag.[288] Ein befristeter Lizenzvertrag begründete nach seinem Ablauf ohne Hinzutreten besonderer Umstände keine Nichtangriffspflicht.[289] 1435

▶ Abwandlung des Beispiels:

Schließlich weist A darauf hin, dass er beabsichtige, sich demnächst aus dem Geschäftsleben zurückzuziehen. Daher werde er seinen Betrieb in den nächsten Jahren auf den I übertragen. 1436

Jedermann kann Klage gegen den in der Rolle eingetragenen Patentinhaber erheben. Ein Wechsel der Inhaberschaft nach Eintritt der Rechtshängigkeit ist gemäß § 265 Abs. 2 ZPO ohne Einfluss auf das Verfahren. Da die Firma verkauft werden soll, kämen die Grundsätze gemäß §§ 263, 264 ZPO in Betracht. 1437

▶ Beispiel:

A hatte Nichtigkeitsklage gegen das Patent B erhoben, nachdem zuvor B gegen A Verletzungsklage erhoben hat. Während des Verfahrens wurde über das Vermögen der Patentinhaberin C das Insolvenzverfahren eröffnet. Der Insolvenzverwalter entscheidet, das parallele Verletzungsverfahren fortzuführen, aber lehnt die Aufnahme des Nichtigkeitsverfahrens ab. A legt gegen das inzwischen erteilte Urteil Berufung ein und erklärt die Aufnahme des Rechtsstreits. 1438

---

287 BPatG GRUR 1964, 1619.
288 BPatG vom 19.09.2006, 3 MI 16/04 (EU).
289 BGH GRUR 1965, 135 – *Vanalpatent*.

1439 Durch die Eröffnung des Insolvenzverfahrens sind das Patentnichtigkeitsverfahren und das Verletzungsverfahren gem. § 240 Satz 1 ZPO unterbrochen worden. Die Aufnahme des Rechtsstreits im Nichtigkeitsprozess durch A ist gem. § 86 Abs. 1 Nr. 1 InsO wirksam. Danach können Rechtsstreitigkeiten, die zur Zeit der Eröffnung des Insolvenzverfahrens gegen den Schuldner anhängig sind, sowohl vom Insolvenzverwalter als auch vom Gegner aufgenommen werden, wenn sie die Aussonderung eines Gegenstandes aus der Insolvenzmasse betreffen. Gegenstand des im § 86 InsO geregelten Teilungsmasse sind Streitigkeiten oder Ansprüche gegen den Schuldner, die unmittelbar auf eine Minderung der Teilungsmasse abzielen. Bei einem Passiv-Prozess ist es daher entscheidend, ob den Insolvenzgläubigern eine Minderung der Teilungsmasse droht. Ebenso wie eine negative Feststellungsklage, mit der die Kläger die Feststellung des Nichtbestehens eines vom Schuldner in Anspruch genommenen Rechtsbegehren, ein Teilungsmassestreit sein kann, betrifft eine gegen den Insolvenzverschuldner gerichtete, auf eine gewerbliche schutzrechtsgestützte Unterlassungsklage einen Aussonderungsanspruch und unterfällt daher § 86 Abs. 1 Nr. 1 InsO. Damit ist das Nichtigkeitsverfahren von A wirksam aufgenommen worden (§§ 99 Abs. 1 PatG, 250, 240 Satz 1 ZPO, 86 Abs. 1 Nr. 1 InsO).[290]

cc) Kosten

▶ **Beispiel:**

1440 A erhebt Klage gegen B gemäß § 81 PatG. Daraufhin verzichtet B gegenüber dem Deutschen Patent- und Markenamt auf sein Patent. Mit dem Verzicht erklärt B zugleich, dass er auf alle Ansprüche aus der Vergangenheit gegen A verzichtet.

1441 A hat nunmehr über das weitere Vorgehen zu entscheiden. Eine Fortführung der Nichtigkeitsklage käme nur in Betracht, wenn ein besonderes Rechtsschutzinteresse vorläge, wenn B beispielsweise noch Ansprüche aus der Vergangenheit geltend macht. Hier hat B aber ausdrücklich auf sämtliche Ansprüche aus der Vergangenheit verzichtet.

1442 Fraglich ist vorliegend, wer die Kosten zu tragen hat. Nach dem Unterliegensprinzip hat B die Kosten zu tragen, da er sich durch seine Verzichtserklärung in die Rolle des Unterlegenen begeben hat. A hat jedoch vor der Klageerhebung B nicht zum Verzicht aufgefordert. Damit hatte B keine Chance, das Verfahren durch Verzicht zu vermeiden. Insoweit käme die Regelung des § 93 ZPO in Betracht, wonach im Falle der sofortigen Anerkennung einer Klage der Kläger die Kosten zu tragen hat, sofern der B keine Veranlassung zu der Klage gegeben hat. B hat kein ausdrückliches Anerkenntnis abgegeben. Gleichwohl ergibt sich aus dem Rechtsgedanken des § 93 ZPO eine Kostentragungspflicht für A; denn erst, wenn auf eine entsprechende Aufforderung des A hin B sich geweigert hätte, auf sein Patent zu verzichten, hätte dieser Anlass zur Klage im Sinne des § 93 ZPO gegeben. Etwas Anderes könnte sich nur ergeben, wenn zwischen A und B ein Verletzungsstreit anhängig wäre. Dies ist

290 BGH vom 23.04.2013, Az. X ZR 169/12.

jedoch aus dem Sachverhalt nicht ersichtlich. A hat demgemäß die Kosten gemäß § 93 ZPO zu tragen.

▶ Abwandlung des Beispiels:

A hat zuvor B zum Verzicht auf sein Patent aufgefordert. Danach erhebt A Klage 1443
gegen B. Die Aufforderung enthält keinerlei weitere Ausführungen außer der Verzichtsaufforderung. B lehnt die Abgabe der Erklärung ab.

Im Unterschied zu der vorhergehenden Fallvariante liegt hier eine Verzichtsaufforde- 1444
rung vor. Es stellt sich demgemäß die Frage, ob in diesem Falle B infolge der Ablehnung der Verzichtserklärung nunmehr die Kosten nach § 91 ZPO aufzuerlegen sind, nachdem B durch den Verzicht sich in die Rolle des Unterlegenen begeben hat.

Vorliegend hat A eine eindeutige Verzichtsaufforderung abgegeben, gleichwohl ergibt 1445
sich das Problem, dass er hier weitere Gründe nicht genannt hat. Zu einer Überprüfung der Berechtigung der Verzichtsaufforderung wurde B erst in die Lage versetzt, nachdem ihm die Nichtigkeitsklage mit Begründung vorlag. Dies wäre anders gewesen, wenn die Substantiierung der Nichtigkeitsgründe ihm vorher vorgelegen hätte. Dann hätte er bereits erkennen können, dass eine Verteidigung keinen Sinn macht. Im Ergebnis wird also auch im vorliegenden Fall eine Kostentragung aus dem Gedanken des § 93 ZPO für A das Ergebnis sein.

Auch wenn A folgende Möglichkeiten nutzt, würde die Kostenentscheidung nicht 1446
zu seinen Gunsten ausfallen:

(1) Er gibt eine Erledigungserklärung ab und dieser Erledigungserklärung schließt sich B an. In diesem Falle hätte das Gericht gemäß § 91 a ZPO über die Kosten zu entscheiden. Nach den obigen Fallvarianten würde die Kostenentscheidung zugunsten des B ausfallen.

(2) Sofern sich B der Erledigungserklärung nicht anschließt, wäre eine Klageänderung gemäß § 264 Nr. 2 ZPO anzunehmen. Auch in diesem Falle müsste das Gericht über die Kosten entscheiden. Allerdings nicht nach § 91 a ZPO, sondern nach § 91 ZPO. Im Ergebnis würde auch hier die Kostenentscheidung zugunsten des B ausfallen.

(3) Schließlich könnte der A auch die Klage zurücknehmen. Im Ergebnis hätte er auch hier die zu tragen (§ 269 ZPO).

▶ Abwandlung des Beispiels:

B hat für seine Verteidigung einen Patentanwalt eingeschaltet. Dieser hat unter 1447
anderem aufwendige Recherchen durchgeführt, um festzustellen, ob eine Verteidigung gegen die Nichtigkeitsklage aussichtsreich ist. In dem Kostenfestsetzungsantrag im Anschluss an die Beendigung des Verfahrens macht der Patentanwalt des B die Anwaltsgebühren sowie seine Auslagen für die Durchführung der Recherche geltend.

1448 Nach einem Beschluss des ersten Senats des Bundespatentgerichts[291] bedürfen auch die Kosten einer vom beauftragten Patentanwalt selbst durchgeführten Recherche einer nachvollziehbaren Darlegung, die eine nachprüfbare Aufstellung mit Erläuterungen von Einzelposten enthalten müssen. Das müsse jedenfalls dann gefordert werden, wenn ein besonders hoher Aufwand geltend gemacht werde. Auch eine Schätzung nach den §§ 286, 287 ZPO setze voraus, dass hinreichende tatsächliche Grundlagen vorgetragen und glaubhaft gemacht wurden.

1449 Vorliegend hätte der Patentanwalt also in diesem Sinne die Einzelposten genau darlegen müssen. Unter Umständen hätte hier eine Bezugnahme auf das Gesetz über die Entschädigung von Zeugen und Sachverständigen erfolgen können. Der vorgelegte Antrag, die Recherchekosten zu erstatten, ist in dieser Form nicht begründet.

1450 Die Frage der Doppelvertretung hat die Rechtsprechung des Bundespatentgerichts wiederholt beschäftigt. Teilweise haben die einzelnen Senate auch voneinander abweichende Entscheidungen getroffen. Im Ergebnis ist mit dem Argument des engen Zusammenhangs von Patentverletzungs- und Patentnichtigkeitsverfahren eine Erstattung der Kosten im Sinne von § 91 ZPO als notwendig anerkannt worden.[292]

1451 Die Beauftragung eines **Rechtsanwalts** neben einem **Patentanwalt** im Nichtigkeitsverfahren ist allerdings nicht schlechthin als notwendig iSv § 91 Abs. 1 S. 1 ZPO anzusehen.[293] Bei der Prüfung der Erstattungsfähigkeit der von der obsiegenden Partei geltend gemachten Kosten ist vielmehr eine einzelfallabhängige Prüfung der Zumutbarkeit und Angemessenheit vorzunehmen.[294]

▶ Beispiel:

1452 Die Parteien streiten über die Erstattungsfähigkeit der Kosten eines erstinstanzlichen Patentnichtigkeitsverfahrens hinsichtlich der Mitwirkung eines Rechtsanwalts.

1453 Die Erstattungsfähigkeit der Kosten eines zusätzlich zu einem Patentanwalt beauftragten Rechtsanwalt im erstinstanzlichen Nichtigkeitsverfahren beurteilt sich nach § 91 Abs. 1 S. 1 ZPO. In Ermangelung einer planwidrigen Regelungslücke sowie einer vergleichbaren Interessenlage ist der für Patentstreitsachen geltende § 143 Abs. 3 PatG im Nichtigkeitsverfahren nicht entsprechend anwendbar. Die gleichzeitige Anhängigkeit eines Verletzungsstreits und einer dieselbe Sache betreffende Nichtigkeitsklage kann an eine Partei besondere Anforderungen stellen. In der Regel liegt es auch in dem eigenen Interesse der Partei, wenn das Vorbringen in beiden Verfahren aufein-

291 Beschluss v. 3. 2. 99 1 ZA(pat) 6/89 zu 1 Ni 5/93.

292 BPatGE 51, 67, 72; BPATGE 51, 72; BPATGE 52, 142. BPatGE 50, 85, BPATGE 51, 62; BPATGE 51, 67; Vgl. hierzu auch Busse/Keukenschrijver, PatG, § 84 Rn. 93 m.w.N.; Vgl. hierzu Rn. 555a bis 555i.

293 BGH GRUR 2023 1807 – Doppelvertretung im Patentnichtigkeitsverfahren II.

294 EuGH GRUR 2022, 853 = BeckEuRS 2022, 754025 – NovaText/Uni Heidelberg, Donle/Kau GRUR 2024, 999.

ander abgestimmt sei. Dieser Abstimmungsbedarf erfordert zu zweckentsprechenden Rechtsverfolgung oder Rechtsverteidigung im Nichtigkeitsverfahren typischerweise die Mitwirkung derjenigen anwaltlichen Vertreter, die mit der Vertretung im Verletzungsstreit betraut sind. Eine zweckentsprechende Abstimmung der Vorgehensweise in zwei gleichzeitig anhängigen Verfahren erfordert nicht nur eine abstrakte Beurteilung der Sach- und Rechtslage, sondern umfasst typischerweise auch die Aufgabe, unter mehreren in Betracht kommenden Angriffs- oder Verteidigungsmitteln diejenige auszuwählen, die ein möglichst konsistentes Vorgehen in beiden Verfahren ermöglicht und für den Ausgang des Rechtsstreits bedeutsame Argumentationslinien nicht ohne Not infrage stellt. Hierzu ist die Kenntnis der konkreten Verfahrenssituation im jeweils anderen Rechtsstreit und der für den weiteren Verlauf in Betracht kommenden Handlungsalternativen erforderlich. Wenn diese Aufgaben im Verletzungsstreit von einem Rechtsanwalt und einem Patentanwalt gemeinsam wahrgenommen werden, entspricht es einer zweckentsprechenden Rechtsverfolgung und Rechtsverteidigung, auch im Nichtigkeitsverfahren beide Vertreter heranzuziehen. Unter diesen Gesichtspunkten kann die Erstattungsfähigkeit der Kosten für Patent- und Rechtsanwalt bejaht werden.[295]

dd) Rechtsmittel

▶ Beispiel:

A führt bei Patentanwalt B ein Beratungsgespräch. Er legt dem B ein Urteil des Bundespatentgerichts vor, in welchem seine Nichtigkeitsklage abgewiesen worden ist. A möchte von B wissen, wie nun weiter vorgegangen werden kann. 1454

Gegen die Entscheidungen des Bundespatentgerichts ist das Rechtsmittel der Berufung zulässig (§ 110 PatG) unter der Voraussetzung, dass: 1455

- eine Beschwer vorliegt, d.h. die Entscheidung gegenüber dem Klageantrag nachteilig ist. Vorliegend ist A deshalb beschwert, weil seine Klage abgewiesen worden ist.
- Die Frist beträgt 1 Monat.
- Die Berufung ist schriftlich einzulegen.
- Der notwendige Inhalt der Berufungsschrift ist in § 110 Abs. 2 PatG geregelt.
- Gemäß § 121 PatG sind Rechts- oder Patentanwälte zur Vertretung im Berufungsverfahren berechtigt.
- Mit der Berufung wird eine Gebühr gemäß § 110 Abs. 2 PatG fällig.

▶ Abwandlung des Beispiels:

A erläutert dem B, dass er und eine weitere Firma Nichtigkeitsklage erhoben hätte. Aber nur die andere Firma habe bisher Berufung eingelegt. Er selbst habe die Berufungsfrist versäumt. 1456

295 BGH vom 18.12.2012, Az. X ZB 11/12; Anneken, IP-Kompakt, März 2013, S. 9 ff.

1457 Die Regeln der ZPO über die Anschlussberufung sind anwendbar (§§ 521 bis 522 a ZPO). Voraussetzung ist die Einlegung einer wirksamen Berufung, die Anfechtung desselben Urteils wie die Hauptberufung, die Einreichung der Anschlussberufungsschrift, welche bis zum Schluss der mündlichen Verhandlung eingereicht werden kann.

1458 Vorliegend gibt es eine wirksame Hauptberufung. Dieser kann sich somit der A anschließen.

1459 Gemäß § 112 PatG wird die Berufungsschrift dem Berufungsbeklagten zugestellt. Auf die Erwiderung des Berufungsbeklagten erfolgt die Stellungnahme des Berufungsklägers (§ 112 Abs. 2 PatG). Schließlich wird ein Termin zur mündlichen Verhandlung bestimmt (§ 114 PatG). Die Ladungsfrist beträgt 2 Wochen (§ 114 PatG). Nach mündlicher Verhandlung erfolgt die Verkündung des Urteils (§ 116 PatG). Der Bundesgerichtshof hat aber auch die Möglichkeit, im schriftlichen Verfahren zu entscheiden (§§ 116 Abs. 2, 118 Abs. 2 PatG). Die Entscheidung über die Kosten ergeht entsprechend § 116 Abs. 2 Nr. 3 PatG. Auch hier gilt das Unterliegensprinzip.

Beispiel:

1460 Das Patentgericht hatte ein mit einer Nichtigkeitsklage angegriffenes Patent für nichtig erklärt. Mit seiner Berufung strebt der A weiterhin die Abweisung der Klage an. Patentanwalt B reichte die Berufungsschrift und die Berufungsbegründung vor Ablauf der jeweils maßgeblichen Frist als elektronisches Dokument über das elektronische Gerichts- und Verwaltungspostfach (EGVP) ein. Die beiden Nachrichten waren mit einer sog. Container-Signatur versehen. Die darin enthaltenen PDF-Dateien wiesen nur eine einfache elektronische Signatur auf, d.h. die Wiedergabe des Namens am Ende des Textes. Die Klägerin C hält die Berufung für unzulässig, weil eine Container-Signatur den Formvorgaben aus § 2 Abs. 2a BGH/BPatGERVV nicht genüge.

1461 § 4 Abs. 2 ERVV – wonach eine sog. Container-Signatur nicht ausreicht – ist im Anwendungsbereich der Verordnung über den elektronischen Rechtsverkehr beim Bundesgerichtshof und Bundespatentgericht nicht anwendbar. Nach der von der Ermächtigungsgrundlage in § 125a Abs. 3 Nr. 1 PatG getragenen Regelung in § 2 Abs. 2a Nr. 1 BGH/BPatGERVV sind elektronische Dokumente in Verfahren nach dem Patentgesetz mit einer qualifizierten elektronischen Signatur gemäß Art. 3 Nr. 12 der Verordnung (EU) Nr. 910/2014 (eIDAS-VO) zu versehen. Nach der in Bezug genommenen Regelung ist dies eine fortgeschrittene elektronische Signatur, die von einer qualifizierten elektronischen Signaturerstellungseinheit erstellt worden sei und auf einem qualifizierten Zertifikat für elektronische Signaturen beruhe. Diesen Anforderungen genügt auch eine qualifizierte Signatur in Form der sog. Container-Signatur. § 2 Abs. 2a BGH/BPatGERVV ist zu entnehmen, dass die Signaturdaten eine zuverlässige Prüfung der Authentizität und Integrität nach Maßgabe von Art. 26 eIDAS-VO ermöglichen müssten. Eine solche Prüfung ist indes auch dann möglich, wenn sich die Signaturdaten nicht auf ein einzelnes Dokument, sondern auf eine Gesamtheit von Dokumenten in einem Container beziehen.

Die Berufungsschrift und die Berufungsbegründung genügen den maßgeblichen Formerfordernissen aus § 125a Abs. 2 Satz 1 PatG und § 2 Abs. 2a Nr. 1 BGH/BPatGERVV. Die Berufung ist insoweit zulässig.[296] 1462

▶ Beispiel:

In einem Nichtigkeitsverfahren hat das Bundespatentgericht ein Patent teilweise für nichtig erklärt und dem Beklagten die Kosten des Rechtsstreits auferlegt. Im Kostenfestsetzungsverfahren hatte die Rechtspflegerin die Kosten für den mitwirkenden Rechtsanwalt unberücksichtigt gelassen. Das Bundespatentgericht ordnete auf die Erinnerung der Klägerin die Erstattung dieser Kosten mit Zinsen an. Dagegen wendete sich die Beklagte mit der Rechtsbeschwerde. Ist diese zulässig? Diese war vom Bundespatentgericht zugelassen worden. 1463

Nach Ansicht des Bundesgerichtshofs[297] ist die Rechtsbeschwerde gegen den Kostenfestsetzungsbeschluss des Bundespatentgerichts nach § 574 Abs. 1 Nr. 2 ZBO statthaft. Dessen Anwendbarkeit ergebe sich aus § 84 Abs. 2 S. 2 PatG. Die ZPO sähe den Ausschluss der Rechtsbeschwerde im Kostenfestsetzungsverfahren nicht mehr vor, daher sei eine solche im Gebrauchsmusterlöschungs- und im Einspruchsverfahren nunmehr schon nach § 100 PatG zulässig. Entsprechendes gälte für das Patentnichtigkeitsverfahren. Mithin ist auch im Kostenfestsetzungsverfahren die Rechtsbeschwerde zulässig. 1464

3. Europäisches materielles Recht

Das nationale deutsche Recht und das europäische Patentrecht sind in ihrem materiell-rechtlichen Gehalt harmonisiert. Im Folgenden werden daher die Unterschiede, die sich durch Praxis und Rechtsprechung ergeben haben, dargelegt. 1465

a) Erfindung

Grundvoraussetzung für die Patentfähigkeit ist, ebenso wie im deutschen Recht, dass eine Erfindung vorliegt. D. h., die Neuentwicklung muss zum Gebiet der Technik gehören, sie muss ausführbar sein, eine technische Regel beinhalten und wiederholbar sein. Insoweit kann demgemäß auf die obigen Ausführungen verwiesen werden. 1466

b) Ausnahmen vom Patentschutz

Das Europäische Patentübereinkommen (EPÜ) definiert ebenso wie das deutsche Recht nicht, was Erfindungen sind. Dieser Begriff ergibt sich vielmehr aus der Rechtsprechung. Dagegen ist im EPÜ – ebenso wie im deutschen Patentgesetz – festgelegt, was keine Erfindungen sind bzw. was nicht dem Patentschutz zugänglich ist. Hierbei handelt es sich nach Art. 52 Abs. 2 EPÜ um Entdeckungen, wissenschaftliche Theorien und mathematische Methoden, ästhetische Formschöpfungen, Pläne, Regeln, Spiele, gedankliche und geschäftliche Tätigkeiten sowie Programme und Datenverarbeitungsanlagen. 1467

---

296 BGH, Urt. v. 24.5.2022, Az. X ZR 82/21; vgl. Vander, IP Kompakt 2022, Heft 7, S. 17 ff.
297 BGH vom 18.12.2012, Az. X ZB 11/12.

1468 Diesbezüglich kann im Wesentlichen auf die Ausführungen zum deutschen Recht verwiesen werden. Die Rechtsprechung des EPA wird daher im Folgenden nur anhand weniger exemplarischer Beispiele dargestellt.

▶ Beispiel:

1469 A hat eine Anmeldung beim Europäischen Patentamt eingereicht, in welcher folgende Ansprüche formuliert sind:

1. Computergestütztes Verfahren zur numerischen Simulation eines Schaltkreises mit einer Schrittweite d, der 1/f-Rauscheinflüssen unterworfen ist, -wobei der Schaltkreis durch ein Modell (1) beschrieben wird, das Eingangskanäle (2), Rauscheingangskanäle (4) und Ausgangskanäle (3) aufweist,

- wobei das Verhalten der Eingangskanäle (2) und der Ausgangskanäle (3) durch ein System von Differentialgleichungen oder Algebro-Differentialgleichungen beschrieben wird.
- wobei für einen an den Eingangskanälen (2) anliegenden Eingangsvektor (INPUT) und einen an den Rauscheingangskanälen (4) anliegenden Rauschvektor (NOISE) y von 1/f-verteilten Zufallszahlen ein Ausgangsvektor (OUTPUT) berechnet wird, und -wobei der Rauschkonvektor y durch folgende Schritte erzeugt wird:
  - Bestimmen eines gewünschten Spektralwerts b des 1/f-Rauschens,
  - Bestimmen eines Werts n für die Anzahl der zu erzeugenden Zufallszahlen eines 1/f-Rauschens
  - Bestimmen einer Intensitätskonstante const,
  - Bilden einer Covarianzmatrix C der Dimension (n x n), wobei je ein Element e(i,J) der Covarianzmatrix C nach der folgenden Gleichung bestimmt wird:

    $$e(i,J) = const.|\breve{d}^{+}1\ (|_{i}\text{-}j^{+}\breve{1}+1-2|i\text{-}\breve{j}^{+}1 + |i\text{-}j\text{-}\breve{1}^{+}1)\ \text{wobei } i, j = 1, \ldots, n$$
  - Bilden der Cholesky-Zerlegung L der Covarianzmatrix C, wobei die folgenden Schritte für jede zu erzeugende Folge von Zufallszahlen eines 1/f-Rauschens ausgeführt werden:
  - Bilden eines Vektors x der Länge n aus (0,1)-normalverteilten Zufallszahlen,
  - Europäisches Patentamt: Patentrecht GRUR Int. 2008 Heft 160

2. Computergestütztes Verfahren zur numerischen Simulation eines Schaltkreises zu Betrachtungszeitpunkten t_0 bis t_n, der 1/f-Rauscheinflüssen unterworfen ist,

- wobei der Schaltkreis durch ein Modell (1) beschrieben wird, das Eingangskanäle (2), Rauscheingangskanäle (4) und Ausgangskanäle (3) aufweist,
- wobei das Verhalten der Eingangskanäle (2) und der Ausgangskanäle (3) durch ein System von Differentialgleichungen oder Algebro-Differentialgleichungen beschrieben wird
- wobei für einen an den Eingangskanälen (2) anliegenden Eingangsvektor (INPUT) und einen an den Rauscheingangskanälen (4) anliegenden Rausch-

vektor (NOISE) y von 1/f-verteilten Zufallszahlen ein Ausgangsvektor (OUTPUT) berechnet wird, und

- wobei der Rauschvektor y durch folgende Schritte erzeugt wird:
- Bestimmen eines Werts n für die Anzahl der zu erzeugenden Zufallszahlen eines 1/f-Rauschens,
- Bestimmen einer Intensitätskonstante const,
- Bestimmen eines gewünschten Spektralwerts b des 1/f-Rauschens,
- Bilden einer Covarianzmatrix C der Dimension (n x n), wobei je ein Element e(i, j) der Covarianzmatrix C nach der folgenden Gleichung bestimmt wird:

$$e(i, j) = const.(-|t_j-t_i^{+1} + |t_j-1-t_i^{+1} + |t_j-t_i-1^{+1}-|t_j-1-t_i-1^{+1})$$

  wobei i, j, = 1, …, n
- Bilden der Cholesky-Zerlegung L der Covarianzmatrix C, wobei die folgenden Schritte für jede zu erzeugende Folge von Zufallszahlen eines 1/f-Rauschens ausgeführt werden:
- Bilden eines Vektors x der Länge n aus (0,1)-normal verteilten Zufallszahlen,
- Erzeugen des Vektors y der Länge n der gewünschten 1/f-verteilten Zufallszahlen durch Multiplizieren der Cholesky-Zerlegung L mit dem Vektor x.

3. Verfahren nach Anspruch 1 oder 2, wobei nicht alle Elemente der Covarianzmatrix C bestimmt werden, wobei die nicht berechneten Elemente mit dem Wert 0 besetzt werden.

4. Computerprogramm zur Ausführung eines Verfahrens gemäß einem der Ansprüche 1 bis 3.

5. Datenträger mit einem Computerprogramm nach Anspruch 4.

6. Computersystem, auf dem ein Computerprogramm nach Anspruch 4 geladen ist.

Nach der bis zum Jahre 1998 geltenden Rechtsprechung[298] wurde die Simulation 1470
als nichts anderes als ein bestimmtes mathematisches Modell für die physikalischen Vorgänge angesehen. Um zu einem solchen Verfahren zu kommen, bedurfte es vorrangig einer geistigen Leistung auf dem Gebiet der Mathematik. Es wurde davon ausgegangen, dass die Umsetzung in einem Programm für eine Datenverarbeitungsanlage keine Auseinandersetzungen mit den technischen Eigenschaften dieser Anlage erfordert, mithin keine technische Leistung. Aufgrund dessen wurde beispielsweise für ein Verfahren zur Simulation der Topographie von Halbleitervorrichtungen für die Herstellung bzw. Bearbeitung solcher Halbleitervorrichtungen auf der Grundlage der Parameter der Verfahrensschritte, deren Ergebnisse zu simulieren sind, als nicht technisch, mithin nicht patentfähig angesehen.[299]

298 Beschluss BPatG v. 04.11.97, 17 W (pat) 65/95; Anders GRUR 98, 604(605).
299 Beschluss BPatG v. 04.11.97, 17 W (pat) 65/95; Anders GRUR 98, 604(605).

1471 In einer nicht veröffentlichten Entscheidung[300] war ein Entwurfsverfahren für eine integrierte Halbleiterschaltung als Nicht-Erfindung erachtet worden, weil der Entwurf nur ein Bild von etwas liefert, das in einer realen Welt nicht existiert und möglicherweise nie existieren wird; das Ergebnis des beanspruchten Verfahrens wurde nicht als notwendigerweise physikalische Größe angesehen. Die Entwurfsschritte würden einen Beitrag nur auf ausgeschlossenen Gebieten leisten, wie etwa gedanklichen.

1472 In einer weiteren nicht veröffentlichten Entscheidung des EPA,[301] hatte die Beschwerdekammer abstrakte Schritte zum Modellieren eines unbestimmten physikalischen Systems in einem Computer als intellektuelle Tätigkeit beurteilt, die alle für nicht-technische Wissenszweige typischen Wesenszüge aufweist und daher zu den in Art. 52 (2) a) und c) EPÜ aufgeführten Nichterfindungen analog ist. Das Informations-Modelling ist danach als eine Vorstufe der Software-Entwicklung angesehen worden, die dem systematischen Sammeln von Daten über das zu modellierende oder simulierende physikalische System dient, um sozusagen ein Modell des Systems auf Papier bereitzustellen.

1473 Die Rechtsprechung geht nunmehr davon aus, dass derartigen Simulationsverfahren eine technische Wirkung nicht von vornherein abgesprochen werden kann.[302] Dem liegt die Überzeugung zugrunde, dass die beanspruchte Simulation eines Schaltkreises weder eine mathematische Methode als solche noch ein Computerprogramm als solches darstellt, auch wenn zur Durchführung der Simulation mathematische Formeln und Computeranweisungen verwendet werden.

1474 In Sachen der in dem Beispiel wiedergegebenen Ansprüche hatte die Beschwerdekammer des Europäischen Patentamtes[303] die Überzeugung vertreten, dass ein solches Entwurfsverfahren für einen Schaltkreis nicht ohne weiteres mit einem Simulationsverfahren zum Testen eines entworfenen Schaltkreises unter Rauscheinflüssen gleichzusetzen ist. Außerdem geht die Beschwerdekammer des EPA nunmehr davon aus, dass sich die Bedeutung und die Beurteilung industrieller Simulationsverfahren zunehmend gewandelt haben und der Einsatz nummerischer Simulationsmethoden »für immer mehr Bereiche der Ingenieurswissenschaften« zu einer kostengünstigen Alternative zu teuren, zeit- und personalaufwendigen experimentellen Untersuchungen geworden ist. Denn in vielen Industriezweigen hat sich die numerische Simulation bereits zu einer Schlüsseltechnologie entwickelt.

1475 Auch wenn der Erfindung eine gedankliche oder mathematische Tätigkeit vorausgeht, darf das beanspruchte Ergebnis nicht mit dieser Tätigkeit gleichgesetzt werden. Daher betreffen die vorliegenden Ansprüche nicht das Erdenken eines Simulationsverfahrens, sondern ein Simulationsverfahren, das nicht mehr rein gedanklich oder mathematisch durchführbar ist.

300 EPA T 453/9.

301 EPA T 49/99.

302 Beschl. v. 13.12.1999, X ZB 11/98 – *Logikverifikation*; Große Beschwerdekammer des EPA G 1/19 vom 10.3.2021; EPA, T 1227/05.

303 EPA T 1227/05.

Die Simulation erfüllt technische Aufgaben, die für eine moderne Ingenieurtätigkeit typisch sind: Die Simulation erlaubt eine realitätsnahe Vorhersage des Verhaltens eines entworfenen Schaltkreises und unterstützt dadurch dessen Entwicklung im Idealfall so genau, dass vor einer Fertigung abgeschätzt werden kann, ob der Bau eines Prototyps Erfolg verspricht. Die technische Bedeutung dieses Ergebnisses vervielfacht sich mit zunehmender Geschwindigkeit des Simulationsverfahrens, denn damit kann eine umfangreiche Klasse von Entwürfen virtuell getestet und auf Erfolg versprechende Kandidaten durchsucht werden, bevor mit einer aufwendigen Herstellung von Schaltkreisen begonnen wird. Ein vorausschauender Test eines komplexen Schaltkreises und/oder eine qualifizierte Auswahl aus einer Vielzahl von Entwürfen ist ohne technische Hilfe nicht oder nicht innerhalb annehmbarer Zeit möglich. Das computergestützte Simulationsverfahren zum virtuellen Ausprobieren stellt somit ein praktisches und praxisrelevantes Werkzeug des Elektroingenieurs dar. Dieses Werkzeug ist gerade deshalb wichtig, weil in der Regel keine rein mathematische, theoretische oder gedankliche Methode existiert, die eine vollständige und/oder schnelle Voraussage des Schaltkreisverhaltens unter Rauscheinflüssen liefern würde. 1476

Aus all diesen Gründen trugen nach Ansicht des EPA[304] alle für die Schaltkreissimulation relevanten Schritte, d. h. auch die mathematisch ausgedrückten Anspruchsmerkmale, zum technischen Charakter des Simulationsverfahrens bei. 1477

Die Beschwerdekammer geht in ihrer Entscheidung zu den eingangs im Beispiel aufgeführten Ansprüchen davon aus, dass die seinerzeitige ablehnende Haltung der Beschwerdekammer eher eine Metasprache zur Beschreibung eines abstrakten Modells als eine Beschreibung Modell implementierender technischer Merkmale zum Gegenstand hatten. Eine solche Situation lag in Sachen der im obigen Beispiel aufgeführten Ansprüche nicht vor. Beide unabhängigen Verfahrensansprüche setzen die konkrete Modellierung einer hinreichend bestimmten technischen Systemklasse voraus und definieren konkrete, nicht nur geistig durchführbare Maßnahmen zur gezielten Umsetzung und Anwendung des Schaltkreismodells unter den technisch relevanten Verhältnissen eines 1/f-Rauschens. Dies bedeutet – im Einklang mit der früheren Rechtsprechung[305] eine zweckgerichtete Verwendung einer Informations-Modellierung im Rahmen der Lösung eines technischen Problems und somit einen Beitrag zum technischen Charakter des Verfahrens nach Anspruch 1 bzw. 2. Was den potenziellen Ausschluss von Computerprogrammen anbelangt, gilt mithin weiterhin, dass dieser Ausschluss in Bezug auf computergestützte Verfahren nicht greift.[306] Aus diesen Gründen tragen alle für die Schaltkreissimulation relevanten Schritte, d. h. auch die mathematisch ausgedrückten Anspruchsmerkmale, zum technischen Charakter des Simulationsverfahrens bei. Nach Auffassung der Großen Beschwerdekammer können numerische Simulationen patentierbar sein, wenn die erfinderische Tätigkeit auf 1478

304 EPA T 1227/05.
305 EPA T 49/99.
306 EPA T 424/03.

Merkmale gestützt werden kann, die zum technischen Charakter des beanspruchten Simulationsverfahrens beitragen.[307]

Die Simulation eines Schaltkreises, der 1/f-Rauscheinflüssen unterworfen ist, stellt mithin einen hinreichend bestimmten technischen Zweck eines computergestützten Verfahrens dar, das auf den technischen Zweck funktional beschränkt ist.[308]

▶ Beispiel:

1479 A simuliert ein Verfahren, nach dem eine Folge von Auktionsschritten schneller als ein anderes Auktionsverfahren zu einer Preisfindung führt. Ist das schutzfähig?

1480 Es ist die Frage, ob dies den erforderlichen technischen Charakter aufweist. Diese Schlussfolgerung lässt sich nicht schon aus der bloßen Feststellung ziehen, dass ein beanspruchtes Verfahren schneller als ein »denkbares« abläuft. Da sich immer ein langsameres Vergleichsverfahren denken lässt, eignet sich ein bloßer Geschwindigkeitsvergleich nicht als Kriterium zur Unterscheidung zwischen technischen und nicht-technischen Verfahrensschritten.[309] Wenn etwa eine Folge von Auktionsschritten schneller als ein anderes Auktionsverfahren zu einer Preisfindung führt, folgt daraus nicht ohne Weiteres, dass die Auktionsschritte zum technischen Charakter des Verfahrens beitragen würden.[310]

▶ Beispiel:

1481 A stellt Patentanwalt B ein Verfahren vor, dessen Zweck es ist, mittels der Simulation einer Sicherheitsschleuse physische Objekte durch virtuelle Objekte zu ersetzen. Ist das schutzfähig?

1482 Es ist fraglich, ob ein technisches Verfahren vorliegt. Grundsätzlich schließt die Definition von technischen Verfahren Simulationen aus, deren Zweck gerade darin besteht, physische Objekte durch virtuelle Objekte zu ersetzen.[311] Ein technisches Verfahren unterscheidet sich dadurch von einer mathematischen Methode, dass das technische Verfahren auf eine physikalische Erscheinung angewandt wird und damit bei dieser eine gewisse Veränderung bewirkt.[312] Die Simulation einer hinreichend bestimmten Klasse von technischen Gegenständen kann allerdings ein funktionales technisches Merkmal sein.[313] Vorliegend weist die Simulation einer Sicherheitsschleuse jedoch keinen grundlegend technischen Charakter auf. Das einzige Merkmal, das einen Beitrag

307 Große Beschwerdekammer des EPA G 1/19 vom 10.3.2021.

308 EPA T 258/03, ABl. 2004, 575 und T 914/02; T 1173/97, ABl. 1999, 60; T 1265/09; T 1227/05.

309 EPA T 1954/08.

310 EPA T 258/03 ABl. 2004, 575; EPA T 914/02.

311 EPA T 531/09.

312 EPA T 208/84.

313 EPA T 1227/05; In **T 1265/09** wurde allerdings unter Hinweis auf **T 1227/05** offengelassen, ob es genügt, dass die simulierten Objekte technisch sind, damit eine Simulation patentierbar ist.

zur erfinderischen Tätigkeit leistete, war die Tatsache, dass die Simulation auf einem Computer stattfand. Mithin ist dieses Verfahren nicht schutzfähig.

Beispiel:

A hatte sich jahrelang mit Sprachsystemen auseinandergesetzt. Eine seiner Anmeldungen war auf ein Verfahren zur Übersetzung natürlicher Sprachen gerichtet; dementsprechend wurden darin verschiedene sprachwissenschaftliche Fachwörter verwendet und sprachliche Aspekte des Übersetzungsprozesses behandelt. 1483

Fraglich ist, ob derartige sprachwissenschaftliche Begriffe und Verfahren überhaupt Bestandteil einer technischen Erfindung sein können. Die Rechtsprechung des EPA enthält zahlreiche Beispiele dafür, dass auch die Automatisierung derartiger Verfahren nicht das Fehlen des technischen Charakters wettmachen können.[314] Andererseits wurden kodierte Informationen in einzelnen Fällen als patentfähiger Gegenstand angesehen.[315] Es ist nach dieser Rechtsprechung offenbar, dass die Verwendung einer Information in einem technischen System oder ihre diesbezügliche Verwendbarkeit der Information selbst technischen Charakter verleihen kann, insoweit als diese die Eigenschaften des technischen Systems widerspiegelt, z.B. dadurch, dass sie besonders formatiert und/oder verarbeitet ist. Eine derartige Information kann, wenn sie in dem technischen System verwendet oder verarbeitet wird, Bestandteil der technischen Lösung einer technischen Aufgabe sein und Grundlage für einen technischen Beitrag der Erfindung zum Stand der Technik werden. 1484

Was den technischen Charakter betrifft, ist es unerheblich, ob die Information von einem anderen herkömmlichen Informationsverarbeitungsgerät verwendet oder verarbeitet wurde, denn der Umstand, dass ein solches Gerät ein gängiger Artikel des täglichen Gebrauchs geworden ist, beraubt ihn nicht seines technischen Charakters, ebenso wie ein Hammer weiterhin als technisches Werkzeug zu gelten hat, auch wenn sein Gebrauch seit Jahrtausenden bekannt ist. 1485

Demgemäß können sprachwissenschaftliche Informationen und Verfahren grundsätzlich einen technischen Charakter erlangen, wenn sie in einem Computersystem verwendet und zum Bestandteil der Lösung einer technischen Aufgabe werden. Die Umsetzung einer Funktion in einem Computersystem schließt stets zumindest implizit technische Überlegungen ein und kommt im Wesentlichen einer Funktionsausweitung eines technischen Systems gleich. In ähnlicher Weise erfordert die Umsetzung der sprachwissenschaftlichen Informationen und Verfahren in einem computergestützten Übersetzungsverfahren technische Überlegungen und ordnet somit an sich nicht technischen Dingen wie Wörterbüchern, Wortsprechungen oder der Übersetzung zusammengesetzter Ausdrücke in einen gleichbedeutenden Begriff einem technischen Aspekt zu. Merkmale oder Aspekte des Verfahrens, die nur Besonderheiten 1486

314 EPA T52/85.

315 EPA T 163/85 ABl. EPA 1990, 379, EPA T 769/92 ABl. EPA 1995, 525; EPA T 1194/97 ABl. EPA 2000, 525; EPA GRUR Int. 95, 909; EPA GRUR Int. 2001, 167.

des Gebiets der Sprachwissenschaft widerspiegeln, sind jedoch bei der Beurteilung der erfinderischen Tätigkeit außer Acht zu lassen.

c) Erfindungen auf dem Gebiet der Biologie

1487 Für das Gebiet der Biologie enthält das Europäische Patentübereinkommen ebenso wie das Deutsche Patentgesetz Sonderbestimmungen. Im Einzelnen betreffen diese Bestimmungen auch hier den Bereich der Pflanzen, Tiere, biologischen Verfahren, mikrobiologischen Verfahren sowie deren Erzeugnisse sowie den Bereich der Ethik. Im Gegensatz zu Deutschland hat das EPÜ die Richtlinien des Europäischen Parlaments ohne jede Änderung übernommen.

aa) Pflanzen

▶ **Beispiel:**

1488 A hat eine Patentanmeldung eingereicht, deren Gegenstand chemisch behandeltes Saatgut mit einem chemischen Mittel behandelte Pflanzen sind. Der Prüfer wendet ein, dass Pflanzensorten vom Patentschutz ausgeschlossen sind.

1489 Biologische Erfindungen können grundsätzlich patentiert werden:

> »Patente werden für die Erfindung im Sinne von Absatz 1 auch dann erteilt, wenn sie ein Erzeugnis, das aus biologischem Material besteht oder dieses enthält, oder wenn sie ein Verfahren, mit dem biologisches Material hergestellt oder bearbeitet wird oder bei dem es verwendet wird, zum Gegenstand haben. Biologisches Material, das mit Hilfe eines technischen Verfahrens aus seiner natürlichen Umgebung isoliert oder hergestellt wird, kann auch dann Gegenstand einer Erfindung sein, wenn es in der Natur schon vorhanden war.«

1490 Grundsätzlich kann demgemäß, ebenso wie in Deutschland, für biologisches Material oder Verfahren zu dessen Erzeugung oder dessen Einsatz im Verfahren Patentschutz gewährt werden:

> »(1) Für Pflanzensorten und Tierrassen sowie im Wesentlichen biologische Verfahren zur Züchtung von Pflanzen und Tieren werden keine Patente erteilt.
>
> (2) Patente können erteilt werden für Erfindungen,
> 1. deren Gegenstand Pflanzen oder Tiere sind, wenn die Ausführung der Erfindung technisch nicht auf eine bestimmte Pflanzensorte oder Tierrasse beschränkt ist;
> 2. die ein mikrobiologisches oder ein sonstiges technisches Verfahren oder ein durch ein solches Verfahren gewonnenes Erzeugnis zum Gegenstand haben, sofern es sich dabei nicht um eine Pflanzensorte oder Tierrasse handelt.«

1491 Für Pflanzensorten oder Tierarten sowie für »im Wesentlichen biologische Verfahren zur Züchtung von Pflanzen oder Tieren« kann infolgedessen kein Patent erteilt werden.

Die Begriffsdefinitionen »biologisches Material«, »mikrobiologisches Verfahren« und »im Wesentlichen biologisches Verfahren« sind identisch mit dem deutschen Patentgesetz: 1492

(1) »biologisches Material« ein Material, das genetische Informationen enthält und sich selbst reproduzieren oder in einem biologischen System reproduziert werden kann;

(2) »mikrobiologisches Verfahren« ein Verfahren, bei dem mikrobiologisches Material verwendet, ein Eingriff in mikrobiologisches Material durchgeführt oder mikrobiologisches Material hervorgebracht wird;

(3) »im Wesentlichen biologisches Verfahren« ein Verfahren zur Züchtung von Pflanzen und Tieren, das vollständig auf natürlichen Phänomenen wie Kreuzung oder Selektion beruht;

(4) »Pflanzensorte« eine Sorte im Sinne der Definition der Verordnung (EG) Nr. 2100/94 des Rates vom 27. Juli 1994 über den gemeinschaftlichen Sortenschutz[316] in der jeweils geltenden Fassung.

Es stellt sich in dem Beispielsfall demgemäß die Frage, inwieweit eine Pflanzensorte im Sinne des Gesetzes vorliegt. Nach der Rechtsprechung der Beschwerdekammer des Europäischen Patentamtes[317] versteht der Fachmann unter Pflanzensorten eine Vielzahl von Pflanzen, die in ihren Merkmalen weitgehend gleich sind und nach jeder Vermehrung oder jedem Vermehrungszyklus innerhalb bestimmter Toleranzgrenzen gleich bleiben. Diese Definition hat ihren Niederschlag auch im UPOV-Übereinkommen vom 2. 12. 1961 gefunden. Zugleich wurde festgestellt, dass Pflanzensorten und Pflanzen nicht dasselbe sind. 1493

Nach dem Gesagten schließt Art. 53 b) EPÜ nur die Patentierung von Pflanzen oder deren Vermehrungsgut in der genetischen fixierten Form der Pflanzensorte aus. Daher gelten die Ausnahmen der Patentierbarkeit nach Art. 53 b) 1. Hs. EPÜ nicht für Pflanzen an sich und insbesondere nicht für Hybridpflanzen, die nicht beständig und somit ein für eine Pflanzensorte kennzeichnendes Kriterium nicht erfüllen.[318] 1494

Gegenstand der Anmeldung (chemisch behandeltes Saatgut) ist vorliegend aber keine von jeder anderen Sorte unterscheidbare individuelle Pflanzensorte, sondern es sind beliebige, chemisch in bestimmter Weise behandelte Kulturpflanzen in Form ihres Vermehrungsgutes beansprucht. Außerdem ist die chemische Behandlung von verbessertem Vermehrungsgut nicht das Ergebnis eines im Wesentlichen biologischen Verfahrens. Schließlich sind Pflanzensorten und Pflanzen nicht dasselbe. Der Einwand des Prüfers ist mithin unzutreffend. Der Gegenstand der Anmeldung ist schutzfähig. 1495

▶ Beispiel:

A hat eine neue Entwicklung durchgeführt, bei welcher Pflanzen und Samen entwickelt worden sind, die gegen eine bestimmte Klasse von Herbiziden resistent und auf diese Weise selektiv gegen Unkraut und Pilzbefall geschützt sind. Dies 1496

316 ABl. EG Nr. L 227 S. 1.
317 ABl. EPA 1984, 112; ABl. EPA 2000, 111.
318 ABl. EPA 1990, 71; Fitzner in Festschrift für Nordemann S. 51 (52 ff.).

wurde dadurch erreicht, dass in das Genom der Pflanzen stabil eine DNA-Sequenz integriert wurde, die für ein Protein kodiert, das diese Herbizide inaktivieren oder neutralisieren kann.

A fragt Patentanwalt B, ob auch für eine solche nicht biologisch transformierte Pflanze, die eine stabil in das Genom ihrer Zellen integrierte fremde DNA-Nukleotidsequenz besitzt, die für ein Protein kodiert, das bestimmte Herbizide inaktivieren oder neutralisieren kann, ein Patentschutz möglich ist.

1497 In der zugrunde liegenden Entscheidung wurde[319] die Patentierbarkeit restriktiv im Hinblick auf Art. 53 b EPÜ beurteilt. Der Erzeugnisanspruch »nicht biologisch transformierte Pflanze, die eine stabil in das Genom ihrer Zellen integrierte fremde DNA-Nukleotidsequenz besitzt, die für ein Protein kodiert, das bestimmte Herbizide inaktivieren oder neutralisieren kann«, wurde nicht zugelassen. Der Anspruch definiert nämlich ein Unterscheidungsmerkmal, das allen von ihm erfassten Pflanzen gemeinsam ist und beständig an die Nachkommen weitergegeben wird. Es handelt sich mithin bei den praktischen Ausführungsformen der Erfindung um genetisch transformierte Pflanzensorten. Infolgedessen umfasst der Anspruch genetisch transformierte Pflanzensorten mit dem betreffenden Unterscheidungsmerkmal. Auch unter dem Gesichtspunkt des Art. 53 b) 2. Hs. EPÜ, nach dem mithilfe mikrobiologischer Verfahren gewonnene Erzeugnisse patentierbar sind, wurde der Anspruch nicht gewährt, weil das mehrstufige Verfahren zur Herstellung der Pflanze nicht nur mikrobiologische, sondern auch wesentliche agrartechnische und biologische Schritte umfasste.

1498 Gewährt wurde dagegen der Anspruch auf Pflanzenzellen, weil diese nicht unter die Definition von Pflanze und Pflanzensorte fielen.[320] Infolgedessen wurden die Pflanzenzellen als solche, die sich dank der modernen Technik fast wie Bakterien und Hefen kultivieren lassen, als »mikrobiologische Erzeugnisse« im weiteren Sinne[321] eingestuft.

bb) Tiere

▶ **Beispiel:**

1499 A hat ein Tier gezüchtet, das allerdings nicht vermehrungsfähig ist. A möchte von Patentanwalt B wissen, ob hierfür Patentschutz möglich ist.

1500 Im vorliegenden Fall wird es auf die Frage ankommen, ob das Tier als solches beansprucht werden soll oder ob A etwa eine neue Tierrasse zur Verfügung gestellt hat.

1501 Das Europäische Patentamt und deren Beschwerdekammern haben sich in ständiger Rechtsprechung stets bemüht,[322] die Frage der Auslegung des Art. 53 b) 1. Hs. EPÜ

---

319 ABl. EPA 1995, 545.

320 Lancon, GRUR Int. 1998, 228 f.

321 Moser, GRUR Int. 1998, 209 f.; Fitzner in Festschrift für Nordemann S. 51 (56/57).

322 ABl. EPA 1990, 476; Moser GRUR Int. 1998, 209 (210).

bezüglich des Begriffes »Tierarten« so zu lösen, dass ein Mittelweg zwischen dem Interesse der Erfinder an einem angemessenen Schutz für ihre Arbeit auf diesem Gebiet einerseits und dem Interesse der Öffentlichkeit, bestimmte Kategorien von Tieren vom Patentschutz auszuschließen, andererseits gefunden wird. Dabei wurde auch berücksichtigt, dass für Tiere anders als für Pflanzensorten keine anderen gewerblichen Schutzrechte zur Verfügung stehen. Im Ergebnis gilt bezüglich der Schutzfähigkeit von Tieren entsprechend den vorhergehenden Ausführungen zu Pflanzen Folgendes:

Art. 53 b) 1. Hs. EPÜ verbietet nur die Patentierung von Tieren in der genetisch 1502
fixierten Form der Tierart. In der genannten Entscheidung des EPA heißt es hierzu, die Ausnahme von der Patentierbarkeit nach Art. 53 b) 1. Hs. EPÜ gelte unabhängig von der Bedeutung der Begriffe »Tierarten«, »Animal Varieties« und »Races Animales« nicht für Tiere an sich.

Tierzellen als solche, die sich dank der modernen Technik fast wie Bakterien und 1503
Hefen kultivieren lassen, können nicht unter der Definition eines Tieres oder einer Tierrasse subsumiert werden. Wie Pflanzenzellen gelten sie vielmehr nach der derzeitigen Praxis als »mikrobiologische Erzeugnisse« im weiteren Sinne.[323]

cc) Biologische Verfahren

Beispiel:

A hat ein Verfahren angemeldet, das die Transformation der Pflanzenzelle oder 1504
des Pflanzengewebes mit einer rekombinanten DNA sowie die folgenden Schritte der Regeneration und Vervielfältigung der Pflanzen und Samen umfasst. A möchte wissen, ob hier ein Patentschutz möglich ist.

Im vorliegenden Fall wird sich damit die Frage stellen, ob ein im Wesentlichen bio- 1505
logisches Verfahren vorliegt.

Erfindungen, die andere als im Wesentlichen biologische Verfahren zur Züchtung von 1506
Tieren und deren Erzeugnissen, nämlich die mithilfe technischer Verfahren erzeugte Tiere, betreffen, sind dagegen nicht von der Patentierung ausgeschlossen. Hierzu zählen beispielsweise die Methoden der Gentechnik.[324] Ebenso sind im Wesentlichen biologische Verfahren mithilfe von Tieren zur Herstellung von Erzeugnissen patentfähig.

In Verfolgung der früheren Rechtsprechungspraxis des EPA[325] war davon auszugehen, 1507
dass ein Verfahren zur Erzeugung einer Pflanze, das den Schritt der Transformation der Pflanzenzelle oder des Pflanzengewebes mit einer rekombinanten DNA und die folgenden Schritte der Regeneration und Vervielfältigung der Pflanzen oder Samen umfasst, kein im Wesentlichen biologisches Verfahren im Sinne des Art. 53 b) 1 Hs.

323 Fitzner in Festschrift für Nordemann S. 51 (56, 57).
324 ABl. EPA 1990, 476.
325 ABl. EPA 1995, 545.

EPÜ ist.[326] Der Begriff »biologisches Verfahren« ist in erster Linie als Abgrenzung zum technischen Verfahren im engeren Sinn zu verstehen, bei dem mit anderen Mitteln als lebende Materie auf den Ablauf des Geschehens eingewirkt wird. Ob ein Verfahren »im Wesentlichen biologisch ist«, hängt davon ab, in welchem Umfang von menschlicher Seite technisch in das Verfahren eingegriffen wird. Die europäische Rechtslage unterscheidet sich insoweit von der Lage nach dem deutschen Patentgesetz, wo gemäß § 2 a Nr. 1 PatG die durch im Wesentliche biologische Verfahren gewonnenen Pflanzen und Tieren vom Patentschutz ausgeschlossen sind. Eine derartige Regelung findet sich nicht im EPÜ und der dazugehörigen Ausführungsordnung.

1508 Als nicht im Wesentlichen biologisch wurden danach z. B. angesehen:

- ein Verfahren zur Behandlung pflanzlichen Vermehrungsguts mit chemischen Mitteln;[327]
- Ein Verfahren, bei dem zunächst die zur Kreuzung vorgesehenen Elternpflanzen durch Klonen vermehrt und dann die auf diese Weise abgeleiteten Parentallinien in großem Maßstab in einem wiederholbaren Vorgang gekreuzt werden, um die gewünschte Hybridpopulation zu erzielen.[328] Zwar könne bei diesem Verfahren jeder Schritt als im wissenschaftlichen Sinn biologisch bezeichnet werden. Die Abfolge der einzelnen Vorgänge komme aber weder in der Natur vor noch entspreche sie den klassischen Züchtungsverfahren. Vielmehr sei die herkömmliche Reihenfolge der Verfahrensschritte umgekehrt worden, was für die Erfindung ausschlaggebend sei und die gewünschte Steuerung des Ergebnisses erlaube, obwohl mindestens ein Elternteil nicht homo-, sondern heterozygot sei;
- Die Transformation von Pflanzenzellen oder Pflanzengewebe mit einer rekombinanten DIVA. Sie wurde unabhängig davon, inwieweit ihr Erfolg dem Zufall unterliegt, als ein wesentlich technischer Schritt gewertet, der entscheidenden Einfluss auf das Ergebnis habe; das Verfahren, das ihn einschließt, werde auch durch die anschließenden Schritte der Regeneration und Vervielfältigung der Pflanzen und Samen nicht zu einem im Wesentlichen biologischen.[329]

1509 Ein Züchtungsverfahren kann allerdings nicht durch den bloßen Zusatz von technischen Verfahrensschritten dem Patentierungsausschluss entgehen. Technische Hilfsmittel können für sich patentfähig sein, aber ihre Verwendung in einem im Wesentlichen biologischen Verfahren macht dieses nicht patentierbar.[330]

326 Fitzner in Festschrift für Nordemann S. 51 (59).
327 ABl. EPA 1984, 112 – *Vermehrungsgut/CIBA GEIGY.*
328 ABl. EPA 1990, 71 – *Hybridpflanzen/Lubrizol.*
329 ABl. EPA 1995, 545 – *Pflanzenzellen/PGS.*
330 EPA G2/07 – *Broccoli*; G1/08 – *Tomate I*; Fitzner/Kubis/Metzger, Art. 53 EPÜ, Rn. 68–69, 75.

dd) Mikrobiologische Verfahren

▶ Beispiel:

A hat ein neues Verfahren entwickelt, bei welchem mittels einer speziellen Bakterienkultur Sauerkraut hergestellt wird. 1510

Patentschutz kann für mikrobiologische Verfahren gewährt werden. Das Europäische Patentamt hat die Auffassung vertreten,[331] der Begriff »mikrobiologische Verfahren« beziehe sich auf Verfahren, in denen Mikroorganismen oder Teile derselben zur Herstellung oder Veränderung von Erzeugnissen verwendet oder für bestimmte Anwendungszwecke neue Mikroorganismen entwickelt würden. Unter Mikroorganismen sind Bakterien und Hefen zu verstehen. Das Verfahren ist der Mikrobiologie zuzuordnen und damit grundsätzlich schutzfähig. 1511

▶ Beispiel:

A hat ein Verfahren entwickelt, bei dem eine tierische Gewebekultur eingesetzt wird. 1512

Art. 53 b) 2. Hs. EPÜ ist nach der Rechtsprechung des EPA[332] nicht auf Verfahren beschränkt, bei denen Mikroorganismen im herkömmlichen Sinn wie Bakterien und Hefen verwendet werden, sondern bezieht sich auch auf Verfahren, die Pilze, Algen, Protozoen sowie tierische und pflanzliche Zellen einschließen, also alle für das bloße Auge nicht sichtbaren, im Allgemeinen einzelligen Organismen, die im Labor vermehrt und manipuliert werden könnten. Daher werden dieser Definition des Begriffs Mikroorganismus nach der derzeitigen Praxis des EPA auch Plasmide und Viren zugerechnet.[333] 1513

ee) Erzeugnisse mikrobiologischer Verfahren

▶ Beispiel:

A hat eine Hefe entwickelt, welche ein Bier erzeugt, das 0,0 % Alkohol enthält. 1514

Im vorliegenden Fall wird sich die Frage stellen, ob im Sinne des Art. 53 b) EPÜ ein durch ein mikrobiologisches Verfahren gewonnenes Erzeugnis vorliegt. Zu den mikrobiologischen Erzeugnissen zählen nicht nur die mithilfe von Mikroorganismen hergestellten bzw. veränderten Substanzen. Neue Organismen als solche gelten nämlich ebenfalls als Erzeugnisse mikrobiologischer Verfahren im Sinne des Art. 53 b) 2. HS. EPÜ.[334] Vorliegend kann mithin für die neu entwickelte Hefe ein Patentschutz erlangt werden. 1515

331 ABl. EPA 1995, 545.
332 ABl. EPA 1995, 545.
333 Fitzner in Festschrift für Nordemann S. 51 (59, 60).
334 Fitzner in Festschrift für Nordemann S. 51 (60).

ff) Verstoß gegen öffentliche Ordnung und gute Sitten

▶ **Beispiel:**

1516 A möchte eine Patentanmeldung tätigen, deren Gegenstand eine transgene Maus ist. Er möchte den Hauptanspruch auf eine Maus richten, bei der die Veränderung der genetischen Identität zu einem mutierten Phänotyp führt. Auf Nachfragen des Patentanwalts B erklärt A, dass die mutierte Maus in Fällen leiden würde, in den es sich bei dem mutierten Gen um ein essenzielles Gen handelt. A erläutert weiterhin, wie sich konditionale Mutationen einsetzten lassen, um die Zweckmäßigkeit von Genen und ihren Produkten als Target für die Medikamentenentwicklung auszuloten. Mit der Genfallentechnologie erzeugte mutierte Mäuse ließen mitunter auf die biologische Bedeutung eines bestimmten Gens schließen. Was wird Patentanwalt B raten?

1517 Im vorliegenden Fall dürfte die Patentanmeldung zu Bedenken Anlass geben, weil nicht alle mutierten Mäuse von medizinischem Nutzen oder gar von wesentlich medizinischem Nutzen wären. Denn der Nutzen ist zumeist von früheren Forschungen Target-Gens bei einem bestimmten Krankheitsbild abhängig. Der von dem A gewünschte Anspruch würde demgemäß Mäuse mit einer genetisch veränderten Identität umfassen, bei denen das wahrscheinliche Leiden und der wahrscheinliche medizinische Nutzen für den Menschen und das Tier nicht ausgewogen sind. Damit dürfte der beanspruchte Gegenstand oder die Ausnahmen von der Patentierbarkeit gemäß Art. 53 a und Regel 53 d fallen.[335]

▶ **Beispiel:**

1518 A ist ein in der Forschung tätiger Arzt. Er arbeitet mit menschlichen Genen.

1519 Speziell die Patentierung menschlicher Gene hat für Aufsehen in der Öffentlichkeit gesorgt. Abgesehen von ethischen Bedenken, wurde in Einspruchsverfahren von Umweltverbänden geltend gemacht, bei Genen, seien es nun menschliche, pflanzliche oder tierische, handele es sich um Stoffe, die bereits in der Natur vorkämen. Sie könnten daher keinesfalls erfunden, sondern allenfalls entdeckt werden.[336] Die die Regeln 26–29 AOEPÜ haben diesen Bedenken Rechnung getragen. Hier gilt demgemäß das zum deutschen Patentgesetz Gesagte entsprechend. Gerade beim Arbeiten mit menschlichen Genen sind daher die Bestimmungen zu prüfen, um festzustellen, ob Sittenwidrigkeit i.S.d. Gesetzes vorliegt.

335 ABl. EPA 2006, 15; Sonderausgabe ABl. EPA 2006, 24 f.
336 ABl. EPA 1995, 388.

d) Neuheit

Weitere Voraussetzung für die Patentfähigkeit ist, dass der Gegenstand der Erfindung neu ist. Nicht neu ist grundsätzlich alles, was in irgendeiner Form vorbeschrieben oder auch zuvor angemeldet worden ist. Dementsprechend richtet sich die folgende beispielhafte Darstellung auf die Themen der druckschriftlichen Veröffentlichungen, Veröffentlichungen im Internet, mündlichen Beschreibungen, Benutzungshandlungen, älteren Anmeldungen und die Frage der öffentlichen Zugänglichkeit. 1520

▶ Beispiel:

A hat ein Reinigungsmittel entwickelt, welches Peroxidasen, Wasserstoffperoxid und Tenside enthält. In einer Fachzeitschrift ist ein Reinigungsmittel aus Tensiden, Enzymen und einem Bleichmittel offenbart. Im Verzeichnis geeigneter Enzyme sind Peroxidasen erwähnt. Das Verzeichnis geeigneter Bleichmittel umfasst auch anorganisches Peroxid. A fragt seinen Patentanwalt B, ob eine Anmeldung mit hinreichender Aussicht auf Erfolg möglich ist. 1521

Voraussetzung für die Erteilung eines Patents ist, dass eine Erfindung vorliegt und diese neu ist, auf erfinderischer Tätigkeit beruht sowie gewerblich anwendbar ist. 1522

Es stellt sich die Frage, ob der Gegenstand der Anmeldung neu ist. Nach dem EPÜ gilt eine Erfindung als neu, wenn sie nicht zum Stand der Technik gehört. Der Stand der Technik umfasst alle Kenntnisse, die irgendwann vor dem Tag der Patentanmeldung in der Welt in irgendeiner Weise der Öffentlichkeit zugänglich gemacht worden sind.[337] D.h., Druckschriften, Internetveröffentlichungen, mündliche Beschreibungen und Benutzungshandlungen zählen gleichermaßen zum Stand der Technik. Die Veröffentlichung in der Fachzeitschrift stellt druckschriftlichen Stand der Technik dar und ist demgemäß bei der Wertung der Neuheit zu berücksichtigen. Das EPA[338] hat hierzu ausgeführt, dass die technische Lehre der Druckschrift ein Reinigungsmittel aus einer Peroxidase und einem Bleichmittel sei. Wie allgemein bekannt sei, wirkten Peroxidasen auf Wasserstoffperoxid als Substrat ein. Sei also das Vorhandensein von Peroxidasen vorgegeben, so sei auch Wasserstoffperoxid vorhanden. Mit anderen Worten: Selbst, wenn man einmal annehmen würde, dass in der Druckschrift die Peroxidasen in einem Verzeichnis (nämlich der Enzyme) und das Wasserstoffperoxid in einem anderen (nämlich der Bleichmittel) aufgeführt seien, bedürfe es zur Erlangung der Stoffgemische gemäß dem Streitpatent keiner »zweifachen« Auswahl aus zwei Verzeichnissen, die der daraus resultierenden Merkmalskombination Neuheit verleihen könne. Im Gegenteil: Sobald ein Fachmann ein Peroxidase enthaltendes Reinigungsmittel in Betracht ziehe, müsse er auch die ebenfalls in der Druckschrift offenbarten Wasserstoffperoxidvorläufer in Betracht ziehen, um die erforderliche Bereitstellung des Peroxidasesubstrats Was- 1523

337 Vgl. zum Begriff Neuheit: Kellerer: Aus der Rechtsprechung des Bundespatentgerichts im Jahre 2000, GRUR 2001, 276.

338 EPA T 366/96.

serstoffperoxid zu gewährleisten. Machten zwingende technische Notwendigkeiten eine bestimmte zweite Komponente obligatorisch, sobald die erste Komponente gewählt werde, dann könne dies nicht als »zweifache« Auswahl gelten, die der daraus resultierenden Kombination Neuheit verleihen könne. Das Reinigungsmittel ist demgemäß nicht neu.

▶ Beispiel:

1524 A hat ein Mittel entwickelt, welches sich für die Behandlung von Melanomen eignet. Der Stoff als solcher ist bekannt. Jedoch ist die spezifische Anwendung neu.

1525 Gemäß Art. 54 Abs. 4 EPÜ ist eine Patentierung von Stoffen möglich, selbst wenn sie zum Stand der Technik gehören, sofern sie für ein Verfahren zur chirurgischen oder therapeutischen Behandlung des menschlichen oder tierischen Körpers oder Diagnostizierverfahren im Sinne des Art. 53 (c) bestimmt sind und diese Anwendung nicht zum Stand der Technik gehört. Vorliegend kann demgemäß A Patentschutz erlangen. Dieser Schutz ist auf ein Produkt zur Verwendung als Medikament gerichtet.

▶ Beispiel:

1526 A hat sein Produkt weiterentwickelt und festgestellt, dass es sich auch zur Behandlung von Krebs eignet.

1527 Gemäß Art. 54 Abs. 5 EPÜ kann eine solche spezifische Anwendung einem Patentschutz zugänglich sein, wenn diese nicht zum Stand der Technik gehört. Demgemäß ist hier die Möglichkeit eines Patentschutzes gegeben.

▶ Beispiel:

1528 A hat eine weitere medizinische Indikation für sein Produkt gefunden.

1529 Auch hier ist gemäß Art. 54 Abs. 5 EPÜ die Möglichkeit einer weiteren Patentanmeldung gegeben.

1530 Für die Formulierung der Anmeldung war nach früherem Recht die sogenannte schweizerische Anspruchsform vorgeschrieben:

»Verwendung von Stoff X zur Herstellung eines Arzneimittels für die therapeutische Verwendung Z«.

1531 Diese Formulierung ist nun nicht mehr erforderlich. Es kann vielmehr das Produkt als solches beansprucht werden:

»Produkt X zur Verwendung als Medikament«

»Produkt X für die Behandlung von Krebserkrankungen«.

Auch ältere europäische Anmeldungen zählen zum Stand der Technik (Art. 54 Abs. 3 EPÜ) in Hinblick auf nachfolgende europäische Anmeldungen. Insofern gelten auch die Ausführungen oben bei Rdn. 1156 entsprechend. 1532

Bezüglich der öffentlichen Zugänglichkeit gibt es, ähnlich wie im deutschen Recht, eine umfangreiche Rechtsprechung. 1533

▶ Beispiel:

A hat ein neues Verfahren entwickelt, das international genormt werden soll. Zur Vorbereitung wird dem Normungsausschuss eine Beschreibung des Verfahrens übersandt. A fragt Patentanwalt B, ob jetzt noch eine Patentanmeldung möglich ist. 1534

Zugänglichkeit schriftlicher Beschreibung ist gegeben, wenn ein unbegrenzter Personenkreis in der Lage ist, das Schriftwerk kennen zu lernen. 1535

Das EPA[339] hat festgestellt, dass ein mit einer Tagesordnung an Mitglieder einer internationalen Normenausschussarbeitsgruppe versandter Normungsvorschlag zur Vorbereitung einer Normensitzung gewöhnlich nicht der Geheimhaltung unterliegt und daher als der Öffentlichkeit zugänglich gilt. Auch wenn nur ein bestimmter Personenkreis zur Teilnahme an der Normensitzung eingeladen werde, bestehe die Aufgabe eines Normenausschusses gerade darin, mit der Fachwelt auf möglichst breiter Ebene abgestimmte, am aktuellen Stand der Entwicklung orientierte Vorschläge für die Normenweiterbildung zu erarbeiten. Dieses Ziel schließe eine Geheimhaltungsverpflichtung aus. Sofern demgemäß die Vertraulichkeit der an die Mitglieder des Normungsausschusses versandten Unterlagen nicht gewährleistet ist, sind die in der Tagesordnung und Beschreibung niedergelegten Details als der Öffentlichkeit zugänglicher Stand der Technik anzusehen. 1536

▶ Beispiel:

A ist Inhaber eines Patents, welches vom Europäischen Patentamt mit folgendem Anspruch erteilt worden ist: 1537

Verwendung eines komprimierten Kollagenschwammes zur peroralen Verabreichung zur Appetithemmung.

Aus dem Stand der Technik sind verschiedene Mittel zur Appetithemmung bekannt. Unter anderem offenbart die Druckschrift D1 ein Mittel zur oralen Einnahme, das zur Erzeugung eines Sättigungseffekts bestimmt ist. Das Mittel hat die Form eines schwammartigen Mittels, welches aus Kollagen bestehen kann. Durch Kau- und Schluckbewegungen ist der Kollagenschwamm verformbar und komprimierbar, sodass er die Speiseröhre passieren kann. D2 zeigt ein Mittel, in dem kein Kollagen eingesetzt wird. Der Sachverhalt ist in folgender Tabelle veranschaulicht.

339 EPA T 202/97; Sonderausgabe ABl. EPA 2000, 14.

Prüfungsschema		
Erfindung	**D1**	**D2 (zit. in D1)**
komprimiert Collagen Schwamm	***komprimierbar*** Collagen Schwamm	komprimiert ***Zellulose u.a.*** Schwamm

Abb. 25: Prüfungsschema zum Beispiel

Ist dieser Stand der Technik neuheitsschädlich für die Patentanmeldungen des A?

1538 Im europäischen Verfahren gilt der Begriff der sogenannten »photographischen Neuheit«.

1539 Für den vorliegenden Fall heißt dies, der Gegenstand der Anmeldung müsste in dem Stand der Technik gemäß D1 vollständig offenbart sein. Aus der D1 geht hervor, dass das Material nicht schon vor der Verabreichung komprimiert wurde, sondern gleichsam während der Anwendung. Das Mittel wirkt mithin im nicht komprimierten Zustand in die Mundhöhle eingeführt. In der Anmeldung des A wird aber die Verwendung des bereits komprimierten Kollagenstammes beschrieben. Damit unterscheidet sich die Anmeldung des A von dem Stand der Technik durch den Zeitpunkt der Komprimierung. Während in D1 die Komprimierung erst während der Anwendung erfolgt, soll nach der Anmeldung des A die Anwendung des bereits zuvor komprimierten Produkts erfolgen. Der Gegenstand der Anmeldung des A ist damit neu im Lichte der D1.[340] D2 unterscheidet sich von der Erfindung durch das verwendete Material. Auch demgegenüber ist mithin Neuheit gegeben.

1540 Der im europäischen Recht geltende Neuheitsbegriff zwingt demgemäß jedes Dokument einzeln mit den Merkmalen der Erfindung zu vergleichen, wie dies die folgende Tabelle in allgemeiner Form veranschaulicht:

340 Beschluss EPA v. 22.06.07, AZ 98108214.2–2123/901792/01.

Prüfungsschema						
Stand der Technik →	**D1**	**D2**	**D3**	**D4**	**D5**	**D6**
Merkmale der Erfindung ↓						
1.	X	X		X		
2.	X		X		X	
3.	X	X	X			
4.	X	X			X	
5.						X
6.	X	X	X			
7.	X	X				
8.	X		X			
9.	X			X	X	
10.	X		X	X		

Abb. 26: Allgemeines Prüfungsschema – Neuheit

Aus der Tabelle ist ersichtlich, dass keines der Dokumente D1 bis D6 alle Merkmale 1541
1 bis 10 offenbart. Am nächsten kommt D1, von der sich die Erfindung im Merkmal 5 unterscheidet. Demgemäß ist die Erfindung im Hinblick auf die Dokumente D1-D6 neu.

e) Erfinderische Tätigkeit

Für die Patentfähigkeit reicht es in der Regel nicht aus, dass der Gegenstand der Anmel- 1542
dung neu ist. Vielmehr muss dieser auch auf erfinderischer Tätigkeit beruhen. Für die Behandlung der Frage der erfinderischen Tätigkeit ist es daher essenziell zu wissen, welche Probleme sich aus dem Stand der Technik ergeben haben, wie die Lösung des Problems aussieht und ob diese für den Durchschnittsfachmann naheliegend war.

aa) Aufgabe

▶ Beispiel:

A hat eine Patentanmeldung beim Europäischen Patentamt eingereicht. Der 1543
Gegenstand der Erfindung bezieht sich auf Derivate der Acrylsäure und ihre landwirtschaftliche Nutzung als Fungizide sowie als Wachstumsregulatoren. Gemessen am Stand der Technik besteht die Aufgabe in der Bereitstellung weiterer Verbindungen mit einer solchen regulatorischen Wirkung auf das Pflanzenwachstum. Beruht der Gegenstand der Erfindung auf einer erfinderischen Tätigkeit?

1544 Das wäre der Fall, wenn sie sich für den Fachmann in nicht naheliegender Weise aus dem Stand der Technik ergibt.[341] Diese Frage lässt sich in der Regel ausgehend von der Aufgabe, die sich der Erfinder stellt, beantworten.

1545 Unter Aufgabe oder Problem sowie technischem Zweck ist die Zielvorstellung auf dem Gebiet der Technik einen Erfolg herbeizuführen, zu verstehen. Nicht entscheidend ist, welche Aufgabe der Erfinder sich subjektiv vorgestellt hat, sondern das Problem, das durch die Erfindung tatsächlich, d.h. objektiv, bewältigt wird. Aufgabe ist daher die technische Problemstellung, losgelöst vom Motiv des Erfinders, einen wirtschaftlichen, sozialen oder ästhetischen Vorteil ausgehend vom Stand der Technik zu erreichen. Dem Aufgabe-Lösungs-Ansatz folgend haben die Beschwerdekammern des Europäischen Patentamts bestimmte Kriterien aufgestellt, anhand derer der nächstliegende Stand der Technik bestimmt werden kann, der im Weiteren als Ausgangspunkt für die Formulierung der Aufgabe dient. Eines dieser Kriterien besagt, dass der nächstliegende Stand der Technik in der Regel ein Dokument des Standes der Technik ist, das einen Gegenstand offenbart, der den gleichen Zweck verfolgt wie die beanspruchte Erfindung und die wichtigsten technischen Merkmale mit ihr gemein hat.[342] Ein Dokument, dessen technische Aufgabe nicht wenigstens in irgendeinem Zusammenhang mit der aus der Patentschrift ableitbaren Aufgabe steht, kommt nicht als nächstliegender Stand der Technik infrage ungeachtet der Zahl der gemeinsamen technischen Merkmale.[343] Der nächstliegende Stand der Technik wird u.a. aber auch als derjenige Stand definiert, der als das Erfolg versprechendes Sprungbrett, für einen Angriff auf die erfinderische Tätigkeit verwendet werden kann. Deshalb geht der Prüfer regelmäßig der Frage nach, zu welchem Ergebnis er dem Aufgabe-Lösungs-Ansatz folgend gelangt wäre, wenn er den vom Beschwerdeführer gewählten nächstliegenden Stand der Technik zugrunde gelegt hätte.

1546 Das bedeutet m.a.W.: Ergibt sich eine technische Aufgabe aus einem Dokument des nächstliegenden Standes der Technik, das für den beanspruchten Gegenstand irrelevant ist (weil es nicht wenigstens in irgendeinem Zusammenhang mit der aus der Patentschrift ableitbaren Aufgabe steht), kann ihre Lösung praktisch niemals naheliegend sein, weil jeder Versuch des Fachmanns, einen Gedankengang herzuleiten, der den beanspruchten Gegenstand nahe legt, von vornherein zum Scheitern verurteilt ist. Daraus folgt, dass der jeweilige beanspruchte Gegenstand gemessen an diesem Stand der Technik nicht naheliegend ist. Nach der Rechtsprechung der Beschwerdekammern ist bei der objektiven Ermittlung der zu lösenden technischen Aufgabe zunächst von der durch den Anmelder formulierten Aufgabe auszugehen. Erst wenn sich herausstellt, dass die gestellte technische Aufgabe nicht tatsächlich gelöst ist oder ein unzutreffender Stand der Technik zur Definition der technischen Aufgabe herangezogen wurde, kann untersucht werden, welche andere Aufgabe objektiv bestand.[344]

341 Schickedans GRUR 2001, 459; Kellerer 2000, GRUR 2001, 276.

342 EPA T 686/91, Sonderausgabe ABl. EPA 97, 27.

343 EPA T 686/91, Sonderausgabe ABl. EPA 97, 27; EPA T 325/93, Sonderausgabe ABl. EPA 97, 27.

344 EPA T 246/91; EPA T 495/91, Sonderausgabe ABl. EPA 2001, 26 m.w.N.

Das EPA[345] stellt demgemäß regelmäßig die Fragen, ob die im Streitpatent beschriebene technische Aufgabe tatsächlich gelöst wurde und ob überhaupt die zutreffende Aufgabe gestellt wurde.

In dem vorliegenden Fall hat die Beschwerdekammer[346] in Anlehnung an frühere 1547
Entscheidungen[347] festgestellt, die technische Aufgabe könne bei der Beurteilung der erfinderischen Tätigkeit nur dann Berücksichtigung finden, wenn sie als erfolgreich gelöst angesehen werden könne, d.h. wenn es glaubhaft sei, dass im Wesentlichen alle beanspruchten Verbindungen als Wachstumsregulatoren für Pflanzen wirkten. Wenn hingegen nur einige und nicht im Wesentlichen alle beanspruchten Verbindungen eine bestimmte technische Wirkung aufwiesen, müsse daraus gefolgert werden, dass die Erfindung in der im unabhängigen Anspruch definierten Breite die technische Aufgabe, diese bestimmte technische Wirkung zu erzielen, nicht löse. Daher müsse die behauptete technische Wirkung einiger der beanspruchten Verbindungen bei der Bestimmung der erfindungsgemäßen technischen Aufgabe und damit auch bei der Beurteilung der erfinderischen Tätigkeit außer Acht gelassen werden.

▶ Beispiel:

A hat eine Patentanmeldung beim Europäischen Patentamt eingereicht. Auf die 1548
Einwände der Prüfungsabteilung trägt er vor, dass die der Erfindung zugrundeliegende Aufgabe darin bestanden habe, eine dem nächstliegenden Stand der Technik gegenüber preiswerte Methode für die Überwachung eines komplexen Systems zu entwickeln, in dem auf das menschliche Urteilsvermögen statt auf künstliche Intelligenz zurückgegriffen wird.

Im vorliegenden Fall hat das EPA[348] den Gegenstand nicht als schutzfähig angesehen. 1549
Nach Auffassung der Kammer würde der Fachmann im vorliegenden Fall sofort die Möglichkeit erkennen, die einfachere und billigere auf dem menschlichen Urteilsvermögen beruhende Methode anzuwenden. Mit Hinweis auf T 61/88 des EPA kam die Kammer zu dem Schluss, dass die Vereinfachung komplizierter Technologien zumindest dann als Teil der normalen Tätigkeit des Fachmanns anzusehen sei, wenn zu erwarten ist, dass die durch die Vereinfachung erzielten Vorteile die daraus resultierende Leistungsminderung wettmachen.

▶ Beispiel:

A hat eine neue Dentalmasse entwickelt. Hierdurch sollen Transluzenz und Opa- 1550
leszenz gegenüber dem Stand der Technik verbessert werden. Aus einer wissenschaftlichen Vorveröffentlichung ist bereits bekannt, dass Versuche mit den

345 EPA T 644/97.
346 EPA T 668/94, Sonderausgabe ABl. EPA 2000, 23.
347 EPA T 939/92, ABl. EPA 1996, 309.
348 EPA T 506/95, Sonderausgabe ABl. EPA 1998, 26, EPA T 61/88.

Monomeren, welche auch A verwendet, gemacht worden sind. In einem Nebensatz haben die Autoren darüber spekuliert, dass der Einsatz der Monomere wohl hinsichtlich der Transluzenz Vorteile mit sich bringen könnte.

1551 Wenn zu beurteilen ist, ob eine erfinderische Tätigkeit im Sinne des Art. 56 EPÜ vorliegt, gilt es im Grunde die Frage zu beantworten, was ein Fachmann in einer bestimmten Situation getan hätte. Sobald eine realistische technische Aufgabe definiert und festgestellt worden ist,[349] dass eine bestimmte Lösung dieser Aufgabe vom Fachmann in Kenntnis des relevanten Standes der Technik in Auge gefasst worden wäre, weist diese Lösung keine erfinderische Tätigkeit auf. Im vorliegenden Fall enthielt der Stand der Technik bereits den Hinweis, dass die von A verwendeten Monomere hinsichtlich der Transluzenz Vorteile bringen können. Damit beruht die Entwicklung des A nicht auf erfinderischer Tätigkeit.

bb) Lösung

▶ **Beispiel:**

1552 Die Patentanmeldung A betrifft die Verwendung eines Mittels zur Appetithemmung. Nach der Anmeldung hat die Erfindung die Aufgabe, ein Mittel zur Verabreichung mit wenigstens einem komprimierten, nicht toxischen Träger, der wenigstens zum Teil über den Verdauungstrakt abgebaut oder abgeführt wird, zur Verfügung zu stellen. Hierbei weist der Träger nach der Expansion im Magen eine schwammartige Struktur auf. Gegenüber den aus dem Stand der Technik bekannten einfachen Quellmassen oder Quellmassen in Schwammform soll der Schwamm technisch einfacher hergestellt werden können, im Magen eine ausreichend lange Verweildauer aufweisen und so wenigstens einen Teil über den Verdauungstrakt abgebaut werden können.

Nach der Anmeldung wird das Problem gelöst durch die Verwendung eines komprimierten Kollagenschwammes zur oralen Verabreichung zur Appetithemmung.

Eine identische Problemstellung ist aus einer Druckschrift gemäß dem Stand der Technik bekannt. Die Lösung erfolgt dort durch die Verwendung eines komprimierten Zellulose- oder Polyurethan-Schwammes in einem im Magen lösbaren und den Inhalt freigebenden Behältnis. Aus einer weiteren Druckschrift sind Zubereitungen enthaltend Kollagen zur Verwendung für die Appetithemmung bekannt. Dort wird eine Kollagenmatrix beschrieben, die ein pulverförmiges Material darstellt, das im Magen ein gelartiges Netzwerk von ineinander umschlungenen Kollagenfibrillen bildet. Es stellt sich die Frage, ob im Hinblick auf diesen Stand der Technik der Gegenstand der Anmeldung erfinderisch ist. Die Unterschiede zum Stand der Technik zeigen sich aus der folgenden Tabelle, wobei D2, D3, D4 Dokumente nach dem Stand der Technik sind (D1 war älteres Recht):

349 T 21/81=ABl. EPA 1983, 15; T 192/82=ABl. EPA 1984, 415; T 766/96; T 936/96.

Prüfungsschema			
Erfindung	**D2**	**D3**	**D4**
komprimiert Collagen Schwamm oral verabr. Apetithemmer	komprimiert ***Zellulose u.a.*** Schwamm oral verabr. Apetithemmer	komprimiert Collagen u.a. ***Tablette*** oral verabr. Apetithemmer	- Collagen u.a. Schwamm ***äußerl. anw.*** -

Abb. 27: Prüfungsschema zum Beispiel

Nach dem Sachverhalt ist das zugrundeliegende technische Problem aus einer Druckschrift bereits bekannt. In dieser Druckschrift erfolgt die Verwendung eines komprimierten Zellulose- oder Polyurethan-Schwammes. Dieser Schwamm ist in einem im Magen lösbaren und den Inhalt freigebenden Behältnis untergebracht. 1553

Nach dem Sachverhalt ist objektive Aufgabe der Anmeldung des A die Bereitstellung eines schwammartigen Materials, das keine Verkapselung benötigt und somit eine technische Vereinfachung bedeutet. Es stellt sich im Hinblick darauf die Frage, ob ausgehend von dem Stand der Technik, welcher die Verwendung eines komprimierten Zellulose- oder Polyurethan-Schwammes betrifft, die Verwendung eines Kollagenschwammes nahegelegt ist. Nach dem Sachverhalt ist die Verwendung von Kollagen aus dem weiteren Stand der Technik bekannt. Allerdings wird Kollagen nicht in Form von Schwämmen verwendet. Es handelt sich um pulverförmiges Material, das im Magen ein gelartiges Netzwerk von ineinander umschlungenen Kollagenfibrillen bildet. Das Kollagen ist somit ein partikuläres Material und nicht ein zusammenhängendes, schwammartiges Gebilde. Der Unterschied zur Anmeldung des A liegt darin, dass im Gegensatz zu dem partikulären Kollagen der Kollagenschwamm auch nach der Expansion als zusammenhängendes Gebilde vorliegt. Dadurch wird eine gegenüber dem partikulären fibrillären System längere Verweildauer im Magen erreicht und somit ein länger anhaltendes Sättigungsgefühl. Die Verwendung eines komprimierten Kollagenschwammes als Alternative zu Materialien wie komprimierte Zellulose- oder Polyurethan-Schwämme ist mithin nicht nahe gelegt. 1554

▶ Beispiel:

A hat eine Erfindung gemacht zu der es die ältere Anmeldung D1 gibt, welche bereits eine Aufgabe und Lösung desselben Problems enthält. Allerdings sind die einzelnen Merkmale der Lösung des Problems verschieden von dieser früheren Anmeldung, die noch nicht veröffentlicht ist. Rechtslage? 1555

Der Umfang des Standes der Technik, der bei der Prüfung auf Erfinderische Tätigkeit zu berücksichtigen ist, ergibt sich aus Art. 54 (2) EPÜ, der den Art. 56 EPÜ verwendeten Begriff Stand der Technik definiert. Ältere Anmeldungen können danach für 1556 eine jüngere Anmeldung neuheitsschädlich sein, bleiben aber, ebenso wie im deutschen Recht, bezüglich der erfinderischen Tätigkeit außer Betracht.[350] Vorliegend unterscheidet sich die neue Entwicklung des A von der älteren Anmeldung. Insoweit ist vorliegend Neuheit gegeben.

▶ Beispiel:

1557 A hat ein System für den Ausdruck von Rabattgutschriften in einem Einzelhandelsgeschäft entwickelt. Er reicht eine Anmeldung ein. Das Patentamt äußert jedoch hier Bedenken. A wendet sich an den Patentanwalt B. Dieser argumentiert sodann in einem Schriftsatz, dass die vorliegende Erfindung auf einer Kombination aus einer technischen und nichttechnischen erfinderischen Tätigkeit beruht. Demgemäß sei der Fachmann ein Team aus einer nichttechnischen und einer technischen Person.

1558 Die diesbezügliche Argumentation hat seinerzeit die technische Beschwerdekammer[351] nicht für tragfähig gehalten. Zur Begründung hat die Beschwerdekammer darauf hingewiesen, dass bei der Beurteilung der erfinderischen Tätigkeit der Beitrag nichttechnischer und nichttechnischer Aspekte in Form einer gleichberechtigten Berücksichtigung nicht mit dem EPÜ im Einklang steht. Denn das Vorliegen der erfinderischen Tätigkeit wird bei einer solchen Begründung auf Merkmale zurückgeführt, die nach der Definition im EPÜ keine Erfindung sind. D. h. bei der Beurteilung der erfinderischen Tätigkeit können Merkmale, die sich auf eine Nichterfindung im Sinne des Artikels 52 Abs. 2 EPÜ beziehen (s. g. nichttechnische Merkmale) nicht das Vorliegen einer erfinderischen Tätigkeit stützen.

▶ Beispiel:

1559 A hat eine Anmeldung getätigt. Das Patentamt äußert Bedenken. Hierauf weist A auf den wirtschaftlichen Erfolg des angemeldeten Produktes hin. Wie wird sich das Patentamt hierzu stellen?

1560 Für die Feststellung des wirtschaftlichen Erfolgs als Beweisanzeichen für erfinderische Tätigkeit werden zwei beweisrechtliche Schritte vorausgesetzt: Zum einen der Nachweis des wirtschaftlichen Erfolgs und zum anderen der Nachweis, dass dieser Erfolg in der beanspruchten Erfindung sich gründet und nicht in einem oder mehreren anderen Faktoren. Beispielsweise können Auszeichnungen mit Preisen und lobende Bewertungen als Beweisanzeichen mit herangezogen werden. Allerdings müssen solche Auszeichnungen von Kreisen verliehen werden, die auf dem Gebiet des Patentrechts firm sind, um die nicht naheliegende Natur des technischen Beitrags zum Stand der Technik zu honorieren, den die beanspruchte Erfindung darstellt. Wenn die Auszeichnungen für den Beitrag des Produktes zum Beispiel zur Steigerung der Lebensqualität, für den hohen Recherchenstandard des Anmelders

350 Schulte/Moufang § 4 PatG Rn. 17.

351 ABl. EPA 2003, 352; Sonderausgabe ABl. EPA 2006, 32.

oder für einen hohen Absatz verliehen worden sind, dann sind dies Gründe, die zwar eine Auszeichnung rechtfertigen können, aber die keinerlei Relevanz in Bezug auf die erfinderische Tätigkeit haben.[352]

▶ Beispiel:

A hat eine Patentanmeldung eingereicht. Nachdem das Patentamt Bedenken geäußert hat, verweist er auf rund 30 wissenschaftliche Aufsätze, um zu belegen, dass ein technisches Vorurteil bestehe. 1561

Allein die Vorlage einer Vielzahl von Schriften kann noch nicht zum Beleg eines Vorurteils per se dienen. Denn ein solches Vorurteil kann nur anhand des Nachweises festgestellt werden, dessen Bezug auf die technische Lösung in den betreffenden Fachkreisen vor dem Prioritätstag der Anmeldung ein relativ weit verbreiteter Fehler oder eine falsche Vorstellung im Hinblick auf die technische Entwicklung bestand. Dieses Vorurteil muss in der Fachwelt weit verbreitet oder allgemein vorherrschend sein.[353] 1562

f) Gewerbliche Anwendbarkeit

▶ Beispiel:

A hat eine Anmeldung für ein Polypeptid hinterlegt. In der Beschreibung wird dargestellt, dass dieser Stoff auf irgendeine Weise produziert werden kann. Reicht dies aus? 1563

Schlüsselfrage für die Beurteilung dieser Fallfrage ist, ob die offenbarte Erfindung gewerblich anwendbar ist. Der Begriff des Gewerbes ist weit auszulegen. Er bezieht sich auf jegliche fortgesetzte, selbstständige und auf finanziellen Gewinn ausgerichtete Tätigkeit von Unternehmen im Bereich der Herstellung, Extraktion und Verarbeitung.[354] Mit dem Erfordernis, dass die Erfindung auf mindestens einem gewerblichen Gebiet hergestellt oder benutzt werden können muss, wird verdeutlicht, dass eine praktische Anwendung der Erfindung offenbart werden muss. Die bloße Tatsache, dass im vorliegenden Fall ein Polypeptid auf irgendeine Weise hergestellt werden kann, bedeutet damit nicht unbedingt, dass dieses Erfordernis erfüllt ist. Vielmehr muss außerdem eine Gewinn bringende Einsatzmöglichkeit für den angemeldeten Stoff existieren. Dies muss A im Erteilungsverfahren darlegen.[355] 1564

352 Sonderausgabe ABl. EPA 2006, 35 f.
353 Sonderausgabe ABl. EPA 2006, 35.
354 ABl. EPA 1986, 301.
355 Sonderausgabe ABl. EPA 2006, 37.

4. Europäisches Verfahren

1565 Deutsche Anmelder reichen in vielen Fällen zunächst in Deutschland eine Anmeldung ein, um ggf. auf der Basis der Priorität dieser Anmeldung Nachanmeldungen im Ausland zu tätigen. Entsprechendes gilt für die Angehörigen anderer Staaten. D. h. in vielen Fällen werden die Angehörigen der jeweiligen Länder, insbesondere, wenn sie in ihrem Heimatland auch ihren Wohnsitz oder Geschäftssitz haben, dort zunächst eine nationale Anmeldung einreichen. Es gibt auch Staaten, in denen eine Anmeldung der jeweiligen Staatsangehörigen bei dem jeweiligen Heimat-Patentamt eingereicht werden muss. Ein Beispiel hierfür sind die USA.

1566 Es ist aber nicht immer erforderlich, in jedem Staat eine Anmeldung bei dem jeweiligen Patentamt zu hinterlegen. Es gibt vielmehr internationale Abkommen, die die Erlangung von Schutzrechten erleichtern. Hierbei haben die europäische Patentanmeldung und die internationale Patentanmeldung die mit Abstand größte Bedeutung. Diese beiden Systeme stehen daher neben der Darstellung des deutschen Verfahrens im Vordergrund der folgenden Betrachtung.

a) Anmeldeverfahren

▶ Beispiel:

1567 A beabsichtigt, eine Patentanmeldung einzureichen. Nachdem Patentanwalt B ihn unterrichtet hat, dass der Gegenstand der Anmeldung patentfähig sein könnte, möchte A über den weiteren Verfahrensablauf informiert werden. Hierbei steht als Entscheidung an, ob nur in Deutschland oder auch im Ausland eine Anmeldung eingereicht werden soll.

1568 Grundsätzlich kann in jedem Land der Welt eine Patentanmeldung eingereicht werden. Da sämtliche Staaten (d.h. mit Ausnahme weniger Staaten z.B. Taiwan) Mitglied der Pariser Verbandsübereinkunft sind, bietet sich hier folgende Möglichkeit für A:

1569 Er kann zunächst in Deutschland eine Anmeldung einreichen. Bis zum Ablauf von 12 Monaten kann sodann in jedem Land der Erde eine Anmeldung unter Beanspruchung der Priorität der deutschen Anmeldung getätigt werden. Der Vorteil ist, dass A nicht sofort die Kosten für eine weltweite Anmeldung investieren muss, sondern noch weitere 12 Monate Zeit zur Überlegung hat. Gleichwohl kann die Konkurrenz durch eigene Veröffentlichungen oder Patentanmeldungen nicht mehr dem A zuvorkommen. Denn nur der Stand der Technik, welcher vor dem Prioritätstag der Öffentlichkeit zugänglich gemacht worden ist, kann dem A noch entgegengehalten werden.

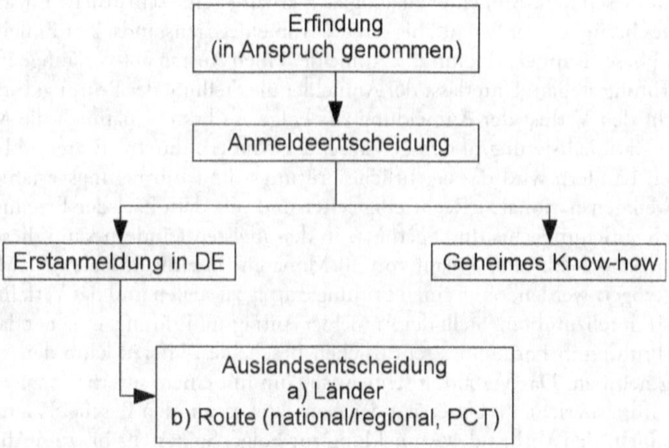 1570

Abb. 28: Der Weg zur Patentanmeldung

Die Priorität der deutschen Anmeldung kann auch für eine internationale (PCT), eine europäische oder andere regionale Patentanmeldung in Anspruch genommen werden. 1571

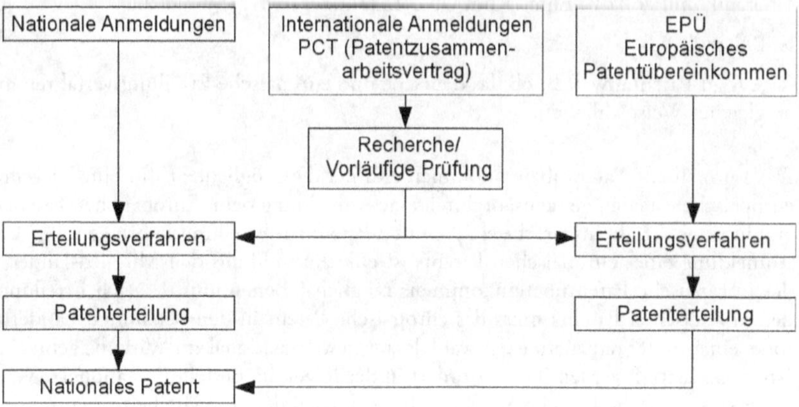 1572

Abb. 29: Übersicht über die internationalen Anmeldeverfahren

▶ Beispiel:

A hat die Firma C übernommen. In den Unterlagen findet er u.a. die PCT-Anmeldung D. Er bittet Patentanwalt B um Erklärung des Verfahrensablaufs. 1573

Das PCT-Verfahren unterteilt sich in zwei Phasen (Kapitel I und II). Nach Einreichung der PCT-Anmeldung und Zahlung der erforderlichen Gebühren wird ein Recherchenbericht erstellt. D.h. das Amt ermittelt den Stand der Technik zu der Anmeldung 1574 und stellt diesen dem Anmelder zu. Zugleich erhält er eine schriftliche Einschätzung des Amtes bezüglich der Patentfähigkeit des Anmeldegegenstands. Zur Einleitung der zweiten Phase (Kapitel II) kann der Anmelder einen Antrag auf vorläufige internationale Prüfung stellen. Unterlässt der Anmelder die Stellung des Prüfungsantrags, hat dies nicht den Verlust der Anmeldung zur Folge. Es besteht nämlich die Möglichkeit, die Nationalisierung in den gewünschten Ländern durchzuführen, d.h. in den einzelnen Ländern wird das eigentliche Prüfungs- und Eintragungsverfahren nach dem jeweiligen nationalen Recht eingeleitet und mit dem Ziel der Erteilung eines technischen Schutzrechts durchgeführt. In den meisten Ländern kann diese Nationalisierung noch bis zum Ablauf von 30 Monaten (in einigen Fällen 31 Monaten) hinausgezögert werden, ohne einen Prüfungsantrag zu stellen und das Verfahren nach Kapitel II durchzuführen. Stellt der Anmelder Antrag auf Prüfung, erhält er das Ergebnis der Prüfung in Form eines schriftlichen Bescheides. Hierzu kann der Anmelder Stellung nehmen. Das Verfahren schließt sodann mit einem internationalen vorläufigen Prüfungsbericht ab. Unterlässt der Anmelder es, auf den Bescheid zu reagieren, hat dies nicht den Verlust der Anmeldung zur Folge. Spätestens bis zum Ablauf von 30 Monaten (in einigen Fällen 31 Monaten) ist die Nationalisierung durchzuführen. Ebenso ist es möglich, die sogenannten Regionalisierungen durchzuführen. D.h., es wird das Prüfungs- und Erteilungsverfahren z.B. vor dem Europäischen Patentamt eingeleitet. Dies ist auch bezüglich der anderen bereits oben erwähnten regionalen Übereinkommen (z.B. Eurasisches Übereinkommen, OAPI) möglich.

▶ **Beispiel:**

1575 A fragt Patentanwalt B, ob das deutsche und europäische Erteilungsverfahren in gleicher Weise ablaufen.

1576 Das Europäische Patentübereinkommen eröffnet die Möglichkeit, für eine Vielzahl europäischer Staaten gemeinsam durch eine Anmeldung beim Europäischen Patentamt in einer Verfahrenssprache ein geprüftes Patent zur Erteilung zu bringen. Bei der Anmeldung eines europäischen Patents ist eine Auswahl aus den Mitgliedsländern des Europäische Patentübereinkommens möglich (»Benennung«). Nach Erteilung des europäischen Patents muss das europäische Patent in den benannten Ländern (oder einer weiter reduzierten Auswahl daraus) jeweils national zur Wirkung gebracht (»nationalisiert«) werden. Dies erfordert in der Regel die Bestellung nationaler Vertreter sowie ggf. die Einreichung von Übersetzungen der europäischen Patentschrift in die jeweilige Landessprache. Das weitere Schicksal der so nationalisierten Teile des ursprünglichen europäischen Patents richtet sich ausschließlich nach den jeweiligen nationalen Vorschriften der benannten Länder (mittlerweile weitgehend vereinheitlicht).

1577 Das deutsche und europäische Verfahren weisen weitgehende Parallelen auf. So wird in beiden Fällen die Anmeldung innerhalb von 18 Monaten nach dem Prioritätstag oder Anmeldetag offengelegt. In dem europäischen Verfahren ist obligatorisch ein Recherchenantrag zu stellen und die diesbezügliche Gebühr einzuzahlen. Vor dem Deutschen Patent- und Markenamt ist solch ein Antrag nicht zwingend.

Bei beiden Ämtern erfolgt eine Prüfung auf Antrag. Die Frist im europäischen Erteilungsverfahren beträgt 6 Monate nach Veröffentlichung des Recherchenberichts. Dieser soll zusammen mit der Patentanmeldung veröffentlicht werden, d.h. 18 Monate nach dem Prioritätstag bzw. Anmeldetag. In vielen Fällen erfolgt die Veröffentlichung des Recherchenberichts jedoch später. 1578

In Deutschland beträgt die Prüfungsantragsfrist 7 Jahre ab Anmeldetag. 1579

Sobald der Prüfungsantrag gestellt ist, kann das Prüfungsverfahren vom Amt durchgeführt werden. Sofern die Anmeldung zurückgewiesen wird, besteht für den Anmelder die Möglichkeit der Beschwerde. Wird auch hier die Anmeldung zurückgewiesen, ist das Verfahren beendet. 1580

Im Falle der Erteilung erfolgt die Veröffentlichung der Patentschrift in der erteilten Fassung. Sowohl im deutschen als auch im europäischen Verfahren besteht sodann für Dritte die Möglichkeit des Einspruchs. Die Frist für den Einspruch beträgt 9 Monate. Im Zuge des Einspruchsverfahrens kann es zu einem vollständigen oder teilweisen Widerruf oder Aufrechterhaltung der Anmeldung kommen. Der jeweils in dem Verfahren Unterlegene hat sodann die Möglichkeit der Beschwerde.[356] 1581

▶ **Beispiel:**

Nachdem Patentanwalt B den gesamten Verfahrensablauf dargestellt hat, möchte A doch noch Einzelheiten zum Prüfungsverfahren wissen. Insbesondere interessiert ihn, welche formellen Voraussetzungen bestehen und wie die formelle weitere Handhabung aussieht. 1582

Das Anmelde- und Prüfungsverfahren ist in den Art. 76 bis 97 EPÜ sowie den Regeln 41–50, 55–66, 70a-74 AOEPÜ geregelt. Nach den formalen Voraussetzungen muss eine Patentanmeldung gemäß Art. 78 EPÜ enthalten: 1583

a) einen Antrag auf Erteilung eines Patents;
b) eine Beschreibung der Erfindung;
c) einen oder mehrere Patentansprüche;
d) die Zeichnungen, auf die sich die Beschreibung oder die Patentansprüche beziehen;
e) eine Zusammenfassung;
f) der Name des Erfinders.

Die Mindestanforderungen für die Zuerkennung eines Anmeldetages nach dem EPÜ sind: 1584

a) Hinweis, dass ein Patent beantragt wird,
b) Benennung mindestens eines Vertragsstaats,
c) Ausreichende Angaben zur Identifizierung des Anmelders,
d) Beschreibung des Patents und Anspruch.

356 Zum Verfahren vgl. Ann § 23–26. (deutsches Verfahren) u § 27–30 (europäisches Verfahren).

1585 Ebenso wie im deutschen Erteilungsverfahren kann die Anspruchsformulierung auch später erfolgen. D. h. auch ohne Vorlage von Ansprüchen erfolgt die Zuerkennung eines Anmeldetages. Die Patentansprüche müssen den Gegenstand angeben, für den Schutz begehrt wird. Sie müssen deutlich, knapp gefasst und von der Beschreibung gestützt sein (Art. 84 EPÜ). Die Form und der Inhalt der Patentansprüche sind im Übrigen näher in Regel 43 AOEPÜ geregelt. Die Verfahrensschritte nach dem EPÜ sind im Einzelnen wie folgt:

1586 Gemäß Art. 90 EPÜ erfolgt eine Formal- und Eingangsprüfung. Hier wird überprüft, ob die Mindestvoraussetzungen für die Zuerkennung eines Anmeldetages gegeben sind. Ferner erfolgt die Überprüfung, ob die Gebühren eingezahlt sind und die Anmeldung in einer Verfahrenssprache vorliegt. Im Rahmen der Formalprüfung wird überprüft, ob die Einschaltung eines Vertreters erforderlich ist. Dies ist beispielsweise dann der Fall, wenn er Anmelder weder Wohnsitz noch Staatsangehörigkeit in einem der Mitgliedsstaaten des EPÜ hat. Ferner werden die Formerfordernisse gemäß Regeln 41–50 AOEPÜ überprüft. Im Rahmen der Formalprüfung wird ferner überprüft, ob eine Zusammenfassung (Art. 85 EPÜ R. 47 AOEPÜ) vorliegt, ein Antrag über die Inanspruchnahme einer Priorität (Art. 87 bis 89 EPÜ) und eine Erfinderbenennung vorliegt. Werden Zeichnungen später nachgereicht, wird überprüft, ob sich hierdurch der Anmeldetag verschiebt. Das deutsche Verfahren hat einen entsprechenden Ablauf.

1587 Im Rahmen des europäischen Erteilungsverfahrens wird obligatorisch ein Recherchenbericht erstellt. Der Recherchenbericht wird dem Anmelder übermittelt. Nach Möglichkeit soll dieser innerhalb von 18 Monaten ab Anmelde- oder Prioritätstag vorliegen. In diesem Falle wird der Recherchenbericht zusammen mit der Anmeldung veröffentlicht. Sollte der Recherchenbericht nicht bis zur Veröffentlichung vorliegen, wird dieser gesondert später veröffentlicht. Im Verfahren vor dem Deutschen Patent- und Markenamt erfolgt die Erstellung eines Recherchenberichts nur auf ausdrücklichem Antrag.

1588 Gemäß Art. 94 EPÜ ist innerhalb von 6 Monaten ab dem Hinweis auf Veröffentlichung des Recherchenberichts im europäischen Patentblatt Prüfungsantrag zu stellen. Im deutschen Patenterteilungsverfahren ist ein solcher Antrag dagegen innerhalb von 7 Jahren ab dem Anmeldetag möglich. Mit der Stellung des Prüfungsantrags ist auch eine Gebühr zu zahlen.

1589 Ergibt die Prüfung, dass die Patentanmeldung oder die Erfindung, die sie zum Gegenstand hat, den Erfordernissen dieses Übereinkommens nicht genügt, fordert die Prüfungsabteilung (im deutschen Verfahren die Prüfungsstelle) den Anmelder nach Maßgabe der Ausführungsordnung so oft wie erforderlich auf, innerhalb einer von ihr zu bestimmenden Frist eine Stellungnahme einzureichen (Art. 97 Abs. 2 EPÜ). Gemäß Regel 137 AOEPÜ sind Änderungen der Anmeldung durch den Anmelder im Laufe des Prüfungsverfahrens zulässig. Allerdings können solche Änderungen nur im Rahmen der ursprünglich eingereichten Anmeldung vorgenommen werden. Erweiterungen über den Inhalt der ursprünglichen Anmeldung hinaus sind nicht möglich.

1590 Sofern der Prüfer ggf. nach Änderung der Ansprüche, der Beschreibung und der Zeichnung zu der Überzeugung gelangt, dass ein Patent zu erteilen ist, wird im deutschen

Verfahren ein Erteilungsbeschluss abgesetzt. Diesem Beschluss sind ggf. die von dem Prüfer vorgenommenen Änderungen beigefügt.

Im europäischen Verfahren erfolgt nicht sofort eine Einteilung, sondern die Mitteilung nach Regel 71 Absatz 3 AOEPÜ. Danach hat der Anmelder nunmehr innerhalb einer Frist von 4 Monaten die erforderlichen Übersetzungen der Ansprüche in die anderen beiden Verfahrenssprachen (Verfahrenssprachen sind englisch, deutsch und französisch) vorzulegen und die Druckkosten bzw. Erteilungsgebühr einzuzahlen. Erfüllt der Anmelder diese Voraussetzungen, erfolgt die Veröffentlichung der europäischen Patentschrift (Art. 98 EPÜ). Mit der Bekanntmachung des Hinweises auf die Erteilung ist innerhalb einer Frist (in der Regel derzeit 3 Monate) in den einzelnen Sparten die sog. Nationalisierung durchzuführen. D. h., es sind in vielen Fällen nationale Vertreter zu beauftragen und ggf. Übersetzungen bei den nationalen Ämtern in die jeweiligen Amtssprachen einzureichen. 1591

Sofern die Anmeldung zurückgewiesen wird, (Art. 97 Abs. 2 EPÜ) ist gegen diesen Beschluss die Beschwerde möglich. 1592

Während des Erteilungsverfahrens kann die Anmeldung jederzeit geteilt werden (Art. 76 EPÜ). 1593

▶ **Beispiel:**

A hat eine europäische Patentanmeldung eingereicht. Es stellt sich heraus, dass die Zeichnungen nicht vollständig an das Amt übermittelt worden sind. A fragt seinen Anwalt B, was unternommen werden kann. 1594

Das Amt wird in diesem Falle eine Aufforderung zur Nachreichung der Zeichnungen gemäß Regel 56 Abs. 1 übermitteln. Sofern A dieser Aufforderung nachkommt, wird das Amt gemäß Regel 56 Abs. 2 AO EPÜ den Anmeldetag neu festsetzen. 1595

▶ **Beispiel:**

In dem weiteren Beratungsgespräch stellt sich nunmehr heraus, dass die europäische Patentanmeldung eine Priorität beansprucht. 1596

Auch hier wird der Anmelder aufgefordert, innerhalb einer zweimonatigen Frist die Anmeldeunterlagen einzureichen. Gemäß Regel 56 Abs. 3 kann jedoch der Anmeldetag hier erhalten bleiben. Voraussetzung ist, dass 1597

- die fehlenden Teile vollständig in der Prioritätsanmeldung enthalten sind,
- A das beantragt,
- eine Abschrift der früheren Anmeldung eingereicht wird,
- ggf. eine Übersetzung in eine der Amtssprachen des Europäischen Patentamtes

und

- angegeben wird, wo die fehlenden Teile in der Prioritätsanmeldung und ggf. in der Übersetzung

vollständig enthalten sind.

1598 Werden diese Erfordernisse gemäß Regel 56 Abs. 3 AO EPÜ nicht erfüllt, setzt das Amt einen Anmeldetag neu fest.

▶ **Beispiel:**

1599 A hat auf Aufforderung des Amtes gemäß Regel 56 Abs. 1 und 2 AO EPÜ Zeichnungen nachgereicht. Daraufhin hat das Amt den Anmeldetag neu festgesetzt. Aufgrund neu aufgefundenen Standes der Technik wäre jedoch der Gegenstand der Anmeldung nunmehr neuheitsschädlich vorweggenommen. A fragt den Anwalt B, was nun unternommen werden kann.

1600 Gemäß Regel 56 Abs. 6 AOEPÜ besteht die Möglichkeit, die eingereichten fehlenden Teile der Beschreibung oder von fehlenden Zeichnungen wieder zurückzunehmen. Die Folge ist, dass die Neufestsetzung des Anmeldetages als nicht erfolgt gilt. Gemäß Regel 56 Abs. 4 b 40 AOEPÜ gelten sodann die Bezugnahmen auf die Zeichnungen in der Beschreibung als gestrichen. Analog gelten fehlende Teile der Beschreibung als nicht eingereicht. Im vorliegenden Fall erreicht jedoch A das wichtige Ziel, dass der ursprünglich zuerkannte Anmeldetag erhalten bleibt.

▶ **Beispiel:**

1601 A reicht eine Anmeldung auf dem Gebiet der Gentechnik ein. Das Amt stellt fest, dass das vorgeschriebene Sequenzprotokoll am Anmeldetag nicht vorhanden ist. Rechtslage?

1602 Das EPA wird A auffordern, ein Protokoll binnen 2 Monaten nachzureichen und eine Gebühr für die verspätete Einreichung in Höhe von € 200,00 zu entrichten (Regel 30 Abs. 3 AO EPÜ). Reicht der Anmelder das erforderliche Protokoll nicht innerhalb von 2 Monaten nach der Aufforderung unter Entrichtung der Gebühr für die verspätete Einreichung nach, wird die Anmeldung zurückgewiesen (Regel 30 Abs. 3 S. 2 AO EPÜ). In diesem Falle besteht jedoch die Möglichkeit der Weiterbehandlung gemäß Art. 121 EPÜ.

▶ **Beispiel:**

1603 A hat eine europäische Patentanmeldung eingereicht. Zugleich hat er eine Prioritätserklärung abgegeben. Es stellt sich heraus, dass diese unrichtig ist. Rechtslage?

1604 Gemäß Regel 52 Abs. 2 AO EPÜ i.V.m. Art. 88 EPÜ kann die Prioritätserklärung innerhalb von 16 Monaten ab Prioritätstag abgegeben werden (Regel 52 Abs. 2 AO EPÜ). Gemäß Regel 52 Abs. 2 AO EPÜ kann auch eine Berichtigung der Prioritätserklärung erfolgen. Dies ist möglich innerhalb von 16 Monaten ab dem Prioritätstag oder, wenn die Berichtigung zu einer Verschiebung des Prioritätstages führt, innerhalb von 16 Monaten ab dem berichtigten frühesten Prioritätstag. Ausschlaggebend ist, welche Frist von 16 Monaten früher abläuft. Die Berichtigung kann bis zum Ablauf von 4 Monaten nach dem der europäischen Patentanmeldung zuerkannten

Anmeldetag eingereicht werden. Im Einzelnen wird dies durch die beiden folgenden Abbildungen verdeutlicht:

1605

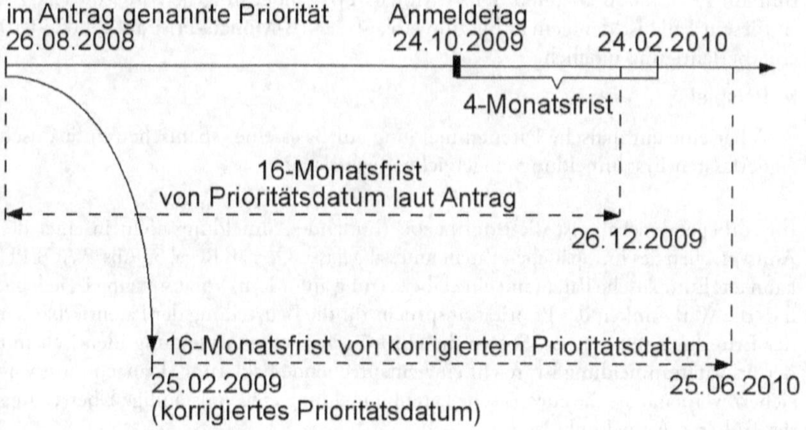

Abb. 30: Verschiebung auf spätere Priorität

1606

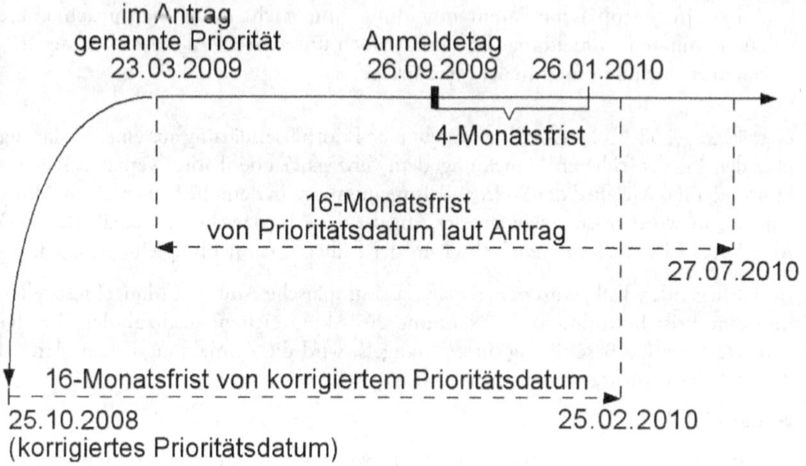

Abb. 31: Verschiebung auf frühere Priorität

Im ersten Fall kommt es zu einer Verschiebung des Prioritätsdatums vom 26.08.2008 1607
auf den 25.02.2009. Die 4-Monats-Frist würde am 24.02.2010 ablaufen. Hingegen läuft die 16-Monats-Frist gerechnet vom frühesten Prioritätsdatum am 16.12.2009 ab. In diesem Falle kann demgemäß noch innerhalb von 4 Monaten ab dem 24.10.2009 die Prioritätsangabe berichtigt werden.

1608 Im zweiten Fall kommt es zu einer Verschiebung des Prioritätsdatums vom 23.03.2009 auf den 25.10.2008. In diesem Falle würde die Frist ab dem frühesten Prioritätsdatum am 25.02.2010 ablaufen. Die 4-Monats-Frist endet hingegen am 16.01.2010. In diesem Falle ist demgemäß bis zum Ablauf der 16-Monats-Frist am 25.02.2010 eine Berichtigung möglich.

▶ Beispiel:

1609 A hat eine europäische Patentanmeldung auf Basis einer spanischen in Spanisch verfassten Erstanmeldung eingereicht. Rechtslage?

1610 Im vorliegenden Falle ist die prioritätsbegründende Anmeldung nicht in einer der Amtssprachen des Europäischen Patentamtes abgefasst. Gemäß Regel 53 Abs. 3 AOEPÜ kann das Europäische Patentamt eine Übersetzung anfordern. Voraussetzung ist jedoch, dass die Wirksamkeit des Prioritätsanspruchs für die Beurteilung der Patentierbarkeit der Erfindung relevant ist. Sofern die europäische Patentanmeldung identisch mit der Prioritätsanmeldung ist, reicht eine entsprechende Erklärung. Danach muss versichert werden, dass die europäische Patentanmeldung eine vollständige Übersetzung der früheren Anmeldung ist.

▶ Beispiel:

1611 A hat eine europäische Patentanmeldung eingereicht unter Inanspruchnahme einer früheren Anmeldung. Er hat es jedoch unterlassen, Aktenzeichen der früheren Anmeldung mitzuteilen. Rechtslage?

1612 Gemäß Regel 52 Abs. 1 AO EPÜ besteht eine Prioritätserklärung aus einer Erklärung über den Tag der früheren Anmeldung, dem Vertragsstaat der Pariser Verbandsübereinkunft oder das Mitglied der Welthandelsorganisation, in dem die frühere Anmeldung eingereicht worden ist, sowie aus der Angabe des Aktenzeichens. Gemäß Regel 53 Abs. 1 AO EPÜ ist ferner eine Abschrift der früheren Anmeldung einzureichen.

1613 Im vorliegenden Falle wird demgemäß das Europäische Amt den Mangel feststellen und eine Frist bestimmen, die Nennung des Aktenzeichens nachzuholen. Erfolgt keine rechtzeitige Beseitigung dieses Mangels, wird die Anmeldung gemäß Art. 90 Abs. 5 EPÜ zurückgewiesen.

▶ Beispiel:

1614 Für A ist ein europäisches Patent erteilt worden. Konkurrent B schreibt ihn an und weist darauf hin, dass der Gegenstand der Anmeldung im Umfang der Ansprüche 1 bis 9 nicht neu sei. Zugleich wird A zur Beschränkung des Patentes aufgefordert. Rechtslage?

1615 Gemäß Art. 105 a Abs. 1 EPÜ und Regel 92 Abs. 1 AO EPÜ ist die Beschränkung eines erteilten europäischen Patentes jederzeit möglich. Für den Antrag muss eine Gebühr gemäß Art. 2 Nr. 10 a GebO entrichtet werden.

▶ Beispiel:

A ist von B zur Beschränkung seines Patents aufgefordert worden. Es schwebt jedoch ein Einspruchsverfahren gegen das Patent. 1616

Gemäß Art. 105 a Abs. 2 EPÜ i.V.m. Regel 93 Abs. 1 AO EPÜ gilt der Antrag auf Beschränkung als nicht eingereicht. Das Einspruchsverfahren hat Vorrang. 1617

▶ Beispiel:

A stellt fest, dass er die Fristen zur Zahlung der Anmelde-, Recherchen- und Benennungsgebühren sowie die Frist zur Zahlung der Prüfungsgebühr versäumt hat. Er fragt, ob hier noch etwas zu retten sei. 1618

Gemäß Regel 38, 39 AOEPÜ können die Fristen zur Zahlung der Anmelde-, Recherchen- und Benennungsgebühren nachentrichtet werden. Voraussetzung ist, dass ein Antrag auf Weiterbehandlung gestellt wird, die Weiterbehandlungsgebühr sowie die fehlenden Gebühren eingezahlt werden. 1619

Gemäß Art. 94 EPÜ und Regel 70 Abs. 1 AOEPÜ ist auch die Frist zur Zahlung der Prüfungsgebühr der Weiterbehandlung zugänglich. Voraussetzung ist auch hier die Stellung eines Antrags, die Einzahlung der Weiterbehandlungsgebühr sowie der Prüfungsgebühr. 1620

▶ Beispiel:

A hat festgestellt, dass aufgrund eines Computerfehlers in seinem Unternehmen die Fristenüberwachung lückenhaft ist. Er fragt daher seinen Anwalt, ob alle Fristen durch einen Antrag auf Weiterbehandlung gerettet werden können. 1621

Die Weiterbehandlung ist ein Standardrechtsbehelf für den Anmelder. D.h., vor allem im Rahmen des Einspruchsverfahrens gibt es keine Weiterbehandlung für Patentinhaber und Einsprechende (Art. 121 Abs. 1 EPÜ). 1622

Desweiteren sind eine Reihe von Fristen gemäß Art. 121 Abs. 4 EPÜ und Regel 135 Abs. 2 AOEPÜ von der Weiterbehandlung ausgeschlossen: 1623

- Prioritätsfrist (Art. 87 Abs. 1 EPÜ)
- Beschwerdefristen (Art. 108 EPÜ)
- Frist für Überprüfungsanträge (Art. 112 a EPÜ)
- Fristen für Weiterbehandlung und Wiedereinsetzung
- Einreichung von Übersetzung (Art. 14 Abs. 2 EPÜ, Regel 6 Abs. 1 AOEPÜ)
- Geltendmachung von Rechten (Art. 61 EPÜ, Regel 16 Abs. 1 AOEPÜ)
- Berichtigung der Prioritätserklärung (Regel 52 Abs. 2 und 3 AOEPÜ)
- Nachreichung von Teilen der Beschreibung oder Zeichnungen (Regel 56 AOEPÜ)
- Nachreichung von Angaben zur Hinterlegung biologischen Materials (Regel 31 Abs. 2 AOEPÜ)
- Zahlung von weiteren Recherchengebühren (Regel 64 AOEPÜ)
- Zahlung von Jahresgebühren (Regel 51 Abs. 2–5 AOEPÜ)
- Fristen im Zusammenhang mit

- Bezugnahme auf frühere Anmeldungen (Regel 40 Abs. 3 AOEPÜ)
- Eingangsprüfung (Regel 55 AOEPÜ)
- Mängelbeseitigung nach Formalprüfung (Regel 58, 59 AOEPÜ)
- Antrag auf beschwerdefähige Entscheidungen (Regel 112 Abs. 2 EPÜ).

▶ Beispiel:

1624 A stellt fest, dass möglicherweise einige Fristversäumnisse, die der Weiterbehandlung zugänglich wären, 2 Monate zurückliegen. Er fragt seinen Anwalt, ob hier schon Fristen versäumt worden seien.

1625 Die Frist zur Stellung des Antrags auf Weiterbehandlung beträgt gemäß Regel 135 Abs. 1 AOEPÜ zwei Monate nach Mitteilung über das Fristversäumnis oder den Rechtsverlust. D.h., sofern im vorliegenden Fall noch keine Mitteilung zugegangen ist oder diese Mitteilung erst vor weniger als zwei Monaten zugegangen ist, besteht noch die Möglichkeit eines Antrags auf Weiterbehandlung.

1626 Innerhalb dieser Frist muss unter Entrichtung der vorgeschriebenen Weiterbehandlungsgebühr ein Antrag gestellt werden (Regel 135 Abs. 1 AOEPÜ). Ebenfalls muss innerhalb dieser Frist die versäumte Handlung nachgeholt werden (Regel 135 Abs. 1 AOEPÜ). Über den Antrag entscheidet die Stelle des EPA, die über die versäumte Handlung entschieden hat (Regel 135 Abs. 3 AOEPÜ). Wird dem Antrag stattgegeben, wird die Anmeldung so behandelt als wäre der Rechtsverlust nie eingetreten (Art. 121 Abs. 3 AOEPÜ).

▶ Beispiel:

1627 A hat nun mehrere Fristen versäumt. Die Beratung bei seinem Anwalt B ergibt, dass eine Weiterbehandlung nicht möglich ist. A fragt, welche der Fristen nunmehr auf andere Art gerettet werden können.

1628 Sofern eine Weiterbehandlung nicht mehr möglich ist, kann in bestimmten Fällen Antrag auf Wiedereinsetzung in den vorherigen Stand gestellt werden. Anwendungsbereich, Verfahren und Wirkung ergeben sich aus Art. 122 EPÜ und Regel 136 AOEPÜ. Grundsätzlich ausgeschlossen von der Wiedereinsetzung sind gemäß Art. 122 Abs. 4 EPÜ die Frist für den Antrag auf Wiedereinsetzung sowie nach Regel 136 Abs. 3 AOEPÜ alle Fristen, für die eine Weiterbehandlung möglich ist, z.B.:

- Zahlungsfristen für Anmelde-, Recherche-, Benennungs- und Prüfungsgebühr
- vom EPA bestimmte Fristen im Prüfungsverfahren.

1629 Der Wiedereinsetzung dagegen zugänglich sind die Prioritätsfrist (Art. 87 Abs. 1 EPÜ), die Weiterbehandlungsfrist (Regel 135 Abs. 1 AOEPÜ) sowie die Beschwerdefrist (Art. 108 EPÜ).

▶ Beispiel:

1630 A fragt, was bei einem Antrag auf Wiedereinsetzung in den vorherigen Stand unternommen werden muss und wie der weitere Gang des Verfahrens ist.

Gemäß Regel 136 AOEPÜ betragen die Antragsfristen: 1631
- 2 Monate ab Wegfall des Hindernisses, maximal 1 Jahr ab fristauslösendem Ereignis
- bei Prioritätsfristen 2 Monate ab Ablauf der Prioritätsfrist
- bei Antrag auf Überprüfung 2 Monate ab Ablauf der Frist nach Art. 112 a Abs. 4 EPÜ.

Gemäß Regel 136 Abs. 2 AOEPÜ ist der Antrag zu begründen. Die vorgetragenen 1632
Tatsachen sind glaubhaft zu machen. Zugleich ist eine Nachholung der versäumten Handlung innerhalb der Antragsfrist gemäß Regel 136 Abs. 2 AOEPÜ durchzuführen und eine Gebühr einzuzahlen (Art. 2 Nr. 13 GebO).

Über den Antrag entscheidet die Stelle, die über die versäumte Handlung entschieden 1633
hat (Regel 136 Abs. 4 AOEPÜ). Wird dem Antrag stattgegeben, gelten die Rechtsfolgen der Fristversäumnis als nicht eingetreten (Art. 122 Abs. 3 EPÜ).

Gemäß Art. 122 Abs. 5 EPÜ gilt ein Weiterbenutzungsrecht. Die Regelung ist ver- 1634
gleichbar mit Art. 112 Abs. 6 EPÜ.

b) Einspruchsverfahren

Ebenso wie im deutschen Verfahren besteht im europäischen Verfahren die Möglich- 1635
keit, schon während des Anmeldeverfahrens Einwände hervorzubringen. Auch hier wird jedoch der Dritte nicht Beteiligter am Verfahren. Die Beteiligtenstellung kann erst im Rahmen eines Einspruchsverfahrens erlangt werden. Das bedeutet, auch im Rahmen des europäischen Verfahrens besteht für Dritte die Möglichkeit, gegen die Erteilung europäischer Patente Einspruch einzulegen. Dieser Einspruch erfasst das europäische Patent für alle Vertragsstaaten, in denen es Wirkung hat. D. h., wenn ein Einspruch erfolgreich durchgeführt und das europäische Patent widerrufen wird, entfaltet das Patent in keinem der Bestimmungsstaaten irgendeine Wirkung.

▶ **Beispiel:**

A legt Patentanwalt B europäische Patentschriften vor, die seinen geschäftlichen 1636
Tätigkeitsbereich betreffen. Die nähere Diskussion ergibt, dass die Tätigkeit des A unter den Schutzbereich der Ansprüche dieser Patentschriften fallen würde. A erläutert weiter, dass die Patentschriften gerade veröffentlicht worden seien.

Da das Patent gerade erst veröffentlicht ist, besteht die Möglichkeit eines Einspruchs. 1637
Nach Art. 99 EPÜ kann innerhalb von 9 Monaten nach der Veröffentlichung des Hinweises auf die Erteilung des europäischen Patentes jedermann gegen das erteilte europäische Patent Einspruch einlegen Der Einspruch ist schriftlich einzulegen und zu begründen. Er ist erst als wirksam eingelegt, wenn die Einspruchsgebühr entrichtet worden ist.

1638 B wird A darauf hinweisen müssen, dass an die Zulässigkeit eines Einspruchs hohe Ansprüche gestellt werden Im Einzelnen muss ein Einspruchsschriftsatz folgende Inhalte haben:

- Name, Anschrift, Sitz des Einsprechenden
- Bekanntgabenummer, Bezeichnung des Inhabers und der Erfindung
- Umfang des Einspruchs
- Einspruchsgründe nach Art. 100 EPÜ
- Beweismittel zur Begründung
- Ggf. Angabe des Vertreters der Einsprechenden

1639 Insbesondere die Einspruchsbegründung bereitet vorliegend Probleme, da eine fehlende Begründung der Zulässigkeit des Einspruchs entgegenstehen kann. Im Einzelnen muss die Einspruchsbegründung folgende Voraussetzungen erfüllen (Art. 99 Abs. 1 EPÜ):

1. Substantiierung gemäß Regel 76 (1) AOEPÜ.
2. Angabe der Tatsachen und Beweismittel.
3. Das Amt muss ohne eigene Ermittlungen das Vorliegen des behaupteten Widerrufsgrundes prüfen können.
4. Der Stand der Technik ist konkret zu nennen und dem sachlichen Bezug zum angegriffenen Patent darzulegen.
5. Beweismittel (Zeugen, Sachverständige, Urkunden können nach deutschem Recht nachgeliefert werden).
6. Mündliche Beschreibungen dürfen nicht pauschal behauptet werden, es muss konkretisiert werden.
7. Angaben über beteiligte Personen, Art, Ort und Inhalt der Beschreibung müssen konkret sein.

1640 D.h., A muss darauf hinwirken, dass an möglichst konkreten Einzelheiten dargelegt wird, dass der Gegenstand des angegriffenen Patents nicht patentfähig ist.

1641 Sofern der Einspruch wirksam eingelegt ist, wird das Verfahren beginnen. Der Einspruchsschriftsatz wird dem Patentinhaber zugestellt. Zugleich wird dieser zur Stellungnahme aufgefordert. Diese wird wiederum dem Einsprechenden zugestellt. Nachdem die Beteiligten schriftsätzlich Stellung genommen haben, wird sofern beantragt mündliche Verhandlung anberaumt. Beim Europäischen Patentamt sind solche Verhandlungen praktisch die Regel.

1642 Im europäischen Einspruchsverfahren wird mit der Ladung zur mündlichen Verhandlung nochmals eine Frist zur schriftlichen Stellungnahme gesetzt. Wird diese Frist nicht genutzt, besteht die Gefahr, dass neues Vorbringen in der mündlichen Verhandlung als nicht relevant und verspätet zurückgewiesen wird. In der Regel wird die Entscheidung im Anschluss an die Verhandlung verkündet. Sofern kein Rechtsmittel eingelegt wird, ist das Verfahren beendet.

▶ **Beispiel:**

1643 A möchte den Einspruch vor der Entscheidung des Amtes zurücknehmen, da er mit dem Patentinhaber einen entsprechenden Vergleich geschlossen hat.

Mit der Rücknahme des Einspruchs endet das Verfahren nicht automatisch; denn mit der Einlegung eines zulässigen Einspruchs ist das Amt berechtigt, selbst nochmals in die Prüfung einzutreten. Das Verfahren wird also ggf. von Amts wegen festgesetzt. 1644

c) Rechtsmittel

▶ **Beispiel:**

In einem Einspruchsverfahren hat die Einspruchsabteilung des EPA zuungunsten des A entschieden. Hiergegen möchte A vorgehen. 1645

Gegen die Entscheidungen der Einspruchsabteilung des EPA ist das Rechtsmittel der Beschwerde gegeben.[357] Formale Erfordernisse der Beschwerde sind folgende:[358] 1646

(1) Name und Anschrift des Beschwerdeverfassers ist anzugeben.
(2) Ein Antrag auf Aufhebung oder Abänderung der erstinstanzlichen Entscheidung ist zu stellen.
(3) Innerhalb von 2 Monaten nach Zustellung der Entscheidung ist die Beschwerde einzulegen.
(4) Die Beschwerde ist schriftlich einzulegen.
(5) Mit der Beschwerdeeinlegung ist eine Gebühr zu entrichten.
(6) Im europäischen Verfahren ist sodann innerhalb von 4 Monaten eine Begründung einzureichen.

Im europäischen Einspruchsverfahren wird die Beschwerde von den Beschwerdekammern geprüft (Art. 110). 1647

▶ **Beispiel:**

A hat Patentanwalt B mit der Einlegung einer Beschwerde beauftragt. Es soll ein Beschluss der Einspruchsabteilung des Europäischen Patentamtes angefochten werden. B legt die Beschwerde ein. A möchte wissen, wie der weitere Verfahrensgang ist. 1648

Die Beschwerde wird der Gegenseite zugestellt. Diese hat sodann Möglichkeit, Stellung zu nehmen. Bei den Beschwerdekammern (Art. 116 EPÜ) werden mündliche Verhandlungen durchgeführt, sofern diese beantragt sind. 1649

Beweisaufnahmen können von der Beschwerdekammer des EPA durchgeführt werden (Art. 117 EPÜ). Allerdings wird zu technischen Verfahren in der Regel keine Beweisaufnahme durchgeführt. Denn die Beschwerdekammern haben eine Besetzung, welche das technische Sachgebiet und den diesbezüglichen Vortrag der Parteien in der Regel aus eigener Sachkunde beurteilen kann. Etwas Anderes gilt für die Fälle, in denen etwa durch Zeugenaussagen Vorbenutzungen oder widerrechtliche Entnahmen belegt werden müssen. 1650

357 Art. 106 Abs. 1 EPÜ.
358 Art. 108 EPÜ.

1651 Über die Beschwerde wird in der Regel im Anschluss an die mündliche Verhandlung entschieden (Art. 111 EPÜ). Hierbei kann entweder in der Sache entschieden werden, oder eine Zurückverweisung zur Vorinstanz erfolgen.

▶ Beispiel:

1652 Nachdem die Beschwerdekammer des Europäischen Patentamts entschieden hat, möchte A wissen, ob es ähnlich wie in Deutschland die Möglichkeit einer Rechtsbeschwerde gibt.

1653 Zur Sicherung einer einheitlichen Rechtsanwendung gibt es das Verfahren vor der großen Beschwerdekammer des Europäischen Patentamts (Art. 112 EPÜ). Ein solches Verfahren kommt in Betracht, wenn sich eine Rechtsfrage von grundsätzlicher Bedeutung stellt. Bei anhängigen Beschwerdeverfahren kann von Amts wegen oder auf Antrag eines Beteiligten eine solche Frage der großen Beschwerdekammer vorgelegt werden. Der Antrag eines Beteiligten muss allerdings von der Beschwerdekammer gebilligt werden. Ferner kann durch den Präsidenten des Europäischen Patentamts eine Vorlagefrage an die große Beschwerdekammer gerichtet werden, wenn zwei Beschwerdekammern voneinander abweichende Entscheidungen getroffen haben.

1654 Eine eng begrenzte Überprüfung von Beschwerdeentscheidungen ist möglich. Dies gilt bei Beschwerdeverfahren mit schwerwiegendem Verfahrensmangel oder wenn eine Straftat die Entscheidung der Beschwerdekammer beeinflusst haben kann. Ein möglicher Verfahrensmangel ist die Falschbesetzung der Beschwerdekammer. Hierbei kann es sich entweder um die Mitwirkung eines ausgeschlossenen Mitglieds oder die Mitwirkung einer nicht zum Beschwerdekammer Mitglied ernannten Person handeln. Die Gründe für den Ausschluss eines Mitglieds ergeben sich aus Art. 24 EPÜ:

- Persönliches Interesse – Art. 24 Abs. 1 EPÜ
- Tätigkeit als Vertreter eines Beteiligten – Art. 24 Abs. 1 EPÜ
- Mitwirkung an der Entscheidung der Vorinstanz – Art. 24 Abs. 1 EPÜ
- Ausschluss wegen Besorgnis der Befangenheit – Art. 24 Abs. 4 EPÜ.

1655 Ein weiterer Verfahrensmangel kann darin liegen, dass entgegen Art. 116 EPÜ eine mündliche Verhandlung nicht anberaumt worden ist.

1656 Eine strafbare Handlung, die die Entscheidung der Beschwerdekammer beeinflusst haben könnte, setzt eine rechtskräftige Feststellung der Straftat durch ein Gericht oder eine Behörde voraus. Eine Verurteilung ist nicht notwendig, d.h. die Verwirklichung des objektiven Tatbestands einer Straftat reicht aus. Beispiele für mögliche Straftaten sind:

- Gefälschte Dokumente zum Stand der Technik
- Bestechung
- Nötigung, Bedrohung eines Kammermitglieds
- Falschaussage eines Zeugen.

Die Frist zur Stellung eines Antrags auf Überprüfung der Beschwerdeentscheidung 1657
beträgt:
- 2 Monate nach Zustellung der Beschwerdekammerentscheidung
- 2 Monate nach rechtskräftiger Feststellung der Straftat
- spätestens 5 Jahre nach Zustellung der Beschwerdekammerentscheidung.

Die Einzelheiten ergeben sich im Übrigen aus Art. 112 (a) EPÜ i.V.m. Regel 106, 1658
107 und 108 AOEPÜ.

Nach Einreichung des Antrags erfolgt eine Vorprüfung durch drei Mitglieder der 1659
großen Beschwerdekammer (zwei Juristen und ein Techniker). Gemäß Regel 109 Abs. 2 (a) kann bei Einstimmigkeit der Antrag als offensichtlich unzulässig oder unbegründet verworfen werden.

Wenn der Antrag aufgrund der Vorprüfung nicht verworfen wird, erfolgt die Prü- 1660
fung durch die große Beschwerdekammer. Diese besteht gemäß Regel 109 Abs. 2 (b) AOEPÜ aus fünf Mitgliedern (vier Juristen und ein Techniker). Die Ladungsfrist für die Beteiligten (Regel 115 AOEPÜ), Zeugen und Sachverständigen (Regel 118 AOEPÜ) zur mündlichen Verhandlung beträgt mindestens zwei Monate. Bei Verwendung einer anderen Amtssprache als der Verfahrenssprache in der mündlichen Verhandlung ist dies mindestens einen Monat vor dem Termin mitzuteilen (Regel 4 Abs. 1 AOEPÜ).

Wenn die große Beschwerdekammer den Antrag als begründet erachtet, wird 1661
- die Entscheidung aufgehoben und das Verfahren vor der zuständigen
- Beschwerdekammer wiedereröffnet, ggf. in anderer Besetzung (Regel 108 Abs. 3 AOEPÜ)
- die Überprüfungsgebühr zurückgezahlt (Regel 110 AOEPÜ)
- ein neues Verfahren vor der Beschwerdekammer nach allgemeinen Regeln durchgeführt.

▶ **Beispiel:**

> Im Rahmen eines Einspruchsverfahrens hat die Beschwerdekammer des Europä- 1662
> ischen Patentamts das Patent des B widerrufen. A hat daraufhin die Produktion eines Produkts aufgenommen, welches in den Bereich der Ansprüche des widerrufenen Patents fällt. B hat die große Beschwerdekammer angerufen. Diese hat daraufhin die Entscheidung der Beschwerdekammer aufgehoben und das Verfahren an die zuständige Beschwerdekammer verwiesen. Diese hat in anderer Besetzung nunmehr das Patent im vollen Umfang aufrechterhalten. A möchte nun wissen, ob er wegen Patentverletzung verurteilt werden könnte.

Gemäß Art. 112 (a) Abs. 6 EPÜ darf die Benutzung für eigene Zwecke unentgeltlich 1663
fortgesetzt werden, wenn A
- im guten Glauben
- die Erfindung, die Gegenstand der veröffentlichten Anmeldung oder des Patents ist,

- zwischen angegriffener Entscheidung und Veröffentlichung der Entscheidung über den Prüfungsantrag
- in Benutzung genommen oder ernsthafte Veranstaltung hierzu getroffen worden sind.

III. Gebrauchsmuster

1664 Ein weiteres technisches Schutzrecht ist das Gebrauchsmuster. Dieses Recht unterscheidet sich hinsichtlich der materiellen und auch verfahrensmäßigen Voraussetzungen zum Teil grundliegend vom Patentrecht. Außerdem ist das Gebrauchsmusterrecht eine im Wesentlichen deutsche Besonderheit. Denn lediglich einige andere Länder kennen auch ein Gebrauchsmusterrecht oder ein diesem Recht ähnliches Institut.

1. Materielles Recht

1665 Ebenso wie im Patentrecht muss ein Gebrauchsmuster materiell-rechtliche Voraussetzungen erfüllen. D.h., der Gegenstand des Gebrauchsmusters muss eine Erfindung sein, die neu ist, auf einem erfinderischen Schritt beruht und gewerblich anwendbar ist. Schutzgegenstand können Arbeitsgerätschaften, Gebrauchsgegenstände oder Teile davon sein, die eine neue Gestaltung, Anordnung, Vorrichtung oder Schaltung aufweisen. Ebenso können Verwendungen schutzfähig sein.[359]

▶ Beispiel:

1666 A begehrt die Eintragung eines Gebrauchsmusters, bei welchem der Schutzanspruch 1 lautet:

Verwendung von Serin/Treonin-Protein-Phosphatase-Inhibitoren für ein Arzneimittel zur therapeutischen und präventiven Behandlung arteriosklerotischer Erkrankungen.

1667 Es stellt sich die Frage, ob der Gegenstand der Anmeldung gemäß § 2 GebrMG schutzfähig ist. Nach dieser Bestimmung sind Verfahren vom Patentschutz ausgeschlossen. Im vorliegenden Falle ist Gegenstand des Verwendungsanspruchs jedoch die Eignung eines Stoffs für einen bestimmten Einsatzzweck und damit letztendlich eine dem Stoff innewohnende Eigenschaft. Der Gegenstand eines solchen Verwendungsanspruchs wird charakterisiert durch einen Stoff in einer bestimmten Verwendung.[360] Verwendungsansprüche dieser Art weisen Elemente von Erzeugnisansprüchen auf. Ihre Verwandtschaft mit Erzeugnisansprüchen manifestiert sich darin, dass im Anmeldeverfahren eine eingeschränkte Verteidigung eines Erzeugnisanspruchs in Form eines Verwendungsanspruchs generell zugelassen ist. Dies ist erlaubt, weil es sich nur um eine Einschränkung, und nicht um eine Verlagerung des Patentschutzes handelt. Aufgrund dieser Überlegungen handelt es sich nicht um einen auf ein Verfahren gerichteten Anspruch i.S.d. § 2 Nr. 3 GebrMG. Daher ist im vorliegenden

359 BGH GRUR 2006, 135 – *Arzneimittelzubereitung*; Meyer-Beck GRUR 2007, 11 ff.
360 BGH GRUR 2005, 845, 847 – *Abgasreinigungsvorrichtung*.

Fall die Eintragung des Gebrauchsmusters für die Verwendung des Stoffes im Rahmen einer medizinischen Indikation nicht ausgeschlossen.[361]

▶ **Beispiel:**

Ein Gebrauchsmuster betrifft die Verwendung von Lithiummetallsilikat-Glaskeramen mit einer speziellen Zusammensetzung als Dentalmaterial. Es hatte sich zum Ziel gesetzt, eine Lithiumsilikat-Glaskeramik mit verbesserten mechanischen und optischen Eigenschaften zur Verfügung zu stellen, die sich als Beschichtungsmaterial bzw. als Werkstoffe für dentale Restauration eignet, und die insbesondere durch Aufpressen im viskosen Zustand auf eine Zirkonoxid-Keramik beschichtet werden kann, um eine von Rissen und Sprüngen freie Beschichtung herauszubilden. 1668

Ist ein solcher Verwendungsanspruch als Gebrauchsmuster eintragungsfähig?

Fraglich ist, ob es sich um ein Verfahren i.S.d. § 2 Nr. 3 GebrMG handelt. Zu bedenken ist, dass der Ausschluss von Verfahren vom Gebrauchsmusterschutz als Ausnahmetatbestand eng auszulegen ist. Entscheidend für die Beurteilung der Frage der Gebrauchsmusterfähigkeit ist in diesem Zusammenhang, ob der konkret zu überprüfende Schutzanspruch in seinem materiellen Gehalt auf ein Verfahren gerichtet ist. Allein die Tatsache, dass ein Schutzanspruch auf die Verwendung einer bestimmten Vorrichtung eines bestimmten Stoffs gerichtet ist, führt nicht ohne weiteres dazu, dass dieser Schutzanspruch der Kategorie der Verfahrensansprüche zuzuordnen ist. Gegenstand eines Verwendungsanspruchs kann auch die Eignung eines Stoffes für einen bestimmten Verwendungszweck sein. Verwendungsansprüche dieser Art können Elemente von Erzeugnisansprüchen aufweisen. Vor diesem Hintergrund kann man zur Gebrauchsmusterschutzfähigkeit gelangen. Etwas Anderes gilt nur, wenn ein Verwendungsanspruch seinem materiellen Gehalt nach auf ein Verfahren gerichtet ist. Manifestiert sich hingegen in einem Verwendungsanspruch nur die einem Stoff oder auch einer in bestimmter Weise beschriebenen bzw. definierten Vorrichtung innewohnenden stofflichen bzw. gegenständlichen Eigenschaften, greift dieser Ausschlusstatbestand nicht. Vor diesem Hintergrund kann die Verwendung der Lithiumsilikat-Glaskeramik durchaus schutzfähig sein.[362] 1669

a) Neuheit

Als Gebrauchsmuster werden Erfindungen geschützt, die neu sind, auf einem erfinderischen Schritt beruhen und gewerblich anwendbar sind. Ebenso können Verwendungen schutzfähig sein.[363] Die materiellen Voraussetzungen werden im Folgenden anhand exemplarischer Beispiele näher erläutert. 1670

361 BGH GRUR 2006, 135 – *Arzneimittelzubereitung.*
362 BPatG Beschl. vom 06.11.2018, Az: 35 W (pat) 412/16.
363 BGH GRUR 2006, 135 – *Arzneimittelzubereitung*; Meyer-Beck GRUR 2007 11 f.

▶ Beispiel:

1671 A erscheint bei Patentanwalt B und legt diesem Konstruktionszeichnungen für einen Rollladenkasten vor. Danach zeichnet sich der Rollladenkasten durch einen speziellen Befestigungsmechanismus aus mittels dessen dieser auf Fensterrahmen befestigt werden kann.

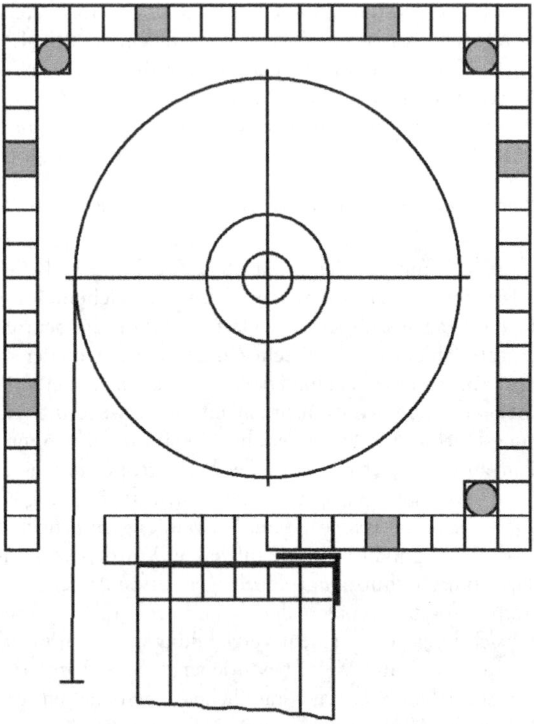

Abb. 32: Rollladenkasten (Erfindung)

Im Laufe des Gesprächs ergibt sich, dass A für diesen Rollladenkasten einen Patentschutz erlangen möchte. Sodann erwähnt A, dass der Rollladenkasten bereits am Tag vor dem Gespräch auf einer Ausstellung gezeigt worden ist. Auf dieser Ausstellung wurden Prospekte verteilt, aus denen sämtliche Einzelheiten des Rollladenkastens ersichtlich waren. Ferner berichtet A, dass der Rollladenkasten bereits in ein Einfamilienhaus in einem Vorort von London eingebaut worden sei. Ferner sei im Rahmen eines Vortrages in der Technischen Universität Berlin erwähnt worden, wie der Rollladenkasten konstruiert sei.

Inwieweit ist der Gegenstand der geplanten Anmeldung neu?

Gemäß § 3 PatG gilt eine Erfindung nicht als neu, wenn sie zum Stand der Technik gehört. Stand der Technik bildet hierbei alles, was vor dem Anmeldetag der Öffentlichkeit durch schriftliche oder mündliche Beschreibung, durch Benutzung oder in sonstiger Weise zugänglich gemacht worden ist. 1672

Im vorliegenden Fall ist die Anmeldung durch Prospekte vorbeschrieben. Aufgrund dieses Standes der Technik ist allein schon die Neuheit im Sinne des § 3 PatG zu verneinen. Demgemäß ist eine Patentanmeldung nicht möglich. 1673

Es ist jedoch möglich, ein Gebrauchsmuster anzumelden. Im Einzelnen können folgende Gründe für und gegen eine Gebrauchsmusteranmeldung sprechen: Schutzvoraussetzungen sind das Vorliegen von Neuheit, erfinderischem Schritt und gewerblicher Anwendbarkeit. 1674

Der Begriff der Neuheit ist gegenüber dem aus dem Patentgesetz bekannten Begriff der Neuheit variiert. Danach sind schriftliche Beschreibungen generell als Stand der Technik anzusehen. Mündliche Beschreibungen bilden keinen Stand der Technik. Hinsichtlich der Vorbenutzungshandlungen ist eine Begrenzung auf Deutschland vorgenommen worden. Nur die offenkundige Vorbenutzung in Deutschland kann neuheitsschädlich sein. Ferner enthält das Gebrauchsmustergesetz eine sechsmonatige Neuheitsschonfrist. Offenbarungen durch den Anmelder oder seinen Rechtsvorgänger bleiben außer Betracht, sofern diese Offenbarungen innerhalb von sechs Monaten vor der Anmeldung stattgefunden haben. 1675

1676

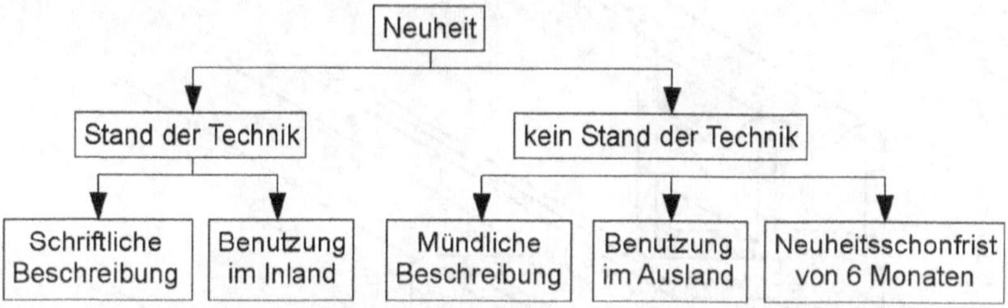

Abb. 33: Neuheit Gebrauchsmuster

Für den vorliegenden Fall bedeutet das: 1677

Sämtliche Einzelheiten sind auf den Prospekten zu erkennen. Gemäß § 3 Abs. 1 Satz 3 Gebrauchsmustergesetz bleibt jedoch eine innerhalb von sechs Monaten vor der Anmeldung des Gebrauchsmusters erfolgte Beschreibung außer Betracht, wenn sie auf der Ausarbeitung des Anmelders oder seines Rechtsvorgängers beruht. Demgemäß steht die Veröffentlichung in dem Prospekt der Schutzfähigkeit als Gebrauchsmuster nicht entgegen.[364] 1678

364 Bühring/Braitmayer/Haberl-Braitmeyer § 3 GebrMG Rn. 69.

1679 Ferner erfolgte in einem Vortrag ein mündlicher Hinweis auf den Rollladenkasten. Bloße mündliche Beschreibungen bilden jedoch keinen Stand der Technik. Der Vortrag steht also der Schutzfähigkeit des Gebrauchsmusters nicht entgegen.[365]

1680 Schließlich wurde der Rollladenkasten in einem Haus in Großbritannien eingebaut. Nach dem Vortrag des A waren sämtliche Einzelheiten während der Lagerung vor dem Haus durch Dritte erkennbar. § 3 Abs. 1 Satz 1 GebrMG erfasst jedoch nur die inländischen offenkundigen Vorbenutzungen. Daher steht die Benutzung in Großbritannien der Schutzfähigkeit als Gebrauchsmuster nicht entgegen.[366]

b) Erfinderischer Schritt

Abwandlung des Beispiels:

1681 Schließlich legt A eine Kopie einer britischen Patentanmeldung aus dem Jahr 1992 vor, deren Gegenstand eine Vorrichtung zur Befestigung von Fensterrahmen an Mauerwerken ist. Dieser Befestigungsmechanismus ist identisch mit dem Mechanismus, mittels dessen der Rollladenkasten von A auf Fensterrahmen befestigt werden soll.

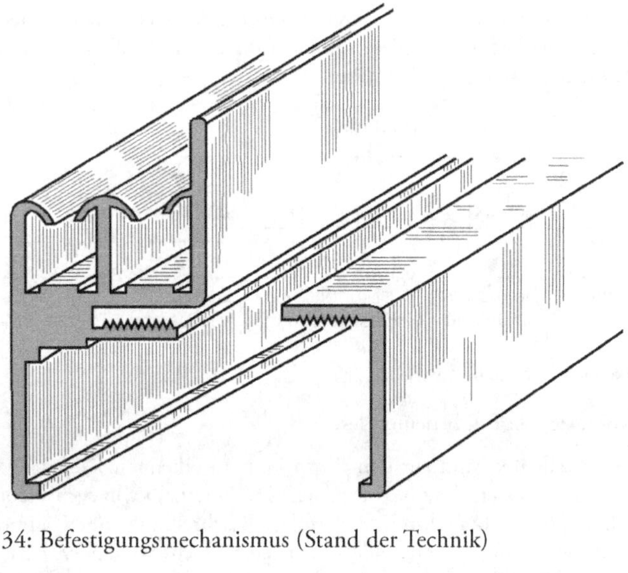

Abb. 34: Befestigungsmechanismus (Stand der Technik)

Inwieweit liegt ein erfinderischer Schritt im Sinne des Gebrauchsmustergesetzes vor?

365 Bühring/Braitmayer/Haberl-Braitmeyer § 3 GebrMG Rn. 10.
366 Bühring/Braitmayer/Haberl-Braitmeyer § 3 GebrMG Rn. 8.

Die britische Anmeldung zeigt den speziellen Klemmmechanismus, wie ihn A für seinen Rollladenkasten zur Befestigung auf Fensterrahmen darstellt. Die britische Anmeldung stammt aus dem Jahr 1992. Sie bildet somit Stand der Technik.[367] Der Klemmmechanismus ist zwar identisch mit dem Mechanismus, welcher in der britischen Anmeldung beschrieben ist. Allerdings handelt es sich bei der britischen Anmeldung nicht um die Beschreibung eines Rollladenkastens, welcher auf Blendrahmen von Fenstern aufzubringen ist. Vielmehr wird der Klemmmechanismus verwendet, um Fenster am Mauerwerk zu befestigen. Der Gegenstand der Erfindung von A ist somit durch diesen Stand der Technik nicht neuheitsschädlich vorweggenommen. 1682

Fraglich bleibt, ob ein erfinderischer Schritt vorliegt. Entscheidend ist dabei die Frage nach dem Durchschnittsfachmann. Das Bundespatentgericht[368] hat hierzu ausgeführt: 1683

> »Der mit der Problemlösung befasste Durchschnittsfachmann ist ein Handwerksmeister auf dem Gebiet des Rollladenbaus. Jedoch wird dieser Rollladenbauer bei der Problemlösung auch Anregungen auf dem Gebiet des Fensterbaus mit in seine Überlegung einbeziehen, da er mit dem Schreiner bzw. Fensterbauer auf der Baustelle Hand in Hand arbeiten muss. Dies bedeutet, dass diesem Fachmann auch die Befestigungselemente von Fenstern und Türen geläufig sind und er solche in seine Überlegungen mit einbeziehen würde.«

Nach diesen Ausführungen des Bundespatentgerichts ist im vorliegenden Fall davon auszugehen, dass kein erfinderischer Schritt vorliegt. Im Ergebnis muss B dem A daher von einer Gebrauchsmusteranmeldung abraten. 1684

Der Beispielsfall zeigt exemplarisch die Stärken und Schwächen des Gebrauchsmusters. Schutzfähig als Gebrauchsmuster ist alles, was auch patentfähig ist, ausgenommen Verfahren, Verwendungen und einige Bereiche der Biotechnologie. 1685

c) Gewerbliche Anwendbarkeit

▶ Beispiel:

A möchte wissen, ob die gewerbliche Anwendbarkeit wie im Patentschutz Schutzvoraussetzung ist. 1686

Der Begriff der gewerblichen Anwendbarkeit ist identisch mit dem im Patentgesetz gewählten Wortlaut (§ 3 Abs. 2 GebrMG). Allerdings sind Heilverfahren und diagnostische Verfahren nicht erwähnt. Dies ist konsequent, da Verfahren ohnehin nicht gebrauchsmusterfähig sind. 1687

2. Verfahren

Das Verfahren vor dem Deutschen Patent- und Markenamt unterscheidet sich grundlegend von dem Patenterteilungsverfahren; denn ein Gebrauchsmuster wird sachlich nicht geprüft, ob es den Voraussetzungen der Erfindung, Neuheit, erfinderischen 1688

367 Vgl. § 3 Abs. 2, S. 1, Alt. 2 GebrMG.
368 BPatG Beschl. v. 2. 5. 1997, 5 W (pat) 418/96 unveröffentlicht.

Tätigkeit und gewerblichen Anwendbarkeit entspricht. Vielmehr wird es eingetragen, wenn die formellen Voraussetzungen erfüllt sind.

a) Anmeldeverfahren

▶ Beispiel:

1689 A möchte von Patentanwalt B wissen, ob im Verfahren zur Eintragung eines Gebrauchsmusters Unterschiede zum Patentrecht bestehen.

1690 Die Schutzdauer für Gebrauchsmuster ist kürzer als die von Patenten. Ebenso sind die Verlängerungsintervalle verschieden zu denen bei Patenten. Die Schutzdauer beträgt nämlich 3 Jahre und ist auf maximal 10 Jahre verlängerbar. Hierbei ist zunächst eine Verlängerung von 3 auf 6 Jahre und sodann von 6 auf 8 Jahre und schließlich von 8 auf 10 Jahre möglich.[369] Die Wirkung als Verbietungsrecht ist dieselbe wie bei einem Patent (§ 23 GebrMG).[370]

1691 Das Anmelde- und Eintragungsverfahren unterscheiden sich von dem Patenterteilungsverfahren wie folgt:

1692 Ebenso wie bei einer Patentanmeldung muss ein Anmeldungstext mit Ansprüchen und Beschreibung verfasst werden (§ 4 GebrMG). Nach der Einreichung beim Deutschen Patent- und Markenamt erfolgt jedoch lediglich eine formale Prüfung. Materielle Voraussetzungen werden nicht geprüft.[371] Der Anmelder kann jedoch freiwillig eine Recherche durchführen lassen (§ 7 GebrMG). Das Patentamt wird daraufhin sämtlichen Stand der Technik recherchieren, der hinsichtlich der Neuheit relevant sein könnte. Das Ergebnis der Recherche hat aber auf die Rechtsbeständigkeit keinen unmittelbaren Einfluss.[372] Jedoch muss der Gebrauchsmusterinhaber gegenwärtig sein, dass auf Antrag Dritter das Gebrauchsmuster gelöscht werden kann, wenn der Stand der Technik schutzhindernd dem Gebrauchsmuster entgegensteht.

▶ Beispiel:

1693 A erscheint bei Patentanwalt B und weist darauf hin, dass die Konkurrenz ein Produkt von ihm nachahme. Hierfür habe er vor etwa einem Jahr ein Patent angemeldet. A fragt B, ob aus der Patentanmeldung gegen die Konkurrenz vorgegangen werden könne.

1694 Ein Anspruch gemäß § 139 PatG besteht erst mit der Erteilung eines Patents. Gemäß § 33 PatG bestehen Ansprüche auf Entschädigung mit der Offenlegung der Anmeldung.

---

369 Bühring/Braitmayer/Haberl-Braitmayer § 23 GebrMG Rn. 12.
370 Bühring/Braitmayer/Haberl-Braitmayer § 24 GebrMG Rn. 1 ff.
371 BPatGE 46, 211.
372 Bühring/Braitmayer/Haberl-Braitmayer § 7 GebrMG Rn. 2 ff.

Im vorliegenden Fall ist das Patent weder erteilt noch veröffentlicht. Denn die Anmeldung wurde vor etwa einem Jahr eingereicht und ist damit noch nicht der Öffentlichkeit zugänglich. Dem A bieten sich zwei Möglichkeiten: 1695

Innerhalb von 12 Monaten ab Anmeldetag der Patentanmeldung steht ihm ein Prioritätsrecht zu (§ 6 GebrMG). Unter Inanspruchnahme des Prioritätstages kann er ein Gebrauchsmuster anmelden. Im vorliegenden Fall ist die Anmeldung etwa ein Jahr alt. Sollten die 12 Monate seit Anmeldetag nicht vergangen sein, ist demgemäß eine Gebrauchsmusteranmeldung unter Inanspruchnahme der Priorität der Patentanmeldung möglich. Eine weitere Möglichkeit besteht darin, dass ein Gebrauchsmuster abgezweigt wird (§ 5 GebrMG). Hier wäre A nicht an die Prioritätsfrist von 12 Monaten gebunden. Vielmehr kann er eine Abzweigung bis zum Ablauf von 2 Monaten nach dem Ende des Monats, in dem die Patentanmeldung erledigt oder ein etwaiges Einspruchsverfahren abgeschlossen ist, vornehmen. Längstens ist jedoch bis zum Ablauf des 10. Jahres nach der Patentanmeldung die Abzweigung durchführbar.[373] 1696

Das Gebrauchsmuster wird ohne materielle Prüfung eingetragen und bietet somit dem A nach kurzer Zeit die Möglichkeit, gegen seinen Konkurrenten vorzugehen. 1697

b) Löschungsverfahren

Ein Gebrauchsmuster wird stets eingetragen, wenn die formellen Voraussetzungen erfüllt sind. Vor allem überprüft das Deutsche Patent- und Markenamt, ob der Gegenstand der Anmeldung auch Verfahren und Verwendungen umfasst, welche vom Gebrauchsmusterschutz ausgeschlossen sind. Eine weitergehende Prüfung einer Gebrauchsmusteranmeldung, insbesondere hinsichtlich der Erfüllung der materiell-rechtlichen Voraussetzungen, wird während des Eintragungsverfahrens nicht durchgeführt. Eine solche findet erst statt, wenn ein Dritter Löschungsantrag stellt. 1698

aa) Löschungsgründe

▶ **Beispiel:**

A erläutert dem Patentanwalt, dass er die Gefahr sieht, aus der Vergangenheit auf Schadensersatz in Anspruch aus dem Gebrauchsmuster des C genommen zu werden. Er möchte gerne wissen, ob etwas gegen das Gebrauchsmuster unternommen werden kann. 1699

Es besteht die Möglichkeit, einen Löschungsantrag zu stellen. 1700

Als Löschungsgründe kommen 1701

(1) die fehlende Gebrauchsmusterfähigkeit (§ 15 Abs. 1 Nr. 1 GebrMG, entsprechend § 21 Abs. 1 Nr. 1 PatG)
(2) identisches, älteres Schutzrecht (§ 15 Abs. 1 Nr. 2 GebrMG, entsprechend § 21 Abs. 1 Nr. 2 i.V.m. § 3 Abs. 2 PatG)

373 Bühring/Braitmayer/Haberl-Braitmayer § 5 Rn. 14 GebrMG.

(3) widerrechtliche Entnahme (§ 13 Abs. 2, § 15 GebrMG, entsprechend § 21 Abs. 1 Nr. 3 PatG)
(4) unzulässige Erweiterung (§ 15 Abs. 1 Nr. 3 GebrMG, entsprechend § 21 Abs. 1 Nr. 4 PatG)

in Betracht.

1702 Ein Wechsel von einem Löschungsgrund zum anderen ist unter den Voraussetzungen der §§ 263, 264 ZPO zulässig.

▶ **Abwandlung des Beispiels:**

1703 A legt dem C einen Stand der Technik vor, in welchem ein Merkmal des angegriffenen Gebrauchsmusters nur an sehr versteckter Stelle zu finden ist.

1704 Die Ermittlung des Schutzgegenstandes anhand dessen, was sich dem Fachmann ohne weiteres erschließt, setzt eine aufmerksame Lektüre der Gebrauchsmusterunterlagen einschließlich des Beschreibungstextes voraus. Denn die technische Lehre eines gewerblichen Schutzrechtes richtet sich nicht an den oberflächlichen und flüchtigen Leser, sondern an den, der sich aufmerksam und eingehend um das Verständnis des Inhalts bemüht.[374] Entscheidend kommt es nur auf die Frage an, ob der Fachmann die Lehre des Gebrauchsmusters anhand des aufgedeckten Standes der Technik im Rahmen eines fachlichen routinemäßigen Bemühens hat auffinden können oder ob es hierzu eines erfinderischen Schritts bedurfte.[375]

1705 Demgemäß kommt es in dem Beispielsfall nicht darauf an, ob das in Rede stehende Merkmal versteckt in den Unterlagen des Standes der Technik ist, sondern nur darauf, ob der Fachmann nach aufmerksamer Lektüre auf das Vorliegen des Merkmals schließen kann.

▶ **Beispiel:**

1706 In einer Gebrauchsmusterlöschungssache wird vom Antragsteller z.B. vorgebracht, dass ein »Manual« mit der Beschreibung eines Vier-Walzen-Zerkleinerungswerks gemäß der Druckangabe »350 C 8/82« auf der Rückseite des Umschlages im Jahre 1982 mit 350 Exemplaren bereitgestellt und im Anschluss hieran an Käufer des Zerkleinerungswerks ausgeliefert worden sei.

1707 Unter Berücksichtigung der Lebenserfahrung ist von der Richtigkeit dieses Vorbringens auszugehen, solange nicht ersichtlich ist, an welchem Punkt es durch das Bestreiten des Antragsgegners entkräftet wird.[376]

---

374 BPatG Beschluss vom 16. 12. 1989, 5 W (pat) 409/97 – *Streuvorrichtung.*
375 BPatG Beschluss vom 10. 2. 1999, 5 W (pat) 416/89.
376 Beschluss BPatG vom 23. April 1997, 5 W (pat) 415/96.

bb) Verfahren

▶ Beispiel:

A möchte gegen ein Gebrauchsmuster der Konkurrenz Löschungsantrag stellen. 1708
Nach eingehender Beratung der materiellen Rechtslage möchte A nun wissen, wie der Verfahrensgang sich im Einzelnen darstellt.

Der Verfahrensgang ist im Einzelnen wie folgt: 1709
(1) Zustellung des Löschungsantrags (vgl. Beispiel) an den Gebrauchsmusterinhaber und Aufforderung zur Erklärung (§ 17 Abs. 1 GebrMG)
(2) Frist für den Widerspruch beträgt 1 Monat
(3) Eingang des Widerspruchs des Gebrauchsmusterinhabers (§ 17 Abs. 2 GebrMG)
(4) Verfügungen des Amtes (§ 17 Abs. 2 GebrMG)
(5) Zwischenbescheid (analog § 87 Abs. 2 PatG, § 273 ZPO)
(6) Ladung zur mündlichen Verhandlung.

Das Verfahren kann ebenso wie das Patentnichtigkeitsverfahren wie folgt beendet 1710
werden:
- Beschluss
- Antragsrücknahme
- Unterlassen des Widerspruchs
- Erledigung der Hauptsache.

Im Rahmen der Verfahrensbeendigung erfolgt eine Kostenentscheidung nach §§ 91, 1711
92 ZPO von Amts wegen, ausnahmsweise gemäß § 269 Abs. 4 ZPO nur auf Antrag des Gebrauchsmusterinhabers.

Bei Erledigung der Hauptsache gilt Folgendes: 1712

Bei zweiseitiger Erledigungserklärung ergeht eine Kostenentscheidung. Die einseitige 1713
Erledigungserklärung gilt als eine Klageänderung in einen Feststellungsantrag, so dass eine Entscheidung über die Kosten nach § 91 ZPO ergeht, im Falle des Anerkenntnisses nach § 93 ZPO. Voraussetzung ist, dass der Gebrauchsmusterinhaber den Löschungsantrag sofort anerkennt und zur Erhebung des Antrags keinen Anlass gegeben hat. Demgemäß muss ebenso wie im Patentnichtigkeitsverfahren der Antragsteller zur Vermeidung der Kostenfolge aus § 93 ZPO schriftlich und eindeutig zum Verzicht auf das Gebrauchsmuster auffordern.

Gegen die Entscheidung ist die Beschwerde zulässig (§ 18 GebrMG). Diese ist gegen 1714
Beschlüsse der Gebrauchsmusterabteilung statthaft. Als Beschluss wird jede Entschließung angesehen, durch die eine abschließende Regelung ergeht, die die Rechte der Beteiligten berührt. Diese Entschließung muss nicht ausdrücklich als Beschluss bezeichnet werden. Beschwert ist ein Beteiligter, wenn seinem Begehren nicht vollständig entsprochen worden ist. Die Beschwerde ist schriftlich innerhalb eines Monats ab Zustellung des Beschlusses einzulegen (§ 127 PatG). Mit der Beschwerde ist auch eine Gebühr zu entrichten. Über die Beschwerde entscheidet das Bundespatentgericht in der Besetzung mit einem rechtskundigen Mitglied als Vorsitzenden und

zwei technischen Beisitzern (§ 18 Abs. 4 Satz 2 GebrMG). Die Entscheidung ergeht aufgrund mündlicher Verhandlung gemäß § 78 PatG. Eine mündliche Verhandlung muss stattfinden, wenn sie sachdienlich oder wenn Beweis zu erheben ist. Die Entscheidung über die Beschwerde ergeht durch Beschluss (§§ 70, 79 PatG). Gegen den Beschluss des Beschwerdesenats des Bundespatentgerichts steht dem Beschwerten die Möglichkeit einer Rechtsbeschwerde an den Bundesgerichtshof zu (§ 18 Abs. 4 GebrMG). Für das Verfahren sind die §§ 100 sowie 101 bis 109 des PatG anzuwenden (§ 18 Abs. 4 Satz 2 GebrMG).

1715 In dem Löschungsverfahren sind die Regeln der ZPO anwendbar (§ 17 Abs. 2 Satz 3 GebrMG) z.B.:

(1) Antragsänderung oder Einbeziehung eines neuen Löschungsgrundes unter der Voraussetzung des § 263, 264 ZPO
(2) Antragserweiterung (z.B. Volllöschung statt Teillöschung nach § 264 ZPO)
(3) Antragsbindung oder -trennung gemäß Trennung nach §§ 145, 147 ZPO
(4) Aussetzung des Verfahrens (§ 148 ZPO)
(5) Antragsrücknahme (§ 269 ZPO).

1716 Das Deutsche Patent- und Markenamt oder das Bundespatentgericht dürfen nicht über den Löschungsantrag und die Rechtsverteidigung hinausgehen. Es ist an die Anträge der Parteien gebunden.

▶ **Beispiel:**

1717 A hat das Gebrauchsmuster B recherchiert und festgestellt, dass dessen Gegenstand nach dem druckschriftlichen Stand der Technik nicht schutzfähig ist. Andererseits stellt er nach Beratung durch den Patentanwalt C fest, dass die Schutzansprüche seinen Tätigkeitsbereich mit umfassen. Ferner informiert der A Patentanwalt C darüber, dass er mit dem Gebrauchsmusterinhaber ursprünglich die D-GmbH geführt hat. Der Gebrauchsmusterinhaber und A waren beide Gesellschafter. Diese Gesellschaft war vor 2 Monaten gekündigt worden.

1718 Es besteht für jedermann die Möglichkeit gegen den in der Rolle eingetragenen Gebrauchsmusterinhaber schriftlich einen Löschungsantrag zu stellen. Ausnahme ist der Fall der sogenannten widerrechtlichen Entnahme (§ 15 Abs. 2, § 13 Abs. 2 GebrMG). Weitere Ausnahme ist das Fehlen einer Antragsbefugnis, z.B. das Bestehen einer Nicht-Angriffsabrede im Rahmen eines Vertragsverhältnisses oder Verstoß gegen Treu und Glauben.[377]

1719 Vorliegend war aber der Gebrauchsmusterinhaber gemeinsam mit A Gesellschafter der D-GmbH. Insoweit könnte ein Löschungsantrag sich als treuwidrig erweisen und mithin unzulässig sein. Etwas Anderes kann sich jedoch ergeben, falls A von dem Gebrauchsmusterinhaber verwarnt worden ist oder eine Verletzungsklage gegen A anhängig ist.

---

377 Busse/Keukenschrijver PatG § 81, Rn. 70.

▶ **Abwandlung des Beispiels:**

Patentanwalt C hat im Auftrag des A einen Löschungsantrag eingereicht, und 1720
den Gebrauchsmusterinhaber zum Verzicht auf sein Gebrauchsmuster aufgefordert. Unter anderem hat er hierbei auf ein bestehendes Vorbenutzungsrecht hingewiesen, ohne dieses näher zu substantiieren. Drei Monate danach wird die Vorbenutzung näher substantiiert. Der Gebrauchsmusterinhaber hatte fristgerecht dem Löschungsantrag widersprochen. Nach Kenntnisnahme der Fakten bezüglich des Vorbenutzungsrechts hat der Gebrauchsmusterinhaber auf sein Gebrauchsmuster verzichtet.

Nach Eingang und Zustellung eines Löschungsantrags wird dem Gebrauchsmusterin- 1721
haber eine Frist gesetzt, innerhalb derer dieser dem Löschungsantrag widersprechen kann. Unterbleibt ein solcher Widerspruch, ist das Gebrauchsmuster zu löschen (§ 17 Abs. 1 GebrMG). Vorliegend hatte der Gebrauchsmusterinhaber rechtzeitig widersprochen. Nachdem der Gebrauchsmusterinhaber nunmehr auf das Gebrauchsmuster verzichtet hat, hat er sich in die Rolle des Unterlegenen begeben. Gemäß § 91 ZPO muss er demgemäß grundsätzlich die Kosten tragen. Vorliegend ist zu berücksichtigen, dass der Gebrauchsmusterinhaber erst nach Ablauf der Widerspruchsfrist in einem Schriftsatz des A diejenigen Fakten zu einer geltend gemachten Vorbenutzung erfahren hat, die ihm erstmals die eigenverantwortliche Prüfung des Schutzrechts ermöglicht haben, und auf die er im Unterschied zu druckschriftlichen Entgegenhaltungen ohne nähere Unterrichtung durch den A keinen unmittelbaren Zugriff gehabt hat. Sofern der Gebrauchsmusterinhaber den Löschungsantrag sofort anerkennt, indem er den zunächst eingelegten Widerspruch innerhalb von 2 Wochen nach Erhalt des Schriftsatzes des A zurücknimmt, liegt ein sofortiges Anerkenntnis im Sinne des § 93 ZPO vor. Insoweit hätte A die Kosten zu tragen.

▶ **Abwandlung des Beispiels:**

A fragt, ob ein Verzicht auf das Gebrauchsmuster ausreichend sei. 1722

Hier ist festzustellen, dass ein Verzicht nur für die Zukunft wirkt (ex nunc). Demge- 1723
mäß können noch Ansprüche für die Vergangenheit bestehen. Sofern A befürchtet, aus früheren Handlungen in Anspruch genommen zu werden, müsste das Löschungsverfahren weitergeführt werden. In diesem Falle würde sich das Verfahren in einen Feststellungsantrag umwandeln (§ 256 ZPO). Es wäre der Antrag zu stellen, dass das Gebrauchsmuster nicht wirksam eingetragen ist.

Hier wäre Voraussetzung das Vorliegen eines Rechtsschutzinteresses. Beispiele für ein 1724
Rechtsschutzinteresse wären eine Verwarnung durch den Gebrauchsmusterinhaber oder eine anhängige Verletzungsklage. Grundsätzlich genügt es, wenn ernsthafte Besorgnis besteht, der Antragsteller könne für die Vergangenheit in Anspruch genommen werden, z.B. Schweigen des Gebrauchsmusterinhabers zur Aufforderung des Antragsstellers, auf die Ansprüche aus dem Gebrauchsmuster zu verzichten.

IV. Schutzzertifikate

Beispiel:

1725 A erscheint bei Patentanwalt B. Bei diesem hatte er bereits vor 10 Jahren ein Patent ausarbeiten und beim Patentamt einreichen lassen. Diese Anmeldung bezog sich auf ein Pflanzenschutzmittel. Das Zulassungsverfahren habe erst jetzt mit einer Genehmigung für das Inverkehrbringen beendet werden können. Damit sei es ihm nur noch für einen Zeitraum von 10 Jahren möglich, sein Verbietungsrecht aus seinem inzwischen erteilten Patent geltend zu machen.

1726 Der Gesetzgeber hat die Möglichkeit eines sogenannten ergänzenden Schutzzertifikats geschaffen. Damit soll eine Verlängerung der Laufzeit eines Patents über die gesetzlich bestimmte Laufzeit hinaus ermöglicht werden. Das Zertifikat gilt ab Ablauf der gesetzlichen Laufzeit des Grundpatents für eine Dauer, die dem Zeitraum zwischen der Einreichung der Anmeldung für das Grundpatent und dem Zeitraum der ersten Genehmigung für das Inverkehrbringen in der Gemeinschaft entspricht, abzüglich eines Zeitraums von 5 Jahren.

1727 Aufgrund dieses exemplarischen Falles ergibt sich demgemäß Folgendes: Die Schutzfrist eines Patents von zwanzig Jahren ab dem Tag der Anmeldung der Erfindung (§ 16 Abs. 1 Satz 1 PatG) mag in der Regel zur wirtschaftlichen Verwertung einer Erfindung ausreichen. Bei Arzneimitteln und Pflanzenschutzmitteln verkürzen die langwierigen bürokratischen Zulassungs- und Genehmigungsverfahren die Patentlaufzeit so erheblich, dass sich in der verbleibenden Zeit des Patentschutzes häufig weder Forschungs- noch Entwicklungskosten amortisieren.

1728 Die EG Verordnungen Nr. 469/2009[378] und 1610/96[379] sollten diesen Mangel durch die Einführung eines ergänzenden Schutzzertifikats beseitigen. Der deutsche Gesetzgeber übernahm diese allgemeinverbindlichen Verordnungen mit den §§ 16 a und § 49 a des Patentgesetzes. Das ergänzende Schutzzertifikat ermöglicht für Erfindungen von Arzneimitteln und Pflanzenschutzmitteln eine Verlängerung der Laufzeit eines Patents über die gesetzlich bestimmte Laufzeit hinaus. Das Zertifikat gilt ab Ablauf der gesetzlichen Laufzeit des Grundpatents für eine Dauer, die dem Zeitraum zwischen der Einreichung der Anmeldung für das Grundpatent und dem Zeitraum der ersten Genehmigung für das Inverkehrbringen in der Gemeinschaft entspricht, abzüglich eines Zeitraums von fünf Jahren.[380]

---

378 EG-VO Nr. 469/2009 vom 6. Mai 2009, 152, vormals EG VO Nr. 1768/92 über die Schaffung eines ergänzenden Schutzzertifikats für Arzneimittel vom 18. Juni 1992, ABl. Nr. L 182 vom 2. 7. 92; vgl. auch Brückner, Ergänzende Schutzzertifikate – Kommentar.

379 EG VO Nr. 1610/96 über die Schaffung eines ergänzenden Schutzzertifikats für Pflanzenschutzmittel vom 23. Juli 1996, ABl. Nr. L 198 vom 8. 8. 96.

380 EG-VO Nr. 469/2009, Art. 13 Abs. 1; EG-VO Nr. 1610/96, Art. 13 Abs. 1; vgl. zur Vertiefung z. B. Ann § 26 Rn. 38 ff.; Sredl, Das ergänzende Schutzzertifikat im deutschen Patentnichtigkeitsverfahren, GRUR 2001, 596 ff.; Brändel, Offene Fragen zum »ergänzenden Schutzzertifikat«, GRUR 2001, 875 ff.; Fitzner in Fitzner/Kubis/Metzger Beck OK Kommentierung zu § 16a PatG.

Beispiel:

A hat für verschiedene Wirkstoffe ein Patent erlangt. Er möchte nunmehr auch ein ergänzendes Schutzzertifikat einreichen. In diesem Schutzzertifikat soll allerdings ein Wirkstoff aufgeführt werden, welcher in dem Grundpatent nicht explizit genannt, aber von dem Schutzumfang der Ansprüche umfasst ist. 1729

Die Entscheidungen des Bundesgerichtshofs *Sumatriptan*[381] und *Idarubicin II*[382] befassten sich mit den Zulassungsvoraussetzungen der Art. 3 a und 1 b EG VO Nr. 469/2009 (vormals Nr. 1768/92), wonach ein ergänzendes Schutzzertifikat nur für ein Erzeugnis erteilt werden kann, das durch ein in Kraft befindliches Grundpatent geschützt ist. »*Erzeugnis*« definiert Art. 1 b EG VO Nr. 469/2009 mit *Wirkstoff* oder *Wirkstoffzusammensetzung* eines Arzneimittels. Anknüpfend an die Entscheidung *Idarubicin II* kann nach der Entscheidung des Bundesgerichtshofs im Fall *Sumatriptan* das Schutzzertifikat auch auf einen im *Grundpatent* als solchen nicht genannten Wirkstoff erteilt werden, der aber vom Schutzbereich eines Anspruchs des Grundpatents umfasst ist. Bereits in seinem Urteil *Idarubicin II* hatte der Bundesgerichtshof darauf verwiesen, dass sich der Schutz eines Patents nicht auf den engen Wortlaut des Patentanspruchs beschränke. Er erstrecke sich nach den von der Rechtsprechung entwickelten Grundsätzen auch auf das, was der Fachmann nach dem Sinngehalt des Wortlauts ohne weiteres mitlese und darüber hinaus jedenfalls auf solche äquivalenten Abwandlungen, die der Fachmann mit seinem Fachwissen aufgrund von am Sinngehalt der Patentansprüche anknüpfenden Überlegungen als gleich wirkend erkennen könne.[383] Die Entscheidungen *Idarubicin II* und *Sumatriptan* gehen zurück auf eine Vorabentscheidung des Europäischen Gerichtshofs. Dieser hatte die Vorlagefrage des Bundesgerichtshofs aus dem Jahr 1997[384] *Idarubicin I* im nämlichen Sinne entschieden.[385] Im Fall *Sumatriptan* kam deswegen eine Zertifikatserteilung für den Wirkstoff Sumatriptan ebenso in Betracht, wie für dessen physiologisch annehmbare Salze und Solvate. Im Fall *Idarubicin* kam nach der Entscheidung des Bundesgerichtshofs über die Rechtsbeschwerde die Erteilung eines Schutzzertifikats über die in der arzneimittelrechtlichen Genehmigung aufgeführte Wirkstoffform (Idarubicinhydrochlorid) hinaus auch für den Wirkstoff als solchen (Idarubicin) sowie etwaige weitere Derivate (Salze und Ester) in Betracht, obwohl für diese ein Zulassungsbescheid nicht vorlag.[386] Es ist aber zu beachten, dass es sich jeweils nur um verschiedene Formen desselben Wirkstoffs handeln darf, mit denen derselbe Heilungs- beziehungsweise Vorbeugungseffekt im Sinne des Art. 1 lit. a EG VO Nr. 469/2009 erzielt werden kann.[387] 1730

381 BGH GRUR 2002, 415 ff. – *Sumatriptan*; Beschl. vom 29. Januar 2002 X ZB 12/01 (BPatG).
382 BGH GRUR 2000, 683 ff. – *Idarubicin II*; Beschl. vom 15. Februar 2000 X ZB 13/95 (BPatG).
383 Ebd., S. 683.
384 BGH GRUR 1998, 363 ff. – *Idarubicin*.
385 EuGH, GRUR Int. 2000, 69 ff.
386 BGH GRUR 2002, 47 ff. – *Idarubicin III*.
387 BGH GRUR 2002, 415 (417) – *Sumatriptan*.

1731 Ein ergänzendes Schutzzertifikat kann gem. Art. 3 VO (EG) Nr. 469/2009 nur erteilt werden, wenn außer einem in Kraft befindlichen Grundpatent für das Erzeugnis (Art. 3 a VO (EG) Nr. 469/2009) eine gültige Zulassung als Arzneimittel gem. RL 2001/83/EG oder RL 2001/82/EG (Art. 3 b VO (EG) Nr. 469/2009) erteilt wurde, bei der es sich um die erste Zulassung des Erzeugnisses als Arzneimittel handeln muss. Im Rahmen der Prüfung der Erteilungsvoraussetzungen gem. Art. 3b VO (IG) Nr. 469/2009 kommt es dabei ausschließlich darauf an, für welches konkrete Erzeugnis (Wirkstoff oder Wirkstoffkombination) die eingereichte Genehmigung für das Inverkehrbringen als Arzneimittel erteilt wurde. Entsprechend fehlt es[388] an der Voraussetzung für die Erteilung eines Schutzzertifikats, wenn der im Arzneimittel enthaltene Wirkstoff bereits früher zur Behandlung zugelassen worden war.[389] Mit anderen Worten, es darf für das Erzeugnis nicht bereits ein Zertifikat erteilt worden sein.

1732 Der EuGH[390] hat im Weiteren noch klargestellt, dass die Erteilung eines ergänzenden Schutzzertifikats voraussetzt, dass der oder ein Wirkstoff, welcher in der Zulassung des Arzneimittels und dem hierauf bezogenen ergänzenden Schutzzertifikatantrag genannt ist, durch ein Grundpatent geschützt ist. Schützt das Grundpatent eine Wirkstoffkombination, kann nicht ein einzelner Wirkstoff einer derart geschützten Kombination Gegenstand eines ergänzenden Schutzzertifikats sein. Im Weiteren geht der EuGH davon aus, dass es ausreicht, wenn nur ein in dem ergänzenden Schutzzertifikatantrag angegebener Wirkstoff oder eine Wirkstoffkombination durch das Grundpatent geschützt wird. Es ist demgemäß unschädlich, wenn der ergänzende Schutzzertifikatantrag auf ein Arzneimittel bzw. eine Zulassung sich bezieht, welche auch weitere Wirkstoffe umfasst.

▶ **Beispiel:**

1733 Für A ist ein Patent betreffend eine bestimmte Wirkstoffzusammensetzung eines Arzneimittels erteilt worden. Da die Zulassung sich geraume Zeit hingezogen hat, möchte er ein ergänzendes Schutzzertifikat beantragen. Hierbei ist für ihn wesentlich, dass von den beiden Wirkstoffen B und C nur der Wirkstoff B Inhalt des Schutzzertifikats ist. Ist dies möglich?

1734 Art. 3 a der Verordnung (EG) Nr. 469/2099 des Europäischen Parlaments und des Rates vom 06.05.2009 über das ergänzende Schutzzertifikat für Arzneimittel ist dahin auszulegen, dass es den für den gewerblichen Rechtsschutz zuständigen Behörden eines Mitgliedsstaates verwehrt ist, ein ergänzendes Schutzzertifikat zu erteilen, wenn der in der Anmeldung aufgeführte Wirkstoff in den Ansprüchen des Grundpatents zwar als Wirkstoff genannt ist, der mit einem anderen Wirkstoff eine Zusammensetzung bildet, er aber nicht Gegenstand eines Anspruchs ist, der sich ausschließlich auf diesen Wirkstoff bezieht.[391]

388 BPatG GRUR 2021, 59 – Abraxis II.

389 BPatG Beschl. v. 26.6.2020 – 14 W (pat) 21/19 – Paclitaxel.

390 EuGH-Urteil vom 24.11.2011 – C-322/10.

391 EuGH GRUR 2012, 261 – *Kein ergänzendes Schutzzertifikat für isolierten Wirkstoff einer Zusammensetzung.*

▶ Beispiel:

A möchte zu seinem Grundpatent ein ergänzendes Schutzzertifikat erhalten. Allerdings möchte er bezüglich der Mengenbereiche Angaben machen, welche um 50 % von der Minimalmenge abweichen. Von der mittleren Konzentrationsangabe des Wirkstoffs im Grundpatent ist eine Abweichung um 40 % vorgesehen. A fragt, ob hierfür ein Schutzzertifikat wirksam erlangt werden kann. 1735

Mit der Frage des Schutzes durch das Grundpatent bei Mengenbereichsabweichung hatten sich das Bundespatentgericht und der Bundesgerichtshof in der Sache *Custodiol* auseinander zu setzen.[392] Im Ergebnis bestätigte der Bundesgerichtshof die Rechtsauffassung des Bundespatentgerichts, dass ein *Erzeugnis* im Sinne Art. 3 lit. a EG VO Nr. 1768/92 (= 469/2009) dann nicht durch das Grundpatent geschützt sei, wenn die Menge eines der enthaltenen Wirkstoffe von der in den Patentansprüchen des Grundpatents für diesen Wirkstoff angegebenen Menge erheblich abweicht.[393] In dem zu entscheidenden Fall handelte es sich um eine Abweichung der Wirkstoffmenge von nur 50 Prozent der Minimal-, beziehungsweise 40 Prozent der mittleren Konzentration, die im Grundpatent für diesen Wirkstoff angegeben war. Die Beschreibung enthielt in diesem Fall keinen Hinweis darauf, dass die Mengenangaben der Patentansprüche außer Acht gelassen werden dürften, beziehungsweise nur beispielhaft gemeint wären.[394] 1736

▶ Beispiel:

A möchte ein Schutzzertifikat für seine Arzneimittel erlangen. Er legt dem Patentanwalt B den Zulassungsbescheid des Bundesinstituts für Arzneimittel und Medizinprodukte vor. Der Wirkstoff, welchen A durch das Schutzzertifikat schützen lassen möchte, findet sich unter der Rubrik »sonstige Stoffe«. A fragt, ob dieser Zulassungsbescheid ausreichend sei. 1737

In Übereinstimmung mit der Entscheidung *Clarithromycin* des 15. Senats des Bundespatentgerichts vom 18. Februar 1999[395] hat der 14. Senat des Bundespatentgerichts bei einer Anmeldung für Arzneimittel als »Wirkstoff« im Sinne Art. 1 lit. b EG VO Nr. 1768/92 (= 469/2009) nur den in der Zulassung als *arzneilich wirksamen Bestandteil* angegebenen Stoff anerkannt. Solche Stoffe, die im Zulassungsbescheid des Bundesinstituts für Arzneimittel und Medizinprodukte unter der Rubrik »sonstige Stoffe« und nicht unter der Rubrik »arzneilich wirksame Bestandteile« aufgeführt seien, seien selbst keine »Wirkstoffe« im Sinne der Verordnung. Dies sei auch dann nicht anders zu sehen, wenn die beanspruchte Wirkstoffkombination zu einer überraschenden Wirkungssteigerung führe, die es beispielsweise gestatte, die Dosis 1738

392 BPatG, GRUR 2000, 1011 ff. – *Custodiol*; BGH GRUR 2002, 523 ff. – *Custodiol I*; BGH GRUR 2002, 527 ff. – *Custodiol II*.
393 Vgl. BGH GRUR 2002, 527 (530) – *Custodiol II*.
394 Vgl. BGH GRUR 2002, 523 (526) – *Custodiol I*.
395 BPatGE 41, 56 ff. – *Clarithromycin*.

zu halbieren, um dennoch gleichmäßig hohe periphere Serumspiegel zu erzielen und eine besonders gute Verträglichkeit des Präparats zu erreichen.[396]

▶ Beispiel:

1739 A möchte ein Schutzzertifikat für eine Wirkstoffzusammensetzung eines Arzneimittels erlangen. Diese Zusammensetzung wird gebildet aus Carmustin und Polifeprosan. Ausweislich der Grundpatentanmeldung ist der wirksame Bestandteil Carmustin. Polifeprosan wird lediglich als Matrix zur Einlagerung und kontrollierten Freisetzung von Wirkstoffen beschrieben. A fragt, ob er für diese Wirkstoffzusammensetzung ein Schutzzertifikat erlangen kann.

1740 Mit arzneilich wirksamen Bestandteilen hatten sich Bundespatentgericht und Bundesgerichtshof auch im Fall *Polifeprosan* auseinander zu setzen.[397] Der Bundesgerichtshof hat die Entscheidung über die Rechtsbeschwerde gegen den Beschluss des Bundespatentgerichts vom 25. 11. 2002[398] ausgesetzt und dem Europäischen Gerichtshof zur Vorabentscheidung gem. Art. 234 EGV vorgelegt. Gegenstand des Vorlagebeschlusses ist die Frage, wie der Begriff »*Wirkstoffzusammensetzung eines Arzneimittels*« im Sinne von Art. 1 lit. b EG VO Nr. 1768/92 (= 469/2009) auszulegen sei. Das Bundespatentgericht hatte ausgeführt, innerhalb des Arzneimittels Gliadel sei Carmustin der einzige arzneilich wirksame Bestandteil und Polifeprosan ausweislich des Grundpatents lediglich die Matrix zur Einlagerung und kontrollierten Freisetzung von Nährstoffen. Der Begriff der Wirkstoffzusammensetzung eines Arzneimittels setze aber bereits nach seinem Wortlaut mindestens zwei jeweils arzneilich wirksame Bestandteile voraus. Zudem beruft sich das Bundespatentgericht auch auf den allgemeinen Sprachgebrauch. Danach sei Wirkstoff bzw. Wirkstoffzusammensetzung, ein Stoff, bzw. eine Stoffzusammensetzung, die »wirke«.[399]

1741 Eine derartige Auslegung hielt der Bundesgerichtshof aber nicht für zwingend. Die Unterscheidung zwischen »*Stoff oder Stoffzusammensetzung*« im Rahmen der Definition des Begriffs des Arzneimittels in Art. 1 lit. a EG VO Nr. 1768/92 (= 469/2009) und »*Wirkstoff oder Wirkstoffzusammensetzung*« im Rahmen der Definition des Begriffs des »*Erzeugnisses*« in Art. 1 lit. b derselben Verordnung könne ein Hinweis darauf sein, dass unter »*Erzeugnis*« nur arzneilich wirksame Stoffe und Zusammensetzungen arzneilich wirksamer Stoffe in Betracht kämen. Stoffe oder Stoffzusammensetzungen, deren Kenntnis für eine zweckmäßige Verabreichung des Mittels erforderlich ist, unterfielen bei dieser Auslegung zwar der Definition des Arzneimittels nach Art. 1 lit. a EG VO Nr. 1768/92 (= 469/2009), seien aber keine *Stoffe* oder *Bestandteile von Stoffzusammensetzungen* im Sinne von Art. 1 lit. b EG VO Nr. 1768/92

396 BPatG, Beschl. vom 23. Januar 2001 14 W (pat) 8/99 – *Clarithromycin*.

397 BGH Urt. v. 29.6.2004, X ZB 5/03; GRUR 2004, 929 ff. = Mitt. 12/2004, 549 ff. – *Prolifeprosan*.

398 BPatGE 46, 142 = GRUR 2003, 696 – *Polifeprosan*.

399 Ebd., GRUR 2003, 696 (697).

(= 469/2009), sodass für diese nach jener Auslegung ein ergänzendes Schutzzertifikat nicht erteilt werden könne.

Auch dieser Auslegung begegnete der Bundesgerichtshof aber mit Zweifeln. Der 1742
Begriff der *Wirkstoffzusammensetzung* eines Arzneimittels könne nämlich auch so ausgelegt werden, dass er das Vorhandensein mehrerer Wirkstoffe, die jeweils eine arzneiliche Wirkung entfalten, nicht notwendigerweise voraussetze. Art. 1 lit. b EG VO Nr. 1768/92 (= 469/2009) in deutscher Fassung spreche nicht von einer Kombination von Einzelwirkstoffen, sondern von einer Wirkstoffzusammensetzung des »Arzneimittels«. Dies ermögliche auch ein Verständnis des Begriffs »Erzeugnis« dahin gehend, dass als Wirkstoffzusammensetzung auch eine Kombination von Bestandteilen des Arzneimittels in Betracht kommen könne, bei der ein Bestandteil (Wirkstoff) seine arzneiliche Wirksamkeit aus der Kombination mit einem oder mehreren anderen Bestandteilen erhalte, ohne die seine spezifische arzneiliche Wirkung nicht erzielbar wäre, der weitere Bestandteil also nicht nur ein Hilfsstoff wäre, dessen Kenntnis für eine zweckgemäße Verabreichung des Mittels erforderlich, sondern dessen Kenntnis notwendig sei, um die spezifische arzneiliche Wirksamkeit des Wirkstoffs zu erzielen.[400] Für eine derartige Auslegung kann nach Ansicht des Bundesgerichtshofs auch sprechen, dass nach der Begründung der Kommission zum ursprünglichen Verordnungsentwurf[401] alle im pharmazeutischen Bereich durchgeführten Forschungstätigkeiten privilegiert werden sollten, vorausgesetzt, sie führten zu einer patentierten Neuerung, sei es, dass es sich um ein neues Erzeugnis handele, ein neues Verfahren zur Entwicklung eines neuen oder bereits bekannten Erzeugnisses, eine neue Anwendung eines neuen oder bereits bekannten Erzeugnisses oder eine neue Zusammensetzung unter Einbeziehung eines neuen oder bereits bekannten Erzeugnisses. Lege man diese Auslegung zugrunde, könne anzunehmen sein, dass die Kombination eines neu entwickelten Hilfsstoffs mit einem bereits bekannten Wirkstoff dann der Erteilung eines ergänzenden Schutzzertifikat zugänglich sei, wenn dadurch ein neues Arzneimittel entstehe, bei dem die arzneiliche Wirksamkeit des Wirkstoffs durch den nicht selbst arzneilich wirksamen weiteren Stoff definiert sei und kontrolliert werde.[402]

▶ Beispiel:

A hat ein Patent, durch welches ein Erzeugnis, das in nebengeordneten Ansprü- 1743
chen drei Wirkstoffe unter Schutz stellt. Er möchte ein ergänzendes Schutzzertifikat erwerben.

Ein ergänzendes Schutzzertifikat für ein aus mehreren Wirkstoffen und kombinierter 1744
Wirkung bestehendes Erzeugnis kann grundsätzlich erlangt werden, wenn ein entsprechendes Grundpatent in Kraft ist. Ein solcher Schutz ist zu bejahen, wenn sich die Ansprüche des Grundpatents notwendigerweise und spezifisch auf die Kombination

400 BGH Urt. v. 29.6.2004, X ZB 5/03; GRUR 2004, 929 (931)ff. – Prolifeprosan.
401 Kommissionsdokument KOM [90] 101 endg., Ratsdokument 6033/90, BR-Drucks. 309/90, Nr. 29.
402 BGH Urt. v. 29.6.2004, X ZB 5/03; GRUR 2004, 929 (931)ff. – Prolifeprosan.

der Wirkstoffe, aus denen das Erzeugnis besteht, beziehen. Es ist nicht notwendig, dass die Wirkstoffe ausdrücklich erwähnt sind. Aus der Sicht des Fachmannes muss nach dem Stand der Technik bei Einreichung oder am Prioritätstag des Grundpatentes die Kombination der Wirkstoffe nicht im Lichte der Beschreibung und der Zeichnungen des Patentes notwendigerweise von der durch das Patent geschützten Erfindung erfasst sein, und jeder der Wirkstoffe im Lichte aller durch das Patent offengelegten Angaben spezifisch identifizierbar sein[403]

1745 Wenn mehrere Wirkstoffe und Wirkstoffkombinationen beansprucht werden, bietet sich die Teilung der grundlegenden Patentanmeldung an. Die jeweiligen Teilanmeldungen können als Grundpatente für einen Antrag auf Erteilung eines Schutzzertifikats angesehen werden. Ist für einen Monowirkstoff ein ergänzendes Schutzzertifikat erteilt, kommt die Erteilung eines weiteren Schutzzertifikats nur in Betracht, wenn in der Bereitstellung der Wirkstoffkombination eine Leistung liegt, die über eine naheliegende Abwandlung des Monowirkstoffs hinausgeht, dh es muss eine selbstständig erfinderische Qualität für die Wirkstoffkombination vorliegen. Ob auf der Grundlage desselben Grundpatents mehrere Schutzzertifikate erteilt werden können, entscheidet sich demgemäß in Abhängigkeit davon, ob das Grundpatent eine oder mehrere Erfindungen enthält. Für die Beantwortung dieser Frage kommt es ausschließlich auf den Inhalt der Grundpatentschrift an. Spätere Erkenntnisse werden nicht berücksichtigt, dh es findet keine nachträgliche Bewertung der einzelnen Patentansprüche vor dem Hintergrund des vorbekannten Standes der Technik am Prioritätstag statt. Es ist allein darauf abzustellen, was der Fachmann in Anbetracht des Beschreibungstextes und ggf. auch der Zeichnungen der Patentschrift als diejenige Erfindung identifiziert, für die das Grundpatent gewährt worden ist. Sofern das Grundpatent nebengeordnet unter Schutz gestellte Wirkstoffkombinationen als mögliche Ausführungsformen enthält, ist es belanglos, dass in ihrer Bereitstellung tatsächlich eine selbstständige Erfindung liegt. Nimmt andererseits das Grundpatent für sich zwei selbstständige Erfindungen in Anspruch, so sind entsprechend auch Schutzzertifikate erteilungsfähig.[404]

V. Arbeitnehmererfindungen

1746 Eine Besonderheit des deutschen Rechts ist auch das Arbeitnehmererfindergesetz. Ein solches Recht ist lange nicht in allen Staaten der Erde bekannt. Dies gilt insbesondere für die nach diesem Gesetz einzuhaltenden Formalien.

1. Pflichten der Beteiligten

1747 Sobald ein Arbeitnehmer eine Erfindung gemacht hat, treffen ihn besondere Pflichten, insbesondere hat er seine Erfindung dem Arbeitgeber zu melden. Dieser hat wiederum die Verpflichtung sich zu entscheiden, ob er die Erfindung im eigenen Namen anmelden möchte oder nicht.

403 EuGH GRUR 2018, 908 – Teva; GRUR Int. 2019, 37 – *Teva UK Ltd. et al./Gilead Sciences Inc.*

404 BPatG BlPMZ 2020, 117 ff. = BeckRS 2019, 31706; OLG Düsseldorf GRUR 2020, 272 ff.

a) Meldung und Inanspruchnahme

▶ Beispiel:

A ist Arbeitnehmer der Firma C. Er ist dort in der Entwicklung tätig und hat eine Erfindung gemacht. Diese basiert maßgeblich auf seinen betrieblichen Erfahrungen. Er möchte von Patentanwalt B gerne beraten werden, ob eine Patentanmeldung möglich ist. 1748

Es handelt sich um eine Diensterfindung i.S.d. § 4 ArbEG. Das Gesetz sieht zunächst eine Pflicht des Arbeitnehmers zur unverzüglichen, schriftlichen, gesonderten und als solche erkennbaren Erfindungsmeldung in Textform an den Arbeitgeber vor (§ 5 Abs. 1 ArbEG). 1749

Arbeitgeber i.S.d. Gesetzes sind Dienstvorgesetzte dann, wenn sie zur Geschäftsleitung gehören, vom Arbeitgeber allgemein oder speziell für die Entgegennahme von Meldungen Bevollmächtigte. Eine Patentabteilung wird in der Regel bevollmächtigt sein. Unmittelbare Vorgesetzte, wie etwa der Gruppenleiter eines Entwicklungsingenieurs, sind in der Regel nicht zur Entgegennahme von Erfindungsmeldungen bevollmächtigt und daher die falschen Adressaten einer Erfindungsmeldung.[405] 1750

Unverzüglich bedeutet »ohne schuldhaftes Zögern« i.S.d. § 121 Abs. 1 BGB.[406] 1751

Textform heißt, dass die Erfindungsmeldung in einer Urkunde oder auf andere zur dauerhaften Wiedergabe in Schriftzeichen geeignete Weise abgegeben, die Person des Erfinders bzw. der Erfinder genannt und der Abschluss der Erfindungsmeldung durch Nachbildung der Namensunterschrift oder anders erkennbar gemacht werden muss (§ 126 b BGB). Damit sind die Erleichterungen für moderne Telekommunikationen (Telegramm, Fernschreiben, Telekopie), die in Gerichtsverfahren und auch im Schiedsstellenverfahren für die Abgabe von Verfahrenserklärungen zugelassen sind, sofern eine Frist einzuhalten ist oder ein Rechtsverlust droht, sind für die Erfindungsmeldungen nach dem Arbeitnehmererfindergesetz zugelassen.[407] 1752

Als Erfindungsmeldung kenntlich zu machen heißt, es muss darauf hingewiesen werden, dass es sich um eine Erfindung handelt; eine Bezeichnung als Verbesserungsvorschlag kann nicht als Erfindung ausgelegt werden (Grund u.a. organisatorische Trennung von Erfindungs- und Vorschlagswesen).[408] 1753

Der Inhalt der Meldung muss die vollständige Darstellung des technischen Problems enthalten, sodass das Erfinderische daran verstanden wird.[409] Angaben gemäß § 5 Abs. 2 Satz 3 ArbEG über das Zustandekommen der Diensterfindung sind Pflicht des Arbeitnehmers und sollen dem Arbeitgeber die Kenntnis von Gebundenheit, 1754

405 Bartenbach/Volz § 5 ArbEG Rn. 10 ff.
406 Bartenbach/Volz § 5 ArbEG Rn. 28.
407 Entwurf des Patentrechtsmodernisierungsgesetzes vom 10.12.2008, BT Drucks. 16, 11 339.
408 Bartenbach/Volz § 5 ArbEG Rn. 41.
409 Bartenbach/Volz § 5 ArbEG Rn. 68.

Erfinderpersonen, betrieblichem Anteil usw. als Entscheidungsgrundlage für die Inanspruchnahme vermitteln.[410]

1755 Eine nicht ordnungsgemäße Meldung kann innerhalb von zwei Monaten nach Zugang beanstandet werden. Die Frist für die Inanspruchnahmeerklärung bzw. Inanspruchnahmefiktion wird dann erst ab Zugang ordnungsgemäßer Meldung in Lauf gesetzt (§ 5 Abs. 1 Satz 3 ArbEG).[411] § 5 Abs. 3 Satz 2 ArbEG schreibt die Unterstützung durch den Arbeitgeber bei der Meldung, z.B. durch Information über Fehler, vor.[412] Es besteht eine Verpflichtung zur Meldung. Die Verletzung der Meldepflicht verpflichtet den Arbeitnehmer zum Schadensersatz; dieser kann z.B. in der Pflicht zur Übertragung des selbst angemeldeten Schutzrechts auf seine Kosten bestehen.[413] Die Meldung erfüllt das Erfordernis der Wirksamkeit, wenn die nach § 5 Abs. 1 ArbEG notwendigen Voraussetzungen vorliegen. Das Fehlen der Beschreibung von technischer Aufgabe und Lösung macht die Meldung allerdings nicht unwirksam, weil diese Angaben erst durch § 5 Abs. 2 ArbEG vorgeschrieben sind. Eine Meldung gilt sogar dann als ordnungsgemäß nach § 5 Abs. 3 ArbEG, wenn sie die geforderten Angaben nach § 5 Abs. 2 ArbEG nicht enthält, vorausgesetzt, dass deren Fehlen nicht innerhalb der Zwei-Monats-Frist wird. Der Lauf der Inanspruchnahmefrist wird daher hiermit ausgelöst.

1756 Durch die Inanspruchnahmeerklärung gemäß § 6 Abs. 1 ArbEG bzw. dem Eintritt der Inanspruchnahmefiktion gemäß § 6 Abs. 2 ArbEG des Arbeitgebers geht das Recht auf das Patent auf diesen über (§ 7 Abs. 1 ArbEG). Die Inanspruchnahmefiktion tritt innerhalb von vier Monaten ab Zugang der ordnungsgemäßen Erfindungsmeldung ein. Der Arbeitgeber hat jedoch auch die Möglichkeit, die Erfindung gemäß § 6 Abs. 1 ArbEG in Anspruch zu nehmen. Diese Erklärung ist gegenüber dem Arbeitnehmer abzugeben. Dadurch wird klargestellt, dass es sich bei der Inanspruchnahme um eine einseitige, empfangsbedürftige Willenserklärung handelt.

1757 Die Inanspruchnahme, Inanspruchnahmeerklärung und die Inanspruchnahmefiktionen wirken konstitutiv für den Rechtsübergang (§ 7 Abs. 1 ArbEG), vorher ist der Arbeitgeber nicht Inhaber des Rechts an der Erfindung.[414] Übt der Arbeitgeber sein gesetzliches Aneignungsrecht nicht aus, wird die Diensterfindung frei (§ 8 Abs. 1 Nr. 1 ArbEG)

1758 Gibt der Arbeitgeber die Diensterfindung frei (§ 6 Abs. 2 ArbEG, § 8 Abs. 1 Nr. 1 ArbEG) verbleiben die vermögenswerten Rechte beim Arbeitnehmer. (§ 7 Abs. 1 ArbEG). Über eine frei gewordene Diensterfindung kann der Arbeitnehmer ohne Beschränkungen der §§ 18 (Mitteilungspflicht) und 19 (Anbietungspflicht) ArbEG verfügen (§ 8 S. 2 ArbEG).

---

410 Bartenbach/Volz § 5 ArbEG Rn. 72, 73.
411 Bartenbach/Volz § 5 ArbEG Rn. 61.
412 Bartenbach/Volz § 5 ArbEG Rn. 90, 91.
413 Bartenbach/Volz § 5 ArbEG Rn. 94.
414 Bartenbach/Volz § 6 ArbEG Rn. 1 5 ff.

▶ Beispiel:

Die Firma A arbeitet bei Entwicklungen in Kooperation mit der Firma B mit. 1759
Die Arbeitnehmer beider Firmen haben demgemäß an verschiedenen Entwicklungen mitgearbeitet. Firma A stellt fest, dass Firma B für eine dieser Entwicklungsarbeiten eine Patentanmeldung getätigt hat. Sie erkennt dies nach dem Bekanntwerden der Patenterteilung für die Firma B. A nimmt vorsorglich sofort gegenüber den eigenen Arbeitnehmern in Anspruch. Zugleich fordert die Firma A die Firma B zur Teilübertragung des Patentrechts auf. Im Rahmen von Vergleichsverhandlungen wird vereinbart, dass B der Firma A ein kostenloses Mitbenutzungsrecht einräumt.

Nach dem Arbeitnehmererfindergesetz hat der Arbeitgeber eine Pflicht zur Anmel- 1760
dung (§ 13 Abs. 1 ArbEG). Dies war im vorliegenden Fall ausgeschlossen, da eine Patentanmeldung im Zeitpunkt der Erfindungsmeldung bereits erfolgt war und sogar schon die Patenterteilung veröffentlicht worden war. Mithin stellt sich die Frage, ob der Arbeitgeber seiner Anmeldepflicht mit der Einräumung des Mitbenutzungsrechts genügt hat.

Wenn man davon ausgeht, dass eine gemeinsame Entwicklung stattgefunden hat, oblag 1761
es der Firma A, die in Anspruch genommenen Anteile im Rahmen des Herausgabeanspruchs nach § 8 PatG geltend zu machen und ggf. diesen Anspruch im Wege der Vindikationsklage mit dem Ziel durchzusetzen, die Mitinhaberschaft an dem Patent zu erreichen. Im Erfolgsfall wäre auf diese Weise die vom Arbeitnehmererfindergesetz vorausgesetzte (Teil)-Monopolstellung des Arbeitgebers als Voraussetzung für eine Vergütungspflicht erzielt worden. Das A nur ein kostenloses Mitbenutzungsrecht der Firma B abgehandelt hat, mag zur Wahrung der eigenen wirtschaftlichen Interessen genügen, reicht aber nach der gesetzlichen Regelung nicht aus. Denn ein solches Mitbenutzungsrecht verschafft nicht die vom Gesetz vorausgesetzte und durch ein Schutzrecht abgesicherte Monopolstellung. Mithin hat A ihren Pflichten nach § 13 oder zumindest der Pflicht zur Durchsetzung der Einräumung der Mitinhaberschaft nicht genügt.[415]

▶ Beispiel:

Die Arbeitnehmer A und B der Firma C waren mit Entwicklungsarbeiten betraut. 1762
Diese Arbeiten erfolgten in Kooperation mit der Firma D. A und B melden eine Erfindung, welche aus diesen Arbeiten entstanden ist, ihrem Arbeitgeber C. Zugleich schreiben sie: »Über den prozentualen Anteil zwischen Firma D und den Erfindern der Firma C kann zu diesem Zeitpunkt noch keine definitive Aussage gemacht werden«.

415 Vgl. unveröffentlichter Einigungsvorschlag der Schiedsstelle des DPMA, AZ Arb.Erf. 16/04, vom 04.10.2005.

1763 Die Ausführungen der beiden Erfinder lassen nur den Schluss zu, dass sie sich nicht als ausschließliche Erfinder betrachtet haben, sondern auch den Mitarbeitern der Firma D grundsätzlich einen Erfindungsanteil zubilligen, über dessen Höhe sie allerdings z.Z. nichts aussagen können. Die Annahme der Erfinder, es sei Sache der Arbeitgeberin, der Erfindungsanteile zuzusprechen, geht fehl. Dies ist zunächst Aufgabe der Erfinder selbst, die sachnäher an der Erfindung beteiligt sind als später eingeschaltete Mitarbeiter des Unternehmens.[416]

▶ **Beispiel:**

1764 Am 29.09.2009 hat A eine Erfindung gemeldet. In dem zugrundeliegenden Inanspruchnahmeformular war unter der Überschrift »Eingangsbestätigung« »Inanspruchnahme/Freigabeerklärung« zunächst der Eingang der Erfindungsmeldung bestätigt worden. Unterhalb der Eingangsbestätigung war die Unterschrift des Arbeitgebers positioniert. Erst unterhalb der Unterschriftenzeile befand sich die von dem Arbeitgeber maschinenschriftlich angekreuzte Inanspruchnahmeerklärung, verbunden mit der Bitte an den Erfinder, den Erhalt des Schreibens an dem unteren Rand des Schreibens schriftlich zu bestätigen. Diese Bestätigung war auch erfolgt.

1765 Da im vorliegenden Fall die Erfindungsmeldung vor dem 01.10.2009 erfolgt war, ist § 6 Abs. 2 ArbEG aF i.V.m. § 126 BGB anzuwenden. Da die Unterschrift räumlich oberhalb der Inanspruchnahmeerklärung positioniert ist, stellt sich die Frage, ob der Schriftform Genüge getan ist. Entscheidend ist, dass die durch maschinenschriftliches Ankreuzen abgegebene Erklärung auf dem Inanspruchnahme-Formular nach den maßgeblichen Gesamtumständen von der Unterschrift gedeckt wird. Fraglich ist, ob eine zergliedernde Betrachtung dem Sinngehalt des Geschehensablaufs gerecht wird. Wenn dies zutrifft, erschöpft sich der Erklärungsinhalt der Urkunde in den Empfangsbestätigungen des Arbeitgebers und der Erfinder, was mit der Verwendung des als »Eingangsbestätigung/Inanspruchnahme/Freigabeerklärung« überschriebenen Vordruck für die Erfinder erkennbar nicht alleine bezweckt war. Fraglich ist, ob die aus anderen Rechtsbereichen bekannte Rechtsprechungen zur Beweiskraft fehlerhaft ausgeführte Banküberweisungsträger verallgemeinernd angewendet werden kann. Danach ist die Wahrung der Schriftform kategorisch zu verneinen, wenn die Unterschrift eine Erklärung nicht in ihrer Gesamtheit räumlich abschließt.[417] Für das Arbeitnehmererfinderrecht hat der BGH jedoch entschieden, dass eine alle Umstände des Einzelfalles berücksichtigende Gesamtwürdigung vorzunehmen ist.[418]

1766 Grundsätzlich sollen Inanspruchnahmeformulare des Arbeitgebers so gestaltet werden, dass die Unterschrift des Arbeitgebers die Erklärung räumlich abschließt. Ist die Unterschrift auf einem Inanspruchnahme-Formular räumlich oberhalb der Erklärung

416 Vgl. unveröffentlichter Einigungsvorschlag der Schiedsstelle des DPMA, AZ Arb.Erf. 16/04, vom 04.10.2005.

417 BGH NJW 1995, 43.

418 BGH vom 18.06.2013, X ZR 103/11.

positioniert, muss nach Maßgabe einer sämtliche Umstände des Einzelfalles zu berücksichtigenden Gesamtwürdigung des sozialen Singgehaltes beurteilt werden, ob die Inanspruchnahmeerklärung von der Unterschrift erfasst wird oder nicht.

▶ **Abwandlung des Beispiels:**

Die Erfindung ist erst am 11.10.2010 gemeldet worden. 1767

1768 Im Rahmen der Inanspruchnahme ist das Textformerfordernis nach § 126 b BGB zu berücksichtigen. Hier muss der Abschluss der Inanspruchnahmeerklärung nach wie vor durch Nachbildung der Namensunterschrift oder auf andere Weise kenntlich gemacht werden. Ansonsten muss wie nach dem früheren Recht allen Erfordernissen genügt werden. Insoweit ändert die Beurteilung des Sachverhaltes nach neuem Recht nichts gegenüber der Beurteilung nach altem Recht.[419]

b) Freie Erfindung

▶ **Beispiel:**

1769 A ist in der Firma B tätig, die Düngemittel herstellt. Er hat in seiner Freizeit ein Gerät zum Vertreiben von Maulwürfen entwickelt. Rechtslage?

1770 Die Erfindung hat A während seines Dienstverhältnisses gemacht. Es ist aber offensichtlich, dass diese weder aus der A obliegenden Tätigkeit noch aus den betrieblichen Erfahrungen des A hervorgeht. Damit liegt keine Diensterfindung i.S.d. § 4 ArbEG vor.

1771 Es handelt sich um eine freie Erfindung, über die der Arbeitnehmer frei verfügen kann. Er hat jedoch hierüber seinem Arbeitgeber in einem solchen Umfang Mitteilung zu machen, dass diesem die Möglichkeit gegeben wird, zu beurteilen, ob eine freie Erfindung oder eine Diensterfindung vorliegt (§§ 18, 19 ArbEG). Nur wenn ganz offensichtlich eine freie Erfindung nicht im Betrieb des Arbeitgebers verwendbar ist, entfällt für den Arbeitgeber die Verpflichtung zur Mitteilung der freien Erfindung. Grundsätzlich ist zu empfehlen, dass man sich auf den Standpunkt stellt, dass alle Erfindungen wenigstens mitzuteilen sind, damit dem Arbeitgeber eine Prüfmöglichkeit verbleibt.[420]

2. Vergütung des Arbeitnehmers

1772 Bei der Frage der Vergütung entstehen naturgemäß wiederholt Meinungsverschiedenheiten und in einigen Fällen sogar Streitigkeiten zwischen Arbeitgeber und Arbeitnehmer. Dies gilt insbesondere für die Vergütungsberechnung, der Festsetzung der Vergütung sowie der Vergütungspflicht bei nicht-benutzten und benutzten Erfindungen.

---

419 Niklas IP Kompakt, September 2013, S 2, 3.
420 Vgl. Bartenbach/Volz Kommentierung zu §§ 4, 18, 19 ArbEG.

a) Grundsätzliches

▶ Beispiel:

1773 Die Firma C hat die Erfindung des Arbeitnehmers A nach Inanspruchnahme beim Deutschen Patent- und Markenamt angemeldet. A fragt Patentanwalt B, welche Rechte er hat.

1774 Über die Höhe der Vergütung gibt es vom Arbeitsministerium herausgegebene Richtlinien. Sie lehnen sich im Wesentlichen an den erzielten Umsatz an, berücksichtigen aber auch die Dienststellung des Erfinders und seine erfinderische Leistung. Problematisch ist der Zeitpunkt, zu dem erstmals eine Vergütung zu zahlen ist. Obwohl der Bundesgerichtshof die Verpflichtung zur Zahlung einer Vergütung schon vor der Patenterteilung bejaht hat, kann man sich zumindest bei Patentanmeldungen überzeugt auf den Standpunkt stellen, dass erst mit der Patenterteilung eine Feststellung des Patentamtes zur Frage der Patentfähigkeit vorliegt und erst damit die tatsächliche Berechtigung des Arbeitnehmers festgestellt wird, eine Erfindervergütung verlangen zu können, diese allerdings unter Umständen auch rückwirkend. Wird jedoch die Patentanmeldung zurückgewiesen, lag gar keine Erfindung, also auch keine Diensterfindung, vor, sodass die Vergütungspflicht des Arbeitgebers entfällt. Hatte er jedoch vorher bereits eine Erfindervergütung gezahlt, kann er diese nicht vom Arbeitnehmer zurückverlangen.[421] Bei Gebrauchsmustern ist eine entsprechend reduzierte Erfindervergütung zu zahlen.[422]

▶ Beispiel:

1775 Aus einer Kooperation der Firmen A und B entsteht eine Erfindung, welche von der Firma B angemeldet wird. Hierauf wird auch ein Patent erteilt. Nach Bekanntwerden der Patentschrift erkennen die Arbeitnehmer der Firma A, dass darin Erkenntnisse von ihnen verarbeitet worden sind. Sie melden daraufhin unverzüglich ihrem Arbeitgeber die Erfindung. Insgesamt sind seit der Patentanmeldung über 5 Jahre vergangen.

1776 Die Erfindung ist hier erst nach dem Bekanntwerden der Patentschrift gemeldet worden. Die Erfinder sind selbst verantwortlich für die Erfindungsmeldung und deren Inhalt. Ihnen obliegt die Beurteilung, ob die entwickelte Neuerung sich als einfaches Arbeitsergebnis oder als technischer Verbesserungsvorschlag oder als Diensterfindung darstellt. Die Erfinder sind im vorliegenden Fall dieser Pflicht nicht nachgekommen und haben erst 5 Jahre nach der Patentanmeldung gemeldet. Dieser Tatbestand hat zur Folge, dass die Voraussetzungen für einen Anspruch auf Erfindervergütung nicht entstehen konnten. Denn der Arbeitgeber wusste bis zur Erfindungsmeldung nichts

421 Bartenbach/Volz § 12 ArbEG Rn. 65.1.
422 Umstritten Vgl. Bartenbach/Volz § 12 ArbEG Rn. 71.

von der Erfindung. Daher kommt eine Vergütungspflicht für die Nutzungen bis zur Meldung der Erfindung von vornherein nicht in Betracht.[423]

▶ Beispiel:

A war bis vor einem Jahr Arbeitnehmer bei der Firma B. Während seiner Anstellung war er Miterfinder der Erfindung C. Die Erfindung wurde von A ordnungsgemäß gemeldet und von B ordnungsgemäß in Anspruch genommen. Die Erfindung wurde angemeldet und führte zur Erteilung eines Patents. Firma B teilte dem A mit, dass ihm für die gewerbliche Nutzung des Patents ein Betrag in Höhe von € X als Erfindervergütung zuerkannt werde. A sandte das diesbezügliche Schreiben der Firma B mit dem Vermerk »Einverstanden, vielen Dank. Erbitte für die Zukunft die Überprüfung des Lizenzsatzes von 0,1 % auf 0,2 %, wenn die Möglichkeit gegeben ist« an A zurück. B zahlte daraufhin die genannte Erfindervergütung X aus. In der Folgezeit bemängelte A die Berechnung seiner Arbeitnehmererfindervergütung insgesamt. Er behauptet nunmehr, eine einvernehmliche Vergütungsvereinbarung sei nicht zustande gekommen. Zudem sei er in mehrfacher Hinsicht getäuscht worden und daher zur Anfechtung berechtigt. Die Einigung sei sittenwidrig und unbillig. 1777

Im vorliegenden Fall stellt sich die Frage, ob eine wirksame Vereinbarung zwischen A und B zustande gekommen ist. Eine Sittenwidrigkeit gemäß § 138 BGB setzt ein krasses Missverhältnis zwischen Leistung und Gegenleistung voraus. Sittenwidrigkeit kann auch angenommen werden, wenn B bei Abschluss der Vergütungsvereinbarung die Unerfahrenheit des A ausgenutzt hätte. Von Letzterer ist nur dann auszugehen, wenn ein Mangel an Lebens- und Geschäftserfahrung auf dem in Rede stehenden Gebiet anzunehmen ist, der mit der Unfähigkeit der eigenen Interessenwahrung korrespondiert. Das schlichte Fehlen vollständiger Rechtskenntnisse und/oder Unkenntnis von Detailregelungen allein lässt die handelnde Person hingegen nicht als unerfahren gelten. Selbst wenn A kein Fachmann auf dem Gebiet des Arbeitnehmererfinderrechts und der Arbeitnehmererfindervergütung ist, reicht dies nicht für eine Bejahung der Sittenwidrigkeit gemäß § 138 BGB aus. 1778

Sittenwidrigkeit wegen Verletzung eines Treueverhältnisses aufgrund unterbliebener Aufklärung gemäß § 242 BGB liegt ebenfalls nicht vor. Denn unter dem Vorbehalt einer angemessenen Vergütung können die Arbeitsvertragsparteien auch von der Richtlinie für Arbeitnehmererfindervergütung abweichende Vereinbarungen treffen. Auch ein Anspruch auf Schadensersatz gemäß §§ 611, 280 BGB wegen fehlender Aufklärung kommt nicht in Betracht. Denn eine Pflichtverletzung i.S.d. § 280 BGB liegt nicht vor. Schließlich könnte sich noch die Frage der Unwirksamkeit der Vergütungsvereinbarung gemäß § 23 Abs. 1 ArbEG stellen. Hier hätte A jedoch die Unbilligkeit binnen 6 Monaten nach Beendigung des Arbeitsverhältnisses geltend 1779

423 Vgl. unveröffentlichter Einigungsvorschlag der Schiedsstelle des DPMA, AZ Arb.Erf. 16/04, vom 04.10.2005.

machen müssen. A ist schon seit einem Jahr aus dem Betrieb ausgeschieden und hat diese Frist versäumt.[424]

▶ Beispiel:

1780 A ist Geschäftsführer der Firma B. Firma B ist Inhaberin des europäischen Patents P, welches auf eine Erfindung des A zurückgeht. A möchte von B Vergütung für die Nutzung seiner Erfindung und des Patentes.

1781 A ist Geschäftsführer und daher nicht Arbeitnehmer i.S.d. Arbeitnehmererfindergesetzes. Der Vergütungsanspruch des A für Erfindungen richtet sich daher, sofern er nicht in seinem Dienstvertrag (§ 611 Abs. 1 BGB) und anderweitig ausdrücklich vertraglich geregelt ist, nach § 612 Abs. 2 BGB. Nach dieser Vorschrift ist bei Fehlen einer Taxe grundsätzlich die übliche Vergütung geschuldet. Zur Feststellung der üblichen Taxe sind vorrangig die Regeln über die ergänzende Vertragsauslegung heranzuziehen, wofür die den Gegenstand der Leistung und die das Verhältnis der Parteien prägenden Umstände maßgeblich sind. Das sind bei der Erfindervergütung des Geschäftsführers vor allen Dingen die Ausgestaltung seiner Geschäftsführerstellung, wie Aufgabenkreis und vereinbarte Geschäftsführerbezüge, sowie Umstände und Bedeutung der Erfindung. Es erscheint daher naheliegend, dass redliche Vertragsparteien bei der Festlegung der Vergütung des Geschäftsführererfinders mangels anderer Anknüpfungspunkte von der üblichen Vergütung eines freien Erfinders ausgehen und sich dann fragen würden, ob und in welchem Umfang die prägenden Umstände ihres Einzelfalles davon einen Abschlag angemessen erscheinen lassen. Insbesondere die Geschäftsführerstellung in ihrer konkreten Ausgestaltung im Einzelfall ist bei der Bestimmung der Erfindervergütung angemessen zu berücksichtigen. Ist in diesem Sinne eine Vergütung gemäß § 612 Abs. 2 BGB nicht feststellbar, und die danach bestehende Vertragslücke auch nicht durch ergänzende Vertragsauslegung zu schließen, käme eine Vergütung gemäß §§ 315, 316 BGB nach billigem Ermessen in Betracht. D. h. in diesem Falle stünde es A zu, nach billigem Ermessen die Vergütung zu bestimmen. Im Streitfalle müsste ein Gericht prüfen, ob und inwieweit diese Vergütung der Billigkeit entspricht.[425]

b) Festsetzung der Vergütung

▶ Beispiel:

1782 A hat eine Erfindung gemacht. Diese ist ordnungsgemäß von seinem Arbeitgeber B in Anspruch genommen worden. Dieser setzt nunmehr eine Vergütung fest. A möchte gerne wissen, ob diese den gesetzlichen Bestimmungen entspricht.

1783 Die Art und Höhe der Vergütung soll in angemessener Frist nach Inanspruchnahme der Diensterfindung zwischen dem Arbeitgeber und dem Arbeitnehmer vereinbart werden (§ 12 Abs. 1 ArbEG). Kommt eine Vereinbarung über die Vergütung in

424 Soenke Fok, IP Kompakt S. 1 ff.

425 BGH Mitt. 2007, 42 ff. – *Rollenantriebseinheit II.*

angemessener Frist nach Inanspruchnahme der Diensterfindung nicht zustande, so hat sie der Arbeitgeber durch eine begründete schriftliche Erklärung gegenüber dem Arbeitnehmer festzusetzen und entsprechend der Festsetzung zu zahlen.[426]

Diese Festsetzung ist gemäß § 12 Abs. 3, S. 2 ArbEG spätestens bis zum Ablauf von drei Monaten nach Erteilung des Schutzrechtes vorzunehmen. Unter Erteilung ist bei Patenten der Zeitpunkt zu verstehen, an welchem entweder die Einspruchsfrist ohne Einspruchserhebung abgelaufen ist oder an welchem nach Einspruchseinlegung die Entscheidung über die Aufrechterhaltung des Patents rechtskräftig wird. Für Gebrauchsmuster gilt insoweit der Zeitpunkt der Eintragung.[427] 1784

c) Nicht benutzte Erfindung

▶ Beispiel:

Für die Diensterfindung ist ein Patent angemeldet, aber noch nicht erteilt, der Anmeldungsgegenstand wird nicht benutzt. 1785

Der Arbeitgeber muss noch keine Vergütung zahlen, da weder ein Patent erteilt ist noch eine Benutzung des Gegenstands der Anmeldung erfolgt.[428] 1786

▶ Beispiel:

Für die Diensterfindung ist ein Patent erteilt, der Patentgegenstand wird nicht benutzt. 1787

Es kommt eine Vergütungszahlung als sog. Vorratsschutzrecht in Betracht. 1788

Nicht benutzte Schutzrechte kommen in der Praxis häufig vor, sei es, dass sich die Verwertbarkeit noch nicht feststellen lässt, sei es, dass man sie bereits als Vorratsschutzrecht einordnen kann. 1789

Die Verpflichtung zur Vergütungsfestsetzung besteht im Falle erfolgter Schutzrechtsanmeldungen nach § 12 Abs. 3 ArbEG unabhängig davon, ob der Arbeitgeber bereits eine Vergütung schuldet oder nicht. Verwertet der Arbeitgeber seine Diensterfindung nicht oder besteht kein Vergütungsanspruch unter dem Gesichtspunkt der nicht ausgenutzten Verwertbarkeit, genügt der Arbeitgeber seiner Verpflichtung dadurch, dass er die Vergütung bis zum Ablauf der im § 12 Abs. 3 ArbEG genannten Endfrist auf 0,00 € festsetzt.[429] 1790

426 BGH GRUR 1962, 135 – *Cromegal*; Bartenbach § 12 ArbEG Rn. 41.
427 BGH GRUR 2002, 604 – *Drahtinjektionseinrichtung*; Bartenbach § 12 ArbEG Rn. 71.
428 Bartenbach/Volz § 9 ArbEG Rn. 21.
429 Bartenbach/Volz § 12 ArbEG, Rn. 72.1.

d) Benutzte Erfindung

▶ Beispiel:

1791 Für die Diensterfindung ist ein Patent angemeldet, aber noch nicht erteilt, der Anmeldungsgegenstand wird benutzt.

1792 Der Vergütungsanspruch des Arbeitnehmers wird wegen des Schutzrechtserteilungsrisikos allerdings nur in vorläufiger Höhe auch schon vor Schutzrechtserteilung fällig, wenn der Arbeitgeber die Diensterfindung schon vorher benutzt. In diesen Fällen ist mit der Vergütungszahlung entsprechend der Regelung des § 12 Abs. 3 ArbEG binnen einer Frist von drei Monaten nach Aufnahme der Benutzung zu beginnen. Da eine aufgrund Vereinbarung oder Festsetzung gezahlte Erfindungsvergütung nicht zurückgefordert werden kann, ist das Erteilungsrisiko durch eine Minderung der Zahlung zu berücksichtigen.[430]

1793 Diese vorläufige Vergütung ist nachträglich selbst dann zu zahlen, wenn sich durch Zurückweisung der Anmeldung oder Versagung (altes Recht) des Patents herausgestellt hat, dass in Wirklichkeit keine patentfähige Erfindung vorgelegen hat. Dabei soll auch keine rückschauende Betrachtungsweise bezüglich der Erteilungschance angewendet werden dürfen.[431]

1794 Die eigentliche Fälligkeit der Vergütung tritt erst dann ein, wenn der wirtschaftliche Vorteil beim Arbeitgeber eingetreten ist (z.B. der Kaufpreis für das erfindungsgemäße Produkt eingegangen ist) und wenn übliche betriebswirtschaftliche Abrechnungszeiträume verstrichen sind.[432]

e) Berechnung der Vergütung

▶ Beispiel:

1795 A erhält eine Abrechnung über eine Erfindungsvergütung. Bei dieser Gelegenheit fallen ihm verschiedene Begriffe auf: Erfindungswert, Methode der Lizenzanalogie, Konkrete abstrakte Lizenzanalogie. Ferner möchte A von Patentanwalt B wissen, wie man die Vergütung ermittelt.

1796 Unter dem Erfindungswert versteht man den Preis, den ein freier Erfinder von dem Unternehmen erhalten würde, wenn er diesem die Erfindung überlassen würde. Dabei kann es sich um eine laufende Umsatzbeteiligung oder eine einmalige Zahlung oder eine Kombination aus beidem handeln.[433]

---

430 BGH GRUR 1963, 135 – *Cromegal.*
431 BGH GRUR 1971, 475 – *Gleichrichter.*
432 Bartenbach/Volz § 9 ArbEG Rn. 20 f.
433 Bartenbach/Volz § 9 ArbEG Rn. 76 ff.

Die Lizenzanalogie wird am häufigsten angewendet und eignet sich vor allem dann zur Ermittlung des Erfindungswertes, wenn der Betrieb Umsätze mit einem die Erfindung aufweisenden Produkt macht. Man versucht bei dieser Methode, sich entweder an Lizenzverträge anzulehnen, die z.B. hinsichtlich des Erfindungsgegenstandes mit Dritten abgeschlossen worden sind (konkrete Lizenzanalogie) oder an solche Lizenzverträge, die hinsichtlich anderer, vergleichbarer Gegenstände zwischen einem Unternehmen und einem freien Erfinder oder zwischen zwei Unternehmen ausgehandelt worden sind (abstrakte Lizenzanalogie). Dabei ist darauf zu achten, dass Gegenstand von Lizenzverträgen zwischen Unternehmen häufig nicht nur eine patentierte Erfindung, sondern auch das zugehörige Know-How ist, wobei der Know-How-Anteil den Schutzrechtsanteil auch übersteigen kann. Aus solchen Lizenzverträgen lässt sich also, sofern sie vorhanden sind, mehr oder weniger genau ein möglicher Lizenzfaktor ableiten.[434] 1797

Die abstrakte Lizenzanalogie arbeitet mit einem aus Angebot und Nachfrage abgeleiteten Lizenzsatzspiegel, ähnlich einem Preisspiegel etwa für Einfamilienhäuser, der obere und untere Werte und damit einen Rahmen für Lizenzsätze angibt (vgl. RL Nr. 10). Dabei wird von der Erfahrung ausgegangen, dass es für typische Produktmärkte eine typische Größenordnung von vertragsüblichen Lizenzsätzen gibt, was auf dem Einfluss der unterschiedlichen Schärfe der Wettbewerbssituation und der Gewinnmargen für diese Produktmärkte beruht.[435] 1798

Die Berechnung der Vergütung kann in folgender Formel ausgedrückt werden: V = U x L x A. 1799

Dabei bedeuten: 1800

V = die zu zahlende Vergütung,
A = den Anteilsfaktor in Prozenten,
U = Umsatz,
L = Lizenzsatz in Prozenten.

Der Anteilsfaktor wird bestimmt: 1801
(1) durch die Stellung der Aufgabe,
(2) durch die Lösung der Aufgabe,
(3) durch die Aufgaben und die Stellung des Arbeitnehmers im Betrieb.

Der Anteil des Arbeitnehmers am Zustandekommen der Diensterfindung ist umso größer, je größer seine Initiative bei der Aufgabenstellung und je größer seine Beteili- 1802

434 Bartenbach/Volz § 9 ArbEG Rn. 105 ff.; Schiedsst. v. 20. 10. 1971 EGR Nr. 1 zu § 11 ArbEG/RL Nr. 6 v. 1. 6. 1982 Arb.Erf. 66/81 u.v. 29. 7. 1999 Arb.Erf. 16/98 (beide unveröffentl.); OLG Frankfurt v. 21. 4. 1977 (Fn. 403), bestätigt d. BGH v. 31. 1. 1978 GRUR 1978, 430 ff. – *Absorberstabantrieb I*; LG Düsseldorf v. 22. 11. 1988 Az. 4 O 335/85 (unveröffentlicht).

435 Hellebrand in Festschrift 50 Jahre VPP S. 289.

gung bei der Erkenntnis der betrieblichen Mängel und Bedürfnisse ist. Diese Gesichtspunkte können in folgenden sechs Gruppen berücksichtigt werden:

(1) der Betrieb hat ihm eine Aufgabe unter unmittelbarer Angabe des beschrittenen Lösungsweges gestellt;
(2) der Betrieb hat ihm eine Aufgabe ohne unmittelbare Angabe des beschrittenen Lösungsweges gestellt;
(3) der Betrieb hat ihm keine Aufgabe gestellt und diese beruht auf infolge der Betriebszugehörigkeit erlangten Kenntnissen von Mängeln und Bedürfnissen, die der Erfinder aber nicht selbst festgestellt hat;
(4) der Betrieb hat ihm eine Aufgabe gestellt, diese beruht aber auf infolge der Betriebszugehörigkeit erlangten Kenntnissen von Mängeln und Bedürfnissen, die der Erfinder selbst festgestellt hat;
(5) der Erfinder hat sich innerhalb seines Aufgabenbereichs eine Aufgabe gestellt;
(6) der Erfinder hat sich außerhalb seines Aufgabenbereichs eine Aufgabe gestellt.

1803 Bei der Ermittlung der Wertzahlen für die Lösung der Aufgabe sind folgende Gesichtspunkte zu beachten:

(1) Die Lösung wird mithilfe der dem Erfinder beruflich geläufigen Überlegungen gefunden;
(2) sie wird aufgrund betrieblicher Arbeiten oder Kenntnisse gefunden;
(3) der Betrieb unterstützt den Erfinder mit technischen Hilfsmitteln.

1804 Der Anteil des Arbeitnehmers verringert sich umso mehr, je größer der ihm durch seine Stellung ermöglichte Einblick in die Erzeugnisse und Entwicklung des Betriebes ist und je mehr von ihm angesichts seiner Stellung und des ihm z. Z. der Erfindungsmeldung gezahlten Arbeitsentgeltes erwartet werden kann, dass er an der technischen Entwicklung des Betriebes mitarbeitet.

1805 Man kann folgende Gruppen von Arbeitnehmern unterscheiden:

(1) Arbeitnehmer, die im Wesentlichen ohne Vorbildung für die im Betrieb ausgeübte Tätigkeit sind (z.B. ungelernte Arbeiter, Hilfsarbeiter, Angelernte, Lehrlinge).
(2) Arbeitnehmer, die eine handwerklich-technische Ausbildung erhalten haben (z.B. Facharbeiter, Laboranten, Monteure, einfache Zeichner)
(3) Personen, die als untere betriebliche Führungskräfte eingesetzt werden (z.B. Meister, Obermeister, Werksmeister) oder eine etwas gründlichere technische Ausbildung erhalten haben (z.B. Chemotechniker, Techniker).
(4) Arbeitnehmer, die eine gehobene technische Ausbildung erhalten haben.
(5) In der Fertigung leitend Tätige (Gruppenleiter, d.h. Ingenieure und Chemiker, denen andere Ingenieure und Chemiker unterstellt sind) und die in der Entwicklung tätigen Ingenieure und Chemiker.
(6) Leiter von Fertigungsgruppen, von Konstruktionsbüros und Entwicklungslaboratorien sowie Ingenieure und Chemiker in der Forschung.
(7) Leiter der Entwicklungsabteilungen sowie die Gruppenleiter in der Forschung.
(8) Leiter der gesamten Forschungsabteilung eines Unternehmens und die technischen Leiter größerer Betriebe.

Für die Berechnung der Anteilsfaktoren gilt folgende Tabelle: 1806

a+b+c	=	3	4	5	6	7	8	9	10	11	12	13	14	15	16	17	18	19	(20)
A	=	2	4	7	10	13	15	18	21	25	32	39	47	55	63	72	81	90	(100)

In dieser Tabelle bedeuten: 1807

a = Wertzahlen, die sich aus der Stellung der Aufgabe ergeben,
b = Wertzahlen, die sich aus der Lösung der Aufgabe ergeben,
c = Wertzahlen, die sich aus Aufgaben und Stellung im Betrieb ergeben,
A = Anteilsfaktor (Anteil des Arbeitnehmers am Erfindungswert in Prozenten).

▶ **Beispiel:**

A ist Betriebsleiter der Rohrwalzwerke B und Alleinerfinder eines Verfahrens mit 1808
dazugehörigen Vorrichtungen, das dazu dient, die Herstellung von Präzisions-Stahlrohren aus Walzstahl, die sich durch geringe Rauhtiefe auszeichnen, zu vereinfachen. Die Rohre werden im Kfz-Zulieferbereich verwendet. Die gemeldete und unbeschränkt in Anspruch genommene Diensterfindung hat zum Patent D geführt, welches Ende des Jahres 1998 angemeldet und dessen Erteilung im Jahr 2002 veröffentlicht worden ist. Die Erfindung wurde seit dem Jahr 1995 benutzt. Die B bestreitet jeglichen wirtschaftlichen Nutzen der Erfindung, hat aber im Rahmen des Verfahrens vor der Schiedsstelle in einem Schriftsatz eine Erfindervergütung für die Geschäftsjahre 1995 bis 2002 errechnet. Der A tritt der Auffassung der B zu Art und Wert der Diensterfindung entgegen und wendet sich gegen einzelne, von der B angewendete Berechnungsparameter, insbesondere den Lizenzsatz und den Anteilsfaktor.[436] Die Faktoren b2 und b3 werden von den Parteien übereinstimmend mit 1 angesetzt. Ebenso ist die Bewertung c = 3 unstreitig.

Für die Verpflichtung zur Zahlung von Erfindervergütung reicht es aus, dass das in 1809
Kraft befindliche Diensterfindungspatent benutzt wird und zu geldwerten wirtschaftlichen Vorteilen beim Arbeitgeber (in der Regel Umsatz) führt. Insoweit verwirklicht sich im notwendigen, aber auch ausreichenden Maß die spezifisch durch das Monopolrecht bedingte wirtschaftliche Vorzugsstellung des Arbeitgebers im Wettbewerb und Rechtsverkehr. Nicht damit gemeint ist eine im Wettbewerb erreichte günstigere wirtschaftliche Position (wirtschaftlichere Herstellung, Ausweitung des Umsatzes, etc.). Das Patent dient als rechtliche Basis und kann durch seine Ausschlusswirkung die Ausgangsposition im Wettbewerb verbessern, im Übrigen ist aber das zweckmäßige Wirtschaften Sache des Betriebs. Für die Vergütungsermittlung muss daher von der Monopolwirkung des Diensterfindungspatents ausgegangen werden; ihr Wegfall mit der Folge des Wegfalls auch der Vergütungspflicht wäre nur in besonderen, hier nicht vorliegenden Fällen beachtlich (z.B. allgemeine Nichtbeachtung des Monopolrechts im Sinne von Nr. 43 RL).

436 Fall in Anlehnung an Schiedssache Arb.Erf. 64/02.

1810 Was die vergütungspflichtige Benutzung der Diensterfindung anbelangt, gilt hier der Benutzungsbegriff des Patentrechts, wie er auch für die Prüfung von Patentverletzungen maßgebend ist.[437]

1811 Es kommt also darauf an, ob B von den im Diensterfindungspatent aufgeführten Merkmalen Gebrauch gemacht hat. Das hat sie ohne Frage zugestanden. So ist unstreitig, dass sie die Erfindung seit 1995 benutzt hat.

1812 Die Patentfähigkeit der Diensterfindung hat das DPMA im Prüfungsverfahren festgestellt. Solange das Patent aber nicht rechtskräftig vernichtet ist, besteht unter dem Gesichtspunkt der Bestandskraft des Patents eine gegebene Vergütungspflicht fort, was sich aus Nr. 43 Satz 1 RL ergibt.

1813 Schon mit der Tatsache der Existenz des Diensterfindungsschutzrechts als Monopolrecht und der Benutzung der Schutzmerkmale ist der Vergütungsanspruch des A gegeben. Die vergütungsbestimmenden wirtschaftlichen Vorteile, welche die B als nicht gegeben ansieht, bestehen dann nicht darin, dass die B gegenüber einem internen Stand der Technik einen wirtschaftlichen Nutzen erzielt. Vergütungsrelevant ist es im Rahmen der Ermittlungsmethode der Lizenzanalogie, dass der Arbeitgeber unter Einsatz des erfindungsgemäßen Verfahrens die verfahrensgegenständlichen Präzisionsrohre herstellt, die zu Umsatz führen. Auch wenn der Einsatz der Diensterfindung keinen messbaren Nutzen gegenüber anderen Verfahren gehabt haben soll, gilt dafür die allgemeine Regel, dass der Arbeitgeber auch dann von seiner Vergütungspflicht nicht frei wird. Die Erfindervergütung stellt keine Gewinnbeteiligung dar, sondern nach dem Grundsatz der Lizenzanalogie (Nrn. 6 ff. der Vergütungsrichtlinien (RL)) eine Umsatzbeteiligung. Der Einsatz eines ggf. nicht nutzbringenden, erfindungsgemäßen Verfahrens kann allerdings einen verminderten Erfindungswert zur Folge haben, sodass unter Umständen der fehlenden Nutzenssituation in Relation zur Höhe der Aufwendungen durch Verminderung des Lizenzsatzes Rechnung getragen werden darf. Nun hat die B auch nicht behauptet, dass es Verluste gerade durch Einsatz der Erfindung gegeben habe. Somit kommt auch nicht der Grundsatz zum Tragen, dass im Falle von erheblichen Verlusten mit erfindungsgemäßen Produkten eine Vergütungspflicht des Arbeitgebers vollständig entfällt, wenn die Verluste derart ungewöhnlich sind, dass eine Vergütungszahlung ihm nicht mehr zuzumuten ist.[438] An der Vergütungspflicht der B führt somit kein Weg vorbei.

1814 Die B hat Angaben über den Umsatz mit den erfindungsgemäß hergestellten Präzisionsrohren gemacht. Dieser Angabe ist der A nicht entgegengetreten. Somit ist von dem mitgeteilten Umsatzbetrag auszugehen.

1815 Für die Bestimmung der Höhe des Lizenzsatzes im Rahmen der Lizenzanalogie sind eine Reihe von Faktoren zu beachten, von denen die Üblichkeit in der betreffenden Branche und die Wertigkeit des Schutzrechts, nämlich der rechtliche Wert Grad der

437 Bartenbach/Volz, § 9 ArbEG Rn. 91; Schiedsstelle v. 5. 7. 1982, Arb.Erf. 72/81; v. 3. 3. 1986, Arb.Erf. 74/85 v. 15. 2. 1991, Arb.Erf. 48/90, unveröffentlicht.

438 Schiedsstelle EV.23.4.1998, Arb.Erf. 92/96.

Sperrwirkung, Beständigkeit gegen Angriffe und der wirtschaftliche Wert Gewinnerwartungen, Nutzungszeit aber auch die Abhängigkeit von der gewählten Bezugsgröße an erster Stelle stehen.[439]

Weil die erfindungsgemäß hergestellten Rohre unstreitig ganz überwiegend Bedeu- 1816
tung für den Kfz-Zulieferbereich haben und die dortige Wertschöpfung für gezahlte Lizenzsätze maßgebend ist, würde sich ein Lizenznehmer an den dort gezahlten Lizenzsätzen orientieren.

Die Durchschnittslizenzsätze im Bereich der Kfz-Zulieferindustrie liegen nach lang- 1817
jährigen Erkenntnissen im Allgemeinen erheblich niedriger als in der Maschinenbauindustrie. Es ist bekannt, dass hier die Margen relativ knapp kalkuliert werden müssen, und es wird dementsprechend nur mit geringen Prozentsätzen gearbeitet. So liegen bei Massenartikeln dieses Bereichs die Lizenzsätze regelmäßig in einem Bereich unter 1 %. Ein Lizenzsatz von 2 % ist nach langjähriger Spruchpraxis der Schiedsstelle im Bereich der PKW-Zulieferindustrie als Obergrenze selbst für sehr wertvolle Erfindungen anzusehen.[440] Nun handelt es sich bei Mengen von 11.000 bis 21.000 Tonnen Warmbad für Präzisionsrohre für den Kfz-Zulieferbereich im bundesweiten Vergleich zwar noch nicht um ein ausgesprochenes Massengeschäft. Weil jedoch die Produkte der B sich auf diesem Markt behaupten müssen, gelten für Lizenzsätze gleichwohl die dort üblichen Bedingungen für Vorprodukte eines Massenmarkts. Für Massenartikel im Kfz-Zulieferbereich liegen selbst für bedeutende Erfindungen marktübliche Lizenzen zwischen 0,5 % und 1 %.[441]

Die Bewertung der Aufgabenstellung kann nicht getrennt gesehen werden von der 1818
betrieblichen Funktion des A zu Beginn der Arbeiten an der Erfindung und der Tatsache, dass unstreitig schon einige Zeit vor der Erfindung betriebliche Versuche im Hinblick auf die Verbesserung des Rohrwalzenverfahrens stattgefunden hatten. Die Erfindung fällt in einen Zeitbereich, in dem der A Betriebsleiter der Rohrwalzwerke war. Er nahm damit eine leitende und verantwortungsvolle Position in jenem Bereich ein, in dem die Erfindung sodann anzuwenden war. Es ist kaum anzunehmen, dass seine beruflichen Pflichten sich darin erschöpften, die Fertigung des Walzwerks am Laufen zu halten. Vielmehr wird von Betriebsangehörigen dieser herausgehobenen Position nach Kenntnis aus Schiedsverfahren mit vergleichbaren Gegenständen durchaus erwartet, dass sie sich neben der Gewährleistung der Produktion auch laufend mit Verbesserungsmöglichkeiten der Fertigung befassen und solche anregen. Vor diesem Hintergrund wäre eine Bewertung der Aufgabenstellung mit a=2 bis 3 nicht fernliegend.

Im Hinblick auf Abs. 1 Nr. 1 der Nr. 32 RL (Unterfaktor b1) ist nach ständiger 1819
Spruchpraxis der Schiedsstelle festzustellen, ob sich der Erfinder im Rahmen der Denkgesetze und Kenntnisse bewegt, die ihm durch Ausbildung und berufliche Arbeit vermittelt worden sind. Es ist davon auszugehen, dass der A nicht nur aufgrund seiner

439 Bartenbach, Arbeitnehmererfindervergütung, 2. Aufl., RL Nr. 10 Rn. 31 ff.
440 Ständige Praxis, unter anderem EV v. 26. 10. 1993, Arb.Erf. 152/92 unveröffentlicht.
441 EV v. 5. 6. 1998, Arb.Erf. 81/96 unveröffentlicht.

Ausbildung, sondern auch wegen seiner beruflichen Vorerfahrungen mit den dann folgenden Tätigkeiten bei der B beauftragt wurde. Zur Zeit der Erfindung konnte der A also sich seinen beträchtlichen Erfahrungsschatz zunutze machen, wofür er auch entsprechend eingestellt war. Es ist daher b1=1 anzusetzen. Für das zweite und dritte Teilmerkmal nach Abs. 1 Nr. 2 und 3 der Nr. 32 RL (Unterfaktor b2 und b3) ergeben sich aus der Logik der Bewertung durch den A hier ein vollständiges Vorliegen der betrieblichen Vorerfahrungen (b2=1, b3=1). Da dies B ebenso bewertet, besteht insoweit Übereinstimmung. In der Zusammenfassung und Gewichtung der Unterfaktoren b1=1, b2=1 und b3=1 ergibt sich, bezogen auf die in Nr. 32 Abs. 2 RL enthaltene Wertzahlspanne von 1 bis 6 die Wertzahl 1. Die Bewertung mit c=3 ist unstreitig und trifft für den A als einen zur Zeit der Erfindung tätigen Betriebsleiter in der Fertigung auch sachlich zu. Die Summe der Wertzahlen a=3, b=1 und c=3 ergibt 7, der nach der Tabelle der Nr. 37 RL ein Anteilsfaktor von 13 % zuzuordnen ist. Daraus ist der Vergütungsbetrag zu errechnen.

1820 Bei einem Jahresumsatz von beispielsweise 400.000,-- Euro, einem Lizenzsatz von 1 % und einem Anteilsfaktor von (a+b+c=7) = 13 % ergibt sich folgende z.B. Berechnung:

$$V = \frac{400.000 \times 1 \times 13}{100 \times 100}$$

1821 Die Vergütung für ein Jahr beträgt in diesem Falle 520,-- Euro.

▶ **Beispiel:**

1822 A meldet eine Erfindung dem Arbeitgeber B. Das Produkt ist nicht besonders erfolgreich. A unterschreibt daher eine Standard-Incentive-Vereinbarung, die einen Abkauf aller aufkaufbaren Rechte gemäß § 13, 14 – 16 ArbEG für € 1.500,00 vorsieht. Ferner unterschreibt er eine Vergütungsvereinbarung, nach der A bis zum Ende der Patentlaufzeit pro Jahr € 150,00 Vergütung erhalten würde. Zu einem späteren Zeitpunkt stellt sich heraus, dass auch der Angestellte C an der Erfindung beteiligt war. B bietet C daraufhin an, dass dieser genau wie A behandelt wird. Es wird eine entsprechende Vereinbarung geschlossen und auch rückwirkend Vergütung gezahlt. Zum Zeitpunkt der Vereinbarung hatte sich allerdings der Erfolg des Produktes erheblich gesteigert. Der Umsatz betrug nunmehr € 1.000.000,00 pro Jahr. Am 05.01.2017 kündigt C seinen Arbeitsvertrag. Am 02.09.2017 schaltet er seinen Patentanwalt P ein und verlangt in Details Auskunft zu Umsätzen, Marge und Preiskalkulationen. Der Arbeitgeber habe ihm bei der Vergütung »über den Tisch gezogen«.

1823 Grundsätzlich bleibt festzuhalten, dass die nachträgliche, erhebliche Umsatzsteigerung bedingt durch nicht vorhersehbare Umstände im Falle des Erfinders A dazu führt, dass § 12 Abs. 6 ArbEG greift und eine Anpassung erforderlich ist. Die Vereinbarung zwischen A und B war wirksam, weil sie zum Zeitpunkt des Abschlusses nicht unbillig war. § 23 Abs. 1 S. 1 ArbEG greift nicht. Der Anspruch nach § 12 Abs. 6 ArbEG ist insofern gegeben, wenn im Rahmen der »Incentive-Vereinbarung« der Anpassungsanspruch nicht abgekauft worden war.

Im Falle des C hat es keine derartige Änderung der Umstände gegeben. Seine Vergütungsregelung wurde zu einem Zeitpunkt geschlossen, als die Erhöhung des Umsatzes bereits den Beteiligten bekannt war. Da sich C um wirtschaftliche Aspekte nicht gekümmert hat, geht es zu seinen Lasten. 1824

Die Vereinbarung des C mit dem B könnte aber unbillig i.S.d. § 23 Abs. 1 ArbEG sein. Das wäre der Fall, wenn eine erhebliche Ungleichbehandlung mit dem Erfinder A zu verzeichnen wäre. Allerdings hat C erst am 02.09.2017, d.h. spätestens 6 Monate nach Ablauf des Arbeitsverhältnisses geltend gemacht. Damit ist der Anspruch gemäß § 23 Abs. 2 ArbEG verwirkt (nicht verjährt!). 1825

▶ **Beispiel:**

A hat ein chemisches Mittel entwickelt, welches in besonderer Weise gegen Schädlinge wirkt. Ein Zulassungsverfahren für das Pflanzenschutzpräparat zieht sich in die Länge. Ein ergänzendes Schutzzertifikat wird gleichwohl nicht angemeldet. Hat hier A Ansprüche? 1826

Bekanntermaßen können Pflanzenschutzmittel über ein ergänzendes Schutzzertifikat (§ 16 a PatG) geschützt werden. Diese Maßnahme hat der Arbeitgeber im vorliegenden Fall nicht ergriffen. Es stellt sich daher die Frage, ob die Beantragung eines Schutzzertifikats eine anbietungspflichtige Nachanmeldung darstellt. Dies ist zu bejahen, weil das Zertifikat die Laufzeit des Patentes für ein Pflanzenschutzmittel praktisch verlängert. Nach der Patentabteilung hätte daher der Arbeitgeber dem A grundsätzlich die Möglichkeit verschaffen müssen, ein Schutzzertifikat selbst zu beantragen. Sofern A auf seine Rechte im Rahmen der Abkauf-Vereinbarung verzichtet hat, käme ein solcher Anspruch jedoch nicht in Frage. Ansonsten müsste gemäß § 16 ArbEG ein Angebot seitens des Arbeitgebers erfolgen. 1827

VI. Verletzung technischer Schutzrechte

Die technischen Schutzrechte bilden für den Inhaber die Möglichkeit, im Rahmen des Schutzbereiches die Tätigkeit Dritter zu unterbinden. Das Verletzungsrecht ist im Wesentlichen nationale Aufgabe. D. h., es gibt kein europäisches oder gar internationales gemeinsames Gerichtssystem, welches für Verletzungsstreitigkeiten zuständig ist. 1828

1. Schutzbereich

Die zentrale Streitfrage bei jedem Patentverletzungsprozess ist die Frage des Schutzbereiches. Dieser leitet sich im Wesentlichen aus den Ansprüchen her. Für nationale Patente ergibt sich dies aus § 14 PatG und für die europäischen Patente aus Art. 69 EPÜ. Hierbei ist Gegenstand eines Streitverfahrens vor einem deutschen Gericht regelmäßig der deutsche Teil eines europäischen Patentes. 1829

a) Grundsätzliches

▶ Beispiel:

1830 A ist der Ansicht, dass sein deutsches Patent B verletzt wird. Außerdem könnte auch sein europäisches Patent C sowie sein Gebrauchsmuster D betroffen sein. Er bittet Patentanwalt B allgemein zu erläutern, welche Ansprüche A aufgrund seiner Schutzrechte zustehen.

1831 Das Patent hat die Wirkung, dass allein der Patentinhaber befugt ist, die patentierte Erfindung zu benutzen. Der Schutzbereich der patentierten Erfindung ergibt sich für nationale deutsche Patente aus § 14 PatG und für europäische Patente aus Art. 69 EPÜ, die gleichlautend regeln, dass der Schutzbereich durch den Inhalt der Patentansprüche bestimmt wird. Beschreibung und Zeichnung sind zur Auslegung heranzuziehen.

1832 Für die Auslegung des Art. 69 schreibt das Auslegungsprotokoll eine mittlere Lösung vor zwischen dem genauen Wortlaut und dem Patentanspruch als bloße Richtlinie für das, was sich nach dem Gesamtinhalt als erfinderische Idee, als sinnvolles Schutzbegehren ergibt. Diese mittlere Lösung soll angemessenen Schutz mit Rechtssicherheit für Dritte verbinden. Trotz aller Bemühungen, Einheit zu erreichen, wird die Gesetzesanwendung bei den nationalen Gerichten unterschiedlich bleiben.

1833 Das Protokoll ist auch für deutsche Patente anzuwenden.[442]

1834 Gemäß § 9 PatG hat der Patentinhaber das Recht, Dritten die Benutzung der patentierten Erfindung zu verbieten. Jedem Dritten ist es danach verboten, ohne die Zustimmung des Patentinhabers

(1) ein Erzeugnis, das Gegenstand des Patents ist, herzustellen, anzubieten, in Verkehr zu bringen oder zu gebrauchen oder zu den genannten Zwecken entweder einzuführen oder zu besitzen;
(2) ein Verfahren, das Gegenstand des Patents ist, anzuwenden oder, wenn der Dritte weiß oder es aufgrund der Umstände offensichtlich ist, dass die Anwendung des Verfahrens ohne Zustimmung des Patentinhabers verboten ist, zur Anwendung im Geltungsbereich dieses Gesetzes anzubieten;
(3) das durch ein Verfahren, das Gegenstand des Patents ist, unmittelbar hergestellte Erzeugnis anzubieten, in Verkehr zu bringen, oder zu gebrauchen oder zu den genannten Zwecken entweder einzuführen oder zu besitzen.

1835 Abgesehen davon ist Dritten verboten, Mittel zu liefern oder anzubieten, die sich auf ein wesentliches Element der Erfindung beziehen (§ 10 PatG). Voraussetzung ist, dass der Dritte weiß oder es aufgrund der Umstände offensichtlich ist, dass diese Mittel

442 BGH GRUR 2000, 1005 – *Bratgeschirr*.

dazu geeignet und bestimmt sind, für die Benutzung der Erfindung verwendet zu werden.[443] Aus der zentralen Anspruchsnorm des § 139 PatG ergibt sich Folgendes:

- Wer entgegen den §§ 9 bis 13 PatG eine patentierte Erfindung benutzt, kann vom Verletzten auf Unterlassung in Anspruch genommen werden.
- Wer die Handlung vorsätzlich oder fahrlässig vornimmt, ist dem Verletzten zum Ersatz des daraus entstehenden Schadens verpflichtet. Fällt dem Verletzer nur leichte Fahrlässigkeit zur Last, so kann das Gericht statt des Schadensersatzes eine Entschädigung festsetzen, die in den Grenzen zwischen dem Schaden des Verletzten und dem Vorteil bleibt, der dem Verletzer erwachsen ist (§ 139 PatG).
- Ist Gegenstand des Patents ein Verfahren zur Herstellung eines neuen Erzeugnisses, so gilt bis zum Beweis des Gegenteils das gleiche Erzeugnis, das von einem anderen hergestellt ist, als nach dem patentierten Verfahren hergestellt. Bei der Erhebung des Beweises des Gegenteils sind die berechtigten Interessen des Verletzers an der Wahrung seine Herstellungs- und Betriebsgeheimnisse zu berücksichtigen.

Bezüglich der Rechte aus einem europäischen Patent ergibt sich gemäß Art. 74 EPÜ 1836
Folgendes:

- Das europäische Patent gewährt seinem Inhaber von dem Tag der Bekanntmachung des Hinweises auf seine Erteilung an in jedem Vertragsstaat, für den es erteilt ist, vorbehaltlich Abs. 2 dieselben Rechte, die ihm ein in diesem Staat erteiltes nationales Patent gewähren würde.
- Ist Gegenstand des europäischen Patents ein Verfahren, so erstreckt sich der Schutz auch auf die durch das Verfahren unmittelbar hergestellten Erzeugnisse.
- Eine Verletzung des europäischen Patents wird nach nationalem Recht behandelt.

Abgesehen von der materiell-rechtlichen Rechtslage muss Patentanwalt B seinem 1837
Mandanten A das taktische Vorgehen und das Verfahren als solches darstellen. Ferner sind die Prozesskostenrisiken darzulegen. Außerdem muss B überlegen, inwieweit der potenzielle Patentverletzer Rechtfertigungsgründe geltend machen könnte.

b) Erzeugnisansprüche

Gemäß § 9 Nr. 1 PatG ist es jedem Dritten verboten, ein Erzeugnis, das Gegenstand 1838
des Patents ist, herzustellen, anzubieten, in Verkehr zu bringen oder zu gebrauchen oder zu den genannten Zwecken in Verkehr zu bringen oder zu besitzen. D.h. auf Erzeugnisse, insbesondere Stoffe und Vorrichtungen (Geräte, Maschinen, Anlagen oder Teile hiervon) gerichtete Ansprüche entfalten einen breiten Schutzbereich. Dem Patentinhaber wird damit ein Verbietungsrecht eingeräumt, das von der Herstellung über das Angebot, den Verkauf, die Einfuhr und den Gebrauch bis zum Besitz des Patentgegenstands reicht.

443 Vgl. hierzu Keukenschrijver in Festschrift 50 Jahre VPP S. 331 ff.

▶ Beispiel:

1839 A war Inhaberin eines Patents für ein Arzneimittel. Nach Ablauf des Patents vertreibt die B das nunmehr patentfreie Arzneimittel selbst. Schon einige Wochen vor Ablauf des Patents der A hat sie mit Hinweisen geworben, dass in Kürze, in wenigen Wochen ihr Mittel auf den Markt komme.

1840 Ein Angebot, dass sich allein auf den Abschluss von Geschäften oder Lieferung nach Ablauf der Schutzdauer des Patents des A bezieht, stellt eine Patentverletzung dar. Insofern liegt ein Verstoß gegen die Verbotsnorm des § 9 Abs. 2 Nr. 1 PatG vor.[444]

aa) Wortsinn

▶ Beispiel:

1841 A hat Patentschutz für ein Testsystem erlangt. Nach einem anspruchsgemäßen Merkmal ist dieses Testsystem so ausgelegt, dass es gasdicht ist. Die Konkurrenz hat ein Testsystem entwickelt, welches zur Druckentlastung ein Ventil enthält, durch das Gas aus dem Gefäßinneren nach außen treten kann. Es stellt sich nunmehr die Frage, wie die Angabe im Anspruch auszulegen ist.

1842

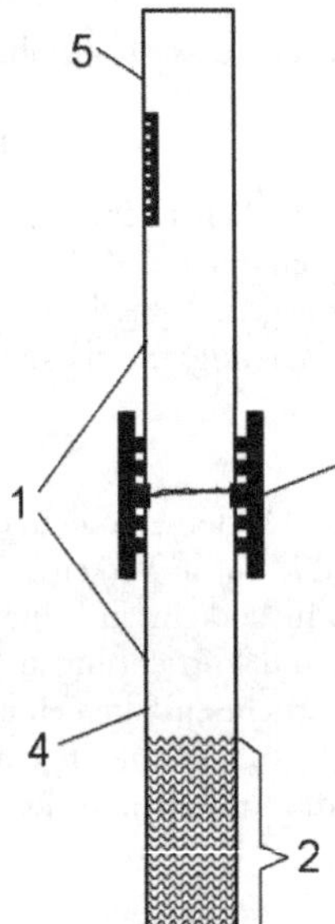

Abb. 35: Testkit (Erfindung)

444 BGH Mitt. 2007 133 ff. – *Simvastatin.*

1843

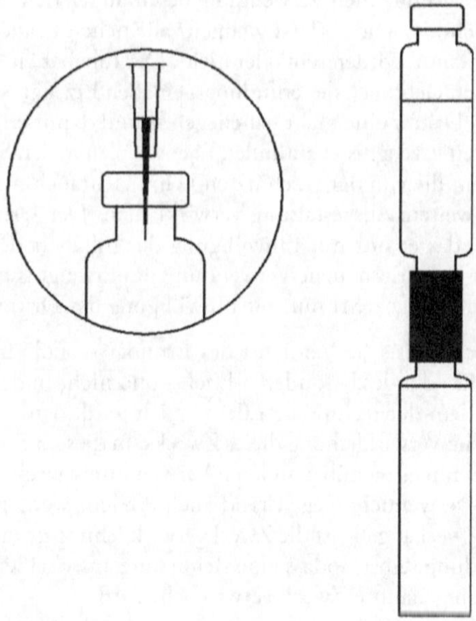

Abb. 36: **Testkit (Verletzungsform)**

Für den Schutzbereich kommt den Patentansprüchen die maßgebliche und bestimmende Bedeutung zu.[445] Dabei verlangt eine Verletzung grundsätzlich identische oder gleich wirkende Verwirklichung aller Merkmale, gleichgültig, ob sie sich im Oberbegriff oder im Kennzeichenteil des Anspruchs befinden. Eine identische Verletzung liegt vor, wenn die Verletzung in dem ausgelegten Wortlaut liegt. Für die Frage der wortsinngemäßen Benutzung des Patents ist zunächst der Inhalt des Patentanspruchs zu ermitteln.[446] Dabei ist der Wortlaut nicht philologisch, sondern technisch-funktional zu betrachten.[447] 1844

Bei den in einer Patentschrift verwendeten Begriffen gilt der Grundsatz: Der Patentinhaber ist sein eigener Lexikograph. Vor dem allgemeinen Wörterbuch gilt, wie er den Begriff gebraucht oder definiert.[448] 1845

Der Schutz umfasst grundsätzlich alle Funktionen, Wirkungen, Zwecke, Brauchbarkeiten und Vorteile, und zwar auch dann, wenn diese in der Patentschrift nicht genannt sind, der Erfinder sich vielmehr mit der Angabe einer bestimmten Verwendung, die die Patenterteilung begründet, begnügt. Zweck-, Wirkungs-, Funktionsangaben sowie die 1846

445 EPA G/2/88 ABl. 1990, 93/102 = GRUR Int. 1990, 522, EPA G/6/88 ABl. EPA 1990, 114/118 = GRUR Int. 1990, 532, BGHZ 98, 12 ABl. 1987, 551; Brandi-Dohrn Mitt. 2005, 337–346.

446 BGH GRUR 1993, 886 – *Weichvorrichtung I.*

447 BGH GRUR 1983, 497 – *Absetzvorrichtung.*

448 BGH Mitt. 1999, 304 = GRUR 1999, 909 – *Spannschraube.*

Angabe der patentbegründenden Verwendung beschränken den Schutzbereich in der Regel nicht. Der Schutzbereich erfasst vielmehr alle neuen Brauchbarkeiten, mögen sie vom Erfinder erkannt worden sein oder nicht. Der Inhaber eines Erzeugnispatents kann daher jedweden Gebrauch des erfindungsgemäßen Erzeugnisses untersagen. Das gilt auch, wenn ein Dritter eine nicht naheliegende und damit erfinderische Verwendung des patentierten Erzeugnisses auffindet. Ebenso fallen in den Schutzbereich solche Ausführungsformen, die von der geschützten Lehre Gebrauch machen und zugleich eine erfinderische weitere Ausgestaltung verwirklichen. Der Dritte erhält dafür ein abhängiges Patent, das er nur mit Einwilligung des Inhabers des Erzeugnispatents ausüben kann. Die patentierte neue Verwendung des Erzeugnisses kann der Inhaber des Erzeugnispatents umgekehrt nur mit Einwilligung des Dritten ausführen.

1847 Besteht aber das schöpferische Verdienst des Erfinders gerade in der Angabe eines Verwendungszwecks oder des besonderen Effekts und nicht in der Bereitstellung des Gegenstands, mit dem der technische Effekt erzielt wird, dann beschränkt sich der Schutzbereich auf die Verwirklichung dieses Zwecks. In diesem Fall genießt das Patent keinen absoluten Schutz gegenüber anderen Verwendungszwecken, mit denen der in bestimmter Weise verwendete Gegenstand auch erreicht werden kann. Bei chemischen Stoffen mit Zweckangabe ist die Zweckverwirklichung grundsätzlich ein finales Element der Erfindung selbst, sodass eine Benutzung ausscheidet, wenn ein anderer als der im Anspruch genannte Zweck verwirklicht wird.

1848 Ob die angegriffene Ausführungsform eine Zweckangabe erfüllt, ist bei wortsinngemäßer Benutzung des Schutzrechts nicht erheblich.[449] Anders ist es, wenn der Fachmann aus der Angabe des Verwendungszwecks erfährt, wie er die einzelnen Merkmale einer Vorrichtung räumlich-körperlich ausgestalten und anordnen muss, um sie für bestimmte Funktionen benutzen zu können.[450]

1849 Im vorliegenden Fall wird sich demgemäß die Frage stellen, ob der Ausdruck gasdicht heißt, dass von außen kein Gas eintreten kann. Sollte dies der Fall sein, würde die Ausführungsform des Konkurrenten mit dem Ventil zur Druckentlastung unter den Anspruchswortlaut fallen. Denn das Ventil gewährleistet, dass nur von innen nach außen Gas entweicht, aber nicht von außen in das System hinein.

▶ **Beispiel:**

1850 A hat ein Patent ermittelt, bei welchem in einer Anlage eine Elektronik unter Sauerstoffausschluss arbeitet. Nach dem einzigen Versuchsbeispiel ist die Elektronik in einem Raum angeordnet, welcher hermetisch abgeschlossen ist und einen Vakuum-Bereich bildet. A möchte nun eine Anlage in Betrieb setzen, bei welcher die Sauerstofffreiheit dadurch erreicht wird, dass die Elektronik tiefergelegt wird und unter Stickstoff arbeitet. Er fragt, ob er hiermit aus dem Bereich der Patentverletzung herauskomme.

449 BGH GRUR 1991, 436 – *Befestigungsvorrichtung II.*
450 BGH GRUR 1981, 259 – *Heuwerbungsmaschine II*; OLG Frankfurt GRUR 1991, 561.

Ansprüche sind nach der Rechtsprechung stets auszulegen. D.h. der Richter hat sich 1851
mit folgenden Fragen zu beschäftigen:

- Wie ist das Verständnis des Patentanspruchs, auf den die Unterlassungsklage gestützt wird? Dies ist durch Auslegung des Wortlauts des jeweiligen Anspruchs unter Berücksichtigung der Beschreibung, Beispielen (Zeichnungen, Versuchsbeispiele) sowie weiterer Ansprüche in der Patentschrift zu beantworten. Die Auslegung ergibt einen Wortsinn bzw. Sinngehalt sowie weitere Merkmale, die zur Verwirklichung des Anspruchssinns zusammenkommen müssen.
- Hat der Beklagte diese Ausführung bereits benutzt, oder droht eine solche Benutzungshandlung?
- Verwirklicht die potenzielle Verletzungsform alle durch die Auslegung bestimmten Merkmale und damit den Anspruchssinn?[451]
- Wenn die Ausführung in einem oder mehreren Merkmalen von der wortsinngemäßen Gestalt abweicht und stattdessen ein anderes Merkmal aufweist, ist gleichwohl die Feststellung einer Verletzung des Patentes möglich. In diesem Falle kann eine sog. äquivalente Benutzung in Betracht kommen.[452]

▶ **Beispiel:**

P ist eingetragener Inhaber des deutschen Patents D. 1852

Der Erfindung liegt die Aufgabe zugrunde, bei öffentlichen Toiletten die räumliche Anpassung jeweils an den unterschiedlichen technischen Bedarf verschiedener Betriebssysteme zu ermöglichen und die nach individuellen Erfordernissen benötigte ausreichende Bewegungsfläche im Benutzerraum mit gleichen Bauelementen zu gewähren.

Die Aufgabe wird durch die nachstehenden Merkmale des Patentanspruchs 1 des Patents D gelöst:

(1) Öffentliche Toilette, bestehend aus
(2) einem Toilettenhaus mit außenseitig gebogenen oder teilweise gebogenen Wänden, insbesondere für vollautomatische Einrichtungen zur Reinigung und Steuerung der Toiletteneinrichtung,
(3) einem Eingang zu einem Benutzerraum
(4) sowie einem separaten Zugang zu einem technischen Wartungsraum;
(5) der Benutzerraum und der technische Wartungsraum sind wenigstens teilweise von einer kreisförmig ausgebildeten Seitenwand umgeben;
(6) der Radius der kreisbogenförmigen Seitenwand ist größer als die halbe Raumbreite des Toilettenhauses.

V stellt her und vertreibt »öffentliche Toiletten«, deren Ausgestaltung sich aus folgender Abbildung ergibt.

---

451 BGH 10.05.2016 X ZR 114/13, Rn. 15, Mitt. 2016, 446; GRUR 2016, 1031 – *Wärmetauscher*.

452 BGH 06.05.2014 X ZR 36/13, Rn. 12, GRUR 2014, 852 – *Begrenzungsanschlag*.

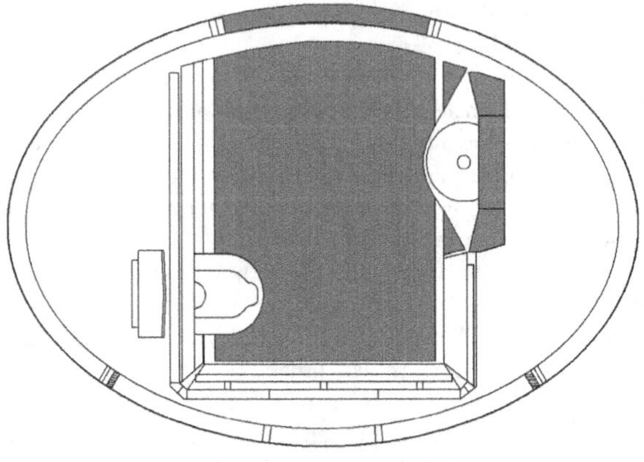

Abb. 37: Toilette (Verletzungsform)

Der dunkle Bereich stellt den Benutzerraum dar, der durch eine in der Seitenwand befindliche Eingangstür betreten wird. Links und rechts von dem Benutzerraum befinden sich zwei Wartungsräume. Diese sind durch Türen zugänglich, die sich in den Querwänden des Benutzerraums neben der Toilette und dem Waschbecken befinden.

Da V nicht bereit ist, die Herstellung und den Vertrieb der beanstandeten Toilette einzustellen, steht der Patentinhaber P vor der Frage, ob er nunmehr eine Verletzungsklage erheben soll. Er bittet Patentanwalt B deshalb um eine Stellungnahme.

1853 Die beanstandete Ausführungsform stellt ein Toilettenhaus mit außenseitig gebogenen oder teilweise gebogenen Wänden dar, insbesondere für vollautomatische Einrichtungen zur Reinigung und Steuerung der Toiletteneinrichtung. Die Merkmale 1–3 sind daher wortsinngemäß verwirklicht, ohne dass es hierzu noch weiterer Ausführungen bedarf.

1854 In den Merkmalen 3 und 4 ist die Rede von einem Benutzerraum und einem technischen Wartungsraum.

1855 Die beanstandete Toilette besitzt nicht einen, sondern zumindest zwei voneinander unabhängige Wartungsräume, die links und rechts von dem Benutzerraum angeordnet sind. Eine solche Aufteilung führt nicht dazu, dass die Aufgabe des Patents D nicht mehr gelöst wird und deshalb der Fachmann die Angabe »ein Benutzerraum« und ein »Wartungsraum« im Oberbegriff des Patentanspruchs nur in dem Sinne versteht, dass der umschlossene Raum zweigeteilt ist, wobei der eine Teil von dem Benutzerraum und der andere Teil von dem Wartungsraum ausgefüllt wird. Auch bei einer dreiteiligen Raumaufteilung, bei der die Wartungsräume links und rechts neben dem Benutzerraum liegen, kann durch das Verschwenken der Seitenwände um jeweils zwei ihrer Endpunkte die räumliche Anpassung jeweils an den unterschiedlichen technischen Bedarf verschiedener Betriebssysteme und die nach individuellen Erfordernissen benötigte ausreichende Bewegungsfläche im Benutzungsraum erreicht werden. Möglicherweise führt die »Dreiteilung« der Fläche dazu, dass die Verteilungsmöglichkeiten des Raumes auf den Benutzerraum und den Wartungsraum eingeschränkter als bei einer »Zweiteilung« sind, sie sind jedoch noch in einem hinreichenden Maße gegeben. Die Merkmale 3 und 4 können deshalb nicht schon aus dem Grunde verneint werden, dass bei der angegriffenen Ausführungsform nicht ein, sondern zumindest zwei voneinander getrennte Wartungsräume vorhanden sind.

Die beanstandete Toilette besitzt einen Eingang zu dem Benutzerraum. Dieser Eingang 1856
befindet sich zwar nicht an einer Stirnseite der Toilette, sondern in einer der Seitenwände. Im Merkmal 3 wird jedoch nichts darüber gesagt, wo sich die Eingangstür zum Benutzerraum befinden soll.

Die angegriffene Toilette besitzt keinen separaten Zugang zu einem technischen War- 1857
tungsraum. Die beiden eigentlichen technischen Wartungsräume können nur über den Benutzerraum erreicht werden.

Ob der kleine Raum, in dem sich der Wasser- und Stromzähler befindet, auch tech- 1858
nischer Wartungsraum ist und zumindest dieser einen separaten Zugang besitzt, kann dahingestellt bleiben.

Wenn das Merkmal 4 verlangt, dass »ein separater Zugang zu einem technischen War- 1859
tungsraum« vorhanden ist, müssen, wenn die Technik auf mehrere Wartungsräume verteilt ist, entsprechend mehrere separate Zugänge zu den verschiedenen Wartungsräumen vorhanden sein.

Die beidseitig von dem Benutzerraum angeordneten Wartungsräume besitzen kei- 1860
nen separaten Zugang. Ein »separater Zugang« zu einem Raum ist dadurch charakterisiert, dass der einen solchen Zugang besitzende Raum unmittelbar durch diesen Zugang zu betreten ist, demnach nicht der Weg durch einen weiteren Raum genommen werden muss.

Bei der angegriffenen Ausführungsform ist zwar der Radius der kreisbogenförmigen 1861
Seitenwand größer als die halbe Raumbreite des Toilettenhauses. Insofern bedient sich das angegriffene Toilettenhaus der erfindungsgemäßen »Raumform«. Das reicht aber für die Annahme einer Verletzung nicht aus, weil die Erfindung sich nicht darin erschöpft, der Toilette eine derartige Raumform zu geben. Die Klage dürfte keine hinreichende Aussicht auf Erfolg bieten.

bb) Äquivalenz

▶ Beispiel:

1862 A ist eingetragener Inhaber des deutschen Teils des europäischen Patents EP-D (Abb. 47).

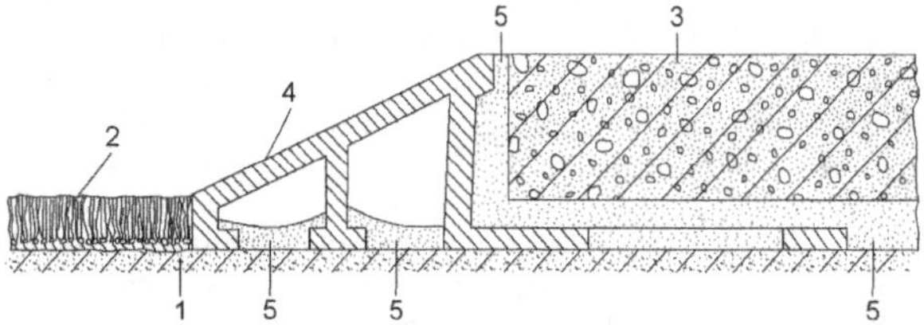

Abb. 38: Stufenprofil (Erfindung)

Der Erfindung der EP-D liegt die Aufgabe zugrunde, eine Vorrichtung zur Ausbildung des Übergangs zwischen einem Keramikplattenbelag und einem angrenzenden anderen Bodenbelag unterschiedlicher Höhe vorzuschlagen, die in einfacher Weise zu befestigen ist und beide Bodenbeläge stirnseitig abschließt.

Gelöst wird die Erfindungsaufgabe gemäß Anspruch 1 durch folgende Merkmale:

(1) Vorrichtung zur Ausbildung des Übergangs zwischen zwei aneinandergrenzenden Bodenbelägen (2,3) unterschiedlicher Höhe;
(2) an einem unter einem Bodenbelag (3) unterzubringenden Befestigungsschenkel ist etwa rechtwinklig ein Abschlussschenkel angeformt;
(3) der Abschlussschenkel ist mit einem unter einem Winkel von 20–45°; nach unten geneigten, sich abstützenden Übergangsschenkel verbunden;
(4) die Vorrichtung besteht aus einem einstückigen Profil (4) mit einem unter 1,5 mm starken, mit Durchbrechungen versehenen Befestigungsschenkel;
(5) und aus einem endseitig am Abschlussschenkel angeformten Übergangsschenkel, der an seinem äußeren Ende einen Anlageabschnitt für den angrenzenden Bodenbelag (2) aufweist.

C stellt her und vertreibt ein Profil zur Überbrückung von Höhenunterschieden von Bodenbelägen gemäß folgender Abbildung.

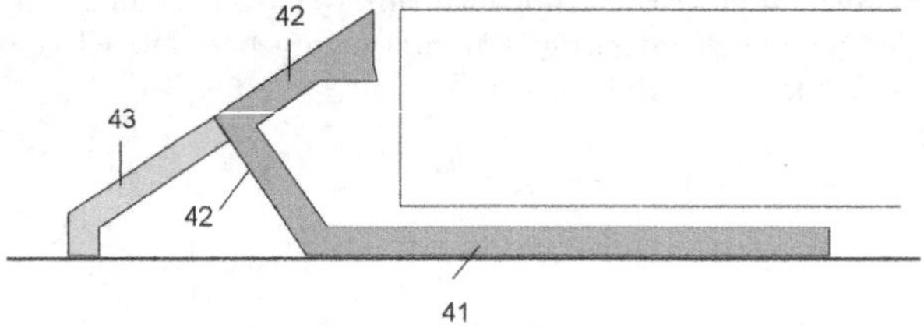

Abb. 39: Stufenprofil (Verletzungsform)

Das Profil dient zur Ausbildung des Übergangs zwischen zwei aneinandergrenzenden Bodenbelägen unterschiedlicher Höhe. Ferner ist an dem Befestigungsschenkel (41) mit diesem etwa einen Winkel von 122° bildend ein Steg (43) angeformt. Außerdem ist der Steg (43) mit einem unter einem Winkel von 20–45°; nach unten geneigten, sich abstützenden Übergangsschenkel verbunden. Das Produkt des C besteht aus einem einstückigen Profil mit einem unter 1,5 mm starken, mit Durchbrechungen versehenen Befestigungsschenkel (41). Der Übergangsschenkel ist nicht »endseitig am Abschlussschenkel« angeformt. Der Abschlussschenkel ist in etwa halber Höhe mit dem schräg nach oben weisenden »Steg« (43) verbunden.

A ist der Auffassung, dass das von V hergestellte und vertriebene Profil das EP-D verletzt.

A steht vor der Entscheidung, ob er C wegen Patentverletzung verklagen soll. Er bittet deshalb Patentanwalt B um Stellungnahme hinsichtlich der Erfolgsaussichten einer Verletzungsklage.

Das Merkmal 1 ist wortsinngemäß verwirklicht. Das angegriffene Profil dient zur Ausbildung des Übergangs zwischen zwei aneinandergrenzenden Bodenbelägen unterschiedlicher Höhe. Das Merkmal 2 ist nicht wortsinngemäß verwirklicht. Bei der angegriffenen Ausführungsform ist an dem Befestigungsschenkel (41) der Abschlussschenkel (42) nicht »etwa rechtwinklig« angeformt. Vielmehr ist an dem Befestigungsschenkel (41) mit diesem etwa einen Winkel von 122° bildend, ein »Steg« (43) angeformt. Da bei der angegriffenen Ausführungsform kein »etwa rechtwinklig« an dem Befestigungsschenkel angeformter Abschlussschenkel vorhanden ist, kann auch das Merkmal 3 nicht wortsinngemäß verwirklicht sein. Das Merkmal 4 ist wortsinngemäß verwirklicht. Die angegriffene Ausführungsform besteht aus einem einstückigen Profil mit einem unter 1,5 mm starken, mit Durchbrechungen versehenen Befestigungsschenkel (41). Das Merkmal 5 ist nicht wortsinngemäß verwirklicht. Bei der angegriffenen Ausführungsform ist nicht »endseitig am Abschlussschenkel« der Übergangsschenkel angeformt. Der Abschlussschenkel (42) ist vielmehr etwa in halber Höhe mit dem schräg nach oben weisenden »Steg« (43) verbunden. Damit scheidet eine wortsinngemäße Benutzung der Lehre des EP-D aus. 1863

Es ist deshalb zu prüfen, ob die angegriffene Ausführungsform sich als eine äquivalente Benutzung der Lehre des EP-D darstellt. Die Lehre von der Äquivalenz dehnt den Schutzbereich eines Patents auf solche Benutzungshandlungen aus, die zwar im Anspruch nicht genannt sind, die aber von dem Sinn und Zweck der Erfindung durch Verwendung gleich wirkender Mittel Gebrauch macht. Danach erstreckt sich der Schutzbereich eines Patents auch auf solche Varianten, die gleichwirkende Mittel verwenden. Diese muss der Fachmann aus den Patentansprüchen unter Hinzuziehung von Beschreibung und Zeichnungen bzw. Beispielen auf der Grundlage seines fachlichen Wissens auffinden können, und zwar aufgrund von Überlegungen, die am Sinngehalt der Patentansprüche anknüpfen. 1864

1865 Die abgewandelte Lösung muss:

- objektiv gleichwirkend
- subjektiv für den Fachmann naheliegend,
- gleichwertig dem ausgelegten Patentanspruch

sein.

1866 Gleichwirkend bedeutet, die Variante muss objektiv gleichwirkend sein im Sinne der Aufgabe oder des »Problems« des Patents. Die Aufgabe kann verbessert oder verschlechtert gelöst sein, sie muss jedenfalls zu einem praktisch ins Gewicht fallenden Teil gelöst sein.[453]

1867 Naheliegend für den Fachmann heißt zu überlegen, welche Indizien es für das Naheliegen aus der Beschreibung, aus zitiertem Stand der Technik, aus dem durch Lehrbücher dokumentierten Fachwissen und aus nicht zitiertem Stand der Technik gibt.[454]

1868 Gleichwertig dem ausgelegten Patentanspruch bedeutet, dass die Auslegung in der ersten Stufe auch maßgeblich ist für Möglichkeit und Ausmaß einer etwaigen Äquivalenz in der zweiten Stufe.[455] Bei genau beanspruchten zahlenmäßigen Bereichsangaben gibt es also grundsätzlich keine Äquivalenz. Nur Variationen im Bereich üblicher Toleranzen sind noch Verletzung.

1869 Für den vorliegenden Fall bedeutet dies:

1870 Bei der Angabe in dem Merkmal 2, dass an dem Befestigungsschenkel »etwa rechtwinklig« ein Abschlussschenkel angeformt ist, handelt es sich um eine sogenannte »Maßangabe«,[456] die von der Verletzungsform gerade nicht erfüllt wird. Allerdings ist nicht ausgeschlossen, dass der Fachmann eine gewisse, beispielsweise übliche Toleranzen umfassende, Unschärfe als mit dem technischen Sinngehalt einer Zahlenangabe vereinbart ansieht.[457] Für die Annahme einer Äquivalenz reicht es aber nicht aus, wenn bei der angegriffenen Ausführungsform durch gleichwirkende Mittel die Wirkung des Merkmals der »etwa rechtwinkligen« Anformung des Abschlussschenkels (42) an dem Befestigungsschenkel erzielt werden sollte. Vielmehr muss gerade diejenige Wirkung erzielt werden, die nach dem Verständnis des Fachmanns anspruchsgemäß der bereichsgemäßen Eingrenzung dieses Merkmals zukommen soll.

1871 Das erfindungsgemäße Profil soll aufgabengemäß die beiden Bodenbeläge »stirnseitig abschließen«. Das kommt insbesondere auch in der gewählten Bezeichnung »Abschlussschenkel« (42) eindeutig zum Ausdruck. Der Abschlussschenkel (42) bil-

453 BGH GRUR 1999, 909 – *Spannschraube.*

454 BGH GRUR 1999, 977 – *Angabe der Telefon-Nr. in der Werbung*; abhängige Erfindung.

455 BGH GRUR 1991, 444 – *Autowaschvorrichtung*; BGH GRUR 2002, 515 – *Schneidmesser I* u. GRUR 2002, 519 – *Schneidmesser II*; BGH GRUR 2002, 527 – *Custodiol II*; LG Düsseldorf InstGE 5, 9.

456 BGH GRUR 2002, 515, 517 – *Schneidmesser I.*

457 House of Lords in der *Catnic*-Entscheidung [1982] R.P.C. 163; Deutsch GRUR Int. 1982, 136.

det den Abschluss an der Stirnseite des höheren Bodenbelages. Um einen solchen Abschluss bilden zu können, muss der Abschlussschenkel (42) im wesentlich parallel zu der Stirnseite des höheren Bodenbelages verlaufen. Deshalb soll er »etwa rechtwinklig« an dem Befestigungsschenkel angeordnet sein.

Der stirnseitige Abschluss durch den »etwa rechtwinklig« an dem Befestigungsschen- 1872
kel angeordneten Abschlussschenkel (42) wird aber in dem spezifischen Sinn der Bereichsangabe »etwa rechtwinklig« nicht erreicht, wenn der »Abschlussschenkel« (42) eine Stellung einnimmt, die erheblich von einem Winkel von etwa 90^0 abweicht, und zwar sowohl im oberen als auch im unteren »Abschlussschenkelbereich«, wenn er »Abschlussschenkel« der angegriffenen Ausführungsform einmal im Sinne des Patentinhabers verstanden würde. Bei einem Keramikplattenbelag bildet dann nicht mehr der Abschlussschenkel mit der zwischen ihm und der Stirnseite der Keramikplatte befindlichen Mörtelfüllung den Abschluss.

Der Fachmann sieht daher das Spezifische der Maßangabe »etwa rechtwinklig« in 1873
dem dadurch im Wesentlichen erreichten parallelen Verlauf des Abschlussschenkels (42) zu der Stirnseite des höheren Bodenbelags, wodurch diese einen Abschuss erhält. Hieran fehlt es bei der angegriffenen Ausführungsform. Dass möglicherweise mit dem »abgeknickten Abschlussschenkel« und der Mörtelfüllung eine Gleichwirkung erzielt wird und zwar auch nur im Falle eines Keramikplattenbelages, reicht für die die Annahme einer Äquivalenz nicht aus.

▶ Beispiel:

A hat ein Gerät zum Enthaaren (entwickelt. Hierfür wird eine Vorrichtung gemäß 1874
der folgenden Abbildung verwendet. Dabei wird eine Schraubenfeder vorgeschlagen, welche im gebogenen Zustand als elastisch zylindrischer Körper ausgestaltet ist. Die Windungen greifen die Haare, klemmen diese ein und reißen diese aus.

In dem Konkurrenzprodukt wird eine elastische Walze verwendet, welche Einschnitte aufweist. In die Spalten werden die Haare hineingeschoben und eingeklemmt und sodann ausgerissen. Es stellt sich nunmehr die Frage, inwieweit hier eine Patentverletzung vorliegt.

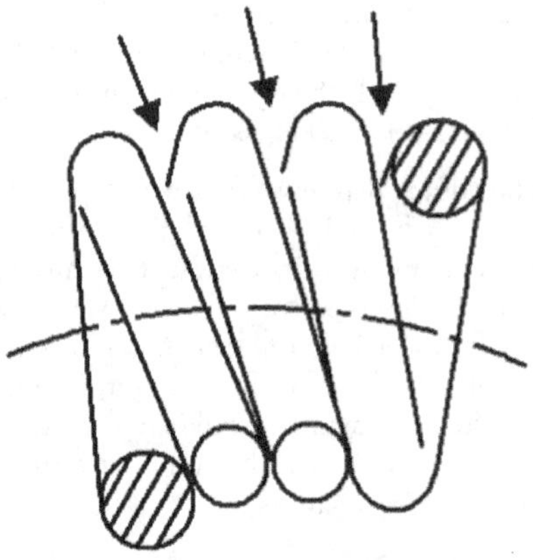

Abb. 40: Epilady (Erfindung)

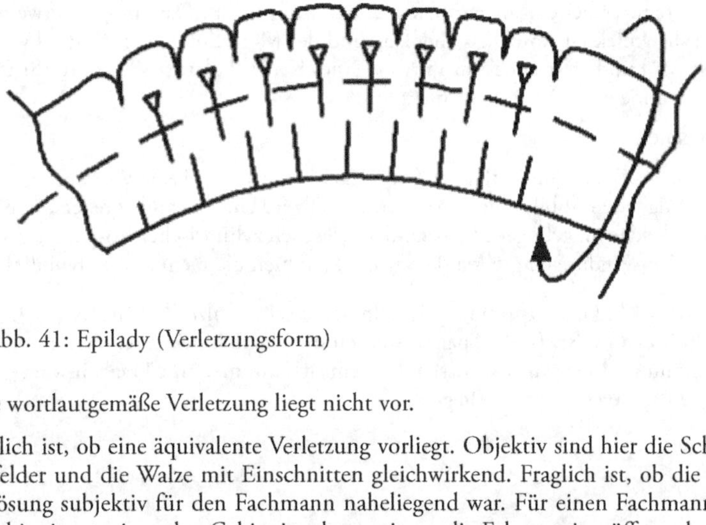

Abb. 41: Epilady (Verletzungsform)

1875 Eine wortlautgemäße Verletzung liegt nicht vor.

1876 Fraglich ist, ob eine äquivalente Verletzung vorliegt. Objektiv sind hier die Schraubenfelder und die Walze mit Einschnitten gleichwirkend. Fraglich ist, ob die Walzenlösung subjektiv für den Fachmann naheliegend war. Für einen Fachmann auf dem hier interessierenden Gebiet ist ohne weiteres die Erkenntnis eröffnet, dass die Schraubenfeder nur vorgeschlagen ist, weil sie ein elastischer zylindrischer Körper ist, der in gebogenem Zustand sich schnell drehen lässt. Vor allem weist sie durch die Windungen und ihre zueinander gewendeten Seiten (Wände), durch die sie getrennt sind, Mittel auf, welche die Oberfläche des Körpers auf der konvexen Seite zu Spalten weiten. Diese führen andererseits auf der konkaven Seite zu Klemmbereichen führen, mithilfe derer die in die Spalten getretenen Haare eingeklemmt und ausgerissen werden können. Auf diese Weise lautet die Anweisung des Anspruchs 1 des Klagepatents in funktionaler Hinsicht für den Fachmann:

> Nimm ein zylinderförmiges elastisches Element, das mit getrennten Wandungen von Materialbereichen versehen ist, so dass sich bei Biegung desselben auf der konvexen Seite Spalten und auf der konkaven Seite Klemmbereiche ergeben, und wähle nach Material und Beschaffenheit ein solches aus, das sich gebogen in hohe Drehung versetzen lässt.[458]

Diese Abstraktion gehört mithin zum Fachwissen aufgrund des Standes der Technik, 1877
bzw. sie ist durch die im Lichte der Beschreibung gesehenen Ansprüche des Klagepatents offenbart. Vermittelte das Klagepatent aber diese Kenntnis, so liegt es nahe, auch eine Walze mit Einschnitten der angegriffenen Art als Haarauszupfteil zu verwenden. Es liegt mithin eine äquivalente Verletzung vor.[459]

c) Verfahrensansprüche

▶ Beispiel:

A ist Inhaber eines Patentes, nach dessen Anspruch 1 ein Verfahren zur Herstel- 1878
lung eines Reagenz beansprucht wird. Ferner werden die in diesem Verfahren hergestellten Reagenzien sowie deren Verwendung zur Bindung von Polymeren und Mikroorganismen aus wässrigen Lösungen beansprucht. Bei dem Verfahren wird u.a. auf spezielle Art eine Epoxidierung durchgeführt. Dieser Verfahrensschritt ist auch Gegenstand des Anspruches 1. In der Beschreibung werden aber auch weitere alternative Methoden aufgezeigt und als gleichermaßen geeignet dargestellt.

A möchte gegen den Konkurrenten B vorgehen, welcher in anderer Form die Epoxidierung durchführt.

Eine vom Wortsinn des Patentanspruchs abweichende Lösung ist nur dann gleich 1879
wirkend, wenn sie nicht nur am Wesentlichen die Gesamtwirkung der Erfindung erreicht, sondern gerade auch diejenige Wirkung erzielt, die das nicht wortsinngemäße verwirklichte Merkmal erzielen soll. Ergeben sich aus der Auslegung des Anspruchs Mindestanforderungen an die Qualität oder Quantität einer bestimmten Wirkung, können abgewandelte Mittel, die diesen Anforderungen nicht gerecht werden, auch dann nicht unter dem Gesichtspunkt einer verschlechterten Ausführungsform als gleich wirkend angesehen werden, wenn alle übrigen Wirkungen der patentgemäßen Lösung im Wesentlichen erreicht werden.[460]

Die *Besonderheit* des vorliegenden Falles liegt darin, dass der Anspruch als Verfahrens- 1880
schritt eine Epoxidierung enthält und weitere gleichwertige Varianten in der Beschrei-

458 OLG Düsseldorf GRUR Int. 93, 242.
459 Zum Schutzbereich nach britischem Recht vgl. Meier-Beck, GRUR Int. 2005, 796 ff.
460 BGH GRUR 2012, 11, 1122 – *Vom Wortsinn abweichende Lösung – Palettenbehälter III.*

bung genannt sind. Nach der Rechtsprechung des Bundesgerichtshofs[461] ist, wenn das Patent bei objektiver Betrachtung hinter dem weitergehenden technischen Gehalt der Erfindung zurückbleibt, der Schutz auf das zu beschränken, was noch mit dem Sinngehalt der Patentansprüche in Beziehung zu setzen ist. Eine Ausführungsform ist aus dem Schutzbereich des Patents ausgeschlossen, wenn sie zwar offenbart und für den Fachmann jedenfalls auffindbar ist, der Leser der Patentschrift aber annehmen muss, dass sie nicht unter Schutz gestellt werden sollte. Eine Patentverletzung mit äquivalenten Mitteln ist in der Regel zu verneinen, wenn die Beschreibung mehrere Möglichkeiten offenbart, wie eine bestimmte technische Wirkung erzielt werden kann, jedoch nur eine dieser Möglichkeiten in dem Patentanspruch aufgenommen worden ist.[462] Im vorliegenden Fall ist der Schutz auf eine Variante im Anspruchswortlaut beschränkt worden. Dies schließt allerdings nicht aus, dass die Verwirklichung mit abgewandelten Mitteln als gleichwertig angesehen werden kann, sofern die Überlegungen, die erforderlich sind, um zu der abgewandelten Lösung zu gelangen, am Sinngehalt des Patentanspruchs orientiert sind. Im vorliegenden Fall ist der Sinngehalt jedoch auf eine spezielle Art der Epoxidierung beschränkt, obwohl in der Beschreibung des Patents des A andere Methoden aufgezeigt und als gleichermaßen geeignet eingestuft worden sind. Vor diesem Hintergrund steht es mit dem o.g. Grundsatz nicht im Einklang, eine abgewandelte Lösung schon dann als gleichwertig anzusehen, wenn sie zur Lösung des der Erfindung zugrundeliegenden technischen Problems in gleicher Weise geeignet ist. Erforderlich ist es vielmehr, dass sich die abgewandelte Lösung in ihren spezifischen Wirkungen mit der unter Schutz gestellten Lösung deckt und sich in ähnlicher Weise wie diese Lösung von der nur in der Beschreibung, nicht aber im Patentanspruch aufgezeigten Lösungsvariante unterscheidet.

▶ **Beispiel:**

1881 A hat ein Verfahren zur Herstellung von Granulaten entwickelt. Er stellt fest, dass die Konkurrenz solche Granulate, welche nach seinem Verfahren herstellbar sind, auf den Markt bringt. Er fragt Patentanwalt B, ob aufgrund seines Verfahrenspatentes sich ein Verbietungsrecht herleiten lässt.

1882 Ein Verfahrenspatent gewährt für das beschriebene Verfahren einen absoluten Schutz gegen seine Anwendung oder das Anbieten zur Anwendung. Ist im Verfahrenspatent ein bestimmter Verwendungszweck angegeben, so beschränkt sich darauf der Schutzbereich ebenso wenig wie beim Erzeugnispatent. Vielmehr erstreckt sich der Schutzbereich auf alle Zwecke, die mit dem patentierten Verfahren erreichbar sind, auch wenn der Erfinder sie nicht erkannt haben sollte. Daher kann der Patentinhaber eine Benutzung des Verfahrens verbieten, auch wenn der Verletzer Verfahren oder Erzeugnis in anderer Weise verwendet als in der Patentschrift angegeben.

1883 Der Schutzbereich eines Verfahrenspatents erstreckt sich nach § 9 Satz 2 Nr. 3 PatG auch auf die mit dem patentierten Verfahren unmittelbar hergestellten Erzeugnisse, die

461 BGH Mitt. 2011, 561 – *Diglycidverbindung*; BGH Mitt. 2002, 216 – *Schneidmesser II.*
462 BGH Mitt. 2011, 355 – *Okklusionsvorrichtung.*

hinsichtlich ihrer Verwendung wie patentierte Erzeugnisse absoluten Schutz genießen. Wird das gleiche Erzeugnis auf einem anderen Wege hergestellt, der dem patentierten Herstellungsweg äquivalent ist, versagt der Patentschutz nach § 9 Satz 2 Nr. 3 PatG.

Nach § 9 Satz 2 Nr. 3 PatG genießen unmittelbare Erzeugnisse eines Verfahrens auch dann Patentschutz, wenn sie bekannt sind. Im Ergebnis wird A gegen die Konkurrenz vorgehen können, wenn die Granulate nach dem geschützten Verfahren hergestellt werden. 1884

▶ Beispiel:

A hat ein Verfahren zum Kodieren von Videodaten angemeldet und hierauf ein Patent erhalten. Verfahrensgemäß wird eine Datenfolge gewonnen. Eine ebensolche Datenfolge wird von B gewonnen. A erhebt daher Klage auf der Basis von § 139 in Verbindung mit § 9 Satz 2 Nr. 3 PatG. 1885

Problematisch im vorliegenden Fall ist, dass es sich bei dem Erzeugnis nicht um einen körperlichen Gegenstand handelt. So wird der Erzeugnisschutz nach § 9 Satz 2 Nr. 3 PatG für unkörperliche Verfahrenserzeugnisse wie Licht, Wärme, elektrische Energie oder Schall abgelehnt[463]. Der Bundesgerichtshof[464] sieht die Sachlage jedoch anders beim Abspielen von auf einer DVD gespeicherten oder in anderer Form gespeicherten Videodaten. Denn diese werden auf den vorgesehenen Geräten und unter Einsatz entsprechender Dekodierungsvorrichtungen und -verfahren als Videoereignisse ausgelesen und wahrnehmbar gemacht. Auf diese Art können die Erzeugnisse beliebig oft bestimmungsgemäß benutzt werden. Grundsätzlich war in der Rechtsprechung auch dargelegt worden, dass unkörperliche Signalfolgen, die für die Übersendung über das Internet geeigneten Daten repräsentieren, trotz Fehlens eines körperlichen Substrats Sachschutz beanspruchen können. Der Bundesgerichtshof hatte hierbei darauf abgestellt, dass zwischen Datenfolgen, die auf einem Datenträger gespeichert sind und solchen, die lediglich über das Internet übermittelt werden, für die Erfordernisse der Datenverarbeitung kein erheblicher Unterschied bestehe[465]. 1886

d) Verwendungsansprüche

▶ Beispiel:

A hat ein pharmazeutisches Präparat entwickelt, mit welchem unter Verwendung des Wirkstoffes Cumarin sich durch Hämorriden bedingte Leiden behandeln lassen. Cumarin ist ein Wirkstoff, welcher u.a. in Arnika vorhanden ist. Für diese neue Verwendung hat A ein Patent. Nunmehr stellt er fest, dass die Konkurrenz solche Produkte auch auf den Markt bringt. Er möchte von Patentanwalt B wissen, inwieweit hier Chancen für ein Vorgehen bestehen. 1887

463 Benkard/Scharen PatG 1 § 9 Rn. 53.
464 BGH X ZR 33/10 – *MPEG-2 Videosignalkodierung*, Urteil vom 21.08.2012.
465 BGH X ZB 9/03 vom 17.02.2004; BGHZ 158, 142 – *Signalfolge*; vgl. Cimniak Diss. m.w.N.

1888 Verwendungspatente stellen eine bestimmte Verwendung eines (bekannten oder neuen) Erzeugnisses unter Schutz, z.B. die Verwendung einer bekannten Vorrichtung für einen neuen Zweck. Der Inhaber eines Verwendungspatents kann Dritten die geschützte Art und Weise der Anwendung des Erzeugnisses untersagen, dagegen nicht die Herstellung des Erzeugnisses, selbst wenn diese in der Absicht erfolgt, das Erzeugnis für die geschützte Verwendung benutzen zu wollen. Stellt aber das Verwendungspatent in Wahrheit ein Herstellungsverfahren unter Schutz, weil die beanspruchte Verwendung ein neues Erzeugnis oder einen neuen Zustand durch Vornahme bestimmter Verfahrensschritte hervorbringt, umfasst der Schutzbereich auch die unmittelbaren Erzeugnisse.

1889 Der Begriff der Verwendung ist nicht auf die speziellen Verfahrensmaßnahmen für die eigentliche Anwendung des Erzeugnisses beschränkt. Der Schutzbereich eines Verwendungspatents erstreckt sich vielmehr auch auf solche Handlungen, die der eigentlichen Verwendung vorausgehen, die aber unverkennbar deutlich machen, dass das Erzeugnis für die geschützte Verwendung geeignet gemacht werden soll.

1890 Schließlich ist die »Augenfällige Herrichtung« für die geschützte Anwendung oder Verwendung eine unmittelbare Verletzung.[466] Unter diesen Voraussetzungen kann A demgemäß gegen die Konkurrenz vorgehen.

e) Mittelbare Patentverletzung

▶ Beispiel:

1891 A hat einen Patentschutz für ein Cumarin-haltiges Präparat erlangt. Er stellt nunmehr fest, dass der Wirkstoff Cumarin an die Konkurrenz geliefert wird. Diese stellt sodann ein das Patent verletzendes Präparat daraus her. A fragt, ob er gegen den Lieferanten des Wirkstoffes Cumarin vorgehen kann.

1892 § 10 PatG definiert ein Verbot der mittelbaren Benutzung. Danach kann eine Patentverletzung in dem Liefern oder Anbieten eines Mittels gesehen werden, wenn dies dazu geeignet und bestimmt ist, für die Benutzung der Erfindung verwendet zu werden.

1893 Eine mittelbare Patentverletzung liegt aber nicht schon bei jedem Angebot oder Liefern eines Mittels vor, das für die Benutzung der Erfindung erforderlich ist. Das Mittel muss vielmehr ein wesentliches Element der Erfindung sein. Erfüllt das Mittel die Merkmale des Patentanspruchs, die für die Ausführung der Erfindung erforderlich sind und sie vom Stand der Technik unterscheiden, wird man grundsätzlich von einem wesentlichen Element der Erfindung auszugehen haben. Aber auch solche Mittel beziehen sich auf wesentliche Elemente, die zwar im Patentanspruch nicht ausdrücklich genannt sind, mit denen aber das Patent in einem Einspruchs- oder Nichtigkeitsverfahren beschränkt aufrechterhalten werden könnten.

466 BGH GRUR 1990, 505 – *Geschlitzte Abdeckfolie.*

Unter § 10 Absatz 1 PatG fallen alle Mittel, die erkennbar dazu beitragen, den eigentlichen Kern der Erfindung zu verwirklichen. Diese Voraussetzung erfüllt vorliegend die Lieferung des Stoffs Cumarin. 1894

Das Anbieten oder Liefern stellt nur dann eine mittelbare Patentverletzung dar, wenn das Mittel zur Benutzung der Erfindung angeboten oder geliefert wird. Das setzt voraus, dass der mittelbare Patentverletzer seinen Abnehmern das Mittel in einer Form anbietet oder liefert, die den Abnehmern die Eignung des Mittels zur patentgemäßen Anwendung ausreichend ersichtlich werden lässt. Ist die patentgemäße Verwendung jedoch nicht ohne weiteres erkennbar, wird ein Anbieten oder Liefern zur Benutzung der Erfindung nur vorliegen, wenn der mittelbare Patentverletzer auf die Brauchbarkeit des Mittels in einer Form hinweist, dass seine Kunden auf die Möglichkeit der patentgemäßen Benutzung aufmerksam werden. Vorliegend wird der Wirkstoff an die Konkurrenz geliefert, die daraus das patentgeschützte Präparat herstellt. Die Eignung zur Herstellung des Präparats ist hinreichend ersichtlich. 1895

Außer dem objektiven Tatbestand, muss für ein Verbot nach § 10 Absatz 1 PatG auch ein subjektiver Tatbestand in der Person des mittelbaren Benutzers erfüllt sein. Er muss die Eignung und Bestimmung der Mittel für die Benutzung der Erfindung kennen. Die Begriffe Eignung und Bestimmung sind objektiv zu verstehen. D.h. ein Fachmann würde sich des Mittels bedienen, weil es ihm zu deren Ausübung zweckmäßig erscheint. Darüber hinaus muss das Mittel gerade für die Benutzung der Erfindung bestimmt sein. D. h. es muss sich für einen Fachmann augenfällig zur Benutzung der Erfindung anbieten. 1896

Das positive Wissen des Lieferanten, dass sich das Mittel für die Benutzung der Erfindung eignet und dafür bestimmt ist, ist nach § 10 Absatz 1 PatG grundsätzliche Voraussetzung für ein Verbot. 1897

Im vorliegenden Fall ist somit festzustellen, dass Cumarin durchaus zur Herstellung des Patent verletzenden Produktes geeignet und bestimmt ist. Damit kommt eine mittelbare Patentverletzung gemäß § 10 PatG in Betracht. 1898

▶ Beispiel:

A ist Inhaberin eines Patents, welches ein elektrostatisches Reinigungsgerät für nichtleitende Flüssigkeiten, insbesondere zur Entfernung von festen Schmutzpartikeln aus Ölen, bestehend aus einem Reinigungsbehälter (1), einer Vielzahl von Elektroden (6, 12), die abwechselnd Hochspannung oder Erdpotenzial führen, sowie sich nah an den Elektroden befindenden Abscheideplatten (16), die entweder in übereinander liegenden Ebenen quer zur senkrechten Strömungsrichtung der Flüssigkeit oder in nebeneinander liegenden ebenen parallel zur senkrechten Strömungsrichtung der Flüssigkeit angeordnet sind, wobei die von den Abscheideplatten (16) gebildeten Ebenen aus jeweils mindestens zwei mit Abstand zueinander angeordneten Plattenelementen bestehen. Die nachfolgend wiedergegebenen Abbildungen veranschaulichen den Gegenstand eines bevorzugten Ausführungsbeispiels. 1899

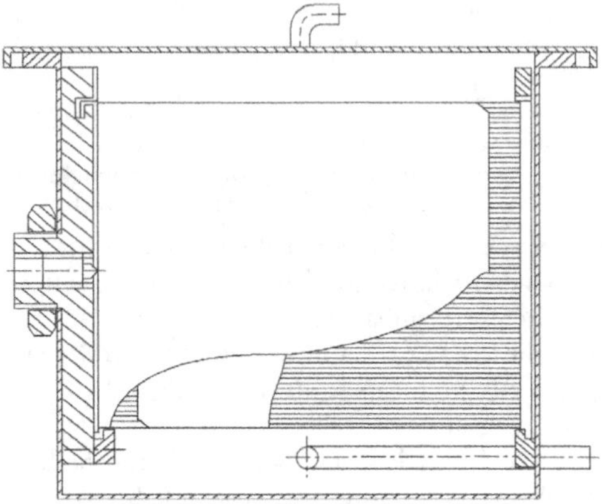

Abb. 42: Ausführungsbeispiel für Filterelement (Seitenansicht)

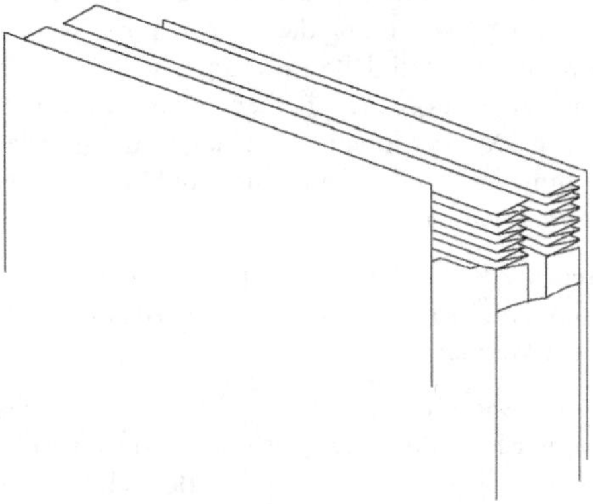

Abb. 43: Ausführungsbeispiel für Filterelement (perspektive Ansicht)

B hat einer Kundin der A Filterelemente zum Einsatz in bei der Kundin befindliche Ölreinigungsgeräte angeboten und geliefert. Hierbei handelt es sich um Abscheideplatten, welche Ebenen aus jeweils mindestens zwei mit Abstand zueinander angeordneten Plattenelementen bestehen. Ebenso wie beim Patent kann dadurch, dass die von den Abscheideplatten gebildeten Ebenen aus jeweils mindestens zwei mit Abstand zueinander angeordneten Plattenelementen bestehen, auf die Ausbildung von Durchbrüchen – wie dies im Stand der Technik üblich war – verzichtet werden, was den Fertigungsaufwand erheblich verringert.

1900 Im vorliegenden Fall handelt es sich um eine mittelbare Patentverletzung. B hat ohne Zustimmung der A anderen als zur Benutzung der patentierten Erfindung berechtigten Personen Mittel, die sich auf ein wesentliches Element der Erfindung beziehen, zur Benutzung der Erfindung angeboten und geliefert. Die Kundin wusste dabei, dass die gelieferten Filterelemente geeignet und bestimmt sind, für die Benutzung der Erfindung verwendet zu werden. Bei den Filterelementen handelt es sich um ein wesentliches Element der Erfindung. Ein Mittel bezieht sich dabei auf ein wesentliches Element der Erfindung, wenn es geeignet ist, mit einem solchen Element bei der Verwirklichung des geschützten Erfindungsgedankens funktional zusammen zu wirken.[467] Im vorliegenden Fall sind die Abscheideplatten Gegenstand des kennzeichnenden Teils des Anspruchs. Sie stellen mithin ein wesentliches Element der Erfindung dar. Fraglich ist im vorliegenden Fall jedoch, ob die Elemente der B zur Wiederherstellung der Gebrauchstauglichkeit geliefert worden sind. Dies könnte im vorliegenden Fall zutreffen, wenn zu dem bestimmungsgemäßen Gebrauch des patentgemäßen Erzeugnisses die Wiederherstellung der Gebrauchstauglichkeit erforderlich war, weil die Funktions- oder Leistungsfähigkeit ganz oder teilweise durch Verschleiß oder Beschädigung beeinträchtigt war. Im vorliegenden Fall kann jedoch von einer Wiederherstellung der Gebrauchstauglichkeit nicht mehr gesprochen werden, da die getroffenen Maßnahmen darauf hinauslaufen, tatsächlich das patentgemäße Erzeugnis erneut herzustellen. Für die Frage, wann beim Austausch von Teilen einer Vorrichtung von Neuherstellung gesprochen werden darf, kommt es einerseits darauf an, ob es sich bei den Teilen die in Rede stehen, um solche handelt, mit deren Austausch während der Lebensdauer üblicherweise zu rechnen ist. Andererseits kommt es auch darauf an, inwieweit sich gerade in den ausgetauschten Teilen die technischen Wirkungen der Erfindung widerspiegeln. Wenn gerade durch den Austausch dieses Teils der technische Vorteil der Erfindung neu verwirklicht wird, kann nicht gesagt werden, dass der Patentinhaber bereits durch das erstmalige Inverkehrbringen der Gesamtvorrichtung den ihm zustehenden Nutzen aus der Erfindung gezogen hätte. Im vorliegenden Fall wird der technische Vorteil der Erfindung gerade durch die konkrete Ausgestaltung der Abscheideplatten gekennzeichnet. Auch wenn es naheliegend erscheint, dass diese Abscheideplatten in regelmäßigen Abständen ausgewechselt werden müssen, wird gleichwohl mit jedem Austausch durch eine erfindungsgemäß ausgestaltete Platte wieder der technische Vorteil der Erfindung realisiert, da sich die Vorteile (hohe Reinigungsgeschwindigkeit und verbesserte Effizienz) gerade durch die konkrete Ausgestaltung der Abscheideplatten erreichen lassen. Im vorliegenden Fall liegt mithin eine mittelbare Patentverletzung vor.[468]

▶ Beispiel:

A ist Inhaberin eines mit Wirkung für die Bundesrepublik Deutschland erteilten 1901
europäischen Patents, betreffend eine Baueinheit zum Einsatz in einem Kaffeebrühgerät sowie deren Filterbehälter und passende Filterbeutel. Nach dem Anspruch 1 betrifft das Patent eine Baueinheit zum Einsatz in einem Kaffeebrühgerät und einem pillförmigen mit gemahlenen Kaffee gefüllten Filtereinsatz. Es

467 BGH GRUR 2004 758, 761 – *Flügelradzähler.*
468 LG Düsseldorf 4b O 26/07 vom 15.11.07.

handelt sich dabei um ein Kaffeebrühgerät, das keinen losen Kaffee filtert, sondern vorgefertigte, einzeln in Filterpapier abgepackte Portionen benutzt, die als Kaffeepads in einen entsprechend ausgestalteten Behälter eingesetzt werden. Solche Kaffeepads werden auch von der Firma B vertrieben.

1902 Es stellt sich die Frage, inwieweit in dem Vertrieb der Filterpads eine mittelbare Patentverletzung zu sehen ist. Der Filtereinsatz ist ein Mittel, das sich auf ein wesentliches Element der Erfindung bezieht. Zwar waren entsprechend geformte Pads für sich allein vorbekannt. Dies spricht aber nicht gegen die Erfindungswesentlichkeit; denn auch ein dem Stand der Technik entsprechendes Mittel kann mit anderen Teilen erfindungsgemäß zusammenwirken und sodann ein Mittel i.S.d. § 10 PatG ergeben. Nach der Lebenserfahrung kann auch davon ausgegangen werden, dass der B bekannt ist, dass diese Kaffeepads für das patentgeschützte Kaffeebrühgerät der A geeignet und auch bestimmt ist.

1903 Es stellt sich jedoch die Frage, ob die B unbeschränkt zur Unterlassung verurteilt werden kann. Sofern die angegriffenen Kaffeepads auch verwendet werden können, ohne dass eine patentgeschützte Baueinheit verwendet wird, muss diese Möglichkeit für die B offenbleiben. Eine solche Möglichkeit besteht beispielsweise darin, die Kaffeepads in herkömmlichen Espresso-Siebträgermaschinen einzulegen. Damit kann das von der A begehrte Verbot sich nur auf die Verwendung der angegriffenen Gegenstände für Kaffeepadmaschinen und nicht auch auf den Einsatz in den Espressogeräten beziehen.[469]

Beispiel

1904 Die Parteien streiten um den Schutzbereich eines Patentes, welches sich auf ein Kaffeebrühsystem bezieht, das eine Vorrichtung zum Extrahieren einer Kaffeekapsel enthält. Die Patentinhaberin vertreibt in Deutschland sowohl die Maschinen als auch die

Originalkaffeekapseln. Der Drittanbieter veräußert für diese Maschinen verwendbare Kaffeekapseln und hat seine Verpackungen mit einem entsprechenden Hinweis »geeignet für …« versehen. Die Patentinhaberin begehrt Unterlassung.

1905 Das Klagepatent schützt ein Extraktionssystem mit einer Vorrichtung zur Extraktion einer Kapsel, welches die Einführung und richtige Positionierung einer Kapsel erleichtern und gleichzeitig einfach und günstig sein soll. Da aber die Endkunden, die Eigentümer einer solchen Kaffeemaschine sind, zur Benutzung der Erfindung berechtigt sind, steht auch der Patentinhaberin gegen den Drittanbieter kein Unterlassungsanspruch zu. Zwar verbietet § 10 Abs. 1 PatG Dritten, ohne Zustimmung des Patentinhabers, Mittel, die sich auf ein wesentliches Element der Erfindung beziehen, zur Benutzung der Erfindung anzubieten und zu liefern, wenn der Dritte weiß oder es aufgrund der Umstände offensichtlich ist, dass diese Mittel dazu bestimmt sind, für die Benutzung der Erfindung verwendet zu werden. Aber die Rechte der Patent-

469 OLG Düsseldorf GRUR-RR 2006, 39 ff.

inhaberin an der Erfindung sind durch die Veräußerung der Kaffeemaschinen selbst erschöpft. Durch den Erwerb einer patentgeschützten Vorrichtung wird der Erwerber berechtigt, diese Vorrichtung bestimmungsgemäß zu gebrauchen.

Bei dem Verwenden der Kapseln des Drittanbieters handelt es sich um einen bestim- 1906
mungsgemäßen Gebrauch der patentgeschützten Vorrichtung und nicht um eine neue Herstellung im Sinne des Patentgesetzes. Ein bestimmungsgemäßer Gebrauch läge nur vor, wenn die Maßnahmen die Identität des bereits in Verkehr gebrachten patentgeschützten Erzeugnisses waren und nicht die Erschaffung eines neuen erfindungsgemäßen Erzeugnisses gleichkommen. Ein Austausch der Kapseln verändert aber nicht die Identität der Maschine, zumal sie keinen wesentlichen Teil des Erfindungsgedankens verkörpern.

Die Kapseln sind zwar für den Betrieb der Maschine unerlässlich, sie prägen aber nicht 1907
die Erfindung in der wesentlichen Weise, dass sich die Erfindung auf die Funktionsweise der Kapseln, sondern lediglich auf die Funktionsweise der Vorrichtung auslöst[470].

2. Nationales Verfahren

Der Verletzungsprozess ist in seinem Verfahrensablauf im Wesentlichen ein üblicher 1908
Zivilprozess nach der deutschen Zivilprozessordnung. Allerdings haben sich im Laufe der Praxis einige Besonderheiten herausgebildet, welche durch die spezielle Materie bedingt sind. Abgesehen davon sind auch einige besondere gesetzliche Bestimmungen zu beachten, welche das Verfahren abweichend von der Zivilprozessordnung regeln. Beispielhaft sei hier auf die Regelung der sachlichen und örtlichen Zuständigkeit hingewiesen.

a) Vorprozessuales Vorgehen

▶ Beispiel:

A ist ein überregional tätiges Sportfachhandelsunternehmen. Die Firma gibt zwei- 1909
mal jährlich einen Katalog heraus, in dem sie auf Fotos die von ihr angebotenen Produkte abdruckt. Darunter befinden sich Bilder, bei denen Maschinen der Firma B abgebildet sind. Die anwaltlichen Vertreter der B übersenden an A ein Schreiben, in dem ausgeführt wird, dass es sich bei bestimmten Bildern im Katalog um Bilder der für B patentgeschützten Maschinen handele. Die Vertreter der B fragen an, wieso sich A berechtigt fühlt, die gegenständlichen Bildnisse der patentgeschützten Maschinen für Werbezwecke zu nutzen. Ebenso wird angefragt, wieso sich A berechtigt fühlt, die betreffenden Geräte zu vertreiben. A erwidert hierauf. Sie erklärt, dass die Maschinen nicht unter den Schutzbereich der Ansprüche des Patents der B fallen. Zugleich macht A eine Kostenrechnung Ihrer Prozessbevollmächtigten geltend.

470 Landgericht Düsseldorf Urteil vom 16.08.2012 – 4 bO 81/12, 4 bO 82/12; vgl. auch Feldmann IP-Report 11/2012, 249.

1910 Es stellt sich die Frage, ob die Antwort auf die Berechtigungsanfrage ein Geschäft des Anfragenden ist und Kostenansprüche auslöst. Das Institut der Geschäftsführung ohne Auftrag ist im gewerblichen Rechtsschutz zur Begründung einer Ersatzpflicht bei rechtswidrigem Verhalten durch die Geltendmachung von unberechtigten Ansprüchen in der Rechtsprechung anerkannt. Begründet wird das Interesse an der Tätigkeit des Gegners damit, dass es im Interesse eines im Geschäftsleben Teilnehmenden liege, auf eigenes rechtswidriges Verhalten hingewiesen zu werden. Ein derartiges Fremdgeschäft scheitert in der vorliegenden Konstellation. Dies gilt insbesondere aufgrund der Tatsache, dass die Berechtigungsanfrage gerade von der Schutzrechtsverwarnung abgegrenzt wird, um eine Möglichkeit zu schaffen, ohne sofortige Kostenfolge für den Anfragenden in die Diskussion über die Schutzrechtslage einzutreten. Dieses Institut wurde ursprüngliche im Patentrecht entwickelt, gilt aber heute im gesamten Bereich des gewerblichen Rechtsschutzes. Von den dargestellten Grundsätzen ausgehend, erfüllt die Antwort auf eine Berechtigungsanfrage nicht die Voraussetzungen der § 677, 683 BGB. Ein Anspruch auf Kostenerstattung besteht mithin nicht.[471]

▶ **Beispiel:**

1911 A ist nach ausführlicher Beratung durch Patentanwalt B zu der Überzeugung gelangt, dass eine Verletzung seines Patentes C vorliegt. Er scheut jedoch die hohen mit der Klageerhebung verbundenen Kosten und fragt, ob unbedingt sofort Klage erhoben werden muss.

1912 Der Verletzer könnte zunächst verwarnt werden.[472]

1913 Eine Rechtspflicht zur Verwarnung des Verletzers vor Klageerhebung oder Stellung eines Verfügungsantrages besteht zwar nicht. Doch ist, wenn nicht verwarnt wurde und der Beklagte im Prozess den Anspruch sofort unter Protest gegen die Kosten anerkennt, im Rahmen des § 93 ZPO zu prüfen, ob der Beklagte zur Klageerhebung Anlass gegeben hat, d.h. ob nicht auch eine Verwarnung ausgereicht hätte, um ihn zur Übernahme einer strafbewährten Unterlassungsverpflichtung zu veranlassen. Es kann als anerkannt bezeichnet werden, dass grundsätzlich der Antragsteller bzw. Kläger die Kosten trägt, wenn er nicht verwarnt hat. Ganz einschränkungslos wird dieser Grundsatz allerdings nicht von allen Gerichten vertreten. Verschiedene Oberlandesgerichte lassen Ausnahmen zu, in denen eine Verwarnung entbehrlich ist, z.B. bei Vorsatz des Verletzers, bei besonderer Eilbedürftigkeit, bei der eine Abmahnung zu einer unbilligen Verzögerung für den Verletzten führen würde, wenn der Verletzte bei objektiver Betrachtung der Meinung sein durfte, dass eine Durchsetzung des Anspruchs nur mithilfe der Gerichte möglich sein werde.[473] Das ist beispielsweise angenommen worden, wenn schon wegen eines gleichartigen Verstoßes erfolglos verwarnt wurde.

---

471 LG München InstGE 117 ff.

472 Schulte/Voß § 139 PatG Rn. 213 ff.

473 Schulte/Voß § 139 PatG Rn. 214 ff.

Das Verwarnungsschreiben muss die Tatsachen angeben, auf die der Anspruch gestützt wird, diesen klar umreißen und gerichtliche Schritte androhen. Die unberechtigte Verwarnung kann Schadensersatzansprüche des Verwarnten zur Folge haben.[474] Enthält das Verwarnungsschreiben kein ernsthaftes und endgültiges Unterlassungsbegehren gegenüber einem bestimmten Adressaten, liegt ein bloßer vorbereitender Meinungsaustausch über die Schutzrechtslage vor. Schadensersatzansprüche werden hierdurch nicht ausgelöst. 1914

Es ist teilweise üblich geworden, dass der Verletzer, der sich als zu Unrecht abgemahnt hält, der erwarteten einstweiligen Verfügung dadurch zuvorzukommen versucht, dass er eine Schutzschrift einreicht, mit der er sich schon im Beschlussverfahren rechtliches Gehör verschaffen will Die Schutzschrift ist ein Verteidigungsmittel gegen einen erwarteten Antrag auf Erlass einer einstweiligen Verfügung. Gesetzlich vorgeschrieben ist sie nicht. Sie ist jedoch vom Gericht zu beachten. Um sicher zu stellen, dass das Gericht Kenntnis von dieser erlangt, ist die Einreichung im länderübergreifenden elektronischen Schutzschriftregister iSd § 945a ZPO zweckmäßig Dem Antragsteller ist zur Schutzschrift rechtliches Gehör zu gewähren, z.B. durch Anberaumung einer mündlichen Verhandlung. Anwaltszwang besteht für die Einreichung der Schutzschrift nicht (§§ 920 Abs. 3, 78 Abs. 3 ZPO) Demzufolge kann die Schutzschrift auch ein Patentanwalt einreichen.[475] 1915

▶ Beispiel.

A ist Inhaberin des Patents X. Daraus hat A gegenüber B Unterlassungsansprüche hergeleitet und ein entsprechendes Abmahnschreiben abgesetzt. B stellt seine Produktion ein und erhebt aber auch zugleich Nichtigkeitsklage gegen das Patent X des A. Das Patent wird daraufhin im vollen Umfang widerrufen. B macht gegenüber A als Schaden den entstandenen Produktionsausfall geltend. Zu Recht? 1916

B könnte seinen Anspruch auf § 823 Abs. 1 BGB stützen, wenn eine unberechtigte Verwarnung vorliegt und diese einen Eingriff in den eingerichteten und ausgeübten Gewerbebetrieb darstellt. Damit würde auch ein Schadensersatz aus unerlaubter Handlung ausgelöst werden. Nachdem das Patent für nichtig erklärt worden ist, stellt sich die Verwarnung als unberechtigt dar. Denn der Widerruf des Patentes wirkt ex tunc. Die Frage, ob eine solche unberechtigte Verwarnung einen Eingriff in den eingerichteten und ausgeübten Gewerbebetrieb i.S.d. § 823 Abs. 1 BGB darstellt, wurde von Gerichten in der Literatur teilweise unterschiedlich beurteilt. Inzwischen hat der BGH[476] entschieden, dass die Regelung des § 823 Abs. 1 BGB weiterhin auf alle außergerichtlichen Verwarnungen aus einem technischen Schutzrecht gegenüber einem Hersteller, einem Lieferanten, einem Importeur oder einem Abnehmer des streitigen Erzeugnisses anwendbar ist. Damit kann B im vorliegenden Falle Schadensersatzansprüche geltend machen. 1917

474 BGH (GSZ) MarkenR 2005, 404 ff.; OLG Düsseldorf GRUR-RR 2002, 213.
475 Schulte/Voß § 139 PatG Rn. 483 f.
476 BGB Mitt. 2006, 121 ff.

▶ **Abwandlung des Beispiels:**

1918 A hat sämtliche Abnehmer des B verwarnt, B selber jedoch nicht. Infolge dessen stellen die Abnehmer des B ihre Tätigkeiten ein, sodass B seine Produkte nicht mehr ausliefern kann. Einige Abnehmer geben keine strafbewährte Unterlassungserklärung ab. Gegen diese erwirkt daraufhin A einstweilige Verfügungen. B klagt daraufhin das Patent des A nichtig. B fragt nunmehr nach möglichen Schadensersatzansprüchen.

1919 Nach der Rechtsprechung des Bundesgerichtshofs[477] kann auch im Fall der Einleitung eines gerichtlichen Verfahrens nach § 823 Abs. 1 BGB ein Anspruch auf Ersatz des dadurch verursachten Schadens begründet werden, nämlich zugunsten dessen, der nicht als Partei an dem betreffenden Verfahren beteiligt war.[478] Dem etwa durch einen gegen seinen Abnehmer gerichteten Antrag auf Erlass einer einstweiligen Verfahren beeinträchtigten Herstellerlieferanten kann Ersatz sowohl der Schäden zuzusprechen sein, die ihm durch eine vorherige Abnehmerverwarnung entgangen sind, als auch der Schäden, die ihm der anschließende Antrag auf Erlass der einstweiligen Verfügung oder ein klageweises Vorgehen gegen die Abnehmer verursacht hat. Insoweit kommt auch im vorliegenden Fall für B ein Schadensersatz aus § 823 Abs. 1 BGB hinsichtlich der Schäden in Betracht, die ihm durch die Verwarnung sowie für die Schäden, die durch die gerichtliche Geltendmachung gegenüber den Abnehmern ihm entstanden sind.

▶ **Beispiel:**

1920 K ist Inhaberin eines europäischen Patents. B ist Wettbewerberin. A mahnt B wegen Verletzung des Patents ab. B gibt daraufhin eine Unterlassungsverpflichtungserklärung ab. In ihr verpflichtete sie sich, es bei Meidung einer Vertragsstrafe zu unterlassen, Vorrichtungen nach Maßgabe der Merkmale des Anspruchs 1 des Patents, die in der Unterlassungsverpflichtungserklärung im Einzelnen aufgeführt wurden, im deutschen Geltungsbereich des Patents herzustellen, anzubieten, in Verkehr zu bringen oder zu gebrauchen oder zu den genannten Zwecken entweder einzuführen oder zu besitzen. Ein Jahr später erfährt A, dass B auf ihrer Internetseite eine abgewandelte Produktform anbietet. A nimmt B auf Zahlung der in der Unterlassungsverpflichtungserklärung aufgeführten Vertragsstrafe in Anspruch.

1921 Es stellt sich die Frage, inwieweit eine Vertragsstrafe verwirkt ist; denn B nutzt nicht den seinerzeit angegriffenen Gegenstand, sondern eine abgewandelte Form. Maßgeblich für die Reichweite einer vertraglichen Unterlassungsverpflichtungserklärung nach §§ 133, 137 BGB ist der wirkliche Wille der Parteien, zu dessen Auslegung neben dem Inhalt der Vertragserklärung auch die beiderseits bekannten Umstände, insbesondere die Art und Weise des Zustandekommens der Vereinbarung, ihr Zweck

477 Vgl. Schulte/Voß § 139 PatG, Rn. 233 ff.
478 BGH GRUR 2005, 882 – *Unberechtigte Schutzrechtsverwahrung.*

und die Interessenlage der Vertragsparteien heranzuziehen sind. Im vorliegenden Fall war erkennbarer Anlass für die Abgabe der Unterlassungsverpflichtungserklärung das seinerzeitige konkrete Angebot und der konkrete Vertrieb der B. Insofern war die Unterlassungsverpflichtungserklärung ausschließlich auf die frühere Warenabmahnung und Unterlassungsverpflichtungserklärung der B ausgerichtet. Es besteht mithin kein Anspruch auf Zahlung einer Vertragsstrafe.[479]

b) Einstweilige Verfügung

▶ Beispiel:

Eine Patentverletzung durch den Konkurrenten C hat für A zunehmend nachteiligen wirtschaftlichen Einfluss. A möchte nun möglichst schnell der Konkurrenz die Benutzung des Gegenstandes seines Patentes verbieten. Er fragt Patentanwalt B, ob es im Anschluss an die nunmehr erfolgte Abmahnung möglich sei, in einem schnellen Verfahren zum Abschluss zu kommen. 1922

Leistet der Anspruchsverpflichtete der Abmahnung keine Folge, so ist in Erwägung zu ziehen, eine einstweilige Verfügung beim Gericht der Hauptsache oder bei dem Amtsgericht, in dessen Bezirk die Handlung begangen wurde (§ 919 ZPO), zu beantragen. 1923

Das einstweilige Verfügungsverfahren unterliegt den üblichen Regeln des Zivilprozessrechts. Allerdings sind einige Besonderheiten zu beachten. 1924

Bei folgenden Fallgestaltungen könnte etwa der Erlass einer einstweiligen Verfügung in Betracht kommen:[480] 1925

Es liegt ein technisch verhältnismäßig einfacher Sachverhalt vor:
- die Erfassung der Lehre des Verfügungspatents bereitet keine Schwierigkeiten;
- der Verletzungstatbestand ist offensichtlich, so dass die Begründung des Verfügungsanspruchs keine Schwierigkeiten bereitet;
- der dem Verfügungspatent zugrundeliegende technische Sachverhalt mag zwar schwierig sein;
- das angerufene Gericht ist jedoch aus vorangegangenen Rechtsstreitigkeiten bereits mit dem Verfügungspatent vertraut;
- auch die mit der Beurteilung der angegriffenen Ausführung zusammenhängenden Probleme sind dem Gericht aus vergleichbaren Drittfällen bekannt;
- das Verfügungspatent hat bereits erfolgreich eine Nichtigkeitsklage oder ein Einspruchsverfahren überstanden;
- bei Anlegung vernünftiger Maßstäbe kann mit dem Auftauchen eines weitergehenden Standes der Technik nicht gerechnet werden;

479 LG Düsseldorf Urteil vom 10.01.2008/4 a O 397/06; vgl. Soenke Fock IP Kompakt, April 2008, S. 5–6.
480 Vgl. hierzu z. B. Schulte/Voß § 139 PatG Rn. 444 ff.

- aus dem glaubhaft gemachten Vorbringen des Antragstellers ergibt sich, dass der Antragsgegner das Verfügungspatent bereits längere Zeit kennt;
- der von dem Antragsgegner ermittelte Stand der Technik kommt dem im Prüfungsverfahren berücksichtigten Stand der Technik nicht näher;
- der Antragsgegner hat die für ihn seit längerer Zeit bestehende Möglichkeit, das Verfügungspatent mit dem Einspruch oder einer Nichtigkeitsklage anzugreifen, nicht genutzt;
- das angerufene Gericht will nicht ohne mündliche Verhandlung entscheiden (was der Regelfall sein wird);
- es beraumt die mündliche Verhandlung geraume Zeit nach Eingang und Zustellung des Verfügungsantrages (vielleicht etwa sechs bis acht Wochen) an;
- im Verhandlungstermin wird kein näher kommender Stand der Technik als der im Erteilungsverfahren berücksichtigte präsentiert;
- eine Vernichtung oder ein Widerruf des Verfügungspatents erscheint nicht glaubhaft;
- der Antragsteller verteidigt einen wohl erworbenen Besitzstand gegenüber einem Newcomer, der sich anschickt, mit erheblichem Aufwand den Markt zu erobern und sich ausrechnet, bis zum Abschluss eines Klageverfahrens wesentliche Marktanteile erobert oder gar den Markt »bereinigt« zu haben;
- der »Neue« unterbietet die Preise so, dass der Berechtigte fürchten muss, das »Mitgehen« nicht längere Zeit durchstehen zu können;
- der langfristig vorbereitete und kurz bevorstehende Abschluss einer weit reichenden Liefervereinbarung wird durch den auftauchenden Verletzer-Mitbewerber gefährdet;
- der Sachverhalt liefert Anhaltspunkte dafür, dass der Berechtigte einen ihm im Hauptsacheverfahren zugesprochenen Schadensersatzanspruch nicht oder nur schwerlich wird durchsetzen können.

1926 Für die Anordnung der einstweiligen Verfügung und das weitere Verfahren gelten die Arrestvorschriften entsprechend, soweit nicht die § 937 ff. ZPO abweichende Vorschriften enthalten. (§ 936 ZPO)

▶ **Beispiel:**

1927 A möchte aus ihrem Patent gegen die Firma B vorgehen. Aus wirtschaftlichen Gründen hat sie großes Interesse an einer einstweiligen Verfügung. Da es sich jedoch um Produkte aus dem Bereich der Pharmazie handelt, deren Analyse einige Zeit beansprucht, bestehen Bedenken hinsichtlich der für eine einstweilige Verfügung erforderlichen Dringlichkeit. Denn der durch die Analysen eintretende längere Zeitablauf könnte an dem Verfügungsgrund scheitern, dass A vorgerichtlich ihr Begehren nicht mit der gebotenen Eile verfolgt.[481]

1928 Grundsätzlich gehört zu den Voraussetzungen einer einstweiligen Verfügung, dass die erforderliche Dringlichkeit gegeben ist. Dies verlangt jedoch nicht, dass jede einzelne

481 Fall nach OLG Düsseldorf Mitt. 2013, 232 ff.

Aufklärungs- und Verfolgungsmaßnahme für sich betrachtet zu einem schnellen Zeitablauf führt. Es geht nämlich nicht um größtmögliche Schnelligkeit, sondern darum, dass der Antragsteller das einstweilige Verfügungsverfahren in einer Weise vorantreibt, die die Ernsthaftigkeit seines Bemühens erkennen lässt und deswegen objektiv rechtfertigt, ihm den Zugang zum einstweiligen Verfügungsverfahren zu gewähren. A muss bei der Rechtsverfolgung keinerlei Prozessrisiko eingehen. D.h., A muss das Gericht erst anrufen, wenn sie verlässliche Kenntnis aller derjenigen Tatsachen hat, die eine Rechtsverfolgung im vorläufigen Rechtsschutzverfahren erfolgversprechend machen. Außerdem müssen die betreffenden Tatsachen in einer solchen Weise glaubhaft gemacht werden, dass ein Obsiegen absehbar ist. Generell darf A einen sicheren Weg gehen und alle Glaubhaftmachungsmittel beschaffen. Die bei einem denkbaren Verteidigungsverhalten des B erforderlich werden könnten. Das kann einschließen, dass die in eigenen Laboren gewonnenen Erkenntnisse anschließend durch eine externe Untersuchung verifiziert werden, um den möglichen Einwand vorzubeugen, die behaupteten Resultate seien parteiisch. Grundsätzlich ist jede Maßnahme, die A zur Aufklärung und/oder Glaubhaftmachung des entscheidungsrelevanten Sachverhaltes unternimmt, sinnhaft. D.h. die tatsächliche Vermutung hat jede Maßnahme für sich, weswegen sie eine mangelnde Dringlichkeit grundsätzlich dann nicht begründen kann, wenn sich im Nachhinein herausstellen sollte, dass es ihrer angesichts der Einlassung des B im Verfügungsverfahren bedurft hätte. Hiervon ausgehend dürfen somit die Anforderungen an die Dringlichkeit nicht überspannt werden.

▶ Beispiel:

A ist ein Beschluss über eine einstweilige Verfügung zugestellt worden. Er fragt seinen Patentanwalt, was unternommen werden kann. 1929

Gegen eine einstweilige Verfügung ist zunächst einmal die Möglichkeit eines Widerspruchs gegeben. Dieser ist grundsätzlich zeitlich nicht begrenzt. Der Patentanwalt muss sodann eruieren, was gegen die einstweilige Verfügung als Begründung angefügt werden kann. Er stellt fest, dass ein Einspruchsverfahren gegen das Verfügungspatent noch schwebt. Dies kann aber der Dringlichkeit entgegenstehen.[482] Es kann ein Abwarten einer Beschwerdeentscheidung gerechtfertigt sein. Dies gilt insbesondere, wenn berechtigte Zweifel an der Richtigkeit der Einspruchsentscheidung bestehen.[483] Grundsätzlich muss im Verfügungsverfahren von einem gesicherten Rechtsbestand ausgegangen werden. Ein solcher kann nur dann angenommen werden, wenn der geltend gemachte Anspruch bereits ein kontradiktorisches Rechtsbestandsverfahren erfolgreich überstanden hat. Dies muss zumindest in der ersten Instanz geschehen sein.[484] U.U. reicht auch ein positiver Zwischenbescheid des Patentamtes oder des 1930

482 LG Düsseldorf, 18.07.2017, 4 a O 27/17, Rn. 142.
483 LG Düsseldorf, 18.07.2017, 4 a O 27/17, Rn. 160.
484 OLG Karlsruhe, 23.09.2015, 6 U 52/15, Rn. 58, GRUR-RR 2015, 509; OLG Düsseldorf, 29.04.2010, I-2 U 126/09, Rn. 46, Mitt. 2011, 193; LG Düsseldorf 27.05.2014, 4 a O 17/14, Rn. 125; LG Düsseldorf 06.10.2016, 4 b O 40/16, Rn. 69; LG Düsseldorf 20.12.2016, 4 c O, 56/16, Rn. 112, 114.

Bundespatentgerichts aus.[485] Im Einzelfall kann das Gericht auch aus eigener Sachkunde u.U. beurteilen, ob eine Entscheidung des Patentamtes oder Bundespatentgerichtes offenkundig fehlerhaft ist.[486] Zu dieser erkennbar fehlerhaften Entscheidung muss hinzukommen, dass dem Patentinhaber ein außergewöhnlicher Nachteil droht, wenn er bis zur Rechtsmittelentscheidung im Rechtsbestandsverfahren gehindert ist, seine Verbietungsrechte durchzusetzen.[487] Im Rahmen dessen ist auch die Restlaufzeit des Patents zu berücksichtigen, weil diese nur noch wenige Monate beträgt, kann dies für den Erlass einer einstweiligen Verfügung auf Unterlassung sprechen.[488] Auch eine Preisunterbietung durch die beanstandete Ausführung im Vergleich zum patentgemäßen Produkt des Antragsstellers kann für den Erlass der einstweiligen Verfügung sprechen.[489] Diese Gesichtspunkte sind bei der Beratung des angegriffenen Mandanten zu berücksichtigen. Grundsätzlich ist es schwierig, eine einstweilige Verfügung aus Patentansprüchen durchzusetzen. Im Einzelfall kann aber trotz eines schwebenden Rechtsbestandsverfahrens noch ein solcher Anspruch im Wege der einstweiligen Verfügung gewährt werden.

▶ **Beispiel:**

1931 A möchte gegen seinen Konkurrenten B wegen Patentverletzung vorgehen. Von diesem hat er nun eine Drohung erhalten, er werde einen Antrag auf Erlass einer ASI stellen. A möchte von Patentanwalt C wissen, was es damit auf sich hat.

1932 ASI bedeutet Anti-Suit-Injunctions. Diese sollen gerichtliche Verfahren in anderen Staaten unterbinden. Sie sind aber als Prozessführungsverbote in der Jurisdiktion der Europäischen Union unzulässig; gegen diese Anti-Suit-Injunctions kann A ggfs. mit einer Anti-Anti-Suit-Injunction (AASI) im Wege des einstweiligen Rechtsschutzes vorgehen.[490] Materiell-rechtlich beruhen Anti-Anti-Suit-Injunctions nicht auf spezialgesetzlichen Anspruchsgrundlagen des Patentgesetzes, sondern auf deliktischen Anspruchsgrundlagen, insbesondere auf §§ 1004, 823 Abs. 1 BGB. Es handelt sich um ein Begleitphänomen in SEP-Streitigkeiten. Diese hat in weltweiten Auseinandersetzungen über standardessenzielle Patente (»SEP«) Bedeutung erlangt. Mit einer AASI wird kein (Verletzungs) Vorwurf gegenüber einem Gericht einer anderen Jurisdiktion geltend gemacht. Durch die AASI sollen Personen, die den Erlass der ASI beantragt haben und/oder den Schutz dieser Verfügung für sich beanspruchen, zur Unterlassung und Beseitigung der ASI verpflichtet werden. Die relevante Rechtsbeeinträchtigung ist damit nicht der Erlass der ASI durch das Gericht einer anderen Jurisdiktion, sondern ein rechtswidriges Verhalten, das dem Erlass der ASI vorgelagert

485 LG Düsseldorf 06.10.2016, 4 b O 40/16, Rn. 70.

486 OLG Düsseldorf, 29.04.2010, I-2 U 126/09, Rn. 50, Mitt. 2011, 193.

487 OLG Düsseldorf, 29.04.2010, I-2 U 126/09, Rn. 50, Mitt. 2011, 193.

488 LG Düsseldorf 18.07.2017, 4 a O 27/16, Rn. 165, OLG München 06.11.1997, 6 U 4477/97 Rn. 7, Mitt. 1999, 223.

489 LG München I, 24.06.2016, 21 O 5583/16, Rn. 125.

490 OLG Düsseldorf: Schutzanordnung gegen ein ausländisches Prozessführungsverbot – Ausländisches Prozessführungsverbot GRUR 2022, 318.

beziehungsweise nachgelagert ist.[491] Eine AASI verpflichtet nämlich regelmäßig auch dazu, den Antrag auf Erlass einer ASI unverzüglich zurückzunehmen beziehungsweise auf dessen Zurücknahme hinzuwirken.[492] Die Unterlassungspflicht umfasst in diesem Fall also Handlungen, die auch als Beseitigungsanspruch geschuldet sind. Anspruchsgegner eines Unterlassungsanspruchs schulden ein Verhalten, das den Nichteintritt der drohenden Beeinträchtigung herbeiführt.[493] Haben die Anspruchsgegner einen fortdauernden Störungszustand geschaffen, sind sie zur Vornahme aktiver Handlungen verpflichtet.[494] Inhaltlich kann das Maß der Unterlassungspflicht also mit der Beseitigungspflicht gleichlaufen und selbstständig neben den Beseitigungsanspruch treten.[495] Anti-Anti-Suit Injunctions sind dabei ein effizienter Weg, um zu verhindern, dass ein potenzieller SEPLizenznehmer die »Fahrtrichtung« in diesen Streitigkeiten dadurch bestimmen kann, dass er den Rechtsstreit selbst vor einem ausländischen Gericht anhängig macht und sich damit dem Druck von Unterlassungsklagen in anderen Jurisdiktionen entzieht.[496]

Neben Anti-Suit-Injunctions sind auch sogenannte als Anti-Enforcement-Injunctions 1933
(»AEI«) bekannt. Mit solchen Verfügungen wird dem Antragsgegner untersagt eine Entscheidung zu vollstrecken.[497] Inzwischen sind außerdem Anti-Anti-Anti-Suit-Injunctions[498] (»AAASI«) und Anti-Anti-Anti-Anti-Suit-Injunctions (»AAAASI«) bekannt geworden.[499] Während mit einer AAASI beispielsweise dem Patentinhaber untersagt wird, im Inland einen Antrag auf Erlass einer AASI zu stellen beziehungsweise aufrechtzuhalten, enthält eine AAAASI das Verbot, vor einem ausländischen Gericht einen Antrag auf Erlass einer AAASI zu stellen und/oder diesen aufrechtzuhalten. Da eine AAASI letztlich eine verlängerte ASI ist und ebenfalls ein Prozessführungsverbot darstellt, dürfen deutsche Gerichte solche Verfügungen nicht rechtmäßig erlassen[500]. Ferner gibt es in den USA gibt es die sogenannten »Temporary Restraining Orders«.[501] Dies sind gerichtliche Anordnungen von begrenzter Dauer, die die Parteien eines

491 Kiefer, Walesch, Antix-Suit-Injunctions in a nutshell – Ein Beitrag zum Verständnis eines jungen Begleitphänomens in SEP-Streitigkeiten, Mitt. 2022, 97.
492 LG München I, Urt. vom 30.8.2019, 21 O 9512/19, S. 3 abrufbar unter Darts-ip.
493 Kiefer, Walesch, Antix-Suit-Injunctions in a nutshell – Ein Beitrag zum Verständnis eines jungen Begleitphänomens in SEP-Streitigkeiten, Mitt. 2022, 97.
494 BGH, Beschl. vom 11.10.2017, I ZB 96/16, Mitt. 2018, 219; GRUR 2018, 292 Rn. 17–19 – Produkte zur Wundversorgung.
495 BGH, Beschl. vom 11.10.2017, I ZB 96/16, Mitt. 2018, 219; GRUR 2018, 292 Rn. 28 – Produkte zur Wundversorgung.
496 Grunwald, GRUR-Prax 2020, 47.
497 Vgl. dazu LG München, Urt. vom 24.6.2021, 7 O 36/21 Rn. 6 – Juris.
498 LG München I, Urt. vom 25.2.2021, 7 O 14276/20, BeckRS 2021, 3995 Rn. 120.
499 Vgl. dazu LG München I, Urt. vom 25.2.2021, 7 O 14276/20, BeckRS 2021, 3995 Rn. 149.
500 Kiefer, Walesch, Antix-Suit-Injunctions in a nutshell – Ein Beitrag zum Verständnis eines jungen Begleitphänomens in SEP-Streitigkeiten, Mitt. 2022, 97.
501 Vgl. z.B. OLG München, Urt. vom 12.12.2019, 6 U 5042/19, Mitt. 2020, 169; GRUR 2020, 379 Rn. 61.

Rechtsstreits verpflichten, einen bestimmten Zustand beizubehalten, bis das Gericht die Möglichkeit hatte, weitere Beweise zu hören und entscheiden kann, ob es eine einstweilige Verfügung – also die endgültige ASI-/AASI-Verfügung – erlässt.[502]

c) Klage

1934 Die Frage der Aktivlegitimation, Passivlegitimation, des Gerichtsstandes, der Kosten sowie der Anspruchskategorien sind teilweise von dem üblichen Zivilprozess abweichend geregelt bzw. hat sich hier eine abweichende Praxis herausgebildet.

aa) Aktivlegitimation

▶ Beispiel:

1935 A beabsichtigt, Klage wegen Patentverletzung zu erheben. Nachdem er erst vor einiger Zeit das Klagepatent erworben hat, möchte er von Patentanwalt B wissen, inwieweit nun eine Klage möglich ist. Allerdings war er zuvor bereits Lizenznehmer gewesen.

1936 Es müssen die sonstigen allgemeinen Prozessvoraussetzungen gegeben sein.

1937 Kläger ist der Verletzte als Patentinhaber: Seine Legitimation ergibt sich aus der Eintragung in die Patentrolle oder der Inhaberschaft einer Patentanmeldung. Der wirklich Berechtigte bedarf zur Geltendmachung von Ansprüchen gegenüber den eingetragenen Nichtberechtigten keiner vorherigen Eintragung in die Rolle. Bei mehreren Inhabern kann jeder klagen.

1938 Auch der ausschließliche Lizenznehmer ist aufgrund seines ausschließlichen Benutzungsrechts klagebefugt und kann sämtliche Ansprüche aus dem lizenzierten Recht geltend machen, auch den Anspruch nach § 140 b PatG. Neben ihm kann der Patentinhaber nur klagen, wenn er geschädigt ist, also nicht, wenn er voll abgefunden ist.

1939 Ein einfacher Lizenznehmer kann aus eigenem Recht keine Ansprüche aus § 139 PatG geltend machen. Der Patentinhaber kann ihn aber zur Geltendmachung des Unterlassungsanspruchs ermächtigen und ihm seine Schadensersatzansprüche abtreten. Einen Schaden des einfachen Lizenznehmers (z.B. dessen entgangenen Gewinn) kann der Patentinhaber im Wege der Schadensliquidation im Drittinteresse geltend machen.[503]

1940 Im Ergebnis kann somit A Schadensersatz- und Unterlassungsansprüche geltend machen. Für die Zeit vor dem Erwerb des Patents kommt es darauf an, ob A ausschließlicher oder einfacher Lizenznehmer war. Im ersten Fall kann A unmittelbar Schadensersatzansprüche geltend machen. Im zweiten Fall kann A sich ggfs. Die Ansprüche vom Lizenzgeber abtreten lassen.

---

502 Kiefer, Walesch, Antix-Suit-Injunctions in a nutshell – Ein Beitrag zum Verständnis eines jungen Begleitphänomens in SEP-Streitigkeiten, Mitt. 2022, 97.

503 Schulte/Voß § 139 PatG Rn. 11.

▶ **Beispiel:**

Die Bank A hat einen Patentkomplex gepfändet. Nunmehr hat sie festgestellt, dass es auf dem Markt Patentverletzer gibt. Sie fragt Patentanwalt B, ob eine Klageerhebung möglich ist. 1941

Den Unterlassungsanspruch kann nur der Patentinhaber, der ausschließliche Lizenznehmer oder ein ermächtigter, einfacher Lizenznehmer geltend machen. Entstandene oder entstehende Schadenersatzansprüche kann dagegen nach Abtretung jedermann stellen.[504] 1942

Dritte können Ansprüche im Übrigen nur aufgrund einer Ermächtigung einklagen. 1943

bb) Passivlegitimation

▶ **Beispiel:**

A möchte gegen die C-GmbH wegen Patentverletzung Klage erheben. A fürchtet aber, dass C insolvent werden könnte. Da der Geschäftsführer D über Vermögen verfügt, möchte A auch gegen diese Ansprüche geltend machen. Was wird Patentanwalt B raten? 1944

Passiv legitimiert sind grundsätzlich alle, die an der Patentverletzung mitgewirkt haben. Als Beklagte kommen bei Patentverletzungsverfahren grundsätzlich Täter, Mittäter, mittelbare Täter, Anstifter und Gehilfen infrage. Die als Täter in Anspruch genommenen Beklagten haften bei einem gemeinsamen Täterwillen gesamtschuldnerisch nach §§ 830, 840 BGB. 1945

Vorstandsmitglieder, die Geschäftsführung einer GmbH, aber auch Insolvenzverwalter haften neben der von ihnen vertretenen juristischen Person selbstständig, soweit sie durch positives Tun aber auch durch Unterlassen an einer Patentverletzungshandlung mitwirkten. So ist es bei allen Verletzungsklagen ratsam zu prüfen, ob etwa das geschäftsführende Organ des verklagten Unternehmens mitverklagt werden kann. Bei den Organen ergibt sich die Haftung nach § 31 BGB. Die Einbeziehung ist insbesondere sinnvoll, um einen weiteren Kostenschuldner im Falle der Insolvenz des verklagten Unternehmens zu erhalten. Darüber hinaus kann durch den Unterlassungstitel gegenüber dem Geschäftsführer verhindert werden, dass dieser im Rahmen eines neu zu gründenden Unternehmens die Verletzungshandlung fortsetzt. Bei der Klage gegen ein geschäftsführendes Organ ist jedoch genau zu prüfen, ob dieser auch tatsächlich für die Verletzungshandlung innerhalb des Unternehmens verantwortlich ist. Bei der Bestimmung des Zeitraumes für den Anspruch auf Auskunft, Rechnungslegung und Feststellung der Schadensersatzpflicht ist genau zu konkretisieren, für welchen Verletzungszeitraum der mitzuverklagende Geschäftsführer Verantwortung innerhalb des Unternehmens trug.[505] 1946

504 Schulte/Voß § 139 PatG Rn. 14.
505 Schulte/Voß § 139 PatG, Rn. 30.

▶ **Beispiel:**

1947 A möchte im Wege der Klage nicht nur gegen die Firma B GmbH, sondern auch gegen die Geschäftsführer dieser Firma vorgehen.

1948 Grundsätzlich kann auch ein Geschäftsführer persönlich als Störer haften. Allerdings kommt dies nicht in Betracht, wenn er weder an der Gestaltung noch an der Umsetzung der beanstandeten Handlung beteiligt gewesen ist und erst aufgrund einer Abmahnung Kenntnis von der Rechtswidrigkeit erhalten hat.[506] Anzuknüpfen ist an die Haftungszuweisung gemäß § 31 des BGB, die auch für handelnde Geschäftsführer gilt. Soweit keine eigene Handlung des Geschäftsführers vorliegt, kommt nur eine Störerhaftung in Betracht. Diese setzt jedoch voraus, dass der Geschäftsführer von der rechtsverletzenden Handlung Kenntnis und die Möglichkeit hatte, die Rechtsverletzungen zu unterbinden. Daher muss A in diesem Falle vortragen, dass eine solche Voraussetzung durch Störerhaftung gegeben ist.

1949 Anders kann sich die Sachlage darstellen, wenn ein generell zu beanstandendes Geschäftsmodell vorliegt. Unter dem Gesichtspunkt des Organisationsverschuldens könnte eine Haftung in Betracht kommen. Aber auch hierfür müssen die entsprechenden Anhaltspunkte vorliegen. Beispiele sind etwa entsprechende Anweisungen, die darauf schließen lassen, dass etwaige Verletzungshandlungen von dem Geschäftsführer billigend in Kauf genommen wurden.

1950 Wenn keine Anhaltspunkte für ein zu beanstandendes Geschäftsmodell vorliegen, kann die Verantwortlichkeit des betroffenen Geschäftsführers bezüglich seiner Geschäftsbereiches auch nicht insoweit ausgedehnt werden, dass eine drittbezogene (Garanten)-Schadensabwendungspflicht vorliegt.

cc) Gerichtsstand

▶ **Beispiel:**

1951 A möchte nun wissen, ob jedes Zivilgericht zuständig ist. Insbesondere möchte er auch wissen, inwieweit bei seinem örtlichen Amtsgericht eine Verletzungsklage anhängig gemacht werden kann.

1952 Die sachliche Zuständigkeit im Falle des § 143 Abs. 1 und 3 PatG liegt ausschließlich bei dem jeweiligen Landgericht als solchem. Einige Länder haben vereinbart, dass für sie gemeinsam nur ein Landgericht zuständig ist. Eine Parteivereinbarung über das zuständige Gericht ist nur für die nach § 143 Abs. 1 und 2 PatG zuständigen Landgerichte möglich.

1953 Die Länder haben hierzu folgende Vorschriften erlassen: **Baden-Württemberg**: Zuständig für Patentstreitsachen dieses Landes ist das Landgericht Mannheim. **Bayern**: Zuständig für Patentstreitsachen des OLG-Bezirks München ist das Landgericht München

506 OLG Hamburg 3 U 136/11; vgl. auch Titelschutz-Journal Nr. 31 vom 30.07.2013, S. 5.

I, für die OLG-Bezirke Nürnberg und Bamberg das Landgericht Nürnberg-Fürth. **Berlin, Brandenburg: Landgericht Berlin.**[507] **Bremen, Hamburg, Mecklenburg-Vorpommern und Schleswig-Holstein:** Zuständig für Patentstreitsachen dieser Länder ist das Landgericht Hamburg. **Hessen, Rheinland-Pfalz:** Zuständig für Patentstreitsachen dieses Landes ist das Landgericht Frankfurt (Main). **Niedersachsen:** Zuständig für Patentstreitsachen dieses Landes ist das Landgericht Braunschweig. **Nordrhein-Westfalen:** Zuständig für Patentstreitsachen, Gebrauchsmuster- und Sortenschutzstreitsachen dieses Landes ist das Landgericht Düsseldorf. **Saarland: Saarbrücken**[508], **Sachsen: Landgericht Leipzig, Sachsen-Anhalt: Landgericht Magdeburg, Thüringen: Landgericht Erfurt**[509]

Die örtliche Zuständigkeit richtet sich nach den allgemeinen Regeln der §§ 12 ff. 1954
ZPO i.V.m. § 143 PatG.[510]

▶ Beispiel:

Eine englische Firma verletzt das europäische Patent des A in England und Deutsch- 1955
land.

Die Basisregel ist: Die internationale Zuständigkeit folgt der örtlichen. Die Sonder- 1956
regel in Europa ist die Verordnung (EG) Nr. 44/2001 des Rates vom 22. 12. 2000, nun Verordnung (EU) Nr 1215/2012 vom 12.12.2012[511]

Danach ist u.a. die Grundregel für die internationale Zuständigkeit: 1957
- Sitz des Beklagten Art. 2 VO 44/2001, nun Art. 4 VO Nr. 1215/2012
- Ort der unerlaubten Handlung Art. 5 Nr. 3 VO 44/2001, nun Art. 7 Nr. 2 VO Nr. 1215/2012

Im vorliegenden Fall kann nach Art. 7 Nr. 2 VO Nr. 1215/2012 am Ort der uner- 1958
laubten Handlung nur die deutsche Patentverletzung verfolgt werden. Das ist auch in den Niederlanden nicht anders.[512] Das am Erfolgsort zuständige Gericht kann nur über den in dem betreffenden Vertragsstaat entstandenen Schaden entscheiden; das am Handlungsort zuständige Gericht kann über den gesamten Schaden entscheiden.[513]

▶ Beispiel:

Eine deutsche Firma verletzt das europäische Patent des A in Deutschland und 1959
England.

507 Staatsvertrag vom 20.11.1995, Gesetz vom 15.12.1995, GVGBl. S. 33.

508 Schulte/Gräwe, § 143 PatG Rn. 24.

509 Vgl. im Einzeln Schulte/Gräwe, § 143 PatG Rn. 24; für das GbmG Bühring/Braitmeyer/Haerl § 27 GbmG Rn. 6.

510 Schulte/Voß § 139 PatG Rn. 246 ff.

511 ABl. EG 16. 1. 2001 L 12., Abl EU L 351/1.

512 EUGH NJW 1995, 1881 (hier bei Ehrverletzungen).

513 LG Düsseldorf GRUR Int. 1999, 455.

1960 Die mehrheitliche Praxis der deutschen Gerichte ist: Am Wohnsitzgericht kann alles verfolgt werden. In solchen Fällen muss aber unterschieden werden zwischen internationaler Zuständigkeit und anwendbarem materiellen Recht. Welches materielle Recht anzuwenden ist, ist im Internationalen Privatrecht (IPR) geregelt (Art. 27 ff. EGBGB, Art 8 ROM II). Für die Patentverletzungshandlung gilt das Recht des Verletzungsorts (lex fori deliciti commissi) (Art. 40 EGBGB, Art. 8 ROM II). Das Ortsrecht für den Schutzumfang ist bei Europäischen Patenten zwar verbal gleich (Art. 69 EPÜ) in der praktischen Anwendung Improver/Catnic-Fragen/Wortlaut und Äquivalenz aber unterschiedlich. Der deutsche Richter ermittelt durch Sachverständige aus dem ausländischen Rechtskreis, ob danach konkret eine Verletzung (z.B. in England) zu bejahen ist.[514]

▶ **Beispiel:**

1961 Eine englische Firma mit Tochtergesellschaft in Deutschland (überörtlicher Konzern) verletzt das europäische Patent des A in England und Deutschland.[515]

1962 Nach der Rechtsprechung des EuGH zu Art. 24 Abs. 4 VO 1215/2012 ist eine sogenannte cross border injunction praktisch unmöglich geworden. Die VO 1215/2012 erlaubt es nicht, dass das Gericht eines Mitgliedstaates die Rechtsprechung des anderen überprüft. Ausgenommen sind die Fälle des Art 28 VO 1215/2012 Ebenso sahen es auch die Gerichte der Niederlande[516]

1963 Die englischen Gerichte haben schon vor Entscheidung des EuGH wegen der ausschließlichen Registerzuständigkeiten (EuGVO) bei überörtlichen Konzernen im Patentrecht cross border injunctions abgelehnt.[517]

1964 In dieselbe Richtung gingen auch die Entscheidungen der deutschen Gerichte.[518]

1965 Die Geltendmachung von Ansprüchen aus dem Ausland wird von vielen ausländischen Gerichten als möglich angesehen.[519] Deutsche Entscheidungen lehnen die Einbeziehung der ausländischen, ebenfalls verletzenden Konzerngesellschaft nach Art. 6 (1) EuGVÜ (jetzt Art. 6 Nr. 1 VO 44/2001) jedenfalls dann ab, wenn die Klage gegen die deutsche Gesellschaft nur am Ort der unerlaubten Handlung und nicht an ihrem Wohnsitzgericht erhoben wird.[520]

---

514 Verordnung (EG) Nr. 864/2007 (ROM II) vom 11.7.2007 Abl. EG L310 vom 9.11.2012, LG Düsseldorf GRUR In. 1999, 458, High Court GRUR Int. 1998, 314, High Court GRUR Int. 1999, 784, LG Düsseldorf GRUR Int. 2001, 983, OLG Düsseldorf hat die Frage dem EuGH vorgelegt; GRUR Int. 2003, 1030, HIGH Court GRUR Int. 1998, 317, Court of Appeal GRUR, Int. 1999, 787.

515 Gerichtshof Den Haag GRUR Int. 1998, 58.

516 Gerichtshof Den Haag GRUR Int. 1998, 58, Gerichtshof Den Haag Az. 97/1296, in Deutschland noch nicht veröffentlicht.

517 High Court GRUR Int. 1998, 314; High Court GRUR Int. 1999, 784.

518 LG Düsseldorf GRUR Int. 1999, 775.

519 LG Düsseldorf InstGE 1, 146.

520 BGH NJW RR 2002, 1359, 1360.

▶ Beispiel:

A ist ein italienischer Produzent, welcher Maschinen zum Abfüllen von Säcken herstellt und vertreibt. B ist ein in Deutschland ansässiger Inhaber eines europäischen Patents, welches für Italien, Deutschland und andere EPÜ-Vertragsstaaten erteilt worden ist. A reicht vor einem italienischen Gericht eine Klage ein, in welcher er Feststellung begehrt, dass die Herstellung und der Vertrieb seiner Maschinen keine Patentverletzung darstellen. 1966

Als Ausnahme zum allgemeinen Gerichtsstand des beklagten Wohnsitzes (Art. 4 EuGVO) eröffnet Art. 5 Nr. 2 EuGVO einen Gerichtsstand vor Gerichten des Ortes, an dem das schädigende Ereignis eingetreten ist. Darunter fallen sowohl der Ort des ursächlichen Geschehens als auch der Ort an dem der Schaden eintritt. Patente können nach ganz herrschender Ansicht nur durch Handlungen im jeweiligen Schutzland verletzt werden.[521] Bei einem nach dem EPÜ Bündelpatent sind für Verletzungsklagen somit die Gerichte des Staates international zuständig, in dem der betreffende Schutzrechtsanteil des europäischen Patents gelegen ist. Da im vorliegenden Fall die patentverletzende Ware in Italien vertrieben wurde und das europäische Patent mit Wirkung für Italien erteilt worden war, hätte der deutschen Patentinhaber somit vor italienischen Gerichten klagen können. Im vorliegenden Fall stellt sich nunmehr die Frage, ob auch im umgekehrten Falle, wenn der Patentverletzer eine negative Verletzungsklage erhebt, eine Deliktzuständigkeit italienischer Gericht besteht. Dies wurde vom Corte de Cassazione[522] verneint. Zur Begründung verweist der Cassazione auf die Rechtsprechung des EuGHs. Dieser habe in ständiger Rechtsprechung geurteilt, dass der Deliktgerichtsstand Ansprüche erfasse, mit denen eine Schadenshaftung des Beklagten geltend gemacht werde, die nicht an einen Vertrag i.S.v. Art. 5 Nr. 3 EuGVO anknüpfe. Zudem habe der Gerichtshof ausgeführt, dass der Gerichtsstand der unerlaubten Handlung als Ausnahme zum Beklagtengerichtsstand einschränkend ausgelegt werden müsse. Daraus folgerte der Cassazionsgerichtshof, dass die Deliktzuständigkeit ausschließlich Klagen erfasse, die eine rechtswidrige Schädigung zum Gegenstand haben. Dies sei bei negativen Feststellungsklage gerade nicht der Fall. Denn mit ihnen werde geltend gemacht, dass gerade kein Schaden vorliegt.[523] 1967

521 Wurmnest GRUR Int. 2005, 265, 266 m. w. N.

522 GRUR Int. 2005, 264 ff.

523 Der italienische Cassazionsgerichtshof setzt mit der zitierten Entscheidung in Bezug auf die internationale Zuständigkeit für negative Feststellungsklagen seine restriktive Rechtsprechung fort. Diese Auffassung wird auch von anderen nationalen Gerichten geteilt. So hat der schwedische Högsth Domstolen seine Zuständigkeit für negative Feststellungsklagen verneint. Auch die Rechtbank Van Eerste Aanleg T Brussel sah kein Bedürfnis, für solche Klagen einen Gerichtsstand aus Art. 5 Nr. 5 EuGVO zu eröffnen; Vgl. hierzu auch Thole, NJW 2013, 1192 ff.

dd) Kosten

▶ **Beispiel:**

1968 A würde sich in einem Verletzungsprozess gerne von seinem Patentanwalt B vertreten lassen. Er fragt diesen, ob er dazu bereit sei und welche Kosten hiermit verbunden sind.

1969 Vertretungsberechtigt sind Rechtsanwälte. Allerdings können nach § 143 Abs. 5 PatG die Patentanwälte in dem Verletzungsprozess mitwirken. Auf Antrag ist diesen auch das Wort zu gestatten (§ 4 Abs. 3 PAO).[524]

1970 Nach dem deutschen Zivilprozessrecht gilt, dass der obsiegenden Partei die Kosten erstattet werden (§ 91 ZPO). Zu diesen Kosten zählen die gerichtlichen Kosten, aber auch u.a. die Kosten für die Tätigkeit des Rechtsanwalts.

1971 Nach § 143 Absatz 5 PatG werden in Patentstreitsachen ebenso wie beim Rechtsanwalt die Kosten des Patentanwalts ersetzt.

1972 Die Gebühren werden ohne Nachweis ihrer Notwendigkeit bis zur Höchstgrenze des § 143 Absatz 5 PatG erstattet. Darüber hinausgehende Kosten muss der Mandant selbst tragen. Vertritt der Patentanwalt mehrere Auftraggeber, erhöht sich die erstattungsfähige Gebühr gemäß VV 1008 RVG.

1973 Voraussetzung für die Erstattungsfähigkeit der Gebühren des Patentanwalts ist, dass eine Patentstreitsache vorliegt. Der Begriff der Patentstreitsache ist weit auszulegen. Hierher gehören alle Klagen oder Widerklagen vermögens- oder immaterieller Natur, die einen Anspruch auf eine Erfindung oder aus einer Erfindung zum Gegenstand haben oder sonst wie rechtlich oder auch nur tatsächlich eng mit einer Erfindung verknüpft sind. Maßgeblich ist der mit der Klage vorgetragene Sachverhalt, der die Anwendung von deutschem, internationalem oder ausländischem Patentrecht erfordert, nicht jedoch die geltend gemachten Ansprüche, die sich neben anderen Rechtsgründen auf patentrechtliche Erwägungen stützen. Weiterhin muss der Patentanwalt tatsächlich an dem Rechtsstreit mitgewirkt haben. Eine Mitwirkung kann in irgendeiner, das Verfahren fördernden Tätigkeit bestehen, z.B. Teilnahme an der mündlichen Verhandlung oder an einer Beweisaufnahme oder Beratung der Partei. Keine Mitwirkung ist die bloße Weitergabe des Mandats an einen Rechtsanwalt.

1974 Die Kosten eines weiteren Patentanwalts können erstattungsfähig sein. Das setzt allerdings voraus, dass die Einschaltung des weiteren Patentanwalts i.S.d. § 91 ZPO notwendig war, z.B. wenn die Partei sonst zur Unterrichtung ihres Anwalts mehr als einen halben Arbeitstag aufwenden müsste, dagegen nicht, wenn eine schriftliche Information zumutbar sind.

524 Vgl. hierzu Dreiß in Festschrift 50 Jahre VPP, S. 303.

▶ **Beispiel:**

Da es bei der Firma A derzeit wirtschaftlich nicht gut aussieht, möchte dieser nun von Patentanwalt B wissen, inwieweit eine Kostenreduzierung oder eine Herabsetzung des Risikos des Prozesses möglich ist. 1975

Auf Patentverletzungsprozesse kommen die üblichen Regeln der Prozesskostenhilfe in Betracht (§ 114 ff. ZPO). Neben der Beantragung der Prozesskostenhilfe bietet das Patentrecht in § 144 PatG eine weitere Möglichkeit für Parteien mit eingeschränkten finanziellen Mitteln. Diese Bestimmung bezweckt den Schutz des wirtschaftlich Schwächeren (aber nicht Armen) vor dem Kostenrisiko eines Patentprozesses mit hohem Streitwert. Der Schwächere soll den Prozess mit einem seinen wirtschaftlichen Verhältnissen angepassten Streitwert führen können und so davor bewahrt werden, sein Recht gegenüber dem wirtschaftlich Stärkeren nicht ausreichend geltend machen zu können. Die Streitwertherabsetzung ist schriftlich oder zu Protokoll der Geschäftsstelle zu beantragen. Es besteht kein Anwaltszwang. Antragsberechtigt sind z.B. die Partei, Streitgenosse, Nebenintervenient, Ausländer, juristische Personen (auch OHG und KG). Voraussetzung für die Streitwertherabsetzung ist eine erhebliche Gefährdung der wirtschaftlichen Lage. Diese liegt dann vor, wenn die Belastung mit den überschlägig zu berechnenden Kosten nach dem vollen Streitwert eine fühlbare Verschlechterung der Wettbewerbssituation bedeuten würde. Die Voraussetzungen der Prozesskostenhilfe sind nicht zu prüfen, da § 144 PatG gerade dann helfen soll, wenn Prozesskostenhilfe nicht bewilligt werden kann. 1976

Die Bewilligung hat für den Begünstigten die Wirkung, dass die Gerichtsgebühren, die Gebühren seines Anwalts (Rechtsanwalt und Patentanwalt) und im Fall des Unterliegens die Gebühren des gegnerischen Anwalts (Rechtsanwalt und Patentanwalt) nur nach dem Teilstreitwert zu entrichten sind. Die Auslagen, insbesondere für Zeugen und Sachverständige, sind voll zu entrichten, da sie nicht vom Streitwert abhängig sind. Obsiegt der Begünstigte, kann sein Anwalt seine Gebühren nach dem vollen Streitwert vom Gegner beitreiben (§ 144 Absatz 1 Satz 4 PatG). 1977

Für den Gegner ergibt sich die folgende Wirkung: Unterliegt er, trägt er alle Kosten nach dem vollen Streitwert (§ 91 ZPO). Obsiegt er, hat er als Kläger die Gerichtsgebühren aus der Differenz von vollem und Teilstreitwert zu zahlen. Vom Begünstigten kann er Erstattung seiner Kosten nur nach dem Teilstreitwert verlangen, während er den überschießenden Betrag, z.B. für seinen Anwalt, selbst zu tragen hat. Folge: Obsiegt der Begünstigte, trägt er keine Kosten; obsiegt sein Gegner als Kläger, muss er gleichwohl einen Teil der Kosten endgültig selbst übernehmen. 1978

Die Entscheidung ergeht durch Beschluss ohne mündliche Verhandlung. Zu hören sind der Gegner, etwaige andere Streitgenossen, der Anwalt des Antragstellers. Gegen die Entscheidung ist die Beschwerde nach § 25 Absatz 2 GKG ist zulässig.[525] 1979

525 Vgl. hierzu Kommentierung bei Schulte/Voß zu § 144 PatG.

ee) Unterlassungsanspruch

▶ **Beispiel:**

1980 A ist Inhaber eines Patentes für ein pharmazeutisches Produkt. Er stellt fest, dass die Konkurrenz im Internet angekündigt hat, ein Produkt auf den Markt zu bringen, welches unter den Anspruch fallen könnte. A fragt den Patentanwalt, ob hieraus bereits Ansprüche gegen die Konkurrenz hergeleitet werden können.

1981 Es könnte vorliegend ein Unterlassungsanspruch gemäß § 139 PatG in Betracht kommen. Der Unterlassungsanspruch setzt kein Verschulden voraus. Der drohende Eingriff des Verletzers muss geeignet sein, das Patentrecht des Klägers zu beeinträchtigen. Die Rechtswidrigkeit braucht der Kläger nicht zu beweisen.

1982 Die Besorgnis künftiger Rechtsverletzungen kann sich ergeben aus der Begehungsgefahr:

> Die ernstliche Besorgnis zukünftiger Verletzungen des Benutzungsverbots wird regelmäßig dann angenommen, wenn Dritte in der Vergangenheit mindestens einmal eine verbotene Benutzungshandlung bereits vorgenommen hatten. Anderenfalls kann sich die Begehungsgefahr auch aus weiteren Umständen ergeben.[526]

1983 Fehlt bisher eine Patentverletzung, so genügt das Vorliegen konkreter Tatsachen, aus denen sich greifbar ergibt, dass ein Eingriff bevorsteht (z.B. Vorbereitung zu einer Benutzungshandlung, Berühmung einer Berechtigung). Ungenügend sind dagegen rein theoretische Möglichkeiten eines Patenteingriffs. Sie kann sich nämlich auch aus der Wiederholungsgefahr, nämlich der Besorgnis, dass eine vorgenommene Patentverletzung wiederholt werden könnte, ergeben. Eine einmalige Verletzung genügt. Die Aufgabe der Verletzung allein beseitigt in der Regel die Wiederholungsgefahr nicht, wenn nicht zusätzliche Umstände hinzutreten, die eine weitere Verletzung unwahrscheinlich erscheinen lassen. Eine Beseitigung der Wiederholungsgefahr ist regelmäßig nur durch Anerkenntnis des Unterlassungsanspruchs oder bedingungslose Unterlassungsverpflichtung mit Vertragsstrafeversprechen erreicht. Ein formloses Versprechen für künftiges Wohlverhalten oder durch Einstellung der Produktion reicht nicht aus.

1984 Der deutsche Gesetzgeber hat die Entstehung und das Bestehen von subjektiven Rechten, die sich aus der Benutzung des geschützten Gegenstandes ergeben können, ausdrücklich unter den Vorbehalt der Verhältnismäßigkeit gestellt. Allerdings bezieht sich dieser Vorbehalt nicht auf das Recht auf Unterlassung. Die Umsetzung der Richtlinie durch das Gesetz zur Verbesserung der Durchsetzung von Rechten des geistigen Eigentums vom 07.07.2008 hat wiederum nur im Hinblick auf andere Ansprüche einen Ausschluss bei Unverhältnismäßigkeit geregelt. Aus diesen Gründen besteht nach Auffassung des Landgerichts Düsseldorf[527] keine feststellbare planwidrige Lücke im Gesetz, welche durch entsprechende Rechtsprechung geschlossen werden müsste. Der Umkehrschluss ergibt, dass das Entstehen und Bestehen eines

---

526 Scharen Mitt. 2018, S. 369 f.

527 LG Düsseldorf, 09.03.2017 4 a O 137/15, Rn. 178.

Anspruchs auf Unterlassung von Patentverletzungen unabhängig von Überlegungen zur Verhältnismäßigkeit besteht.

Die Beweislast für die Besorgnis künftiger Rechtsverletzung hat der Kläger, der sich für die Wiederholungsgefahr auf den Beweis des ersten Anscheins berufen kann. 1985

▶ Beispiel:

A ist abgemahnt worden mit der Behauptung, er begehe Patentverletzung. Er fragt Patentanwalt B, ob es die Möglichkeit gäbe, eine Aufbrauchfrist in Anspruch zu nehmen, falls er eine Unterlassung der weiteren patentverletzenden Handlung verspreche. 1986

Nach der Rechtsprechung des Bundesgerichtshofs[528] ist anerkannt, dass Dritten im Ausnahmefall eine Aufbrauchfrist gewährt werden kann. Diese soll üblicherweise zur Überbrückung des für Umstellungs- und Beseitigungsmaßnahmen benötigten Zeitraums dienen. Dies kommt allerdings nur dann in Betracht, wenn die sofortige Durchsetzung des Unterlassungsanspruchs unter Berücksichtigung der Interessen des Schutzrechtsinhabers aufgrund besonderer Umstände für den Beklagten unverhältnismäßig wäre. Dies gilt regelmäßig vor allem dann, wenn die Folgen der Durchsetzung eine nicht zu rechtfertigende Härte bedeuten würden und damit die Durchsetzung des Anspruchs treuwidrig wäre. Damit kann im Ausnahmefall der Gesichtspunkt der Unverhältnismäßigkeit des Rechts auf Unterlassung in Betracht kommen.[529] 1987

Der Klageantrag muss die Verletzungsform mit ihren konkreten Merkmalen genau bezeichnen. Die Verletzungform muss mit ihren konkreten Merkmalen bezeichnet werden, sodass kein Zweifel über die Handlung, die verboten werden soll, bestehen kann. Eine wörtliche oder bezugnehmende Wiedergabe der Patentansprüche genügt in der Regel nicht. Bei nicht-identischer Benutzung ist der Antrag der konkreten Verletzungsform anzupassen. Grundsätzlich dürfte die Ankündigung im Internet ein Angebot i.S.d. § 9 PatG sein. Es wird jedoch darauf ankommen, wie konkret die Verletzungsform beschrieben ist. Denn ansonsten ist die Formulierung des Klageantrags nicht ausreichend konkret möglich.[530] 1988

▶ Beispiel:

A ist Inhaberin eines europäischen Patents. Das Patent beschreibt eine Klasse von Enzymen, die gegen ein Herbizid immun sind. Hierzu hat A eine dementsprechend codierte DNA-Sequenz in eine Soja-Pflanze eingebracht. Gestützt auf das Patent hat sich A dagegen gewehrt, dass eine Konkurrentin aus derartigen Bohnen hergestelltes Sojamehl aus Argentinien, wo kein entsprechender Patentschutz besteht, in die Bundesrepublik einführt und dort vertreibt. 1989

---

528 BGH 10.05.2016, X ZR 114/13, Rn. 41 ff., Mitt. 2016, 446; GRUR 2016, 1031 – *Wärmetauscher*.

529 Scharen Mitt. 2018, 369 (370); Mayer-Beck, GRUR 2017, 1065 (1071).

530 Vgl. Schulte/Voß § 139 Rn. 295 ff.

1990 Das eingeführte Sojamehl enthält die geschützte DNA-Sequenz. Die Herstellung ist im patentfreien Ausland erfolgt. Gemäß § 1a Abs. 3 und 4 PatG ist die Funktion der jeweiligen DNA-Sequenz in der Beschreibung und im Anspruch anzugeben. Im vorliegenden Fall erfüllt die DNA-Sequenz ihre Funktion in der lebenden Pflanze, jedoch nicht mehr im Sojamehl. Damit steht A kein Verbietungsanspruch zu.[531]

ff) Schadensersatzanspruch

▶ Beispiel:

1991 A hat seinen Konkurrenten C angeschrieben und ihn darauf aufmerksam gemacht, dass er sein Patent verletze. Zugleich hat er von ihm Schadensersatz wegen der in der Vergangenheit liegenden Handlungen gefordert. C hat in seiner Antwort darauf hingewiesen, dass er von dem bestehenden Schutzrecht nicht wusste. Außerdem falle sein Produkt nicht in den Schutzbereich des Patents des A. Die Erstattung des Schadens lehne er daher ab. A fragt seinen Patentanwalt B, ob hier tatsächlich Gründe gegen die Geltendmachung des Schadensersatzanspruchs sprechen könnten.

1992 § 139 PatG eröffnet die Möglichkeit, den Umfang des Schadensersatzes nach dem Grad des Verschuldens zu messen. Vorsatz und grobe Fahrlässigkeit lösen in jedem Fall Schadensersatzansprüche aus. Dagegen kann bei leichter Fahrlässigkeit gemäß § 139 Absatz 2 PatG eine geringere Entschädigung festgesetzt werden.

1993 Grundsätzlich hat jeder Gewerbetreibende sich auf seinem Fachgebiet laufend über die bestehenden Schutzrechte zu informieren und auf ihren Schutzbereich zu prüfen. Das Maß der Sorgfalt bemisst sich nach der Person des Benutzers (Handwerker oder Großbetrieb). Die Sorgfalt für einen Hersteller oder einen Importeur ist strenger als für einen Benutzer. Ein Warenhaus kann sich in der Regel darauf verlassen, dass der Hersteller die Schutzrechte überprüft hat. Unterlässt ein Gewerbetreibender die ihm nach Art und Umfang zumutbaren Nachforschungen (Einholung von Auskünften und Gutachten von Sachverständigen, Patentanwälten, Recherchenbüros), handelt er schuldhaft, insbesondere, wenn er konkrete Anhaltspunkte für den Bestand eines Schutzrechts hat. Je nach dem Grad der Objektivität des Befragten (z.B. gerichtlicher Sachverständiger oder Parteivertreter) darf er sich auf ihre Auskünfte verlassen.

1994 Ein Irrtum über den Rechtsbestand ist unbeachtlich. Auf eine Wirkung über den Schutzbereich oder die Merkmale der Verletzungsform kann sich der Beklagte nicht berufen. War dem Beklagten das Klagepatent bei seinen Verletzungshandlungen bekannt und hat er lediglich irrig angenommen, der von ihm hergestellte Gegenstand falle nicht darunter, kann von einem Verschulden des Beklagten ausgegangen werden. Das gilt jedoch nicht in gleichem Maße, wenn die Verletzungsform nicht von sämtlichen Merkmalen des Klagepatents Gebrauch macht, da in diesem Falle der Irrtum des Beklagten eher entschuldbar sein wird. Beginn des Verschuldens setzt nicht mit der

531 EuGH vom 06.07.2010 – C-428/08, Beck RS 2010, 90840.

Veröffentlichung der Patenterteilung ein, sondern mit dem Ablauf einer angemessenen Prüfungsfrist (bis zu 4 Wochen). Hinweise auf ein Patent erfordern erhöhte Sorgfalt. Verwarnungen machen den Verletzer bösgläubig.

C hat sich vorliegend nicht über die Schutzrechtssituation informiert. Insoweit trifft ihn der Vorwurf der Fahrlässigkeit. Inwieweit der Schutzbereich des Patents verletzt ist, muss ggfs. im Verletzungsprozess geklärt werden.[532] 1995

▶ Beispiel:

A möchte nun von seinem Patentanwalt B wissen, wie hoch der Schaden sein kann und wie dieser berechnet werden kann. 1996

Der Schaden ist die Beeinträchtigung, die der Berechtigte an seinem Vermögen durch die Benutzung seines Rechts erleidet. Drei Berechnungsarten des Schadens lässt die Rechtsprechung wahlweise zu: Lizenzanalogie, Verletzergewinn, entgangener Gewinn. 1997

Als unmittelbarer Schaden und entgangener Gewinn ist nach § 249 BGB der Zustand herzustellen, der bestehen wurde, wenn das Patent nicht verletzt würde. Dazu gehört nach § 252 BGB auch der entgangene Gewinn. Der Unterschied in der Vermögenslage vor und nach der Patentverletzung ist auszugleichen. Dazu bedarf es der Feststellung der Ursächlichkeit der Verletzung und der Höhe des entgangenen Gewinns, den der Verletzte wahrscheinlich (§ 252 S. 2 BGB) erzielt hätte. Insoweit muss die Klage die berechtigte Erwartung des Gewinns so substantiieren, dass eine freie Schadensschätzung nach § 287 ZPO möglich ist, d.h. der Verletzte braucht den entgangenen Gewinn zwar nicht genau zu belegen, muss aber eine tatsächliche Grundlage unterbreiten, die dem Gericht eine wenigstens im groben zutreffende Schätzung ermöglicht. 1998

Die Rechtsprechung gewährt gewohnheitsrechtlich einen Anspruch des Verletzten auf eine angemessene Lizenzgebühr, weil der Verletzer sich so behandeln lassen müsse, als habe er rechtmäßig gehandelt, also als ob er einen Lizenzvertrag abgeschlossen hätte (Lizenzanalogie). Danach schuldet der Verletzer, was vernünftige Parteien vereinbart hätten, wenn sie die künftige Entwicklung und den Umfang der Verletzung vorausgesehen hätten. Kausalität braucht nicht nachgewiesen zu werden. Der Verletzer steht einem Vertragslizenznehmer gleich. Dabei soll der Verletzer weder bessergestellt werden als er im Falle einer ordnungsgemäß eingeholten Erlaubnis gestanden hätte noch schlechter gestellt sein. Ein Verletzerzuschlag zu der angemessenen Lizenz wird nicht gewährt, jedoch können lizenzerhöhend Vorteile des Verletzers im Vergleich zur Stellung eines vertraglichen Lizenznehmers (z.B. Minderrisiko für nicht rechtsbeständige Schutzrechte zahlen zu müssen, aufgelaufene Zinsen) und lizenzmindernd entsprechende Nachteile des Verletzers (z.B. rechtlich ungesicherte und unterbindbare Benutzerstellung, Risiko einer über die Lizenzzahlung hinausgehenden Schadensersatzpflicht) berücksichtigt werden. 1999

532 Schulte/Voß § 139 Rn. 94 ff.

2000 Da ein Verletzer sich so behandeln lassen muss, als habe er eine vertragliche Lizenz erworben, trifft ihn auch eine Verzinsungspflicht.

2001 Einen Anspruch auf Herausgabe des Verletzergewinns erkennt die Rechtsprechung gewohnheitsrechtlich oder gemäß §§ 687 Absatz 2, 667 BGB an. Es ist billig, dass der Verletzer einen durch die Verletzung erlangten Verdienst nicht behalten darf. Der Gewinn muss daher gerade durch die Verletzung erzielt sein (Kausalität). Gewinn ist unmittelbar der Überschuss des Erlöses über die Kosten und umfasst mittelbar auch andere Vorteile (z.B. Werbewirkung), wenn sie gerade auf die Verletzung zurückgehen.

2002 Durch die BGH-Entscheidung »Gemeinkostenanteil«[533] ist die Abzugsfähigkeit von Gemeinkosten bei der Kalkulation des Verletzergewinns drastisch reduziert. Die Entscheidung führt letztlich zu einem fiktiven Gewinn, der deutlich höher ist als der reale Gewinn.

2003 Der Marktverwirrungsschaden kann neben dem Schadensersatz nach einer der drei Berechnungsarten ersetzt verlangt werden, wenn ein weiterer Schaden durch eine nicht verkehrsübliche, marktverwirrende und den Ruf des Patents diskreditierende Benutzung entstanden ist.

2004 Zur Vermeidung ungerechter Härten kann das Gericht nach seinem Ermessen bei leicht fahrlässiger Verletzung statt des vollen Schadenersatzes eine Entschädigung zusprechen, die nicht höher sein darf, als der entstandene Schaden und nicht niedriger, als der erlangte Vorteil, da der Verletzte einen Gewinn nicht behalten soll, und zwar auch wenn dieser nicht mehr vorhanden sein sollte. Eines Antrages bedarf es nicht, da von Amts wegen zu prüfen ist.

2005 Einen Anspruch auf Rechnungslegung gewährt die Rechtsprechung gewohnheitsrechtlich oder gemäß §§ 687 Absatz 2, 681 S 2, 666 BGB, nach § 242 BGB und § 140 b PatG dem Verletzten damit dieser einen ihm etwa zustehenden Schadensersatzanspruch durchsetzen kann. Er bezieht sich auf alle Umstände, die für die Berechnung nach einer der drei Arten erforderlich sind. Sein Inhalt ergibt sich aus § 259 BGB. Die Rechnungslegung geht inhaltlich über die Erteilung einer Auskunft hinaus und enthält neben der auch mit der Auskunft verbundenen Unterrichtung die weitergehende, genauere Information durch die Vorlage einer geordneten Aufstellung der Einnahmen und Ausgaben.[534]

gg) Entschädigungsanspruch

▶ **Beispiel:**

2006 A hat eine Patentanmeldung von Patentanwalt B ausarbeiten und einreichen lassen. Nach 18 Monaten wird A benachrichtigt, die Anmeldung sei offengelegt. A bittet B um Auskunft, welche Rechte sich hieraus für ihn ergeben.

---

533 BGH GRUR 2001, 329 – *Gemeinkostenanteil*; OLG Köln GRUR-RR 2005, 247.
534 Schulte/Voß § 139 PatG Rn. 161 ff.

Vor Erteilung des Patentes hat der Patentanmelder gemäß § 33 Abs. 1 PatG bereits von dem Zeitpunkt der Offenlegung der Patentanmeldung an einen Anspruch auf eine angemessene Entschädigung. Bei der Bestimmung des Entschädigungsanspruches gemäß § 33 Abs. 1 PatG wird von der Rechtsprechung die Lizenzanalogiemethode herangezogen.[535] Eine dem § 33 PatG entsprechende Entschädigungsregelung enthält Art. II § 1 a Abs. 1 IntPatÜG für veröffentlichte europäische Patentanmeldungen, für die auch die Bundesrepublik Deutschland als Schutzstaat benannt ist. 2007

hh) Besichtigungsanspruch

▶ Beispiel:

A ist Inhaber eines europäischen Patentes, das u.a. in Deutschland nationalisiert wurde und das einen Druckbalken für eine Langbankschleifmaschine betrifft. Er möchte gerne eine Maschine besichtigen, von der er annimmt, dass sie von der Lehre des Patents Gebrauch macht. Die Maschine war bereits zweimal in Deutschland ausgeliefert worden und wurde auf einer Fachmesse gezeigt. Die Klage ist nunmehr darauf gerichtet, die Gutachten dem Kläger zur Verwendung im Verletzungsstreit zugänglich zu machen. 2008

Dem aus einem Patent Berechtigten steht nach §§ 140c PatG, 809 BGB der Anspruch zu, dass der Besitzer ihm die Sache zur Besichtigung vorlegt oder die Besichtigung gestattet. Der Patentinhaber musste dazu nach früherer Rechtsprechung einen erheblichen Teil an Wahrscheinlichkeit für die Anwendung der geschützten Lehre durch den Verletzer dargetan haben. Der Anspruch aus § 809 BGB berechtigt nach der Rechtsprechung nicht zu Eingriffen in die Substanz, wie Einbau oder Ausbau von Teilen. 2009

Der Besichtigungsanspruch gem. § 140c PatG setzt nur wegen des Geheimhaltungsinteresses eine hinreichende Wahrscheinlichkeit der Rechtsverletzung voraus.[536] 2010

Das besondere Geheimhaltungsinteresse des Antragsgegners ist ein Faktor in der umfassenden Interessenabwägung. Eine Rolle spielt auch, ob andere Beweismittel erreichbar sind und ob das Geheimhaltungsinteresse auf andere Weise eingehalten werden kann. 2011

Den Geheimhaltungsbedürfnissen wäre dadurch Rechnung getragen, dass die Kenntnisnahme auf das Gebiet beschränkt bliebe (»in-camera«-Verfahren). Art. 103 Abs. 1 GG steht einer solchen Ausgestaltung nicht entgegen. Es erfolgt eine Differenzierung danach, ob die Einschränkung des Rechts, die Grundlagen der Entscheidung vollständig zu kennen, dem Betreffenden nutzt oder schadet. Kommt ein Besichtigungsanspruch ohne Geheimhaltung im Hinblick auf die berechtigten Geheimhaltungsinteressen des Betroffenen nicht in Betracht, wirkt sich das »in-camera«-Verfahren zugunsten desjenigen aus, dessen rechtliches Gehör eingeschränkt wird.[537] Eine Beschränkung des 2012

535 BGH GRUR 1982, 286 – *Fersenabstützvorrichtung*; BGH GRUR 1989, 411 – *Offenendspinnmaschine.*

536 BGH GRUR 2002, 1046 – *Faxkarte.*

537 BVerfGE 101, 106 = NJW 2000, 1175.

Akteneinsichtsrechts der Verfahrensbeteiligten ist mit Art. 103 Abs. 1 GG vereinbar, wenn sich erst durch diese Beschränkung der von Art. 19 Abs. 4 GG gebotene effektive Rechtsschutz ermöglichen lässt. Die Belange der Geheimhaltung bestimmter Vorgänge und die Rechtsschutzansprüche des Betroffenen können insbesondere dadurch besser in Einklang gebracht werden, dass die Akten dem Gericht vorgelegt werden, das unter Verpflichtung zur Geheimhaltung nachprüft, ob die gesetzlichen Voraussetzungen der Auskunftsverweigerung im konkreten Fall erfüllt sind. Zur Besichtigung zählen nicht alleine die Inaugenscheinnahme, sondern auch alle Maßnahmen, die für die Beurteilung des Vorliegens eines Verletzungstatbestandes notwendig sind (z. B. mikroskopische Untersuchungen, In- und Außerbetriebnahme einer Anlage).[538]

2013 Das rechtliche Gehör kann eingeschränkt werden, wenn dies durch sachliche Gründe hinreichend gerechtfertigt ist.[539] Ein solcher sachlicher Grund besteht darin, dass im verwaltungsrechtlichen Verfahren gerade ein Absehen von einem »in-camera«-Verfahren zu einer Minderung des Individualrechtsschutzes führte, die erheblich schwerer wiegt als eine Einschränkung des rechtlichen Gehörs. Wird der von Art. 19 Abs. 4 GG gewährleistete effektive Rechtsschutz aber erst wie in den Fällen der Geheimhaltungsbedürftigkeit von Tatsachen durch eine Beschränkung des rechtlichen Gehörs möglich, dann liegt in dem damit verbundenen Vorteil, dass jedenfalls das Gericht die vollständigen Akten kennt und aufgrund dieser Kenntnis zu dem Schluss kommen kann, dass die Geheimhaltungsinteressen nicht vorliegen oder nicht überwiegen, ein hinreichender sachlicher Grund.

▶ **Beispiel:**

2014 A ist Inhaberin des deutschen Patents X. Es handelt sich um einen auf ein Verfahren gerichteten Hauptanspruch. B stellt im Wettbewerb mit A Winkelriemchen her und vertreibt sie. A hegt den Verdacht, dass diese Winkelriemchen entsprechend dem beanspruchten Verfahren des Patents X hergestellt worden sind. Hierbei könnte eine Vorrichtung entsprechend dem untergeordneten Anspruch 11 des Verfahrenpatents benutzt worden sein. A fragt Patentanwalt C was unternommen werden kann.

2015 Es wäre aufgrund dieses Verdachts und einer vermeintlich hohen Wahrscheinlichkeit der Benutzung der technischen Lehren der Patentansprüche 1 und 11 des Patentverfahrens bei der Herstellung der Winkelriemchen die Möglichkeit gegeben, die Anordnung der Durchführung eines selbstständigen Beweisverfahrens nach den §§ 485 ff. ZPO und zugleich den Erlass einer einstweiligen Verfügung zu beantragen. Voraussetzung ist, dass ein Rechtsstreit noch nicht anhängig ist und A ein rechtliches Interesse daran darlegen kann, dass der Zustand der Sache festgestellt wird. Hierbei kann durch Einholung eines schriftlichen Sachverständigengutachtens Beweis darüber erhoben werden, ob B ein Verfahren zur Herstellung der Winkelriemchen anwendet. Ebenso kann ein schriftliches Sachverständigengutachten eingeholt werden, aus dem hervorgeht, ob

538 Schulte/Gräwe § 140c PatG, Rn. 23 ff.
539 BVerfGE 81, 123, 129 f.

eine Vorrichtung für die Herstellung gemäß dem Anspruch 11 verwendet wird. Das Landgericht Düsseldorf bestellt in vielen dieser Fälle als unabhängigen Sachverständigen einen Patentanwalt. Dem gerichtlich bestellten Sachverständigen wird regelmäßig gestattet, in einem für das Gutachten erforderlichen Umfang Fotographien der Vorrichtungen anzufertigen. Ebenso steht es dem Sachverständigen regelmäßig frei, zur Vorbereitung seines Gutachtens schriftliche Notizen oder Tonbandaufnahmen zu machen. Zugleich wird regelmäßig dem gerichtlichen Sachverständigen – im Interesse der Wahrung etwaiger Betriebsgeheimnisse der B, die bei der Begutachtung zutage treten können – aufgegeben, jeden unmittelbaren Kontakt derart zu vermeiden und notwendige Korrespondenz über das Gericht oder den anwaltlichen Vertretern derart zu führen. Der Sachverständige hat auch gegenüber Dritten Verschwiegenheit zu wahren. In Fällen der besonderen Eilbedürftigkeit kann die Begutachtung ohne vorherige Ladung und Anhörung der Antragsgegnerin B erfolgen. Dem gerichtlichen Sachverständigen wird hierbei aufgegeben, die B vor Durchführung der Besichtigung darauf hinzuweisen, dass diese das Recht hat, einen rechtlichen Vertreter (Rechts- oder Patentanwalt) zur Besichtigung hinzuzuziehen. Möchte B dieses Recht ausüben, hat der gerichtliche Sachverständige bis zu zwei Stunden zu warten, um den rechtlichen Vertreter der B Gelegenheit zu geben, zum Ort der Besichtigung zu kommen. Neben dem Sachverständigen hat die B auch den Vertretern der A Zugang zu ihren Fertigungsständen und die Anwesenheit während der Begutachtung zu gestatten. Die Vertreter der A sind wiederum verpflichtet, Tatsachen, die ihnen im Zuge des selbstständigen Beweisfahrens zur Kenntnis gelangen und den Geschäftsbetrieb der B betreffend, geheim zu halten, und zwar auch gegenüber der A und deren Mitarbeitern. Die B hat es sodann zu dulden, dass der Sachverständige die zu begutachtenden Vorrichtungen in Augenschein nimmt und sofern der Sachverständige dies für geboten hält, im laufenden Betrieb oder bei Stillstand untersucht, insbesondere, sofern dies ohne Beschädigung möglich ist, Abdeckungen, Verkleidungen und dergleichen entfernt sowie weitere Handlungen zum Zweck der Anfertigung des Gutachtens vornimmt. Der B wird es durch das Gericht untersagt, für die Dauer der Begutachtung Veränderung an den zu begutachtenden Vorrichtungen oder Veränderungen an dem angewendeten Verfahren vorzunehmen. Sämtliche aufgezählte Maßnahmen kann das Gericht im Wege der einstweiligen Verfügung anordnen.[540]

▶ Abwandlung des Beispiels:

Die Vorrichtung, die besichtigt werden soll, befindet sich in einer gemieteten Räumlichkeit auf dem Betriebsgelände eines Dritten. **2016**

Im vorliegenden Fall ist der Dritte kein mittelbarer Besitzer der Vorrichtung, weswegen ihm gegenüber ein Anspruch, das Betreten des Betriebsgeländes zum Zwecke der Besichtigung zu dulden, nicht in Betracht kommt.[541] **2017**

540 OLG Düsseldorf InstGE 8 186 ff.

541 InstGE 8 LG München 103 ff.

Abwandlung des Beispiels:

2018 A hat festgestellt, dass das nach seinem europäischen Patent, welches in England nationalisiert worden ist, geschützte Verfahren auch innerhalb bestimmter Firmen in Großbritannien benutzt wird. A möchte wissen, ob hier bessere Möglichkeiten für eine Besichtigung als in Deutschland bestehen.

2019 Sucht man im englischen Recht nach einem Pendant zum Vorlegungs- bzw. Besichtungsanspruch, wird man nicht im materiellen Recht, sondern im Prozessrecht fündig. Die search order, weithin noch unter dem Namen »Anton Piller order« bekannt, hat durch section (s.) 7 des Civil Procedure Act 1997 (CPA 1997) eine gesetzliche Grundlage erhalten.

2020 Es bestehen drei Voraussetzungen für den Erlass der Anordnung. Erstens muss ein extrem starker prima-facie-Anschein einer Rechtsverletzung vorliegen, zweitens muss der tatsächliche oder potenzielle Schaden des Antragstellers sehr erheblich sein, und zum dritten müssen klare Beweise vorliegen, dass der Antragsgegner im Besitz belastender Beweisstücke ist, die er wahrscheinlich vor Stellung eines Antrags mit seiner Beteiligung (inter partes) zerstören wird.[542]

2021 Dem Antragsgegner darf durch den Erlass einer search order kein wirklicher Schaden drohen.[543] Die Vollziehung der Anordnung wird für den Antragsgegner praktisch immer zu Beeinträchtigungen führen.[544] Daher ist davon auszugehen, dass vor dem Erlass einer search order bei Erfüllung der ersten drei Voraussetzungen zusätzlich eine Abwägung zwischen den dem Antragsgegner drohenden Schäden und dem Bedürfnis des Antragstellers nach der Sicherstellung von Beweismitteln stattfinden muss.[545] Entsprechend dem Grundsatz der Verhältnismäßigkeit[546] hat das Gericht zu prüfen, ob die Anordnung und ihr Inhalt durch den verfolgten Zweck zu rechtfertigen sind.[547]

2022 Eine search order kann in einem laufenden Verfahren, aber auch bereits im Vorfeld beantragt werden (S. 7 (1) CPA 1997). Wird die search order bereits im Vorfeld eines Prozesses beantragt, muss die Anordnung im Interesse der Gerechtigkeit sinnvoll erscheinen, was insbesondere in dringenden Fällen gegeben ist.[548] Das Gericht kann

542 Ormond L.J. in Anton Piller KG v. Manufacturing Processes Ltd. (1976), 1 All E.R. 779, 784.

543 Lord Denning M.R. in Anton Piller KG v. Manufacturing Processes Ltd. (1976), 1 All E.R. 779, 783.

544 Vgl. Dockray/Laddie, Piller Problems, 106 (1990), L.Q.R. 601, 603.

545 Norrenberg, Anton Piller Order, S. 196.

546 Hoffmann J. in Lock international plc v. Beswick (1989) 1 W.L.R. 1268, 1281.

547 S. Rank Film Distributors Ltd. v. Video Information Centre (1980) F.S.R. 242, 259; Thermax Ltd. v. Schott Industrial Glass Ltd. (1981), F.S.R. 289, 297; Columbia Picture Industries v. Robinson (1986) F.S.R. 367, 439 f.; S. Wabwile, Piller, Revisited (2000), J.B.I. 387, 391; zur Anton Piller order vor In-Kraft-Treten des CPA 1997 s. Götting, GRUR Int. 1988, 729, 731.

548 CPR 1999 Rule 25.2 (2) (b).

bei Erlass einer einstweiligen Anordnung vor Beginn eines Hauptsacheverfahrens anordnen, dass dieses sobald wie möglich nach dem Erlass einzuleiten sei. Von dieser Möglichkeit macht es in aller Regel auch Gebrauch, um den Gegner möglichst bald von den gegen ihn erhobenen Vorwürfen in Kenntnis zu setzen.[549]

Der Antragsteller hat sich zunächst wie bei jedem Antrag auf Erlass einer injunction 2023
für den Fall der Aufhebung der Anordnung oder eines Verstoßes gegen die Anordnung zum Ersatz aller Schäden zu verpflichten. Er muss sich bereits auf die Einleitung des Hauptsacheverfahrens festlegen. Weitere regelmäßig abzugebende »undertakings« betreffen die Hinterlegung einer Geldsumme auf einem Konto unter der Obhut der Anwälte des Antragstellers und die Versicherung beschlagnahmter Gegenstände. Schließlich muss der Antragsteller zusagen, bis zur nochmaligen gerichtlichen Überprüfung der Anordnung nach ihrer Durchführung Stillschweigen über das Verfahren zu bewahren und durch die Vollziehung der search order erhaltene Informationen nicht zu verwenden. Demgemäß kann A diese Informationen in einem Verfahren in Deutschland nicht verwenden.

Das wichtigste in einem »search order« enthaltenen Gebot betrifft die Gestattung des 2024
Zutritts zu den in der Anordnung genannten Örtlichkeiten[550] und der anschließenden Durchführung von Suchmaßnahmen.

Die auf der Grundlage einer search order zu gestattende Suche kann einen ganz erheb- 2025
lichen Umfang annehmen. Dies folgt direkt aus der gesetzlichen Regelung, denn nach s. 7 (1) CPA 1997 kann das Gericht die Sicherung von Beweisen anordnen, die für einen Zivilprozess von Bedeutung sind oder sein könnten. Für die Beschlagnahme von Gegenständen genügt, dass sie zum Gegenstand eines Prozesses werden oder von Bedeutung für eine im Prozess zu klärende Frage sein könnten. Folglich können auch ganze Kategorien von Gegenständen von einer search order umfasst sein.

In der Practice Direction ist als Regelfall vorgesehen, dass ein erfahrener Supervising 2026
Solicitor die Anordnung zustellt und ihre Vollziehung überwacht. Dieser wird zwar gleichfalls vom Antragsteller beauftragt, aber er darf nicht in der Kanzlei der Anwälte tätig sein, die den Antragsteller vertreten. Wie die Anwälte des Antragstellers muss auch er sich dem Gericht gegenüber durch eigene »undertakings« zu bestimmten Verhaltensweisen verpflichten. Mit der notwendigen Einschaltung eines Supervising Solicitor geht naturgemäß eine beträchtliche Kostensteigerung einher, was den Antragsteller (und seine Anwälte) zu einer genauen Kosten-Nutzen-Abwägung veranlassen wird.

Ist die search order zugestellt worden, bedürfen die in der Anordnung genannten 2027
Personen der Erlaubnis des Antragsgegners, um mit der Ausführung der vom Gericht gebilligten Maßnahmen beginnen zu können. Das Gericht hat kein Recht, das Betre-

549 CPR 1999 Rule 25.2 (3); vgl. Greene The New CPR, S. 127 und Götting, GRUR Int. 1988, 729, 732 f.

550 S. 7 (3)(a) CPA 1997; Dockray/Thomas, New statutory scheme, 17 (1998) C.J.Q. 272, 274.

ten der betroffenen Örtlichkeiten durch den Antragsteller anzuordnen, sodass sich dessen Befugnis erst aus der Willensäußerung des Antragsgegners ergeben kann.[551]

2028 Dem Antragsgegner steht es frei, die notwendige Gestattung zu verweigern, eine Weigerung kann aber als contempt of court bestraft werden.[552]

2029 Ein contempt of court, also die Missachtung des Gerichts, wird als schwerwiegender Rechtsverstoß behandelt und kann mit erheblichen Sanktionen geahndet werden, die von einer Geldstrafe (Rules of the Supreme Court [RSC] Order 52 Rule 9; fine) über die Beschlagnahme des Vermögens der betroffenen Person (RSC Order 45 Rule 5 (1) (b) (i)) bis zum committal, also der Inhaftierung des Antragsgegners (RSC Order 52; s RSC Order 45 Rule 5 (1) (b) (iii)), reichen.

2030 Insgesamt ist mithin festzustellen, dass A in Großbritannien eine search order beantragen kann. Die Informationen hierüber darf A aber nicht weitergeben, also auch nicht in dem parallelen deutschen Verfahren verwenden. Schließlich ist das Verfahren mit erheblichen Kosten belastet. Hierüber ist der Mandant eindringlich zu beraten.

▶ Abwandlung des Beispiels:

2031 Nach Kenntnis von A wird das Verfahren firmenintern von der französischen Firma C benutzt. Von dort ist zumindest einmal nach Deutschland eine Maschine ausgeliefert worden. A fragt Patentanwalt B, ob diese firmeninternen Vorgänge einer Besichtigung zugänglich sind und die Erkenntnisse im Verletzungsprozess in Deutschland benutzt werden können.

2032 In Frankreich folgen alle Verfahren zur Verletzung ungefähr demselben Ablauf bis zum Urteil. Nachdem ein Verfahren zur Durchsuchung und Beschlagnahme (Saisie-contre façon) durchgeführt wurde, muss der Patentinhaber das Gericht anrufen. Danach kann der Patentinhaber eine einstweilige Verfügung erwägen. Später wechseln die Parteien ihre Argumente in Schriftsätzen. Der Patentinhaber muss hier die Verletzung beweisen. In der Mehrheit der Fälle wird das Verfahren zur Durchsuchung und Beschlagnahme vor der in Frankreich erhobenen Klage auf Verletzung durchgeführt, das dem Patentinhaber ermöglicht, wirksam und schnell die zum Beweise der Verletzung notwendigen Elemente zu erhalten.

2033 Der Rechtsanwalt des Patentinhabers muss eine Klage vor dem Präsidenten des Tribunal de Grande Instance des Verletzungsortes vorlegen, um die Genehmigung für ein Verfahren zur Durchsuchung und Beschlagnahme zu erhalten. Es handelt sich um ein nicht kontradiktorisches Verfahren. Der angebliche Verletzer wird erst bei der Durchsuchung und Beschlagnahme in Kenntnis gesetzt. Der Präsident ist nicht ermächtigt, die Genehmigung abzulehnen, wenn ihm ein gültiges Patent vorgelegt wird. Nach dem Gesetz ist er dazu verpflichtet, dem Genehmigungsantrag stattzuge-

551 Bhimji v. Chatwani (1991) 1 W.L.R. 989, 997, Dockray/Thomas, 17 (1998) C.J.Q. 272, 277 f. S. auch I 1a.

552 S. Ormrod L.J. in Anton Piller KG v. Manufacturing Processes Ltd. (1976) 1 All E.R. 779, 784.

ben. Die einzige Macht des Präsidenten ist die Festsetzung des Umfangs der Durchsuchung und Beschlagnahme. Tatsächlich kann er entscheiden, nur eine Beschreibung zu genehmigen, während der Antrag eine wirkliche Beschlagnahme betraf.

Die Durchsuchung und die Beschlagnahme werden von einem »huissier de justice« (Gerichtsvollzieher) durchgeführt, der einen Status zwischen dem eines Staatsbeamten und dem eines Freiberufler hat. Der Gerichtsvollzieher wird vom Kläger ausgewählt. Am Tag der Durchsuchung und der Beschlagnahme kann er von einem »homme de l'art« (Fachmann, im Allgemeinen der conseil en propriété industrielle des Patentinhabers), einem Polizeibeamten, und von jeder Person begleitet werden, deren technische Kenntnisse nützlich sein können. Diese Personen können in das Gebäude des angeblichen Verletzer eintreten, um dort das angeblich verletzende Produkt, die Vorrichtung oder das Verfahren aufzusuchen, um es/sie zu beschreiben, möglicherweise einige Exemplare zu bekommen, und technische, buchmäßige und finanzielle Unterlagen bezüglich der Verletzung zu kopieren, selbst wenn diese vertraulich sind. 2034

Der angebliche Verletzer kann die Gültigkeit dieses Verfahrens nur nach dessen Durchführung bestreiten, indem er die Genehmigung oder die Umstände kritisiert, unter denen das Verfahren durchgeführt wurde. Der Kläger muss den angeblichen Verletzer innerhalb von fünfzehn Tagen nach der Durchführung des Verfahrens bei Meidung der Nichtigkeit der wirklichen Durchsuchung und Beschlagnahme (der Beschreibungsteil des Protokolls bleibt gültig) verklagen. 2035

ii) Auskunftsanspruch

Beispiel:

A möchte von dem Patentverletzer C wissen, wer Hersteller und Lieferant des patentverletzenden Produkts ist. Er bittet Patentanwalt B um Rat. 2036

Gemäß § 140b PatG hat der Verletzungskläger einen Auskunftsanspruch gegen den Verletzer, welcher ihn in die Lage versetzen soll, Hintermänner des Verletzungsakts aufzudecken. Der Verletzer ist verpflichtet, Angaben zu machen über Namen und Anschrift des Herstellers, des Lieferanten und andere Vorbesitzer des Erzeugnisses, des gewerblichen Abnehmers oder Auftraggebers sowie über die Menge der hergestellten, ausgelieferten, erhaltenen oder bestellten Erzeugnisse. Dieser Anspruch ist verschuldensunabhängig und ist nicht akzessorisch zum Schadensersatzanspruch. 2037

Gemäß § 140 d PatG kann der Verletzte dem Verletzer bei einer im gewerblichen Ausmaß begangenen Rechtsverletzung auch auf die Vorlage von Bank-, Finanz- oder Handelsunterlagen ohne einen geeigneten Zugang zu entsprechenden Unterlagen in Anspruch nehmen. 2038 *jj) Rechnungslegungsanspruch*

▶ **Beispiel:**

2039 A möchte von Patentanwalt B wissen, wie die Höhe des Schadens ermittelt werden kann, da ihm die Umsätze des Verletzers C nicht bekannt sind.

2040 Nicht gesetzlich geregelt, aber von der Rechtsprechung allgemein anerkannt, ist der sogenannte Rechnungslegungsanspruch, der darauf zielt, die Grundlagen für die Geltendmachung des Schadensersatzanspruches zu bestimmen.[553] Der Patentinhaber kann vom Verletzer Rechnungslegung über die durch die Patentverletzung erzielten Umsätze, die Gestehungskosten sowie zum Gewinn verlangen. Darüber hinaus kann er Angaben zu den Angebotsmengen, -zeiten und -preisen unter Benennung der Typenbezeichnung verlangen. Schließlich kann er die Mitteilung von Namen und Anschriften der Angebotsempfänger und Abnehmer verlangen.

2041 Bezüglich der Werbemaßnahmen erfasst der Rechnungslegungsanspruch Angaben zur Art der Werbeträger, der Auflagenstückzahl, dem Verbreitungszeitraum sowie dem Vertreibungsgebiet der Werbemaßnahmen. Im Unterschied zu § 140b PatG setzt der Rechnungslegungsanspruch die Feststellung einer schuldhaften Patentverletzung voraus, da der Anspruch akzessorisch zum Schadensersatzanspruch ist.

2042 Der rechnungslegungsverpflichtete Verletzte hat grundsätzlich keinen Anspruch, die Rechnungslegung durch einen Wirtschaftsprüfer überprüfen zu lassen.[554] Der Rechnungslegungsberechtigte kann vielmehr im Fall von Zweifeln an der Richtigkeit und Vollständigkeit der Angaben lediglich nach § 259 Abs. 2 BGB die Abgabe einer eidesstattlichen Versicherung verlangen.

kk) Vernichtungsanspruch

▶ **Beispiel:**

2043 C ist wegen Patentverletzung rechtskräftig verurteilt. A weiß, dass C große Mengen des Verletzungsproduktes auf Lager hat und befürchtet, dass diese trotz des Urteils in den Markt gelangt. Er fragt Patentanwalt B, wie sich das unterbinden lässt.

2044 Gemäß § 140a Abs. 1 PatG kann der Patentinhaber von dem Verletzer eine Vernichtung der patentverletzenden Gegenstände verlangen. Bei der Durchsetzung des Vernichtungsanspruches ist der Verhältnismäßigkeitsgrundsatz zu berücksichtigen. Der Verletzer kann gegenüber dem Vernichtungsanspruch einwenden, dass die Vernichtung des Verletzungsgegenstandes unverhältnismäßig ist. Zu diesem Zweck kann er sich nicht darauf berufen, dass ihm lediglich eine leichte Fahrlässigkeit zur Last fällt

553 Kur GRUR 2002, 661 (663).
554 BGH GRUR 1995, 338 (391) – *Kleiderbügel.*

oder aber die Gesamtvorrichtung des Gegenstandes mit Blick auf technische Veränderungsmöglichkeiten nicht erforderlich und angemessen wäre.[555] Soweit Bestandteile des Verletzungsgegenstandes auch schutzrechtsfrei gebraucht werden können, ist der Antrag auf Vernichtung entsprechend einzuschränken, um mögliche Kostennachteile zu vermeiden.

ll) Vindikationsklage

▶ **Beispiel:**

A stellt fest, dass für ein pharmazeutisches Produkt, welches er selbst vor Jahren entwickelt hat, ein Patent angemeldet worden ist. Nach Einsicht in das Patentregister stellt er ferner fest, dass Anmelder dieses Produktes ein mit ihm befreundeter Wissenschaftler ist, mit welchem er seinerzeit vertraulich die Versuchsergebnisse erörtert hat. Dieser Wissenschaftler hatte ihm zwar sehr geholfen. Aber A hatte von vornherein klargemacht, dass er selbst hierauf ein Patent anmelden möchte. Hiergegen hatte der Wissenschaftler nichts einzuwenden. Er hatte seinerzeit ausdrücklich Vertraulichkeit zugesichert. Nunmehr möchte A von seinem Patentanwalt B wissen, ob etwas gegen die Anmeldung des Wissenschaftlers unternommen werden kann. 2045

Berechtigter im Sinne des § 8 PatG ist der Erfinder oder sein Rechtsnachfolger sowie der durch widerrechtliche Entnahme verletzte Erfindungsbesitzer. Für die Aktivlegitimation reicht der Nachweis des Erfindungsbesitzes; das Gesetz will dem Verletzten den Nachweis einer materiellen Berechtigung ersparen. Ein Bestreiten der Sachberechtigung des Anmelders allein ohne Bestreiten seines Erfindungsbesitzes ist daher unbeachtlich.[556] Die sachliche Berechtigung muss aber dargelegt werden, wenn der Kläger keinen Erfindungsbesitz hatte oder dieser nicht durch widerrechtliche Entnahme verletzt worden ist. 2046

Nichtberechtigter im Sinne des § 8 PatG ist, wer nicht der Erfinder oder dessen Rechtsnachfolger ist, selbst wenn er die Erfindung mit Einwilligung des Berechtigten auf seinen Namen angemeldet hat. Guter Glaube des Erwerbers wird nicht geschützt, er limitiert nur den Anspruch aus § 8 PatG. 2047

Dieser Anspruch ist im Wege der Klage geltend zu machen. Zuständig sind die Kammern der Landgerichte für Patentstreitsachen (Art II § 5 IntPatÜG; Art 2 AnerkProt EPÜ). 2048

Der Beklagte kann dem Anspruch seine bessere materielle Berechtigung an der Erfindung oder Verwirkung entgegenhalten, ein Zurückbehaltungsrecht wegen Verwendungen auf die Anmeldung beanspruchen oder den Einwand der Arglist im Verletzungsprozess erheben. Er kann auch vortragen, dass der Erfindungsbesitzer kein 2049

555 BGH GRUR 1991, 223 – *Finnischer Schmuck.*
556 Vgl. Kommentierung zu § 8 PatG bei Schulte/Moufang u. Busse/Keukenschrijver.

sachliches Recht an der Erfindung und deshalb auch kein Recht auf das Patent habe, also insgesamt das Bestehen des Anspruchs bestreiten.

2050 Die in § 8 Satz 3 PatG bestimmte Klagefrist von zwei Jahren ist eine Ausschlussfrist und beginnt mit der Veröffentlichung der Patenterteilung im Patentblatt. Damit nicht neben einem Einspruchsverfahren gleichzeitig eine Klage erhoben werden muss, erstreckt § 8 Satz 4 PatG die Klagefrist auf ein Jahr nach Eintritt der Rechtskraft der Entscheidung im Einspruchsverfahren.

2051 Bösgläubig ist, wer beim Erwerb der Erfindung, der Anmeldung oder des Patents wusste oder infolge grober Fahrlässigkeit nicht wusste, dass ihm oder seinem Rechtsvorgänger ein Recht an der Erfindung, der Anmeldung oder dem Patent nicht zustand. Wer von einem gutgläubigen Erwerber erwirbt, gegenüber dem die Klagefrist abgelaufen ist, erwirbt vom Berechtigten. Der gute Glaube muss sich auf die Sachberechtigung, nicht auf die Verfügungsmacht des Veräußerers beziehen.

d) Verteidigung

2052 Auch die Verteidigung im Patentverletzungsprozess weist gegenüber dem allgemeinen Zivilprozess einige Besonderheiten auf. Dies gilt insbesondere für den sog. Formsteineinwand, die nicht-gewerblichen Benutzungshandlungen, das Vorbenutzungsrecht, den Grundsatz der Erschöpfung, die Verjährung, die Verwirkung sowie die Frage der Bestandskraft des Schutzrechts.

aa) Formsteineinwand

▶ **Beispiel:**

2053 A erscheint bei Patentanwalt B und legt ihm eine Klageschrift vor. Danach ist A wegen Patentverletzung verklagt worden. Die Besprechung ergibt, dass A tatsächlich die behaupteten Handlungen vorgenommen hat. A möchte jedoch wissen, ob es Möglichkeiten einer Verteidigung gibt. Insbesondere ist er der Meinung, dass sein Produkt schon lange aus dem Stand der Technik bekannt ist.

2054 In Betracht kommt hier der Einwand des Beklagten, die Ausführungsform sei durch den Stand der Technik bekannt: Ist die als äquivalente Benutzung beanstandete Ausführungsform als solche vollständig im Stand der Technik bekannt, fällt sie nicht in den Schutzbereich des Patents. Für den Fall, dass die angegriffene Ausführungsform sich aus dem Stand der Technik für den Fachmann in naheliegender Weise ergibt, kann A den sog. Formsteineinwand geltend machen.

2055

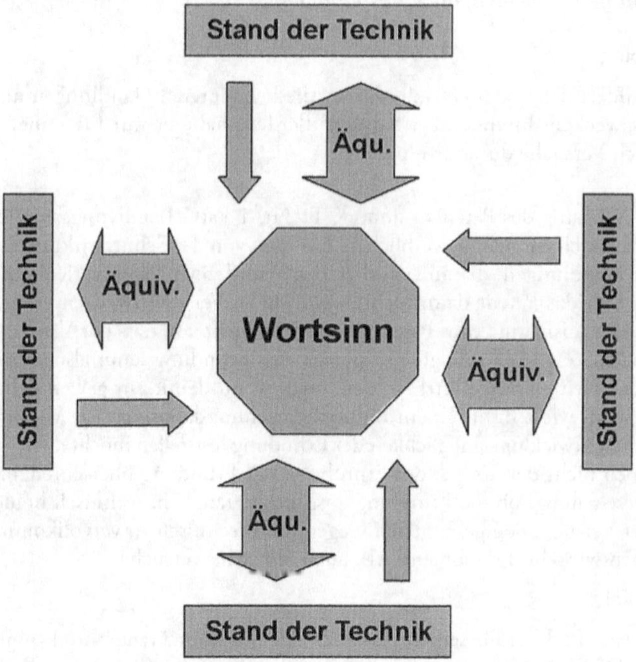

Abb. 44: Patentverletzung (Übersicht)

Das bedeutet, dass A geltend machen kann, die angegriffene und als angeblich äquivalente Benutzung in Anspruch genommene Ausführungsform stellt mit Rücksicht auf den Stand der Technik keine patentfähige Erfindung dar.[557] Der Formsteineinwand ist nur möglich, wenn eine äquivalente Benutzung des Klageschutzrechts vorliegt, nicht aber, wenn die Verletzung wortsinngemäß erfolgt.[558] Für den Formsteineinwand hat die beklagte Seite die Darlegungs- und Beweislast. Als Material für die Prüfung des Formsteineinwands steht der gesamte Stand der Technik zur Verfügung. Es muss gerade die angegriffene Variante sein, die im Stand der Technik liegt, nicht lediglich das Patent. Streitig ist, was gilt, wenn beides, Variante und Patent, durch den Stand der Technik vorweggenommen ist. Die Prüfung erfolgt so, dass man die angegriffene, abweichende Ausführungsform in eine konkrete Merkmalsliste fasst und diese mit dem Stand der Technik auf Neuheit und Erfinderische Tätigkeit vergleicht.[559] Wer mit der Formstein-Verteidigung argumentiert, muss damit allerdings regelmäßig Naheliegen bei der Äquivalenz einräumen. 2056

557 BGH GRUR 1997, 454 – *Kabeldurchführung.*
558 BGH GRUR 1999, 914 – *»Formstein«-Einwand.*
559 BGH GRUR 1999, 914 – *»Formstein«-Einwand.*

bb) Nicht gewerbliche Benutzungshandlungen

▶ Beispiel:

2057 A schildert dem Patentanwalt, dass er die behaupteten Handlungen nur zu Versuchszwecken durchgeführt habe. Außerdem habe er nur für seinen privaten Bereich Versuche durchgeführt.

2058 Von der Wirkung des Patents nimmt § 11 Nr. 1 PatG Benutzungshandlungen im privaten Bereich zu nicht gewerblichen Zwecken von der Schutzwirkung des Patents aus. Auf Handlungen, die an sich den Tatbestand einer Patentverletzung erfüllen, erstreckt sich das Patent dann nicht, wenn sie zu Versuchszwecken vorgenommen werden. Die Ausnahme vom Patentschutz sieht nicht vor, dass der Versuch zu nicht gewerblichen Zwecken erfolgt. Die patentierte Erfindung kann also versuchsweise von jedem Dritten ausgeführt werden, auch wenn damit ein gewerblicher Zweck verfolgt wird, wie z.B. durch ein Industrieforschungslabor, das die Verwendbarkeit oder Weiterentwicklungsmöglichkeit der Erfindung feststellen möchte. Die Handlung darf jedoch nicht den Zweck der Erprobung der Erfindung überschreiten. Zulässig ist die Feststellung, ob die Erfindung ausführbar, tauglich, technisch brauchbar ist, sowie der Versuch, den geschützten Gegenstand technisch zu vervollkommnen und weiterzuentwickeln. Erlaubt sind z.B. auch klinische Versuche.[560]

▶ Beispiel:

2059 A ist Arzt und hat für seinen Patienten ein spezielles Arzneimittel zusammengestellt. Die Firma C kommt auf ihn zu und möchte ihm diese Herstellung verbieten. A möchte von seinem Patentanwalt wissen, ob hier tatsächlich ein Verbietungsrecht besteht.

2060 Durch § 11 Nr. 3 soll die Ausübung der ärztlichen Tätigkeit erleichtert werden, indem die mit der Herstellung und Verarbeitung von Arzneimitteln in Einzelfällen befassten Personen von der Wirkung des Patents freigestellt werden. Der Arzt erhält danach die Möglichkeit, im Einzelfall im Interesse seines Patienten Arzneimittel zu verschreiben, die in Apotheken hergestellt werden dürfen.

2061 Im vorliegenden Fall kann dem Arzt soweit die Herstellung des Arzneimittels nicht verboten werden, solange er nur am Einzelfall spezielle Zusammenstellungen für bestimmte Indikationen eines einzelnen Patienten verschreibt.

cc) Vorbenutzungsrecht

▶ Beispiel:

2062 A ist wegen Patentverletzung verklagt worden. Seinem Patentanwalt B schildert er allerdings, dass er schon vor Jahren mit den Vorbereitungshandlungen für die

560 BGH GRUR 1996, 109 – *Klinische Versuche.*

Benutzung seines Verfahrens begonnen hat. Das beanstandete Produkt wird aufgrund dieser Entwicklungen nunmehr hergestellt. Er möchte nunmehr wissen, ob ihm tatsächlich die weitere Benutzung untersagt werden kann.

Die Wirkung des Patents tritt gegen den nicht ein, der zur Zeit der Anmeldung bereits im Inland die Erfindung in Benutzung genommen oder die dazu erforderlichen Veranstaltungen getroffen hatte. Dieser ist befugt, die Erfindung für die Bedürfnisse seines eigenen Betriebs in eigenen oder fremden Werkstätten auszunutzen. Die Befugnis kann nur zusammen mit dem Betrieb vererbt oder veräußert werden (§ 12 PatG). 2063

Wesentlich ist, dass der sich auf das Vorbenutzungsrecht Berufene im Erfindungsbesitz war. Die hierfür erforderliche subjektive Erkenntnis liegt vor, wenn das Handeln planmäßig auf die Verwirklichung einer technischen Lehre gerichtet ist, die alle Merkmale des erfindungsgemäßen Gegenstandes verwirklicht. Ob der Handelnde darüber hinaus Kenntnis von Wirkungen hat, die nach den Angaben in der Beschreibung mit der Verwirklichung des ordnungsgemäßen Gegenstandes verbunden sind, ist unerheblich.[561] 2064

Der Zweck des § 12 PatG besteht darin, den durch Benutzung oder durch Veranstaltung zur Benutzung redlich erworbenen Besitzstand eines Dritten nicht durch eine spätere Patentanmeldung zu entwerten. Aus Billigkeitsgründen soll der Aufwand des Vorbenutzers nicht umsonst gewesen sein. Das Vorbenutzungsrecht ist keine Belastung des Rechts am Patent, es schafft keine unmittelbaren Rechtsbeziehungen zwischen Vorbenutzer und Patentinhaber, sondern lässt den Patentschutz von vornherein nicht entstehen. Die Erfindung kann nur vorbenutzen, wer im Besitz der Erfindung war. Erforderlich ist die subjektive Erkenntnis des Erfindungsgedankens einer objektiv fertigen Erfindung. Hier war A offensichtlich im Erfindungsbesitz. § 12 PatG gewährt das Vorbenutzungsrecht nur dem, der einen Erfindungsbesitz im Inland bereits in die Tat umgesetzt hatte. Benutzung i.S.d. § 12 PatG umfasst alle Benutzungsarten des § 9 PatG. A benutzt das Verfahren »nunmehr«. Insoweit liegt eine Benutzung vor dem Anmeldetag des Klagepatents offensichtlich nicht vor. 2065

A hatte aber schon vor Jahren mit der Vorbereitung des Verfahrens begonnen. Insoweit könnten Veranstaltungen im Sinne des § 12 PatG in Betracht kommen. Das sind solche Maßnahmen, die bestimmungsgemäß der Ausführung der Erfindung dienen und den ernstlichen Willen einer alsbaldigen Benutzung der Erfindung erkennen lassen. Eine Handlung i.S.d. § 12 braucht nur den ernstlichen Willen zur alsbaldigen Benutzung zu dokumentieren. Hier hat A vor Jahren mit der Vorbereitung begonnen und führt nun das Verfahren aus. Offensichtlich sollten die Maßnahmen zur Produktion hinführen. Nur wer seinen Erfindungsbesitz selbstständig oder in seinem Betrieb durch Dritte ausüben lässt, erwirbt ein Vorbenutzungsrecht. A hat die Maßnahmen in seinem Betrieb durchgeführt. 2066

561 BGH GRUR 2012, 895 – *Desmopressin* (Erfindungsbesitz als Voraussetzung für den Erwerb eines Vorbenutzungsrechts).

2067 A kann sich demgemäß auf ein Vorbenutzungsrecht gemäß § 12 berufen.

▶ Beispiel:

2068 Ein Patent betrifft eine Schutzverkleidung für funktechnische Anlagen mit einer Isolationsschicht und einem Stützelement, wobei einzelne Bauteile über eine besondere Ausgestaltung der Enden der Stützelemente miteinander verbunden werden. Die Erfindung wird bei Radaranlagen eingesetzt, deren Außenhülle vor Umwelteinflüssen schützen und gleichzeitig möglichst wenig elektromagnetische Strahlungen absorbieren soll. A droht an, aus diesem Patent gegen B vorzugehen. B fragt Patentanwalt C nach den Verteidigungsmöglichkeiten. Denn vor dem Prioritätstag habe er Bauelemente für solche Anlagen geliefert. Aus diesen Elementen haben Abnehmer des B eine patentverletzende Anlage hergestellt.

2069 B könnte sich auf ein Vorbenutzungsrecht berufen.

2070 Eine Benutzung i.S.d. § 12 PatG umfasst alle Benutzungsarten des § 9 PatG. Da diese untereinander gleichwertig sind, genügt die Vornahme einer Benutzungsart.[562]

2071 Ist es noch nicht zu Benutzungshandlungen gekommen, reicht es subsidiär aus, wenn der Handelnde zumindest Veranstaltungen zur Benutzung getroffen hat. Dies setzt Maßnahmen voraus, die zum einen bestimmungsgemäß dazu dienen, die Erfindung im Inland auszuführen, und zum anderen den ernstlichen Willen erkennen lassen, die Erfindung alsbald zu benutzen.[563] Es muss hier der feste und endgültige Entschluss gefasst sein, die Erfindung gewerblich zu nutzen und es müssen Vorkehrungen getroffen sein, welche die alsbaldige Umsetzung dieses Entschlusses in die Tat jedenfalls vorbereiten.[564]

2072 Der Umfang des Vorbenutzungsrechts ist im Prinzip mit dem Inhalt des ausgeübten Erfindungsbesitzes identisch. Das Vorbenutzungsrecht reicht nur soweit, wie die eigene, durch die Benutzung oder Veranstaltung bekräftigte Erkenntnis. Es umfasst mithin nicht das, was einen Fachmann darüber hinaus noch hätte erkennen können. Nicht umfasst sind daher Weiterentwicklungen der Vorbenutzung.[565]

2073 Für das mittelbare Vorbenutzungsrecht ist entscheidend, ob das Zusammenfügen beim Abnehmer zur geschützten Gesamtvorrichtung sicher vorhersehbar und einfach zu bewältigen ist. D.h. sofern dies der Fall ist, kann das Vorbenutzungsrecht auch für die Lieferung der Einzelteile bejaht werden. Dies gilt jedenfalls dann, wenn die Einzelkomponenten tatsächlich auch absprachegemäß verwendet werden, und deren Zusammenfügen auf der Grundlage der erteilten Anweisungen einfach vorgenommen

562 BGH GRUR 1969, 35 – *Europareise.*
563 BGH GRUR 1969, 35 – *Europareise.*
564 LG Düsseldorf, InstGE 10, 17.
565 BGH GRUR 2002, 231 – *Wiegevorrichtung.*

werden kann. Insofern kann eine mittelbare Vorbenutzungshandlung zur unmittelbaren Benutzungsberechtigung zur Nutzung der Ansprüche führen.[566]

dd) Erschöpfung

▶ Beispiel:

A wurde wegen Patentverletzung verklagt. Die patentverletzenden Produkte hat er von Händlern in Deutschland und Frankreich erworben. Diese hatten ihrerseits die Waren direkt von der Patentinhaberin bezogen. 2074

A könnte Erschöpfung des Schutzrechts geltend machen. 2075

Der Grundsatz der Erschöpfung sieht vor, dass ein Patentgegenstand, welcher mit Zustimmung des Patentinhabers in den Verkehr gelangt ist, gemeinfrei wird. Das ausschließliche Recht des Patentinhabers, den erfindungsgemäßen Gegenstand in Verkehr zu bringen, wird durch den bestimmungsgemäßen Gebrauch erschöpft. Ein weiterer Schutz des Patentinhabers ist nicht erforderlich. Problematisch ist die Beurteilung der Erschöpfung in den Fällen, in denen eine in den Verkehr gebrachte Vorrichtung zur Vollziehung eines patentgeschützten Verfahrens geeignet und bestimmt ist. Nach der Rechtsprechung des BGH kann in der Veräußerung der Vorrichtung eine stillschweigende Lizenzierung des Verfahrenspatentes liegen.[567] Grundsätzlich muss man jedoch davon ausgehen, dass ein Verfahrenspatent nicht dadurch patentfrei wird, dass ein Verfahrenserzeugnis für eine Vorrichtung zur Durchführung des Verfahrens in den Verkehr gebracht wird.[568] Nach dem gemeinschaftsrechtlichen Erschöpfungsgrundsatz führt ein Inverkehrbringen der patentierten Sache mit Zustimmung des Patentinhabers in einem EU-Land zur Erschöpfung des Patentrechtes in der gesamten Gemeinschaft.[569] A kann Erschöpfung geltend machen, sofern die obigen Einschränkungen nicht vorliegen. 2076

ee) Verjährung

▶ Beispiel:

A wird wegen Patentverletzung verklagt. Er berichtet Patentanwalt B, dass die beanstandete Herstellung vier Jahre zurückliegt. 2077

Das PatG enthält in § 141 PatG eine Verjährungsregelung, nach der die im PatG geregelten Ansprüche aus der Verletzung nach drei Jahren verjähren. Die Verjährungsfrist beginnt ab dem Zeitpunkt, in dem der Patentinhaber von der Verletzung und 2078

566 OLG Düsseldorf, Urteil vom 14.03.2018 – Az. I-15 U 4/16; Quodbach IP-Kompakt, September 2018, Seite 2.
567 BGH GRUR 1980, 38 – *Fullplastverfahren.*
568 BGH GRUR 2001, 223 – *Bodenwaschanlage.*
569 EuGH GRUR Int. 1974, 454; EuGH GRUR 1976, 402; OLG Köln GRUR 1983, 787, 789.

der Person des Verletzers Kenntnis erlangt hat. Durch die Schuldrechtsreform wurde die Rechtsprechung, wonach die grob fahrlässige Unkenntnis der positiven Kenntnis gleichsteht, auch im Gesetz verankert. Unabhängig von dieser Frist verjähren die Patentverletzungsansprüche spätestens nach Ablauf von 30 Jahren. Gemäß § 141 S. 3 PatG bleibt von diesen Verjährungsfristen der bereicherungsrechtliche Anspruch unberührt. Grundsätzlich kann sich A jedoch auf Verjährung berufen, nachdem die Verletzungshandlung schon vier Jahre zurückliegt.

ff) Verwirkung

▶ Beispiel:

2079 A wird von C wegen Patentverletzung verklagt. A berichtet Patentanwalt B, dass dem C seit Jahren der Vertrieb der in Rede stehenden Produkte des A bekannt sei. So hätten A und C regelmäßig auf derselben Messe ihre Produkte gezeigt, wobei die Stände in unmittelbarer Nähe zueinander waren.

2080 Der als Verletzer in Anspruch Genommene kann eine Verwirkung der Ansprüche geltend machen. Für die Verwirkung gelten jedoch im Patentverletzungsprozess erhöhte Anforderungen.[570] Der aus § 242 BGB abgeleitete Verwirkungseinwand setzt voraus, dass der Patentinhaber über einen längeren Zeitraum hinaus das Handeln des Verletzers geduldet hat (Zeitmoment) und der Verletzer darüber hinaus aufgrund des Gesamtverhaltens davon ausgehen durfte, dass der Patentinhaber seine Rechte nicht mehr geltend machen wird (Umstandsmoment).[571] Das Zeit- und Umstandsmoment stehen in einer Wechselwirkung und ihre jeweilige Bedeutung ist in einer Gesamtschau des Einzelfalls zu würdigen.[572] Der Verwirkungseinwand kann sich sowohl auf den Unterlassungs- als auch auf den Schadensersatzanspruch beziehen.[573]

2081 Auch wenn die genannten Voraussetzungen vorliegen, ist stets noch unter Abwägung aller Umstände zu prüfen, ob es zumutbar ist, dass der Beklagte den Ansprüchen des Klägers nachzukommen hat.[574] Angesichts dieser restriktiven Handhabung[575] hat der Verwirkungseinwand im Prozess bezüglich der Unterlassungsansprüche geringe praktische Bedeutung.[576]

2082 Vorliegend ist das Verhalten des A von C über Jahre geduldet worden. Offensichtlich war das Geschäft des A dem C bekannt. Insoweit könnte hier Verwirkung geltend gemacht werden.

570 BGH GRUR 1994, 597 – *Zerlegvorrichtung für Baumstämme*; OLG Hamburg WRP 1993, 115.
571 BGH GRUR 2001, 323 – *Temperaturwächter.*
572 BGH GRUR 2001, 323 – *Temperaturwächter*; OLG Köln GRUR 1995, 508.
573 BGHZ 83, 52, 54 – *POINT*; BGHZ 102, 88, 91 f. – *Apropos Film.*
574 OLG Düsseldorf, 17.12.2015, I-2 U 30/10, Rn. 187.
575 OLG Karlsruhe, 09.11.2016, 6 U 37/15, Rn. 116.
576 Scharen Mitt. 2018, 369 (372).

▶ Beispiel:

A ist wegen Patentverletzung verklagt worden. Er stellt fest, dass der Patentinhaber im Einspruchsverfahren deutlich erklärt hat, für eine bestimmte Ausführungsform begehre er keinen Patentschutz. Im Verletzungsverfahren wird aber genau darauf der Unterlassungsanspruch gerichtet. Wie ist die Rechtslage? 2083

Dieses Verhalten kann unter dem Gesichtspunkt »venire contra factum proprium« ein Verstoß gegen den Grundsatz von Treu und Glauben sein, wenn die Erklärung Grundlage für die Erteilung eines bestimmten Anspruchsbegehrens war und wenn der Beklagte auf die Redlichkeit und Zuverlässigkeit des Patentanmelders vertrauen durfte.[577] 2084

Etwas Anderes kann allerdings gelten, wenn der Beklagte nicht am Einspruchsverfahren (oder auch Nichtigkeitsverfahren) nicht beteiligt war. Denn weitere Voraussetzung ist immer das Bestehen einer Sonderbeziehung, die das betreffende Vertrauen durch das vorangegangene Verfahren begründet hat. 2085

▶ Beispiel:

A ist wegen Patentverletzung verklagt worden. Er stellt durch Akteneinsicht fest, dass bestimmte äußerst relevante, neuheitsschädliche Dokumente von dem Patentinhaber nicht genannt wurden. Das gilt insbesondere für Werbeunterlagen und Vorträge. 2086

Wie ist die Rechtslage?

Auch hier kann ein rechtsmissbräuchliches Verlangen in Betracht kommen. Denn der Anmelder hat hier in arglistiger Weise Entgegenhaltungen verschwiegen, die zu einer Zurückweisung der Anmeldung geführt hätten.[578] In ähnlicher Weise ist im Übrigen zu bewerten, wenn durch ein Abkommen mit einem Nichtigkeitskläger einer drohenden Nichtigkeitserklärung entgegengewirkt wird.[579] 2087

gg) Lizenzeinwand

Es handelt sich hier um eine Gruppe die Fälle umfasst, in denen der Beklagte entweder einen Anspruch hat, dass ihm eine Lizenz erteilt wird, oder in denen jeweils die Erteilung einer Lizenz zu erwarten ist.[580] 2088

577 BGH 07.06.2006, X ZR 105/04, Rn. 25, Mitt. 2006, 506; GRUR 2006, 923 – *Luftabscheider für Milchsammelanlagen*; BGH 05.06.1997, X ZR 73/95, Mitt. 1997, 364 – *Weichvorrichtung II.*

578 BGH 29.09.1974, I a ZR 285/63, GRUR 1965, 231, 234 – *Zierfall.*

579 BGH 29.09.1974, I a ZR 285/63, GRUR 1965, 231, 234 – *Zierfall.*

580 BGH 06.05.2009, Mitt. 2009, 338; GRUR 2009, 694 – *Orange-Book-Standard.*

▶ Beispiel:

2089 A ist wegen Patentverletzung verklagt worden. Im Gegenzug hat er ein Verfahren auf Erteilung einer Zwangslizenz gemäß § 24 PatG beim Patentgericht eingeleitet.

2090 Das Gericht wird – sofern die notwendigen Voraussetzungen auch gegeben sind, die Entscheidung über den Unterlassungsantrag bis zur Entscheidung des Patentgerichts aussetzen. Wenn die Zwangslizenz rechtskräftig erteilt wird, wird die Unterlassungsklage abgewiesen werden. Allerdings setzt dies nach dem Gesetzeswortlaut voraus, dass das öffentliche Interesse die Erteilung einer Zwangslizenz gebietet und außerdem der Beklagte sich erfolglos um die Erteilung einer Lizenz bemüht hat. Dieses Bemühen muss innerhalb eines angemessenen Zeitraums erfolgt sein und als Gegenstand der Verhandlung müssen auch angemessene geschäftliche Bedingungen gewesen sein.[581]

▶ Beispiel:

2091 A ist wegen Patentverletzung verklagt worden. Er stellt fest, dass das Klagepatent von einer Standardisierungsorganisation als Standard essenziell geführt wird. Gegenüber dieser hat der Patentinhaber erklärt, Lizenzen zu sog. FRAND-Bedingungen zu erteilen.

2092 Die Erklärung berechtigt zu der Erwartung, dass die Erfindung zu FRAND-Bedingungen benutzbar sein darf. Der Beklagte muss die Voraussetzungen darlegen, kann mithin die Rechtsmissbräuchlichkeit des Unterlassungsanspruchs geltend machen.[582]

2093 Nach der Rechtsprechung sollte es zu den Obliegenheiten des Klägers gehören, dem Beklagten den Verletzungstatbestand anzuzeigen[583] und ein konkretes schriftliches Lizenzangebot zu FRAND-Bedingungen vorzulegen. Erst wenn der Kläger diesen Verpflichtungen nachgekommen ist, soll das gesetzliche Recht auf Unterlassung geltend gemacht werden können.[584] Bei einer faktischen Lizenzierungspflicht zur FRAND-Bedingungen soll es außerdem führen, wenn das Patent der Standardisierungsorganisation während der Standardisierung vorsätzlich verschwiegen worden ist, um nach Feststellung des Standards überhöhte Lizenzgebühren zu verlangen.[585]

581 BGH 11.07.2017, X ZB 2/17, Mitt. 2017, 403; GRUR 2017, 1017 – *Raltegravir.*

582 EuGH 16.07.2015, C-117/13, Mitt. 2015, 449; GRUR 2015, 764 – *Huawei/ZTW.*

583 LG Düsseldorf 13.07.2017, 4 a O 16/16, Rn. 316 ff.; LG Mannheim 17.11.2016, 7 O 17/16, Rn. 77.

584 OLG Düsseldorf 13.01.2016, I-15 U, 65/15, Rn. 23, Mitt. 2016, 85; LG Mannheim, 17.11.2016, 7 O 90/16, Rn. 78.

585 LG Düsseldorf, 31.03.2016, 4 a O, 73/14, Rn. 320; LG Düsseldorf 24.04.2012, 4 b O, 274/10, Rn. 252, LG Mannheim 27.11.2015, 2 O 106/14, Rn. 198; LG Düsseldorf 07.06.2011, 4 b O 31/10 Rn. 85.

hh) Weitere Verteidigungsmöglichkeit

▶ Beispiel:

A ist wegen Patentverletzung verklagt worden. Er stellt fest, dass der Patentinhaber B eine überragende Marktstellung hat, weil die Nachfrage nach der betreffenden Technik auf dem nachgelagerten Markt bis praktisch auf die Gegenstände nach der Lehre des Patentes beschränkt. Er fragt seinen Patentanwalt nach den Verteidigungsmöglichkeiten. 2094

Insbesondere dann besteht eine Verteidigungsmöglichkeit, wenn der Patentinhaber bereits eine Nachfrage einer Lizenz erteilt hat.[586] In diesem Fall verbietet das Kartellrecht (z.B. Art. 102 AEUV) dem Patentinhaber, den Beklagten als weiteren Teilnehmer im nachgelagerten Markt die Lizenzerteilung zu angemessenen Bedingungen zu verweigern. Hiergegen kann sich der Beklagte gegen das Unterlassungsbegehren wehren.[587] 2095

Von der Rechtsprechung anerkannt ist der Kartellrechtseinwand bei Missbrauch einer marktbeherrschenden Stellung gem. §§ 19, 20 GWB bzw. Art. 82 EGV.[588] Anerkannt ist nicht nur ein kartellrechtlich begr. Anspruch auf Einräumung einer Lizenz[589] sondern auch der Missbrauchseinwand im Verletzungsverfahren gegenüber dem Unterlassungsanspruch.[590] Danach ist ggfs die Gewährung von Unterlassungsansprüchen auf der Grundlage von Standard Essentiellen Patenten (SEPs) begrenzt. Die Pflichten des SEP-Inhabers, die sich aus der marktbeherrschenden Stellung ergeben, sind auf die Laufzeit des Patents beschränkt.[591] Dieser muss den Patentbenutzer mit konkreten Angaben bezüglich des Patents und der Benutzungshandlungen auf die mutmaßliche Verletzung hinweisen. Sein FRAND-Angebot kann auch ein globales Patentportfolio umfassen. Daraufhin muss der Verletzer seine Lizenzbereitschaft klar und eindeutig erklären und an den Lizenzverhandlungen zielgerichtet mitwirken.[592] 2096

ii) Fehlende Bestandskraft des Patentes

▶ Beispiel:

A wird wegen Patentverletzung verklagt. Er meint, dass der Gegenstand des Patents nicht neu sei, zumindest aber nicht auf erfinderischer Tätigkeit beruht. Was bedeutet das für den Verletzungsprozess? 2097

---

586 OLG Düsseldorf 29.04.2016, I 15 U 47/15, Rn. 123, Mitt. 2016, 557.

587 BGH 06.05.2009, KZR 39/06, Rn. 22, 27, Mitt. 2009, 338; GRUR 2009, 694 – *Orange-Book-Standard.*

588 Fitzner/Lutz/Bodewig-Pitz § 139 PatG Rn. 203.

589 BGH GRUR 2004, 966 – *Standard-Spundfass.*

590 BGH GRUR 2009, 694 – *Orange-Book-Standard*; Schnelle GRUR-Prax 2010, 169; Kühnen FS Tilmann, 2003, 513 ff.; Gärtner/Vormann Mitt. 2009, 440; Ullrich GRUR 2007, 817; LG Düsseldorf InstGE 7, 71 – *Video-Signal-Codierung I.*

591 BGH Urteil vom 05.05.2020 (GRUR 2020, 961).

592 Fitzner/Kubis/Metzger-Pitz § 139 PatG Rn. 203.

2098 Soweit der als Patentverletzer in Anspruch Genommene sich auf eine fehlende Bestandskraft des Klagepatentes berufen will, hat er ein Nichtigkeitsverfahren einzuleiten. Mit dem Vortrag zur Nichtigkeit des Klagepatentes wird er im Verletzungsverfahren nur insoweit gehört, als dies für die Beurteilung des regelmäßig mit der Einleitung des Nichtigkeitsverfahrens verbundenen Aussetzungsantrages im Verletzungsverfahren notwendig ist. Soweit das Verletzungsgericht ernsthafte Zweifel an der Neuheit und der Erfindungshöhe hat, hat das Verletzungsgericht das Verletzungsverfahren bis zur rechtskräftigen Entscheidung über die Nichtigkeit des Patentes auszusetzen. Mögliche Zweifel hinsichtlich der Bestandskraft des Klagepatentes dürfen nicht zu einer einschränkenden Auslegung des Schutzbereiches führen. Vielmehr ist der Verletzungsrichter an die Entscheidung der Erteilungsbehörde gebunden.

2099 Die Entscheidung über die Aussetzung des Patentverletzungsverfahrens bei einem anhängigen Nichtigkeitsverfahren nach § 148 ZPO steht im pflichtgemäßen Ermessen des Verletzungsgerichtes, welches die Interessen der beiden Parteien abzuwägen hat. Eine Aussetzung kommt grundsätzlich nur dann in Betracht, wenn mit hoher Wahrscheinlichkeit mit einer Nichtigkeitserklärung zu rechnen ist. Von dem Erfordernis einer Rechtsstandsentscheidung über das Verfügungspatent kann abgesehen werden, wenn außergewöhnliche Umstände gegeben sind, die es für den Patentinhaber unzumutbar machen, den Ausgang eines Eingangs- oder Nichtigkeitsverfahrens abzuwarten.[593] Soweit eine Aussetzung unterbleibt und der Verletzungskläger ein gemäß § 709 ZPO vorläufig vollstreckbares Urteil erhält, wird er die Erfolgsaussichten der anhängigen Nichtigkeitsklage im Rahmen der Prüfung des Risikos eines möglichen Schadensersatzanspruchs nach § 717 Abs. 2 ZPO abzuwägen haben. Wenn das nach Rechtskraft des Verletzungsurteils fortgesetzte Nichtigkeitsverfahren zur Nichtigkeit des Patentes führt, kann der Beklagte des Verletzungsverfahrens gemäß § 580 Nr. 6 ZPO Restitutionsklage erheben und eine Aufhebung des Verletzungsurteils beantragen.

3. Verfahren nach dem Einheitspatent

2100 Die Verordnung über das Einheitspatent (EPV) bestimmt, dass der Umfang des Verbietungsrechts in allen Staaten gleich ist, andererseits verweist sie hinsichtlich der Handlungen, die der Patentinhaber verbieten kann, auf das nationale Recht.[594] Ergänzend gilt der vom Europäischen Gerichtshof entwickelte Grundsatz der gemeinschaftlichen Erschöpfung. D.h. der Patentinhaber kann gemäß Art. 6 EPV regelmäßig nicht gegen den Vertrieb oder die Benutzung von Erzeugnissen vorgehen, die von ihm oder mit seiner Zustimmung innerhalb der an der verstärkten Zusammenarbeit teilnehmenden Staaten in Verkehr gebracht worden ist.

2101 Die Verordnung über die Übersetzungsregelung vom Einheitspatent regelt, dass eine europäische Patentanmeldung in jeder Sprache eingereicht werden kann. Wird die nicht in einer der Amtssprachen deutsch, englisch oder französisch eingereicht, so ist eine Übersetzung in einer dieser Sprachen einzureichen. Diese Sprache ist dann

593 OLG Düsseldorf Mitt. 2013, 232.

594 Vgl. hierzu Übersicht bei Teschemacher Mitt. 2013, 159 ff.

Verfahrenssprache, d.h. die Sprache, in der das Verfahren geführt wird und das Patent erteilt wird. Im Falle eines Verletzungsstreits hat der Patentinhaber auf Antrag und nach Wahl des mutmaßlichen Verletzers eine vollständige Übersetzung des Patents in der Sprache des Staates des Verletzungsorts oder Wohnsitzes des Verletzungsbeklagten einzureichen. Darüber hinaus kann das zuständige Gericht eine Übersetzung in die von ihm verwendete Sprache verlangen.

▶ **Beispiel:**

A interessiert sich für das Einheitspatent. Hier möchte er wissen, ob das einheitliche Patentgericht ein von den nationalen Gerichten getrenntes neues Gericht ist. 2102

Durch das Übereinkommen über das Einheitspatent (engl. Unitary Patent) wird ein gemeinsames Gericht der Vertragsstaaten geschaffen, das Einheitliche Patentgericht (engl. Unified Patentcourt, UPC). Die Vertragsstaaten übertragen diesem Gericht die ausschließliche Zuständigkeit zur Entscheidung über Klagen, die die Verletzung europäischer Patente betreffen. 2103

Das Gericht erster Instanz kennt drei Arten von Kammern: 2104
- Eine Zentralkammer
- Eine Lokalkammer
- Eine Regionale Kammer.

Die Zentralkammer hat ihren Sitz in Paris, Mailand und München. 2105

Die Lokalkammern werden für bestimmte Mitgliedsstaaten eingerichtet. Die Regionalkammern können für zwei oder mehr Mitgliedsstaaten auf deren Antrag eingerichtet werden. 2106

Das Einheitliche Patentgericht ist nicht nur für das Einheitspatent, sondern auch für das europäische Bündelpatent herkömmlicher Art sowie die auf diesen beruhenden Schutzzertifikate zuständig. Innerhalb der ersten Instanz besteht für die Verletzungsklage eine örtliche Zuständigkeit der Lokal- oder Regionalkammern am Verletzungsort oder auch am Sitz des Beklagten. Sofern der Beklagte keinen Sitz innerhalb des Geltungsbereich der verstärkten Zusammenarbeit hat, kann auch die Zuständigkeit der Zentralkammer gegeben sein. Die Zentralkammer ist außerdem zuständig, wenn in dem Staat, in dem der Verletzungsort liegt, keine Lokal oder Regionalkammer errichtet ist. Für Klagen auf Feststellung der Nichtverletzung und isolierter Nichtigkeitsklagen ist die Zentralkammer ebenfalls zuständig. Die Nichtigkeitsklage kann aber auch vor der Kammer erhoben werden, vor der der Verletzungsstreit anhängig ist, also vor der Zentral- oder Lokal- oder Regionalkammer. Ist eine Nichtigkeitsklage vor der Zentralkammer anhängig, bleibt die Zuständigkeit der Lokal- oder Regionalkammern für eine nachfolgende Verletzungsklage bestehen. 2107

▶ Beispiel:

2108 A kennt aus vielen Prozessen das Problem des Torpedos. D.h., es besteht die Gefahr, dass eine Feststellungsklage die eigene Verletzungsklage sperren kann. A möchte wissen, ob sich dies nun ändert.

2109 Die Klage auf Feststellung der Nichtverletzung ist bei der Zentralkammer zu erheben. Wenn innerhalb von 3 Monaten Verletzungsklage vor einer Regional- oder Lokalkammer erhoben wird, ist das Verfahren vor der Zentralkammer auszusetzen (Art. 33 (6) EPGÜ).

▶ Beispiel:

2110 A möchte wissen, welche Richter ausgewählt werden und ob ähnlich, wie beim Bundespatentgericht, technische Richter tätig sind.

2111 Es wird ein Richterpool gebildet, dem alle rechtlichen und technisch qualifizierten Richter des Gerichts erster Instanz angehören. Die technisch qualifizierten Richter stehen auch dem Berufungsgericht zur Verfügung. Grundsätzlich sind die Spruchkörper des Gerichts multinational zusammengesetzt (Art. 8 EPGÜ). Hierbei gibt es eine Sonderregelung für die Länder, in denen traditionell große Zahlen von Verletzungsverfahren stattfinden, z.B. Deutschland. D.h. wenn vor oder nach dem Inkrafttreten des Übereinkommens in drei aufeinander folgenden Jahren durchschnittlich mindestens 50 Patentverfahren je Kalenderjahr eingeleitet worden sind, besteht die Lokalkammer aus zwei rechtlich qualifizierten Richtern, die Mitglieder des Vertragsstaates sind, in dessen Gebiet die Lokalkammer errichtet worden ist und einem qualifizierten Richter, der nicht Staatsangehöriger dieses Vertragsstaates ist. In allen anderen Fällen besteht die Kammer aus einem rechtlich qualifizierten Richter, der Staatsangehöriger des Vertragsstaates ist, in dessen Gebiet die Lokalkammer errichtet ist und zwei weiteren rechtlich qualifizierten Richtern, die nicht Staatsangehörige des betreffenden Vertragsstaates sind. D. h., z. B. in Deutschland werden die Lokalkammern auf jeden Fall mit zwei deutschen Richtern besetzt sein.

▶ Beispiel:

2112 A möchte weiterhin wissen, wie die Rechtsmittelmöglichkeiten aussehen.

2113 Alle Entscheidungen des Gerichts erster Instanz unterliegen der Berufung. D.h. die Entscheidungen der Zentralkammern, der Lokal- oder Regionalkammern bilden die erste Instanz, gegen die die Berufungsmöglichkeit besteht. Das Berufungsgericht hat seinen Sitz in Luxemburg. Es tagt in einer multinationalen Zusammensetzung aus 5 Richtern (Art. 9 EPGÜ). Hierbei besteht die Kammer aus drei rechtlich qualifizierten Richtern, die Staatsangehörige unterschiedlicher Mitgliedsstaaten sind und zwei technisch qualifizierten Richtern, welche Qualifikation und Erfahrung auf dem betreffenden technischen Gebiet aufweisen. Der Vorsitz wird regelmäßig von dem rechtlich qualifizierten Richter geführt. Die technisch qualifizierten Richter werden aus dem gebildeten Pool abberufen. Diese Richter können auch in dem Gericht erster Instanz eingesetzt werden (Art. 8 (6) EPGÜ). Dies wird sich vor allen Dingen dann als sinnvoll erweisen, wenn die Lokalkammern auch über die Nichtigkeitsklage entscheiden.

Die Berufung gegen die Entscheidung der ersten Instanz kann auch auf rechtliche und tatsächliche Gründe gestützt werden. Neue Tatsachen und Beweise können im Rahmen des Berufungsverfahrens aber nur dann berücksichtigt werden, wenn sie nicht bereits im erstinstanzlichen Verfahren hätten vorgebracht werden können. Die Berufung hat keine aufschiebende Wirkung, es sei denn, das Berufungsgericht ordnet diese an. 2114

▶ Beispiel:

A möchte wissen, was es mit dem Richterpool auf sich hat. 2115

Gemäß Art. 18 EPGÜ wird ein Richterpool eingerichtet. Diesem gehören alle rechtlich qualifizierten und technisch qualifizierten Richter des Gerichts erster Instanz an. Für jedes technische Gebiet soll mindestens ein technisch qualifizierter Richter dem Pool angehören. Die technisch qualifizierten Richter stehen sowohl dem Gericht erster Instanz als auch dem Berufungsgericht zur Verfügung. Aus dem Pool werden die Richter vom Präsidenten des Gerichts erster Instanz der betreffenden Kammer zugewiesen. 2116

▶ Beispiel:

A möchte weiterhin wissen, ob er unbedingt vor dem Einheitspatentgericht seine Streitigkeiten führen muss. 2117

Gemäß Art. 32 EPGÜ besitzt das Gericht die ausschließliche Zuständigkeit für sämtliche Klagen wegen tatsächlicher oder drohender Verletzung von Patenten. Ebenso ist das Gericht zuständig für Klagen auf Feststellung der Nichtverletzung. Darüber hinaus ist es zuständig für Klagen auf Nichtigerklärungen von Patenten. Damit zusammenhängend ist das Gericht auch zuständig für Maßnahmen des einstweiligen Rechtsschutzes, für Widerklagen, für Schadensersatzklagen, für die Fragen des Vorbenutzungsrechts, für die Zahlung von Lizenzvergütung. 2118

Das System ermöglicht, vor ein und derselben Kammer die Frage der Verletzung und der Rechtsbeständigkeit abzuhandeln. D.h. im Falle der Verletzungsklage kann auch Widerklage wegen Nichtigkeit des Schutzrechts erhoben werden. Hierfür sind die Kammern erster Instanz zuständig. Im Prinzip können die Lokalkammern beides in einem abhandeln. Ebenso kann aber die Klage wegen Nichtigkeit auch bei der Zentralkammer anhängig gemacht werden und in der betreffenden Zeit des Verfahrens bei der Lokalkammer ausgesetzt werden. 2119

▶ Beispiel:

A möchte jedoch wissen, ob ihm tatsächlich der Weg zur nationalen Gerichtsbarkeit verschlossen ist. 2120

Für nationale Schutzrechte sind weiterhin die nationalen Gerichte zuständig. Der Schutzrechtsinhaber hat außerdem die Möglichkeit, die Zuständigkeit des EPG für das Bündelpatent auszuschließen (opt-out). Die Erklärung kann wieder zurückge- 2121 nommen werden (opt-in). Diese sog. »opt-out-Erklärung« kann während einer Übergangszeit von 7 – 14 Jahren abgegeben werden. Damit wird die Zuständigkeit des europäischen Einheitsgerichts für die Laufzeit des Patentes ausgeschlossen. Die Rücknahme der »opt-out-Erklärung« ist möglich, solange nicht ein Verfahren seitens des vermeintlichen Verletzers anhängig gemacht worden ist.

VII. Sortenschutz

2122 Der Sortenschutz bezweckt die Förderung der Züchtung neuer wertvoller Sorten von Kulturpflanzen. Schutzgegenstand ist eine bestimmte neue Pflanzensorte, d.h. die Gesamtheit der für die Pflanzensorte entscheidenden genetischen Informationen, die im Wege der natürlichen Vererbung an die Generationen der Nachkommen weitergegeben werden.[595]

2123 Ziel des Sortenschutzes ist die Schaffung eines dem Patentschutz entsprechenden Schutzrechts, das dem Züchter oder Entdecker bei Vorliegen der Schutzvoraussetzungen und nach seiner Erteilung ein Verbietungsrecht gegenüber Dritten und eine Grundlage für Lizenz- oder Vermehrungsverträge gibt. M.a.W., es ist Zweck des Sortenschutzgesetzes, dem Sortenschutzinhaber den gesamten Bereich der gewerbsmäßigen Erzeugung und des gewerbsmäßigen Vertriebs- und Vermehrungsguts der geschützten Sorte zu sichern. Das im Rahmen des Sortenschutzes gewährte Züchterrecht begründet als besonderes Schutzrecht ebenso wie das Patentrecht Immaterialgüterschutz.[596]

2124 Wie in anderen Bereichen des gewerblichen Rechtsschutzes hat es auch im Bereich des Sortenschutzes internationale Entwicklungen gegeben. Hierzu zählt insbesondere das internationale Übereinkommen zum Schutz von Pflanzenzüchtungen vom 2. 12. 1961[597] sowie der auf der Basis dieses Übereinkommens gegründete Verband (UPOV). Hinzu kommt noch der gemeinschaftliche Sortenschutz in der Europäischen Union.[598] Die Gemeinschaftssortenverordnung schafft ein gemeinschaftsautonomes einheitliches gemeinschaftsweites Schutzrecht.

---

595 Straus GRUR 1993, 794, 795.

596 BGHZ 49, 331 – *Voran*; BGHZ 102, 373 – *Achat*; BGHZ 65, 347, 351 = GRUR 1976, 385 – *Rosenmutation*; Straus GRUR 1993, 794, 795.

597 GRUR Int. 1962, 348; Gesetz vom 10. 5. 1968, BGBl. II 428.

598 VO(EG) Nr. 2100/94 über den gemeinschaftlichen Sortenschutz vom 27. 7. 1994 (GSortV), ABl EG L 227 vom 1. 9. 1997; geändert durch Verordnung Nr. 2506/95, ABl EG L 258/3 vom 28. 10. 1995 (Sortenamtsgebühren VO); geändert durch VO(EG) Nr. 329/2000 der Kommission vom 11. 2. 2000, ABl EG L 37/19 F vom 12. 2. 2000; VO(EG) Nr. 1239/95 der Kommission zur Durchführung der VO (EG) Nr. 1768/95 des Rates im Hinblick auf das Verfahren vor dem gemeinschaftlichen Sortenamt vom 31. 5. 1995, ABl EG N 121/37 vom 1. 6. 1995, geändert durch VO (EG) Nr. 448/96 der Kommission, ABl EG L 62 vom 13. 5. 1996; VO (EG) Nr. 176/95 über die Ausnahmeregelung gemäß Art. 14 Abs. 3 der VO (EG) Nr. 2100/94, ABl EG L 173/14 vom 25. 7. 1995, geändert durch VO Nr. 2605/98 der Kommission vom 3. 12. 1998 zur Änderung der VO (EG) Nr. 178/95, ABl EG L 328/6 vom 4. 12. 1998.

Das Sortenschutzänderungsgesetz 1997 berücksichtigt sowohl die Fassung des internationalen Übereinkommens zum Schutz von Pflanzenzüchtungen vom 19. 3. 1991 als auch die Gemeinschaftssortenverordnung. Schließlich ist im Sortenschutzgesetz auch die Richtlinie über den rechtlichen Schutz von biotechnologischen Erfindungen vom 18. 10. 2000 im Sortenschutzgesetz berücksichtigt worden. 2125

1. Deutsches Materielles Recht

In den §§ 1 bis 15 SortSchG sind neben den materiell-rechtlichen Voraussetzungen auch die Berechtigung, die Rechte aus dem Sortenschutz und ihre Einschränkungen, Übertragung und Einräumung von Nutzungsrechten sowie die Schutzdauer geregelt. Insoweit sind diese Regelungen mit dem ersten Abschnitt des Patentgesetzes vergleichbar. Das Gesetz enthält weitere materiell-rechtliche Bestimmungen zu Unterlassungs-, Schadensersatz- und Entschädigungs-, Vernichtungs- und Auskunftsansprüchen (§§ 37, 37a und 37b SortSchG). Geregelt ist weiter das Recht der Sortenbezeichnung (§ 7 SortSchG), das im Patentrecht keine Parallele hat, sowie in § 14 SortSchG die Verwendung der Sortenbezeichnung. Daneben enthält der Abschnitt 1 auch noch einzelne verfahrensrechtliche Bestimmungen (§§ 12, 12a und 15 Abs. 2 SortSchG). 2126

a) Sorte

▶ Beispiel:

A erscheint bei Patentanwalt B. A befasst sich seit Jahren mit der Zucht von Nutzpflanzen. Er hat in all den Jahren niemals daran gedacht, diese Ergebnisse durch ein gewerbliches Schutzrecht sich sichern zu lassen. Er möchte nun vom Patentanwalt B wissen, welche Möglichkeiten bestehen. 2127

Sofern A eine neue Sorte schafft, steht ihm das Sortenschutzgesetz als geeignetes Instrument zur Verfügung. Das Gesetz verwendet die Begriffe »Sorte« und »Pflanzensorte« synonym (§ 1 Abs. 1 SortSchG). Von dem Begriff der schutzfähigen Sorte sind Gesamtheiten von Pflanzen und Pflanzenteilen erfasst. Dies gilt nur soweit aus diesen wieder vollständige Pflanzen gewonnen werden können. Es muss sich um Pflanzen oder Pflanzenteile innerhalb eines bestimmten Taxons der untersten bekannten Rangstufe handeln. Die Pflanzen oder Pflanzenteile müssen sich ferner durch unterschiedliche Ausprägung mindestens eines genotypischen Merkmals definieren, sich von jeder anderen Gesamtheit von Pflanzen oder Pflanzenteilen durch die Ausprägung mindestens eines dieser Merkmale unterscheiden und geeignet sein, unverändert vermehrt zu werden[599]. Sofern diese Voraussetzungen vorliegen, kann A demgemäß an die Beantragung eines Sortenschutzes denken. 2128

599 Metzger/Zech-Sabellek § 1 SortSchG Rn. 7.

b) Unterscheidbarkeit

▶ **Beispiel:**

2129 A hat aufgrund des Gespräches mit Patentanwalt B Interesse am Sortenschutz gewonnen und möchte nunmehr wissen, ob die bisher genannten Voraussetzungen ausreichend sind.

2130 Weitere Voraussetzung nach § 1 SortSchG ist, dass die Sorte unterscheidbar ist. Gemäß § 3 SortSchG ist eine Sorte unterscheidbar, wenn sie sich in der Ausprägung wenigstens eines maßgebenden Merkmals von jeder anderen am Antragstag allgemein bekannten Sorte deutlich unterscheiden lässt. Maßgebende Merkmale können u.a. morphologisch oder physiologische Kriterien sein. In Betracht kommen aber auch solche zytologischer (zellenmäßiger) oder biochemischer Art.[600] Gem. Art. 7 Abs. 1 GemSortG sind weder umweltbedingte Unterschiede noch für die wirtschaftlich vorteilhafte Merkmale, sondern allein botanische, durch die Genstruktur bedingte Unterschiede relevant[601].

2131 Deutliche Unterscheidbarkeit bedeutet, dass die Merkmale genau erkennbar und beschreibbar sein müssen.[602] Der Fachmann muss aufgrund seines Fachwissens die Unterschiede zweifelsfrei erkennen können. Es reicht aus, wenn ein maßgebliches Merkmal bei der Sorte deutlich ausgeprägt ist.[603]

▶ **Beispiel:**

2132 A ist sich aufgrund der Schilderung vom Patentanwalt B nicht im Klaren, wie er ermitteln kann, ob sich seine Sorte von den allgemein bekannten Sorten deutlich unterscheidet. Insbesondere weiß er nicht, wie er solche allgemein bekannten Sorten ermitteln kann.

2133 Wann eine Sorte insbesondere als allgemein bekannt anzusehen ist, bestimmt § 3 Abs. 2 SortSchG. Danach gilt eine Sorte als allgemein anerkannt, wenn
(1) sie in ein amtliches Verzeichnis von Sorten eingetragen worden ist,
(2) ihre Eintragung in ein amtliches Verzeichnis von Sorten beantragt worden ist und dem Antrag stattgegeben wird oder
(3) Vermehrungsmaterial oder Erntegutsorte bereits zu gewerblichen Zwecken in den Verkehr gebracht worden ist.[604]

600 Begründung BlPMZ 1986, 136, 138; Keukenschrijver, § 3 SortSchG Rn. 6; Leßmann/Würtenberger Deutsches und Europäisches Sortenschutzrecht § 2 Rn. 47.
601 Leßmann/Würtenberger, Deutsches und europäisches Sortenschutzrecht § 2 Rn. 89.
602 Begründung BlPMZ 1986, 136, 138; Keukenschrijver, SortSchG § 3 Rn. 10.
603 Keukenschrijver § 3 SortSchG Rn. 11; Leßmann/Würtenberger, Deutsches und Europäisches Sortenschutzrecht § 2, Rn. 104.
604 Metzger/Zech-Sabellek § 3 SortSchG, Art 7 GSortV Rn. 41 ff.

Unter Vermehrungsmaterial sind gemäß § 2 Nr. 2 SortSchG Pflanzenteile einschließlich Samen, die für die Erzeugung von Pflanzen oder sonst zum Anbau bestimmt sind, zu verstehen.[605] 2134

c) Homogenität

▶ Beispiel:

A möchte vom Patentanwalt B wissen, ob es ausreicht, wenn er eine Sorte gefunden hat, welche in wenigstens einem maßgebenden Merkmal von den bekannten Sorten ausreichend unterscheidbar ist. 2135

Patentanwalt B muss jetzt darauf hinweisen, dass es weitere Voraussetzungen gibt. 2136
Zunächst muss nämlich gemäß § 4 SortSchG die Homogenität gegeben sein. Danach ist eine Sorte als homogen anzusehen, wenn sie, abgesehen von Abweichungen aufgrund der Besonderheiten ihrer Vermehrung, in der Ausprägung der für die Unterscheidbarkeit maßgebenden Merkmale hinreichend einheitlich ist.[606] Im Gegensatz zur Heterogenität bedeutet dies im Grundsatz, dass eine hinreichende Einheitlichkeit in der Ausprägung der für die Unterscheidbarkeit maßgebenden Merkmale, z.B. im Erscheinungsbild oder den Eigenschaften bestehen muss.[607] Als Beispiele seien genannt: Halmlänge bei Getreide, Wurzelformen bei Möhren, einheitlicher Beginn der Blüte bei Getreide, einheitliche äußere Struktur von Halmen.[608]

▶ Beispiel:

A kann mit dieser Erläuterung der Homogenität nicht viel anfangen. Denn eine absolute Homogenität kommt im Pflanzenreich nicht vor. Er fragt sich, wie dies geprüft werden soll. 2137

Die Prüfung der Homogenität erfolgt durch Anbau. Insbesondere bei Fremdbefruchtern muss hier über mehrere Vegetationsperioden hinweg geprüft werden.[609] 2138

d) Beständigkeit

▶ Beispiel:

Aufgrund der Beratung des B erkennt A, dass die Anmeldung eines Sortenschutzes nicht das Problem ist. Vielmehr kann sich die Prüfung längere Zeit hinziehen. Er möchte nun wissen, ob weitere Prüfungen durchgeführt werden müssen. 2139

---

605 Metzger/Zech-Sabellek § 3 SortSchG Art 7 GSortV Rn. 49.

606 Metzger/Zech-Sabellek § 4 SortSchG, Art. 8 GSortV Rn. 10.

607 Keukenschrijver § 4 SortSchG Rn. 3; Leßmann/Würtenberger Deutsches und europäisches Sortenschutzrecht § 2 Rn. 118.

608 Begründung BlPMZ 1968, 215, 218; Schade GRUR Int. 1962, 348, 351.

609 Keukenschrijver § 4 SortSchG Rn. 5 ff.

2140 Nach § 1 Abs. 1 Nr. 3 und § 5 SortSchG ist weitere Voraussetzung, dass die Sorte beständig ist. D.h. sie muss in der Ausprägung der für die Unterscheidbarkeit maßgebenden Merkmale nach jeder Vermehrung oder im Falle eines Vermehrungszyklus, nach jedem Vermehrungszyklus unverändert bleiben.[610] Ist z.B. in einer Pflanze ein sogenanntes »Terminator-Gen«, das die Ausbildung der phänotypischen Merkmale nach der ersten Generation unterbricht, liegt keine Beständigkeit im Sinne des Sortenschutzgesetzes vor.[611] Das Schutzerfordernis der Beständigkeit entspricht in etwa dem Erfordernis der Ausführbarkeit bzw. Wiederholbarkeit.[612]

e) Neuheit

▶ **Beispiel:**

2141 A ist sich sicher, dass seine neue Pflanzensorte ausreichend unterscheidbar, homogen und beständig ist. Er möchte daher nunmehr Patentanwalt B mit der Anmeldung eines Sortenschutzes beauftragen.

2142 Patentanwalt B muss nunmehr darauf hinweisen, dass weitere Voraussetzung für den Sortenschutz die Neuheit ist. D.h. es müssen die Voraussetzungen des § 6 SortSchG erfüllt sein. Bestimmte Abgabehandlungen sind im Grundsatz nicht neuheitsschädlich. In der Hybridzüchtung wird auf die Abgabe der erzeugten Sorten und nicht auf die Abgabe von Pflanzen der Inzuchtlinien abgestellt.[613] Danach ist neuheitsschädlich nur die Abgabe von Pflanzen oder Pflanzenteilen der Sorte an andere. Dies gilt allerdings nur, wenn die Abgabe zu gewerblichen Zwecken erfolgt. Außerdem ist Neuheitsschädlichkeit nur gegeben, wenn die Abgabe mit Zustimmung des Berechtigten oder seines Rechtsvorgängers erfolgt ist. D.h. Handlungen ohne Zustimmung der genannten Personen sind nicht neuheitsschädlich.[614]

2143 § 6 Abs. 2 SortenschG sieht vor, dass in bestimmten Fällen eine Abgabe im Sinne des Absatzes 1 des § 6 SortenschG nicht neuheitsschädlich ist:

- Nr. 1 erfasst die gesetzlich vorgesehene Abgabe an amtliche Stellen.
- Nr. 2 betrifft besondere Fälle der Erzeugung oder Aufbereitung durch Dritte.
- Nr. 3 betrifft den konzerninternen Verkehr.
- Nr. 4 betrifft die Abgabe zu Versuchszwecken oder zur Züchtung neuer Sorten.
- Nr. 5 begründet Ausstellungsschutz entsprechend der Regelung im Patentgesetz und privilegiert weiter jede Abgabe, die auf eine solche Ausstellung zurückgeht.[615]

---

610 Metzger/Zech-Sabellek § 5 SortSchG, Art. 9 GSortV Rn. 13.

611 Keukenschrijver § 5 SortSchG Rn. 3.

612 Leßmann/Würtenberger Deutsches und europäisches Sortenschutzrecht § 2 Rn. 123.

613 Metzger/Zech-Sabellek § 6 SortSchG, Art. 10 GSortV Rn. 12.

614 Keukenschrijver § 6 SortSchG Rn. 5, 9 und 10; Leßmann/Würtenberger Deutsches und Europäisches Sortenschutzrecht § 2 Rn. 141 ff.

615 Keukenschrijver § 6 SortSchG Rn. 13 bis 17; Leßmann/Würtenberger Deutsches und Europäisches Sortenschutzrecht § 2 Rn. 189.

Ferner kennt das SortSchG eine Neuheitsschonfrist, welche vom Antragstag anläuft (§ 23 Abs. 1 SortSchG). Hierbei sieht das Gesetz verschiedene Fristen vor. Bei Abgabe innerhalb der Europäischen Union beträgt sie ein Jahr (§ 6 Abs. 1 Nr. 1 SortSchG). Die Frist für Abgaben außerhalb der EU beträgt 4 Jahre, für Reben und Baumarten 6 Jahre (§ 6 Abs. 1 Nr. 2 SortSchG).[616] 2144

f) Sortenbezeichnung

▶ Beispiel:

A teilt Patentanwalt B mit, dass er für seine Sorte eine Bezeichnung vorgesehen habe. Er fragt, inwieweit dies relevant für das Verfahren sein könnte bzw. inwieweit er hier einen Schutz erlangen könne. 2145

Gemäß § 1 Abs. 1 Nr. 5, § 7 SortSchG ist Voraussetzung für die Erlangung eines Sortenschutzes, dass auch eine eintragbare Sortenbezeichnung angegeben wird. Eintragbar ist eine Sortenbezeichnung immer, wenn keiner der Ausschließungsgründe nach § 7 Abs. 2 oder 3 SortSchG vorliegt.[617] Zu solchen Gründen zählen: 2146

(1) Mangelnde sprachliche Eignung (§ 7 Abs. 2 Satz 1 Nr. 1 SortSchG). Durch diese Regelung sollen Fälle erfasst werden, in denen die vorgeschlagene Sortenbezeichnung mangels Aussprechbarkeit oder Merkbarkeit die Funktion einer Sortenbezeichnung nicht erfüllen kann.[618]
(2) Fehlende Unterscheidungskraft (§ 7 SortSchG Abs. 2 Satz 1 Nr. 2).
Eine solche mangelnde Unterscheidungskraft kommt z.B. in Betracht, wenn bei Namen oder Abkürzungen internationaler Organisationen oder bei der Verwendung taxonomischer Bezeichnungen ein Freihaltebedürfnis für die Allgemeinheit besteht. Maßgeblich ist die Anschauung der beteiligten Verkehrskreise. Beispielsweise kommt eine Irreführungsgefahr in Fällen der Verwendung von botanischen oder landesüblichen Namen einer Art in Betracht.[619]
(3) Ein Ausschließungsgrund ist auch die Angabe von Zahlen als Sortenbezeichnung (§ 7 SortSchG Abs. 2 Satz 1 Nr. 3)[620].
(4) Auch die Übereinstimmung oder Verwechselbarkeit mit bestehender Sortenbezeichnung (§ 7 SortSchG Abs. 2 Satz 1 Nr. 4) ist ein Ausschließungsgrund. Verwechselbarkeit bedeutet Nichteinhaltung eines ausreichenden Abstands gegenüber der bereits verwendeten Bezeichnung.[621]

---

616 Metzger/Zech-Sabellek § 6 SortSchG, Art. 10 GSortV Rn. 26.ff.
617 Metzger/Zech-Lorenzen § 7 SortSchG, Art. 63 GSortV Rn. 36 ff.
618 Keukenschrijver § 7 SortSchG Rn. 26, 27.
619 Keukenschrijver § 7 SortSchG Rn. 42; Leßmann/Würtenberger Deutsches und Europäisches Sortenschutzrecht § 2 Rn. 192.
620 Leßmann/Würtenberger Deutsches und Europäisches Sortenschutzrecht § 2 Rn. 196.
621 Keukenschrijver § 7 SortSchG Rn. 34; Leßmann/Würtenberger Deutsches und Europäisches Sortenschutzrecht § 2 Rn. 199.

2. Deutsches Verfahren

2147 Der Sortenschutz wird nur auf Antrag erteilt.[622] Für jede Sorte ist ein gesonderter Antrag erforderlich. Dieser Antrag entspricht einer Patentanmeldung; maßgeblich sind jedoch im Gegensatz zum Patentrecht die Bestimmungen des Verwaltungsverfahrensgesetzes. Durch den Antrag wird ein förmliches Verwaltungsverfahren (§ 21 VwVfG) in Gang gesetzt.[623] Die Entscheidung ergeht demgemäß entsprechend § 69 VwVfG.

2148 Antragsteller kann jeder sein, der gemäß § 11 VwVfG beteiligtenfähig ist. Gemäß § 15 Abs. 2 SortSchG müssen Personen, die in einem Vertragsstaat weder Sitz noch Niederlassung haben, einen Vertreter bestellen. Ansonsten ist jeder berechtigt, ohne Einschaltung eines Bevollmächtigten vor dem Sortenschutzamt tätig zu werden. Die Möglichkeit der Bestellung eines Bevollmächtigten ergibt sich aus § 14 VwVfG in Verbindung mit § 63 Abs. 2 VwVfG.[624]

a) Anmeldung

▶ Beispiel:

2149 Nach eingehender Beratung beauftragt A den Patentanwalt B mit der Stellung eines Sortenschutzantrages. A fragt den Patentanwalt, welche Angaben B hierzu benötigt.

2150 Gemäß § 22 SortSchG sind Angaben zum Ursprungszüchter oder Entdecker der Sorte zu machen. Ferner ist zu versichern, dass weitere Personen an der Züchtung und Entdeckung nicht beteiligt waren.[625] Sollte dies nicht der Fall sein, muss A angeben, wie die Sorte an ihn gelangt ist.

2151 Gemäß § 22 Abs. 2 SortSchG sind ferner Angaben zur Sortenbezeichnung zu machen. Diese Bestimmung korrespondiert mit § 1 Abs. 1 Nr. 5 und § 7 SortSchG. Sofern dem B noch keine endgültige Sortenbezeichnung zur Verfügung steht, kann er gemäß § 22 Abs. 2 Satz 2 SortSchG mit Zustimmung des Bundessortenamtes eine vorläufige Bezeichnung angeben.[626]

2152 Mit der Einreichung des Antrags ist auch eine Gebühr fällig.[627]

622 Metzger/Zech-Köller § 22 SortSchG, Rn. 1.
623 Metzger/Zech-Köller § 22 SortSchG, Rn. 2.
624 Keukenschrijver § 22 SortSchG Rn. 2 und 3.
625 Metzger/Zech-Köller § 22 SortSchG, Rn. 7 ff.
626 Metzger/Zech-Köller § 22 SortSchG, Rn. 10.
627 Zu den Einzelheiten vgl. z.B. Leßmann/Würtenberger Deutsches und Europäisches Sortenschutzrecht § 5 Rn. 140 ff.

b) Prüfung

▶ Beispiel:

A erläutert Patentanwalt B, dass seine Sorte schon in zahlreichen unabhängigen Instituten im In- und Ausland einer Prüfung unterzogen worden ist. Er fragt, ob diese Ergebnisse im Deutschen Registerverfahren helfen könnten. 2153

Gemäß § 26 SortSchG baut das Bundessortenamt die Sorte an oder stellt sonst erforderliche Untersuchungen an, um festzustellen, ob die Sorte die Voraussetzungen für die Erteilung des Sortenschutzes erfüllt. In besonderen Fällen kann das Amt jedoch hiervon absehen (§ 26 Abs. 1 Satz 2 SortSchG). Gemäß § 26 Abs. 2 SortSchG kann das Bundessortenamt den Anbau oder die sonst erforderlichen Untersuchungen durch andere fachlich geeignete Stellen, welche auch im Ausland sein können, durchführen lassen und die Ergebnisse von Anbauprüfungen oder sonstigen Untersuchungen solcher Stellen berücksichtigen.[628] 2154

Diese Ergebnisse müssen jedoch die Feststellung erlauben, ob eine Sorte die erforderliche Unterscheidbarkeit, Homogenität und Beständigkeit aufweist. Die Anbauprüfung kann insbesondere bei neuen Züchtungsmethoden durch sonstige Untersuchungen ergänzt, in geeigneten Fällen auch ersetzt werden, wenn die erforderlichen Feststellungen als Folge fortgeschrittener Prüfungstechnik bei bestimmten Arten auch ohne Anbau getroffen werden können.[629] 2155

Danach ist die Prüfung zwar grundsätzlich Sache des Bundessortenamtes. Die technische Prüfung kann jedoch auch durch andere fachlich geeignete Stellen durchgeführt werden. Seit Jahren besteht bei zahlreichen Pflanzenarten eine enge Zusammenarbeit mit Staaten, die dem UPOV angehören. Ergebnis der Zusammenarbeit ist gegenseitige Übernahme der in einem anderen Staat gewonnenen Prüfungsergebnisse. Ebenso erfolgt eine Zentralisierung der Sortenprüfung bei bestimmten Pflanzenarten in nur einem dieser Staaten.[630] 2156

Das Bundessortenamt wählt unter Berücksichtigung der botanischen Gegebenheiten für die einzelnen Arten die für die Unterscheidbarkeit der Sorten wichtigen Merkmale aus und setzt Umfang und Art der Prüfungen fest. Bei gentechnisch veränderten Sorten kann die Prüfung erst beginnen, wenn eine Genehmigung zur Freisetzung oder zum in Verkehr bringen nach dem Gentechnikgesetz vorliegt.[631] 2157

Folglich kann A die Ergebnisse der Untersuchungen der Institute vorlegen, welche in seinem Auftrag gehandelt haben. Es liegt im Ermessen des Bundessortenamtes, ob diese Ergebnisse verwertbar sind. Er muss jedoch damit rechnen, dass er noch zur Vorlage weiterer Unterlagen oder auch des erforderlichen Vermehrungsmaterials oder 2158

628 Leßmann/Würtenberger Deutsches und Europäisches Sortenschutzrecht § 5 Rn. 238 f.
629 Begründung BlPMZ 1986, 136, 141; Keukenschrijver SortSchG § 26 Rn. 6.
630 Begründung BlPMZ 1968, 215, 223; Keukenschrijver § 26 SortSchG Rn. 8.
631 Metzger/Zech-Köller § 26 SortSchG, Rn. 3.

sonstigen Materials aufgefordert werden wird. Kommt er dieser Aufforderung nicht nach, kann gemäß § 27 SortSchG der Sortenschutzantrag zurückgewiesen werden.[632]

c) Einwendungen

▶ Beispiel:

2159 Patentanwalt B teilt seinem Mandanten A mit, dass nunmehr das Bundessortenamt den Sortenschutzantrag bekannt gemacht hat. A möchte wissen, welche Rechtsfolgen hiermit verbunden sind.

2160 Mit der Bekanntmachung beginnt die tatsächliche Möglichkeit, Einwendungen geltend zu machen (§ 25 SortSchG). Die Regelung ermöglicht es jedem beliebigen Dritten eine Teilnahme am Verfahren zu erreichen. Einwendungsgründe sind gemäß § 25 Abs. 2 SortSchG zum einen mangelnde Unterscheidbarkeit, fehlende Homogenität, fehlende Beständigkeit und fehlende Neuheit (§ 25 Abs. 2 Nr. 1 SortSchG). D.h. die fehlende Schutzfähigkeit ist ein Einwendungsgrund. Die Einwendungsfrist endet in diesem Falle mit der Erteilung des Sortenschutzes. D.h., Dritte sind gut beraten, zügig nach Bekanntmachung eines Sortenschutzantrages seine Einwendungen geltend zu machen. Ein weiterer Einwendungsgrund ist die fehlende Berechtigung des Antragstellers (§ 25 Abs. 2 Nr. 2 SortSchG). Wer Berechtigter ist, ergibt sich aus § 8 SortSchG, nämlich der Ursprungszüchter oder der Entdecker der Sorte oder sein Rechtsnachfolger. Die Frist zur Einwendung beträgt in diesem Falle drei Monate nach der Bekanntmachung des Sortenschutzantrages. Schließlich ist ein Einwendungsgrund die Nichteintragbarkeit der Sortenbezeichnung. Gemäß § 1 Abs. 1 Nr. 5 und § 7 SortSchG ist die Angabe einer Sortenbezeichnung Voraussetzung für die Schutzfähigkeit. Einwendungsgründe sind mithin die Ausschließungsgründe des § 7 Abs. 2 SortSchG insbesondere Verwechselbarkeit und Irreführungsgefahr.[633]

d) Rechtsmittel

2161 Gem. § 21 SortSchG sind auf das Verfahren vor den Prüfungsabteilungen und den Widerspruchsausschüssen §§ 63 bis 69 und 71 VwVfG anzuwenden.[634] Entsprechend dem Verwaltungsverfahren besteht die Möglichkeit, von verschiedenen Rechtsbehelfen und Rechtsmitteln Gebrauch zu machen. Eine Besonderheit bildet hierbei das Widerspruchsverfahren. Ansonsten sind gegen die Entscheidungen der Widerspruchsausschüsse die Möglichkeiten der Beschwerde und hiergegen wiederum die Möglichkeit der Rechtsbeschwerde gegeben.[635]

---

632 Metzger/Zech-Köller § 27 SortSchG Rn. 1.

633 Begründung BlPMZ 1968, 215, 233; Keukenschrijver § 25 SortSchG Rn. 10; Metzger/Zech-Köller § 25 SortSchG, Rn. 1 ff.

634 Metzger/Zech-Köller § 21 SortSchG, Rn. 1 ff.

635 Leßmann/Würtenberger Deutsches und Europäisches Sortenschutzrecht § 5 Rn. 292 ff.

aa) Widerspruch

▶ **Beispiel:**

Der Sortenschutzantrag des A ist zurückgewiesen worden. Er fragt nunmehr seinen Patentanwalt B was zu unternehmen ist. 2162

Es besteht die Möglichkeit der Einleitung eines Widerspruchsverfahrens. Dieses ist 2163 im Gesetz nicht ausdrücklich geregelt, wird jedoch von § 18 Abs. 1 Nr. 2, Abs. 3, § 20, § 33 Abs. 2, § 34 Abs. 1 SortSchG vorausgesetzt. Das Verfahren beginnt mit der Erhebung des Widerspruchs (§ 69 VwGO), der innerhalb eines Monats nach Bekanntgabe der Entscheidung einzulegen ist (§ 70 Abs. 1 VwGO). Es besteht keine Antragspflicht und auch keine Begründungspflicht. Gleichwohl ist es dringend zu empfehlen, Antrag und Begründung einzureichen.[636]

Mit dem Widerspruch ist auch eine Gebühr einzuzahlen. Gemäß § 72 VwGO besteht 2164 sodann die Möglichkeit, dass im Widerspruchsverfahren die Prüfungsabteilung ihrer Entscheidung abhilft. Wird dem Widerspruch nicht abgeholfen, wird über ihn durch Widerspruchsbescheid entschieden.[637]

▶ **Beispiel:**

A hat einen Sortenschutzantrag selbst beim Bundessortenamt eingereicht. Dieser 2165 Antrag ist zurückgewiesen worden. Er kommt nun zum Patentanwalt B und bittet ihn um Hilfe. B stellt fest, dass seit Zustellung des Beschlusses bereits 11/2 Monate vergangen sind. Allerdings stellt B fest, dass dem Beschluss keine Rechtsmittelbelehrung beigefügt war.

Die Frist zur Erhebung des Widerspruchs beträgt einen Monat. Allerdings beginnt 2166 sie nur zu laufen, wenn eine ordnungsgemäße Rechtsbelehrung erteilt worden ist. Anderenfalls läuft eine 1-Jahres-Frist (§ 70 Abs. 2 VwGO in Verbindung mit § 58 VwGO). Demgemäß besteht im vorliegenden Fall noch die Möglichkeit der Einlegung eines Widerspruchs.[638]

▶ **Beispiel:**

In dem vorherigen Fall ergibt sich die Variante, dass eine Rechtsmittelbelehrung 2167 beigelegen hat. Was kann hier Patentanwalt B unternehmen?

Die Frist zur Erhebung des Widerspruchs ist wiedereinsetzungsfähig (§ 70 Abs. 2 2168 VwGO in Verbindung mit § 60 VwGO). D.h. B muss hier gemeinsam mit A überlegen, ob Gründe für die Stellung eines Wiedereinsetzungsantrags bestehen.[639]

---

636 Leßmann/Würtenberger Deutsches und Europäisches Sortenschutzrecht § 5 Rn. 293.
637 Keukenschrijver § 21 SortSchG, Rn. 13–20.
638 Keukenschrijver § 21 SortSchG, Rn. 14.
639 Keukenschrijver § 21 SortSchG, Rn. 15.

bb) Beschwerde

▶ **Beispiel:**

2169 Der Widerspruchsausschuss hat die Beschwerde des A zurückgewiesen. B möchte wissen was nun weiter zu unternehmen ist.

2170 Gemäß § 34 Abs. 1 SortSchG findet gegen die Entscheidung der Widerspruchsausschüsse die Beschwerde statt. Zuständig ist das Bundespatentgericht. Die Beschwerdefrist beträgt einen Monat nach Zustellung der angefochtenen Entscheidung. Mit der Beschwerde ist eine Gebühr zu entrichten.[640]

2171 Gemäß § 34 Abs. 5 SortSchG entscheidet über die Beschwerde ein beim Bundespatentgericht eingerichteter Beschwerdesenat. Der Senat ist mit drei Juristen besetzt, sofern über die Änderung der Sortenbezeichnung gemäß § 18 Abs. 2 Nr. 3 SortSchG von den Widerspruchsausschüssen entschieden worden ist. In allen anderen Fällen entscheidet der Senat in einer Besetzung aus zwei rechtskundigen Mitgliedern und zwei technischen Mitgliedern. Vorsitzender ist stets ein Jurist.

cc) Rechtsbeschwerde

▶ **Beispiel:**

2172 Der Beschwerdesenat hat die Beschwerde des A zurückgewiesen. A ist hiermit nicht zufrieden und möchte hiergegen vorgehen.

2173 Es besteht die Möglichkeit der Rechtsbeschwerde. Diese ist grundsätzlich statthaft, wenn das Bundespatentgericht sie zugelassen hat. Im vorliegenden Fall ist dies offensichtlich nicht geschehen. Nach dem Wortlaut des § 35 SortSchG ist demgemäß eine Rechtsbeschwerde nicht möglich.

2174 Nach der in der Literatur vertretenen Rechtsmeinung ist allerdings eine zulassungsfreie Rechtsbeschwerde bei Rüge der im § 100 Abs. 3 PatG aufgeführten Verfahrensmängel möglich.[641]

3. Gemeinschaftssortenschutz

▶ **Beispiel:**

2175 A vertreibt seine Produkte im gesamten Raum der EU. Ihm reicht es daher nicht aus, allein in Deutschland einen Sortenschutz zu erhalten. Er fragt Patentanwalt B, was hier unternommen werden kann.

640 Leßmann/Würtenberger Deutsches und Europäisches Sortenschutzrecht § 5 Rn. 297, 314 ff.
641 Keukenschrijver § 35 SortSchG Rn. 4.

Im Rahmen der Europäischen Union ist in Übereinstimmung mit Art. 32 PflZÜ ein gemeinschaftlicher Sortenschutz errichtet worden. Durch diese Verordnung ist ein gemeinschaftsautonomes, einheitliches, gemeinschaftliches Schutzrecht geschaffen worden. 2176

In dem Deutschen Sortenschutzgesetz sind an verschiedenen Stellen unter Rücksicht- 2177
nahme auf den gemeinschaftlichen Sortenschutz Regelungen geschaffen worden. So ist in § 10 c SortSchG die Frage der Kollision dahin geregelt worden, dass ein nationaler Sortenschutz für die Dauer des Bestehens des gemeinschaftlichen Sortenschutzes ruht. Mit Erlöschen des gemeinschaftlichen Sortenschutzes leben die Rechte aus einem fortbestehenden nationalen Sortenschutz mit Wirkung ex nunc wieder auf.[642]

Nach Art. 4 GSortV ist ein gemeinschaftliches Sortenamt als unabhängige Einrich- 2178
tung der EU geschaffen worden. Sitz des Amtes ist Angers in Frankreich.[643]

Das Gemeinschaftssortenamt verfügt über eine technische Abteilung, eine Verwal- 2179
tungs- und Finanzabteilung sowie eine Rechtsabteilung. Weiter besteht bei ihm eine Beschwerdekammer (Art. 30 bis 35 GSortV).

Gemäß Art. 35 GSortV sind in dem Amt Ausschüsse gebildet, welche aus jeweils drei 2180
Bediensteten bestehen. In der Regel bestimmt der Präsident die Zusammensetzung aus technischen und rechtskundigen Mitgliedern. Die Ausschüsse entscheiden über die Erteilung (Art. 62 GSortV), Zurückweisung des Erteilungsantrages (Art. 61 GSortV), Einwendungen gegen die Erteilung des Sortenschutzes (Art. 59 GSortV), Nichtigerklärung (Art. 20 GSortV), Aufhebung (Art. 21 GSortV), Erteilung von Zwangsnutzungsrechten (Art. 29 GSortV), Genehmigung (Art. 63 GSortV), Änderung der Sortenbezeichnung (Art. 66 GSortV) sowie über die Eintragung einer einfachen Lizenz.

Die technische Prüfung (Art. 55 ff. GSortV) einer Sorte auf Unterscheidbarkeit, 2181
Homogenität und Beständigkeit wird von den Prüfungsämtern vorgenommen, die vom Gemeinschaftssortenamt bestimmt worden sind.[644] Es besteht auch die Möglichkeit, dass das Gemeinschaftssortenamt andere geeignete Einrichtungen beauftragt oder auch eigene Dienststellen für die Prüfung errichtet.

Im Amtsblatt des Gemeinschaftssortenamts wird alle zwei Monate Folgendes ver- 2182
öffentlicht: Anträge auf Erteilung, Vorschläge für Sortenbezeichnungen und andere einschlägige Informationen u.a. mit Bezug auf technische Prüfungen.

Gegen die Entscheidungen der Ausschüsse besteht die Möglichkeit der Beschwerde. 2183
Die Beschwerdekammer besteht aus einem rechtskundigen Vorsitzenden und zwei weiteren Mitgliedern (Art. 46 Abs. 1 GSortV). Ggf. kann um weitere zwei Mitglie-

642 Keukenschrijver § 10c SortSchG, Rn. 3, 4; Metzger/Zech-Metzger Sortenschutzrecht § 10 c SortSchG; Art. 93 GSortV Rn. 1.
643 Metzger/Zech Sortenschutzrecht Einführung A – Allgemeines Rn. 1.
644 Keukenschrijver Vorbemerkung § 16 SortSchG Rn. 8.

der erweitert werden (Art. 46 Abs. 3 GSortV). Die Mitglieder der Beschwerdekammer dürfen keine sonstigen Aufgaben des Gemeinschaftssortenamtes wahrnehmen.[645]

▶ **Beispiel:**

2184 A hat einen Gemeinschaftssortenschutz beantragt. Der Ausschuss hat den Antrag zurückgewiesen. Ebenso ist seine Beschwerde hiergegen zurückgewiesen worden. Er möchte nun wissen, ob hiergegen noch ein Rechtsmittel besteht.

2185 Es besteht die Möglichkeit der Klage zum Gericht erster Instanz des EuG in Luxemburg (Art. 73 GSortV). Mit der Klage können gerügt werden: Unzuständigkeit, Verletzung wesentlicher Formvorschriften, Verletzung des Vertrags, der Gemeinschaftssortenverordnung, einer bei deren Durchführung anzuwendenden Rechtsnorm und Ermessenmissbrauch. Im Prinzip eröffnet dies die Prüfung nach Art einer Rechtsbeschwerde.[646]

2186 Klagebefugt sind die Beteiligten des Beschwerdeverfahrens. Die Klagefrist beträgt zwei Monate ab Zustellung der Entscheidung (Art. 73 Abs. 5 GSortV).

4. Sortenschutzverletzung

2187 Ebenso wie im gesamten Bereich des gewerblichen Rechtsschutzes enthält auch das Sortenschutzgesetz eigene Bestimmungen bezüglich der Verletzung der Schutzrechte. Diese entsprechen im Wesentlichen dem neunten und zehnten Abschnitt des Patentgesetzes. § 37 PatG normiert die tatbestandlichen Voraussetzungen für zivilrechtliche Unterlassungs- und Schadensersatzansprüche. Die Bestimmung entspricht in ihren Absätzen 1 und 2 im Wesentlichen § 139 Abs. 1 und 2 PatG. Die §§ 37 a und 37 b SortSchG regeln den Vernichtungs- und Drittauskunftsanspruch und entsprechend mithin §§ 140 a und 140 b PatG. § 37 c SortenschG regelt parallel zu § 141 PatG die Verjährung.

2188 Im fünften Abschnitt des Sortenschutzgesetzes sind die Regelungen für Rechtsverletzungen und ihrer Folgen sowie das Verfahren in Sortenschutzstreitsachen enthalten. Ebenso wie im Patentgesetz sind Unterlassungs-, Schadensersatz-, Vernichtungs-, Auskunftsansprüche im Gesetz vorgesehen. Daneben gibt es auch den Tatbestand der Vindikation.[647]

a) Verletzungstatbestand

▶ **Beispiel:**

2189 A berichtet Patentanwalt B, dass die Sortenbezeichnung einer für ihn geschützten Sorte von dem Konkurrenten C benutzt werde.

645 Keukenschrijver Vorb. § 34 SortSchG, Rn. 6.
646 Keukenschrijver Vorbemerkung § 34 SortSchG Rn. 7.
647 Weitere Einzelheiten s. z.B. Metzger/Zech-Gierke/Trauernicht Sortenschutzrecht §§ 37–38 SortSchG.

2190 Gemäß § 37 Abs. 1 SortSchG ist es untersagt, ohne Zustimmung des Sorteninhabers eine Sortenbezeichnung einer geschützten Sorte oder eine mit ihr verwechselbare Bezeichnung für eine andere Sorte derselben oder verwandten Art zu verwenden (§ 37 Abs. 1 Nr. 2 SortSchG). Mithin ergeben sich für A die Ansprüche aus § 37 Abs. 1 und 2 SortSchG.[648]

▶ **Beispiel:**

2191 A hat festgestellt, dass die Konkurrenzfirma C Vermehrungsmaterial einer für ihn geschützten Sorte erzeugt und verkauft.

2192 Hier wird Patentanwalt B auf § 37 Abs. 1 Nr. 1 SortSchG hinweisen müssen. Danach liegt eine Sortenschutzrechtsverletzung vor, wenn die Firma C die nach § 10 SortSchG allein dem Sortenschutzinhaber A vorbehaltenen Handlungen vornimmt. Gemäß § 10 Abs. 1 Nr. 1 a SortSchG ist es danach allein dem Sortenschutzinhaber vorbehalten, Vermehrungsmaterial einer geschützten Sorte zu erzeugen, für Vermehrungszwecke aufzubereiten, in den Verkehr zu bringen, ein- oder auszuführen.[649]

2193 Es liegt mithin eine Verletzung des Sortenschutzrechtes des A vor.

▶ **Beispiel:**

2194 A ist Inhaber eines Gemeinschaftssortenschutzrechts. Er berichtet Patentanwalt B, dass die Sorte, welche von dem Konkurrenten C benutzt wird, der für geschützten Sorte entspricht, obwohl Abweichungen vorhanden seien.

2195 Ansprüche des A können sich aus Art. 94 Abs. 1a), Abs. 2 i.V.m. Art. 13 Abs. 2 GSortVO, Art. 97 Abs. 1 GSortVO i.V.m. §§ 242, 259 BGB und Art. 95 Abs. 2 GSortVO herleiten. Dazu müssten die von C vertriebenen Sorten unter den Schutzbereich des Sortenschutzrechts von C fallen.

2196 Der Schutzbereich einer geschützten Sorte wird durch die Kombination der im Erteilungsbeschluss festgelegten Ausprägungsmerkmale bestimmt. Dem Schutzbereich einer Sorte unterliegen damit zunächst alle Pflanzen, die die Kombination dieser Ausprägungsmerkmale verwirklichen. Erfasst werden darüber hinaus aber auch Abweichungen, die im Rahmen der zu erwartenden und zu tolerierenden Variationen liegen. Denn der Schutzbereich bezieht sich nicht wie z.B. der Patentschutz auf stets identisch herstellbare Gegenstände oder Stoffe. Vielmehr handelt es sich um lebendes Material, dessen konkrete Ausprägungen von vielerlei Einflüssen beeinflusst werden können. Daher gehört zum Schutzbereich einer geschützten Sorte außer dem Identitätsbereich auch ein sogenannter Toleranzbereich.[650] Im Ergebnis kann demgemäß trotz der Abweichungen grundsätzlich eine Verletzung des Sortenschutzrechts des A vorliegen.

---

648 Vgl. hierzu Kommentierung bei Metzger/Zech-Gierke/Trauernicht § 37 SortSchG.

649 Zu den Einzelheiten vgl. z.B. Kommentierung bei Metzger/Zech-Gierke/Trauernicht § 37 SortSchG.

650 OLG Düsseldorf GRUR-RR 2004, 281, 282; LG Düsseldorf InstGE 5, 275 (280); Jestaedt GRUR 1982, 595, 598.

▶ Beispiel:

2197 A fragt Patentanwalt B, wie das Gericht die Grenzen des Toleranzbereichs bestimmt.

2198 Der Toleranzbereich ist nach allgemein nachvollziehbaren Kriterien zu bestimmen und nicht zu weit auszudehnen. Die Rechtsprechung zieht daher die in den Grundsätzen des Bundessortenamtes enthaltenen Bestimmungen zur Unterscheidbarkeit für die Bestimmung des Toleranzbereichs heran. Die Prüfung auf Unterscheidbarkeit setzt einen Vergleichsanbau voraus, also den Anbau der auf Unterscheidbarkeit zu prüfenden zwei Sorten. Daher können die Maßstäbe für die Unterscheidbarkeit zweier Sorten nur dann für die Bestimmung des Toleranzbereichs einer Sorte gegenüber einer anderen Sorte entsprechend herangezogen werden, wenn tatsächlich ein Vergleichsanbau der Klagesorte und des als verletzend beanstandeten Pflanzenmaterials durchgeführt worden ist.[651] Im Ergebnis ist somit festzustellen, dass ein solcher Vergleichsanbau die Feststellung voraussetzt, dass das pflanzliche Vergleichsmaterial tatsächlich zur Klagesorte gehört. Diese Feststellung kann sich aus einem Vergleich der bei der Registerprüfung erfassten und im Erteilungsbeschluss niedergelegten Ausprägungsmerkmale.[652] Ergibt die Anwendung dieser Grundsätze zur Unterscheidbarkeit, dass das Pflanzenmaterial des C nicht von der für A geschützten Sorte unterscheidbar ist, wird die das pflanzliche Material des C vom Toleranz- bzw. Schutzbereich des Sortenschutzrechts des A erfasst.

b) Vorprozessuales Vorgehen

▶ Beispiel:

2199 Nachdem A im Gespräch mit Patentanwalt B festgestellt hat, dass tatsächlich eine Verletzung des Sortenschutzes vorliegt, bittet er um Auskunft über das weitere Vorgehen.

2200 Ebenso wie im Patentrecht kann auch im Sortenschutzbereich zunächst eine Schutzrechtsanfrage abgesetzt werden. Ebenso ist eine Abmahnung möglich. Diesbezüglich sei auf die obigen Ausführungen zum Patentrecht verwiesen.

c) Einstweilige Verfügung

▶ Beispiel:

2201 A fürchtet, dass unwiederbringlicher Schaden eintritt, sodass er eine Abmahnung mit verbundenem Zeitverlust nicht riskieren möchte. Er fragt Patentanwalt B, welche Möglichkeiten bestehen.

651 LG Düsseldorf InstGE 5, 275 (281); OLG Frankfurt Mitt. 1982, 212, 213; OLG Karlsruhe, GRUR-RR 2004, 283.

652 LG Düsseldorf InstGE 5, 275 (281).

Ebenso wie im Patentrecht besteht auch im Sortenschutz die Möglichkeit der einstweiligen Verfügung. Diese spielt in Sortenschutzsachen eine erhebliche Rolle.[653] 2202

Sofern Beweisverlust droht, kommt außerdem das selbstständige Beweisverfahren in Betracht.[654] 2203

d) Klage

Das Klageverfahren entspricht im Wesentlichen dem Verfahren des Patentverletzungsprozesses. D.h., grundsätzlich sind die üblichen Regeln des Zivilprozesses anwendbar. Es sind nur einige Besonderheiten zu beachten. Diese betreffen u.a. die Aktiv- und Passivlegitimation, den Gerichtsstand, die Kosten, die Ansprüche sowie die Verteidigung gegen eine Klage.[655] 2204

aa) Aktivlegitimation

▶ Beispiel:

A ist Lizenznehmer eines Sortenschutzrechtes des C. A hat festgestellt, dass die Firma D unter Verletzung des Sortenschutzes Vermehrungsmaterial in den Verkehr bringt. A möchte gegen die Firma D vorgehen und bittet Patentanwalt B um Hilfe. 2205

Im vorliegenden Fall stellt sich die Frage der Aktivlegitimation. Grundsätzlich ist der in der Rolle eingetragene Inhaber aktivlegitimiert. Daneben ist aber auch ein Nutzungsberechtigter klagebefugt.[656] D.h., aufgrund des Lizenzvertrages ist im vorliegenden Fall A zur Klage befugt. 2206

bb) Passivlegitimation

▶ Beispiel:

A möchte gegen die C GmbH wegen Sortenschutzverletzung Klage erheben. A fürchtet aber, dass C insolvent werden könnte. Da der Geschäftsführer D über Vermögen verfügt, möchte A auch gegen diese Ansprüche erheben. 2207

Bezüglich der Passivlegitimation gelten die im Patentrecht entwickelten Grundsätze. D.h., passivlegitimiert sind grundsätzlich alle, die an der Patentverletzung mitgewirkt haben. Als Beklagte kommen demgemäß grundsätzlich Täter, Mittäter, mittelbare Täter, Anstifter und Gehilfen infrage. Die als Täter in Anspruch genommenen Beklagten haften bei einem gemeinsamen Täterwillen gesamtschuldnerisch nach §§ 830, 840 2208

653 Jestaedt GRUR 1981, 153; Keukenschrijver § 38 SortSchG Rn. 28.
654 Jestaedt GRUR 1982, 595, 599 ff.
655 Vgl. z.B. Kommentierung bei Metzger/Zech-Gierke/Trauernicht § 38 SortSchG.
656 Metzger/Zech-Gierke/Trauernicht § 37 SortSchG; Art. 97 GSortV Rn. 97.

BGB. Vorstandsmitglieder, die Geschäftsführung einer GmbH, aber auch Insolvenzverwalter haften neben der von ihnen vertretenen juristischen Person selbstständig, soweit sie durch positives Tun aber auch durch Unterlassen an einer Sortenschutzverletzung mitgewirkt haben. Vorliegend ist es demgemäß durchaus ratsam, auch gegen D Klage zu erheben.

cc) Gerichtsstand

▶ Beispiel:

2209 A möchte nun wissen, ob jedes Zivilgericht zuständig ist. Insbesondere möchte er auch wissen, inwieweit er bei seinem örtlich zuständigen Amtsgericht eine Verletzungsklage anhängig machen kann.

2210 § 38 Abs. 2 SortenschG enthält eine Konzentrationsermächtigung, welche § 143 Abs. 2 PatG entspricht. Ebenso wie im Patentrecht haben von der Konzentrationsermächtigung zahlreiche Länder Gebrauch gemacht bzw. eine Zuständigkeitsübertragung durch Staatsvertrag vorgenommen.[657]

- Baden-Württemberg: LG Mannheim[658]
- Bayern: LG München I[659]
- Berlin: LG Berlin[660]
- Brandenburg: LG Cottbus[661]
- Bremen: LG Hamburg[662]
- Hessen: LG Frankfurt/M.[663]
- Mecklenburg-Vorpommern: LG Hamburg[664]
- Niedersachsen: LG Braunschweig[665]
- Nordrhein-Westfalen: LG Düsseldorf[666]
- Rheinland-Pfalz: LG Kaiserslautern[667]
- Saarland: Saarbrücken[668]

657 Keukenschrijver § 38 SortSchG Rn. 14.; vgl. hierzu auch https://www.grur.org/publikationen/gerichte/gerichtszustaendigkeiten.
658 VO vom 21. 10. 1994, GBl S 610.
659 § 22 GZVJu.
660 Metzger/Zech-Gierke/Trauernicht § 38 SortSchG Rn. 8.
661 Metzger/Zech-Gierke/Trauernicht § 38 SortSchG Rn. 8.
662 § 1 Abk vom 17. 11. 1992, Gesetz vom 18. 5. 1993, GBl S 154, GVBl Hamburg 1993, 34, GRUR 1994, 350 = BlPMZ 1995, 236, in Kraft seit 1. 2. 1994.
663 VO vom 3. 12. 1997 GVBl S 408.
664 Abk vom 17. 11. 1992, wie Bremen, GVOBl 1993, 919, Gesetz vom 6. 11. 1993, GVOBl 1993, 919.
665 VO vom 22. 1. 1998, GVBl S 66.
666 VO vom 13. 1. 1998, GV NW S 106.
667 Metzger/Zech-Gierke/Trauernicht § 38 SortSchG Rn. 8.
668 Metzger/Zech-Gierke/Trauernicht § 38 SortSchG Rn. 8.

- Sachsen: LG Leipzig[669]
- Sachsen-Anhalt: LG Magdeburg[670]
- Schleswig-Holstein: LG Hamburg[671]
- Thüringen: LG Erfurt[672]

dd) Kosten

▶ Beispiel:

A würde sich in einem Verletzungsprozess gerne von seinem Patentanwalt B vertreten lassen. Er fragt diesen, ob er dazu bereit sei und welche Kosten hiermit verbunden sind. 2211

Vertretungsberechtigt sind Rechtsanwälte. Allerdings können gemäß § 38 Abs. 3 SortSchG Patentanwälte in dem Verletzungsprozess mitwirken. D.h. zu den erstattungsfähigen Kosten zählen auch die Kosten für die Tätigkeit des Patentanwalts. Im Übrigen sind die Grundsätze des Patentverletzungsprozesses anwendbar.[673] 2212

ee) Ansprüche

▶ Beispiel:

A stellt fest, dass die Konkurrenzfirma C sein Sortenschutzrecht verletzt. Er fragt Patentanwalt B, welche Ansprüche im Falle einer Klage geltend gemacht werden können. 2213

Hier gelten im Wesentlichen die gleichen Grundsätze wie im Patentrecht. Gemäß § 37 SortenschG besteht Anspruch auf Unterlassung und Schadensersatz. Ferner gewährt § 37 a SortenschG ein Anspruch auf Vernichtung, § 37 b SortenschG ein Anspruch auf Auskunft hinsichtlich Dritter.[674] 2214

669 VO vom 14. 7. 1994, GVBl S. 1313.
670 § 6 VO über Zuständigkeiten der Amtsgerichte und Landgerichte in Zivilsachen vom 1. 9. 1992 idF der 3. ÄnderungsVO vom 5. 12. 1995, GVBl S 360.
671 Staatsvertrag und Gesetz vom 27. 9. 1993 GVBl S 497 23 (LG Hamburg: 3. 11. 1999315 O 326/99).
672 § 5 VO über gerichtliche Zuständigkeiten in der ordentlichen Gerichtsbarkeit vom 12. 8. 1993 idF der 4. ÄnderungsVO vom 1. 12. 1995, GVBl S 404.
673 Metzger/Zech-Gierke/Trauernicht § 38 SortSchG Rn. 10.
674 Vgl. im Einzelnen Kommentierung z.B. bei Metzger/Zech-Gierke/Trauernicht § 37, 37a, 37b SortSchG.

ff) Vindikationsklage

▶ Beispiel:

2215 A hat sich seit Jahren mit der Zucht verschiedener Sorten befasst. Nunmehr hat er festgestellt, dass D sein Vertrauen missbraucht hat und nach den von A entwickelten Zuchtverfahren Sorten entwickelt hat, welche zuvor A schon entwickelt hatte. Für diese Sorten hat D einen Sortenschutz beantragt. Er fragt seinen Patentanwalt B, was unternommen werden kann.

2216 Gemäß § 9 SortSchG kann der berechtigte A von dem unberechtigten Sortenschutzantragsteller verlangen, dass ihm der Anspruch auf Erteilung des Sortenschutzes übertragen wird. Diese Regelung lehnt sich im Wesentlichen an § 8 PatG an.[675] Aus § 25 Abs. 5 SortSchG ergibt sich sodann ein Nachanmelderecht entsprechend § 7 PatG. Abweichend vom Patentrecht ist für die Geltendmachung des Übertragungsanspruchs eine Ausschlussfrist von fünf Jahren vorgesehen (vgl. § 9 Abs. 2 SortSchG; Art. 98 Abs. 3 GSortV).

e) Verteidigung

▶ Beispiel:

2217 A ist vom Konkurrenten C wegen Sortenschutzverletzung verklagt worden. Er möchte von B wissen, welche Möglichkeiten der Verteidigung bestehen.

2218 Im Grundsatz gelten im Sortenschutzrecht die im Patentrecht die entwickelten Regeln.[676] Entsprechend der Regelung des § 141 PatG besteht auch im Sortenschutz die Möglichkeit, sich auf Verjährung zu berufen. Gemäß § 37 c SortSchG verjähren nämlich Ansprüche innerhalb von drei Jahren von dem Zeitpunkt an, von dem A von der Verletzung und der Person des Verpflichteten Kenntnis erlangt hat. Ferner ist zu überlegen, ob die Beschränkungen der Erwirkung des Sortenschutzes gemäß § 10 a SortSchG bestehen. Die Wirkung des Sortenschutzes erstreckt sich nämlich z.B. nicht auf Handlungen im privaten Bereich zu nichtgewerblichen Zwecken und zu Versuchszwecken. Besonderheiten sind ferner durch das sogenannte Landwirteprivileg gemäß § 10 a Abs. 2 bis 7 SortSchG gegeben. Ferner besteht die Möglichkeit des Einwandes der Erschöpfung des Sortenschutzes (§ 10 b SortSchG). D.h. sofern Pflanzen, Pflanzenteile oder daraus gewonnene Erzeugnisse der geschützten Sorte mit Zustimmung des Sortenschutzinhabers oder von diesem selber in den Verkehr gebracht worden sind, ist das Sortenschutzrecht erschöpft. Insoweit gelten dieselben Grundsätze wie im Patentrecht.

---

675 Vgl. im Einzelnen Kommentierung z.B. bei Metzger/Zech-Barudi § 38 SortSchG; Art. 100 GSortV.

676 Keukenschrijver § 37 SortSchG Rn. 25; Hesse GRUR 1975, 455, 460.

f) Verletzung von Gemeinschaftsschutzrechten

▶ Beispiel:

2219 A ist Inhaber eines Gemeinschaftssortenschutzes. Die Firma C verletzt dieses Recht. Er möchte gegen diese Firma nunmehr vorgehen.

2220 Die Gemeinschaftssortenverordnung regelt zivilrechtliche Ansprüche, Rechtsverletzungen und gerichtliche Zuständigkeiten in ihrem sechsten Teil (Art. 94 bis 107 GSortV). Art. 94 GSortV normiert die Verletzungstatbestände und ihre Rechtsfolgen. Art. 95 GSortV den Entschädigungsanspruch vor der Erteilung des gemeinschaftlichen Sortenschutzes, Art. 96 GSortV regelt die Verjährung, Art. 97 GSortV verweist für Bereicherungsansprüche auf das nationale Recht. Art. 98 GSortV regelt Übertragungsansprüche gegen den nichtberechtigten Inhaber.

2221 Art. 101 Abs. 1 bis 3 GSortV regelt die gerichtliche Zuständigkeit für Zivilklagen. D.h. Art. 101 Abs. 4 sowie Art. 103 GSortV verweisen insoweit auf das Recht des jeweils zuständigen Staates.

▶ Beispiel:

2222 A hat festgestellt, dass die C GmbH sein Sortenschutzrecht verletzt. Er teilt dies Patentanwalt B mit. Auf Nachfragen stellt B jedoch fest, dass die Verletzungshandlungen schon vier Jahre zurückliegen und A hiervon schon vor 38 Monaten Kenntnis erlangt hat.

2223 Für Ansprüche nach Art. 94, 95 GSortV ist eine Verjährungsregelung in Art. 96 GSortV enthalten. Sie entspricht im Wesentlichen der nationalen Regelung. D.h., die Verjährungsfrist beträgt drei Jahre. Die Regelung knüpft den Verjährungsbeginn an die Erteilung des Sortenschutzes und die Kenntnis des Inhabers von der Handlung und dem Verantwortlichen an. Im vorliegenden Fall ist danach der Anspruch des A verjährt. Da hier auch keine Gründe für eine Hemmung der Verjährung ersichtlich sind, hat eine Klage keine Aussicht auf Erfolg.[677]

VIII. Marken

2224 Der Inhaber eines Patentes oder Gebrauchsmusters erhält ein zeitlich begrenztes Monopol (Ausschließlichkeitsrecht) für die Nutzung einer bestimmten technischen Entwicklung. Der Inhaber einer Marke hingegen hat das alleinige Recht, ein bestimmtes Zeichen als Herkunftshinweis für seine Produkte zu benutzen. Es geht also nicht um Technik, sondern allein um die Kennzeichnung von Waren und Dienstleistungen. Als zentrales Marketing-Instrument soll die Marke dem Verbraucher für den Ursprung und die Qualität des Produktes garantieren. Aus diesem Grund kann die Laufzeit der Marke so oft verlängert werden, wie es der Markeninhaber wünscht.

677 Vgl. zu weiteren Details Kommentierung bei Metzger/Zech-Gierke/Trauernicht § 37 SortSchG, Art. 96 GSortV.

2225 Neben der Marke gibt es weitere geschäftliche Bezeichnungen, die Schutz nach dem Markengesetz genießen. Beispielhaft sei auf das System der Unternehmenskennzeichen hingewiesen. Schutz genießen danach Namen, Firma und besondere Geschäftsbezeichnungen und andere bekannte Erscheinungsformen sowie Werktitel. Darüber hinaus gibt es noch die Garantiemarke.

2226 Da Produkte vielfach grenzüberschreitend vermarktet werden, haben sich neben dem nationalen Markenschutz internationale Schutzsysteme entwickelt. Die Gemeinschaftsmarke gewährt dem Inhaber ein einheitliches Markenrecht für die gesamte Europäische Union. Das Madrider Markenübereinkommen und das Protokoll zum Madrider Markenübereinkommen ermöglichen dem Markeninhaber einer nationalen Marke durch ein Gesuch auf Eintragung einer internationalen Registrierung (IR-Marke) seine Marken im Rahmen eines Eintragungsverfahrens in einer Vielzahl von Ländern geschützt zu erhalten.

1. Deutsche Marken

2227 Rechtliche Grundlage des nationalen Rechts ist das Gesetz über den Schutz von Marken und sonstigen Kennzeichen (MarkenG), das am 1. 1. 1995 als Art. 1 des Gesetzes zur Reform des Markenrechts und zur Umsetzung der Markenrechts-Richtlinie in Kraft getreten ist und das frühere Markengesetz abgelöst hat.[678]

2228 Aufgrund der Verordnungsermächtigung in § 65 MarkenG wurde die Verordnung zur Ausführung des Markengesetzes (Markenverordnung MarkenVO) erlassen, die für die im Markengesetz geregelten Verfahren vor dem Deutschen Patent- und Markenamt ergänzend zu den Bestimmungen des Markengesetzes (§ 1 Abs. 1 MarkenVO) u.a. Erfordernisse der Anmeldung von Marken regelt und nähere Bestimmungen für die Durchführung der Prüfungs-, Widerspruchs-, Löschungsverfahren enthält.

2229 Da es sich bei dem Markengesetz um ein Recht handelt, das die Vorgaben einer EG-Richtlinie umsetzt und deshalb im Vorlage- und Vorabentscheidungsverfahren nach Art. 234 des EG-Vertrages zu überprüfen ist, kommt auch der Rechtsprechung des Europäischen Gerichtshofes eine wesentliche Bedeutung für die Auslegung und Fortentwicklung des Markenrechts zu.[679] Zudem entscheidet der Europäische Gerichtshof letztinstanzlich über die Rechtsbeschwerde im Zusammenhang mit der Registrierung einer Gemeinschaftsmarke.

2230 Die durch die Wiedervereinigung bedingte Rechtsvereinheitlichung auf dem Gebiet des gewerblichen Rechtsschutzes wurde auch durch das am 1. 5. 1992 in Kraft getretene

678 RL 89/104/EWG des Rates vom 21. 12. 1988 zur Angleichung der Rechtsvorschriften der Mitgliedsstaaten über die Marken (Markenrechtsrichtlinie) zuletzt geändert durch Art. 1 des Gesetzes vom 11.12.2018 (BGBl. I S. 2357) zur Umsetzung der Markenrichtlinie (EU) 2015/2436, verkündet am 23.12.2015, in Kraft getreten am 14.1.2019, § 14a am 15.12.2018, § 53 und § 54 am 1.5.2020.

679 Alt, ZAP Nr. 23, 1247, Fach 16, Seite 291; zur Entwicklung der Rechtsprechung des BGH vgl. Fuchs-Wissemann, MarkenR 2005, 1 ff.

Gesetz über die Erstreckung gewerblicher Schutzrechte (Erstreckungsgesetz ErstrG) verwirklicht. Damit wurden u.a. die Erstreckung der Schutzwirkung auf das jeweils andere Gebiet und daraus resultierende Kollisionen von Warenzeichen, Marken und sonstigen Kennzeichen geregelt (§§ 30 ff. ErstrG) sowie der Grundsatz der Bindung der Marke an den Geschäftsbetrieb aufgehoben.

Der Anwendungsbereich des Markengesetzes ist dahingehend bestimmt, dass Marken, 2231
geschäftliche Bezeichnungen und geografische Herkunftsangaben geschützt werden. Als geschäftliche Bezeichnung werden ohne Eintragung in das Markenregister Unternehmenskennzeichen und Werktitel geschützt (§ 5 Abs. 1 MarkenG). Dabei handelt es sich um Bezeichnungen, die geeignet sind, Unternehmen oder Werke von anderen Unternehmen oder Werken zu unterscheiden. Der Schutz geografischer Herkunftsangaben als sonstige Kennzeichnung i.S.v. § 1 Abs. 3 MarkenG umfasst die Namen von Orten, Gegenden, Gebieten oder Ländern sowie sonstige Angaben oder Zeichen, die im geschäftlichen Verkehr zur Kennzeichnung der geografischen Herkunft von Waren oder Dienstleistungen benutzt werden (§ 126 Abs. 1 MarkenG).

a) Absolute Schutzhindernisse

§ 3 Abs. 1 MarkenG definiert die Markenfähigkeit. Die Vorschrift gilt für die durch 2232
Eintragung entstandenen Marken (§ 4 Nr. 1 MarkenG), für Benutzungsmarken (§ 4 Nr. 2 MarkenG) und notorisch bekannte Marken (§ 4 Nr. 3 MarkenG). § 3 Abs. 1 MarkenG weist für die Markenfähigkeit von Registermarken keine abschließende Regelung auf. Die Bestimmung ist im Kontext zu § 8 Abs. 1 MarkenG zu lesen. Die Marke so darstellbar sein, dass die zuständigen Behörden und das Publikum den Gegenstand des Schutzes klar und eindeutig bestimmen können. Die Darstellbarkeit iSd § 8 Abs. 1 MarkenG gilt allerdings nur für Registermarken, also nicht für die Marken nach § 4 Nr. 2 und Nr. 3 MarkenG[680].

Nach der Aufzählung des § 3 Abs. 1 MarkenG kommen als Zeichenformen insbe- 2233
sondere in Betracht:

- Worte einschließlich Personennamen[681]
- Abbildungen[682]
- Buchstaben[683]
- Zahlen[684]
- Klänge,
- dreidimensionale Gestaltungen einschl. der Form oder Waren oder ihrer Verpackung[685]
- Verpackung,

680 Ströbele/Hacker/Thiering-Miosga § 3 MarkenG Rn. 1.
681 Vgl. z.B. BGH GRUR 2003, 1050 – *Cityservice.*
682 Vgl. etwa BGH GRUR 2001, 239 – *Zahnpastastrang.*
683 Vgl. z.B. BGH GRUR 2001, 161 – *Buchstabe K.*
684 Vgl. etwa BGH GRUR 2002, 970 – *Zahl 1.*
685 Vgl. z.B. BGH GRUR 2004, 329 – *Käse in Blütenform.*

– Sonstige Aufmachungen einschl. Farben und Farbzusammenstellungen.

2234 Nach der Rechtsprechung des Bundesgerichtshofs muss eine abstrakte Unterscheidungskraft vorliegen. D.h., die Formmarke muss z.B. über die technisch-bedingte Grundform hinausreichende Elemente aufweisen, die zwar nicht physisch, aber doch gedanklich von der Ware abstrahierbar sind und die Identifizierungsfunktion der Marke erfüllen.[686]

▶ Beispiel:

2235 A möchte Schutz für die folgende dreidimensionale Marke erlangen:

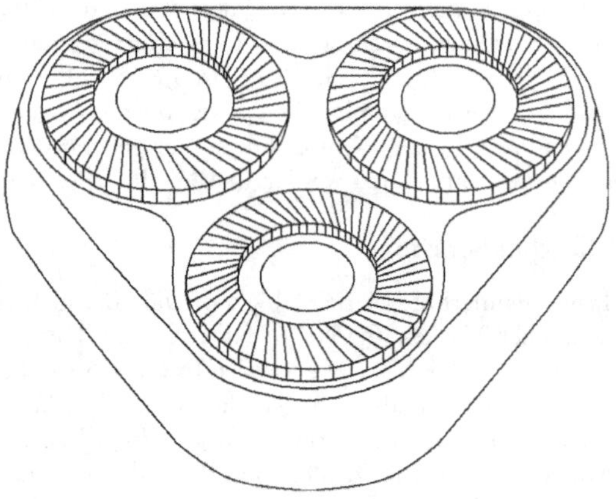

Abb. 45: Beispiel für dreidimensionale Marke

2236 Nach § 3 Abs. 2 Nr. 2 MarkenG ist ein Zeichen, das ausschließlich aus einer Form besteht, dem Markenschutz nicht zugänglich, wenn die Form zur Erreichung einer technischen Wirkung erforderlich ist.[687] In der vorliegenden Abbildung ist die Anordnung von 3 Scherköpfen für einen Rasierapparat ersichtlich. Diese Gestaltung ist allein der technischen Wirkung zuzuschreiben. Mithin ist die wiedergegebene Marke nicht eintragungsfähig[688]

2237 Obwohl § 3 Abs. 1 MarkenG Farben und Farbzusammenstellungen ausdrücklich erwähnt, ist die Frage nach der abstrakten Unterscheidungskraft sog. konturloser Farbmarken Gegenstand zahlreicher gerichtlicher Entscheidungen. Nach der Rechtsprechung des Bundesgerichtshofs sind konturlose Farben und Farbzusammenstellungen grundsätzlich abstrakt markenfähig.[689] Auch nach der Rechtsprechung des Europäi-

686 BGH GRUR 2004, 502 – *Gabelstapler II.*; vgl. auch Ströbele/Hacker/Thiering-Miosga, § 3 MarkenG Rn. 11.

687 EuGH GRUR 2002, 804 – *Philips.*

688 BGH, GRUR 2006 – *Rasierer mit Scherköpfen.*

689 Vgl. z.B. BGH GRUR 2001, 1154 – *Farbmarke violettfarben.*

schen Gerichtshofs kann einer Farbe als solcher grundsätzlich Unterscheidungskraft zukommen, wobei allerdings im Zusammenhang mit der abstrakten Markenfähigkeit der beabsichtigte Verwendungszusammenhang Bedeutung erlangen soll.[690]

Nur solche Zeichen sind eintragungsfähig, die den Voraussetzungen der §§ 2 ff. MarkenVO genügen. Einzelheiten der grafischen Darstellung verschiedener Markenformen ergeben sich aus den §§ 8, 9. MarkenVO. Außerdem gibt es noch Farbmarken (§ 10 MarkenVO), Klangmarken (§ 11 MarkenVO), Positions-, Kennfarben-, Muster-, Bewegungs-, Multimedia- und Hologrammmarken (§ 12 MarkenVO). Möglich sind auch sonstige Markenformen (§ 12a MarkenVO). Deren Darstellung muss allerdings den Anforderungen des § 8 Abs. 1 MarkenG genügen (§ 12a Abs. 1 S. 2 MarkenVO). Eine textliche Darstellung i.S.d. § 6a Abs. 2 MarkenVO ist allerdings auch möglich (§ 12a Abs. 1 S. 3 MarkenVO). Die Markenfähigkeit von Geruchsmarken hat der EuGH zwar grundsätzlich angenommen, jedoch nur schwer erfüllbare Anforderungen an die grafische Darstellbarkeit gestellt, weil weder die Darstellung durch eine chemische Formel, noch eine Geruchsprobe als ausreichend angesehen wurde.[691] 2238

Neben der im Zusammenhang mit der Markenfähigkeit erforderlichen abstrakten Eignung zur Unterscheidung muss die Marke auch eine konkrete Eignung als Unterscheidungsmittel für die Waren bzw. Dienstleistungen aufweisen. 2239

Um eine Monopolisierung abstrakt und konkret unterscheidungskräftiger beschreibende Angaben, die von anderen Mitbewerbern gleichermaßen benötigt werden, zu verhindern, kann der Eintragung auch ein Freihaltebedürfnis entgegenstehen (§ 8 Abs. 2 Nr. 2 MarkenG, wobei dieser Begriff weder in der Markenrechtsrichtlinie noch im Markengesetz Verwendung findet.[692] Neben der Unterscheidungskraft und dem Freihaltebedürfnis kommen als weitere Ausschlussgründe die Eignung zur Täuschung (§ 8 Abs. 2 Nr. 4 MarkenG), der Charakter als Gattungsbezeichnung (§ 8 Abs. 2 Nr. 3 MarkenG), ein Verstoß gegen die öffentliche Ordnung oder die guten Sitten,[693] die Übereinstimmung mit staatlichen Hoheitszeichen, amtlichen Prüf- oder Gewährzeichen oder eine mögliche Untersagung der Benutzung nach sonstigen Vorschriften im öffentlichen Interesse und auch die Bösgläubigkeit des Anmelders (§ 8 Abs. 2 Nr. 10) in Betracht. 2240

aa) Unterscheidungskraft und Freihaltebedürfnis

▶ Beispiel:

Rechtsanwalt A lässt sich von Patentanwalt B beraten. Er beabsichtigt, für seine Praxis die Bezeichnung »Strafrecht« als Marke einzutragen und dann in der Werbung zu verwenden. B soll überprüfen, ob eine solche Marke überhaupt eintragungsfähig ist. 2241

690 EuGH GRUR 2003, 604, 607; GRUR 2004, 858, 859.
691 EuGH GRUR 2003, 145.
692 EuGH GRUR 1999, 723, 725.
693 BPatG GRUR 1996, 408, 409 – *Cosa Nostra.*

2242 Das Markengesetz zählt in § 8 absolute Schutzhindernisse auf. Danach sind von der Registrierung Marken ausgeschlossen,
- denen für Waren oder Dienstleistungen jegliche Unterscheidungskraft fehlt,
- die ausschließlich aus Zeichen oder Angaben bestehen, die im Verkehr zur Bezeichnung der Art, der Beschaffenheit, der Menge, der Bestimmung, des Wertes, der geographischen Herkunft, der Zeit der Herstellung der Waren oder Dienstleistungen dienen können,
- die ausschließlich aus Zeichen oder Angaben bestehen, die im allgemeinen Sprachgebrauch oder in den redlichen und ständigen Verkehrsgepflogenheiten zur Bezeichnung der Waren oder Dienstleistungen üblich geworden sind,
- die geeignet sind, das Publikum insbesondere über die Art, Beschaffenheit oder die geographische Herkunft der Waren oder Dienstleistungen zu täuschen,
- die gegen die öffentliche Ordnung oder gegen die guten Sitten verstoßen,
- die Staatswappen, Staatsflaggen oder andere staatliche Hoheitszeichen oder Wappen eines inländischen Ortes oder eines inländischen Gemeinde- oder weiteren Kommunalverbandes enthalten,
- die amtliche Prüf- oder Gewährzeichen enthalten, die nach einer Bekanntmachung des Bundesministeriums der Justiz, im Bundesgesetzblatt von der Eintragung als Marke ausgeschlossen sind,
- die Wappen, Flaggen oder andere Kennzeichen, Siegel oder Bezeichnungen internationaler zwischenstaatlicher Organisationen enthalten, die nach einer Bekanntmachung des Bundesministeriums der Justiz im Bundesgesetzblatt von der Eintragung als Marke ausgeschlossen sind,
- die nach deutschem Recht, nach Rechtsvorschriften der Europäischen Union oder nach internationalen Übereinkünften, denen die Europäische Union oder die Bundesrepublik Deutschland angehört, und die Ursprungsbezeichnungen und geografische Angaben schützen, von der Eintragung ausgeschlossen sind,
- die nach Rechtsvorschriften der Europäischen Union oder von internationalen Übereinkünften, denen die Europäische Union angehört, und die dem Schutz von traditionellen Bezeichnungen für Weine dienen, von der Eintragung ausgeschlossen sind,
- die nach Rechtsvorschriften der Europäischen Union oder nach internationalen Übereinkünften, denen die Europäische Union angehört, und die dem Schutz von traditionellen Spezialitäten dienen, von der Eintragung ausgeschlossen sind,
- die aus einer im Einklang mit deutschem Recht, mit den Rechtsvorschriften der Europäischen Union oder mit internationalen Übereinkünften, denen die Europäische Union oder die Bundesrepublik Deutschland angehört, zu Sortenschutzrechten eingetragenen früheren Sortenbezeichnung bestehen oder diese in ihren wesentlichen Elementen wiedergeben und die sich auf Pflanzensorten derselben Art oder eng verwandter Arten beziehen,
- deren Benutzung ersichtlich nach sonstigen Vorschriften im öffentlichen Interesse untersagt werden kann.
- Die bösgläubig angemeldet worden sind.

2243 Im vorliegenden Fall stellt sich demgemäß zunächst die Frage, ob der Marke jegliche Unterscheidungskraft fehlt. Und zwar wird im Rahmen von § 8 Abs. 2 MarkenG die konkrete Unterscheidungskraft einer Marke geprüft.[694] In der Regel mangelt es dem Zeichen an Unterscheidungskraft, wenn es für die angemeldeten Waren und Dienstleistungen einen beschreibenden Begriffs- oder Aussagegehalt hat.[695] Auch sind Zeichen nicht schutzfähig, deren Funktionen alleine von der Markenbenutzung abhängig sind. Denn diese Voraussetzungen können regelmäßig noch nicht im Eintragungsverfahren geprüft werden.[696] Vorliegend möchte Rechtsanwalt A »Strafrecht« für seine Dienstleistungen anmelden. Der Begriff umfasst auch einen Teilbereich der üblichen rechtsanwaltlichen Tätigkeit und ist mithin nicht unterscheidungskräftig.

Weiterhin ist zu prüfen, ob das Zeichen freihaltebedürftig ist. Das Freihaltungsbedürfnis an beschreibenden Angaben regelt § 8 Abs. 2 Nr. 2 MarkenG. Ziel ist es, im Allgemeininteresse beschreibende Zeichen und Angaben freizuhalten, sodass jeder sie verwenden kann. D.h., es sind Angaben von der Eintragung ausgeschlossen, die zur Bezeichnung der Art, Beschaffenheit, Menge, des Wertes, der geographischen Herkunft oder der Zeit der Herstellung dienen können. Beim Freihaltungsbedürfnis ist zu prüfen, ob es konkret für die Waren und Dienstleistungen zu bejahen ist, für die die Marke angemeldet ist. Voraussetzung ist nicht, dass beschreibende Angaben bereits zum Prüfungszeitpunkt allgemein verwendet werden. Es reicht die Eignung derartiger Begriffe, als beschreibende Angabe eingesetzt zu werden.[697] 2244

Vorliegend gilt, dass »Strafrecht« die Tätigkeit eines Anwalts beschreibt. Strafrecht ist mithin freihaltebedürftig und nicht eintragungsfähig. 2245

▶ **Beispiel:**

A möchte »MEGA« als Marke eintragen lassen. 2246

Ein absolutes Schutzhindernis liegt gemäß § 8 Abs. 2 Nr. 3 MarkenG auch vor, wenn die Marke ausschließlich aus Zeichen oder Angaben besteht, die als Bezeichnung der Waren oder Dienstleistungen üblich sind. Dies gilt insbesondere dann, wenn die Marke zur allgemein sprachgebräuchlichen oder verkehrsüblichen Bezeichnung für die zugehörigen Waren oder Dienstleistungen, also zur Gattungsbezeichnung geworden ist.[698] Eine Bezeichnung kann auch dann nicht eingetragen werden, wenn sie keinen unmittelbaren Warenbezug hat, aber von den relevanten Abnehmerkreisen als allgemein anpreisende Angabe aufgefasst wird.[699] Dies gilt im Übrigen auch für Ausdrücke der Umgangssprache.[700] 2247

---

694 BGH GRUR 1995, 269 – *U-Key*; BGH GRUR 1995, 408 – *PROTECH*; BGH GRUR 1999, 728 – *PREMIERE II*; BGH GRUR 1999, 1093 – *FOR YOU*.
695 BPatG GRUR 1996, 489 – *Hautactiv*; BGH GRUR 1999, 728 – *PREMIERE II*.
696 EuGH 2019, 1194 – #darferdas?; BGH GRUR 1999, 158, 160 – Garibaldi.
697 EuGH GRUR 1999, 723; BGH GRUR 1995, 408 – *PROTECH*; BGH GRUR 1998, 813 – *CHANGE*.
698 BGH GRUR 1998, 465 – *BONUS*; BGH GRUR 1999, 1096 – *ABSOLUT*.
699 BGH GRUR 1998, 465 – *BONUS*.
700 BGH GRUR 1996, 770 – *MEGA*.

2248 Demgemäß ist »MEGA« nicht eintragbar.[701]

▶ Beispiel:

2249 A möchte seine eingetragene Marke als Fachbegriff in der Wissenschaft etablieren. Er fragt Patentanwalt B, ob dieser Bedenken hat.

2250 Wenn eine Marke sich nach der Eintragung auch zu einer allgemeinen Gattungsbezeichnung entwickelt, sodass eine Herkunftsfunktion besteht, kann der Markeninhaber sich nicht mehr auf die Eintragung der Marke ins Markenregister berufen.[702] Die Marke könnte daher durch die Benutzung als Wissenschaftsbegriff löschungsreif werden.

2251 Dem Mandanten ist daher von seinem Vorhaben dringend abzuraten.

▶ Beispiel:

2252 A möchte die Bezeichnung »Portland« für Produkte des Lebensmittelsektors anmelden. Er fragt Patentanwalt B um Rat.

2253 Bedenken bestehen im vorliegenden Fall, weil Portland eine Großstadt im US-amerikanischen Bundesstaat Oregon ist. Es kommt darauf an, ob dieser geografische Begriff als Produktmerkmalsbezeichnung in Betracht kommt. Hierbei kommt dem Verständnis und den Vorstellungen der Endverbraucher Bedeutung zu. Portland ist eine bedeutende Industrie- und Handelsstadt. Es kommt hierbei nicht darauf an, welcher Art die dort ansässige Nahrungsmittelindustrie im Einzelnen ist. Erheblich ist, dass der Westen der USA als klassisches Gebiet gilt, in dem gegrilltes Fleisch zusammen mit vielen anderen Zutaten genossen wird. Für zahlreiche deutsche Verbraucher verkörpert dies eine typische amerikanische Lebensgewohnheit bzw. einen Lebensstil. Der Name Portland ist deshalb generell geeignet, die so gekennzeichneten Produkte des Lebensmittelsektors mit dieser US-amerikanischen Region in Verbindung zu bringen. Insoweit dürfte die Monopolisierung des Städtenamens Portland für Produkte des Lebensmittelsektors bedenklich sein.[703]

▶ Beispiel:

2254 A meldet für verschiedene Waren und Dienstleistungen eine Bildmarke an, in welcher in Form eines Fotos ein Bildnis der Schauspielerin Marlene Dietrich wiedergegeben ist. Ist eine solche Marke eintragungsfähig?

2255 Es kann nicht davon ausgegangen werden, dass das Zeichen für die in Rede stehenden Waren und Dienstleistungen jegliche Unterscheidungskraft i.S.v. § 8 Abs. 2

701 Vgl. aber hierzu die Entscheidung des BGH bezüglich BONUS, BGH GRUR 1998, 465 – *BONUS*.

702 RGZ 108, 11; RGZ 73, 229; RGZ 117, 408; RGSt 57, 354; RG GRUR 1924, 48; RG GRUR 1935, 366; RG GRUR 1935, 566; RG GRUR 1939, 627; RG GRUR 1939, 801; BGH GRUR 1990, 274 – *Klettverschluß*; LG Düsseldorf GRUR 1990, 278.

703 BPatG MarkenR 2006, 356 ff. – *Portland*.

Nr. 1 MarkenG fehlt. Nach der ständigen Rechtsprechung des Bundesgerichtshofs[704] bedeutet Unterscheidungskraft, dass die Marke im Hinblick auf die Anschauung der maßgeblichen Verkehrskreise geeignet ist, die Ware oder Dienstleistung, für die die Eintragung beantragt wird, als von einem bestimmten Unternehmen stammend zu kennzeichnen und somit dieses Produkt von denjenigen anderer zu unterscheiden.

Im Anschluss an die Rechtsprechung des Europäischen Gerichtshofes[705] ist demgemäß von der Prämisse auszugehen, dass die Unterscheidungskraft eines Zeichens nicht schon deshalb verneint werden kann, weil dieses von den Verkehrskreisen nicht als Herkunftshinweis, sondern gleichzeitig oder sogar in erster Linie als Werbemittel aufgefasst wird. Es genügt zur Bejahung der Unterscheidungskraft im Eintragungsverfahren, wenn es praktisch bedeutsame und naheliegende Möglichkeiten gibt, das angemeldete Zeichen bei den Waren und Dienstleistungen, für die es eingetragen werden soll, so zu verwenden, dass es vom Verkehr ohne weiteres als Herkunftshinweis aufgefasst würde.[706] 2256

bb) Täuschungseignung

Beispiel:

A möchte eine Serie von Marken anmelden. Hierfür soll verschieden Sachbegriffen jeweils die Vorsilbe »Euro« vorangestellt werden, z.B. Euro Spirituosen, Euro Wein, Euro-Bier. 2257

Ein absolutes Schutzhindernis ist auch die Eignung der Marke, das Publikum zu täuschen. Für die Frage einer Täuschung ist die Verkehrsauffassung entscheidend. Daher können auch objektiv richtige Angaben einer Marke als Täuschung angesehen werden, nämlich dann, wenn ein nicht unerheblicher Teil der beteiligten Verkehrskreise zu einer falschen Vorstellung gelangt.[707] 2258

Durch die Angabe »Euro« in Verbindung mit beschreibenden Angaben kann der Eindruck von europäischer Bedeutung entstehen. Liegt diese nicht vor, kann darin eine Täuschung des Verkehrs zu sehen sein.[708] Die Täuschungsgefahr, die in § 8 Abs. 2 Nr. 4 MarkenG angesprochen wird, betrifft die Art, Beschaffenheit oder geographische Herkunft der Waren oder Dienstleistungen, wobei diese Aufzählung nicht abschließend ist. Die Täuschungsfrage stellt sich häufig im Zusammenhang mit geographischen Herkunftsangaben, die geeignet sind, das Publikum über die tatsächliche Herkunft der Waren in die Irre zu führen.[709] 2259

Gegen die geplanten Markenanmeldungen bestehen mithin Bedenken. 2260

704 BGH GRUR 2008, 1093 – *Marlene-Dietrich-Bildnis*.
705 EuGH GRUR 2010, 228.
706 BGH vom 31.03.2010, Az. I ZB 62/09.
707 Ströbele/Hacker/Thiering-Ströbele, § 8 MarkenG Rn. 900 ff.
708 BGH GRUR 1997, 669 ff. – *Euromint*; BPatG Mitt. 1970, 92 – *Eurohenkel*.
709 Ströbele/Hacker/Thiering-Ströbele, § 8 MarkenG, Rn. 900 ff.

▶ **Beispiel:**

2261 Herr Müller möchte für seine Reinigungsfirma die Bezeichnung »Heinzelmann« verwenden. Bestehen Bedenken?

2262 Eine Marke, die Namen und Firmen Dritter verwendet, kann dann täuschend sein, wenn die vom Verkehr erwartete Beziehung zwischen Namensträger und den angemeldeten Waren oder Dienstleistungen nicht besteht. Eine Irreführung kann auch ein erfundener Name sein, wenn dieser als Hinweis auf besondere Qualität verstanden wird, die in Wahrheit nicht vorliegt.[710]

2263 Vorliegend wird es darauf ankommen, ob die Bezeichnung »Heinzelmann« auf den Namen eines Dritten hindeutet, mithin für den Verkehr eine erwartete Beziehung zwischen Namensträger und dem Dritten hervorgerufen wird. In diesem Falle könnten Bedenken gegen die Markenanmeldung bestehen.

cc) Sittenwidrigkeit

▶ **Beispiel:**

2264 A möchte die Marke »Schoasdreiber« für Spirituosen anmelden.

2265 Das absolute Schutzhindernis des Verstoßes gegen die öffentliche Ordnung gemäß § 8 Abs. 2 Nr. 5 MarkenG greift nicht bei jedem Verstoß gegen ein Gesetz automatisch ein. Relevant sind nur Verstöße, die den wesentlichen Grundsätzen des deutschen Rechtes zuwiderlaufen. Entscheidend ist hier, dass das Empfinden eines beachtlichen Teils der beteiligten Verkehrskreise zu berücksichtigen ist und es nicht auf übertrieben nachlässige oder auf besonders feinfühlige Meinungen ankommen kann.[711]

dd) Verkehrsdurchsetzung

▶ **Beispiel:**

2266 A möchte das Wort »Teppichbremse« anmelden. Als Patentanwalt B Bedenken äußert, weist A auf die überragende Bekanntheit seines unter dieser Bezeichnung vertriebenen Teppichunterlagen hin.

2267 Fraglich ist hier, ob im Hinblick auf die Bekanntheit der Bezeichnung eine Eintragung möglich ist. § 8 Abs. 3 MarkenG regelt einen Ausnahmetatbestand für die absoluten Schutzhindernisse aus Abs. 2 Nr. 1 bis 3. Danach greifen die Schutzhindernisse nicht mehr, wenn die Marke sich vor der Zeit der Entscheidung über die Eintragung in den beteiligten Verkehrskreisen durchgesetzt hat und für die Waren oder Dienstleistungen, für die sie angemeldet worden ist, allgemein benutzt wird

710 Ströbele/Hacker/Thiering-Ströbele, § 8 MarkenG Rn. 8900 ff.
711 Ströbele/Hacker/Thiering-Ströbele § 8 MarkenG Rn. 9969 ff.

(sogenannte »Verkehrsdurchsetzung«).[712] Durch Verkehrsdurchsetzung können also einzelne der Schutzhindernisse aus § 8 Abs. 2 MarkenG überwunden werden.[713] Die Verkehrsdurchsetzung kann Schutzhindernisse, die aus anderen Paragraphen als § 8 Abs. 2 Nr. 1 bis 3 MarkenG stammen, nicht überwinden. Insbesondere ist es nicht möglich, mangelnde abstrakte Unterscheidungseignung im Sinne von § 3 Abs. 1 MarkenG mithilfe der Verkehrsdurchsetzung zu überwinden. Die Verkehrsdurchsetzung wirkt zum einen für denjenigen, der eine Bezeichnung als Marke einsetzt und zum anderen für die Waren und/oder Dienstleistungen, für die die Benutzung stattfindet. Es reicht dabei nicht, wenn die Verkehrsdurchsetzung nur für Waren oder Dienstleistungen im Ähnlichkeitsbereich nachgewiesen werden kann.[714] Die Verkehrsdurchsetzung muss nach § 8 Abs. 3 MarkenG in den beteiligten Verkehrskreisen geschehen sein. Bei der Prüfung darf kein allzu enger Rahmen angelegt werden. Vielmehr müssen alle beteiligten Verkehrskreise berücksichtigt werden, in denen die Marke Verwendung finden oder Wirkungen zeigen kann.[715] Es müssen hier außer den Abnehmern der Waren und Dienstleistungen[716] auch die Hersteller und Händler der betroffenen Waren oder diejenigen berücksichtigt werden, die die jeweiligen Dienstleistungen erbringen.[717]

Sofern sich die Verkehrsdurchsetzung nachweisen lässt, bestehen durchaus Chancen 2268
für eine Eintragung.

▶ **Beispiel.**

A möchte die folgende Marke

Abb. 46: Anmeldemarke

für die Ware Schokolade eintragen lassen. Patentanwalt B hat hinsichtlich der absoluten Eintragungsfähigkeit Bedenken. Daraufhin fragt der Mandant A, ob es aufgrund der Bekanntheit der Marke möglich ist, doch zu einer Registrierung zu kommen. Was wird B raten?

---

712 Eisenführ GRUR 1987, 82; Schricker GRUR 1980, 462; Ströbele GRUR 1987, 75; Tillmann GRUR 1984, 716; Würtenberger GRUR 1988, 272.

713 Ströbele/Hacker/Thiering-Ströbele, § 8 MarkenG Rn. 692.

714 BPatG GRUR 1996, 490 – *PREMIERE I*; BPatG GRUR 1996, 494 – *PREMIERE III*.

715 BGH GRUR 1990, 360 – *Apropos Film II*.

716 BGH GRUR 1993, 488 – *Verschenktexte II*.

717 Ströbele/Hacker/Thiering-Ströbele, § 8 MarkenG Rn. 6692 ff.

2269 Das bloße Wort »Kinder« stellt eine glatt beschreibende Angabe dar.[718] Insoweit bedürfte es erheblicher gestalterischer Mittel, um das Zeichen den angesprochenen Verkehrskreisen als Unterscheidungsmittel nahe zu bringen. Die geringfügige Vergrößerung des Anfangsbuchstabens »K« reicht hier nicht aus. Auch eine Farbstellung mag zwar ein wirkungsvoller Blickfang sein, reicht aber für eine markenrechtliche Unterscheidungskraft nicht aus. Die Marke ist nach Aussage des Mandanten jedoch im Verkehr bekannt. Insofern käme mithin eine Anmeldung unter Nachweis der Verkehrsdurchsetzung in Betracht. Hierfür ist eine Befragung durchzuführen. Maßgeblicher Verkehrskreis ist bei den hier relevanten Schokoladenwaren die Gesamtbevölkerung.[719] Außer Betracht zu bleiben haben für die Verkehrsbefragung jedoch diejenigen Personen, die keinerlei Bezug zu Schokoladenwaren haben, diesen Waren also gänzlich desinteressiert gegenüber stehen. Bei den Fragestellungen ist zu beachten, dass keine suggestiven Beeinflussungen vorhanden sein dürfen. Im vorliegenden Fall käme eine Eingangsfrage in Betracht: »Kennen Sie diesen Schriftzug, haben Sie ihn schon einmal im Zusammenhang mit Schokolade oder Schokoladenwaren gesehen?« Bzw. »Ist Ihnen diese Bezeichnung im Zusammenhang mit Schokoladen bekannt?« Eine solche Eingangsfragenstellung hat der BGH[720] nicht als unterschwellige Hinführung auf das Produkt »Kinder Schokolade« angesehen. Vielmehr werden durch solche Fragen eben die Waren abgefragt, für die die Streitmarke eingetragen ist. Zu beachten ist bei der Umfrage auch, dass die befragten Verkehrskreise eine Zuordnung zu dem Markeninhaber vornehmen können. Dies muss nicht unmittelbar über den Namen des Markeninhabers erfolgen, sondern kann auch mittelbar über die Benennung anderer Marken der Markeninhaber erfolgen. Den expliziten Zuordnungen sind auch diejenigen hinzuzurechnen, die mit »nein, weiß nicht/keine Angabe« geantwortet haben. Denn Voraussetzung für die Anerkennung einer Verkehrsdurchsetzung zugunsten der Markeninhaberin ist nicht, dass der Verkehr die Markeninhaberin im Rahmen der Zuordnungsfrage positiv individualisieren kann; er darf die Marke nur nicht positiv einem anderen Unternehmen zuordnen.[721] Im Ergebnis muss die Umfrage ergeben, dass die untere Grenze für die Annahme einer Verkehrsdurchsetzung nicht unter 50 % liegt. Bei glatt beschreibenden Angaben kann sogar eine einhellige Verkehrsdurchsetzung erforderlich sein. Der BGH hat im vorliegenden Fall einer glatt beschreibenden Angabe einen Zuordnungsgrad von 60 % für ausreichend erachtet.[722]

b) Anmeldeverfahren

2270 Im Rahmen der Umsetzung der Markenrechtsrichtlinie wurden auch die verfahrensrechtlichen Vorschriften als in sich geschlossene Regelung in das Markengesetz aufgenommen. Im Einzelnen handelt es sich dabei um die Vorschriften für das Eintragungs-, Widerspruchs- und Löschungsverfahren, das Verfahren vor dem Patent- und

718 BGH GRUR 3040, 1044 – *Kinder.*
719 BGH GRUR 2006, 760 – *Giotto.*
720 BGH GRUR 2007, 324, 328 – *Kinder.*
721 Liedermann GRUR 2006, 367, 371.
722 BGH GRUR 2007, 324, 329 – *Kinder.*

Markenamt, das Beschwerdeverfahren vor dem Bundespatentgericht, das Rechtsbeschwerdeverfahren vor dem Bundesgerichtshof sowie eine Reihe gemeinsamer Vorschriften, die für alle Verfahren in Markensachen von Bedeutung sind.

Die formellen Voraussetzungen der Anmeldungen von Marken richten sich nach § 32 MarkenG sowie nach der Markenverordnung. 2271

aa) Wiedergabe der Marke

▶ **Beispiel:**

Mandant A möchte seine Produkte in einer speziell gelb gefärbten Packung anbieten. Diese Farbe soll gewissermaßen das Logo für eine ganze Produktserie bilden. Er möchte daher diese Farbe als Marke anmelden. Was wird ihm Patentanwalt B raten? 2272

Das Eintragungsverfahren ist in den §§ 32 ff. MarkenG geregelt. 2273

Eine Markenanmeldung ist nach § 32 Abs. 1 MarkenG beim Deutschen Patent- und Markenamt einzureichen. Die Verordnung zur Ausführung des Markengesetzes regelt die Erfordernisse einer Anmeldung. Dort finden sich Bestimmungen zur Form der Anmeldung, zu ihrem Inhalt und den verschiedenen Markenformen, außerdem zu den erforderlichen Angaben, die bezüglich des Anmelders und gegebenenfalls seines Vertreters zu machen sind, überdies die Bestimmungen zum Verzeichnis der Waren und/oder Dienstleistungen, die der Anmeldung zugrunde gelegt werden sollen.[723] 2274

In § 32 Abs. 2–3 MarkenG werden die Erfordernisse der Anmeldung geregelt. § 32 Abs. 2 MarkenG enthält die Mindesterfordernisse der Anmeldung: Sie muss Angaben über die Identität des Anmelders enthalten, eine Wiedergabe der Marke und ein Verzeichnis der Waren und Dienstleistungen für die die Eintragung beantragt wird.[724] § 5 Abs. 1 bis 4 MarkenV regelt, welche Angaben zum Anmelder gemacht werden müssen. Fehlen einzelne Angaben, ist dies unschädlich, wenn sich die Identität des Anmelders anders eindeutig feststellen lässt, und wenn wenigstens das Deutsche Patent- und Markenamt genügend Angaben hat, um sich mit ihm in Verbindung zu setzen.[725] 2275

Nach § 32 Abs. 3 Nr. 2 MarkenG muss der Anmelder eine Wiedergabe der Marke einreichen, damit erkennbar wird, was geschützt werden soll. Diese Angaben sind deshalb entscheidend, weil die Marke vom Anmeldetag an eine unveränderliche, unteilbare Einheit ist.[726] Nach § 6 MarkenV ist außerdem anzugeben, ob die Marke als Wortmarke, Bildmarke, dreidimensionale Marke, Kennfadenmarke, Klangmarke oder sonstige Markenform in das Register eingetragen werden soll. Da mit dem Anmeldetag die angemeldete Marke unveränderlich ist, können auch die Angaben zur 2276

723 Ströbele/Hacker/Thiering/Thiering-Miosga, § 32 MarkenG Rn. 4.
724 Ströbele/Hacker/Thiering/Thiering-Miosga, § 32 MarkenG Rn. 7 ff.
725 Ströbele/Hacker/Thiering/Thiering-Miosga, § 32 MarkenG Rn. 10.
726 BPatG GRUR 1998, 713 – *Zahnpastastrang.*

Markenform danach nicht mehr geändert werden.[727] Werden versehentlich mehrere Markenkategorien angegeben, können Unklarheiten durch nachträgliche Präzisierung der Kategorie beseitigt werden.[728] Dies ist jedoch nur möglich, wenn die Marke eindeutig zugeordnet werden kann. Zweifel an der Bewertung der Eintragungsunterlagen gehen zulasten des Anmelders und können den Zeitrang der Anmeldung verschieben auf den Tag der Klarstellung.[729] Die §§ 7 bis 12 MarkenV präzisieren die Angaben zu den bestimmten Markenformen. Der Anmelder muss diese Anforderungen einhalten, um Nachteile zu vermeiden.[730]

2277 Im Ergebnis ist es also eine Farbe markenfähig.[731] Ebenso ist es möglich, die Packung als dreidimensionale Marke anzumelden.[732] Ein Logo kann auch als Bildmarke eintragungsfähig sein. Im Hinblick auf die obigen Ausführungen ist die Markenform unbedingt vor dem Anmeldetag festzulegen.

▶ **Beispiel:**

2278 A möchte eine Notenfolge für eine Werbung verwenden. Er bittet Patentanwalt B um Auskunft, ob hier eine Schutzmöglichkeit besteht.

2279 Möglich ist hier eine Markenanmeldung. § 2 MarkenV regelt die Form der Anmeldung, unter anderem, dass ein Anmeldeformular verwendet werden soll und dass für jede Marke eine separate Anmeldung einzureichen ist. Wesentlich ist § 6 MarkenV, der Angaben zur Form der Marke ausdrücklich vorgibt. Wie diese wiederzugeben sind, ist in den Bestimmungen der §§ 7 bis 12 MarkenV festgehalten. Wortmarken werden in der vom Patentamt üblichen Schrift eingetragen, wenn der Anmelder dies angibt. Bildmarken sind in graphischen Wiedergaben so anzugeben, dass eine Veröffentlichung durch das Amt möglich ist. Dreidimensionale Marken sind so in zweidimensionalen Wiedergaben darzustellen, sei es mit Lichtbildern oder graphischen Zeichnungen, dass sie eindeutig identifiziert werden können. Denkbar ist es, eine Beschreibung der Marke einzureichen. Bei Klangmarken (früher Hörmarken) können in Notenschrift, und in Form einer Klangwiedergabe eingereicht werden.[733]

2280 Gemäß § 36 Abs. 1 MarkenG prüft das Patentamt die formalen Anmeldungserfordernisse und zwar zunächst die in § 36 Abs. 1 Nr. 1 MarkenG geregelten Mindestvoraussetzungen, um festzustellen, ob der Anmeldung nach § 33 Abs. 1 MarkenG ein Anmeldetag zuerkannt werden kann.[734]

727 BPatG GRUR 1998, 713 – *Zahnpastastrang*.
728 BPatG Mitt. 2000, 114 – *Positionierungsmarke*.
729 BPatGE 40, 76 – *Zick-Zack-Linie*.
730 Ströbele/Hacker/Thiering-Miosga § 32 MarkenG Rn. 10 ff.
731 EuGH GRUR 2004, 458; Grabrucker GRUR 2005, 285.
732 Vgl. hierzu BPatG GRUR 2005, 327 – *Waschmitteltablette*.
733 Ströbele/Hacker/Thiering/Thiering-Miosga, § 32 MarkenG Rn. 35 ff.
734 Ströbele/Hacker/Thiering/Thiering-Miosga, § 33 MarkenG Rn. 1 ff.

▶ Beispiel:

A hat eine sog. Tastmarke angemeldet. Zur Markenform hat sie angegeben: 2281

Die Markenanmeldung betrifft eine Tastmarke. Der beigefügten grafischen Wiedergabe der Marke ist den jeweils 3 abgebildeten Ansichten die optische Gestaltung der Marke zu entnehmen. Die oberste Abbildung zeigt die Marke schräg von vorne; die mittlere Abbildung ist eine direkte Draufsicht auf die Marke und die untere Abbildung gibt die Ansicht schräg von unten wieder. Nicht beansprucht wird die die Marken umrahmende Kontur.

Vorliegend stellt sich die Frage, ob die Marke den Anforderungen an die Darstell- 2282
barkeit (§ 8 Abs. 1 MarkenG) erfüllt. Das Erfordernis der Darstellbarkeit wird im deutschen Recht im Zusammenhang mit den absoluten Eintragungshindernissen gem. § 8 MarkenG behandelt. Die Darstellung der Zuordnung bestimmter körperlicher Elemente vermögen jedoch nicht eine Tastmarke hinreichend bestimmt wiederzugeben. Die Wiedergabe des Objekts, dessen Wahrnehmung durch den Tastsinn dem Verkehr die Unterscheidung der Ursprungsidentität der beanspruchten Waren ermöglichen soll, erschöpft sich in der Anmeldung in den dieser beigefügten Abbildungen und der Angabe, die die Marke umrahmende Kontur wäre nicht beansprucht. Die Angabe, die Anmeldung betreffe eine Tastmarke, ist nur dahin zu verstehen, dass das als Marke beanspruchte Zeichen nur in Bezug auf die Wahrnehmung durch den Tastsinn geschützt sein soll, ihm also nur insoweit die Funktion eines Hinweises auf die Herkunft der angemeldeten Ware zukommen soll. Dem Erfordernis, dass in hinreichender Weise bestimmte Eigenschaften des betreffenden Gegenstands bezeichnet sein müssen, die über den Tastsinn wahrgenommen werden können, ist mit der bloßen Abbildung eines körperlichen Gegenstands nicht genügt. Es fehlt mithin an einer hinreichend bestimmten Darstellung, welche konkreten Eigenschaften der abgebildete Gegenstand aufweisen soll. Die Anforderungen des § 8 Abs. 1 MarkenG sind mithin nicht erfüllt.[735]

bb) Waren- und Dienstleistungsverzeichnis

▶ Beispiel:

A hat »CARLO« zur Eintragung in das Markenregister angemeldet. Im Feld 2283
»Bezeichnung der Waren- und Dienstleistungen« des Anmeldeformulars finden sich unter »Klasse« die Angaben »01–42« und unter »Bezeichnung« der Hinweis auf eine Anlage. Zugleich zahlt A die »Anmeldegebühr« und die Gebühr für die 4.–12. Klasse in voller Höhe ein. In einem gesonderten Schreiben, welches der Anmeldung beigefügt ist und den Briefkopf der Anmelderin trägt, wird ausgeführt:

»Anlage zur Anmeldung der Wortmarke CARLO.

735 BGH Mitt. 2007, 31 ff. – *Tastmarke.*

Verzeichnis der Waren- und Dienstleistungen:

Die Wortmarke soll in den Klassen (01–42) geschützt werden.«

Die Markenstelle weist die Anmelderin darauf hin, dass das Verzeichnis der Waren- und Dienstleistungen klärungsbedürftig sei und fragt bei der Anmelderin an, ob wirklich sämtliche Waren- und Dienstleistungen der Klassen 1–42 beansprucht würden. Falls das Verzeichnis der Waren- und Dienstleistungen in im Bescheid vorgeschlagener, nur die Klassen 39 und 41 umfassender Weise formuliert würde, könnten die Gebühren für die 4. 42. Klasse zurückgezahlt werden. A stimmte der vorgeschlagenen Formulierung zu.

Daraufhin teilte die Markenstelle für Klasse 39 besetzt mit einem anderen Beamten des gehobenen Dienstes der Anmelderin mit, die Anmeldegebühr sei verfallen, weil ursprünglich Waren- und Dienstleistungen aller Klassen angemeldet worden seien; die Mitteilung, ein Teil der eingezahlten Gebühren könnten rückerstattet werden, sei ein Irrtum gewesen. A fragt Patentanwalt B nach der Rechtslage.

2284 Der Antrag auf Rückzahlung der Klassengebühren ist zurückzuweisen.[736] Einmal entrichtete fällige Klassengebühren können nicht zurückgezahlt werden. Bei den Anmeldegebühren und Klassengebühren handelt es sich um reine Verfahrensgebühren, die mit der Anmeldung fällig werden und auch dann verfallen sind, wenn die Anmeldung nachträglich oder vollständig zurückgenommen oder zurückgewiesen wird. Eine Rückzahlung der Gebühren kommt deshalb auch bei nachträglichen Einschränkungen des Verzeichnisses der Waren- und Dienstleistungen nicht in Betracht.[737] Eine Rückzahlung eines Teils der Anmelde- und Klassengebühren hat der Gesetzgeber im Markengesetz abweichend von der vorher geltenden gesetzlichen Regelung in keinem Fall mehr vorgesehen.[738] Die Gebühren für sämtliche 42 angemeldeten Waren- und Dienstleistungsklassen sind fällig geworden und mit der Zahlung verfallen, denn es wurde eine Anmeldung eingereicht, die die Mindesterfordernisse für eine Anmeldung, erfüllt und einen Anmeldetag begründet hat.

2285 Etwas anderes könnte sich nur ergeben, wenn das für die Begründung eines Anmeldetags zwingend erforderliche Verzeichnis der Waren- und Dienstleistungen (§ 32 Abs. 2 Nr. 4 MarkenG) gefehlt hätte. Das ist aber vorliegend nicht der Fall. Für die Begründung eines Anmeldetags genügt ein Verzeichnis der Waren- und Dienstleistungen, welches geeignet ist, einerseits die beanspruchten Waren- und Dienstleistungen gebührenmäßig zuzuordnen und andererseits den begehrten warenmäßigen und dienstleistungsmäßigen Schutzumfang festzulegen.[739]

---

736 BPatGE 43, 98 – *Anmeldegebühr – Einbehaltung.*

737 Ströbele/Hacker/Thiering/Thiering-Miosga, § 32 MarkenG Rn. 121.

738 Vgl. Begründung zum Gesetzentwurf, Sonderheft Bl. 1994, 47, 57 reSp.

739 BPatGE 47, 128 – *What's live.*

Auf dem Anmeldeformular sind ausdrücklich die Klassen 1–42 genannt. Hinzu kommt, dass die A den vollen Betrag für 42 Klassen beim Deutschen Patent- und Markenamt einzahlte. Aus dem sich aus § 133 BGB ergebenden Rechtsgedanken ist aus Sicht des Deutschen Patent- und Markenamts eindeutig zu schließen, dass der Wille auf die Anmeldung aller 42 Klassen gerichtet war. 2286

Der Bescheid der Markenstelle des Deutschen Patent- und Markenamts, in dem die Einschränkung des Verzeichnisses der Waren- und Dienstleistungen angeregt und die Rückzahlung eines Teils der Klassengebühren in Aussicht gestellt wurde, ändert ebenfalls nichts daran, dass die Anmeldegebühren für alle 42 Gebührenklassen fällig geworden sind. Wie oben festgestellt, umfasst die Anmeldung sämtliche Klassen. Spätere Äußerungen der Markenstelle können dies nicht wieder rückgängig machen. Wenn eine Anmeldung beim Deutschen Patent- und Markenamt eingeht, welche die gesetzlichen Anforderungen erfüllt, entsteht ein Markenanwartschaftsrecht. Das Deutsche Patent- und Markenamt kann Anmeldungen nur dann und insoweit die Eintragung versagen, als die gesetzlichen Voraussetzungen nicht vorliegen. Eine Einigung mit Mitarbeitern des Deutschen Patent- und Markenamts und die objektiv fehlerhafte Auslegung von Erklärungen durch einzelne Mitarbeiter sind daher vorliegend ohne Belang. 2287

Die Tatsache, dass das Verzeichnis der Waren- und Dienstleistungen in einzelnen Begriffen noch konkretisierungsbedürftig ist, berührt nicht die Frage des Vorliegens einer Anmeldung, welche die Anforderungen des § 32 Abs. 2 Nr. 4 MarkenG erfüllt. Der Kreis der Waren, für die Schutz begehrt wird, ist vorliegend sowohl gebührenmäßig als auch hinsichtlich des begehrten waren- und dienstleistungsmäßigen Schutzumfangs abgrenzbar. Bei der Klärung einzelner Waren- und Dienstleistungsbegriffe wird weder eine Erweiterung noch Änderung des beantragten Schutzrechtes bewirkt. Demnach liegt bei der Formulierung des Verzeichnisses der Waren- und Dienstleistungen kein so schwerwiegender Mangel vor, dass die Anmeldung als so fehlerhaft behandelt werden müsste, dass sie keinen Zeitvorrang wahren könnte.[740] 2288

Eine Eintragung für über die Klassen 39 und 41 hinausgehende Klassen kann nicht mehr erfolgen. Die A hatte eindeutig eine Beschränkung des Waren- und Dienstleistungsverzeichnisses vorgenommen. Eine Anfechtung dieser Erklärung wäre wegen der Doppelnatur zwar zulässig. Es fehlt jedoch an einem Anfechtungsgrund i.S.d. § 119 I BGB. Die Annahme der Rückzahlung ist ein Rechtsfolgeirrtum, nicht aber ein Inhalts- oder Erklärungsirrtum. 2289

Im Hinblick auf die Äußerung der Markenstelle käme allenfalls ein Amtshaftungsanspruch gemäß § 839 BGB in Betracht. 2290

740 BPatGE 47, 128 – *What's live.*

▶ **Beispiel:**

2291 A erscheint bei Patentanwalt B und berichtet, er habe selbst eine Markenanmeldung eingereicht. Nunmehr habe das Amt beanstandet, dass ein Waren- und Dienstleistungsverzeichnis fehle. A bittet B um Aufklärung.

2292 Nach § 32 Abs. 2 Nr. 4 MarkenG kann ein Anmeldetag nur zuerkannt werden, wenn ein Verzeichnis der Waren und/oder Dienstleistungen vorliegt, für welche die Marke eingetragen werden soll. Werden die Anforderungen der Markenverordnung nicht eingehalten, so führt dies nicht zwingend zum Verlust des Anmeldetages: Unbestimmte oder nicht klassifizierbare Angaben können ausreichend sein, wenn zumindest ein Verzeichnis der Waren und Dienstleistungen eingereicht wird. Dieses kann im weiteren Verfahren nach § 39 Abs. 1 MarkenG eingeschränkt werden. Falls das Verzeichnis unvollständig ist, wird der Anmeldetag erst mit Vervollständigung der Unterlagen zuerkannt.[741]

2293 Vorliegend fehlt es vollständig an einem Warenverzeichnis, sodass hier ein Anmeldetag nicht zuerkannt werden kann.

cc) Gebühren

▶ **Beispiel:**

2294 Ein Anmelder hat am 26.02. eine Markenanmeldung mit folgendem Verzeichnis der Waren und Dienstleistungen beim Deutschen Patent- und Markenamt eingereicht:

Klasse 03: Honig, Honigshampoo,

Klasse 30: Honig,

Klasse 33: Alkoholische Getränke, nämlich Honigwein, Honiglikör, Honigschnaps und Honigbier.

Als Leitklasse hat der Anmelder die Klasse 30 bestimmt. Mit der Anmeldung wurde eine Einzugsermächtigung für die Anmeldegebühr einschl. 3 Klassen eingereicht. Das Deutsche Patent- und Markenamt stellt fest, dass die Anmeldung 4 gebührenpflichtige Waren- und Dienstleistungsklassen enthalte. Von dem Anmelder wird daher eine weitere Klassengebühr verlangt. Das Amt geht davon aus, dass die Dienstleistungsklassen die Klassen 30, 03, 32 und 33 enthalten. Zugleich weist das Amt darauf hin, dass die Anmeldung als zurückgenommen gilt (§ 64 a MarkenG i.V.m. § 6 PatKostG), wenn die Gebühren nicht innerhalb von 3 Monaten nach Einreichung der Anmeldung gezahlt werden. Der Mandant kommt erst nach Ablauf der 3-Monats-Frist zum Patentanwalt und bittet um Beratung.

---

741 Ströbele/Hacker/Thiering-Miosga, § 33 MarkenG Rn. 1.

Die vom Patentamt zusätzlich erhobene Klassengebühr ergibt sich zutreffend daraus, dass die Ware »Honigbier« nicht in der Klasse 33 (Klassentitel: Alkoholische Getränke (ausgenommen Biere)), sondern in Klasse 32 klassifiziert ist. Für die Anmeldung waren damit innerhalb der in § 64 a MarkenG i.V.m. §§ 3 Abs. 1, 6 Abs. 1 S. 2 PatKostG vorgeschriebenen Frist von 3 Monaten ab Einreichung der Anmeldung sowohl die Anmeldegebühr als auch die zusätzliche Klassengebühr fällig. Die zusätzliche Klassengebühr ist jedoch nicht entrichtet worden. Eine Nachfrist zur Zahlung von mit der Anmeldung fälligen Gebühren gibt es nicht. Ein Grund für eine Wiedereinsetzung ist nach dem Sachverhalt nicht ersichtlich. Die in § 36 Abs. 3 S. 1 erster Halbs. MarkenG vorgesehene Möglichkeit der Nachzahlung von Klassengebühren innerhalb einer vom Patentamt bestimmten Frist trifft hier auch nicht zu; denn diese Frist betrifft den Fall, dass nach Klärung unbestimmter, nicht klassifizierbaren Waren oder Dienstleistungen weitere Klassengebühren anfallen. Hier handelt es sich jedoch um die Nichtzahlung ursprünglicher, mit der Anmeldung berechenbarer Klassengebühren, nicht um eine Nachzahlung i.S.v. § 36 Abs. 3 MarkenG.[742] 2295

Die Nichtentrichtung einer Klassengebühr innerhalb der 3-Monats-Frist löst allerdings anders als die Nichtentrichtung der Anmeldegebühr nicht die in § 6 Abs. 2 PatKostG vorgesehene Rechtsfolge aus, dass die Anmeldung als zurückgenommen gilt. Maßgebend hierfür ist die in § 36 Abs. 3 MarkenG bestimmte Rechtsfolge, d.h. es werden, sofern der Anmelder keine Bestimmung darüber getroffen hat, zunächst die Klassengebühr und sodann die übrigen Gebühren in der Reihenfolge der Klasseneinteilung berücksichtigt (§ 36 Abs. 3 S. 1 letzter Halbs. MarkenG). Die weitergehende Anmeldung, die durch die Gebühr nicht mehr gedeckt ist, gilt als zurückgenommen (§ 36 Abs. 3 S. 2 MarkenG).[743] 2296

Da der Anmelder keine Bestimmung vorgenommen hat, würde dies für den vorliegenden Fall bedeuten, dass die Anmeldung im Umfange der Klasse 33 als zurückgenommen gilt. Fraglich ist allerdings, ob dieser Verlust der Klasse 33 zwingend ist, oder ob der Anmelder eine andere Bestimmung noch vornehmen könnte, z.B., weil ihm die Waren der Klassen 33 wichtiger sind als das Honigbier der Klasse 32. Es ist nämlich umstritten, welche Frist für die vom Anmelder zu treffende Bestimmung gilt. Nach einer Entscheidung des Bundespatentgerichts[744] erscheint es zweifelhaft, dass die vom Anmelder zu treffende Bestimmung, welche Waren- und Dienstleistungsklassen durch den gezahlten Gebührenbetrag gedeckt werden sollen, nur innerhalb der 3-Monats-Frist des § 6 Abs. 1 S. 2 PatKostG getroffen werden können. Denn diese Vorschrift regele nur die Zahlungsfrist. Es läge näher, auf die im § 36 Abs. 3 S. 1 MarkenG selbst erwähnte, vom Patentamt zu bestimmende Frist abzustellen, also das Erfordernis einer patentamtlichen Fristbestimmung auf beide Alternativen des § 36 Abs. 3 S. 1 MarkenG anzuwenden. Für den Fall, dass der Anmelder tatsächlich lieber einen Schutz für die Klasse 33 erhalten hätte, müsste das Patentamt daher 2297

742 Ströbele/Hacker/Thiering-Miosga § 36 MarkenG Rn. 9.

743 Ströbele/Hacker/Thiering-Miosga § 36 MarkenG Rn. 9.

744 BPatG GRUR 2006, 172, 173 – *Unzureichende Klassengebühren.*

ersucht werden, eine Frist zur Bestimmung der von dem gezahlten Gebührenbetrag gedeckten Waren- und Dienstleistungsklassen zu setzen.[745]

2298 Nach § 37 MarkenG werden die absoluten Eintragungshindernisse von Amts wegen geprüft. Dabei wird die absolute Markenfähigkeit einer angemeldeten Marke gemäß § 3 MarkenG geprüft, außerdem die in § 8 MarkenG geregelten Schutzhindernisse. Schließlich wird geprüft, ob ältere notorisch bekannte Marken im Sinne von § 10 MarkenG vorliegen.[746]

2299 Nach § 37 Abs. 1 MarkenG wird die Anmeldung zurückgewiesen, wenn eines der absoluten Eintragungshindernisse vorliegt.[747]

2300 Vorliegend wird sich allerdings die Frage stellen, ob die Wortzusammensetzung grammatikalisch zutreffend ist und infolgedessen ein beschreibender Gesamtbegriff entstanden ist.

dd) Beschleunigungsantrag

▶ Beispiel:

2301 Im Rahmen eines Beratungsgesprächs mit B erfährt der Mandant A, dass das Eintragungsverfahren u.U. mehrere Monate in Anspruch nehmen kann. A möchte gerne wissen, ob es möglich sein kann, hier eine Beschleunigung zu erreichen. Dies ist ihm insbesondere deshalb wichtig, weil er beabsichtigt, internationale Nachanmeldungen zu tätigen. Aufgrund der Beratung des Patentanwalts B weiß A inzwischen, dass hier eine Prioritätsfrist von einem halben Jahr gilt. D. h. internationale Nachanmeldungen unter Inanspruchnahme der Priorität der deutschen Marke kann A nur innerhalb eines halben Jahres tätigen.

2302 Gegen Zahlung einer Gebühr kann der Anmelder erreichen, dass nach § 38 Abs. 1 MarkenG die Anmeldung einer beschleunigten Prüfung unterzogen wird. So kann er erreichen, dass die Anmeldung, sofern er selbst keine Verzögerung des Verfahrens verursacht, innerhalb von sechs Monaten eingetragen wird.[748] Sollte die Marke nicht binnen dieser Frist eingetragen sein, kann die Gebühr nicht zurückgefordert werden.[749]

745 Ströbele/Hacker/Thiering-Miosga § 36 MarkenG Rn. 10.
746 Ströbele/Hacker/Thiering-Miosga, § 37 MarkenG Rn. 1 ff.
747 Ströbele/Hacker/Thiering-Miosga § 37 MarkenG Rn. 1.
748 BGH GRUR 2000, 325 – *Beschleunigungsgebühr*; BGH GRUR 2000, 421 – *Rückzahlung der Beschleunigungsgebühr.*
749 BGH GRUR 2000, 325 – *Beschleunigungsgebühr*; BGH GRUR 2000, 421 – *Rückzahlung der Beschleunigungsgebühr.*

ee) Änderung der Anmeldung

▶ Beispiel:

2303 A hat eine Markenanmeldung eingereicht. Er möchte nun das Warenverzeichnis ändern. Ist dies möglich?

2304 Im Zuge des Anmeldungsverfahrens kann der Anmelder das Verzeichnis der Waren und/oder Dienstleistungen einschränken (§ 39, Abs. 1 3. Alt, MarkenG). Reicht der Anmelder zur Änderung des Verzeichnisses für die Waren und/oder Dienstleistungen nur Formulierungsversuche ein, kann nicht davon ausgegangen werden, dass er auf die gestrichenen Waren/Dienstleistungen verzichtet habe.[750] Bei der Überarbeitung des Verzeichnisses ist auf jeden Fall eine unzulässige Erweiterung zu vermeiden, die dem ursprünglichen Zeitrang nicht mehr entspricht.[751] Die Anmeldung muss zurückgewiesen werden, falls der Anmelder die Erweiterung nicht wieder streicht.

▶ Beispiel:

2305 Patentanwalt B hat für seinen Mandanten A eine Markenanmeldung eingereicht. Nun stellt sich heraus, dass der Vorname des A falsch geschrieben worden ist. Statt des Vornamen Heinz-Gerd ist der Vorname Heinz-Peter geschrieben worden. A ist hierüber erbost und möchte eine Korrektur. Kann Patentanwalt B diese durchführen?

2306 Nach § 39 Abs. 2 MarkenG können offensichtliche Fehler in den Anmeldungsunterlagen korrigiert werden, also sprachliche Fehler, Schreibfehler oder sonstige offensichtliche Unrichtigkeiten.[752] In anderen Ländern kann ein solcher Fehler allerdings u.U. zum Verlust der Anmeldung führen (z.B. USA). Es ist daher vor Auslandsanmeldungen dringend angeraten, auf die Richtigkeit der Anmeldedaten zu achten.

▶ Beispiel:

2307 A hat über Patentanwalt B schon einige Patentanmeldungen beim Deutschen Patent- und Markenamt einreichen lassen. Aus den Verfahren weiß er, dass diese Anmeldungen hin und wieder geteilt worden sind. Nun möchte A auch Marken anmelden. In diesem Zusammenhang möchte er gerne wissen, ob auch eine Markenanmeldung geteilt werden kann.

2308 Der Anmelder kann gemäß § 40 MarkenG die Anmeldung teilen, wobei jeder Teilanmeldung der Zeitrang der ursprünglichen Anmeldung zukommt. Nach § 40 Abs. 2 MarkenG ist für die abgetrennte Anmeldung § 32 MarkenG zu erfüllen. Es sind also

750 BGH GRUR 2002, 898 – *defacto*.
751 Ströbele/Hacker/Thiering-Miosga § 39, MarkenG Rn. 3 ff.
752 Ströbele/Hacker/Thiering-Miosga, § 39 MarkenG Rn. 8 ff.

die erforderlichen Anmeldungsunterlagen einzureichen. Überdies ist eine entsprechende Gebühr zu entrichten.[753]

c) Widerspruchsverfahren

2309 Nach erfolgter Eintragung kann innerhalb einer Frist von 3 Monaten nach dem Tag der Veröffentlichung der Eintragung der Marke von dem Inhaber einer Marke mit älterem Zeitrang Widerspruch erhoben werden (§ 42 Abs. 2 und 2 MarkenG). In § 42 Abs. 2 MarkenG kann der Widerspruch nur darauf gestützt werden, dass die Marke

- wegen der angemeldeten oder eingetragenen prioritätsälteren Marke nach § 9 Abs. 1 Nr. 1 oder 2 MarkenG,
- wegen einer notorisch bekannten Marke mit älterem Zeitrang nach § 10 i.V.m. § 9 Abs. 1 Nr. 1 oder 2 MarkenG,
- wegen der Eintragung für den ungetreuen Agenten,

gelöscht wird.

2310 Der Inhaber der jüngeren Marke kann seinerseits vor allem Identität oder Verwechslungsgefahr bestreiten oder nach § 43 MarkenG die Einrede der Nichtbenutzung der Widerspruchsmarke erheben. Nach § 43 Abs. 1 Satz 1 MarkenG hat der Widersprechende auf Verlangen des Inhabers der angegriffenen Marke glaubhaft zu machen, dass er die eingetragene Marke, auf die sein Widerspruch gestützt wird, innerhalb der letzten 5 Jahre vor der dem Anmelde- oder Prioritätstag der Marke, gegen die der Widerspruch sich richtet, gemäß § 26 MarkenG benutzt hat.[754]

aa) Widerspruchsgründe

▶ **Beispiel:**

2311 A unterbreitet Patentanwalt B folgenden Sachverhalt: Gegen seine für die Waren »Milch und Milchprodukte« eingetragene Wortmarke »Natur-Liebe« hat Konkurrent C Widerspruch aus der prioritätsälteren Marke »LANDLIEBE« erhoben, die für identische Produkte eingetragen ist. A meint, beide Zeichen seien doch völlig verschieden. Er halte es für völlig ausgeschlossen, dass beide Marken verwechselt werden könnten. A bittet Patentanwalt B um Stellungnahme.

2312 Die Verwechselungsgefahr zwischen den einander gegenüberstehenden Marken könnte unter den Voraussetzungen des § 9 Abs. 1 Nr. 2, 42 Abs. 2 Nr. 1 MarkenG gegeben sein.

2313 Die im Rahmen der Verwechselungsgefahr zu prüfenden Kriterien sind: Ähnlichkeit, Identität der Waren, Kennzeichnungskraft der Widerspruchsmarke, beteiligte Verkehrskreise, Art der Waren, Ähnlichkeit der Marken. Diese Kriterien stehen in einer Wechselbeziehung zueinander.

753 Ströbele/Hacker/Thiering-Miosga, MarkenG, Kommentierung zu § 40.
754 Alt, ZAP Nr. 23, Fach 16, 291 (307), 1247 (1263).

▶ **Beispiel:**

Firma A ist eine Entwicklungsfirma, welche Reisebüros Software für Reisen anbietet. Sie ist Inhaberin der Marke »Galileo-ViewTrip«. U.a. ist im Warenverzeichnis die Dienstleistung »Telekommunikation« beansprucht. 2314

B ist eine Forschungseinrichtung. Sie hat die Marke »GCC Galileo Control Center« angemeldet. Das Warenverzeichnis umfasst u.a. die Dienstleistung »Telekommunikation«. 2315

Mangels anderer Angaben im Fall ist die Widerspruchsmarke als durchschnittlich kennzeichnungskräftig einzustufen. Die Dienstleistungen sind identisch. Insofern kommt es nur auf die Verwechslungsgefahr an. 2316

Beide Marken sind in ihrem Gesamteindruck verschieden. Daher kommt eine diesbezügliche Verwechslungsgefahr nicht in Betracht. Unter dem Gesichtspunkt der prägenden Wirkung von »Galileo« kann sich jedoch etwas Anderes ergeben. Diese prägende Wirkung muss bei der Widerspruchsmarke und der angegriffenen Marke vorhanden sein. 2317

Die Widerspruchsmarke wird jedoch nicht durch »Galileo« geprägt. Der Bestandteil »ViewTrip« ist nämlich als Wort der englischen Sprache nicht nachweisbar. Denn es existieren im Englischen nur die Wortbestandteile »view« und »trip«, aber nicht das zusammengesetzte Wort »ViewTrip«. Somit ist dieses Wort im zeichenrechtlichen Sinne als Phantasiewort einzustufen. Das Wort ist auch im Hinblick auf die Dienstleistungen nicht als beschreibend einzustufen. 2318

Auch in der angegriffenen Marke ist »Galileo« nicht prägend. Der Wortbestandteil »Galileo« ist in das Kombinationszeichen »GCC Galileo Control Center« vollständig integriert. Die Bestandteile »Control« und »Center« sind zwar beschreibend. Diese bilden aber in dem Teil »Galileo« eine gesamtbegriffliche Einheit. Dieser Eindruck wird durch die Voranstellung des Akronyms »GCC«, das sich aus den Anfangsbuchstaben der Einzelbegriffe zusammensetzt, verstärkt. Daher wird die Marke vom Verkehr als Zusammensetzung einer gesamtbegrifflichen Einheit verstanden. Mithin ist auch aufgrund des prägenden Charakters eine Verwechslungsgefahr zu verneinen. Fraglich ist noch, ob eine mittelbare Verwechslungsgefahr vorliegen kann. Ein Serienzeichen ergibt sich aus dem Sachverhalt nicht. Eine Verwechslungsgefahr im weiteren Sinne ist ebenfalls nicht gegeben. Eine solche kann nur bei Vorliegen besonderer Umstände angenommen werden.[755] Da der Bestandteil »Galileo« in der Marke »Galileo ViewTrip« nicht prägend ist und es im Markenrecht keinen Elementen-Schutz gibt, kann eine Verwechslungsgefahr im weiteren Sinne zwischen »Galileo ViewTrip« und der angegriffenen Marke bestehen, wenn sich die Marke »Galileo ViewTrip« zu einem bekannten Unternehmenskennzeichen entwickelt hätte. Aber auch hierzu enthält der Sachverhalt keine Gesichtspunkte. Es liegt somit weder eine unmittelbare noch eine mittelbare Verwechslungsgefahr vor. 2319

---

755 BGH GRUR 2008, 903 – Sierra Antiguro m.w.N.

2320 Eine Warenähnlichkeit ist dann zu bejahen, wenn zwischen den betreffenden Erzeugnissen so enge Beziehungen bestehen, dass sich den Abnehmern, wenn sie an den Waren dasselbe Zeichen angebracht sehen, der Schluss aufdrängt, dass diese Waren vom selben Unternehmen stammen. Die Waren- und Dienstleistungsähnlichkeit beurteilt sich nach der Beschaffenheit, der betrieblichen Herkunft, der Vertriebs- und Verbringungsart sowie der Nutzung und ihrer wirtschaftlichen Bedeutung.[756] Es ist eine umfassende Würdigung der Betriebs- und Erbringungsarten, der Beschaffenheit sowie der Nutzungsformen der gegenübergestellten Waren und Dienstleistungen vorzunehmen.[757] Soweit es sich bei der geltend gemachten Marke um eine eingetragene Marke handelt, ist das entsprechende Waren- und Dienstleistungsverzeichnis Grundlage der Auslegung. Bei der Auslegung sind die im Waren- und Dienstleistungsverzeichnis verwendeten Begriffe anhand des allgemeinen Sprachgebrauchs auszulegen, wobei technische Fortentwicklungen zu berücksichtigen sind.[758] Bei der Beurteilung der Waren- und Dienstleistungsähnlichkeit kommt insbesondere der Frage der Überschneidung von Abnehmerkreisen sowie der Substitutionseigenschaft eine wesentliche Bedeutung zu. Im Einzelfall kann nach der Übereinstimmung der Vertriebswege eine Indizfunktion für eine Waren- und Dienstleistungsähnlichkeit angenommen werden. Soweit eine Bezeichnung für eine aus verschiedenen Einzelteilen bestehende Produktkombination verwendet wird, wird die Beurteilung der Warenähnlichkeit vom Maßstab des Einzelteils vorgenommen, das für die Gesamtheit wesensbestimmend ist.[759]

2321 Bei der Beurteilung der Verwechselungsgefahr kann keine strenge Abgrenzung zwischen der Prüfung, der Ähnlichkeit der Waren und Dienstleistungen und der Zeichenähnlichkeit vorgenommen werden. Es muss die Wechselbeziehung beider Ähnlichkeitsstufen im Einzelfall berücksichtigt werden.[760] Insbesondere kann ein geringerer Grad der Ähnlichkeit der Zeichen durch einen höheren Grad der Ähnlichkeit der Waren und Dienstleistungen im Einzelfall ausgeglichen werden und umgekehrt. So kann etwa bei einer identischen Marke auch nur bei einer geringen Warenähnlichkeit eine Verletzung bejaht werden.[761]

2322 Im vorliegenden Fall ist zu berücksichtigen, dass die Dienstleistungen beider Marken identisch sind. Dieser Umstand erfordert grundsätzlich einen weiteren Abstand der Marken voneinander. Die Zuordnung zu den einzelnen Waren- und Dienstleistungsklassen hat allerdings für die Beurteilung der Ähnlichkeit lediglich eine Indizfunktion. Kollisionsfördernd wirkt sich vorliegend die Art der Waren aus, für die beide Marken eingetragen sind. Denn es handelt sich um geringwertige Waren des täglichen Bedarfs, die von breiten Verkehrskreisen ohne besondere Sorgfalt aus der flüchtigen Erinnerung heraus erworben werden.

---

756 Ströbele/Hacker/Thiering-Hacker, § 9 MarkenG Rn. 54 ff.

757 BGH GRUR 1999, 496 – *TIFFANY.*

758 BPatG GRUR 1997, 133 ff. – *ORION.*

759 Ströbele/Hacker/Thiering-Hacker, § 9 MarkenG Rn. 93.

760 BGH GRUR 2000, 875 – *Davidoff.*

761 OLG Köln GRUR 1995, 491.

Die Beurteilung der Verwechselungsgefahr ist ferner grundsätzlich unter Berücksichtigung der jeweiligen Warenähnlichkeit und der jeweiligen Kennzeichnungskraft der Marke zu beurteilen. Eine wesentliche Bedeutung bei der Beurteilung der Verwechselungsgefahr erlangt demgemäß die Bestimmung der Kennzeichnungskraft. Diese bestimmt sich nach der Eigenart und der Bekanntheit der prioritätsälteren Marke.[762] Die Eigenart einer Marke kann zum einen auf der Originalität der Schrift- und Bildform beruhen. So besitzen beispielsweise Phantasienamen eine höhere Eigenprägung als Bezeichnungen mit beschreibenden Bestandteilen. Bloße Kombinationen von Buchstaben oder Zahlen verfügen, soweit sie in ihrem Schriftbild nicht modifiziert werden, selten über eine starke Kennzeichnungskraft.[763] In Bezug auf die Kennzeichnungskraft gilt der Grundsatz, dass je größer die Unterscheidungskraft aufgrund seiner Eigenart und seiner Bekanntheit im Verkehr ist, je größer ist der Schutzbereich.[764] 2323

Die Kennzeichnungskraft der Widerspruchsmarke könnte im vorliegenden Fall geschwächt sein, da sie aus Elementen besteht, die im Zusammenhang mit Milchprodukten beschreibend sind (»Land« ist Hinweis auf die Herkunft der Waren aus ländlicher, landwirtschaftlicher Produktion), bzw. die mit einer in der Werbung auf diesem Warengebiet verwendeten Anmutung (»Liebe«) positiv besetzt ist. 2324

Die mögliche Schwächung einzelner Zeichenbestandteile wirkt sich vorliegend aber nicht ohne weiteres auf den Gesamteindruck der Widerspruchsmarke aus. Jedenfalls vermittelt das Wort »Landliebe« von den einzelnen Bestandteilen losgelöste vielfältige Assoziationen. Die Annahme einer Schwächung der Widerspruchsmarke ist daher eher zu verneinen. 2325

Anhaltspunkte für eine infolge starker Benutzung der Widerspruchsmarke erworbene erhöhte Kennzeichnungskraft gibt der Sachverhalt nicht. Im Ergebnis dürfte von einem normalen Schutzumfang der Widerspruchsmarke auszugehen sein. 2326

Es fragt sich nun, ob die in den Marken vorhandenen Gemeinsamkeiten eine Verwechselungsgefahr begründen. Bei der Beurteilung der Verwechselungsgefahr ist das vom EuGH entwickelte Verbraucherbild eines durchschnittlich informierten und verständigen Verbrauchers zugrunde zu legen.[765] Dabei ist jedoch zu beachten, dass die Verwechselungsgefahr sich nach dem jeweils angesprochenen Abnehmer und Verbraucherkreis richtet, d.h., dass bei Waren- und Dienstleistungen, die sich lediglich an einen kleinen hochspezialisierten Abnehmerkreis richten, eine genauere Wahrnehmung vorausgesetzt werden kann als bei Alltagsprodukten bei der eine geringere Aufmerksamkeit in der Kaufentscheidung erwartet wird.[766] 2327

Die Marken stimmen im vorliegenden Fall in dem Bestandteil »Liebe« überein, unterscheiden sich jedoch in den jeweils am Anfang im Markenwort stehenden Elementen 2328

762 Ströbele/Hacker/Thiering-Hacker, § 9 MarkenG Rn. 138.
763 Vgl. hierzu Ströbele/Hacker/Thiering-Hacker, § 9 MarkenG Rn. 17 ff.
764 BGH GRUR 2001, 507 – *EVIAN/REVIAN*.
765 EuGH GRUR Int. 1999, 345; EuGH WRP 1999, 806; BGH GRUR 2000, 875 – *Davidoff*.
766 EuGH WRP 1999, 486.

»Land« bzw. »Natur«. Die Annahme einer klanglichen Verwechselungsgefahr scheidet wegen des insbesondere am Zeichenanfang stehenden unterschiedlichen Klangbildes aus. Gleiches gilt für eine schriftbildliche Verwechselungsgefahr.

2329 Zu prüfen ist ferner, ob eine unmittelbare begriffliche Verwechselungsgefahr vorliegt. Beide Marken besitzen nicht nur den identischen Bestandteil »Liebe«, sondern weisen wegen der möglichen begrifflichen Nähe von »Natur« und »Land« deutliche Annäherungen auf, worauf die Argumentation der Widersprechenden erkennbar abstellt. Ob »Natur« und »Land« tatsächlich als Synonyme anzusehen sind, kann jedoch im Ergebnis dahingestellt bleiben. Jedenfalls bewegen sich diese Übereinstimmungen in einem die Waren unmittelbar beschreibenden Bereich. Beide Begriffe werden zur Beschreibung der ländlichen Herkunft und Naturbelassenheit auf dem vorliegenden Warengebiet auch tatsächlich verwendet. Aus möglichen Übereinstimmungen im beschreibenden Bereich kann aber bereits aus Rechtsgründen keine Verwechselungsgefahr abgeleitet werden.

2330 Nachdem eine unmittelbare Verwechselungsgefahr ausscheidet, ist zu prüfen, inwieweit die Gefahr besteht, dass die Marken gedanklich miteinander in Verbindung gebracht werden. Hierunter fällt nicht jede gedankliche Assoziation. Diese Art der Verwechselungsgefahr ist insbesondere nicht als Alternative zu § 9 Abs. 1 Nr. 2 MarkenG zu verstehen, sondern bestimmt deren Umfang genauer.

2331 Mittelbare Verwechselungsgefahr ist anzunehmen, wenn der Verkehr die Unterschiede der Marken insgesamt erkennt, jedoch aufgrund eines gemeinsamen Stammbestandteils oder infolge sonstiger Übereinstimmungen beide Marken irrtümlich derselben betrieblichen Herkunft zuordnet. Hierbei handelt es sich um einen Ausnahmetatbestand, bei dessen Anwendung eher Zurückhaltung geboten ist, zumal er einen fachlich orientierten Verkehr mit entsprechender Branchenkenntnis voraussetzt. Jedenfalls ist eine sorgfältige Prüfung der Marken durch den Verkehr vorausgesetzt, wovon auf dem vorliegenden Warengebiet nicht ohne weiteres auszugehen ist.

2332 Fraglich ist auch, ob sich der übereinstimmende Bestandteil »Liebe« als Stammbestandteil mit Hinweischarakter auf den Geschäftsbetrieb der Widersprechenden eignet. Daran bestehen erhebliche Zweifel, da »Liebe« auf dem Warengebiet eher kennzeichnungsschwach ist und im zweckbestimmenden Bereich der Lebensmittel liegt. Im Ergebnis ist eine mittelbare Verwechselungsgefahr zu verneinen.

2333 Zu erörtern ist, ob nicht eine mittelbare begriffliche Verwechselungsgefahr besteht. Voraussetzung hierfür wäre, dass trotz der vom Verkehr erkannten begrifflichen Unterschiede wegen einer Ähnlichkeit im Sinngehalt und Gemeinsamkeiten etwa in der Markenbildung auf eine Zusammengehörigkeit als Serienzeichen geschlossen werden kann.[767] Bei der Anwendung dieser Art der Verwechselungsgefahr ist Zurückhaltung geboten. Im Ergebnis ist eine Verwechselungsgefahr zu verneinen. Die ältere Marke besitzt keinen charakteristischen Markenaufbau, vermittelt kein besonderes Flair im Zusammenhang mit den Waren. »Land« und »Natur« sind auf dem Warengebiet häu-

767 Vgl. hierzu Ströbele/Hacker/Thiering-Hacker, § 9 MarkenG Rn. 516.

fig verwendete Ausdrücke, auch die Kombination der geläufigen Wörter entspricht einer eher gängigen Markenbildung.

Eine Verwechselungsgefahr im weiteren Sinne kommt in Betracht, wenn die Kennzeich- 2334
nungen als unterschiedlich aufgefasst, auch verschiedenen Unternehmen zugeordnet werden, aber aufgrund besonderer Umstände darauf geschlossen wird, es bestünden zwischen diesen Unternehmen Beziehungen geschäftlicher, wirtschaftlicher oder organisatorischer Art. Hier fehlen u.a. tatsächlich Anhaltspunkte, dass sich die Widerspruchsmarke zu einem im Verkehr bekannten Unternehmenskennzeichen entwickelt hat.[768]

Im Ergebnis ist eine Verwechselungsgefahr zu verneinen. 2335

▶ **Beispiel:**

A ist Inhaberin der folgenden Wort-/Bildmarke 2336

Abb. 47: Angegriffene Marke

Gegen diese Marke hat B aus ihrer prioritätsälteren Marke

Abb. 48: Widerspruchsmarke

erhoben. Beide Marken sind für die Warenbekleidungsstücke eingetragen. B möchte von Patentanwalt A gerne wissen, wie die Aussichten des Verfahrens zu beurteilen sind.

Die Frage der Ähnlichkeit der einander gegenüberstehenden Marken ist nach deren 2337
Ähnlichkeit im Klang, im Schriftbild und im Bedeutungs- oder Sinngehalt zu beurteilen. Um die Markenähnlichkeit zu bejahen, reichen in der Regel bereits die Ähnlichkeit

768 Ströbele/Hacker/Thiering-Hacker, MarkenG, § 9 Rn. 543.

in einem der genannten Wahrnehmungsbereiche aus. Grundsätzlich ist hierbei vom jeweiligen Gesamteindruck auszugehen. Im vorliegenden Fall ist bei der Bestimmung des Gesamteindrucks auf den Wortbestandteil abzustellen. Regelmäßig tritt der Bildbestandteil hinter dem Wortbestandteil zurück. Die Tierfigur nimmt im vorliegenden Fall in der grafischen Gesamtgestaltung der Marke des B sowohl größenmäßig als auch in ihrer Eigenschaft als schmückende Umrahmung des Wortbestandteils eine eher untergeordnete Stellung ein. Dem Bildbestandteil kommt auch keine prägende Bedeutung zu. Demgemäß ist auch von einer Verwechslungsgefahr wegen der jeweils ein Krokodil beinhaltenden Bestandteile des Bildes nicht auszugehen. Zumal nur bei sehr genauer Betrachtung in dem Bildbestandteil der Marke des B die Darstellung eines echsen- oder krokodilartigen Tieres zu erkennen ist. Die nur umrissartige, stilisierte Wiedergabe der Tierfigur weicht erheblich von der in allen Einzelheiten naturgetreuen Krokodildarstellung der Widerspruchsmarke ab. In dem Wortbestandteil ist wiederum eine Phantasiebezeichnung zu sehen. Damit ist eine unmittelbare Verwechslungsgefahr nach dem Gesamteindruck zu verneinen. Es könnte jedoch die Gefahr einer Verwechslung nach dem Sinngehalt gegeben sein. Zwischen einer Wort-/Bildmarke und einer Bildmarke kann eine Verwechslungsgefahr wegen einer Übereinstimmung im Bedeutungsgehalt der Zeichen bestehen. Wird der Gesamteindruck der Wort-/Bildmarke wie im vorliegenden Fall durch einen Wortbestandteil geprägt, ist aber die Voraussetzung für eine Verwechslungsgefahr nach dem Sinngehalt, dass das Wort aus der Sicht der angesprochenen Durchschnittsverbraucher die naheliegende, ungezwungene und erschöpfende Bezeichnung des Bildes darstellt.[769] Diese Voraussetzung ist im vorliegenden Fall zu verneinen. Zwar gibt der Wortbestandteil Coccodrillo, der in der italienischen Sprache Krokodil bedeutet, den Sinngehalt der älteren Marke wieder. Dieser Bedeutungsinhalt erschließt sich jedoch dem angesprochenen Durchschnittsverbraucher nicht in naheliegender und ungezwungener Weise. Dem angesprochenen breiten Verbraucherpublikum, dem im Wesentlichen nur gängige Basiswörter der italienischen Sprache geläufig sind, liegt die Annahme fern, es handele sich bei dem Wort Coccodrillo um das aus irgendeiner romanischen Fremdsprache stammende Wort für Krokodil. Vielmehr wird es vom Durchschnittsverbraucher als Phantasiebezeichnung angesehen werden, selbst wenn ein Bezug zu dem abgebildeten Tier hergestellt wird. Eine Verwechslungsgefahr kann schließlich durch die Gefahr des gedanklichen Inverbindungbringens gegeben sein, wenn sich dem Verkehr aufdrängt, dass die Zeichen wegen ihres Sinngehalts und ihrer Zeichenbildung aufeinander bezogen sind.[770] Dies setzt aber voraus, dass die Übereinstimmungen zwischen den Zeichen nicht lediglich eine allgemeine nicht herkunftshinweisende rein assoziative gedankliche Verbindung bewirken, die für die Annahme einer Verwechslungsgefahr nicht ausreicht.[771] Im vorliegenden Fall liegt jedoch wegen der Art der Einbindung des Krokodilmotivs in die Gesamtkombination der Marke des B als auch wegen der bildlichen Abwandlung des Motivs die Vorstellung fern, die Marke des B sei gleichfalls ein Zeichen der Marke des A. damit besteht keine Verwechslungsgefahr.

769 BGH GRUR 1999, 990, 992 – *Schlüssel.*
770 BGH GRUR 2004, 779, 782 – *Zwilling/Zweibrüder.*
771 EuGH GRUR 1998, 387, 390.

bb) Verfahren

▶ Beispiel:

A ist von Patentanwalt B mitgeteilt worden, dass seine Marke eingetragen wurde. Drei Monate später erfährt A zu seiner Überraschung, dass Widerspruch erhoben worden ist. Er kann sich dies nicht erklären und bittet Patentanwalt B um Auskunft. 2338

Das Widerspruchsverfahren eröffnet Dritten die Möglichkeit, relative Schutzhindernisse geltend zu machen: Nach § 42 Abs. 1 MarkenG können Inhaber einer Marke mit älterem Zeitrang gegen die Eintragung der Marke Widerspruch erheben. Die Eröffnung des Verfahrens ist fristgebunden: Der Widerspruch muss innerhalb von drei Monaten nach dem Tag der Veröffentlichung der Eintragung der Marke erhoben werden.[772] 2339

Die Gründe, auf die sich ein Widerspruch stützen kann, werden in § 42 Abs. 2 Nr. 1 bis 3 MarkenG abschließend aufgezählt. Die Norm besagt, dass der Widerspruch nur darauf gestützt werden kann, dass die Marke gelöscht werden kann 2340

- wegen einer angemeldeten oder eingetragenen Marke mit älterem Zeitrang nach § 9 MarkenG,
- wegen einer notorisch bekannten Marke mit älterem Zeitrang nach § 10 i.V.m. § 9 MarkenG oder wegen ihrer Eintragung für einen Agenten oder Vertreter des Markeninhabers nach § 11 MarkenG.
- wegen einer nicht eingetragenen Marke mit älterem Zeitrang nach § 4 Nr. 2 MarkenG oder einer geschäftlichen Bezeichnung mit älterem Zeitrang nach § 5 i.V.m. § 12. MarkenG oder
- wegen einer Ursprungsbezeichnung oder geografischen Angabe mit älterem Zeitrang in Verbindung mit § 13.

Der Widerspruch kann nur auf den § 42 Abs. 2 MarkenG abschließend aufgeführten Schutzhindernisse gestützt werden. Mit Inkrafttreten des Patentrechtsmodernisierungsgesetzes zum 01.10.2009 sind die Widerspruchsgründe in Angleichung an das Widerspruchsverfahren nach der damaligen GMV (heute UMV) erweitert worden.[773] Nach früherem Recht konnten Löschungsgründe wegen älterer, nicht eingetragener Kennzeichenrechte gemäß § 12 MarkenG sowie der erweiterte Schutz einer bekannten Marke nach § 9 Abs. 1 Nr. 3 MarkenG nur im Wege der Nichtigkeitsklage nach § 51, 55 MarkenG geltend gemacht werden. Nach der nun geltenden Rechtslage ist gemäß § 42 Abs. 2 Nr. 4 MarkenG es möglich, auch Widerspruch gegen die Eintragung von Marken, die ab dem 01.10.2010 angemeldet worden sind (vgl. Übergangsbestimmungen des § 158 Abs. 2 MarkenG), den Nichtigkeitsantrag aus einer nicht eingetragenen Benutzungsmarke (§ 4 Nr. 2 MarkenG) oder aus einer geschäftlichen Bezeichnung (Unternehmenskennzeichen, Werktitel gemäß § 5 MarkenG) mit älterem Zeitrang 2341

772 Ströbele/Hacker/Thiering-Miosga, § 42 MarkenG Rn. 36, 37.
773 Art. 3 Nr. 2 und Art. 9 PatRModG vom 31.07.2009, BlPMZ 2009, 301, 304, 307.

im Rahmen eines Widerspruchsverfahrens zu verfolgen. Außerdem kann der Widerspruch wegen unlauterer Ausnutzung oder Beeinträchtigung der Unterscheidungskraft oder der Wertschätzung des Widerspruchskennzeichens geltend gemacht werden.[774]

2342 Zur Eröffnung des Widerspruchsverfahrens ist der im Register eingetragene Inhaber der prioritätsälteren Marke berechtigt. Der Widersprechende soll ein Formblatt zu verwenden, das vom Deutschen Patent- und Markenamt herausgegeben wird (§ 29 Abs. 2 MarkenV.). Der Inhalt des Widerspruchs wird durch § 30 MarkenV geregelt. Danach muss der Widerspruch Angaben enthalten, die die Identität der angegriffenen Marke und der Widerspruchsmarke erkennen lassen. Außerdem muss die Person des Widersprechenden feststellbar sein. Der Widerspruch braucht nicht begründet zu werden. Gemäß § 64a MarkenG i.V.m. Nr. 331600 GebVerz zu § 2 Abs. 1 PatKostG muss innerhalb der dreimonatigen Widerspruchsfrist auch die Gebühr entrichtet werden, ohne die der Widerspruch als nicht erhoben gilt.[775]

2343 Der Widerspruch kann sich gegen sämtliche Waren/Dienstleistungen der angegriffenen Marke wenden. Es ist aber auch möglich, die prioritätsjüngere Marke nur beschränkt anzugreifen, den Widerspruch also nur gegen bestimmte Waren und Dienstleistungen zu richten. Eine Beschränkung dieser Art ist auch noch im späteren Widerspruchsverfahren möglich.[776] Der Widersprechende ist auch insoweit Herr des Verfahrens, als er auch ohne Zustimmung des Inhabers der angegriffenen Marke den Widerspruch zurücknehmen kann, solange noch keine rechtskräftige Widerspruchsentscheidung vorliegt. Mit der Rücknahme des Widerspruchs endet das Verfahren.[777] Grundsätzlich gilt für das registerrechtliche Verfahren des Widerspruchs nach § 59 Abs. 1 § 1 MarkenG der Amtsermittlungs-/Untersuchungsgrundsatz. Das Deutsche Patent- und Markenamt muss also im Rahmen der gestellten Anträge den Sachverhalt von Amts wegen erforschen.[778]

2344 Der Untersuchungsgrundsatz erstreckt sich auf alle Umstände, die für die Entscheidung erheblich sind. Das Deutsche Patent- und Markenamt muss jedoch bloßen Vermutungen nicht nachgehen. Etwas Anderes gilt, wenn hinreichende Anhaltspunkte vorliegen.[779]

2345 Wird eine prioritätsjüngere Marke aus relativen Schutzhindernissen durch Widerspruch in vollem Umfang angegriffen und hat der Widersprechende Erfolg, so wird die Marke in vollem Umfang gelöscht. Bei teilweisem Obsiegen erfolgt eine teilweise Löschung des Verzeichnisses der Marken und/oder Dienstleistungen.[780]

774 Ströbele/Hacker/Thiering-Mioskia, § 42 MarkenG Rn. 6.
775 Ströbele/Hacker/Thiering-Miosga, § 42 MarkenG Rn. 43.
776 Ströbele/Hacker/Thiering-Miosga, § 42 MarkenG Rn. 56.
777 Ströbele/Hacker/Thiering-Miosga, § 42 MarkenG Rn. 59.
778 Ströbele/Hacker/Thiering/-Miosga § 59 MarkenG Rn. 1.
779 Ströbele/Hacker/Thiering-Miosga, § 59 MarkenG Rn. 1.
780 Ströbele/Hacker/Thiering-Miosga, § 43 MarkenG Rn. 98.

Wird einer der am Widerspruchsverfahren Beteiligten durch einen in dem Verfahren ergangenen Beschluss beschwert, so besteht die Möglichkeit, sofern die oben genannten Voraussetzungen erfüllt sind, das Rechtsbehelfs- und/oder Rechtsmittelverfahren zu eröffnen, das heißt, Erinnerung oder Beschwerde einzulegen.[781] 2346

Gemäß § 44 MarkenG hat der im Widerspruchsverfahren unterlegene Markeninhaber die Möglichkeit, eine Eintragung der Marke im Wege der Klage vor den ordentlichen Gerichten durchzusetzen, soweit die Entscheidung im Widerspruchsverfahren materiell-rechtlich unzutreffend war. Zu den nach § 44 MarkenG heranzuziehenden Klagegründen gehören insbesondere ein durch Benutzung erworbenes älteres Markenrecht nach § 4 Nr. 2 MarkenG. Darüber hinaus kann auch eine Duldungspflicht der Eintragung auf Grundlage einer Vorrechtsvereinbarung oder auch einer Verwirkung der Rechte des Widerspruchsführers geltend gemacht werden.[782] Anspruchsadressat ist der Widerspruchsführer. Sachlich zuständig ist gemäß § 140 MarkenG die mit Kennzeichnungsrechtssachen befasste Kammer des Landgerichts.[783] 2347

Das Deutsche Patent- und Markenamt räumt den Beteiligten auf beiderseitigen Antrag eine Frist von mindestens zwei Monaten ein. Innerhalb dieser haben die Beteiligten Gelegenheit, eine gütliche Einigung zu erreichen (§ 42 Abs. 4 MarkenG). Eine entsprechende Regelung ist aus dem europäischen Erteilungsverfahren bekannt (Cooling-off-Frist gemäß Art. 6 Abs. 1 DVUM).[784] 2348

Ferner besteht für A die Möglichkeit des Nichtbenutzungseinwands.[785] 2349

d) Löschungsverfahren vor dem Deutschen Patent- und Markenamt

Die Eintragung einer Marke wird auf Antrag, der von jedermann gestellt werden kann, wegen Verfalls (insbesondere Nichtbenutzung) gelöscht, wenn die Marke nach der Eintragung nicht über einen ununterbrochenen Zeitraum von 5 Jahren rechtserhaltend benutzt worden ist. Nach § 53 Abs. 1 MarkenG kann der Antrag zunächst beim Deutschen Patent- und Markenamt gestellt werden. Widerspricht der Inhaber der eingetragenen Marke auf eine entsprechende Aufforderung durch das Deutsche Patent- und Markenamt nicht innerhalb von 2 Monaten nach der Zustellung der Mitteilung, wird die Eintragung gelöscht. Im Falle eines Widerspruchs gegen die Löschung kann der Antrag auf Löschung durch Klage vor den ordentlichen Gerichten geltend gemacht werden. 2350

Nach § 50 Abs. 1 MarkenG wird die Eintragung einer Marke auf Antrag gelöscht, wenn sie trotz bestehender absoluter Schutzhindernisse also entgegen § 3, 7 oder 8 MarkenG eingetragen worden ist. Der Antrag kann von jeder Person gestellt werden und zwar beim Deutschen Patent- und Markenamt (§ 54 Abs. 1 MarkenG). 2351

---

781 Ströbele/Hacker/Thiering-Miosga, MarkenG, Kommentar zu § 64 und § 66.
782 Ströbele/Hacker/Thiering-Miosga, § 44 MarkenG Rn. 35.
783 Ströbele/Hacker/Thiering-Miosga, § 44 MarkenG Rn. 17, 18.
784 Ströbele/Hacker/Thiering-Miosga, § 42 Rn. 78.
785 Vgl. hierzu Grabrucker GRUR 2005, 289 (299 f.).

2352 Der Löschungstatbestand der Bösgläubigkeit (§ 8 Abs. 1 Nr. 10 MarkenG) ist danach eine mögliche Begründung.

▶ **Beispiel:**

2353 A ist Inhaber einer Marke. Nunmehr wird gegen diese Marke ein Nichtigkeitsantrag gestellt. Zur Begründung wird ausgeführt, dass in einem bisher dem A nicht bekannten Lexikon das Zeichenwort als beschreibender Begriff aufgeführt wird. A bittet Patentanwalt B um Nachricht, warum es nach so vielen Jahren zu einem Nichtigkeitsantrag kommen kann.

2354 Eine Marke kann im Wege eines Nichtigkeitsverfahrens nach § 53 MarkenG vor dem Deutschen Patent- und Markenamt gelöscht werden, soweit ein Löschungsgrund nach § 50 MarkenG vorliegt. Der Antragsteller kann insoweit geltend machen, dass ein absolutes Eintragungshindernis nach §§ 3, 7 und 8 MarkenG vorliegt.[786] Der Nichtigkeitsantrag nach § 53 MarkenG ist schriftlich beim Deutschen Patent- und Markenamt zu stellen. Antragsbefugt ist jedermann.[787] Es handelt sich insoweit um ein Popularverfahren, bei dem kein eigenes Rechtsschutzbedürfnis geltend gemacht werden muss.[788]

2355 Unter Hinweis auf die Eintragung im Lexikon kann vorliegend die Marke wegen Fehlens der Unterscheidungskraft (§ 8 Abs. 2 Nr. 1 MarkenG) und des Freihaltebedürfnisses (§ 8 Abs. 2 Nr. 2 MarkenG) gelöscht werden.

▶ **Beispiel:**

2356 A erhält einen Bescheid des Deutschen Patent- und Markenamts, wonach seine vor einem Jahr eingetragene Marke wieder gelöscht wurde. A versteht das nicht und bittet seinen Patentanwalt B um Klärung.

2357 Nach § 50 Abs. 3 MarkenG kann eine Marke, die trotz entgegenstehender absoluter Schutzhindernisse eingetragen wurde, jederzeit von Amts wegen gelöscht werden, wenn die folgenden Bedingungen erfüllt sind:
- Das Nichtigkeitsverfahren muss innerhalb von zwei Jahren nach Eintragung der Marke eingeleitet werden
- Das Schutzhindernis muss auch noch im Zeitpunkt der Entscheidung über die Erklärung der Nichtigkeit bestehen und
- die Eintragung muss entgegen den genannten Vorschriften vorgenommen worden sein.

2358 Da die Marke des A erst vor einem Jahr eingetragen wurde, ist eine Löschung von Amts wegen bei Vorliegen von Schutzhindernissen demgemäß möglich.

---

786 Ströbele/Hacker/Thiering-Miosga, MarkenG, § 50 Rn. 1.
787 Ströbele/Hacker/Thiering-Miosga, MarkenG, § 53 Rn. 20.
788 Ströbele/Hacker/Thiering-Miosga, MarkenG, § 53 Rn. 21.

▶ Beispiel:

A ist Inhaberin der Marke »Autan« eingetragen für Insektenabwehrmittel. Dieses Produkt soll durch eine neue Entwicklung ersetzt werden, welche unter dem Namen »Autan-Innova« vertrieben werden soll. Am 31. 10. 2001 meldet Herr Mayer das Wort »Innova« für die Waren Insektenvernichtungsmittel, pharmazeutische Produkte an. Die Eintragung erfolgte antragsgemäß am 10. 1. 2004. A meldete das Zeichen »Autan-Innova« am 5. 11. 2001 für Arzneimittel, Insektenabwehrmittel als Marke an. Die Eintragung erfolgte am 8. 1. 2002. 2359

Nachdem A mit dem neuen Produkt auf den Markt kam, kündigte Herr Mayer eine Unterlassungsklage an, mit der er die Verwendung des Namens »Autan-Innova« untersagt. Gleichzeitig wies er darauf hin, dass die Unterlassungsklage hinfällig werde, wenn A seine Marke »Innova« für 50.000,00 erwerbe. A nahm das Kaufangebot nicht an und stellte gegen die Eintragung »Innova« einen Nichtigkeitsantrag.

Der Antragsteller kann gemäß § 50 Abs. 1 MarkenG geltend machen, dass der Anmelder zum Zeitpunkt der Anmeldung bösgläubig war. Dieser Löschungsgrund greift insbesondere in den Fällen, in denen der Anmelder die Eintragung der Marke unter falschen tatsächlichen Angaben erwirkt hat oder aber die Markenanmeldung in einer wettbewerbswidrigen Behinderungsabsicht getätigt hat.[789] Anhaltspunkte für eine Behinderungsabsicht können beispielsweise in einem fehlenden Benutzungswillen liegen.[790] Hinweise auf unlautere Absichten bei der Markenanmeldung können auch aus vorherigen vertraglichen Beziehungen zu folgern sein.[791] 2360

In dem Beispielsfall kommt es somit darauf an, ob Herr Mayer gemäß § 8 Abs. 2 Nr. 14 MarkenG bösgläubig war. Diese muss im Zeitpunkt der Anmeldung vorgelegen haben. Der Begriff Bösgläubigkeit ist im Markengesetz nicht definiert. In erster Linie kommt Bösgläubigkeit in Betracht, wenn eine Behinderungsabsicht oder die Übernahme eines fremden wertvollen Besitzes vorliegt. Das einfache Nachmachen einer Marke reicht regelmäßig nicht aus, um eine Bösgläubigkeit zu bejahen. Der Bundesgerichtshof hat in der Entscheidung *Class E*[792] Folgendes ausgeführt: 2361

> Die Ausnutzung einer formellen Rechtstellung ist dann als rechtsmissbräuchlich anzusehen ist, wenn sie ohne sachlich gerechtfertigten Grund zur Erreichung einer dem Kennzeichenrecht fremden und regelmäßig zu missbilligenden Zielsetzung erfolgt, die auf eine unlautere Behinderung des Zeichenbenutzers und auf eine Übernahme oder jedenfalls eine Störung seines Besitzstandes hinausliefe. Dies gelte umso mehr, wenn ein Markeninhaber eine Vielzahl von Marken für unterschiedliche Waren oder Dienstleistungen eingetragen habe und keinen ernsthaften Benutzungswillen nachweise. Könne festgestellt werden, dass Marken im Wesentlichen zu dem Zweck gehortet werden, Dritten, die identische oder

789 OLG Karlsruhe GRUR 1997, 373 f.
790 OLG Frankfurt GRUR 1998, 704 f.
791 OLG Karlsruhe GRUR 1997, 373.
792 OLG Frankfurt GRUR 1998, 704 f.

ähnliche Bezeichnungen verwenden, mit Unterlassungs- und Schadenersatzansprüchen zu überziehen, liege Bösgläubigkeit nahe. Die Antragstellerin trägt unterstützt durch den Amtsermittlungsgrundsatz die Beweislast für das Vorliegen der Bösgläubigkeit.

2362 Im vorliegenden Fall spricht vieles für die Bösgläubigkeit des Herrn Mayer. Im Oktober 2001 wurde die Neuentwicklung der A unter dem Namen »Autan-Innova« in Fachzeitschriften vorgestellt. Vergleicht man den Anmeldezeitpunkt der Marke »Innova« durch Herrn Mayer, stellt man fest, dass die Veröffentlichungen zu dieser Zeit schon stattgefunden haben. Hinzu kommt, dass Herr Mayer keinen eigenen Geschäftsbetrieb hat. Auch die Verbindung der Androhung einer Unterlassungsklage mit einem Kaufangebot der Marke »Innova« spricht dafür, dass zum einen ein Benutzungswille fehlt, und zum anderen die Marke eingesetzt wird, um die A unter Druck zu setzen. Unter Berücksichtigung des Gesamtverhaltens des Herrn Mayer sollte demnach eine Bösgläubigkeit bejaht werden.[793]

▶ **Beispiel:**

2363 A erhält vom Deutschen Patent- und Markenamt einen Nichtigkeitsantrag gegen seine Marke C zugestellt. Diese Marke wurde bereits vor 12 Jahren eingetragen. A geht zu seinem Patentanwalt B und fragt ihn, ob ein solcher Antrag noch zulässig ist.

2364 § 50 Abs. 2 und 3 MarkenG enthält einige wesentliche Beschränkungen bezüglich der Geltendmachung der absoluten Schutzhindernisse nach § 8 MarkenG im Löschungsverfahren. Insbesondere setzt § 50 Abs. 2 S. 1 MarkenG voraus, dass die Schutzhindernisse nach §§ 3, 7 oder 8 MarkenG nicht nur zum Zeitpunkt der Eintragung der Marke, sondern auch zum Zeitpunkt der Entscheidung über den Nichtigkeitsantrag fortbestehen. Gemäß § 50 Abs. 2 S. 2 MarkenG können die absoluten Schutzhindernisse nach § 8 Abs. 2 Nr. 1, 2 und 3 MarkenG nur dann eine Löschung begründen, wenn der Nichtigkeitsantrag innerhalb von 10 Jahren nach dem Tage der Markeneintragung gestellt wird.[794]

▶ **Beispiel:**

2365 A erhält einen Nichtigkeitsantrag vom Deutschen Patent- und Markenamt. Obwohl der Antragsteller keine Gebühr entrichtet hat, fordert das Amt zur sachlichen Stellungnahme auf.

2366 Gemäß § 64 a MarkenG ist mit der Antragstellung eine Tarifgebühr zu zahlen (s. Nr. 133300 des Gebührenverzeichnisses zu § 2 Abs. 1 PatGebG). Sofern die Gebühr nicht gezahlt wird, gilt der Antrag als nicht gestellt. Das Deutsche Patent- und Markenamt kann in diesem Fall jedoch nach § 50 Abs. 3 MarkenG ein Amtslöschungsverfahren einleiten.[795]

---

793 Vgl. hierzu auch Grabrucker GRUR 2005, 289 (298).

794 Ströbele/Hacker/Thiering-Miosga, § 50 MarkenG Rn. 22.

795 Ströbele/Hacker/Thiering-Miosga, § 50 MarkenG Rn. 24.

▶ **Beispiel:**

A wird ein Nichtigkeitsantrag vom Deutschen Patent- und Markenamt zugestellt. Er legt diesen Antrag beiseite und unternimmt nichts. Sodann wird ihm mitgeteilt, dass seine Marke gelöscht worden ist. A kann sich dies nicht erklären. Er geht zu Patentanwalt B, um sich die Sachlage erklären zu lassen. 2367

Nach § 53 Abs. 4 MarkenG ist der Inhaber der betroffenen Marke von dem Nichtigkeitsantrag zu unterrichten. Sofern er der Löschung nicht widerspricht, wird die Marke ohne eine inhaltliche Prüfung durch das Deutsche Patent- und Markenamt gelöscht. Der Widerspruch ist innerhalb einer Ausschlussfrist von zwei Monaten nach Zustellung des Löschungsbescheides zu erheben (§ 53, Abs. 4 MarkenG). Im Falle der Versäumung dieser Frist kommt eine Wiedereinsetzung nach § 91 Abs. 1 MarkenG infrage. Sofern von dem Markeninhaber ein Widerspruch eingelegt wird, trifft die nach § 56 Abs. 3 S. 1 MarkenG zuständige Markenabteilung eine Entscheidung über die Löschung der Eintragung. Die Entscheidung über die Löschung ergeht durch Beschluss. Dieser Beschluss ist in § 66 Abs. 1 MarkenG im Wege einer Beschwerde vor dem Bundespatentgericht anfechtbar.[796] 2368

e) Rechtsmittel

Gegen die Beschlüsse der Markenstellen gibt es die Möglichkeit des Rechtsbehelfs der Erinnerung. Danach stehen dem Markeninhaber den anderen Beteiligten die Möglichkeit der Beschwerde und Rechtsbeschwerde zu. 2369

aa) Erinnerung

▶ **Beispiel:**

Patentanwalt B hat eine Markenanmeldung für A beim Deutschen Patent- und Markenamt hinterlegt. Diese Markenanmeldung ist nunmehr zurückgewiesen worden. A möchte gerne bezüglich des weiteren Verfahrensablaufs beraten werden. 2370

Nach § 64 Abs. 1 S. 1 MarkenG findet die Erinnerung gegen solche Beschlüsse der Markenstellen und der Markenabteilungen statt, die von einem Beamten des gehobenen Dienstes oder einem vergleichbaren Angestellten erlassen worden sind. Wird also ein Beschluss der Markenstelle oder der Markenabteilung nicht von einem solchen Beamten oder Angestellten erlassen, sondern von einem Prüfer des Deutschen Patent- und Markenamtes, so ist gegen seine Entscheidung nur die Beschwerde gemäß § 66 Abs. 1 MarkenG möglich, nicht die Erinnerung. Wahlweise kann auch Beschwerde eingelegt werden.[797] 2371

796 Ströbele/Hacker/Thiering-Knoll, § 66 MarkenG Rn. 1 ff.
797 Ströbele/Hacker/Thiering-Knoll, MarkenG, § 66 Rn. 4.

2372 Die Erinnerung ist möglich gegen Beschlüsse, die endgültig über einen Antrag entscheiden, z.B. über einen Antrag auf Akteneinsicht, Berichtigung, Änderung, Teilung oder Löschung, nicht jedoch gegen vorbereitende oder prozessleitende Verfügungen wie die Ablehnung eines Fristgesuchs oder eines Beschleunigungsantrags. Überdies sind Zwischenbescheide, die die Rechtslage feststellen, bspw. die Zuerkennung eines Anmelde- oder Prioritätstags, nicht mit der Erinnerung angreifbar.[798] Die Erinnerung ist nur zulässig, wenn der Erinnerungsführer durch die angefochtene Entscheidung beschwert ist, wobei eine Beschwer, die ausschließlich aus den Gründen der Entscheidung ableitbar ist, nicht ausreicht.[799] Die Erinnerung muss schriftlich innerhalb einer Frist von einem Monat beim Deutschen Patent- und Markenamt eingelegt werden (§ 64 Abs. 2 MarkenG). Dabei muss der Erinnerungsführer darlegen, gegen welchen Beschluss sich die Erinnerung richtet. Eine Begründung muss nicht eingereicht werden. Die Frist beginnt am Tag der Zustellung des beschwerenden Beschlusses. Sie ist unverlängerbar.[800] Gemäß § 64 Abs. 1 S. 2 MarkenG hemmt die Erinnerung die Rechtswirkung des angegriffenen Beschlusses,[801] sie hat also Suspensiveffekt, der bereits dann eintritt, wenn die Erinnerung statthaft ist, aber weder zulässig noch begründet. Für die Einlegung der Erinnerung fallen Gebühren an, die innerhalb der Monatsfrist zu entrichten sind.[802] In einseitigen Verfahren kann der Beamte oder Angestellte, dessen Beschluss angefochten wird, gemäß § 64 Abs. 3 S. 1 MarkenG der Erinnerung abhelfen, wenn er sie für begründet hält.[803] Nach § 61 Abs. 2 S. 5 MarkenG handelt es sich bei der Erinnerung nicht um ein Rechtsmittel, sondern um einen Rechtsbehelf, auf den die Vorschriften über das Beschwerdeverfahren anwendbar sind. Ein wesentlicher Unterschied zum Beschwerdeverfahren ist, dass kein Instanzenwechsel (also kein Devolutiveffekt) zum Bundespatentgericht stattfindet, dass also die Erinnerung zu einem Verfahren innerhalb des Deutschen Patent- und Markenamtes führt.[804]

2373 Die Entscheidung in einem Erinnerungsverfahren wird nach § 64 Abs. 4 MarkenG durch ein Mitglied des Patentamtes (§ 56 Abs. 2 S. 2 MarkenG) durch Beschluss gefällt, der nach § 61 Abs. 1 S. 1 MarkenG mit einer Begründung zu versehen ist. Wählt der Erinnerungsführer das in § 66 Abs. 3 MarkenG geregelte Rechtsmittel der Durchgriffsbeschwerde, so kann nach § 64 Abs. 5 MarkenG über die Erinnerung nicht mehr entschieden werden. Sollte das Deutsche Patent- und Markenamt später noch eine Entscheidung fällen, wäre sie gegenstandslos.[805] Durchgriffsbeschwerde bedeutet, dass das Gesetz gemäß § 66 Abs. 3 MarkenG eine Beschwerdemöglichkeit eröffnet, sofern das Amt nicht innerhalb von sechs Monaten über die Erinnerung entschieden hat.[806]

798 Ströbele/Hacker/Thiering-Knoll, § 66 MarkenG Rn. 6.
799 Ströbele/Hacker/Thiering-Knoll, § 66 MarkenG Rn. 6.
800 Ströbele/Hacker/Thiering-Miosga, § 64 MarkenG Rn. 4.
801 BPatGE 18, 7 – *Lizenzbereitschaftserklärung.*
802 Ströbele/Hacker/Thiering-Miosga, § 64 MarkenG Rn. 7.
803 Ströbele/Hacker/Thiering-Miosga, § 64 MarkenG Rn. 13.
804 Ströbele/Hacker/Thiering-Miosga § 64 MarkenG Rn. 3.
805 Ströbele/Hacker/Thiering-Knoll, § 66 MarkenG, Rn. 17.
806 Ströbele/Hacker/Thiering-Knoll, MarkenG, § 66 Rn. 5.

bb) Beschwerde

▶ Beispiel:

Auf die Erinnerung des A ist die Markenanmeldung C zurückgewiesen worden. A möchte von Patentanwalt B wissen, was gegen diesen Beschluss des Deutschen Patent- und Markenamtes unternommen werden kann. 2374

§ 66 Abs. 1 S. 1 MarkenG besagt, dass gegen die Beschlüsse der Markenstellen und Markenabteilungen die Beschwerde an das Patentgericht stattfindet. Ausgeschlossen ist die Beschwerde allerdings, wenn gegen die Beschlüsse die Erinnerung nach § 64 Abs. 1 MarkenG gegeben ist. Beschlüsse im Sinne dieser Norm sind Entscheidungen des Deutschen Patent- und Markenamtes, die Rechte von Verfahrensbeteiligten berühren können und abschließenden Charakter haben.[807] 2375

Für die Frage der Statthaftigkeit der Beschwerde ist der sachliche Gehalt der Entscheidung wesentlich.[808] Werden lediglich verfahrensleitende Hinweise gegeben, ist keine Beschwerde möglich.[809] 2376

Nach § 66 Abs. 1 S. 2 MarkenG steht die Beschwerde den am Verfahren vor dem Patentamt Beteiligten zu. Gemäß § 66 Abs. 1 S. 3 MarkenG hat die Beschwerde Suspensiveffekt, das heißt, der angegriffene Beschluss hat zunächst keine nachteiligen Rechtsfolgen.[810] Die aufschiebende Wirkung der Beschwerde tritt schon dann ein, wenn diese statthaft ist.[811] Zulässigkeit oder Begründetheit sind hierfür nicht erforderlich. Zulässigkeitsvoraussetzung für die Beschwerde ist, dass der Beschwerdeführer durch die angefochtene Entscheidung beschwert ist.[812] Der angegriffene Beschluss muss also hinter dem Antrag des Beschwerdeführers zurückgeblieben[813] oder in anderer Weise für ihn nachteilig sein.[814] Die für eine Beschwerde erforderliche Beschwer muss sich aus den Entscheidungsgründen ergeben. Es ist nicht ausreichend, wenn der Adressat der Entscheidung nur durch deren Begründung beschwert ist.[815] Die Beschwerde ist schriftlich gemäß § 66 Abs. 2 MarkenG beim Deutschen Patent- und Markenamt einzulegen, also nicht beim Bundespatentgericht.[816] Sie muss nach § 66 Abs. 2 MarkenG innerhalb eines Monats nach Zustellung des angefochtenen Beschlusses beim Amt eingegangen sein.[817] Im Beschwerdeschriftsatz muss der Beschwerdeführer den angegriffenen Bescheid 2377

807 Ströbele/Hacker/Thiering-Knoll, MarkenG, § 66 Rn. 4.
808 BGH GRUR 1972, 472.
809 BPatGE 17, 147, 226; BPatGE 10, 43.
810 BPatGE 18, 7 – *Lizenzbereitschaftserklärung.*
811 BPatGE 3, 20.
812 BGH GRUR 1972, 535; BPatGE 11, 277.
813 BGH GRUR 1967, 435 ff.
814 Ströbele/Hacker/Thiering-Knoll, § 66 MarkenG, Rn. 6 ff.
815 BGH Mitt. 2006, 449 – Fahrzeugkarosserie; Ströbele/Hacker/Thiering-Knoll, § 66 MarkenG, Rn. 32; Ingerl/Rohnke § 66 Rn. 34.
816 BPatGE 18, 65.
817 Ströbele/Hacker/Thiering-Knoll, § 66 MarkenG, Rn. 38.

benennen und darlegen, dass er mit der Entscheidung des Deutschen Patent- und Markenamtes nicht einverstanden ist. Dabei ist es nicht erforderlich, dass er seine Eingabe als Beschwerde bezeichnet. Überdies bedarf es keiner Beschwerdebegründung.[818] Nach §§ 82 Abs. 1 S. 3, 66 Abs. 2 MarkenG i.V.m. Nr. 401100, 401200 und Nr. 401 300 GebVerz zu § 2 Abs. 1 PatkostG muss eine Gebühr nach dem Tarif entrichtet werden. Sie ist gemäß § 82 Abs. 1, S. 3 MarkenG i.V.m. § 6 Abs. 1, S. 1 PatkostG mit der Einlegung der Beschwerde fällig. Geschieht dies nicht, gilt die Beschwerde nach § 82 Abs. 1 S. 3 MarkenG, § 6 Abs. 3 PatkostG als nicht eingelegt.

2378 Ist an dem Beschwerdeverfahren außer dem Deutschen Patent- und Markenamt nur der Anmelder beteiligt, kann die Stelle des Amtes, deren Beschluss angegriffen wird, nach § 66 Abs. 5 S. 1 MarkenG der Beschwerde abhelfen, wenn sie die Beschwerde für begründet hält. Im Falle der Abhilfe ist mit dem Beschwerdeverfahren ausschließlich das Deutsche Patent- und Markenamt befasst, also keine weitere Instanz.[819] Ohne Abhilfe ist die Beschwerde innerhalb eines Monates an das Bundespatentgericht weiterzuleiten. Dazu braucht die betroffene Stelle nicht in der Sache Stellung zu nehmen. Erst jetzt tritt also der Devolutiveffekt der Beschwerde ein.[820] Sobald die Beschwerde aber beim Bundespatentgericht vorliegt, endet das Verfahren vor dem Deutschen Patent- und Markenamt. Es kann dann nicht weiter tätig werden.[821] Die Abhilfe ist in zwei- und mehrseitigen Verfahren nach § 66 Abs. 6 S. 2 MarkenG ausdrücklich ausgeschlossen.[822]

2379 Über die Beschwerde entscheidet gemäß § 67 Abs. 1 MarkenG der Markensenat durch Beschluss (§ 70 Abs. 1 MarkenG). Eine mündliche Verhandlung findet nach § 69 MarkenG statt, wenn entweder einer der Beteiligten sie beantragt oder vor dem Patentgericht Beweis erhoben wird oder das Patentgericht sie für sachdienlich erachtet.[823]

2380 § 71 MarkenG regelt die Kosten des Beschwerdeverfahrens. Sind mehrere Parteien an dem Verfahren vor dem Bundespatentgericht beteiligt, so können die Kosten des Verfahrens einer Partei auferlegt werden. In der Regel tragen die Parteien die Kosten des Verfahrens nach § 71 Abs. 1 S. 2 MarkenG jedoch selbst.[824]

2381 Der Gang des Verfahrens wird im Einzelnen durch die §§ 72 bis 78 MarkenG geregelt.

cc) Rechtsbeschwerde

▶ **Beispiel:**

2382 Das Bundespatentgericht hat eine Beschwerde des A abgewiesen. Er möchte von Patentanwalt B wissen, ob gegen diesen Beschluss noch Rechtsmittel möglich sind.

---

818 Ströbele/Hacker/Thiering-Knoll, § 66 MarkenG, Rn. 41.
819 BPatGE 29, 112 – *Vorlage an BPatG*; BPatG GRUR 1991, 828 – *Synchrotron.*
820 Ströbele/Hacker/Thiering-Knoll, § 66 MarkenG, Rn. 66.
821 Ströbele/Hacker/Thiering-Knoll § 66, MarkenG, Rn. 88.
822 Ströbele/Hacker/Thiering-Knoll, § 66 MarkenG, Rn. 67.
823 Ströbele/Hacker/Thiering-Knoll, Kommentierung zu § 67 MarkenG.
824 Ströbele/Hacker/Thiering-Knoll, Kommentierung zu § 71 MarkenG.

§ 83 MarkenG regelt die zugelassene und die zulassungsfreie Rechtsbeschwerde. Nach § 83 Abs. 1 S. 1 findet die Rechtsbeschwerde an den Bundesgerichtshof statt. Sie richtet sich gegen Beschlüsse der Beschwerdesenate des Bundespatentgerichtes über eine Beschwerde nach § 66 MarkenG.[825] § 83 MarkenG definiert die Beschlüsse, gegen die Rechtsbeschwerde möglich ist: Es muss sich um zumindest teilweise abschließende Beschlüsse mit Entscheidungscharakter in einem Beschwerdeverfahren handeln.[826] In § 83 Abs. 2 MarkenG werden Zulassungsgründe für die Rechtsbeschwerde abschließend aufgezählt.[827] § 83 Abs. 2 Nr. 1 MarkenG besagt, dass die Rechtsbeschwerde immer dann zuzulassen ist, wenn eine Rechtsfrage von grundsätzlicher Bedeutung zu entscheiden ist. Diese Ausgangslage ist nur gegeben, wenn ein bedeutsames Interesse der Allgemeinheit gegeben ist, nicht nur eines der am Verfahren Beteiligten.[828] Damit ist die Rechtsbeschwerde zuzulassen, wenn die Rechtsfrage für eine größere Zahl gleicher oder ähnlicher Fälle bedeutsam ist[829] und noch nicht vom Bundesgerichtshof entschieden wurde.[830] 2383

Die Rechtsbeschwerde ist außerdem zuzulassen, wenn nach § 83 Abs. 2 Nr. 2 MarkenG die Fortbildung des Rechtes oder die Sicherung der einheitlichen Rechtssprechung eine Entscheidung des BGH erforderlich macht. Das Argument der Sicherung einer einheitlichen Rechtssprechung ist nur relevant, wenn der Beschwerdesenat von Entscheidungen anderer Gerichte oder Senate abweichen will, nicht jedoch, wenn er von der Linie seiner eigenen Entscheidungen abweichen will.[831] Nach § 83 Abs. 3 MarkenG ist bei bestimmten Verfahrensmängeln eine Zulassung für eine Rechtsbeschwerde nicht erforderlich. Die Aufzählung ist abschließend, sodass andere Verfahrensverstöße nicht als Basis einer Rechtsbeschwerde dienen können.[832] 2384

Die zulassungsfreie Rechtsbeschwerde ist bspw. bei einem Verstoß gegen § 67 Abs. 1 MarkenG gegeben, wenn also das beschließende Gericht nicht vorschriftsmäßig besetzt ist[833] oder willkürlich gegen den Geschäftsverteilungsplan verstoßen wurde.[834] 2385

Wurde ein Richter nach § 72 MarkenG von der Ausübung des Richteramtes ausgeschlossen oder wegen Besorgnis der Befangenheit erfolgreich abgelehnt, ist die zulassungsfreie Rechtsbeschwerde möglich, wenn dieser dennoch an einem Beschluss des Patentgerichtes mitgewirkt hat. Wird ein Antrag auf Ablehnung eines Richters 2386

825 BGH GRUR 1969, 439 – Bausteine; BGH GRUR 1972, 196 – Dosiervorrichtung; Ströbele/Hacker/Thiering-Knoll, § 83 MarkenG Rn. 6.
826 BGH GRUR 1961, 203 – *IG Bergbau*; BPatGE 22, 45 – *Zulassung der Rechtsbeschwerde*.
827 BGHZ 20, 188; BGH GRUR 1964, 519; BGH GRUR 1968, 59.
828 BPatGE 5, 192.
829 BPatGE 3, 173.
830 BPatGE 9, 263.
831 Ströbele/Hacker/Thierin-Knoll, MarkenG, § 83 MarkenG Rn. 27.
832 BGH GRUR 1974, 294; BGH GRUR 1963, 645; BGH GRUR 1980, 846; BGH GRUR 1981, 507; BGH Bl. 1987, 355.
833 BGH GRUR 1964, 602; BGH GRUR 1967, 543.
834 BGH GRUR 1976, 719; BGH GRUR 1983, 116.

zurückgewiesen und wirkt dieser Richter dann am Beschluss mit, so ist § 83 Abs. 3 S. 2 MarkenG nicht anwendbar.[835]

2387 Schließlich ist eine Zulassung der Rechtsbeschwerde auch dann nicht erforderlich, wenn einem Beteiligten das rechtliche Gehör versagt oder wenn er nicht nach Vorschrift des Gesetzes vertreten war, wenn ein Verstoß gegen den Grundsatz der Öffentlichkeit der mündlichen Verhandlung vorliegt oder die angefochtene Entscheidung nicht mit Gründen versehen war.[836]

2388 Wird einer der in § 83 Abs. 3 Nr. 1–6 MarkenG genannten Gründe substantiiert vorgetragen, ist die Rechtsbeschwerde statthaft und zulässig, auch dann, wenn der gerügte Verfahrensmangel letztlich nicht vorliegt.[837]

2389 § 83 Abs. 1 S. 2 MarkenG regelt, dass die Rechtsbeschwerde Suspensiveffekt hat. Die aufschiebende Wirkung tritt bereits dann ein, wenn die Rechtsbeschwerde statthaft ist, selbst wenn sie nicht zulässig oder begründet sein sollte. Bei offensichtlich unzulässigen Rechtsbeschwerden tritt die aufschiebende Wirkung nicht ein.[838]

2390 Für die Durchführung des Rechtsbeschwerdeverfahrens gelten die §§ 84 ff. MarkenG.

f) Nichtigkeitsklage vor den ordentlichen Gerichten

2391 Nach § 51 Abs. 1 MarkenG wird die Eintragung einer Marke auf eine erfolgreiche Klage hin wegen Nichtigkeit gelöscht, wenn ihr ältere Rechte Dritter entgegenstehen. Zur Entscheidung dieser Klage auf Löschung, sind die ordentlichen Gerichte zuständig.

▶ Beispiel:

2392 A wird vom Landgericht Braunschweig eine Klage zugestellt. Daraus ergibt sich, dass die Firma D gegen seine Marke C eine Nichtigkeitsklage erhoben hat. Zur Begründung wird darauf hingewiesen, dass nach den Recherchen der Firma D die Marke nicht benutzt worden sei. Außerdem sei die Marke einer Marke E der Firma D sehr ähnlich. Die Marken E und C beziehen sich auf dasselbe Warenverzeichnis. Die Marke C war vor 7 Jahren eingetragen worden. A versteht diesen Vorgang nicht und möchte von Patentanwalt B beraten werden.

2393 Die Nichtigkeitsklage findet ihre gesetzliche Grundlage in § 55 MarkenG. Mit der Nichtigkeitsklage können die Verfallsgründe nach § 49 MarkenG sowie die Nichtigkeitsgründe nach § 51 MarkenG geltend gemacht werden.[839] Während für die Nichtigkeitsgründe nach § 51 MarkenG nach Ablauf der Widerspruchsfrist eine Nichtigkeitsklage nach § 55 MarkenG infrage kommt, können die Verfallsgründe nach § 49

835 BGH GRUR 1990, 434 – *Wasserventil.*
836 BGH GRUR 1997, 636 – *Makol.*
837 BGH GRUR 94, 215.
838 Ströbele/Hacker/Thiering-Knoll, § 83 MarkenG Rn. 73.
839 Ströbele/Hacker/Thiering-Thiering, § 55 MarkenG Rn. 2 ff.

MarkenG auch im Wege eines Löschungsverfahrens gemäß § 53 MarkenG vor dem Deutschen Patent- und Markenamt geltend gemacht werden.

Von dem »Verfall« einer eingetragenen Marke spricht man dann, wenn nach Eintragung der Marke in das Register Umstände eintreten, deren Geltendmachung zu einer Löschung der Eintragung führen würden. Nach Eintritt der Verfallsgründe spricht man auch von einer »Löschungsreife« der eingetragenen Marke.[840] 2394

Der Kläger kann seine Nichtigkeitsklage nach § 49 MarkenG auf folgende Verfallsgründe stützen: 2395
- Nichtbenutzung gemäß § 49 Abs. 1 MarkenG,
- Umwandlung zur gebräuchlichen Bezeichnung gemäß § 49 Abs. 2 Nr. 1 MarkenG,
- täuschende Benutzung gemäß § 49 Abs. 2 Nr. 2 MarkenG,
- Wegfall eines für den Markenschutz zugelassenen Inhabers gemäß § 49 Abs. 2 Nr. 3 MarkenG.

Der Verfall wegen Nichtbenutzung gemäß § 49 Abs. 1 MarkenG knüpft an die Notwendigkeit der rechtserhaltenden Nutzung gemäß § 26 MarkenG an. Sie begründet einen Verfallsgrund, wenn die Marke über einen ununterbrochenen Zeitraum von fünf Jahren nicht rechtserhaltend benutzt wurde. Die Frist für den 5-jährigen Zeitraum beginnt mit dem Tag, an dem kein Widerspruch mehr möglich ist, d.h. mit Ablauf der Widerspruchsfrist bzw. mit dem Zeitpunkt des Ablaufs des Widerspruchsverfahrens (§ 26 Abs. 5 MarkenG[841] 2396

Im Ergebnis kann die Marke gelöscht werden, weil zum einen wegen der Ähnlichkeit der Marken die Löschungsgründe des § 51 MarkenG vorliegen und zum anderen die Marke wegen Nichtbenutzung löschungsreif ist (§ 49 Abs. 1 MarkenG). 2397

▶ Beispiel:

A stellt fest, dass die eingetragene Marke eines Konkurrenten zu einem Begriff geworden ist, der in zahlreichen Werken als Sachbereich zur Zeichnung aufgeführt ist. A möchte von Patentanwalt B wissen, ob die Marke zu Recht eingetragen ist. 2398

§ 49 Abs. 2 Nr. 1 MarkenG erfasst die Fälle, in denen die Bezeichnung ihre Kennzeichnungsfunktion durch eine nachträgliche Entwicklung zu einem Gattungsbegriff verloren hat. Die Sanktionierung des Verfalls knüpft hier daran an, dass der Markeninhaber diese Entwicklung geduldet hat und nicht gegen die beschreibende Nutzung seiner Marke vorgegangen ist. Hinsichtlich des Nachweises der Änderung der Verkehrsauffassung werden von der Rechtsprechung strenge Maßstäbe angelegt.[842] 2399

Im Ergebnis muss die Marke zu recht seinerzeit eingetragen worden sein. Nachdem sie aber zum Sachbegriff geworden ist, ist der Verfallsgrund des § 49 Abs. 2 Nr. 1 MarkenG gegeben. 2400

840 Ströbele/Hacker/Thiering-Thiering, Kommentierung zu § 49 MarkenG.
841 Ströbele/Hacker/Thiering-Thiering, § 49 MarkenG Rn. 17.
842 BGH GRUR 1964, 458.

▶ **Beispiel:**

2401 A meint, die Marke des Konkurrenten C täusche den Verkehr.

2402 Der Verfallsgrund des § 49 Abs. 2 Nr. 2 MarkenG erfasst die Fälle, in welchen die Nutzung einer Marke geeignet ist, beim betroffenen Publikum eine inhaltliche unrichtige Vorstellung über tatsächliche Verhältnisse hervorzurufen. Die Täuschungsgefahr bezieht sich nicht auf die Verwechslung mit anderen Marken beziehungsweise die betriebliche Herkunft, sondern auf die Beschaffenheit, die Art und die geographische Herkunft der gekennzeichneten Waren oder Dienstleistungen.[843] Vorausgesetzt wird insoweit eine inhaltliche Unrichtigkeit der Marke. Die Aufzählung in § 49 Abs. 2 Nr. 2 MarkenG ist diesbezüglich nicht abschließend. Die Beurteilung der Täuschungsgefahr ist unter Berücksichtigung des Verbraucherbildes des EuGH zu prüfen, das heißt, es ist ein durchschnittlich informierter, aufmerksamer und verständiger Durchschnittsverbraucher zur Beurteilung heranzuziehen.[844]

▶ **Beispiel:**

2403 A stellt fest, dass Konkurrent C die Marke »Heinzelmann« angemeldet hat. Die Marke ist für A bereits früher eingetragen worden. Außerdem heißt die Firma des A ebenso. Was kann unternommen werden?

2404 Eine Nichtigkeitsklage nach § 55 MarkenG kann neben den Verfallsgründen des § 49 MarkenG auch auf die Nichtigkeitsgründe des § 51 MarkenG gestützt werden. Gemäß § 51 Abs. 1 MarkenG kann der Kläger insbesondere geltend machen, dass ihm ein Recht im Sinne des § 9 bis 13 MarkenG mit älterem Zeitrang zusteht. Im Einzelnen kann der Löschungsanspruch nach § 51 Abs. 1 MarkenG somit auf folgende Nichtigkeitsgründe gestützt werden:[845]

- Der Inhaber der prioritätsälteren Marke kann geltend machen, dass er nach § 9 MarkenG über bessere Rechte verfügt. Der Kläger kann sich auch auf § 10 MarkenG berufen und den Schutz einer notorisch bekannten Marke geltend machen.
- Der Kläger kann im Rahmen der Nichtigkeitsklage auch geltend machen, dass es sich bei der zu löschenden Marke um eine rechtswidrige Agentenmarke im Sinne des § 11 MarkenG handelt.
- Schließlich kann der Kläger seine besseren Rechte nach § 12 MarkenG auch aus einer Benutzungsmarke im Sinne des § 4 Nr. 2 MarkenG oder aus einer geschäftlichen Bezeichnung mit einem besseren Zeitrang ableiten.
- Darüber hinaus kann sich der Kläger gemäß § 51 Abs. 1 MarkenG i.V.m. § 13 MarkenG auf die in § 13 Abs. 2 MarkenG aufgeführten »sonstigen Rechte« berufen.

2405 Hier kann A sich auf seine ältere Marke und seine Firma berufen und eine entsprechende Nichtigkeitsklage begründen.

---

843 Ströbele/Hacker/Thiering/Thiering, § 55 MarkenG Rn. 55.
844 BGH GRUR 2000, 506 – *ATTACHÉ/TISSERAND.*
845 Ströbele/Hacker/Thiering-Thiering, § 51 MarkenG, Rn. 5 ff.

▶ Beispiel:

Das Gespräch mit Patentanwalt B ergibt, dass A mit C seit 6 Jahren enge Geschäftskontakte unterhält. Hierdurch ist ihm die Marke des C bekannt. 2406

Der Löschungsanspruch gemäß § 51 Abs. 1 MarkenG kann nach § 51 Abs. 2 S. 1 MarkenG verwirkt werden, soweit der Inhaber der prioritätsälteren Rechte die Benutzung der jüngeren Marke über einen Zeitraum von fünf aufeinander folgenden Jahren gekannt und geduldet hat. Der Verwirkungseinwand greift nicht, wenn die Anmeldung der jüngeren Marke bösgläubig vorgenommen wurde. Gemäß § 51 Abs. 2 S. 3 ist eine Löschung auch dann ausgeschlossen, soweit der Inhaber der prioritätsälteren Rechte seine Zustimmung zu dem Eintrag der jüngeren Rechte gegeben hat.[846] 2407

Vorliegend kannte A die Marke des C und hat trotzdem 6 Jahre nichts unternommen. A hat mithin den Löschungsanspruch verwirkt. 2408

▶ Beispiel:

A teilt Patentanwalt B mit, dass er beabsichtigt, sich aus dem Geschäftsleben zurückzuziehen und an D sein Geschäft zu verkaufen. D ist andererseits interessiert, die geplanten Löschungsverfahren gegen den Konkurrenten C vor Eintritt in das Geschäft des A zu beginnen. Ist das möglich? 2409

Aktivlegitimiert ist im Fall der Nichtigkeitsklage nach § 55 Abs. 2 Ziff. 1 MarkenG jedermann, das heißt der Kläger muss nicht geltend machen, in eigenen Rechten betroffen zu sein. Hintergrund der Ausgestaltung der Nichtigkeitsklage als Popularklage im Falle der Geltendmachung von Verfallsgründen ist der Gedanke der Reinhaltung des Markenregisters.[847] Im Falle der Geltendmachung von relativen Nichtigkeitsgründen im Rahmen einer Nichtigkeitsklage ist die Klagebefugnis auf den Inhaber der älteren Kennzeichnungsrechte nach § 55 Abs. 2 Nr. 2 MarkenG beschränkt. Passivlegitimiert ist der in das Markenregister eingetragene Markeninhaber, unabhängig von der materiell-rechtlichen Markeninhaberschaft.[848] 2410

D kann ohne weiteres das geplante Löschungsverfahren gegen C schon jetzt beginnen. Wann er das Geschäft des A übernimmt ist für die Zulässigkeit der Klage unerheblich. 2411

▶ Beispiel:

A möchte wissen, wo die von Patentanwalt B vorgeschlagene Nichtigkeitsklage anhängig zu machen ist. 2412

846 Ströbele/Hacker-Thiering-Thiering, § 51 MarkenG Rn. 16, 17.
847 BGH GRUR 1957, 350.
848 Ströbele/Hacker-Thiering/Thiering, § 51 MarkenG Rn. 34.

2413 Bei der Nichtigkeitsklage handelt es sich um eine Kennzeichnungsstreitsache gemäß § 140 Abs. 1 MarkenG. Die örtliche Zuständigkeit richtet sich nach den Vorschriften des § 12 ff. ZPO. Im Fall von ausländischen Markeninhabern greift die Regelung des § 96 Abs. 3 MarkenG.

▶ **Beispiel:**

2414 A möchte wissen, wie im Wege der Klage die Löschung der Marke des Konkurrenten C zu erreichen ist. A ist interessiert, eine rückwirkende Löschung zu erreichen, da er in einem früheren Verfahren wegen Markenverletzung verurteilt worden ist. Das Urteil ist rechtskräftig.

2415 Der Antrag ist auf Einwilligung in die Löschung zu richten. Neben dem Nichtigkeitsantrag kann der Kläger bei der Nichtigkeitsklage auch einen zusätzlichen Feststellungsantrag bezüglich des Zeitpunkts der Rückwirkung stellen. Gemäß § 52 Abs. 1 S. 1 MarkenG wirkt die Löschung lediglich auf den Zeitpunkt der Klageerhebung zurück. Gemäß § 52 Abs. 1 S. 2 MarkenG kann jedoch ein früherer Zeitpunkt auf Antrag festgesetzt werden. Dies ist insbesondere in den Fällen bedeutsam, in denen der Kläger zuvor abgemahnt wurde und nunmehr Ansprüche wegen einer unberechtigten Abmahnung geltend machen will.[849]

2416 Eine erfolgreiche Nichtigkeitsklage hat zur Folge, dass das Markenrecht rückwirkend auf den Tag der Klageerhebung entfällt (§ 51 Abs. 1 MarkenG). Gemäß § 52 Abs. 3 MarkenG erfasst diese Rückwirkung nicht rechtskräftig abgeschlossene Verletzungsverfahren (§ 52 Abs. 3 Nr. 1 MarkenG) und erfüllte Verträge (§ 52 Abs. 3 Nr. 2 MarkenG).[850] Vorliegend ist das Urteil gegen A rechtskräftig. Demzufolge sollte ausdrücklich ein Antrag auf Rückwirkung der Löschung gestellt werden.

g) Nicht eingetragene Kennzeichenrechte

2417 Nach dem Markengesetz können auch Kennzeichenrechte ohne Eintragung begründet werden. Hierzu zählen vor allen Dingen die geschäftlichen Bezeichnungen und die Werktitel.

aa) Geschäftliche Bezeichnung

▶ **Beispiel:**

2418 Ein im Handelsregister als »Albo Dämm-Stoffe GmbH« eingetragenes und im Geschäftsverkehr seit Langem als »Albo Alfred Boll GmbH Dämmstoffe« gut bekanntes Unternehmen fertigt am Geschäftssitz in Kassel und in einem Zweigwerk in Göttingen Dämmstoffe zur Hausisolierung. Nunmehr wird am Geschäftssitz in Kassel ein neues Unternehmen gegründet, die »Albo Boll GmbH

849 Ströbele/Hacker/Thiering-Thiering, § 52 MarkenG Rn. 12.
850 Ströbele/Hacker/Thiering-Thiering, § 52 MarkenG Rn. 22 ff.

Dämmstoffe«. Die Geschäftsführer der »Albo Dämm-Stoffe GmbH« sind empört und verlangen von der »Albo Boll GmbH Dämmstoffe« Unterlassung der Benutzung des Firmenbestandteils »Albo« sowie Löschung im Handelsregister.

Die Ansprüche des Inhabers einer geschäftlichen Bezeichnung im Sinne des § 5 MarkenG sind im § 15 MarkenG geregelt. Unter den Begriff der geschäftlichen Bezeichnung fallen gemäß § 5 Abs. 1 MarkenG die Unternehmensbezeichnung und die Werktitel. Voraussetzung für eine Geltendmachung der Ansprüche nach § 15 MarkenG ist, dass der Verletzte über prioritätsältere Rechte verfügt als der Angegriffene (§ 16 MarkenG). Nach der Rechtsprechung setzt die Begründung der Verletzung einer geschäftlichen Bezeichnung eine Branchennähe zwischen dem Inhaber und dem Verletzer voraus.[851] Maßgeblich ist, ob zwischen den Tätigkeitsbereichen des Klägers und des Beklagten Berührungspunkte sachlicher Art gegeben sind.[852] Insbesondere in den Fällen einer Differenzierung in verschiedenen Unternehmensbereichen bereitet die Bestimmung des vergleichbaren Tätigkeitsbereiches nicht selten Probleme. Maßgeblich für die Bestimmung der Branchennähe i.S.d. § 15 MarkenG ist der Schwerpunkt der jeweiligen Unternehmungsaktivitäten. Je größer die Ähnlichkeit zwischen den verwendeten Bezeichnungen ist, desto weniger streng ist das Kriterium der Branchennähe auszulegen. Umgekehrt gilt auch, dass im Falle einer identischen Branche die Anforderungen an die Ähnlichkeit der Kennzeichnung weniger streng auszulegen sind.[853] § 15 Abs. 3 MarkenG regelt den besonderen Schutz bekannter geschäftlicher Bezeichnungen. Im Falle der Prüfung der Verletzung einer Unternehmensbezeichnung ist dem Umstand Rechnung zu tragen, dass Geschäftsbezeichnungen nur einen räumlich beschränkten Geltungsbereich haben können. 2419

Eine besondere Bedeutung spielt im Rahmen des § 15 MarkenG die Verwechselungsgefahr im weiteren Sinne. Diese Fallgruppe erfasst die Fälle, in denen die Zeichenähnlichkeit zumindest soweit reicht, dass Abnehmer zu der Annahme gelangen müssen, dass eine vertragliche oder konzernrechtliche Verbindung zwischen den eine verwechselungsfähige Kennzeichnung nutzenden Unternehmen besteht.[854] 2420

Gemäß § 15 Abs. 3 MarkenG unterliegen bekannte Unternehmenskennzeichen einem besonderen Schutz hinsichtlich der Rufausbeutung und Rufbeeinträchtigung. Voraussetzung für die Bejahung einer Bekanntheit im Sinne des § 15 Abs. 3 MarkenG ist, dass die Bezeichnung gerade als Kennzeichnung des gesamten Unternehmens eine hinreichende Bekanntheit erlangt hat. Eine bloße Bekanntheit als Marke für ein bestimmtes Produkt oder eine bestimmte Dienstleistung ist nicht ausreichend.[855] 2421

Für den vorliegenden Fall ergibt sich somit Folgendes: 2422

851 BGH GRUR 1995, 54 – *Nicoline*.
852 BGH GRUR 1997, 468 – *NetCom*.
853 BGH WRP 1993, 694 – *apetito/apitta*.
854 Ströbele/Hacker/Thiering-Hacker, § 15 MarkenG Rn. 75.
855 Ströbele/Hacker/Thiering-Hacker, § 15 MarkenG Rn. 104.

2423 Die Gefahr einer Unternehmensverwechselung besteht, wenn der Verkehr aufgrund der Ähnlichkeit der verwendeten Bezeichnung annimmt, zwischen den Unternehmen beständen besondere Beziehungen geschäftlicher, wirtschaftlicher oder organisatorischer Art.[856] Dabei ist unbeachtlich, dass die Firmen die übereinstimmenden Bestandteile nicht in Alleinstellung, sondern mit Zusätzen verwenden. Denn der Schutz des § 5 MarkenG erstreckt sich nicht nur auf die insgesamt verwendete Bezeichnung, sondern auch auf den Firmenkern, sofern dieser am kennzeichnungskräftigsten ist und dessen Gleichheit gerade die Verwechselungsgefahr begründet.[857] Es handelt sich nicht um einen selbstständigen Namensschutz des Firmenbestandteils, sondern darum, dass im Rahmen des Schutzes der vollständigen Firmenbezeichnung bei Fortführung der Verwechselungsgefahr die Verkehrsübung zu berücksichtigen ist, sich zur kurzen Kennzeichnung eines Unternehmens einer naheliegenden Abkürzung durch Alleinbenutzung eines unterscheidungskräftigen Firmenbestandteils zu bedienen.[858] Schutzfähig ist hiernach ein an sich unterscheidungskräftiger Firmenbestandteil im Rahmen des Schutzes der vollständigen Firmenbezeichnung, wenn er seiner Art nach im Vergleich zu den übrigen Bestandteilen der Gesamtfirma geeignet erscheint, sich im Verkehr als schlagwortartiger Hinweis auf das Unternehmen durchzusetzen.[859] Maßgebend ist dabei der Gesamteindruck, wobei von übereinstimmenden Bestandteilen auszugehen ist.

2424 Stellt man nun insoweit die benutzten Firmen gegenüber, könnten die gemeinsamen Bestandteile »Albo« und »Dämmstoffe« eine Verwechselungsgefahr in diesem Sinne begründen. Bei dem Begriff »Dämmstoffe« handelt es sich um eine reine Sachangabe, die für sich keine Kennzeichnungskraft besitzt. Gleichwohl trägt die Identität dieses Sachbegriffs in beiden Firmen zur Verwechselbarkeit ebenfalls bei, wenn vom Gesamteindruck ausgegangen wird. Die Angabe »Albo« wird hingegen wegen ihrer Eigentümlichkeit als Phantasiewort in Bezug auf die sonstigen Firmenbestandteile besondere Beachtung finden, also gegenüber den übrigen Firmenbestandteilen beider Firmen eine besondere Bedeutung erlangen. Hierbei ist auch zu berücksichtigen, dass »Albo« sogar in Alleinstellung als Hinweis auf die »Albo Dämmstoffe GmbH« dient. Danach ist dieser an sich unterscheidungskräftige Firmenbestandteil im Rahmen der vollständigen Firmenbezeichnung schutzfähig, da er seiner Art nach im Vergleich zu den übrigen Bestandteilen der Gesamtfirma sich als geeignet erwiesen hat, sich im Verkehr als schlagwortartiger Hinweis durchzusetzen.[860] Die Unterscheidungskraft des Wortes »Albo« wird auch nicht durch ein Freihaltebedürfnis des Verkehrs an diesem Begriff beeinträchtigt, weil »Albo« aufgrund des Phantasiegehalts kein Begriff des allgemeinen Sprachgebrauchs ist. Bedenken gegen eine Verwechselungsgefahr könnten aber deshalb bestehen, weil die »Albo Boll GmbH Dämmstoffe« sich durch den kennzeichnungskräftigen Zunamen »Boll« von der »Albo Dämmstoffe GmbH«

856 BGHZ 14, 155; BGH NJW 86, 57.
857 BGH GRUR 61, 628 (630); NJW 86, 57 f.
858 BGH WRP 88, 441.
859 BGHZ 11, 214 (216).
860 BGHZ 11, 214 (216); BGHZ 24, 238 (241); BGH WRP 88, 441.

unterscheidet. Personennamen besitzen nämlich Kennzeichnungskraft, selbst wenn es sich um Allerweltsnamen handelt. Demgemäß enthält die »Albo Boll GmbH Dämmstoffe« neben dem Wort »Albo« einen weiteren kennzeichnungskräftigen Bestandteil.[861] Stellt man also auf den Namen »Boll« ab, ließe es sich rechtfertigen, eine Verwechselungsgefahr zu verneinen. Stellt man dagegen darauf ab, dass der gemeinsame Firmenbestandteil »Albo« auf dem Markt für Dämmstoffe schon historisch bedingt eine besonders starke Kennzeichnungskraft hat, läge eine Verwechselungsgefahr im weiteren Sinne vor. Zudem wird der Eindruck erweckt, die »Albo Boll GmbH Dämmstoffe« sei wegen des Zunamens »Boll« die Nachfolgerin der früheren Firma »Alfred Boll KG« und habe aus diesem Grund sogar an dem Wort »Albo« die besseren Rechte gegenüber der »Albo Dämmstoffe GmbH«.[862] Außerdem ist zu beachten, dass bei einer aus mehreren Worten bestehenden Bezeichnung regelmäßig dem Anfangswort eine besondere Bedeutung beigemessen wird. Beide Firmen haben das Wort »Albo« an den Anfang ihrer Firma gestellt. Der Verkehr wird deshalb besonders geneigt sein, das eine Unternehmen für das andere zu halten, mithin beide zu verwechseln.

Es besteht daher die Gefahr einer Verwechselung. 2425

bb) Werktitel

▶ Beispiel:

Das Zweite Deutsche Fernsehen K hat 13 Folgen der Serie »Das Erbe der Gul- 2426
denburgs« ausgestrahlt. Die Serie stieß auf großes Publikumsinteresse und erlangte einen Bekanntheitsgrad zwischen 70 und 80 %. Die Serie befasste sich im Wesentlichen mit dem Schicksal der fiktiven Bierbrauerfamilien Guldenburgs und Balbeck.

B ist Eigentümer des Schlosses W in S, das aufgrund entsprechender vertraglicher Vereinbarungen Schauplatz der Dreharbeiten für einen Teil der Serie war. Sie meldete noch vor Abschluss der Dreharbeiten zwei Marken »Guldenburg« an, die auch eingetragen worden sind. Das Warenverzeichnis der ersten Marke lautet »weinhaltige Getränke, Mineralwässer und kohlensäurehaltige Wässer«. Die zweite Marke bezieht sich auf zahlreiche Nahrungsmittel und bestimmte land-, garten- und forstwirtschaftliche Erzeugnisse. K beanstandet die Anmeldung und Eintragung der Zeichen. Sie fragt Patentanwalt P was unternommen werden kann.

§ 15 MarkenG regelt auch die Voraussetzungen und Folgen der Verletzung eines 2427
Werktitels. Voraussetzung ist zunächst, dass die Bezeichnung titelmäßig verwendet wird. Dies ist dann der Fall, wenn der Werktitel zur Unterscheidung von einem Werk verwendet wird. Die Prüfung der Verwechselungsgefahr setzt auch im Werktitelbereich zunächst die Bestimmung der Kennzeichnungskraft voraus. Grundlage einer

861 BGH Bl. 68, 358.
862 OLG Köln GRUR 1983, 787, 789.

hohen Kennzeichnungskraft sind neben der Originalität auch der durch intensive Nutzung erworbene Bekanntheitsgrad.[863] Soweit lediglich einzelne Abschnitte des Werktitels übernommen wurden, beurteilt sich die Verwechselungsgefahr danach, welche Unterscheidungskraft der übernommene Bestandteil hat. Nach der Bestimmung der Unterscheidungskraft sind in den nächsten Schritten Zeichen- und Werkähnlichkeit zu prüfen. Die Bestimmung der Zeichenähnlichkeit folgt nach § 14 MarkenG formulierten Grundsätzen. Hinsichtlich der Bestimmung der Ähnlichkeitsbereiche setzt auch das Werktitelrecht voraus, dass sachliche Berührungspunkte zwischen den jeweiligen Werken bestehen.[864] Für bekannte Werktitel sieht § 15 Abs. 3 MarkenG eine Ausweitung des Schutzes über den Ähnlichkeitsbereich vor. Die Bestimmung der Bekanntheit im Sinne des § 15 Abs. 3 MarkenG folgt den gleichen Grundsätzen wie im Falle der Verletzung einer bekannten Unternehmensbezeichnung.

2428 Für den vorliegenden Fall bedeutet dies:

2429 Der Serientitel der K ist gemäß § 15 MarkenG schutzfähig, da er sich auf ein einer Druckschrift im Sinne der Bestimmung vergleichbares Werk bezieht und kennzeichnungskräftig ist. Weiterhin müsste Verwechselungsgefahr zwischen dem Zeichen Guldenburg und dem Serientitel »Das Erbe der Guldenburgs« für den Titelbestandteil Guldenburg bestehen. Dies ist der Fall, wenn der Titelbestandteil Guldenburg prägend ist. Eine Verwechselungsgefahr im weiteren Sinne könnte dadurch bedingt sein, dass die erforderlichen sachlichen Berührungspunkte zwischen der mit dem Titel bezeichneten Sendung und den Waren des Warenverzeichnisses besteht, wenn Letztere sich beispielsweise zwanglos in das Lebensumfeld der in der Serie dargestellten wohlhabenden Adelsfamilien einfügen und dem Verkehr bekannt ist, dass zugkräftige und weithin bekannte Fernsehtitel von den Fernsehanstalten im Wege der Vermarktung anderweit kommerziell verwendet werden. Fraglich ist demgemäß, ob die Verwendung eines Titelschlagwortes für fremde Waren zu einer Zuordnungsverwirrung führt.

2430 Werktitel im Sinne des § 5 Abs. 3 MarkenG dienen grundsätzlich der Unterscheidung eines Werkes von einem anderen; einen Hinweis auf den Hersteller oder Inhaber des Werks stellen sie regelmäßig nicht dar.[865] Allerdings kann der Verkehr unter bestimmten Voraussetzungen mit einem Werktitel gleichzeitig auch die Vorstellung einer bestimmten betrieblichen Herkunft verbinden, wie dies in der Rechtsprechung beispielsweise bereits für bekannte Titel regelmäßig erscheinender periodischer Druckschriften bejaht worden ist;[866] denn als Folge der Bekanntheit eines solchen Titels und des regelmäßigen Erscheinens im selben Verlag liegt es nahe, dass er im Verkehr jedenfalls teilweise auch als betrieblicher Herkunftshinweis verstanden wird.

2431 Von einem solchen Verständnis des Serientitels »Das Erbe der Guldenburgs« kann vorliegend ausgegangen werden. Denn bei dem nach Ausstrahlung der Sendung erreichten außerordentlich hohen Bekanntheitsgrad des Titels kann nach der allgemeinen

863 OLG Hamburg WRP 1993, 115.
864 OLG Köln GRUR 1995, 508; BGH GRUR 1975, 604.
865 BGHZ 83, 52, 54 – *POINT*; BGHZ 102, 88, 91 f. – *Apropos Film.*
866 BGHZ 102, 88, 91 f. – *Apropos Film.*

Lebenserfahrung angenommen werden, dass ein nicht ganz unbeträchtlicher Teil des angesprochenen Verkehrs, der wusste, dass Herstellung und Ausstrahlung durch K erfolgten, die Sendung der K zuordnete und in ihrem Titel auch einen mittelbaren Hinweis auf die K als Herstellerin sah.

Der Sachverhalt bietet aber keinen Anhaltspunkt für die Annahme, ein nicht unerheblicher Teil des Verkehrs werde auch unter den vorliegend gegebenen Umständen irrig der Vorstellung erliegen, der B vertreibe die mit dem Warenverzeichnis »Guldenburg« gekennzeichneten Waren aufgrund einer Lizenz der K. Insoweit reichen die sachlichen Berührungspunkte zwischen der auf eine Bierbrauerfamilie gerichteten Serie und den im Warenverzeichnis aufgeführten Produkten nicht aus.[867] 2432

Fraglich könnte ferner sein, ob K Ansprüche aus dem §§ 3, 4 Nr. 9 b UWG unter dem Gesichtspunkt der Rufausbeutung durch Anlehnung an ein fremdes Kennzeichen zustehen. Zwar ist in der Rechtsprechung des Bundesgerichtshofs anerkannt, dass dem Inhaber eines Kennzeichens nach dieser Vorschrift ein ergänzender, über den durch die Verwechselungsgefahr begrenzten kennzeichenrechtlichen Schutzumfang hinausgehender wettbewerbsrechtlicher Leistungsschutz gewährt werde kann, wenn bestimmte Voraussetzungen dafür erfüllt sind.[868] Ob diesbezügliche Voraussetzungen vorliegend erfüllt sind, ist zweifelhaft, denn ein ergänzender wettbewerbsrechtlicher Leistungsschutz kommt nicht in Betracht. Das ZDF hat nämlich außerhalb des eigentlichen Verwechselungsbereichs ihrer Kennzeichnung eine schutzenswerte Rechtsposition aus Rechtsgründen nicht inne, weil der von ihr in Anspruch genommenen Berechtigung, ihren Titel in umfassender Weise auch für fernliegendere Warenbereiche zu vermarkten und der hierauf gestützten Inanspruchnahme des Schutzes aus §§ 3, 4 Nr. 9b UWG wegen Beeinträchtigung ihrer Lizenzierungsmöglichkeit im Wege des sog. Titelmerchandising zwingende Vorschriften des öffentlichen Rechts entgegenstehen. 2433

▶ Beispiel:

Die Verlage A und B verlegen Zeitschriften. Der eine Verlag verwendet die Bezeichnung »a Die Aktuelle« und der Verlag B die Bezeichnung »e Die Exklusive«. Beide Kennzeichen weisen eine rotweiß Gestaltung, mit Einzelbuchstaben, sowie einen darunter befindlichen weißen Balken in schwarzer Schrift auf. A besucht Patentanwalt B und fragt, ob gegen die Bezeichnung »e Die Exklusive« vorgegangen werden kann.[869] 2434

Es könnten Ansprüche aus § 15 MarkenG bestehen. Bei Zeitschriftentiteln ist allerdings davon auszugehen, dass der Verbraucher situationsadäquat daran gewöhnt ist, anhand der Kennzeichnungen die Zeitschriften zu unterscheiden. Selbst wenn einige Gestaltungselemente eine deutliche Annäherung aufzeigen sollten, z. B. die rotweiße Gestaltung mit Einzelbuchstaben sowie dem darunter befindlichen weißen Balken in 2435

867 BGH GRUR 1990, 367 – *alpi/Alba Moda*; BGH GRUR 1990, 450 – *St. Petersquelle.*
868 BGH GRUR 1985, 553 = WRP 1985, 399.
869 Fall nach LG Köln, 81 O 36/13.

schwarzer Schrift sind die Titel so unterschiedlich, dass eine unmittelbare Verwechslungsgefahr ausscheidet.

2436 Auch eine mittelbare Verwechslungsgefahr ist nicht gegeben, da von keiner gemeinschaftlichen, unternehmerischen Herkunft auszugehen ist, insbesondere, weil Ähnlichkeiten in der Logogestaltung zurücktreten, zumal sie teilweise, insbesondere die Farbgestaltung, branchentypisch sind.

h) Geographische Herkunftsangaben

▶ **Beispiel:**

2437 Die B, ein inländisches Unternehmen, befasst sich mit der Herstellung und dem Vertrieb von italienischen Feinkostspezialitäten. Sie hat ein Käseprodukt unter der Bezeichnung »Typ Mozzarella« auf den Markt gebracht. Auf der Vorderseite der Käseverpackung befinden sich die Zusätze »Käse nach italienischer Art« und »Hergestellt in der Bundesrepublik Deutschland«. Die Verpackung ist in den Farben rotgrün gehalten und weist den Firmenbestandteil der K »D.L.« mit einem R im Kreis auf.

Die K hat die Verwendung der Bezeichnung »Typ Mozzarella« für den in Deutschland hergestellten Käse als einen Verstoß gegen das deutsch-italienische Abkommen über den Schutz von Herkunftsangaben beanstandet; die B sei zur Unterlassung der Verwendung dieser Bezeichnung verpflichtet.

2438 § 128 MarkenG regelt die Ansprüche gegen die unberechtigte Nutzung geographischer Herkunftsangaben. Die schutzfähigen geographischen Herkunftsangaben werden in § 126 MarkenG abschließend aufgezählt. Danach sind Namen von Orten, Gegenden, Gebieten oder Länder sowie sonstige Angaben oder Zeichen, die im geschäftlichen Verkehr zur Kennzeichnung der geographischen Herkunft von Waren oder Dienstleistungen benutzt werden, schutzfähig. Schutzfähig sind auch ausländische geographische Herkunftsangaben.[870] Diese geographischen Herkunftsangaben dürfen im geschäftlichen Verkehr nicht für Waren oder Dienstleistungen benutzt werden, die nicht aus dem Ort, der Gegend, dem Gebiet oder dem Land stammen, das durch die geographische Herkunftsangabe bezeichnet wird, sofern hieraus die Gefahr einer Irreführung über die geographische Herkunft besteht (§ 127 MarkenG). In den Fällen, in denen der Verkehr für die durch die geographischen Herkunftsangaben gekennzeichneten Waren oder Dienstleistung eine besondere Eigenschaft oder eine besondere Qualität annimmt, dürfen nur solche Waren und Dienstleistungen unter der Herkunftsangabe im geschäftlichen Verkehr vertrieben werden, welche diese gebietstypischen Eigenschaften aufweisen (§ 127 Abs. 2 MarkenG).

870 BGH GRUR 1994, 307 – *Mozzarella I.*

Für den oben genannten Beispielsfall gilt mithin Folgendes: 2439

Der durch das deutsch-italienische Abkommen gewährte Schutz von Herkunftsangaben, Ursprungsbezeichnungen und anderen geographischen Bezeichnungen kann nicht dadurch infrage gestellt sein, dass die in Anlage B vom Ursprungsland Italien für italienische Erzeugnisse genannten Bezeichnungen in der Bundesrepublik Deutschland, in welcher um Rechtsschutz nachgesucht wird, als Gattungsbezeichnung verstanden werden. Das deutsch-italienische Abkommen durchbricht das Territorialitätsprinzip, nach welchem grundsätzlich das Recht des Schutzstaates anzuwenden ist, indem es das Recht des Ursprungslandes für anwendbar erklärt.[871] Für den Schutz geographischer Bezeichnungen beider Länder ist nach Art. 2 und 3 des Abkommens jeweils das Recht des Ursprungslandes maßgebend, welches die Bezeichnung für Erzeugnisse oder Waren aus seinem Gebiet in die Liste gemäß Anlage A oder B des Abkommens aufgenommen hat. Die in Anlage B aufgenommene Käsebezeichnung »Mozzarella« darf damit nur unter denselben Voraussetzungen benutzt werden, wie sie in der Gesetzgebung der Italienischen Republik vorgesehen sind (Art. 3 des Abkommens). 2440

Die Zubilligung des Schutzes des deutsch-italienischen Abkommens für die Bezeichnung »Mozzarella« scheitert jedoch an höherrangigem Gemeinschaftsrecht, wenn die Käsebezeichnung »Mozzarella« in Italien als Gattungsbezeichnung ohne rechtlichen Schutz, beispielsweise gegenüber ihrer Verwendung für aus anderen Ländern importierten Weichkäse, mit denen kein entsprechendes bilaterales Abkommen besteht, benutzt wird. 2441

▶ Beispiel:

Die Bundesrepublik Deutschland, Dänemark, Frankreich und Großbritannien klagen gegen die Eintragung der Bezeichnung »Feta« als geschützte Ursprungsbezeichnung zugunsten von Griechenland durch Verordnung (EG) Nr. 1829/2002 der Kommission vom 14.10.2002 zur Änderung des Anhangs (EG) Nr. 1107/96 der Kommission in Bezug auf die Bezeichnung »Feta«. 2442

Die betreffenden Verordnungen werden von der Kommission erlassen. Im vorliegenden Falle ist eine Verordnung für die Bezeichnung »Feta« als geschützte Ursprungsbezeichnung von der Kommission erlassen worden. Die Bezeichnung »Feta« ist für Käse als geschützte Ursprungsbezeichnung für den Festlandanteil Griechenland sowie den Nomos Lespos eingetragen worden. Das betreffende geographische Gebiet wird durch seinen gebirgigen oder hügeligen Charakter, durch seine klimatischen Verhältnisse, nämlich milde Winter, heiße Sommer und lange Sonneneinstrahlung und durch die typische Pflanzenwelt des Mittelgebirges auf dem Balkan abgegrenzt. Damit sind die Voraussetzungen für den Erlass der Verordnung erfüllt. Sofern die Bezeichnung »Feta« nicht zu einer Gattungsbezeichnung geworden ist, kann sie als geschützte Ursprungsbezeichnung zur Bezeichnung eines Käses dienen[872] 2443

871 Denkschrift zu dem Abkommen, BT-Drucks. VI/1925, 22.
872 EuGH GRUR 2006, 71.

2. Internationale Anmeldungen

2444 Wegen der zunehmenden Internationalisierung der Wirtschaftstätigkeit stellen internationale Abkommen eine wichtige Rechtsquelle des Markenrechts dar. Die Bundesrepublik Deutschland ist mehreren internationalen Abkommen beigetreten, so vornehmlich dem Madrider Markenübereinkommen (MMA) und dem Protokoll zum Madrider Markenübereinkommen (PMMA), die ein vereinfachte Verfahren zur Erlangung zum Markenschutz in den verschiedenen Mitgliedsländern bei der WIPO/OMPI in Genf vorsehen. Aufgrund eines Antrags auf internationale Registrierung und auf der Grundlage einer nationalen Marke (sog. Basiseintragung) oder einer Markenanmeldung (sog. Basisgesuch, nur beim PMMA) trägt die WIPO/OMPI (auch Internationales Büro genannt) eine IR-Marke ein.

a) Internationales Gesuch nach dem Madrider Markenabkommen (MMA)

2445 Neben der Pariser Verbandsübereinkunft gehört das Madrider Markenübereinkommen zu den ältesten internationalen Vereinbarungen im Bereich des Markenrechts. Hier wird dem Anmelder ein preisgünstiges System zur Verfügung gestellt, welches dem Anmelder ermöglicht, in einem einzigen Antrag (sog. Gesuch für die internationale Registrierung einer Marke) zusammengefasst einen Schutz für mehrere Länder zu erlangen. Allerdings können die Voraussetzungen des Schutzes in den einzelnen Ländern getrennt nach den nationalen Voraussetzungen geprüft werden. D. h. sowohl die absoluten Schutzhindernisse als auch die relativen Schutzhindernisse können in jedem Land einer gesonderten Prüfung unterzogen werden.

aa) Grundsätzliches

▶ **Beispiel:**

2446 A ist Inhaber einer deutschen Marke C. Er möchte diese Marke nunmehr auch im Ausland anmelden. Hier interessieren ihn sowohl das europäische Ausland als auch die nordamerikanischen Staaten. Er bittet Patentanwalt B um Beratung.

2447 Es ist auch möglich, nationale Anmeldungen für Marken im Ausland einzureichen. Wenn in einer Vielzahl von Staaten nationale Anmeldungen eingereicht werden sollen, fallen sehr hohe Kosten an. Es gibt eine Anzahl von internationalen Abkommen, die es dem Anmelder ermöglichen, für mehrere Staaten zusammenfassend Markenanmeldungen einzureichen. So ist die internationale Registrierung von Marken über das Madrider Markenabkommen (MMA) und über das Protokoll zum Madrider Markenabkommen (PMMA) möglich, außerdem kann eine Anmeldung für eine Gemeinschaftsmarke eine Vielzahl von Staaten erfassen.

▶ **Beispiel:**

2448 A möchte von Patentanwalt B näheres über den Gang des Verfahrens wissen.

§ 108 Abs. 1 MarkenG besagt, dass der Antrag auf internationale Registrierung einer in das Register eingetragenen Marke nach Art. 3 des MMA beim Deutschen Patent- und Markenamt zu stellen ist. Der Anmelder muss hierfür die vom Internationalen Büro herausgegebenen Formblätter verwenden. Der Anmelder muss für jede Marke einen separaten Antrag stellen. 2449

Dem Antrag auf internationale Registrierung ist nach § 108 Abs. 3 S. 1 MarkenG i.V.m. § 49 Abs. 2 MarkenV mit dem Antrag auf internationale Registrierung eine Übersetzung des Waren- und Dienstleistungsverzeichnisses auf Französisch oder Englisch beizufügen. Dabei müssen die Waren und Dienstleistungen nach § 108 Abs. 3 MarkenG in der Reihenfolge der Klassen der internationalen Klassifikation von Waren und Dienstleistungen gruppiert sein. Wird diese Vorschrift nicht eingehalten, nimmt das Internationale Büro (Art. 3 Abs. 2 MMA) die Klassifikation der Waren und Dienstleistungen und deren Gruppierung gebührenpflichtig vor. Das Deutsche Patent- und Markenamt wird diesbezüglich nicht aktiv, prüft aber, ob die Marke für den Antragsteller und für die beanspruchten Waren und/oder Dienstleistungen eingetragen ist, bevor es den Antrag an das Internationale Büro weiterleitet. 2450

Für jeden Antrag auf internationale Registrierung ist nach § 109 Abs. 1 MarkenG eine nationale Gebühr zu entrichten. Falls sie nicht bezahlt wird, gilt der Antrag als zurückgenommen (§ 6 Abs. 1 PatkostG). Es ist grundsätzlich möglich, den Antrag auf internationale Registrierung vor Eintragung des Ursprungszeichens zu stellen. In diesem Fall wird die Gebühr erst am Tag der Eintragung der Basismarke fällig (§ 109 Abs. 1 MarkenG). Zwar muss der Antrag auf internationale Registrierung einer Marke nach dem MMA an das Deutsche Patent- und Markenamt gerichtet werden. Die internationale Gebühren ist aber gem. Art. 8 MMA i.V.m. R. 10 GAusfO an das Internationale Büro zu zahlen, wobei außer einer Grundgebühr eine Zusatzgebühr für jede die dritte Klasse übersteigende Klasse der internationalen Klassifikation zu entrichten ist. Weiterhin fällt gem. § 109 Abs. 2 MarkenG i.V.m. § 3 Abs. 1 PatkostG eine nationale Gebühr an. 2451

Das Deutsche Patent- und Markenamt prüft als Eingangsamt den Antrag auf internationale Registrierung und leitet diesen an das Internationale Büro weiter, falls er den gesetzlichen Anforderungen entspricht. Das deutsche Amt übermittelt dem Antragsteller die Bescheinigung des Internationalen Büros über die internationale Registrierung. Tag und Nummer der internationalen Registrierung werden nach § 110 MarkenG in das allgemeine Register eingetragen (§ 28 MarkenV i.V.m. § 65 Abs. 1 Nr. 6 MarkenG). 2452

Das Internationale Büro prüft seinerseits die von den nationalen Behörden, hier also vom Deutschen Patent- und Markenamt, übermittelten Unterlagen darauf, ob diese formell den Vorschriften des MMA und seiner Ausführungsverordnung entspricht und ob die internationale Gebühr eingezahlt wurde. Gemäß Art. 3 Abs. 4 S. 1 MMA trägt das Internationale Büro die Marke in das internationale Register ein, falls sich keine Beanstandungen ergeben (die eingetragenen Angaben ergeben sich aus Regel 14 Abs. 2 AusfO MMA). Die Registrierung erhält das Datum des Gesuchs um internationale Registrierung im Ursprungsland, sofern das Gesuch von dem Amt des Ursprungslan- 2453 des innerhalb von zwei Monaten beim Internationalen Büro eingegangen ist (Art. 3 Abs. 4 S. 2 MMA). Ergeben sich Verzögerungen bei der Übertragung, geht das bei der Behörde des Ursprungslandes eingegangene Gesuch nach einem Zeitraum von mehr als zwei Monaten ein, trägt das Internationale Büro es mit dem Datum ein, an dem es bei ihm eingegangen ist (Art. 3 Abs. 4 S. 3 MMA) Das Datum der tatsächlichen Registrierung ist für die in Art. 5 Abs. 2 MMA genannte Jahresfrist entscheidend. Das Internationale Büro übernimmt es auch, die Registrierung unverzüglich den beteiligten Behörden der Vertragsstaaten mitzuteilen, die in dem Gesuch für die internationale Registrierung genannt waren (Art. 3 Abs. 4, S. 4 MMA).

▶ **Beispiel:**

2454 A fragt Patentanwalt B, welche Wirkung die IR-Markenanmeldung und deren Registrierung in den einzelnen Ländern hat.

2455 Nach Art. 4 Abs. 1 MMA ist die international registrierte Marke in den beteiligten Vertragsländern ebenso geschützt wie eine unmittelbar dort hinterlegte Marke. Die Wirkung der Marke unterscheidet sich also nicht von nationalen Marken, die unmittelbar in den betroffenen Staaten hinterlegt worden wären. Dies hält § 112 MarkenG noch einmal im Einzelnen fest und zwar für internationale Marken, die auf nichtdeutschen Ursprungszeichen beruhen und die auf das Gebiet der Bundesrepublik Deutschland erstreckt worden sind.[873]

bb) Anmeldeberechtigung

▶ **Beispiel:**

2456 A möchte nach Beratung durch Patentanwalt B eine Reihe von Marken nach dem MMA anmelden. Er ist US-Bürger und hat seinen Wohnsitz in Deutschland. Zugleich ist er bereits Inhaber einer in Deutschland eingetragenen Marke.

2457 Nach Art. 1 Abs. 1 MMA haben sich die dem Madrider Markenabkommen beigetretenen Vertragsstaaten zu einem besonderen Markenverband im Rahmen der Pariser Verbandsübereinkunft (PVÜ) zusammengeschlossen. Der Verband nach dem MMA hat eine eigene Rechtspersönlichkeit und eigene Organe (Art. 19 PVÜ). Mit der Markenanmeldung nach dem MMA wird unter anderem eine Vereinfachung und Verbilligung des Verfahrens zur Registrierung von Marken ermöglicht. Durch das internationale Registrierungsverfahren wird nämlich mittels einer einzigen Hinterlegung beim Internationalen Büro in Genf (WIPO) nach Art. 4 Abs. 1 MMA für alle Markenverbandsstaaten, für die der Markenschutz beantragt wird, der gleiche Schutz bewirkt, wie bei einer in diesen Staaten eingereichten nationalen Markenanmeldung.

2458 Nach § 107 MarkenG sind die Vorschriften des deutschen Markengesetzes auf internationale Registrierungen von Marken nach den Madrider Markenabkommen entspre-

873 Ströbele/Hacker/Thiering-Miosga § 112, MarkenG Rn. 6.

chend anwendbar, wenn das Ursprungszeichen eine deutsche Marke ist. Das deutsche Markengesetz gilt aber auch für internationale Registrierungen nach dem MMA, die auf einem ausländischen Ursprungszeichen beruhen und deren Schutz sich auf das Gebiet der Bundesrepublik Deutschland erstreckt (§§ 112 – 118 MarkenG), sofern im Deutschen Markengesetz oder im Madrider Markenabkommen nichts Anderes bestimmt ist. § 107 MarkenG ist also die Grundform, die die ergänzende Anwendbarkeit des Markengesetzes auf internationale Registrierungen nach dem MMA festlegt.[874]

Voraussetzung für den Schutz nach dem MMA ist, dass im Ursprungsland eine eingetragene Marke oder eine nach der nationalen Gesetzgebung hinterlegte Marke existiert. Schutzgegenstand ist nach Art. 1 Abs. 2 MMA eine im Ursprungsland eingetragene Marke. Welche Ursprungsländer für die internationale Registrierung nach dem MMA anzusehen sind, wird in Art. 1 Abs. 3 MMA geregelt. Als Ursprungsland wird das Land des besonderen Verbandes angesehen, in der der Hinterleger 2459
- eine tatsächliche oder nicht nur zum Schein bestehende gewerbliche oder Handelsniederlassung hat;
- wenn er eine solche Niederlassung in einem Land des besonderen Verbandes nicht hat, das Land des besonderen Verbandes, in dem er seinen Wohnsitz hat;
- wenn er keinen Wohnsitz innerhalb des besonderen Verbandes hat, das Land seiner Staatsangehörigkeit, sofern er Angehöriger eines Landes des besonderen Verbandes ist.

Eine weitere Voraussetzung ist, dass das Ursprungszeichen und die für die internationale Registrierung vorgesehene Marke identisch sind und dass diese für die gleichen oder gleichartigen Waren oder Dienstleistungen für denselben Geschäftsbetrieb eingetragen sind. Markenabweichungen sind nur dann unbeachtlich, wenn sie unbedeutend sind und nicht die Kennzeichnungskraft der Marke beeinflussen.[875] 2460

Nach dem Gesagten kann A somit als US-Bürger eine internationale Marke nach dem MMA anmelden. 2461

cc) Verfahren vor dem Deutschen Patent- und Markenamt

Beispiel:

A ist eine spanische Firma, die auf der Basis einer nationalen spanischen Marke eine IR-Marke eingereicht hat. A hat ein »Avis de Refues« erhalten, wonach Einwände gegen die Eintragung der Marke vom Deutschen Patent- und Markenamt erhoben werden. A bittet Patentanwalt B aus Düsseldorf um Erklärung. 2462

Nach Art. 5 Abs. 1 MMA haben die Verbandsstaaten das Recht, vom Internationalen Büro als eingetragene mitgeteilte Marken auf Schutzfähigkeit nach ihrer nationalen Gesetzgebung zu prüfen. Entsprechend wird in § 113 Abs. 1 MarkenG festgehalten, 2463

874 Ströbele/Hacker/Thiering-Miosga, MarkenG, Kommentierung zu § 107.
875 Ströble/Hacker-Miosga § 113 MarkenG Rn. 6.

dass international registrierte Marken in gleicher Weise wie zur Eintragung in das Register angemeldete (deutsche) Marken nach § 37 MarkenG auf absolute Schutzhindernisse geprüft werden. Sollten solche vorliegen, wird nach § 113 Abs. 2 MarkenG der Schutz für die internationale Marke für den Bereich der Bundesrepublik Deutschland verweigert.[876]

▶ **Abwandlung des Beispiels:**

2464 In dem Avis de Refues ist auch ein Widerspruch der Firma C enthalten.

2465 Außer den absoluten Schutzhindernissen können aber auch relative Schutzhindernisse durch Dritte im Rahmen eines Widerspruchsverfahrens geltend gemacht werden.[877] Nach § 114 Abs. 2 MarkenG beginnt die Frist zur Einlegung des Widerspruchs gegen international registrierte Marken mit dem ersten Tag des Monats, der dem Monat folgt, der als Ausgabemonat des Heftes des Veröffentlichungsblattes angegeben ist, in dem die Veröffentlichung der international registrierten Marke enthalten ist. Die Widerspruchsfrist endet, sofern das Fristende nicht auf einen Sonn- oder Feiertag fällt. Die Frist ist einer Wiedereinsetzung nicht zugänglich (§ 91 Abs. 1 S. 2 MarkenG).[878] Das Deutsche Patent- und Markenamt verweigert nach § 114 Abs. 3 MarkenG den Schutz, falls ein Widerspruch gegen die Schutzrechtserstreckung erfolgreich sein sollte.

2466 § 115 MarkenG passt die für deutsche Marken geltenden Regelungen für international registrierte Marken an: Nach § 115 Abs. 1 MarkenG tritt für international registrierte Marken an die Stelle des Antrags oder der Klage auf Löschung einer Marke wegen Verfalls (§ 51 MarkenG), wegen des Vorliegens absoluter Schutzhindernisse (§ 50 MarkenG) oder aufgrund eines älteren Rechts (§ 51 MarkenG) der Antrag oder die Klage auf Schutzentziehung. Diese Anpassung ist, erforderlich, weil das Deutsche Patent- und Markenamt nicht unmittelbar die internationale Marke löschen kann.

▶ **Abwandlung des Beispiels:**

2467 Patentanwalt B stellt fest, dass die Marke der Widersprechenden C seit 7 Jahren registriert ist und nicht benutzt wird. A fragt nunmehr B, was das für Konsequenzen hat.

2468 Im Widerspruchsverfahren kann A den Nichtbenutzungseinwand geltend machen.

2469 Die sich aus § 43 MarkenG ergebende Benutzungsschonfrist findet durch § 115 Abs. 2 MarkenG eine besondere Regelung. An die Stelle des Tages der nationalen Eintragung in das Register tritt der Tag des Ablaufs der Jahresfrist im Sinne von Art. 5 Abs. 2 MMA. An die Stelle des Tages, ab dem kein Widerspruch mehr gegen die Marke möglich ist, tritt

- der Tag, an dem das Schutzerstreckungsverfahren abgeschlossen wurde, oder

876 Ströble/Hacker/Miosga § 113 MarkenG Rn. 5 ff.
877 Ströbele/Hacker/Thiering-Miosga, MarkenG, Kommentierung zu § 114.
878 Ströbele/Hacker/Thiering-Miosga, § 114 MarkenG Rn. 3.

– der Tag, an dem die Frist des Artikels 5 Absatz 2 des Madrider Markenabkommens abgelaufen ist, sofern bis zu diesem Zeitpunkt dem Internationalen Büro der Weltorganisation für geistiges Eigentum weder eine Mitteilung über die Schutzbewilligung noch eine Mitteilung über die vorläufige Schutzverweigerung zugegangen ist.

Falls bei Ablauf dieser Frist die Prüfung auf absolute Schutzhindernisse nach § 113 MarkenG oder ein Widerspruch nach § 114 MarkenG noch nicht abgeschlossen sein sollte, beginnt die Benutzungsschonfrist erst an dem Tag des Zugangs der abschließenden Mitteilung über die Schutzbewilligung beim Internationalen Büro der Weltorganisation für geistiges Eigentum.[879]

▶ Beispiel:

Die Firma A ist Inhaberin einer IR-Marke. Sie hat festgestellt, dass für C in Deutschland eine mit der IR-Marke identische nationale Marke eingetragen ist. A bittet Patentanwalt B um Beratung. 2470

Das deutsche Markengesetz regelt schließlich in § 116 MarkenG den umgekehrten Fall. Es ist demnach nicht nur möglich, aus deutschen Marken gegen international registrierte Marken vorzugehen, sondern auch, aus international registrierten Marken Widerspruch gegen die Eintragung einer deutschen Marke zu erheben. Entsprechend kann auch Nichtigkeitsklage einer eingetragenen deutschen Marke aus einer international registrierten Marke erhoben werden, falls diese älter sein sollte als die nationale Marke (siehe § 116 Abs. 2 MarkenG mit Hinweis auf § 51 MarkenG). 2471

b) Internationales Gesuch nach dem Protokoll zum Madrider Markenabkommen (PMMA)

Nicht alle Staaten haben das Madrider Markenübereinkommen unterzeichnet. Hier sahen sich einige Länder, z.B. die USA gehindert, diesem Abkommen in allen Details zuzustimmen. Diese Hindernisse sind durch das Protokoll vom Madrider Markenübereinkommen soweit ausgeräumt worden, dass inzwischen auch die USA beigetreten sind. Demgemäß kann inzwischen im Falle der USA ein internationaler Schutz über das Protokoll zum Madrider Markenübereinkommen erlangt werden. Madrider Markenübereinkommen und Protokoll zum Madrider Markenübereinkommen können auch miteinander kombiniert werden, sodass der Anmelder in einem einzigen Antrag zusammengefasst die Länder des Madrider Markenübereinkommens und des Protokolls zum Madrider Übereinkommen beanspruchen können. 2472

879 BGH GRUR 1995, 583 – *MONTANA*.

aa) Grundsätzliches

Beispiel:

2473 A wird von Patentanwalt B darauf hingewiesen, dass eine IR-Markenanmeldung nach dem Madrider Markenabkommen für Großbritannien nicht möglich ist. A fragt, welche Alternativen sich bieten.

2474 Eine weitere Möglichkeit, Markenschutz für eine Reihe von Staaten durch eine einzige Anmeldung zu erlangen, bietet das Protokoll zum Madrider Markenabkommen (PMMA).[880] Im Wesentlichen gelten auch hier die §§ 107 bis 118 MarkenG, auf die das Gesetz entsprechend verweist.

2475 Auch das PMMA sieht in Art. 2 Abs. 2 PMMA die oben genannten Regeln für die Festlegung des Ursprungslandes vor, jedoch nicht kaskadenförmig wie beim MMA, sondern vielmehr alternativ. Voraussetzung für die Hinterlegung ist somit die Angehörigkeit zu einem betreffenden Vertragsstaat, ein Wohnsitz oder eine tatsächliche.

Beispiel:

2476 Die spanische Firma A stellt fest, dass die deutsche Firma C auf Basis ihrer deutschen Marke D eine IR-Marke nach dem PMMA angemeldet hat. A möchte auf der Basis der eigenen IR-Marke E Widerspruch erheben und bittet Patentanwalt B um Auskunft, ob in allen benannten Vertragsstaaten die Marke anzugreifen ist.

2477 Für die international registrierte Marke nach dem PMMA gilt nach Art. 6 Abs. 3 PMMA für die Dauer von 5 Jahren das Akzessorietätsprinzip. Geht die Ursprungsmarke innerhalb der 5-Jahres-Frist unter oder wird sie eingeschränkt, kann der Schutz der internationalen Registrierung nach dem PMMA ganz oder teilweise nicht mehr in Anspruch genommen werden. In einem solchen Fall informiert das Ursprungsamt das Internationale Büro über die Löschung oder Einschränkung der Ursprungsmarke und beantragt die volle oder teilweise Löschung der internationalen Marke. Anders als beim MMA besteht aber bei Wegfall des Heimatschutzes innerhalb dieser Frist die Möglichkeit, dass der Inhaber der gelöschten internationalen Marke diese in den Staaten in nationale Marken umwandelt, auf die die internationale Marke sich erstreckte. Diese Umwandlung (Transformation) erfolgt unter Beibehaltung der Priorität der internationalen Marke nach dem PMMA, sie ist im Einzelnen in § 125 MarkenG geregelt. Aus dieser Norm ergibt sich auch, dass die Umwandlung mit einer Gebühr verbunden ist.[881]

Beispiel:

2478 A weiß aus früheren IR-Markenanmeldungen, dass die Warenverzeichnisse in französischer Sprache abzufassen sind. Er fragt, ob es eine Möglichkeit gibt, eine internationale Anmeldung in Englisch einzureichen.

---

880 BlPMZ 1996, 229.

881 Ingerl/Rohnke Kommentierung zu § 125 MarkenG.

Durch das PMMA wurde noch eine Verfahrenserleichterung eingeführt: Es ist möglich, zwischen Französisch und Englisch als Verfahrenssprache zu wählen (Regel 6 AusfOMMA). Inzwischen gilt dies auch für Anmeldungen nach dem MMA. 2479

bb) Verhältnis MMA/PMMA

▶ Beispiel:

Ein Anmelder ist Angehöriger des Vertragsstaates C, er hat seinen Wohnsitz jedoch in dem Vertragsstaat E. 2480

Wollte A eine Anmeldung nach dem PMMA, können sowohl Vertragsstaat C als auch Vertragsstaat E als Ursprungsland für eine Basiseintragung/-anmeldung in Betracht kommen. Der Anmelder könnte frei wählen. Eine Basismarke kann in Vertragsstaat C oder E angemeldet sein. Wollte A eine Anmeldung nach dem MMA, könnte er entsprechend dem Kaskadenprinzip als Ursprungsland ausschließlich den Vertragsstaat E wählen, in dem er seinen Wohnsitz hat. Das heißt, es müsste eine Basismarke in E eingetragen sein. Hätte der Anmelder eine Basismarke in dem Vertragsstaat C, könnte er nur eine Schutzerstreckung auf Staaten erreichen, für welche das PMMA gilt.[882] 2481

▶ Beispiel:

Die spanische Firma A möchte eine internationale Registrierung ihrer Basismarke C vornehmen. Benannt werden soll u.a. Deutschland. Rechtslage? 2482

Deutschland ist sowohl Mitgliedsstaat des MMA als auch des PMMA, sodass Art. 9 Abs. 1 PMMA sowohl für die Anwendung der Vorschriften des MMA als auch für die des PMMA gilt. Artikel 9^sexies^ Absatz 1 PMMA bestimmt, dass zwischen Vertragsparteien des Madrider Systems, die sowohl dem MMMA als auch dem PMMA angehören, ausschließlich des PMMA maßgeblich ist. Internationale Registrierungen auf der Basis einer beim DPMA eingetragenen oder angemeldeten Marke unterliegen daher regelmäßig den Vorschriften des PMMA. Das MMMA gilt nur noch im Verhältnis zu Staaten, die ausschließlich Mitglied des MMMA sind und damit kommt es nur noch selten zur Anwendung.[883] 2483

Nach § 119 MarkenG gilt das deutsche Markenrecht für zwei Konstellationen, nämlich zum einen für internationale Registrierungen von Marken nach dem PMMA, die durch Vermittlung des Deutschen Patent- und Markenamts vorgenommen wurden, andererseits für internationale Registrierungen von Marken nach dem PMMA, die sich auf das Gebiet der Bundesrepublik Deutschland erstrecken. § 119 MarkenG enthält im letzten Absatz den Hinweis, dass dies nur dann gilt, soweit in diesem Abschnitt (des deutschen Markengesetzes) oder im PMMA nicht anderes bestimmt ist. Grund- 2484

882 Ströbele/Hacker/Thiering-Miosga, § 120 MarkenG Rn. 6.
883 Ströbele/Hacker/Thiering-Miosga, § 107 MarkenG Rn. 6.

sätzlich entsprechen die materiellen Regelungen des PMMA denen des MMA. Eigene Regelungen gibt es für das PMMA nur für die vom MMA abweichenden Bereiche.[884]

2485 § 108 Abs. 1 MarkenG gibt als Basis einer internationalen Registrierung nach dem MMA eine eingetragene Marke an. Davon abweichend spricht § 120 Abs. 1 MarkenG davon, dass der Antrag auf eine internationale Registrierung einer Marke nach dem PMMA auch schon vor Eintragung der nationalen Marke gestellt werden kann. Eine angemeldete Marke reicht also als Basis für eine internationale Marke nach dem PMMA aus (Art. 2 Abs. 1 PMMA). Dieser Gesichtspunkt stellt eine deutliche Erleichterung für den Anmelder dar, weil das Eintragungsverfahren nicht in jedem Fall innerhalb von 6 Monaten abgeschlossen werden kann, sodass die in Art. 4 C Abs. 1 PVÜ geregelte Prioritätsfrist von sechs Monaten nicht ausgenutzt werden kann. In Deutschland besteht die Möglichkeit, für eine nationale Markenanmeldung einen gebührenpflichtigen Beschleunigungsantrag zu stellen, um möglichst vor Ablauf dieser Prioritätsfrist bereits eine eingetragene Marke in Händen zu haben, die dann auch Basis für eine internationale Registrierung nach dem MMA sein kann.[885]

2486 Ein weiterer Unterschied des PMMA gegenüber dem MMA besteht darin, dass die den Mitgliedsländern eingeräumte Frist für die Notifikation der Schutzrechtsversagung nach Art. 5 Abs. 2 PMMA nicht nur 12 Monate wie beim MMA beträgt, sondern 18.[886] Das PMMA räumt den Mitgliedsstaaten außerdem finanzielle Freiheiten ein: Anstelle einer einheitlichen Ländergebühr, wie sie nach dem MMA geregelt ist, kann eine »individuelle« Gebühr verlangt werden (Art. 8 Abs. 7 PMMA), deren Höhe die der nationalen Anmeldegebühr entsprechen kann. Nach Art. 6 PMMA beträgt die Schutzdauer für internationale Marken nach dem PMMA einheitlich zehn Jahre, wie dies auch nach dem nationalen Markengesetz Deutschlands geregelt ist.[887]

▶ Beispiel:

2487 A möchte auf der Basis seiner deutschen Markenanmeldung eine internationale Anmeldung vornehmen. Da sich das Verfahren zur Einreichung der deutschen Basismarke in die Länge zieht, möchte er nicht bis zu deren Eintragung warten. Welche Möglichkeiten bestehen?

2488 Die internationale Registrierung einer Marke kann nach dem PMMA anders als unter der Geltung des MMMA nicht nur auf der Grundlage im Ursprungsland eingetragene Marke, sondern gem. Artikel 2 Absatz 1 PMMA auch auf der Grundlage einer dort erst angemeldeten Marke eingereicht werden. Im vorliegenden Fall kann daher A eine solche Registrierung auf Basis seiner getätigten Anmeldung vornehmen. Das sich in die Länge ziehende deutsche Verfahren spielt insoweit keine Rolle. Da von den Mitgliedsstaaten des Madrider Verbandes inzwischen nur noch etwa 2/3 dem MMMA angehören, aber nahezu alle dem PMMA beigetreten sind, kommt das MMMA nur

884 Ströbele/Hacker/Thiering-Miosga, § 119 MarkenG Rn. 1 ff.
885 Ströbele/Hacker/Thiering-Miosga, § 107 MarkenG Rn. 1.
886 Ströbele/Hacker/Thiering/Miosga, § 107 MarkenG Rn. 7; § 113 MarkenG Rn. 6.
887 Ströbele/Hacker/Thiering/Miosga, § 107 MarkenG Rn. 7, 11; § 47 MarkenG Rn. 7.

noch im Verhältnis zu den Staaten in Betracht, welche ausschließlich Mitglied des MMMA sind. Insoweit gilt die Frage der Eintragung der Basismarke nur noch in seltenen Fällen eine Rolle.[888]

Einer der Unterschiede zwischen MMMA und PMMA besteht darin, dass die Mitteilung der Schutzverweigerung gem. Artikel 5 Abs. 2 PMMA nicht auf die Jahresfrist (Artikel 5 Abs. 2 MMMA) beschränkt ist, sondern die längere Frist von mindestens 18 Monaten gilt. Allerdings hat Deutschland von dieser Möglichkeit der Fristverlängerung keinen Gebrauch gemacht. Zu bedenken ist auch, dass eine solche Erklärung der Verlängerung der Schutzrechtsverweigerungsfrist keine Wirkung im Verhältnis zu Staaten entfaltet, die sowohl dem MMMA als auch dem PMMA angehören. Insoweit ist in dieser Konstellation für die Mitteilung der Schutzverweigerung unter dem PMMA die Jahresfrist von Artikel 5 Absatz 2 MMMA einzuhalten. 2489

Ähnliches gilt für die Sonderregelung gem. Artikel 8 Absatz 7 a A PMMA. Danach können Mitgliedsstaaten im Falle der Schutzerstreckung auf ihr Gebiet Zusatz- und Ergänzungsgebühren nach Artikel 8 Absatz 2 PMMA in Form einer von ihnen festzulegenden individuellen Gebühr erhalten. Auch hiervon hat Deutschland keinen Gebrauch gemacht. Nach Artikel 9^{sexies} Absatz 1 b PMMA entfaltet auch eine solche Erklärung, die von einem Vertragsstaat beider Übereinkünfte abgegeben wurde, keine Wirkung im Verhältnis zu Staaten, die sowohl dem MMMA als auch dem PMMA angehören. Insoweit bleibt es bei den Gebühren bei Artikel 8 Absatz 2 PMMA.[889] 2490

3. Unionsmarke (Gemeinschaftsmarke)

Während das nationale Markenrecht aufgrund des sog. Territorialitätsprinzips Kennzeichenschutz lediglich im Inland gewährt, kann durch die sog. europäische Gemeinschaftsmarke ein einheitlicher Schutz in allen EU-Staaten erreicht werden. Rechtsgrundlage für dieses übernationale, EU-weites Schutzrecht ist die Verordnung über die Gemeinschaftsmarke,[890] die unmittelbar in jedem Mitgliedsstaat der Gemeinschaft gilt. Sie orientiert sich eng an den durch die Markenrichtlinie harmonisierten nationalen Regelungen des Markenschutzes. Durch das am 20. 7. 1996 in Kraft getretene Markenrechtsänderungsgesetz 1996 wurden ergänzende, für die europäische Gemeinschaftsmarke notwendig gewordene Vorschriften in das deutsche Markengesetz eingeführt (§ 125 a bis h), die u.a. das Verhältnis des durch die Gemeinschaftsmarke erlangten Schutzes zum nationalen Markenschutz, die nationale Durchsetzung der Rechte aus einer Gemeinschaftsmarke, deren Umwandlung sowie die Anmeldung betreffend. 2491

888 Ströbele/Kober-Dehm § 107 MarkenG Rn. 6.
889 Ströbele/Kober-Dehm § 107 MarkenG Rn. 7.
890 VO(EG) Nr. 40/94 vom 20. 12. 1993, ABl EG Nr. L 11, S. 1; Verordnung (EU) 217/1001 des Europäischen Parlaments und des Rates vom 14.6.2017 über die Unionsmarke.

a) Verhältnis zum MMA/PMMA

▶ **Beispiel:**

2492 Über die Möglichkeiten der internationalen Markenanmeldung (MMA und PMMA) ist A bereits in früheren Gesprächen von Patentanwalt B informiert worden. Nun möchte A wissen, ob weitere Möglichkeiten für internationale Anmeldungen bestehen. Seine Interessen liegen derzeit nur auf dem Markt der Europäischen Union.

2493 In der Europäischen Gemeinschaft gibt es ein eigenes Markensystem (Verordnung [EG] Nr. 40/94 des Rates über die Gemeinschaftsmarke vom 20. Dezember 1993, im Folgenden: GMVO). Die Gemeinschaftsmarken werden von dem EUIPO in Alicante, Spanien, verwaltet.

2494 Das System der Gemeinschaftsmarke existiert neben dem deutschen Markensystem, auch neben den internationalen Marken nach dem MMA und dem PMMA. Eine Besonderheit ist, dass das Gemeinschaftsmarkenrecht ein einheitliches übernationales Markenrecht zur Verfügung stellt, das sich von dem Grundsatz der Territorialität gelöst hat. Grundsätzlich wirken nämlich nationale Marken nur in dem Gebiet des Staates, der die Marke erteilt hat. Ähnliches gilt auch für die internationalen Marken: Nach dem MMA und dem PMMA wird lediglich die Erlangung nationalen Markenschutzes dadurch erleichtert, dass eine einzige Registrierung beim Internationalen Büro in Genf erforderlich ist. Die Eintragung der internationalen Marke begründet ein Bündel nationaler Rechte, die jeweils in den Staaten gelten, die der Anmelder bei der Registrierung gewünscht hatte. Die internationale Registrierung schafft also gerade kein die Grenzen der Vertragsstaaten des MMA beziehungsweise PMMA übergreifendes Markenrecht.[891]

▶ **Beispiel:**

2495 A möchte für den gesamten Raum des gemeinsamen europäischen Marktes eine Marke anmelden, aber auch für die Schweiz. Er bittet Patentanwalt B um Auskunft.

2496 Die Europäische Union ist Vertragspartei des des PMMA.

2497 Demgemäß ist die Anmeldung einer Gemeinschaftsmarke als Basismarke für die internationale Registrierung ausreichend. Umgekehrt kann über eine internationale Registrierung eine Schutzerstreckung auf die EU erfolgen, das heißt es kann eine Gemeinschaftsmarke gemäß Art. 4 Abs. 1 PMMA erworben werden.[892]

891 Mühlendahl GRUR 2005, 113.

892 ABl. EG Nr. C 293/11; Mühlendahl GRUR 2005, 113; Jaeger GRUR 2005, 118.

b) Anmeldeverfahren

▶ Beispiel:

A hat selbst eine EU-Markenanmeldung vorbereitet und eingereicht. Er stellt nun fest, dass er die Anmeldung versehentlich nicht an das Amt in Alicante, sondern an das Deutsche Patent- und Markenamt geschickt hat. 2498

Anmeldungen für Unionsmarken können entweder direkt beim EUIPO den gewerblichen Rechtsschutz eines Mitgliedsstaates oder beim BENELUX-Markenamt. Eine auf diese Weise eingereichte Anmeldung hat dieselbe Wirkung wie eine an demselben Tag beim EUIPO erfolgte Einreichung 2499

▶ Beispiel:

A hat nach Einreichung seiner Gemeinschaftsmarkenanmeldung festgestellt, dass er die Gebühren noch nicht eingezahlt hat. Er bittet Patentanwalt B um Auskunft, welche Nachteile dies haben kann. 2500

Es ist nicht ausreichend, dass die Anmeldung einer Unionsmarke außer einem Antrag auf Eintragung einer Angaben bezüglich der Identität des Anmelders, ein Verzeichnis der Waren und/oder Dienstleistungen sowie die Wiedergabe der Marke enthält (Art. 26 Abs. 1 a bis b UMV). Denn es ist ferner erforderlich die Anmeldegebühr und gegebenenfalls eine oder mehrere Klassengebühren zu zahlen (Art. 26 Abs. 2 UMV). Außerdem muss nach Art. 26 Abs. 3 UMV die Anmeldung den in der nach Art. 162 UMV erlassenen Durchführungsverordnungen genannten Erfordernissen entsprechen.[893] Für die Zuerkennung des Anmeldetages einer Gemeinschaftsmarke ist es somit zwingend erforderlich, dass die Anmeldegebühr bezahlt wird (Art. 27 UMV). Gem. Art. 27 UMV ist diese innerhalb eines Monats ab Einreichung der Anmeldung zu zahlen. 2501

▶ Beispiel:

A hat eine nationale Anmeldung vor 3 Monaten beim Deutschen Patent- und Markenamt eingereicht. Da er ähnliche Markenanmeldungen des Konkurrenten in Frankreich befürchtet, bittet er Patentanwalt B um Rat. 2502

Es ist möglich, den Zeitrang einer nationalen Marke in Anspruch zu nehmen (Art. 29 bis 35 UMV). Nach Art. 34, 35 UMV kann jeder Inhaber einer Unionsmarke, der eine nationale Marke in einem EU-Mitgliedsstaat besitzt, die Priorität dieser nati- 2503

---

893 Bl. 1996, 111; Verordnung (EG) Nr. 1041/2005 der Kommission vom 29. Juni 2005 zur Änderung der Verordnung (EG) Nr. 2868/95 zur Durchführung der Verordnung (EG) Nr. 40/94 des Rates über die Gemeinschaftsmarke; Verordnung (EG) Nr. 40/94 des Rates über die Gemeinschaftsmarke vom 13. 12. 1995; Verordnung (EU) 2017/1001 des Europäischen Parlaments und des Rates vom 14.6.2017 über die Unionsmarke.

onalen Marke auf die übereinstimmende Gemeinschaftsmarke übertragen. Damit hat der Inhaber der nationalen Marke die Möglichkeit, eine nationale Marke durch eine Gemeinschaftsmarke zu ersetzen, was auch zu einer Entlastung der nationalen Markenbehörden führt.

▶ **Beispiel:**

2504 Die US-Firma A möchte eine EU-Markenanmeldung einreichen. Sie fragt Patentanwalt B, ob er sie vertreten kann und ob eine Abwicklung in englischer Sprache möglich ist.

2505 Für die Einreichung der Anmeldung selbst muss kein Vertreter eingeschaltet werden. Erst für das weitere Verfahren vor dem EUIPO müssen Anmelder aus nicht EU-Ländern einen Vertreter beauftragen. Der Anmelder kann sich jeder EU-Sprache bedienen, muss aber als sogenannte Zweitsprache eine der fünf Amtssprachen angeben (Deutsch, Englisch, Französisch, Italienisch oder Spanisch).

c) Prüfungsverfahren

▶ **Beispiel:**

2506 A möchte von Patentanwalt B wissen, wie der Ablauf des Verfahrens sich gestaltet.

2507 Die Anmeldung wird vom Amt geprüft. Die Anmeldungserfordernisse sind in Art. 31 UMV zusammengefasst. Danach prüft das Amt, ob
(1) Antrag auf Eintragung einer Unionsmarke;
(2) Verzeichnis der Waren und Dienstleistungen, für die Eintragung begehrt wird
(3) Wiedergabe der Marke

2508 Mängel werden dem Anmelder durch Bescheid mitgeteilt (Art 41 UMV)t. Beseitigt er sie nicht in der gesetzten Frist, wird die Anmeldung nicht als Anmeldung einer Unionsmarke behandelt (Art. 41 Abs. 3 UMV)

2509 Kommt der Anmelder der Aufforderung des Amtes nach, die Mängel zu beseitigen, erhält die Anmeldung als Anmeldetag den Tag, an dem die Mängel beseitigt bzw. ausstehende Zahlungen nachgeholt wurden.

2510 Nach Art. 42 UMV prüft das Amt, ob der Anmeldung absolute Eintragungshindernisse entgegenstehen, die im Art. 7 UMV im Einzelnen aufgeführt sind. Nach dieser Norm sind von der Eintragung ausgeschlossen
(1) Zeichen, die nicht unter Art. 4 UMV fallen, der die einzelnen Markenformen festlegt.
(2) Marken, die keine Unterscheidungskraft haben,
(3) Marken, die ausschließlich aus Zeichen oder Angaben bestehen, welche im Verkehr zur Bezeichnung der Art, der Beschaffenheit, der Menge, der Bestimmung des Wertes, der geographischen Herkunft oder der Zeit der Herstellung der Ware

oder der Erbringung der Dienstleistung oder zur Bezeichnung sonstiger Merkmale der Ware oder Dienstleistung dienen können,

(4) Marken, die ausschließlich aus Zeichen oder Angaben zur Bezeichnung der Ware oder Dienstleistung bestehen, die im allgemeinen Sprachgebrauch oder in den redlichen und ständigen Verkehrsgepflogenheiten üblich geworden sind,

(5) Zeichen, die ausschließlich bestehen:
   i) aus der Form, die durch die Art der Ware selbst bedingt ist, oder
   ii) aus der Form der Ware, die zur Erreichung einer technischen Wirkung erforderlich ist, oder
   iii) aus der Form, die der Ware einen wesentlichen Wert verleiht,

(6) Marken, die gegen die öffentliche Ordnung oder die guten Sitten verstoßen,

(7) Marken, die geeignet sind, das Publikum zum Beispiel über die Art, die Beschaffenheit oder geographische Herkunft der Ware oder Dienstleistung zu täuschen,

(8) Marken, die mangels Genehmigung durch die ständigen Stellen gemäß Art. 6 PVÜ zurückzuweisen sind,

(9) Marken, die unter die PVÜ fallende Abzeichen, Embleme und Wappen, die von besonderem öffentlichen Interesse sind, enthalten, es sei denn, dass die zuständigen Stellen ihrer Eintragung zugestimmt haben.

(10) Marken, die eine geographische Angabe enthalten oder aus ihr bestehen, durch die Weine gekennzeichnet werden, oder Marken, die eine geographische Angabe enthalten oder aus ihr bestehen, durch die Spirituosen gekennzeichnet werden, in Bezug auf Weine oder Spirituosen, die diesen Ursprung nicht haben.

(11) Marken, die eine gemäß der Verordnung (EWG) Nr. 2081/92 eingetragene Ursprungsbezeichnung über geographische Angabe enthalten oder aus einer solchen bestehen und auch die einer der in Artikel 13 der genannten Verordnung aufgeführten Tatbestände zutrifft und die die gleiche Art von Erzeugnis betreffen, wenn der Antrag auf Eintragung der Marke nach dem Zeitpunkt der Eintragung des Antrags auf Eintragung der Ursprungsbezeichnung oder der geographischen Eingabe bei der Kommission eingereicht wird.

▶ **Beispiel:**

A möchte seine Markenanmeldung teilen.

Gemäß Art. 50 UMV ist die Teilung einer Gemeinschaftsmarken-Anmeldung oder 2511
Gemeinschaftsmarken-Eintragung möglich. Für eine solche Teilung ist eine Gebühr zu entrichten. Die Teilung einer Anmeldung gegen den Widerspruch eingelegt wurde, ist nicht zulässig, wenn dies eine Teilung der angegriffenen Waren oder Dienstleistungen zur Folge hätte. Solange ein Widerspruch anhängig ist, können also nur diejenigen Waren und Dienstleistungen abgetrennt werden, die vom Widerspruch nicht erfasst werden.

d) Markenformen

▶ **Beispiel:**

2512 A möchte wissen, ob die EU-Markenform dem ihm aus dem deutschen Verfahren bekannten schutzfähigen Zeichen entsprechen.

2513 Art. 4 UMV besagt, dass Gemeinschaftsmarken Zeichen aller Art sein können, insbesondere Wörter einschließlich Personennamen, Abbildungen, Buchstaben, Zahlen, Farben und die Form oder Verpackung der Ware oder Klänge, soweit solche Zeichen geeignet sind, Waren oder Dienstleistungen eines Unternehmens von denjenigen anderer Unternehmen zu unterscheiden. und in dem Register der Unionsmarken in einer Weise dargestellt zu werden, dass die zuständigen Behörden und das Publikum den Gegenstand des dem Inhaber einer solchen Marke gewährten Schutzes eindeutig bestimmen können. Das entscheidende Kriterium für die Eintragungsfähigkeit einer Gemeinschaftsmarke ist nach Art. 4 a) UMV, dass diese grundsätzlich geeignet ist, die Waren und/oder Dienstleistungen eines Unternehmens von dem eines anderen zu unterscheiden, ein Kriterium, das aus dem deutschen Markenrecht bereits bekannt ist.

▶ **Beispiel:**

2514 A verwendet die Farbe violett intensiv in ihrer Werbung. Sie möchte dieses als Marke anmelden. Zugleich möchte sie ihre in der Werbung verwendeten Melodienfolge anmelden. Rechtslage?

2515 Die Durchführungsverordnungen stellen klar, dass bei der Anmeldung einer Farbmarke per se die Möglichkeit besteht, die Farbe anhand eines international anerkannten Farbcodes zu benennen. Das Amt empfiehlt die Angabe eines solchen Farbcodes, allerdings stellt die fehlende Angabe eines Farbcodes keinen Zurückweisungsgrund dar.

e) Schutzhindernisse

▶ **Beispiel:**

2516 A weiß, dass z.B. nationale Anmeldungen in Spanien hinsichtlich relativer Schutzhindernisse geprüft werden. Er fragt Patentanwalt B, ob dies auch für EU-Marken gilt.

2517 Die Voraussetzungen für die Eintragung von Gemeinschaftsmarken richten sich ausschließlich nach der UMV. So sind in Art. 7 UMV absolute Eintragungshindernisse geregelt, die der Eintragung einer Gemeinschaftsmarke entgegenstehen. Die absoluten Schutzhindernisse muss das Amt von sich aus prüfen. Dritte können jedoch nach Art. 45 UMV das Amt auf derartige Schutzhindernisse hinweisen. Bei der Prüfung dieser Eintragungshindernisse müssen nach Art. 7 AUMV auch solche berücksichtigt werden, die nur in einem Teil der Gemeinschaft vorliegen. Abhilfe kann aufgrund der Einheitlichkeit der Gemeinschaftsmarke nicht durch einen Disclaimer geschaffen werden.[894] Relative Eintragungshindernisse, also ältere Rechte, werden nicht von Amts wegen berücksichtigt. Vielmehr ist in Art. 8 festgehalten, dass diese auf Widerspruch des Inhabers der älteren Marke zu prüfen sind.

f) Recherche

▶ Beispiel:

A hat eine EU-Marke über Patentanwalt B anmelden lassen. Nun erhält A einen Recherchenbericht des Gemeinschaftsmarkenamtes. A fragt B, was es damit auf sich hat. 2518

Falls die Prüfung der formellen Voraussetzungen der Anmeldung keine Beanstandungen ergeben hat oder diese beseitigt wurden und falls absolute Eintragungshindernisse nicht ermittelt wurden, führt das EUIPO nach Art. 43 UMV eine Recherche durch und erstellt einen Gemeinschaftsrecherchenbericht. In diesem werden ältere Gemeinschaftsmarken oder Anmeldungen von Unionsmarken aufgeführt, die nach Art. 8 UMV als relative Schutzhindernisse gegen die Eintragung der angemeldeten Gemeinschaftsmarke geltend gemacht werden können. Der Recherchenbericht wird dem Anmelder zugestellt. Das EUIPO übermittelt an die Patentämter der EU-Staaten ein Exemplar der Anmeldung, die in ihrem eigenen Markenregister Recherchen durchführen (Art. 43 Abs. 3 UMV). Einzelstaatliche Recherchen nach nationalen älteren Marken und Anmeldungen führen beispielsweise die Ämter in Dänemark, Schweden, Finnland, Irland, Griechenland, Spanien und Großbritannien durch, außerdem das BENELUX-Markenamt. Diese Ämter übermitteln dem EUIPO ihre Recherchenberichte, in denen die älteren Marken oder Markenanmeldungen aufgeführt sind, die relative Schutzhindernisse gegenüber der angemeldeten Gemeinschaftsmarke darstellen könnten. Der Anmelder wird über das Recherchenergebnis des HEUIPO und der Zentralbehörden dadurch informiert, dass ihm nach Art. 43 Abs. 6 UMV der Recherchenbericht zugestellt wird. 2519

Der Anmelder hat nun die Möglichkeit, anhand des Recherchenberichts die Chancen seiner Anmeldung angesichts möglicher relativer Schutzhindernisse zu prüfen und gegebenenfalls die Anmeldung zurückzunehmen. In der Veröffentlichung der Recherchenberichte werden die Inhaber älterer Gemeinschaftsmarken oder Anmeldungen von Gemeinschaftsmarken, die im Gemeinschaftsrecherchenbericht genannt sind, von der Veröffentlichung der Anmeldung der Unionsmarke informiert (Art. 43 Abs. 7 UMV).[895] 2520

Die Veröffentlichung der Anmeldung erfolgt nach Art. 44 Abs. 1 UMV, wenn im Übrigen keine Zurückweisung erfolgt. Sollte eine Zurückweisung erst nach der Veröffent- 2521

894 BGHZ 130, 276 – *Torres*; BGH GRUR 1993, 825 – *Dos*.
895 Vgl. Eisenführ/Schennen Komentierung zu Art. 43 UMV.

lichung der Anmeldung erfolgen, so wird die Entscheidung über die Zurückweisung ebenfalls veröffentlicht, sobald sie unanfechtbar geworden ist (Art. 44 Abs. 2 UMV).[896]

g) Widerspruchsverfahren

▶ Beispiel:

2522 A ist durch die Mitteilung des EUIPO aufmerksam gemacht worden, dass C eine Marke »ARC« angemeldet hat, die er für verwechselbar mit seiner eigenen Marke »ARCS« hält. Er bittet Patentanwalt B mitzuteilen, ob hiergegen etwas unternommen werden kann.

2523 Die Veröffentlichung löst eine Frist von 3 Monaten aus, innerhalb derer Dritte gegen die Eintragung der Unionsmarke Widerspruch erheben können. Basis eines Widerspruchs können aus Art. 8 UMV ersichtliche relative Eintragungshindernisse sein.
(1) wenn sie mit der älteren Marke identisch sind und die Waren oder Dienstleistungen, für die die Marke angemeldet worden ist, mit den Waren oder Dienstleistungen identisch sind, für die die ältere Marke Schutz genießt;
(2) wenn wegen ihrer Identität oder Ähnlichkeit mit der älteren Marke und der Identität oder Ähnlichkeit der durch die beiden Marken erfassten Waren oder Dienstleistungen für das Publikum die Gefahr von Verwechslungen in dem Gebiet besteht, in dem die ältere Marke Schutz genießt;
(3) dabei schließt die Gefahr von Verwechslungen die Gefahr ein, dass die Marke mit der älteren Marke auch nur gedanklich in Verbindung gebracht wird.[897]

2524 Ältere Marken im Sinne dieser Norm sind
(1) Marken mit einem früheren Anmeldetag als dem Tag der Anmeldung der Gemeinschaftsmarke, gegebenenfalls mit der für diese Marke in Anspruch genommenen Priorität, die den nachstehenden Kategorien angehören
   i) Gemeinschaftsmarken;
   ii) In einem Mitgliedsstaat oder, soweit Belgien, Luxemburg und die Niederlande betroffen sind, beim BENELUX-Markenamt eingetragene Marken;
   iii) mit Wirkung für einen Mitgliedsstaat international registrierte Marken;
(2) Anmeldungen von Marken nach Buchstabe a), vorbehaltlich ihrer Eintragung;
(3) Marken, die am Tag der Anmeldung der Gemeinschaftsmarke, gegebenenfalls am Tag der für die Anmeldung der Gemeinschaftsmarke in Anspruch genommenen Priorität in einem Mitgliedsstaat im Sinne des Artikel der Pariser Verbandsübereinkunft notorisch bekannt sind.

2525 Im Widerspruchsverfahren werden die Beteiligten vom EUIPO nach Art. 47 aufgefordert, sich innerhalb vom Amt gesetzter Fristen zu den Amtsbescheiden oder zu Schriftsätzen anderer Beteiligter zu äußern. Der Anmelder der im Widerspruchsverfahren angegriffenen Unionsmarke kann den Widersprechenden gegebenenfalls auf-

896 Vgl. Eisenführ/Schennen Komentierung zu Art. 43 UMV.
897 Bender MarkenR 2006, 60 ff.

fordern, Benutzungsnachweis zu erbringen (Art. 47 Abs. 2 UMV). Es ist hier, wie im deutschen Markenrecht, eine Benutzungsschonfrist von 5 Jahren geregelt.

Im Hinblick auf das Gesagte kann A aufgrund seiner eigenen Marke Widerspruch erheben. Im vorliegenden Fall sind beide Marken klanglich und schriftbildlich ähnlich, sodass bei identischem oder ähnlichem Warenverzeichnis Verwechselungsgefahr zu bejahen ist. 2526

▶ Beispiel:

A hat in Deutschland eine Firma unter der Bezeichnung »Heinzelmann«. Er stellt fest, dass Konkurrent C diese Bezeichnung als EU-Marke angemeldet hat. A bittet Patentanwalt B um Auskunft, was unternommen werden kann. 2527

Ein wesentlicher Gesichtspunkt des Widerspruchsverfahrens ist, dass der Widerspruch nicht nur auf ältere Gemeinschaftsmarken oder ältere Anmeldungen zu Gemeinschaftsmarken gestützt werden kann, sondern auch auf nicht eingetragene nationale Marken sowie sonstige im geschäftlichen Verkehr benutzte Kennzeichnungsrechte, die nicht rein örtliche Bedeutung haben (Art. 8 Abs. 4 UMV). Damit ist es für den Anmelder der Gemeinschaftsmarke nicht ohne weiteres absehbar, ob und in welchem Umfang Widerspruch gegen seine Anmeldung erhoben werden wird. 2528

A kann mithin auf Basis seiner Geschäftsbezeichnung Widerspruch erheben. 2529

▶ Beispiel:

A möchte Auskunft über das Kostenrisiko des Widerspruchsverfahrens. 2530

Ein wichtiger Gesichtspunkt ist, dass Art. 109 UMV eine Kostenverteilung vorsieht. Danach hat der Unterliegende in einem Widerspruchsverfahren, wie auch in einem Verfahren zur Erklärung des Verfalls oder der Nichtigkeit oder einem Beschwerdeverfahren, auch die von dem anderen Beteiligten zu entrichtenden Gebühren zutragen, dazu alle für die Durchführung des Verfahrens notwendigen Kosten, die dem anderen Beteiligten entstehen, einschließlich der Reise- und Aufenthaltskosten und der Kosten der Bevollmächtigten, Beistände und Anwälte. Es gilt hier also das Unterliegensprinzip (Art. 109, Abs. 1 UMV). Von diesem Grundprinzip wird nur aus Billigkeitsgründen abgewichen (Art. 109 Abs. 3 UMV). 2531

h) Umwandlungsantrag

▶ Beispiel:

A ist Inhaber einer EU-Marke, gegen die C Widerspruch erhoben hat. A fürchtet, dass der Widerspruch erfolgreich sein könnte und fragt Patentanwalt B nach den Folgen. 2532

Wird der Widerspruch rechtskräftig zurückgewiesen, wird die Marke nach Art. 45 UMV eingetragen, sofern eine Eintragungsgebühr entrichtet wurde. Ergibt die Prü- 2533 fung, dass die Marke für alle oder einen Teil der Waren oder Dienstleistungen, für die die Gemeinschaftsmarke beantragt worden ist, von der Eintragung ausgeschlossen ist, wird die Anmeldung für diese Waren oder Dienstleistungen zurückgewiesen (Art. 45 Abs. 5 S. 1 UMV). Auch wenn als relative Schutzhindernisse nur Rechte in einem der EU-Staaten der Anmeldung der Gemeinschaftsmarke entgegenstehen, so wird diese doch in vollem Umfang zurückgewiesen, sodass die Anmeldung in keinem der Staaten mehr irgendeine Wirkung entfaltet.

2534 Der Inhaber der Unionsmarkenanmeldung kann, falls seine Anmeldung aufgrund relativer Schutzhindernisse zurückgewiesen wird, nach Art. 140 UMV einen Antrag auf Umwandlung der Anmeldung der Gemeinschaftsmarke stellen. Der Antrag muss die in Regel 44 Durchführungsverordnung genannten Angaben umfassen. Der Umwandlungsantrag ist nach Art. 140 Abs. 1 UMV beim Amt zu stellen. Dabei sind die Mitgliedsstaaten der EU zu bezeichnen, in denen die Einleitung des Verfahrens zur Eintragung einer nationalen Marke gewünscht wird. Ordnungsgemäße Umwandlungsanträge werden vom EUIPO den nationalen Zentralbehörden übermittelt, für Deutschland ist das Deutsche Patent- und Markenamt zuständig.[898] Der Antrag ist erst wirksam, wenn die Umwandlungsgebühr entrichtet wurde. Der Anmelder der Unionsmarke, der Umwandlungsantrag gestellt hat, muss auch die entsprechenden Gebühren an die nationalen Ämter entrichten. Nach § 125 d Abs. 1 MarkenG sind die Umwandlungs- und gegebenenfalls Klassengebühren zu entrichten. Gem. § 2 Abs. 1 PatKostG in Verbindung mit Geb.Verz Nr. 335200 und Nr. 335400 sind für das nationale Umwandlungsverfahren eine nationale Umwandlungsgebühr und für jede Klasse aber der 4. Klasse Klassengebühren zu zahlen. Die Umwandlungsgebühr nebst etwaigen Klassengebühren ist nach § 125 d Abs. 1 MarkenG abweichend von § 3 Abs. 1 PatKostG mit dem Zugang des Umwandlungsantrags beim Patentamt fällig und gem. § 6 Abs. 1 Satz 2 PatKostG innerhalb von drei Monaten ab Fälligkeit zu zahlen[899]. Das Patentamt fordert formlos zur Zahlung auf.

4. Markenverletzung

2535 Der Markenschutz gewährt dem Inhaber der Marke ein ausschließliches Recht (§ 14 Abs. 1 MarkenG, Art. 9 GMVO) und umfasst die Entstehung durch Eintragung und das Register, den Erwerb von Verkehrsgeltung als Marke sowie durch notorische Bekanntheit einer Marke. Dabei gilt das Ausschließlichkeitsrecht bei eingetragenen Marken im gesamten Gebiet der Bundesrepublik Deutschland. Aus seinem Ausschließlichkeitsrecht kann der Markeninhaber zum einen den Anspruch auf Löschung einer prioritätsjüngeren Marke herleiten und jede Benutzung kollidierender Zeichen im geschäftlichen Verkehr untersagen (§ 14 Abs. 2 und 3 MarkenG). § 14 Abs. 2 MarkenG erfasst die Benutzung eines Zeichens im geschäftlichen Verkehr ohne Zustimmung des Markeninhabers und Ansprüche des Inhabers des prioritätsälteren Zeichens auf Unterlassung und sieht bei schuldhaften Verletzungsverhandlungen auch Schadensersatz vor.

898 Mühlendahl GRUR 2005, 113 (115).
899 Begründung zum Entw KostenbereinigungsG B 2002, 36, 59.

a) Der Verletzungstatbestand

Hauptstreitpunkt eines jeden Verletzungsverfahrens ist die Feststellung des Verletzungstatbestands. D. h., ob eine Verwechslungsgefahr zwischen der verletzenden Marke und der eingetragenen Marke und ob eine markenmäßige Benutzung durch den Verletzer vorliegt. 2536

aa) Verwechslungsgefahr

▶ Beispiel:

A hat die Marke »Hagelschadenscentrum« angemeldet. Unter dieser Bezeichnung bietet er Dienstleistungen für die Reparatur von Fahrzeugen an, die durch Unwetter, z.B. Steinschlag, Hagel usw. beschädigt worden sind. A hat festgestellt, dass die Firma B unter der Bezeichnung »Hagelschadenszentrum« dieselben Dienstleistungen anbietet. A möchte von seinem Anwalt C wissen, was zu tun ist. 2537

Der Markeninhaber hat ein exklusives Recht zur Nutzung einer Bezeichnung und kann Dritten die Nutzung einer identischen und einer verwechslungsfähigen Bezeichnung untersagen. Eine Markenverletzung liegt insbesondere dann vor, wenn die kollidierenden Marken sowie die Waren beziehungsweise Dienstleistungen identisch sind (§ 14 Abs. 2 Nr. 1 MarkenG). Darüber hinaus gewährt das Markenrecht jedoch dem Markeninhaber gemäß § 14 Abs. 2 Nr. 2 MarkenG auch einen Verwechslungsschutz. So kann der Markeninhaber im Fall einer bloßen Ähnlichkeit der kollidierenden Marke bzw. Waren oder Dienstleistungen eine Markenverletzung geltend machen, sofern hierdurch eine Verwechslungsgefahr resultiert.[900] 2538

Eine Markenverletzung kann insoweit in folgenden Fällen gegeben sein: 2539
- Markenidentität und Produktidentität
- Markenidentität und Produktähnlichkeit
- Markenähnlichkeit und Produktidentität
- Markenähnlichkeit und Produktähnlichkeit.[901]

Der Rechtsprechung des EuGH kommt für die Bestimmung der Maßstäbe der Verletzungsprüfung im Rahmen des § 14 Abs. 2 MarkenG eine wesentliche Bedeutung zu, da der EuGH die alleinige Zuständigkeit für die Entscheidung über die Richtlinienkonformität der Auslegung des auf Umsetzung der Markenrechtsrichtlinie[902] beruhenden Markengesetz hat.[903] 2540

Eine Verwechslungsgefahr i.S.d. § 14 Abs. 2 Nr. 2 MarkenG liegt dann vor, wenn für einen nicht unerheblichen Teil des beteiligten Verkehrskreises die Gefahr einer Irre- 2541

900 Ströbele/Hacker/Thiering/Hacker, MarkenG, Kommentierung zu § 14.
901 Ströbele/Hacker/Thiering/Hacker, § 14 MarkenG Rn. 297 ff.
902 EU-Richtlinie 89/104/EG.
903 BGH GRUR 1997, 221 – *Canon*.

führung besteht.[904] Eine abstrakte Gefahr ist ausreichend. Es bedarf insoweit keiner Feststellung, dass es in der Vergangenheit bereits zu einer Verwechselung gekommen ist.[905] Entscheidend ist die Verkehrsauffassung, d.h. es sind die Besonderheiten des speziellen Abnehmerkreises zu berücksichtigen.[906] Der Verletzungsrichter ist grundsätzlich berechtigt, die Verkehrsauffassung aufgrund eigener Sachkunde oder die Feststellung im Rahmen eines Sachverständigengutachtens in der Form einer demoskopischen Umfrage festzustellen. Die Markenähnlichkeit beurteilt sich nach dem Gesamteindruck der Marken.[907] D.h., bei einer Beurteilung der Verwechselungsgefahr ist ebenso wie im Rahmen des Widerspruchsverfahrens zu. Demgemäß sind grundsätzlich die Bildwirkung, die Klangwirkung und der Sinngehalt der Marke zu berücksichtigen.

2542 Die Ähnlichkeit der gegenüberstehenden Zeichen liegt hier auf der Hand.

2543 Wesentlich bei der Beurteilung der Verwechselungsgefahr ist ferner der Grad der Kennzeichnungskraft. Im vorliegenden Fall ist zu berücksichtigen, dass die Bezeichnungen Hagel, Schaden und Zentrum für sich Begriffe der Umgangssprache sind. Die Zusammensetzung der beiden Begriffe zeigt dem Verbraucher nicht unmittelbar, worum es geht. Gleichwohl ist davon auszugehen, dass aufgrund des Sinngehaltes und der Klangwirkung und der geringen Kennzeichnungskraft der Marke der Schutzumfang auf das Wort als solches beschränkt ist. Insoweit wird die abweichende Schreibweise unter Umständen schon im vorliegenden Fall problematisch sein.

2544 Im vorliegenden Fall sind die Dienstleistungen der sich gegenüberstehenden Zeichen identisch. Nur die Zeichen als solche weisen einen kleinen Unterschied auf, der sich klanglich nicht auswirkt. Trotz des geringen Schutzbereichs ist somit die Gefahr einer Verwechselung gegeben.

▶ **Beispiel:**

2545 In einer Abwandlung des vorgenannten Beispiels stellt sich folgender Sachverhalt dar:

A ist seit vielen Jahren unter der Bezeichnung »Hagelschadenscentrum« tätig. Sein Betrieb weist eine überragende Bekanntheit auf. A legt seinem Patentanwalt eine Meinungsumfrage vor, nach welcher 45 % der beteiligten Verkehrskreise seine Firma und seine Dienstleistungen kennen.

2546 § 14 Abs. 2 Nr. 3 MarkenG gewährt bekannten Marken einen besonderen Schutz außerhalb des Ähnlichkeitsbereiches. So kann der Markeninhaber selbst dann gegen eine Benutzung eines identischen oder ähnlichen Zeichens vorgehen, wenn die Waren- und Dienstleistungen nicht denen ähnlich sind, für die die Marke Schutz

904 BGH GRUR 1992, 110 f. – *dipa/dib.*
905 BGH GRUR 1992, 48 ff. – *frei öl.*
906 BPatG GRUR 1990, 276 f. – *Petersburger Schlittenfahrt.*
907 BGH GRUR 1996, 977 – *DRANO/P3-drano.*

genießt.[908] Bei der Prüfung einer Verletzung nach § 14 Abs. 2 Nr. 3 MarkenG bedarf es zunächst der Feststellung der Bekanntheit der Marke. Die Marke muss als eine Voraussetzung einem bedeutenden Teil des Publikums bekannt sein.[909] Feste Prozentsätze lassen sich insoweit jedoch nicht angeben.[910] Die ist nicht einmal im Sinne einer absoluten Untergrenze möglich.[911] Der erforderliche Bekanntheitsgrad kann daher nur im Einzelfall unter Berücksichtigung der weiteren für die Bestimmung der Bekanntheit heranzuziehenden Kriterien bestimmt werden. Dabei wird man davon ausgehen müssen, dass der Bekanntheitsgrad umso höher sein muss, je kleiner der Teil des Verkehrs ist, an den sich die Marke richtet. Die Einholung eines demoskopischen Gutachtens zur Ermittlung der Bekanntheit ist weder durch die MarkenRichtl noch sonst stets geboten.[912] Der erforderliche Bekanntheitsgrad kann sich im Einzelfall auch aus anderen Umständen ergeben, z.B. aus der Dauer und Intensität der Benutzung.[913] Neben der Bekanntheit muss der Markeninhaber auch darlegen, dass durch die Nutzung des identischen oder ähnlichen Zeichens die Unterscheidungskraft oder Wertschätzung der bekannten Marke in unlauterer Weise ausgenutzt und beeinträchtigt wird. Eine Beeinträchtigung der Unterscheidungskraft ist dann zu bejahen, wenn die besondere Ausstrahlungskraft, den mit der bekannten Marke verbundenen »goodwill«, welchen die Abnehmer der bekannten Marke zur Identifizierung einer Ware oder Dienstleistung zuordnen, berührt wird.[914] Die an eine bekannten Ware geknüpfte Wertschätzung im Sinne des § 14 Abs. 2 Nr. 3 MarkenG kann dadurch beeinträchtigt werden, dass Produkte schlechterer Qualität oder auch dem Produktimage der bekannten Marken zuwiderlaufende Waren- oder Dienstleistungen unter der bekannten Marke vertrieben werden.[915] Der in § 14 Abs. 2 Nr. 3 MarkenG formulierte Ausnutzungstatbestand knüpft daran an, dass die im Verkehrskreis mit der bekannten Marke verbundene Qualitätserwartung oder das Image für die eigene Waren/Dienstleistung genutzt werden soll.[916] Das in § 14 Abs. 2 Nr. 3 MarkenG enthaltene Tatbestandsmerkmal des »rechtfertigenden Grundes« ist für die Gerichte Anlass, die beiderseitigen Interessen gegeneinander abzuwägen. Der als Verletzer in Anspruch Genommene trägt die Darlegungs- und Beweislast für die sein Verhalten rechtfertigende Umstände.

Im vorliegenden Fall ist nach alledem festzustellen, dass A auch gegen Verletzer vor- 2547
gehen kann, bei denen die Waren- und Dienstleistungen sich außerhalb des Ähnlichkeitsbereiches bewegen. Denn die Bekanntheit ist mit 45 % erheblich.

908 Ströbele/Hacker/Thiering-Hacker, § 14 MarkenG Rn. 142.
909 EuGH GRUR Int. 2000, 73, 75 (Nr. 26); OLG Frankfurt GRUR 2000, 1063, 1064.
910 EuGH GRUR Int. 2000, 73, 74 (Nr. 25); BGH GRUR 2002, 340, 341 – *Fabergé*.
911 BGH GRUR 1985, 550; BGH GRUR 1991, 465 – *Salomon*; BGH GRUR 2002, 340 f. – *Fabergé*; OLG Hamburg GRUR 1999, 339, 342; Fezer § 14 Rn. 420.
912 EuGH GRUR 1999, 723, 727 (Nr. 53); EuGH GRUR Int. 1998, 795, 797 (Nr. 35 f.).
913 OLG Hamburg GRUR-RR 2002, 100, 101 f.
914 Ströbele/Hacker/Thiering-Hacker, § 14 MarkenG Rn. 342 f.
915 BGH GRUR 1995, 57 – *Markenverunglimpfung II*.
916 BGH GRUR 1991, 609 – *SL*; Piper GRUR 1996, 434.

▶ Beispiel:

2548 Die Firma A betreibt verschiedene Filialen für Autoreparatur- und Ersatzteilbetriebe. Hierfür hat sie die Marken »VolksInspektion«, »VolksReifen«, »VolksWerkstatt« angemeldet. Die Volkswagen AG fühlt sich hierdurch beeinträchtigt. Sie fragt Patentanwalt B, ob hiergegen etwas unternommen werden kann.

2549 Im vorliegenden Fall ist zu berücksichtigen, dass Volkswagen eine sehr bekannte Marke und ein sehr bekanntes Zeichen ist. Daher kann nicht ausgeschlossen werden, dass die Verwendung der Zeichen der Firma A im Zusammenhang mit Fahrzeugen sowie deren Reparatur für Fahrzeugteile die Markenrechte der Volkswagen AG verletzen. Denn bekannte oder sogar berühmte Marken verfügen über einen weiten Schutzbereich, so dass ein weiter Abstand einzuhalten ist. Eine Verletzung der bekannten Marke kann bereits vorliegen, wenn das Publikum aufgrund der Verwendung der Zeichen »VolksInspektion«, »VolksReifen« und »VolksWerkstatt« durch die Firma A von wirtschaftlichen oder organisatorischen Verbindungen zur Volkswagen AG ausgeht.[917]

bb) Markenbenutzung

▶ Beispiel:

2550 A stellt fest, dass sein Konkurrent B seine Marke in Werbeunterlagen verwendet. Dies erfährt A in Form eines Vergleichs der Produkte des B und des A, wobei die gegenüberstehenden Produkte jeweils mit den Bezeichnungen »Hagelschadencentrum« und »Hagelschadenzentrum« versehen werden.

2551 Tatbestandliche Voraussetzung für alle Verletzungshandlungen in § 14 Abs. 2 Nr. 1 bis 3 MarkenG ist, dass die Kennzeichnung im geschäftlichen Verkehr genutzt wird. Unter den Begriff des geschäftlichen Verkehrs ist grundsätzlich jede selbstständige wirtschaftliche Betätigung zu fassen.[918] Der Begriff der Benutzung im geschäftlichen Verkehr ist unter Berücksichtigung der Beschränkung im § 23 MarkenG auszulegen.[919] Im Falle der Verwendung von markenrechtlich geschützten Bezeichnungen auf Verpackungen, Etiketten, Anhängern oder Aufnähern, muss zumindest die Gefahr bestehen, dass diese Mittel zur Kennzeichnung von Waren oder Dienstleistungen verwendet werden. § 14 Abs. 3 MarkenG enthält lediglich eine exemplarische Aufzählung von markenrechtlich relevanten Verletzungshandlungen. So ist es eine markenmäßige Verwendung, wenn Kennzeichen auf Waren als Hinweis auf die Herkunft angebracht werden. Die Einbindung in ein werbliches Umfeld kann als Indiz für einen markenmäßigen Gebrauch betrachtet werden. Gemäß § 14 Abs. 3 Nr. 2 Alt. 3 MarkenG wird bereits der qualifizierte Besitz als Markenverletzungshandlung einge-

917 Fall nach BGH I ZR 214/11.
918 BGHZ 19, 299.
919 Piper GRUR 1996, 434; v. Gramm WRP 1993, 797; Fezer GRUR 1996, 568; Eichmann GRUR 1998, 203.

ordnet. Durch diese Regelung wird der Markenschutz vorverlagert auf eine Phase, in der sich geplante Anbietungs- und Vertriebshandlungen konkretisieren.

▶ **Beispiel:**

K ist die Inhaberin der nachfolgend abgebildeten deutschen Marke. Diese ist u.a. für Landfahrzeuge und Spielzeuge eingetragen. B vertreibt u.a. Spielzeug-Modellfahrzeuge. U.a. hat sie ein verkleinertes Abbild eines Opel-Astra V8-Coupé als Spielzeug hergestellt. Am Kühlergrill war das Opel-Blitz-Zeichen zu erkennen. **2552**

Abb. 49: Anmeldemarke

Fraglich ist, ob eine mögliche Verletzung des § 14 Abs. 2 Nr. 1 MarkenG vorliegt. **2553** Ausgangspunkt der Betrachtung muss die erforderliche richtlinienkonforme Auslegung der Vorschrift im Lichte der Rechtsprechung des EuGH sein.[920] Mit der Benutzung des mit der Marke identischen Zeichens müssen folgende Voraussetzungen erfüllt sein:

- Benutzung im geschäftlichen Verkehr
- Ohne Zustimmung des Markeninhabers
- Für Waren und Dienstleistungen, die mit denjenigen identisch sind, für die die Marke eingetragen ist
- Das Zeichen wird wie eine Marke benutzt, d.h. die Benutzung des Zeichens durch den Dritten muss die Funktionen der Marke und insbesondere ihre wesentliche Funktion, den Verbrauchern die Herkunft der Waren oder Dienstleistungen zu garantieren, beeinträchtigen oder beeinträchtigen können.

Unter der Berücksichtigung dieser Grundsätze des EuGH dürfte die Herkunftsfunktion **2554** der Marke der K nicht beeinträchtigt sein. Denn die Benutzung des Zeichens durch B beeinträchtigt dann nicht die Hauptfunktion des Opel-Logos als für Spielzeug eingetragene Marke, wenn die maßgeblichen Verkehrskreise das identische Zeichen auf den von der B vertriebenen verkleinerten Modelle nicht als Angabe darüber verstehen, dass diese Waren von der K oder einem mit diesem wirtschaftlich verbundenen

920 EuGH GRUR 2009, 756 Tz. 58 – *Lòrèal/Beluer.*

Unternehmen stammt. Maßgeblich ist somit, ob die Verbraucher in dem Zeichen einen Hinweis auf die Herkunft des Spielzeug-Autos selbst sehen.

2555 Fraglich ist ferner, ob die Verbraucher irrig Lizenzbeziehungen zwischen den Parteien annehmen. Die auf etwaige Lizenzbeziehungen bezogenen Herkunftsfunktionen des Verkehrs knüpfen jedoch auch dann an die Verwendung der betreffenden Marke – gerade für Kraftfahrzeuge und eben nicht für Spielzeuge – an.

2556 Weiterer Gesichtspunkt ist eine mögliche Rufbeeinträchtigung der sehr bekannten Marke. Diese dürfte nicht festzustellen sein; denn selbst eine – möglicherweise – schlechte Qualität des Modell-Autos wirkt sich nicht auf den Ruf des Original-Kraftfahrzeugs aus.[921]

2557 Im Rahmen der vergleichenden Werbung gilt der Grundsatz, dass die Verwendung einer markenrechtlich geschützten Bezeichnung eines Konkurrenten dann keine markenverletzende Benutzungshandlung darstellt, wenn die Verwendung der Marke zum Zwecke der Unterscheidung erfolgt. Der Werbende verwendet die geschützte Marke in diesem Fall nicht für seine eigenen Produkte oder Dienstleistung, sondern nimmt lediglich zum Zwecke des Vergleiches auf seine Marke Bezug. Soweit eine fremde Bezeichnung im Zusammenhang mit eigenen Waren zum Zwecke der Dekoration benutzt wird, ist man hierin zumindest eine markenmäßige Benutzung zu erblicken, wenn der angesprochene Adressatenkreis die Bezeichnung auch in ihrer Funktion als Herkunftshinweis wahrnehmen könnte.[922] Auch die verfremdete Verwendung im Rahmen einer Markenparodie oder Persiflage kann im Einzelfall eine markenmäßige Nutzung darstellen.[923]

2558 Insgesamt gesehen ist von einer Verletzung des Markenrechts des A auszugehen.

▶ Beispiel:

2559 A ist Inhaber der Marke »Galileo ViewTrip«. B hat die Marke »GCC Galileo Control Center« angemeldet. A erhebt Klage beim Landgericht und verlangt Unterlassung der Benutzung von »Galileo« und Löschung der Marke.

Besteht dieser Anspruch?

B ist eine Forschungseinrichtung, die ihre Bezeichnung noch nicht im geschäftlichen Verkehr verwendet hat.

Bestehen Unterlassungsansprüche?

2560 Ansprüche auf Unterlassung kommen nur in Betracht, wenn B das Zeichen markenmäßig im Verkehr benutzen würde. Eine Benutzung im geschäftlichen Verkehr erfolgt, wenn sie im Zusammenhang mit einer auf einen wirtschaftlichen Vorteil gerichteten

921 BGHZ 126, 208 – *Mc Laren*; BGH vom 14.01.2010, Az. I ZR 88/08.
922 BGH GRUR 1994, 635 ff. – *Pulloverbeschriftung*.
923 BGH NJW 2005, 2856 ff. – *Lila-Postkarte*.

gewerblichen Tätigkeit erfolgt.[924] Die Verwendung einer Bezeichnung für ein Forschungsprojekt, das noch nicht zu marktreifen Waren oder Dienstleistungen geführt hat, erfolgt nicht im geschäftlichen Verkehr.[925]

B bietet am Markt unter dem Zeichen »Galileo« keine Produkte an. Es führt das 2561
Zeichen nicht zur Erzählung eines wirtschaftlichen Erfolges. Insofern liegt keine Markennutzung im markenrechtlichen Sinne vor.

Ein Anspruch besteht auch nicht unter dem Gesichtspunkt der Erstbegehungsgefahr. 2562
Grundsätzlich kann eine Markenanmeldung eine solche begründen. Ein derartiges Indiz ist im vorliegenden Fall nicht anzunehmen. Denn dies würde voraussetzen, dass eine Marke »Galileo« angemeldet worden wäre. Im vorliegenden Fall ist jedoch das Zeichen »GCC Galileo Control Center« angemeldet worden. Ein Indiz für die Benutzung von »Galileo« in Alleinstellung ist damit nicht gegeben. Die Klage ist mithin unbegründet.

Beispiel:

A ist Inhaberin einer Wort-/Bildmarke, wie nachstehend abgebildet 2563

Abb. 50: Anmeldemarke

Das Warenverzeichnis umfasst u. a. Schokolade. Firma B nutzt die Marke »Kinder Kram« für Zuckerwaren, Back- und Konditorwaren sowie für nicht-medizinische Kaugummis. A sieht darin eine Verletzung ihrer Markenrechte. B weist jedoch darauf hin, dass die Marke der A nur kraft Verkehrsdurchsetzung eingetragen worden ist, aber es der Marke an jeglicher Unterscheidungskraft fehle.

Marken, welche kraft Verkehrsdurchsetzung eingetragen sind, verfügen nicht automa- 2564
tisch über eine gesteigerte Kennzeichnungskraft. Es handelt sich bei diesen aufgrund der fehlenden Unterscheidungskraft um von Hause aus schutzunfähige Zeichen, die nur gemäß § 8 Abs. 3 MarkenG Eintragung haben erlangen können. Im vorliegenden Fall fehlt es an einer solchen ordinären Unterscheidungskraft für die Bezeichnung »Kinder«. Der Wortbestandteil ist nämlich schutzunfähig für die Ware Schokolade wegen der Zielgruppe der Abnehmer. Insoweit ist der Wortbestandteil »Kinder« als rein beschreibende Angabe einzustufen, dem jegliche Unterscheidungskraft im Sinne von § 8 Abs. 2 Nr. 1 MarkenG fehlt. Jegliche Unterscheidungskraft fehlt einer Marke nicht nur dann, wenn es um eine Beschreibung konkreter Merkmale der in Rede stehenden Waren- oder Dienstleistungen im Sinne von § 8 Abs. 2 MarkenG geht, sondern auch

924 EUGH-Urteil vom 10.05.2006, T-279–03. Tz. 114 – Galileo.
925 EUGH-Urteil vom 10.05.2006, T-279–03, Tz. 117 – Galileo; OLG Hamburg, GRUR-RR 2007, 309, 310 – INMAS, BGH GRUR 1991, 607, 608 – VISPER.

dann, wenn es sich sonst um ein gebräuchliches Wort der deutschen Sprache handelt, das vom Verkehr stets nur als solches und nicht als Unterscheidungsmittel verstanden wird. Aufgrund dessen kommt dem Wortbestandteil »Kinder« auch keine für den Gesamteindruck prägende Wirkung zu. Dies gilt ebenfalls für den Zeichenbestandteil »Kinder« der Marke B, der ebenfalls nicht durch diesen Wortbestandteil dominiert wird. Daher besteht zwischen der Marke der A und der angegriffenen Wortmarke »Kinder Kram« des B nicht die erforderliche Zeichenähnlichkeit.[926]

▶ Beispiel:

2565 Der Inhaber der Marke »Portakabin« möchte dem Konkurrenten »Primakabin« verbieten, den Markennamen sowie diverse orthographische Varianten als Suchbegriffe als Google-AdWords zu verwenden. Bei Eingabe der Suchbegriffe in die Internet-Suchmaschine von Google erscheint eine Werbeanzeige von Primakabin für gebrauchte Portakabins. Über die in der Anzeige verlinkte Web-Seite werden neben Portakabins auch konkurrierende Produkte vertrieben.

2566 Die Buchung eines Markennamens als Schlüsselwort bei Google-AdWords stellt grundsätzlich eine markenmäßige Benutzung dar, welche vom Markeninhaber untersagt werden kann, sofern die Herkunftsfunktion der Marke beeinträchtigt ist.[927] Dies ist regelmäßig der Fall, wenn die Anzeige suggeriert, dass eine wirtschaftliche Verbindung zum Markeninhaber besteht und wenn das Bestehen einer solchen Verbindung unklar bleibt. Bei Verletzung der Herkunftsfunktion, d.h. bei Unklarheit über das Bestehen einer wirtschaftlichen Verbindung zum Markeninhaber greifen auch die Schranken des Markenschutzes nicht zugunsten des Werbenden ein. Die privilegierte Benutzung i.S.d. Art. 6 der ersten Markenrichtlinie scheiterte daran, dass die unklare Abgrenzung zum Markeninhaber den anständigen Gepflogenheiten im Gewerbe oder Handel widerspricht. Dagegen stellt nach der Rechtsprechung des EuGH[928] allein die Verbindung der Marke mit dem Begriff »gebraucht« oder das Angebot von Konkurrenzprodukten auf der verlinkten Internet-Seite noch keine berechtigten Gründe für ein Verbot der Marktbenutzung dar.

b) Vorprozessuales Vorgehen

▶ Beispiel:

2567 Aufgrund der Beratung seines Patentanwalts gelangt A zu der Auffassung, dass eine Markenverletzung vorliegt und gegen den Konkurrenten B vorgegangen werden sollte. A möchte von seinem Patentanwalt nunmehr wissen, wie das weitere Vorgehen am sinnvollsten gestaltet werden kann.

926 BGH GRUR 2003, 1040 – *Kinder.*
927 EuGH vom 08.07.2010 – C-558/08; BeckRS 2010, 90 875 – *Portakabin/Primakabin.*
928 EuGH vom 08.07.2010 – C-558/08; BeckRS 2010, 90 875 – *Portakabin/Primakabin.*

Ebenso wie im Patentverletzungsverfahren bietet sich auch im Markenverletzungsverfahren zunächst eine vorgerichtliche Korrespondenz an. Insbesondere kommt eine Berechtigungsanfrage oder eine Abmahnung zur Vermeidung der Kostenfolge des § 93 ZPO in Betracht.[929] Grundsätzlich sind kürzere Fristen als im Patentrecht als angemessen anzusehen, nämlich sieben bis zehn Tage[930] 2568

c) Einstweilige Verfügung

▶ Beispiel:

Patentanwalt A erläutert seinem Mandanten, dass bis zur Anordnung eines ersten Termins für eine mündliche Verhandlung ein halbes bis zu einem Jahr vergehen kann. Diese Zeitspanne ist dem Mandanten zu lang. Er möchte gerne wissen, ob es eine schnellere Möglichkeit gibt, gegen den Konkurrenten vorzugehen. Denn der Schaden für die geschäftlichen Aktivitäten des Mandanten ist schon immens. Es steht zu befürchten, dass die Kunden in die Irre geführt werden. 2569

Ein effektives Mittel, die durch mit einer Markenverletzung verbundene Marktverwirrung möglichst rasch zu beseitigen, ist das einstweilige Verfügungsverfahren, von dem im Markenbereich im Gegensatz zu den technischen Schutzrechten häufiger Gebrauch gemacht wird. Abgesehen von der durch die Besonderheiten der techni schen Sachverhalte bedingten Rechtsprechung, kann auf die obigen Ausführungen zum Patentrecht verwiesen werden, d.h. auch im Markenrecht kommen die allgemeinen Grundsätze der ZPO zur Anwendung. 2570

d) Klage

Ebenso wie im Patentprozess stellen sich die Fragen der Aktiv- und Passivlegitimationen, des Gerichtsstandes, der Kosten und der Ansprüche. Hier sind einige Besonderheiten gegenüber dem üblichen Zivilprozess zu beachten. 2571

aa) Aktivlegitimation

▶ Beispiel:

A hat im Rahmen eines Lizenzvertrages der Firma B die Benutzung der Marke »Hagelschadenscentrum« gestattet. Eine Benutzung durch die Firma A selbst erfolgt derzeit nicht. A möchte gerne wissen, ob er selbst im Wege der Klage gegen den Konkurrenten C vorgehen muss oder ob dies durch den Lizenznehmer zu erfolgen hat. 2572

Aktivlegitimiert für die Erhebung einer Markenverletzungsklage ist grundsätzlich der Inhaber der Marke. § 28 Abs. 1 MarkenG enthält zudem eine widerlegbare Vermu- 2573

929 Ströbele/Hacker/Thiering-Thiering, § 49 MarkenG, Rn. 564.
930 OLG Düsseldorf Mitt. 1999, 238.

tung zugunsten des im Markenregister eingetragenen Inhabers.[931] Verletzungsansprüche im Wege einer Klage können neben dem Inhaber der eingetragenen Marke auch vom Lizenznehmer geltend gemacht werden. Gemäß § 30 MarkenG[932] gibt es keine Differenzierung zwischen einer einfachen und einer ausschließlichen Lizenz. Gemäß § 30 Abs. 4 MarkenG kann der Lizenznehmer einer Klage des Markeninhabers beitreten, um seinen eigenen Schadensersatz geltend zu machen.[933] Unabhängig von der in § 30 MarkenG geregelten selbstständigen Klagebefugnis des Lizenznehmers ist auch eine Geltendmachung auf Grundlage einer gewillkürten Prozessstandschaft möglich, soweit eine Ermächtigung des Prozessstandschafters vorliegt und dieser ein eigenes schutzwürdiges Interesse geltend machen kann.[934]

bb) Passivlegitimation

▶ Beispiel:

2574 A möchte im Wege der Klage gegen die Firma B wegen Markenverletzung vorgehen. A fürchtet jedoch, dass der Betriebsinhaber der Firma Konkurs anmelden könnte. Er möchte daher gerne wissen, ob auch gegen den Betriebsinhaber selbst vorgegangen werden kann.

2575 Als Klagegegner kommen Täter, Mittäter, Anstifter und Gehilfen der Markenverletzung infrage (§ 830 BGB). Schuldner des Unterlassungsanspruchs ist zunächst einmal derjenige, der die Verletzungshandlung begangen hat.[935] Juristische Personen unterliegen nach § 31 BGB ggfs. in Verbindung mit den Grundsätzen des Organisationsverschuldens oder ihrer sonstigen Angestelltenbeauftragten nach § 14 Abs. 7 MarkenG der Haftung, da sie sich das betreffende Verhalten als eigenes Handeln zurechnen lassen müssen. Persönlich haftende Gesellschafter von Personengesellschaften haben für das Unterlassungsbegehren gegen die Gesellschaft nicht selbst nach dem § 128, 161 Abs. 2 HGB einzutreten.[936]

2576 Im Übrigen kommen für den Bereich des Markenrechts auch Ansprüche aus dem Rechtsinstitut der Störerhaftung in Betracht. Danach haftet neben den Tätern und Teilnehmern auch der Störer entsprechend § 1004 BGB auf Unterlassung. Unter diesem Gesichtspunkt kann jeder in Anspruch genommen werden, der – auch ohne Verschulden – wesentlich und adäquat kausal bei der Herbeiführung oder Aufrechterhaltung einer rechtswidrigen Beeinträchtigung mitgewirkt hat. Dabei kann als Mitwirkung auch die Unterstützung oder Ausnutzung der Handlung eines eigenverantwortlich

931 Ströbele/Hacker/Thiering-Hacker, § 28 MarkenG Rn. 2.
932 OLG München Mitt. 1997, 143.
933 Ströbele/Hacker/Thiering-Hacker, § 30 MarkenG Rn. 99 ff.
934 BGH GRUR 1993, 151 – *Universitätsemblem.*
935 BGH GRUR 2011, 152, 154 – *Kinderhochstühle im Internet.*
936 Ströbele/Hacker/Thiering/-Thiering, § 24 MarkenG Rn. 459 ff.

handelnden Dritten genügen, soweit der in Anspruch genommene die rechtlichen Möglichkeiten zur Verhinderung der Handlung hatte.[937]

Eine Einschränkung hat die Störerhaftung unter dem Gesichtspunkt erfahren, dass die Bejahung notwendig Prüfungspflichten voraussetzt, deren Einhaltung zur Vermeidung einer Inanspruchnahme geboten ist[938]. Ob solche Prüfungspflichten bestehen und deren Umfang sind im Einzelfall unter Berücksichtigung der Funktion des als Störer in Anspruch genommen sowie im Blick auf die Eigenverantwortung des unmittelbaren Verletzers zu prüfen[939]. 2577

Eine Haftung der B als Täter oder Teilnehmer der Wettbewerbsverstöße der einzelnen Auktionsversteigerer wegen der Bereitstellung der Plattform lehnte der Bundesgerichtshof ab.[940] Allerdings habe B durch die Bereitstellung ihrer Internetplattform es Dritten ermöglicht, mühelos Angebote im Internet zu veröffentlichen, die gegen das Jugendschutzgesetz verstießen und damit die ernsthafte Gefahr einer Verletzung des Jugendschutzrechts durch Dritte hervorgerufen. Wer auf diese Art die Gefahr begründe, dass Dritte durch das Wettbewerbsrecht geschützte Interessen von Marktteilnehmern verletzt, ziehe wettbewerbsrechtliche Verkehrspflichten auf sich. Er sei gehalten, die von ihm geschaffene Gefahr im Rahmen des Möglichen und des Zumutbaren zu begrenzen. Wer gegen diese Verkehrspflicht verstoße, sei Täter einer unlauteren Wettbewerbshandlung. 2578

Aber nicht nur der Betreiber einer Plattform, sondern auch derjenige, der sich bei einer Auktionsplattform unter einem Mitgliedsnamen hat registrieren lassen, kann Täter sein. Ist die Eröffnung eines Mitgliedskontos mit der Anmeldung eines Mitgliedsnamens und der Zuteilung eines geheim zu haltenden Passwortes verbunden, obliegt es dem Kontoinhaber, diese Kontrolldaten vor dem Zugriff Dritter zu schützen. Dies gilt auch für engste Familienangehörige. Führt die unzureichende Sicherung dazu, dass ein Dritter an diese Zugangsdaten gelangt und bei Handlung unter dem Mitgliedskonto Vertrags- oder Schutzrechtsverletzungen begeht, muss sich der Inhaber des Kontos wie ein Täter behandeln lassen.[941] 2579

Kommt es bei Versteigerungen zu Verletzungen von Immaterialgüterrechten (Markenrechten, Urheberrechten, Namensrechten), gilt die Störerhaftung zu Lasten des Providers. Das setzt indessen voraus, dass er zumutbare Kontrollmöglichkeiten hatte, um die Schutzrechtsverletzung zu unterbinden. Insoweit ist es ihm nicht zuzumuten, jedes in einem automatisierten Verfahren unmittelbar ins Internet gestellte Angebot darauf zu überprüfen, ob Schutzrechte Dritter verletzt werden. Erst wenn ihm ein 2580

937 BGH GRUR 2005, 171 – *Ausschreibung von Ingenieurdienstleistungen*; GRUR 2004, 693 – *Schöner Wetten*, GRUR 1997, 313 *Architektenwettbewerb*, GRUR 2003, 996 – *Ausschreibung von Vermessungsleistungen*; allgemeiner Überblick: Fitzner Mitt. 2011, 314.

938 BGH GRUR 1997, 313 – *Architektenwettbewerb*; GRUR 2004, 693 – *Schöner Wetten*.

939 BGH GRUR 2004, 693 – *Schöner Wetten*; vgl. auch BGH GRUR 2007, 708 – *Internet-Versteigerung II*; BGH GRUR 2011, 152 – *Kinderhochstühle im Internet*.

940 BGH GRUR 2007, 890 – *Jugendgefährdende Medien bei eBay*.

941 BGH GRUR 2009, 597 – *Halzband*.

Fall einer Verletzung bekannt gemacht wird, ist es seine Aufgabe, nicht nur das konkrete Angebot zu sperren, sondern auch die technisch möglichen und zumutbaren Maßnahmen zu ergreifen, um zu verhindern, dass es in Zukunft zu Rechtsverletzungen kommt.[942] Als Störer für eine missbräuchliche Nutzung des Anschlusses haftet derjenige, der zum Kaufzeitpunkt seines WLAN-Routers die üblichen Sicherungsmaßnahmen nicht installiert hat.[943]

▶ Beispiel:

2581 Es werden im Internet Versteigerungen durchgeführt. A erscheint bei seinem Patentanwalt B und erläutert, dass seiner Ansicht nach seine Markenrechte verletzt werden.

2582 Die Registrierung der Marke oder einer Unternehmenskennzeichnung ist noch keine Benutzung im Sinne des Markengesetzes.[944] Rechtsverletzungen ergeben sich regelmäßig erst im Zusammenhang mit dem Inhalt der Website.[945] Ebenso haftet der Betreiber eines Internet-Marktplatzes grundsätzlich nicht, wenn nur auf Marken Bezug genommen wird (z.B. ähnlich, wie).[946] Derjenige der selbst ein Zeichen als Domain-Name in Deutschland unter der Domain »DE« registrieren lässt, hat unter kennzeichenrechtlichen Gesichtspunkten oder unter dem Aspekt des § 12 BGB dafür als Täter einzustehen, wenn er ein identisches Zeichen- oder Namensrecht verletzt[947] und keine besonderen Rechtsansprüche vorliegen.[948] Eine Verneinung der Täterschaft kommt z.B. in Betracht, wenn das Namens- oder Kennzeichenrecht des Berechtigten erst nach der Registrierung des Domain-Namens entstanden ist.[949]

2583 Zur Vorbeugung einer übermäßigen Ausdehnung der Störerhaftung auf Dritte setzt die Haftung als Störer auf die Verletzung der Prüfpflichten voraus. Deren Umfang ist im Einzelfall nach Zumutbarkeitskriterien zu bestimmen.[950] Dies hängt wiederum davon ab, dass der Provider zumutbare Kontrollmöglichkeiten hat, um eine Schutzrechtsverletzung zu unterbinden. In einem automatisierten Verfahren ins Internet gestellt Angebote zählen demgemäß hierzu nicht; denn diese können nicht mit zumutbarem Aufwand überprüft werden. Etwas anderes gilt allerdings in dem Fall, in dem die Verletzung bekannt ist.[951] Der Betreiber eines Internetmarktplatzes ist nicht verpflichtet,

942 BGH GRUR 2008, 1097, 1098 – *Namensklau im Internet.*

943 BGH NJW 2010, 2061 – *Sommer unseres Lebens.*

944 OLG Hamburg, MMR 2006, 608, 609, OLG Stuttgart, GRUR-RR 2010, 12; Hoeren Mitteilungen 2010, 501, 504 m.w.N.

945 OLG Hamburg, MMR 2006, 608 f.; OLG Stuttgart, GRUR-RR 2010, 12.

946 BGH GRUR Prax. vom 22.07.2010 – I/ZR 139/08, BeckRS 2010, 30638 Tz. 48 – *Kinderhochstühle im Internet.*

947 BGH GRUR 2002, 622 – *shell.de*; BGH GRUR 2003, 387 – *Maxem.de.*

948 BGH GRUR 2005, 430 – *mho.de.*

949 BGH GRUR 2008, 1096 – *Afilias.de.*

950 BGH GRUR 2001, 1038 – *Ambiente.de*; BGH GRUR 2004, 680 – *Internet-Versteigerung I*; BGH GRUR 2008, 702 – *Internet-Versteigerung III.*

951 BGH GRUR 2008, 1098 – *Namensklau im Internet.*

sämtliche Verkaufsangebote einer manuellen Bildkontrolle zu unterwerfen, ob Marken eines Markeninhabers angeführt werden und ob hierbei von den Originalerzeugnissen abweichende Produkte angeboten werden.[952]

Die Verwendung einer Marke als Keyword ist Gegenstand einer Entscheidung des OLG Braunschweigs.[953] Das Gericht geht davon aus, dass die Verwendung der Marke als Keyword auch dann eine markenmäßige Benutzung darstellt, wenn das Schlüsselwort in der Anzeige unsichtbar bleibt. Eine Beeinträchtigung der Herkunftsfunktion liege dann vor, wenn der durchschnittliche Internetnutzer nicht oder nur schwer erkenne könne, ob die Anzeige auf Produkte des Markeninhabers hinweise oder nicht. Wer AdWordanzeigen unter der Wahl der Option »weitgehend passende Keywords« aufgibt, ist für Markenrechtsverletzungen verantwortlich, die dadurch erfolgen, dass über diese Funktion von Google ein eine fremde Marke enthaltendes Keyword zur Liste der Keywords hinzugefügt wird, bei dem die Anzeige erscheint. 2584

Das OLG Braunschweig stützt sich hierbei weitgehend auf die Rechtsprechung des EuGH.[954] Aus dieser ergibt sich die Grundlinie, dass Google selbst grundsätzlich nicht für die von Kunden ausgewählten AdWords haftet. Denn Google benutzt das Markenwort nicht markenmäßig.[955] Der Werbende andererseits benutzt markenmäßig, so dass für ihn eine Haftung in Betracht kommt. Von diesen Grundsätzen ausgehend bejaht das OLG Braunschweig die Markenverletzung durch den Werbekunden, da die konkrete Gestaltung der Anzeige zu einer Verwechslungsgefahr im Sinne des Markenrechts führen kann. 2585

Grundsätzlich scheidet eine Haftung der Denic als Täter oder Teilnehmer aus. Allenfalls kommt eine Haftung als Störer in Betracht, weil sie mit der Registrierung eine zurechenbare Ursache für eine Rechtsverletzung gesetzt hat. Eine solche Haftung setzt allerdings voraus, dass Prüfungspflichten verletzt worden sind. Deren Umfang richtet sich danach, ob und inwieweit die in Anspruch genommenen nach den Umständen eine Prüfung zuzumuten ist. Bei der Erstregistrierung einer Domain bestehen jedoch grundsätzlich keine Prüfungspflichten.[956] Erst nach Hinweisen Dritter auf eine mögliche Rechtsverletzung trifft die Denic eine Prüfungspflicht. 2586

Im Grundsatz hat die Denic während der Registrierung einer zeichenverletzenden Domain nur bei Kenntnis oder sich aufdrängender Kenntnis von der Rechtsverletzung zu haften, wenn sie danach untätig geblieben ist.[957] Ebenso kann eine Haftung der Denic in Betracht kommen, wenn die Verletzung von Rechten Dritter offenkundig 2587

952 BGH Urteil vom 22.07.2010 – I ZR 139/08 BeckRS 2010, 30638; vgl. auch GRUR Prax 2011, 32; GRUR Prax 2011, 25.

953 OLG Braunschweig Urteil vom 24.11.2010 – 2U 113/08 BeckRS 2010, 31100; vgl. auch Schöne in GRUR Prax 2011, 34.

954 EuGH GRUR 2010, 445 – *Google France*; EuGH 2010, 641 – *Eis.de GmbH.*

955 EuGH GRUR 2010, 445 – *Google France.*

956 Hoeren Mitt. 2010, 501.

957 BGH GRUR 2001, 1038 – *Ambiente.de.*

ist. Dies kann zum Beispiel der Fall sein, wenn ein rechtskräftiger Titel vorliegt oder sich die Rechtsverletzung aufdrängen muss.[958]

2588 Der Admin-C ist die vom Domaininhaber benannte natürliche Person, die als sein Bevollmächtigter berechtigt ist und gegenüber der Denic auch verpflichtet ist, sämtliche die Domain betreffenden Angelegenheiten verbindlich zu entscheiden. Er handelt mithin als rechtsgeschäftlicher Stellvertreter des Domaininhabers. Wenn der Domaininhaber seinen Sitz nicht in Deutschland hat, ist der Admin-C zugleich dessen Zustellungsbevollmächtigter und muss in diesem Falle seinerseits in Deutschland ansässig sein. Ob der Admin-C nach den Grundsätzen der Störerhaftung für rechtsverletzende Domains in Anspruch genommen werden kann, ist umstritten.[959]

2589 Eine Verantwortlichkeit des Admin-C als Mittäter oder Teilnehmer an den begangenen Rechtsverletzungen wird abgelehnt.[960] Die Nennung des Admin-C als Ansprechpartner für den Domaininhaber stellt noch keine Marken-, Namens- oder Wettbewerbsverletzung dar. Etwas anderes gilt nur, wenn der Admin-C mit bedingtem Vorsatz handelt.[961]

2590 In Anbetracht dessen kann jedoch eine Haftung als Störer in Betracht kommen. Dies setzt wiederum voraus, dass der Admin-C willentlich und adäquat kausal an der Störung mitgewirkt hat und rechtlich in der Lage ist, die Störung zu beseitigen sowie eine zumutbare Prüfungspflicht verletzt hat. Hierbei ist zu unterscheiden, ob die Störung alleine durch den Domainnamen oder dem Inhalt der Webseite resultiert.[962]

2591 Die Rechtsprechung bei Haftung des Admin-C ist uneinheitlich. Teilweise haben die Gerichte in der Haftung des Admin-C bereits aus Anlass der Registrierung bejaht, also vor Kenntniserlangung etwa durch eine Abmahnung bei kennzeichnungsrechtlichen Fällen.[963] In einem weiteren Fall wurde eine Handlungspflicht spätestens mit Kenntniserlangung angenommen.[964] Grundsätzlich abgelehnt haben eine Haftung wiederum andere Gerichte.[965]

2592 Teilweise wurde die Haftung abgelehnt, weil dem Admin-C eine ständige Überwachung des Internetauftritts nicht zumutbar sei und zu diesem Zweck von der Vergabestelle nicht installiert worden sei.[966]

958 LG Frankfurt Urteil vom 16.11.2009 Az. 2–21 O 139/09; vgl. Hören Mitt. 2010, 501, 502.
959 Hoeren Mitt. 2011, 501, 503.
960 OLG Stuttgart GRUR-RR 2010, 12, 14.
961 Hoeren Mitt. 2011, 501 503.
962 LG Stuttgart vom 24.09.2009 Az. 2 U 16/09, GRUR-RR 2010, 12, 14.
963 OLG München MMR 2000, 277; OLG Stuttgart MMR 2004, 38, 39.
964 OLG Hamburg GRUR-RR 2004 175.
965 OLG Koblenz MMR 2002, 466; KG MMR 2006, 992, 993; OLG Hamburg MMR 2007, 601, 602.
966 OLG Köln GRUR-RR 2009, 27; OLG Düsseldorf GRUR – 2009, 337.

cc) Gerichtsstand

▶ **Beispiel:**

A möchte gerne eine Markenverletzungsklage gegen B einreichen. Hierfür wäre ihm es am liebsten, wenn die Klage bei dem Gericht des Geschäftssitzes der Firma A eingereicht werden könnte. A möchte daher von dem Patentanwalt wissen, inwieweit dies möglich ist. 2593

Gemäß § 140 Abs. 1 MarkenG sind für alle Klagen, durch die ein Anspruch aus einem der im MarkenG geregelten Rechtsverhältnisses geltend gemacht wird, die Landgerichte ohne Rücksicht auf den Streitwert ausschließlich sachlich zuständig. Gemäß § 141 Abs. 2 MarkenG sind die Landesregierungen ermächtigt, für die Bezirke mehrerer Landgerichte ein Gericht für Kennzeichenstreitsachen zu bestimmen. 2594

Die Länder haben hierzu folgende Vorschriften erlassen: 2595

- **Baden-Württemberg:** Zuständig für Kennzeichenstreitsachen des OLG-Bezirks Karlsruhe ist das LG Mannheim und des OLG-Bezirks Stuttgart ist das LG Stuttgart
- **Bayern:** Zuständig für Kennzeichenstreitsachen des OLG-Bezirks München ist das LG München I, für die OLG-Bezirke Nürnberg und Bamberg das LG Nürnberg-Fürth
- **Berlin:** LG Berlin
- **Hessen:** Zuständig für Kennzeichenstreitsachen und Spruchverfahren für die Bezirke der Landgerichte in Hessen ist das LG Frankfurt am Main
- **Mecklenburg-Vorpommern:** Zuständig für Kennzeichenstreitsachen des OLG-Bezirks Rostock ist das LG Rostock
- **Niedersachsen:** Zuständig für Kennzeichenstreitsachen für die Bezirke aller Landgerichte ist das LG Braunschweig
- **Nordrhein-Westfalen:** Zuständig für Kennzeichenstreitsachen des OLG-Bezirks Düsseldorf ist das LG Düsseldorf, für die Landgerichtsbezirke Bielefeld, Detmold, Münster und Paderborn das LG Bielefeld, für die Landgerichtsbezirke Arnsberg, Bochum, Dortmund, Essen, Hagen und Siegen das LG Bochum und für den OLG-Bezirk Köln das LG Köln
- **Rheinland-Pfalz:** Zuständig für Kennzeichenstreitsachen des OLG-Bezirks Zweibrücken ist das LG Frankenthal (Pfalz) und des OLG-Bezirks Koblenz das LG Koblenz
- **Saarland: LG Saarbrücken**
- **Sachsen:** Zuständig für Kennzeichenstreitsachen ist das LG Leipzig
- **Sachsen-Anhalt:** Zuständig für Kennzeichen- und Gemeinschaftsmarkenstreitsachen ist das LG Magdeburg
- **Thüringen:** Zuständig für Kennzeichenstreitsachen ist das LG Erfurt[967]

---

967 Vgl. im Einzelnen Ströbele/Hacker/Thiering/Thiering, MarkenG, § 140 Rn. 5. S. Übersicht: https.//www.grur.org/publikationen/gerichte/gerichtszustaendigleiten.

2596 In den Anwendungsbereich des § 140 Abs. 1 MarkenG fallen alle Klagen, die darauf zielen, einen Anspruch aus dem MarkenG geltend zu machen. Soweit die Klage ergänzend auf Normen des UWG, der §§ 12, 823 ff. BGB oder anderer Normen außerhalb des Markenrechts gestützt wird, schließt dies die Qualifikation des Rechtstreits als Markenstreitsache nicht aus.[968] In dem Fall, dass zusätzlich Ansprüche aus dem PatG, dem Gebrauchsmustergesetz, dem Urhebergesetz oder dem GWB geltend gemacht werden, tritt eine Konkurrenz bezüglich der ausschließlichen Zuständigkeiten ein.[969] Die ausschließliche Zuständigkeit der nach § 140 MarkenG zuständigen Gerichte lassen sich auch durch Gerichtsstandvereinbarungen nicht umgehen. Die Gerichtsstandvereinbarungen sind insoweit nur dann beachtlich, wenn sie die Zuständigkeit eines für Kennzeichnungsstreitigkeiten zuständigen Landgerichtes begründen.[970]

2597 Hinsichtlich der örtlichen Zuständigkeit enthält § 141 MarkenG eine besondere Regelung für den Fall, dass mit der Klage aus dem MarkenG auch Ansprüche aus dem UWG geltend gemacht werden. In diesem Fall findet die besondere Bestimmung zur örtlichen Zuständigkeit des § 14 UWG Anwendung.[971]

2598 Für Verstöße gegen das UWG bestimmt § 14 UWG mehrere ausschließliche Gerichtsstände. Im Falle des § 141 MarkenG müssen Ansprüche, welche sich auf Markenverletzungen und andere markengesetzgeregelte Rechtsverhältnisse beziehen, jedoch nicht im Gerichtsstand nach § 14 UWG verfolgt werden, sofern auch Bestimmungen des UWG als Klagegrund angeführt werden. Solche Klagen können damit insgesamt bei dem Gerichtsstand für Kennzeichen Streitsachen erhoben werden.[972]

dd) Kosten

▶ **Beispiel:**

2599 A würde sich gerne im Verletzungsprozess von seinem Patentanwalt B vertreten lassen. Er fragt diesen, ob er dazu bereit sei und welche Kosten hiermit verbunden sein würden.

2600 Vertretungsberechtigt sind Rechtsanwälte. Allerdings können nach § 140 Abs. 3 MarkenG auch Patentanwälte mitwirken. Auf Antrag ist diesen das Wort zu gestatten.

2601 Nach dem Zivilprozessrecht sind der obsiegenden Partei die Kosten zu erstatten (§ 91 ZPO). Nach § 140 Abs. 3 MarkenG werden auch die Kosten des mitwirkenden Patentanwalts erstattet. Insoweit ergibt sich kein Unterschied zum Patentrecht.

968 KG WRP 1997, 37.
969 Ströbele/Hacker/Thiering-Thiering, § 21 MarkenG, Rn. 3.
970 Ströbele/Hacker/Thiering-Thiering, § 20 MarkenG, Rn. 65.
971 Ströbele/Hacker/Thiering-Thiering § 141 MarkenG Rn. 3.
972 LG Erfurt Mitt. 2003, 181.

ee) Ansprüche

▶ **Beispiel:**

A möchte nach eingehender Beratung aus seiner Marke »Hagelschadencentrum« gegen die Benutzung der Bezeichnung »Hagelschadenzentrum« durch B vorgehen. A möchte von seinem Patentanwalt wissen, welche Ansprüche er geltend machen kann. Aus einem früheren Patentverletzungsverfahren kannte A die seinerzeit geltend gemachten Ansprüche. Er möchte wissen, inwieweit hier ähnliche Ansprüche in Betracht kommen. 2602

Insgesamt kommen auch im Markenverletzungsprozess die aus dem Patentrecht bekannten Anspruchskriterien in Betracht. 2603

Gemäß § 14 Abs. 5 MarkenG bzw. § 15 Abs. 4 MarkenG, § 128 Abs. 1 MarkenG hat der Inhaber einer Marke bzw. einer geschäftlichen Bezeichnung oder einer geographischen Herkunftsangabe einen verschuldensunabhängigen Unterlassungsanspruch.[973] Gemäß § 18 MarkenG stehen dem Markeninhaber darüber hinaus gegen den Verletzer Vernichtungs- und Rückrufansprüche zu. D.h., der Markeninhaber kann den Verletzer auf Vernichtung der im Besitz oder Eigentum des Verletzers befindlichen widerrechtlich gekennzeichneten Waren in Anspruch nehmen. 2604

Darüber hinaus hat der Inhaber einer Marke, einer geschäftlichen Bezeichnung bzw. einer geographischen Herkunftsangabe auch einen Schadensersatzanspruch gemäß § 14 Abs. 6 MarkenG, bzw. § 15 Abs. 5, § 128 Abs. 2 MarkenG, soweit dem Verletzer Vorsatz oder Fahrlässigkeit vorzuwerfen ist.[974] 2605

Hinsichtlich der Berechnung des Schadensersatzes stehen grundsätzlich die drei aus dem Patentrecht bekannten Methoden zur Verfügung:[975] 2606
(1) Differenzmethode
(2) Verletzungsgewinn
(3) Lizenzanalogie

Über den nach den vorgenannten Methoden ermittelten Schadensersatz hinaus kann der Kläger auch den sogenannten Marktverwirrungsschaden geltend machen.[976] 2607

In § 19 MarkenG ist ein zusätzlicher Auskunftsanspruch geregelt; welcher den Verletzer verpflichtet, dem Rechtsinhaber Auskunft über die Herkunft und den Vertriebsweg der von ihm widerrechtlich gekennzeichneten Gegenstände zu geben. Gemäß § 19 Abs. 3 MarkenG kann dieser Auskunftsanspruch auch im Wege einer einstweiligen Verfügung verfolgt werden, soweit es sich um eine offenkundige Verletzungshandlung handelt.[977] Zur Bestimmung der Höhe des Schadensersatzes wird dem Rechts- 2608

973 OLG Stuttgart CR 1998, 621.
974 Ströbele/Hacker/Thiering/Thiering, MarkenG, § 141 Rn. 659 ff.
975 Ströbele/Hacker/Thiering/Thiering, MarkenG, § 140 Rn. 670 ff.
976 BGH GRUR 1975, 434, 438 – *BOUCHET*.
977 OLG Hamburg GRUR-RR 2001, 197.

inhaber auch ein Anspruch auf Auskunft zur Seite gestellt. Als Anspruchsgrundlage wird § 242 BGB herangezogen. Der Auskunftsanspruch nach § 242 BGB setzt das Bestehen eines Schadenersatz- bzw. Bereichungsanspruchs voraus.[978]

2609 Ferner bestehen Ansprüche auf Vorlage von Urkunden oder Besichtigung der markenverletzenden Sache. Dieser Anspruch kann sich auch auf die Vorlage von Bank-, Finanz- oder Handelsunterlagen beziehen. Dieser Anspruch kann auch zur Sicherung von Schadensersatzansprüchen gemäß § 19 MarkenG geltend gemacht werden.

2610 In Einzelfällen kann der Markenrechtsinhaber auch ein Interesse an der Durchsetzung des in § 18 Abs. 3 MarkenG geregelten Anspruchs auf eine Urteilsveröffentlichung haben. Eine weitere Maßnahme zur Durchsetzung und Sicherung der Verletzungsansprüche ist die Beschlagnahme gemäß §§ 146 ff. MarkenG.[979]

2611 Ferner stehen dem Markeninhaber die Möglichkeiten der Grenzbeschlagnahme zur Verfügung. Sofern es sich um Parallelimporte, innergemeinschaftlichen Warenverkehr sowie nicht registrierte Marken handelt, kann die Zollbehörde nach den §§ 146–151 MarkenG Maßnahmen ergreifen. Ebenso kommen die Bestimmungen der VO (EU) Nr. 608/2013[980] in Betracht. Insoweit ergeben sich mithin keine Besonderheiten gegenüber den aus dem Patent- und Gebrauchsmusterrecht bekannten Bestimmungen.

e) Verteidigung

2612 Dem beklagten Verletzer stehen einige Einwendungen und Gegenangriffe im Verletzungsprozess zur Verfügung. Beispielsweise kann er die Anspruchsvoraussetzungen bestreiten, z.B. mangelnde Verkehrsgeltung einer Benutzungshandlung, fehlende Verwechslungsgefahr der Marken oder fehlende Ähnlichkeit oder Identität der infrage stehenden Waren oder Dienstleistungen. Weiter zu nennen sind die Verjährungseinrede, die Verwirkung, die Erschöpfung, die Nichtbenutzungseinrede.

2613 Dagegen ist im Verletzungsprozess nicht zu prüfen, ob die Eintragung einer Marke, aus der Rechte hergeleitet werden, seinerzeit absolute Schutzhindernisse entgegenstanden.

aa) Verjährung

▶ **Beispiel:**

2614 Im Verlauf der Beratung stellt Patentanwalt C fest, dass in den Verletzungshandlungen des B mit seinem Mandanten A bereits seit 3 Jahren keine Äußerungen mehr erfolgt sind. Allerdings hat sein Mandant A erst etwa vor einem halben Jahr von den Handlungen Kenntnis erlangt, da der B bis dahin keine merkliche Werbung betrieben hatte und nur in einem engen regionalen Bereich tätig war, in welchem A bis zu diesem Zeitpunkt keinerlei Aktivitäten entfaltet hatte.

978 Ströbele/Hacker/Thiering/Thiering, MarkenG, § 14 Rn. 736.
979 Ströble/Hacker/Thiering Kommentierung zu § 146 MarkenG.
980 ABl.-EU Nr. L 181 v. 29.6.2013, S. 15; Ergänzende Bestimmungen sind VO (EU) Nr. 1352/2013 vom 4.12.2013, ABl. EU Nr. L 341 v. 18.12.2013, S. 10.

Ebenso wie patentrechtliche Ansprüche verjähren markenrechtliche Ansprüche gemäß § 20 MarkenG i.V.m. § 195 BGB innerhalb einer Dreijahresfrist. Gemäß § 20 Abs. 2 MarkenG i.V.m. § 203 S. 1 BGB ist die Verjährung während der Verhandlung der Parteien gehemmt. Die Frist beginnt mit Kenntnis oder grob fahrlässiger Unkenntnis der Verletzungshandlung und der Person des Verletzers, wobei ein bloßes Kennenmüssen nicht ausreicht, um den Verjährungslauf in Gang zu setzen. 2615

Neben der dreijährigen Verjährungsfrist nach § 195 BGB gilt eine zehnjährige Verjährungsfrist sowohl für Schadensersatzansprüche (§ 199 Abs. 3 Satz 1 Nr. 1 BGB in Verbindung mit § 14 Abs. 6, 15 Abs. 5, 17 Abs. 2 Satz 2 MarkenG) als auch für sonstige Ansprüche (§ 199 Abs. 4 BGB) ohne Rücksicht auf die Kenntnis oder grob fahrlässige Unkenntnis an die Entstehung des Anspruchs. Zu beachten ist, dass das Prinzip der ultimo-Verjährung (§ 199 Abs. 1 BGB) für die absolute Verjährung nicht gilt. Es kommt also auf eine taggenaue Ermittlung der Anspruchsentstehung an. 2616

Mit der absoluten dreißigjährigen Verjährungsfrist nach § 199 Abs. 3 Satz 1 Nr. 2 BGB soll eine Verjährung von Schadensersatzansprüchen auch für den Fall sichergestellt werden, dass zwar ein potentielles schadenstiftendes Ereignis vorliegt, aber ein Schadensersatzanspruch mangels Entstehung eines Schadens nicht oder noch nicht entstanden ist. Die Verjährung beginnt in diesem Fall mit Vollendung der Verletzungshandlung. Auch hier gilt das Prinzip der ultimo-Verjährung nicht.[981] 2617

Für den Fall der Hemmung durch Verhandlungen gilt § 203 Satz 1 BGB. Solange diese Verhandlungen laufen, ist Frist gehemmt. Gleiches gilt für den Fall der Verhandlungen über den Anspruch begründende Umstände. Prinzipiell endet die Verjährungshemmung, wenn der eine oder andere Teil die Fortsetzung verweigert. 2618

Grundsätzlich ist der Begriff der Verhandlungen weit auszulegen.[982] Lassen die Beteiligten die Verhandlungen »einschlafen«, endet die Hemmung mit dem Zeitpunkt, in dem nach Treu und Glauben der nächste Schritt seitens des Anspruchsinhabers zu erwarten wäre.[983] Gem. § 203 Satz 2 BGB tritt die Verjährung frühestens drei Monate nach dem Ende der Hemmung ein.[984] 2619

Im vorliegenden Fall sind die Verhandlungen nicht durch eine Verweigerung der Fortführung der einen oder anderen Seite beendet worden. Insoweit kommt es allein darauf an, ob die Hemmung gleichwohl beendet worden ist. Nachdem mehr als drei Jahre nichts geschehen ist, und außerdem weitere verletzende Handlungen hinzugetreten sind, waren im vorliegenden Fall Schritte seitens des Anspruchsinhabers zu erwarten. 2620

▶ Beispiel:

A wird von Patentanwalt B belehrt, dass seine Schadensersatzansprüche verjährt sind. A möchte wissen, ob er überhaupt keine Ersatzansprüche mehr hat. 2621

981 Ströbele/Hacker/Thiering/Thiering, MarkenG, § 20 Rn. 34, 35.
982 BGH GRUR 2009, 1186 – *Mecklenburger Obstbrände.*
983 BGH NJW 2009, 1806.
984 Ströbele/Hacker/Thiering/Thiering, MarkenG, § 14 Rn. 42.

2622 Unabhängig von der dreijährigen Verjährungsfrist gilt eine von subjektiven Umständen unabhängige absolute Verjährungsfrist von zehn Jahren, gerechnet aber der Entstehung des Anspruchs (§ 199 Abs. 3 Satz 1 Nr. 1, Abs. 4 BGB). Bei Schadensersatzansprüchen ist darüber hinaus ohne Rücksicht auf die Entstehung des Anspruchs eine dreißigjährige Verjährungsfrist vorgesehen, gerechnet aber der Handlung der Pflichtverletzung oder dem sonstigen schadenauslösendem Ereignis (§ 199 Abs. 3 Nr. 2 BGB). Ergänzend kann der Verletzte im Fall einer Verletzung der Marken- und Geschäftsbezeichnungen auch gemäß § 812 Abs. 1 S. 1 Alt. 2 BGB die vom Verletzer erlangte Bereicherung kondizieren. Der Umfang wird unter Heranziehung der marktüblichen Lizenzgebühren bestimmt. Der bereicherungsrechtliche Anspruch kommt insbesondere in den Fällen einer Verjährung des markenrechtlichen Schadensersatzanspruchs zur Anwendung.[985]

bb) Verwirkung

▶ Beispiel:

2623 Während der Beratung stellt der Patentanwalt fest, dass der B die Marke des A ebenfalls angemeldet hat und schon seit über 5 Jahren fortwährend benutzt. Von dieser Benutzung hatte A Kenntnis. Die Marke des B hat eine jüngere Priorität als die des A. Da ihm die Geschäftsaktivitäten des B jedoch zu unbedeutend waren, hat er während der letzten 5 Jahre gegen die Benutzung seiner Marke nichts unternommen.

2624 In diesem Fall kann sich der B unter Umständen auf den Einwand der Verwirkung berufen, welcher im Gegensatz zum Patentrecht ausdrücklich im Gesetz geregelt ist. Eine Verwirkung gemäß § 21 MarkenG tritt dann ein, wenn der Markeninhaber die markenverletzende Benutzung über einen Zeitraum von 5 aufeinander folgenden Jahren geduldet hat, obwohl er von dieser Benutzung Kenntnis hatte. Eine Duldung liegt dann vor, wenn der Markeninhaber den Verletzer nicht auf die verletzende Situation hinweist, abmahnt oder verklagt.[986] Bedeutsam ist, dass die Verwirkung nur für die Waren und Dienstleistungen eintritt, für welche der Verletzer die Bezeichnung in dem 5-Jahres-Zeitraum tatsächlich benutzt hat. Gemäß § 21 Abs. 1 MarkenG ist der Verwirkungseinwand ausgeschlossen, soweit der Verletzer, der eine prioritätsjüngere Marke angemeldet hat, zum Zeitpunkt der Anmeldung bösgläubig war.

2625 Gemäß § 21 Abs. 4 MarkenG bleiben die allgemeinen Grundsätze zur Verwirkung nach § 242 BGB weiterhin anwendbar.[987] D. h., auch wenn B keine Marke angemeldet hätte, könnte der Verwirkungseinwand in Betracht kommen.

985 Ströbele/Hacker/Thiering/Thiering, MarkenG, § 14 Rn. 763.
986 Ströbele/Hacker/Thiering/Thiering, MarkenG, § 14 Rn. 25 ff.
987 BGH GRUR 1993, 913 – *KOWOG*.

cc) Erschöpfung

▶ Beispiel:

A hat seinem Vertriebspartner B in Frankreich die Benutzung seiner Marke für den Vertrieb verschiedener Produkte gestattet. Diese Produkte sind auch in dem Warenverzeichnis der Marke des A aufgeführt. Nunmehr möchte A dem B diese Benutzung untersagen. Insbesondere möchte er verhindern, dass die Produkte des B nach Deutschland importiert werden. 2626

Ebenso wie im Patentrecht gilt auch im Markenrecht der Grundsatz der Erschöpfung, der in § 24 MarkenG geregelt ist. Eine Erschöpfung kommt demnach nur für Waren, nicht jedoch für Dienstleistungen infrage. Im Übrigen gelten auch im Markenrecht die aus dem Patentrecht bekannten Grundsätzen. 2627

Im vorliegenden Fall hat A den Vertrieb in Frankreich gestattet. Es ist daher zu befürchten, dass B den Einwand der Erschöpfung geltend macht, wenn er den Import der Produkte untersagen möchte. 2628

▶ Beispiel:

A ist Hersteller verschiedener pharmazeutischer Produkte. A stellt nunmehr fest, dass seine nach Frankreich verkauften Produkte dort von der Firma B in andere Packungen eingebracht werden. Im äußeren sind die Packungen sehr ähnlich den Originalpackungen. Der Inhalt unterscheidet sich aber dergestalt, dass statt 12 Kapseln nur noch 6 Kapseln pro Packung vorhanden sind. Die äußere Größe der Verpackung ist jedoch der Originalpackung so zum Verwechseln ähnlich, dass der Verbraucher erst bei genauem Durchlesen der sehr klein gedruckten Mengenangaben erkennt, dass hier ein Unterschied zur Originalpackung besteht. 2629

§ 24 Abs. 2 MarkenG regelt Ausnahmen von dem in § 24 Abs. 1 festgelegten Grundsatz der europarechtlichen Erschöpfung. § 24 Abs. 2 MarkenG sieht eine Ausnahme von der Erschöpfung in den Fällen vor, in denen eine Veränderung oder Verschlechterung an den gekennzeichneten Erzeugnissen vorgenommen wird.[988] Der Markeninhaber hat ein berechtigtes Interesse daran, dass die mit seiner Marke gekennzeichneten Waren im Originalzustand in den Verkehr gebracht werden. Eine Veränderung oder Verschlechterung liegt nach herrschender Meinung dann vor, wenn ein Eingriff in die Produktidentität erfolgt.[989] Dies kann auch im Wege einer bloßen Überarbeitung erfolgen.[990] Als Warenveränderung ist auch ein Einwirken auf die Verbindung von Produkt und Verpackung zu betrachten. Der Markeninhaber kann insoweit auch nach dem ersten Inverkehrbringen verhindern, dass die mit der Marke gekennzeichneten Waren mit einer anderen als der Originalverpackung vertrieben werden.[991] 2630

988 EuGH GRUR Int. 1996, 1144.
989 Ströbele/Hacker/Thiering/Thiering, MarkenG, § 14 Rn. 70 ff.
990 OLG Stuttgart WRP 1995, 248.
991 OLG Hamburg GRUR 2001, 749 – *based on Steinway.*

dd) Nichtbenutzungseinrede

▶ **Beispiel:**

2631 A möchte aus seiner Marke »Hagelschadenscentrum« gegen B vorgehen. Die Marke des A ist bereits vor 8 Jahren eingetragen worden, ohne dass A diese Marke für seine Dienstleistungen benutzt hätte. Allerdings hat er im Rahmen eines Nutzungsvertrages der Firma C die Benutzung der Marke gestattet. Diese Firma benutzt die Marke für die im Warenverzeichnis angegebenen Dienstleistungen.

2632 In § 25 MarkenG ist die Einrede der Nichtbenutzung geregelt. Durch die Erhebung dieser Einrede wird der Markeninhaber gezwungen, den Nachweis zu erbringen, dass er innerhalb der 5-jährigen Benutzungsschonfrist die Marke im Zusammenhang mit der als verwechselungsfähig angesehenen Ware oder Dienstleistung im geschäftlichen Verkehr benutzt hat. Die 5-Jahres-Frist beginnt mit dem Tag der Eintragung. Gemäß § 25 Abs. 2 S. 1 MarkenG bildet die Klageerhebung den maßgeblichen Zeitpunkt für die Berechnung der 5-Jahres-Frist. Eine rechterhaltende Benutzung durch einen Lizenznehmer kann dem Markeninhaber grundsätzlich zugerechnet werden (§ 26 Abs. 2 MarkenG).[992]

ee) Schutzfähigkeit der Marke

▶ **Beispiel:**

2633 A wird vom Konkurrenten C wegen Markenverletzung in Anspruch genommen. A meint die Marke des C könne nicht schutzfähig sein und bittet Patentanwalt B um Rat.

2634 Der als Markenverletzer in Anspruch Genommene kann ebenso wie im Patentrecht nicht einwenden, dass die Marke nicht schutzfähig sei, weil z.B. der Eintragung Schutzhindernisse nach § 8 MarkenG entgegengestanden hätten oder auch die Markenfähigkeit nach § 3 MarkenG zweifelhaft sei. Der als Verletzer in Anspruch Genommene ist insoweit gehalten, ein Löschungsverfahren einzuleiten gegen die Marke zu erheben, soweit er Anlass sieht, die Schutzfähigkeit der Marke anzugreifen. Das Verletzungsgericht kann jedoch ein Hinweis auf die fehlende Unterscheidungskraft oder ein bestehendes Freihaltebedürfnis im Rahmen der Prüfung der Verwechselungsgefahr unter dem Gesichtspunkt der Kennzeichnungskraft der Verletzungsmarke würdigen.[993]

---

992 Ströbele/Hacker/Thiering/Thiering, MarkenG, § 14 Rn. 142 ff.
993 Ströble/Hacker/Hacker § 14 MarkenG Rn. 19.

f) Verletzung von Unionsmarken

▶ Beispiel:

A ist Inhaber einer Unionsmarke/Gemeinschaftsmarke »Hagelschadenscentrum«. Er möchte gerne von seinem Patentanwalt wissen, ob auch aus dieser Marke in Deutschland vorgegangen werden kann und ob es hier Besonderheiten gegenüber dem Vorgehen aus einer deutschen Marke gibt. 2635

Die Verordnung über die Unionsmarke (UMV) bildet hinsichtlich der Handhabung von Verletzungsfällen ein autonomes Rechtssystem, bei dem nur in den in der UMV vorgesehenen Einzelfällen auf die nationalen Vorschriften der einzelnen Vertragsstaaten zurückgegriffen werden kann. Dies ist insbesondere in Kennzeichnungsstreitfällen zu berücksichtigen, bei denen neben der Verletzung von deutschen Markenrechten auch die Verletzung von Gemeinschaftsmarken geltend gemacht werden.[994] 2636

Die Verletzung einer Gemeinschaftsmarke ist in Art. 9 Abs. 1 UMV geregelt. Danach steht dem Inhaber einer Gemeinschaftsmarke sowohl ein Schutz vor der identischen Nachahmung (Art. 9 Abs. 1 lit. a. UMV) als auch ein Verwechselungsschutz (Art. 9 II c UMV) zu. Hinsichtlich der Beurteilung der Verwechselungsgefahr ist auf die Rechtsprechung des EuGH zurückzugreifen.[995] Die Verwechselungsgefahr wird grundsätzlich in Bezug auf das Gebiet innerhalb des Geltungsbereiches der Gemeinschaftsmarke, in welchen eine Benutzung der jüngeren Marke erfolgt, geprüft.[996] 2637

Art. 9 Abs. 1 lit. c UMV regelt die unlautere Ausnutzung oder Beeinträchtigung einer Marke. Grundsätzlich wird man das Erfordernis der Bekanntheit als gegeben ansehen, wenn der Nachweis gelingt, dass die Bezeichnung in den Mitgliedsstaaten, für die eine Verletzung geltend gemacht wird, eine Bekanntheit erlangt hat. 2638

Der Inhaber einer Unionsmarke kann gegen eine jüngere Marke Marke ein Löschungsverfahren einleiten. § 125 Nr. 5 b MarkenG erklärt die Einrede der Nichtbenutzung nach § 55 Abs. 3 MarkenG für Nichtigkeitsklagen aus Unionsmarken für entsprechend anwendbar.[997] 2639

Gemäß § 125e MarkenG sind für Gemeinschaftsmarkenstreitsachen die Landgerichte als Gemeinschaftsmarkengerichte ohne Rücksicht auf den Streitwert ausschließlich zuständig. Diese sind weitgehend, aber nicht völlig, deckungsgleich mit den nach § 140 Abs. 2 MarkenG gewählten nationalen Streitkammern. Die örtliche Zuständigkeit für Gemeinschaftsmarkenstreitsachen bestimmt sich nach § 125 g MarkenG. 2640

Gegen die Verletzung einer Gemeinschaftsmarke kann auch im Wege einer einstweiligen Verfügung eingeschritten werden. Unter dem Gesichtspunkt der Eilbedürftigkeit sieht Art. 131 I UMV vor, dass die ausschließliche Zuständigkeit der Gemein- 2641

994 Ströbele/Hacker/Thiering/Thiering, MarkenG, § 125 e Rn. 2.
995 EuGH GRUR Int. 1998, 56; EuGH GRUR Int. 2000, 899.
996 Ströbele/Hacker/Thiering/Thiering, MarkenG, § 125 b Rn. 14.
997 Ströbele/Hacker/Thiering/Thiering, MarkenG, § 125 b Rn. 46 f.

schaftsmarkengerichte für den Antrag auf Erlass einer einstweiligen Verfügung nicht gilt, vielmehr ist die Zuständigkeit der nationalen Markengerichte gegeben Für die internationale Zuständigkeit ist Art. 125 UMV anzuwenden. Darüber hinaus kann sich die internationale Zuständigkeit gemäß Art. 131 I UMV aus dem nationalen Recht, in Deutschland also aus den §§ 12 ff. ZPO ergeben.[998]

▶ **Beispiel:**

2642 A ist Inhaber einer Gemeinschaftsmarke. Diese Gemeinschaftsmarke wird von B in identischer Weise benutzt. A erhebt daraufhin Klage beim Landgericht Düsseldorf. B argumentiert, dass die Marke nur in Deutschland genutzt wird und diese Benutzung nicht ernsthaft sei. Zum Beleg legt B Unterlagen vor, die zeigen, dass eine Benutzung während des gesetzlich vorgeschriebenen 5-Jahres-Zeitraums nicht erfolgt ist. Außerdem werden Unterlagen vorgelegt, aus denen hervorgeht, dass das® innerhalb des Unternehmenskennzeichens angeordnet ist.

2643 Nach Art. 118 Abs. 1 UMV setzt eine rechtserhaltende Benutzung voraus, dass der Inhaber die Gemeinschaftsmarke für die Waren oder Dienstleistungen, für die sie eingetragen ist, innerhalb von 5 Jahren nach Eintragung ernsthaft in der Europäischen Union benutzt hat. Unter Benutzung ist nicht nur eine Verwendung der Marke zu verstehen, die ihrer Hauptfunktion entspricht, den Verbraucher oder Endabnehmer die Ursprungsidentität einer Ware oder Dienstleistung zu garantieren, indem ihm ermöglicht wird, diese Ware oder Dienstleistung von Waren oder Dienstleistungen anderer Herkunft zu unterscheiden. Ernsthaft ist die Benutzung einer Marke, wenn sie verwendet wird, um für diese Waren oder Dienstleistungen einen Absatzmarkt zu erschließen und zu sichern. Ausgeschlossen ist sie in Fällen, in denen die Marke nur symbolisch benutzt wird, um die durch sie begründeten Rechte zu wahren.

2644 Die Größe des Gebietes, in dem die Marke benutzt worden ist, ist ein Aspekt im Rahmen der Prüfung der Ernsthaftigkeit der Benutzung, wobei es nicht entscheidend auf die Grenzen der Hohheitsgebiete der Mitgliedsstaaten ankommt. So kann auch von einer ernsthaften Benutzung einer Gemeinschaftsmarke auszugehen sein, wenn ihre Benutzung auf das Hohheitsgebiet eines Mitgliedsstaates beschränkt ist.

2645 Art. 18 Abs. 1 UMV setzt ferner voraus, dass eine rechtserhaltende Benutzung einer Gemeinschaftsmarke für die Waren- und Dienstleistungen, für die sie eingetragen ist, innerhalb von 5 Jahren nach Eintragung ernsthaft in der Gemeinschaft erfolgt ist.

2646 Diesen Grundsätzen folgend ist eine Verwendung ausschließlich in Deutschland im vorliegenden Fall und die damit einhergehende Berücksichtigung nicht zu beanstanden, weil durch eine auf das Bundesgebiet beschränkte Verwendung eine rechtserhaltende Benutzung nicht von vornherein ausgeschlossen ist.

2647 Allerdings zeigen im vorliegenden Falle die Benutzungsunterlagen, dass keine Benutzungsaufnahme während des in Rede stehenden 5-Jahres-Zeitraums erfolgt ist. Zudem

998 Ströbele/Hacker/Thiering/Ströbele, MarkenG, § 26 Rn. 32.

liegt eine rechtserhaltende Benutzung nicht vor, weil der Verkehr das Zeichen im Hinblick auf ein gleichnamiges Zeichen als reinen firmenmäßigen Hinweis auffasst und weil die Verwendung des Zeichens zu anderen Zwecken als der Unterscheidung von Waren erfolgt. Im vorliegenden Fall ist es innerhalb des Unternehmenszeichens angeordnet und von dem Verbraucher nicht als markenmäßige Benutzung zu erkennen.[999]

IX. Design

Im Bundesgesetzblatt vom 16.10.2013, neu gefasst durch die Bekanntmachung vom 24.02.2014, zuletzt geändert durch Art. 10 des Gesetzes vom 10.08.2021[1000] wurde das Gesetz über den rechtlichen Schutz von Design (Designgesetz – DesignG) bekannt gemacht.[1001] Nach diesem Gesetz heißen die im deutschen Register eingetragenen Geschmacksmuster ab dem 01.01.2014 eingetragene Designs. Das Geschmacksmusterrecht und Designrecht gewährt Schutz für eine bestimmte äußere Formgebung, die entweder auf einer ebenen Fläche (Tapete, Stoff) oder an einem räumlichen Gebilde (Möbel, Lampen, Geräte, Turnschuhsohlen, Reifenprofile) in Erscheinung tritt.[1002] Fehlt diese, wie es beispielsweise bei Parfüms und Cremes oder sonstigen flüssigen bzw. cremigen Substanzen der Fall ist, scheidet Geschmacksmusterschutz aus. Am 23.10.2024 wurde die Richtlinie (EU) 2024/2823 des europäischen Parlaments und des Rates über den rechtlichen Schutz von Design neu gefasst. Die Mitgliedsstaaten der EU sind verpflichtet, bis zum 09.12.2027 diese Richtlinie in nationales Recht umzusetzen. 2648

Flächige Darstellungen bedürfen keiner bestimmten Umgrenzung und Linienführung. So sind also auch Farbkombinationen, linienlose Kolorierungen, fließende Farbtönungen schützbar. Da das Design bzw. Geschmacksmusterrecht ausschließlich den ästhetischen Eindruck schützt, sind zum Beispiel die Herstellungsverfahren zur Erzeugung der genannten Formgebung nicht über dieses Schutzrecht zu schützen. Die Herstellungsverfahren können aber beispielsweise Gegenstand einer Patentanmeldung sein. Das fertige Produkt kann sowohl durch Patente, als auch durch Design bzw. Geschmacksmuster schützbar sein.[1003] 2649

Aufgrund der räumlich begrenzten Schutzwirkung von Designs bzw. Geschmacksmustern als Folge des Territorialitätsprinzips wird auch im Geschmacksmusterrecht der Mandant den Anwalt um Rat wegen der Anmeldungen im Ausland oder möglicher internationaler Anmeldungen bitten. 2650

Im Prinzip besteht nach den einzelnen nationalen Rechten die Möglichkeit der Einreichung von Geschmacksmustern. Daneben gibt es aber auch internationale Übereinkommen. Zu erwähnen ist hier insbesondere das Hager Musterübereinkommen 2651

999 BGH v. 06.02.2013, Az. IZR 106/11.

1000 BGBl. I 2013 Nr. 62 vom 16.10.2013, Seiten 3799 bis 3812, BGBl. Seite 122 vom 24.02.2014, BGBl. I Seite 3419 vom 10.08.2021.

1001 BGBl I 2013 Nr. 62 vom 16.10.2013 Seiten 3799 bis 3812.

1002 Bulling/Langöhrig/Hellwig/Müller Rn. 1 ff.

1003 Gleiss Rn. 900; Bulling/Langöhrig/Hellwig/Müller Rn. 5 .

über die internationale Hinterlegung gewerblicher Muster oder Modelle (HMA). Für den Raum der EU gibt es darüber hinaus noch das Gemeinschafts-Geschmacksmuster. Im Übrigen finden auch die bereits erwähnten allgemeinen internationalen Übereinkommen im Bereich des geistigen Eigentums Anwendung. Dies gilt vor allen Dingen für die Pariser Verbandsübereinkunft und TRIPS. Das Prioritätsrecht nach der Pariser Verbandsübereinkunft gewährt eine Frist von 6 Monaten für die Einreichung von Auslandsanmeldungen.

1. Deutsches Design

2652 Mit dem Geschmacksmuster-Reformgesetz vom 12. 3. 2004 wird die europäische Richtlinie über den rechtlichen Schutz von Mustern und Modellen umgesetzt.[1004] Das zum 1. 6. 2004 in Kraft getretene neue Geschmacksmustergesetz löst das bis hier geltende Geschmacksmustergesetz sowie die entsprechenden Vorschriften über den Schutz typografischer Schriftzeichen ab. Durch die Umsetzung der europäischen Geschmacksmusterrichtlinie in den Mitgliedsstaaten der EU werden die unterschiedlichen nationalen Regelungen zum Schutz industrieller Formgestaltungen aneinander angeglichen und die Kernbereiche des Geschmacksmusterschutzes vereinheitlicht. Zuletzt wurde im Bundesgesetzblatt am 16.10.2013 ein geändertes Gesetz verkündet, das den Begriff Design einführte.[1005]

a) Grundsätzliches

▶ **Beispiel:**

2653 A hat eine neue Kollektion von Möbeln herausgebracht. Diese weisen speziell geschwungene Beine an Tischen, Stühlen, Hockern und Sofas aus. Durch diese Serie wird deutlich, dass die Serie vom selben Inhaber stammt und zusammengehört. A möchte sich diese Merkmale schützen lassen. Patentanwalt B soll ihn beraten, welche Möglichkeiten er sieht.

2654 Nach der Definition in § 1 Nr. 1 DesignG ist ein Design »die zweidimensionale oder dreidimensionale Erscheinungsform eines ganzen Erzeugnisses oder eines Teils davon, die sich insbesondere aus den Merkmalen der Linien, Konturen, Farben, der Gestalt, Oberflächenstruktur oder der Werkstoffe des Erzeugnisses selbst oder seiner Verzierung ergibt«.

2655 Neben Designs sind auch Erzeugnisse geschützt. Erzeugnis ist gemäß § 1 Nr. 2 DesignG jeder industrielle oder handwerkliche Gegenstand, einschließlich Verpackung, Ausstattung, grafischer Symbole und typografischer Schriftzeichen sowie Einzelteilen, die zu einem komplexen Erzeugnis zusammengebaut werden sollen. Computerprogramme sind gemäß § 1 Nr. 2 DesignG ausdrücklich keine Erzeugnisse i.S.d. Designgesetzes.[1006]

1004 Richtlinie 98/71/EG des Europäischen Parlaments und des Rates vom 13. 10. 1998.
1005 BGBl I 2013 Nr. 62 vom 16.10.2013 Seiten 3799 bis 3812.
1006 Kur, GRUR 2002, 661 (663).

§ 1 Nr. 3 DesignG enthält besondere Bestimmungen für komplexe Erzeugnisse und ihre Bauelemente. Ein komplexes Erzeugnis ist ein Erzeugnis aus mehreren Bauelementen, die sich ersetzen lassen, so dass das Erzeugnis auseinander- und wieder zusammengebaut werden kann. Bauelemente, die bei der bestimmungsgemäßen Verwendung nicht sichtbar bleiben, sind vom Designschutz ausgeschlossen[1007] 2656

§ 4 DesignG fingiert, dass ein Design, das bei einem Erzeugnis, das Bauelement eines komplexen Erzeugnisses ist, benutzt oder eingefügt wird, nur dann neu ist und Eigenart hat, wenn es bei bestimmungsgemäßer Verwendung sichtbar bleibt und sichtbare Erscheinungsmerkmale neu sind und Eigenart haben. 2657

Nicht schützbar sind allgemeine Formelemente, Ideen und Motive, sondern nur die konkrete Gestaltung.[1008] Die Erzeugnisse müssen wirtschaftlich eine verkehrsfähige selbstständige Sache darstellen.[1009] Gegenstände, die ihrem Wesen nach keinerlei ästhetische Funktion haben, können dem Designschutz nicht unterstellt werden. Ebenso ist Designschutz ausgeschlossen, wenn die Gestaltung von Erzeugnissen ausschließlich einer technischen Funktion dient (§ 3 Nr. 1 DesignG).[1010] In diesem Fall kommt ggf. Schutz durch ein Patent oder Gebrauchsmuster infrage. Ist eine Gestaltung jedoch nicht ausschließlich technisch bedingt, ist auch dann Designschutz möglich, wenn sich diese im Wesentlichen an technischen Erfordernissen orientiert.[1011] In dieser Konstellation kann sich ein Schutz sowohl durch ein Design als auch durch ein technisches Schutzrecht Patent oder Gebrauchsmuster anbieten. 2658

Die Möbelkollektion des A ist mithin schutzfähig. 2659

b) Neuheit

▶ Beispiel:

A weist darauf hin, dass seine neue Tischkollektion in ähnlicher Weise schon einmal von ihm auf einer Ausstellung vorgestellt worden ist. Er möchte wissen, ob gleichwohl eine Anmeldung möglich ist. 2660

Nach § 2 Abs. 2 DesignG werden neue Designs oder Modelle als schutzfähig angesehen. Der BGH hat einen relativ objektiven Neuheitsbegriff geprägt.[1012] Nach dieser Definition ist alles als neuheitsschädlich zu betrachten, was in Gestalt von Designs, Modellen oder deren Abbildungen vorliegt, es sei denn, dass diese Gestaltungen den einschlägigen Fachkreisen im Bereich der EU weder bekannt sind noch bei zumutbarer 2661

1007 EUIPO BeckRS 2016, 126692=GRUR-Prax 2017, 508; vgl. auch Erdmann/Rojahn/Sosnitza-Klawitter, Handbuch des Fachanwalts Gewerblicher Rechtsschutz Abschnitt 8 Rn. 84; Bulling/Langöhrig/Hellwig/Müller Designschutz Rn. 38.
1008 BGH GRUR 1991, 223 – *Finnischer Schmuck.*
1009 BGH GRUR 1976, 261 – *Gemäldewand.*
1010 BGH GRUR 1975, 81 – *Dreifachkombinationsschalter.*
1011 BGH GRUR 1981, 269 – *Haushaltsschneidemaschine.*
1012 Wandtke GRUR 2005, 91 ff.; Berlit GRUR 2004, 635 ff.

Beachtung des auf dem einschlägigen oder benachbarten Gewerbegebiet Vorhandenen bekannt sein können. Ein Design gilt gemäß § 2 Abs. 2 DesignG als neu, wenn vor dem Anmeldetag kein identisches Design offenbart worden ist. Der maßgebliche Anmeldetag wird durch § 13 bestimmt. Vor diesem darf kein identisches Design offenbart worden sein. Design gelten nach § 2 Abs. 2 S. 2 DesignG als identisch, wenn sich ihre Merkmale nur in unwesentlichen Einzelheiten unterscheiden, d.h. nahezu identisch sind.[1013] Der Begriff der Offenbarung richtet sich nach § 5 DesignG und bedeutet die Kenntnis der Fachkreise.[1014] Bei der Prüfung der Neuheit eines Designs werden die Merkmale untersucht, die den Gesamteindruck des Designs bestimmen. Dabei wird im Wege eines Einzelvergleichs geprüft, ob diese im bekannten Formenschatz vorhanden sind.[1015] Einzelvergleich heißt, dass das Design mit jedem bekannten Erzeugnis einzeln verglichen wird, also nicht gleichzeitig mit mehreren. Zeigen sich auch nur kleine Abweichungen des geprüften Designs gegenüber den vorbekannten Erzeugnissen, so kann dies bereits neuheitsbegründend sein.[1016] Entscheidend für die Neuheit ist, dass der ästhetische Gesamteindruck des zu prüfenden Designs neu ist.[1017] Im Designrecht gilt eine »Neuheitsschonfrist« (§ 6 DesignG) von 12 Monaten. D.h., der Anmelder oder sein Rechtsvorgänger können innerhalb von 12 Monaten nach dem Tag, an dem er ein Erzeugnis der Öffentlichkeit zugänglich gemacht hat, noch eine Anmeldung beim Deutschen Patent- und Markenamt einreichen, ohne dass dem Design bzw. Modell die Neuheit gemäß § 1 Abs. 2 DesignG genommen würde. Allerdings muss dasselbe Erzeugnis, welches der Öffentlichkeit zugänglich gemacht wurde, unverändert angemeldet werden.[1018] Durch diese Neuheitsschonfrist haben Anmelder die Möglichkeit, ihre Design oder Modelle der Öffentlichkeit zugänglich zu machen und die Verkaufsmöglichkeiten zu testen, bevor sie dann innerhalb von 12 Monaten nach dieser Vorstellung eine Anmeldung beim Deutschen Patent- und Markenamt einreichen müssen.

2662 A kann mithin noch Designschutz erlangen, wenn die Ausstellung weniger als 12 Monate zurückliegt.[1019]

c) Eigenart

▶ **Beispiel:**

2663 A erklärt, dass seine Kollektion mit den speziellen Stuhlbeinen in ähnlicher Weise bereits vor 5 Jahren veröffentlicht worden ist. Die Formen sind zwar voneinander unterscheidbar, gleichwohl sind auch die Ähnlichkeiten nicht zu verkennen. Er möchte von Patentanwalt B wissen, ob eine Eintragung als Design möglich ist.

1013 Vgl. auch Horton, EIPR 1994, 51 (52).
1014 Lewalter/Schrader; Mitt. 2004, 202 (206).
1015 BGH GRUR 1975, 383 – *Möbelprogramm.*
1016 BGH GRUR 1966, 681 – *Taco.*
1017 BGH GRUR 1969, 90 – *Rüschenhaube.*
1018 Bulling/Langöhrig/Hellwig/Müller Rn. 59.
1019 Bulling/Langöhrig/Hellwig/Müller Rn. 59.

In § 1 Abs. 2 DesignG wird außer der Neuheit die Eigenart eines Designs verlangt. Der Begriff der Eigenart wird im Designgesetz nicht näher definiert. Gemäß § 2 Abs. 3 DesignG hat ein Design Eigenart, wenn sich der Gesamteindruck, den es beim informierten Benutzer hervorruft, von dem Gesamteindruck unterscheidet, den ein anderes Design bei diesem Benutzer hervorruft, das vor dem Anmeldetag offenbart worden ist. Es ist nur erforderlich, dass sich der Gesamteindruck vom vorbekannten Formenschatz unterscheidet, eine Art Gestaltungshöhe wird aber nicht verlangt.[1020] Wie auch bei der Neuheit ist der Gesamteindruck entscheidend. Der Gesamteindruck ist nach dem Eindruck des informierten Benutzers zu bestimmen, d.h. also nicht durch den Experten, aber auch nicht durch den ahnungslosen Laien. Der informierte Benutzer ist eine »new creature of the Commission«.[1021] Gemeint ist der potenzielle Käufer, der zumindest über ein gewisses Maß an Designbewusstsein verfügt.[1022] 2664

Wenn in diesem Sinne ein ausreichender Abstand zu den veröffentlichten Designs besteht, ist die Kollektion des A schutzfähig. 2665

d) Sammelanmeldung

▶ **Beispiel:**

A hat neben seiner Tisch- und Stuhl-Kollektion noch weitere Kollektionen geschaffen. Unter anderem gibt es noch von ihm ein neues Design für Lampenschirme. Ferner hat er neue Designs für Schranktüren entwickelt. Er möchte wissen, ob jedes dieser Designs in gesonderten Anmeldungen beim Deutschen Patent- und Markenamt einzureichen ist. 2666

§ 12 Abs. 1 DesignG erlaubt es, mehrere Designs oder Modelle in einer Sammelanmeldung zusammenzufassen, die allerdings nicht mehr als 100 Design oder Modelle umfassen darf.[1023] Eine weitere Einschränkung besteht darin, dass alle Design oder Modelle zu ein und derselben Klasse gehören müssen. Vorteil der Sammelanmeldung ist es, dass mehrere Modelle in einem gemeinsamen Anmeldeverfahren zusammengefasst werden können, wobei die Gebühren gegenüber einer Vielzahl von Einzelanmeldungen deutlich reduziert sind.[1024] Besonders sinnvoll sind Sammelanmeldungen bei unterschiedlichen Designs, die durch ihren Gebrauch zusammengehören, wie beispielsweise Tasse und Untertasse und weitere Teile eines Geschirrs sowie Messer, Gabel, Löffel eines Bestecksatzes. Eine Sammelanmeldung ist in diesen Fällen auch 2667

1020 Begründung zum Gesetzesentwurf der Bundesregierung, BR-Drucks. 238/03, 77.

1021 Horton, EIPR 1994, 51 (52).

1022 Begründung zum Gesetzesentwurf der Bundesregierung, BR-Drucks. 238/03, 122; Begründung des Verordnungsentwurfs, BT-Drucks. 42/94, 14; v. Saint Andre, Mitt. 2001, 544 (545); ausführlich Eichmann, GRUR Int. 1996, 859 (863); Horton EIPR 1994, 51 (52 f.); Schlötelburg, Mitt. 2002, 70 (72).

1023 Bei Sammelanmeldungen nach der GGV ist dagegen die Zahl der Designs nicht begrenzt, vgl. Bulling/Langöhrig/Hellwig/Müller Rn. 403.

1024 Bulling/Langöhrig/Hellwig/Müller Rn. 414 ff.

dann möglich, wenn einzelne Teile derartiger zusammengehöriger Design einzeln vermarktet werden.

e) Eintragungsverfahren

▶ Beispiel:

2668 Die Modefirma A möchte nach eingehender Beratung durch B nunmehr eine Design-Anmeldung einreichen. Sie fragt B, was hierzu benötigt wird und wie das Verfahren sich im Einzelnen gestaltet.

2669 Der Schutz des Designs entsteht gemäß § 27 Abs. 1 DesignG mit der Eintragung des Designs in das Register und hat eine maximale Dauer von 25 Jahren (§ 27 Abs. 2 DesignG). § 11 Abs. 2 Nr. 3 DesignG bestimmt, dass der Design Anmeldung eine zur Bekanntmachung geeignete Wiedergabe des Designs beizufügen ist. Mit der Anmeldung kann gemäß § 21 DesignG die Aufschiebung der Bekanntmachung eines angemeldeten Designs um 30 Monate beantragt werden. Gerade bei kurzlebigen Modeentwicklungen in der Textilindustrie kommt es den Bedürfnissen der Unternehmen entgegen, die Bekanntmachung des hinterlegten Designs aufzuschieben. Durch die Möglichkeit der Aufschiebung der Bildbekanntmachung entfällt für den Anmelder das kostenauslösende Erfordernis der Anfertigung einer Wiedergabe sowie deren Bekanntmachung. Allerdings genießt der Hinterleger in diesem Fall der aufgeschobenen Bekanntmachung während des Aufschiebungszeitraums auch nur einen Schutz vor verbotenen Nachbildungen (§§ 37 Abs. 2, 38 Abs. 3 DesignG).

2670 Die Eintragung in das Register erfolgt ohne Sachprüfung (§§ 16, 19 DesignG). Allerdings weist das DPMA eine Design-Anmeldung gemäß § 18 GeschmMG zurück, sofern das angemeldete Design gegen die öffentliche Ordnung oder gegen die guten Sitten verstößt bzw. wenn es eine missbräuchliche Benutzung eines geschützten Zeichens darstellt. Die Berechtigung an einem Design sowie dessen materiellen Schutzvoraussetzungen sind aber allein Gegenstand von Streitverfahren vor den ordentlichen Gerichten. Denn die Eintragung in das Register erfolgt insoweit ohne Sachprüfung (§ 19 DesignG).

2671 Gemäß § 7 DesignG steht das Recht auf das Design dem Entwerfer oder seinem Rechtsnachfolger, sofern mehrere Personen gemeinsam ein Design entworfen haben, diesen gemeinschaftlich zu.[1025]

2. Unionsgeschmacksmuster

2672 Im Gegensatz zum deutschen Recht ist zunächst im europäischen Recht der Begriff Geschmacksmuster beibehalten worden. Während das nationale Recht aufgrund des sog. Territorialitätsprinzips ein Designrecht lediglich für die Bundesrepublik Deutsch-

1025 Belitz GRUR 2004, 635 (638).

land gewährt, kann durch das europäische Gemeinschaftsgeschmacksmuster ein einheitlicher Schutz in allen EU-Mitgliedsstaaten erreicht werden.[1026]

Am 01.05.2025 ist die erste Phase einer umfassenden Reform des EU-Designrechts 2673
in Kraft getreten. Mit der neuen Verordnung über das Unionsgeschmacksmuster[1027] und der Designrichtlinie[1028] erfolgt eine Anpassung an die Herausforderungen und Möglichkeiten der digitalen Welt. Die früheren Verordnungen[1029] sind grundlegend geändert und neu gefasst worden. Im Wesentlichen wurden neue Begrifflichkeiten und Thermologien eingeführt, die Rechtsdurchsetzung verbessert, eine dauerhafte Reparaturklausel geschaffen, eine Geschmacksmusterkennzeichnung eingeführt und der Antrag auf Eigentumswechsel vereinfacht.

Für die Einführung des Unionsgesetzpakets sind drei Phasen vorgesehen: 2674
1. Phase I: Seit dem 01.05.2025 gelten wesentliche Teile der Unionsgeschmacksmusterverordnung (UGMV).
2. Phase II: Ab dem 01.07.2026 treten sekundäre Rechtsvorschriften in Kraft (u.a. Durchführungsverordnung).
3. Phase III: Bis zum 09.12.2027 ist die Richtlinie in nationales Recht umzusetzen.

Die wichtigsten Änderungsbereiche in Phase I umfassen
1. Die Umbenennung des Gemeinschaftsgeschmacksmusters in Unionsgeschmacksmuster (EU-Geschmacksmuster oder UGM).
2. Die Umbenennung des Gemeinschaftsgeschmacksmustergerichts in Unionsgeschmacksmustergericht.[1030]

a) Eingetragenes Unionsgeschmacksmuster

▶ Beispiel:

A hat über Patentanwalt B eine nationale Designanmeldung einreichen lassen. 2675
Da er auf dem gesamten Europäischen Markt tätig ist, möchte er auch im Ausland anmelden. Er fragt, inwieweit hier Möglichkeiten bestehen.

1026 Vgl. hierzu GGV-Verordnung über das Gemeinschaftsgeschmacksmuster (EG) Nr. 2/2002 vom 18.12.2006; GGV-Durchführungsverordnung zur Verordnung über das Gemeinschaftsgeschmacksmuster Nr. 2245/2002 vom 24.7.2007; GGGebV – Gebührenverordnung zu Gemeinschaftsgeschmacksmustern (EG) Nr. 2246/2002 vom 13.10.2007.

1027 Verordnung (EU) 2024/2822.

1028 Richtlinie (EU) 2024/2823.

1029 Verordnung (EG) Nr. 6/2002 und die Richtlinie 98/71.

1030 In der Verordnung (EU) 2024/2822 des europäischen Parlaments und des Rates vom 23.10.2024 zur Änderung der Verordnung (EG) Nr. 6/2002 des Rates über das Gemeinschaftsgeschmacksmuster zur Aufhebung der Verordnung (EG) Nr. 2246/2002 der Kommission sowie der Richtlinie (EU) 2024/2823 des europäischen Parlaments und des Rates vom 23.10.2024 über den rechtlichen Schutz von Designs fallen die Begrifflichkeiten auseinander. In der Verordnung selbst ist der Begriff Gemeinschaftsgeschmacksmuster beibehalten worden, während in der Richtlinie der Begriff Design verwendet wird.

2676 Für das Gebiet der Europäischen Union kommt ein Unionsgeschmachsmuster in Betracht. Der erste Schritt auf dem Weg zu einem Schutz ist die Anmeldung des Gegenstands beim EUIPO.

▶ Beispiel:

2677 A ist Inhaberin mehrerer Gemeinschaftsgeschmacksmuster für Leichtmetallfelgen für Personenkraftwagen. Die B stellt Leichtmetallfelgen für Personenkraftwagen her und vertreibt diese über ihre eigene Webseite, die in mehreren Sprachen abrufbar ist. Einige dieser Felgen sind mit den Leichtmetallfelgen von A identisch. Diese Felgen werden ausschließlich als Ersatzteile für Reparaturzwecke verkauft.

Hat die Klage der A Erfolg?[1031]

2678 Eine Autofelge ist als »Bauelement eines komplexen Erzeugnisses« einzustufen. Ihr Fehlen würde dazu führen, dass dieses Erzeugnis nicht bestimmungsgemäß verwendet werden kann. Unter welchen Voraussetzungen die in Art. 20 II b) UGMV enthaltene Reparaturklausel den Ausschluss des Schutzes als Gemeinschaftsgeschmacksmuster für ein Muster, das als Bauelement eines komplexen Erzeugnisses mit dem Ziel verwendet wird, die Reparatur des komplexen Erzeugnisses zu ermöglichen, um sein ursprüngliches Erscheinungsbild zu verleihen, ist vom EuGH behandelt worden.[1032] Danach ergibt sich, dass die Reparaturklausel den Ausschluss des Schutzes als Gemeinschaftsgeschmacksmuster für ein Muster, das als Bauelement eines komplexen Erzeugnisses mit dem Ziel verwendet wird, die Reparatur dieses komplexen Erzeugnisses zu ermöglichen, um diesen wieder sein ursprüngliches Erscheinungsbild zu verleihen, unter die Voraussetzung gestellt wird, dass das Erscheinungsbild des Ersatzteils mit demjenigen optisch identisch ist, dass das in das komplexe Erzeugnis eingeführte Bauelement bei seinem Inverkehrbringen hatte. Insoweit ist die Norm eng auszulegen. Diese enge Auslegung erfolge nach der Ausführung des EuGHs auch aus Art. 26 Abs. 2 des TRIPs-Abkommens.[1033]

2679 Aus den Ausführungen ergibt sich, dass das Bauelement für eine bestimmungsgemäße Verwendung des komplexen Erzeugnisses erforderlich sein muss und dass der schadhafte Zustand und das Fehlen des Bauelementes geeignet sein müssen, diese bestimmungsgemäße Verwendung auszuschließen. Dies setzt voraus, dass die Verwendung des Bauelements notwendig ist, um das komplexe Erzeugnis zu reparieren.

1031 Fall nach EuGH, Urteil vom 20.12.2017 Az. C-397/16, C-435/16.

1032 EuGH-Urteil vom 20.12.2017 Az. C-397/16, C-435/16; vgl. hierzu auch § 1 Nr. 3 DesignG.

1033 EuGH-Urteil vom 20.12.2017 Az. C-397/16, C-435/16.

▶ **Beispiel:**

A stellt ingenieurkeramische Bauteile her. Sie ist Inhaberin mehrerer eingetragener Gemeinschaftsgeschmacksmuster für Zentrierstifte[1034]. 2680

Entscheidendes Merkmal eines Gemeinschaftsgeschmacksmusters ist die Erscheinungsform. Haben gestalterische Erwägungen überhaupt keine Rolle bei der Wahl eines Erscheinungsmerkmals gespielt, ist von einer ausschließlich technischen Bedingtheit i.S.d. Art. 8 Abs. 1 UGMV auszugehen und ein Schutz nach Gemeinschaftsgeschmacksmusterrecht zu verneinen. Unerheblich ist es, ob weitere Design-Alternativen bestehen.[1035] 2681

b) Nicht eingetragenes Geschmacksmuster

▶ **Beispiel:**

A vertreibt einen Tisch mit einem besonderen Design, das A selbst entworfen hat. Konkurrent C ahmt dieses Design nach. A fragt Patentanwalt B, was zu unternehmen ist. 2682

Es besteht die Möglichkeit der Durchsetzung von Rechten aus einem nicht eingetragenen Gemeinschaftsgemacksmuster, denn Art. 19 Abs. 2 UGMV gewährt seinem Inhaber das Recht, eine Benutzung zu verbieten, nur insoweit die angefochtene Benutzung das Ergebnis einer Nachahmung des geschützten Musters ist. Neben dem Vorliegen einer Verletzung knüpft die Vorschrift an die Sperrwirkung eines nicht eingetragenen Gemeinschaftsgeschmacksmusters somit noch an den subjektiven Tatbestand der Nachahmung an. 2683

Nachahmung bedeutet jedoch nicht nur positive Kenntnis des geschützten Musters aufseiten des Verletzers, sondern bewusstes Übernehmen seiner Merkmale. Die Frage der Beweislast für den Tatbestand der Nachahmung ist in der UGMV nicht geregelt, jedoch ist in Art. 19 Abs. 2 UGMV vorgeschrieben, dass eine angefochtene Benutzung jedenfalls dann nicht als Ergebnis einer Nachahmung des geschützten Geschmacksmusters betrachtet wird, wenn sie das Ergebnis eines selbstständigen Entwurfs eines Entwerfers ist, von dem berechtigterweise angenommen werden kann, dass er das von dem Inhaber offenbarte Muster nicht kannte. 2684

Gegen eine Parallelschöpfung, selbst wenn sie mit dem geschützten Muster identisch ist, kann folglich mit einem nicht eingetragenen Gemeinschaftsgeschmacksmuster nicht erfolgreich vorgegangen werden. Allerdings ist bei weitgehender Übereinstimmung zwischen Schutzgegenstand und Verletzungsform zu vermuten, dass die Verletzungsform das Ergebnis einer Nachahmung ist; die Beweislast für das Vorliegen einer 2685

1034 Fall nach LG Düsseldorf, Urteil vom 13.08.2018 – 14 c O 98/13, EuGH-Urteil vom 08.03.2018 – C 395/16.

1035 A. Grätz, IP-Kompakt 11, Seite 16.

Parallelschöpfung liegt dann beim angeblichen Verletzer. Mithilfe der Regelung nach Art. 19 Abs. 2 UGMV kann der Beklagte in einem Verletzungsprozess die Beweislast für das Vorliegen einer Parallelschöpfung dadurch auf den Kläger abwälzen, dass er beispielsweise datierte Entwurfsskizzen eines Entwerfers vorlegt und glaubhaft macht, dass dieser das geschützte Muster nicht kannte.

3. Internationale Geschmacksmuster nach dem Haager Musterübereinkommen (HMA)

▶ **Beispiel:**

2686 A hat über Patentanwalt B ein nationales Geschmacksmuster einreichen lassen. B informiert ihn über die Möglichkeiten der Anmeldung im Ausland. A möchte jedoch nicht auf den Raum der EU begrenzt bleiben. Andererseits möchte er nicht in allen Ländern separat nationale Anmeldungen einreichen. Er fragt Patentanwalt B, ob es hier die Möglichkeit einer internationalen Anmeldung gibt.

2687 Die internationale Anmeldung und Hinterlegung eines Geschmacksmusters bestimmt sich nach dem Haager Abkommen über die internationale Hinterlegung gewerblicher Muster oder Modelle (kurz HMA). Durch die internationale Hinterlegung wird in allen Vertragsstaaten außer im Ursprungsland ein entsprechendes Musterrecht auf der Grundlage der nationalen Gesetze der Staaten begründet, die mit der Hinterlegung erfasst werden. Es entsteht also kein einheitliches Recht, sondern ein Bündel nationaler Schutzrechte. Musterschutzfähigkeit, -dauer, Bestand und Durchsetzung bestimmen sich nach dem jeweiligen nationalen Recht. Die maximale Laufzeit beträgt 20 Jahre.[1036]

4. Designverletzungen

2688 Designs eröffnen ebenso wie Patente, Gebrauchsmuster, Marken und Sortenschutzrechte dem Inhaber Verbietungsrechte gegenüber Nachahmern. Allerdings sind hier einige Besonderheiten im Verletzungsprozess zu beachten.

a) Verletzungshandlung

▶ **Beispiel:**

2689 A stellt fest, dass seine zum Design angemeldete Tisch- und Stuhl-Kollektion von einem Konkurrenten nachgeahmt wird. Nach Beratung durch Patentanwalt B erfährt er, dass sein Design auch inzwischen eingetragen worden ist. Er fragt nach seinen Rechten.

2690 Gemäß § 37 Abs. 1 DesignG wird der Schutz für diejenigen Merkmale der Erscheinungsform eines Designs begründet, die in der Anmeldung sichtbar wiedergegeben sind. Gemäß § 38 DesignG gewährt das Design seinem Rechtsinhaber das aus-

1036 Bulling/Langöhrig/Hellwig/Müller Rn. 844 ff.

schließliche Recht, das Design zu benutzen und Dritten zu verbieten, es ohne seine Zustimmung zu benutzen. Nach § 38 Abs. 1 Satz 2 DesignG kann der Designinhaber Dritten insbesondere die Herstellung, das Anbieten, das Inverkehrbringen, die Einfuhr, die Ausfuhr, den Gebrauch eines Erzeugnisses, in das das Design aufgenommen oder bei dem es verwendet wird, und den Besitz eines solchen Erzeugnisses zu den genannten Zwecken verbieten. Damit steht dem Designinhaber ein absolutes Verbietungsrecht mit Sperrwirkung zu, ohne dass es darauf ankommt, ob der Dritte von der Nachahmung Kenntnis hatte oder nicht. Der Umfang des Designschutzes bestimmt sich nach § 38 Abs. 2 DesignG. Danach erstreckt sich der Designschutz auf jedes Design, das beim informierten Benutzer keinen anderen Gesamteindruck erweckt als das geschützte Design. Maßgeblich ist damit einerseits ein mit einem gewissen Maß an Kenntnissen und Designbewusstsein ausgestatteter Durchschnittsbetrachter (aber kein Designexperte), andererseits wird bei hoher Designdichte bei Prüfung der Eigenart eine vergleichsweise geringe Anforderung an den gestalterisch abweichenden Gesamteindruck eines Designs gestellt werden. Es besteht also eine Wechselwirkung zwischen der Höhe der Designdichte und dem Schutzumfang. Bei geringer Designdichte sind vergleichsweise höhere Anforderungen an das Vorliegen eines abweichenden Gesamteindrucks mit der Folge eines entsprechend weiten Schutzumfangs zu stellen als bei hoher Designdichte.[1037]

b) Einstweilige Verfügung

▶ **Beispiel:**

2691 A möchte möglichst schnell seinen Unterlassungsanspruch aus dem Gebrauchsmuster durchsetzen. Er fragt Patentanwalt B, was zu unternehmen ist.

2692 Das einstweilige Verfügungsverfahren ist ein im Designrecht häufig genutztes Instrument zur Durchsetzung von Unterlassungsansprüchen. Da es sich bei dem Design um ein ungeprüftes Recht handelt, gelten grundsätzlich die gleichen strengen Prüfungsvoraussetzungen wie im Fall des Gebrauchsmusterrechts. Insbesondere hat der Antragsteller vor Einleitung eines einstweiligen Verfügungsverfahrens das Schadensersatzrisiko nach § 945 ZPO zu berücksichtigen. Der Antragsteller hat einen Verfügungsanspruch oder einen Verfügungsgrund nach §§ 935, 940 ZPO darzulegen und glaubhaft zu machen. Die aus § 39 DesignG abgeleitete Vermutung der Rechtsgültigkeit des Designs gilt auch im Eilverfahren. Zur Glaubhaftmachung der Eigenart ist es regelmäßig geboten, dem angerufenen Gericht den vorbekannten Formenschatz vorzulegen, um eine summarische Prüfung der Eigenart zu ermöglichen.

c) Die Klage

2693 Sofern ein Verletzungsstreit sich nicht außergerichtlich beenden lässt und eine einstweilige Verfügung nicht erfolgversprechend ist, muss die Möglichkeit einer Klage

1037 Berlit GRUR 2004, 635 (640).

geprüft werden. Ebenso wie im gesamten übrigen Gewerblichen Rechtsschutz sind insbesondere in prozessualer Hinsicht bei der Geltendmachung von Ansprüchen aus dem Design im Klagewege einige Besonderheiten zu beachten.

aa) Prozessuales Vorgehen

▶ Beispiel:

2694 A hat sich nach Beratung durch Patentanwalt B zur Klage entschlossen. Was hat B bei der Vorbereitung insbesondere zu beachten?

2695 Im Vergleich zu den Verfahren bei der Verletzung technischer Schutzrechte weist das Verfahren keine Besonderheiten auf. Dies gilt auch für die Aktivlegitimation und die Passivlegitimation. D. h. auch der ausschließliche Lizenznehmer kann Ansprüche gegen den Verletzer im Wege einer Klage geltend machen. Der einfache Lizenznehmer bedarf bei der Geltendmachung des Designs im Wege einer Klage der Ermächtigung des Designinhabers. Passivlegitimiert sind grundsätzlich alle an der Verletzungshandlung Beteiligten. Dazu gehören neben dem Täter auch Gehilfen und Anstifter sowie mittelbare Täter. Die Organe der juristischen Personen sind als Gesamtschuldner mit zu verklagen, soweit sie für die Verletzungshandlung Mitverantwortung trugen. Gemäß § 42 DesignG können Ansprüche auf Beseitigung, Unterlassung, Vernichtung oder Überlassung des Unternehmens geltend gemacht werden.

2696 Für Designverletzungsverfahren sind die Landgerichte ohne Rücksicht auf den Streitwert ausschließlich zuständig (§ 52 DesignG). Die Landesregierungen haben von der im Geschmacksmustergesetz vorgesehenen Ermächtigung Gebrauch gemacht und Designstreitsachen einzelnen Landgerichten zugewiesen.[1038] Die Länder haben hierzu folgende Vorschriften erlassen:[1039]

2697 **Baden-Württemberg**: Zuständig für Designstreitsachen des OLG-Bezirks Karlsruhe ist das LG Mannheim, des OLG-Bezirks Stuttgart das LG Stuttgart. **Bayern**: Zuständig für Designstreitsachen des OLG-Bezirks München ist das LG München I und der OLG-Bezirke Nürnberg und Bamberg das LG Nürnberg-Fürth. **Berlin/Brandenburg**: Zuständig für Designstreitsachen für die Gebiete der Länder Berlin und Brandenburg ist das LG Berlin. **Bremen**: Zuständig ist das LG Bremen. **Hamburg**: Zuständig ist das LG Hamburg. **Hessen**: Zuständig für Designstreitsachen ist das LG Frankfurt. **Mecklenburg-Vorpommern**: Zuständig für Designstreitsachen des OLG-Bezirks Rostock ist das LG Rostock. **Niedersachsen**: Zuständig für Designstreitsachen ist das LG Braunschweig. **Nordrhein-Westfalen**: Zuständig für Designstreitsachen des OLG-Bezirks Düsseldorf, ist das LG Düsseldorf, für die Landgerichtsbezirke Bielefeld, Detmold, Münster und Paderborn das LG Bielefeld, für die Landgerichtsbezirke Arnsberg, Bochum, Dortmund, Essen, Hagen und Siegen das LG Bochum und für den OLG-Bezirk Köln, das LG Köln. **Rheinland-Pfalz**: Zuständig für Designstreitsa-

1038 Bulling/Langöhrig/Hellwig/Müller Rn. 778 ff.
1039 Vgl. hierzu auch Bulling/Langöhrig/Hellwig/Müller Anhang 12.

chen für die OLG-Bezirke Koblenz und Zweibrücken ist das LG Frankenthal (Pfalz). **Sachsen**: Zuständig ist das LG Leipzig. **Sachsen-Anhalt**: Zuständig für Designstreitsachen ist das LG Magdeburg. **Schleswig-Holstein**: Keine Konzentration ist erfolgt. Daher kommen LG Flensburg, LG Itzehoe, LG Kiel, LG Lübeck infrage. **Thüringen**: Zuständig für Designstreitsachen ist das LG Erfurt.[1040]

Für eine Designverletzung im grenzüberschreitenden Geschäftsverkehr gelten hinsichtlich der internationalen Zuständigkeit keine Besonderheiten gegenüber anderen Schutzrechten. 2698

bb) Ansprüche

▶ Beispiel:

Nachdem Patentanwalt B dem A erläutert hat, dass eine Designverletzung vorliegt, möchte A wissen, welche Ansprüche ihm zustehen. 2699

Im Designrecht kommen die aus dem üblichen im gewerblichen Rechtsschutz bekannten Anspruchskategorien in Betracht, d.h.: Gemäß § 42 DesignG kann derjenige, der entgegen § 38 Abs. 1, S. 1 DesignG ein Design benutzt, vom Designinhaber (oder einem berechtigten Dritten) auf Beseitigung der Beeinträchtigung und bei Wiederholungsgefahr auf Unterlassung in Anspruch genommen werden. Darüber hinaus steht dem Rechtsinhaber ein deliktischer Schadensersatzanspruch gemäß § 42 Abs. 2 DesignG zu, wenn der Verletzer vorsätzlich oder fahrlässig gehandelt hat. Anstelle des Schadensersatzes kann der Verletzte auch die Herausgabe des durch die Benutzung erzielten Gewinns sowie Rechnungslegung über diesen Gewinn verlangen, wobei bei nur leichter Fahrlässigkeit des Verletzers statt des Schadensersatzes oder der Gewinnherausgabe eine Entschädigung festgesetzt werden kann (§ 42 Abs. 2 DesignG). 2700

Der Verletzer kann gemäß § 43 DesignG einen Anspruch auf Vernichtung der sein Designrecht verletzenden Erzeugnisse haben bzw. die Überlassung der Erzeugnisse gegen eine angemessene Vergütung verlangen. Kann die Designverletzung auf andere Weise beseitigt werden, hat der Verletzte gemäß § 43 Abs. 2 DesignG nur Anspruch auf die hierfür erforderlichen Maßnahmen, z.B. eine Trennung musterrechtlich geschützter Erscheinungsmerkmale von einem im Übrigen dem Designschutz nicht unterfallenden Erzeugnis.[1041] 2701

§ 45 DesignG enthält die ausdrückliche Bestimmung, dass bei schuldlosem Handeln des Verletzers ggf. nur eine Geldentschädigung von dem Designinhaber verlangt werden kann. Verschuldensunabhängig kann der Designinhaber von dem Verletzer Auskunft gemäß § 46 DesignG verlangen. § 46 Abs. 4 DesignG bestimmt, dass die Auskünfte nicht in einem Strafverfahren gegen den Verletzer verwertet werden dürfen. Der Rechtsinhaber kann auch von dem Verletzer Vorlage von Urkunden oder 2702

1040 S. Übersicht https.//www.grur.org/publikationen/gerichte/gerichtszustaendigleiten.
1041 BGBl I 2013 Nr. 62 vom 16.10.2013 S. 3799 – 3812.

Besichtigung der verletzenden Sache verlangen. Dieser Anspruch kann sich auch auf die Vorlage von Bank-, Finanz- oder Handelsunterlagen beziehen.

2703 Ausnahmsweise kann dem Designinhaber ein Anspruch auf Urteilsbekanntmachung gemäß § 47 DesignG zugesprochen werden.[1042]

2704 Ferner stehen dem Inhaber die Möglichkeiten der Grenzbeschlagnahme gemäß den §§ 55 – 57 a Designgesetz sowie der VO 608/2013 (vormals VO 1383/2003)[1043] zur Verfügung. Insoweit ergeben sich keine Unterschiede zur Grenzbeschlagnahme im Patent-, Gebrauchsmuster- und Markenrecht.

d) Verteidigung

2705 Dem Beklagten stehen einige Möglichkeiten der Verteidigung zur Verfügung. Ebenso wie im gesamten übrigen Gewerblichen Rechtsschutz sind dies insbesondere die Verjährung (§ 49 Design G), Verwirkung (§ 242 BGB) und Erschöpfung (§ 48 DesignG). Daneben entfällt der Designschutz, wenn dessen Gegenstand nicht schutzfähig ist. Hinzu kommt, dass aus technisch bedingten Merkmalen keine Rechte hergeleitet werden können.

aa) Verjährung und Verwirkung

▶ **Beispiel:**

2706 A weist seinen Patentanwalt C darauf hin, dass die Verletzungshandlung schon mehr als 8 Jahre zurückliegt.

2707 Ebenso wie im Patentrecht können im Designverletzungsprozess Verjährung und Verwirkung geltend gemacht werden.

2708 Gemäß § 49 DesignG verjährt ein Schadensersatzanspruch nach dem Designgesetz innerhalb von 3 Jahren. Die Verjährungsfrist beginnt zu dem Zeitpunkt zu dem der Verletzte von dem Schaden und der Person des Verletzers Kenntnis erlangt, bzw. mit grob fahrlässiger Unkenntnis. Im Übrigen können noch Ansprüche gemäß § 812 ff. BGB geltend gemacht werden. Die Verjährungsfrist hierfür beträgt 10 Jahre.[1044]

2709 Der Verletzer des Designs kann auch den Verwirkungseinwand nach § 242 BGB erheben. Voraussetzung ist, dass der Verletzte die designverletzende Handlung über einen längeren Zeitraum geduldet hat und der Verletzer aufgrund des Gesamtverhaltens des Designinhabers darauf vertrauen durfte, dass eine Geltendmachung von Verletzungsansprüchen nicht erfolgte. Vorliegend kann A demgemäß neben der Verjährungseinrede auch ggf. den Verwirkungseinwand geltend machen.

1042 Berlit GRUR 2004, 635 (641).

1043 Amtsblatt EU L 181/14 vom 29.6.2013 unter gleichzeitiger Aufhebung der VO 1383/2003; Amtsblatt EG L1996/7 vom 02.08.03.

1044 Bulling/Langöhrig/Hellwig/Müller Rn. 813 ff.

bb) Vorbekannter Formenschatz

▶ Beispiel:

Ferner erläutert A dem Patentanwalt C, dass bereits ein 3/4 Jahr vor dem Anmeldetag des in Rede stehenden Designs anlässlich einer feierlichen Eröffnung seiner Ausstellungsräume die Designlinie gezeigt worden sei. 2710

A könnte die Schutzfähigkeit unter Hinweis auf die Eigenart und Neuheit infrage stellen. Designschutz entfällt, wenn vor dem Anmeldetag gemäß § 2 Abs. 2 S. 1 DesignG ein identisches Design gemäß § 5 DesignG offenbart wurde. Eine Offenbarung i.S. von § 5 DesignG liegt vor, wenn ein Muster bekannt gemacht, ausgestellt, im Verkehr verwendet oder auf sonstige Weise der Öffentlichkeit zugänglich gemacht wurde. Abzustellen ist auf die jeweiligen Fachkreise in der Europäischen Gemeinschaft. Eine Offenbarung liegt also dann nicht vor, wenn die jeweiligen Fachkreise in der Europäischen Gemeinschaft keine Kenntnis von dem vorveröffentlichten Formenschatz haben konnten. Identisch zu dem offenbarten Design ist ein angemeldetes Design i.S. von § 2 Abs. 2 S. 2 DesignG dann, wenn sich die Merkmale der beiden Designs nur in unwesentlichen Einzelheiten unterscheiden.[1045] 2711

cc) Technisch bedingte Merkmale

▶ Beispiel:

A erläutert seinem Patentanwalt C, dass die Designelemente nicht nur formschön seien, sondern zugleich auch eine bessere Stabilität der Stühle, Tische und Sessel bewirken würden. Leider habe er damals versäumt, dies seinem Patentanwalt mitzuteilen. Denn wie er inzwischen wisse, hätte er hierfür einen Patent- oder Gebrauchsmusterschutz erlangen können. 2712

Der Beklagte kann auch geltend machen, dass beanspruchte Gestaltungsmerkmale nicht designfähig sind, weil diese allein technisch bedingt sind.[1046] Voraussetzung ist jedoch, dass der Nachweis erbracht wird, dass das Merkmal zwingend einem Funktionserfordernis folgt. In Art. 7 (1) der Richtlinie 98/71/EG wird ausdrücklich festgestellt, dass ein Designrecht nicht für Gestaltungsmerkmale beansprucht werden kann, die ausschließlich technisch bedingt sind.[1047] Insbesondere bei Designs, die sich auf technische Produkte beziehen, stellt sich regelmäßig das Problem der Abgrenzung zu Merkmalen, welche ästhetisch bedingt sind und auf einem Gestaltungsakt des Designinhabers beruhen. Bei der Abgrenzung zwischen technisch bedingten Funktionsmerkmalen und ästhetischen Formschöpfungen ist im Grundsatz zu berücksichtigen, dass mit dem Patentrecht und Gebrauchsmusterrecht ein hinreichender Schutz für 2713

1045 Kur GRUR 2002, 661 (665); Eichmann GRUR Int. 1996, 859 (862).
1046 BGH GRUR 1981, 269 – *Haushaltsschneidemaschine.*
1047 Eichmann Mitt. 1998, 252.

technische Innovationen zur Verfügung steht. Insoweit müssen grundsätzlich diese Merkmale vom Designschutz ausgenommen werden, welche auch Gegenstand eines technischen Schutzrechtes sein könnten.[1048]

dd) Erschöpfung

▶ Beispiel:

2714 A erläutert ferner, dass die beanstandeten Beweisstücke von dem Konkurrenten B in Frankreich produziert und nach Deutschland exportiert worden seien. Zwar könne A die Handlungen in Frankreich nicht unterbinden, da dort kein Schutz für das Design bestehe. A möchte aber gerne den Export nach Deutschland unterbinden.

2715 Auch im Designrecht gilt wie bei den technischen Schutzrechten und Marken der immaterial-güterrechtliche Grundsatz der Erschöpfung.[1049] Voraussetzung der Erschöpfung ist, dass das designrechtlich gestützte Erzeugnis mit Zustimmung des Designinhabers in einem EU-Mitgliedsstaat in den Verkehr gebracht wurde (§ 48 DesignG).

ee) Nichtigkeitsklage

▶ Beispiel:

2716 A stellt fest, dass nach Erhebung der Verletzungsklage nunmehr die Gegenseite ein Nichtigkeitsverfahren beim Deutschen Patent- und Markenamt eingeleitet hat. Er fragt seinen Patentanwalt was dies für Folgen für den Prozess hat.

2717 Mit der Einführung des Nichtigkeitsverfahrens vor dem Deutschen Patent- und Markenamt ergibt sich für das Verletzungsverfahren eine gegenüber dem früheren Recht geänderte Situation. Bislang konnte der Beklagte im Verletzungsprozess den bloßen Einwand der Nichtigkeit erheben. Dies ist nun nicht mehr möglich.

2718 Nachdem A über seinen Rechtsanwalt Klage wegen Designverletzung hat einreichen lassen, erreicht ihn die Nachricht, dass der Gegner Widerklage erhoben hat. Auch hier fragt A nach den weiteren Möglichkeiten.

2719 Nach § 52 a DesignG kann sich eine Partei auf die fehlende Rechtsgültigkeit eines Designs nur noch durch Erhebung einer Wiederklage auf Feststellung bzw. auf Erklärung der Nichtigkeit oder durch Einleitung eines Nichtigkeitsverfahrens vor dem Deutschen Patent- und Markenamt berufen. Die Nichtigkeitswiderklage ist bei dem für die Verletzungsfälle zuständigen Gericht einzureichen (§ 52 b DesignG).

2720 Erhebt der Beklagte im Verletzungsverfahren die Widerklage auf Feststellung oder Erklärung der Nichtigkeit, kann das Verletzungsgericht auf Antrag des Designinhabers

1048 Eichmann GRUR 2000, 751.
1049 BGH GRUR 1958, 613 – *Tonmöbel*.

das Verfahren aussetzen und den Widerkläger auffordern, innerhalb einer bestimmten Frist das Nichtigkeitsverfahren beim Deutschen Patent- und Markenamt einzuleiten (§ 52 b Absatz 3 DesignG). Während der Aussetzung kann das Gericht Verfügungen und Sicherheitsmaßnahmen treffen (§ 52 b Abs. 3 Satz 3 DesignG). Die Frist, innerhalb deren das Nichtigkeitsverfahren einzuleiten ist, wird vom zuständigen Verletzungsgericht getroffen (§ 52 b Abs. 3 DesignG). Wird der Antrag nicht innerhalb der Frist gestellt, wird das Verletzungsverfahren fortgesetzt. Die Widerklage gilt in diesem Zusammenhang als zurückgenommen.

Zu beachten ist, dass der Antrag nach auf Aussetzung und Aufforderung des Wider- 2721
klägers, ein Nichtigkeitsverfahren einzuleiten, gem. § 52 b Abs. 3 DesignG nur vom Inhaber des Designs gestellt werden kann.

Gem. § 34 b Abs. 2 DesignG hat das Gericht die Aussetzung anzuordnen, wenn es 2722
das eingetragene Design für nichtig hält. Im Falle der Zurückweisung des Nichtigkeitsantrags durch das Deutsche Patent- und Markenamt ist nach Eintritt der Rechtskraft des betreffenden Beschlusses das Designgericht (Verletzungsgericht) an diese Entscheidung gebunden, sofern die Parteien des Nichtigkeitsverfahrens identisch sind mit den Parteien des Verletzungsverfahrens.

▶ Beispiel:

A ist wegen Verletzung eines Designs des B verklagt worden. Patentanwalt des A 2723
stellt fest, dass gegen das Design bereits ein Nichtigkeitsverfahren läuft. A möchte ebenfalls ein Nichtigkeitsverfahren einleiten.

Gem. § 34 c DesignG kann A im vorliegenden Fall dem Nichtigkeitsverfahren bei- 2724
treten, weil ein Nichtigkeitsverfahren anhängig ist, über das noch nicht abschließend entschieden worden ist. Gem. § 34 c Abs. 1 Nr. 1 DesignG muss A nachweisen, dass gegen ihn ein Verfahren wegen Verletzung desselben eingetragenen Design anhängig ist.

▶ Beispiel:

A berichtet dem Patentanwalt, dass der Konkurrent B ihn aufgefordert habe, eine 2725
Verletzung von dessen eingetragenen Design zu unterlassen. A fragt den Patentanwalt was zu unternehmen ist. Der Patentanwalt stellt seinerseits fest, dass bereits ein Nichtigkeitsverfahren gegen das Design des B anhängig ist.

Auch in diesem Falle kann gem. § 34 c Abs. 1 Nr. 2 DesignG ein Beitritt zu dem 2726
laufenden Nichtigkeitsverfahren beim Deutschen Patent- und Markenamt in Betracht kommen. Der Beitritt kann innerhalb von drei Monaten ab Einleitung des Verfahrens bzw. nach Zugang der Unterlassungsaufforderung erklärt werden.

▶ Beispiel:

A ist Inhaber eines eingetragenen Designs für »Schneidbretter«. Dies ist im Regis- 2727
ter mit 3 Darstellungen hinterlegt worden. B. vertreibt ein Schneidebrett, A erhebt gegen B Klage. B erhebt Widerklage und beantragt, das streitgegenständliche

Design für nichtig zu erklären. Aus den verschiedenen Ausführungsformen des registrierten Designs sind Schneidbretter mit und ohne Auffangschale aufgeführt. Wird die Nichtigkeitsklage Erfolg haben?[1050]

2728 Es stellt sich die Frage, ob aus den dargestellten Ausführungsformen der Schneidebretter mit und ohne Auffangschale eine Schnittmenge gebildet werden kann und die Designs auf die Erscheinungsform des Schneidbretts ohne Auffangschale reduziert werden könnten. Es ist daher zu prüfen, ob mit dem Designschutz für ein Schneidbrett ohne Auffangschale oder für ein aus Schneidbrett und Auffangschale zusammengesetztes Kombinationserzeugnis Schutz beansprucht wird. Die Auslegung eines Designs kann zu dem Ergebnis führen, dass Abweichungen der Wiedergaben bei der Bestimmung des Schutzgegenstandes außer Betracht bleiben müssen. Der Schutzgegenstand besteht dann gleichsam aus der Schnittmenge der allen Darstellungen gemeinsamen Merkmale. Das geht auch dann, wenn eine Darstellung Elemente enthält, die auf den anderen Darstellungen nicht zu sehen sind, so dass in den anderen Darstellungen zu sehende Erzeugnisse vollständig in der einen Darstellung enthalten sind. Insoweit ist im vorliegenden Fall das Design nicht für nichtig zu erklären.

X. Zollgrenzbeschlagnahme

2729 Die Grenzbeschlagnahme hat der nationale Gesetzgeber 1990 mit dem Produktpirateriegesetz[1051] eingeführt. Zielrichtung ist es, dem Rechtsinhaber einen effektiven Rechtsschutz gegen Produktpiraten an die Hand zu geben, indem verletzende Waren bereits an der Grenze abgefangen werden und der Rechtsinhaber nicht ständig dem international mobilen Produktpiraten hinterherlaufen muss.[1052]

2730 Schon vor den nationalen Regelungen sind auf EU-Ebene gemeinschaftliche Vorschriften mit der gleichen Zielsetzung und mit einem ähnlichen rechtlichen Instrumentarium geschaffen worden.[1053]

1050 Fall nach BPatG, Beschl. Vom 7.2.2022, Az. 26 W (pat) 67/20; Ludwig; IP Kompakt, 16. Jahrgang, Heft 6, Juni 2022, S. 12.

1051 Gesetz vom 07.03.1990, BGBl I 422.

1052 Zweck der Beschlagnahme ist die vorübergehende Sicherung der Ware durch Hoheitsakt in einem besonders kritischen, für den Zugriff aber besonders günstigen Moment, bis der Verletzte zivilrechtliche Maßnahmen erwirken kann, mit dem Ziel, die Ware aus dem Verkehr zu nehmen (Begründung des Regierungsentwurfs [BlPMZ 1990, 186]). Dabei ist es nicht Aufgabe der Zolldienststelle zu klären, ob eine Schutzrechtsverletzung vorliegt oder nicht. Dies soll in einem zivilrechtlichen Verletzungsprozess oder ggf. parallel dazu in einem strafrechtlichen Ermittlungsverfahren geklärt werden.

1053 Die gemeinschaftlichen Regelungen haben 1986 mit der Verordnung (EWG) 3842/86 (ABlEG1986 Nr. L 357) begonnen. Zuletzt durch VO (EU) 608/2013 des Europäischen Parlaments und des Rates vom 17.06.2013 zur Durchsetzung der Rechte des geistigen Eigentums durch die Zollbeförderung und zur Aufhebung der VO (EG) 1383/2003 des Rates.

Im Laufe der Jahre ist der Anwendungsbereich weiter geworden, heute sind alle gewerblichen Schutzrechte insbesondere Patentrechte, Markenrechte, Designrechte) mit Regelungen über die Grenzbeschlagnahme flankiert, dies gilt sowohl auf nationaler Ebene[1054] als auch auf EU-Ebene.[1055] Die Verordnung (EU) Nummer 608/2013 ist am 01.01.2014 in Kraft getreten. Ab diesem Datum werden auch Handelsnamen geschützt, sofern sie nach nationalen Rechtsvorschriften als ausschließliche Rechte des geistigen Eigentums geschützt sind. Darüber hinaus werden auch Topografien von Halbleitererzeugnissen sowie Gebrauchsmustervorrichtungen, die hauptsächlich entworfen, hergestellt oder angepasst werden, um die Umgehung technischer Maßnahmen zu ermöglichen oder zu erleichtern, erfasst sein. 2731

Dabei haben die EU-Regelungen Vorrang,[1056] die nationalen Vorschriften finden daher nur noch in den Fällen Anwendung, in denen das EU-Recht nicht anwendbar ist z.B. Halbleiterschutzverletzung). Liegt dem Antrag des Rechtinhabers ein Gemeinschaftsschutzrecht zugrunde, kann die Zollbehörde diesem für alle Mitgliedstaaten stattgeben. 2732

Antragsberechtigt sind grundsätzlich die Inhaber eines der folgenden Rechte: 2733

- eine Marke
- ein Geschmacksmuster bzw. Design
- ein Urheberrecht oder ein verwandtes Schutzrecht
- eine geografische Angabe
- ein Patent

1054 Die nationalen Regelungen über die Grenzbeschlagnahme finden sich PatG, GebrMG, DesignG, UrhG, MarkenG; im Folgenden werden nur die Regelungen des PatG zitiert, die beispielhaft für die inhaltsgleichen Vorschriften für die anderen gewerblichen Schutzrechte sind.

1055 Die Verordnung 3842/86 ist 1994 durch die Verordnung 3295/94 (ABlEG Nr. L 341 vom 30.12.1994, S. 8) ersetzt worden. Mit der Verordnung 241/99 (ABlEG Nr. L 27 vom 02.02.1999, S. 1) sind Patente und ergänzende Schutzzertifikate für Arzneimittel und Pflanzenschutzmittel in den Anwendungsbereich der Verordnung 3295/94 aufgenommen worden. Weiter ist ein vereinfachtes, zentrales Verfahren für alle Mitgliedsstaaten für Gemeinschaftsmarken eingeführt worden. Zum 01.07.2004 ist eine Verordnung 1383/2003 (ABlEG Nr. L 196 vom 02.08.2003, S. 7) in Kraft getreten, die das bisherige System noch verbessern und effektiver machen soll. Mit der Verordnung ist der Anwendungsbereich weiter erweitert worden. Sie umfasst auch Gemeinschaftsgeschmacksmusterbzw. Unionsgeschmacksmuster, Sorten, Ursprungsbezeichnungen und geografische Angaben. Die Verordnung wird ergänzt durch die Durchführungsvorschriften in der Verordnung 1891/2004 (ABlEG Nr. L 328 vom 30.10.2004, S. 16). Am 24.05.11 hat die EU-Kommission einen Vorschlag für eine neue Verordnung zur Durchsetzung der Rechte geistigen Eigentums durch die Zollbehörde vorgelegt, die an die Stelle der VO (EG) Nr. 1383/2003 treten soll –. Die VO 1383/2003 wurde durch die VO(EU) 608/2013 ersetzt.

1056 In § 142a Abs. 1 PatG in der durch das Gesetz »Zur Verbesserung der Durchsetzung von Rechten des geistigen Eigentums« (DurchsetzungsG), mit dem die Durchsetzungsrichtlinie ihre Umsetzung gefunden hat, eingeführten Fassung ist der Vorrang des EU-Rechts nunmehr ausdrücklich geregelt.

- ein ergänzendes Schutzzertifikat für Arzneimittel und Pflanzenschutzmittel
- ein Sortenschutzrecht
- eine Topografie eines Halbleitererzeugnisses
- ein Gebrauchsmuster
- einen Handelsnamen

2734 Darüber hinaus ist zur Antragstellung auch jede **zur Benutzung und/oder Wahrnehmung dieser Rechte befugte Person** berechtigt, wie:
- eine Verwertungsgesellschaft
- eine Berufsorganisation
- eine Gruppe von Erzeugenden von Erzeugnissen mit einer geografischen Angabe oder Vertretende einer solchen Gruppe
- Wirtschaftsteilnehmende, welche zur Verwendung einer geografischen Angabe berechtigt sind
- eine zuständige Kontrollstelle oder Behörde für eine geografische Angabe
- oder Inhaber einer ausschließlichen Lizenz

2735 Ein Antrag nach deutschen Rechtsvorschriften ist sinnvoll, wenn eine der folgenden Situationen zutrifft:
- Die Schutzrechtsverletzungen treten vermutlich im **Warenverkehr zwischen den Mitgliedstaaten der Europäischen Union auf (innergemeinschaftlicher Warenverkehr).**
- Es handelt sich um Originalwaren, die mit Ihrer Zustimmung gekennzeichnet oder lizenziert wurden, die aber ohne Zustimmung und unter Umgehung vertraglich festgelegter Vertriebswege, eingeführt oder ausgeführt werden sollen (sogenannte **Parallel- bzw. Grauimporte**).

2736 Die Zollbehörden können bei der Einfuhr oder Ausfuhr beschlagnahmen. Als Einfuhr und Ausfuhr gilt jedes Verbringen in die oder aus der Bundesrepublik Deutschland. Hierunter fallen also nicht nur Einfuhren aus einem Drittland, sondern auch das Verbringen aus einem anderen Mitgliedstaat. Eine Einfuhr ist mit der Ankunft am ersten Bestimmungsort beendet.

Es muss ein Antrag durch den Rechtsinhaber und eine entsprechende Sicherheitsleistung (Bankbürgschaft) vorgelegt werden. Die Antragsvoraussetzungen sind im Wesentlichen mit denen der Antragstellung nach der VO (EG) Nr. 1383/2003 identisch. Anders als im Verfahren nach gemeinschaftsrechtlichen Vorschriften (Art. 4 VO (EG) Nr. 1383/2003), ist eine Beschlagnahme ohne bewilligten Antrag ausgeschlossen. Der Antrag kann auch nicht nachgeholt werden.

Liegt ein bewilligter Antrag vor, kann die Zollstelle eine Beschlagnahme anordnen, wenn die Rechtsverletzung offensichtlich ist. Das bedeutet, dass dem Zollbeamten vor Ort die Verletzung klar auf der Hand liegen muss und keine vernünftigen Zweifel bestehen dürfen. In der Praxis bereitet die Prüfung der Offensichtlichkeit die meisten Schwierigkeiten. Hier sind die Zollbehörden auf die Mitwirkung des Rechtsinhabers angewiesen. Bereits bei der Antragstellung muss der Rechtsinhaber Erkennungshinweise zur Verfügung stellen, die die Zollbeamten in die Lage versetzen, eine Rechtsverletzung zweifelsfrei festzustellen. Ohne derartige Hinweise ist die Zollstelle nicht in der Lage, Beschlagnahmen durchzuführen.

Auf EU-Ebene findet keine »Grenzbeschlagnahme« statt, sondern eine »Aussetzung der Überlassung« (AdÜ), sofern eine Zollanmeldung vorgenommen wurde, oder eine »Zurückhaltung von Waren« (ZvW), wenn dies nicht der Fall war.[1057] Die Rechtsfolgen beider Maßnahmen sind identisch. Die Zollbehörden halten die Waren für 10 Arbeitstage auf. Innerhalb dieser Zeit hat der Rechtsinhaber gerichtliche Schritte einzuleiten oder ein vereinfachtes Vernichtungsverfahren für die Waren zu beantragen. Gegen die Maßnahmen der Zollbehörde steht dem Betreffenden der Rechtsweg offen. **2737**

Die Grenzbeschlagnahme aufgrund nationaler und gemeinschaftsrechtlicher Vorschriften erfolgt durch die Zolldienststellen. Das Instrumentarium ist für den Rechtsinhaber sehr effektiv, zumal sich die für ganz Deutschland zuständige »Zentralstelle Gewerblicher Rechtsschutz« als Dienstleister für die Wirtschaft versteht und für Rechtsinhaber und Anwaltschaft ein kompetenter und kooperativer Ansprechpartner ist. **2738**

Für die Grenzbeschlagnahme ist der bloße Verdacht einer Rechtsverletzung ausreichend (Art. 1 Abs. 1 der VO 1383/2003, Art. 2 Nr. 7 VO EU 608/2013). **2739**

Welches Beweismaß für den Verdacht einer Rechtsverletzung gilt, ist in der VO nicht vorgegeben. Grundsätzlich reicht ein bloßer Anfangsverdacht.[1058] **2740**

Wohl herrschend dürfte im Anschluss an *Rogge/Grabinski*[1059] die Auffassung sein, dass eine »überwiegende Wahrscheinlichkeit« einer Patentverletzung notwendig sei.[1060] **2741**

In der Praxis der Zollbehörden findet indessen keine inhaltliche Prüfung des Grenzbeschlagnahmeantrags statt.[1061] Der Patentinhaber muss in seinem Antrag auf einen **2742**

1057 Die AdÜ ist die Aussetzung der Überlassung in den zollrechtlich freien Verkehr, zur Ausfuhr oder zur Wiederausfuhr. Die ZvW ist die Zurückhaltung von Waren, wenn die Waren im Rahmen eines Nichterhebungsverfahrens, beim Verbringen in eine Freizone oder in ein Freilager, bei Wiederausfuhr, für welche die Mitteilung genügt, oder beim Verbringen in das oder aus dem Zollgebiet aufgefunden werden. Die AdÜ erfolgt bei der Anmeldung nach Art. 61 VO (EWG) Nr. 2913/92 (=Zollkodex). Die ZvW erfolgt bei zollamtlicher Prüfung nach Art. 37 oder 183 Zollkodex (Verbringung in das/aus dem Zollgebiet), Art. 84 Abs. 1 lit. a) Zollkodex (Nichterhebungsverfahren), Art. 182 Abs. 2 (mitteilungspflichtige Wiederausfuhr), Art. 166 (Verbringung in eine Freizone oder ein Freilager). Art. 1 der VO 1383/03 greift diese zwei Situationen des Tätigwerdens in Art. 1 Abs. 1 lit. a) und lit. b) auf.

1058 Ströbele/Hacker/Thiering/Thiering, MarkenG, § 146 Rn20.

1059 Benkard, § 142a PatG, Rn. 20.

1060 So auch Haft/Hacker/Baumgärtel/Grabienski/Grabinski/Heusch/Joachim/Kefferpütz/Kühnen/Lunze, Grenzbeschlagnahme und andere Eingriffsmöglichkeiten der Zollbehörden gegen Verletzer, GRUR Int. 2009, 826, 829; ebenso auch LG Düsseldorf, Urteil vom 19.06.2008; Az. 4B O 130/08 – *Stabilisierung von Förderstrecken-Druckprodukten II*, BeckRS 2009, 10949.

1061 Das LG Düsseldorf ist der Ansicht, dass die Zollbehörden eine inhaltliche Prüfung vorzunehmen haben (Urteil vom 19.06.2008, Az. 4B O 130/08 – *Stabilisierung von Förderstrecken-Druckprodukten II*; BeckRS 2009, 10949).

allgemeinen Grenzbeschlagnahmebescheid lediglich darstellen, dass der Verdacht (nicht die überwiegende Wahrscheinlichkeit, die Gewissheit oder gar die Offensichtlichkeit) einer Patentverletzung gegeben ist. Die Zolldienststelle kann allenfalls eine Plausibilitätskontrolle vornehmen. Nachprüfbar ist für die Zolldienststelle das formelle Bestehen eines Patents, eine ins Einzelne gehende materielle Schutzrechtsprüfung findet nicht statt und kann nicht stattfinden. Die Zolldienststelle kann den Verdacht einer Patentverletzung in der Praxis ausschließlich nach den Angaben des Patentinhabers beurteilen. D.h. jeder potenzielle Verletzer kann sich der Grenzbeschlagnahme ausgesetzt sehen. Hierbei treffen Zivilrecht, Zoll- und Steuerrecht sowie Verwaltungsrecht aufeinander.

▶ **Beispiel:**

2743 A ist Inhaber eines europäischen Patents. Er weiß, dass Konkurrent C Ware aus China in den EU-Raum einführt, welche unter den Wortlaut der Patentansprüche fallen. Er bittet Patentanwalt B, Maßnahmen zur Verhinderung der Einfuhr zu ergreifen.

2744 Im vorliegenden Fall kommen Maßnahmen der Zollbehörden nach EU-Recht in Betracht. Gemeinschaftsrechtliche Regelungen sind 1986 mit der VO 3842/86 eingeführt worden. Diese Verordnung ist 1994 durch die VO 3295/94 ersetzt worden. Die betreffenden Regelungen galten für Marken-, Urheberrecht und Geschmacksmuster. Mit der Verordnung 241/99 sind Patente und ergänzende Schutzzertifikate für Arzneimittel und Pflanzenschutzmittel in den Anwendungsbereich der VO 3295/94 aufgenommen worden. Weiter ist ein vereinfachtes, zentrales Verfahren für alle Mitgliedsstaaten für Gemeinschaftsmarken eingeführt worden. Am 01.07.2004 ist die VO 1383/2003[1062] in Kraft getreten, die durch die VO(EU) 608/2013 ersetzt wurde. Diese trat am 01.01.2014 in Kraft. Demnach sind insbesondere auch Gebrauchsmuster in den Anwendungsbereich einbezogen.

2745 Nach dieser Verordnung findet keine Grenzbeschlagnahme statt, sondern eine Aussetzung der Überlassung, wenn eine Zollanmeldung vorgenommen wurde, ohne eine Zurückhaltung von Waren, wenn dies nicht der Fall war. Die Rechtsfolgen beider Maßnahmen sind identisch (s. auch oben Rdn. 2737) Zuständig für das Verfahren sind die nationalen Behörden. Die Zollbehörden werden aufgrund eines Antrags (Art. 3–6 VO[EU] 608/2013) tätig. Der Rechtsinhaber braucht keine Sicherheitsleistung zu erbringen, aber er muss eine Haftungserklärung abgeben.

▶ **Beispiel:**

2746 Ein Unternehmen importiert Bauteile, um ein Endprodukt herzustellen und zu vertreiben. Der Patentinhaber sieht die Bauteile als patentverletzend an. Aufgrund eines Bescheids der Zollbehörde werden die Bauteile vom Zoll zurückgehalten.

1062 Amtsblatt EG L1996 S. 7 vom 02.08.03.

Es droht eine Stilllegung des Unternehmens, wenn die Bauteile nicht kurzfristig angeliefert werden. Da die Produkte im Weihnachtsgeschäft abgesetzt werden sollen, droht das gesamte Saison-Geschäft verloren zu gehen.

Die Behandlung eines Bescheids der Zollbehörde ist eine[1063] Eine konkrete Aussetzung der Überlassung ist eine Maßnahme der Steueraufsicht i.S.d. § 209 AO.[1064] 2747

Gegen den allgemeinen Bescheid des Patentinhabers hat der vermeintliche Verletzer kein Rechtsmittel,[1065] solange es nicht zu einer Aussetzung der Überlassung kommt. Zunächst fehlt es dem Unternehmen an einer unmittelbaren Drittbetroffenheit. Allerdings muss der Patentinhaber vor, u.a. die »Person des Einführers, des Ausführers oder des Besitzers der Waren«, »Herstellungsland oder -länder, benutzte Handelswege«, »technische Unterschiede zwischen den echten und den verdächtigen Waren« zu nennen. Die Zolldienststelle kann aber nach Art. 7 Abs. 1 beschließen, den Antrag nicht zu bearbeiten, wenn die Angaben nach Art. 6 Abs. 3 nicht gemacht sind. Regelmäßig enthalten die Anträge eine detaillierte Konkretisierung der Person des Verletzers und eine ebenso detaillierte Konkretisierung der verletzenden Waren. Allerdings nutzt diesem der dann zulässige Einspruch nach §§ 347 ff. AO praktisch nichts, da er im Vorfeld einer konkreten Maßnahme der Zollbehörde regelmäßig keine Kenntnis von einem Grenzbeschlagnahmeantrag haben wird. 2748

Nach einer konkreten Maßnahmen der Zollbehörde dürfte ein Einspruch gegen den allgemeinen Grenzbeschlagnahmebescheid nach §§ 347 ff. AO unproblematisch sein. Im Einzelfall hat der Verletzer jedenfalls die Möglichkeit des Einspruchs nach §§ 347 ff. AO. Durch einen Einspruch wird die Vollziehung nicht gehemmt (§ 361 AO). Eine Einspruchsentscheidung ist regelmäßig nicht kurzfristig zu erlangen, sodass sie praktisch immer von der Aktualität überholt wird. 2749

Die Finanzgerichtsordnung (FGO) sieht gegen die sofortige Vollziehbarkeit von Verwaltungsakten – und somit auch gegen den Vollzug eines Grenzbeschlagnahmebescheids – einen Antrag auf Aussetzung der Vollziehung gemäß § 69 Abs. 3 FGO oder eine einstweilige Anordnung gemäß § 114 FGO vor. Beide Verfahren dienen dem vorläufigen Rechtsschutz, hemmen die Vollziehung und sind theoretisch kurzfristig zu erlangen. Wie im Verwaltungsrecht ist der Grundsatz der Subsidiarität der einstweiligen Anordnung gegenüber der Aussetzung der Vollziehung zu beachten (vgl. § 114 Abs. 5 FGO). Die Aussetzung der Vollziehung gemäß § 69 Abs. 3 FGO ist damit im Bereich der Grenzbeschlagnahme wohl allein von Bedeutung. 2750

Nach § 69 Abs. 3, Satz 1 i.V.m. Abs. 2, Satz 2 FGO soll die Aussetzung der Vollziehung erfolgen, wenn ernstliche Zweifel an der Rechtmäßigkeit des angefochtenen Verwaltungsaktes bestehen oder die Vollziehung für den Betroffenen eine unbillige, nicht durch überwiegende öffentliche Interessen gebotene Härte zur Folge hätte. 2751

1063 BFH MarkenR 2000, 52, 53 – *Jockey*; BFH DstRE 2000, 431.
1064 BFH MarkenR 2000, 52, 53 – *Jockey*.
1065 Cordes, Die Grenzbeschlagnahme in Patentsachen, GRUR 2007, 483.

Nach der Rechtsprechung des Bundesfinanzhofs sind ernstliche Zweifel zu bejahen, wenn bei der summarischen Prüfung neben für die Rechtmäßigkeit sprechenden Umständen gewichtige, gegen die Rechtmäßigkeit des angefochtenen Verwaltungsakts sprechende Gründe zutage treten, die Unentschiedenheit oder Unsicherheit in der Beurteilung der Rechtsfragen oder Unklarheit in der Beurteilung der Tatfragen bewirken.[1066] Die Rechtmäßigkeit des angefochtenen Verwaltungsakts ist also – wenn auch summarisch – inhaltlich vollumfänglich zu prüfen.[1067]

2752 Bisher ist jedoch völlig offen, welche Eingriffsschwelle die Finanzgerichte für den Verdacht der Patentverletzung bei ihrer Prüfung zugrunde leben. Zudem erhält der vermeintliche Verletzer keine Akteneinsicht (vgl. hierzu auch nachfolgend unter 2.), so dass er u. U. gar nicht weiß, auf welches Schutzrecht und mit welcher Argumentation zur Verletzung die Grenzbeschlagnahme gestützt ist. Eine sinnvolle Gegenargumentation ist unter diesen Voraussetzungen nicht möglich.

2753 Das nationale Recht sieht gegen eine konkrete Maßnahme der Zollbehörde den Einspruch nach §§ 62 ff. OwiG zum Amtsgericht vor. Da die VO keine eigenen Rechtsbehelfe gegen die AdÜ/ZvW vorsieht, ist es denkbar, das nationale Recht entsprechend anzuwenden. Der Antrag auf gerichtliche Entscheidung nach § 62 OwiG hilft aber nur theoretisch weiter, da die Eingriffsschwelle für den Verdacht einer Patentverletzung bisher ungeklärt ist und die das OwiG anwendenden Amtsgerichte ebenso wenig wie die Zollbehörden über patentrechtliche Kenntnisse verfügen, die mehr als eine Plausibilitätskontrolle ermöglichten. Praktisch kann es bei einem Antrag auf gerichtliche Entscheidung nur darum gehen, ob die formellen Voraussetzungen der Grenzbeschlagnahme oder der AdÜ/ZvW vorlagen.

2754 Die Zolldienststellen verweigern dem Unternehmen die Akteneinsicht mit dem Argument des Zoll- und Steuergeheimnisses. Der vermeintliche Verletzer hat also keine Möglichkeit, sich ein Bild zu machen, welche Merkmale welchen Anspruchs welchen Patents der Patentinhaber durch welche Ausgestaltung des Bauteils als benutzt ansieht.

2755 Bis zur Zustellung einer Klage, die der Patentinhaber erst bis zu 20 Arbeitstagen nach der Grenzbeschlagnahme eingereicht haben muss, bleibt der vermeintliche Verletzer ohne Informationen. Regelmäßig dauert eine Zustellung mindestens einen Monat. Es können also gut zwei Monate und mehr vergehen, in denen der vermeintliche Verletzer nur vermuten kann, um welches Schutzrecht und welche Verletzungsargumentation es geht.

2756 Die AO kennt keinen Anspruch auf Akteneinsicht. Das Akteneinsichtsrecht im Verwaltungsverfahren nach § 29 VwVfG ist im steuerrechtlichen Verwaltungsverfahren nicht anwendbar, da § 2 Abs. 2 Nr. 1 VwVfG die Verfahren der Bundes- oder Landesfinanzbehörden nach der AO ausdrücklich aus dem Anwendungsbereich der AO

1066 BFH, BeckRS 1986 22007680, m.w.N.
1067 BFH, BeckRS 1968 21003624.

ausnimmt,[1068] in dem Anwendungsbereich der AO fallen auch die Zölle (§ 3 Abs. 1 S. 2 AO). Das Steuergeheimnis ist normiert in § 30 AO, der ergänzend zu dem in Art. 15 Zollkodex normierten Zollgeheimnis anwendbar ist. »Verhältnisse« im Sinne des § 30 AO sind wiederum alle Merkmale, die eine Person von ihrer Umwelt abheben und zum Individuum machen. Es geht nicht nur um rein steuerliche Verhältnisse, sondern u.a. die gesamte wirtschaftliche Lage einer Person.[1069]

Da es kein normiertes Akteneinsichtsrecht gibt, kommt nur ein Anspruch auf ermessensfehlerfreie Entscheidung über eine begehrte Akteneinsicht in Betracht. In die behördliche Ermessensentscheidung fließen das Steuergeheimnis nach § 30 AO und das Amtsgeheimnis nach Art. 15 Zollkodex ein. 2757

▶ Beispiel:

Ein Unternehmen importiert Teile für die Herstellung eines Endproduktes. Aufgrund eines Bescheides der Zollbehörde erfolgt die Aussetzung der Überlassung der Teile bei der Einfuhr. Die Produkte sollen auf einer Messe gezeigt werden. Die Messepräsenz ist gefährdet. 2758

Die Verteidigungsmöglichkeiten könnten sich aus Art. 14 der Verordnung ergeben. 2759

Art. 14 der VO erlaubt es dem Unternehmen, die Überlassung der Ware gegen Sicherheitsleistung zu erlangen oder die Aufhebung der Zurückbehaltung zu erwirken. Die Überlassung ist möglich, wenn der Patentinhaber in der maximalen Frist von 20 Arbeitstagen ein gerichtliches Verfahren eingeleitet hat und keine einstweilige Verfügung auf Sicherung der Ware erlassen ist. Weiter müssen die Zollförmlichkeiten erfüllt sein. 2760

Art. 14 der VO gibt keine Frist für die Entscheidung der Zolldienststelle über die Höhe der Sicherheitsleistung vor. Nach dem Grundsatz des rechtlichen Gehörs müssen der Patentinhaber und der vermeintliche Verletzer die Möglichkeit haben, zur Höhe der Sicherheitsleistung Stellung zu nehmen. Auch für diese Stellungnahmen gibt die VO keine Fristen vor. Die Entscheidung über die Höhe der Sicherheit und die Überlassung beschlagnahmter Ware trifft die Zolldienststelle, also das Hauptzollamt oder das Zollamt. 2761

XI. Nicht registrierte Rechte

Bei den die Marken und das Geschmacksmuster/Design betreffenden Kapiteln wurde bereits die Möglichkeit der Entstehung von Rechten ohne Registrierung dargestellt. Hier wurde insbesondere die geschäftliche Bezeichnung, der Werktitel und das nicht registrierte Geschmacksmuster erwähnt. Daneben gibt es noch auf weitere Möglichkeiten wie Rechte ohne Registrierung oder unabhängig von einer Registrierung entstehen. 2762

1068 Siehe auch Dißars, Akteneinsicht im steuerlichen Verwaltungsverfahren, DstR 2005, 137.
1069 Vgl. Dißars, DstR 2005, 137, 138.

1. Namensrechte

Beispiel:

2763 Die K ist die Deutsche Shell GmbH. Der B heißt Andreas Shell und hat sich den Domain-Namen »Shell.de« registrieren lassen. Die K hat die Verwendung der Internetadresse »Shell.de« durch den B als eine Verletzung ihrer berühmten Marke als wettbewerbswidrig beanstandet. Sie hat den B auf Unterlassung der Verwendung des Domain-Namens »Shell.de« in Anspruch genommen. Der B hat daraufhin eine strafbewährte Unterlassungserklärung abgegeben, durch die er sich gegenüber der K verpflichtet, das Zeichen »Shell.de« als Domain-Namen im Internet nicht mehr im geschäftlichen Verkehr zu nutzen. Die Homepage hat er entsprechend geändert. Die Shell AG möchte aber auch verhindern, dass der Domain-Name »Shell.de« weiterhin außerhalb des geschäftlichen Verkehrs von Herrn Shell benutzt wird. Sie fragt ihren Patentanwalt, ob es hier noch Möglichkeiten für einen weitergehenden Unterlassungsanspruch gibt.

2764 Auch wenn ein namensrechtlicher Schutz von Unternehmenskennzeichen aus § 12 BGB im geschäftlichen Bereich im Hinblick auf die speziellen Bestimmungen des Markengesetzes im Allgemeinen nicht in Betracht kommt, kann gegenüber einem Handeln im privaten Verkehr also außerhalb des Anwendungsbereichs der §§ 5, 15 MarkenG die Anwendbarkeit des § 12 BGB oder des § 823 Abs. 1 BGB nicht von vornherein ausgeschlossen werden.[1070] Allerdings werden die Voraussetzungen des § 12 BGB bei einer Verwendung des Namens außerhalb des geschäftlichen Verkehrs häufig nicht vorliegen. Zwar ist nach § 12 BGB auch die Firma oder ein unterscheidungskräftiger Firmenbestandteil einer Gesellschaft oder eines einzelkaufmännischen Unternehmens geschützt.[1071] Der aus § 12 BGB abgeleitete namensrechtliche Schutz einer Firma oder eines Firmenbestandteils ist jedoch stets auf den Funktionsbereich des betreffenden Unternehmens beschränkt und reicht nur so weit, wie geschäftliche Beeinträchtigungen zu befürchten sind.[1072] Diese Voraussetzung liegt bei einer Benutzung des Namens eines Unternehmens durch einen Dritten außerhalb des geschäftlichen Verkehrs im Allgemeinen nicht vor.

2765 Im Streitfall wird jedoch auch durch die private Nutzung der Bezeichnung »Shell« als Domain-Name in das Namensrecht der K eingegriffen. Lässt ein nichtberechtigter Dritter dieses Kennzeichen als Domain-Name registrieren, werden die schutzwürdigen Interessen des Kennzeicheninhabers massiv beeinträchtigt, weil die mit dieser Bezeichnung gebildete Internet-Adresse mit der Top-Level-Domain »de« nur einmal vergeben werden kann. Selbst wenn eine Registrierung des fremden Kennzeichens als Domain-Namen nur zu privaten Zwecken erfolgt, wird daher der Berechtigte von einer entsprechenden eigenen Nutzung seines Zeichens ausgeschlossen. Ihm wird

1070 BGH GRUR 1998, 696, 697 – *Rolex-Uhr mit Diamanten.*
1071 GRUR 1991, 157 – *Johanniter Bier.*
1072 BGH GRUR 1998, 696, 697 – *Rolex-Uhr mit Diamanten.*

die Möglichkeit genommen, dem interessierten Internet-Nutzer auf einfache Weise Information über das Unternehmen zu verschaffen. Verwendet ein Nichtberechtigter ein fremdes Kennzeichen als Domain-Namen, liegt darin eine Namensanmaßung,[1073] nicht dagegen eine Namensleugnung.[1074] Denn eine stets rechtswidrige Namensleugnung würde voraussetzen, dass das Recht des Namensträgers zur Führung seines Namens bestritten wird. Auch wenn jeder Domain-Name aus technischen Gründen nur einmal vergeben werden kann, fehlt es bei der Registrierung als Domain-Name an einem solchen Bestreiten. Anders als die Namensleugnung ist die Namensanmaßung an weitere Voraussetzungen gebunden. Sie liegt nur vor, wenn ein Dritter unbefugt den gleichen Namen gebraucht, dadurch eine Zuordnungsverwirrung auslöst und schutzwürdige Interessen des Namensträgers verletzt. Im Falle der Verwendung eines fremden Namens als Internet-Adresse liegen diese Voraussetzungen im Allgemeinen vor. Ein solcher Gebrauch des fremden Namens führt im Allgemeinen zu einer Zuordnungsverwirrung und zwar auch dann, wenn der Internet-Nutzer beim Betrachten der geöffneten Homepage alsbald bemerkt, dass er nicht auf der Internet-Seite des Namensträgers gelandet ist. Ein zu einer Identitätsverwirrung führender unbefugter Namensgebrauch ist im Übrigen bereits dann zu bejahen, wenn der Nichtberechtigte den Domain-Namen bislang nur hat registrieren lassen. Denn die den Berechtigten ausschließende Wirkung setzt bei der Verwendung eines Namens als Internet-Adresse bereits mit der Registrierung ein.

Der Streitfall zeichnet sich allerdings dadurch aus, dass der Beklagte selbst Namensträger ist und sein Gebrauch des Namens »Shell« daher nicht als unbefugt angesehen werden kann. Gleichwohl stößt die Verwendung des eigenen Namens durch den Beklagten im Streitfall an Grenzen. Die in Fällen der Gleichnamigkeit vorzunehmende Abwägung der Interessen der Namensträger führt dazu, dass der B seinen Namen nur mit einem unterscheidenden Zusatz als Internet-Adresse verwenden darf. 2766

Grundsätzlich kann niemandem verwehrt werden, sich in redlicher Weise im Geschäftsleben unter seinem bürgerlichen Namen zu betätigen.[1075] Dies gilt erst recht im nichtgeschäftlichen Bereich. Doch auch dieser Grundsatz unterliegt Einschränkungen. Wird durch den Gebrauch des Namens die Gefahr der Verwechselung mit einem anderen Namensträger hervorgerufen, kann ausnahmsweise auch im privaten Verkehr die Pflicht bestehen, den Namen nur in einer Art und Weise zu verwenden, dass diese Gefahr nach Möglichkeit ausgeschlossen ist.[1076] Ein derartiges Gebot zur Rücksichtnahme trifft den Namensträger jedoch nur, wenn sein Interesse an der uneingeschränkten Verwendung seines Namens gegenüber dem Interesse des Gleichnamigen, eine Verwechselung der beiden Namensträger zu vermeiden, klar zurücktritt. Kommen mehrere Personen als berechtigte Namensträger für einen Domain-Namen in Betracht, gilt 2767

1073 OLG Hamm NJW-RR 1998, 909 f.; OLG Köln CR 2000, 696; GRUR 2000, 798 f.; NJW-RR 1999, 622 f.; OLG Brandenburg K&R 2000, 496, 497.

1074 OLG Düsseldorf WRP 1999, 343, 346; Viefhues NJW 2000, 3239 f.

1075 BGH GRUR 1966, 623, 625 = WRP 1966, 30 – *Kupferberg*; BGH WRP 1985, 210 – *Familienname*; BGHZ 130, 134, 148 – *Altenburger Spielkartenfabrik.*

1076 BGHZ 29, 256, 263 – *ten Doornkaat Koolman.*

für sie hinsichtlich der Registrierung ihres Namens als Internet-Adresse das Prinzip der Priorität.[1077] Ihm muss sich auch der Inhaber eines relativ stärkeren Rechts unterwerfen, der feststellt, dass sein Name oder sonstiges Kennzeichen bereits von einem Gleichnamigen als Domain-Name registriert worden ist.[1078] Denn im Hinblick auf die Fülle von möglichen Konfliktfällen muss es im Allgemeinen mit einer einfach zu handhabenden Grundregel, der Priorität der Registrierung, sein Bewenden haben.

2768 Im Streitfall sind die Interessen der Parteien allerdings von derart unterschiedlichem Gewicht, dass es nicht bei der Anwendung der Prioritätsregel bleiben kann. Vielmehr gebietet es die zwischen Gleichnamigen geschuldete Rücksichtnahme, dass der Beklagte für seinen Domain-Namen einen Zusatz wählt, um zu vermeiden, dass eine Vielzahl von Kunden, die sich für das Angebot der K interessieren, seine Homepage aufruft. Aufseiten der K ist zu berücksichtigen, dass sie mit ihrem Kennzeichen »Shell« eine überragende Bekanntheit genießt. Denn erfahrungsgemäß sind berühmte Unternehmen häufig unter dem eigenen Namen im Internet präsent und können, wenn sie auf dem deutschen Markt tätig sind unter der mit der Top-Level-Domain »de« gebildeten Internet-Adresse auf einfache Weise aufgefunden werden. Auf der anderen Seite steht das Interesse des B, seinen Nachnamen Shell ohne unterscheidende Zusätze als Internet-Adresse zu verwenden. Sein Recht, diesen Namen zu führen, steht dabei nicht infrage. Es geht allein um den Domain-Namen, also um eine einfache, leicht zu merkende Adresse für den privaten Internet-Auftritt für sich und seine Familie. Internet-Nutzer, die diese Seiten im Internet suchen, werden jedoch von sich aus kaum erwarten, die private Homepage des B unter »Shell.de« zu finden. Als ein eher kleiner, homogener Benutzerkreis werden sie im Übrigen leicht über eine Änderung des Domain-Namens informiert werden können. Dem B kann zugemutet werden, seiner Internet-Adresse einen individualisierenden Zusatz beizufügen.

▶ **Beispiel:**

2769 Die »Deutsche Landwirtschafts-Gesellschaft« ist als »DLG« im Vereinsregister eingetragen. Sie ist auch Inhaberin der Wortmarke »DLG«. A ist Direktor eines Unternehmens, welches im Ausland ansässige Firmen anbietet, bei der »Denic« Domain-Namen registrieren zu lassen und den B als sog. Administrativen Ansprechpartner (Admin-C) zur Verfügung zu stellen. U.a. wurde der Domain-Name »dlg.de« durch die »DLG D. Corporation« mit Sitz in Florida registriert. Als Admin-C für den Domain-Namen »dlg.de« wurde B benannt. Besteht ein Anspruch auf Löschung gegen den B?

2770 Grundsätzlich kann nach der Ansicht des Bundesgerichtshofs[1079] davon ausgegangen werden, dass der »DLG« aus § 12 S. 1 BGB ein Löschungsanspruch zusteht. Denn grundsätzlich kann schon darin, dass ein Nichtberechtigter den unterscheidungs-

1077 BGHZ 148, 1, 10 – *Mitwohnzentrale.de.*

1078 LG Paderborn MMR 2000, 49, vgl. a. Ströbele/Hacker/Thiering/Hacker, MarkenG, § 15 Rn. 5 ff. m. w. N.

1079 BGH vom 13.12.2012, Az. I ZR 150/11; Renvert IP-Kompakt, März 2013, S. 16 ff.

kräftigen Namen eines Dritten als Domain-Namen registrieren lässt, eine unberechtigte Namensanmaßung gemäß § 12 S. 1, F. 2 BGB sein. Erforderlich ist hierfür die Beeinträchtigung eines besonders schutzwürdigen Interesses des Namenträgers, welches im Allgemeinen darin liegt, dass sein Name durch den einen Nichtberechtigten als Domain-Name unter den in Deutschland üblichen TOP-Level-Domain ».de« registriert wird.

Der »Admin-C« kann als Störer für die Löschung des Domain-Namens nur in Anspruch genommen werden, wenn ihn eine eigene Pflicht trifft, zu prüfen, ob mit der beabsichtigten Registrierung Rechte Dritter verletzt werden. Insofern ist das Vorliegen besonderer Gefahr erhöhender Umstände erforderlich. Eine abstrakte Gefahr, die mit der Registrierung einer Vielzahl von Domain-Namen verbunden sein kann, reicht insofern nicht aus.[1080] Solche gefahrerhöhenden Umstände sind nach dem Beispielfall nicht zu erkennen. Damit besteht ein Anspruch direkt gegen den B nicht. 2771

▶ Beispiel:

A ist als Fußballprofi unter Vertrag und unter dem Spitznamen »Schweini« bekannt. Er ist auch Nationalspieler. B ist Fleischgroßhändler und geschäftsführender Gesellschafter eines Fleischhandelsbetriebes mit 40 Angestellten. B hat die Marke »Schweini« für Waren und Dienstleistungen der Klassen 29, 30, 32 und 43 beim Deutschen Patent- und Markenamt angemeldet. A fragt nach seinen Rechten. Er weist darauf hin, dass es sich bei der Bezeichnung »Schweini« um einen Spitznamen handele, der für ihn verwendet werde und unter dem er inzwischen eine erhebliche Bekanntheit erlangt habe. 2772

Es fragt sich, ob ein Unterlassungsanspruch gemäß § 12 BGB besteht. § 12 BGB schützt grundsätzlich den bürgerlichen Namen einer natürlichen Person. Ein Verstoß gegen § 12 BGB ist gegeben, wenn ein anderer unbefugt den gleichen Namen gebraucht und dadurch ein schutzfertiges Interesse des Namensträgers verletzt. Dabei ist als Namensgebrauch nicht jede Form der Verwendung eines fremden Namens anzusehen, sondern nur solche Namensanmaßungen, die geeignet sind, eine namensmäßige Identitäts- oder Zuordnungsverwirrung hervorzurufen. Ein solcher Gebrauch eines fremden Namens i.S.d. § 12 BGB kann auch in der Benutzung eines fremden Namens zur Kennzeichnung einer Ware vorliegen. Ausreichend hierfür ist, dass der Verkehr aufgrund der Kennzeichnung mit den Namen von bestehenden Zusammenhängen ausgeht und den Namensträger mit der Ware in Verbindung bringen und im Verkehr der Eindruck entsteht, der Namensträger habe den Benutzer ein Recht zur Namensverwendung erteilt. Die beteiligten Verkehrskreise müssen die bezeichneten Gegenstände als solche des Namensträgers ansehen oder ihm sonst zuordnen. Die Gefahr einer solchen Zuordnungsverwirrung genügt. Dabei gilt der Grundsatz, dass das Persönlichkeitsrecht dem Einzelnen einen generellen Schutz vor widerrechtlicher Vermarktung gewährt, was zur Folge hat, dass diesem die Entscheidung vorbehalten ist, ob und unter welchen Voraussetzungen sein Name in einer Werbung verwendet 2773

1080 BGH GRUR 2012, 304 ff. – *Basler Haarkosmetik*.

wird und zwar unabhängig davon, ob die Veröffentlichung dem persönlichen Ansehen oder dem beruflichen Fortkommen des Betroffenen abträglich ist.

2774 Zunächst ist der Familienname aufgrund seiner ordinären Individualisierungsfunktion geschützt. Bei entsprechend bekannten Personen kann aber auch eine Individualisierung allein durch die Verwendung des Vornamens erfolgen und damit auch allein der Vorname gemäß § 12 BGB geschützt sein. Entsprechendes gilt für Pseudonyme, Künstlernamen, aber auch für Spitznamen, sofern zwischen dem Spitznamen und der so bezeichneten Person ein Zuordnungszusammenhang besteht. Der Unterschied zum bürgerlichen Namen einer Person besteht darin, dass der Schutz nicht mit der Geburt beginnt, sondern grundsätzlich erst ab Ingebrauchnahme. Im Falle von Spitznamen, die ohne Zutun des Bezeichneten bzw. seiner Familie entstanden sind und in der Öffentlichkeit, insbesondere durch die Medien zur Bezeichnung einer bestimmten in der Öffentlichkeit bekannten Person verwendet werden, kann die aktive Ingebrauchnahme des Spitznamens durch den Bezeichneten selbst im Wesentlichen ersetzt werden durch eben diese Verwendung in der Öffentlichkeit und die Zuordnung dieses Spitznamens auf eine bestimmte Person in den verschiedenen Medien. Damit entsteht für den Bezeichneten der seinem Persönlichkeitsrecht folgende Namensschutz auch für diesen so in der Öffentlichkeit gebrauchten Namen. Ein solcher Fall ist vorliegend gegeben. Damit liegt ein Verstoß gegen § 12 BGB vor.[1081]

2. Sonstige absolute Rechte

▶ Beispiel:

2775 Die B betätigt sich auf dem Gebiet der EDV- und Online-Dienstleistungen. Sie ließ für sich bei der Vergabestelle für Internetadressen DENIC e.G. mehrere Tausend Domain-Namen registrieren, darunter seit April 1997 auch »ad-acta.de«. Eine eigene Homepage unter dieser Adresse hat die B nicht geschaltet. Nach ihrer Darstellung sollten sämtliche Domains in einen jedenfalls damals noch im Aufbau befindlichen »Internet-Führer« einfließen. K ist die »ad-acta Datenschutz und Recycling GmbH«, die sich mit der Akte- und Datenträgervernichtung beschäftigt. Sie nimmt die B in Anspruch, es zu unterlassen, »ad-acta.de« als Domain-Namen im Internet für eine Homepage zu reservieren oder zu benutzen. Außerdem verlangt sie Einwilligung in die Löschung des Domain-Namens. Das LG gab der Klage der K statt, Berufung und Revision der B blieben erfolglos. Mit ihrer Verfassungsbeschwerde rügt die B nunmehr unter anderem die Verletzung ihrer Rechte aus Art. 14 Abs. 1 GG.

2776 Die Verfassungsbeschwerde hat nur dann Aussicht auf Erfolg, wenn die angegriffenen Entscheidungen die B in ihren verfassungsmäßigen Rechten verletzen. Die B kann geltend machen, in ihrem Grundrecht aus Art. 14 Abs. 1 GG betroffen zu sein, weil ihr aus dem Vertragsschluss mit der DENIC e.G. folgendes Nutzungsrecht an der

1081 LG München GRUR-RR 2007, 214 ff.

Domain eine eigentumsfähige Position in diesem Sinne darstellt. Zum Eigentum nach Art. 14 GG gehören auch die auf dem Abschluss von Verträgen beruhenden, obligatorischen Forderungen. Schuldrechtliche Ansprüche sind zwar nur gegen den jeweiligen Vertragspartner gerichtet, jedoch dem Forderungsinhaber ebenso ausschließlich zugewiesen wie Eigentum an einer Sache.[1082] Der Inhaber erwirbt weder das Eigentum an der Internet-Adresse selbst noch ein sonstiges absolutes Recht an der Domain, welches ähnlich der Inhaberschaft an einem Immaterialgüterrecht verdinglicht wäre. Vielmehr erhält er als Gegenleistung für die an die DENIC e.G. zu zahlende Vergütung das Recht, für seine IP-Adresse eine bestimmte Domain zu verwenden, und damit ein relativ wirkendes, vertragliches Nutzungsrecht, wobei die unbestimmte Vertragsdauer verbunden mit den vorgesehenen Kündigungsmöglichkeiten auf den Charakter des Rechtsverhältnisses als Dauerschuldverhältnis hinweisen.[1083] Dieses Nutzungsrecht stellt einen rechtlich geschützten Vermögenswert dar.[1084] Es ist dem Inhaber der Domain, ebenso ausschließlich zugewiesen, wie Eigentum an einer Sache. Die Berechtigung der DENIC e.G., den Vertrag aus wichtigem Grund zu kündigen, steht der Qualifizierung des vertraglichen Nutzungsanspruchs als verfassungsrechtlich geschütztes Eigentum nicht entgegen,[1085] sondern begrenzt lediglich den Umfang des Rechts.

Unabhängig von diesem dem verfassungsrechtlichen Eigentumsschutz zugänglichen 2777
Nutzungsrecht kann dem Inhaber einer Internet-Domain an der die Second Level Domain bildenden Zeichenfolge eine marken- oder kennzeichenrechtlich begründete Rechtsstellung zukommen, die nach der Rspr. des BVerfG ihrerseits gleichfalls vom Schutzbereich des Art. 14 Abs. 1 S. 1 d GG erfasst sein kann.[1086] Im Ausgangsfall macht die B ein derartiges Marken- oder Kennzeichenrecht an der Zeichenfolge »ad-acta« allerdings nicht substantiiert geltend.

Inhalt und Schranken des Eigentums werden aber gem. Art. 14 Abs. 1 S. 2 GG durch 2778
die Gesetze bestimmt: Unter einer Inhalts- und Schrankenbestimmung versteht das Grundgesetz die generelle und abstrakte Festlegung von Rechten und Pflichten durch den Gesetzgeber für solche Rechtsgüter, die als Eigentum im Sinne der Verfassung zu verstehen sind.[1087] Die im Ausgangsverfahren entscheidungserheblichen Vorschriften der §§ 5 I und II, 15 II und IV MarkenG, die einem Marken- bzw. Kennzeicheninhaber Unterlassungsansprüche gegen denjenigen einräumen, der durch Markenbzw. Kennzeichengebrauch seine Interessen verletzt, stellen eine verfassungsrechtlich unbedenkliche Inhalts- und Schrankenbestimmung dar.

Dementsprechend greift die B mit ihrer Verfassungsbeschwerde auch nicht die gesetz- 2779
lichen Bestimmungen, sondern ausschließlich die in den Entscheidungen der Fach-

1082 BVerfGE 45, 142 (179)=NJW 77, 2024.
1083 Viefheus MMR 00, 286; Kort. DB 01, 249 (254); Kazemi/Leopold MMR 04, 287.
1084 Plaß WRP 00, 1077; Viefheus MMR 00, 286; Kazemi/Leopold MMR 04, 287.
1085 BVerfGE 89, 1 (7); NJW 93, 2035.
1086 BVerfGE 51, 193 (216 ff.) = NJW 80, 383; BVerfGE 78, 58 (71 ff.) = NJW 88, 2594; Kazemi/Leopold MMR 04, 287 (289 f.).
1087 BVerfGE 58, 300 (330) = NJW 82, 745; BVerfGE 72, 66 (76) = NJW 86, 2188.

gerichte vorgenommene Auslegung und Anwendung der Normen an: Auslegung und Anwendung des einfachen Rechts sind aber allein Sache der dafür zuständigen Gerichte und der Nachprüfung durch das BVerfG grundsätzlich entzogen.[1088] Die Schwelle eines Verstoßes gegen Verfassungsrecht, den das BVerfG zu korrigieren hat, ist erst erreicht, wenn die Auslegung Fehler erkennen lässt, die auf einer grundsätzlich unrichtigen Anschauung von der Bedeutung der Eigentumsgarantie, insbesondere vom Umfang ihres Schutzbereichs, beruhen und auch ihrer materiellen Bedeutung für den konkreten Einzelfall von einigem Gewicht sind.[1089] Bei Anlegung dieser Maßstäbe sind die angegriffenen Entscheidungen nicht zu beanstanden. Das OLG hat sich ausführlich mit der für § 15 Abs. 2 MarkenG entscheidenden Frage der Verwechslungsgefahr befasst und ihr Vorliegen mit nachvollziehbaren Erwägungen bejaht. Irgendwelche auch nur einfachrechtlichen Fehler werden insoweit weder von der Verfassungsbeschwerde behauptet noch sind sie anderweitig ersichtlich. Auf keine verfassungsrechtlichen Bedenken trifft, dass die Fachgerichte der Bf. als Maßnahme zur Beseitigung der aktuellen Störung aufgegeben haben, in die Löschung der Domain gegenüber der DENIC e.G. einzuwilligen. Fehler, die auf eine grundsätzliche Verkennung des für das obligatorische Nutzungsrecht der B bestehenden Eigentumsschutz schließen lassen, sind hier nicht festzustellen. Die Löschung war zur Beseitigung der markenrechtlichen Störung geeignet. Weniger einschneidende Maßnahmen, die dem berechtigten Interesse der K des Ausgangsverfahrens als Rechtsinhaberin vollständig gerecht werden könnten, sind nicht gegeben. Insbesondere ist im vorliegenden Fall nicht ersichtlich, dass z.B. durch Hinweise auf einer von der B betriebenen Internet-Seite die Verwechselungsgefahr in ausreichendem Umfang ausgeräumt werden könnte.

2780 Auch unter dem Gesichtspunkt des Schutzes des eingerichteten und ausgeübten Gewerbetriebs durch Art. 14 I GG ergibt sich nichts anderes: Es kann dabei dahinstehen, ob und inwieweit als Eigentumsgarantie den Gewerbetrieb als tatsächliche Zusammenfassung der zum Vermögen eines Unternehmens gehörenden Sachen und Rechte erfasst.[1090] Denn die Bf. legt schon nicht dar, inwiefern der Verlust dieser einen Domain angesichts der Anzahl der für sie registrierten Internetadressen tatsächlich die Substanz ihres Betriebs berührt. Im Übrigen hält sie derzeit im Internet unter der Adresse »ad-acta.de« im Rahmen eines Internetführers Informationen bereit. Dass sie die Variante mit Bindestrich (ad-acta.de) nicht mehr nutzen kann, erscheint darum als eine für die Aufrechterhaltung ihres funktionierenden Geschäftsbetriebs nicht erhebliche Beeinträchtigung.

3. Nachbau fremder Erzeugnisse

▶ Beispiel:

2781 K vertreibt einen Tisch. Hierzu gehört ein Allroundgestell, ein sogenanntes Modulgerüst, das aufgrund der Beschaffenheit seiner Bestandteile auch die Zusammen-

1088 Vgl. BVerfGE 18, 85 (92) = NJW 64, 1715.
1089 BVerfGE 89, 1 (9 f.) = NJW 93, 2035.
1090 BVerfGE 51, 193 (221 f.) = NJW 80, 383.

stellung von Tischen mit ungewöhnlichen, nicht notwendig rechtwinkligen Formen ermöglicht. Dieses Gerüst wird mittels einer speziellen Verbindungstechnik aus vertikal aufzurichtenden Ständerrohren sowie aus horizontal und diagonal anzubringenden Rohren zusammengebaut. An den Vertikalstellen sind in bestimmten Abständen runde Scheiben ringförmig um die Stiele fest angeschweißt. K hat einen Marktanteil von 70 %.

B vertreibt ein von ihr hergestelltes Modulsystem. Aufgrund von Übereinstimmungen in den Formen und Maßen ist es technisch möglich, unter beliebiger Verwendung von Gerüstteilen beider Parteien ein einheitliches Gerüst zu errichten, d.h. die Gerüstteile sind miteinander kompatibel. Vorliegend ist anhand von Abbildungen zu erkennen, dass die Gerüste ungeachtet kleinerer geringfügiger Abweichungen praktisch identisch sind.

Ein Anspruch aus § 139 PatG kommt nicht in Betracht, da das Patent der Firma K im Januar 2002 abgelaufen ist. 2782

Demgemäß kann nur noch ein Anspruch aus §§ 3, 4 Nr. 3, 8 UWG in Betracht kommen.[1091] Fraglich ist, ob der Nachbau fremder, nicht mehr unter Sonderschutz stehender technischer Erzeugnisse im Sinne des UWG wettbewerbswidrig sein kann. Dies trifft zu, wenn die Erzeugnisse von wettbewerblicher Eigenart sind und besondere Umstände hinzutreten, die den Nachbau unlauter erscheinen lassen. Nach § 4 Nr. 3 UWG liegt eine wettbewerbswidrige Nachahmung vor, wenn eine vermeidbare Täuschung der Abnehmer über die betriebliche Herkunft herbeigeführt wird. Voraussetzung für das Eintreten einer solchen Herkunftstäuschung ist das Vorliegen der wettbewerblichen Eigenart. Wettbewerbliche Eigenart setzt voraus, dass die konkrete Ausgestaltung oder bestimmte Merkmale eines Erzeugnisses geeignet sind, die interessierten Kreise auf die betriebliche Herkunft oder Besonderheit des Erzeugnisses hinzuweisen. Die wettbewerbliche Eigenart kann insbesondere bejaht werden, wenn das Erzeugnis im Verkehr bekannt ist und der Verkehr mit diesem deshalb eine Herkunfts- und Gütevorstellung verbindet. Vorliegend hat das Produkt des K einen Marktanteil von 70 %. Das Produkt ist also sehr bekannt. Zu berücksichtigen ist allerdings, dass für technisch notwendige Gestaltungselemente ein Schutz nach §§ 3, 4 Nr. 3 UWG entfällt. Denn technisch notwendigen Merkmalen, die also aus technischen Gründen zwingend bei gleichartigen Konstruktionen verwendet werden müssen, kommt keine wettbewerbliche Eigenart zu. 2783

Im vorliegenden Fall ist zu erkennen, dass die Gerüste ungeachtet kleinerer geringfügiger Abweichungen einander so ähnlich sind, dass der Tatbestand einer fast identischen Übernahme erfüllt ist. Damit entsteht ein Gesamteindruck der sich gegenüber- 2784

1091 BGH GRUR 1996, 210 f. – *Vakuumpumpen*; BGH GRUR 1999, 1106, 1108 – *Rollstuhlnachbau*; BGH GRUR 2000, 521 – *Modulgerüst*; OLG Köln NJW 2000, 131; OLG Frankfurt NJW 2000, 259.

stehenden Produkte, sodass kleinere Abweichungen nicht mehr ins Gewicht fallen, also eine identische Nachahmung vorliegt.

2785 Der wettbewerbsrechtliche Leistungsschutz kann bei Gegenständen des täglichen Lebens entfallen. Zu den Gegenständen des täglichen Lebens gehören auch Tische. Im vorliegenden Fall ist aber ein nahezu identischer Nachbau zu verzeichnen. Demgemäß sind die Anforderungen an die wettbewerbliche Eigenart gering anzusetzen.

2786 Fraglich ist nunmehr, ob die Täuschung des Verkehrs vermeidbar ist (§ 4 Nr. 3a) UWG). D.h., kann die Herkunftsverwechselung durch zumutbare Maßnahmen vermieden werden. Vermeidbar sind Herkunftsverwechselungen dann, wenn sie durch geeignete und dem Nachbauenden zuzumutenden Maßnahmen verhindert werden können. Bei der Ausfüllung des Rechtsbegriffs der vermeidbaren Täuschung ist zu berücksichtigen, dass dem eine technische Gestaltung Übernehmenden billigerweise es nicht verwehrt werden kann, den im Schrifttum offenbarten und durch praktische Erfahrung getätigten Stand der Technik zu nutzen und Verbraucherwünsche und Erwartungen, vor allem in Bezug auf die Gebrauchszwecke des Erzeugnisses, zu erfüllen. Die Befriedigung eines Ersatz- oder Ergänzungsbedarfs durch den Vertrieb von Erzeugnissen, die mit dem nicht unter Sonderschutz stehenden Konkurrenzprodukten eines Mitbewerbers uneingeschränkt verbaubar und gegen diese austauschbar sind, ist daher grundsätzlich unbedenklich. Dies gilt allerdings nur, solange keine unlauterkeitsbegründenden Merkmale hinzutreten. Vorliegend ist der Nachbau kompatibler Teile seit dem Ablauf des Patentschutzes unter dem Gesichtspunkt der Benutzung des freien Standes der Technik als grundsätzlich zulässig anzusehen.[1092] Der Nachbau kompatibler Teile ist mithin nicht wettbewerbswidrig. Herkunftsverwechselungen sind dort, wo sie auf technischen Gestaltungsmerkmalen beruhen, die zum Herstellen von Kompatibilität erforderlichen sind, grundsätzlich als unvermeidbar anzusehen.[1093]

▶ Beispiel:

2787 A stellt Jeans-Hosen unter der Bezeichnung G her. B vertreibt ein mit dieser Hose sehr ähnliches Modell. A erhebt Klage und macht geltend, dass das Modell G eine außergewöhnliche, nicht funktionsbedingte Gestaltung, die neuartig und wettbewerbsrechtlich eigenartig ist, aufweist. Sie habe weltweit 1,15 Mio. Stück und in Deutschland 400.000 Stück dieser Jeans abgesetzt, die im Verkehr sehr bekannt seien. A vertritt die Ansicht, dass durch den Vertrieb der B der Ruf des Originals ausgenutzt werde und die Gefahr einer Täuschung über die betriebliche Herkunft bestehe.

2788 Es stellt sich die Frage, inwieweit hier das Verhalten der B unlauter ist (§ 4 Nr. 3 UWG). Gegen die Anwendbarkeit des UWG könnten Bedenken bestehen, weil A Schutz für ein nicht eingetragenes Gemeinschaftsgeschmacksmuster G[1094] hätte in

1092 BGH GRUR 1990, 528, 530 – *Rollen-Clips*; BGH GRUR 1996, 781 f. – *Verbrauchsmaterialien.*

1093 BGH GRUR 1992, 619 – *Klemmbausteine II.*

1094 ABl. EU Nr. L3 vom 05.01.2002, S. 1; Büscher/Wille § 4 Nr. 3 Rn. 15.

Anspruch nehmen können. Die Gemeinschaftsgeschmacksmusterverordnung lässt jedoch Bestimmungen der Mitgliedsstaaten über unlauteren Wettbewerb unberührt. Dazu zählen auch die Vorschriften über den ergänzenden wettbewerbsrechtlichen Leistungsschutz nach § 4 Nr. 3 UWG, die sich gegen ein unlauteres Wettbewerbsverhalten richten, das in der vermeidbaren Täuschung der Abnehmer über die betriebliche Herkunft der Produkte liegt. Von dieser Zielrichtung des Gesetzes gegen den unlauteren Wettbewerb unterscheidet sich die Gemeinschaftsgeschmacksmusterverordnung, die in der Form des Gemeinschaftsgeschmacksmusters ein bestimmtes Leistungsergebnis schützt. Der zeitlich befristete Schutz für ein nicht eingetragenes Gemeinschaftsgeschmacksmuster berührt daher nicht den zeitlich nicht von vornherein befristeten Anspruch aufgrund ergänzenden wettbewerbsrechtlichen Leistungsschutzes wegen vermeidbarer Herkunftstäuschung nach § 4 Nr. 3 UWG. Im vorliegenden Fall steht die besondere wettbewerbliche Eigenart der Jeans der A aufgrund der besonderen Originalität der Gestaltung fest. Die wettbewerbliche Eigenart setzt voraus, dass die konkrete Ausgestaltung oder bestimmte Merkmale eines Erzeugnisses geeignet sind, die angesprochenen Verkehrskreise auf die betriebliche Herkunft oder die Besonderheiten der Erzeugnisse hinzuweisen.[1095] Nach dem Sachverhalt wirken die Jeans der A herkunftshinweisend. Der umfangreiche Umsatz lässt den Schluss darauf hinzu, dass hier eine entsprechende Bekanntheit vorliegt. Zwischen dem Grad der wettbewerblichen Eigenart, der Art und Weise und der Intensität der Übernahme sowie den weiteren wettbewerbsrechtlichen Umständen besteht eine Wechselwirkung. Je größer die wettbewerbliche Eigenart und je höher der Grad der Übernahme sind, desto geringer sind die Anforderungen an die besonderen Umstände zu stellen, die die Wettbewerbswidrigkeit der Nachahmung begründen.[1096] Im vorliegenden Fall sind die Jeans der B sehr ähnlich. Im Zusammenhang mit der großen Bekanntheit ergibt sich damit die Gefahr einer Herkunftstäuschung. A hat demgemäß Ansprüche gemäß §§ 8, 3, 4 Nr. 3 UWG auf Unterlassung.[1097]

▶ **Beispiel:**

K ist Herstellerin von Einkaufswagen, sie vertreibt seit mehr als 30 Jahren in Deutschland bestimmte Modelle. 2789

B vertreibt ebenfalls Einkaufswagen. Diese Einkaufswagen sind so gestaltet, dass nach Ansicht der K die Gefahr von Verwechslungen besteht.

Der Vertrieb einer Nachahmung kann wettbewerbswidrig sein, wenn das nachgeahmte 2790 Produkt wettbewerbliche Eigenart aufweist und besondere Umstände hinzutreten, aus denen die Unlauterkeit folgt.[1098] Dabei besteht eine Wechselwirkung zwischen dem Grad der wettbewerblichen Eigenart, der Art und Weise und der Intensität der

1095 BGH GRUR 2002, 629, 631 ff. – *Blendsegel.*
1096 BGH GRUR 2001, 251, 253 – *Messerkennzeichnung.*
1097 BGH GRUR Int. 2006, 334 ff. – *Jeans.*
1098 BGH GRUR 2013, 1052 – *Einkaufswagen III*; BGH GRUR 2005, 166 – *Puppenausstattungen*; BGH GRUR 2009, 79 – *Gepäckpresse.*

Übernahme sowie den besonderen wettbewerblichen Umständen. Je größer die wettbewerbliche Eigenart und je größer der Grad der Übernahme sind, desto geringere Anforderungen sind an die besonderen Umstände zu stellen, die die Unlauterkeit der Nachahmung begründen.[1099]

2791 Ein Erzeugnis besitzt wettbewerbliche Eigenart, wenn dessen konkrete Ausgestaltung oder bestimmte Merkmale geeignet sind, die interessierten Verkehrskreise auf seine betriebliche Herkunft oder seine Besonderheiten hinzuweisen. Das gilt auch für Erzeugnisse, die technisch bedingte Merkmale aufweisen.[1100] Technisch bedingte Merkmale als solche können aber keine wettbewerbliche Eigenart begründen. Technisch notwendige Merkmale sind solche, die bei gleichartigen Erzeugnissen aus technischen Gründen zwingend verwendet werden müssen.[1101] Die Übernahme solcher nicht oder nicht mehr unter Sonderrechtsschutz stehender Gestaltungsmerkmale ist mit Rücksicht auf den Grundsatz des freien Standes der Technik wettbewerbsrechtlich nicht zu beanstanden. Handelt es sich dagegen nicht um technisch zwingend notwendige Merkmale, sondern nur um solche, die zwar technisch bedingt aber frei austauschbar sind, ohne dass damit Qualitätseinbußen verbunden sind, können sie eine wettbewerbliche Eigenart begründen, sofern der Verkehr wegen dieser Merkmale auf die Herkunft der Erzeugnisse aus einem bestimmten Unternehmen Wert legt oder mit ihnen gewisse Qualitätserwartungen verbindet.[1102]

2792 Daneben kann eine Kombination einzelner technischer Gestaltungsmerkmale wettbewerbliche Eigenart begründen, selbst wenn die einzelnen Merkmale für sich genommen nicht geeignet sind, im Verkehr auf die Herkunft aus einem bestimmten Unternehmen hindeuten.[1103] Entsprechendes gilt für ästhetische Merkmale der Formgestaltung, die allein oder in Kombination mit technischen Merkmalen geeignet sind, als Herkunftshinweis zu dienen.[1104] Auch unter dem Gesichtspunkt, den freien Stand der Technik für den Wettbewerb offen zu halten, besteht keine Veranlassung, beliebig kombinier- und austauschbaren Merkmalen eine herkunftsweisende Eignung von vorn herein abzusprechen.

2793 Auch wenn das Vorliegen einer wettbewerblichen Eigenart die Bekanntheit des Erzeugnisses nicht voraussetzt, kann der Grad der wettbewerblichen Eigenart eines Produktes durch seine tatsächliche Bekanntheit im Verkehr verstärkt werden.[1105]

2794 Fraglich kann aber sein, ob eine nach § 4 Nr. 3 b UWG zu beurteilende unlautere Rufausübung vorliegen kann. Eine solche folgt nicht schon aus einer Täuschung der Fachkreise über die Herkunft. D.h. eine unlautere Rufausnutzung kann auch ohne Täuschung der angesprochenen Verkehrskreise auf eine Anlehnung an fremde Leis-

1099 Vgl. u.a. BGH GRUR 2010, 536 – *Modulgerüst II.*
1100 BGH GRUR 2010, 1125 – *Femur-Teil.*
1101 BGH GRUR 2000, 521 – *Modulgerüst.*
1102 BGH GRUR 2010, 1125 – *Femur-Teil.*
1103 BGH GRUR 2012, 1055 – *Sandmalkasten.*
1104 BGH GRUR 1985, 876 – *Tchibo/Rolex I*; BGH GRUR 2006, 79 – *Wien I.*
1105 BGH GRUR 2001, 251 – *Messerkennzeichnung*; GRUR 2010, 1125 – *Femur-Teil.*

tung beruhen, die eine erkennbare Bezugnahme auf den Wettbewerber oder seine Produkte erfordert. In der Regel liegt kein sachlich gerechtfertigter Grund zu einer fast identischen Übernahme ästhetischer Gestaltungsmerkmale vor, mit denen die angesprochenen Verkehrskreise Herkunftsvorstellungen verbinden, bei den Wettbewerbern in aller Regel ein Ausweichen auf andere Gestaltungsformen und damit ein Abstand zum Original möglich und zumutbar ist.[1106]

Anders liegt der Fall, wenn die Abnehmer wegen eines Ersatz- oder Erweiterungsbedarfs ein 2795
Interesse an der Verfügbarkeit auch in der äußeren Gestaltung kompatibler Konkurrenzprodukte haben. Aus dem Interesse der Wettbewerber, diesen Ersatz- und Erweiterungsbedarf durch Elemente, die mit der Produktreihe des Originalherstellers kompatibel sind, zu befriedigen und von dem nicht unter Sonderschutz stehenden Formschatz Gebrauch zu machen, folgt, dass die Wettbewerber nicht auf Produktgestaltungen verwiesen werden dürfen, die die Verkäuflichkeit ihrer Produkte im Hinblick auf den bestehenden Ersatz- und Erweiterungsbedarf beim Originalprodukt einschränken. In einem solchen Fall sind selbst Herkunftsverwechslungen, die auf übereinstimmenden Formgestaltungen beruhen, hinzunehmen, sofern der Nachahmende ihnen durch andere geeignete und zumutbare Maßnahmen soweit wie möglich entgegenwirkt.[1107] Im vorliegenden Fall ist demgemäß entscheidender Gesichtspunkt, ob bei der Gesamtabwägung eine unlautere Rufausbeutung ausscheidet oder nicht. Eine solche kann anzunehmen sein, wenn die Gefahr von Herkunftsverwechslungen besteht. Aber selbst wenn eine Rufausbeutung bejaht wird, ist dies abzuwägen gegen ein Interesse der Beklagten an einer optischen Kompatibilität, weil ihr der Marktzutritt ansonsten unzumutbar erschwert wird.

XII. Vertragsgestaltung

Zu den Beratungsfeldern des Patentanwalts gehört auch das Vertragsrecht, sofern der 2796
gewerbliche Rechtsschutz berührt ist. Insbesondere der Kauf und Verkauf von Schutzrechten und die Lizenzierung von Schutzrechten gehören zu seiner täglichen Praxis.

1. Kaufvertrag

Der Kauf und Verkauf von Schutzrechten unterliegt dem allgemeinen und teilweise 2797
auch dem besonderen Schuldrecht. Hierzu sind einige Besonderheiten zu beachten, die sich aus der Gleichstellung von Sach- und Rechtsmängeln ergeben. Darüber hinaus kann das Verjährungsrecht besondere Probleme bereiten.

a) Die Übertragung von Schutzrechten

▶ Beispiel:

A ist Inhaber verschiedener Patente. Er bittet seinen Patentanwalt B um Auskunft, 2798
ob es möglich ist, die gesamten Schutzrechte auf C zu übertragen.

1106 BGH GRUR 1969, 292 – *Bundstreifensatin II.*
1107 BGH GRUR 2013, 951 – *Regalsystem.*

2799 Die Übertragbarkeit eines von dem Deutschen Patent- und Markenamt erteilten Patentes ergibt sich aus § 15 Abs. 1 PatG., die Übertragbarkeit einer europäischen Patentanmeldung folgt aus Art. 72 EPÜ. Hinsichtlich der Übertragbarkeit eines aus einer europäischen Patentanmeldung resultierenden nationalen Patents findet sich keine besondere Regelung im EPÜ, diese richtet sich vielmehr nach dem nationalen Recht. Anders als beim deutschen Patent gilt für die Übertragung einer europäischen Patentanmeldung ein Schriftformerfordernis gemäß Art. 72 EPÜ. Rechtssystematisch erfolgt die Übertragung nach §§ 413, 398 BGB. Voraussetzung für die Wirksamkeit einer solchen Rechtsübertragung ist die hinreichende Bestimmtheit des zu übertragenden Rechts. Das Bestimmtheitserfordernis kann insbesondere dann problematisch sein, wenn es um die Übertragung einer Anmeldung geht. Hier ist der aktuelle Schutzbereich und der Anmeldestatus zum Zeitpunkt der Übertragung zu konkretisieren.

2800 Der Verkauf von Schutzrechten unterliegt den üblichen kaufrechtlichen Regelungen. Basis ist demgemäß die Bestimmung des § 433 BGB: Für den Rechtskauf und den Kauf sonstiger Gegenstände gilt § 453 BGB. Nach dessen Abs. 1 finden die Vorschriften über den Kauf von Sachen auf den Kauf von Rechten und sonstigen Gegenständen »entsprechende Anwendung«.

§ 453 Abs. 1 BGB umfasst unterschiedliche Kaufgegenstände; denn der Anwendungsbereich der Vorschrift reicht von verschiedenen Rechtstypen (Ansprüche, dingliche Rechte, Gesellschaftsanteile, gewerbliche Schutzrechte etc.) über sonstige unkörperliche Gegenstände (Romanidee, Zaubertrick, Herstellungsverfahren etc.) bis zu komplexen Vermögensgesamtheiten (Unternehmen, Erbschaft etc.). Es liegt auf der Hand, dass eine entsprechende Anwendung der Sachkaufregeln in Anbetracht der von § 453 Abs. 1 BGB erfassten unterschiedlichen Kaufgegenstände mit einer gewissen Rechtsunsicherheit verbunden ist.[1108]

2801 § 453 Abs. 2 BGB trifft eine von § 453 Abs. 1 BGB i.V.m. § 448 BGB abweichende Kostentragungsregelung. § 453 Abs. 3 BGB erweitert das Pflichtspektrum des Rechtsverkäufers für den Fall, wenn ein Recht verkauft wird, das zum Besitz einer Sache berechtigt: Dann muss der Verkäufer dem Käufer (auch) die Sache frei von Sach- und Rechtsmängeln übergeben.[1109]

▶ **Beispiel:**

2802 A ist Inhaber eines umfangreichen Markenportfolios. Er möchte diese Marken insgesamt an den Betrieb B verkaufen. Er bittet Patentanwalt C um Beratung, ob dies möglich ist.

2803 § 27 MarkenG sieht ausdrücklich vor, dass ein nach § 4 MarkenG erworbenes Recht an einer Marke übertragen werden kann. Gemäß § 27 Abs. 4 MarkenG gilt im Fall

1108 Eidenmüller ZGS 2002, 290 ff.

1109 Zu Rechtsmängel beim Sachkauf vergleiche: RG GRUR 1940, 265(267); BGH NJW 1973, 1545; BGH NJW 1979, 713; BGH NJW-RP 2001, 268; Zu Rechten, die nicht zum Sachbesitz berechtigen vergleiche: Knott NZG 2002, 249, 250; Huber AcP 202 (2002), 179, 229; Zu Rechten, die zum Sachbesitz berechtigen vergleiche: Fitzner in Festschrift für Tilmann, 779 ff.

einer Teilübertragung die Vorschrift des § 46 MarkenG. Bei der Übertragung der Marke für bestimmte Teile des Waren- und Dienstleistungsverzeichnisses handelt es sich um eine Teilung der Marke, welche die Anwendung der entsprechenden Vorschrift des MarkenG notwendig macht. Gemäß § 46 Abs. 1, § 65 Abs. 1 Nr. 7 MarkenG i.V.m. § 33 Abs. 1, § 35 MarkenV ist eine Teilungserklärung abzugeben. Die Rechtsübertragung hat zur Folge, dass das Markenrecht mit dem zuvor bestehenden Schutzinhalt auf den Rechtsnachfolger übergeht. Prioritäten, aber auch Eintragungshindernisse, welche in der Person des Rechtsvorgängers liegen, bestehen grundsätzlich fort. Soweit bei der übertragenen Marke wegen einer fehlenden Benutzung der Verfallsgrund nach § 49 Abs. 1, § 26 MarkenG gegeben ist, trifft dies auch den Rechtsnachfolger. Dieser kann sich nicht auf eine neu beginnende Benutzungsfrist berufen. § 27 Abs. 2 MarkenG regelt eine besondere Vermutung, wonach mit der Übertragung oder dem Übergang eines Geschäftsbetriebes auch die dazugehörigen Markenrechte übertragen werden. Grundsätzlich können jedoch Marken auch ohne den dazugehörigen Geschäftsbetrieb übertragen werden. Rechtstechnisch regelt § 27 Abs. 2 MarkenG lediglich eine widerlegbare Vermutung. Dieser Grundsatz der freien Übertragbarkeit gilt auch für die Gemeinschaftsmarke (Art. 20 UMV).[1110] Die durch Benutzung erworbenen Marken gemäß § 4 Nr. 2 MarkenG sowie notorisch bekannte Marken gemäß § 4 Nr. 3 MarkenG sind frei übertragbar. Nicht anwendbar ist § 27 MarkenG indes auf geschäftliche Bezeichnungen im Sinne des § 5 MarkenG, da diese gemäß §§ 22, 23 HGB an den Geschäftsbetrieb gebunden sind.

Hervorzuheben ist, dass § 27 MarkenG sich lediglich auf Marken bezieht und die im 2804
MarkenG ebenfalls geregelten geographischen Herkunftsangaben nicht erfasst. Gemäß § 27 Abs. 3 MarkenG kann die Übertragung einer Marke in das Markenregister eingetragen werden. Die Eintragung in das Register hat insbesondere Legitimationswirkung. Gemäß § 28 Abs. 2 MarkenG kann sich der Rechtsnachfolger, der nachweist, dass dem Patent- und Markenamt der Antrag auf Eintragung des Rechtsüberganges zugegangen ist, bereits auf dem Markenschutz berufen. Die Eintragung des Rechtsübergangs in das Markenregister kann sowohl vom Rechtsvorgänger als auch vom Rechtsnachfolger beantragt werden. Die in § 28 Abs. 1 MarkenG geregelte Vermutung bezüglich des in das Register eingetragenen Markeninhabers betrifft das Markenverletzungsverfahren, aber auch alle anderen Verfahren, in welchen Rechte aus der eingetragenen Marke geltend gemacht werden. Sofern während eines rechtshängigen Verfahrens eine Übertragung der Marke erfolgt, bestimmen sich die Konsequenzen für das Verfahren nach den Vorschriften des §§ 265, 325 ZPO.[1111]

b) Mängelhaftung

Eine Besonderheit im Bereich des Kaufrechts bildet die Mängelhaftung bei der Über- 2805
tragung von gewerblichen Schutzrechten. Denn grundsätzlich sind derartige Käufe

1110 Gemeinschaftsmarkenverordnung VO (EG) Nr. 40/94 wurde durch VO (EU) Nr. 2017/1001 vom 14.7.2017 ersetzt.

1111 BGH GRUR 2000, 892 – *MTS*.

von Natur aus mit einem Risiko behaftet. Regelmäßig ist es nämlich nicht vorhersehbar, ob ein Schutzrecht tatsächlich rechtsbeständig ist. So kann bei Marken sich noch nach Jahren ein neuer Tatbestand ergeben, der dazu führt, dass die Marke nicht hätte eingetragen werden dürfen. Ein Beispiel hierfür kann eine lexikalische Eintragung sein, welche im Rahmen des Prüfungsverfahrens vom Patentamt nicht berücksichtigt worden ist. Ebenso kann bei Patenten oder Gebrauchsmustern Stand der Technik den Beteiligten zur Kenntnis gelangen, welcher am Anmeldetag und auch am Tag des Vertragsabschlusses nicht bekannt war.

aa) Haftung für Rechtsmängel der verkauften Sache

▶ Beispiel:

2806 Firma A kauft bei dem Lieferanten C Stoßdämpfer zum Einbau in ihre Fahrzeuge. Diese Stoßdämpfer bietet D nun ebenfalls der Firma A an. C weist D darauf hin, dass die Stoßdämpfer unter die Patente von C fallen. A fragt Patentanwalt B um Rat.

2807 Die Herstellung, Verkauf und Besitz der Stoßdämpfer sind eine Patentverletzung (§§ 9, 139 PatG). Insoweit stehen C entsprechende Unterlassungsansprüche gegen A und D zu. Demgemäß liegt ein Rechtsmangel der verkauften Stoßdämpfer durch D an A vor. Fraglich ist, ob D für diese Rechtsmängel der verkauften Stoßdämpfer haftet.

2808 Nach der früheren Rechtsprechung[1112] wurde angenommen, dass es einen Rechtsmangel i.S.d. § 434 BGB alter Fassung darstellt, wenn die gelieferte Sache oder ihr bestimmungsgemäßer Gebrauch das Schutzrecht eines Dritten verletzt. In diesem Zusammenhang wurde die Vorschrift des § 326 BGB herangezogen und danach differenziert, ob der Rechtsmangel behebbar ist oder nicht.[1113] Verletzt der Gegenstand, der gekauft oder geliefert wurde, das Patent eines Dritten, kann nämlich beispielsweise der Rechtsmangel dadurch behoben werden, dass eine Nutzungserlaubnis des Patentinhabers eingeholt wird. Nach der zitierten Rechtsprechung zum alten Recht wurde es daher als interessengerecht angesehen, dem Verkäufer oder Unternehmer zunächst Gelegenheit zu geben, auf diesem Wege den Rechtsmangel zu beseitigen, bevor dem Käufer oder Besteller das Recht zugebilligt wird, sich vom Vertrag zu lösen und Schadenersatz wegen Nichterfüllung zu verlangen oder von der Möglichkeit Gebrauch zu machen, vom Vertrag zurückzutreten.

2809 Durch die Schuldrechtsreform eröffnen sich nunmehr entsprechende Möglichkeiten aus § 437 BGB. Denn die in der zitierten Rechtsprechung angesprochene Behebung des Rechtsmangels durch Einholung einer Benutzungserlaubnis vom Patentinhaber kann als Nacherfüllung im Sinne des § 437 Nr. 1 BGB angesehen werden. Insofern kommt auch weiterhin eine Interessenabwägung im Sinne der bisherigen Rechtsprechung in Betracht.

1112 BGB NJW RR 2001, 268.
1113 BGH NJW 1991, 2700; BGH NJW-RP 1992, 201; BGH NJW RP 2001, 268.

Für die Frage der Verjährung der Mängelansprüche kommt § 438 Abs. 1 BGB in Betracht, und zwar eine Verjährung von 2 Jahren (§ 438 Abs. 1 Nr. 3 BGB). 2810

▶ Beispiel:

A und B schlossen einen Herstellungs- und Liefervertrag. Entsprechend dem Vertrag lieferte die in China ansässige B die von ihr hergestellten Produkte an A. C meldete sich daraufhin bei A und wies auf eine Verletzung ihrer Patentrechte hin. In dem anschließenden Patentverletzungsprozess wurde A wegen Patentverletzung verurteilt. Nach Rechtskraft des Urteils leistete A schließlich die entsprechenden Schadensersatzzahlungen und Kostenerstattungen an C. A verlangte Erstattung dieser Kosten von B. 2811

A und B hatten einen Werklieferungsvertrag abgeschlossen, in dem sich B zur Lieferung verpflichtet hatte. Als Anspruchsgrundlage kommen demgemäß in erster Linie die §§ 280 Abs. 1, 281 Abs. 1 BGB in Verbindung mit §§ 640 Abs. 1, 433 Abs. 1 Satz 2, § 437 Nr. 3 BGB in Betracht. Auf einen solchen Vertrag findet nach § 650 Abs. 1 BGB Kaufrechtanwendung. Nach § 433 Abs. 1 Satz 2 BGB hatte B die Geräte frei von Sach- und Rechtsmängeln zu verschaffen. Nach § 435 Satz 1 BGB ist eine Sache frei von Rechtsmängeln, wenn Dritte in Bezug auf die Sache keine oder nur dem Kaufvertrag übernommenen Rechte gegen den Käufer geltend machen können. In der Rechtsprechung wurde anerkannt, dass es ein Recht darstellt, wenn die gelieferte Sache oder ihr bestimmungsgemäßer Gebrauch das Patent eines Dritten verletzt[1114]. Ein solcher Rechtsmangel liegt vor, wenn feststeht, dass einem Dritten ein Schutzrecht zusteht, Kraft dessen er allein befugt ist, einen Gegenstand, wie er verkauft oder geliefert worden ist, zu benutzen und Kraft dessen es jedem Dritten verboten ist, ohne Zustimmung des Patentinhabers ein solches Erzeugnis zu gebrauchen oder für diesen Zweck zu benutzen[1115]. Der Bundesgerichtshof hat festgestellt, dass nach dem bis 2002 geltenden Recht bei Verletzung von Schutzrechten ohne Weiteres § 325 BGB[1116] sowie § 326 angewendet wurden[1117]. Dabei unterschied seinerzeit der BGH, ob der Rechtsmangel behebbar ist (dann ist § 326 BGB anwendbar) oder nicht (dann ist § 325 BGB anwendbar). Eine Behebung des Mangels kann dadurch erreicht werden, dass hier eine Lizenz des Patentinhabers eingeholt wird. Daher ist es grundsätzlich interessengerecht, dem Verkäufer/Unternehmer zunächst Gelegenheit zu geben, auf diese Weise den Rechtsmangel zu beseitigen. Erst wenn dies nicht möglich ist, kommt Schadensersatz in Betracht. 2812

1114 BGH-Urteil vom 24.10.2000 – X ZR 15/98, GRUR 2001, 407 – Bauschuttsortieranlage; RG GRUR 1940, 265, 267 – Reibselschleuder; BGH-Urteil vom 16.05.1973 – VIII ZR 42/72, GRUR 1973, 667 – Rolladenstäbe; BGH-Urteil vom 20.09.1978 – VIII ZR 114/77, NJW 1979, 713.

1115 BGH, GRUR 2001, 407 – Bauschuttsortieranlage.

1116 BGHZ 110, 196.

1117 RGGROR 1940, 265 – Reibselschleuder.

bb) Haftung für den Bestand des verkauften Schutzrechtes

▶ **Beispiel:**

2813 A kauft von C ein Patent. D erhebt Nichtigkeitsklage. Es stellt sich heraus, dass das Patent aufgrund des Standes der Technik nicht rechtsbeständig ist. A fragt Patentanwalt B um Rat.

2814 Fraglich ist, ob C für den Bestand des verkauften Schutzrechtes haftet. In den Fällen der anfänglichen objektiven Unmöglichkeit traf nach dem alten Recht den Verkäufer eine Schadensersatzhaftung auf das positive Interesse, und zwar unabhängig von einem etwaigen Verschulden (§§ 437 Abs. 1, 440 Abs. 1, 325 BGB alter Fassung).

2815 Anders stellt sich die Rechtslage im Ergebnis nach der Schuldrechtsmodernisierung dar. Ohne weiteres zu beantworten ist zunächst die Frage nach dem Schicksal der jeweiligen Primärleistungspflichten: Der Vertrag ist wirksam (§ 311 a Abs. 1 BGB). Der Anspruch des Käufers auf Rechtsverschaffung ist aber ausgeschlossen (§ 275 Abs. 1 BGB). Gleiches gilt für den Kaufpreisanspruch des Verkäufers (§§ 275 Abs. 4, 326 Abs. 1 S. 1 Hs. 1 BGB). Der Verkäufer haftet bei Verschulden gemäß § 311a Abs. 2 BGB auf Schadensersatz, der Käufer kann einen etwa geleisteten Kaufpreis zurückverlangen (§ 326 Abs. 1 Satz 1, Abs. 4 BGB). Auch steht ihm gemäß § 326 Abs. 5 BGB ein Rücktrittsrecht zu. Der Käufer kann von dem Verkäufer schließlich Aufwendungsersatz (§ 284 BGB) verlangen. Grundsätzlich kann der Käufer den Schadensersatzanspruch statt des Leistungs- oder Aufwendungsersatzanspruchs nach seiner Wahl geltend machen; dies gilt allerdings nicht, wenn der Verkäufer das Leistungshindernis bei Vertragsabschluss nicht kannte und seine Unkenntnis auch nicht zu vertreten hat (§§ 275 Abs. 4, 311 a Abs. 2 S. 1 u. 2 BGB). An die Stelle einer Garantiehaftung ist damit auch eine Haftung für vermutetes Verschulden getreten, soweit der Kaufvertrag keine anderweitigen Regelungen enthält.

2816 Im Ergebnis ist somit nach dem Schuldrecht von einer Haftung für vermutetes Verschulden auszugehen. Eine generelle verschuldensunabhängige Haftung ließe sich nur rechtfertigen, wenn der Verkäufer eines Rechts immer in der besseren Lage wäre, das Risiko von dessen Nichtexistenz zu erkennen und ggf. auszuschließen. Das Verschuldenskriterium bietet damit die Möglichkeit, eine dem Einzelfall gerecht werdende Risikokalkulation vorzunehmen.[1118]

2817 Beim Verkauf gewerblicher Schutzrechte hat der Bundesgerichtshof[1119] in seiner Rechtsprechung zum bis zum 31. 12. 02 geltenden Recht z.B. die Möglichkeit oder auch naheliegende Wahrscheinlichkeit, dass ein Patent auf eine Nichtigkeitsklage hin für nichtig erklärt würde, als nicht ausreichend angesehen, um einen über das Patent geschlossenen Auswertungsvertrag als auf eine unmögliche Leistung gerichtet und daher als nichtig anzusehen. Aufgrund der Fiktion der Rückwirkung eines Nichtig-

1118 Canaris JZ 2001, 499, 506.
1119 BGH GRUR 1957, 595 – *Verwandlungstisch.*

keitsurteils wollte der Bundesgerichtshof nicht die strengen Haftungsgrundsätze der §§ 437, 440 ff. BGB a.F. anwenden. Da im Verkauf eines Patents in der Regel ein gewagtes Geschäft zu sehen ist, traf nach bisheriger Rechtsprechung den Verkäufer die Haftung für den zukünftigen Bestand eines Patents im Zweifel nicht.[1120]

Entsprechendes galt für den Kauf einer noch ungeschützten Erfindung, die erst zum Patent angemeldet ist, denn weder die Erlangung noch der zukünftige Bestand des Schutzrechts können mit Sicherheit abgeschätzt werden.[1121] 2818

Daraus haben Reichsgericht und Bundesgerichtshof gefolgert, dass den Verkäufer in der Regel keine Haftung für die Erteilung einer Schutzrechtsanmeldung trifft und dass im Falle einer nachträglichen Versagung des Schutzrechts keine rückwirkende Unwirksamkeit des Kaufvertrages eintritt.[1122] Diese Rechtsprechung beruhte auf der Überlegung, dass der Käufer einer Schutzrechtsanmeldung diese erwirbt, wie sie ist, mit der Chance auf künftige Erteilung des nachgesuchten Schutzrechts. In ein solches Geschäft fließt seinem Wesen nach von vornherein die Ungewissheit ein, ob es zu einer Erteilung des Schutzrechts kommt oder ob dieses, falls es erteilt wird, von Bestand ist. 2819

Inwieweit die bisherige Rechtsprechung über die Grundsätze des gewagten Geschäfts weiterhin anzuwenden ist, bedarf näherer Betrachtung. Denn der Bundesgerichtshof war davon ausgegangen, dass die strengen (verschuldensunabhängigen) Haftungsgrundsätze der §§ 437, 440 ff. a.F. BGB nicht anzuwenden sind. § 437 a.F. BGB ist jedoch zugunsten von Regelungen entfallen, bei denen an die Stelle einer Garantiehaftung eine Haftung für vermutetes Verschulden getreten ist. Insoweit wird sich nunmehr die Frage stellen, ob den Verkäufer ein solches vermutetes Verschulden trifft, das er im Streitfalle zu widerlegen hat. Bei gewerblichen Schutzrechten ist jedoch zu berücksichtigen, dass beim Kauf von Anmeldungen oder erteilten Schutzrechten grundsätzlich das Risiko einer Schutzrechtsversagung oder eines Widerrufs des Schutzrechts vorhanden ist. Die Kenntnis dieses grundsätzlich vorhandenen Risikos beim Käufer ist regelmäßig zu unterstellen. Wenn der Käufer dieses Risiko in Kauf nimmt, ist dies der Kenntnis von einem Rechtsmangel seitens des Käufers gleichzusetzen.[1123] Im Ergebnis sollte sich mit dieser Überlegung an der bisherigen Rechtsprechung zu den Grundsätzen des gewagten Geschäftes nichts ändern. Dies hat zur Folge, dass gemäß § 442 BGB Gewährleistungsansprüche des Käufers ausgeschlossen sind. Für solche risikobehafteten Geschäfte kam nach der zitierten Rechtsprechung die Anwendung der Grundsätze über den Wegfall der Geschäftsgrundlage regelmäßig nicht in Betracht. Die Anwendung dieser Grundsätze war jedoch nicht grundsätzlich ausgeschlossen. So wurde dem Erwerber oder Lizenznehmer von der Rechtsprechung zum früheren Recht im Fall der nachträglichen, völligen oder teilweisen Vernichtung eines Patents 2820

1120 RGZ 78, 363(367); RGZ 86, 45 (43, 55); BGH GRUR 1957, 595 – *Verwandlungstisch.*
1121 BGH NJW 1982, 2861.
1122 RGZ 78, 363(367); BGH NJW 1982, 2861.
1123 BGH NJW 1979, 713.

in einigen Fällen das Recht zugebilligt, das Vertragsverhältnis nach den Grundsätzen des Wegfalls der Geschäftsgrundlage zu lösen.[1124]

2821 Für eine Berücksichtigung des Wegfalls oder einer wesentlichen Veränderung der Geschäftsgrundlage infolge Zurückweisung der gekauften Schutzrechtsanmeldung oder des Fortfalls des erworbenen Schutzrechts wurde indessen dann kein Raum gesehen, wenn nach der vertraglichen Regelung derjenige Vertragspartner das Risiko der Nichterteilung oder des Fortfalls des Schutzrechts zu tragen hat, der sich auf den Wegfall und die wesentliche Veränderung der Geschäftsgrundlage beruft. Nach der regelmäßigen Interessenabwägung beim Kauf einer Schutzrechtsanmeldung wurde das Risiko einer Enttäuschung der Erwartungen hinsichtlich der Erteilung und des Bestandes des nachgesuchten Schutzrechts bei vielen anderweitigen Abreden grundsätzlich beim Käufer gesehen. An dieser Rechtsprechung zum Wegfall der Geschäftsgrundlage dürfte sich auch unter dem neuen Recht nichts geändert haben; denn der früher durch die Rechtsprechung definierte Wegfall der Geschäftsgrundlage ist heute gesetzlich geregelt (§ 313 BGB).

2822 In Anbetracht dessen können die Grundsätze über den Wegfall der Geschäftsgrundlage auch weiterhin in den bisher von der Rechtsprechung aufgezeigten Fällen beim Kauf von Schutzrechten ausnahmsweise in Betracht kommen.

▶ Beispiel:

2823 A kauft von C ein Patent. D erhebt Nichtigkeitsklage. Es stellt sich heraus, dass das Patent aufgrund des Standes der Technik nicht rechtsbeständig ist. A fragt Patentanwalt B um Rat. Hierbei erläutert er dem B, dass das Urteil bereits 4 Jahre her ist.

2824 Der Verkauf von nicht existierenden bzw. nicht rechtsbeständigen Rechten ist grundsätzlich ein Fall der anfänglichen objektiven Unmöglichkeit. Es ergeben sich somit Ansprüche aufgrund der §§ 311 a Abs. 2, 326 Abs. 1 Satz 1 und Abs. 4 sowie 284 BGB. In solchen Fällen verjähren demgemäß die Ansprüche des Verkäufers gemäß §§ 195, 199 BGB und nicht nach § 438 BGB. Denn ein Mangel im Sinne der § 434 ff. BGB liegt nicht vor. Zwar ist in § 437 Nr. 3 BGB mit § 311 a BGB auch der Fall der anfänglichen Unmöglichkeit erwähnt. Dabei geht es jedoch nur um unbehebbare Mängel,[1125] nicht aber um Fälle, in denen der Kaufgegenstand überhaupt nicht existiert.

2825 Im Ergebnis verjähren somit die Ansprüche des Käufers von gewerblichen Schutzrechten gemäß §§ 195, 199 BGB.

2826 Der Beginn der 3-jährigen Verjährung (§ 195 BGB) wird an die Kenntnis des Gläubigers von den den Anspruch begründenden Umständen und der Person des Schuldners geknüpft (§ 199 Abs. 1 Nr. 2 BGB).[1126] Im Falle des Widerrufs eines Schutzrechts

1124 BGH GRUR 1957, 595 – *Verwandlungstisch.*

1125 Lorenz JZ 2001, 742 f.; Eidenmüller NJW 2002, 1625 f.

1126 Eidenmüller NJW 2002, 1625 f.; JZ 2002, 283 (285 ff.); Tilmann Mitt. 2001, 282 f.

beginnt die Verjährung daher regelmäßig, sobald dieser rechtskräftig festgestellt ist (z.B. Einspruchsentscheidung, Nichtigkeitsurteil) und der Käufer hiervon Kenntnis erlangt hat.

cc) Haftung für Drittinhaberschaft des verkauften Schutzrechts

▶ Beispiel:

A verkauft sein Patent an den Käufer C. Es stellt sich heraus, dass das verkaufte Recht zwar existiert, aber nicht dem Verkäufer, sondern einem Dritten zusteht, der zu seiner Übertragung definitiv nicht bereit ist. Denn das Schutzrecht ist zur Sicherung diesem Dritten übertragen worden. Der Kauf ist schon 4 Jahre her. 2827

Dies ist ein Fall der anfänglich-subjektiven Unmöglichkeit (§ 275 Abs. 1 BGB). 2828 Damit bestimmen sich die Rechte des Käufers wie im Fall der anfänglichen objektiven Unmöglichkeit nach den §§ 275 Abs. 4, 280, 283 bis 285, 311a und 326 BGB.[1127]

Es stellt sich nun die Frage der Verjährung. Es kommen die allgemeinen Verjäh- 2829 rungsbestimmungen der §§ 195, 199 BGB in Betracht. Danach wird an die Kenntnis des Käufers von den den Anspruch begründenden Umständen abgestellt. Auch der Rechtsgedanke des § 634a Abs. 1 Nr. 3 BGB spricht dafür, beim Verkauf eines einem Dritten zustehenden Rechts die §§ 195, 199 BGB für die Frage der Verjährung anzuwenden. Dies erscheint schon allein deshalb sinnvoll, um Widersprüche zwischen Werkvertragsrecht und Kaufrecht auszuschließen. Aufgrund dessen ist der Anspruch des A verjährt.

dd) Verkauf eines mit einem Recht eines Dritten belasteten Rechts

▶ Beispiel:

A kauft von C eine Marke. Es stellt sich heraus, dass das Recht an D verpfändet 2830 ist. Der Kauf liegt 4 Jahre zurück.

In diesem Fall wird es sich um einen Rechtsmangel im Sinne des § 435 BGB handeln. 2831 Damit ergeben sich ebenso wie im Fall der Rechtsmängel verkaufter Sachen Ansprüche aus § 437 BGB. Wenn der Verkäufer dem Käufer ein ihm zustehendes Recht verkauft, das mit dem Recht eines Dritten belastet ist, liegt kein Fall der Unmöglichkeit, sondern derjenige eines Rechtsmangels vor. Für die Verjährung der Rechtsmängelansprüche wird sich ebenso wie bei dem Verkauf eines einem Dritten zustehenden Rechts die Frage der Anwendbarkeit des § 438 Abs. 1 Nr. 1 BGB stellen.[1128] In diesem Zusammenhang sei z.B. auf § 29 MarkenG verwiesen, wonach Marken der Verpfändung zugänglich sein können, oder auch Gegenstand eines sonstigen dinglichen Rechts sein können (§ 29 Abs. 1 Nr. 1 MarkenG). Im Lichte dieser Bestimmung ist § 438

1127 Eidenmüller ZGS 2002, 290 (292).
1128 BR-Drucks. 338/01, 57; BT-Drucks. 14/7052, 173.

Abs. 1 Nr. 1 a BGB unmittelbar auf den Verkauf von Marken anzuwenden, sofern der Mangel gerade in der Belastung mit einem Drittrecht liegt. Der Fristbeginn ist mit den obigen Überlegungen auf den Rechtsübergang gemäß § 398 BGB abzustellen. Der Anspruch des A ist nicht verjährt.

ee) Abhängige Schutzrechte

▶ Beispiel:

2832 A kauft ein Patent von C. Es stellt sich heraus, dass ein weiteres Patent des D besteht, ohne dessen Zustimmung der Gegenstand des Patents von C nicht benutzt werden darf. Der Kauf ist schon 4 Jahre her.

2833 Sofern das verkaufte Schutzrecht nur mit Zustimmung des Inhabers eines Drittschutzrechts benutzt werden kann, handelt es sich um eine Parallele zu dem Fall, in welchem eine Sache verkauft wird, deren bestimmungsgemäßer Gebrauch das Schutzrecht eines Dritten verletzt. Im Ergebnis ergeben sich somit auch hier die Möglichkeiten aus § 437 BGB. Insbesondere gilt, dass nämlich dem Verkäufer zunächst Gelegenheit zu geben ist, durch Einholung einer Benutzungserlaubnis vom Inhaber des Drittschutzrechts den Rechtsmangel zu beseitigen.

2834 Schließlich ist die Frage der Verjährung zu beantworten. Oben wurde ausgeführt, dass im Fall der Verletzung eines Drittschutzrechts durch Benutzung des verkauften Rechts sich die Möglichkeiten des § 437 BGB eröffnen. Die Folge hiervon ist, dass bezüglich der Verjährung § 438 Abs. 1 BGB in Betracht kommt. Die Anwendbarkeit des § 438 Abs. 1 Nr. 1a BGB wurde oben für den Fall der Rechtsmängel der verkauften Sache verneint. Dies ergab sich aus der Überlegung, dass das Vorliegen von Drittschutzrechten kein Fall der Belastung mit einem dinglichen Recht eines Dritten ist. Bei § 438 Abs. 1 Nr. 1a BGB handelt es sich nämlich um einen Sonderfall, für dessen analoge Anwendung kein Anlass besteht, da angesichts der allgemeinen Auffangregelung des § 438 Abs. 1 Nr. 3 BGB eine Regelungslücke nicht erkennbar ist.

2835 Im Ergebnis ist somit auf § 438 Abs. 1 Nr. 3 BGB abzustellen, sodass im Falle der Rechtsmängel verkaufter Sachen und verkaufter Schutzrechte hinsichtlich der Länge der Verjährung keine Unterschiede bestehen. Der Anspruch des A ist mithin verjährt.[1129]

2. Lizenzvertrag

2836 Wirtschaftlich ist die Möglichkeit der Einräumung von Nutzungsrechten von erheblicher Bedeutung. Dies geschieht regelmäßig in Form von Lizenzverträgen. Hierbei hat der Schutzrechtsinhaber die Möglichkeit, eine eingeschränkte Nutzungserlaubnis oder eine vollständige Nutzungserlaubnis einzuräumen (einfache bzw. ausschließliche Lizenz). Je nach Art der Nutzungseinräumung sind die schuldrechtlichen Folgen unterschiedlich.

1129 Fitzner in Festschrift für Tilmann, 779 ff.

Eine besondere Problematik für den beratenden Patentanwalt bildet das Kartellrecht. Dies gilt auch insbesondere in Anbetracht dessen, dass das EU-Kartellrecht eine überragende Bedeutung erlangt hat. Das deutsche Kartellrecht (Gesetz gegen Wettbewerbsbeschränkungen – GWB) hat nur noch für die Fälle Bedeutung, in denen der Vertrag keine Berührung mit den übrigen Mitgliedstaaten der Europäischen Union aufweist. 2837

a) Grundsätzliches

▶ Beispiel:

A hat sich aufgrund der Beratung des Patentanwalts C entschlossen, sein Gebrauchsmuster nicht zu verkaufen. Er erwägt vielmehr, sein Gebrauchsmuster zu behalten und anderweit zu verwerten. Er bittet seinen Patentanwalt C um Beratung, ob es die Möglichkeit einer Lizenz gibt. 2838

Gemäß § 22 Abs. 2 GebrMG können einfache oder ausschließliche Lizenzen an dem Gebrauchsmuster erteilt werden. Da es sich bei einem Gebrauchsmuster um ein ungeprüftes Recht handelt, trägt der Käufer, soweit nichts Anderes vereinbart ist, das Risiko des Fortbestandes eines Gebrauchsmusters. Es ist in der Regel interessengerecht, in dem Lizenzvertrag eine besondere Regelung hinsichtlich der Lizenzgebührenzahlungspflicht im Falle eines Löschungsverfahrens vorzusehen.[1130] Nach der Rechtsprechung entfällt auch beim Gebrauchsmuster die Lizenzgebührenzahlungsverpflichtung erst mit der rechtkräftigen Entscheidung über die Löschung.[1131] Der Lizenznehmer sollte sich vor Abschluss eines Lizenzvertrages darüber informieren, ob es sich bei dem zu lizenzierenden Gebrauchsmuster lediglich um eine Gebrauchsmusterabzweigung aus einer Patentanmeldung handelt, wie sie in der Praxis häufig zur Sicherung eines früheren Schutzrechtsstatus vorgenommen werden. In diesem Fall sind Vertragsänderungen für den Fall der Erteilung des Patentes vorzusehen. 2839

▶ Beispiel:

A beabsichtigt, der Firma B die Benutzung seines Markenportfolios zu gestatten. A möchte hier von Patentanwalt C beraten werden. Insbesondere möchte A wissen, ob seine zahlreichen noch nicht eingetragenen angemeldeten Marken lizenziert werden können. 2840

An einer Marke kann sowohl eine einfache als auch eine ausschließliche Lizenz erteilt werden. Die Möglichkeit einer exklusiven Lizenz sieht § 30 Abs. 1 MarkenG in Abgrenzung zu der Rechtslage nach dem alten Warenzeichengesetz ausdrücklich vor. Die ausschließliche Lizenz wird auch im Fall einer Marke als quasi dingliches, absolut wirkendes Recht an dem Schutzrecht eingeordnet. Der ausschließliche Lizenznehmer kann insoweit sowohl Dritten als auch dem Markeninhaber selbst 2841

1130 Pagenberg/Geissler, S. 298.
1131 BGH GRUR 1977, 107 – *Werbespiegel.*

eine Nutzung untersagen. Im Falle einer ausschließlichen Lizenz muss deshalb eine Regelung darüber vorgenommen werden, ob der Lizenzgeber selbst sich eine eigene Weiterbenutzung der Marke ganz oder für einzelne Waren oder Dienstleistungen vorbehalten will. Die Einräumung eines Nutzungsrechtes an einer Marke kann auf einzelne Waren und Dienstleistungen, für welche die Marke Schutz beansprucht, beschränkt werden. Gemäß § 31 MarkenG kann auch bereits eine Markenanmeldung lizenziert werden. § 30 MarkenG ist auf geschäftliche Bezeichnungen nicht anwendbar. Ausgeschlossen ist zudem die Anwendung der Regelung des § 30 MarkenG auf geographische Herkunftsangaben. Die Erteilung einer Lizenz an geographischen Herkunftsangaben widerspricht dem Wesen geographischer Herkunftsangaben im Sinne des § 127 MarkenG und ist unzulässig. Für Werktitel gemäß § 5 Abs. 3 MarkenG das Prinzip der strengen Akzessorietät, d.h. die Entstehung, Übertragung und Beendigung des Werktitelrechts ist an das Werk geknüpft. In § 30 MarkenG fehlt es an einer speziellen Regelung zur Frage der Werktitellizenz. Deswegen ist vorgeschlagen worden, dass die strenge Akzessorietät zu lockern und eine Werktitellizenz möglich ist.[1132] § 30 Abs. 5 MarkenG sichert wie § 15 Abs. 3 PatG den Lizenznehmer vor Verfügungen des Schutzrechtsinhabers. Gemäß § 30 Abs. 5 MarkenG berührt eine Übertragung der lizenzierten Marke oder auch der Erteilung einer weiteren Lizenz nicht die zuvor bereits erteilte Lizenz. Dieser Schutz des Lizenznehmers gilt nach deutschem Recht unabhängig von der Registrierung der Lizenz. Während das deutsche Markenrecht keine spezielle Regelung hinsichtlich der Eintragung einer Markenlizenz in das Markenregister enthält, sieht Art. 25 Abs. 5 UMV zumindest die Möglichkeit einer Eintragung vor. Der Sukzessionsschutz im Falle der Veräußerung der Marke gilt auch hier unabhängig von der Eintragung der Marke in das Markenregister.

▶ Beispiel:

2842 A verhandelt mit einem Insolvenzverwalter der Firma B über die Übernahme dieser Firma. Hierbei stellt er fest, dass die Firma B zahlreiche Lizenzverträge über Schutzrechte geschlossen hatte. A fragt seinen Patentanwalt C, wie es um diese Lizenzen bestellt sei.

2843 Der Bundesgerichtshof hat sich seit dem Jahre 2006 wiederholt zu den Problemen des Lizenzvertragsrechts und der Insolvenz geäußert.[1133]

2844 In einer im Jahre 2006[1134] veröffentlichten Entscheidung ging es um einen Vertrag über die Nutzung, Weiterentwicklung und den Vertrieb von Software für die Planung von

1132 Fezer GRUR 2001, 369.

1133 BGH GRUR 2006, 435 – *Softwarenutzung*; BGH GRUR 2009, 1107 – *Reifen Progressiv*; BGH WRP 2012, 1257 – *Take Five*; BGH WRP 2012, 1259 – *M2Trade*; vgl. a. Rauer WRP 2012, 1198 ff.; Kunzmann, IP Kompakt, September 2012, S. 10; Anneken IP Kompakt, Oktober 2012, S. 18.

1134 BGH GRUR 2006, 435 – *Softwarenutzung*.

Einbauküchen. Dieser Vertrag war mit der späteren Gemeinschuldnerin geschlossen worden. U.a. war für den Fall der Kündigung Folgendes vereinbart:

»Bei Kündigung des Vertrages gehen die Source-Codes...... incl. der Nutzungs- und Vertreibungsrechte auf die Lizenznehmerin über.«

Über das Vermögen der Gemeinschuldnerin wurde etwa drei Jahre nach Vertragsabschluss das Insolvenzverfahren eröffnet. Der Insolvenzverwalter erklärte den Nichteintritt in den Nutzungsvertrag. Die Lizenznehmerin kündigte den Vertrag und forderte die Herausgabe der Source-Codes. 2845

Der Bundesgerichtshof[1135] hat in diesem Fall die Nutzungsrechte nicht zur Insolvenzmasse gerechnet. Die Nutzungsrechte waren, aufschiebend bedingt, auf die Lizenznehmerin übertragen worden. Solche bedingt begründeten Rechte wurden vom BGH im Insolvenzfall als bereits bestehende Rechte behandelt. Und zwar sollte dies auch gelten, wenn die Bedingung erst nach Insolvenzeröffnung eintritt. Insolvenzfest sind damit nicht nur die uneingeschränkte Übertragung eines bedingten Rechts, sondern auch die unter einer Bedingung erfolgte Übertragung eines unbedingten Rechts. D.h. der Bundesgerichtshof hat die Kündigungsklausel als insolvenzfest beurteilt, weil die Ausübung des Kündigungsrechts an einen Rechtsübergang geknüpft worden ist. Der Insolvenzverwalter kann damit den Eintritt der ausschiebenden Bedingung für den dinglichen Rechtsübergang auf die Lizenznehmerin nicht verhindern. D.h., die einfache Lizenz hat dingliche Wirkung. 2846

In der Literatur[1136] wurde daraufhin teilweise die Auffassung vertreten, dass mit der genannten Entscheidung neue Spielräume auch für die patentrechtliche Praxis eröffnet würden. Entscheidend sei für den Bundesgerichtshof allein gewesen, dass die Kündigungsbefugnis beiden Parteien zugestanden und einen offenen Wortlaut gehabt habe. Teilweise wurde aber auch die Auffassung vertreten, dass der Fall nicht verallgemeinerungsfähig sei.[1137] 2847

Das Problem des Wegfalls der Hauptlizenz hat sodann den Bundesgerichtshof in einer Reihe weiterer Entscheidungen beschäftigt.[1138] 2848

In seiner im Jahre 2009[1139] veröffentlichten Entscheidung stellte der BGH fest, dass mit Wegfall der Hauptlizenz die Unterlizenz nicht automatisch erlischt.[1140] Denn die Unterlizenz ist rechtlich selbstständig und unabhängig vom Fortbestand der Hauptlizenz. Dogmatischer Ausgangspunkt war, dass er den einfachen Lizenzen dinglichen 2849

1135 BGH GRUR 2006, 435 – *Softwarenutzung.*

1136 Witz, Festschrift Schilling 2007, S. 339, 410.

1137 Köhler/Ludwig WRP 2006, 1342, 1344.

1138 BGH GRUR 2009, 1107 – *Reifen Progressiv*; BGH WRP 2012, 1257 – *Take Five*; BGH WRP 2012, 1259 – *M2Trade*; vgl. a. Rauer WRP 2012, 1198 ff.; Kunzmann, IP Kompakt, September 2012, S. 10; Anneken IP Kompakt, Oktober 2012, S. 19; Klawitter, GRUR Prax 2012, 425 ff.; Haedicke, Mitt. 2012, 469 ff.

1139 BGH GRUR 2009, 1107 – *Reifen Progressiv.*

1140 Vgl. a. BGH Mitt. 2010, 315 – *Vorschaubilder I.*

Charakter zugebilligt hat. Die Verfügungsbefugnis des Unterlizenzgebers und dessen Reichweite war bei der Auslegung des Vertrages zu berücksichtigen. Ist die Unterlizenz nur mit der in der Hauptlizenz vereinbarten Maßgabe möglich, erlischt auch die Hauptlizenz mit der Unterlizenz. Wird die Hauptlizenz mit der Maßgabe eingeräumt, dass Unterlizenzen nicht weiter als Hauptlizenzen reichen dürfen, ist davon auszugehen, dass der Fortbestand der Unterlizenz nicht im beiderseitigem Interesse liegt. Ist die Hauptlizenz im Rahmen eines umfassenden Vertriebsweges eingeschränkt, endet mit der Hauptlizenz auch die Unterlizenz.

2850 Im Zusammenhang mit dieser Entscheidung wurden auch die Gesichtspunkte des gutgläubigen Erwerbs diskutiert.[1141] Jedoch war der Unterlizenznehmer zur Verfügung befugt. Es lag somit ein Erwerb von Berechtigten vor. Das Abstraktionsprinzip spricht auch nicht gegen die Entscheidung des Bundesgerichtshofs, da dies nur das Verhältnis einer Verfügung zum zugrunde liegenden Verpflichtungsgeschäft, aber nicht das Verhältnis von Haupt- und Unterlizenz betrifft. In der an die Entscheidung anschließenden Literatur[1142] war im Übrigen geäußert worden, dass diese Entscheidung ein weiterer Schritt in Richtung von Insolvenzfestigkeit von Lizenzen sei.

2851 In zwei weiteren Entscheidungen[1143] hat sich der Bundesgerichtshof nochmals zu den Fragen der Unterlizenz geäußert.[1144] In einer Entscheidung[1145] war für die Nutzung des Urheberrechts an dem Musikstück »Take Five« eine Unterlizenz für Deutschland und Österreich vergeben worden. Nachdem die Hauptlizenz weggefallen war, ging der BGH davon aus, dass gleichwohl die Unterlizenz bestehen bleibt. Begründung hierfür war der sog. Sukzessionsschutz. D.h. durch die betreffende Regelung sollte das Vertrauen auf den Fortbestand des Rechts geschützt werden. Damit sollte die Amortisation von Investitionen sichergestellt werden. Der Grund des Wegfalls der Hauptlizenz ist aus Sicht des Bundesgerichtshofs irrelevant.

2852 Dogmatisch hat der Bundesgerichtshof hier nicht mehr auf den dinglichen Charakter abgestellt. Vielmehr stand eine Interessenabwägung im Vordergrund. Zugleich ging er davon aus, dass grundsätzlich das Interesse des Unterlizenznehmers überwiege.

2853 In den Vorberatungen hatte offenbar der I. Senat des Bundesgerichtshofs auch mit dem X. Senat des Bundesgerichtshofes diskutiert. Von dieser Seite her waren keine Einwände geäußert worden.

2854 Auch für die zweite im Jahre 2012[1146] veröffentlichte Entscheidung hatte der I. Senat des Bundesgerichtshofes die Sichtweise des X. Senats berücksichtigt. Nach dieser Entscheidung ging der Bundesgerichtshof davon aus, dass ein urheberrechtliches Nut-

1141 Scholz GRUR 2009, 1107 ff.

1142 Scholz GRUR 2009, 1107 ff.

1143 BGH WRP 2012, 1257 – *Take Five*; BGH WRP 2012, 1259 – *M2Trade*.

1144 Vgl. a. Rauer WRP 2012, 1198 ff.; Kunzmann, IP Kompakt, September 2012, S. 10; Anneken IP Kompakt, Oktober 2012, S. 19; Klawitter, GRUR Prax 2012, 425 ff.

1145 BGH WRP 2012, 1257 – *Take Five*.

1146 BGH WRP 2012, 1259 – *M2Trade*.

zungsrecht nach dem Ende des Lizenzvertrages an den Lizenzgeber zurückfällt.[1147] D.h. auch in der zweiten Entscheidung ging der Bundesgerichtshof davon aus, dass das Erlöschen der Hauptlizenz nicht zum Erlöschen der Unterlizenz führt.

Im Weiteren hatte sich der Bundesgerichtshof zu der Frage der Insolvenz geäußert. 2855
Wird der Hauptlizenznehmer insolvent, kann der Insolvenzverwalter grundsätzlich die Nichterfüllung des Hauptlizenzvertrages wählen (§ 103 Abs. 1 InsO). In ähnlicher Weise verhält es sich mit dem Unterlizenzvertrag. Wählt der Insolvenzverwalter die Nichterfüllung des Hauptlizenzvertrages, besteht aber gleichwohl auf der Erfüllung des Unterlizenzvertrages, entsteht ein Anspruch nach § 812 Abs. 1 S. 1 Fall 2 BGB als Massenverbindlichkeit nach § 55 Abs. 1 Nr. 3 InsO. D.h. es ist gemäß § 53 InsO aus der Insolvenzmasse vorweg zu befriedigen.

▶ **Beispiel:**

A hat mit der Firma B einen Vertrag geschlossen. Hierbei hatte ein Vertragspart- 2856
ner in dem Betrieb des anderen Patente und Patentanmeldungen eingebracht. Im Einbringungsvertrag behielt sich der Einbringende A einfache Nutzungsrechte an den übertragenen Schutzrechtspositionen vor. A fragt seinen Patentanwalt C, ob er im Falle der Insolvenz dieser Vertrag Insolvenzfest sei.

Das Landgericht München[1148] hat sich im Weiteren mit der Insolvenzfestigkeit von 2857
Patentlizenzen auseinandergesetzt. In dem zu entscheidenden Fall hatte ein Vertragspartner in den Betrieb des anderen Patente und Patentanmeldungen eingebracht. Im Einbringungsvertrag behielt sich der Einbringende einfache Nutzungsrechte an den übertragenden Schutzrechtspositionen vor.

Das Landgericht München hat in seinen Abwägungen darauf abgestellt, ob der kon- 2858
krete Vertrag ein pachtähnliches Dauerschuldverhältnis darstelle, oder kaufähnlich einzustufen sei.[1149] Bei pachtähnlich ausgestalteten Verträgen ist von einem Dauerschuldverhältnis auszugehen.[1150] Nach Ansicht des Landgerichts München ist hier eine differenzierte Einzelfall-bezogene Betrachtung des jeweiligen Vertrages erforderlich. Geht man von pachtähnlich ausgestalteten Lizenzverträgen mit periodisch wiederkehrenden Zahlungen aus, sind die Voraussetzungen des § 103 InsO erfüllt. Bei kaufähnlich ausgestalteten Lizenzverträgen gilt dies nicht. D.h. die Voraussetzungen des § 103 InsO sind nicht erfüllt, sofern die gegenseitigen Hauptleistungspflichten bereits erfüllt sind.

Das Landgericht München hat sich auch mit der Frage der Neben- und Mitwirkungs- 2859
pflichten auseinandergesetzt. Es war zu klären, ob das Bestehen solcher Pflichten der Annahme einer vollständigen Vertragserfüllung entgegenstehen kann. Auch hier hat

1147 Aufgabe von BGHZ 27, 90, 95 – *Die Privatsekretärin.*
1148 LG München 7 O 1906/11 vom 09.02.2012 – GRUR, RR 2012, 142; Vgl. a. Kinting IP Kompakt Juli 2012, S. 9.
1149 Vgl. BGH GRUR 2006, 435 – *Softwarenutzung.*
1150 Berger GRUR 2004, S. 20.

das Landgericht München auf die Maßgeblichkeit der Einzelfall-bezogenen Auslegung des Lizenzvertrages abgestellt. Je nachdem, welche vertraglichen Regelungen von den Parteien getroffen wurden oder intendiert waren, ist über die Insolvenzfestigkeit der eingeräumten Lizenzen zu entscheiden. Das Wahlrecht des Insolvenzverwalters scheidet aus, wenn die Auslegung des Lizenzvertrages zur Annahme der vollständigen Erfüllung führt.

2860 In einer weiteren Formulierung des Vertrages hieß es wie folgt:

»Die K und die mit ihr verbundenen Gesellschaften behalten sich an den übertragenen Schutzrechten unwiderrufliche und ausschließlich zeitlich und örtlich begrenzte Nutzungsrechte vor.«

2861 Diese Formulierung legte das Gericht als beschränkten Rechtsübergang aus (§ 15 Abs. 1 S. 2 PatG). Eine solche beschränkte Übertragung erfasse nicht das Vollrecht. Der verbleibende Teil stehe dem Übertragenen weiter zu. Damit fielen die zurückbehaltenen Nutzungsrechte nicht in das Insolvenzvermögen. Daraus sei zu folgern, dass die bei dem Übertragenen verbleibenden Nutzungsrechte nicht in das Vermögen des übernehmenden Teils übergingen, sofern die Patentübertragung im Wege der Übertragung unter Zurückbehaltung eines Nutzungsrechts erfolge.

2862 Das Landgericht München hat in einer solchen Vereinbarung auch keinen Verstoß gegen § 119 InsO gesehen. Es komme allein darauf an, ob die Klausel für den Insolvenzfall vorgesehen sei oder nicht. Die Klauseln dürfen aber nur Parteivereinbarung im Rahmen der lizenzrechtlichen Gestaltungsoption sein.

2863 In einem weiteren Schritt hat sich das Landgericht München mit den bestehenden Altrechten auseinandergesetzt. Hierzu heißt es in einer weiteren Klausel des Vertrages:

»Alle Dritten vor der Übertragung eingeräumten Rechte bleiben von der jeweiligen Übertragung unberührt.«

2864 Diese Formulierung ist vom Landgericht München als insolvenzfest angesehen worden. Begründung waren hierfür der Vertrag selbst und der Sukzessionsschutz nach § 15 Abs. 1 PatG.

2865 Weiterhin hat sich das Landgericht München mit der Frage der Kreuzlizenzen auseinandergesetzt. Nach Maßgabe einer weiteren Bestimmung des Vertrages sollten nämlich K und die mit K verbundenen Unternehmen im Wege der Kreuzlizenzierung auch zur Nutzung der von B nach dem Eintragungsstichtag neu angemeldeten Schutzrechtspositionen berechtigt sein. Das Landgericht München nahm in diesem Fall den Fortbestand der lizenzierten Nutzungsrechte an. Das Gericht ging insofern von einer vollständigen Erfüllung durch die Parteien des Einbringungsvertrages aus.

2866 Im Fazit der Entscheidung des Landgerichts München ist davon auszugehen, dass es bei der Insolvenzfestigkeit einer einfachen Patentlizenz auf die Auslegung ankommt. D.h. durch die Auslegung des Lizenzvertrages ist dessen Charakter zu ermitteln. Ebenso wie der BGH in seinen im Jahre 2012 veröffentlichten Entscheidungen hat auch das Landgericht München den dinglichen Charakter der Lizenzen dahinstehen lassen. Es hat allein auf die Interessenabwägung abgestellt.

Wenn der dingliche Charakter einer einfachen Lizenz bejaht wird, wäre das Wahlrecht des Insolvenzverwalters ausgeschlossen.[1151] Bei beschränkt dinglichen Rechten ist der dogmatische Ansatzpunkt der Sukzessionsschutz. Der Lizenznehmer kann vom Erwerber Respektierung des Nutzungsrechts fordern. Der Lizenzvertrag besteht mit dem bisherigen Vertragspartner weiter. Das beschränkt dingliche Recht hat die Wirkung, dass auch das Recht zur Drittwiderspruchsklage nach § 771 ZPO besteht.[1152] Ebenso ist nach § 35 InsO das Recht nicht massezugehörig. Es besteht ein Recht zur Aussonderung nach § 47 InsO.[1153] 2867

Nachteilig ist auf der anderen Seite, dass das dingliche Recht beim Unterlizenznehmer ein Vermögensrecht nach § 857 Abs. 1 ZPO darstellt. Es unterliegt somit der Zwangsvollstreckung. Im Rahmen der Vermögensverwertung ist es pfändbar.[1154] 2868

Nach einem Vorschlag von McGuire[1155] soll die Lösung in einer verdinglichten Obligation liegen. Solche Konstruktionen sind bereits in Großbritannien, Österreich und der Schweiz vorgesehen. Die Wirkung der verdinglichten Obligation sei, dass die Insolvenzproblematik am Lizenzvertrag anknüpfe. Der Vertrag unterfalle dem Wahlrecht des Insolvenzverwalters. Es bestehe aber Sukzessionsschutz. Das Vertrauen des Lizenznehmers auf den Bestand des Vertrags sei geschützt. Insoweit lehne sich das Modell an die Miet- und Pachtrechte an (§§ 565, 613 a BGB, 95 VVG). 2869

Enthält der Lizenzvertrag eine unwiderrufliche Nutzungseinräumung, liegt die Annahme der Insolvenzfestigkeit nahe, sofern auch der Lizenznehmer die ihm obliegenden Gegenleistungen erbracht hat. Vereinbaren die Parteien eine beschränkte Schutzrechtsübertragung (§ 15 Abs. 2 PatG), geht das zurückbehaltene Nutzungsrecht zu keinem Zeitpunkt auf den Rechtserwerber über. Das zurückbehaltene Nutzungsrecht wird von der Insolvenz des Erwerbers nicht betroffen. Im Weiteren erlischt die Unterlizenz nicht mit dem Wegfall der Hauptlizenz. Der BGH geht davon aus, dass grundsätzlich das Interesse des Unterlizenznehmers überwiegt. 2870

▶ Beispiel:

A hat mit B eine Lizenzvereinbarung über die Nutzung seines Know-Hows für die Herstellung von Motoren geschlossen. Entsprechende Unterlagen, insbesondere Konstruktionszeichnungen, hat A dem B übergeben. Dieser nutzte sodann die Unterlagen und das Know-How, um den entsprechenden Motor herzustellen. Der Lizenzvertrag enthielt keine bezifferte Vergütungszahlungvereinbarung. Nach Abschluss des ersten Geschäftsjahres sollten die Parteien die Geschäftsaktivitäten bewerten und sich partnerschaftlich auf eine Vergütung einigen. Trotz mehrfacher 2871

1151 Kinting IP Kompakt Juni 2012, S. 10.
1152 McGuire, Die Lizenz, 2011, S. 389.
1153 McGuire, Die Lizenz, 2011, S. 427.
1154 McGuire, Die Lizenz, 2011, S. 389.
1155 McGuire, Die Lizenz, 2011.

Aufforderung durch A kam es nicht zu einem Gespräch über die Frage der Vergütung. A verlangt nunmehr von B unverzügliche Bezahlung. Er beziffert den Betrag auf schätzungsweise EUR 120.000,00. Rechtslage?

2872 Ein Anspruch aus dem Lizenzvertrag auf Zahlung der Lizenzgebühr ergibt sich nicht. Denn es ist keine Summe für Bezahlung vereinbart worden. Ein Anspruch besteht allenfalls darauf, dass nunmehr entsprechende Gespräche zur Vereinbarung einer konkreten Vergütung geführt werden sollten.

Fest steht allerdings, dass Know-How übergeben worden ist und dies von B genutzt wurde. Daher stellt sich die Frage, ob aus bereicherungsrechtlichen Gründen ein Wertersatz zu leisten ist. Dieser kann sich aus § 812 Abs. 1 Satz 1, 1. Alt. BGB, § 818 Abs. 1 und 2 BGB ergeben. Ansatzpunkt wäre hier in die Zahlung einer angemessenen Lizenzgebühr.

b) Kartellrecht

▶ Beispiel:

2873 A hat auch Interessen im Ausland. Insbesondere möchte er im gesamten Bereich der EU seine Schutzrechte verwerten. Hierfür hat er teilweise europäische Anmeldungen eingereicht. In einigen Fällen sind auch die entsprechenden Schutzrechte für verschiedene europäische Staaten bereits erteilt.

2874 In diesem Fall ist besonders das EU-Kartellrecht zu beachten. Nach Art. 101, Abs. 1 AEUV sind Vereinbarungen über eine Zusammenarbeit bei Forschung und Entwicklung kartellrechtlich verboten, wenn sie eine Verhinderung, Einschränkung oder Verfälschung des Wettbewerbs bezwecken bzw. bewirken und damit gemäß Art. 101 Abs. 1 AEUV bzw. § 1 GWB kartellrechtlich verboten sind. Nach diesen Vorschriften sind Vereinbarungen unter bestimmten Voraussetzungen vom Kartellverbot freigestellt. Die Freistellungstatbestände des Art. 101 Abs. 3 AEUV bzw. § 2 Abs. 1 GWB enthalten jedoch im Wesentlichen unbestimmte Rechtsbegriffe, die ihre Anwendung erheblich erschweren. Daher sehen Art. 101 Abs. 3 AEUV und § 2 Abs. 2 GWB die Möglichkeit vor, dass der Europäische Rat oder die Europäische Kommission Freistellungsverordnungen erlassen können. Nach diesen Verordnungen sind bestimmte Gruppen von Verträgen vom Kartellverbot freigestellt, ohne dass es einer weiteren Prüfung der unbestimmten Rechtsbegriffe im Rahmen der Einzelfreistellung bedarf. Da der Rechtsanwender die Kartellrechtskonformität seines Vertrages vollständig selbst prüfen muss und keine behördliche Prüfung der Freistellung verlangen kann, bieten die Gruppenfreistellungsverordnungen mit ihren gegenüber Art. 101 Abs. 3 AEUV/§ 2 Abs. 1 GWB sehr viel konkretere Anwendungsvoraussetzungen.

2875 Grundsätzlich folgen die Gruppenfreistellungsverordnungen dem Prinzip »was nicht verboten ist, ist erlaubt«. Wenn Freistellungsvoraussetzungen vorhanden sind und die Vereinbarungen keine in der Gruppenfreistellungsverordnung explizit genannte verbotene Klausel enthält, ist die Vereinbarung freigestellt und damit erlaubt. Hierdurch bieten die Gruppenfreistellungsverordnungen dem Rechtsanwender eine Leitlinie für seine Vereinbarungen.[1156]

Im Bereich der Forschungs- und Entwicklungskooperationen ist die erste Gruppenfreistellungsverordnung bereits im Jahr 1985 erlassen worden. Sie wurde gefolgt von der GVO-F+E 2000, die zum Jahresbeginn 2011 von der aktuellen Verordnung Nr. 1217/2010 der Kommission vom 14.12.2010 über die Anwendung von Art. 101 Abs. 3 AEUV auf bestimmte Gruppen von Vereinbarungen über Forschung und Entwicklung[1157] abgelöst worden ist. Flankiert werden die Gruppenfreistellungsverordnungen durch sog. Leitlinien der Kommission, die weitere Erläuterungen und Beispiele zu den betroffenen Vertragsgruppen beinhalten. Hinsichtlich der in der GVO-F+E geregelten Vereinbarungen sind dies die Leitlinien zur Anwendbarkeit von Art. 101 AEUV auf Vereinbarungen über horizontale Zusammenarbeit.[1158] Diese Leitlinien der Kommission haben allerdings keine Gesetzeskraft. Sie stellen lediglich eine Selbstbindung der Verwaltung dar. 2876

Neben den sog. horizontalen Vereinbarungen zwischen Wettbewerbern regelt Art. 101 AEUV auch die sog. vertikalen Vereinbarungen. Hierbei handelt es sich um Vereinbarungen oder abgestimmte Verhaltensweisen zwischen zwei und mehr Unternehmen, von denen jedes für die Zwecke der Vereinbarung oder abgestimmten Verhaltensweise auf einer anderen Ebene der Produktions- oder Vertriebskette tätig ist. Art. 101 Abs. 3 AEUV sieht die Freistellung von wettbewerbsbeschränkenden Vereinbarungen vor, wenn die positiven Auswirkungen dieser Vereinbarung überwiegen. Die Gruppenfreistellungsverordnungen[1159] definieren diejenigen Voraussetzungen, unter denen solche Vereinbarungen als rechtmäßig, da kartellrechtskonform, angesehen werden. 2877

Den EU-Gruppenfreistellungsverordnungen ist gemeinsam, dass bestimmte Kernbeschränkungen von vornherein geeignet sind, von der Unwirksamkeit des Vertrages auszugehen. Beispielsweise sind Vereinbarungen verboten, die die Freiheit der Parteien, eigenständig oder in Zusammenarbeit mit Dritten, Forschung und Entwicklung zu betreiben, einschränken. Gleiches gilt für eine Beschränkung von Produktion oder Absatz. Eine weitere Kernbeschränkung ist die Festsetzung der Preise für den Verkauf von Vertragsprodukten oder die Festsetzung von Lizenzgebühren in Bezug auf Vertragstechnologien. Zu den Kernbeschränkungen zählt auch, wenn das Gebiet oder die Kundengruppe, in dem oder an die die Parteien passiv die Vertragsprodukte verkaufen oder Lizenzen für die Vertragstechnologien erteilen dürfen, beschränkt wird. Verboten ist auch die Verpflichtung, die Vertragsprodukte oder die Vertragstechnologie nicht oder nur im beschränkten Umfang aktiv in Gebieten oder an Kunden zu verkaufen, die einer der Parteien nicht im Wege der Spezialisierung im Rahmen der Verwertung ausschließlich zugewiesen ist. 2878

1156 Vgl. hierzu Kunzmann IP-Kompakt, März 2011, S. 15 ff.

1157 Abl. EU L 335/336.

1158 2011/C, 11/01; ABl.EU vom 14.01.2011, C 11/1.

1159 Verordnung (EU) Nr. 330/2010, welche die Verordnung (EG) Nr. 2790/1999 der Kommission vom 22.12.1999 ersetzt.

2879 In der Liste der Kernbeschränkungen sind auch Verpflichtungen von Parteien aufgeführt, die die Ablehnung von Aufträgen von Kunden beinhalten. Gleiches gilt auch für die Erschwerung des Bezugs von Wiederverkäufern.[1160]

c) Lizenzgebühren

▶ Beispiel:

2880 A fragt Patentanwalt B, worauf bei der Vereinbarung der Lizenzgebühren zu achten ist.

2881 Hinsichtlich der Bestimmung der Lizenzgebühren bestehen unterschiedliche Regelungsvarianten: Die häufigste Variante ist die sogenannte Umsatzlizenz. Danach erhält der Lizenzgeber einen bestimmten Prozentsatz des mit dem Lizenzgegenstand erwirtschafteten Umsatzes. Es bedarf einer ausdrücklichen Bestimmung der Bezugsgröße. Im Falle einer fehlenden oder unzureichenden vertraglichen Regelung lösen die Benutzungshandlungen eine Lizenzgebührenzahlungsverpflichtung aus, die ohne Lizenzvertrag eine Patentverletzung begründen würden.[1161]

2882 Für die Bestimmung der Höhe der Lizenzgebühren ist in erster Linie die technische Bedeutung der Erfindung, die Markteinführungsnähe der Technik, der Umfang des Benutzungsrechts sowie die Wettbewerbssituation auf dem relevanten Technologiemarkt von Bedeutung. Ergänzend lassen sich eine Vielzahl von weiteren Faktoren zur Bestimmung der Lizenzgebührenhöhe heranziehen.[1162] Alternativ besteht die Möglichkeit, die Lizenzsumme nach der produzierten Stückzahl zu bestimmen. Der Vorteil gegenüber der Umsatzlizenz liegt darin, dass die Stücklizenz von de Preisbildung des Lizenznehmers losgelöst werden kann. Darüber hinaus sind die Stückzahlen leichter zu kontrollieren als die Berechnung des Nettoumsatzes. Im Falle einer Stücklizenz bedarf es einer Konkretisierung der Produkte, deren Herstellung und Vertrieb eine Lizenzgebührenzahlungsverpflichtung auslösen soll. Häufig findet sich in Lizenzverträgen auch eine Pauschalvergütung vereinbart, welche zumeist die beim Lizenzgeber entstandenen Entwicklungsaufwendungen decken sollen. Die Pauschalvergütung kann ergänzend oder alternativ zur Umsatz- oder Stücklizenz vereinbart werden. Insbesondere im Bereich von Schlüsseltechnologien lassen sich Lizenzgeber häufig durch eine ergänzende, einmalige Pauschalvergütung ihre Lizenzbereitschaft vergüten. Demgegenüber kommt eine alternative Pauschalvergütung insbesondere dann infrage, wenn die Berechnung einer Stück- oder Umsatzlizenz als zu aufwendig oder undurchführbar erscheint.

2883 Eine Rückzahlungsverpflichtung im Fall einer vorzeitigen Beendigung besteht nur dann, wenn diese ausdrücklich vertraglich geregelt wurde.

1160 Vgl. hierzu Kunzmann, IP-Kompakt, März 2011, 15 ff.; Ellerbrock, IP-Beratungspraxis, 3/2011, 66 ff. bzgl. der Vertikal-GVO.

1161 BGH GRUR 2001, 223 – *Bodenwaschanlage.*

1162 Bartenbach, Rn. 1785 ff.

Ergänzend kann eine sogenannte Mindestlizenz vereinbart werden. Danach ist der Lizenznehmer unabhängig vom tatsächlichen Umsatz bzw. von der tatsächlichen Stückzahl zur Zahlung einer Grundvergütung verpflichtet. Der Lizenzgeber erhält durch die Mindestlizenzgebühr ein Druckmittel, um zu verhindern, dass das Verwertungspotenzial des Schutzrechts vom Inhaber einer ausschließlichen Lizenz nicht ausgeschöpft wird. Nach der Rechtsprechung wird durch die Vereinbarung einer Mindestlizenz die Möglichkeit einer späteren Anpassung der Lizenz nach den Grundsätzen des Wegfalls der Geschäftsgrundlage (§ 313 BGB) nicht zwingend ausgeschlossen.[1163] 2884

In dem Vertrag sind Abrechnungszeiträume für die Lizenzgebührenzahlungspflicht, die Fälligkeit der Zahlungspflicht und die Verzugsfolgen zu regeln. Darüber hinaus ist dem Lizenzgeber ein Kontrollrecht einzuräumen. Soweit keine besondere Vereinbarung im Vertrag bezüglich der Kostentragung bei der Überprüfung der Abrechnung erfolgt ist, trägt der Lizenznehmer die Kosten der Abrechnung auch dann, wenn bei diesem Fehler entdeckt wurden. 2885

d) Verteidigung des Vertragsschutzrechts

▶ Beispiel:

A hat mit C einen Lizenzvertrag geschlossen. Gegen das lizenzierte Patent wird Nichtigkeitsklage erhoben. A fragt Patentanwalt B, ob er weiter zur Lizenzgebührenzahlung verpflichtet ist. 2886

Der Lizenznehmer hat nicht das Recht, unter Hinweis auf eine mögliche Vernichtung des lizenzierten Schutzrechtes die Lizenzgebührenzahlung zu verweigern.[1164] Soweit ein Schutzrecht durch Dritte lediglich angegriffen wird, jedoch noch in Kraft ist, besteht die Pflicht zur Lizenzgebührenzahlung fort.[1165] Während des Streites über die Bestandskraft ist der Lizenznehmer zur eingeschränkten Zahlung der Lizenzgebühren verpflichtet. Maßgeblich ist eine rechtskräftige Entscheidung über die Nichtigkeit des Patentes. Aus § 242 BGB kann sich jedoch im Einzelfall ein Recht zur Verweigerung der Lizenzgebührenzahlungsverpflichtung ergeben, soweit der Lizenzgeber gegen weitere Wettbewerber, welche das Patent verletzen, aufgrund des Risikos einer Vernichtung nicht vorgegangen ist. 2887

▶ Beispiel:

A hat mit C einen Lizenzvertrag geschlossen. Gegen das lizenzierte Patent wird Nichtigkeitsklage erhoben. A fragt Patentanwalt B, inwieweit C für den Bestand des Schutzrechtes haftbar gemacht werden kann. 2888

1163 BGH GRUR 2001, 223 – *Bodenwaschanlage.*
1164 BGH GRUR 1957, 595 – *Verwandlungstisch.*
1165 Kraßer GRUR Int. 1990, 611 ff.

2889 Der Lizenzgeber hat ohne besondere vertragliche Vereinbarung nicht dafür einzustehen, dass das lizenzierte Schutzrecht nach Vertragsschluss durch ein Einspruchsverfahren oder durch eine Nichtigkeitsklage rechtskräftig vernichtet wird. Nach der Rechtsprechung steht dem Lizenznehmer ohne ausdrückliche vertragliche Vereinbarung auch nur in den Fällen ein Kündigungsrecht zu, in welchen die Nichtigkeit tatsächlich rechtskräftig festgestellt wird.[1166]

▶ **Beispiel:**

2890 A hat mit C einen Lizenzvertrag geschlossen. Der Vertrag enthält eine Nichtangriffsabrede, die auch über das Vertragsende hinaus gelten soll.

2891 Über die Kernbeschränkungen hinaus enthält die Gruppenfreistellungsverordnung[1167] weitere nicht freigestellte Beschränkungen. Diese Beschränkungen werden von der Kommission als weniger wettbewerbsbeschränkend als die Kernbeschränkungen angesehen. Aber gleichwohl sind sie so problematisch, dass sie über die Gruppenfreistellungsverordnung nicht freigestellt werden. Enthält eine Gruppenfreistellungsverordnung solche nicht freigestellten Beschränkungen, gilt die Freistellung nach Art. 2 GVO-+E nicht für diese konkreten Klauseln. Anders als bei den Kernbeschränkungen berührt dies aber nicht die Freistellung der Vereinbarung im Übrigen.

2892 Die Freistellung gilt insbesondere nicht für die Verpflichtung nach Abschluss der Forschung und Entwicklung die Gültigkeit von Rechten des geistigen Eigentums, die die Parteien im Binnenmarkt innehaben und die für die Forschung und Entwicklung von Bedeutung sind, nicht anzufechten oder nach Ablauf der Forschungs- und Entwicklungsvereinbarung die Gültigkeit von Rechten des geistigen Eigentums, die die Parteien im Binnenmarkt innehaben und die die Ergebnisse der Forschung und Entwicklung schützen, nicht anzufechten. Ausdrücklich ist es den Parteien aber erlaubt, für den Fall eines entsprechenden Angriffs die Kündigung der Forschungs- und Entwicklungsvereinbarung vorzusehen.[1168]

▶ **Beispiel:**

2893 A möchte mit C einen Lizenzvertrag schließen. Er fragt Patentanwalt B, ob eine Kündigungsklausel vereinbart werden muss.

2894 Sofern keine Kündigung vereinbart ist, gilt der Vertrag für die Zeit der Laufzeit des Vertragsschutzrechts. D.h., sofern eine Laufzeit nicht vereinbart ist, endet der Vertrag im Zweifel mit dem Ende des am längsten laufenden lizenzierten Rechts, z.B. 20 Jahre bei Patenten. Eine Kündigungsklausel ist daher dringend zu empfehlen. Ohne besondere vertragliche Vereinbarung kann eine Kündigung aus wichtigem Grund immer dann erfolgen, wenn den Vertragsparteien ein Festhalten am Vertrag nicht

---

1166 BGH GRUR 1977, 107 – *Werbespiegel.*
1167 (EU) 1217/2010 der Kommission vom 14.12.2010.
1168 Kunzmann, IP-Kompakt, März 2011, 15 ff.

mehr zumutbar ist.[1169] Grundsätzlich kommt auch eine Teilkündigung des Vertrages infrage, durch die zum Beispiel eine exklusive Lizenz in eine einfache Lizenz umgewandelt werden kann.

Nach Vertragsbeendigung hat der Lizenznehmer eine Weiternutzung der patentgemäßen Erfindung sowie des Know-hows zu unterlassen. Eine Weiternutzung stellt eine Patentverletzung dar, gegen die der Patentinhaber nach § 139 PatG vorgehen kann. Hinsichtlich des Know-hows kann der Lizenzgeber aus § 17 UWG gegen den ehemaligen Lizenznehmer vorgehen. 2895

e) Verletzungsstreitigkeiten

▶ Beispiel:

A und C schließen einen Lizenzvertrag. Danach ist A ausschließlicher Lizenznehmer des C. Es stellt sich heraus, dass D das Vertragsschutzrecht verletzt. A und C schieben sich gegenseitig die Verantwortung dafür zu, gegen diese Verletzungshandlung vorzugehen. Schließlich fragt A Patentanwalt B nach der Rechtslage. 2896

Der ausschließliche Lizenznehmer hat auch ohne ausdrückliche vertragliche Regelung eine Verpflichtung, die Vertragsschutzrechte gegen Verletzungen zu verteidigen. Der Lizenzgeber ist seinerseits verpflichtet, dem Lizenznehmer die für eine Klage notwendige Vollmacht sowie unterstützende Informationen zu geben. Im Falle einer Nichtigkeitsklage bleibt der Lizenzgeber trotz der quasi dinglichen Wirkung der ausschließlichen Lizenz der Beklagte. Ihn trifft die Verpflichtung, das Patent gegen eine Nichtigkeitsklage zu verteidigen. 2897

Der ausschließliche Lizenznehmer ist unabhängig vom Patentinhaber im Verletzungsverfahren klagebefugt.[1170] Demgegenüber muss der einfache Lizenznehmer ausdrücklich zur Geltendmachung des rechtlichen Verletzungsanspruches ermächtigt werden. Hinsichtlich des Schadensersatzanspruches bedarf es einer Abtretung durch den Patentinhaber.[1171] 2898

f) Gerichtsstandsvereinbarung

▶ Beispiel:

A fragt, ob man das Gericht in der Nähe seines Firmensitzes als Gerichtsstand vereinbaren kann. 2899

Im Falle einer Gerichtsstandsvereinbarung empfiehlt es sich, die Zuständigkeit eines für Schutzrechtsstreitsachen zuständigen Gerichtes (z.B. § 143 PatG) zu vereinbaren. 2900

1169 BGH GRUR 1997, 610 – *Tinnitus Masker*.
1170 Busse/Keukenschrijver § 139 PatG Rn. 25 m.w.N.
1171 Busse/Keukenschrijver § 139 PatG Rn. 22.

3. Geheimhaltung

2901 Nicht alle Kenntnisse werden in Patentschriften offengelegt. Zur Durchführung von Verfahren oder Herstellung von Produkten gehören noch weitere Kenntnisse, welche es erst ermöglichen, dass die betreffenden Erfindungen in der Praxis ausgeführt werden können. Daneben gibt es zahlreiche Gesichtspunkte, welche die Frage aufwerfen, ob eine Entwicklung besser geheim zu halten ist.

▶ **Beispiel:**

2902 A hat eine Erfindung gemacht. Er schildert den Sachverhalt seinem Patentanwalt. Im Laufe der Beratung stellt sich heraus, dass A die Kosten für eine Patentanmeldung nicht aufbringen kann. Schon gar nicht ist er in der Lage die anfallenden Folgekosten zu tragen. Was gibt es hier für Möglichkeiten?

2903 Hier besteht die Möglichkeit, dass A seine Erfindungen interessierten Firmen anbietet. Hierfür wäre es jedoch erforderlich, zunächst eine Geheimhaltungsvereinbarung mit den betreffenden Interessenten zu schließen, um eine vorzeitige Offenbarung zu vermeiden. Für die Ausgestaltung einer Geheimhaltungsvereinbarung ist Folgendes zu beachten:

2904 Sie darf keine Informationen umfassen, die
- der Vertragspartner bereits in seinem Besitz hatte
- die bereits in öffentlichem Besitz waren
- die nach Übermittlung ohne Verletzung dieser Geheimhaltungsvereinbarung erworben wurden
- von Dritten ohne Verletzung dieser Geheimhaltungsvereinbarung erworben wurden.[1172]

▶ **Beispiel:**

2905 Die Firmen A und C wollen miteinander kooperieren und die Synergie nutzen, um neue Entwicklungen voranzutreiben. Ggf. sollen entstehende Schutzrechte gemeinsam angemeldet werden. Patentanwalt B soll einen entsprechenden Vertrag ausarbeiten. Beide Firmen bitten zunächst Patentanwalt B um Auskunft, was im Wesentlichen bei einem solchen Kooperationsvertrag zu beachten ist und welche Möglichkeiten es gibt.

2906 **Geheimhaltungsvereinbarung:**
- Vertragsgegenstand
- Geheimhaltung
- Eigentum an Informationen, Rückgabe von Unterlagen/Proben, Analyseverbot
- Haftung, Partner X, Partner Y
- Ggf. Schiedsgericht
- Gerichtsstand

1172 Vgl. Pfaff/Osterrieth, 38 ff.; Osterrieth, Patentrecht, Rn. 715 ff.

▶ **Beispiel:**

Firma A möchte im Wege der Lohnfertigung durch Firma B ein Produkt herstellen lassen. Zur Vorbereitung des entsprechenden Vertrages wird zunächst eine Geheimhaltungsvereinbarung angestrebt. Danach will die Firma B aufgrund der Informationen der Firma B überprüfen, ob die gewünschte Herstellung und Lieferung überhaupt möglich ist. Nach Abschluss dieser Evaluierungsarbeiten soll sodann der eigentliche Liefervertrag geschlossen werden. In der vorgelegten Geheimhaltungsvereinbarung findet sich u.a. eine Klausel, wonach alle patentfähigen Verbesserungen und Erfindungen, welche auf Informationen der Firma A beruhen, dieser zur Verfügung gestellt werden müssen. D.h. sämtliche Erfindungen, welche im Rahmen der Evaluierung des Herstellungsverfahren bei Firma B gemacht werden, sollen der Firma A gehören. 2907

Rechtslage?

Die vorgeschlagene Regelung, nach der alle Verbesserungen und Erfindungen der Firma B, die den von A zur Verfügung gestellten Informationen beruhen, ein ausschließliches und exklusives Eigentum von A darstellen, ist geeignet, den Handel zwischen den Mitgliedsstaaten zu beeinträchtigen und eine Behinderung, Einschränkung oder Verfälschung des Wettbewerbs innerhalb des gemeinsamen Marktes zu bezwecken oder zu bewirken. Im Zusammenhang mit der hier gegenständlichen Geheimhaltungsvereinbarung als Vorstufe zu einem Zuliefervertrag würde B darüber hinaus gehindert, über die zukünftigen, selbstständig verwertbaren Ergebnisse eigener Forschungs- und Entwicklungsarbeiten zu verfügen, wodurch der Wettbewerb eingeschränkt würde. 2908

▶ **Beispiel:**

A hat ein neues Verfahren zur Herstellung von Insulin entwickelt. Er fragt sich, ob er dieses Verfahren zum Patent anmelden sollte. Bedenken hat er insbesondere deshalb, weil sämtliche Verfahrensschritte der Konkurrenz offenbart werden und diesen die Nachahmung erleichtert wird. 2909

Die Frage, ob angemeldet werden soll oder nicht kehrt ständig wieder. Im Einzelnen ist folgendes zu bedenken: 2910

Kann im Falle der Einreichung einer Patentanmeldung eine Patentanmeldung nachgewiesen werden. Gerade bei einem Verfahren stellt ich die Frage, ob die Erfindung, d.h. der Verfahrensgang, am Produkt erkennbar ist. Bei Sachansprüchen bzw. Stoffansprüchen wird sich ganz besonders die Frage stellen, ob diese sich durch Analysen analysieren lassen. Zu bedenken ist bei dieser Frage, dass die Analysen sich immer weiterentwickeln und vielleicht künftig eine Analyse doch möglich sein könnte. Hinsichtlich von Verfahren kann nicht immer davon ausgegangen werden, dass das, was im Betrieb durchgeführt wird, wirklich geheim bleibt. Durch Wechsel von Mitarbeitern kann hier es auch zu einer Verbreitung in der Öffentlichkeit kommen.

2911 Zu fragen ist im Übrigen auch, ob zur Ausübung der Erfindung erhebliche Investitionen erforderlich sind. Dies kann natürlich Nachahmer abhalten und andererseits auch für eine Patentanmeldung sprechen. Denn selbst wenn die Konkurrenz weiß, wie ein Verfahren ausgeführt wird, wird sie unter Umständen große Investitionen scheuen. Auch ist es möglicherweise erforderlich, z.B. große Produktionsanlagen neu aufzubauen. Nur wegen kleiner Verbesserungen wird die Konkurrenz hier nicht ohne Weiteres entsprechende Investitionen tätigen.

2912 Hinsichtlich der Patentanmeldung ist zu bedenken, dass die Ansprüche eine ausreichende Breite aufweisen, so dass Umgehungsmöglichkeiten weitgehend ausgeschlossen sind. Dies hängt allerdings nicht alleine von dem Anmelder ab, sondern auch davon, was der Prüfer bereit ist zu erteilen. Zu bedenken ist auch die Produktlaufzeit. Es kann sein, dass manche Produkte schon nach kurzer Zeit überholt sind. Insofern wird sich unter Umständen eine Patentanmeldung zur Abhaltung der Konkurrenz in dieser kurzen Laufzeit lohnen.

2913 Im Übrigen ist auch das Arbeitnehmererfinderrecht zu berücksichtigen. Der Arbeitgeber hat die Möglichkeit, die Erfindung geheim zu halten. Aber in diesem Falle ist während der gesamten möglichen Laufzeit eines Patentes eine Vergütung zu zahlen. Hier kann sich gleichwohl eine Anmeldung lohnen, um eine Äußerung des Patentamtes zu den Aussichten der Patentanmeldung zu erhalten. Anhand dessen lässt sich mit dem Erfinder das Weitere verhandeln.

▶ **Beispiel:**

2914 A weist darauf hin, dass seine Entwicklung schon lange im Betrieb benutzt wird. Er meint daher, dass sich die Geheimhaltung lohnt.

2915 Im Falle der Benutzung durch die Konkurrenz kann unter Umständen das Vorbenutzungsrecht nach § 12 PatG bzw. Art. 28 EPGÜ bestehen. Zu berücksichtigen ist, dass Vorbenutzungsrechte nicht in allen Ländern der Erde in gleicher Weise bestehen. D.h., in erster Linie handelt es sich um ein nationales Recht bzw. ein Recht, welches in den Teilnehmerstaaten des einheitlichen Patentsystems besteht. Im Wesentlichen ist dies ein Recht zur Verteidigung gegen Angriffe. Es ist kein Recht, welches z.B. zu Lizenzierungen berechtigt. Das Recht kann ebenso wenig verkauft werden. Dies geht nur im Zusammenhang mit der Veräußerung des Betriebes, zu dem das Vorbenutzungsrecht gehört. Erschwerend kommt hinzu, dass das Vorbenutzungsrecht nur in der Ausführungsform gilt, welche am Prioritätstag der Patentanmeldung der Konkurrenz praktiziert wurde. Spätere Änderungen decken den Tatbestand der Vorbenutzung nicht ab. Auch sind spätere Erweiterungen nicht möglich. Die Grenzen des Vorbenutzungsrechts können insbesondere überschritten sein, wenn mit Modifikationen ein zusätzlicher Vorteil verwirklicht wird. Im Ergebnis bedeutet das, dass es problematisch werden kann, wenn sich A nur auf ein Vorbenutzungsrecht verlässt.

▶ **Beispiel:**

2916 A weist darauf hin, dass er möglicherweise Lizenzen vergeben möchte, aber gleichwohl kein Patent anmelden möchte.

Lizenzverträge werden in der Regel für die Nutzung stehender Schutzrechte (z.B. Patentanmeldungen, Patente, Gebrauchsmuster) abgeschlossen. Da zu den Schutzrechten regelmäßig auch Know-How gehört, d.h. technisches Wissen, welches nicht durch ein Ausschließlichkeitsrecht geschützt ist und geheim ist, umfassen die Lizenzverträge vielfach auch die Nutzung eines solchen Wissens. Darüber hinaus sind auch reine Know-How-Verträge grundsätzlich ohne Einbeziehung von Schutzrechten möglich. D.h., das geheime, in der Regel technische Wissen, kann verlizensiert werden. Wenn allerdings dieses Wissen öffentlich wird, entfällt der Know-How-Charakter[1173]. 2917

Es ist darauf hinzuweisen, dass es eine europäische Rechtsharmonisierung in diesem Bereich seit 2016 gibt[1174]. 2918

▶ **Beispiel:**

> A interessiert das Thema der Geheimhaltung im Hinblick auf die Bewertung. Die Möglichkeiten der Bewertung von Patenten sind ihm weitestgehend bekannt. Er stellt sich die Frage, ob Know-How einen vergleichbaren Vermögenswert darstellen kann. 2919

Grundsätzlich sind für die Bewertungen technischer Geschäftsgeheimnisse dieselben Bewertungsansätze nutzbar wie für Patente. Ebenso wie Patente sind technische Geschäftsgeheimnisse immateriell Vermögenswerte und können dem Geschäftserfolg eines Unternehmens signifikant beeinflussen[1175]. 2920

▶ **Beispiel:**

> Schließlich hat A noch Bedenken, dass geheimes Wissen im Falle eines Streitverfahrens (Verletzungsklage) öffentlich werden könnte. Er fragt sich, wie dies verhindert werden kann. 2921

Mit § 145a PatG hat der Gesetzgeber am 18.08.2021 die Möglichkeit geschaffen, im Patentstreitverfahren Geschäftsgeheimnisse durch die entsprechende Anwendung des Geschäftsgeheimnisgesetzes zu schützen. Hier besteht die Möglichkeit, einen Antrag auf Geheimnisschutz mit dem entsprechenden Schriftsatz oder auch vor Beginn eines Verfahrens zu stellen. Dabei müssen die angemessenen Geheimhaltungsmaßnahmen nach § 2 GeschGehG glaubhaft gemacht werden. Dies gilt für die Informationen, für die der Antragsteller Schutz begehrt. Hierbei ist darauf zu achten, dass mit dem 2922

1173 Schulte Patentgesetz mit EPÜ § 15 PatG Rn.Nr. 15, 16.

1174 Richtlinie (EU) 2016, 943 des europäischen Parlaments und des Rates vom 08.06.2016 über den Schutz vertraulichen Know-Hows und vertraulicher Geschäftsgeheimnisse; Implementierung in das deutsche Recht durch Gesetz zur Umsetzung der Richtlinie; zum Schutz von Geschäftsgeheimnissen bei rechtswidrigem Erwerb sowie rechtswidriger Nutzung und Offenlegung vom 18.04.2019 (BGBl. I 466 = Bl 19, 2009; vgl. auch Ohly GRUR 19, 441).

1175 Ann/Loschelder/Grosch Handbuch Geheimnisschutz Kapitel 1 Rand Nr. 101.

Geheimnisschutzantrag die Informationen nicht offenbart werden, mithin der Antrag bzw. Schriftsatz nur an das Gericht und nicht ungeschwärzt an die andere Partei gelangt. Erhält die Gegenseite die Informationen, bevor das Gericht über die Anordnung entschieden hat, könnten die Voraussetzungen nach § 2 Nr. 1 a) GeschGehG nicht mehr gegeben sein.

2923 Im Ergebnis besteht stets die Gefahr, dass die Gegenseite unabhängig vom Erfolg des Antrags die Aussicht des Antragstellers geheimhaltungsbedürftige Informationen erhält. Dem kann der Antragsteller nur begegnen, indem er den Antrag auf Geheimnisschutz vorwegstellt. Dann steht dieser aber vor dem Dilemma, dass er nach den allgemeinen Hinweisen einerseits die Information konkret im Antrag benennen soll, andererseits die Information auch aber in dem Antrag nicht preisgeben möchte. Im Ergebnis bestehen hier also Unsicherheiten[1176].

▶ **Beispiel:**

2924 A beabsichtigt im Einspruchsverfahren gegen ein europäisches Patent vorzugehen. Er hat aber die Befürchtung, dass hier geheimhaltungsbedürftige Tatsachen in Unterlagen gelangen und damit die Vertraulichkeit dieser Information nicht mehr gewährleistet ist[1177].

2925 Es bietet sich die Möglichkeit an, vor Ablauf der Einspruchsfrist (Regel 209.1 a) VerfVO) und vor Einreichung der Einreichungsfrist die Anordnung von Maßnahmen zum vorläufigen Schutz von vertraulichen Informationen zu verlangen.

▶ **Beispiel:**

2926 Die A beantragt in einem Verletzungsverfahren vor der Lokalkammer Düsseldorf den Schutz der dort enthaltenen vertraulichen Informationen. Die Antragsgegnerin verlangt Einsicht in die ungeschwärzten Dokumente. Ist das möglich?

2927 Die Lokalkammer kann den Verfahrensbevollmächtigten der Antragsgegnerin Zugang zur ungeschwärzten Fassung der vorgelegten Dokumente einräumen und diese unter Androhung von Zwangsmitteln zur Geheimhaltung verpflichten. Die Parteien Gelegenheit zur Stellungnahme erhalten, welche Person bis zur endgültigen Entscheidung Zugang zu den Informationen erhalten soll. Ausgehend von Art. 9 Abs. 1 und 2 a) RiLi (EU) 2016/943, Art. 58 EPGÜ und Regel 262 VerfO kann nämlich der Zugang von Geschäftsgeheimnissen auf eine begrenzte Anzahl von Personen beschränkt werden.

1176 OLG Düsseldorf Beschluss vom 03.11.2022 – 2 U 102/22, GRUR-AS 2022, 34584 – Geheimnisschutz.

1177 Fall nach einer Verfahrensanordnung vom 23.02.2024 der Lokalkammer Düsseldorf – Upc_CFE_463/2023 – 10 X Genomics Curious Bioscince.

4. Sonstige Verträge

▶ **Beispiel:**

A hat eine Trocknungsanlage entwickelt und hierfür eine Patentanmeldung eingereicht, wofür inzwischen vom Deutschen Patent- und Markenamt ein Patent erteilt worden ist. Da A über keine Verkaufsorganisation verfügt, hat er mit C einen Kooperationsvertrag geschlossen, wonach C sich verpflichtet, für den Verkauf der Trocknungsanlage allein verantwortlich tätig zu sein. Nachdem C die Akquisition sehr schleppend getätigt hatte, hat A die weitere Zusammenarbeit für beendet erklärt. C hat dies nicht akzeptiert und A aufgefordert, den Vertrag fortzuführen und seine vertraglichen Pflichten zu erfüllen. 2928

Daraufhin hat A den Vertrag fristlos gekündigt. C hat der Kündigung widersprochen.

Für die Beantwortung der Frage, ob der **Kooperationsvertrag** rechtsbeständig oder auflösbar ist, muss die Rechtsnatur des Vertrags geklärt werden. Das Landgericht Düsseldorf hat in seinem Urteil vom 16. 4. 1991[1178] Folgendes ausgeführt: 2929

Der Kooperations-Rahmenvertrag ist als BGB-Gesellschaftsvertrag mit lizenzrechtlichem Einschlag zu qualifizieren. Gemeinsamer Zweck ist die Vermarktung der in Nr. 1 des Vertrages genannten Trocknungsanlagen. Die von den Vertragsparteien zu leistenden Beiträge (vgl. §§ 705, 706 BGB) sind in Nr. 2 des Vertrages beschrieben. Ein zusätzlicher Beitrag des Antragsgegners besteht darin, dass er gemäß Nr. 4 des Vertrages die von ihm getätigte Patentanmeldung zur Nutzung zur Verfügung stellt, wobei der Antragstellerin, wie der im Vertrag geregelten Arbeitsteilung zu entnehmen ist, eine ausschließliche Verkaufslizenz eingeräumt wurde. Der Antragstellerin ist damit eingeräumt worden, die arbeitsteilig übernommenen Leistungen ungestört gegenüber Dritten auszuführen und der Antragsgegner ist verpflichtet, sich unmittelbarer Angebote an Kunden zu enthalten. Dies wird durch im Vertrag getroffene Regelungen klargestellt.

Das OLG Düsseldorf hat in seiner Entscheidung vom 4. 6. 91[1179] zu derselben Frage Stellung genommen: 2930

Zu Recht hat das Landgericht den »Kooperations-Rahmenvertrag« der Parteien als Gesellschaftsvertrag mit patentlizenzrechtlichen Elementen qualifiziert. Der Wortlaut des Vertrags zeigt, dass die Nutzung des Schutzrechts für die Parteien wesentlich ist. Anders als der Antragsgegner meint, handelt es sich auch nicht um einen bloßen Vertriebsvertrag. Der Antragsgegner hat der Antragstellerin nicht nur den Vertrieb von ihm hergestellter Trocknungsanlagen eingeräumt. Vielmehr haben die Parteien vereinbart, zu dem gemeinsamen Zweck der »Vermarktung« der Trocknungsanlagen zusammenzuarbeiten. Die Parteien gingen ersichtlich davon aus, dass auf die entsprechende Anmeldung hin ein Patent erteilt wurde. In dem Vertrag ist eine »Arbeitsteilung« der Parteien festgelegt worden. In den folgenden Nummern des Vertrages sind die von beiden Parteien zu leistenden Beiträge näher umschrieben worden. Beide Parteien sollen den Abnehmern der Anlagen gegenüber benannt werden. Auf Absprachen über gemeinsam erwirtschaftete Gewinne oder Verluste kommt es nicht entscheidend an.

1178 LG Düsseldorf 4 O 29/91.
1179 OLG Düsseldorf 20 U 67/91.

2931 Der Vertrag enthält keine Kündigungsklausel. Er ist demgemäß nur kündbar, wenn er auf unbestimmte Zeit geschlossen worden wäre. Nach Meinung des Landgerichts Düsseldorf[1180] richtet sich die Vertragsdauer nach der Laufzeit des Patents:

> Eine nicht für eine bestimmte Zeit eingegangene Gesellschaft kann nach § 723 Abs. 1 Satz 1 BGB von jedem Gesellschafter jederzeit gekündigt werden. Der Kooperations-Rahmenvertrag ist jedoch nicht auf unbestimmte Zeit eingegangen worden. Da Gegenstand des Vertrags die Nutzung eines Patents ist, ist die Gesellschaft im Zweifel jedenfalls für die Dauer des Patents abgeschlossen worden. Nr. 11 des Vertrags ist keine abweichende Regelung zu entnehmen. Für die Zeit nach Ablauf des Patents kann er die Parteien ohnehin nicht binden (vgl. § 20 Abs. 1 GWB); im Übrigen liegt dieser Vertragsbestimmung ersichtlich die Vorstellung zugrunde, dass eine vertragliche Beziehung zwischen den Parteien während der Laufdauer des Patents bestehen sollte, möglicherweise aufgrund »eines neuen Vertrags zwischen den Parteien« nach Aufhebung des Kooperations-Rahmenvertrags.

2932 In Betracht kommen könnte eine außerordentliche Kündigung aus wichtigem Grund. Ein solcher liegt hier nicht vor:[1181]

> Auf einen wichtigen Grund für eine außerordentliche Kündigung, die durch den Vertrag nicht hätte ausgeschlossen werden können (vgl. § 723 Abs. 3, Abs. 1 Satz 2 BGB) kann sich der Antragsgegner ebenfalls nicht berufen. Der in seinem Kündigungsschreiben erhobene Vorwurf, die Antragstellerin sei ihrer Verpflichtung zur Akquisition nicht nachgekommen, ist offensichtlich unberechtigt. Nachdem der Antragsgegner vorher die Zusammenarbeit mit der Antragstellerin für beendet erklärt hatte, ist es treuwidrig, dieser die Einstellung der Verkaufsbemühungen vorzuwerfen, zu deren erfolgreicher Durchführung die Antragstellerin auf die Mitwirkung des Antragsgegners angewiesen war.

2933 Der Kooperations-Rahmenvertrag ist weder durch ausgesprochene Kündigung noch durch Wegfall der Geschäftsgrundlage beendet worden.

5. Sonstige Rechtsverhältnisse

2934 In der täglichen Praxis des Patentanwaltes spielt die Frage des Zusammenwirkens mehrerer Parteien ohne explizite vertragliche Vereinbarungen eine erhebliche Rolle. Hier kommt es immer wieder zu Situationen, in denen die rechtlichen Verhältnisse nicht ganz klar sind.

2935 Im Falle der Miterfinderschaft steht das Recht auf das Patent den Miterfindern nach § 6 Abs. 1 PatG gemeinschaftlich zu. Das Rechtsverhältnis zwischen Miterfindern beurteilt sich deshalb vorbehaltlich besonderer Vereinbarungen nach dem Recht der Bruchteilsgemeinschaft (§§ 741 ff. BGB). Danach steht jedem Teilhaber gemäß § 743 Abs. 2 BGB grundsätzlich ein Eigennutzungsrecht am Vermögensgegenstand der Bruchteilsgemeinschaft zu, soweit dadurch nicht der Mitgebrauch der anderen Teilhaber beeinträchtigt.

2936 Darüber hinaus kann jeder Teilhaber nach § 745 Abs. 2 BGB eine den Interessen der Teilhaber nach billigem Ermessen entsprechende Verwaltung und Benutzung verlan-

1180 LG Düsseldorf Urteil v. 16. 4. 914 O 29/91.
1181 LG Düsseldorf Urteil v. 16. 4. 914 O 29/91.

gen, wenn hierzu keine Vereinbarung oder Beschlüsse vorliegen. Die Regelung des § 745 Abs. 2 BGB kann daher als Grundlage des nicht nutzenden Teilhabers für einen Ausgleichsanspruch gegen den nutzenden Teilhaber herangezogen werden.

▶ Beispiel:

A und B sind Wettbewerber. Beide entwickeln, produzieren und vertreiben Garagentore. Ein Rechtsstreit zwischen den beiden hatte zu dem Ergebnis geführt, dass B dem A eine Mitberechtigung an dem Patent C einzuräumen hatte. A verlangt nunmehr die Zahlung eines bezifferten Ausgleichsbetrages. 2937

Bei der Beurteilung, ob dem Mitberechtigten ein Billigkeitsausgleich zusteht, sind die Umstände des Einzelfalles zu würdigen. Im vorliegenden Fall hatte B nicht genutzt. Insofern kommt ein Ausgleichsanspruch nur in Frage, wenn stichhaltige Gründe bestehen, die B von der eigenen Verwertung der Erfindung abhalten. Denn jeder Berechtigte soll im Rahmen des für ihn möglichen Zumutbaren das Risiko einer Erfindungsbenutzung selbst übernehmen. Das Entwicklungs- und Vermarktungsrisiko kann nicht ohne eigene Anstrengungsinvestitionen auf den anderen Teil abgewälzt werden. Denn dies würde dazu führen, dass im Falle des geschäftlichen Erfolges des anderen Teils ein finanzieller Anteil an diesen Erträgen aus Billigkeitsentschädigungen gefordert werden kann.[1182] 2938

1182 OLG Düsseldorf, Urteil vom 15.03.2018 – I-2 U 19–13; Nicklas Kinting, IP-Kompakt, September 2018, S. 4 – 7.

Entscheidungsregister

Entscheidungsstichwort	Gericht	Datum	Aktenzeichen	Rdn
Abgasreinigungsvorrichtung	BGH	05.07.2005	X ZR 14/03	1667
Absetzvorrichtung	BGH	22.03.1983	X ZR 9/82	1844
ABSOLUT	BGH	24.06.1999	I ZB 45/96	2247
Absorberstabantrieb I	BGH	31.01.1978	X ZR 55/75	1797
Achat	BGH	15.12.1987	X ZR 55/86	2123
Afilias.de	BGH	24.04.2005	I ZR 159/05	2582
Airbag-Auslöser als Aussteuerung	BGH	30.04.2009	Xa ZR 56/05	1269
alpi/Alba Moda	BGH	08.11.1989	I ZR 102/88	2432
Altenburger Spielkartenfabrik	BGH	29.06.1995	I ZR 24/93	2767
Ambiente.de	BGH	17.05.2001	I ZR 251/99	2583, 2587
Anbieten interaktiver Hilfe	BGH	19.10.2004	X ZB 33/03	1098
Angabe der Telefon-Nr. in der Werbung	BGH	18.05.1999	X ZR 156/97	1867
Anmeldegebühr – Einbehaltung	BPatG	24.05.2000	29 W (pat) 273/99	2284
Anwaltlicher Verantwortungsbereich	BPatG	21.01.1997	24 W (pat) 139/96	510
Anwaltsrundschreiben	BGH	15.03.2001	I ZR 337/98	448
Anwaltswerbung II	BGH	01.03.2001	I ZR 300/98	448, 451
apetito/apitta	BGH	10.12.1992	I ZR 19/91	2419
Apropos Film	BGH	22.10.1987	I ZB 8/86	2080, 2430
Apropos Film II	BGH	03.11.1989	I ZB 20/88	2267
Architektenwettbewerb	BGH	10.10.1996	I ZR 129/94	2576, 2577
Arzneimittelzubereitung	BGH	05.10.2005	X ZB 7/03	1665, 1667, 1670
ATTACHÉ/TISSERAND	BGH	13.01.2000	I ZR 223/97	2402
Ausschreibung von Ingenieurdienstleistungen	BGH	11.11.2004	I ZR 156/02	2576
Ausschreibung von Vermessungsleistungen	BGH	15.05.2003	I ZR 292/00	2576
Auswertung diskreter Messwerte	BPatG	11.07.2006	23 W (pat) 55/04	1098, 1173

Entscheidungsstichwort	Gericht	Datum	Aktenzeichen	Rdn
Auto Bild/SAT.1 – Jetzt reichts	BVerfG	11.03.2004	1 BvR 517/99	8, 11
Automatische Absatzsteuerung	BPatG	14.06.1999	20 W (pat) 8/99	1124
Autowaschvorrichtung	BGH	06.11.1990	X ZR 55/89	1868
Bäckerhefe	BGH	11.03.1975	X ZB 4/74	1156
based on Steinway	OLG Hamburg	11.01.2001	3 U 58/00	2630
Basler Haarkosmetik	BGH	09.11.2011	I ZR 150/09	2771
Befestigungsvorrichtung II	BGH	12.07.1990	X ZR 121/88	1848
Begrenzungsanschlag	BGH	06.05.2014	X ZR 36/13	1851
Beschleunigungsgebühr	BGH	17.11.1999	I ZB 1/98	2302
Betrieb einer Sicherheitseinrichtung	BGH	30.04.2009	Xa ZR 92/05	1269
BGB-Gesellschaft parteifähig	BGH	29.01.2001	II ZR 331/00	215, 766
Bilderzeugungsgerät	BPatG	22.03.1999	20 W (pat) 14/97	1367
Bildunterstützung bei der Katheternavigation	BGH	31.08.2010	X ZB 9/09	1178
Blasenfreie Gummibahn I	BGH	24.09.2003	X ZR 7/00	1270
Blendsegel	BGH	21.02.2002	I ZR 265/99	2788
Bodenwaschanlage	BGH	14.11.2000	X ZR 137/99	2076, 2881, 2884
BONUS	BGH	23.10.1997	I ZB 18/95	2247, 2248
BOUCHET	BGH	06.12.1974	I ZR 110/73	2607
Bratgeschirr	BGH	28.06.2000	X ZR 128/98	1833
Briefkopf einer Partnerschaft	OLG München	18.01.2001	29 U 2962/00	219, 228
Broccoli	EPA	09.12.2010	G2/07	1509
Broccoli I	EPA	09.12.2010	G2/07	1152
Broccoli II	EPA	25.03.2015	G2/2013	1152
Buchstabe K	BGH	15.06.2000	I ZB 4/98	2233
Bundstreifensatin II	BGH	18.12.1968	I ZR 130/66	2794
CAD/CAM-Einrichtung: Algorithmus	BPatG	21.01.1997	17 W (pat) 49/94	1115
Canon	BGH	12.12.1996	I ZB 15/94	2540

Entscheidungsstichwort	Gericht	Datum	Aktenzeichen	Rdn
Catnic	BGH	27.11.1980	[1982] R.P.C. 163	1870
CHANGE	BGH	05.02.1998	I ZB 25/95	2244
Chloramphenicol	BGH	17.03.1964	Ia ZR 178/63	955
Cityservice	BGH	20.08.2003	I ZB 6/03	2233
Clarithromycin	BPatG	23.01.2001	14 W (pat) 8/99	1738
Computerimplementiertes Verfahren zum Herstellen eines Kabelbaums	BPatG	21.03.2002	23 W (pat) 24/00	1124
Computernetzwerk-Information	BPatG	17.10.2002	17 W (pat) 1/02	1212
Cosa Nostra	BPatG	14.11.1995	24 W (pat) 206/94	2240
Crackkatalysator	BGH	20.03.1990	X ZB 10/88	1330
Cromegal	BGH	28.06.1962	I ZR 28/61	1783, 1792
Custodiol	BPatG	29.02.2000	14 W (pat) 42/99	1736
Custodiol I	BGH	12.03.2002	X ZB 12/00	1736
Custodiol II	BGH	12.03.2002	X ZR 73/01	1736, 1868
Datenblatt	BPatG	10.06.1999	5 W (pat) 403/98	1238
Datenverarbeitungsbezogene Lehre: Vorbereitung von Musterdaten	BPatG	09.01.1997	17 W (pat) 42/94	1115
Davidoff	BGH	27.04.2000	I ZR 236/97	2321, 2327
defacto	BGH	21.02.2002	I ZR 230/99	2304
Desmopressin	BGH	12.06.2012	X ZR 131/09	2064
Die Privatsekretärin	BGH	15.04.1958	I ZR 31/57	2854
Diglycidverbindung	BGH	13.09.2011	X ZR 69/10	1880
dipa/dib	BGH	14.11.1991	I ZR 24/90	2541
Doppelmotivkarte	BPatG	17.12.1997	5 W (pat) 4/95	1059
Dos	BGH	03.06.1993	I ZB 9/91	2517
Drahtinjektionseinrichtung	BGH	06.02.2002	X ZR 215/00	1784
DRANO/P3-drano	BGH	04.07.1996	I ZB 6/94	2541
Dreifachkombinationsschalter	BGH	20.05.1974	I ZR 136/72	2658

Entscheidungsstichwort	Gericht	Datum	Aktenzeichen	Rdn
Druckdatum	BPatG	06.05.1999	6 W (pat) 13/97	1360
dynamische Dokumentengenerierung	BGH	22.04.2010	Xa ZB 20/08	1128
Einkaufswagen III	BGH	17.07.2013	I ZR 21/12	2790
Einparkhilfe	BPatG	28.11.1995	23 W (pat) 77/93	1059
Eis.de GmbH	EuGH	26.03.2010	C-91/09	2585
Elastische Bandage	BGH	18.09.1990	X ZR 29/89	1298
Elektrisches Modul	BGH	14.09.2004	X ZR 149/01	1269
Elektrisches Speicherheizgerät	BGH	26.09.1996	X ZB 18/95	1382
Elektronischer Zahlungsverkehr	BPatG	29.04.2002	20 W (pat) 38/00	1117
Elektronisches Modul	BGH	14.09.2004	X ZR 149/01	1270
Endoprotheseeinsatz	BGH	28.11.2000	X ZB 20/99	1167
Energiegewinnungsgerät	BGH	10.05.1984	X ZB 16/83	1081
Entfernen von Gegenständen aus Prothesen	BPatG	06.07.1999	21 W (pat) 23/97	1167
Erbenermittler	BVerfG	27.09.2002	1 BvR 2251/01	8, 11
Erforderliche Mitwirkung des Patentanwalts	BGH	21.12.2011	I ZR 196/10	610
Erstattungsfähigkeit von Patentanwaltskosten	OLG Frankfurt	29.02.2012	6 W 25/12	608
Eurohenkel	BPatG	30.01.1969	25 W (pat) 363/69	2259
Euromint	BGH	16.01.1997	I ZR 225/94	2259
Europareise	BGH	28.05.1968	X ZR 42/66	2070, 2071
EVIAN/REVIAN	BGH	16.11.2000	I ZR 34/98	2323
Fabergé	BGH	12.07.2001	I ZR 100/99	2546
Familienname	BGH	22.11.1984	I ZR 101/82	2767
Farbmarke violettfarben	BGH	01.03.2001	I ZB 57/98	2237
Faxkarte	BGH	02.05.2002	I ZR 45/01	2010
Fehlerhafte Anwaltsberatung	BGH	07.02.1995	X ZR 32/93	848
Femur-Teil	BGH	15.04.2010	I ZR 145/08	2791, 2793

Entscheidungsstichwort	Gericht	Datum	Aktenzeichen	Rdn
Fensterbeschlag	BPatG	12.04.1999	11 W (pat) 83/98	1323
Fersenabstützvorrichtung	BGH	24.11.1981	X ZR 36/80	2007
Finnischer Schmuck	BGH	18.10.1990	I ZR 283/88	2044, 2658
Firmenprospekt: Zugänglichkeit	BPatG	23.06.1997	19 W (pat) 15/96	1358
Flügelradzähler	BGH	04.05.2004	X ZR 48/03	1900
Fluidleitungsverbindung	BPatG	10.02.1999	9 W (pat) 45/97	1264
Fluoran	BGH	26.01.1988	X ZR 18/86	1207
FOR YOU	BGH	15.07.1999	I ZB 47/96	2243
Forderungskauf	BVerwG	16.07.2003	6C 27.02	12
Formsand II	BGH	30.04.1964	Ia ZR 224/63	954
»Formstein«-Einwand	BGH	17.02.1999	X ZR 22/97	2056
frei öl	BGH	31.01.1991	I ZR 71/89	2541
Fullplastverfahren	BGH	24.09.1979	KZR 14/78	2076
Fuzzy Clustering	BPatG	30.07.2002	17 W (pat) 66/01	1124
Gabelstapler II	BGH	20.11.2003	I ZB 15/98	2234
Gebühren des Patentanwalts in GebrM-Löschungsverfahren	BPatG	01.06.2005	5 W (pat) 433/04	598
Gebührenordnung mit Teuerungszuschlägen	OLG Düssel-dorf	14.11.2011	I-24 U 192/10	548, 552
Gedankliche Tätigkeiten als solche	BPatG	22.06.2010	17 W (pat) 49/08	1111
Gegensprechanlage	BPatG	07.12.1999	20 W(pat) 14/99	1059
Gemäldewand	BGH	16.04.1975	I ZR 16/74	2658
Gemeinkostenanteil	BGH	02.11.2000	I ZR 246/98	2002
Gepäckpresse	BGH	09.10.2008	I ZR 126/06	2790
Geschäftliche Tätigkeit	BPatG	09.04.2002	17 W (pat) 14/99	1124
Geschlitzte Abdeckfolie	BGH	21.11.1989	X ZR 29/88	1890
Gestaltsimulationsverfahren 1	BPatG	04.11.1997	17 W (pat) 65/95	1115

Entscheidungsstichwort	Gericht	Datum	Aktenzeichen	Rdn
Giotto	BGH	19.01.2006	I ZB 11/04	2269
Gleichrichter	BGH	30.03.1971	X ZR 8/68	1793
Google France	EuGH	23.03.2010	C-236/08, C-237/08, C-238/08	2585
Grenzzeichenfreie Räumung	BPatG	12.11.1998	19 W (pat) 58/96	1059
Haftung für Altverbindlichkeiten	BGH	22.01.2004	IX ZR 65/01	217
Haftungsbeschränkung bei Anwälten	BGH	25.06.1992	I ZR 120/90	227
Halzband	BGH	11.03.2009	I ZR 114/06	2579
Haushaltsschneidemaschine	BGH	03.06.1977	I ZR 83/76	2658, 2713
Hautactiv	BPatG	06.02.1996	24 W (pat) 274/94	2243
Heizungsanlage	BPatG	05.03.2009	12 W (pat) 348/03	1234
Heuwerbungsmaschine II	BGH	02.12.1980	X ZR 16/79	1848
Hochspannungstransformator	BPatG	15.02.1991	19 W (pat) 47/88	1356
Huawei/ZTW	EuGH	16.07.2015	C-117/13	2092
Humane embryonale Stammzellen	BPatG	05.12.2006	3 Ni 42/04	1190, 1198
Hybridpflanzen/Lubrizol	EPA	10.11.1988	T 320/87	1508
Idarubicin	BGH	17.06.1997	X ZB 13/95	1730
Idarubicin II	BGH	15.02.2000	X ZB 13/95	1730
Idarubicin III	BGH	17.07.2001	X ZB 21/00	1730
IG Bergbau	BGH	15.12.1960	KVR 2/60	2383
Imidazoline	BGH	14.03.1972	X ZB 2/71	1302
IMMUNINE/IMUKIN	BGH	24.11.1999	I ZB 17/97	1323
Industrieböden	BGH	21.12.1962	I ZR 47/61	941
Informationsträger	BGH	22.04.1998	X ZB 19/97	1340
Informationsübermittlungsverfahren II	BGH	27.06.2007	X ZB 6/05	1382
Inkassounternehmen I	BVerfG	20.02.2002	1 BvR 423/99	8, 11
Inkassounternehmen II	BVerfG	14.08.2004	1 BvR 725/03	11

Entscheidungsstichwort	Gericht	Datum	Aktenzeichen	Rdn
Inlandsvertreter	BPatG	19.04.2007	10 w (pat) 56/06	675
Internet-Versteigerung I	BGH	11.03.2004	I ZR 304/01	2583
Internet-Versteigerung II	BGH	19.04.2007	I ZR 35/04	2577
Internet-Versteigerung III	BGH	30.04.2008	I ZR 73/05	2583
Jeans	BGH	15.09.2005	I ZR 151/02	2788
Jockey	BFH	07.10.1999	VII R 89/98	2747
Johanniter Bier	BFH	24.10.1990	XII ZR 112/89	2764
Jugendgefährdende Medien bei eBay	BGH	12.07.2007	I ZR 18/04	2578
Kabeldurchführung	BGH	04.02.1997	X ZR 74/94	2056
Käse in Blütenform	BGH	04.12.2003	I ZB 38/00	2233
Katheternavigation	BPatG	26.05.2009	21 W (pat) 45/06	1177
Kein ergänzendes Schutzzertifikat für isolierten Wirkstoff einer Zusammensetzung	EuGH	25.11.2011	C-518/10	1734
Kinder	BGH	28.08.2003	I ZR 257/00	2269, 2564
Kinderhochstühle im Internet	BGH	22.07.2010	I ZR 139/08	2575, 2577, 2582
Kleiderbügel	BGH	20.12.1994	X ZR 56/93	2042
Klemmbausteine II	BGH	07.05.1992	I ZR 163/90	2786
Klettverschluß	BGH	06.07.1989	I ZR 234/87	2250
Klinische Versuche	BGH	11.07.1995	X ZR 99/92	2058
Kooperationspartner	BGH	21.01.1993	I ZR 43/91	803
Kosten des Patentanwalts IV	BGH	10.05.2012	I ZR 70/11	608
KOWOG	BGH	24.06.1993	I ZR 187/91	2625
Kupferberg	BGH	10.11.1965	I b ZR 101/63	2767
Leiter der Patentabteilung	BGH	15.12.1986	PatAnwZ 1/85	297
Lila-Postkarte	BGH	03.02.2005	I ZR 159/02	2557
Lizenzbereitschaftserklärung	BPatG	23.07.1975	4 W (pat) 30/74	2372, 2377
Logikverifikation	BGH	13.12.1999	X ZB 11/98	1054, 1065, 1102, 1116, 1473

Entscheidungsstichwort	Gericht	Datum	Aktenzeichen	Rdn
Lòrèal/Beluer	EuGH	18.06.2009	C-487/07	2553
Luftabscheider für Milchsammelanlagen	BGH	07.06.2006	X ZR 105/04	2084
M2Trade	BGH	19.07.2012	I ZR 70/10	2843, 2848, 2851, 2854
Mahnman	BVerfG	15.01.2004	1 BvR 1807/98	8, 11
Makol	BGH	24.04.1997	I ZB 1/96	2387
Markenverunglimpfung II	BGH	19.10.1994	I ZR 130/92	2546
Marlene-Dietrich-Bildnis	BGH	24.04.2008	I ZB 21/06	2255
MasterPat	BVerfG	29.10.1997	1 BvR 780/87	8, 10
Mautberechnung	BGH	19.04.2011	X ZR 124/10	1406
Maxem.de	BGH	26.06.2003	I ZR 296/00	2582
Mc Laren	BGH	09.06.1994	I ZR 272/91	2556
Mecklenburger Obstbrände	BGH	14.05.2009	I ZR 82/07	2619
MEGA	BGH	20.06.1996	I ZB 31/95	2247
Mehrfachsteuersystem	BGH	15.12.1998	X ZB 2/98	1340
Messerkennzeichnung	BGH	15.06.2000	I ZR 90/98	2788, 2793
mho.de	BGH	09.09.2004	I ZR 65/02	2582
Mitwohnzentrale.de	BGH	17.05.2001	I ZR 216/99	2767
Möbelprogramm	BGH	20.09.1974	I ZR 35/73	2661
Modulgerüst	BGH	08.12.1999	I ZR 101/97	2783, 2791
Modulgerüst II	BGH	18.03.2010	I ZR 158/07	2790
MONTANA	BGH	18.05.1995	I ZR 99/93	2469
Mozzarella I	BGH	16.12.1993	I ZR 277/91	2438
MPEG-2 Videosignalkodierung	BGH	21.08.2012	X ZR 33/10	1886
MTS	BGH	27.01.2000	I ZB 39/97	2804
Muschi-Blix	BGH	08.10.1969	I ZR 149/67	496
Namensangaben auf Geschäftsbriefen	OLG Brandenburg	10.07.2007	6 U 12/07	283
Namensklau im Internet	BGH	10.04.2008	I ZR 227/05	2580, 2583
NetCom	BGH	21.11.1996	I ZR 149/94	2419
neurale Vorläuferzellen	BPatG	05.12.2006	3 Ni 42/04	1189

Entscheidungsstichwort	Gericht	Datum	Aktenzeichen	Rdn
Neurale Vorläuferzellen	BGH	17.12.2009	Xa ZR 58/07	1189, 1190, 1191
Neuronale Vorläuferzellen II	BGH	27.11.2012	X ZR 58/07	1199
Nicoline	BGH	13.10.1994	I ZR 99/92	2419
Niederlegung der Inlandsvertretung	BGH	11.02.2009	Xa ZB 24/07	675, 677
Offenendspinnmaschine	BGH	11.04.1989	X ZR 26/87	2007
Okklusionsvorrichtung	BGH	10.05.2011	X ZR 16/09	1880
Olanzapin	BGH	16.12.2008	X ZR 89/07	1207
Orange-Book-Standard	BGH	06.05.2009	KZR 39/06	2088, 2095
ORION	BPatG	05.03.1996	24 W (pat) 124/94	2320
Patentanwaltshaftung bei Auslandsmandat	LG Leipzig	12.10.2006	05 O 4444/04	513
Patentstreitsache	BGH	22.02.2011	X ZB 4/09	635
Petersburger Schlittenfahrt	BPatG	06.09.1989	26 W (pat) 344/87	2541
Pflanzenzellen/PGS	EPA	21.02.1995	T 356/93	1508
Philips	EuGH	18.06.2002	C 299/99	2236
POINT	BGH	27.01.1982	I ZR 61/80	2080, 2430
Polifeprosan	BGH	29.06.2004	X ZB 5/03	1740
Portakabin/Primakabin	EuGH	08.07.2010	C-558/08	2566
Portland	BPatG	12.10.2005	32 W (pat) 193/04	2253
Positionierungsmarke	BPatG	13.10.1999	28 W (pat) 66/98	2276
PREMIERE I	BPatG	07.05.1996	29 W (pat) 38/93	2267
PREMIERE II	BGH	25.03.1999	I ZB 2/96	2243
PREMIERE III	BPatG	07.05.1996	29 W (pat) 83/94	2267
Programme für Datenverarbeitungsanlagen als solche	BPatG	24.06.2010	17 W (pat) 85/07	1109
Programms for Computers	EPA	12.05.2010	G 3/08	1271
PROTECH	BGH	19.01.1995	I ZB 20/92	2243, 2244

Entscheidungsstichwort	Gericht	Datum	Aktenzeichen	Rdn
Prozessagenten	BVerfG	25.02.1976	1 BvR 8/74, 1 BvR 275/74	8, 571
Pulloverbeschriftung	BGH	24.03.1994	I ZR 152/92	2557
Puppenausstattungen	BGH	28.10.2004	I ZR 326/01	2790
Raltegravir	BGH	11.07.2017	X ZB 2/17	2090
Rasierer mit Scherköpfen	BGH	17.11.2005	I ZB 12/04	2236
Rechtsauskunft	BGH	20.10.1964	VI ZR 101/63	461
Regalsystem	BGH	24.01.2013	I ZR 136/11	2795
Regenwaldprojekt I	BGH	26.10.2006	I ZR 33/04	283
Regenwaldprojekt II	BGH	26.10.2006	I ZR 97/04	283
Reifen Progressiv	BGH	26.03.2009	I ZR 153/06	2843, 2848, 2849
Reisebüro Broede./. Sandker	EuGH	12.12.1996	C-3/95	13
Rentabilitätsermittlung	BGH	19.10.2004	X ZB 34/03	1098, 1112
Rohrschelle	BGH	28.11.1952	I ZR 21/52	1295
Rolex-Uhr mit Diamanten	BGH	12.02.1998	I ZR 241/95	2764
Rollenantriebseinheit II	BGH	26.09.2006	X ZR 181/03	1781
Rollen-Clips	BGH	22.02.1990	I ZR 50/88	2786
Rollstuhlnachbau	BGH	17.06.1999	I ZR 213/96	2783
Rosenmutation	BGH	27.11.1975	X ZB 24/73	2123
Rote Taube	BGH	27.03.1969	X ZR 52/66	1086
Rückspülbare Filterkerze	BGH	30.01.2007	X ZR 156/02	1330
Rückzahlung der Beschleunigungsgebühr	BGH	17.11.1999	I ZB 4/97	2302
Rüschenhaube	BGH	08.05.1968	I ZR 67/65	2661
Saeger./. Dennemeyer	EuGH	25.07.1991	C-76/90	13
Salomon	BGH	29.11.1990	I ZR 13/89	2546
Sandmalkasten	BGH	22.03.2012	I ZR 21/11	2792
Satzanalyseverfahren	BPatG	12.11.2002	17 W (pat) 41/01	1124
Schaltkreissimulation I	EPA	13.12.2006	T 1227/05	1102
Schalungselement	BGH	13.03.2001	X ZR 155/98	1221
Schlauchbeutel	BGH	11.07.2002	Ni 23/01	1406
Schlüssel	BGH	18.03.1999	I ZB 24/96	2337

Entscheidungsstichwort	Gericht	Datum	Aktenzeichen	Rdn
Schlussurlaub	BGH	18.05.1971	X ZR 68/67	416
Schneidmesser I	BGH	12.03.2002	X ZR 168/00	1868, 1870
Schneidmesser II	BGH	12.03.2002	X ZR 135/01	1868, 1880
Schöner Wetten	BGH	01.04.2004	I ZR 317/01	2576, 2577
Schwenkverschraubung	BGH	12.07.1968	X ZR 12/67	952, 954, 955, 960
Schwingungsdämpfer	BPatG	29.09.1997	9 W (pat) 24/97	1362
shell.de	BGH	22.11.2001	I ZR 138/99	2582
Signale in einem implantierbaren Gerät	BPatG	23.02.1999	21 W (pat) 34/97	1164, 1173
Signalfolge	BGH	17.02.2004	X ZB 9/03	1886
Simvastatin	BGH	05.12.2006	X ZR 76/05	1840
SL	BGH	06.12.1990	I ZR 297/88	2546
Softwarenutzung	BGH	17.11.2005	IX ZR 162/04	2843, 2844, 2846, 2858
Sommer unseres Lebens	BGH	12.05.2010	I ZR 121/08	2580
Spannschraube	BGH	02.03.1999	X ZR 85/96	1845, 1866
Spleißkammer	BGH	23.01.1990	X ZB 9/89	1330
Sprachanalyseeinrichtung	BGH	11.05.2000	X ZB 15/98	1054, 1065, 1112, 1116
St. Petersquelle	BGH	09.11.1988	I ZR 96/86	2432
Stabilisierung von Förderstrecken-Druckprodukten II	LG Düsseldorf	19.06.2008	4B O 130/08	2741, 2742
Steuerungseinrichtung für Untersuchungsmodalitäten	BGH	20.01.2009	X ZB 22/07	1112, 1117, 1126
Streuvorrichtung	BPatG	16.12.1989	5 W (pat) 409/97	1704
Substantiierungspflicht	BPatG	15.05.1995	4 W 57/94	1367
Suche fehlerhafter Zeichenketten	BGH	17.10.2001	X ZB 16/00	1054, 1116
Suche fehlerhafter Zeichenketten/ Tippfehler	BPatG	26.03.2002	17 W (pat) 69/98	1124
Sumatriptan	BGH	20.01.2002	X ZB 12/01	1730

Entscheidungsstichwort	Gericht	Datum	Aktenzeichen	Rdn
Synchrotron	BPatG	17.05.1991	23 W (pat) 40/90	2378
Taco	BGH	09.02.1966	Ib ZR 13/64	2661
Take Five	BGH	19.07.2012	I ZR 24/11	2843, 2848, 2851
Tastmarke	BGH	05.10.2006	I ZB 73/05	2282
Tätigkeit bei einem Patentanwalt	BGH	22.03.1999	PatAnwZ 10/98	139
Tauchcomputer	BGH	04.02.1992	X ZR 43/91	1112
Taxilan	BGH	21.05.1963	Ia ZR 84/63	952, 957
Tchibo/Rolex I	BGH	08.11.1984	I ZR 128/82	2792
Teilung	BPatG	13.07.1994	19 W (pat) 8/94	1323
Temperaturwächter	BGH	19.12.2000	X ZR 150/98	2080
ten Doornkaat Koolman	BGH	04.02.1959	IV ZR 151/58	2767
Textdatenwiedergabe	BGH	23.09.1997	X ZB 14/96	1340
TIFFANY	BGH	26.11.1998	I ZB 18/96	2320
Tinnitus Masker	BGH	29.04.1997	X ZR 127/95	2894
Tomate I	EPA	09.12.2010	G1/08	1152, 1509
Tomate II	EPA	25.03.2015	G2/12	1152
Tonmöbel	BGH	10.06.1958	I ZR 111/57	2715
Torres	BGH	12.07.1995	I ZR 140/93	2517
Tracheotomiegerät	BGH	30.04.1996	X ZR 114/92	1330
Trihotel	BGH	16.07.2007	II ZR 3/04	819
U-Key	BGH	08.12.1994	I ZB 15/92	2243
Unberechtigte Schutzrechtsverwahrung	BGH	15.07.2005	GSZ 1/04	1919
Unentgeltliche Rechtsberatung I	BVerfG	29.07.2004	1 BvR 737/00	8, 12
Unentgeltliche Rechtsberatung II	BVerfG	16.02.2006	2 BvR 951/04, 2 BvR 1087/04	8, 12
Universitätsemblem	BGH	23.09.1992	I ZR 251/90	2573
Unwirksamkeit der Teilungserklärung	BPatG	16.11.1998	4 W (pat) 30/98	1323
Unzureichende Klassengebühren	BPatG	22.02.2005	24 W (pat) 120/04	2297

Entscheidungsstichwort	Gericht	Datum	Aktenzeichen	Rdn
Vakuumpumpen	BGH	14.12.1995	I ZR 240/93	2783
Vanalpatent	BGH	14.07.1964	Ia ZR 195/63	1435
Verbrauchsmaterialien	BGH	28.03.1996	I ZR 39/94	2786
Verfahren zur passiven Gymnastik	BPatG	18.01.2007	21 W (pat) 17/05	1171
Vergleichsempfehlung	BGH	30.11.1999	X ZR 129/96	517
Vermehrungsgut/CIBA GEIGY	EPA	26.07.1983	T 0049/83	1508
Verschenktexte II	BGH	10.10.1992	I ZR 262/90	2267
Verwandlungstisch	BGH	12.04.1957	I ZR 1/56	2817, 2820, 2887
Vollrechtsbeistände	BVerfG	05.05.1987	1 BvR 724/81, 1 BvR 1000/81, 1 BvR 1015/81, 1 BvL 16, 82, 1 BvL 5/83, 1 BvR 724, 1000, 1015/81, 1 BvL 16, 82, 5/84	8
Vom Wortsinn abweichende Lösung	BGH	17.07.2012	X ZR 113/11	1879
Voran	BGH	29.02.1968	Ia ZR 49/65	2123
Vorlage an BPatG	BPatG	24.07.1987	5 W (pat) 42/86	2378
Vorschaubilder I	BGH	29.04.2010	I ZR 69/08	2849
Wandabteiler	BGH	26.01.1993	X ZR 79/90	954
Wärmetauscher	BGH	10.05.2016	X ZR 114/13	0, 1987
Waschmitteltablette	BPatG	27.07.2004	24 W (pat) 93/00	2277
Wasserventil	BGH	21.12.1989	X ZB 19/89	2386
Weichvorrichtung I	BGH	20.04.1993	X ZR 6/91	1844
Weichvorrichtung II	BGH	05.06.1997	X ZR 73/95	2084
Werbespiegel	BGH	28.09.1976	X ZR 22/75	2839, 2889
What's live	BPatG	08.07.2003	33 W (pat) 94/02	2285, 2288
Wiedereinsetzung V	BGH	19.12.2000	X ZR 128/00	746

Entscheidungsstichwort	Gericht	Datum	Aktenzeichen	Rdn
Wiedergabe des Standes der Technik	BPatG	09.04.1997	7 W (pat) 45/93	1124
Wiedergabe topografischer Informationen	BGH	26.10.2010	X ZB 47/07	1112, 1271
Wiegevorrichtung	BGH	08.09.2009	X ZR 15/07	2072
Wien I	BGH	15.09.2005	I ZR 151/02	2792
Wildbissverhinderung	BGH	10.11.1975	X ZR 54/67	417
Wirbelkammer	LG Düsseldorf	05.09.2002	4 O 417/01	958
Zahl 1	BGH	18.04.2002	I ZB 23/99	2233
Zahnpastastrang	BGH	26.10.2000	I ZB 3/98	2233
Zahnpastastrang	BPatG	28.10.1997	24 W (pat) 38/97	2276
Zerlegvorrichtung für Baumstämme	BGH	17.03.1994	X ZR 16/93	2080
Zick-Zack-Linie	BPatG	12.05.1998	27 W (pat) 153/96	2276
Zierfall	BGH	29.09.1974	I a ZR 285/63	2087
Zuckerdiffuseur	BGH	23.05.1952	I ZR 149/51	418
Zulassung der Rechtsbeschwerde	BPatG	29.05.1979	31 W (pat) 81/75	2383
Zustellungswesen	BGH	17.12.1992	I ZB 3/91	677
Zwilling/Zweibrüder	BGH	29.04.2004	I ZR 191/01	2337

Stichwortverzeichnis

Die Zahlen verweisen auf die jeweiligen Randnummern.